Dr. Walter Kuchler

Mehr als 1000 Jahre Skifahrkunst
Die Skitechnik in Zeitfenstern

Impressum

Schriftenreihe zum Wintersport Band 34
Herausgegeben von SPORTS

Verfasser
Dr. Walter Kuchler

Titel
Mehr als 1000 Jahre Skifahrkunst
Die Skitechnik in Zeitfenstern

Bildmaterial
Titelbild und Fotos von Dieter Menne
Moderne Rennfotos von Norbert Koke
Zitierte Bilder und Zeichnungen aus der Literatur

Lektorat
Karl-Heinz Platte, Essen

Layout
Norbert Koke, Bochum

Druck und Verlag
Wulff GmbH, Dortmund

Copyright 2021 SPORTS

ISBN 978-3-88090-139-1

Inhalt

Vorwort Dr. Joachim Unger 5

Einführung in das Vorgehen und Anliegen des Autors 6

Teil 1:
Mehr als 1000 historische Zeitfenster vom 10. Jahrhundert bis zum Jahre 2021

Zeitschnitte vom Jahre 950 bis 2021 15

Teil 2:
Thematische Übersichten aus den Zeitschnitten

1. Die ersten Lehrbücher 401
2. Die ersten Schwünge 402
3. Das erste Scheren und Stemmen, erste Ausfall- und Schlittschuhschritte 403
4. Die ersten Parallelschwünge 405
5. Das erste Seitrutschen 405
6. Der erste Hüftknick 406
7. Skiartistik - Frühe Stationen 406
8. Der erste 360er 409
9. Erstmals Hanging off und erster Handkontakt Schnee 410
10. Abfahren im Schuss - Abfahrtshaltungen 410
11. Zur Telemarkentwicklung 422
12. Umsteige und Schrittschwingen - eine lange Geschichte 434
13. Gegendrehen in einigen Variationen 450
14. Wedeln durch die Zeiten 456
15. Carvingtechnik und Carvingski - frühe Stationen 468
16. Die frühe Hocke speziell 494
17. Kippen als Aktion und als Prinzip 498
18. Berg- oder Innenskibelastung 505
19. Fahren auf nur einem Ski und auf einem Bein 520
20. Fußtechnik – schon sehr früh und wieder aktuell 522
21. Reflexe - frühe Hinweise 534
22. Das Schneewiderstandsmodell 539
23. Direkte Wege zum Schwingen ohne Pflugbogen 545
24. Postulat und Angebot einer einfachen Technik 548
25. Frau und Skitechnik 556
26. Ende der Entwicklung und Höhepunkt erreicht 564

Anhang

Literatur 568
Persönliches 586

Dank für Ratschläge und Verweise auf Literatur

Einigen Kollegen und Freunden verdanke ich besondere Verweise auf die Literatur, so Arno Klien (A), Dr. Joachim Unger (D), Prof. Dr. Arturo Hotz (CH), Alec Gucek (SLO), Andrzej Ziemilski (P), Prof. Hans Zehetmayer (A), Prof. Dr. Siegfried Melcher (D), Prof. Dr. Otmar Leidner (D).

Dank für Bildmaterial

Wieder darf ich für viele exzellente Bilder meinem alten Freund und Mitstreiter in vielen Lehrgängen Dieter Menne danken. Ohne ihn wären meine Bücher seit 1989 nicht zustandegekommen. Zu besonderem Dank für Bilder bin ich auch dem leider verstorbenen Experten von Weltrang Georges Joubert schuldig. Er hat mir dazu großzügig Zugang gewährt. Eine besondere Widmung von ihm bewahre ich als kostbarem Schatz.
In all meinen Büchern hat mich auch die Kunst meines Freundes Milan Maver aus Ljubljana begleitet und gestützt.

Dank für Korrekturen und Bearbeitung des Textes

Bernhard Kuchler und Norbert Koke.

Für die Drucklegung des Buches hat sich herausgestellt, daß die ursprüngliche Vorlage als Tabellenform im Textverarbeitungsprogramm eine sehr umfangreiche und ins Detail gehende Nachbearbeitung durch Norbert Koke erforderlich machte.Speziell hat sich Norbert Koke um die umfangreiche Bildgestaltung und das Gesamtlayout des Buches gekümmert. In alle Korrekturarbeiten war auch mein Sohn Bernhard Kuchler einbezogen.

Dank für die Realisation des Buches

Melitta Gerich hat die Arbeit am Manuskript der letzten sieben Jahre begleitet und die Drucklegung und Herausgabe des Buches ermöglicht.

Vorwort

Was für ein beeindruckendes Buch!

Walter Kuchler hat mit dem vorliegenden Band ein Standardwerk geschaffen. Es ist die Frucht über vier Jahrzehnten beharrlichen Forschens in Bibliotheken und in seiner Privatbücherei von mehr als tausendfünfhundert Skibüchern, seiner Gespräche mit zahlreichen Zeitzeugen und seiner eigenen produktiven Tätigkeit. Aus dem Projekt eines Büchleins ist mit der Zeit ein dicker Wälzer entstanden, immer wieder erweitert und immer wieder neu konzipiert. Er enthält eine wahrlich außerordentliche Fülle von Informationen.

Man fragt sich, wie man an die Lektüre herangehen soll. Das Buch in einem Zug durchlesen, wird nicht möglich sein. So viele Namen und Daten so konzentriert zusammengefasst, würden sicher die Auffassungsgabe der meisten überfordern. Also das Buch zugänglich platzieren, so dass man es immer wieder in die Hand nehmen kann, um sich vom Text und den Abbildungen fesseln zu lassen.

In einem weit gespannten Bogen führt der Autor die Leserinnen und Leser von den Anfängen des Skilaufs bis zur Gegenwart. Manches werden sie aus ihren eigenen Skifahrerbiographien kennen, anderes aus Büchern und Zeitschriften; doch welch ein Vergnügen, hier nun eine Übersicht zu finden, Verbindungen und Entwicklungen aufgezeigt zu bekommen. Und viel Überraschendes gibt es zu entdecken!

So ein monumentales Werk kann ein einzelner Autor nur verfassen, wenn er Walter Kuchler heißt, der dieses umfassende Wissen besitzt, auf weite Sicht plant, mit Beharrlichkeit an einer Sache bleibt, dem flüssiges Schreiben eine Gabe ist und dem es eine nimmer nachlassende Freude bereitet, seine Kenntnisse weiterzugeben.

Seit er sich Ende der 1980er Jahre weitgehend aus dem offiziellen Skibetrieb zurückgezogen hat, verdanken wir ihm zahlreiche wegbereitende Publikationen und Filme, besonders zum Carven.

Für all diejenigen, für welche Geschichte – auf welchem Gebiet auch immer – nicht staubige Vergangenheit, sondern Grundlage zum Verständnis der Gegenwart ist und womöglich auch Zukünftiges erklärt, ist der Blick zurück eine Erkenntniserweiterung.

Die Fülle der Betrachtungen sprengt die nationalen Grenzen. Es gibt keine chauvinistischen Einengungen oder gar Abwertungen. Alle Techniken haben ihre Gültigkeit. Das heißt nicht, dass alle die gleiche Nützlichkeit besitzen.

Doch mit diesem offenen Blick wäre es in der Nachkriegszeit nicht nötig gewesen, von Jahr zu Jahr und von Land zu Land immer neu lernen und umschulen zu müssen.

Kasimiercz Maslowski hielt beim Interski-Kongress 1971 in Garmisch-Partenkirchen ein scharfsinnig analytisches Referat über die *Wege und Irrwege der Skitechniken*, das leider zu wenig beachtet wurde. Denn gerade bei diesem Kongress wurde wieder so ein Irrweg vorgestellt – die Wellentechnik. Was hat sich inzwischen zum Positiven geändert? Nun, neue Wege eröffnete der Carvingski, der das Skifahren revolutionierte, es vereinfachte und das Lernen erleichterte. Doch welche Kämpfe waren zu seiner Durchsetzung nötig!

Das vorliegende Werk zeigt in über 1200 Beispielen, belegt durch Zitate und Bilddokumente und ergänzt durch Kommentare und Hinweise, wie sich das Skifahren entwickelt hat, auch dass viele „alte" Techniken noch heute anwendbar sind, ja dass versierte Skifahrerinnen und Skifahrer Spaß haben können, sie in ihr Repertoire aufzunehmen.

Sollte uns diese „Geschichte der Skitechniken" zu mehr Offenheit, zu mehr Toleranz bewegen, hätte dieses Werk schon einmal ein wesentliches Ziel erreicht.

Begeben Sie sich nun auf eine Zeitreise durch die Geschichte der Skitechniken, machen Sie Entdeckungen über Entdeckungen und haben Sie viel Freude bei Ihren Aha-Erlebnissen.

Sonthofen, März 2021
Dr. Joachim Unger
(ehemaliger Generalsekretär des Internationalen Skilehrerverbandes)

Einführung in das Thema und Anliegen des Autors

Persönliches Anliegen und Vorgehen

Als ich Mitte der 1970er Jahre begann, für meine Skilehrgänge und für die Skilehrerausbildung den wichtigsten historischen Entwicklungslinien und den bedeutendsten Persönlichkeiten auf diesem Wege nachzugehen, merkte ich bald, dass am Wegesrande, bei manchem unbekannten Autor und oft auch in wenig bedeutsamen Büchern Bemerkungen und Bilder zu finden waren, die an Originalität und Treffsicherheit den Meinungs- und Wissensträgern doch einiges hinzuzufügen hatten.

Auch fiel mir bald auf, dass manche Themen, wie beispielsweise das Wedeln, in den offiziellen Lehrplänen der Länder erst spät, wie in diesem Fall erst nach fast 30 Jahren, aufgegriffen wurden. Das verführte mich, immer mehr Bücher in aller Welt aufzukaufen und dort Fragen der Skitechnik nachzugehen. Bald stellte ich auch fest, dass die Zeitschriftenliteratur eine weitere Quelle darstellt, in der man früher häufig vor allem zeitaktuelle Stellungnahmen und aufklärende Rezensionen finden konnte.

Den Weg durch die Bücher, so meine ich, bin ich mit großem Zeitaufwand durch Jahrzehnte und genügend großer methodischer Sorgfalt gegangen. Die Analyse der Zeitschriftenbeiträge allerdings blieb mehr zufallsbedingten Funden überlassen. Um diese zu leisten müsste man auch den konsequenten Weg durch die Bibliotheken und den Leihverkehr gehen. Ich werde diesen Aufwand auch wegen meines Alters nicht mehr leisten können, wenn ich die Literaturrecherche und die Einbringung meiner persönlichen Lebenserfahrungen auf diesem Gebiet noch zu einem Abschluss und zur Veröffentlichung bringen möchte.

Frühgeschichte und Skitechnik

Seit wenigen Jahren wissen wir, dass die Skigeschichte bzw. die Existenz von Ski bis 10400 vor unserer Zeitrechnung belegt werden kann. Die Funde im Nordosten Europas, in Russland, schieben unser Wissen über die Daten von Rödöy und vom Onegasee nochmals um mehrere tausend Jahre hinaus. Dies kann man in den Veröffentlichungen von Grigori M. Burov nachlesen. Aber über mehr als 9000 Jahre haben wir keine literarischen Zeugnisse, ob und wie die Skiläufer dieser Zeiten notwendigerweise auch zu Skifahrern wurden, um Abfahrten zu bewältigten. Meine Beobachtung und Beachtung dieses Themas konnten erst in der Mitte des 10. Jahrhunderts ansetzen.

Skitechnik im Wandel

Die Skitechnik ist in einem ständigen Wandel begriffen. Dafür gibt es viele Ursachen und Auslöser. Verbesserungen des Materials und neuartige konstruktive Materialverwendungen lieferten vor allem in den letzten 150 Jahren eine immer rascher ablaufende Entwicklung. Immer öfter in den letzten Jahrhunderten spielten Pioniere und Erfinder eine große Rolle.

Seit den 1930er Jahren übernahm vor allem der Rennsport die Rolle des Vorreiters. Neue Formen der Ausübung und der Erweiterung des Skiraumes, beispielsweise als präparierte Piste, als Buckelpiste oder als Funpark, erforderten Veränderungen der Ski und der Fahrweisen. Die Ausdifferenzierung nach Skidisziplinen und das Angebot von Ski an spezielle Adressaten hatten wiederum Rückwirkungen auf Gerät und Skitechnik. Frühe Formen der Skiakrobatik haben Eingang in Lehrbücher und Lehrpläne gefunden. Letztlich scheint es auch der Skifahrer selbst zu sein, der nach Verbesserungen, nach Anpassung der Technik an die Verhältnisse und manchmal auch nach Fortschritt und Innovation strebt. Dies hat schon 1916 der große Skiliterat Carl J. Luther festgestellt:

> „In dieser immerwährenden Beschäftigung des Skiläufers mit der Skitechnik liegt ein großer Teil der Reize des Skilaufes. Über diese Beschäftigung kommt der Skiläufer nie hinaus, selbst der allerbeste, der Künstler auf Skiern, wird fortwährend von der Anpassung seiner Technik an die wechselnden Verhältnisse in Atem gehalten."
>
> Der Wintersport. Seite 3

Entwicklung aus verschiedenen Perspektiven

Es geht in der folgenden Untersuchung nicht um die Geschichte des Skilaufs, sondern nur um die Entwicklung der Skitechniken. Der große erste Teil der Skizze versucht letztere zeitlich aufzulisten und in persönlichen Interpretationen zu kommentieren. Dabei geht es vor allem um Protagonisten und Schulen. In einem zweiten Teil wird einigen Themen wie beispielsweise den Abfahrtshaltungen oder dem Umsteigen in Längsschnitten nachgegangen.

> „Je weiter man zurückblicken kann, desto weiter wird man vorausschauen."
>
> Winston Churchill

Darstellung in einem Dreierschritt

Das jeweilige Thema wird in drei Spalten angegangen. In der ersten Spalte wird die skitechnische Besonderheit vorgestellt. In der zweiten versuche ich eine Einordnung in größere Zusammenhänge und eine Wertung. Letztere erfolgt durchaus aus subjektiver Sicht, persönlichem Wissen und individueller Erfahrung.

Skitechnik ist nicht alles

Für die Entwicklung des Skilaufs allgemein gibt es viele Vorstellungen. Viele davon werden von mir bei der Darstellung der Techniken berührt, aber eben nur berührt. Selbstverständlich würde die Einbettung einer Fahrweise in die allgemeine Entwicklung der Sportart ihre Bedeutung und Rolle noch verständlicher machen. In einer Rundfunksendung über die Geschichte der Sportarten und dem daraus hervorgegangenen Buch über Pioniere und Rebellen unter dem Titel „Schneller – Höher – Weiter. Eine Geschichte des Sports", hrsg. von Hans Sarcowicz, Frankfurt a. M. 1996, versuchte ich auf Seite 151-166 dazu einen bescheidenen Beitrag zu leisten.

Entwicklung als Fortschritt?

In einem ersten Entwurf versuchte ich die Folge und Abfolge von Skitechniken als Entwicklung darzustellen. Sehr schnell stellte sich aber heraus, dass Änderungen und Entwicklungen oft nicht als logische Weiterentwicklungen stattgefunden haben. Beispielsweise ist die Stockhaltung und Grundstellung für das Schussfahren bei Georg Bilgeri schon sehr früh in einer sehr modernen Form zu finden, während bei anderen Autoren und in anderen Skiregionen noch ältere Formen zu finden sind. So bot es sich deshalb beinahe zwangsweise an und im Ergebnis vielleicht sogar in einer recht lehrreichen Art die jeweils aktuellen Schulen und propagierten Techniken in Folge aneinander zu fügen. Tatsächliche Entwicklungsschritte und Zusammenhänge können anschließend in thematischen Längsschnitten aufgezeigt werden.

Diese werden dann auch zeigen, dass die Folge von Entwicklungen nicht immer auch ein Fortschritt war. Toni Ducia 1940: „So war der moderne Ski-Schwung ebenso wie die heute fast vollkommene Form der Ski-Ausrüstung mancherlei Rückschlägen, Fehlentwicklungen und Modekrankheiten ausgesetzt, und eine kurze oberflächliche Rückschau über diese letzten fünf Jahrzehnte alpinen Skilaufs zeigen uns nicht eine planmäßige Entwicklung, sondern ein stetes Auf und Ab." (Schwung und Zug. In „Durch Pulver und Firn". Innsbruck 1940/1941, Seite 85) Dennoch: Das Gerät hat sich weiterentwickelt und wird sich weiterentwickeln. Niemand fährt schon allein wegen unserer optimierten Ausrüstung so wie 1920, 1940 oder 1960.

Nur die Entwicklungsschritte?

Meine Arbeit begann in der Absicht, nur die für die Entwicklung relevanten Schritte aufzuzeigen. Schnell aber kamen Theorien ins Spiel, die mir wichtig erschienen, aber in der Entwicklung keine Rolle spielten und dennoch historisch interessante Vorläufer waren, wie z.B. Frank Harper (1949) und seine pointierten Feststellungen zu einem Wespentaillenski und zu einer entsprechenden Fahrweise. Immer mehr wurde mir bewusst, dass es für das Verständnis einer Sache wichtig ist, möglichst alle Vorläuferstufen zu erfassen. Sind aber nicht auch so extreme Vereinfachungen wie die Reduktion auf die Belastung und Drehung auf dem Hallux valgus-Punkt von Sebastian Zwicknagel, Skischulleiter von Kitzbühel (1957), interessant? Und sollte man nicht Richtiges und Bedeutendes wie die Arbeit von Fritz Reichert 1956 zur Skilänge und Skitaillierung dem Vergessen entreißen? Schließlich stolpert man immer wieder über Positionen, Bücher und Lehrpläne, die etwas bewusst übersehen, wenn nicht gar verhindern wollen, wie die deutschen Skilehrpläne von 1981 bis 1993. Am Ende drängt alle Arbeit auf Vollständigkeit, die aber nicht erreichbar ist. Schließlich werden historische Berichte über das Skifahren, die keine skitechnischen Angaben in Worten oder Bildern machen, berücksichtigt.

Das erste Auftreten einer Technik berücksichtigt

Die erste Spalte als Übersicht greift Skitechniken mit deutlichen Profilen heraus, die eine kleinere oder größere Rolle gespielt haben. Auf viele Varianten und Variationen, wie sie sich nach Tempo, Hang und Schnee herauskristallisierten, muss verzichtet werden. Außerdem wird in den meisten Fällen die Ausgangsform einer sich entwickelnden Technik genommen, die häufig konturierter und extremer ist als die reifen Produkte einer jahrelangen Praxis, und damit in ihrem Kern leichter zu sehen und zu beurteilen ist. Allerdings gibt es manchmal Entwicklungsschübe und das Auftreten einer Technik auf einem neuen Niveau, manchmal auch unter eigenem Namen. In einigen Fällen – wie beispielsweise bei den Abfahrtshaltungen – ging ich darauf ein. Im Allgemeinen aber wird versucht, eine chronologische Folge einzuhalten. Damit wird das Nebeneinander von wichtigen und von beiläufigen – dabei häufig aber interessanten – Entwicklungsschritten in Kauf genommen.

Nicht erwarten darf man, dass Pioniere und Autoren gewürdigt werden. Der späte Zdarsky und der späte Bilgeri beispielsweise finden keine Berücksichtigung mehr. In der Regel sind zu diesen Zeiten bereits andere Themen aktuell. Auch sollte man nicht erwarten, dass mit dem Aufgreifen einer technischen Besonderheit aus einem Lehrbuch dieses als solches gewürdigt wird.

Meine wichtigste Einstellung zu vergangenen Techniken

Beim Ringen um dieses Spezialthema ging es mir letztlich darum die Gegenwart zu verstehen. Und damit auch den Interessen der Aktiven, vor allem auch der der Aktiven der Gegenwart. Etwas verband sich damit auch die Hoffnung, wenigstens in einigen Punkten ein Ski Futur zu ahnen.

Die Gegenwart erschließt sich auf dem Hintergrund der Vergangenheit.

Für mich selbst als Agierendem in der Skitheorie und Skipraxis der Gegenwart entsteht aus allem Bemühen um die Vergangenheit eine große Freiheit. Abgelöst von den Interessen und Pressionen der Länder und Verbände kann ich besser versuchen die Gegenwart zu begreifen und einige Blicke vorauszuwerfen und Vorschläge für die Weiterentwicklung zu machen.

Sepp Bildstein hat 1930 in „Deutscher Skilauf" (hrsg. von Carl J. Luther. Seite 86) zu diesem Problem eine für ihn selbstverständliche Bemerkung gemacht:

> „Ein jeder schwingt nach seiner Weise."

Das trifft sich mit dem großen Freibrief von Carl J. Luther sieben Jahre später:

> „Wer beim Üben von selbst auf diese und jene Abart kommt, mag sie ruhig weiter pflegen, wenn sie zusagt und sich im Gelände bewährt."
>
> (Die Schule des Schneelaufs. Stuttgart 1937, Seite 7)

Wichtig, aber auch verbreitet?

Nur wenig kann eine stichwortartige Auflistung auch die tatsächliche Bedeutung, Entwicklung und Verbreitung von Techniken ausloten. Extreme Beispiele dafür sind der „Bauernschwung" und der Telemark. Der Bauernschwung war eine sehr singuläre Erscheinung, der aber im historischen Rückblick als erster Umsteiger, als ein hochinteressanter Vorläufer und zugleich als eine verpasste Chance der Entwicklung zu erkennen ist. Der Telemark dagegen verkörpert die wichtigste Entwicklungslinie der gesamten Skitechnik ab den 1860er Jahren, auch wenn die Skiform selbst älter sein dürfte, wie Joachim Unger darlegt. (Geschichten zur Skigeschichte, Seite 140 – 145). Die Tatsache aber, wie heftig eine so bedeutsame Fahrweise wie der Telemark diskutiert, verehrt, bekämpft, verboten und sogar kriminalisiert werden konnte, zeigt, wie irrational Entwicklungen verlaufen können.

> Als Emile Allais 20 Jahre nach seinem Weltmeistertitel gefragt wurde, wie er seine Technik heute sehe, antwortete er trocken und kurz: „Was vor 20 Jahren richtig war, das kann heute nicht mehr richtig sein."

Übersehenes und nicht Wahrgenommenes

Eine sorgfältigere Prüfung der Entwicklung würde wahrscheinlich auf einige Konzepte und Erfindungen stoßen, die von den Zeitgenossen nicht wahrgenommen wurden. In diesem Sinne interpretieren wir die Slalomtechnik, wie wir sie beispielsweise bei Willi Bogner in einer Aufnahme von 1960 sehen, als eine Kombination von Gegenschulter- und Beinspieltechnik mit einem vorweggenommenen Back-Side-Schwung der Snowboarder. Ähnliche Fotodokumente sind auch schon früher zu sehen. Ein eklatantes Beispiel für beinahe prophetische Voraussagen, die in der Skitechnik der Alpenwelt nicht beachtet wurden, ist die Dissertation von Fritz Reichert 1957 in Leipzig, in der er stark taillierte Ski voraussagte. Vor allem die Carvingentwicklung in den USA mit Frank Harper (1949) und allgemein seit 1964 war für europäische Skinationen nicht existent.

Gelegentlich auch Korrekturen

Mehr oder weniger ausführlich schmücken sich Publikationen auch mit historischen Rückblicken. Diese stehen meist im Dienst einer Abstützung von Positionen. Das scheint mir hinnehmbar zu sein, wenn es auch den Blick auf die ganze Entwicklung verzerren kann. Zu korrigieren allerdings sind eklatante Fehlurteile wie sie der Lehrplan „Skiing right" der Professional Skiinstructors Amerikas enthält, wenn behauptet wird: „From 1920 - 30 ski technique evolution stands still." (Horst Abraham, „Skiing right". San Francisco 1983. Seite 25) Meine Dokumentation für dieses Jahrzehnt dagegen verweist auf gewichtige Entwicklungsschritte und Innovationen in diesem Zeitraum, wenn ich beispielsweise das erste Wedeln, die Steilhangtechnik von Lothar Gfrörer und die revolutionären Einbringungen von Fritz Reuel erwähne.

Entwicklungen sukzessiv, aber auch in Brüchen und Schüben

Die Entwicklung der Beinspieltechnik über die Jahre von 1955 bis 1971 verlief fast behutsam. Die steife Fahrposition wurde runder, die Stöcke kürzer, die Verwindung moderater, statt Hüftknick Vor-Seitbeugen. Dann aber kamen der Sprung in die Umsteigetechnik und der Übergang in die Wellentechnik. Noch gravierendere Beispiele, förmliche Paradigmenwechsel, waren im historischen Verlauf die Wechsel von der Rotationstechnik ins Gegendrehen und von der Beinspieltechnik zum Carven.

In etwa chronologisch

Die Auflistungen und Aufzählungen halten sich in etwa an das chronologische Auftreten. Gelegentlich, aber nicht immer, wird die Perfektionierung einer Fahrtechnik auf höherer Stufe zu einem späteren Zeitpunkt nochmals aufgegriffen. Die zeitlichen Zusammenhänge der verschiedenen Entwicklungen wird erst der zweite Teil der Skizze genauer zeigen.

Beschränkung auf die alpinen Fahrweisen

Obwohl es wichtige Zusammenhänge zwischen Skilaufen und Skifahren, also zwischen der Langlauf- und der Abfahrtstechnik gibt, werden die Lauf- und die Sprungtechnik ausgeklammert. Auch der Telemark, selbst wenn er den Anspruch auf eine selbstständige Disziplin erheben könnte, wird hier zu den alpinen Fahrtechniken genommen. Schuss- und Kurvenfahren in der Ausfallstellung haben eben fahrtechnisch gesehen die gleichen Ziele wie die Kristianias.

Skitechnologie und Fahrweise

Selbstverständlich bedingen sich der Ski als Gerät und die Skifahrkunst gegenseitig. Die Veränderungen der

Ski führen meist zu einer Veränderung der Fahrweise. Umgekehrt bringen die Fahrversuche und die Entwicklung der Fahrtechnik immer wieder auch Anstöße für die Veränderungen am Ski. In der Skizze der Skitechniken wird gelegentlich auf die Zusammenhänge hingewiesen, eine systematische Abarbeitung des Themas aber wird hier nicht geleistet. Nur das Thema der stark taillierten Ski, der Carvingski, verfolge ich aufmerksamer. In einem zukünftigen weiteren Teil werde ich versuchen, die Entwicklung der Ski systematisch zu erfassen und den Veränderungen in der Skitypologie nachzugehen.

Keine Biografien und keine Gesamtwürdigungen

Die Skizze kann und will kein Darstellung der Entwicklung von Persönlichkeiten und der von ihnen vertretenen Technik leisten. Dabei sollte es ebenso als Selbstverständlichkeit gelten, dass beispielsweise Wilhelm Paulcke, Mathias Zdarsky, Georg Bilgeri und andere große Wegbereiter auch ihre Reifeperioden durchlaufen haben. Aber vielfach konkurrieren mit ihrem Spätwerk bereits junge Akteure wie – um bei den genannten Pionieren zu bleiben – Hannes Schneider, Toni Seelos oder Fritz Hoschek.

Leben und Werk von Skipionieren liegen in exemplarischer Weise für Toni Schruf (Thorsten Buhl und Franz Preitler 2009), Georg Bilgeri (Friedrich Fetz, Gudrun Kirnbauer 2001), Stefan Kruckenhauser (Friedrich Fetz, Elisabeth Hagen, Gerhard Ruedl 2000) und Franz Hoppichler (Friedrich Fetz und Birgit Hasenauer 2006) vor. Auch Festschriften wie sie Hans Zehetmayer (Arno Klien 2007) und mir (Anne und Bernhard Kuchler mit Vorwort von Georges Joubert 2002) gewidmet wurden, geben Einblicke in größere Zusammenhänge.

Autobiografien von bekannten Persönlichkeiten wie Willy Rickmer Rickmers (1936) und Luis Trenker (1965) eröffnen vor allem auch einen Zugriff in das Geflecht von persönlichen Beziehungen und von Kooperationen. Dagegen werfen die Biografien von Rennfahrern, die im Wesentlichen ihrer Glorifizierung dienen sollten, nur Schlaglichter auf einen begrenzten Zeitraum.

Unerschlossen und unzugänglich werden wohl viele Studien zur Erreichung eines akademischen Abschlusses sein. Einblicke konnte ich z.B. in eine aufschlussreiche Arbeit in Wien nehmen, die sich mit Leben und Werk von Giovanni Testa auseinandersetzte.

Schwer zu erfassen und zu würdigen sind viele Persönlichkeiten der Szene, die ihr einen Stempel aufgedrückt, aber nie publiziert haben. Aus meinem Wissen und aus meinen Kontakten nenne ich hier Fred Lanziner (A), Sepp Schwärzler (D), Franz Furtner (A), Rudi Zischler (D) und Franz Bernauer (D).

Schließlich kann diese Studie auch nicht leisten, die manchmal großen Einflüsse und Verdienste von Experten heranzuziehen und zu würdigen, die in der Regel im Hintergrund von Organisationen, im Rahmen von Autorenkollektiven und für Lehrplänen wirken und gewirkt haben, wie das beispielsweise bei Prof.Dr. Arturo Hotz in der Schweiz zu beobachten war.

Um weitere Missverständnisse zu vermeiden, möchte ich auch darauf hinweisen, dass ich beim Heranziehen einer Quelle sehr eklektisch entsprechend meines Arbeitszieles vorgegangen bin und damit vielleicht ein falscher Eindruck meiner Würdigung des Buches entstehen könnte. Als Beispiel hierfür möchte ich auf den von mir hochgeschätzten „Lehrplan Ski Schweiz – Unterrichtsanleitung" von 1974 verweisen, aus dem ich nur auf die etwas naive Sturzanleitung zugegriffen habe.

Nicht alle Skiländer gleich berücksichtigt

Auch die ausgesprochen typischen Skiländer konnte ich in ihren Beiträgen zur Entwicklung im gleichen Maße berücksichtigen. Zwar habe ich die Präsentationen aller Länder auf Kongressen zu beachten versucht und bin der Skiliteratur aller Länder in manchen Fällen mit Hilfe von Übersetzern nachgegangen. Auch persönliche Kontakte z.B. zu amerikanischen, norwegischen, ungarischen, polnischen, tschechischen, italienischen, slowenischen, niederländischen und japanischen Kollegen suchte ich zu nutzen. Dennoch haben meine begrenzten Sprachkenntnisse dem Suchen Grenzen gesetzt. Ich möchte aber auch nochmals in diesem Zusammenhang erwähnen, dass es mir nicht um eine Würdigung bestimmter Bücher, nationalen Skischulen oder Länder ging.

Nicht alle Zeitabschnitte gleich ausgeleuchtet

Nicht alle tatsächlichen historischen Verläufe und nicht alle Zeitabschnitte konnte ich gleichermaßen gründlich ausleuchten. Die beiden Weltkriege beispielsweise waren auch Zeiten, in denen weniger veröffentlicht wurde. In der bisherigen historischen Rezeption und in den Kapiteln zur Geschichte der Skiliteratur wurden auch bestimmte Zeitabschnitte stiefmütterlich behandelt, wie beispielsweise das Jahrzehnt von 1890 – 1900.

Ein wahlloses Kaleidoskop?

Der bewusste Verzicht, nur große Ansätze und bedeutende Entwicklungen zu verfolgen, könnte den Eindruck erwecken, dass dem Zufälligen und dem Kurzlebigen zuviel Aufmerksamkeit geschenkt wird. Dem möchte ich entgegenhalten: Gerade die vorbehaltlose Wiedergabe der Geschehnisse lässt erst erkennen, was in der Entwicklung wichtig oder zeitbedingt, kurios oder einseitig merkantil motiviert war und was sich andererseits als tragende Möglichkeit weiterentwickelt hat. Abgesehen davon dürfte der Blick auch auf Kleinigkeiten und Unwesentliches zeigen, wie bunt die Wirklichkeit war und ist, anders als es uns Fremdenverkehrswerbung und Selbstpräsentation nationaler Verbände glauben machen wollen. Schließlich sind manche Vorschläge aus der Bindung an die zeitgebundene Ausrüstung eben selbst zeitgebunden, deshalb aber nicht uninteressant.

Verzicht auf Wertungen

Ekkehart Ulmrich weist in seiner Skigeschichte darauf hin, dass zu viele geschichtliche Darstellungen „mit starken Zügen einer Glanzlichter-Skigeschichte" geschrieben sind. Das Skilaufen als solches oder nationale Verdienste werden nach ihm dabei aufgeputzt, schon allein dann, wenn man versucht, Vertreter des eigenen Landes möglichst früh zu datieren, auch wenn es nur um ein Jahr geht, um sozusagen Prioritätsansprüche festzuhalten. Auch verweist Ulmrich darauf, dass gerade „Auftragsliteratur" von Vereinen und Verbänden zu Verzerrungen neigt (Ekkehart Ulmrich, Dichtung und Wahrheit in der Skigeschichte, FdSnow 5. Fachzeitschrift für den Skisport. Ausgabe 1/1994, Seite 35 - 44). Die Anlage meiner Untersuchung lässt für solche Wertungen wenig Raum. Vor allem möchte ich in keinen Ton der Abwertung und Gehässigkeit verfallen, wie er in manchen Besprechungen von Skibüchern der 1920er Jahre zu finden ist und wie er auch bei Ekkehart Ulmrich in der Rezension meines Buches „Die neue Skitechnik" von 1989 wieder auftaucht.

Besonderes Augenmerk auf Carvingtechnik

Diese neue technische Entwicklung haben die meisten heutigen Skifahrer und die Leser erlebt, wenn auch mit Verzögerungen um viele Jahre. Skilehrer, Funktionäre der Verbände und Journalisten haben die Skifahrer mehr als zehn Jahre um den Fortschritt gebracht. Sie haben, wie man gerne sagt, gemauert. Sie wollten nicht als die Zu-Spätgekommenen dastehen. Die deutschen Verbandsfunktionäre der 1980er und 1990er Jahre sind dafür ein Beispiel. Deshalb werden viele Entwicklungen auch heute noch nicht von einer breiteren Öffentlichkeit wahrgenommen. Das Versagen der etablierten Verbände und ihrer Funktionäre nahm Millionen von Skifahrern die Möglichkeit am Fortschritt teilzuhaben.

Für mich und meine Arbeit allerdings standen die Türen, sprich die Veröffentlichungsmöglichkeiten bei Verlagen und in Zeitschriften weit offen. Über 30 Skibücher von mir und meinen Freunden, viele meiner jährlichen Skimanuals, meine Testberichte über 14 Jahre, die in manchen Jahren in 7-9 Ländern und deren Sprachen erschienen, ungezählte Zeitschriftenbeiträge und über 60 Fernsehsendungen zeugen davon. Diese Hintergründe dürften es auch verständlich machen, dass ich die Ära seit 1980 differenzierter vorstelle als die Zeiten davor.

In Sache Carven haben Skilehrer, Funktionäre der Verbände und Journalisten die Skifahrer mehr als zehn Jahre um den Fortschritt gebracht.

Carven als bereits historisches Thema

Die breitere Auswertung dieses Themas folgt dem Gebot der Stunde. Noch nie war eine Skitechnik so lange umkämpft, noch nie haben sich Verantwortliche für Lehrweisen, nämlich Skilehrer und Funktionäre, so sehr gegen Änderungen gestellt, noch nie haben sich die fachlichen wie die nicht fachlichen Medien so heftig, so unsachlich und so tendenziös der Sache angenommen. Die breitere Darstellung verfolgt deshalb auch das Ziel, nicht nur den Werdegang der Entwicklung darzustellen, sondern auch bewusst zu machen, dass die Thematik noch nicht abgeschlossen ist. Wir befinden uns in einer Zeit des S- und Postcarvens und, wie ich meine, auch in einer Zeit der Neoklassik.

Carven als Thema noch aktueller Auseinandersetzungen

Noch nicht überall wird zwischen konsequentem Carven und Mischtechniken unterschieden. Vor allem Traditionalisten halten gerne an alten Elementen wie beispielsweise am Driften und an der Außenskibelastung fest. So jammern auch schlecht informierte Fernsehkommentatoren immer noch, wenn sie die Innenskibelastung eines Rennfahrers sehen. Zu-Spätgekommene springen manchmal auf den Zug mit eigenen und eigenwilligen „Erfindungen" auf. So quälte beispielsweise der Deutsche Skiverband die Skifahrer jahrelang mit der Behauptung, dass der Außenski generell, aber speziell auch zur Beschleunigung, auf gleicher Höhe mit dem Innenski geführt werden sollte.

Neoklassik ganz nahe dem Carven

Aus der Sicht einer modernen Classic, einer Neoklassik, lohnt sich ein Streit kaum noch. Ein sehr kurzes Andriften mit schnellem Übergang zum Schneiden verspricht fast alle Vorteile des Carvens. Für das Steuern vor dem Kurvenzenit in der Falllinie liegen alle Daten eines Carvens wie Schneiden, eingenommener Schritt- und Belastungswechsel und neuer Kurvenlage bereits vor.

Die neue Schwungstruktur für Carven und für die Neoklassik

Der neue Transit von einem Schwung in den anderen als neue wichtige Schwungphase, wie er bisher nur als eine Vorstufe im Fishhook bekannt war, beruht für beide Fahrformen auf dem Einbringen von Rebounds (Ski-, Schuh- und Körperrebounds) und speziellen Reflexen (wie dem vestibulookkulären Reflex, Reflex der Kopfdrehung aus dem Nacken) zu. Auch das bringt eine Annäherung von Carven und andriftender Neoklassik.

Carven als Chance eines besseren Skifahrens für viele Schüler

Die Tatsache, dass man Carven leicht und schnell erlernt, hat ganz offensichtlich viele Skischulen und Verbände verschreckt. Dieses Bangen nicht nur um Zuständigkeiten, sondern ebenso um das Geschäft verleitete und verleitet sie noch zu Ablehnungen, zu falschen Skiempfehlungen und zu problematischen Unterrichtsprogrammen. Sie sehen aber auch nicht, dass es heute große Möglichkeiten gibt, Skifahrer, die es bisher nur bis auf ein mittleres Niveau brachten, in eine neue hohe Schule zu führen. Der Skihimmel hat sich für viele weit geöffnet. Die Programme bewegen sich nach oben.

Zu den Begriffen „Carven" und „Carving"

Das Carven, für das bei Amerikanern wie Doug Pfeiffer schon ab den 1960er Jahren, in Europa erst ab 1995, die Begriffe Carving und Carven verwendet werden, findet sich vielfach schon früher. Um bei früheren Techniken, die diesen Begriffen entsprechen oder nahe sind, nicht ständig Transfers vornehmen zu müssen, wird der Carvingbegriff von mir immer dann verwendet, wenn

1. die entscheidende Rolle der Taillierung herausgestellt wird
2. Ski- und Lagenwechsel vor Beginn der Richtungsänderung eingeleitet werden und
3. schneidendes Fahren von Anfang bis Ende des Schwunges angezielt wird.

Persönliche Zugänge zur Thematik

Grundlagen meines historischen Interesses

Philosophisches und theologisches Studium sowie das in den 1950ern Jahren geförderte Studium Generale mit Schwerpunkt Geschichte legten die Grundlage für mein historisches Interesse. Neben der intensiven kirchenhistorischen Ausbildung schätze ich im Rückblick die allgemeinen historischen Vorlesungen von Prof. Mayer-Pfannholz und Prof. Benno Hubensteiner in Passau und in München. Meine Mitarbeit an deutschen Skilehrplänen und meine eigenen Bücher beruhen immer auch auf historischen Bezügen. Einer kleinen historischen Perspektive mit dem Thema „Pioniere und Rebellen im Skilauf" galt meine Mitarbeit an „Schneller Höher Weiter. Eine Geschichte des Sports", hrsg. nach einer Sendereihe des Hessischen Rundfunks unter Federführung von Hans Sarkowicz im Jahre 1996 im Inselverlag (Frankfurt a. M. und Leipzig, dort Seite 151 – 166).

Oral history

hat mir viele Einsichten und ungeschriebenes Wissen gebracht. So konnte ich beispielsweise viele Gespräche mit Lise Schedler aus Oberstdorf (Skilehrerjahrgang 1928) führen, dessen Erinnerungen bis 1914 zurück reichten. Vielfach nahm ich auch Gelegenheiten wahr, mit Skipersönlichkeiten der 1930er Jahre wie Christel Cranz (D), Toni Ducia (A), Rudi Matt (A) und Helli Lantschner (A) zu sprechen. Auch ein paar Thekengespräche mit Toni Seelos waren für mich von Wert. Die Gespräche einer vielstündigen Nachbarschaft im Flugzeug mit Rudi Matt haben mich tief beeindruckt. Schließlich vermittelte mir die jahrzehntelange Zusammenarbeit mit Hans Zehetmayer Einsichten in die österreichischen Entwicklungen. Über Hubert Fink (I) gewann ich Einsichten in die italienischen Verhältnisse. Der polnische Kulturwissenschaftler Andrej Ziemilski machte bei mir in Westfalen Zwischenstation über einen Zeitraum von 20 Jahren, als er alle zwei Jahre zu Vorlesungen in die Schweiz fuhr. Es kam dabei immer auch zu einem großen Gedankenaustausch. In den 1950er Jahren, als Josef Dahinden jedes Jahr zu Winterbeginn durch süddeutsche Städte reiste, vergaß ich nie, seinen Vorträgen zu lauschen. Aus seinen Erzählungen wurden für mich die 1920er und 1940er Jahre lebendig. Manches historische Wissen und Können erwarb ich auch als Ausbilder bei den Fortbildungen für Skischulleiter, die ich immer dazu benutzte, von den älteren Kollegen mir zeigen zu lassen, was 1928 oder 1938 usw. Prüfungsstoff war.

Auf dem Wege – Begegnungen, gemeinsames Skifahren und persönliche Erfahrungen

Viele Persönlichkeiten der Skiszene haben mich in persönlichen Begegnungen beeinflusst und haben mir in gemeinsamen Ski- und Lebensspuren seit meiner ersten Skilehrerausbildung im Jahre 1952 die Entwicklungen der Skilauftechnik mit aufgeschlossen. Das geschah auf der Piste, in Gesprächen, in Korrespondenz, auf Konferenzen und auf Kongressen. Letztlich verdanke ich außer der Literatur diesen Begegnungen die Anregung zu diesem Buch. So war Arwed Moehn, der Autor des wichtigen deutschen Lehrplans von 1950, für mich über 15 Jahre zunächst Ausbilder, später Partner in der Skilehrerausbildung. Mit Emile Allais (F), dem großen Rennläufer und Verfasser einer der schönsten Skibücher korrespondierte ich in den 1950er Jahren. Franz Furtner, der österreichische Chefskilehrer, bildete mich fort und prüfte mich als Ausbilder des Deutschen Skiverbandes. Mit Prof. Stefan Kruckenhauser verbanden mich zunächst großes Verstehen, dann aber auch kritische Diskussionen.

Franz Bernauer (D) war mein fahrerisches Vorbild und Freund im Schnee wie im Leben über Jahrzehnte. Mit Erhard Gattermann kooperierte ich über 30 Jahre in Fragen der Ausbildung und Lehrplangestaltung, bis über Fragen der Entwicklung die Zusammenarbeit zerbrach und von seiner Seite versucht wurde, mir die Einflussnahme auf das Skilehrwesen unmöglich zu machen. Prof. Dr. Arturo Hotz (CH) steckte auch für mich immer wieder den sportwissenschaftlichen Rahmen über das Skifahren hinaus ab. Mit Milan Maver (SLO) habe ich Bücher geplant und über das Skifahren philosophiert. Auch hinterließen Begegnungen mit situativem Charakter Spuren, so mit Horst Abraham (USA), George Twardokens (USA), Karl Gamma (CH), Franz Hoppichler (A), Arno Klien (A), Pius Disler CH), und Urs Illi (CH). Gemeinsame Arbeit und auch Lebensspuren verbanden mich, wie schon oben erwähnt, mit Prof. Hans Zehetmayer (A) über vier Jahrzehnte.

Ratschläge und Verweise auf Literatur

Einigen Kollegen und Freunden verdanke ich besondere Verweise auf die Literatur, so Arno Klien (A), Dr. Jochen Unger (D), Prof. Dr. Arturo Hotz (CH), Ales Gucek (SLO), Andrzej Ziemilski (P), Prof. Hans Zehetmayer (A), Prof. Dr. Siegfried Melcher (D), Prof. Dr. Otmar Leidner (D).

Besondere Berücksichtigung persönlicher Arbeiten und Beiträge

Meine persönlichen Arbeiten nach 60 Jahren Skilehrertätigkeit und als Sportwissenschaftler sind für mich verständlicherweise besonders präsent. Ich nutze die Gelegenheit, um neben meinen methodischen Arbeiten besonders auf meine Rolle für die Entwicklung der Carvingtechnik hinzuweisen. Ich hoffe, dafür Verständnis und Aufmerksamkeit zu finden, obwohl in Deutschland, wie auch anderswo, Versuche einer Disziplinierung oft allzu gut funktionieren.

Ketzer und Abweichler

Meinen skiläuferischen Lebensweg prägten immer auch Begegnungen mit Ketzern und Abweichlern. Bei ihnen fand ich das Neue und die Anregungen für die Zukunft. Ich erwähne für Deutschland Diskussionen und Verfahrensweisen bei Fritz Reuel, Karl Buhl, Dr. Jochen Unger und mir selbst. In Österreich denke ich an Helmut Aigelsreiter und Prof. Hans Zehetmayer. In der Schweiz erinnere ich an Josef Dahinden, der vier Skischulen gründete (auf der Rigi, in Arosa, in Flims und auf dem Jungfraujoch) und immer auf der Suche war. Ebenso erinnere ich mich an Giovanni Testa, der aus St. Moritz ausgewiesen werden sollte. In Frankreich wurde 1952 Georges Joubert, sicher einer der größten Theoretiker über drei Jahrzehnte, vom staatlich bestellten „Großmeister der Inquisition" als Ketzer erklärt und aus der Gilde der Skilehrer und Ausbilder ausgeschlossen (Ski-Handbuch Seite 14). Im Rahmen der Zeitfenster wird darüber berichtet. Die sog. Skilehrwesen der Länder sind eben keine wissenschaftlichen und schon gar keine moralischen Anstalten, sondern Interessensverbände geleitet von Funktionären. Diese arbeiten in Fällen von sog. Abweichlern gerne mit Totschweigen, Lächerlichmachen, Diskriminieren und Ausschließen.

Drastisch hat diese Praxis Art Furrer, einst Mitglied des Schweizer Demoteams und Altmeister der modernen Skiakrobatik, gegeißelt, als er die Zeit der Abkehr von der Rotationstechnik schildert. Im Falle Giovanni Testas, dem ja das Skilehrerpatent entzogen wurde, schreibt er: „Diejenigen, die tatsächlich etwas zu sagen hatten, machten sich über die schraubenlose Technik lustig, bezeichneten sie als das Produkt eines Spinners und züchteten die Rotation durch Machtpolitik neuerdings hoch." zu einem zweiten, ebenfalls aus dem Interverband ausgeschlossenen Neuerer, der schon durch die Gründung mehrerer Skischulen und durch verschiedene Skibücher bekannt war, bemerkt er: „Josef Dahinden, der von den damaligen Skipäpsten totgeschrieen wurde." (Art Furrer, Sepp Renggli, „Skiakrobatik für jedermann". Zürich 1970, Seite 8).

Aber so weit ich sehe, sind alle „Ausgeschlossenen" entschädigt worden. Sie wurden in die Freiheit entlassen und ihre Arbeiten wurden Anstöße für den Fortschritt. Ich darf das auch mit dem von mir hoch geschätzten Alterspräsidenten der japanischen Skilehrer Kunio Igaya formulieren: „Wo man frei denken und forschen kann, dort ist der Fortschritt." (Kunio Igaya, Präsident der japanischen Berufsskilehrer, im Vorwort zum japanischen Skilehrplan von 1977).

Es gab allerdings auch späte Rehabilitationen so im Falle der beiden genannten Schweizer und bei Josef Dahinden zu seinem 90. Geburtstag. Josef Dahinden und Giovanni Testa erfuhren auch eine öffentliche späte Hochschätzung, wie das Jubiläumsbuch 2007/08 der Swiss Snowsport Association zeigt, in dem nur diesen beiden Persönlichkeiten eigene Porträts gewidmet sind. (Siehe dort Arturo Hotz in einem fiktiven Interview mit Josef Dahinden „Zwar ein Querschläger – aber nicht nur". Seite 18 – 19. Ebenso „Seiner Zeit weit voraus" Seite 20. Weiter Riet R. Campell: „Skipionier Giovanni Testa. Der „natürliche Skilauf" war sein großes Thema (Seite 21 f.)

Quellen und Arbeitsweise

Am Beginn meiner Studien in den 1980er Jahren wollte ich nur die wichtigen Strömungen und Zeitmeinungen erfassen. Schnell aber merkte ich, dass das tatsächliche Skileben sich vor allem bis Ende der 1930er Jahre in der Vielfalt spiegelte und gerade kleine und zunächst nebensächliche Publikationen dies wiedergaben. So versuchte ich mehr und mehr auf alle erreichbaren Publikationen zuzugreifen. Um aber dem Leser zu ersparen, mühsam Zusammenhänge aufzuspüren, wählte ich deshalb in einem zweiten Schritt, wichtige Themen und Perspektiven unter Stichworten zusammenzufassen.

Die Faktizität der Quellen

Für die zeitliche Abfolge der dargelegten Fakten habe ich etwa 1300 Monografien und 200 Beiträge in Sammelschriften durchgesehen. Dabei konnte ich fast die gesamte deutschsprachige Buchliteratur, aber auch wichtige US-amerikanische Quellen auswerten. Zeitschriften wurden häufig, Zeitungen nur fallweise herangezogen. Ich versuchte auch belletristische und humoristische Quellen zu berücksichtigen, die nicht uninteressante andere Blickwinkel und Meinungswiedergaben bringen. Unmittelbar für sich sprechen die Daten zu mehr als ein Dutzend Themen in den Längsschnitten. Publikationen in Sprachen, die ich nicht beherrsche, suchte ich auf der Grundlage der Bilder zu verstehen und auszuwerten.

Als Quellen für die Zeiten vor 1900 waren mir besonders hilfreich die Forschungen und Studien von

- ▶ Carl J. Luther, mit sehr verschiedenen Veröffentlichungen u. a. „Bilderbuch der alten Schneeläufer". Erfurt 1942
- ▶ Mario Cereghini, "5000 years of wintersports". Milan 1955
- ▶ Erwin Mehl: „Grundriß der Weltgeschichte des Schifahrens". Schorndorf bei Stuttgart 1964
- ▶ Anton Obholzer, „Geschichte des Schilaufs mit besonderer Berücksichtigung Mitteleuropas". Wien-Leipzig 1935

- Anton Obholzer, „Geschichte des Ski und des Skistocks". Schorndorf bei Stuttgart 1974 und „5000 Jahre SKI". Innsbruck 1975
- E. John B. Allen, "FROM SKISPORT TO SKIING". The University of Massachusetts Press 1993
- E. John B. Allen, "The Culture and Sport of Skiing". Massachusetts 2007
- Jack Lesage u. a., „Le livre dór des 50 ANS de lécole du skis francais". Paris 1995
- Jean-Jacques Bompard (Red.), "ENCYCLOPEDIE DU SKI." Paris 2005

Besondere Berücksichtigung der Beiträge von SPORTS

Seit Ende der 1980er Jahre wird man auch Beiträgen von SPORTS begegnen. SPORTS ist in Deutschland eine Vereinigung für Freizeit- und Gesundheitssport, die gegründet wurde, als sich die traditionellen Verbände des Skilehrwesens den bereits vorliegenden großen Veränderungen verweigerten. SPORTS und seine Gründer verschrieben sich dem Fortschritt und seiner Publikation. Die Referentenliste von jährlich drei Konferenzen und Meetings ist stets international und das Ausbilderteam setzt sich aus Experten von vier Ländern zusammen. Innerhalb von 20 Jahren führte so die Arbeit von SPORTS zu mehr als 20 Buchveröffentlichungen, beinahe 30 angebotenen Videos, CDs und DVDs. Für die Effektivität der Arbeit von SPORTS zeugt auch die Mitarbeit bei über 60 Fernsehbeiträgen.

Einsicht in Literatur

Für historische skitechnische Studien liegen heute etwa 1600 Monografien vor. Ein guter Teil davon wurde für die vorliegende Arbeit eingesehen. Die Zeitschriften und Jahrbücher wurden nur für die deutschen Publikationen systematisch durchgesehen, entsprechende österreichische und schweizerische Publikationen habe ich nur punktuell ausgewertet. Aus der umfangreichen japanischen Skiliteratur konnte ich wegen der fehlenden Sprachkenntnisse nur einige Bilddokumente auswerten. Dort findet sich allerdings eine vergleichbare, wenn auch sehr kursorische und punktuelle, Arbeit von Tadashi Katagiri aus dem Jahre 1984. Skibücher aus Russland und osteuropäischen Ländern konnte ich ebenfalls nur sehr begrenzt auswerten. Für Polen, Tschechien und Ungarn bekam ich auch eine Reihe persönlicher Informationen und Übersetzungshilfe. Durch die knappe Anlage der gesamten Darstellung wählte ich auch für die Text- und Bildnachweise verkürzte Formen, nach denen sich die Quellenangaben für Verfasser, Titel, Erscheinungszeit und Seitenfundort je nach vorhandenem Platz über die drei Spalten streuen. Angaben über Verlage und Auflagen können dem Literaturverzeichnis entnommen werden. Für quer durch Bücher erhobene Recherchen werden keine Seitenangaben gemacht.

Bilder und Zeichnungen

Das Bildmaterial ist in der Regel der in den Spalten eins und zwei besprochenen Literatur entnommen. Die Bilder und Zeichnungen werden als Zitate gesehen und dienen damit keiner kommerziellen Verwertung oder der Werbung. Ich sehe diese kleinen Bilder – meist sogar nur Ausschnitte – als wissenschaftliche Zitate an, mit denen sich die Texte in der ersten und zweiten Spalte auseinandersetzen. Die großen modernen Bilder, die aktuelle Techniken präsentieren, verdanke ich Dieter Menne.

Anregungen, Ergänzungen und Korrekturen

für das vorliegende Manuskript erhielt ich dankenswerterweise von Arno Klien (Hollabrunn), Prof. Hans Zehetmayer (Wien), Milan Maver (Ljubljana) und in besonders gründlicher Auseinandersetzung von Dr. Joachim Unger (Sonthofen) und Aleš Guček (Ljubljana). Letzterem verdanke ich auch einige Bilder.

Diese Skizze versteht sich als erster Versuch einer speziellen und detaillierten Aufarbeitung einer Geschichte der Skitechnik. Nichtdeutsche Länder sind darin wegen meiner beschränkten Sprachkenntnisse nicht immer in der wünschenswerten Gründlichkeit berücksichtigt. Ich bin jedoch bei einer Neubearbeitung offen und dankbar für jede weitere Anregung.

Darstellung in drei Spalten

In den kurz gefassten Skizzen der ersten Spalte steht das „Ereignis", das eigentliche Zeitfenster. In der mittleren Spalte interpretiere ich das Thema und versuche Einordnungen in größere Zusammenhänge. Die rechte Spalte ist in der Regel als Bildspalte die Ergänzung zu Spalten 1 und 2 und wird von den beiden anderen Spalten interpretiert.

Dieser Einteilung folge ich jedoch nicht formalistisch. Vor allem können die Literaturhinweise und Quellenangaben zur Ausnützung des Platzes über die drei Spalten gestreut sein.

Lesen und Suchen

In Kapitel 1: Überblick in zeitlichen Entwicklungsschritten

Leser die sich einen historischen Überblick verschaffen wollen, werden die vielen großen und kleinen Entwicklungsschritte des ersten Teiles der Untersuchung angeboten. Dabei erfolgt die Darlegung in folgender dreigliedriger Form.

In Kapitel 2: Spezielle Fragestellungen in Zusammenfassungen

Die meisten Leser, die nach geschichtlichen Entwicklungen fragen, werden ein spezielles Problem oder eine besondere Frage haben. Ihnen möchte ich die Längsschnitte anbieten. Beispiel: Alle Wedelformen und besondere Beiträge zu diesem Thema

Literaturangaben
Erscheinungsjahre von Büchern werden in Literaturbelegen nicht angegeben, wenn sie mit der Eingangszeile für das Ereignis übereinstimmen.

Bearbeitungszeit des Themas
Die Anfertigung dieser historischen Arbeit hat sich fast über 40 Jahre hingezogen. Wenn deshalb die Formalia nicht immer in gleicher Manier gehandhabt wurden, bitte ich dies zu hinzunehmen.

Vorbemerkung Bildverluste
Leider gingen bei einem Computerabsturz einige Bilder verloren, die ich in einem vertretbaren Zeitaufwand nicht mehr neu beschaffen konnte. Für eine eventuelle Suche nach diesen Bildern habe ich jedoch die Literaturangaben belassen

Teil 1:
Mehr als 1000 historische Zeitfenster – vom 10. Jahrhundert bis 2021

Techniken und Schulen	Bedeutung und Verbreitung	Kommentierte Bilddokumente
1 Rasante Abfahrt mit wirbelnder Staubfahne **Um 880 Bericht über König Harald den Schönhaarigen** Der König staunt angesichts der Berge über einen Skifahrer: *„Was ist das dort auf den Bergen, das einherrast wie ein Wirbelwind? Ist das etwa ein Mann auf Schneeschuhen?"*	Der überlieferte Satz lässt sich deuten, dass die stiebenden Schneefahnen nicht allein durch das Schussfahren, sondern vermutlich durch Kurvenfahren zustande kamen. Das hohe Tempo hat den König, der sicher selbst Skifahrer war, beeindruckt. (Aus der Sammlung Thule. Bei Erwin Mehl, Grundriß der Weltgeschichte des Schifahrens. Seite 71. Interpretation Mehls auch im Beitrag Altgermanischer Schneelauf. In: Skileben in Österreich 1938. Seite 52 f.)	
2 Gleiten, eigenwillige Raumdurchquerung, Aufstiege mittels Kreiswege **9. Jahrh. Saxo Grammaticus (1150 – 1220) berichtet vor allem über das 9. Jahrhundert:** ▶ *„Finnen gleiten auf glatten Kufen schnell dahin, durchmessen eigenwillig jeglichen Raum und sollen imstande sein, sich rasch zu nähern und zu entfernen."* ▶ *„Auf gekrümmten Brettern durchfahren sie ihre schneebedeckten Berge."* ▶ Aufstiege *„mittels „Kreiswege", „gewundenen Kreislinien" und durch „schlaues Herumgehen" aufwärts.*	Mit Hilfe ihrer „beweglichen Gefährte" konnten die Finnen ihre Gegner überfallen und sofort wieder verschwinden. Skifahrkönnen war also für die Skridfinnen eine elementare Gebrauchskunst, die in der Regel räuberisch eingesetzt wurde. Wenn man liest, dass die Finnen auf gekrümmten Brettern jeglichen Raum und ihre schneebedeckten Berge auf eine eigenwillige Weise durchfahren, muss man fast annehmen, dass hier auch vom Kurvenfahren berichtet wird. Leider wird das Abfahren von den bestiegenen Bergen nicht beschrieben. Die gekrümmten Bretter müssen jedenfalls leicht drehbar gewesen sein. (SAXO GRAMMATICUS – GESTA DANORUM. Übersetzt von Hans-Jürgen Hube. Seite 40, 306 und 541)	Jagender Lappländer (Finne) Darstellung aus de la Martinière, Voyage des pays septentrionaux. 1671. Wiedergegeben bei „Anton Obholzer, 5000 Jahre Ski in Bildern.1975, Seite 40)

3 Geflogener Querschwung in steiler Abfahrt – Schaulaufen

Um 1050 Bericht über das gewandte Schaulaufen von Heming Aslaksson vor König Harald dem Harten

„Heming klomm nun den Berg in die Höhe, trat oben auf seine Schneeschuhe und fuhr dann den Berg hinab. Jäh raste er hinunter. Es war fast ein Wunder, daß es kein Todessturz ward. Doch blieben die Schneeschuhe fest an seinen Füßen haften. Nun kam er herab zum Standort des Königs und seiner Mannen. Am äußersten Rande der Klippe stemmte er seinen Skistab ein und schwang sich in die Luft. Die Schneeschuhe flogen unter ihm hinweg und Hemming faßte Fuß auf dem äußersten Felsvorsprung."

Auf der norwegischen Insel Bremagerlang beherrschten sowohl der König wie einige seiner Mannen das Skilaufen gut. Daraus zu entnehmen:

- Fahrt mit rasantem Tempo
- Drehsprünge um den Stock in der Luft
- Einstocktechnik
- Abwerfen der Ski
- Halten im Stand auf den Füßen

(Text bei Erwin Mehl, Altgermanischer Schneelauf. In: Skileben in Österreich 1938. Seite 52 f.)

Die Quersprünge und Querschwünge müssen nach dem Bericht so ähnlich ausgesehen haben wie Toni Schöneckers Bild in der Wintersportfibel von Luis Trenker und C J. Luther von 1940, Seite 26.

4 Erste Schrägfahrt – Sage von der Fahrt in den Tod

Um 1500, berichtet 1651 von L. Wolf

Die Schrägfahrt vor dem Abbruch zeigt
- hanggerechte Skiführung
- entsprechende Achsenparallelität von Knien, Hüften und Schultern
- gut angebeugte Beine
- Oberkörper in gerundeter
- C-Position
- wahrscheinlich Einstockfahren

Die Geschichte vom Opfertod eines Skifahrers. Ein skifahrender Lappe wird gezwungen, nachts Feinde zu seinen Landsleuten zu führen. Er fährt ihnen voraus mit der Fackel in der Hand in einen Abgrund, um so seine Feinde in den Tod zu führen.

Erwin Mehl in seinem Grundriss der Weltgeschichte, Seite 95, spricht von einem alten Bild, das auch F. O. Wergeland 1865 in seinem Buch „Skilöbningens, deus Historie og Verigsanwendelse" verwandt hat.

5 Laufen auf kurzen Ski mit langem Stab

1526 Sigismund zu Herberstein

„Im Winter verwenden die Bewohner meist sogenannte Artarchen. Das sind gewissermaßen Schuhe aus Holz, etwa sechs Spannen lang. Diese Hölzer befestigen sie an den Füßen und bewegen sich mit ihrer Hilfe schnell vorwärts."

Gerade die sehr kurzen Ski lassen vermuten, dass sie sich auch zum Abfahren im Gelände gut eigneten, obwohl Sigismund zu Herberstein darüber nichts berichtet. Erwin Mehl in seinem Grundriß der Weltgeschichte des Skifahrens, Seite 87, identifiziert auf Grund weiterer Berichte die kurzen Bretteln als Ski.

(Text und Bild aus Reise zu den Moskowitern. 1526, Seite 209.)

„Figur von der Mittnachtischen völckeren schlittenfahrung"

6 Erstes Skijöring **16. Jahrh. Volksstamm der Ainos** 	Skijöring wurde also nicht in St. Moritz erfunden. Nur die Vielfalt der Möglichkeiten, wie man sich auf Ski ziehen lassen kann, wurde erst im 20. Jahrhundert entwickelt: mit Pferden, Autos, Motorrädern – oder von der Hand des Vaters oder der Skilehrerin. (Das Bild links zeigt modernes Skijöring aus Hermann Uhlig, Erziehung zum Skilaufen. Seite 141.)	 (Bild eines Skifahrers aus dem Volk der Ainos. Wiedergegeben bei Carl J. Luther, Geschichte des Schnee- und Eissports. Seite 504.)
7 „und beherrschen winddungsreich die Abfahrt" **1567 (lateinischer Bericht 1555) Olaus Magnus (S) über Lappen und Finnländer** ▶ „Krummer, schneller Lauf" ▶ „Schier so geschwind auff die hohen Spitzen der schneechten Berg mit ihren langen krummen Hölzern lauffen" ▶ „Auf glatten schlüpfferigen Hölzern schnell daher laufen und rutschen" ▶ „Hurtig, mit behendigkeyt wenden/wohin sie wollen" ▶ Abfahren in Windungen ▶ Einstockfahrer	Der ehemalige Bischof aus Uppsala, beschreibt in seinem venezianischen und römischen Asyl die Schnelligkeit und Wendigkeit der Nordländer auf den Ski so, dass man sich dies für den Lauf in der Ebene, für den Aufstieg wie die Abfahrt vorstellen kann. Wie Ski tatsächlich ausgesehen haben, konnten sich seine italienischen Zeichner nicht ganz vorstellen, obwohl sie Olaus Magnus gut und vor allem als kurz beschrieben hatte. Ein Ski ist um einen Schuh länger. (Texte und Bilder Seite 3, 9, 75, 77)	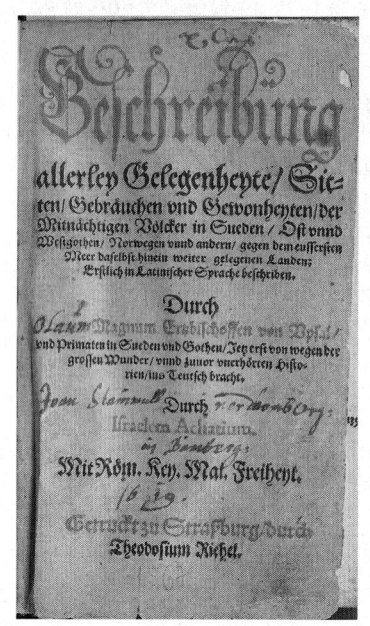
8 Erste Frau auf Ski **1567 Olaus Magnus (S) über Lappen und Finnländer** Eine Frau und ihr Mann auf Ski tragen ihre Kinder zur Taufe in eine Kirche.	Die früheste Darstellung einer Frau auf Ski. („Beschreibung allerley Gelegenheyte / Sitten / Gebräuche und Gewohnheyten der Mitnächtigen Völker". Bild Seite 91)	
9 Anhalten durch Körperneigung **Um 1650 Bericht von Francesco Negri über lappländische Skifahrer** *„Der Fahrer kommt aus der Fahrt in den Stand, indem er den Körper nach der einen Seite neigt und dadurch einen Bogen beschreibt, bis er quer zum Hang steht."*	Die entscheidende Funktion der Körperneigung wurde neben diesem Bericht auch in der neueren Zeit z. B. durch Henry Hoek (1934), von Georg Kassat mit „Seitfallen" (1985), vom Schweizer Skilehrplan von 1985 mit „Kippen" herausgestellt. In Deutschland wurde der Kippschwung seit 1970 durch Jürgen Kemmler vorgestellt. (Erwin Mehl, Grundriß der Weltgeschichte des Skifahrens. Seite 124 f.)	 Vielleicht vergleichbar das Bild aus „Wilhelm Paulcke, Der Skilauf". 1908, Seite 78

10 Lust am Skifahren - Schaulaufen

1647 Adam Olearius

Bericht über den Gebrauch von Schneeschuhen bei den Lappen:
„Solche Art drauff fortzukommen / haben wir zu Narve gesehen / da der Oberste Port uns zur Lust etliche Finnen von seinen Soldaten vor der Stadt von einem Hügel fahren ließ."

Der Reisebericht des Verfassers erzählt von den wenigen Fällen, die wir kennen, dass das Skifahren „zur Lust", selbst der Zuschauer, veranstaltet wird. Bekannt ist das Skifahren als Zeitvertreib an den norwegischen Königshöfen und fast zeitgleich zu Olearius haben wir Berichte über das sonntägliche Skifahren auf der Bloke.
(Zitiert bei Erwin Mehl, Grundriß der Weltgeschichte. Seite 90)

11 Gleichgewicht und Steuern mit Zügelski – Schuss im Tandem

Um 1650 Auf der Bloke (SLO)

Carl J. Luther nach Gesprächen mit Einheimischen 1931:
- Zügel zur Gleichgewichtsregulierung und zum Steuern
- „Man hebt mit der Schnur den vorderen Teil des rechten Ski und überträgt das Gewicht auf den linken, kantet ein wenig nach innen und steuert so rechts."

Carl. J Luther berichtet weiter, „daß sich hinter den Burschen ein Mädel stellt und ihn umfaßt, wobei beide in voller Geschwindigkeit bergab fahren."
Die sonst vor allen in Russland und den baltischen Ländern verbreiteten Zügelski wurden nicht nur zum Laufen benutzt, sondern eigneten sich eben auch für das Kurvenfahren bergab. Frühe Rockerski.
(Texte: Der Zügelski. In: Zur Weltgeschichte der Leibesübungen. Festgabe für Erwin Mehl zum 70. Geburtstag. 1960, Seite 45 -50, hier 48)

Bild russischer Jäger auf Zügelski aus Erwin Mehl, Grundriß der Weltgeschichte des Schifahrens. 1964, Seite 38

12 Richtungsänderungen mit scherendem Ski und Einstock sowie Bogen

Um 1670 Nach Ioannis Schefferi „Lapponia"

Abfahren
- in aufrechter Haltung
- Kopfdrehung nach innen
- mit Einstockstütze innen
- in leichter Scherstellung
- Belastung des Innenski

Die Einstockstütze innen finden wir später bei Zdarsky. Die Belastung des Innenski beherrschte die Auffassungen in den ersten Jahrzehnten des 20. Jahrhunderts.
(Ausschnitt aus einem Bild in „Lapponia" von Johan Scheffer, wiedergegeben bei Mario Cereghini in „5000 years of wintersports". Seite 73)

13 Mit Ski auf und ab ohne Mühe

1675 Bericht von Johannes Scheffer

Über die Lappen und ihre Ski:
„Aber ein viel Größeres ist es, daß sie mit diesen Schuhen nicht nur auf die höchsten Berge steigen, sondern auch wieder herunter mit geringer Müh gelangen."

Die Mühelosigkeit, Leichtigkeit und Schnelligkeit des Skifahrens wird in Reiseberichten immer wieder hervorgehoben.
(Erich Mehl zitiert in seinem Grundriß der Weltgeschichte des Schifahrens, Seite 66 diese Stelle aus dem Buch Scheffers „Lapponia". Seite 284. Dort auch das Bild.)

Lappländischer Skifahrer

14 Sich "winden und krümmen", Hindernisse umfahrend

1689 Bericht des Freiherrn Johann Weichard Valvasor

Krainer fahren am Sonntag nach der Kirche
- auf 140 – 160, ausnahmsweise 180 cm langen Ski
- im mittiger Stand nach hinten gelehnt
- Stock angelehnt unter der Achsel
- zum Anhalten durch Seitneigen
- *„Denn sie winden und krümmen solche ihrer Abfahrt Schlangenweise …"*
- Tandemfahren, bei dem die Mädchen bei den Burschen hinten auf den Ski stehen

Wahrscheinlich schon seit langer Zeit in den Dörfern auf der Bloke, eine Hochebene nahe Ljubljana (SLO), beheimatet. Interessant, weil abgesehen von den Göttersagas und vom Skifahren von Soldaten hier erstmals Skifahren ausdrücklich zum Zeitvertreib und Vergnügen praktiziert wird. Daran nehmen auch die Kinder und Frauen teil. Mädchen stehen bei den Burschen auf den Ski hinten drauf.

(Erwin Mehl, Grundriss der Weltgeschichte des Schifahrens. Seite 125-135. – Dastellung der Bloke Ski mit Längen von 150 und 160 cm in „Slovenian Skiing 2002". Seite 36.)

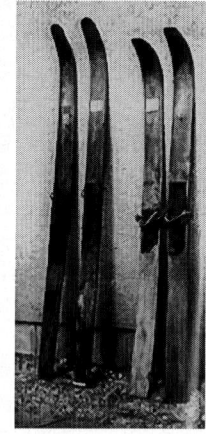

Bloke Ski 150 und 160 cm lang

15 Geländefahren

1689 Aus Valvasors Bericht

„Sie sind in der Lage, jeden Augenblick allem auszuweichen, was ihnen im Wege lag, soll das ein Baum, Felsen oder was schon sonst sein. Kein Berg war ihnen zu hoch, keiner mit den Bäumen so dicht bewachsen, dass sie nicht auf diese Weise durchkamen. Denn wo schon ein Hindernis auftauchte, überall waren sie fähig mit ihrer Fahrt auf die schlangenartige Weise zu kurven und zu wenden …"

Der slowenische Skiexperte Milan Maver vermutet, dass diese frühe Entwicklung eines modernen Skifahrens deshalb keine Auswirkungen auf die kommenden Entwicklungen hatte, nicht nur weil die Bloke geographisch abseits im Süden lag, sondern weil die Region jahrhundertelang auch verkehrsmäßig und politisch ausgegrenzt war.

(Bericht auch bei Milan Maver, Wie der Carvingski. Seite 140 – 143. Textwiedergabe Seite140 – Bild, wie Ski gebogen werden, bei Ales Gucek, Po smucinah od pradavnine. Seite 21)

Wetter und Sonne sollen die auf dem Dach eingespannten Ski formen.

16 Tandemfahren – Standfestigkeit

1689 Auf der Bloke (SLO)

Mädchen stehen hinter den Burschen auf den Ski und klammern sich an den Fahrer. Neben hoher Standfestigkeit des Fahrers sind dazu auch stabile Ski Voraussetzung, wie dies das überlieferte Bildmaterial zeigt.

Wir werden in Sache Fahrtechnik an das Bild einer gemeinsamen Flucht vor Trollen erinnert, wie es 1900 der norwegische Maler Gerhard Munthe geschaffen hat. (Siehe bei Jon Vegard Lunde.) In neuester Zeit haben immer wieder einmal Skifahrer zwei Bindungen hintereinander montiert, um zu guten Tandemergebnissen zu kommen. Abgesehen vom Fun-Faktor aber sind die Grenzen des Möglichen und Sinnvollen immer schnell erreicht.

(In: „Zur Weltgeschichte der Leibesübungen. Festgabe für Erwin Mehl zum 70. Geburtstag." 1960. Bild von „J. V. Lunde, Frau Heming ungetil Hemingway." Seite 26)

17 Schiessen im Schuss **1700 Som Holberg (N)** ▸ Aufrechte Position ▸ In Schrittstellung ▸ Anscheinend ziemlich kurzer Einstock ▸ Stock am Handgelenk baumelnd	Der Militärschriftsteller zeigt auf einem Bild gleichzeitig neben einem Reiter drei Skifahrer, wobei einer steht, der zweite Schuss fährt und dabei den Stock neben sich in Hüfthöhe führt, der dritte wie in der nebenstehenden Darstellung in der Schussfahrt schießt. (Bild in „Snoe og Ski" aus dem Jacob Dybwards Forlag. Oslo 1943. Seite 10)	
18 Abfahrt mit ungleich langen Ski und Stöcken **1765 Norwegen** Beide Bilder bezeugen eine Afahrt mit ungleich langem Ski und Stöcken und lassen – vor allem im unteren Bild – auch skitechnische Schlussfolgerungen zu. ▸ Oben aufrechte und doch leicht absitzende Position ▸ Unten eine Körperfiguration wie in der Neuzeit ▸ Stock oben während des Schießens am Handgelenk baumelnd. Stockführung im unteren Bild ganz wie später bei Mathias Zdarsky.	Die nebenstehende Darstellung zeigt einen schießenden Fahrer, der auf einem langen und auf einem kurzen Ski, dem sogenannten Ondur, abfährt. Letzterer dient beim Laufen als Schiebeski, während der längere Ski der Gleitski ist. (Unteres Bild Mario Cereghini, 5000 years of wintersports. Milano 1955. Seite 85)	 E. John B. Allen, The Culture and Sport of Skiing. Seite 32. Das Bild befindet sich im norwegischen Armeemuseum.
19 Lässige Abfahrt mit geschultertem Stock – Skifahren von Kleinkindern **1767 Knud Leem (FIN)** Die Fahrweise der Lappen: ▸ Abfahrt ohne Stock ▸ Stock lässig auf der Schulter ▸ Mit Tempo, „so daß der Wind um die Ohren pfeift und die Haare fliegen. ▸ Unterwegs können sie einen Hut aufheben.	Knud Leem schildert weiter: *„Die kleinen Kinder können kaum gehen und schon kriechen sie zu den Hügeln, stellen sich auf die Schneeschuhe und fahren die Hänge herunter."* Eine der wenigen frühen Bezeugungen, dass das Abfahren zum Vergnügen und auf sportliche Weise gemacht wird. (Wiedergegeben bei „Erwin Mehl, Grundriß der Weltgeschichte des Schifahrens. 1964, Seite 100. – Bild aus Knud Leems Beskrivelse over Finnmarkens Lappen. 1767, wiedergegeben bei Olav Bo, Norsk Skitradisjon. 1966. Seite 27)	
20 Wedelspuren? **1767 Knud Leem (FIN)** Anton Obholzer interpretiert die Spuren als Wedelspuren. Aus heutiger Sicht: Schräghangwedeln. Auch eine Girlandenspur könnte man darin sehen.	Die Fassdauben oder voll gerockten Ski dürften ohne Schwierigkeiten das schnelle und rhythmische Hin- und Herdrehen der Ski erlaubt haben. Der wedelnde Fahrer zeigt darüber hinaus, dass er sich dabei noch bücken kann. (Siehe 5000 Jahre Ski in Bildern. Seite 67)	

21 Weitauskreisende Wendungen der Normannen **1767 Friedrich Gottlieb Klopstock (D)** „Von des Normanns Sky … Gebogen steht er drauf und schießt mit des Blitzes Eil, die Gebirg` herab! Arbeitet dann sich langsam wieder herauf am Schneefelsen … Schnell, wie der Gedanke, schweben sie in weitauskreisenden Wendungen fort, wie im Meere die Riesenschlange sich wälzt." (Klopstock in einer seiner fünf Eislaufoden)	Ein kurzer Text voller Informationen über das damalige Skifahren bzw. die Vorstellungen davon. Der selbst sportlich ambitionierte Dichter weist auf Grund von Berichten auf mehrere technisch bedeutsame Elemente und Kunstfertigkeiten hin. Die Bilder Klopstocks vom Skifahren werden heutigen Carvern entgegenkommen. (Text aus Zindel, Chris. Siegm., Der Eislauf oder das Schlittschuhfahren. Seite 95)	Klopstocks Metaphern ▶ Abfahrtshaltung: gebogen ▶ Tempobild 1: wie der Blitz ▶ Tempobild 2: schnell wie der Gedanke ▶ Richtungsänderung 1: weitauskreisende Wendungen ▶ Richtungsänderung 2: wie Riesenschlangen sich wälzen
22 Sich Durchwinden zwischen Bäumen – Schuss ohne Stockreiten **1767 Jahrbuch Oslo** Aufgaben eines militärischen Wettbewerbes: ▶ „in voller Fahrt ihr Gewehrabfeuern" auf ein Ziel in 40/50 m Entfernung ▶ „sich zwischen den Bäumen durchwinden können ohne … zu fallen oder die Skier zu brechen" ▶ „ohne auf dem Skistock zu reiten oder sich zu stützen … den steilen Hügel hinabfahren können."	Erstaunliche Anforderungen, die eine gute, ausdifferenzierte Skitechnik verlangen. Einmal schießen am mäßig steilen Hang, dann die Abfahrt am steilen Hang und schließlich „zwischen den Bäumen sich durchwinden. Letzteres heißt nichts anderes als das Kurvenfahren beherrschen. (Aus dem Jahrbuch (Aarbok) der Skisport-Förderungsvereine. Oslo 1932. Wiedergegeben bei Carl J. Luther, Bilderbuch der alten Schneeschuhläufer. Erfurt 1942, Bild und Text Seite 61 f.)	
23 Bremsen im Schuss und Bogenfahren **1797 Cornelius de Jong (NL)** Soldaten in Trondheim fahren: ▶ in sehr tiefer Hocke ▶ mit Einstock ▶ den Stock für den Bogen weit hinten eingesetzt ▶ zum Bremsen und Anhalten Ritt auf dem Stock zwischen den Beinen „Hierdurch wird der Lauf auf einmal gehemmt Sie können sich aber leicht vorstellen, welch einem heftigen Stoß dabei der Leib ausgesetzt ist."	Nach einem Bericht des Holländers Cornelius de Jong fahren die Skisoldaten von Drontheim in Norwegen auf diese Art. Vor allem beeindruckt ihn ein Fahrer, der nach einem Sprung über eine Schanze die Richtung wechselt, um auf einer zweiten Schanze zu einem zweiten Sprung zu kommen. (Dokumentation in verschiedenen Quellen z. B. bei Erwin Mehl, Grundriss der Weltgeschichte. Text und Bild Seite 115 – 117.)	

24 Verwegene Kurve - Reueln

18. Jhdt, Bild aus Norwegen

- Bogen voll auf dem Innenski
- Außenski scherend angehoben
- sehr lange Ski
- relativ kurzer Stock als Stütze und Exzenter eingesetzt
- Umgehängtes Gewehr

Die verwegene Kurve wird offensichtlich sehr souverän ausgeführt.
Hätte Fritz Reuel 1925 dieses Bild gekannt, hätte er sich in seiner Fahrweise bestätigt gefühlt

(Das Bild findet sich in „Snoe og Ski" aus dem Jacob Dybwards Forlag. Oslo 1943. Seite 11)

25 Buntes Hangtreiben in Norwegen

1880er in Norwegen

Bilder aus dem Skileben in Norwegen, als dort der Volksskilauf und das bunte Treiben auf den Skihängen – einschließlich der neuen Mode – einsetzte.

(Die Bilder sind entnommen aus Olav Bo, Norsk Ski Tradisjon. DetNorske Samlaget. Oslo 1966, Seite 79, 82, 85, 94, 101)

26 Erste taillierte Ski – erste deutsche Anleitung

1804 J. Ch. F. GutsMuths (D)

„Im Abfahren werden die Schneeschuhe zu Fittigen, auf denen man fast ohne alle Mühe über die Bahn dahinschwebt".
„Den Stab steckt man quer unter einer Achselgrube weg, hält ihn vor die Brust stark mit den Händen und lehnt sich rückwärts darauf."

GutsMuths berichtet in seiner „Gymnastik für die Jugend", (erst in der 2. Auflage von 1804) von taillierten Ski. Die allgemeine Annahme, dass die taillierten Ski aus Morgedal in Telemark stammen, ist damit zweifelhaft und muss korrigiert werden. Jedenfalls sind sie älter als die in der sportlichen Ära von 1860 geschilderten Ski. Für GutsMuths Beschreibung der Abfahrt spielt die Taillierung allerdings keine Rolle. Wahrscheinlich diente die breitere Schaufel nur dazu, den Weg für die Schuhe zu bahnen, so wie es auch noch Willi Romberg 1909 beschrieb. Ein besonderes Merkmal: Ständiges Anlehnen an den Stock.

(Gymnastik für die Jugend. Seite 389).

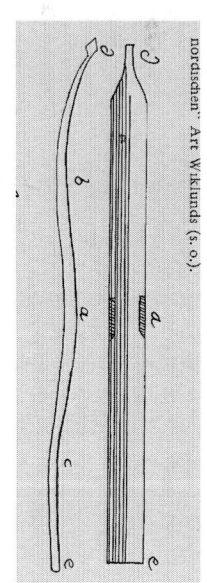

27 Taillierte Ski für Telemark und Christiania

1804 Bericht von GutsMuths (D)

Schon früher müssen in Skandinavien taillierte Ski verbreitet gewesen sein. Das erfahren wir beispielsweise für das Jahr 1804 von J. Ch. F. GutsMuths, der sich norwegische Ski schicken ließ. Genaueres stellte Karin Berg fest, die aber nur in zwei Tälern taillierte Ski vorfand.

So ähnlich müssen die Ski ausgesehen haben, mit denen die Morgedaler Telemark und Christiania erfunden haben. Es dürfte ein historischer Kairos, ein glückliches Ereignis, gewesen sein, das den Wunsch nach Abstoppen der Fahrt nach dem Sprung mit der Taillierung zusammenbrachte.
(Gymnastik für die Jugend)
(Holmenkollen – Skimuseum". Seite 36 und in „Ski i Norge")

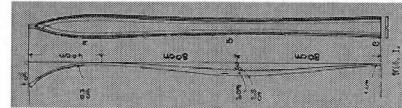

(Zeichnung aus Luther „Ski und Skilauf. Anleitung zur Herstellung". Seite 7)

28 „Mit schreckenerregender Gewandtheit" – Klang der Schneeschuhe

1835 Honoré Balzac (F) in seinem Roman „Seraphita"

- „Und abermals glitten die langen, an ihren Füßen befestigten Schneeschuhe hell klingend vorwärts."
- „Waren es zwei lebende Geschöpfe, waren es zwei Pfeile?"
- „Wo dennoch dieses Paar mit schreckenerregender Gewandtheit dahinglitt, welche die Somnambulen besitzen, wenn sie, alle Bedingungen der Schwere ... vergessend."

Der Romancier beschreibt Besteigung und Befahrung des norwegischen Berges „Pic". Dabei hat er wahrscheinlich selbst nie einen Skifahrer gesehen und so vermengen sich bei ihm wohl Berichte und Phantasie. Etwas wirr wird auch eine Art Spitzkehre beschrieben.
In seiner Schilderung der Ski sind diese ungleich lang und mit Rentierfellen bezogen.
Balzacs Sprache und das begleitende Bild bringen uns das Skifahren auf eine besondere Art nahe.
(Text aus „Seraphita". Bremen, 1997, Seite 16 und 22. Bild des Außentitels der Romanausgabe. Goldmann/München o. J.)

29 Erste Telemarks

1850/1860 in Morgedal (Telemark – Norwegen)

Schwingen mit taillierten Ski in tiefer Ausfallstellung:
- mit Innenbein gebeugt bis nahe einem Hinknien
- mit Außenbein fast gestreckt und weit vorgeschoben
- mit vollem Gewicht auf dem Außenski
- ohne Stöcke, dafür manchmal mit einem „Bruch" (Zweig) in der Hand
- oder auch mit zwei Stöcken

Ohne Sondre Auersen Norheim und die Telemärker ist die Entwicklung des sportlichen Skilaufs nicht denkbar. Ursprünglich zum Stoppen der Fahrt nach einem Sprung über eine Schanze gedacht. Die Telemarktechnik ist die erste Schwungtechnik. Später wurde sie vor allem am Arlberg geringgeschätzt. Die Entwicklung des Pistenskilaufs drängte sie in den Tiefschnee ab. Mit Recht aber nennt 1996 Arno Klien (A) den Telemark Urcarver. Außer in Morgedal gab es nach Karin Berg nur ein 2. Tal, in dem taillierte Ski verwendet wurden.
(Karin Berg, Holmenkollen – Skimuseum. Seite 36 und in „Ski i Norge")

30 Taillierte Ski **Um 1860 Skimuseum Holmenkollen** Jostedalen Ski Radius 28,24 Meter	Über skitechnische Verwendungen mit diesem Ski ist nichts bekannt.	
31 Erste Kristianias **Ca. 1870 aus Morgedal (N)** Halteschwung neben dem Telemark ▶ gerissen ▶ auf beiden Ski belastet ▶ mit 2 Stöcken gefahren	Der Schwung wurde nach der Hauptstadt benannt, die von 1624 an Christiania hieß und erst 1924 wieder den alten Namen Oslo erhielt. Dort führten die Telemärker in den 1870er und 1880er Jahren ihre Künste vor. Bald aber fuhren die Städter skitechnisch besser.	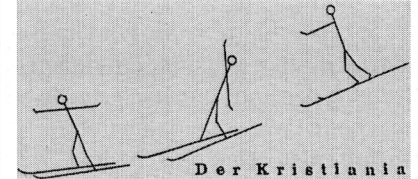
32 Hohes Abfahrtstempo in aerodynamischer Position **1860/1870 USA** Technik norwegischer Einwanderer und Einheimischer ▶ Benutzung sehr langer Ski, zum Teil bis über 400 cm ▶ Schussfahrten mit hohen Geschwindigkeiten ▶ offensichtlich schon gute aerodynamische Positionen	Heinz Polednik berichtet über Rennen in den USA, so auch 1863 mit Angehörigen deutscher Firmen. Es werden schon Geschwindigkeiten bis 140 km/h erreicht. Die Abfahrtsposition auf nebenstehendem Bild ist erstaunlich. In Europa findet das erste Geschwindigkeitsrennen 1921 auf dem Jungfrau-Gletscher statt. (Heinz Polednik, Weltwunder Skisport. Seite 26 – 28. – Info über Europa: Helmuth Zebhauser, Handbuch Alpingeschichte im Museum. Seite 324)	 Bild aus E. John B. Allan, From Skisport to Skiing. Seite 24
33 Schusstechnik und Körperfiguration **1874 Rennen in den USA** ▶ geschlossene Skiführung ▶ mit Einstock ▶ modern anmutende, kompakte, dynamische Körperfiguration	Das Bild – gezeichnet 1874 – aus dem Western Skisport Museum Borcal Ridge, Cal. ist ebenso spektakulär wie das im vorhergehenden Abschnitt. Keine Darstellung in Europa in dieser Zeit zeugt von gleicher Dynamik und skitechnischer Perfektion. (Bildausschnitt aus E. John B. Allan, From Skisport to Skiing. Seite 27)	
34 Einführung des Skikurses **1881 Norwegisches „Aftenblad", berichtet von Carl J. Luther (D)** *„Es wird hiermit bekanntgemacht, daß ein alter Telemarker mit seinen zwei Söhnen bereit ist, einen Kurs im Skirennen und vollständiger Unterweisung der Ski uns zu geben, wenn sich entsprechende Beteiligung meldet."*	Kursleiter waren Torjus Björgulvsen mit seinen berühmt gewordenen Söhnen Torjus und Mikkel Hemmestveit aus Morgedal. Die Anzeige führte zu einem Ansturm, so dass die Veranstalter noch Verstärkung aus Telemarken holen mussten. Mikkel wurde kurz danach der erste Skilehrer der Nordamerikaner. (Skikurswandel. Seite 27)	

35 Sprung mit Telemarkschwung

1881 Fritz Huitfeld (N)

„Ohne Stock, schmalspurig, leicht und behände überwand der Schusterjunge aus Telemark (Torjus Hemestveit) die Unebenheit des Hügels. Elastisch wie eine Sprungfeder nahm der den Absprung von der Sprungschanze, ruhig wie ein Vogel schwebte er dahin. Eine kleine Beugung der Knie, und nach einem Augenblick war er gelandet und machte einen Telemarkschwung."

Der Bericht über die Huseby-Skiwettkämpfe fährt fort:

„Wie ein Meteor ging er nieder unter die erstaunte Menge. Es war wie eine Vision! ... man konnte das Geschehene kaum fassen."

Interessant ist die enthusiastische Schilderung der Schussfahrt wie des Sprunges und des Telemarks. Fritz Huitfeld war offensichtlich von der Begeisterung der Zuschauer angesteckt.

(Bericht in der Wochenzeitschrift „Norsk Idraetblad", Text und Bild übernommen aus Walter Umminger, Sport Chronik – 5000 Jahre Sportgeschichte. Seite 150 f.)

36 „Flugleichtes Gleiten" – Hommage an das Skifahren

1885 Wilhelm Paulcke (D) in Erinnerung 1936

„... und fuhren jauchzend über die Hänge der leuchtenden Höhen, erlebten die unvergleichliche, unbeschreibliche Lust des flugleichten Gleitens über den weichen, stiebenden Schnee. Unserem Körper, unserem Fühlen und Empfinden wurden neue, wunderbare Erlebnisformen geschenkt, eine neue Welt tat sich auf, eine Welt, in der wir immer neue Schönheiten, neue Möglichkeiten entdeckten:

Wunder reihte sich an Wunder; junge Menschen erblickten sie in tiefster Seele. ... Was wir hier erlebten, was uns erfüllte, war so schön und beglückend, so voll lebensbejahenden Kraft, das mußte Allgemeingut werden!"

Der Enthusiasmus über den neuen Sport dürfte in der Sportgeschichte einmalig sein. Hier wird es sogar noch bei Paulcke als Erinnerung in den 1930er Jahren sichtbar

(Berge als Schicksal. Seite 47. Bild: Wilhelm Paulcke als Sieger in einem Sprunglauf 1886)

37 Herrschaft über die Schneeschuhe und über die Fahrt

1886 Fahren mit dem Stab E. H. Schollmayer (A)

„Nur bei günstiger Bodengestaltung, bei Terrainabsenkungen, üerläßt sich der Läufer den Einwirkungen des Gesetzes der Schwere, verwandelt sein Laufen in ein freies Gleiten und fährt auf seinen Schneeschuhen, ohne jedoch auch nur einen Augenblick die Herrschaft über seine Schneeschuhe zu verlieren; mit Anspannung aller Muskeln regiert er sein improvisiertes Fahrzeug und je toller die Fahrt geht, desto sicherer mußer seiner Kraft über sich selbst und seine Schneeschuhe sein."

„Die natürliche Folge ist dann ein `Durchgehen` der Schneeschuhe; mit ganz unglaublicher Schnelligkeit sind Schneeschuhe und Beine unter dem Körper weggesaust und man berührt mit dem verlängerten Rückgrate den Wintermantel unserer Mutter Erde."

An Abfahrtstechniken werden nur Schuss, Pflug und Springen behandelt. Besondere Behandlung des Springens. Fahren in verschiedenen Schneearten.

(Auf Schneeschuhen. Seite 50 – 60)

Stürzen:
„Öfter noch, als beim Bergablaufen geschieht es beim Springen, dass der Läufer stürzt und dann einem grossen Balle gleicht, eine Schneewolke hinter sich lassend den Abhang hinunter kullert; wirbelnd gerathen Arme, Beine und Schneeschuhe durcheinander, der Zuschauer vermuthet kein ganzes Glied mehr an dem Läufer und trotzdem kommt es nur in den seltensten Fällen zu einem wirklichen Unglücke."

Ein sehr bemerkenswertes Buch, das bisher in skigeschichtlichen Rückblicken kaum erwähnt wird. Heute noch gut lesbar. Emotionale und bildstarke Beschreibungen. Millimetergenaue Anleitungen für die Herstellung jeder Skilänge.

38 Schuss im Ausfallschritt **1886 Volksskilauf in Pohorje (Obersteiermark, A)** Bildanalyse ▸ Abfahrt in Ausfallstellung ▸ Körper leicht gebeugt ▸ langer Einstock ▸ Stock seitlich geführt, ähnlich wie später bei Zdarsky	Ein dort ansässiger Unternehmer hatte zu Winterspielen geladen, die über längere Zeit durchgeführt wurden. Texte, die über Skitechnik Auskunft geben, sind nicht bekannt. (Bild aus Ales Gucek, SLEDI SMUCANIA PO STAREM. 2004, Seite 54)	
39 Schwingen mit einem kleinen Sprung **1896 Luigi Krauß (A)** „Beim Abfahren muß der Oberkörper etwas nach vorne gehalten werden, und es ist vorteilhaft, einen Fuß etwas dem anderen vorzusetzen. Das sogenannte Stöckereiten kennt man in Norwegen nicht. ... Befindet man sich auf einem steilen Abhang, so wird der untere Fuß ... rasch geschwungen, bis er senkrecht zu seiner früheren Stellung sich befindet, gleichzeitig wird der höhere Fuß gehoben und auch geschwungen, währenddem der Läufer auf dem anderen Fuß schon fährt und dann neben letzterem gestellt. Das Ganze wird mit einem kleinen Sprung in die Höhe ausgeführt."	Eine sensationelle Technikbeschreibung, die vielen anderen Berichten über den norwegischen Skilauf widerspricht. Was der Wiener Gast bei den „Holmenkollen-Concurrenzen" sieht und erlebt, ist hier ganz offensichtlich auch späteren Entwicklungen in Mitteleuropa weit voraus. Auch die Empfehlung einer persönlichen Fahrtechnik wird erst Jahrzehnte später in der Literatur wieder vertreten sein. In fast wörtlicher Übereinstimmung bei Carl J. Luther 1937. (Luigi Krauß. Ski-Sport in Norwegen. Ein Reise-Bericht. Seite 16)	„Jeder hat eine andere Manier einen Schwung zu machen, wie es ihm eben am besten paßt."
40 Skikünste im Thüringer Wald **Um 1887 W. Offermann (D)** „Leider machten wir den Fehler breitspurig zu fahren, und gingen deshalb des Vorteils von eng gestellten Skiern beim Bogenfahren und Anhalten verlustig. ... Das Stockreiten ist uns von vornherein nicht sportmäßig erschienen. ...	Wir traten Treppen, fuhren in weiten Bogen oder auch wohl einmal nach Schneeschuhart abwärts, bekamen auch etwas Stemmtechnik heraus, brachten uns auch bei günstigem Schnee durch eine Art gerissener Christiania zum Halten, mußten aber größere Abfahrten meist mit einem Sturz beschließen. Christiania und Telemark waren uns nicht einmal dem Namen nach bekannt. Trotzdem machten wir an Sonntagen regelmäßig 6-8 stündige Turen."	W. Offermann beschreibt in seinen Erinnerungen außerdem eine Situation vor Fridtjof Nansens Grönlanddurchquerung und berichtet von den zahlreichen Kleinschriften der 1890er Jahre. (Aus den Anfängen des Skilaufes. 1930. Seite 19 f.)
41 Abfahrerin mit Stockführung **1889 Carl Hansen (N)** Abfahrtshaltung: ▸ schmale Skiführung ▸ leichte Schrittstellung ▸ aufrecht mit Rücklage ▸ Aufstützen und Mitschleifen eines frei geführten Stockes	Der Maler zeigt eine Skifahrerin bekleidet mit verhältnismäßig kurzen Röcken. (Maler. Bild in Snoe og Ski in norsk Malerkunst 1847 – 1924. Seite 27 f.)	

42 „Prophet", „Erlöser", „Offenbarung", „Apostel"

1889/1930 Max Kleinoscheg/Toni Schruf (A)

„Da brachte mir die Weihnachtswoche des Jahres 1889 einen Propheten ins Haus, der das Erscheinen eines neuen Erlösers verkündigte. Der als Alpinist und Radfahrer schon damals berühmte Grazer Sportsmann Max Kleinoscheg war mit zwei langen Bretteln erschienen, von denen er erzählte, daß sie uns die Kraft gäben, den Widerstand des nordischen Riesen zu brechen und den eisigen Firn seines Reiches zu erobern, daß der sonst unbezwingliche Schnee unter diesen Hölzern sich zur Fahrbahn umwandle und dem Wanderer Brücken baue über Bäche, Gräben und Schlünde. Und was mir da noch traumhaft – ein Wintermärchen – ins Ohr klang, es ward mir Offenbarung, als wir bald darauf üppige Schneefelder auf diesen Hölzern durchquerten und vom Gehänge flott zu Tal glitten. Der Schneeschuh hatte in uns seine zwei ersten Apostel gefunden. Wir beschlossen, diesen Wintersport in den österr. Alpenländern einzuführen."

Die Erinnerungen von Toni Schruf bezeugen gleichsam ein Manifest der Einführung des Wintersports in Österreich. Der weltläufige Hotelier, der als Kellner schon in Venedig, Paris und Berlin gearbeitet hatte, spürte die Bedeutung des Wintersports für die Zukunft. Die Umtriebigkeit Kleinoschegs für den Skilauf dagegen scheint mir in der Literatur noch zu wenig Beachtung gefunden zu haben. Jedenfalls hat er offensichtlich seinen Einsatz mit missionarischem Eifer betrieben, wie schon Schrufs Wortwahl „Erlöser", „Prophet" und „Offenbarung" vermuten lässt, auch wenn dies aus der Erinnerung in einem Vortrag 1930 geschieht. Vermutlich wollte Schruf dabei auch Position zu Mathias Zdarskys Buch, das 8 Jahre später erschien, beziehen. Er vermied es allerdings auch Hinweise auf Wilhelm Paulcke, W. Offermann und die Vorstellung in Pohorje zu machen. Oder kannte er diese noch früheren österreichischen Zeugnisse nicht?

(Gedenkschrift an die Einführung des Skilaufens in den österreichischen Alpenländern. Mürzzuschlag, 1930, Seite 4 f.)

Max Kleinoscheg 1889 in Mürzzuschlag (Bild aus Thorsten Buhl und Franz Preitler, Toni Schruf – Die Biographie. Seite 44)

43 Nächtliche Abfahrt

1890 Fridtjof Nansen (N)

„Und hinunter ging es auf Schneeschuhen in der rabenschwarzen Nacht, ich voran und Eva nach. Wir fuhren pfeilgeschwind dahin über Halden und Bergrücken ... Diese Bahn war denn doch zu abschüssig für Schneeschuhe, es blieb nichts anderes übrig, als sich auf den Körpertheil niederzulassen – auf dem man gewöhnlich zu sitzen pflegt -, das greift die Beinkleider zwar etwas an, ist aber bei Dunkelheit weitaus sicherer."

Nansen schildert in einer abendlichen Runde am Tage des Stapellaufes der Fram, seines Forschungsschiffes, eine nächtliche Abfahrt vom Gipfel des Norefjeld mit seiner Frau. Nach der geschilderten Hosenbodenstrecke wurde die Abfahrt wieder aufgenommen, endete aber dann mit einem Doppelsturz in einen tiefen Graben. Man muss nach dieser Schilderung annehmen, dass sowohl Nansen als auch seine Frau mutige und standsichere Skifahrer waren. Diese lange Abfahrt konnte auch nicht nur in Schussfahrten bestehen.

(Eugen von Enzberg, Fridtjof Nansen. ite 174 – 176)

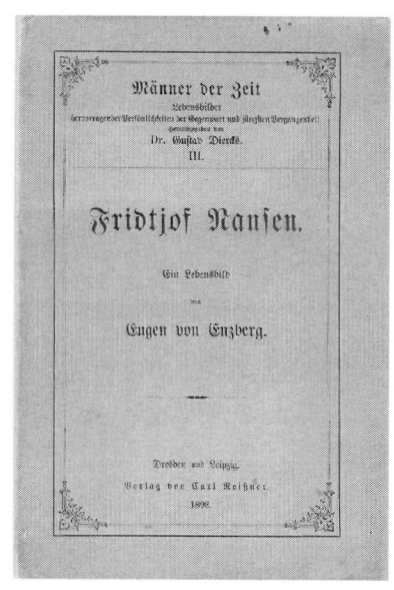

44 Springen – Voraussetzung für Schwingen

1891 Fridtjof Nansen (N)

„Nichts giebt uns ... eine solche Herrschaft über den Ski als das Springen."
Nur damit sei man im Stande, die Ski
„nach beiden Seiten zu schwingen, sie ganz quer hinzustellen und vor jedem unerwarteten Hindernis Halt zu machen."

Nansens Buch und Bericht „Auf Schneeschuhen durch Grönland" war für Mitteleuropa ein Fanal. Das neue Interesse an Ski und am Skilaufen ging weit über die bisherigen Anregungen durch norwegische Kaufleute und Studenten hinaus. In seinem Buch geht Nansen allerdings vor allem auf läuferische Erfahrungen ein.
(Bild und Texte aus Auf Schneeschuhen durch Grönland, Bd. 1, Seite 121, 122 u. 124)

45 Im Abfahren die Herrschaft bewahren

1891 Fridtjof Nansen (N)

„Bergabwärts geht es ganz von selber, denn die Schneeschuhe gleiten leicht über den Schnee dahin. Man muß sich nur auf denselben halten und die Herrschaft über sie bewahren, so daß man nicht gegen Bäume oder Steine läuft oder in einen Abgrund stürzt. Je steiler der Berg ist, desto geschwindere Fahrt hat man, und nicht ohne Grund heißt es im Königsspiegel, daß man auf Schneeschuhen den Vogel im Fluge überholt und nichts, was sich auf der Erde bewegt, dem Schneeschuhläufer entgehen kann."!

Nansen gibt diesen Hinweis nachdem er Olaus Magnus (1555) zitiert hatte, der auf den mühseligen Aufstieg zu sprechen kam.
(Auf Schneeschuhen durch Grönland. 1. Bd. Text Seite 79, Bild rechts oben Seite 81 Porträt aus Nansens Todesjahr 1930 bei E. John B. Allen, Historical Dictionary. Seite 133)

46 Einstock und zwei Stöcke

1891 Fridtjof Nansen (N)

Im Lauf wie in der Abfahrt.
„Die letzteren (Oberkörper und Arme) erhalten eine gesunde Bewegung durch die Benutzung des Stabes ... Auf der Wanderung über das grönländische Inlandseis bedienten auch wir uns zweier Stäbe."

Fridtjof Nansens Offenheit in der Stockfrage hätte für die kommenden Jahre ein Vorbild sein können.
(Text aus Auf Schneeschuhen durch Grönland. 1.Band. Seite 126. Bild Seite 75)

47 Fridtjof Nansen auf ungleich langen Ski mit einem Stock

1889 Fridtjof Nansen (N)

Das Foto wurde wahrscheinlich während Nansens Expedition aufgenommen, weil es neben dem Bild eines Expeditionsteilnehmers steht.

In der geschichtlichen Diskussion wird meist angenommen, dass die Verwendung ungleich langer Ski Jahrhunderte zurückliegt. Außerdem wird aber fälschlich angenommen, dass das Einstockfahren auf Mathias Zdarsky zurückgeht. Mit einem oder zwei Stöcke zu fahren, wäre also eine innernorwegische Diskussion.
(Aus Walter Umminger, Sport Chronik – 5000 Jahre Sportgeschichte. Bild Seite 151)

48 Stock und Stockreiten **1891 Fridtjof Nansen (N)** Durch das Stockreiten erhielt freilich der *„Läufer eine gezwungene, hinten überliegende Stellung, ohne die eigentliche Herrschaft über die Ski zu erlangen, oder sich auf seine eigenen Beine zu verlassen."*	Dennoch meint Nansen: *„Bis ganz vor kurzem war der Stab den Skiläufern fast ebenso unentbehrlich wie die Ski selber; auf ihm ritt er den Berg hinab, wenn die Geschwindigkeit zu groß wurde, zu ihm nahm er in jeder schwierigen Lage seine Zuflucht, er war sein einziger Tröster in jeglicher Noth."* (Auf Schneeschuhen durch Grönland. Bd. 1, 1891, Seite 120 f.)	
49 Auch kurze, breite Ski, neben langen und breiten Ski **1891 Fridtjof Nansen (N)** Er meint, daß *„es sich von selbst versteht, daß man z. B. in unwegsamen Waldgegenden kurze und breite Ski vorzieht, die leicht zu wenden sind. Bei schwerem, losem Schnee kann man ferner lange und breite Ski aus losem, leichtem Holz benutzen."*	Entgegen der verbreiteten Annahme, dass erst Georg Bilgeri einen kürzeren Ski propagierte, hat auch in diesem Punkt Nansen die frühere Einsicht. Im Übrigen diskutiert er die Erfahrungen mit verschiedenen Skitypen bei seiner Grönlanddurchquerung. (Auf Schneeschuhen durch Grönland., Bd. 1, 1891. Seite 115)	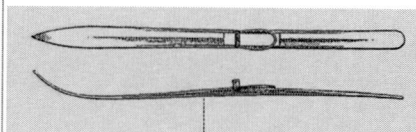 Allgemein empfiehlt Fridtjof Nansen einen Ski, der vor allem vorne breiter ist, wie es diese Zeichnung ausweist. Seine Eicheski für die Expedition hatten bei einer Länge von 2,30 m die Maße: vorne: 9,20 cm Mitte bis hinten: 8,00 cm
50 Gräten- und Treppenschritt **1891 Fridtjof Nansen (N)** *„Ist der Berg steil und hoch, so geht er (der Läufer) nicht geradeaus, sondern nähert sich dem Gipfel Schritt für Schritt kreuzend, oder auch er erklimmt ihn seitwärts Schritt für Schritt und bildet so gleichsam eine Treppe im Schnee."*	Sicher gab es diese beiden Aufstiegsarten schon vor Nansen. Ihre literarische Dokumentation aber macht sie der Lehrvermittlung zugänglich. (Text und Bild aus Auf Schneeschuhen durch Grönland. Hamburg. Bd. 1, 1891, Seite 78 f.)	
51 Elegante Schussfahrt einer Frau **1892 Frits Thaulow (N)** Abfahrtshaltung: ▸ schmale Skiführung ▸ leichte Schrittstellung ▸ aufrechte Körperstellung ▸ Einstock quer vor den Hüften ▸ (Einstock auch beim stehenden Skifahrer)	Der Ausschnitt aus einem größeren Gemälde zeigt die Skifahrerin im langen Rock. Dass in Norwegen Frauenskilauf selbstverständlich war, sehen wir auch aus dem Oevre des Künstlers mit mehreren Laufbildern. (Bild in Snoe og Ski in norsk. Malerkunst 1847 – 1924, Seite 54 f.)	

52 Schuss mit engster Führung **1892 Redaktion des „Tourist" (D)** „Beim Bergabwärtsfahren ist die Hauptregel, die Schuhe fest aneinandergehalten, die Füße entweder straff aneinander oder den einen Fuß etwas vorausgeschoben, wodurch das Balanciren (sic) des Körpers leichter wird." („Das Schneeschuhlaufen und seine Verwendung für Jagd, Sport und Verkehr." Seite 29)	Die Verdienste von Max Schneider und seiner Redaktion in Berlin um die Verbreitung des Skilaufs in Mitteleuropa sind nicht hoch genug einzuschätzen. Neben der eifrigen publizistischen Tätigkeit wurden auch zehntausende von Ski aus Skandinavien importiert. Er erfand verschiedene Schlitten für das Eis wie für die Schneebahn und förderte das Eissegeln. Erstmals wird für die Skifahrer winddichte und wasserdichte Kleidung angeboten.	Interessante Begriffe: ▶ für Grätenschritt: „Grätenstich" ▶ für Ausweichen von Hindernissen: „scharf ausbiegen"
53 Stockreiten als Unterschied im Abfahren der Städter und der Dörfler **1892 Wilhelm von Wangenheim (A)** Thematisches Beispiel Stock: ▶ Die Städter fahren ohne Stockreiten, die Dörfler aber benützen noch diese alte Technik. ▶ Man kann ohne, mit einem oder mit zwei Stöcken fahren.	„Die norwegischen Schneeschuhe (Ski). Das nützliche Geräth zur Ueberwindung bei dem Verkehr durch Schnee bereiteten Hindernisse" Die kleine Schrift, die sich als Buch gebärdet, berichtet ausschließlich und zitierend aus Nansens Expeditionsbericht. (Die norwegischen Schneeschuhe (Ski). Zitat aus der Titelseite)	Widmung des Buches: „Dem mächtigsten Förderer alles dessen, was nicht nur im Interesse der Armee, sondern auch im allgemeinen Interesse dienlich, Sr. K. u. K. Hoheit dem durchlauchtigsten Erzherzog, Feldmarschall Albrecht von Östreich in tiefster Ehrfurcht gewidmet."
54 Erste mitteleuropäische Telemarkrezeptionen **1893 Der slowenische Förster Henrik Etbin Schollmayer (SLO)** beschreibt ▶ Fahrhaltung ▶ Telemark ▶ und einen kräftig taillierten Ski	Mehrere kleine Schriften dieser Jahre, wie z.B. auch von Theodor Neumayer, versuchen vor allem den Forstleuten die Ski und ihren Gebrauch vorzustellen. Schollmayer hat allerdings auch bereits seine Jagdtouristen aus Wien und Tschechien im Auge. (Auf Schneeschuhen. Ein Handbuch für Forstleute, Jäger und Touristen. Zeichnung Seite 28)	
55 „Bergab geht es von selbst." **1893 Laurentius Urdahl (N)** „Man soll nicht den Mut verlieren, auch wenn es das erstemal drunter und drüber geht; wenn der Schnee tief und locker ist, ist das nur erfrischend. Im Laufe der Jahre kann man bei beständiger Übung ein guter Läufer werden."	Im ersten norwegischen Lehrbuch gibt es nur wenige Anweisungen - weil es ja bergab von selbst geht. Lediglich auf eine Fahrstellung mit vorgeschobenem Bein wird hingewiesen. (Zitiert und erzählt bei Erwin Mehl, Die Entwicklung des Abfahrtsunterrichtes. Seite 16 f.)	

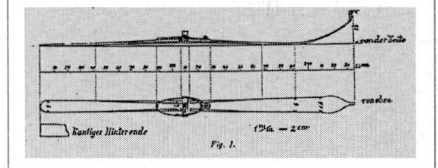

56 Stockbremse, Pflug und Halteschwung

1893 Henrik Etbin Schollmayer (SLO)

„Will man durch Zurückbeugen die Fahrt verlangsamen, so setze man den Stab hinten in den Schnee ein und lasse das ganze Gewicht des Körpers auf ihm lasten. Der Stab wird eine tiefe Furche in den Schnee reißen und durch diese Reibung die Fahrt verlangsamen."

Der Autor empfiehlt die seitlich hinten angesetzte Stockbremse neben dem Pflug zur Kontrolle des Tempos.

Halteschwung: Vorsicht „bis man es erlernt hat sich auch in der tollsten Fahrt durch Herumwerfen und Querstellung der Schneeschuhe ganz plötzlich aufzuhalten oder durch eine scharfe Schwenkung sofort von der Fahrtrichtung abzubiegen."

Der Verfasser spricht von „Gleithölzern".
(Auf Schneeschuhen, Texte und Zeichnung Seite 54 f.)

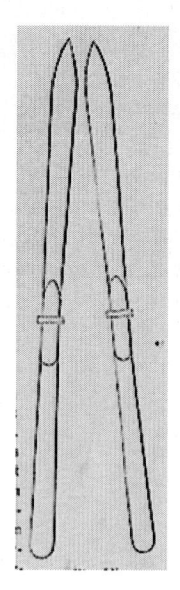

57 Wendungen mit den Füßen und gebeugten Knie - Sturzschule - Sturzbekanntschaft

1893 O. Vorwerg (A)

- bei der Schussfahrt Beine nicht gepresst, sondern im bequemen Abstand
- bei großen Bögen die Ski mit den Füßen drehen
- bei scharfen Wendungen in die Knie gehen
- möglichst früh Springen durch Kniebeugen und Kniestrecken
- Anhalten durch einen Schlusssprung
- erste Sturzschule
- erste Hinweise auf psychische Leistungen

Insgesamt Lehrbuchcharakter.

Sensationelle Texte! Beispiel: *„Mit dem Stürzen hat auch der geübteste Schneeschuhläufer zu rechnen und der ungeübte natürlich noch viel mehr. Man muß sich deshalb für die Bergabfahrt genügend weichen und tiefen Schnee aussuchen, dann pflegen, selbst wenn man sich mehrere Male mit großer Heftigkeit überschlägt, doch selten Unglücksfälle vorzukommen. Im Allgemeinen kommt es für die Erlernung darauf an, daß man sich vor dem Stürzen nicht scheut, und daß man so bald als möglich mit dem Schnee durch Stürzen Bekanntschaft macht und dann diese Art von Verkehr lebhaft pflegt."*

Erste Hinweise auf psychische Leistungen:
„Schon die einfache Fahrt bergab stellt Ansprüche an Entschlossenheit, Geistesgegenwart, Kraft und Gewandtheit, und eine ungewöhnliche Steigerung erfahren diese Ansprüche bei scharfen Wendungen und beim Springen."
(Das Schneeschuhlaufen. Seite 13 und 19)

58 Abfahrtshaltung mit interessanten Merkmalen

1893 llustrierte Zeitschrift für den Schneeschuhsport (München)

Abfahrten
- aufrecht auf Ferse stehend
- in Schrittstellung
- mit offener oder auch mit nahezu geschlossener Skistellung
- mit Einstock
- mit variabler Führung der Hände

Diese erste Skizeitschrift zeigt im Titelbild die Merkmale der Abfahrtshaltung. Interessant ist neben der Schrittstellung die Haltung und Führung der Hände: angehobene Stockhand, beide Hände in breiter Balance, freie Hand mit Hut wie zum Gruß. Diese Handführungen erinnern an die Telemärker, die gerne auch stocklos und mit einem „Bruch" (Zweig) in der Hand fuhren.

59 Das Bremsen der „Schneeler" mit dem Stock, Lenken und Beinedrehen über eine Nut und Federverbindung - Erfindungen

1893 Max Schneider (D)

- Abbremsen und Lenken durch sehr starken Druck auf den Stock („Stock mit Bremsscheibe")
- Lenken durch Beinedrehen über eine Nut-Federverbindung von Ski und Schuhsohle
- auf tailliertem Ski vom Typ „Telemark"
- Ski mit einer „Federkraft", die auf das Gewicht des Fahrers abgestimmt ist

Der „Wintersportverlag – Tourist" publiziert von 1892 an, 1893 bereits mit einer Auflage von 18000. Neben der Gründung und Unterstützung von Vereinen widmet sich Schneider vor allem der Ausrüstung. Er erfindet beispielsweise die Nut-Federverbindung zwischen Ski und Schuh im Ballenbereich, die ein Lenken des Ski garantiert, eine Erfindung die 100 Jahre später ihre Renaissance bei der Langlaufausrüstung feiert. Es ist „notwendig, dass der Fuß mit dem Schneeschuh gleichsam verwächst". Ebenso entwickelt er einen Skischuh, der an der Hacke einen Messingdorn hatte, in den man den Fersenriemen einknöpfte.

(Praktische Winke für Schneeler. Seite 12. Im Bild: Figuren „Schneeler" aus der Titelseite der Ausgabe von 1898 des Buches.)

60 „I. Internationales Skiwettlaufen" in Mürzzuschlag

1893/1930 Toni Schruf (A)

„Der Zauber der Neuheit und der Reiz der Eigenart dieses nordischen Sportes lagen ja damals noch unenthüllt über den glitzernden Schneefeldern und als die Musik einsetzte und die erste Gestalt oben am Waldrande sich löste, um nach etlichen Stürzen, am Stocke hängend, im bangen Ausdrucke heiliger Bodenscheu an den Tribünen vorbeizuschlottern, das hellkarierte , langschleppige Kleid der mit dem Stocke schier verwachsenen weiblichen Siegerin Mizzi Angerer den Schnee aufregt, der gute Öhm` (Nierhaus) seinen urgermanischen Siegerwillen in Permanenz mit der Stockradlbremse bezähmen musste und der gnomenhafte Aigner-Loiserl, verfolgt vom etwas größeren Danzer-Franzerl , als Erster durchs Ziel schoß, brachen tausendstimmige Heilrufe los und helle Begeisterung erfüllte die jubelnde Menge."

(Gedenkschrift an die Einführung des Skilaufens in den österreichischen Alpenländern." Mürzzuschlag, 1930, Seite 9 f. -

Die Schilderung stammt aus Toni Schrufs Festrede 1930. Schruf verstand es Kontakte zu knüpfen und pflegte Freundschaft mit dem bekannten Volksschriftsteller Peter Rosegger, der auf Toni Schruf ein eigenes Mundartgedicht verfasste, und mit dem Polarforscher Fridtjof Nansen, der Schruf zweimal besuchte.

Der Hotelier Schruf erwarb sich schon als junger Kellner mit Anstellungen in Wien, Venedig, London, Frankreich, Spanien, Schweiz und Ägypten Erfahrungen und eine Weltgewandtheit, die ihn für seine großen Pläne und Aktionen für den Wintersport zugutekamen.

Schruf und Peter Rosegger 1894
(Bilder aus Toni Schruf – Die Biographie von Thorsten Buhl und Franz Preitler. Graz 2009. Seite 112, 173 und 244)

Schruf und Fridtjof Nansen 1907

Mit Alt-Bundespräsident Dr. Michael Hainisch

61 Telemark in Mürzzuschlag - „II. internationales Skiwettlaufen"

1894 Toni Schruf (A)

„Ja selbst der nordische gordische Knoten, der Telemarkschwung, konnte in jenem Winter (1894) noch von einem Einheimischen gelöst werden, was nicht geringe Verwunderung erregt hatte."

(Gedenkschrift an die Einführung des Skilaufens in den österreichischen Alpenländern. Mürzzuschlag, um 1930, Seite 9)

Dem Ersten Internationen Skiwettlaufen von 1893 folgt schon im nächsten Jahr ein zweites. An diesem nahmen 7 Norweger teil, denen die Einheimischen vor allem für das Springen „Kunstkniffe" abgucken konnten. Beidieser Gelegenheit möchte ich anmerken, dass in der Literatur keine Hinweise zu finden sind, ob es direkte oder indirekte Kontakte zu Mathias Zdarsky gab. Unerklärlich ist auch, warum der gründliche Historiker Erwin Mehl in seiner Geschichte die Namen Toni Schruf, Max Kleinoscheg und auch Mürzzuschlag ausklammert. Umgekehrt findet man bei den Autoren Thorsten Buhl und Franz Preitler auch keine Hinweise zu Mathias Zdarsky.

62 Gleitschuhfahren, Fahren hinter Motorrad, Erfindungen Schrufs

Ab 1894 Thorsten Buhl und Franz Preitler (A)

Der Bericht der beiden Autoren erwähnt:
- Gleitschuhfahren auf ca. 60 cm langen Ski
- Skijöring hinter Motorrad
- Sommerrodeln auf Lederkissen
- Sommerrodeln auf einem Rollrodel
- „Schmiraggeln" als Kegeln mit einem Kugeleisstock

Nicht alle Vorschläge und Erfindungen Schrufs fanden Akzeptanz und Verwirklichung. Genaueres Nachforschen könnte und sollte offenlegen, inwieweit spätere ähnliche Realisierungen an Schrufs Vorschlägen anknüpften. Georg Bilgeri beispielsweise mit seinen „Sommerski" müsste Schrufs „Gleitschuhe" gekannt haben.

(Berichte darüber in Toni Schruf – Die Biographie" von Thorsten Buhl und Franz Preitler. Seite 224 f. Dort auch das Bild mit Gleitschuhen.)

Landpostbote auf Gleitschuhen

63 Christianiaschwung Fußdrehen, Kanten, Neigen

1894 Max Schneider (D)

- Man „dreht anfangs beide Schuhe seitwärts".
- Schneeschuhe auf die Seite legen und kanten
- Man „legt sich dabei auf die Seite hinein, nach welcher die Wendung erfolgen soll."

Hier wird ein sehr modernes Konzept des parallelen Schwingens dargelegt. Es könnte sein, dass Max Schneider in seinen Schriften zum ersten Mal den Begriff „Schwingen" prägt.

(Katechismus des Wintersports. Hier zitiert nach Ekkehart Ulmrich, 100 Jahre Skitechnik. Seite 73.)

64 Ins Tal gerodelt auf zusammengebundenen Ski

1894 Sir Arthur Conan Doyle (GB)

Überquerung der Maienfelder Furka (2440 m) von Davos nach Arosa, wobei man bergauf auf den Ski ging, bergab aber, um das Stürzen zu vermeiden, die Ski zusammenband und auf ihnen sitzend rodelte.
Diese Art von Abfahrt soll zu dieser Zeit ziemlich verbreitet gewesen sein.

Der bekannte Kriminalschriftsteller und Erfinder der Figuren Sherlock Holmes und Watson gehört zu den modernen Skipionieren. Überliefert ist auch sein launischer Ausspruch:

„Die Ski sind die bockbeinigsten Dinger der Welt. ... Auf einen Menschen, der an überzogener Würde und Feierlichkeit leidet, würde eine Fahrt auf norwegischem Ski von ausgezeichnetem moralischen Einfluß sein."

Doyle vermittelt einen Eindruck von der Länge der Ski und dem Einstock, der hier wie auch bei den Alpinisten schon vor Mathias Zdarsky bekannt und verbreitet war.

(Bericht im Londoner Strand Magazine von 1894. Ebenso wie ein Bild wiedergegeben bei Max D. Amstutz, Die Anfänge des alpinen Rennsports. Seite 38)

---

65 Abfahrtshaltung und Telemark im ersten Lehrbuch - Einstieg ohne Stock

1895 Georg Blab (D)

- Schwergewicht mäßig nach vorne
- Zurücklehnen führt zu rasender Fahrt
- Knie gebogen
- auch gebückte Haltung, „Hocke"
- Abstand der Schneeschuhe 5-7 Zentimeter
- Telemarkanweisung
- Verwendung Einstock, aber darauf beim Anfänger verzichten

Der Münchner Vereinsvorsitzende schrieb die „Anleitung zur Erlernung des Schneeschuh-(Ski-) Laufens" schon vor Mathias Zdarsky. Schnelles Abfahren wird gefeiert. Für das Anhalten wird der Telemark empfohlen und beschrieben. Blab spricht vom „Telemarkschwung".
Das hier im Ausschnitt wiedergegebene Titelblatt weist auf 46 Illustrationen und das Erscheinungsjahr 1895 hin. Von Georg Blab kann man behaupten, dass er das erste wirkliche Lehrbuch geschrieben hat, eine Tatsache, die Zdarsky-Freunde gerne übersehen.

(Texte Seite 10 f. und 16. Außentitel des Buches)

---

66 Abfahren mit Schritt und Einstock

1895 Briefkopf der Skifabrik J. Jakober in Glarus (CH)

Bildanalyse:
- Abfahrt in Schrittstellung
- mit Einstock
- mit Unter- und Obergriff
- lockere, aufrechte Haltung

Die Darstellung mit Grußgeste erinnert an die Telemarkposen mit einem Bruch (Zweig) in der Hand, wie das bei den Norwegern und Finnen zu dieser Zeit oft zu sehen ist.
Die Skifabrik der Geschwister Jakober dürfte die erste in der Schweiz sein.

(Darstellung entnommen aus: E. John B. Allen, THE CULTURE AND SPORT OF Skiing". 2007, Seite 75)

67 Rennen mit Hindernissen

1895 Bericht von Adalbert Pongratz 1993 (D)

Hohenau/Bayer. Wald über zwei Disziplinen:
- 500 m lange Talfahrt mit Hindernissen und Sprungschanze
- 600 m lange Schussfahrt

Sieger Hindernislauf: Freiherr von Hötzendorf aus Mauth. Sieger im Schussfahren: Grenzaufseher Hotzelt aus Hohenau.

(Geschichte und Geschichten vom Skilauf im Bayerischen Wald. Seite 34)

---

68 Kurventechnik Schwingen mit Lüften der Beine – auch ohne Stab

1895 Arthur Ulrichs (D)

„Curven läuft man durch Biegen beider Knie nach dem Mittelpunkt zu, plötzliche Richtungsänderung durch rasches einsetzen des Stabes nach betreffender Seite und gleichzeitiges Schwingen.
Das muß aber sehr rasch geschehen. Geübte Läufer schwingen auch ohne Stab, so gehört dazu ein augenblickliches Lüften der Beine durch eine Art Sprung, das durch anhaltende Übung leicht zu erlernen ist."

Eine sensationelle Beschreibung, vor allem weil das Erscheinungsjahr beim Lehrbuch wie von Georg Blab tatsächlich vor Mathias Zdarskys Lehrbuch von 1897 liegt. Die Beweislage bietet Skihistoriker Gerd Falkner. Dieser beschreibt, dass Arthur Ulrichs die Anleitung für Oberlehrer Koedderitz aus Ostpreußen und offensichtlich auch für Lehrer Carl Strauß in Braunlage gab. Vermutlich wird auch der Begriff „Schwingen" hier zum ersten Mal verwendet.

(Gerd Falkner, Oberförster Arthur Ulrichs. Seite 33. Bild aus „Zur Zeit des Salzherings". In: Der Deutsche Skilauf. Hrsg. von Carl J. Luther Berlin 1930, Seite 114)

Oberförster Ullrichs mit Tochter (um 1885)

---

69 Moderner Abfahrer in Vorlage

1896 Neujahrskarte aus Davos

Bildanalyse:
- Fahrt in Vorlage
- starke Beugung in Sprung und Kniegelenken
- geschlossene Skiführung
- Einstock quer vor dem Körper getragen

Ein klares skitechnisches Bild. Dem Phänomen, dass Zeichner und Künstler in ihrer Sicht der Skitechnik ihrer Zeit weit voraus sind, kann man auch in den 1920er und 1930er Jahren immer wieder begegnen. Reine Visionen oder Realisationen der Wünsche, die nur noch durch das Material gebremst sind?

(Darstellung entnommen aus: „E. John B. Allen, THE CULTURE AND SPORT OF SKIING". Seite 78)

---

70 Sich wenden

1896 Wilhelm Paulcke

„Wenden auf der Stelle kann erfolgen, indem man sich um sich selbst drehend, die Füße wechselweise hebt, und die Skier nach und nach drehscheibenartig verstellt, bis die gewünschte Wendung gemacht ist."

Eine der ersten Abbildungen dieser Technik aus einer französischen Zeitung des Jahres 1896. Die Spitzkehre gehörte zu den Grundtechniken vom sog. Skiturnen mit angeschnallten Ski in der Halle bis zum ersten Skitag auf Schnee.

(Die originelle Beschreibung findet sich in den Büchern von Wilhelm Paulcke, hier entnommen aus Der Skilauf. 1908, Seite 59.)

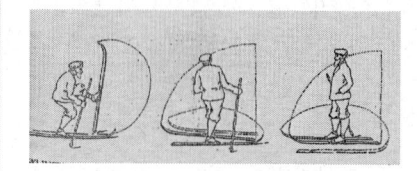

(Zeichnung einer Spitzkehre bei E. John B. Allen, Historical Dictionary. Seite 177)

71 Skitechniken in Ungarn

1896 Ungarisches Lehrbuch

Kennt bereits
- Abfahren mit einem Stock
- Kristiania
- Telemark
- nicht dagegen Stemmformen

(CHERNELHÁZI CHENEL ISTVÁN: A LÁBSZÁNKÓZÁS KÉZIKÖYVE. Budapest)

Dieses erste ungarische Skibuch beruft sich auf Fridtjof Nansen und die Norweger. Es stellt neben den parallelkantigen nordischen Skitypen auch den taillierten Telemarkski vor. Dazu 14 Skibindungen, mehrere Stockformen und vorne schnabelartig hochgezogene Skischuhe für den Halt in den Zehenschlaufen.
(Außentitel)

---

72 Einspringen in die Falllinie

1896 Luigi Krauß (A)

„Wenn man sich auf steilem Abhang mit den Ski quer zum Hang befindet und abfahren will, so wird der tiefere Fuß rasch geschwungen, bis er senkrecht zur früheren Stellung sich befindet, gleichzeitig wird der höhere Fuß gehoben und auch geschwungen, währenddem der Läufer auf dem anderen Fuß schon fährt und dann neben letzteren gestellt."

Außerdem empfiehlt Luigi Krauß für die Schussfahrt über eine „Terrainwelle" oder in eine Versteilung hinein die Schrittstellung. Er unterscheidet zwischen Bögen und Schwüngen, die zur Richtungsänderung oder zum Anhalten dienen. Er beschreibt auch den Telemark.
Der Verfasser des im Selbstverlag in Wien herausgegebenen Büchleins beschreibt, was er in Norwegen beobachtet hat.
(Texte Seite 16)

---

73 Erster stark taillierter deutscher Ski

1897 Skifabrik Gebrüder Heimhuber in Sonthofen (D)

- Herstellung kürzerer aber dafür breiterer Ski
- Herstellung von Ski mit dem errechneten Radius von 24,3 m Messungen von Nachmodellen durch Jochen Unger ergaben einen Radius von 23m
- keine Absichten und Aussagen für die Skitechnik

Darüber Bericht 1961 in der Allgäuer Zeitung. Jochen Unger hat noch mit den Enkeln des Fabrikanten Gespräche geführt. Als Grund für die Herstellung fand sich die Absicht, die Nansen-Ski nachzubauen, aber zu verkürzen bei gleicher Auflagefläche. Wahrscheinlich stand die breite Schaufel im Dienst des ungehemmten Laufens bzw. der Bahnung für die breiten Schuhe durch den Schnee. Diese Erklärung jedenfalls findet sich noch 1909 bei Willi Romberg.

(Inserat aus dem Jahre 1909)

---

74 Schenkelsitzbremse

1897 Mathias Zdarsky (A)

- „Alpenstange" unter einem Schenkel
- absitzende Position
- Drücken oder Hebeln mit den Händen

Zdarsky wetterte gegen das Stockreiten. Seine Alpenstange bot eine verträglichere und viel wirksamere Lösung an.
Vom sportlichen Denken her gab es noch lange keine Bedenken gegen das Bremsen mit den Stöcken.

(Alpine (Lilienfelder) Skilauf-Technik. Text und Bild Seite 23)

75 Carvingtheorie der „bogigen Fahrtrichtung" - Einstocktechnik

1897 Mathias Zdarsky (A)

„Die Skikante ist also ein Theil einer kreisförmig gearteten Kurve. Durch den Druck, dem der Ski ausgesetzt ist, gewinnt diese Kurve noch mehr Kreisähnlichkeit. Aus dieser Kantenform ergibt sich schon die bogige Richtung der Fahrbahn. Wenn man aber noch bedenkt, dass wir den Schwerpunkt in der Richtung nach dem Kreismittelpunkte verschieben, dass wir auf derselben Seite mit dem Stocke einen Reibungsfaktor hervorrufen, und dass schließlich die aufgebogene Skispitze, sobald sie Widerstand findet, ebenfalls nach der Bergseite ablenken muss, so wird uns klar, dass durch die Zusammenwirkung all´ dieser Faktoren eine bogige Fahrrichtung entstehen muss."

Die Carvingtheorie ist hier schlichtweg vorweggenommen.
(Alpine (Lilienfelder) Skilauf-Technik. Seite 33.)

Bild des 28jährigen Zdarsky als Maler in München. (In: Skileben in Österreich 1937, Seite 7)

76 Stemmfahren – Berg-/Innenskitechnik

1897 Mathias Zdarsky (A)

- Die Skikante als „Theil einer kreisförmig gearteten Kurve"
- eigene Ski 180 cm, vorne 2, hinten 1 cm breiter
- mit Hilfe einer präzis führenden Bindung
- mit Berg-/Innenskibelastung und Kleinzehenzugriff
- mit Vorlage (siehe oben)
- Hineinkippen in den neuen Schwung
- Doppelschwung aus Stemmbogen + Telemark
- Befahren sehr steiler Hänge

Mathias Zdarsky entwickelt eine Technik mit dem Einstock für das Kurvenfahren auch in sehr steilem Gelände. Nachdem er mit seinem norwegischen Ski wenig anfangen konnte, machte er sich Ski ohne Rille von 180 cm und mit Taillierung. Dazu entwickelt er Bindungen für eine gute Skiführung. Seine legendäre „Alpenstange" (ca. 180 cm mit Eisenbeschlag) war eine Übernahme von den Alpinisten. Er verfasst ein gründliches Lehrbuch. 1905 erster Slalom am Muckenkogel. Sorgfältige Analysen „des Genie Zdarsky" bei Horst Tiwald).
(Themenübersicht. Außentitel der Lilienfelder Skilauf-Technik in seiner 1. Auflage)

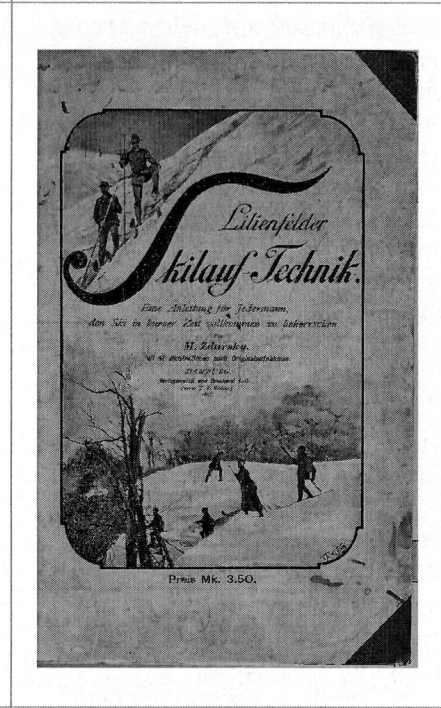

77 Geburt der Vorlage

1897 Mathias Zdarsky (A)

Grundstellung:
„Körpergewicht stets nur auf die Fußspitzen, aber ohne die Fersen zu heben"
„In der Hüfte neigt man sich etwas vor, und die sind mässig, sehr mässig gebeugt... Der Fahrende muss stets das Gefühl haben, dass der Oberkörper den ganzen Fahrer zieht."
„Je rascher man fahren will, desto kräftiger muss der Oberkörper den ganzen Skifahrer ziehen."

Zur Vorlage und zu anderen hier herausgegriffenen Elementen gehörte aber auch die Entwicklung eines ganzen Systems von Fahrhilfen. Für seine Anhänger wurde Zdarsky zum „Newton des alpinen Skilaufes", wie W. R. Rickmers einmal formulierte. Sache und Person standen aber auch im Zentrum der großen Streitigkeiten, die die sog. Norwegerpartei mit Wilhelm Paulcke gegen die Lilienfelder schürte.
(„Lilienfelder Skilauf-Technik". Texte Seite 16 und 47, Bild Seite 38)

Bildunterschrift: „Querfahren"

78 Schlangenschwünge 1897 Mathias Zdarsky (A) Aneinandergereihte Richtungsänderungen ▶ vornehmlich als Verbindung von Stemmkristiania und Telemark (Doppelschwünge) ▶ später bei Georg Bilgeri Verbindung von Stemmbögen	Die Verbindung von Richtungsänderungen mit übergangslosem Aneinanderreihen wird erst bei Mathias Zdarsky konsequent verfolgt. Eine Lösung, die auch jahrzehntelang tradiert wurde, war das Schwingen mit sog. Doppel- oder Kombinationsschwüngen und zwar vornehmlich in der Verbindung von Telemark und Kristiania, bei der man die gleiche Schrittstellung beibehalten konnte. In der folgenden Zeit wird Mathias Zdarsky zum „Newton des alpinen Skilaufes", wie ihn W. R. Rickmers gelegentlich nannte.	(Bild Schlangenschwung. Seite 44. Alpine (Lilienfelder) Skilauf-Technik. Seite 43-46)
79 Fußtechnik – Fersendrehschub 1897 Mathias Zdarsky (A) ▶ „Der Fuß muss so gedreht werden, dass … Diese Drehung des Fußes gelingt am leichtesten, wenn man die Vorstellung in sich erweckt, die Ferse nach aussen zu drehen…"	▶ „Das kräftige, energische Fersendrehn wird dadurch erreicht, dass wir dem Körper einen Schwung nach seitwärts geben, wobei wir die Knie und die Hüften mässig gebeugt halten, den Körper also vorneigen." ▶ „…die Ferse dreht nach außen und das gespreizte Bein ist vollkommen entlastet." Fersenschub, Fersendrehschub, Fußarbeit, Beinedrehen – Mathias Zdarsky hat wiederum vieles vorweggenommen.	(Alpine (Lilienfelder) Skilauf-Technik. Texte Seite 36 f. und 41, Bild Seite 37)
80 Einstocktechnik und Verschraubung 1897 Mathias Zdarsky Die mehrfache Funktion der Stöcke im Schwung: ▶ schleifend auf der Bergseite oder der Schwunginnenseite mitführen und damit die Balance stützen ▶ im Schneekontakt das Raumgefühl vermitteln ▶ im Schwungwechsel die Skistellung, das Aufkanten und den Lagenwechsel initiieren ▶ Verschraubung in der Schulter ▶ im Moment des neuen Kontaktes und Schleifens auch eine gewisse Exzenterwirkung mitnehmen	Die Einstocktechnik hat die längere Tradition für sich. Für das Schwingen konkurrierte sie unmittelbar mit den Doppelstöcken des 19. Jahrhunderts der Norweger. Erst in den 1920er Jahren folgte allgemein die völlige Ablösung. Als auch 1934 der Alpen-Skiverein, die Gründung Zdarskys, für seine Mitglieder die Benutzung von zwei Stöcken freigibt, tritt Zdarsky aus dem Verein aus. Das Benutzen einer Torlaufstange oder der beiden zusammengenommenen Stöcke für erste Richtungsänderungen oder für die Erzielung einer stärkeren Kurvenlage hat sich als ein gutes methodisches Mittel bewährt. Auf die Verschraubung weist speziell Fitz Hoschek 1935 hin. Vgl. dazu auch Fritz Reuels „Drehschwung" im Jahre 1926.	Einüben der Spitzkehre Das Bild vermittelt die Ordnungs- und Übungsform, wie sie Zdarsky aus seiner Turnerzeit gut kannte. Es ist aus „Zwei Spuren im Schnee" von Melissa Müler. Wien 1934. Seite 36

81 Querfahren (Seitrutschen) **1897 Mathias Zdarsky (A)** Beschreibung ▸ Ausgangsposition: Stemmstellung Talstemme ▸ Lösen der Kanten ▸ Belastung Bergski für Seitrutschen vorwärts ▸ Belastung Talski für Seitrutschen rückwärts ▸ gleiche Belastung Seitrutschen Falllinie	Dies Art des Seitrutschens funktioniert erstaunlich einfach. Es bleibt unverständlich, warum niemand außerhalb der Kreise um Zdarsky sie jemals aufgegriffen hat. Ich möchte dafür werben und allen Skilehrern empfehlen, sie in ihr Unterrichtsprogramm aufzunehmen. Ein Gewinn auf Dauer für jeden Skifahrer. (Alpine (Lilienfelder) Skifahr-Technik. Seite 37)	Ausgangsposition auch für das Querfahren
82 Unfallfreies Skifahren **1897 - 1916 Mathias Zdarsky - Erwin Mehl 1960 (A)** Mehl wiederholt und bestätigt die Angabe, dass es bei 20 000 Schülern Zdarskys, von denen die meisten innerhalb einer Woche Hänge mit 45 Grad Neigung sturzfrei befahren konnten, zu keinem Unfall kam.	Die sensationellste Meldung der modernen Skigeschichte. Verbreitet von einem hochangesehenen Historiker und Insider. Mehl läßt auch erkennen, wodurch die Unfallgefahr kam: durch das Fahren mit dem Doppelstock und damit einer völlig veränderten Ausgangslage. (Erwin Mehl, Ein neues Bild der „Weltgeschichte" des Schifahrens, Seite 130)	Bei Zdarsky wurde die Tatsache der Unfallfreiheit durch den allgemeinen Streit überdeckt und nicht diskutiert. Warum aber finden sich in den Nachfolgetechniken, die am Grundelement Zdarskys des sich in den Schwung Hineinbewegens festhalten oder in einer Neuerfindung propagieren wie bei Fritz Reuel oder Georges Joubert kaum Hinweise auf eine verminderte Unfallgefahr. Warum gibt es dazu keine Statistik?
83 Zdarskys Erfolgkonzept **1897 - 1916 Mathias Zdarsky** Der Biograph Zdarskys (Otmar Schöner (A)) fasst zusammen: „*Die von Mathias Zdarsky so vehement überzeugend vertretene Skitechnik beruhte auf dem Stemmfahren in steilem, alpinem Gelände unter Zuhilfenahme seines kurzen Alpen-Ski, mit rillenloser Lauffläche und biokonkaver Kantenformung, seiner patentierten, drehbaren seitenstabilen und längenverstell- baren Metallplattenbindung und dem altnorwegischen Einstock.*"	Zusammenfassung 2020 ▸ Erfinder des kurzen, rillenlosen Alpinski ▸ Erfinder der Plattenmetallbindung ▸ altnorwegischer Einstock ▸ Lehrbuch von 1896 ▸ Massen-Unterrichtsprogramm Dem Hauptautor und Herausgeber des Sammelbandes über Zdarsky gelingt es, in kurzen Zusammenfassungen die wichtigsten Anliegen und Arbeiten Zdarskys anzusprechen. (Mathias Zdarsky. Seite 104, Außentitel. - Sein Idol Seite 125)	

84 Schuss mit Stockbalance 1898 Fridtjof Nansen (N) Abfahren ▶ mit ungleich langen Ski ▶ mit verschieden langen Einstöcken, hüfthoch bis Größe weit über den Kopf ▶ mit Balance des in der Mitte mit einer Hand angefassten Stockes quer oder vertikal vor dem Körper	In der geschichtlichen Diskussion wird meist angenommen, dass die Verwendung ungleich langer Ski Jahrhunderte zurückliegt. Außerdem wird vielfach fälschlich angenommen, dass das Einstockfahren auf Mathias Zdarsky zurückgeht. Die Stockführung in der Schussfahrt ist originell. (Viele Bilder in der dreibändigen deutschen Erstausgabe „In Nacht und Eis". Bd. 1, Seite 423)	
85 Sausen, Augen zu, seitwärts in den Schnee! 1898 Zeitschrift des Österreichischen Skivereins *„Die höchste Leistung des Skifahrers besteht endlich darin, daß er das Hochgebirge aufsucht. Die Abfahrt vollzieht sich so, daß sich der Skifahrer oben auf dem Hange zusammenkauert, sich fest auf den Stock zurücklehnt und die Augen schließt. Dann saust er pfeilgeschwind hinab, so lange, bis ihm der Atem vergeht. Jetzt muß er sich seitwärts in den Schnee werfen, warten, bis er wieder zu Atem kommt, und dann wiederholt er wieder das Sausen, dann bleibt er wieder liegen, holt Atem, saust wieder und so fort, bis er unten ankommt."*	Abgesehen von der amüsanten Berichterstattung klingt die Darstellung für diese Zeit ziemlich unwahrscheinlich. Jedenfalls war die Redaktion zum Zeitphänomen Skilauf in keiner Weise informiert. Allgemein ist jedoch, wie wir auch aus anderen Quellen wissen, anzunehmen, dass das häufige Stürzen eine Selbstverständlichkeit war. (Wiedergabe des Textes bei Gudrun Kirnbauer und Friedrich Fetz, Skipionier Georg Bilgeri. Seite 86)	
86 Schneeschuhe zu militärischen Zwecken 1898 Frhr. v. Rothberg (D) ▶ empfiehlt den Einstock ▶ scheint von M. Zdarsky beeinflusst zu sein ▶ lehnt eine Stahlsohlenbindung ab ▶ zeichnet gut taillierte Ski ▶ beruft sich gelegentlich auf Paulcke ▶ beschreibt den Telemark	Der Lieutenant im Inf. Regt. No. 132 setzt sich für die Verwendung des Schneeschuhs beim Heer ein und zeigt sich dabei in allen Sachfragen kompetent. Die Stahlsohlenbindung lehnt er wegen Vereisungs- und Verletzungsgefahr allerdings ab. (Über den Schneeschuh und seine Brauchbarkeit zu militärischen Zwecken. In: Kriegstechnische Zeitschrift. Seite 427 - 443)	

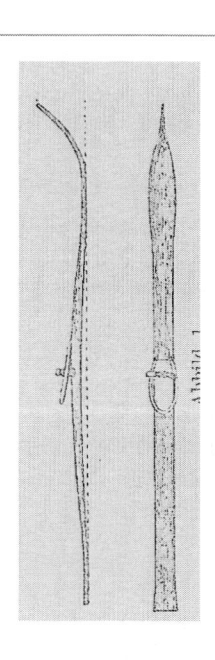

87 Schuss – Sprung – Schuss

1899 Paul du Chaillu (USA)

„Ehe ich noch Zeit hatte, mich von meinem Erstaunen zu erholen, sah ich die Lappen in der Luft, über dem Abgrund. Dann hatten sie innerhalb eines Augenzwinkerns die andere Seite erreicht. ... Sie schienen sich einen Satz zu geben, als sie der Kante des Spaltes nahe waren, wobei sie ihre Körper vorwärts beugten. Während des Sprunges waren ihre Beine etwas gebogen, doch als sie den Schnee berührten, richteten sie sich wieder auf.

In der Luft hielten sie ihre Skier parallel, als ob sie auf einer Schneefläche wären, und auch beim Aufsprung waren ihre Skier tadellos beieinander, worauf sie ihre Fahrt fortsetzten, als ob nichts geschehen wäre."

Eine der eindruckvollsten frühen Schilderungen von Schuss und Sprung. Ich gebe sie für das Jahr der amerikanischen Schilderung wieder, obwohl sie wahrscheinlich europäische Leser erst mit Luthers Buch 1942 erreichten.

Luther entnahm diese Schilderung aus „The Land of the long Night. Cambridge (USA) 1899")

Text und Bild - Illustrator M. J. Burns- im Buch „Land der langen Nacht" von Paul du Chaillu, wiedergegeben bei Carl J. Luther, Bilderbuch der alten Schneeläufer. Seite 99f.

88 Abfahren

1899 Wilhelm Paulcke (D)

Technikbeschreibung:
- ein Fuß etwas vorgestellt
- Oberkörper vorgeneigt
- Knie leicht gebeugt
- je schneller die Fahrt, desto stärker „vornhereinlegen"
- Bremsen durch Pflug oder seitlichen Einsatz beider Stöcke

„Durch mehr oder minder starkes ´Vornhereinlegen´, verbunden mit Vorbeugen des Oberkörpers, werden die in der Richtung der Fahrt die Schnelligkeit der Gleitbewegung beeinflussenden Wirkungen ausgeglichen."

Weitere ausführliche Beschreibung von Störungen und Reaktionen.

(Der Skilauf. 1899, Seite 47)

89 Zdarsky am Steilhang

1899 Gerd Falkner (D)

Bericht über die Demonstration von Mathias Zdarsky im Harz:

Demonstration der Lilienfelder Technik auf einem Steilhang bei St. Andreasberg. Damit bewährte sich seine Technik als Steilhangtechnik:

- Herüberheben der „Alpenstange",
- damit Hineindrehen in den Schwung
- und von Innenski zu Innenski gehen

Erstmals wird hier beschrieben, dass nicht nur in Lilienfeld, sondern auch an einem beliebigen Steilhang Zdarskys Technik als Steilhangtechnik funktioniert. Damit sind auch mit dem Sich-Hineinwenden und der Innenskibelastung die späteren Steilhangtechniken wie beispielsweise von Lothar Gfrörer (1927), Sepp Redel (1995) und R. Mark Elling (2003) vorweggenommen. Ebenfalls sehen wir hier wieder eine Vorläufertechnik aller späteren „Drehschwünge" z. B. von Fritz Reuel und Fritz Hoschek bis zur „Boardertechnik."

(110 Jahre Oberharzer Skiklub. Seite 177)

90 Stockreiten verspottet **1899 Wilhelm Paulcke (D)** Paulcke gibt einen verbreiteten Spottvers wieder: *„Auf dem Stocke hockt ein Greis, der sich nicht zu helfen weiß."* Paulcke spricht auch von einem *„Unglückswurm"*.	Ein früher Spott, der über Jahrzehnte tradiert wurde. Aber es ist dennoch erstaunlich, wie lange über das Stockreiten und die Formen des Stockreitens diskutiert wurde. Carl J. Luther und G. P. Lücke geben schon 1913 eine Übersicht der damals bekannten Stockbremsen. Bei dem bedeutenden deutschen Fachmann und Funktionär Max Winkler änderte sich eine positive Sicht erst anfangs der 1930er Jahre. (Der Skilauf. 1899, Seite 49)	(Zeichnung aus Carl J. Luther, G. P. Lücke, Der Skitourist. Seite 70)
91 Tandem-Fahren **1900 Gerhard Munthe (N)** Motiv: auf der Flucht vor den Trollen ▶ Das Mitnehmen eines Passagiers erfordert gute Skitechnik. ▶ Der Maler hat eine Position beobachtet, die auch heute noch als klassisch angesehen werden kann. ▶ Fast sieht es aus, als ob die beiden aus einer Kurve kommen. ▶ auch eine Demonstration der Einstock-Technik	Auch der Freiherr Johann Weichhard Valvasor hat 1689 in seinem Bericht über die Skifahrer auf der Bloke das Tandem-Fahren erwähnt. Und auch dort nahmen wie auf dem Bild von Munthe die Burschen die Mädchen mit. Auf Munthes Bild ging es allerdings um eine Flucht vor den Trollen. Tandem-Fahren war in den kommenden Jahrzehnten immer wieder eine beliebte Variation für Bastler und experimentierfreudige Fahrer. (Das Bild ist beschnitten wiedergegeben. Es findet sich in: J. V. Lunde, Fra Heming ungetil Hemingway. Seite 26. - Gerhard Munthe 1849 - 1929)	
92 Norwegisches Technikniveau **1900 W. Offermann (D)** Bericht 1930 über norwegische Skiläufer: *„Ihre schmalspurige Art und elegante Haltung, ihr beschränkter Stockgebrauch und vor allem ihre Schwünge und Sprünge waren für uns geradezu Offenbarungen; sie wurden für Schwarzwaldläufer die besten Lehrmeister und man wird von ihrem Auftreten an geradezu eine neue Periode des Skifahrens in Deutschland zu datieren haben."*	Für diese Zeit scheinen die Informationsdefizite oder auch Informationsverweigerungen zwischen der sog. Norwegerfraktion und den Anhängern Zdarsky schon voll ausgeprägt zu sein. Offermanns rückschauender Bericht aus dem Jahre 1930 scheint von der Lagerbildung frei zu sein. (Aus den Anfängen des Skilaufes. Seite 30)	

93 Abschwingen mit Zügelski

1900 W. Offermann (D)

„Ein Skifahrer, der seine Ski durch eine durch die Skispitzen gezogene Schnur verbunden hatte, die er um den Nacken trug, benützte diese Schnüre gelegentlich als Zügel, indem er sie nach rechts oder links herumriß, um dadurch die Skier querzustellen!"

Das ist wohl der erste Bericht über Zügelski, die zur Richtungsänderung benutzt wurden. Das Wissen ging verloren und so kam es noch in den 1980er Jahren zu Neuerfindungen.
(Siehe dazu Zügelski mit Stahlseilen von Walter Kuchler 1982.)

Bild russischer Jäger auf Zügelski (aus Erwin Mehl, Grundriß der Weltgeschichte des Schifahrens. Seite 38)

94 Beginn in Frankreich mit Telemark und Bogen

1900 – 1902 Capitaine Clerc (F)

beschreibt
- Schussfahren
- Springen
- Telemark und
- Bogen

Le Clerc besorgt zwölf norwegische Ski. Lässt Soldaten experimentieren und protokollieren.

Empfiehlt das Skifahren vorbehaltlos. Lässt norwegische Skilehrer kommen. Bildet in Briançon Soldaten als Skilehrer für die Zivilbevölkerung aus. Sie müssen auch selbst Ski herstellen können. Kontakte zu Max Schneider in Berlin.
("JACK LESAGE. LE LIVRE D`OR DES 50 ANS DE L´ECOLE DU SKI FRANCAIS." Texte und Bild Seite 34f.)

95 Große Streitigkeiten

1902 – 1912 Paulcke und die sog. „Norweger" contra Zdarsky und Zdarsky contra Bilgeri

- Wer hatte was zuerst?
- Wer hat was von wem übernommen?
- Wer kann besser fahren?
- Ein- oder Zweistocktechnik?
- Streit um Bindungspatente

1911 muss Bilgeris Bruder Markus Lizenzgebühren an Zdarsky zahlen.

Paulcke behauptet, die norwegischen Techniken beinhalten schon alles, was Zdarsky erfunden haben will: die Fahrtechniken und den Slalom. W. R. Rickmers schreibt eine hochdotierte Wette aus „Wer kann Zdarsky in einer Abfahrt besiegen?" und bringt damit Spötter und Verleumder vorübergehend zum Schweigen. Zdarsky behält eine Schar Getreuer, Georg Bilgeri aber wird - nicht zuletzt durch seine gesellschaftliche Stellung als Offizier - bis Mitte der 1920er Jahre zur Führungsfigur des alpinen Skilaufs.
(Außentitel von Zdarskys späterer Auflagen)

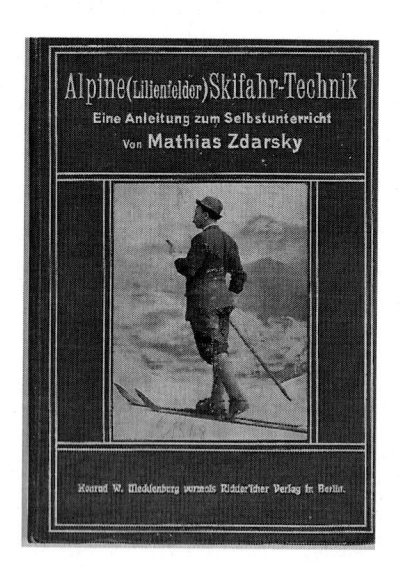

96 Erster Ausbildungskurs für Bergführer auf dem Arlberg

1902 Eduard Friedl (A) berichtet 1933

Wilhelm Paulcke und Gruber hielten einen Ausbildungskurs für Bergführer ab.

Wenn heute St. Anton mit dem Slogan „St. Anton - Wiege des Skilaufs" wirbt, entspricht das nicht den Tatsachen, obwohl 1902 auch schon ein frühes Datum ist. Aber man denke an den Schwarzwald, an Mathias Zdarsky und die Wiener Skigebiete und an Kitzbühl.
(Eduard Friedl, Unterrichtslehre des Schilaufs. Seite 3)

97 Einstocktechnik in Mittelgebirgen weit verbreitet **1904 Bärbel Michels (D)** Fotos der Autorin aus dem Sauerland. Gleiche Bilder können die Verbreitung dieser Technik bezeugen für: ▶ Sauerland ▶ Böhmerwald ▶ Bayerischer Wald ▶ Harz ▶ Riesengebirge ▶ Bloke (SLO) und weitere Gebiete im Bereich der K. und. K. Monarchie Österreich	Bilddokumente aus deutschen Mittelgebirgen zeigen, dass zu diesem Zeitpunkt die Einstocktechnik mehr verbreitet war als die norwegische Fahrweise mit zwei „Staberln". Lediglich der Schwarzwald neigte unter dem eifrigen Wilhelm Paulcke zur norwegischen Zweistocktechnik.	(Bild aus Wintersport im Sauerland in früherer Zeit. Seite 48)
98 Definition für Sturz **1905 Mathias Zdarsky (A)** Erstmals eine Definition, die für das Ergebnis eines Rennens von Bedeutung war. Unter Wettfahrbedingungen Nr. 8 legte Zdarsky fest: *„Jeder Sturz wird gezählt. Als Sturz wird jedes Knieen, Sitzen oder Liegen im Schnee aufgefasst."*	Diese Festlegung führt zu zwei vermutungen. Einmal dürfte die Fahrgeschwindigkeit nicht sehr hoch gewesen sein, so dass es beispielsweise zu keinen Überschlägen kam. Zweitens war ja das Gelände in Lilienfeld sehr steil, so dass ein Sturz zu einem Dahinrutschen führen müsste. (Wolf Kitterle, 75 Jahre Torlau. Seite 5)	
99 Gestemmt um die Kurve **1905 (ca.) W. R. Rickmers** Fahrski (Bergski) flach, belastet ▶ Talski gestemmt und flach ▶ energisches Vorneigen ▶ Einfahren ▶ Innenski als neuer Bergski flach ▶ dabei Stock kurz	In den technischen Spuren des von ihm hochgeschätzten Mathias Zdarsky gibt der Bergexperte ein Flugblatt heraus. Warum dabei „Stock kurz"? Unparteiisch im Streit „Norweger" gegen „Zdarsky" hatte der Hamburger Reedererbe Rickmers schon Jahre zuvor Zdarsky aufgesucht und schätzen gelernt.	
100 Schnee-Ski-Reaktion **1905 Wilhelm Paulcke (D)** *„Dadurch, dass beim Schwingen ein Ski, unter Einwärtskanten, mit dem Absatz des entsprechenden Fußes während der Abfahrt quer zum Hang gerichtet wird, wirkt von vorn – an der gebogenen Schnabelspitze beginnend – der Druck des Schnees auf die Gleitfläche des Ski, und zwingt ihn zur Drehung quer zum Hang."*	Erstmals wird hier auf das Zusammenwirken von Ski und Schnee, also auf die Wirkung der äußeren Kräfte, zum Zustandekommen einer Richtungsänderung verwiesen. Paulcke wird zum Hauptgegner Zdarskys. Er entwickelt sich zum Lawinenspezialisten der nächsten Jahrzehnte. Im ersten Weltkrieg errichtet er eine Skifabrik in der Türkei, in einem heutigen Vorort von Istanbul. (Der Skilauf. Seite 95, Außentitel)	

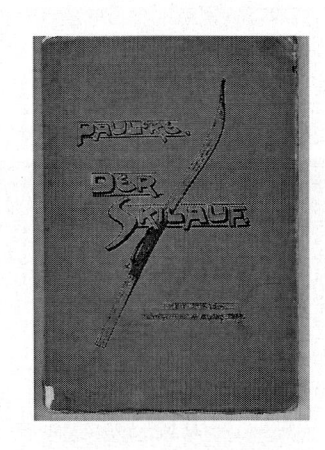

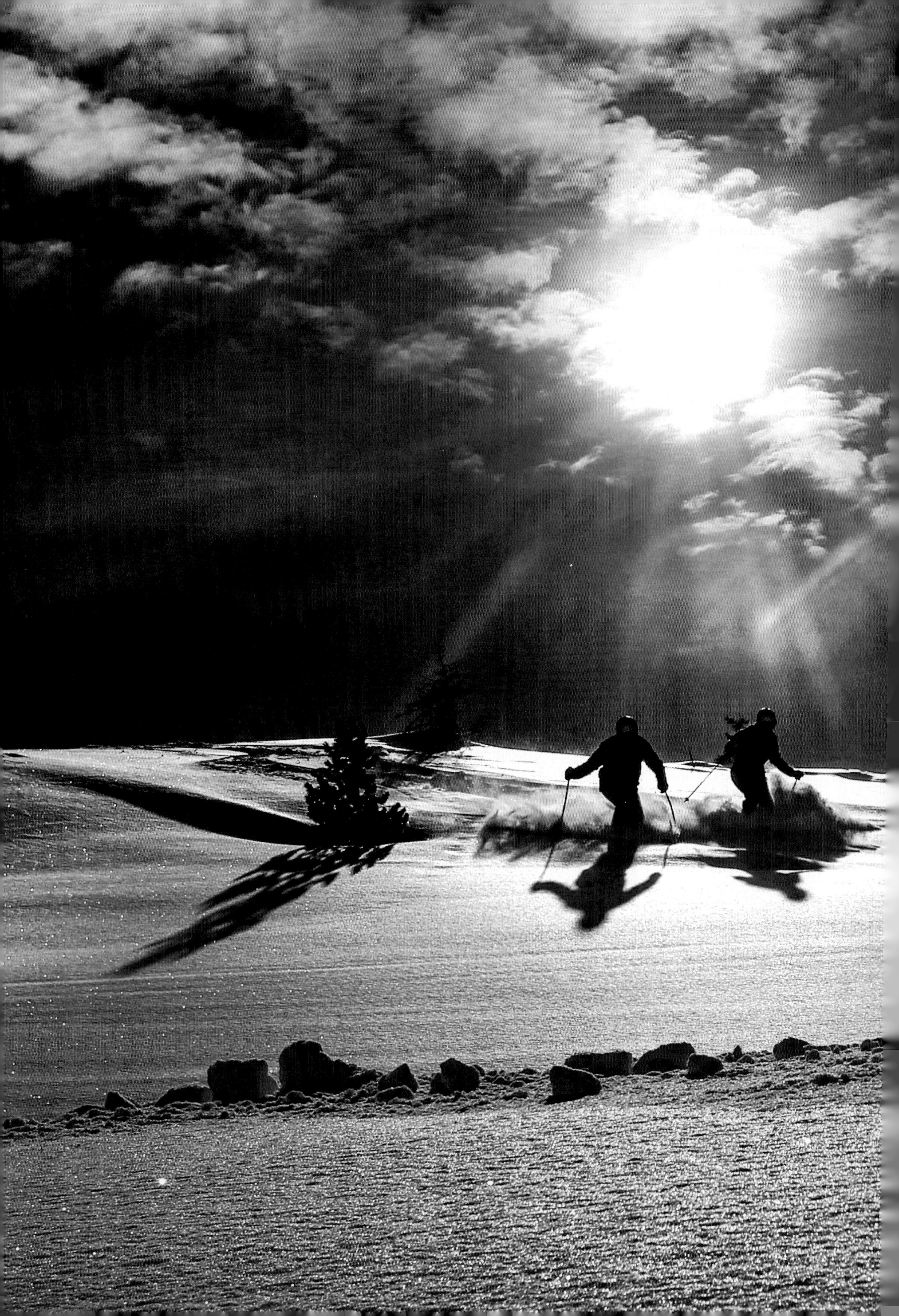

101 Telemark und Kristiania nach Nansen und den Telemärkern

1899 und 1905 Wilhelm Paulcke (D)

- Herumwerfen des Körpers
- gleichzeitiges Querstellen der Gleitfläche
- Gewichtsverlagerung von einem auf den anderen Fuß
- Einwärtskanten der Ski
- Druck des Schnees auf die Gleitfläche des Ski
- Verspottung des Stockreitens

Um Wilhelm Paulcke gruppierte sich die „Fraktion" der Norweger. Sie waren darüber empört, dass Mathias Zdarsky nicht wissen und nicht zugeben wollte, dass in Norwegen eigentlich schon die ganze Skitechnik entwickelt worden war. Im historischen Rückblick ist man sich aber ziemlich einig, dass man in Norwegen nicht an aneinander gefügten Schwüngen interessiert war. Dagegen stehen allerdings auch Berichte wie die von W. Offermann.

(„Aus den Anfängen des Skilaufes." 1930, Seite 31)

Über die Bewohner von Telemark: *„Sie in voller Fahrt daherkommen, dann plötzlich die Skier mit einer schnellen Wendung quer werfen und Halt machen zu sehen, das ist vielleicht ein beinahe so stolzer Anblick, als wenn man sie durch die Luft dahinfliegen sieht."*

(Der Skilauf 1899 Zitat Seite 50, Skibeschreibung Seite 16)

Paulckes Skimaße bei einer Skilänge von ca. 220 cm:
Vorne: 9,7 cm
Mitte: 7,0 cm
Hinten: 8,0 cm

102 Slalom mit beliebiger Technik und Wendungen - und Damenbeteiligung

1905 Mathias Zdarsky (A)

Aus Nr. 7 der Wettfahrbedingungen beim 1. Torlauf der Skigeschichte auf dem Muckenkogel:
- *„Die Strecken zwischen den einzelnen Fahrmalen können beliebig zurückgelegt werden."*
- *„Wer ein Fahrmal auslässt, ein Fähnchen umwirft oder die Fahrt stellenweise auf irgend einem Körperteil macht, ist aus dem Rennen ausgeschieden."*

Mit 5 Wendungen und 30 Bögen.

Durch diesen ersten Wettkampf der Skigeschichte, dem das Abfahren durch Tore in Richtungsänderungen zugrunde liegt, wird endgültig die Bedeutung von Bogen und Schwung neben dem Schussfahren und Springen dokumentiert. Durch die Teilnahme von Frau Kauba Mizzi und drei weiteren Damen in der Wettkampforganisation zeigt sich auch Zdarskys Offenheit und Weitsicht.

(Wolfgang Kitterle, 75 Jahre Torlauf. Seite 5 und 7. - Auch Rückblick Zdarskys in: Skisport. Gesammelte Aufsätze. Seite 113-123)

103 Kristiania – auf Innenski mit Fußarbeit

1905 Max Schneider (D)

- Schwerpunkt nach innen über dem Innenski
- Oberkörper zurückgeneigt
- starkes beidseitiges Aufkanten
- Fußspitze drückt über Innenski nach innen
- Ende des Außenski nach außen gedrückt

Vorstellung von 6 Skitypen auch nach Form, Länge, Querschnitt.

Der Einfluss des Berliners Max Schneider wurde in der bisherigen historischen Rezeption, außer der Tatsache, dass er seit den 1890er erster großer Skiimporteur für Ski aus Skandinavien war, kaum gewürdigt. Aber wie bei Georg Blab (1895) ging das Wissen um ihre Arbeit im Streit zwischen den sog. „Norwegern" in Deutschland und den Anhängern von Mathias Zdarsky verloren.

(Skitypen Seite 20 f., Skistellung bei Kristiania und Telemark Seite 53. Beschreibung Technik Seite 54 f.)

Schneeschuh und Schlitten
für
Sport, Jagd und Verkehr

Ein Handbuch für Jedermann
von
Max Schneider
Mit 85 Illustrationen

Alle Rechte vorbehalten

(Außentitel)

104 Skiausrüstung der Heere **1905 Max Schneider (D)** Schneider rüstet die Heere aus in ▸ Deutschland ▸ Österreich und ▸ Frankreich Die Ski stammen aus ▸ eigener Produktion, die schon 1894 begann ▸ norwegischen Importen	Der umtriebige und vielseitige Max Schneider erweist sich als Geschäftsmann, der sich vielleicht als erster im Skilauf eine internationale Kundschaft erschlossen hat. Aber auch als Erfinder und vielseitiger Autor mit Weitblick dürfte er einen Platz von hohem Rang in der Entwicklung einnehmen. Wahrscheinlich ist er durch die beginnende Auseinandersetzung der sog. Norweger unter Paulcke und der sog. Zdarskyaner in Vergessenheit geraten.	**Schneeschuh und Schlitten** für **Sport, Jagd und Verkehr** Ein Handbuch für Jedermann von Max Schneider Mit 85 Jllustrationen Alle Rechte vorbehalten (Außentitel)
105 Parallel schwingen durch „konvexe Biegung" des Ski **1905 Carl J. Luther (D) in Erinnerungen** Hauptbedingung sei, „daß die Latten sich unter Gewicht und Druck etwas nach unten bauchig biegen, da man ohne diese konvexe Biegung mit zusammengehaltenen Latten und Beinen nicht parallel schwingen kann."	Der spätere große Skiliterat übte von Oktober bis Weihnachten 1905 auf dem Rigi: „Wohl dem, der wie ich, das große Glück hatte, vom ersten Anfang an auf steilem Alpenberg seine ersten Skiversuche bewerkstellen zu können."	Schade, dass der Hinweis auf die Skibiegung keine Originalprägung aus der Zeit von 1905 ist. Hatte der Skianfänger Luther tatsächlich schon die Wirkung des Skiflexes durchschaut? (Erinnerungen an den ersten alpinen Ski. In Zeitschrift Alpinismus. 1965, Heft 12, Seite 18 f.)
106 Bunter Wintersport **1905 Grindelwald (CH)** ▸ im Hintergrund Einstock-Skifahrer ▸ Gemeinschaftsabfahrt an der Stange, wie dies beispielsweise noch Frau Gamma als Anfängerunterricht auf der verschneiten Passstraße in Andermatt in den 1980ern praktizierte. ▸ Frau auf einem Stehboard mit Halte- und Lenkstange	Wintersport in dieser frühen Zeit verlief nicht nur in Entdeckertaten und in Auseinandersetzungen der frühen Pioniere, sondern auch als lustiges und einfallsreiches Treiben.	Bild: Tourisme á Grindelwald en 1905 (Bildwiedergabe aus Le ski et les Sports d´Hiver. Monaco 1906. Seite 106)
107 Engeln und modernes Schwingen **1906 Viktor Sohm (A)** Bild des Sonthofener Eugen Heimhuber ▸ Der linke Fahrer „engelt" auf eine Art, wie Helli Lantschner, der Vizeweltmeister von 1937. ▸ Der rechte Fahrer schwingt, auf eine Art, dass es auch heute sein könnte.	Die Bildzeile nennt einen der berühmtesten Skipioniere der Zeit von 1890-1910. Es ist nicht ausgeführt, ob Viktor Sohm der linke oder der rechte Fahrer ist. Diese Dokumentation ist sensationell. Sie wirft Fragen auf, ob hier Fahrer der Zeit weit voraus sind und ob die Verschulungen nicht manchmal oder grundsätzlich auch Bremser des Fortschrittes sind.	(Martin Rhomberg, Christof Thöni, Sichtbar. Eugen Heimhuber. Seite 19)

108 Sprungweises Ändern der Richtung

1906 Henry Hoek (NL/D/CH)

- mit Sprüngen von ca. 30 Grad selbst bei großer Geschwindigkeit
- Längenempfehlung noch bis 280 cm

Ab dieser Zeit setzt die Technik der Um- und Drehsprünge ein. Richtungsänderung durch sprungweises Herumschwingen auch bei Fridtjof Nansen in den 1889ern, bei Carl J. Luther 1913 und noch bei Erwin Hoferer 1925, Rudolf Katscher 1926 und Walter Föger in den 1950er Jahren.

Mit Henry Hoek trat einer der größten Theoretiker und Literaten in die Entwicklungsgeschichte der Skitechnik ein. Geb. in Davos, Umzug und Staatsbürgerschaft Deutschland, Rückkehr und Staatsbürger der Schweiz, Kurdirektor von Davos, verfasste gründliche Lehrbücher über Jahrzehnte hinweg. Zunächst geht er von den Norwegern aus, wie auch die Übernahme der sprungweise Änderung, übernimmt aber von Mathias Zdarsky den Stemmschwung. Sog. Doppelschwünge mit Telemark und Kristiania sah er noch lange für die meisten Fahrer als die leichtere Lösung an, dabei die Skistellung nicht verändert werden muss. Er liebte auch die Poesie und verfasste ein Skibuch für Frauen. 1941 hielt er die Entwicklung der Skilauftechnik für abgeschlossen.

(Texte S. 26, 138. Außentitel)

109 Leichtes Schwingen mit „Schier mit Taille"? – Aber Carvingthese bezweifelt

1907 Henry Hoek (NL/D/CH)

„Außerdem wird vielfach behauptet, daß die mittlere Verschmälerung das Schwingen erleichtere. Macht man einen Schwung, so werden die Schier ein wenig schräg gestellt nach der Seite des Schwunges. Nun bilden die Kanten des in der Mitte verjüngten Schi den Teil eines Kreisbogens, der verhindert, daß die Schikanten sich einschneiden."

„Daß dieser theoretischen Überlegung in Praxis viel Bedeutung beizulegen ist, bezweifle ich."

In seinem wohl bekanntesten Buch erwähnt Henry Hoek die verbreitete Meinung über die Wirkung einer ausgeprägteren Taille, verwirft diese jedoch als reine Theorie. Noch in der Auflage von 1925 steht er zu seinem Standpunkt in dieser Frage, obwohl er taillierte Ski benutzt. Im Prinzip aber ist hier die Carvingtheorie, wie sie Carl J. Luther 1913 in einer Zeichnung festhält, formuliert.

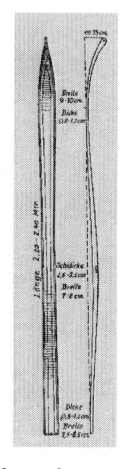

Ski vom Typ Telemark
(Der Schi und seine sportliche Benutzung. Text Seite 45. Bild Seite 41)

110 Skiführung über die Bindung der Führungsski

1907 Fritz Huitfeld

Der vordere Ski leitet die Kurve ein, Kristiania wie Telemark. Huitfeld entwarf verschiedene Bindungen auf der Grundlage eines metallenen und anpassbaren Backens. Das Modell mit Langriemen hatte Nachfolger bis in die 1950er Jahre.

Huitfelds Bindungen fanden große Verbreitung und trugen damit zur Lenkbarkeit des Ski und entsprechender Techniken bei. Dass aber Mathias Zdarsky ihm um Jahre voraus war, wurde wegen des Streites Norweger- oder Lilienfeldertechnik leider keiner größeren Öffentlichkeit bewusst. Huitfeld leitete auch die Skiabeilung der größten norwegischen Skifabrik L. H. Hagen & Co. in Christiania.

(Texte und Bilder in Das Skilaufen)

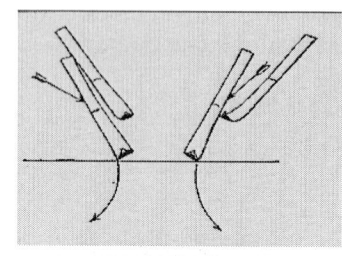

111 Programm der Skischule Hannes Schneider (A) 1907: ▶ Schussfahren ▶ Schneepflug ▶ Pflugbogen mit Gewichtsverlagerung, Schulter- und Hüftdrehung 1909: ▶ zusätzlich Stemmbogen ▶ Prinzip des ständigen Schneekontakts ▶ (Übernahme des Stemmbogens von Viktor Sohm) 1909/10 endgültige Festlegung: ▶ breite Skiführung ▶ tiefe Position ▶ flache Skiführung	Die Hannes-Schneider-Skischule als Vorläuferin der Skischule Arlberg wird in historischen Abrissen kaum erwähnt. Schneider selbst aber ist, wie er in „World Ski Book" (hrsg. von Frank Elkins und Frank Harper 1949) schreibt, diese frühe Bekundung wichtig. Nach Versuchen mit angesprungenen Schwüngen entscheidet er sich für den ständigen Schneekontakt, später prägend für die Arlbergschule. Zunächst wegen hässlicher Fahrweise beschimpft, erfährt Schneider Bestätigung durch norwegische Fahrer. Wahrscheinlich um Schneider auszubremsen wird 1908 der Amateurparagraf eingeführt. Schneider tritt daraufhin dem Skiklub Davos bei und startet in den nächsten Jahren für diesen.	Siehe auch in Hannes Schneider: Auf Schi in Japan. 1935, Seite 15-17. - Bild Seite 199.)
112 Zwangsgrätschstellung und Schwingen - große Versprechung **1908 Mathias Zdarsky (A)** Revidierte Schwungtechnik ▶ mit Streckung des Außenbeines ▶ und seiner Art Pflugstellung ▶ in die Falllinie gehen ▶ und beidhändigem Hereinheben der Alpenstange ▶ und durch plötzliches Beugen des Innenbeines beidrehen	Damit vollzieht Zdarsky einen Belastungswechsel mitten im Schwungverlauf. Vergleichbare Wechsel finden wir beim „Vorarlberger", wie ihn Rudolf Rother 1913 beschreibt, bei Alberto Tomba 1994 und bei Walter Kuchlers „Stepcarver" 2006. Zdarsky meint, diese Schwungeinleitung sei so sicherer und funktioniere mit weniger Angst. Darüberhinaus ist sein Versprechen, dass man leicht und schnell mit seiner Technik das Skifahren erlernen könne, eine erste MAGNA CHARTA der Skitechnik.	(Alpine (Lilienfelder) Skifahr-Technik – als 4. Aufl. von Alpine (Lilienfelder) Skilauf-Technik. Berlin 1908)
113 Schwungbrechen und Girlande **1908 Henry Hoek (NL/D/CH) und E. C. Richardson (GB)** *„Fährst du einen Hang schief hinab, so kannst du anstatt zu stemmen (s. S. 107) sehr wohl durch eine Reihe von eingeschalteten aber nicht ganz durchgeführten Christianiaschwüngen die Fahrt nach Belieben brechen."*	Die Girlande sowohl als Stemm- wie als Schwunggirlande wird hier erstmals vorgestellt. Auch das „Schwungbrechen", das später im Schoppen, Counter-Turn, S-Schwung, Auftakter wie auch im Fishhook weiterlebten, wahrscheinlich erstmals angesprochen. (Der Ski und seine sportliche Benutzung. Seite 122. Bild „Stemmen" Seite 107)	

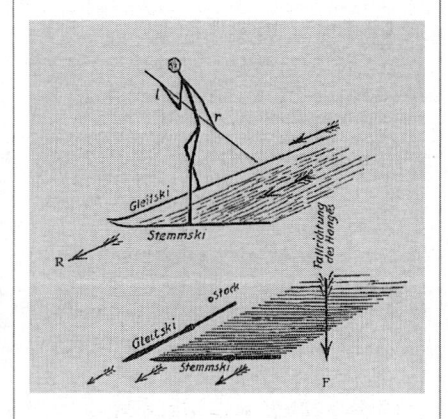

114 Fußtechnik: Füße drehen > Ski drehen > Christiania

1908 Ernst Schottelius (D)

„Kurz vor dem Ansetzen zum Christiania nach rechts wird der rechte Fuß etwas (ca. 20 cm) vorgeschoben, beide Schier bleiben dann unverändert eng beisammen und parallel – das Gewicht gleichmäßig auf beiden Füßen bes. den Absätzen – im Moment des Schwunges drückt man beide Absätze nach links, beide Fußspitzen nach rechts – die Schier folgen! – der Körper neigt etwas nach innen (rechts) um nicht hinausgeschleudert zu werden – und der Schwung ist fertig!"

Diese geniale Beschreibung der Fußarbeit wird erst in den 1950er Jahren wieder aufgenommen. Die Beschreibung der Schwungausführung schließt Schottelius ab:
„Mehr lässt sich beim besten Willen nicht über die Ausführung des Christiania sagen."
(Der Schisport. Seite 64)

Über den vorgeschobenen Ski sagt er einige Seiten vorher (Seite 46):
„Er soll den Stoß aufnehmen, wie dies etwa die federnde Gabel eines Motorrades tut".

(Außentitel seines Buches)

115 Blicksteuerung

1908 Ernst Schottelius (D)

Der Verfasser formuliert kurz und prägnant:
„Den Blick dorthin, wohin man lenken will."
Die Körperdrehung geht in den Schwung hinein.

Wohl erstmals werden hier der vorausgehende Blick und seine Bedeutung für eine Drehung angesprochen. Später 1938 bei Fritz Hoschek, 1947 bei Wolf E. Burger und schließlich in den 1990er Jahren durch mich bei Beschreibung des Carverblicks und bei der Besprechung von Reflexen aufgegriffen und vertieft.
(Der Schisport. Seite 46. Bildbeispiel bei Wolf E. Burger, Schule des Schilaufs. Seite 19)

116 Drehen zum Halt allein mit seitlicher Stockbremse „im Zwiegriff"

1908 Ernst Schottelius (D)

Stöcke auf einer Seite eingesetzt,
▶ eine Hand oben, die andere mittig – im Zwiegriff
▶ aber nicht die „Stockscheibe" einsetzen
▶ Stock/Stöcke wirken wie ein drittes Bein
▶ geschlossene Skiführung
▶ leicht in die Knie aber nicht in die Hocke gehen
▶ kräftiges Nachinnenlegen

Schottelius glaubt, dass man mit dieser Exzenterwirkung selbst auf steilerem Hang zurechtkommt. Allerdings schätzt er Richtungsänderungen aus den Schiern heraus höher ein.
Den Stock beim Stockreiten nennt er zwar „Zauberbesen", hält diese Fahrart aber für „ebenso unsportlich wie gefährlich".
(Der Schisport. Seite 51-54)

Diese Art der Stockbremse findet sich immer wieder.

Ein spätes Beispiel mit seitlich eingesetzten Stöcken und Hocke findet sich 1933 in „Kinder und Jugendschneelauf" von F. Götzel und K. Weinhold, Seite 17 f.

Um den Stock herum:
„Der richtig eingesetzte und dirigierte Stock reißt in den Schnee eine tiefe Rinne und übt so eine merkliche Bremswirkung aus."

117 „Fallen ist eine Kunst" **1908 Ernst Schottelius (D)** Genaue Beschreibung: ▸ Sich auf den Rücken oder zur Seite legen ▸ Beine in die Luft ▸ auf dem Rücken herumdrehen ▸ Ski waagrecht zum Hang (Der Schisport. Seite 42 f., Bild Seite 35)	Gekonnt gemacht, meint der Verfasser, sind die Fahrer dabei so schnell, um wieder zum Weiterfahren auf die Beine kommen, *„daß man glauben könnte, sie hätten sich rasch hingelegt, um einen Gegenstand aus dem Schnee aufzuheben."* Ernst Schottelius ist offensichtlich ein Anhänger der „Norwegerfraktion", da er sie bei gleicher Gelegenheit „Zentauren der hölzernen Rosse" nennt.	
118 Befahren von Geländeformen **1908 Mathias Zdarsky (A)** Bespricht Hohlwege, Bodenwellen, Runsen und Grate. Beispiel: *„Bodenwellen sind stets nach dem Prinzip zu befahren, daß der Schwerpunkt desto mehr vorverlegt werden soll, je geneigter die Stellen sind. Daraus folgt, daß sanftere Stellen, sobald sie sich an steile Abfahrt anschließen, ein Zurückführen des Schwerpunktes stattfinden muß, jedoch nicht soweit, daß wir in falsche Grundstellung kämen."*	Mathias Zdarsky dürfte auch als erster Autor diese Thematik angegangen sein. In den Fällen der Versteilung und Verflachung haben seine Anweisungen noch heute Gültigkeit. Sein Buch aus dem Jahre 1908, aus dem das Zitat stammt, ist leider weniger bekannt. (Skisport. Gesammelte Aufsätze von M. Zdarsky. Herausgegeben vom Alpen-Skiverein. Seite 30 f.)	
119 Carvinggedanke nochmals verstärkt **1908 Mathias Zdarsky (A)** *„Die einfachste Art des Bogenfahrens entsteht, wenn wir, seitwärts neigend die Skier im gleichen Sinne kanten."*	Damit knüpft Zdarsky an die „bogige Wirkung" der Kante an. (Skisport. Gesammelte Aufsätze von M. Zdarsky. Herausgegeben vom Alpen-Skiverein, Seite 30 f.)	
120 Hüftknick erstmals dokumentiert **1908 Wilhelm Paulcke (D)** *„Charakteristisch die deutlich ausgeprägte starke Mitarbeit der Hüften, die schiefe Lage zum Hang und der vorgeführte innere Ski."*	Die Lage der Hüften zum Hang in den Formen von Hüftknick, Vor-Seitbeugen, als Hüftcanting oder auch als gestreckte Kurvenlage werden in allen folgenden Techniken der nächsten 100 Jahre eine große Rolle spielen. (Der Skilauf. 4. Aufl. 1908. Text und Bild Seite 80)	

121 Erste Aufforderung auf Entwicklungsschluss und auf Vereinfachung

1908 Wilhelm Paulcke (D)

„Ich habe mich nach Möglichkeit davor zu hüten gesucht, eine Unzahl von Einzelübungen mit Erfindung und Verwendung vieler Termini technici zu beschreiben, da eine derartige pedantische Skifibel mehr Schaden als Nutzen stiften kann. ... es widerspricht der Natur des Skisports jede Bewegungsart oder Kombination zu benennen, und in starre Regeln und Paragraphen zwängen zu wollen."

Wahrscheinlich die erste Klage über Vielfalt und Festlegungen der Technik. Diese Sicht der Dinge und das Leiden an der Vielfalt werden sich bis heute immer einmal wiederholen. U. a. versuchte der Bilgerischüler Josef Albert 1928 die ganze Skilauftechnik auf 12 Übungen zu begrenzen. Andere, wie auch Georg Bilgeri 1926 oder Henry Hoek 1942, sahen endlich die Entwicklung als abgeschlossen an. Ab den 1960er Jahren mehren sich die Bemühungen, eine einfache Technik zu propagieren.
(Der Skilauf. 4. Aufl. 1908. Text Seite 12, Bild Außentitel)

122 Hüft- und Fersendrehung

1908 E. Burgaß (D)

Bei der Beschreibung des Telemarks:
„Die ganze Bewegung ... erfolgt durch eine Drehung im Hüftgelenk und durch Abstoß der talwärts gerichteten Ferse, wodurch in Verbindung mit dem Druck auf den Schnee, den der Schi ausübt, die Schuhe die andere Fahrtrichtung erhalten."

Bei E. Burgaß ist wieder aufgenommen, was Mathias Zdarsky schon 1897 beschrieb, nämlich die Arbeit der Füße. Erst in der Beinspieltechnik der 1950er bis 1990er Jahre jedoch wird sie zu einem zentralen Begriff werden.
(Text und Bild in: Winterliche Leibesübungen in freier Luft. In: Zeitschrift des Deutsch-Österreichischen Alpenvereins 1908. Seite 72.)

123 Erlebnis Abfahrt

1908 E. Burgaß (D) zitiert Ernst Schottelius (D):

„Die Skier gehorchen der leichten Neigung nach vorne, beginnen zu gleiten, schneller, immer schneller! In wahnsinniger Hast huschen die glatten Bretter über stundenweite Schneefelder, immer schneller, noch schneller. Im Ohr liegt nur ein dumpfes Brüllen, wie von einer fernen Brandung und das Auge.
Was ist das? Plötzlich stehe ich still, aber rund um mich ist alles in wirbelnder Eile; im schimmernden, endlosen Zuge fliegen die Schneehänge und Firnhänge heran, pfeifen unter den Sohlen durch! – verschwunden! – neue Ströme speit der Gletscher aus deweißen Unendlichkeit heraus; schauerhaft fliegen schwarze Felszungen zur Seite aufwärts – schließlich ist's, als drehe sich eine ungeheure weiße Walze unter meinen Füßen – plötzlich steht sie still, und ich fliege ihre Rundung hinab durch einen Schneekessel, auf der anderen Wand hinan. Langsam gleiten die Skier, die Fahrt hat ihr Ende erreicht. ... Fünf Minuten schienen die Anker der Schwere gelöst, die Fesseln des Raumes gefallen, einen Tropfen durften wir nippen von dem berauschenden Trank des freien Fluges."
(Winterliche Leibesübungen in freier Luft. In: Zeitschrift des Deutsch-Österreichischen Alpenvereins 1908. Seite 67)

Eine ausnahmsweise breit wiedergegebene Schilderung, wie wir sie in den kommenden zwei Jahrzehnten häufig finden werden. Skitechnisch sind die „Neigung der Ski nach vorne" und die Empfindungen unter den Füßen interessant. Einmalig ist auch die Schilderung der Sinnestäuschung, als ob bei dieser Geschwindigkeit der Fahrer und nicht das Umfeld stillstände. Ein Hinweis auch darauf, dass solche Erlebnisse nicht nur persönlich subjektiv sein dürften, sondern dass es auch das Phänomen der Zeitsubjektivität gibt.

124 Grandiose, kühne Bewegungen

1908 Anton Fendrich (D)

„Unter den Beinen des Ungeübten sind die Ski grotesk komische Hindernisse für das Gehen. An den Füßen des Kundigen aber werden sie zu beflügelten Schuhen ... Mächtiger, grandioser und kühner sind die Bewegungen auf dem Ski als die des Eislaufs auf dem Schlittschuh."

Der Journalist Fendrich lehnt sich weit aus dem Fenster, wenn er mit so starken Worten den Skilauf als die dem Eislauf überlegene Sportart preist. Davon abgesehen ist es schön zu lesen, wie ein Schriftsteller jenseits aller Streitigkeiten der Zeit die Faszination des Skifahrens herausstellt. Das Bild aus dem Jahre 1924 ist sensationell. Es könnte in einem heutigen Prospekt oder Lehrbuch stehen.

(Der Skiläufer. Seite 17 f. Bild aus der 30. Aufl. von 1924, Seite 59)

125 Damenskilauf für die gute Figur

1908 Luise Schupp (D)

„Beherrscht man dann den Ski einmal vollständig, ermöglicht er den genußreichsten und schönsten Sport, der alle Muskeln gleichmäßig ausbildet, die Blutzirkulation fördert und den Körper wie keine andere Uebung gesund erhält. Eine biegsame Figur mit geschmeidigen Bewegungen ist eine erstrebenswerte Schönheit für jede Frau.; es sollte daher keine versäumen, der sich die Gelegenheit dazu bietet, sich mit dem Schneeschuh zu befreunden."

Das positive Urteil der Autorin ist für diese Zeit pointiert und nicht weit von der Ansicht des Mathias Zdarsky entfernt. Ein Jahr später wird sie sich in einer anderen Veröffentlichung gegen eine sportliche Ausübung des Skifahrens wenden bzw. Damen, die dies betreiben, angreifen.

(Die Frau und der Wintersport. In: Der Wintersport in Bayern. München 1909. Seite 53-57. Bild aus der gleichen Publikation als Werbung für Steirer Loden Seite 84)

126 Damentraining - Damenleistung

1909 Luise Schupp (D)

- Aufsteigen und Abfahren
- Abfahren im Schuss
- Abschwingen im Telemark oder Kristiania

(Das Damenbild ist Inseraten des Jahres 1911 entnommen. Röcke findet man auf Bildern in Skibüchern noch Anfang der 1930er Jahre.)

Polemisch schildert die Verfasserin, wie der Typ „Siegerin" bei den Damen trainiert und sich gegenüber Journalisten verhält:

„Sie wehrt bescheiden ab und trainiert. Immer den gleichen Steilhang hinauf und hinunter, unten Telemark – oder Christianiaschwung."

(Unsere Skidamen. Seite 75 f.)

127 Bees-Schwünge mit breiter Hocke

1909/10 nach Chappel Jacobsen (N) und Baron Bees (A?)

- Schuss und Schwung
- immer abgehockt
- immer sehr breit

Heinz Polednik verfolgt die Linie dieser Fahrart: Jacobsen – Bees – Hannes Schneider. Da Jacobsen als Skilehrer in Kitzbühl engagiert war, könnte man also auch einen Entstehungszusammenhang Kitzbühl – Arlberg sehen.

(Weltwunder Skisport. Text und Bild Seite 80)

128 Telemark und Christiania

1909 Karel Vávra (Prag) deutsch 1910

Josef Noggler in kurzer Besprechung: Das Buch, „ganz in norwegischer Art gehalten, bedeutet nicht weniger als ein kleines Meisterwerk in seiner Art."
Eine Bildbetrachtung zeigt sowohl für den Telemark wie für den Christiania stockfreies Fahren. Oberkörper oder Gesamtfigur sind aufrecht, starke Rücklage, auffallend dort die rückwärts gehaltenen Hände.

(Josef Noggler, Wintersport 1909/1910. Seite 51)

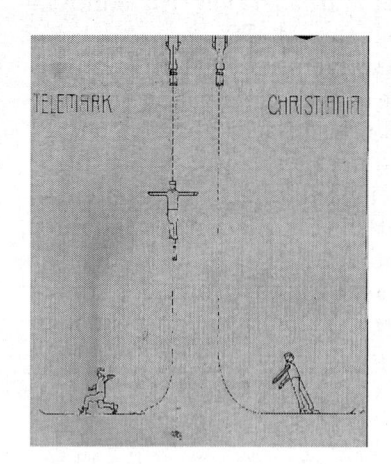

(Karel Vávra, port Na Lyzich. Seite 42 und 48)

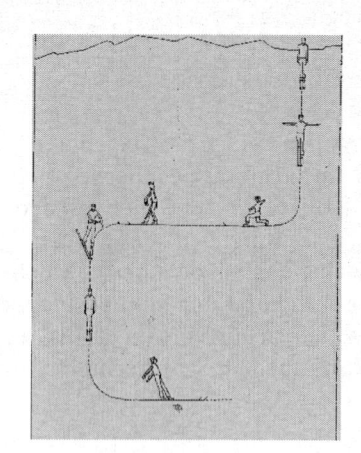

129 Telemark und Kristiania als Ergebnis der Ski-Schnee-Physik – Skitechnik individuell

1909 Anton Fendrich (D)

▶ Telemark aus Position und dem Resultat von Tempo und Bremswirkung der Kante
▶ Kristiania aus leichtem Rück- und Einwärtslegen und Aufkanten der Ski bis zum Stillstand
▶ viele individuelle Kristianias
▶ hält Kurvenfahren alleinig durch Belastungswechsel und Kanten für möglich
▶ viele Demonstrationen ohne Stöcke
▶ im Bild auch taillierter Ski

„Der Skiläufer", ein verbreitetes Buch mit vielen Folgeauflagen, bringt sensationelle Bewegungsbeschreibungen, indem es auf den Zusammenhang von gekantetem Ski und Schneewiderstand verweist. Hochinteressant auch der Hinweis auf individuelle Ausführungen, die sogar „in brillanter Haltung" ausfallen können. Darüber hinaus findet man eine Philosophie des Skisports. Interessant die Geschichtstabellen. Anton Fendrich dürfte auch der erste Apologet einer individuellen Skitechnik sein!

(Der Skiläufer. 1909, 2. Aufl. Seite 63-65, Zeichnung Seite 17)

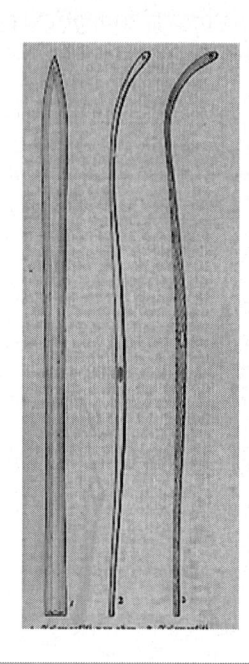

130 Gecarvter Kristiania für lange Kerle – durch Gewichtsverlegung

1909 Anton Fendrich (D)

„Um den ´Kristiania´ einzig durch leichtes Kanten und Gewichtsverlegung des gestreckten Körpers zu machen, so daß das Ganze fast wie eine harmlose Spielerei anstatt wie ein mühsames Reißen und Drücken aussieht, dazu gehört wahrscheinlich eine lange Gestalt, deren hochgelegener Gleichgewichtspunkt bei der Verlegung genügend stark verändernd auf die Fahrtrichtung einwirkt."

Auch wenn nach Anton Fendrich „Läufer von mittlerer und kleiner Figur" eher gewaltsame, gerissene Kristianias fahren, so findet man bei ihm eine erste, den Kern der Sache treffende Beschreibung für die Carvingtechnik.
Der Einfluss Anton Fendrichs auf die Entwicklung und die Skifahrer ist schwer einzuschätzen, aber jedenfalls ist sein Buch über zwei Jahrzehnte in 40 (!) Auflagen erschienen.

(Der Skiläufer 1909. 2. Aufl. Seite 64 f., Bild und Bildunterschrift Seite 64)

„Ansatz zu Kristiania nach links (fast nur durch Gewichtsverlegung)"

131 Damen Gelenkigkeit!

1909 Mathias Zdarsky (A)

„*Reichen die Kräfte der Damen aus? Selbstverständlich, ja! ... Jedenfalls habe ich beobachtet, daß Gelenkigkeit bei den Anfängern mehr an der Damen- als Herrenseite zu treffen ist, da die Herren viel mehr zur Bockbeinigkeit neigen.*"

(Skisport. Gesammelte Aufsätze. 1909. Seite 88 f.)

Der Altmeister des alpinen Skilaufs klinkt sich auch in die heftige Debatte des Damenskilaufs ein, wenngleich er wie alle anderen sich vor allem der weiblichen Skikleidung zuwendet. Aber noch lange nach ihm wird man um die weiblichen Voraussetzungen für den Skilauf streiten, zu der er so eindeutig Stellung nimmt.

(Bild aus Deutscher Skilauf. Hrsg. von Carl J. Luther". 1930. Seite 89)

132 „Bergab auf einem Ski"

1909 W. Romberg (D?)

„*Eine recht vorteilhafte, aber vielfach als unsportliche Akrobatik betrachtete Gleichgewichtsübung ist es, wenn man versucht, erst auf kleineren, dann auch auf längeren Strecken nur einen Ski zur Abfahrt zu benützen. Den zweiten hebt man an, daß er in der Luft schwebt. Man kann auch den zweiten ganz weglassen und den skilosen Fuß hinter den anderen leicht auf den Ski stützen.*"

(Mit Ski und Rodel. Seite 91)

Carl. J. Luther bringt in seiner positiven Besprechung des Buches für das Fahren auf einem Ski allerdings kein Verständnis auf und wünschte sich, der Abschnitt sei besser weggeblieben. (Siehe „Ski-Chronik 1910/11", Seite 207 f.)
Neben Romberg setzen sich mit dem Fahren auf einem Ski auch Anton Fendrich (1911), Fritz Heinrich (1933), Horst Tiwald (1981) und Georg Kassat (1985) auseinander. In den 1990er Jahren und den folgenden trainieren auch junge Rennfahrer gelegentlich auf einem Ski.
Romberg schaltet sich auch in die heftigen Diskussionen der weiblichen Skikleidung ein.
Seine Bildzeile zur nebenstehenden Abbildung „Damen mit enger und weiter Kniehose":

„*Eine glatt sitzende, eng anliegende Hose ohne viel Falten erscheint niemals plump und lächerlich, sondern macht in ihrem Anschmiegen an die Körperlinien stets einen vornehmeren Eindruck als ein regellos im Winde flatternder Rock.*"

(Bild und Text Seite 62 f.)

133 „Kreisschwung" mit Zurückstemmen

1909 Mathias Zdarsky (A)

„*Wer den Kreisschwung vollkommen beherrscht, wird aus der aufrechten Schrägfahrt plötzlich das Bergbein im Knie beugen, gleichzeitig das Talbein in gestreckter Haltung zur Stemmstellung zuückführen. Kaum daß diese wippende Bewegung ausgeführt ist, wird der Stockumgesetzt, wobei das Drehen des Körpers von der Bergseite zur Talseite das Wichtigste ist. In diesem Moment sind beide Knie wieder gestreckt.*"

Der große Pionier modifiziert und präzisiert seine Fahrweise.

(Skisport- Gesammelte Aufsätze von M. Zdarsky. Hrsg. vom Alpen-Skiverein. Seite 18)

134 Abbremsen in totaler Ausfallstemmstellung **1910 Georg Bilgeri (A)** ▶ Querstellen des Ausfallski um 90 Grad vor die Spitze des Gleitski ▶ Knie über Gleitski niedergedrückt bis zum Ski Diese T-Stellung ist noch bei seinem Schüler Josef Albert noch 1932 zu finden.	Diese extreme Art anzuhalten wurde gerne beim sog. Skiturnen mit angeschnallten Ski in der Halle geübt. Bilgeri, der über 20 Jahre die Entwicklung vorantrieb, übernahm Zdarskys Vorstellungen von Kurven, benutzte allerdings zwei Stöcke. Die Schüler Bilgeris Josef Albert oder auch E. Burian lehrten diese Art zu bremsen noch 1932. (Der alpine Skilauf. Text Seite 33 f., Bild Seite 34)	
135 Wendigkeit kürzeren Ski gegen zu stark geschweifte Ski **1910 Georg Bilgeri (A)** Bilgeri empfiehlt einen kürzeren Tourenski und einen noch kürzeren Sommerski Vorteile: ▶ geringes Gewicht ▶ leichteste Lenkbarkeit im Aufstieg, beim Wenden und in der Abfahrt ▶ handlicher	Längen: ▶ erste Versuchsski 70 - 90 cm ▶ Sprungski 220 – 240 cm ▶ für leichte Tour 190 – 210 ▶ für Hochtouren körperlang ▶ Sommerski 130 – 160 „Zu stark geschweifte Schienen nehmen den Ski die stetige Führung und erschweren bedeutend das Kanten." „Unsere Sommerski haben eine Breite von 9-10 cm mit parallelen Seitenflächen, die eine gute, gleichmäßige Führung ergeben."	 (Der alpine Skilauf. Text S. 3 f., Bild Seite 94)
136 Bilgeris Zweistocktechnik **1910 Georg Bilgeri (A)** ▶ arbeitet mit Elementen von Zdarsky und den Norwegern ▶ entscheidet sich für ein Stemmfahren mit beiden Stöcken ▶ entwickelt eine breitere Abfahrtshaltung ▶ in tiefer Stellung ▶ entwirft verschieden Skitypen, die in Länge und Breite variieren ▶ darunter der „Sommerski" als Kurz- und Bergsteigerski von 100 - 150cm ▶ entwickelt später auch einen in der Mitte teilbaren Ski	Georg Bilgeri übte über die Jahre immer größeren Einfluss aus. Vor allem als Ausbilder beim Heer, speziell im ersten Weltkrieg, konnte er seine Ideen und viele Erfindungen verbreiten. Im Bindungsstreit allerdings erhielt Zdarsky vom Patentgericht 12 000 Kronen zugesprochen. (Die sog. Bilgeribindung wurde von dem Bruder Markus Bilgeri hergestellt.) Bilgeri und Zdarsky überbieten sich in Erfindungen und Entwicklungen gegenseitig. (Der alpine Skilauf. 1910. Seite 48 nebenstehendes Bild.)	

137 Fabrik für Wintersportartikel

1910 M. Bilgeri (A)

Die T-Bremse als Firmenlogo zu verwenden, zeigt wie hoch diese Kunstfertigkeit eingeschätzt worden ist.
Der Verwandte von Georg Bilgeri bietet im Firmenbüchlein auch eine kurze skitechnische Anleitung aus Bilgeris Schule wieder.

Georg Bilgeri entwickel auch weitere Aktivitäten rund um das Skifahren, so wenn er in Salzburg für das Heer ein großes Material- lager und eine Skiwerkstatt einrichten läßt.
Über seine Bindung kommt es zum Patentstreit mit Mathias Zdarsky.
(M. Bilgeri, Spezial-Artikel für den Wintersport. Logo Seite 2, Anleitung Seite 19-24)

138 Fortgeschrittene elegante Stockbremse

Um 1910 – Beispiel

Üblich und nicht verfemt
- Stock/Stöcke unter die Achsel geklemmt
- Stock/Stöcke mit beiden Händen gedrückt
- in tiefer Position ohne Hocke
- Oder Ernst Schottelius (D) Stöcke frei geführt aber mit beiden Händen seitlich in den Schnee gedrückt

Abfahren und Kurvenfahren mit Stütze auf den Stock ist in vielen alten Berichten und Darstellungen überliefert und selbstverständlich. Langläufer verachten für riskante Abfahrten diese Hilfe bis heute nicht.
Henry Hoek meint einmal (1925):
„Unter keinen Umständen wird der Stock zum Reiten benützt, wie die Hexe auf dem Besenstil sitzt."

Aber erste Diskriminierung des Stockreitens schon bei Wilhelm Paulcke 1904.

(Bild aus: Eduard Friedl, Der Schilauf und seine Bewegungen. 1930. Seite 32)

139 Telemark als „Flieger"

1910 Zeichnung im „Simpl" (D)

Analyse:
- schwungvolle Fliegerposition
- sehr hohe Stellung
- trotzdem großer Ausfallschritt

Die Flieger- oder Engelposition, die in den 1930er Jahren und später wieder beim Carven so geliebt wurde, hat offensichtlich schon ziemlich früh ihre Liebhaber gefunden.

(Darstellung aus dem Simplizissimus 1910, wiedergegeben bei: E. John B. Allen, THE CULTURE AND SPORT OF Skiing" 2007, Seite 151)

140 Christianiaschwung mit einem Stock und Gegendrehung

1910 Karl Pfeiffer (D)

Merkmale:
- ein Stock innen frei geführt
- schneller Stockwechsel
- ohne Kontakt des Stockes mit dem Schnee
- mit Gegendrehung des Körpers
- geschlossene Bein- und Skiführung

Die Einstocktechnik hat sich offensichtlich nicht zwangsweise in Zdarskys Richtung entwickelt. Hinweise bei K. Pfeiffer und das nebenstehende Bild lassen auf eine sehr flotte Fahrweise mit ziemlich frei geführten Stock schließen. Schnelle entschlossene Aktion.

(Der Skisport. Leipzig)

141 Das Seitwärtsabrutschen - eigene Fahrhilfe **1910 K. Pfeiffer (D)** Merkmale ▶ stark gekantet auf hartem Schnee ▶ wenig gekantet bei tiefem Schnee ▶ „ruckweise" rutschen ▶ „oder wie es eben geht"	K. Pfeiffer wertet das Abrutschen als Fahrhilfe und geht dabei speziell auf die Kantenstellung ein. Interessant daran ist vor allem, dass vom gekanteten Ski ausgegangen wird, während man später bei dieser so wichtigen Hilfe meist auf das Flachstellen verwies. (Der Ski-Sport. Seite 25)	
142 Seitrutschen direkt und schräg **1910 Karl Vávra (CZ) und Richard Brünner (A)** Merkmale: ▶ Stock bergwärts in den Hang drücken ▶ Beginn durch Nachlassen des Kantens und des Stockeinsatzes ▶ Tempokontrolle durch abwechselndes stärkeres oder leichtes Kanten.	Wie schon in der 1909 erschienenen tschechischen Ausgabe von Karel Vávra wird hier das später in der Beinspieltechnik hochkultivierte Seitrutschen in seinen beiden Grundformen beschrieben. Es könnte mit der tschechischen Ausgabe noch vor K. Pfeiffer sein. Karl Vávra lehrt rein norwegische Technik. (Skisport wie wir ihn betreiben. Text Seite 42, Zeichnung Seite 40)	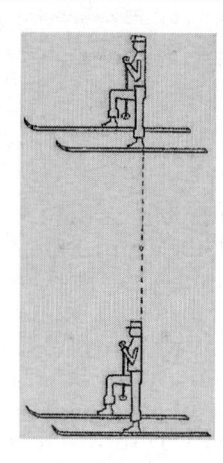
143 Vom Stemmbogen zum Stemmschwung **1910 Carl. J. Luther (D)** Merkmale: ▶ Nur geringer Ausstemmwinkel außen ▶ Sehr bald, sehr schnell den Innenski beiheben, beiziehen ▶ Empfehlung für steileres Gelände	In „Winter" 1910 (Heft 20), im Rückblick 1931 („Der deutsche Skilauf" Seite 1936-1938) hält CIL wie er zeitlebens genannt wurde, seine Urheberschaft für diesen Zeitpunkt fest, verweist aber auch darauf, dass der Kreis um Bilgeri, einige Innsbrucker und Salzburger ähnlich experimentierten. Andere Namen dafür waren „Stemmbogenschwung" und „Stemminania", so bei Vivian Caulfeild.	 (Bild in „Der deutsche Skilauf". Seite 135)
144 Dreifachschwung: drei Schwünge in einem **1911 Georg Bilgeri (A)** Sein Konstrukt: ▶ ein Kombischwung aus 3 verschiedenen Techniken ▶ Anfahrt bis Falllinie im Stemmbogen ▶ Übergang in den Telemark ▶ Abschluss der Steuerung mit dem Kristiania	„Ungeheuerlich" scheint dies dem zu sein, der es noch nicht probiert hat, meint Bilgeri. Aber man muss es halt probieren. Bilgeri meint auch, dass sein Vorschlag praxisnah sei. Neben dieser komplexen „Trilogie" empfiehlt Bilgeri auch den Doppelschwung aus Kristiania und Telemark, wobei die Skistellung nicht geändert wird und so beispielsweise links immer der Telemark und rechts immer der Kristiania fällig wird. Wohl ein Plagiat von Zdarsky. (Der alpine Skilauf. 2. Aufl. 1911, Texte Seite 60 f. - Zeichnung Doppelschwung Seite 59)	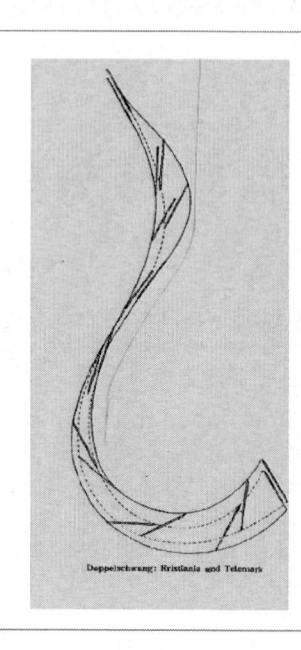

145 Stemmen durch „Schnee streicheln" 1911 Mathias Zdarsky (A) Ausstemmen *„gelingt nur dann glatt, wenn wir den Schnee mit dem Fersenende des entlasteten Ski streicheln und dadurch in die gewünschte Stellung kommen."*	In seiner meist nüchternen Terminologie hat Mathias Zdarsky auch Platz für eine bildstarke Formulierung wie sie später häufiger zu finden sein wird wie z. B. bei Alfred Flückiger. Auch an Hermann Hesses erotische Vergleiche sei erinnert. (Text aus „Alpine (Lilienfelder) Skifahr-Technik." 15. Aufl., Seite 47)	
146 Querfahren 1911 Mathias Zdarsky (A) *„Der Fahrer steht in der Zwangsgrätschstellung, Spitzen zusammen, Fersenenden weit auseinander, quer zum Hange. … Der Stock wird sehr kurz gefasst und bergwärts gesetzt. Solange beide Skier gekantet sind, steht der Fahrer. Sobald beide Skier flach gestellt und gleichmäßig belastet werden, beginnt die Fahrt in der Richtung des fließenden Wassers. Von der Fahrrichtung kann man nach vorn oder rückwärts abweichen, je nachdem man den Bergsski oder den Talski mehr belastet."*	Als Fahrkunst gedacht für: *„Auf mehr als 30 gradigen, zwei bis drei Meter schmalen Hangstreifen, flankiert von Gebüsch, Felsen oder Eis, oder auch auf sanfteren, breiten Hängen, sobald sie von Hartem, vereistem Schnee bedeckt sind."* Diese Fahrtechnik kann nicht mit dem späteren Seitrutschen gleichgesetzt werden. Nahe kommt ihr nur die Stemmschwunggirlande. Wieder neu ins Bewusstsein gerückt wird sie von Horst Tiwald. Seit 1908 zieht Zdarsky wie hier auch die Talski in Betrachtung und er ist offen und variabel in Belastungsfragen geworden.	„Fig. 25. Querfahren"(Text und Bild in „Alpine (Lilienfelder) Skifahr-Technik". 9.Aufl. Seite 16 f.)
147 Grenzen der norwegischen Techniken - Komödiantenart 1911 Mathias Zdarsky (A) *„Für alpine Skiläufer hat der Sprung, der Telemarkschwung und der Christianiaschwung trotz ihrer Großartigkeit doch nur den Wert einer Unterhaltung auf Übungsplätzen."*	Nach langjährigen Auseinandersetzungen kommt Mathias Zdarsky zu diesem Urteil, wobei er beim Christianiaschwung und Telemark auch meint: *„Beide sind auf Sportplätzen herrliche Übungen, werden aber leider durch das Herumfuchteln mit den Armen noch sehr nach Komödiantenart posiert."* (Texte aus Alpine (Lilienfelder) Skifahr-Technik. 15. Aufl. Seite 95)	
148 Telemark auf Sommerski 1911 Georg Bilgeri (A) Beschreibung: ▶ Telemark auch mit Sommerski – Länge 130-160 cm ▶ Sonst ausführliche Telemarkdarstellung ▶ Herausstellung aller Fehler	Georg Bilgeri als gründlicher Analytiker, auf ständiger Suche nach Neuem und als vielseitiger Erfinder, propagiert seinen kürzeren Touren- und sogar seinen extrem kurzen Sommerski trotz des großen Ausfallschrittes auch für den Telemark. Damit war er nach Mathias Zdarsky der erste, der abgesehen vom historischen kurzen „Ondur", einem Schiebeski, auch kürzere Ski ins Auge fasste. (Telemarkbild auf einer alten Pillendose aus der Schweiz)	

149 Erste Argumentation für vielfältige Technik

1911 Georg Bilgeri (A)

„Man sucht sich aus jeder Art zu schwingen diejenige heraus, die für die augenblickliche, durch Schneebeschaffenheit, Neigung des Berghanges und Schnelligkeit der Fahrt gegebene Lage am brauchbarsten ist."

Schon so früh scheint es Einwände gegen die Vielfalt an Schwüngen gegeben zu haben. Die Diskussion wird sich durch die Jahrzehnte und über ein Jahrhundert weiterziehen. Auch bei Erscheinen dieses Buches wird wie so oft der Ruf nach einer einfachen oder einer funktionellen Technik laut. Bilgeri hat auch für die Praxis eine Antwort gegeben, wie sie 15 Jahre später auch bei Arnold Fanck und Hanns Schneider im „Wunder des Schneeschuhs" zu finden ist.

(Der alpine Skilauf. II. Aufl. 1911, Seite 60)

150 Die Kantenstellung im Visier - Rutschen im Schwung

1911 Ernst Schottelius (D)

Merkmale:
- Hebt die Kantenstellung heraus
- neben der Skistellung
- neben der Körperposition

Der Verfasser hat bereit 1908 ein eigenes Buch herausgegeben. Hier bespricht er nochmals den Christiania-Schwung und den Telemark.

(Der Wintersport, hrsg. von Hermann Rosenow. Zeichnungen Seite 80 f.)

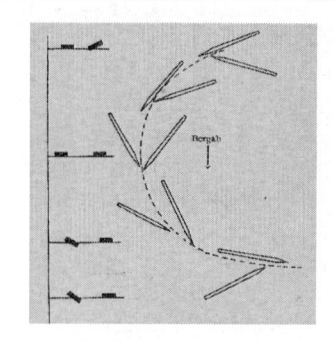

151 Der Kristianiaschwung

1911 J. Marshall (D)

Man läuft
„in normaler Haltung an, den rechten Fuß voraus, dreht den Körper von den Hüften aus nach innen und rechts und neigt sich dahin, indem man die Enden der Ski nach abwärts und außen drückt: das Kanten der Ski nach innen gibt dabei eine starke Bremswirkung ab. Der Kristianiaschwung wird also wesentlich auf beiden Füßen ausgeführt unter gleichmäßiger Belastung."

Geübte Skifahrer, meint der Verfasser, könnten bei diesem Schwung die Ski auch auf gleicher Höhe führen.

(Das Skilaufen als Sport und Verkehrsmittel. Text Seite 41, Bild Seite 40)

152 Erlebnis Abfahrt, Kristiania und Telemark

1911 Carl J. Luther (D)

„Der Rausch einer sausenden Abfahrt, der Taumel windeiliger Schnelligkeit und Herrscherstolz über Raum und Zeit, ja der Reiz des nahezu wirklichen Vogelfluges werden gewährt."

(Der moderne Wintersport. Seite 42)

Diese Qualitäten spricht Luther „den Hilfen Stemmfahren, Stemmbogen, Schneepflug und Querfahren" ab.
Immerhin gelingt es jedoch mit ihnen
„draußen in den weißen Winterbergen Genuß und Erholung zu suchen, vom leuchtenden Gipfel glücksstrahlenden Auges hinauszuschauen ins weite Land, Lust, Licht, Farbe und Sonnenschein zu trinken und sicher und beglückt wieder heimwärts zu fahren".

153 Doppelschwünge Standard

1911 J. Marshall (D)

Doppelschwung:
- in Kombination mit gleichbleibender Schrittstellung
- des Kristiania und
- desTelemark

Es bleibt immer der gleiche Ski vorne, so dass damit die Schrittstellung nicht geändert werden muss.
Das sei eine Abfahrt „in Schlangenlinien".

Der Verfasser von „Das Skilaufen als Sport und Verkehrsmittel" meint, dass geübte Läufer es vorziehen, immer in der gleichen Kombination zu fahren. Sie bräuchten damit die Schrittstellung nie zu ändern. Vielleicht spielt bei diesem Rat auch noch eine Rolle, dass er die Skilänge mit 215 – 280 cm als Norm angibt. Mathias Zdarskys früher Vorschlag findet also eine große Verbreitung.

(Das Skilaufen als Sport und Verkehrsmittel. Text Seite 41 f.)

---

154 Zdarskys Technik nur „für ältere, nervenschwache Leute" geeignet

1911 Vivian Caulfeild (GB)

Aus einer Rezension:
„Die ganze Zdarsky´sche Methode lässt Caulfeild nur gelten für ältere, nervenschwache Leute, die keine anderen Ambitionen haben, als Spazierengehen auf Skiern. Mit Skilauf hätte diese Methode aber nichts zu tun. Es sei die verzerrte Anwendung von etwa einem Zehntel der einzig richtigen norwegischen Fahrart."

Die Rezension berichtet weiter, dass viele Engländer nur deshalb so schlecht auf den Ski stünden, weil sie nach Zdarsky gelernt hätten. Diese bösartige, polemische und die Sachlage ins Gegenteil gewendete Beurteilung wurde immerhin in der Verantwortung von Henry Hoek abgedruckt. Sie ist ein Zeugnis für die erbitterten Auseinandersetzungen der beiden Lager „Norweger" und „Lilienfelder".

(Rezension in Ski-Chronik 1910/11. Jahrbuch des Mitteleuropäischen Skiverbandes. Seite 206)

---

155 Caulfeild Kristiania als Scherenkristiania - Kombinationsschwünge

1911 Vivian Caulfeild

Charakteristik:
- Für eine bestimmte Zeit war dieser Schwungname ein Begriff.
- Caulfeild selbst nennt ihn eine besondere Neuerung
- spricht von einem gesteuerten Kristiania
- versteht darunter einen Scherenkristiania

Vorschlag vieler Kombinationsschwünge

Der Einfluss der Engländer auf die Entwicklung der Skitechnik wird in der deutschsprachigen Literatur kaum beachtet. Dabei ist zu erinnern, dass Henry Hoek 1906 die Erstausgabe seines immer wieder aufgelegten Buches als Bearbeitung des Buches von E. C. Richardson (1904) herausgebracht hat. Der Scherenkristiania entwickelte sich bald zum Rennschwung. Später wurde er bei Prüfungen auch im Tiefschnee verlangt.

(In: How to ski and how not to.)

(Zeichnung aus Eduard Friedl, Der Schilauf und seine Bewegungen. Seite 56)

156 Reiner Kristiania - Carven?

1911 Carl J. Luther (D)

„Der reine Kristiania wird mit parallel bleibenden Skiern, der bogeninnere voraus, mit Fersendruck auf beide Skienden und mit einer gewissen ruckartigen Bewegung durchgeführt. Beide Skier kanten sich gleichmäßig bogeneinwärts; der Fersendruck wird durch ein Zurücklegen des Körpers (als ob man die Skispitzen heben wollte) erreicht. Je nach Schwung und Schnelligkeit der Ausführung muß sich der Läufer einwärts legen, der Zentrifugalkraft entgegen wirkend; dies natürlich bei jedem Schwung oder Bogen in einigermaßen rascher Fahrt."

Zwar bringt Mathias Zdarsky 1908 schon eine Bogenbeschreibung allein durch Neigen und Kanten, aber Luther geht gründlicher zur Sache. In seinem nächsten Buch ein Jahr später bringt er mit der Zeichnung von einem stark taillierten Ski zwischen zwei Kreisen mit abgehenden Pfeilen vollends eine geniale zeichnerische Lösung, die bis heute Bestand hat. Die Präzision der nebenstehenden technischen Beschreibung ist erstaunlich. Die Debatten der 1920er Jahre, ob es einen wirklich parallelen Schwung überhaupt gebe, sind von hier aus kaum verständlich. Auch der später bis in die 1950er Jahre gebrauchte Begriff „reiner Kristiania" ist also schon lange von Luther vorweggenommen.

(Der moderne Wintersport. Text Seite 43 f., Bild Seite 44)

157 Tiefe Hocke und ziemlich breitspurig – Pfui, Schneider!

1911 Hannes Schneider (A)

„Anläßlich der Österr. Schimeisterschaft auf dem Bödele, 1911, hat mir einer der Pioniere des österreichischen Schilaufes, Richard Paumgartner aus Graz, zugerufen ...´Pfui, Schneider, wie kann man so hässlich schilaufen!´ ... Einige Minuten nachher lief die Konkurrenz, darunter auch der berühmte norwegische Schikönig Bergendahl, der genau in der gleichen Haltung und Stellung herunterfuhr. ... Mich hat man jedenfalls nach diesem Rennen nicht mehr ausgelacht."

Als Hannes Schneider diese Geschichte 1935 erzählt, merkt er an: *„Bereits im Winter 1909/10 bin ich selbst anders schigelaufen, als ich unterrichtet habe."*

Was für ihn schon fortschrittlich oder ästhetisch fortgeschritten war, schien aber seinem Kritiker hässlich zu sein. Diese Geschichte scheint darauf hinzuweisen, dass schon früh ästhetische Sichtweisen eine Rolle spielten und dass zu dieser Zeit sich Vorstellungen änderten.

(Auf Schi in Japan. 1935, Seite 16. Bild aus den 1930ern. Aus E. John B. Allen und Egon Theiner, 100 Years of international skiing. Seite 68)

(Hannes Schneider war schon früh ein guter Springer, im Fahren wie über die Schanze. Hier ein Bild aus den 1930ern, nämlich aus Seite 68)

158 Schwingen auf einem Bein und mit einem Ski - Schwingen ohne Stöcke

1911 Anton Fendrich (D)

Vorgehen:
- Schwingen auf dem inneren Ski
- äußeres Bein herangedrückt
- und „nur leis über den Schnee schleifen"
- bei Schwierigkeiten: linken, äußeren Ski abschnallen - „Probatum est!"

In der 14. Auflage seines Erfolgbuches „Der Skiläufer" empfiehlt der Verfasser eine Einbein-, Einski-Technik. Die Anweisung gilt allerdings nur als methodische Hilfe. Auch W. Romberg 1909 und Ernst Heinrich 1936 kennen das Schwingen auf einem Ski. Beide sind damit Horst Tiwald und Georg Kassat um 70 Jahre voraus. Fendrich bringt auch Aufnahmen von Demonstrationen ohne Stöcke.

(Siehe Der Skiläufer. 14. Aufl. 1911. Text Seite 59, Bild Seite 60)

159 Die Frau für den Skilauf geeigneter

1911 Dr. med. Jäger, Leipzig

Der Berichterstatter A. Mallwitz über die Internationale Hygieneausstellung in Dresden gibt aus dem Referat Jägers wieder:

„*Das weibliche Geschlecht sei nach den Erfahrungen des Redners zum Skilauf geeigneter.*"

(A. Mallwitz, Zur wissenschaftlichen Erforschung. Seite 15. Nebenstehendes Plakat stammt von dem erfolgreichen Künstler dieser Zeit Franz Stuck aus München.)

Leider wird die Feststellung nicht differenziert und begründet wiedergegeben. **Schon Mathias Zdarsky nahm eine positive Stellung zum Thema Frau und Skilauf ein.** Bis zu den sportlichen Erfolgen von Christl Cranz ab 1933 (mehrfache Weltmeisterin und Olympia-siegerin 1936) überwogen Bedenken und einschränkende Beurteilungen. Im Prinzip aber war das Thema vom Tisch. Nur Lehrplanautor Franz Hoppichler empfahl noch 1993 Frauen das beidbeinige Fahren. Neuauflage der Debatte brachte dann der „Ladycarver" um 2003 mit dezenten Hinweisen auf eingeschränktere Kondition und anderem Schwerpunkt.

160 Längst überholt

1912 Albert Wagner (Hrsg., CH)

„*Die Kurve Die Schwierigkeit für den Anfänger liegt allein darin, den für den Bogen nötigen Trick heraus- zufinden. Lege dich in der Normalstellung ziemlich zurück, aber mit dem ganzen Körper, bist du das Gefühl hast, die Skier mit den Fussspitzen zu heben. Nun die Hauptsache: der vordere Ski ist fast ganz entlastet und muss, um loszukommen, ganz flach gestellt bleiben. Er darf gleichzeitig ein wenig schräg auswärts geführt werden.*"

Die Technikbschreibungen wirken wie aus der Zeit gefallen. Nach Blab, Zdarsky, Paulcke und Bilgeri hätte dieses Buch nicht in die dritte Auflage gehen dürfen. Oder? Vielleicht haben wir hier einen frühen Rocker?

(Skisport. Text Seite 48, Bild Seite 49 unten)

161 Attacke gegen Schwungnamen und Schwungformen

1912 G. Burian (A)

Anzeichen, dass
„*schulgemäß Telemark und Kristiania zu schwingen, überwunden werden soll.*"

Die den Forderungen des Terrains angepaßte Fahrweise der Norweger zeige, daß der Schulbegriff eines bestimmten Schwunges, einer bestimmten Laufart` darauf fast keine Anwendung mehr finden kann."

Burian holt weit aus, um die Entwicklung und vor allem auch Zdarsky zu diskreditieren. Er ist einer der Vorläufer die durch die Jahrzehnte nach der einfachen oder funktionellen Skitechnik rufen werden.

(Glosse. Seite 151)

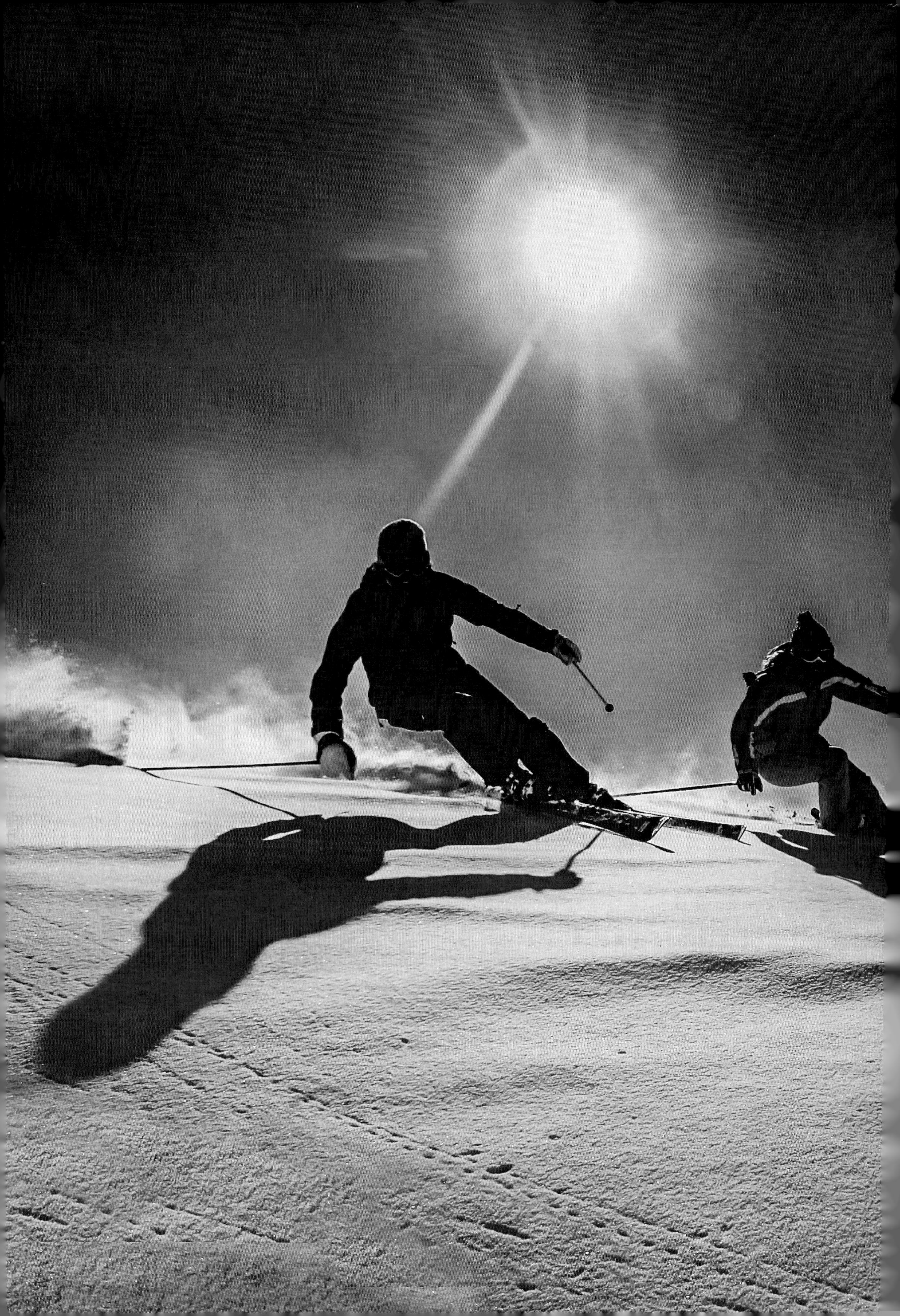

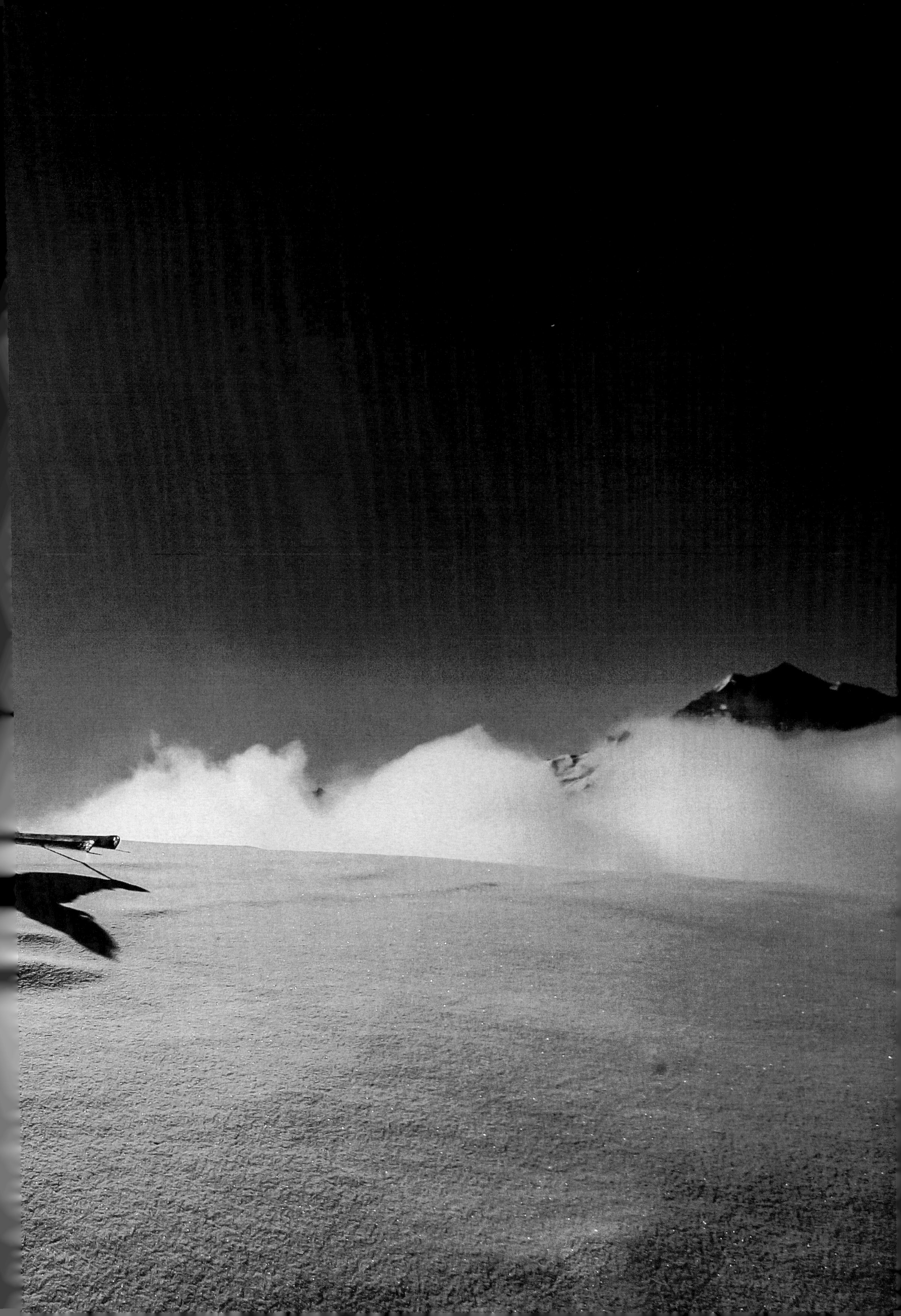

162 Hymne an Sport und Skilauf

1912 G. Burian (A)

Er bekennt,
„dass wir in unserem Sport alles das vorfinden, was uns das Leben vorenthält: die Erfüllung einer Sehsucht nach Licht und Freiheit, nach Betätigung moralischer und körperlicher Kräfte. All das ist ein Teil der in jedem gesunden Menschen schlummernden Lust nach Abenteuern, nach Erlebnissen, die abseits der Heerstraße, abseits vom Alltag liegen; das Geheimnis des Unerwarteten, Ueberraschenden lockt uns, und wie irgendein schönes Erlebnis Gegenstand tiefinnerkicher, freundlicher Erinnerung ist, so erhebt uns der Gedanke, in welcher an überstandene Gefahr, in welcher ir uns als rechte Sportsleute bewähren dürfen. Das ist der Idealismus des Sportes."

Der Verfasser, der so scharfzüngig und fast gehässig wie später auch noch Max Uhlig oder Ekkehard Ulmrich hier gegen Zdarsky argumentiert, kann auch anders.

(Glosse. Seite 162)

163 Norwegertechnik in Schranken verwiesen

1912 Arnold Fanck (D) Im Rückblick 1928 auf 1912:

„Ich selbst machte allerdings noch den theoretischen Fehler, die von uns gefahrene Schwung- technik als norwegische Technik zu bezeichnen, da wir uns vorstellten, daß die Norweger ... ebenso in solchen aneinander gereihten Schwüngen wie wir die Hänge abführen. Erst viel später bemerkten wir, daß dies gar nicht der Fall sei, daß die Norweger vielmehr nur eine Art Telemark oder Kristiania zum Beidrehen aus der Schussfahrt anwandten."

Die Ansicht Wilhelm Paulckes und der anderen mitteleuropäischer „Norweger", dass alle alpinen Fahrtechniken schon in Norwegen voll entwickelt waren, wird von Arnold Fanck, dem späteren Partner von Hannes Schneider, zurückgewiesen. Dabei korrigiert er sich im Rückblick auch selbst. Die Verdienste um die Richtungsänderungen seien Mathias Zdarsky und Georg Bilgeri zuzuschreiben.

(Wunder des Schneeschuhs. Seite 15. Bild in Zdarkys Alpine (Lilienfelder) Skilauf-Technik. 1897, Seite 44)

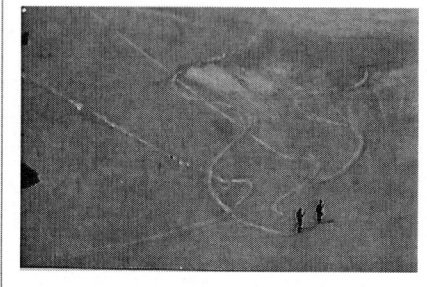

Spuren aneinander gereihter Bögen und Schwünge bei Mathias Zdarsky

164 Schwünge voller Wucht und Schönheit

1912 Arnold Fanck (D)

„Und die beiden kamen da mit einer Sicherheit und Wucht der Schwünge und so vollendet in der Schönheit ihrer Bewegungen heruntergebraust, daß mir die Spucke wegblieb...Erst später erfuhr ich: es waren Hannes Schneider und der damalige Schweizer Skimeister Capiti."

Die Vorstellungen über das fahrerische Niveau jener Zeit sind vom Telemark, den Pflug und Stemmbögen und den gestemmten und gescherten Kristianias geprägt. Der Medienmann Fanck erfuhr es bereits anders und in seiner Einnerung daran ist er noch immer tief beeindruckt.

(Der weiße Rausch. 1973, Seite 87)

165 Zeit der Richtungssprünge

1912 Georg Bilgeri (A)

unterscheidet Terrainsprünge
- in Optraekke-Haltung über Wellen
- „loopingartiger" Sprung aus Mulde oder am Gegenhang
- Direktions- oder Quersprünge
- Kombination von Schwüngen und Sprüngen

Georg Bilgeri:
„So möchte ich sagen, dass doch erst, wenn man mit Sprüngen zumindestens teilweise die Schwünge ersetzen kann, die volle Beherrschung der Skier erreicht ist, somit dieselben dann erst vollends meistern kann."
(Sprünge im Terrainlauf. Seite 127 - 134, Foto Seite

Georg Bilgeri bei eiem Direktionssprung

166 Dominierender Telemark

1912 Nagy Andor / Szundy Károly (HUN)

- Telemark – Ihm räumen die beiden ungarischen Autoren breiten Raum ein.
- Einstockfahren - Es steht noch gleichberechtigt neben dem Doppelstockfahren.

Dieses zweite ungarische Skizeugnis knüpft an eine bereits bestehende Tradition an. Wichtige Autoren wie Mathias Zdarsky, Georg Bilgeri, Carl J. Luther und Anton Fendrich werden berücksichtigt.
(Außentitel)

167 Kein Stockreiten im Rennen

1912 Arnold Lunn (GB)

„Ski-ing, by Arnold Lunn. The first book in which Downhill racing with a veto on stick-riding is advocated as the best test of downhill-ski-ing."

So urteilt der Verfasser im Rückblick seiner „The story of Ski-ing" von 1952 Seite 182.
In der Praxis aber hat sich das Stockreiten auch im Rennbetrieb noch viele Jahre erhalten. Wie zäh der Kampf war, zeigt sich in der zeitlichen Spannweite von Wilhelm Paulckes Spott von 1904 bis Anfang der 1930er Jahre.

(Portrait aus Jean-Jacques Bompard/Red., ENCYCLOPEDIE DU SKI, Seite 88).

168 Direktions-, Terrain- und andere Sprünge

1912 Georg Bilgeri (A)

- Direktionssprünge sind „Schwünge in der Luft".
- Terrainsprünge werden in der Schussfahrt gemacht.
- Erstmals wird zur Ausführung von Sprüngen auch das „Knieschnellen" als Hochreißen der Knie genannt.
- Dabei kommt es auch zur „Optraekke Haltung bis kurz vor dem Aufsprung".

Die Zeit der großen Sprungkünste hat begonnen. Hochinteressant sind Begriff und Ausführung „Schwünge in der Luft". Erst um 1980 hat der Deutsche Skilehrerverband das Thema unter dem Begriff „geflogene Schwünge" wieder aufgegriffen und damit größere Aufmerksamkeit gefunden. „Optraekke Haltung" wurde in Deutschland als ein Vorspringen vor Geländekanten gelehrt, um die zu erwartende Sprungweite zu verkürzen.
(Von Bilgeri auch: „Skispringen im Geländelauf". In: Österreichische Illustrierte Zeitung. Wintersport-Sondernummer. Heft 49, Wien 1924, Seite 7 – 12)

(Begriffe und Bild aus „Sprünge im Terrainlauf". In: Zwanzig Jahre Österreichischer Ski-Verein. Festschrift. Seite 127 - 134)

169 Reiner Christiania **1912 Carl J. Luther (D)** Findet ihn schwerer als den „Stemmbogen-Kristiania". „*Skier parallel, der bogeninnere etwas vorgeführt und auswärts, der bogenäußere einwärts, beide also bergwärtsgekanntet und gleichzeitig mit einer ruckartigen Bewegung des ganzen Körpers Fersendruck auf die beiden Skienden.*"	Eine selten kompakte Anleitung. Luther schuldet sie dem eigentlichen Thema des Buches, der eigenen Skiherstellung. (Ski unnd Skilauf. Text und Fahrbild Seite 29)	
170 „Austreten" statt springen **1913 Carl J. Luther und G. P. Lücke (beide D)** Um nicht von Stufen (Geländekanten) ausgehoben zu werden: „*Dann gehen wir wenige Meter vor Stufenbeginn in die Hockstellung und drücken in dem Augenblick, wo uns der Schwung vom Schnee abheben will, die Skier nach unten, uns gleichzeitig entsprechend nach vorn- überneigend und aufrichtend.*"	Diese Fahrtechnik nennen die Autoren „Austreten". Der Begriff findet sich später eher für das Durchfahren kurzer Mulden. In jedem Fall geht es darum, nicht ausgehoben zu werden. (Der Skitourist. „Seite 62 f., Zeichnungen Seite 62)	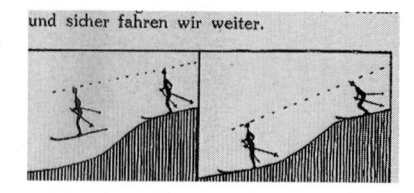 Im linken Bild wird der Fahrer ausgehoben, rechts behält er durch Austreten den Schneekontakt.
171 Schuss mit verschiedenen Stockbremsen **1913 Carl J. Luther und G. P. Lücke (beide D)** geben Überblick: ▶ Hebelwirkung durch Handzug und Kniedruck ▶ Druck nach vorne und Zug mit beiden Händen ▶ Schenkelsitzbremse nach Mathias Zdarsky	Die ersten Einwände gegen die norwegische Art des Stockreitens (mit den Stöcken im Schritt) finden sich bei Mathias Zdarsky. Den Zeitpunkt der absoluten Ablehnung markiert Max Winkler anfangs der 1930er. (Der Skitourist. Seite 70)	
172 Sommerski - leichtes, selbstverständliches Fahren **1913 Carl J. Luther und G. P. Lücke (beide D)** Berufen sich auf Bilgeri und schreiben: „*Mit so kurzen Ski, lassen sich Bogen und Schwünge verhältnismäßig leicht ausführen. Die Technik bedarf keiner weiteren Erklärung.*"	Die Maße für ihre Sommerski: ▶ 1,50 - 1,80 m. ▶ In der Mitte 9 - 12 cm breit. (Der Skitourist." Seite 150 f. Darstellung von Telemark und Sommerski aus Carl J. Luther, Der moderne Wintersport. Seite 12)	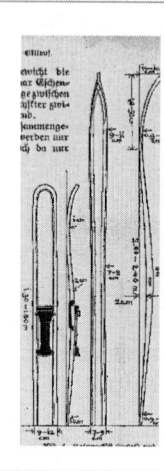

173 „Schussschwung- umspringen" - Sprungweise Richtungen ändern – Hinweis auf Reflexe **1913 Carl J. Luther und G. P. Lücke (beide D)** In Schneisen und Rinnen: *„Wir fahren nun etwas schräg ab und machen von der einen Seite der Rinne einen Schwung in deren Mitte hinein oder bis zur anderen Seite hinüber und springen, wenn wir im Schwunge gerade anhalten und zwar sozusagen kopfüber abwärts, um die darauffolgende Schussfahrt im gegebenen Moment wieder mit einem Schwung zu brechen, wieder umzuspringen u. s. f."*	Nachdem die Verfasser stemmendes Fahren nur dem langsamen Fahren zugeordnet haben und Schwingen allgemein festhalten, diskutieren sie Technikkombinationen: ▶ *„Diese Kombinationen sind eigentlich nichts anderes als die bereits erwähnten Reflexe, deren Wirkung allerdings nur der Läufer an sich fühlt, der in allen Hilfen sicher ist."* ▶ *„Die Richtung kann auch sprungweise geändert werden. Das aber ist, um mit Hoek zu sprechen, heillos schwer."* Letzteres hat schon Fridtjof Nansen 1891 vorgeschlagen. (Der Skitourist. Seite 64 und 66)	*Der Skitourist* VON CARL J. LUTHER UND G. P. LÜCKE
174 Telemarktyp mit „Sicherheitskoeffizienten" und Taillierung für den Bogen **1913 Carl J. Luther und G. P. Lücke (beide D)** *„Der Telemarkski besitzt als eine Art Sicherheitskoeffizient des stockfreien norwegischen Fahrens eine Führungsrinne. Dem für die Lilienfelder Laufart bestimmten Ski fehlt diese Rinne, da diese Technik als Sicherheitskoeffizienten den langen Stockbenutzt."* *„Zweifellos liegt ja auch in seiner Form, vor allem in seinen geschweiften Kanten eine gewisse Anpassung an jegliches Bogenlaufen."*	Im gleichen Textzusammenhang wird wie sonst an wenigen Stellen in der Literatur darauf hingewiesen, dass man in der norwegischen Fahrart ursprünglich und auch später noch häufig stockfrei war. Die Skilängenempfehlung ist für diese Zeit ungewöhnlich differenziert und tendiert eigentlich nach damaligen Begriffen für sehr kurze Längen. Eine Differnzierung nach Skigebieten dürfte einmalig sein. (Der Skitourist. Seite 29)	Skilängenempfehlung: *„Was die Länge des Ski betrifft, so ist man der Ansicht, dass sie sich mit der Steigerung der Schwierigkeiten der bevorzugten Gebiete verkürzen soll."* Fahren im Mittelgebirge: ▶ Spitze gerade noch mit der Hand erreichbar Fahren in den Voralpen: ▶ bis zum Handgelenk des hochgestreckten Armes Fahren im Hochgebirge: ▶ 10 cm über Kopfhöhe
175 Carvingprinzip **1913 Carl J. Luther (D)** zeigt in einer Zeichnung die Kurvenwirkung des taillierten Ski auf. Diese Zeichnung wird bei einigen Autoren wiedergegeben, in späteren Büchern jedoch ohne Taillierung der gezeigten Ski.	Die Erkenntnisse Luthers hatten keine erkennbaren Auswirkungen auf die Fahrweisen. Eine verpasste Chance. Vielleicht war die „bogige Wirkung" bei einer Skilänge von 220 – 240 cm zu gering, um tatsächlich effektiv zu sein. (Der Wintersport. 1913, Seite 31)	Abb. 18. Schematische Darstellung der bogenlaufenden Wirkung des kantigen Ski.

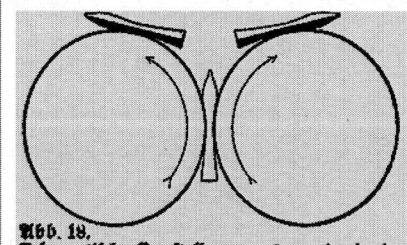

176 Carvingprinzip 2

1913 Carl J. Luther

Luthers Zeichnung findet sich in einigen Büchern der folgenden Jahre. Dabei stellt sie ein tschechisches Buch auf den Kopf und macht sie damit scheinbar leichter lesbar.

Aber wenige Jahre danach bringen Bücher die Zeichnung verändert und zeigen damit, dass sie sie nicht verstanden haben: Der Ski zwischen den Kreisen ist nicht mehr tailliert.

(„SKOLA JIZDY NA LYZICH." Zeichnung Seite 23)

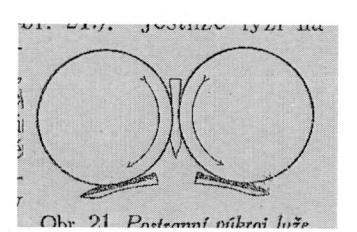

177 Anhalten beim Zurückrutschen

1913 Carl J. Luther und G. P. Lücke (beide D)

„Der rutschende Ski wird hochgehoben, der Körper geht zurück und setzt den Ski mit Spitze auswärts grätenschrittartig hinter den anderen Ski, wie es Abbildung 8 zeigt."

Noch ist die Zeit nicht gekommen, da das Rückwärtsfahren als eigene Skikunst angesehen wird. Aber beim Aufsteigen kommt es immer zu einem kurzen Zurückrutschen. Man denke dabei auch an glatten und harten Schnee und die noch fehlenden Stahlkanten.

(Text und Bild: Der Skitourist. Seite 51)

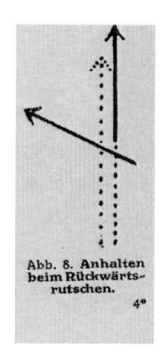

178 Rennläufer „fahren oft erbärmlich" - Lernen mit „metaphysischen Gütern"

1913 Sepp Bildstein (D)

„Heute sind die besten Beherrscher des Alpengeländes, in unserem Sinne die besten Skiläufer, nicht unter den Rennteilnehmern zu suchen, die fahren oft erbärmlich, wie die Augenzeugen vieler Rennen zu erzählen wissen."
Bildstein meint allerdings, dass sich das ändern werde:
„und doch wird es auch bei uns einmal so kommen müssen, dass der Sieger auch der beste Fahrer im Gelände sei."

Was ein Abfahrtsläufer braucht:
„Beim Abfahrtslauf ist ((im Gegensatz zum Langlauf) die körperliche Wucht beiseite geschoben. Behendigkeit tritt an deren Stelle. ... Wer hier in die Schule geht, muß reiche Vorkenntnisse besitzen, die erst im Laufe der Jahre gewonnen werden: z. B. Schwünge, die er bei anderen Läufen ((Langlauf, Hindernislauf)) schwerlich braucht. Die Schule ist auch wählerisch in der Aufnahme, sie öffnet nicht jedem die Tore, sie verlang ein gewisses Maß metaphysischer Güter, die nicht gelernt werden, vor allem Kühnheit und Entschlossenheit."

(Wettläufe. Texte Seite 22 f. Bild aus dem Inserentenanhang Seite 1)

179 Der „Vorarlberger" - Steilhangtechnik

1913 Rudolf Rother (D)

Sprung im Schwung mit Gegendrehen,
- Bergwärts ausstemmen
- Einfahren in Falllinie
- Mit einem Schlusssprung Ski in die Höhe reißen
- Körper scharf nach der entgegengesetzten Seite wenden
- Landen in Christianiastellung
- Beenden als Christiania

Der spätere Verleger von Wintersportliteratur schrieb 1919 selbst ein kleines Büchlein und erinnert sich darin an einen imponierenden Schwung am Steilhang, den man besonders bei den Vorarlbergern beobachten konnte.

(Skilauf. Anleitung und Ratschläge für Anfänger. Seite 34)

180 Künstlerische Artung

1913 Sepp Bildstein (A)

„Sie (die Abfahrt) verlangt keine mühsam trinierten Körper, keine gespannten Muskeln, keine verzerrten Züge ... Nicht der kunstlose herrische Wille, nicht die rohe Kraft schafft hier Sieger, fordern künstlerische Artung, veredelte Kraft. ... Der Skilauf in den Alpen hat eine zu individuelle, künstlerische Natur, als daß er sich mit anderen Läufen über einen Leisten schlagen ließe."

Neben der Naturverbundenheit wird zur Charakterisierung der Sportart immer öfter auch der künstlerische Aspekt hervorgehoben.

(Wettläufe. Seite 20 f.)

---

181 Lernsituation 1913

1913 Egon Hofmann (D)

„Was wir erreichen, ist wie alles, was man erst spät begonnen, das Ergebnis von Übungen, die wir systematisch durchgeführt. Mit dem Verstande müssen wir es erfaßt haben, um es durchzuführen, erst wenn wir es begriffen haben, worin eine Übung beruht, können wir es nachmachen. Schwünge zum Beispiel, an denen wir zwei Jahre herumgekokst haben, macht ein kleiner Junge, der sie einem abgeguckt, in acht Tagen ebenso gut, ohne jede Mühe fast, er hat sie mit dem Instinkt aufgenommen."

Die Berichte über Kurse und Lernen sind noch relativ selten. Nur die großen Pioniere wie Zdarsky und Bilgeri oder auch der engagierte Rudolf Gomperz reisen mit ihrem Angebot durch die Skigebiete. Erst die Sloldatenkurse im Weltkrieg und später die kommerziellen Angebote in Kitzbühl, auf dem Arlberg und beim Bergverlag Rudolf Rother in München und die anlaufenden Angebote der Skiverbände in den 1920er Jahren werden eine größere Öffentlichkeit erreichen.

(Norwegische Erfahrungen. Seite 63)

---

182 Abfahren mit Vorlage – Stürzen mit Ausrutschen

1914 „Der Schneeschuhsport" (o. V., D)

▶ „Bei mäßigem Hang gehört das Abfahren zu der leichtesten Übung ..."
▶ „Beim Abfahren sich kühn nach vorn legen, Beine beieinander behalten und – Kopf hoch!"
▶ „Im Falle eines Sturzes lasse man sich ruhig rutschen."

Diese sehr frühe Aufforderung zu Vorlage mit „Kopf hoch" ist wahrscheinlich im doppelten Sinne gemeint: als Fahranweisung und als Ermutigung. Erstaunlich ist hier wie auch im Schwungfahren die geschlossene Fahrweise. Das kleine Buch wurde übrigens auf der Weltausstellung Buchgewerbe und Graphik in Leipzig preisgekrönt.

(Text Seite 31, Titelblatt)

183 „Abfahrtsschwung" 1914 mit Innenbremse des Stockes

1914 „Der Schneeschuhsport" (o. V.) (D)

„Durch Werfen des Körpergewichtes nach der Bergseite und kräftiges Einstemmen des Stockes mit beiden Händen kommt das Gewicht auf den oberen Schneeschuh, welcher erst Stemmschuh war, zurück und läßt den anderen drehen."

Die Dynamik mit der Anweisung „Werfen" ist bemerkenswert. Die Zeichnung verrät auch eine frühe Form des Pedalierens. Die Innenskibelastung ist zeitgemäß und die Stockarbeit originell. Interessaant ist auch der kurze Einstock. Als Maß der Skigeometrie gibt das kleine Buch an: 9,10-7,6-8,1 cm

(Text und Zeichnung Seite 42 f.)

184 Paralleler Kristiania mit Gegenschleudern der Arme, geschlossener Skiführung und ohne Stöcke

1914 „Der Schneeschuhsport" (o. V., D)

„Das Körpergewicht liegt gleichmäßig auf beiden parallel nebeneinanderlaufenden Schneeschuhen bis zum Abschluß des Schwunges. Beide Knie seien dabei leicht gebeugt. Bei einem Schwunge nach rechts lasse man den rechten Schuh etwa eine Fußlänge weiter vorlaufen. Mit Kraft setze man sein Gewicht auf beide Enden der Schneeschuhe, lehne sich gegen die Richtung in welcher der Bogen erfolgen soll und kante demzufolge beide Schuhe."

Eine erstaunlich frühe Beschreibung eines Parallelschwunges. Warum dann erst die Debatte, ob es echte parallel verlaufende Schwünge geben könne, in den 1920er Jahren.
Die Technik mit Einstock ist offensichtlich an Matthias Zdarsky angelehnt. Das ausgewählte Bild allerdings zeigt einen Schwung ohne Stöcke. Interessant ist die Gegenbewegung der Arme, die an Schlittschuhläufer erinnert.

(Der Schneeschuhsport. Text Seite 45 f., Zeichnung Seite 46. - Das Buch ohne Verasser- und Ortsangabe ist in der Bibliographie von Wilfried Ehrler nicht erfasst.)

Stecken in diesem Schwung nicht auch bereits das Gegenschulter- schwingen und der frühe Mambo- schwung von Josef Dahinden?

185 Kriegsprogramm für Sodaten

1915 Hannes Schneider (A)

1. Woche:
▶ Abfahren, Schneepflugfahren, Stemmfahren, Aufstiege

2. Woche:
▶ Schneepflugbogen, Stemmbogen, Ausflüge ins Gelände

3. Woche:
▶ Wiederholungen in steilerem Gelände und rascherem Ablauf. Innenski schneller beigezogen

4. Woche:
▶ Das Erlernte mit Ausrüstung (Gewehr und Tornister) wiederholen

Bei seinen Militärkursen auf dem Monte Bondone entwickeltes Programm, aus dem sich der Entwicklungssprung zu modernen Konzepten - inhaltlich wie zeitlich – ablesen lässt. Die Erfahrungen damit lässt Schneider in seine Kurse nach dem Krieg einfließen. Die rasche Entwicklung des Könnens in den ersten zwei Wochen ist bemerkenswert.

(Berichtet bei Hans Thöni: Hannes Schneider zum 100. Geburtstag. Ludesch 1990, Seite 37 – 39, Bild Seite 76)

„Hannes Schneider demonstriert den Stemmbogen"

186 Drehsprung/Quersprung **1915 Bilddokument Schweiz** ▶ Mit voll abgehobenen Ski in der Luft drehen. ▶ Gestreckte Körperneigung nach innen ▶ Drehung mit hochgezogener Außenhand führen (Bild in Ski. Jahrbuch des Schweiz. Ski-Verbandes 1915. Seite 114)	Wenn ein Jahrbuch als einziges skitechnisches Bild einen Drehsprung zeigt, kann man darauf schließen, dass diese Technik hoch eingeschätzt wird. Das bestätigt auch der sog. Clalüna-Sprungschwung von 1920. Nachdem der Schweizerische Lehrplan von 2010 und dazugehörige folgende Veröffentlichungen 25 Air-Tricks zeigen, wäre es interessant zu wissen, ob es für diese Technikformen eine durchgehende Tradition gibt.	
187 Rasche Entwicklungen durch den Krieg **1914-1918 Carl J. Luther (D)** „In den vier Kriegswintern wurden, namentlich zugunsten der Skitouristik, skitechnische und pädagogische Fortschritte erreicht, die vier Friedenswinter niemals hätten leisten können.	*Es erzwang der militärische Skiunterricht auch ein ganz anderes Überlegen und Herausholen erzieherischer Mittel und Kniffe als der fröhlich-freiwillige Skikurs im Wintersportplatz. So kehrten denn aus dem Kriege Skilehrer zurück, die das schärfste Seminar erzogen hatte."* (Skikurswandel. Text Seite 31 f., Bild Seite 30 a, wahrscheinlich um 1940)	
188 Der Schlittschuhschritt mit einem Stock **1916 Carl J. Luther (D)** Vollständige Übernahme aus dem Schlittschuhlaufen „auf ganz schwach geneigten Stellen" empfohlen, geeignet für eine „noch ganz hübsche Fahrt"	Diese Technik wird verhältnismäßig spät aufgegriffen. Vielleicht ist an dieser späten Entwicklung die große Skilänge schuld. Auch Bindungen, die im Gegensatz zu Zdarskys und Bilgeris Bindungen noch nicht seitlich sicher fixierten, dürften hier mit ursächlich sein. (Inhalte aus Die Schule des Schneelaufs. Bild Seite 53)	
189 Voraussage der ständigen Anpassung und des ewigen Wandels **1916 Carl J. Luther (D)** „In dieser immerwährenden Beschäftigung des Schneeläufers mit der Skitechnik liegt ein großer Teil der Reize des Schneelaufes. Über diese Beschäftigung kommt der Schneeläufer nie hinaus, selbst der allerbeste, der Künstler auf Schneeschuhen, wird fortwährend von der Anpassung seiner Hilfen an die wechselnden Verhältnisse in Atem gehalten."	Ein historischer Text! Der junge Luther legt in seinem vierten Buch dar, was 10 Jahre später Arnold Fanck und Hannes Schneider im „Wunder des Schneeschuhs" als Faktoren der ständigen Anpassung präziser festlegen werden. Carl J. Luther weiß aber auch bereits um die ewigen Ambitionen und das immerwährende Streben der Skifahrer. Bis in die 1930er Jahre bleibt der nebenstehende Text in mehreren überarbeiteten Auflagen erhalten. (Die Schule des Schneelaufs. Seite 50)	Ski futur 1916 ▶ Voraussage des ständigen Wandels der Technik ▶ Vorstufe für freieTechnikwahl ▶ Vorstufe für Stil und Eigentechnik ▶ Vorstufe für Skitechnik universell

190 Skilaufen in Kinotechnik **1919 Anton Janner (D)** Gezeigt werden: ▶ Schlittschuhschritt ▶ Stemmbogen ▶ Stemmfahren ▶ Kristiania ▶ Telemark ▶ Quersprung ▶ Drehsprung in der Ebene	Eine erstaunlich frühe Form von laufenden Bildern in einem Buch, Leporellos. Sehr gute Photographien. In einem anschließenden traditionell gestalteten Teil werden weitere Techniken wie verschiedene Kristianias und Sprünge behandelt. (Flott Skilaufen. Seite 19 - 41)	
191 Der „Vorarlberger" - Steilhangtechnik **1919 Rudolf Rother (D)** Sprung im Schwung mit Gegendrehen ▶ Bergwärts ausstemmen ▶ Einfahren in Falllinie ▶ Mit einem Schlusssprung Ski in die Höhe reißen ▶ Körper scharf nach der entgegengesetzten Seite wenden ▶ Landen in Christianiastellung ▶ Beenden als Christiania	Der spätere Verleger von Wintersportliteratur schrieb 1919 selbst ein kleines Büchlein und erinnert sich darin an einen imponierenden Schwung am Steilhang, den man besonders bei den Vorarlbergern beobachten konnte. (Skilauf. Anleitung und Ratschläge für Anfänger. Seite 34, Außentitel des Buches)	
192 Technikvergleich: Lilienfelder- und Norwegertechnik **1919 J. Aichinger (A)** Norweger Technik: ▶ Stockfreies Abfahren ▶ Schwünge als Telemark- und Christianiaschwung ▶ Lilienfelder Technik: „reichliche Benützung eines langen festen Stockes" ▶ Stemmbogen, „der das Anlegen von sehr engen Windungen ermöglicht."	Der Vergleich ist klar, dürfte jedoch die Situation von etwa 1908 widerspiegeln. Hannes Schneider und Anton Fendrich stemmen, eigentlich schon alle jener Zeit kennen Stemmbogen und Stemmschwung. W. Offermann berichtet schon 1898 von „etwas Stemmtechnik", ohne zu sagen, woher er diese hatte. (Zur Entwicklungsgeschichte des Alpinismus und des alpinen Schneeschuhlaufs. Seite 163)	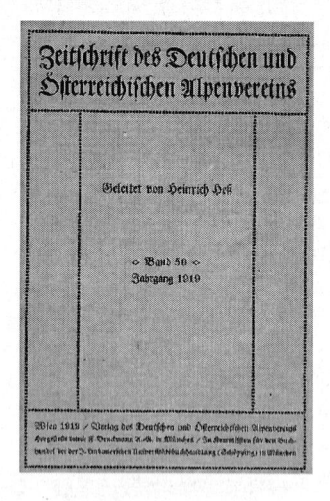
193 Carven durch schlanke Taille **1920 Walter Schmidkunz (D)** *„Eine schlanke Taille des Ski soll übrigens das Schwingen sehr erleichtern, solche Schneerösser schwingen geradezu von selbst."* (Die Skiläufersprache. Seite 23)	Der zu seiner Zeit und noch Jahrzehnte danach als Herausgeber der Deutschen Alpenzeitung viel gelesene Schriftsteller erwähnt das Schwingen auf schlanker Taille des Ski und die dabei wirksame Autokinetik dieses Ski, als ob dies allgemein bekannt gewesen wäre. In der folgenden Zeit wird Mathias Zdarsky zum „Newton des alpinen Skilaufes", wie ihn W. R. Rickmers gelegentlich nannte.	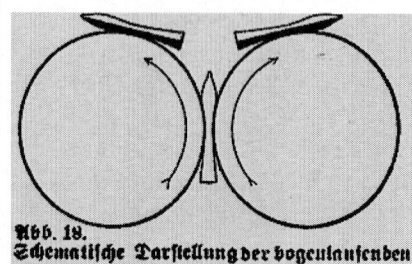 Abb. 19. Schematische Darstellung der bogenlaufenden Wirkung des gekanteten Ski. (Zeichnung aus Carl J. Luther, Der Wintersport 1913. S. 31)

194 Hymne auf die Schussfahrt

1920 Henry Hoek (CH/D/CH)

„Eine Abfahrt von mehr als tausend Metern, hindernislos und köstlich. Sie war herrlich wie jede schnellste Bewegung - besonders wenn wir sie mit den einfachsten Mitteln erzielen. Schnellste Bewegung ist unendlich gesteigerte Überwindung des Raumes. Überwinden heißt siegen, heißt Machtgefühle empfinden. ... Glaube niemand, eine lange, pfeilgerade Abfahrt sei anstrengungslos! Sie ist höchste geistige Sammlung, blitzschnelles Erfassen einer Fülle von Einzelheiten, ist Spannung jedes Muskels - ist höchste Anspannung des Willens und des Körpers."

Kein anderer Skiliterat spannt seine Schilderungen so extensiv von nüchternen Sach- und Ablaufsschilderungen bis zu poetischen Überhöhungen wie Henry Hoek. Das zeichnet nicht nur abschnittsweise Niederschriften aus, sondern gestaltet und prägt auch ganze Bücher von ihm wie in diesem Fall.

(Wege und Weggenossen. Seite 151 f.)

195 Arlberghocke im Schuss

1920er bis 1940er Jahre

Arlbergschule
- tiefe Position
- breitere Spur
- Fersenbelastung
- Fäuste an die Schuhe
- Blick voraus

Die Schussposition für das schnelle Fahren und für Rennen. Später Friedl Wurzels airodynamische Hocke, die Rennpositionen nach Georges Joubert und die „Schranzhocke". Aber auch bereits in Telemarken wurde die „Puttehuke", die Zwerghocke, praktiziert.

(Dazu Anton Obholzer in seiner „Geschichte des Schilaufs". 1935. Seite 58)

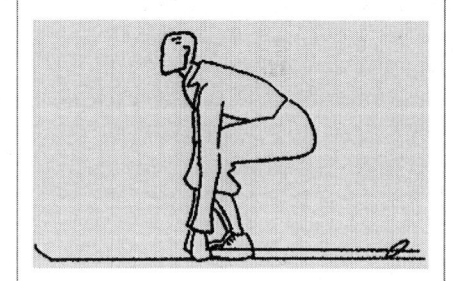

196 Carven in Theorie und Praxis – Messer im Schnee

1920 Adolf Zarn und Peter Barblan (CH)

Wirkung der Skiform:
- *„Man kann sich vorstellen, dass ein auf die Seite gestellter und tief in den weichen Schnee gebückter Ski, der nach vorwärts geschoben wird, allmählich einen Bogen beschreiben muss."*
- *„Die Gesetzmäßigkeit der Skiform wirkt also doch mit, aber erst für die zweite Phase des Schwunges."*

Die beiden Autoren verweisen sogar darauf, dass im tieferen Schnee der gekantete und durchgebogene Ski nicht mehr seitlich zu schieben sei. „Der Druck wirkt zunächst gerade auf die schmälsten Stellen, die wie Messer in den Schnee schneiden "
Es wird von der Formgestaltung gesprochen, die „für die Führung der Ski von großer Bedeutung" sei und von der „Eigenführung" der Ski. Auch „Drehdruck" und „Drehschub" spielen eine Rolle. Begriffe, die erst in den 1990er Jahren wieder lebendig werden. Muss mit den beiden Autoren sowohl die Geschichte des Carvens wie des Beinspiels neu geschrieben werden?

(„Der Skifahrer". Texte Seite 15 - 17, Bild Seite 146)

197 Schmal im Schuss, im Sprung und im Schwung **1920 Adolf Zarn und Peter Barblan (CH)** *„Für Skiführung und Körperhaltung geben wir folgende Hauptregel an: Die Ski sind ganz geschlossen zu halten, so dass sie sich gegenseitig berühren und eigentlich eine einzige, lange, schmale Gleitfläche bilden… Der Körper ist ganz aufgerichtet, die Knie werden gegen einander gepresst, beide leicht gebeugt…"*	Die beiden Autoren formulieren ein Prinzip und ein Ideal, die die nächsten 6-7 Jahrzehnte die meisten Skifahrer faszinieren und anspornen sollte. Die breite Spur und die tiefe Position der beginnenden Arlbergschule sind dagegen nur ein Zwischenspiel. Bis zur 3. Aufl. 1922 bieten die beiden Autoren die bisher differenzierteste Systematik an Skitechniken. Speziell viele Stemmtechniken sind dargelegt. (Der Skifahrer. Text Seite 93 f., Bild Seite 93)	
198 Telemark bedeutsam, Telemark im Duett **1920 Adolf Zarn und Peter Barblan (CH)** *„Wenn wir die Schwünge … auf ihre Anwendungs- möglichkeit untersuchen wollen, um daraus einen Hauptschwung abzuleiten, so dürfte diese Ehre unzweifelhaft dem Telemark zugesprochen werden."* (Der Skifahrer. Text Seite 119, Bild Seite 117)	Zweifelsohne hat die Wertschätzung des Telemarks bei Zarn und Barblan ihren Höhepunkt erreicht. Nur wenige Jahre danach wird er am Arlberg geächtet werden und aus vielen Lehrbüchern verschwinden. Das schöne Bild zeigt nicht nur die expressive Kraft des Telemarks, sondern dass auch Zeiten beginnen, in denen spielerische und expressive Bewegungskünste bis hin zu choreographischen Darbietungen Gefallen finden. Nicht zu übersehen ist, wozu Tandemschwingen noch reizt.	
199 Scherenkristiania verbreitet **1920er Jahre Georg Bilgeri (A), Hannes Schneider (A), Arlbergschule u. a.** ▶ Scheren in meist tiefer Position ▶ Rücklage ▶ Innenskibelastung (Bei Prüfungen wurde der Schwung auch im tiefen Schnee verlangt.)	Der Schererkristiania wurde zum Rennschwung bis Ende der 1920er Jahre. Gehörte aber weiterhin zum Repertoire der guten Skifahrer wie Luthers Bild von 1935 zeigt. In den 1960er Jahren im Klammerschwung wiedergeboren und in den Jahren nach 2000 als Carven auf dem Innenski und im Rennen zu beobachten.	 (Bild von Carl J. Luther 1935)
200 Geländesprünge **1920er Jahre, verbreitet** Typen von Sprüngen: ▶ in Abfahrtsposition ▶ gehockte Sprünge ▶ gegrätschte Sprünge ▶ op-traken (Vorspringen vor Geländekanten)	Vor allem in den 1920er und 1930er Jahren waren die Geländesprünge sehr beliebt. Sie galten zusammen mit den Drehumsprüngen als höchstes Können. Die Skiartistik hat das Repertoire erweitert und zu einer eigenen Disziplin ausgebaut.	

201 Drehsprünge aller Art – Clalüna Schwungsprung

1920er und 1930er Jahre

Techniken für die hohe Schule (CH)
- „Spitzkehre abwärts" (beide Stöcke innen)
- Drehumsprung (Einsatz eines Stockes)
- spez. der gestreckte Clalüna-Sprung
- Zwischenstock Drehumsprung

Diese beliebten und als äußerst sportlich angesehenen Drehtechniken finden sich später als „Geflogene Schwünge". Als Quersprünge schon im 11. Jahrhundert bekannt und praktiziert. Im Bild Clalüna-Sprung, genannt nach einem in einer Lawine verunglückten Ausbilder der Schweizer Armee. Vergleichbares Bild jedoch auch schon 1915. (Siehe unter 1915)

(Bilder in Ski. Jahrbuch des Schweiz. Ski-Verbandes 1915. Seite 114 und in „Adolf Zarn und Peter Barblan, Der Skifahrer". Seite 158)

202 Gerissene Kristianias - Gerissener Querschwung

1920 – 1930 bei Bilgeri, Schneider (A), Arlbergschule

- heftige Rotation
- abruptes Abbremsen
- tiefe Position bei Schneider

Bald in 1920er Jahren Übergang zum „Reinen Schwung":
- ohne jegliches Stemmen
- ohne jegliches Scheren

Der gerissene Kristiania ist inzwischen etwa 50 Jahre alt. Georg Bilgeri, Hannes Schneider und Toni Seelos kultivierten die parallele Fahrweise, die zum erklärten Könnensziel bis hin zur Wedeltechnik und zur Carvingära wurde.
Das Ideal steigert sich zunächst vom Reinen Schwung zum Temposchwung mit Vorlage.

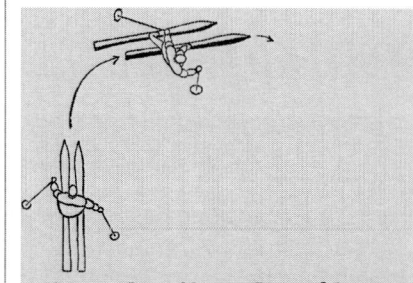

Abb. 44. Gerissener Querschwung (Kristiania). Unten: Anfahrt in Hocke, dann Aufrichten und Schraubendrehung. Oben: beide Skier bogeneinwärts gekantet, starke Innenneigung

203 Rüde Auseinandersetzungen - Norweger gegen Anhänger Zdarskys

1921 A. Dessauer

Schilehrer:
„Wir sind keine Gerüstbaugesellschaft, sondern ein norwegischer Schikurs. Legen Sie also Ihre mitge- brachten Balken (Zdarskys Einstock) bei Seite, wir fahren zunächst ohne Stöcke, später mit zwei dünnen Staberln ... Wer sich dazu nicht verstehen will, der mag sich in das Lager der alpinen Schikrüppel begeben. ... Die Blinddarmentzündungsstellung beim Schilaufen überlassen wir den Lilienfeldern, das heißt Leuten, die sich einbilden Schi zu laufen, in Wirklichkeit aber bloß durch eine Art Marskanäle die Winterlandschaft verunstalten."

Der große Streit ist also in der Praxis noch immer nicht abgeklungen, selbst wenn das ganze Buch eine Parodie ist. In der Nebenaussage wird deutlich, dass die Spuren der Fahrweise nach Zdarsky offensichtlich nach heutiger Terminologie als Carvingspuren gesehen werden. Das erinnert auch an den Anbruch der Carvingzeit Anfang der 1990er Jahre, in der die traditionellen Skifahrer - vor allem Skilehrer - die Carvingspuren auch als unästhetisch abtaten. Spuren mussten einen Bauch haben.

(Montecchi und Capuletti. S. 34)

(Bild von Schlangenschwüngen aus Mathias Zdarskys „Lilienfelder Skilauf-Technik" von 1897, Seite 44)

204 „Schrittbogen" – Umtreten talwärts

1921, auch noch 1928 bei Carl J. Luther (D)

Anweisung:
- talwärts ausscheren
- mehrere Schritte
- Warnung vor steigendem Tempo
- Empfehlungen erst einen Schritt bergwärts

(Z. B. „Kleinigkeiten" von Carl J. Luther, Seite 55 -58. Bild Lehrgerüstbogen Seite56)

Interessant ist vor allem die Formulierung „Schrittbogen". Man rechnete das spätere „Umtreten talwärts" also durchaus zu den bogenartigen Richtungsänderungen. Sollte man hier nicht von einem Umsteigeschwingen sprechen? Nicht zu verwechseln mit dem „Lehrgerüstbogen", bei dem gestemmte Schritte talwärts gesetzt werden.

(Kleinigkeiten" von Carl J. Luther, Seite 55-58. Bild Lehrgerüstbogen Seite56)

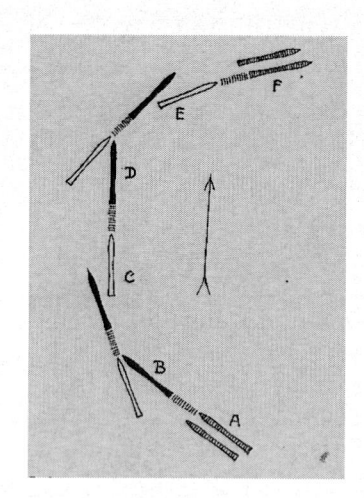

205 Merkbuch - Merksätze

1921 Henry Hoek (CH/D/CH)

500 Merksätze – Beispiele:

Die Schwünge.
- „385. Jeder Schwung ist seinem Wesen nach eine Fahrtänderung durch Querstellen und Kanten."
- „386. Je nachdem, ob ein Schi zuerst belastet wird … ob die Schier gewinkelt werden … ob der eine Schi vorgeführt wird, unterscheidet man verschiedene Schwünge, denen besondere Namen gegeben werden."
- „387. Die deutsche Freude am System' hat einen Stammbaum' der Schwünge aufgestellt."
- „390. Kristiania heißt der Schwung oder Bogen mit parallelen oder vorne leicht geöffneten Schiern."
- „391. Telemark heißt der Schwung … mit gewinkelten Schiern, ein Schi weit vorgeschoben."
- „392. Dazwischen sind alle Übergänge und Kombinationen möglich."
- „396. Je nach Schneeverhältnissen ist der eine oder andere Schwung angebracht."
- „401. Es gibt freilich auch Schnee, bei dem kein Schwung mehr möglich ist."
- „404. Eine ununterbrochene Abfahrt über wechselnden Schnee, unter abwechselnder Anwendung der einzelnen Schwünge … das ist wohl das reizvollste, was der Schilauf zu bieten vermag."
- „405. Dies zu meistern, sollte das Ideal jedes Läufers sein."

(Merkbuch. Merksätze nach ihrer Nummerierung)

206 Über sanfte Kristalle stürzend"

1921 Der Romanheld Horus

Nach einer Polemik gegen Auto, Flugzeug und Motorboot über den Skifahrer:

„Einzig auf Schneeschuhen: veredelte Sohlen, sind sie endlich ganz allein miteinander, die Geschwindigkeit und er. Schräg über sanfte Kristalle stürzend, wird der Mensch daselbst zum Alpha und Omega der Bewegung - auf diesen seinen zwei federnden Sohlen hinaus- schwingend über sich, und in ein neues Maß."

Sir Galahad (Pseudonym von Bertha Helene Eckstein-Diener) in ihrem Roman „Die Kegelschnitte Gottes" lässt so seinen Helden das Skifahren schildern und überhöhen.

(Zitiert bei Carl J. Luther, Skilaufen. Kreuz- und Quersprünge im Schnee. Seite 47. Dort auch das Bild von Toni Schönecker. Seite 37)

207 Gründung der Arlbergschule höhere Geschwindigkeit **1921 Hannes Schneider (A)** Über Jahrzehnte erfolgreichste Skischule der Welt. Grundlage der Fahrweise ▶ tiefe, absitzende Fahrposition ▶ flache Skiführung ▶ stemmende Techniken ▶ im Vergleich zu den Zdarskyanern und Bilgerianern hohes Fahrtempo ▶ anerkannt geringes Sturzrisiko	Hannes Schneider war Praktiker. Mit Arnold Fanck, mit dem er als Hauptdemonstrator zunächst Filme wie der „Weiße Rausch" (1920) gedreht hatte, gab er auch das Buch „Wunder des Schneeschuhs" heraus. Letzteres ein Standardwerk und begehrtes Lehrbuch über Jahrzehnte. Als Lehrer eine Persönlichkeit mit hoher Ausstrahlung. (Hanno Loewy, Wunder des Schneeschuhs. Informationen Seite 318 - 342, Bild Seite)	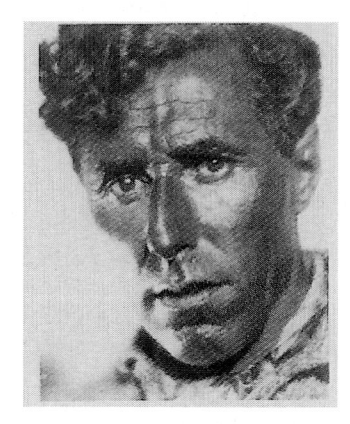 (Hannes Schneider 1890 - 1955)
208 Erste Schulskikurse in Österreich **1921 Bericht bei Eduard Friedl (A)** Für die Mittelschuljugend Wiens und Niederösterreich. Erst 1928 Schulskikurse in ganz Österreich.	Höhepunkt der Verbreitung von Schulskikursen war um 2000. Danach starker Rückgang. Gründe: hohe Kosten, geringeres Engagement der Lehrer, hoher Anteil von Migranten in den Klassen. (Eduard Friedl, Unterrichtslehre des Schilaufs. Seite 4)	
209 Geschwindigkeitsrennen **1921 Helmuth Zebhauser (A)** Eine Geschwindigkeit von 120 km/h werden bei einer Vernstaltung auf dem Jungfrau-Gletscher erreicht.	Nicht näher belegter Bericht des Verfassers. (Handbuch Alpingeschichte im Museum. München o. J., Seite 324)	 Handbuch Alpingeschichte im Museum DAV
210 Aufstieg Arlberg - Nabel der Skiwelt **1921 - 1930 Gründungen** ▶ Skiklub Arlberg ▶ Skischule Arlberg ▶ Erbauung Galzigbahn ▶ Filme und Bücher ▶ Sportheim St. Christoph ▶ Gründung der DAKS-Kurse (DAKS - Deutsche Arlberg-Kurse-Schneider, Komplettangebote von Skikurs und Pension)	Der legendäre Ruf des Arlbergs beruhte auf einer Reihe von Gründungen und auf dem Ruf von Personen. Leitfigur war Hannes Schneider, aber auch der Ingenieur und Skilehrer Rudolf Gomperz. Dazu kamen die Aktivitäten des Heimleiters und Skiexperten Ernst Janner. Letzterer erwarb sich einen Ruf durch das sog. „Zweite Frühstück", einer vorbereitenden Gymnastik vor allem vor dem Haus nach dem Frühstück. Nicht zu klären war, warum Janner nach Gargellen ging. 1927 erster Lehrgang für Mediziner.	 BÜCHEREI DER „QUELLE" Heft 1 Merkblatt für Ski-Kursleiter Skiläufer und die es werden wollen Von Professor Ernst Janner WIEN, LEIPZIG, NEW YORK DEUTSCHER VERLAG FÜR JUGEND UND VOLK GES. M. B. H. WIEN, I., BURGRING 9

211 Im Dienste des Skilaufs und der Skitechnik

1921 – 1938 Rudolf Gomperz (A) Höhepunkt der Tätigkeiten

- 1908 Zweiter Vors. des Mitteleuropäischen Skiverbandes
- 1910 Zeugwart des Deutschen Skiverbandes
- 1911 Vorsitzender des MSV
- 1912 Vors. der Internat. Skikommission des III. Skikongresses München
- Unermüdlich reisend mit Vorträgen über den Skilauf
- Skilehrer, Freund und Ghostwriter von/bei Hannes Schneider,
- Erbauer der Galzigbahn in St. Anton
- Einführung von Motorschlitten nach St. Christoph
- Mitbegründer der DAKS-Kurse
- Leiter des Touristenbüros in St. Anton

Als Jude 1942 aus Wien deportiert, obwohl er mit Paula Göring der Schwester Hermann Görings bekannt war. Im Konzentrationslager Maly Trostinec in Minsk zusammen mit 986 österreichischen Juden erschosssen.
Der Skiklub Arlberg trat von 1924 bis 1934 dem deutschen Allgäuer Skiverband bei, um den sog. Arierparagraphen und dem Ausschluss aller Juden aus den Skiverbänden auszuweichen.

(Hanno Loewy, Wunder des Schneeschuhs. Informationen Seite 318 - 342, dort auch Bild Seite 332. Infos auch bei Gerd Falkner, Zum Beziehungsgeflecht der Skiverbände im deutsch- sprachigen Europa. Seite 229 f.)

Rudolf Gomperz

212 Abfahrtshaltung schmal mit Schrittstellung

1922 Georg Bilgeri (A)

- Skiführung schmal
- kleine Schrittstellung
- Gewicht mehr auf den Fußballen als auf der Ferse
- Sprunggelenke und Knie gebeugt
- leichte Oberkörperbeugung
- Hände hängend

Georg Bilgeri und Mathias Zdarsky haben sich vor allem auch in den Grundpositionen unterschieden. Der späte Bilgeri kommt in seiner alpinen Grundhaltung schon den Idealen der 1950er Jahre nahe.
Im nebenstehenden Bild wird auch auf die Beweglichkeit der Hüfte hingewiesen.

(Der alpine Skilauf." 3. Aufl. 1922, S. 41 f.; Bild S. 25)

213 Entwicklung der Skitechnik abgeschlossen?

1922 Georg Bilgeri (A)

„Heute kann die Entwicklung der Skilauftechnik wohl auch in Mitteleuropa als abgeschlossen gelten."

(Texte in der Einleitung zur III. Auflage. Seite V des nebenstehenden Buches)

George Bilgeri sieht die Ursachen dafür einerseits über eine Abgleichung mit den „Vertretern des Mutterlandes des Skilaufs", andererseits die Verbreitung und Vereinheitlichung der Technik durch die Militärkurse des 1. Weltkrieges. Allerdings wies er in der 2. Auflage seines Buches eine Übereinstimmung seiner Technik mit der Zdarskys zurück.
Noch 1940 erstattete der Historiker Erwin Mehl zu Vereinheitlichungen Fehlanzeige.

214 Angesprungene Schwünge

1922 Vivian Caulfeild (GB)

kennt bereits angesprungene Schwünge
- zum Hang
- vom Hang
- ohne Rotation

Völlig außerhalb des Konzeptes von Hannes Schneider und der Arlbergschule wird hier früh der "Hupfkristl" dokumentiert. Zur Ehre einer beherrschenden Technik gelangte dieses Anspringen erst durch die Lösung in Form der „ruade" vom Emile Allais.
(Texte und Bild in „How to Ski and how not to".)

215 „In immer höheren Tönen singt der Ski."

1923 Hans Walter Schmidt (D)

„Rascher und rascher eilt der Ski dahin, als habe es Leben, das starre, tote Holz. Er hastet hinab über Wurzeln und Felsengeröll, die der schlüpfrige Schnee deckend verbirgt.... Sss - singt das sausende Holz. Es hüpft und freut sich der Schnelle, die es genießt. - Der Bambus bremst leicht. Dort unten! Achtung! Die Kurve! Der Schnee stäubt sprühend. Nach rechts übergelegt, den linken Ski vor und nach innen gekantet. Sss! Im Schwunge ist die Biegung passiert. Und weiter hastet

das gleitende Holz, - hinaus aus dem Walde, hinab über den wiesigen Hang. In immer höheren Tönen singt der Ski. In rasender Fahrt stiebt er abwärts. Er scheint zu fliegen, den Boden nicht mehr zu berühren. ... Ein Bremsen, ein Schwingen, ein schneidiger Telemark."

In dieser enthusiastischen Schilderung einer Abfahrt treffen sich gleichermaßen eine Begeisterung für den Ski wie für die Technik.
(Im Bannkreis des Weißen Todes. Text Seite 26 f. Außentitel des Buches)

216 Ernst Janners „Zweites Frühstück"

1923 Emma Bormann (A)

„Es besteht aus:
- Ausfall zurück und vor,
- aus Gewicht nach den Seiten verlegen,
- aus Spitzenkehren und Bücken durchs Tor,
- in der Ebene sich vorwärts bewegen.
- Wer das im 2-Takt tadellos kann,
- der fängt in 3-Takt zu üben an.
- Man wirft auf Kommando sich in den Schnee
- und ordnet die Beine luftwärts.
- Nach Kommando springt man in die Höh`.
- Da tropft die Stirn und es klopft´s Herz.
- Und wenn man sich nicht mehr rühren kann,
- gellt Kommandoruf: „Der Kurs fängt an!"

Das berühmte „Zweite Frühstück" als Aufwärmprogramm vor dem Haus wird von der Verfasserin in einem Lied gleichen Namens und einem Scherenschritt auf den Arm genommen. Dem Text wird wohl auch das Programm auf Schnee entsprechen.

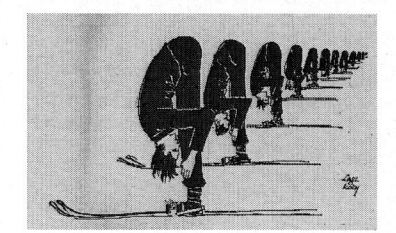

Trockentraining wurde in dieser Zeit auch noch in der Turnhalle mit angeschnallten Ski durchgeführt.
„Hier wird gejannert und nicht gejammert!"
(Ernst Janner, Winterheim. Seite 223 - Emma Bormann, Die vielgeliebten Ski. Text und Bild Seite 4-7)

217 Fersen-, Zehen- und Schwenkungsdruck **1923 Carl J. Luther (D)** Dargelegt beim ▶ Schneepflugbogen ▶ Schneepflughalt ▶ Stemmbogen ▶ gerissenem Querschwung ▶ gesteuertem Querschwung	Die „Fußarbeit" wird in diesem Lehrplan des DSV sehr differenziert gesehen. Sie prägt vor allem das Pflügen und Stemmen. Wir sind auch noch in einer Zeit, in der es umstritten war, ob es paralleles Schwingen überhaupt geben könne. (Schneelauf-Ausbildung. Seite 30 – 34. (Außen- und Innentitel differieren in der Formulierung.)	
218 Stammbaum der Techniken **1923 Carl J. Luther (D)** *„Von einer Urzelle (Grundstellung) ausgehend, zeigt er vor allem, wie die verschiedenen Hilfen der Schneelaufkunst mit der Gestalt des Schneeschuhs, bzw. mit seiner Innen- und Außenkante und unter sich in Verbindung stehen."*	Das Repertoire an skitechnischen Hilfen ist so stark angewachsen, dass es ordnende Übersichten braucht. Der sog. Stammbaum blieb dabei über Jahrzehnte das bevorzugte Schema. Dabei werden Belastungen, Ski- und Kantenstellungen und Richtungshinweise angegeben. (Schneelauf-Ausbildung". Text und Bild Seite 28 f.).	
219 Techniken beim Trockentraining **1923 Carl J. Luther (D)** Das Training in voller Ausrüstung in der Turnhalle umfasst: ▶ Halten und Tragen der Schneeschuhe ▶ An- und Abschnallen ▶ Aufstellungen ▶ Hinlegen und Aufstehen ▶ Knien ▶ Wendungen ▶ Gleitschritt ▶ Kanten, ▶ Anstieg ▶ Treppenschritt ▶ Grätenschritt ▶ Abfahrtshaltungen ▶ Stemmstellung ▶ Stemmbogen ▶ Schneepflug ▶ Schneepflugbogen ▶ Schneepflughalt ▶ Stemmbogenschwung ▶ Querschwung ▶ Ausfallschwung ▶ Ausfallbogen.	Im Rahmen von 8 Stunden werden diese Übungen zusammen mit Vorträgen und Lichtbildern durchgezogen. Verbunden ist auch eine praktische Einweisung in die Skibindungen. Schwierigkeiten bereiten nur die Stockspitzen, die mit Korken oder Holzstückchen entschärft werden sollten. In der 2.-4. Auflage des Buches heißt es: *„Der Trockenunterricht hat sich ... überall sehr rasch eingeführt. Vielfach mit so großem Erfolg, daß er bereits als unentbehrlich bezeichnet wird."* Wie die nebenstehende Abbildung zeigt, waren auch schon erste Gymnastikhilfen erfunden.	(„Schneelauf-Ausbildung". Textzusammenfassung und Bild Seite 14-16. Zitat aus der 2. Auflage Seite 3)

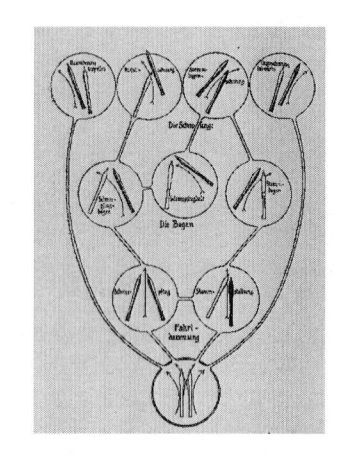

220 Zehen- oder Fersenlenkung

1923 Carl J. Luther (D)

Hinweis:
„Als die besten Vertreter zweier, heute allgemein anerkannten Bindungsgruppen werden am meisten gebraucht: die Huitfeldbindung ... als die führende Bindung des Prinzipes der Zehenlenkung und die Bilgeribindung nach dem Prinzip der Fersenlenkung."

Zehen- und Fersenaktivtäten werden im Verlauf der Entwicklung immer seltener erwähnt - mit Ausnahme der frühen österreichischen Beinspieltechnik, die den Fersentritt, den Fersenschub und den Fersendrehschub kannte. Seit der Carvingtechnik wird nur bei SPORTS im Rahmen der „Fußtechnik" vom „Zehenhub" und der „Fersensupination" gesprochen. Das modern anmutende Bild von Toni Schönecker vermeidet mit einer Bildzeile die Lenkungsfrage.
(Skilaufen. Kreuz und Quersprünge im Schnee. Texte Seite 37, Bild von Toni Schönecker Seite 35)

„So wird der Christiania gezogen, dann wird daraus ein schöner Bogen."

221 Die Schönheit der Technik – Spiel mit der Physik

1923 Carl J. Luther (D)

Erklärung:
- Abfahrt: *„Wie man sich hier im Gleichgewicht hält, mit federndem Knie alle Schnelligkeits- und Neigungswinkel ausgleicht."*
- *„Die hohe Schule liegt ... im schwungmäßigen Richtungswechsel."*
- *„Die hohe Schule des Schneelaufes ist ein wundervolles Spiel mit physikalischen Gesetzen."*

„Die Schönheit solcher Übungen empfindet ... vor allem der, der sie gut und sicher ausführt."

Einer von vielen Texten, die zeigen, wie eng in dieser Zeit die ästhetische und die skitechnische Sicht beieinander lagen. Nicht zu vergleichen beispielsweise mit den Skilehrplänen der 1950er bis 1980er Jahre.
(Skilaufen. Kreuz- und Quersprünge im Schnee. Texte Seite 42 f.)

222 Der Hüftschwung - Gegendrehen

1923 Georg Bilgeri (A)

Wird durch
„die Art des Hüftenschwingens die Richtungsänderung, oder die Beendigung der Fahrt erzielt, so entsteht der Kristianiaschwung."
(Der alpine Skilauf. 3. Aufl., München 1923, Seite 37 f.)

Variante auf glattem hartem Hang:
Um ein Ausrutschen
„zu verhindern, und um mit der nötigen Weichheit im Hüftgelenk zu schwingen, drehe man den Kopf in der dem Schwung entgegen gesetzten Richtung zurück, blicke also bogenauswärts. Hierdurch wird unwillkürlich die bogenäußere Schulter etwas zurück genommen, bleibt hinter der Hüfte zurück und verhindert die zu starke Verdrehung des Körpers."

Wahrscheinlich einmalig, dass das Gegendrehen vom Kopfe ausgeht.

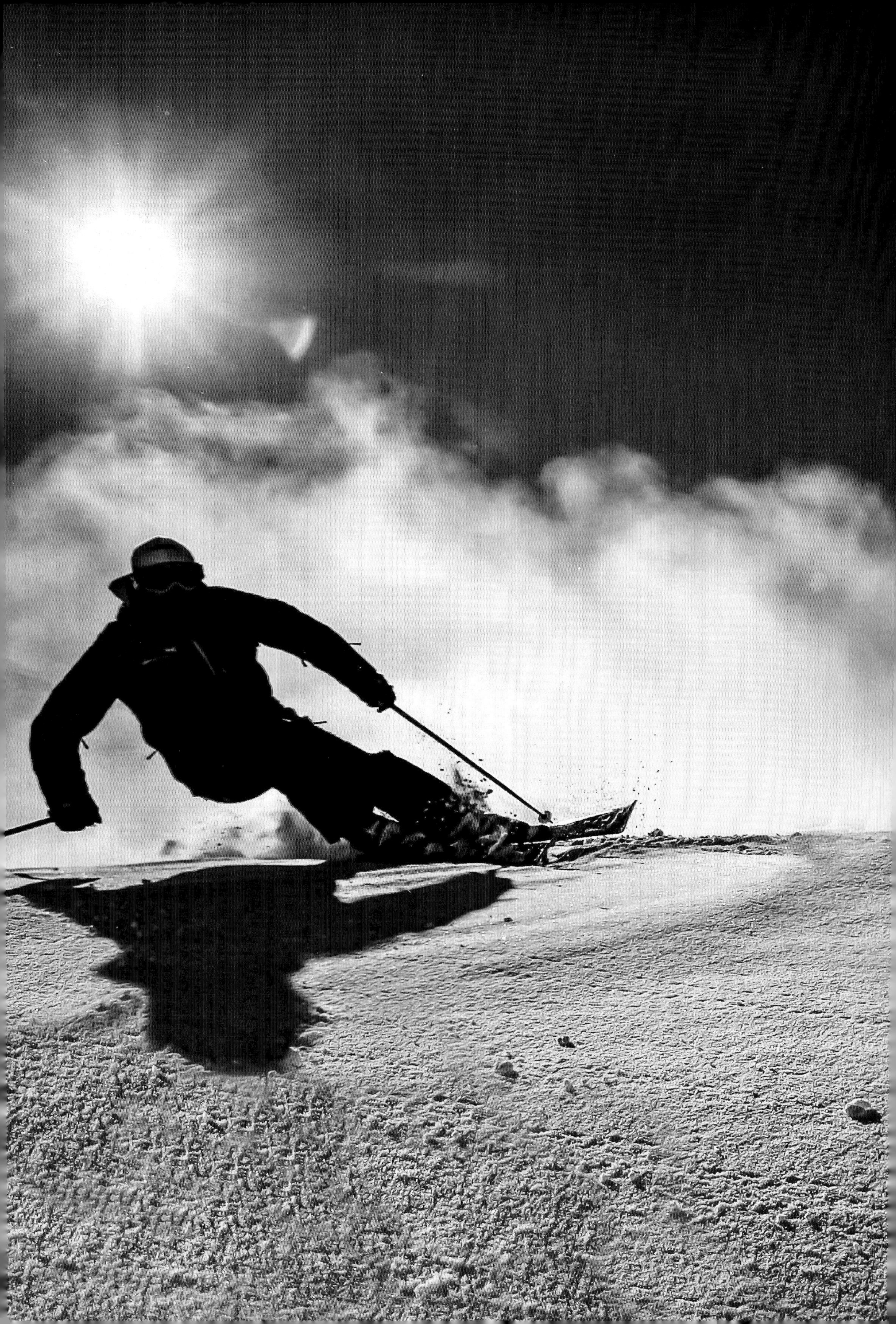

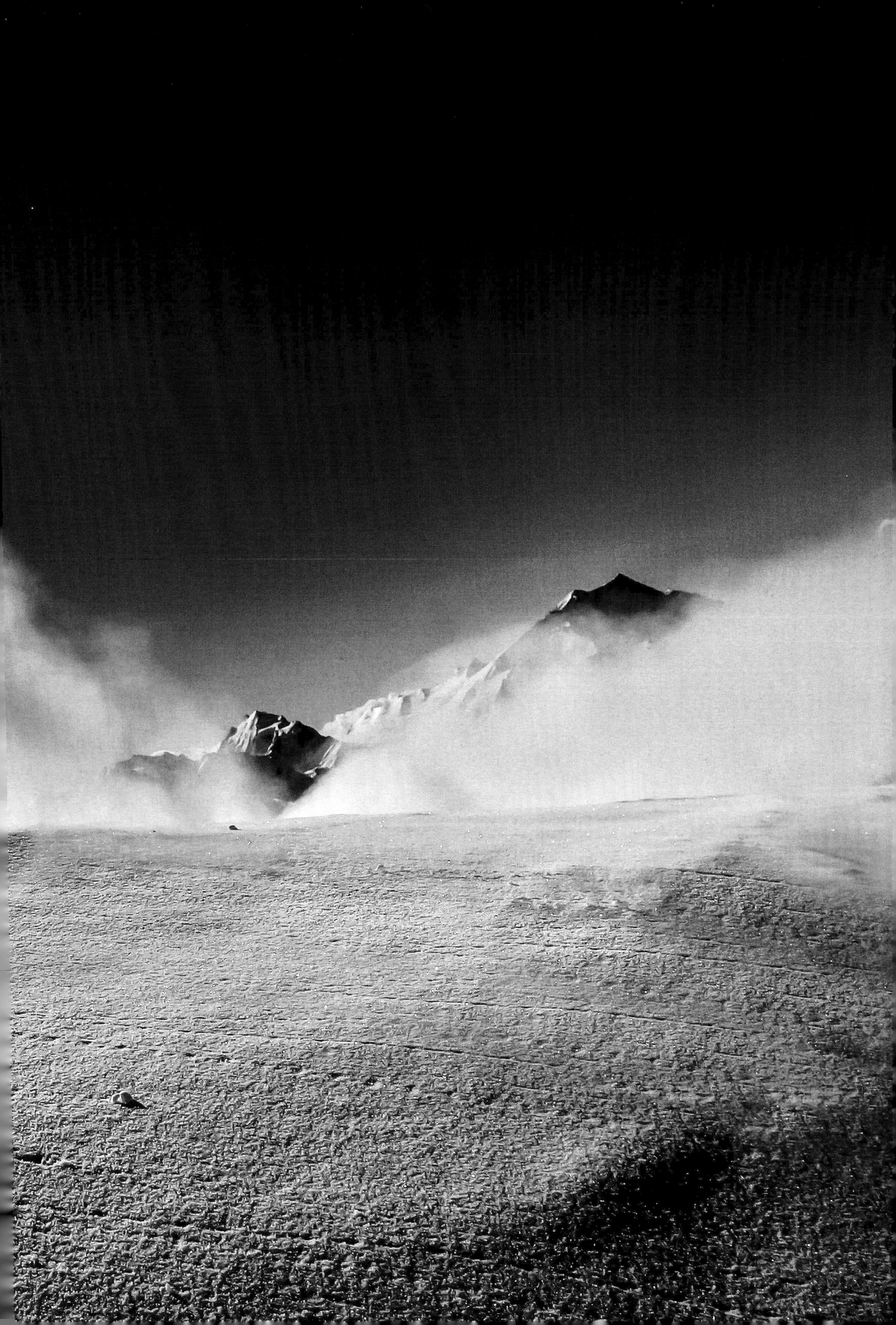

223 Kursprogramm **1923 Ernst Janner (A)** ▸ Schmalspurige und breitspurige Abfahrt ▸ in kleiner und tiefer Hocke ▸ Schneepflugbogen und Schneepflughalt ▸ Stemmfahren mit Stemmbogen ▸ Stemmbogenschwung ▸ gesteuerter und gerissener Querschwung (Christiania) ▸ Ausfallschwung Telemark)	Die in Vereinen und in der Schule massenhaft verbreitete Kleinschrift, unterstützt vom Skiverband und Ministerium, gibt wahrscheinlich beispielhaft den Stand der Entwicklung wieder. (Merkblatt für Ski-Kursleiter. Seite 10-14. Titelblatt)	BÜCHEREI DER „QUELLE" SONDERABDRUCK AUS DER MONATSSCHRIFT „DIE QUELLE", JAHRG. 1923, HEFT 11-12 Heft 1 **Merkblatt für Ski-Kursleiter** Skiläufer und die es werden wollen Von Professor Ernst Janner WIEN, LEIPZIG, NEW YORK DEUTSCHER VERLAG FÜR JUGEND UND VOLK GES. M. B. H. WIEN, I., BURGRING 9
224 Schneepflughalt **1923 Ernst Janner (A)** Aweisung: ▸ Körpergewicht rasch und mit Hüftschwenken verlegen ▸ Druck speziell auf das Ende des belasteten Ski ▸ anderes Bein stößt ab und hebt oder streicht den Ski bei ▸ Neigung bogeneinwärts	Ernst Janner als Leiter des Sportheimes des Bundes in St. Christoph begründete neben der Skischule von Hannes Schneider Ansehen und weltweiten Ruf des Arlberges. Der Schneepflughalt wird auf Jahrzehnte einerseits eine eigene Fahrhilfe bleiben, andererseits eine Vorübung für den Stemmbogen und den Stemmschwung sein. (Merkblatt für Ski-Kursleiter. Seite10 - 14)	
225 Janners Arlbergschule Und der Telemark? **1924 - 1932 Ernst Janner (A)** ▸ Position aufrecht ▸ locker in der Wirbelsäule, ▸ Füße geschlossen ▸ Sohlenstand ▸ Im problemlosen Gelände: ▸ Hockposition als die „Tiefe Schule" wegen ihrer dominierenden Fahrposition auch genannt. Vor allem für die Schussfahrt gedacht. ▸ „Mittelstellung" für größere Geschwindigkeiten, bei Wechselschnee und Hindernissen. ▸ Erste Abwertungen des Telemarks weil „der Erfolg dieses im alpinen Gelände immer ein sehr fraglicher."	Die Arlbergschule als Schule des Hockefahrens ist zu kurz gegriffen. Sie wird zwar insgesamt auch als „tiefe Schule" bezeichnet, doch gibt es klare Differenzierungen. Die beginnende Diskriminierung des Telemarks- ein Scheidungsgrund bei einem Skifahrerehepaar - wird derzeit noch eingegrenzt:	*„Ein Telemarke ist bestimmt ein Skifahrer, ja er kann ein sehr guter sein, aber der Erfolg dieses wird im alpinen Gelände immer ein sehr fraglicher, er ist viel zu viel vom Gelände und vom Schnee abhängig."* Mit Geleitwort des Begründers „Natürlichen Turnen" und leitendem Ministerialbeam s Schneiders" genannt. (Arlbergschule Seite 30, 46 - 68)

226 Kandahar-Skiclub

1924 Gründung in Mürren

Mit weitreichenden Folgen für den Rennlauf und die Entwicklung von Fahrtechniken.
Ablösung bzw. Erweiterung des Rennprogrammes durch die FIS-Rennen.

Der Kulturfahrplan von Werner Stein verzeichnet diese Gründung unter 284 anderen Ereignissen dieses Jahres aus allen Lebensgebieten.
Zukünftige historische Untersuchungen sollten vielleicht die Einbindung von Skientwicklungen in die Zusammenhänge mit allgmeinen Sport- und Lebensentwicklungen berücksichtigen.

---

227 Geländetechnik – Technik mit Gegendrehen zur Auslösung des Schwunges

1924 Josef Dahinden (CH):

Elemente:
- Gegendrehen: Schulter gegen Hüfte
- Berg- bzw. Innenskibelastung
- Fersendruck
- ganze Grundschule ohne Stöcke
- Betonung der Elastizität des Ski
- ständiges Anschmiegen des Ski ans Gelände

(Gesamtdarstellung in „Die Ski-Schule")

Erste Torsionstechnik.
Gegen die Arlbergschule vertritt Dahinden weiter Wert und Fahrgenuss des Telemarks. Später betont er den Schritt zur Schwungauslösung und wird zum Pionier des Schrittschwingens und des Umsteigens. Schließt sein Werk 1957 mit „Skimambo" ab.
In der Zeitschrift „Winter" wird das Buch Dahindens von 1924 förmlich niedergemacht, die neuen Ansätze werden nicht gesehen.

(Rezension von Dr. Tenner. dem Vorsitzenden des DSV, in „Der Winter" 1925/26, Seite 254 f.)

---

228 Im Schwunge „aufgehoben und abtauchend wie ein Schiff"

1924 Thomas Mann (D)

„Hans Castorp erfuhr, daß man eine Fertigkeit rasch gewinnt, deren man innerlich bedürftig ist. ... Was er brauchte, war ohne Überhitzung und Atemlosigkeit in ein paar Tagen erlernt. Er hielt sich an, die Füße hübsch beieinander zu halten und gleichlaufende Spuren zu schaffen, probte aus, wie man sich bei der Abfahrt des Stockes zum Lenken bediente, lernte Hindernisse, kleine Bodenunebenheiten, die Arme ausgebreitet, im Schwunge nehmen, aufgehoben und abtauchend wie ein Schiff auf stürmischer See, und fiel seit dem zwanzigsten Versuch nicht mehr um, wenn er in voller Fahrt mit Telemarkschwung bremste, das eine Bein vorgeschoben, das andere ins Knie gebeugt."

Zwei Nobelpreisträger auf Ski: Wir wissen, dass Thomas Mann mit der Familie und Hermann Hesse in Arosa im Winterurlaub war. Sein eigener Versuch, Ski zu laufen war von kurzer Dauer. Anleitungen für die Kinder überließ er lieber Hermann Hesse.

(Der Zauberberg. Ausgabe Frankfurt a. M. 2015, Seite 650)

229 „Scherenkristiania-Bogen" **„Reiner Kristiania-Bogen"** **1924 Max Winkler (D)** Reiner Kristiana-Bogen: 1. „DenTalski voraus." 2. „Ein ganz allmähliches und mutvolles in die Fahrtsenkrechte Hineinlaufenlassen. Man versuche kein Erzwingen des Bogens, ehe er nicht aus der flüssig gewordenen Fahrt sich selbst entwickeln kann." 3. „Langsam ziehend das `Ganze` drehen; der Bogen greift erst richtig, wenn man sich schon in schnellster Fahrt talabwärts befindet." 4. Trotz der Fahrtgeschwindigkeit in aller Ruhe den Bogen zum gewöhnlichen Abstoppkristiania auswirken lassen und in neuer Richtung weiterfahren."	Eine auch aus heutiger Sicht sensationelle Beschreibung des Schwunges. Beachtung des Zusammenwirkens von äußeren und inneren Kräften. Interessant auch für eine NeoClassic ist der Beginn mit vorgezogenem Innenski, dem die Belastung nach außen folgt. Das Thema einer Fahrtbeschleunigung fällt hier erstmals auf. Seltener Hinweis auf Schneekenntnisse, auf Farbe, Schummerung, Sonnen- und Wind-Seite, Pulverschnee, Firnschnee, Harsch, Pappscchnee usw. Mit entsprechenden Verhaltensstipps. (Der Schilauf. Seite 59, 74 f., 108, Zeichnung Seite 74)	Scherenkristiania-Bogen und Reiner Kristianiabogen
230 Doppelkristiania – **Hin- und Herreissen - erstes Kurzschwingen** **1924 Bei bekannten Demonstratoren wie Adolf Berger und Kurt Endler (beide D)** Beschreibung: ▸ Ski 2 x hin und her reißen ▸ Ski absolut parallel ▸ Bewegung ruckartig ▸ Wiederholungen nach Pausen ▸ Offensichtlich Ski manchmal aus dem Schnee gerissen ▸ Also Kurzschwingen in Raten	Darf nicht mit den sog. Doppelschwüngen verwechselt werden! Es blieb bei einer Folge von zwei Schwüngen. Nach einer irgendwie gestalteten kurzen Pause Wiederholung. Noch anfangs der 1940er Jahre in Deutschland eine gern praktizierte Kunst vor allem der Kinder und Jugendlichen. Dieser „Doppelkristiania" oder dieses Hin- und Herreissen kann auch als erstes Kurzschwingen betrachtet werden	Wurde auch „Spiegelkarpfen" und „Karpfenhupfen"genannt, weil es an das Herausspringen und Hineintauchen dieses Fisches erinnerte.
231 Vor allem Hüftgegendrehen - Countertechnik **1924 Otto Roegner (D)** Kristiania: „Die Drehung wird hauptsächlich durch energisches Wenden der Hüften zur entgegengesetzten Seite erzielt, womit die stets zusammmngehaltenen Fersen herumgerissen werden und damit die Schier rasch herumdrücken."	Die kurze Anweisung Otto Roegers enthält in verdichteter Form die Idee der Countertechniken, nämlich Gegendrehung von Hüften und Beinen gegen den Rumpf und Fersentritt bzw. Fersendrehschub. Roegner kennt auch den Begriff „offene Skiführung" (Der Schilauf im Hochgebirge. Seite 51, Außentitel)	

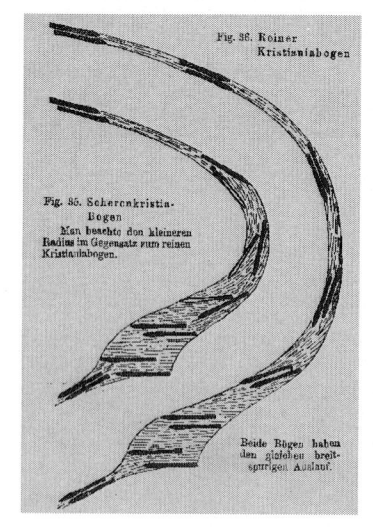

232 „Ausgezirkelte Exaktheit" **1924 Arnold Fanck (D) im Rückblick auf Hannes Schneider (A) 1936** Erzählung: „Nun ging damals bei uns im Schwarzwald wie eine Sage die Kunde herum von einem Arlberger Skiläufer: Hannes Schneider, gegen den alles andere, was es an Geländelauf auf Skiern gab, verblassen sollte ... Und Hannes Schneider ... fuhr seine erste Abfahrt für den Film – einen Doppelschwung vor den Apparat.	*Und dieser haarscharf vor die Kamera gesetzte Schwung ... war eigentlich ein historisches Ereignis. ...Was wir damals erstmalig an Skilaufen zu sehen bekamen, das war für uns alle so unbegreiflich ...Viele, die es mit eigenen Augen sahen, und vor allen Dingen viele, denen es der Film nachher offenbarte, wissen heute (nach 12 Jahren) ein wenig, welch Phänomen für sich auf Skiern dieser Hannes Schneider fast ein Jahrzehnt lang war."* (Der Kampf mit dem Berg. Text Seite 32-3, Bild Seite 35)	
233 Scherenquerschwung **1924 Carl J. Luther (D)** Anleitung: „Scherenquerschwung unterscheidet sich in allem scharf von anderen Hilfen. ▶ Fersendruck, ▶ Zehen anheben ▶ Körper zurückneigen ▶ Skier vor sich herstoßen! ▶ Schwungeinwärts neigen!"	Aus heutiger Sicht eine sehr originelle Beschreibung. Aber auch die tatsächliche Ausführung mit dem zurückgeneigten Oberkörper scheint eine eigene Sache zu sein. (Schneelauf in Bildern und Merkworten. Beschreibung und Bild unter Faltblatt Nr. 8)	
234 Poesie des Skilaufens **1925 Die schöne Literatur** Die Skiliteratur brachte bis 1940 viele unterhaltende Bücher und Schriften. Der Großteil davon ist sog. Hüttenliteratur. Aber selbst Nobelreisträger äußersten sich zu ihren Skierfahrungen wie	Hermann Hesse oder Ernest Hemingway. Wer sich dafür interessiert wird in zwei meiner Bücher fündig und würde dort auf etwa 100 Beispiele stoßen: ▶ Skifahren - einfach schön. Dortmund 2015 ▶ Skifahren: Der weiße Schnee kann zaubern. Dortmund 2018	*„Skilauf Von Hügel zu Hügeln Wie auf Flügel Wellige Weiten"* 1925 Felix Möschlin (CH)
235 „Schlittschuhbogen" **1925 Theo Reinwarth (D)** Richtungsänderung ▶ als Bogenschritte auf nur eine Seite ▶ oder als Scherschritte auf immer die gleiche Seite	Nicht uninteressant, dass eine Folge von Schlittschuhschritten zur gleichen Seite unter dem Gesichtspunkt eines Bogens gesehen wird. Später allgemein: Bogentreten. (Der Skisport. Seite 40, Bild Seite 33)	

236 „Stemmbogenschwung" **1925 Theo Reinwarth (D)** Anleitung: ▸ Aus der Falllinienfahrt kurz einseitig ausstemmen ▸ Schwenken der Hüfte nach außen zum Stemmski ▸ anderen Ski heranziehen ▸ dabei mit diesem stark nach vorne streben ▸ diesen auch durch Verlegen des Körpergewichtes unter Druck setzen ▸ Schließlich ist der Körper nach außen und vorne geneigt.	In einer sehr komplizierten Erklärung spiegelt sich vielleicht auch das Ringen dieser Jahre um Abgrenzungen und Definitionen wider. Jedenfalls wird hier versucht, einen Widerspruch zu lösen. Gibt es einen Stemmbogen mit Rutschen oder einen Stemmschwung ohne zu rutschen? (Der Skisport. Text Seite 42, Titelbild)	
237 Geflügelt und beflügelt in Schuss und Schwung **1925 Fahren mit Flügeln** Zusammenstellung: ▸ Variation der Schussfahrt ▸ Versprechen leichteren Schwingens ▸ mit Lutherbluse 1925 ▸ als Thirringmantel 1938 ▸ als Zaubermantel" von Leo Gasperl 1946/47 ▸ als GEZE-Flügel 1972 ▸ als Skisegel Schweiz 1988	Diese Ausrüstungshilfe wurde immer wieder neu erfunden und hat immer wieder Fahrer fasziniert. Skitechnisch gesehen geht es nicht über „Engeln" und „Flieger" hinaus. Letztlich wurden diese Erfindungen immer schnell vergessen. (Bildausschnitt aus dem Titelbild von Hans Thirring, Der Schwebelauf. 1938)	
238 Gleiten poetisch gesehen **1925 Henry Hoek (NL/D/CH)** „Vertraue Dich dem Schnee an, laß die Skier Gleiten? Schließ einen Augenblick die geblendeten Augen und lausche auf das Klingen unter Deinen Füßen. Deine Spur singt – leise, fein und scharf; und der Klang scheint von überall her zu kommen, ist schließlich in Dir selbst, ist Motiv der Schnelligkeit, des Gleitens, der beschwingten, der belebten Einsamkeit."	Henry Hoek kreist förmlich von 1906 bis 1950 in seinen Schriften um das Skifahren. Es beginnt beim Bau eigener Ski, widmet sich immer wieder technischen Anleitungen und endet oft in poetischen Betrachtungen. So gesehen ist er der größte Botschafter des Skifahrens in diesem halben Jahrhundert. Und er vergisst dabei nicht den Blick auf die Frauen, so wie in dem vorgestellten Buch. (Wanderbriefe für eine Frau. Text Seite 29, Titelbild des Buches)	

239 Trickskifahren – Listen

1925 Carl J. Luther, H. Sillig, Max Winkler (alle D)

Doppelschwünge:
- Schlange (DS eng, aber große Schrittstellung)
- DS zu mehreren, auch mit Händefassen
- kiwalzer
- Holländern (Reuelschwünge aus - Schlittschuhschritten)
- Schwingen mit verschränkten Beinen
- mit gekreuztem Ski (später als „Schweizer Kreuz")
- Parademarsch
- Schraubensprünge
- Bockspringen
- Aufsteigen mit verkehrten Spitzkehren

Immer häufiger finden wir Listen. Auch um den Begriff wird gerungen: Skiakrobatik oder Kunstskilauf. Die allgemeine Einschätzung geht weit auseinander: Mätzchen oder außerordentliches Können, individuelles Können oder Erweiterung der Skitechnik, Innovationen oder völlig Überflüssiges. Ab 1930 wird Jimmy Maden in den USA ein volles Ballettprogramm zeigen. Und bei Birger und Sigmund Ruud finden wir bald danach den Salto mortale.

(Text H. Sillig, Spiel jenseits der Skitechnik. Texte Seite 233 – 235. Bild Seite 233)

Bildzuschrift: „Kurt Endler schwingt auf einem Bein."

240 Natürliche Körperbewegungen

1925 Max Uhlig (D)

- *„Alle natürlichen Bewegungen sind Bewegungen des ganzen Körpers."*
- *„Alle natürlichen Bewegungen verlaufen rhythmisch, d. h. sie nehmen ihren Ausgang von den großen Körpermuskeln. Von hier läuft die Spannung weiter bis in die Gliedmaßen."*
- *„Alle natürlichen Bewegungen mit schnellem Anstieg der Spannung gehen hervor aus dem Gleichgewichtsverhältnis antagonistischer Muskelgruppen."*

Der Verfasser sieht die Skitechnik unter philosophischen Gesichtspunkten, zitiert Kant und große Theoretiker wie Karl Gaulhofer. Vor allem läßt sich von Rudolf Bode inspirieren.
Für die Praxis formuliert er 13 „Anwendungsmöglichkeiten".

Darunter:
„Der Körper steht in der Regel aufrecht, in elastischer, nicht steifer Haltung."

(Wege der Erziehung zum Skilauf. In: Der Winter 1925/26. Seite 141. Zeichnung von Max Kopp Seite 142)

241 Skibelastungen je nach Schwung berg- oder talwärts

1925 Max Uhlig (D)

- Alle Fahrten bergwärts auf dem Bergski
- Selbst beim Telemark!
- Richtungsänderungen talwärts auf dem Außenski

Max Uhligs Auffassung stellt offensichtlich eine mittlere –Position und den vorübergehenden Kompromiss dar. Bis jetzt fast alles auf dem Berg- bzw. Innenski. Schwünge talwärts in Zukunft auf dem Außenski. Max Uhlig ist eine gute Stimme seiner Zeit.

(Wege der Erziehung zum Skilauf. In: Der Winter 1925/26. Seite 142)

(Zeichnung Max Kopp ebda. Seite 140)

242 Gleitschreiten beim Abfahren **1925 Carl J. Luther (D)** *„Ich halte es darüber hinaus für sehr vorteilhaft, solche Schritte als regelrechtes, abwechselndes und weites Gleitschreiten während der Abfahrt ausführen zu lassen und auszuführen schon während der ersten Abfahrtsübungen."* Diese Schritte lockern den Körper, erhöhen die Balancesicherheit und *„beugen der Abfahrtsversteifung der Beine"* vor.	Dass diese Empfehlung nicht ganz vereinzelt ist – selbst, wenn diese Ein Fachmann wie CIL abgibt – liest man auch in der Übersicht über den Stand der Dinge bei Max Uhlig. (Carl J. Luther, Kleinigkeiten. In: Der Winter 1925/1926. Seite 74. Maxi Uhlig, Wege der Erziehung zum Skilauf. In: „Der Winter 1925/26", Seite 142)	
243 Der erste 360er – als Phantasiegebilde **1925 Carl J. Luther (D)** „Mondkreisschwung" ▸ mit Ski in weit offener Scherstellung ▸ Gegenpflug ▸ damit auf beiden Innenkanten mit gekreuzten Armen ▸ beenden mit weiter Schere	Der Verfasser träumt vom Skifahren im Stile Münchhausens. Unter anderem fährt er mit seinen Ski mit Hilfe chemischer Vorgänge im Wachsauftrag bergauf, lässt im Wettkampf in der Loipe zum Nachteil der Kontrahenten den Schnee hinter sich schmelzen und macht unglaubliche Sprünge. (Münchhausen als Skiläufer. In: Der Winter 1925/26. Seite 73 – 76. Zeichnung dort von Toni Schönecker)	
244 Absolute Schmalspur **1925 Walther Flaig (A)** *„Alle drei (Demonstratoren) haben die Schier vorbildlich geschlossen, denn die geschlossene, als ein Schi wirkende Schmalspur ist die Grundlage nicht nur der Schussfahrt (im führigen Schnee), sondern der ganzen Schilauferei überhaupt. Man steht sicher und kann aus dieser heraus zu jeder Bewegung übergehen."*	Die Auffassung des Verfassers, wie sie Text und Bildmaterial wiedergeben, scheint seiner Zeit weit voraus zu sein. Sie ist beispielsweise mit der zu dieser Zeit schon dominierenden Arlbergschule unvereinbar. Mit Carl. J. Luther dagegen weiß er sich ziemlich einig. In Sache Telemark-Kristiania findet er letzteren weit überlegen. (Alpiner Skilauf in Bildern und Merkworten. Text Seite 11 f., Bild 2 des Anhanges, Telemarkwertung Seite 6)	
245 Telemark und Kristiania poetisch charakterisiert **1925 Carl J. Luther (D)** „Schwünge. Telemarkmonde sind weich und fraulich zum Bogen gerundet. Herrisch indessen und hart liegt der Kristiania da."	Der vielseitige und in dieser Zeit die Skiliteratur dominierende Autor arbeitet in den Versmaßen von Hexameter und Pentameter und mit metaphorischen Spurbildern die charakteristischen Merkmale der beiden Schwünge heraus. Vom gleichen Empfinden und Gestalten spricht auch die Zeichnung auf dem Außentitel der Quelle. (In: Skiunterhaltungen. Seite 174)	

246 Stockbremse statt Stockreiten **1925 Walther Flaig (A)** *„Die Notwendigkeit der Fahrthemmung und Regelung führte auch zu einer Stockbremse, die – im Gegensatz zu dem mit Recht verpönten Stockreiten – noch wenig bekannt ist. Der Stock wird hebelartig vor dem Unterschenkel des Bergbeines eingesetzt."*	Der Verfasser misst in mehreren Hinweisen dieser Art Stockhilfe eine große Bedeutung bei.  (Alpiner Skilauf in Bildern und Merkworten. Text Seite 9 f., Bilder 4b und 28 des Anhanges)	
247 Hoferer Technik **1925 Erwin Hoferer (D)** *„Stockhilfe bei Abfahrt in Steilrinne":* Die Brems- und Tempokontrolle vor allem für steile Hänge: ▸ Talstock bergseitig nehmen und diesen mit beiden Händen ▸ Berghand unten ▸ in den Schnee drücken.		
248 Der „Sturzkristiania" **1925 Erwin Hoferer (D)** Hoferers Sturzanweisung: *„Am besten ist, man überschlägt sich, wenn man hangabwärt getürzt ist, nochmals, da hat man in der Luft dann Zeit, die Schier zu richten und kann sich dann ohne weiteres wieder erheben. Ein gewandter Läufer kann den Sturz so leiten, daß er in die gewünschte Richtung zu liegen kommt und er beinahe ohne Aufenthalt weiter laufen kann (sogenannter Sturzkristiania)."*	In der Zeit als mehrere Stürze noch zur Tagesordnung gehörten, kamen bei guten Fahrern diese Sturzabläufe sicherlich gelegentlich vor. Hoferers Anleitung aber dürfte ziemlich einmalig sein. Denn bei bei solchen Sturzverläufen war die Bruchgefahr der Holzski und später dann auch die Stauchgefahr für die Skier groß. (Winterliches Bergsteigen. Text und Bild Seite 189)	
249 Entwicklung beendet – Berg- und Innenskibelastung **1925 Erwin Hoferer (D)** *„Jetzt ist die Technik des Schilaufens abgeschlossen, die Entwicklung beendet."* ▸ Schräg am Hang werden bei Schmalspur der Bergski, bei breiter Spur beide Ski oder vermehrt der Talski belastet. ▸ Im Schwung Innenskibelastung mit Fersendruck	Erwin Hoferer verweist auf die systematische Entwicklung der norwegischen Skitechnik durch die Deutschen. Er verweist allerdings auch auf den derzeitigen Standard wie er in den Filmen von Fanck und Schneider und durch Schneiders Fahrkunst überhaupt zu sehen ist. Sein Fehlurteil bezüglich der Entwicklung steht nicht alleine da. Vergleiche Georg Bilgeri 1922, Josef Albert 1932, Pfeifer 1934, Hoek 1941 oder Ulrich Göhner 1991. (Winterliches Bergsteigen. Alpine Schilauftechnik Seite 28)	 Beinahe visionär sieht dagegen der Zeichner Carl Koch die Entwicklung, wenn er Abfahrer im Stil der 1950er vorstellt. (In: Der Winter 1925/26. Seite 224)

250 Temposchwung

ab 1925 von Toni Seelos (A)

Er praktiziert und lehrt:
- parallele Ski und enge Skiführung
- Vorlage und Schaufeldruck
- Vertikalbewegung
- Hand im Stockeinsatz nach außen gedreht
- ausgeprägte Hand- und Armführung nach vorne

(Das schöne Foto stammt aus „Miloslaw Jirsa, Karel Hala, Jiri Jelínek, Radostne na lyzich." Seite 75)

Rotationstechnik und Paralleltechnik. Die Rennerfolge von Toni Seelos bis etwa 1937 und sein Fahrkönnen verdichten sich im Temposchwung, der dann bis zur Entwicklung der Gegenschultertechnik und zur Wedelära die Pisten beherrscht. Eigentlich hat er damit die ewige Diskussion um eine reine parallele Fahrt hinweggewischt. Name und Sache Temposchwung decken sich mit der Außen- und Innensicht einer hohen Dynamik. Mit seiner Art des Stockeinsatzes bezeugt er bereits dessen exzentrische Wirkung.

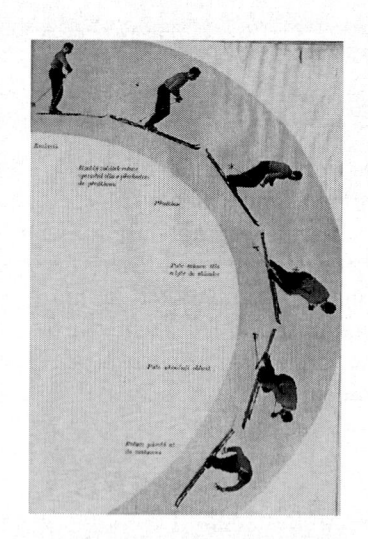

251 Skitechnik angepasst und funktionell

1925 Arnold Fanck (D) und Hannes Schneider (A)

Technik wandelt sich
- nach Schnee
- nach Hangsteilheit
- nach Tempo
- ob zum oder vom Hang
- grundsätzlich aber tiefe Fahrstellung

Schneider war gegen jedes Abheben der Ski vom Schnee.

Ihr Buch „Wunder des Schneeschuhs" und ihre Filme bestimmten neben dem jungen Seelos das Jahrzehnt.
Niemand sprach sich bis dahin so klar für eine situativ sich anpassende Technik aus. Die sehr genauen, detaillierten Bewegungsvorschriften nennt Erwin Mehl, der Vertreter des „Natürlichen Turnens", 15 Jahre später „wunderliche Blüten".
(In: Die Entwicklung. Seite 23)

Schneider gründete 1922 die berühmte Arlbergschule und führte sie, bis er 1938 von den Nazis aus St. Anton vertrieben wurde.

252 Vergleich norwegischer und mitteleuropäischer Stil

1925 Dagfinn Carlsen (N)

- Mitteleuropäischer Stil ist selbständig geworden und hat „geradezu bewundernswerte Fortschritte" gemacht
- Hauptgrund wohl das Terrain
- Manches auch durch die in Norwegen unbekannte Stockhilfe möglich.
- Dagegen kennt Norwegen „seit Telemarks Zeiten keinen wesentlichen Fortschritt".

Vergleicht Christiania und Telemark:

„Im Gegensatz zu dem energischen, kraftvollen, rassigen Christiania ist der Telemark ein ruhiger, sanfter Schwung mit feiner Linienführung, aber ein Schwächling, der auf unsicheren Beinen steht und nicht immer erfolgreich den Schnee meistert."

Vielleicht macht diese Einschätzung die Telemarkentwicklung auf dem Arlberg verständlicher.
Der Verfasser, dem niemand anderer als Fridtjof Nansen die Einleitung geschrieben hat, studierte die Situation vor Ort. Sein Urteil bezieht sich allerdings nur auf die alpine Fahrweise, nicht auf Langlauf und Sprunglauf.
(Der Skilauf, Text und Bild Seite 14 f.)

„Quersprung – der in Norwegen unbekannt ist"

253 Fallschule 1925 Henry Hoek (NL/D/CH) Merksätze: ▸ *Viele lassen sich fallen, ohne daß dies nötig wäre.* Andererseits: ▸ *Es hat keinen Sinn gegen einen unvermeidlichen Sturz anzukämpfen.* ▸ *Er wird dadurch nur noch gefährlicher.*	▸ *Ein Sturz mit geschlossenen Beinen ist selten gefährlich.* ▸ *Darum: Geht es schon nicht mehr anders: Falle, solange du noch halbwegs in Haltung bist."* Der unermüdliche Henry Hoek hat sich auch diesem selten aufgegriffenen Thema in Merksätzen gestellt. (Merkbuch für Schiläufer". Merksätze 285 – 289, Seite 27, Bild auf Außentitel)	
254 Charakterisierung der Kristianias nach Spuren und Dynamik 1925 Henry Hoek (NL/D/CH) „Der Kristiania kann entweder ‹gesteuert› (gezogen) oder aber ‹gerissen› werden ... ruckweise ausgeführt werden. Beim ‹gesteuerten› Kristiania zeigt die Spur eine halbmondförmige, ausgefegte Stelle, beim ‹gerissenen› ein verzerrtes Dreieck. Beim gesteuerten Kristiania wird während der Dauer des Schwunges die Front allmählich geändert, beim gerissenen ändert man sie plötzlich und rutscht nachher mit geänderter Front seitwärts zum Halten."	Im Übrigen vertreten Henry Hoek und Carl J. Luther hier noch die Belastung des bogeninneren Ski. Das bereits in 12. Auflage vorliegende und somit sehr erfolgreiche Buch wurde von Carl J. Luther bearbeitet. Offensichtlich verstanden sich die beiden eifrigen Schriftsteller gut. Darauf verweist auch, dass sie einen gemeinsamen Verleger hatten, nämlich Rudolf Rother in München, der wiederum selbst publizierte. War der gesteuerte Kristiania wenigstens nach Form der Auslösung nicht schon ein Carvingschwung?	„Wie lerne ich Schilaufen?" Texte Seite 45 – 48, Bild Seite 48.
255 Ausbalancierter Skistock 1925 (ca.) Max Josef Amstutz (CH) Der Erfinder: „Wissen Sie nicht, dass ein richtig ausbalancierter Stock ebenso wichtig ist wie ein richtig ausgewählter Ski."	Erstmals in so betonter Weise wird diese Funktion des zum Patent angemeldeten Skistockes hervorgehoben. (Das Patent wurde wegen der geringen Bedeutung nicht erteilt.) Kaum wird zu dieser Zeit auf die Entlastungs- und Exzenteraufgabe des Stockes eingegangen. (Bericht und Bild in: Die Anfänge des alpinen Rennsports). Seite 114 f.)	
256 Sohlenbelastung mit der Amstutzfeder 1925 (ca.) Max Josef Amstutz (CH) Diese Zusatzfeder zu den Aufschraubbindungen versprach eine volle Skibeherrschung. Sie versprach das Hinterende des Ski stets am Schuhabsatz zu halten. Daraus sollte sich ein sicheres und leichtes Schwingen ergeben.	Diese Bindungsvorrichtung sollte im Laufe der Entwicklung noch einige Nachahmungen finden. So die Feder wie sie Carlo Molino 1951 benutzte oder die Vorrichtung der Atombindung in neuester Zeit, die „Ramp Tech", die erst durch Vorlage eine Neutrallage verspricht. (Bericht und Bild in: Die Anfänge des alpinen Rennsports. Seite 115.)	

257 Rückblick Pioniere bis 1925 - narzistische Persönlichkeiten

1925/2015 Gerd Falkner (D)

Der Referent erstellt auf einer „Internationalen Konferenz zur Geschichte des Wintersports" (2015) eine Liste von Pionieren, die nach ihren Biografen „exzessiv ihr Ego" mit einer „geradezu krankhaften Sucht zur Selbstbeweihräucherung" pflegten und „als selbstverliebte Egoisten und extreme Narzissten" geschildert werden. Er nimmt dabei ausdrücklich „den verdienstvollen Rudolf Gomperz" aus.
Der Historiker Falkner meint weiter: „Die (negativen) Beispiele ließen sich zudem mühelos ergänzen." Trotz allem weist er jedoch auch daraufhin, dass neben einem idealistischen Sendungsbewußtsein diese Personen „objektiv Bedeutsames für die entfaltung des mitteleuropäischen Skilaufs geleistet" haben.
Die Bemerkungen Falkners stärken Vermutungen, dass Sport und nicht zuletzt der Skisport manchen Persönlichkeiten eine große Chance der Selbstverwirklichung bieten, die ihnen der Alltag und ihr Berufsleben verweigert haben. Bedauerlicherweise führt Falkner seine Beobachtungen nicht über 1925 hinaus.

(Max Schneider (1853-1933), Bedeutender Impulsgeber und Wegbereiter des mitteleuro- päischen Skilauf.)

Falkners Liste narzistischer Pioniere bis 1925:

- Max Schneider
- Mathias Zdarsky
- Wilhelm Paulcke
- Viktor Sohm
- Georg Bilgeri
- Hannes Schneider
- Max Josef Amstutz

Max Schneiders Verdienste lagen fast allein auf kommerziellem Gebiet. Er war der große Importeur und Hersteller.

258 Blicksteuerung – eine reflektorische Steuerung

1925 Carl J. Luther, Paul Weidinger, Toni Schönecker (alle D)

Schwungeinleitung durch Blick- und Kopf-Körpersteuerung:
„*Behalte kurz dabei im Sinn, Dort wo Du hinschaust, fährst Du hin.*"

Das lustige in Versen verfasste Skilehrbuch bietet diese Schwunghilfe, die Jahrzehnte später von den Rennfahrern Blick- oder Kopfsteuerung genannt werden wird. Ich empfehle die Blicksteuerung in der Carvingära auch als sichernden Carverblick.

(Der Skikurs. Seite 37)

259 „Seine Körperhaltung ist vornehm, ruhig."

1925 Josef Dahinden (CH)

„*Er lernt, sich vornehmlich der Ruhe und Schönheit der Winternatur hingeben und diese selbst in sich aufnehmen. Soweit die Schneefelder locken, führt ihn der sicher gesteuerte Ski; seine Körperhaltung ist vornehm, ruhig, seine Gliedmaßen sind ungezwungen frei. Er lebt in Harmonie mit der Umgebung.*"

(Die Skischule. Seite 63)

Die ästhetische und figurale Körperhaltung und Körperführung werden nicht oft angesprochen. Der vielseitige Dahinden kann auch mit dieser Perspektive der Skitechnik überraschen. Noch mehr: Wer schon in späteren Zeiten spricht in Zusammenhang mit der Fahrtechnik die Harmonie mit der Umgebung an. Vielleicht sollte man sich aber hier an Arturo Hotz einen späteren Schweizer erinnern, der von einem „Snow-Timing" spricht, als einem plötzlichen Bewusstwerden, wie Technik, Hang und Schnee in völliger Übereinstimmung sind. Auch mein späterer Begriff der „Skiresonanz" tangiert hier Dahindens Hinweis.

260 Telemarkschwingen als „Körperwiegen" **1925 Josef Dahinden (CH)** „Das Telemarkschwingen ist ein schaukelndes Körperwiegen in Hüften und Rücken auch während stiebender Schußfahrt. Lebhaftes Empfinden, Unternehmungsgeist, Anpassungsvermögen, verbunden mit selbstbewusster Ruhe und Beherrschtheit, machen den tüchtigen Telemarkfahrer aus."	Josef Dahinden mit seinem vielfältigen Bemühen um eine gute Skitechnik spricht auch die mentalen Einstellungen und die Selbstgewissheit des Skifahrers an. – Das Telemarkthema ist noch nicht vom Streit mit den Arlbergern berührt. (Die Skischule. Seite 63)	
261 Einfache Geländetechnik **1925 Hermann Amanshauser (A)** ▸ „Das Wesen der Skilauftechnik ist Einfachheit der Bewegung, aber deren vollste Beherrschung in jedem Gelände." ▸ „Also, nicht die Beherrschung einer möglichst schwierigen Bewegung, sondern eines möglichst schwierigen Geländes." ▸ „Eine gewisse Ausnahme macht das Tänzeln auf der Übungswiese."	Amanshauser will keine „Verkünstelung der Bewegung, die beim Eislauf die größte Rolle spielt"! Hannes Schneider stellt zur gleichen Zeit die Abhängigkeit und damit Variabilität der Technik von der Steilheit, von der Schwungweite, vom Tempo, vom Gelände und vom Schnee heraus. (Dazu in „Wunder des Schneeschuhs" 3. Aufl. 1928, Seite 173 - 195) (Texte Amanshauser in Spalte 1 und 3 in „Der Winter 1925/26", Seite 38)	„Das Wesen des Skifahrens bedeutet Beherrschung möglichst wechselnden und schwierigen Geländes in möglichst rascher Fahrt und das Wesen der Skilauftechnik ist Beherrschung der einfachsten Bewegungen in allen Lagen."
262 Besprechung von Dahindens Skischule **1925/26 Dr. Tenner (D)** Durchwegs negativ: ▸ Geht vom alten Telemark aus ▸ Übungen sind direkt falsch. ▸ Abwertung des Stemmfahrens. ▸ Falsche Geländetechnik. ▸ Keine Kenntnis der Bögen, Schwünge und Sprünge. ▸ Unverständliches Deutsch. ▸ Bildmaterial „nicht sehr befriedigend".	Dr. Tenner macht als Präsident des Deutschen Skiverbandes viele Besprechungen. Die meisten alten Theoretiker und Chefideologen gehen nicht zimperlich miteinander um. Aber sie nehmen wenigstens einander wahr, während in der Zeit nach 1945 das Wegblicken und das bloße Präsentieren der eigenen Lehre speziell in der Lehrplanliteratur dominieren. Ausnahme davon die USA-Literatur. (Rezension in „Der Winter". Jahrgang 1925/26, Seite 254 f.)	Zeichnung von Toni Schönecker 1925 Dr. Tenner persönlich gemeint?
263 Kobolde auf Kurzski **1925/1926 Ernest Hemingway (USA)** Hemingway und seine Freundinnen und Freunde hatten für einen Aufstieg Träger gemietet. Nach dem Zahlen des Lohnes stellte er fest, wie sie *„auf ihren kurzen Skiern wie Kobolde zu Tal schossen."*	Seit Georg Bilgeri stößt man immer wieder auf Erwähnungen von Kurzski, auch wenn sie im Lehrwesen bis in die 1950er Jahre keine Verankerung fanden. Das Bild von Kurzskifahrern, die wie Kobolde ins Tal schossen, könnte auch heute noch zum Griff nach Kurzski animieren. (Textstelle aus „Paris – Ein Fest fürs Leben", Seite 140 f.)	

264 Telemarkschilderung

1925/26 Ernest Hemingway (USA)

„Georg kam kniend in Telemarkstellung herunter, ein Bein vor und gebeugt, das andere nach sich ziehend; seine Stöcke hingen wie die dünnen Beine irgendeines Insekts und wirbelten beim Berühren der Oberfläche Schneewölkchen auf, und schließlich kam die ganze kniende, schleifende Gestalt in einem wunderbaren Rechtsbogen tief in der Hocke herum, ging in Ausfallstellung, der Körper lehnte sich nach außen über, die Stöcke betonten den Bogen wie Interpunktions- zeichen aus Licht, alles in einer Wolke von Schnee."

In seinen Jahren in Paris fuhr Hemingway mehrmals nach Schruns zum Skifahren. Er war offensichtlich ein leidenschaftlicher Skifan. Skitechnisch beherrschte er den Telemark wie den Kristiania. Fachausdrücke wie Ausfallstellung und Aussenlage des Körpers waren ihm geläufig. Aber es kommt auch zu starken eigenen Bildern wie hier das Hängen der Stöcke „wie die dünnen Beine irgendeines Insekts", „die ganze kniende, schleifende Gestalt" oder „in die Geschwindigkeit hineingelehnt"

(Paris – Ein Fest fürs Leben. Seite 142 f.)

Sammelt man alle Elemente der Schilderungen Hemingways, könnte man ihn auch als Lehrer sehen.

265 „In die Geschwindigkeit hinein gelehnt"

1925/1926 Ernest Hemingway (USA)

„Schließlich die große Abfahrt den Gletscher hinunter, glatt und geradeaus, ewig geradeaus, wenn die Beine das aushielten, die Knöchel eng aneinander, tief gebückt in die Geschwindigkeit hinein gelehnt, fielen und fielen wir im stillen Zischen des Pulverschnees. Das war besser als Fliegen und alles andere."

Der Nobelpreisträger und leidenschaftliche Skifahrer bringt das aufbrechende Interesse der Zeit an der Vorlage, für das nun auch Toni Seelos zum Leitbild wird, auf seine Weise auf den Punkt. Die schönen Formulierungen „in die Geschwindigkeit hinein gelehnt", vom Zischen des Schnees und vom Fallen und Fallen als Abfahrt könnte ein Beispiel dafür sein, wie man Skitechnik auch sehen und vermitteln könnte.

(Paris – Ein Fest fürs Leben". Seite 142 f. Bild von Toni Seelos aus Hellmut Lantschners „Tempo - Parallelschwung" von 1936, im Anhang)

In die Geschwindigkeit hineingelehnt

266 Hineinschrauben in den Schwung

1925/1926 Ernest Hemingway (USA)

„Er hielt sich links, und zum Schluß, als er mit fest zusammengepreßten Knien auf den Zaun zuraste und seinen Körper eindrehte, als ob er eine Schraube anzog, brachte er seine Skier in dem aufstäubenden Schnee scharf nach rechts herum und verlangsamt die Geschwindigkeit parallel zu Berghang und Zaun."

Das Bild der Schraube für ein Hineingehen in die Kurve ist eines der starken Bilder der Skitechnik überhaupt. Es findet sich fast gleichzeitig bei Fritz Reuel und später immer wieder. Direkt prägt es beispielsweise den „Schraubenkristiania" und den „Drehschwung". Das Bild der Schraube für ein Hineingehen in die Kurve ist eines der starken Bilder der Skitechnik überhaupt. Als „Schraubenkristiania" oder „Drehschwung" bei Fritz Hoschek 1930. Als Schlangenschwung in den 1960er Jahren bei Georges Joubert. Ab 2000 bei SPORTS eine eigene Art des Carvens.

(Text bei Bettina Feldhaus, Bretter, die die Welt bedeuten. München 2002, Seite 166)

Der „Drehschwung" auch beim Telemark bei Fritz Reuel. In „Neue Möglichkeiten im Skilauf". Stuttgart 1926. Zeichnung Seite 24

267 Theorie des Gegendrehens 1925/1926 J. H. Kuntz (D) „Ich behaupte, daß der Kristiania dadurch zustande kommt, daß der Oberkörper sich in entgegengesetzter Richtung dreht als die Beine und die Bretter. Als Drehachse kann man sich die Wirbelsäule denken. ... Der Körper wird nach der inneren Seite der Kurve geneigt, um die nötige Zentripetalkraft zu schaffen; dann werden die Ski gekantet, um den Fahrer zu ermöglichen, die in seinem Fahrzeug steckende kinetische Energie aufzuzehren durch das den Kristiania charakterisierende Glattfegen des Hanges."	Die prägnante Darlegung dürfte ein für allemal die theoretische Grundlage der gegendrehenden Schwünge geklärt haben. Der Verfasser wird als Ingenieur eingeführt, spielt jedoch in der weiteren Diskussion offensichtlich keine Rolle mehr. (Das Problem der Schwünge. In: Der Winter 1925/1926, Seite 134, Bild ebda.)	
268 Frau und Telemark 1925/26 Fritz Reuel (D) Telemark wird gefahren „in ununterbrochen sicherem erdnahem Sitzen". „Für Fahrerinnen ist diese Laufart in den hohen Geschwindigkeiten besonders vorteilhaft, da sie dabei keine `gewichtigen Angelegenheiten´ rückwärts in der Schwebe zu halten haben wie bei der Sitzhocke, was sie schnell ermüdet und ihre Sicherheit beeinträchtigt."	Der Schwerpunkt bei Frauen wird die skitechnischen Überlegungen bis ins nächste Jahrtausend beschäftigen. Dort wird beispielsweise von der Skiindustrie empfohlen, die Skibindung etwas weiter vorne zu platzieren, weil dies dem Schwerpunkt der Frauen entgegenkommen. (Neue Möglichkeiten im Skilauf. 1929. Seite 193. Zeichnungen von Max Klopp aus Wege der Erziehung zum Skilauf von Max Uhlig. In: Der Winter 1925/1926, Seite 140)	
269 Technik mit dem Eigengewicht 1926 Adolf Zarn und Peter Barblan (CH) Spezielle Merkmale: ▸ Breite Skiführung beim Anfänger, enge beim Könner ▸ ständige zentrale Skibelastung, ob hohe oder tiefe Körperstellung ▸ Beim Kristiania ist der Berg- bzw. Innenski der Führungsski. ▸ Aneinandergefügte Kristianias erreichen nicht „die zirkelgenaue Ausführung wie mit Telemark". ▸ Eigengewicht als zentrale Bewegungssteuerung	„Ein guter Skifahrer, der sein Eigengewicht zu verteilen weiß, nicht mit der Kraft, sondern mit dem instinktiven Fühlen schwingt und die Skiform recht ausnutzen kann, hat beim Schwingen im guten Schnee gar nicht das Empfinden einer Anstrengung, denn sein Eigengewicht ersetzt den größten Teil der Kraftentfaltung, weil er es versteht, sich von der Bewegung tragen zu lassen." Bedauerlich, dass sie an der im Übrigen guten und ausführlichen Besprechung der Ski nicht auf die Taillierung eingehen. (Der Ski-Sport. Seite 31, 34, 57, 74, Bild Seite 73)	Sensationelles Foto eines Paarlaufes, das allerdings nicht kommentiert wird.

270 Grätsch- oder Bauernkristiania - Gerissener Querschwung

1926 Reinhard Dörfer (D)

Bauernkristiania:
- Kaum beschrieben
- Vielleicht ein leichter Scherschwung
- Benützt stark taillierte Ski
- *„Da sich der Körper merklich bogeneinwärts neigt, muss sich das innere Knie besonders stark beugen."*

Hat Dörflers „Bauernkristiania" etwas mit dem BK von 1930 zu tun? Wurden vielleicht alle Techniken, die von den großen Schulen abwichen, auf diese Weise diskriminiert? Liegt hier die erste Form von Pedalieren vor?
Dörfer kennt auch den „gerissenen Querschwung", wie ihn später Alois Kosch genauer beschreiben wird.
(Der Schneelauf in Schule und Verein. Text und Bild Seite 86 f.)

271 Skitechnik fürs Militär – Frauen als Heeresausbilderinne

1926 Hermann Czant (A/H)

Oberst Czant empfiehlt im Rückblick auf den Weltkrieg:

„Ist Zeit (d. h. Jahre) und Geld vorhanden, so bilde man Offiziere und Mannschaft in der norwegischen Skilauftechnik aus. Da aber solche Zeit in keiner Armee genügend vorhanden ist, bilde man in dem Gebiete der Alpen Offizier und Mann nach dem System ‚Alpine Skilauftechnik Zdarskys'." Außerdem *„empfehle ich für den Unterricht in der Skilauftechnik auch die Bücher Luthers und besonders die „Alpine Skilauftechnik" Dr. Erwin Hoferers."*

Leider führt der Chronist des Alpenkrieges für seine Wertungen keine inhaltlichen Gründe an. Warum dauert eine Ausbildung in der norwegischen Technik länger und ist deshalb teurer? Erstaunlich ist die Einschätzung einer längeren Ausbildungszeit nach dem System Bilgeri, das von dessen Schüler und Kollegen Josef Albert als besonders kurz und nur auf 12 Übungen beruhend gelobt wird. - Hochinteressant ist die Herausstellung einer Heeresausbilderin, nachdem andere Quellen immer nur Mathias Zdarsky, Georg Bilgeri und Hannes Schneider erwähnen.
(Alpinismus und Gebirgsfronten. Text Seite 324, Bild Seite 47)

Bildtext: „Annie Beyer bildete viele Zivil- und Militärskifahrer aus, (so auch in Kursen des Verfassers), die in den Gebirgsfronten vorzügliche Dienste leisteten."

272 Stockloses Fahren - Oder?

1926 Arnold Lunn (E) -Max D. Amstutz (CH)

Wendet sich gegen Zdarskys Lilienfelder Fahrtechnik mit einem Stock und urteilt, diese habe „schon viele Leute irregeführt".
(Arno Klien, „Franz Reisch", Seite 269)

Dem steht der Bericht und Bildmaterial von Max D. Amstutz entgegen, dass Arnold Lunn gerne den Zdarsky-Stock benutzte, aber auch wie auf dem Foto mit zwei Stöcken fuhr.

Arno Klien gibt aus seinen Quellen (W. G. Young, „Die Schule der Berge." Leipzig 1926, Seite 269.) den Hinweis, dass dieser Pionier und Reiseunternehmer noch immer die traditionelle norwegische Fahrweise ohne Stöcke propagiert.
Die entgegenstehenden Materialien von Max D. Amstutz lassen dagegen den Schluss zu, dass Arnold Lunn entweder alle Möglichkeiten nutzte oder dass er die Entwicklung vom stockfreien Fahren über den Zdarsky-Stock zur Benutzung von zwei Stöcken durchlief. Dieses Problem sollte noch genauer verfolgt werden.
(Bild aus „Die Anfänge des alpinen Rennsports". Seite 67)

Arnold Lunn

273 Hermann Hesse fährt Telemark

1926 Elisabeth Mann-Borgese (D)

„Ich sehe ihn noch vor mir, seine magere Gestalt in seinem dunkelblauen Skianzug mit den norwegischen Wickelgamaschen auf seinen sehr langen Skiern, wie er in eleganten Telemark-Serpentinen durch den frischen Tiefschnee die steilen Hänge hinunterglitt."

Die Tochter von Thomas Mann erzählt, wie sie mit Hermann Hesse, von dem sie nicht wusste, dass er ein passionierter Skifahrer war, in St. Moritz zum Skilaufen ging. Hermann Hesse schildert übrigens selbst seine Skifahrkünste bei seinen Urlauben in Arosa.

(Zu finden in „Christian Weber, Ski fahren." Seite 109, Bild aus der Titelseite des Buches)

274 Attacke gegen die Norweger, Vergleich mit Zdarsky

1926/1929 Fritz Reuel (D)

Er setzt sich ab,
„von dem einseitigen Vor- bzw. Zurückdrehen der jeweils schwungführenden Schulter beim Telemark und Kristiania, das dem Norweger seit Vaters Zeiten und mit ihm der ganzen skifahrenden Welt zur Gewohnheit geworden ist, weil es letzthin auf Vernachlässigung der schwächer entwickelten Körperhälfte infolge von Gedankenlosigkeit, Bequemlichkeit und Überlieferung zurückgeht."

„Ich decke die bestehenden Mängel des traditionellen norwegischen Stils ebenso schonungslos auf, wie ich überstiegene Ansprüche der Stemm-Technik um so entschiedener zurückweise."

So direkt hat noch kein Verfasser und keine Schule gegen die Norweger polemisiert.
Von Zdarsky, der ja auch eine Wendung in den Schwung hinein durch das Umsetzen seines Stockes macht, meint er, das genüge nicht. Er selbst mache das konsequent und ganz.

(Neue Möglichkeiten im Skilauf. Texte Seite 53 und 10. Bild und Bilderläuterung Seite 29)

Bildkommentar:
„Kristiania, unsymmetrisch und unrythmisch, daher falsch."

275 Kristiania als Drehschwung - tangentiale Wendung und Schwunganschmiegung

1926/1929 Fritz Reuel (D)

Prinzip
Verwindung oder Schraubung als Umarmung eines imaginären talseitigen Kegelmantels:

„Symmetrische Verwindung des Schultergürtels um die Körperlängsachse, Tangentiallage des Oberkörpers im Schwungbogen und organische Einheitlichkeit der Bewegung von Körperhälfte und Ski, mit einem Wort: vermittelst allseits gesteigerter Rhythmik und Symmetrie."

(Neue Möglichkeiten im Skilauf. Seite 53, Zeichnung Seite 29 und 24)

Fritz Reuel wollte die Skitechnik weitgehend von der Eislauftechnik her begründen. Prägend für seinen Schwung ist das tangentiale Anschmiegen von Schulterachse und von Ski an den Schwungmittelpunkt.
Die Theorie Reuels und vielleicht auch sein überragendes Können waren offensichtlich so provozierend, dass man ihm beim DSV bis zu einer richterlichen Erzwingung die Zulassung zur Lehrwarteprüfung verweigerte.
Fritz Reuel wird in der allgemeinen Wahrnehmung nur als Pionier oder Vater des Trickskilaufes genannt. Als bedeutender aber kann man die Hineinwendung in den Schwung und seine „Schwunganschmiegung" als Technik heutiger Snowboarder sehen.

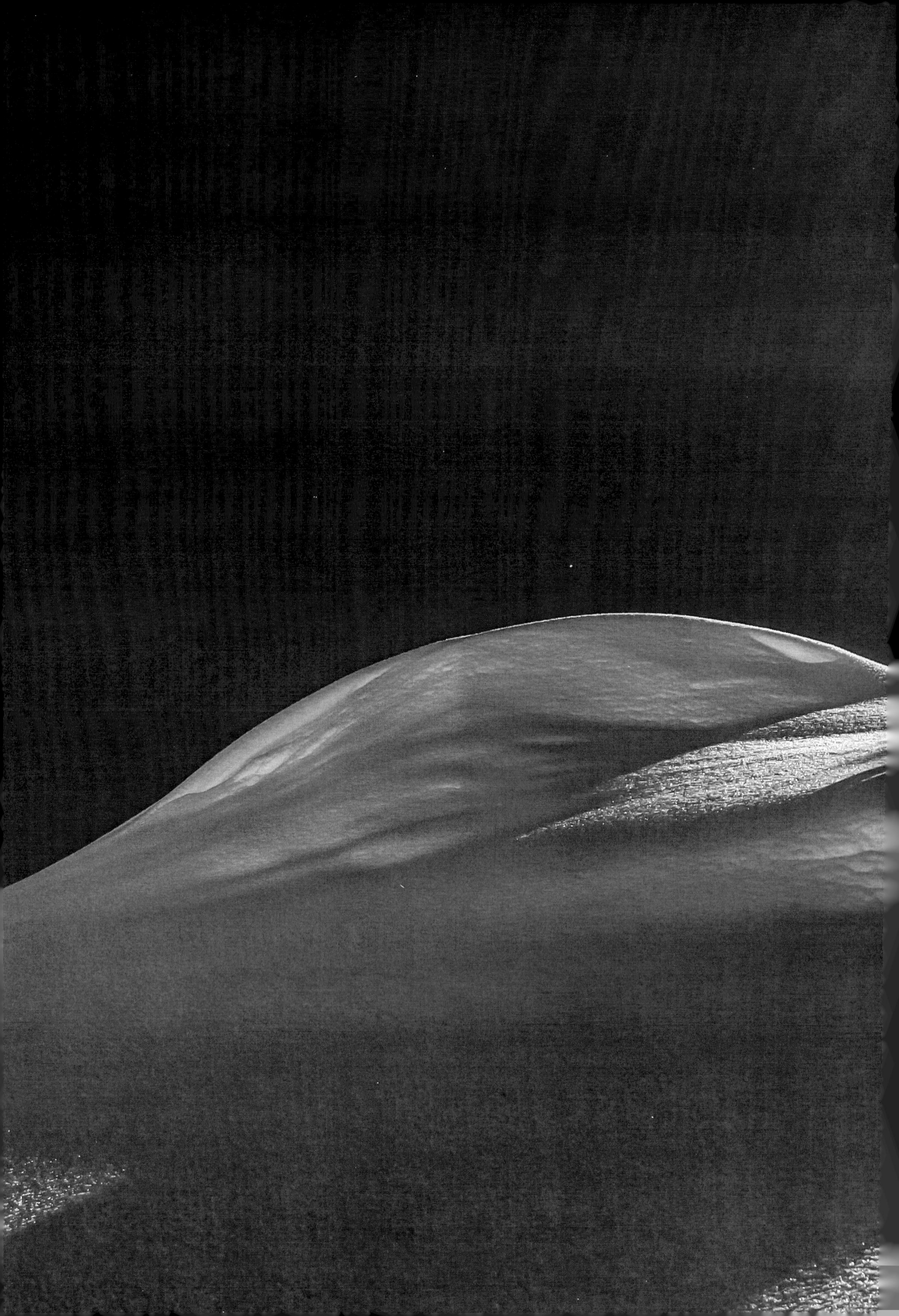

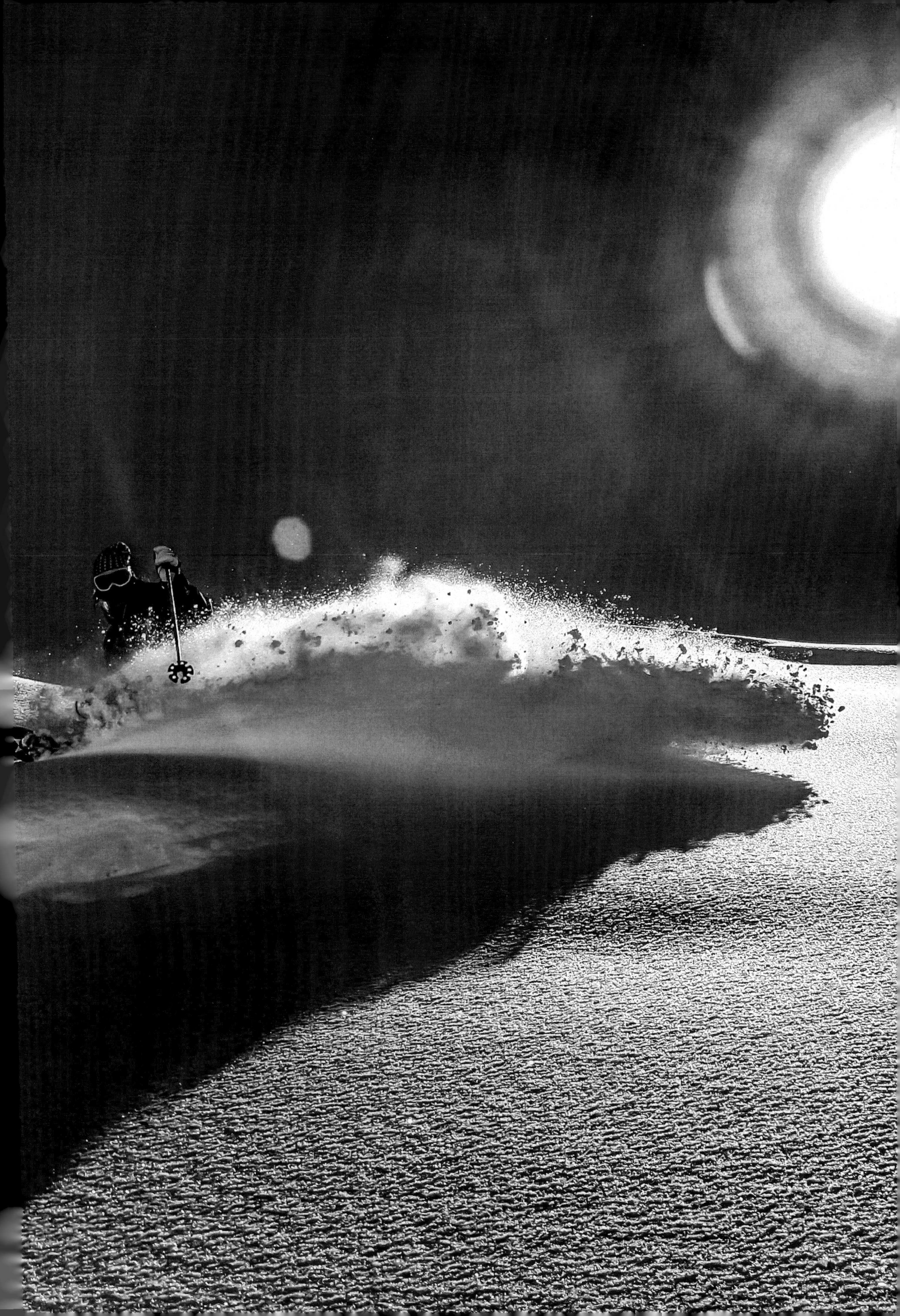

276 Reuels unüberbietbare Attribute für eine Technik

1926/1929 Fritz Reuel (D)

- „Ich übergebe nun diese Denkschrift zum Nutzen und Frommen des Skilaufs der Öffentlichkeit als das `Neue Testament des Schwunglaufs` für jeden vorurteilslosen Skiläufer."
- „Allenthalben, im schweren wie im leichten Gelände sieht man zu viel überwiegende, kraftvergeudende Beinarbeit. ... Es ist die `unverzeihliche Sünde wider den heiligen Geist jeden Sports.`"
- „Aus den `Neuen Möglichkeiten` werden eines Tages `Neue Wirklichkeiten` für jedermann werden."
- Wesentlich sei „eine feste und sichere Ruhelage am Bogen vom Naturgesetz garantiert."

Schließlich gehe es um einen dreidimensionalen Neigungsskilauf statt um Horizontal- und Verwindungsskilauf.

Reuels großangelegte theoretische Begründungen seiner Skitechnik sind unüberbietbar. Überdies greift er zum fundamentalen und religiösen Vokabular. Er ist auch überzeugt, daß sich die gesamte Skiwelt eines Tages seiner Sicht der Sache anschließen wird. Dabei ist kaum bekannt, wie groß der Kreis war, der sich seiner Technik - abgesehen von seinem Drehumschwung mit hoch in der Luft geführten Außenski - angeschlossen hatte. Allerdings kann er mit seinem Drehschwung ins Schwungzentrum hinein nicht nur für die Artisten, sondern auch für die Snowboarder als Vorläufer gesehen werden, vergleichbar auch Mathias Zdarsky mit seinem Stabwechsel in den neuen Schwung hinein.

(Neue Möglichkeiten im Skilauf. Texte Seite 53, 68, 53, 35. Bild des Außentitels des Buches)

Die tangentiale, skiparallele Verwindung war sein „Neues Testament des Schwunglaufs".

277 Neue Telemarkschwünge - u. a. eine Empfehlung für Frauen

1926/1929 Fritz Reuel (D)

Neue Möglichkeiten in der Telemarktechnik:

- Telemark-Kauertechnik
  „In ununterbrochen sicherem, erdnahem Sitzen die Fahrtrichtung auch in großen Geschwindigkeiten bestimmen, ändern, exakt Bogenfahren und -lenken und sogar -schwingen können."
  (Seite 178 - 182, hier 193 u. a.:
- Telemarkhocktechnik
  In der Sitzhocke „für weite glatte Hänge. dort wird sie zum weitaus schnellsten Fahrmittel, das die Schwungtechnik bis heute kennt."
  (Seite 175-178, 194 u. a.)
- Hocktelemark-Kristiania
  Ein Zwitter, ein Schwung mit weit vorgestelltem Innenski
- Telemark-Bogen
- Telemark-Skiwalzer
  Kombination von Schwung abwärts, einem Dreher und wieder Schwung herunter.
  (Seite 156 – 16)

„Sitzhocke, ermüdend für Fahrerinnen und unschön – zumal bei gespreizter Fahrstellung"
(Seite 190)

„Telemarkhocke mit bequemem Sitz für lange Fahrt"
(Seite 191)

Der Telemark gehört nach Reuel „zu den schwierigen Schwüngen."
(Seite 163)

Aber er bringt sein Prinzip der Körperdrehung auch in den Telemark ein und setzt sich in dieser Zeit, als schon die Ablehnung bei den Arlbergern einsetzte, wie kein anderer mit dieser Technik auseinander.
(Seite 166, 189 - 190 u.a.)

Texte und Zeichnungen in „Neue Möglichkeiten im Skilauf"

278 Telemarkhocke im Schuss **1926/1929 Fritz Reuel (D)** Merkmale: ▸ sehr tiefe Position ▸ großer Schritt ▸ enge Fahrstellung ▸ mit oder ohne Stöcke ▸ Frauen empfiehlt Reuel den Kauertelemark".	Die Ausfallstellung wurde auch als eine Grundposition für die Schussfahrt und als Position in vielen Varianten für den Telemark empfohlen und praktiziert. Reuel propagierte in seiner Erfinderlust sogar einen „Hocktelemark-Kristiania". In der Sitzhocke sah er dagegen nur Nachteile. (Neue Möglichkeiten im Skilauf. Seite 170)	 (Das Skilaufen als Sport und Verkehrsmittel. Seite 41 f.)
279 „Drehumschwung" - „Reuelschwung" **1926/1929 Fritz Reuel (D)** Einbeinschwung als Reuelschwung schlechthin: ▸ Anheben und Vorschwingen des Außenski Daneben auch: ▸ Drehumschwung rückwärts ▸ Schlittschuhschritt rückwärts ▸ viele Telemarkvarianten wie den ▸ Telemarkwalzer ▸ und weitere	Dr. Fritz Reuel war vom Eislauf geprägt. Vor allem durch seinen breit propagierten Innenskischwung mit angehobenem Außenbein wurde er später - auch als Vater des Trickskilaufs angesehen, obwohl er selbst seine Fahrweise nicht so empfand. Einbeinschwünge zu dieser Zeit praktizierten auch schon andere wie Kurt Endler (D). (Siehe C. J. Luther u. a. 1925) Auch bei H. Sillig findet man schon eine Liste akrobatischer Schwünge. Die Amerikaner machten in den 1960er Jahren aus dem Reuelschwung einen Royalschwung. (Neue Möglichkeiten im Skilauf. Seite 113 f. Bild zum Innentitel)	
280 Schuss in Schrittstellung oder Spitzen auf gleicher Höhe - Frauentechnik **1926 Rudolf Katscher (A)** Neben niedriger oder hoher Fahrstellung sieht Katscher die Skiführung als den zweiten Hauptunterschied zwischen Norwegern und Arlbergern. Norweger in Schrittstellung, dagegen bei den Arlbergern Spitzen auf gleicher Höhe. Ihr Vorteil: „Laufen auf beiden Ski". Skitechnisch kennt der Briefeschreiber für seine Freundin keinerlei Grenzen, alle Sprünge eingeschlossen.	Das originelle Buchkonzept in der Form von Briefen an eine Freundin, das später Henry Hoek aufgreifen wird, gibt trotz seiner belletristischen Form in Vergleichen den Stand der Entwicklung wieder. Auch charakteristische Sicht der Skitechnik: die häufige Anrede mit „teure Skikünstlerin". Originell auch die Einteilung der Fortschrittniveaus in Elementarschule, Gymnasium und Hochschule. (Texte aus: Skilehrbriefe an Sie. Seite 8 f., Titelbild des Buches)	

281 Hohes Lied des Telemarks **1926 Rudolf Katscher (A)** ▸ Betont im Gegensatz zu allen anderen Anweisungen, dass der vordere Ski erst weggestemmt und dann erst belastet werden soll. ▸ „Ja, der Telemark ist tatsächlich durch seine leichte Ausführbarkeit der Schwung der mittelmäßigen Fahrer und hat, weil er <eleganter> (aber nicht praktischer) als der <Christiania> ist, eine allgemeine Beliebtheit."	*„Hast Du nicht immer mit blassem Neid beobachtet, wie ein Skiläufer aus flotter Fahrt plötzlich ein Bein vorgestreckt hat und darauf sofort, pulver- schneeaufwirbelnd, stehen geblieben ist? Das hat unsagbar kühn und schneidig ausgesehen und du hast dich gleich in ihn verliebt, als er Dir sagte, das sei der Telemarkschwung."* Hier wird offensichtlich zum letzten Mal von einem der „Arlberger" vor dem „Telemarkverbot" dieser Schwung gelobt, ja gefeiert.	*„Telemark! Telemark! Was für eine wunderbare Musik liegt in diesem Wort; stolzes Skilatein des perfekten Läufers und Traum der schlaflosen Nächte des Anfängers, der sich nichts sehnlicher wünscht, als auf der Skiwiese vor einer Schar andächtig zusehender Mägdlein aus rascher Fahrt mit dem Telemark <abzuschwingen>."* (Skilehrbriefe an Sie. Texte wie oben Seite 39 und wie zuvor Seite 43)
282 Aktives Stürzen – „kaltblütige" Aufstehtechnik - auch für Frauen gedacht **1926 Rudolf Katscher (A)** In seinen „Skilehrbriefen an Sie": *„Das Geheimnis besteht darin, daß man, wenn man spürt, daß man stürzt, sich womöglich rücklings auf die Seite wirft, und dabei, alle Glieder locker lassend, sich zusammenkauert. Dann werden Muskel- und Sehnenzerrungen nicht vorkommen und die ganze Sache ist ein harmloser Plumps in den Schnee."*	*„Um nun richtig aufstehen zu können, musst Du Dich nun solange kaltblütig im Schnee herumwälzen, bis die Füße mit den Skiern tiefer als der Körper liegen."* Rudolf Katscher hat eine sehr originelle Sicht von Stürzen und Aufstehen und ist einer der frühen Autoren, die sich mit dem Thema befassen. (Skilehrbriefe an Sie. Texte Seite 10.)	
283 Elemente und Strukturen für Bögen und Schwünge **1926 Max Uhlig (D)** Allgemeiner Diskussionsstand von Skistellungen und Skiführungen: ▸ tiefe (Hannes Schneider) oder höhere Fahrposition ▸ Entlastungen (C.J. Luther) ▸ Belastungen (Arnold Fanck, Hannes Schneider) ▸ Außen- oder Innenski- belastungen ▸ Hinein- oder Gegendrehen ▸ Sich Vor- und Zurücklegen	Skistellung und Skiführung sind weitgehend abgeklärt. Der reine Parallelschwung ist endlich akzeptiert. Auch die schwunghafte Bewegung wie bei Reuel wird Allgemeingut. Die Frage, ob Außen- oder Innenskibelastung, ist noch offen. Dazu gibt es auch noch sehr spezielle Auffassungen wie z.B. von Max Uhlig: Beim Schwingen bergwärts wird der Bergski – also Innenski – belastet, beim Schwingen vom Hang dagegen der Außenski. (Erziehung zum Schwingen. In: Der Winter 1925/26, Seite 140 – 143. Dort auch Zeichnung Carl Kochs Seite 223)	

284 „Vom Umfallen und Aufstehen" **1926 J. Allemann (CH)** ▶ Ski unter dem Körper hervor ▶ Ev. sich umwälzen ▶ Ev. Ski in die Höhe strecken ▶ Schneeschuhe talwärts „placieren" ▶ Stock benützen, „sofern man ihn noch zur Hand hat." ▶ „in verzwickten Lagen" die Schneeschuhe abschnallen	Vermutlich bietet J. Allemann eine der ersten ausführlichen Anleitung zum Aufstehen. (Der Schneeschuhlauf. Seite 53 f.)	
285 Schussfahren situativ – Schwingen mit „gebogenen Grundkanten" **1926 J. Allemann (CH)** ▶ Rückwärts neigen in Mulde oder vor verharschtem Schneefeld ▶ Körper nach vorn neigen bei plötzlich steilerem Gelände oder beim Einfahren in besserem Schnee ▶ Schrittstellung vergrößern bei kleineren Hindernissen ▶ Größere Sicherheit durch Kauerstellung	Was viele Jahrzehnte später Skilehrer ihren Schülern sagen werden, hat Allemann schon gut zusammengefasst. Der Verfasser findet auch eine neuartige Formulierung für die Taillierung, wenn er von der „Wirkung der gebogenen Grundkanten" spricht. Ausgewogene Beurteilung von Telemark und Christiania (Seite 69) - Beachtenswert der schöne Untertitel seines Buches: „Der Schneeschuhlauf. Der Schneeschuh, seine Kunst und seine Freuden". (Der Schneeschuhlauf. Seite 12, 61 – 65)	*„Die Form der Spitze mit der Verbreiterung an der Stelle der Aufbiegung wurde in jahrzehntelanger Erfahrung gefunden; dabei werden bestimmend die Wirkung der gebogenen Grundkanten bei der Ausführung der Bogen und Schwünge sowie die Tatsache, daß mit dieser Form am leichtesten und mühelosesten eine Spur gebahnt werden kann."*
286 Gegendrehen des Oberkörpers – mit Kopfdrehung **1926 I. G. Kuntz** „Ich behaupte, daß der Kristiania dadurch zustande kommt, daß der Oberkörper sich in entgegengesetzter Richtung dreht als die Beine und die Bretter. Als Drehachse kann man sich die Wirbelsäule denken."	Eine frühe Erklärung zur Technik des Gegendrehens. Bemerkenswert ist im Text wie Bild die vorausgehende Kopfdrehung. Damit nimmt I. G. Kuntz auch ein Element in seine Schwungtechnik herein, das erst heute wieder aufgegriffen wird und Bedeutung bekommt.. (Das Problem der Schwünge. Seite 134)	*„Nach Ausführung eines Rechtskristiania ist das Gesicht talwärts gerichtet, der linke Arm und Stock rückwärts, der rechte Arm vorne."*
287 Gründung der DAKS-Kurse **1927 Hannes Schneider und Rudolf Gomperz (A)** Die „Deutschen Arlberg Kurse Schneider", als Angebot von Skikurs und Vollpension brachte bis 1932, bis zur deutschen Devisensperre, 5000 Skischüler nach St. Anton.	Die Skischule genoss in diesen Jahren bereits den Ruf, dass man rasch lerne, kaum stürze und flott fahre. Es begann die Blütezeit, in der viele Anhänger von Mathias Zdarsky und Georg Bilgeri zu Hannes Schneider überliefen. (11 Jahre später werden solche Wanderungen von Hannes Schneider zu Fritz Hoschek berichtet.)	

288 Abfahrt poetisch **1927 Henry Hoek (CH/D/CH)** „Und ich schrieb meiner liebsten Freundin: Ich stand auf einem hohen weißen Berge. Ich war bei der Sonne zu Gast. Ich reckte meinen Leib und meine Seele hinauf zum unermeßlichen Himmel, und ich flog mit meinem Denken und mit meinem Fühlen Körper voraus über endlose Hänge und hinab ins Tal."	Henry Hoeks Bücher sind voll von poetischen Texten und metaphorischen Bildern. Ich habe diesen Text auch ausgewählt für das Buch „Skifahren: Der weiße Schnee kann zaubern." (2019) (Schnee, Sonne und Ski.) Leipzig 1927, Seite 163	
289 Gleiten und Schwingen „von innen heraus" **1927 Henry Hoek (NL/D/CH)** Nach Lernen und Training: „Nun sind wir endlich so weit, daß der Skilauf uns eine selbstverständliche, eine natürliche Bewegung ist: daß wir mit Skiern steigen und schwingen so ‚von innen heraus', wie wir gewohnt sind die Füße auf aperem Boden zu setzen. Wir lernten, daß es keine bessere, keine schönere Art des Fortbewegens gibt, als mit langen Hölzern leise zu gleiten, daß es keine ‚reinere' Art der Bewegung gibt."	Auch wenn für uns die Zivilisations- und Kulturdeutungen dieses bedeutenden Skischriftstellers manchmal nicht leicht nachvollziehbar sind, so müssen wir doch zur Kenntnis nehmen, wie hoch er und offensichtlich viele seiner Zeitgenossen das Skifahren konkretisiert im Gleiten und Schwingen einschätzen. (Schnee, Sonne und Ski. Text Seite 147, Bild Seite 161)	
290 „Vom Übermut der Schwünge" **1927 Henry Hoek (NL/D/CH)** „Ihm (einen Schüler, den er traf) sprach ich von pfeifenden Schußfahrten im surrenden, raschelnden Frühlingsschnee, vom Übermut der Schwünge am steilen Schattenhang, von der seligen Betäubung des Sonnenbades auf warmen goldbraunen Fels."	Der Skischriftsteller und Verfasser vieler Lehrbücher findet in seinem Enthusiasmus Ausdrücke, die uns auch noch heute berühren. Neben dem Pfeifen Surren und Rascheln des Schnees dürfte vor allem der „Übermut der Schwünge" Erinnerungen lebendig werden lassen. (Schnee, Sonne und Ski. Text Seite 162, Bildausschnitt aus dem Außentitel)	
291 Belasten wann und wie, Innenski - Außenski **1927 Helmut Kost (D)** Belastung auf Außenski: ▸ Telemark, Schneepflugbogen, Stemmbogen ▸ Belastung auf Innenski: alle Christianiabögen wie gerissener Christiana und Scherenbogen	Die kurzgefassten prinzipiellen Darlegungen des Verfassers (hier wie im folgenden Segment) sind vielen Erkenntnissen und Publikationen seiner Zeit voraus. Kost dürfte damals als Mitarbeiter an dem Standardwerk von Edmund Neuendorff hohe Kompetenz zugebilligt worden sein. (Bilder und Texte hier und im folgenden Segment aus „Wintersport". Seite 595, Scherenbogen Seite 601)	

292 Bögen durch Taillierung und Belastung vorne-hinten

1927 Helmut Kost (D)

„Richtungsänderungen sind stets ein Produkt von Gewichtsverlagerung und Einsetzung von Widerstand."
„Daß der Bogen überhaupt zustande kommt durch Kantenbelastung, erklärt sich erstlich aus dem Bau des Telemark-Ski, der mit seiner Verbreiterung an der Spitze und am Ende, und seiner Verjüngung in der Mitte, kantenseitig einen Ausschnitt aus einem Kreis mit sehr großem Radius bildet, und schon deshalb auf die Kante gestellt die Neigung hat, im Kreis zu laufen."

„Kommt nun noch hinzu eine wohlbedachte Verteilung der Körperlast auf den Hölzern, also etwa die allmähliche Verlegung der Körperlast auf den hinteren Teil der Innenkante des weggestemmten bogenäußeren Skis oder auf den hinteren Teil der Außenkante des bogeninneren Skis, so wirkt sich der Widerstand des Schnees auf die unbelasteten Spitzen ergiebiger aus als auf die belasteten Enden; die Spitzen werden angehalten, während die Enden noch weiter rutschen; wodurch der Bogen zustande kommt."

(Wintersport. In: Die deutschen Leibesübungen, hrsg. von Edmund Neuendorff 1927, Seite 595, oben Seite 594)
Gerissener Christiania Seite 592:

Hier scheint die erste Bilddokumentation einer Schneeberührung mit der Innenhand vorzuliegen. Außerdem ein „hanging off" des Innenknie wie beim Motorradfahren. Das Bild könnte auch in einem modernen Carvingbuch veröffentlicht werden.

293 Telemark nur Abart des Stemmbogens

1927 Helmut Kost (D)

Er schreibt zu den „gestemmten Bögen, ebenso wie der sogenannte Telemark- schwung, der ja nur eine Abart des Stemmbogens ist - nämlich ein Stemmbogen in Ausfallstellung".

Eine Darlegung in einem so renommierten Handbuch dürfte über viele Jahre Auswirkungen gehabt haben. Hier wird jedenfalls bereits der „Verfall" des Telemarks bereits sichtbar. In den folgenden Jahren kam es dann zur Verbannung des Telemarks aus der Arlbergtechnik. Vgl. dazu die späteren Ausführungen von Josef Dahinden.

Bild „Telemarkübung"
in „Der Winter" 1927/1928, Seite 196.
(Wintersport. In: Die deutschen Leibesübungen". Hrsg. von Edmund Neuendorff 1927, Seite 595)

294 Steilhangtechnik – erste Umsteigetechnik
(Auch Zillertaler Technik genannt.)

1927 Lothar Gfrörer (A)

Die Technik:
- Alle Schwungelemente intensivieren, um die Falllinie schnell zu überqueren
- Zunächst das Außenbein heben
- Hinaussteigen und dann das Gewicht völlig auf den Außenski geben
- Damit die Schwerkraft nutzen
- Stockeinsatz für zentralen Drehpunkt

Eine sensationelle Technik: reines Umsteigen und zu Schwungbeginn reine Innenskibelastung. Das Skiheben steht gegen die Auffassung von Hannes Schneider.

Wunderbare Formulierung:
„Beherrschung der Ski zu fließender, zügiger Abfahrt in Bögen, Schwüngen und Kehrsprüngen im Steilgelände und zwar derart, daß man sich korkzieherartig in Schlangenlinien hinunterschraubt und Richtungsänderungen auf geringstem Raum rasch und sicher durchführt."

„Stockausfallschwung" am Steilhang
(Steilhangtechnik. Seite 209

295 Militärskilauf Schweiz - Seit- und Drehschritte + Stemmen + Stockarbeit

1927 Adolf Blab (CH)

„Ich bin der Auffassung, dass Hilfen für Telemark, Kristiania und Quersprung überhaupt nicht in ein Militärreglement hineingehören; das sind Künsteleien, die mit dem Militärskifahren nur sehr losen Zusammenhang haben."
„Mit schwerem Sack und Gewehr auf dem Buckel hören die Flausen von ´Stockreiterei´ auf."

Der Verfasser eines früheren Lehrbuches empfiehlt für das Militär außerdem „kleinere" Ski und stellt von Techniken in den Mittelpunkt:

- Seitschritte
- Drehschritte
- Stemmfahren
- Stemmbogen
- Stemmhalt
- Stemmkristiania
- intensive Stützhilfe durch den Stock
- Ablehnung aller gesprungenen Richtungsänderungen

(Skifahren im Militär. Seite 26 - 28, Bild Seite 32a)

296 Zeitanalyse „Moderne Skilauf-Technik"

1927 Carl J. Luther (D)

Die moderne Skitechnik ist „nichts anderes als Schwer- geländetechnik" und Zusammen- fassung der Hilfen, die Schnelligkeit, Sicherheit und Sturzvermeidung verbürgen.

- Quersprung
- Geländesprung
- Stemmbogen
- Stemm-Kristiania
- Reiner Kristiania mit Mehrbelastung des Berg- bzw. des bogeninneren Ski
- Telemark (mit Vorbehalten)
- Drehumschwung nach Reuel

(Texte und Bild in: „Moderne Skilauf-Technik". In: „Der Tag" vom 18. Dez. 1927, 1. Beiblatt)

„Seit wir den Skilauf kennen, ist die Skitechnik stets im Fluß gewesen, und auch heute können wir keinen bestimmten Abschluß festlegen."
„Die Zurücksetzung des Telemarkschwunges und Telemarkbogens durch die Arlbergschule ... besteht nur bedingt zurecht."

Der groß aufgemachte Artikel in „Der Tag" enthält vier aufschlussreiche Aussagen:

- zur Offenheit der Entwicklung
- zur Berg- und Innenskibelastung
- zur Telemarkablehnung
- zur Technik Reuels

Zu letzterer meint Luther, man habe Reuel gerade zum DSV eingeladen und warte gespannt auf die Vorführung. Interessant der Begriff „Schwergeländetechnik".

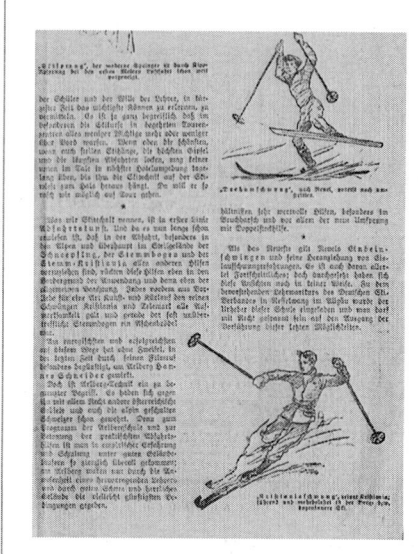

„Kristianiaschwung", reiner Kristiania; führend und mehrbelastet ist der Berg- bzw. bogeninnere Ski.

297 Hommage des Skilaufs

1928 Tenner und Eitel (D)

Beispiele:
„Von seinen Anhängern wird der Skilauf als der feinste, als königlicher Sport gepriesen ... Tausende und Tausende erleben im Flachlauf und Aufstieg, im zischenden Bergabwärtsgleiten höchstes Menschenglück.»
„Besonders der gut und sicher ausgeführte Telemark ist das Entzücken jedes Menschen, der Sinn für die feine Linie des lebendigen schwingenden Körpers hat."

Wir finden beim Vorsitzenden Tenner und dem obersten Lehrwart Eitel des Deutschen Skiverbandes eine Hommage, die vom Enthusiasmus der Zeit und deren Sprache geprägt ist, so wie sie bis zum Weltkrieg 1939/45 in der Skiliteratur immer wieder zu finden sind.
Die Illustration des Buches ist karg. Dennoch verdient das Telemarkbild mit Schattenwurf Beachtung.

(Der Skilauf. In: Stadion. Sport und Turnen, Gymnastik und Spiel. Seite 287 und 295, Bild Seite 288)

298 „Bewegungen gleichartig dem anmutigen Linienspiel"

1928 Josef Dahinden (CH)

„Anders (als beim Rennfahrer) der Kunstfahrer. Bei ihm wird der primitive Zielgedanke sublimiert, und an Stelle der abgemessenen Rennstrecke sieht er die erhabene Formen- und Linienschönheit des winterlichen Geländes vor sich. In der Gestaltung der Winterlandschaft ... erkennt er das Gesetz der Schule und die erzieherische Bedeutung seines Sportes. Und er stellt sich in erster Linie die Aufgabe, seine Bewegungen gleichartig dem anmutigen Linienspiel der winterlichen Hänge zu gestalten und damit eine harmonische Einheit zwischen Fahrer und Winterlandschaft herzustellen. Das Schul- oder Stilfahren führt von Grund auf in das Wesen, die Eigenheit des Ski ein."

(Josef Dahinden, Skisport und Körperkultur. In: Der Bergsteiger. Jg. 6, Wien 1928, Seite 394, Bild ebenda)

Die Zielvorstellungen Renn- oder Schulskilauf werden von nun an immer öfter zur Diskussion gestellt. Als ähnlich konträre Zielvorgaben werden bald Diskussionspaare wie Zweck- und Sportskilauf gelten. Auch Schul- und Brauchform melden sich bald an. Spielerische Techniken werden sich mit ernsthaften Techniken duellieren. Etwas später wird die Diskussion um Komfort- und Schontechniken einsetzten. Ihr wird die Auseinandersetzung über Drift- und geschnittene Techniken folgen.

Die Carvingtechnik schließlich wird sich in Nachahmung der Renntechnik in SL- oder RS- Techniken ausdifferenzieren. Auch wird es dann klassische Techniken in ihrer Urgestalt oder modernisiert und aufgepäppelt mit dem Flex-Rebound-Prinzip geben. Schließlich wird es ein breites Technikangebot geben, das sich an den Motiven, Ambitionen und Voraussetzungen der Schüler orientiert.

Ganz zu schweigen von den Angeboten für den Pisten- und den Variantenskilauf oder wie es die Schweizer auf breiter Front praktizieren werden, zwischen dem einfachen Carvingskilauf auf der Piste und den vielen Tricksen im Tiefschnee oder auch auf der Piste.

299 Gesetze der Variation

1928 Arnold Fanck, Hannes Schneider (D/A)

- Tempo
- Steilheit des Hanges und
- Schneebeschaffenheit

verlangen eine ständige Veränderung bzw. Anpassung der Fahrtechnik.

Mit dieser Feststellung begann die durch alle folgende Zeit währende Debatte, ob es besser wäre, die eine Technik als Grundtechnik nach der Situation zu variieren oder eben bei stärkerer Veränderung der veränderten Technik einen besonderen Namen zu geben. Nach ihrem Stammbaum der Technik (Seite 112) und nach der Aufführung verschiedener Techniken mit eigenem Namen haben sich die Autoren für die zweite Lösung entschieden. Im zeitlichen Gegensatz dazu stand die Bilgeri-Schule.

300 Scheren-Querschwung

1928 Zeitschrift „Der Winter"

Die Darstellung zeigt:
- weit geöffnete Schere
- volle Innenskibelastung
- Gegendrehung des Körpers
- Balancierende Armführung

Die souverän wirkende Demonstration lässt – vielleicht auch wie der Name selbst - vermuten, dass der Scheren-Querschwung als Halteschwung gedacht ist.

(Bild in: Der Winter. 1928/29, Seite 7)

301 „Lehrgerüstbogen" **1928 Carl. J. Luther (D)** Ein Schrittbogen: ▸ Auswinkeln des jeweils bogenäußeren Ski ▸ 3 – 8 Schritte für einen Bogen ▸ dabei Hüfte, Schulter und Kopf „rückwärts bogeneinwärts gedreht"	CIL leitet seine Namensgebung vom Lehrgerüst des Maurers für einen Torbogen ab. Den gleichen Bewegungsvorgang findet er auch beim Gehen eines Bogens bergwärts. Außerdem meint der Verfasser und Erfinder, könnte man danach auch einen „Ski-Charleston" schaffen. (Vergleiche dazu den Charleston in den deutschen Skilehrplänen der 1970er Jahre) (Text und Bild in: Der Winter 1928/29, Seite 56 - 58)	„Belastete Skier schwarz, zum Schritt gehobene Skier weiß"
302 Ausholschwung **1928/29 Carl J. Luther (D)** *„Körperschwung Einleitung zu einem Bogen: Dieselbe besteht darin, daß ich die betreffende Wendung (Telemark, Kristiania, Schlittschuhbogen usw.) mit einer mehr oder minder starken Drehung des Oberkörpers in der Hüfte und den Schultern (nicht dem Kopfe!) nach der der Wendungsrichtung entgegengesetzten Seite beginne, also, daß ich aushole. ... Durch die dann erfolgende mehr oder minder energische Wiederausdrehung wird die drehende Kraft der Wendung vermehrt und der Bogen beschleunigt und verkürzt."*	Das Ausholen erlaubt eine anhaltende und intensive Rotation. Diese ist bei den damals noch sehr langen Ski und fast immer unpräparierten Pisten auch meist angebracht. (Text von CIL in Der Winter 1928/29, Seite 58)	
303 „Gleitschreiten" in der Abfahrt – auch einbeiniges Fahren **1928/29 Carl. J. Luther (D)** *„Schritte als regelrechtes, abwechselndes und weites Gleitschreiten während der Abfahrt":* ▸ Hilfe beim Start mit „steigwachsverschmierten" Ski ▸ Erhöhung der Standsicherheit ▸ Mehr Balancegefühl ▸ Vorbereitung auf Telemark ▸ Gegen „Standverkrampfung und Steifheit" ▸ Zur Beschleunigung	Im Übrigen plädiert hier der Autor werbend für eine „gelaufene und einbeinige" Abfahrt, was in Lehrbüchern nur flüchtig behandelt werde. (Der Winter 1928/29. Text Seite 74, Bild Seite 58)	

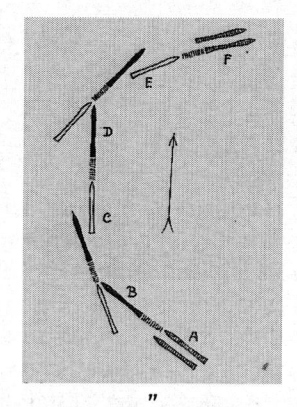

304 Die charakterlichen Grundlagen

1928 M. Baganz (D)

„Die charakterologischen Eigenschaften nun, die der Skiläufer unbedingt und in einem möglichst hohen Grade besitzen muß, sind die folgenden: Entschlußfähigkeit bis zur Wage- und Abenteuerlust, Mut und Schneid, dabei Ruhe, Besonnenheit und Unerschrockenheit unter kritischen Verhältnissen, ferner Zähigkeit und Ausdauer, Willensstärke und Selbstbe- herrschung gegenüber körperlichen Forderungen, vor allem der Ermüdung, endlich die sozialen Tugenden der Kameradschaft und Hilfsbereitschaft."

In der Literatur der frühen Jahrzehnte des 19. Jahrhunderts finden sich immer wieder Hinweise auf die charakterliche Anforderung für den Skiläufer und das Skifahren allgemein. Das nüchterne Denken der letzten 60/70 Jahre zieht sich mehr auf Beschreibungen der Bewegungs- lehre und auf biomechanische Betrachtungen zurück.
M. Baganz baut im Übrigen eine Zeichnung von Toni Schönecker in seine Darlegungen ein.

(Von der Eignung zum Skiläufer. In: Der Winter. XXI. Jg. 1927/28, Seite 2 f. - Zeichnung von Toni Schönecker auf Seite 3)

305 Reitters Doppeldeckerski

1928 Reitter Ski-Gesellschaft(D)

Ski mit einer Überkonstruktion
- „doppelläufig"
- oberer Ski breiter und parallelkantig, unterer Ski tailliert
- Längen 100 - 150 cm
- Postuliert:
- Leichtes Schwingen und guter Halt
- „Fahren mit großem Sicherheitsgefühl" (W. Flaig)

Diese Konstruktion löste eine heftige, allerdings nur kurz anhaltende Diskussion aus, obwohl sie niemand geringerer als Walter Flaig positiv gewertet hat. Die Akzeptanz scheiterte wahrscheinlich an der Skilänge und derem anhaftenden Image. Jedenfalls kam es in Stuttgart zu einer Gründung der Reitter-Schi-Gesellschaft.

(Bericht von Walter Flaig in Der Winter 1928/29. Seite 485 f. - Dort auch Seite 503 in einer Anzeige: „Der einzig brauchbare doppelläufige Sommer-Ski".)

Doppeldeckerkonstruktionen
- Reitter-Ski 1928
- Patent Doppeldecker 1982 von Walter Kuchler
- Double-Deck-Konstruktion der Fa. Atomic 2009

306 Systemstreit Norweger - Lilienfelder nur noch Geschichte

1928 Karl Gruber (D)

Beispiel Vorteile Lilienfelder System:
- Befahrung von Steilgelände
- feste Skiführung
- Möglichkeit enger Bögen
- Schule für Richtungsänderungen
- Nachteile des Systems:
- Unterschätzung der Schussfahrt
- Kennt nicht „die Schönheit des Schwunges aus scharfer Fahrt".
- Fehlen des Springens

Der erfolgreiche Sportsmann und Funktionär des DSV erklärt den Streit zur Geschichte, der die junge Generation auch nicht mehr interessiere. Dennoch blickt er noch einmal zurück und kommt zu einem abgewogenen, klugen Urteil, sowohl was die Geschichte des Streites als auch die Inhalte, die Vor- und Nachteile beider Systeme betrifft.
Das Bild von Alfons Walde steht für die moderne Dynamik wie – siehe den Erscheinungsort – für die Jugend.

(Texte in Der Winter1928/29", Seite 6 f., Bild „Kristiania" des Malers Alfons Walde, Titelbild für Nr. 5 der Zeitschrift „Jugend". 1930)

119

307 Lob der Schussfahrt

1928 Kurt Schwabe (D)

„Inwiefern ist die Schußfahrt die schnellste, sicherste und kraftschonendste Bewegungsart? Die kraftschonendste ist sie deshalb, weil der Läufer steht und sich tragen lässt, die schnellste, weil die kürzeste Entfernung zweier Punkte die Gerade ist und die sicherste deshalb, weil bei ihr infolge des leichter zu beherrschenden Standes die Stürze viel seltener vorkommen als in bogengewundener Abfahrt und bei Quersprüngen."

120 km/h unmöglich! Der Autor charakterisiert die Schussfahrt weiter:
„Man kann behaupten, daß eine Geschwindigkeit von 120 Stundenkilometer von einem Skiläufer noch nicht erreicht worden ist und selbst auf dem steilsten und glättesten Hang auch nie wird erreicht werden."

Er nimmt auch die verkannte Hocke in Schutz:
„Man wirf ihr u. a. Unschönheit vor und übersieht, daß nur etwas vollkommen Zweckmäßiges Anspruch auf wirkliche Schönheit erheben darf."

(Texte und Bild in Der Winter 1928/29, Seite 53 – 55)

308 Skifahren und Skitechnik erotisch gesehen

1928 Hermann Hesse (D)

„Konnte ich auch noch keine richtigen Touren machen, die Sinne waren mir doch erwacht und so wie ich beim kühl rosigen Abendlicht mit den Augen die Schatten und Mulden der Berghänge ablas, so spürte ich, auf den Skiern, im Abfahren mit allen Gliedern und Muskeln, besonders aber mit den Kniekehlen, tastend die lebendige, wechselvolle Struktur der Hänge nach, wie die Hand eines Liebenden den Arm, die Schulter, den Rücken der Freundin erfühlt, seine Bewegungen erwidert, seinen Schönheiten tastend Antwort gibt...

Ich fahre einen der Hänge hinab, weich in den Knien, fühle die Form der hundert kleinen Terrassen und Wölbungen bis in den Kopf hinauf sich in mich einschreiben, musizieren, mich zu Abenteuern der Liebe und Vereinigung einladend."

Der Hinweis auf die Kniekehlen lässt auf die damals verbreitete „Reiterposition" - oder auch „Schaukelposition genannt – schließen.
Weitere Nobelpreisträger, die Skifahrer waren und Aufzeichnungen über ihre Fahrten und Erlebnisse hinterließen: Fridtjof Nansen, Thomas Mann, Ernest Hemingway, Rudolf Mösbauer.

(Winterferien in Arosa)

Hermann Hesse 1937

309 Spott zur Telemarkaffäre der Arlberger

1928 Verschiedene Publikationen

„Besser seine Seel` verkaufen, besser sich zu Tode saufen, niemals aber, niemals nie:
einen Telemark auf Ski!"

Der Vers wurde noch 1940 in der Wintersportfibel von Luis Trenker und Carl J. Luther wiedergegeben.

(Dort Seite 97)

Spott war schon immer eine Methode zur Diskriminierung anderer Techniken.

Es gab zum Telemark aber auch schon früh umsichtige Urteile:
„Telemark, heute nicht mehr so in Gunst wie früher, doch Einseitigkeit ist´s, ihn ausschalten zu wollen."

(Telemarkzeichnung mit obigem Bildtext bei Carl. J. Luther, Moderne Skilauf-Technik. 1927, 1. Beiblatt)

120

310 Stellungnahmen gegen die Arlberger – pro Telemark

1928/29 Werner Höhnisch (D)

„*Es macht mich lächeln, als ich sah, daß bei den Arlbergern der Telemark verpönt ist und in keinem Kurs gelehrt wird – von einem Ort weiß ich, daß jeder Telemark einen ‚Strafschilling' kostet! – während man in der wenig entfernten Ostschweiz ausgelacht wird, wenn man ‚stemmt'.*"

Die Ablehnung des Telemarks auf dem Arlberg nahm immer entschiedenere Formen an. Werner Höhnisch scheint einer der ersten zu sein, der öffentlichen Widerspruch formuliert. Wie später Josef Dahinden wählt er dafür den Spott.

(Text: Werner Höhnisch in Der Winter. 1928/29, Seite 153. Bild aus Josef Dahinden, Die Ski-Schwünge. Bilderteil Nr. 30)

311 Christianias in der Schweiz

1929 Afred Flückiger (CH)

Scherenkristiania:
- speziell zum Anhalten aus der Falllinie
- Scherstellung
- Belastung des Innenski

Stemmkristiania
- auch bei hohem Tempo
- Stemmstellung
- Belastung Außenski

Gerissener Kristiania
- breite Spur
- beide Ski gleich belastet
- aus der Hocke Körperstrecken
- kräftiges Fuß- und Skidrehen

Dem Schriftleiter des akademischen Jahrbuches gelingt die erste Fassung des „Ski Schweiz". So interpretiert es auch der Zentralpräsident des S.S.V. in seinem Vorwort. Erstmals eine ausführliche Besprechung der Vor- und Nachteile kurzer und langer Ski. Auch die immer noch gültige beste Art des Aufstehens nach einem Sturz. Hauptintention des Autors ist allerdings die allgemeine und spezielle Methodik.

(Mein Skilehrer. Seite 91-102, Außentitel)

312 Lernen der Technik als größte Freude

1929 Im Verlag Rother, München

„*Der Skilauf bereitet in der Erlernung selbst schon größte Freuden; es ist zudem eine längst erfahrene Tatsache, daß der Genuß, das Glück, das er uns schenkt, um ein Vielfaches mit der Beherrschung der Technik steigt ...*
Der Skisport führt uns sogleich und unmittelbar in alle die Freuden und Schönheiten der Schneewelt, das Lernen an sich, ungetrübt von der Enttäuschung verschwendeter Zeit, ist Skifahren und Schneewonne, ist Schneeglück und Bergseligkeit im Sonnenschein des Winters."

Selbst eine kleine Schrift über Ausrüstung, Wachsen der Ski usw. kommt in dieser Zeit nicht umhin, das hohe Lied vom Skilaufen und das Lob der Skikunst anzustimmen. Auch wird hier schon das Erlernen als Freude von Anfang an, wie die weiteren Ausführungen verdeutlichen, herausgehoben.

(Bergsteigen und Skifahren. gedruckt von Rudolf Rother, Seite 6 f., Zeichnung Seite 7)

Zeichnung Toni Schönecker

313 Alpine Fahrtechnik: Norweger - Zdarsky

1929 Erich Braunmüller-Tannbruck, Hermann Amanshauser (A)

„So hat sich allmählich ... ein ganz bestimmter Stil, gewissermaßen eine alpine Fahrtechnik herausgebildet, die sich einerseits aus der sogenannten norwegischen, anderseits aber auch aus der vielgelästerten Zdarskyschen Stemmtechnik gleichsam die Rosinen, das heißt die zweckmäßigsten Elemente herausgesucht und einverleibt hat."

Eklektizismus ist, wie so oft auch hier, die gute Lösung.
Das aufwändig gemachte Buch der beiden Autoren, das mit vielen Kino-Bildserien arbeitet, dürfte durch die Vereinigten Feigenkaffee-Fabriken Andre Hofer als Herausgeber eine große Verbreitung gefunden haben.
Als Anhang sind 20 wunderbare Winterfotos beigelegt.

(Das Wunder in Weiß. Text Seite 7. Außentitel)

314 Der ganze Mensch fährt!

1929 Erich Braunmüller-Tannbruck, Hermann Amanshauser (A)

„Stilgerechter Skilauf ist keineswegs nur eine Sache oder Kunst der Beine! Je früher der Anfänger zu der Erkenntnis kommt, wie sehr er durch richtige Mitarbeit der Arme, Schultern, Hüften, also des ganzen Oberkörpers, sich und seinen Beinen die Arbeit erleichtern kann ..."„Diese eigenartige Mitarbeit des ganzen Körpers, die eigentlich erst den guten Läufer macht und kennzeichnet, läßt sich vielfach mit Worten gar nicht mehr eindeutig beschreiben, ist bis zu einem gewissen Grade Gefühlssache, wie etwa der Rhythmus beim Tanzen."

Fahrstellung:
„ein Ski etwas vorgeschoben, Gewicht auf den Zehenballen, und zwar mehr auf den rückwärtigen Fuß, Knie nach vorne gedrückt und federnd gebeugt".

(Das Wunder in Weiß. Text Seite 6 f., Bild Seite 21)

315 Telemarkkritik

1929 Erich Braunmüller-Tannbruck, Hermann Amanshauser (A)

- Ausschließliche Belastung nur eines Ski – verminderte Standfestigkeit und Ermüdung
- Gleichgewichtsprobleme
- Bei Störungen Sturz kopfüber hangabwärts – Gefahr komplizierter Knöchelbrüche
- Prinzipiell falsche Fahrstellung

Schönheit, Eleganz und Vergnügen wird dem Telemark bei guter Ausführung dennoch nicht abgesprochen. Auch das Pro im Tiefschnee ist eindeutig. Die Autoren liegen mit ihrer Kritik wahrscheinlich noch positiver als die „Arlberger", bei denen ja in dieser Zeit der Telemark für Skilehrer sogar verboten ist.

(Das Wunder in Weiß. Text Seite 51, Bild Seite 53)

Auffällig bei allen Darstellungen die hohe Fahrstellung.

316 Telemark-Kristiania als „falscher Telemark" und andere Telemarks

1929 Fritz Reuel (D)

Merkmale
- Kristiania in Ausfallstellung
- Innenski weit vorne
- Sprunggelenk innen stark gebeugt
- Außenferse angehoben

Der falsche Telemark wurde durch die Jahrzehnte vergessen. Wenzel König hat ihn 2006 wieder präsentiert. Aber auch andere Telemarkvarianten wie ein Telemark mit gekreuzten Ski, der Kauertelemark oder der Telemarkwalzer finden sich bereits bei Reuel.

(Neue Möglichkeiten im Skilauf. Seite 191)
Wenzel König, DVD 2007)

317 Differenzierter Technik- und Spurverlauf – auch Wedler dabei

1929 Hans Fischer

„Dann fuhr er dahin, wild und unbändig. Tief im Schnee hockend, sauste er auch die steilsten Hänge im Schuß hinab, bremste höchstens einmal mit ein paar kurzen Wedlern ab und schwirrte gleich wieder weiter. Auf und ab wippte sein Körper die kleinen Unebenheiten des Bodens aus: wenn die Neigung sich änderte, hob er sich hoch auf, um mit erneuter Gewalt die Bretter im Schuß zu treten. Flitsch, flatsch, surrten die Bögen über einen steilen Hang."

Die Emotionen kommen auch in den folgenden Sätzen hoch:

„... mir aller Armkraft stieß er trotz der angenehmen Neigung die Stöcke hinter sich, tanzte oft drei, vier Schritte aus dem Gleichgewicht, rannte, schob, pumpte und ..."

Die Bretter „treten" - nicht erst der österreichische Lehrplan von 1956 kannte das Treten, dann aber als Fersentretschub. Für die Zeit des Stemmens und des gerissenen Kristiania ist diese Technik- schilderung voller Lebendigkeit und Dynamik.

(Hinze Haugh, Der Schneeschuhfahrer. Seite 89 f.)

HINZE HAUGH DER SCHNEESCHUHFAHRER
VON
HANS FISCHER

REICHENSTEIN-VERLAG

318 Kampf um das Gleiten im Schwung – Absage an Stemmen und Bremsen, aber Schritt

1929 Fritz Reuel (D):

„Aus Stemm- und Bremsfahren allein einen vorwiegenden, führenden Stil im Skilaufen machen zu wollen, ist ein sportlicher Irrweg. Die Entwicklung wird ihn von selbst verlassen!"

(Neue Möglichkeiten im Skilauf, 6. Aufl., S. 251)

In der Diskussion um den „Reinen Schwung" nahm Fritz Reuel die eindeutigste Position ein. Er darf wie in manchen anderen Dingen auch als Vorkämpfer für das gleitende, parallele Fahren gelten wie später Emile Allais, Arwed Moehn, Karl Koller, Clif Taylor, Walter Föger, Martin Puchtler, Walter Kuchler, Kurt Schock. Carven ist hier programmatisch vorausgesagt. Und darüberhinaus öffnet Fritz Reuel eine Interpretation des Skifahrens überhaupt, die auch heute noch Gültigkeit beanspruchen kann.

„Bruder des Fliegens". „Durch immer weitergehende Befreiung von aller Erdenschwere, die das Skilaufens zur herrlichsten aller Sportarten, zum Bruder des Fliegens macht."

(Neue Möglichkeiten im Skilauf. 3. Aufl. 1929, Seite 253)

319 Pflugbogen mit Pedalieren und Gegendrehen

1929 Hermann Uhlig (D)

Hockende Ausgangsstellung, aber durch die Drehung des Körpers nach hinten entsteht „die richtige Drehvorlage".
Außerdem:
„Durch diese Bewegungen wird das r. Bein ‚stärker' gebeugt sowie der r. Ski stärker belastet und damit führend ... der l. Ski wird flach geführt oder sogar leicht nach außen gekantet. Das l. Bein ist leicht o-beinartig gebeugt."

Hermann Uhlig - nicht zu verwechseln mit dem bekannteren Autor Max Uhlig - nimmt in seiner Beschreibung viele Diskussionen bzw. Ausführungsmöglichkeiten bis in jüngste Zeit vorweg. Pedalieren und Gegendrehen sind ebenso angesagt wie Flachstellen der Ski durch o-beinartige Führung.
Die Zeichnung verweist darauf, dass sich der Fahrer vorstellen sollte, sich auf nebenstehende Hocker hinzusetzen.

(Hermann Uhlig, Erziehung zum Skilaufen. Texte und Bild Seite 98)

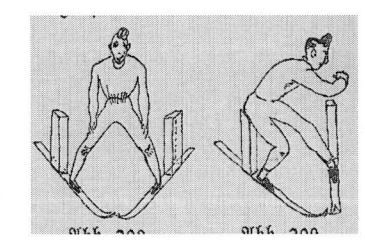

320 Telemarkbeschreibung **1929 Hermann Uhlig (D)** *„Man werfe schnell und ohne Scheu unter kurzem Hochwippen des Körpers das Gewicht vor zum kurzen und raschen Schwung. Dabei beachte man: Hocke, Hüftschwenken, Hüftschrauben, Drehvorlage, Fußgelenkdruck und das Bogeneinwärtslegen des Körpers."*	Bei dieser gründlichen Beschreibung ist die Einnahme der Ausfallstellung noch gar nicht berücksichtigt. (Hermann Uhlig, Erziehung zum Skilaufen. Texte und Bild Seite 134 f.)	
321 Carven durch Skiform und Belasten **1929 Hermann Uhlig (D)** *„Durch Belasten und Kanten allein entstehen beim Fahren in der Grundstellung weite Bogen. Diese kann man durch vorherige Richtungsveränderung eines Ski (vgl. Stemmfahren) sowie durch raschen Körperschwung sowie Fußgelenk- und Beindruck entsprechend verkürzen."*	Kaum sonstwo wird Carven so knapp definiert. Das entsprechende Kapitel ist sogar überschrieben „Skiform und Skitechnik". Speziell verweist Uhlig auf eine breite Skischaufel. Zugleich sieht Uhlig, dass die „Grundstellung" vielfach ergänzt werden kann und muss. In das Bild passt auch die Empfehlung einer relativ kurzen Skilänge, nämlich „bei ausgestrecktem Arm bis zur Handwurzel".	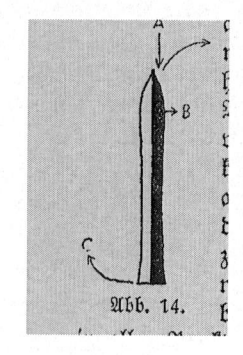 („Erziehung zum Skilaufen" Texte und Bild Seite 12-14
322 Verkehrter Telemark aus gekreuzter Ski- und Fußstellung **1929 Fritz Reuel (D)** Nach einem Überkreuzen der Ski bei der Einnahme der Ausfallstellung kann man auch in dieser Position den Telemark weiterfahren.	Was beim Telemarkschwingen vor allem mit kürzeren Ski leicht passieren kann, erhebt Fritz Reuel einfach zur Kunst. Aber da er vom Eislaufen kommt ist ihm durch das Übersetzen auch das Überkreuzen vertraut. Letztlich geht es ihm zwar auch um ein Entkreuzen. Aber er ist dennoch in sein Kunststückchen so verliebt, dass er auch den Namen „invertierter Telemark" vorschlägt. (Neue Möglichkeiten im Skilauf. 6. Aufl., Text S. 25, Bild Seite 235)	
323 Bergbauern fahren anders **1929 Fritz Reuel (D)** *„Denn der Skilauf ist uns nicht von Sportsleuten, Turnern, Schlittschuhläufern und Gymnastikern, sondern von körperlich einseitig geschulten Bergbauern überkommen, die den Mangel an harmonischer Körperausbildung und sportwissenschaftlicher Erkenntnis durch angeborenen Kraftüberschuß, ununter- brochenes Wintertraining und lange Bergerfahrung allmählich ausgleichen lernten.*	*... Sie ersetzen sie (die symmetrische tangentiale Verwindung) durch Naturkraft und Erfahrung und lernten allmählich mit dem Unterkörper vorwiegend allein auszukommen."* Dr. Fritz Reuel verkennt oder verdreht die Geschichte - vor allem wenn man an die Pioniere vor ihm denkt wie an Fridtjof Nansen, M. Zdarsky, W. Paulcke, H. Hoek, G. Bilgeri, C. J. Luther, A. Zarn, P. Barblan, Rudolf Gomperz u. a. (Neue Möglichkeiten im Skilauf, 6. Aufl., Text S. 25, Bild Seite 238)	

324 Sturzanweisung **1929 Erich Braunmüller-Tannbruck, Hermann Amanshauser (A)** Wer „unnötiges Stürzen möglichst vermeidet; der Anfänger soll sich daher nicht schon bei der geringsten Gleichgewichtsschwankung fallen lassen; andrerseits hüte er sich aber auch vor allzu krampfhaften Anstrengungen, wenn er fühlt, daß der Sturz nicht mehrzu vermeiden ist.	*In diesem Falle trachte er sich möglichst nach rück- oder seitwärts fallen zu lassen, und zwar mit ganz entspannten Muskeln. Im Übrigen wird er durch rechtzeitiges Heruntergehen in die Hocke noch manchen Sturz verhindern können. Auf jeden Fall müssen die Stöcke nach rückwärts gehalten werden ... da sonst der Sturz recht verhängnisvoll werden kann."* (Das Wunder in Weiß. Text Seite 26, Bild bei Carl J. Luther u. a. „Der Skikurs", Seite 45)	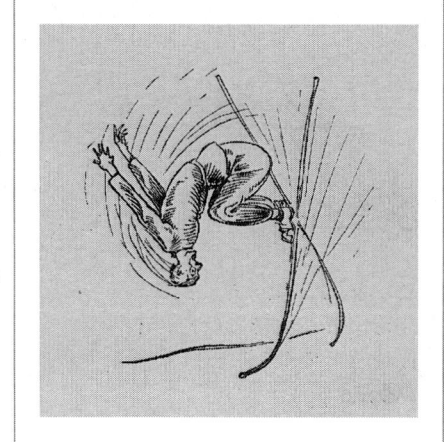
325 Stockfrei Lernen und Fahren **1929 Paul Oskar Höcker (D?** *„Es gibt Schüler, die schon in der ersten Viertelstunde von den Skistöcken unzertrennlich sind ...sie werden niemals die Freiheit der Arme, eine gute Haltung und damit die volle Beherrschung ihres Körpers, die Ausbalancierung des Gewichts, Energie und richtige Schneid entwickeln."*	Höcker meint sogar: *„Wer Skilaufen gelernt hat ohne Stöcke, der wird sie später mit um so größerem Vorteil gebrauchen können."* Reines stockfreies Fahren wird es erst ab 1994 geben, wenn die Carver die Fahrtechniken der Snowboarder in ihr Repertoire übernehmen werden. (Wintersport. Text Seite 51, Bild von Toni Schönecker Seite 42)	
326 Schraubenrotation mit „Skiphänomen" Hannes Schneider **Ende der 1920er Jahre** Merkmale: ▶ ausgeprägte Vertikalbewegung ▶ starke Rotation ▶ insgesamt Verschraubung ▶ ähnliche Effektivität wie beim Wechsel der „Alpenstange" von einer Seite auf die andere bei Zdarsky.	Die Schraube wurde Merkmal einer höchst wirksamen Fahrweise vor allem in Anbetracht der langen Ski und der unpräparierten Hänge. Wegen seines skifahrerischen Könnens wird Schneider schon anfangs der 1920er Jahre das „Skiphänomen" genannt. (Bild: Milan Maver im Buch „Skizirkus" von Walter Kuchler, Seite 36)	
327 Telemark geringgeschätzt und abgeschafft **Ende der 1920er Jahre vor allem am Arlberg, aber auch in Deutschland** Angesichts: ▶ der Pistenbildung ▶ der Entwicklung des Rennlaufs ▶ der Entwicklung der Ski aus Skischulprogrammen herausgenommen und in manchen Büchern nicht mehr erwähnt.	Weiterhin eifriger Verfechter: Josef Dahinden Die Schweizer allein halten am Telemark in ihren Lehrplänen bis in die 1960er Jahre fest. Der deutsche Lehrwart Max Winkler spricht 1933 im „Der Winter" von der Abschaffung vor Jahren. Nebenstehendes Bild veröffentlichte Carl. J. Luther 1937 mit der angegebenen Unterzeile. (Siehe Beitrag Skikurswandel. In: Jahrbuch für Bergsteiger und Schiläufer 1937. Seite 128 c.)	„Als Hannes Schneider noch telemarkte"

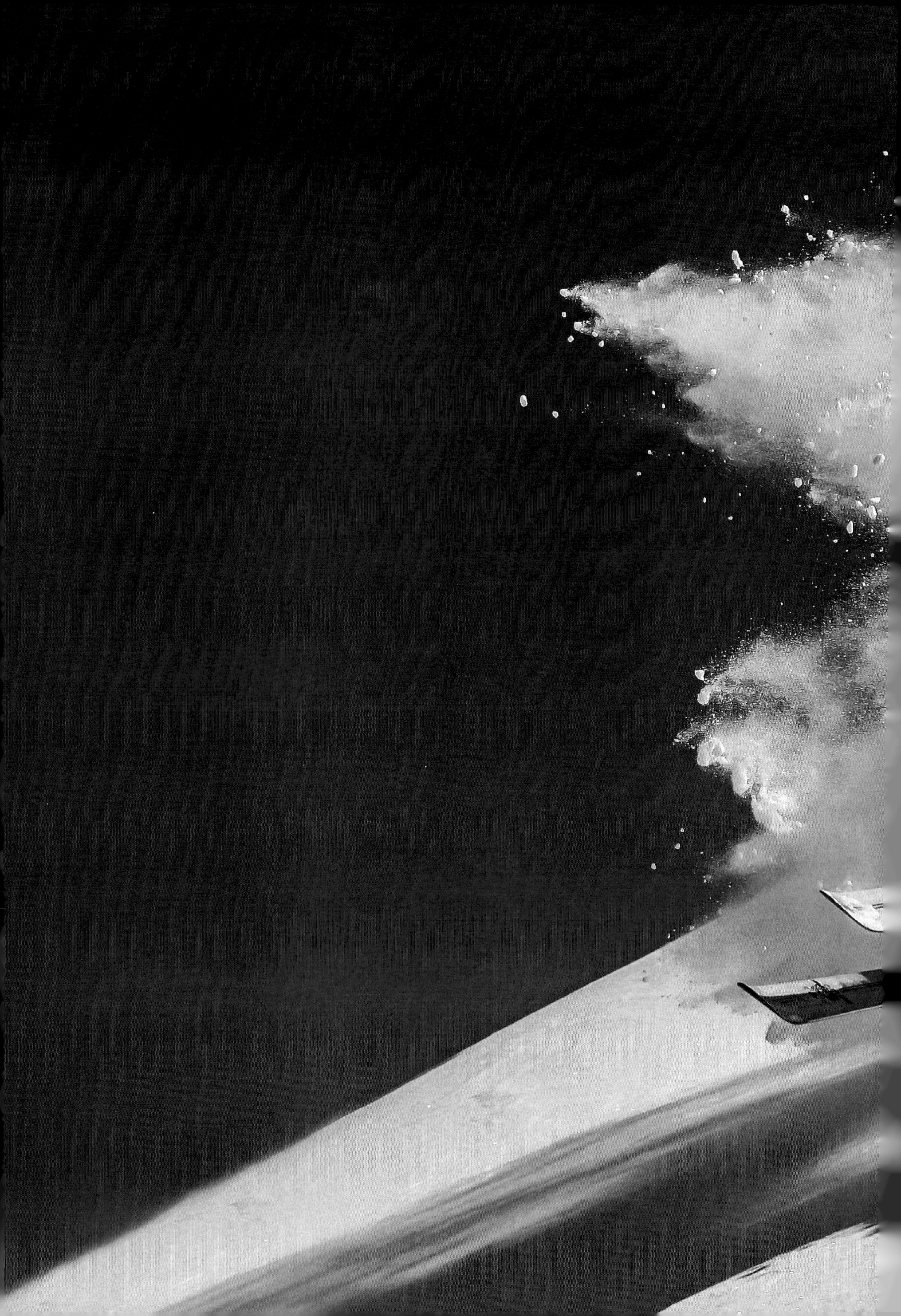

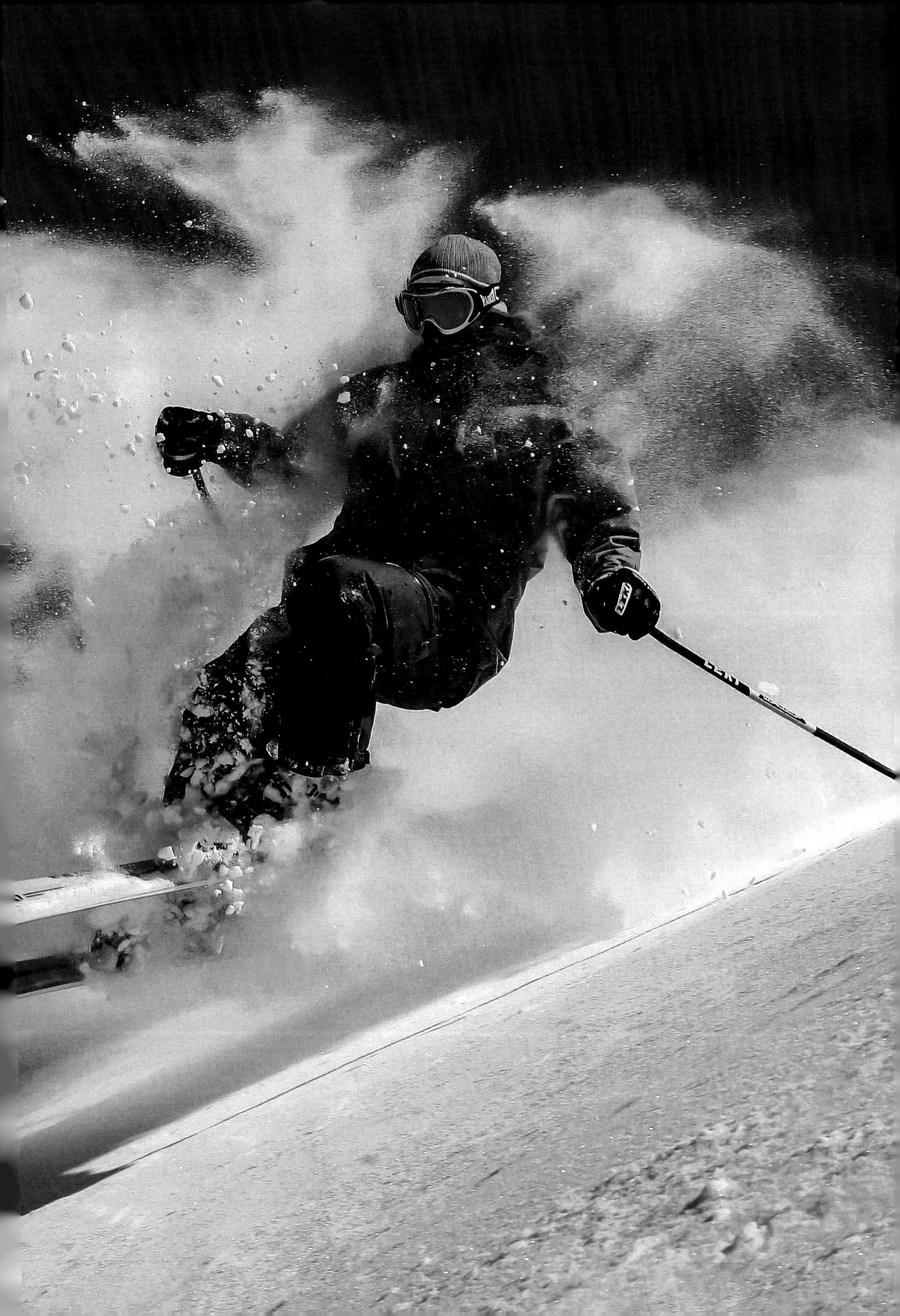
LEKI

328 „Kombinierte Skitechnik" - Skitechnik universell?

1930 Georg Franz Bergmann (D)

„Plötzlich auftauchende Hindernisse und notwendige Hemmung der Schnelligkeit durch eingelegte Kurven führten zu Schwungkombinationen, die oft Kristiania, Telemark und Stemmbogen in sich vereinten oder die Bestandteile der einzelnen Schwünge miteinander verbanden.
So gebar das Laufen im alpinen Gelände die `kombinierte Technik´. ...
Diese `kombinierte Technik` blieb auf ihrem Siegeszug nicht in den alpinen Gebieten stehen."

Wir haben in der „kombinierten Skitechnik" einen Vorläufer der universellen Skitechnik vor uns. Der Münchner Vertreter dieser kombinierten Skitechnik weist auf die notwendige und sinnvolle Beherrschung und Anwendung von mehreren Techniken selbst schon in einer einzigen Abfahrt. Bergmann sagt Zukunft voraus. Wenngleich seine Argumentation für den Fahrer auf gepflegten Pisten nicht mehr so zwingend ist, es bleiben die Veränder- unges der aktuellen Schneebeschaffenheit, das Fahren bei besonderen Sichtverhältnissen und das Fahren im Freigelände. Und: Fahren als Spiel und als Eintauchen ins Flow von Gleiten und Schwingen.

„Auf Sommerski"
(Der Einfluß des Alpinismus auf den Skilauf. Text Seite 104, Bild Seite 112)

329 Kunst der Abfahrt

1930 Sepp Bildstein (D)

Abfahrt:
„Allen zugänglich, unerschöpflich in ihrer Abwechslung, voll tiefsten Zaubers und erlesener Genuß, wird diese Kunst stets das Kleinod des Skilaufs bleiben. Diese Fallfahrt setzt die stürmische Jugend in helle Begeisterung, ihr widmet sich der erfahrene Läufer mit ganzer Hingabe; sie ist Musik vom brausenden Fortakkord bis zum zartesten Finale."

Wieder einmal lohnt es sich, sich in den schwärmerischen Enthusiasmus dieser Zeit zu versetzen. Bedenkt man dabei wie unvollkommen aus heutiger Sicht die Ausrüstung noch war und wie bescheiden die Vorstellung über Geschwindigkeit und eine brausende Fahrt war, so sieht man sich unwillkürlich vor die Fragen heutigen Erlebens gestellt.

(Skiläuferleben. Text Seite 86, Bild im gleichen Band Seite 69)

330 „Ein jeder schwingt nach seiner Weise"

1930 Sepp Bildstein (D)

„Jetzt setzt er aus voller Fahrt zum Kristiania an! Vorsichtig anhaltend zieht er ihn, den Schnee wie eine Pflugschar aufwühlend. Und weiter schlängelt er sich hinunter mit Stemmschwung von Hang, dem König aller Schwünge, dem man so gar keine Kraftanwendung ansieht und der doch so voller Kunst ist. Eine Steilstufe läßt den Stemmbogen, den mitleidig belächelten ...

in seine Rechte treten ... ein jeder schwingt nach seiner Weise: ein scharf `gerissener´ Kristiania überkreuzt einen `weich gezogenen´ Telemark, eine Schußfahrt endet mit kühnem Umsprung am Gegenhang."

In dieser „Kunst des Abfahrens" werden hier Situation und Entwicklung der Skitechnik gezeichnet. Die Formulierung „ein jeder auf seine Weise" wird sich 7 Jahre später bei Luther wiederfinden.

(Deutscher Skilauf, hrsg. von Carl J. Luther. Text Seite 86, Bild Seite 89

Bildunterschrift: „Slalom"

331 Christiania Swings **1930 Arnold Lunn (GB)** Wichtigste Turns ▸ Diskussion mehrerer Stemm-Varianten ▸ aber kein Parallelschwung ▸ doch Tail-Wagging - Wedeln	Lunn kennt die Entwicklung. Er nennt Schneider, Fanck, David Zogg, Luggi Föger, Sepp Allgeier. Erstaunlicherweise springt er von breit dargelegten Stem-Christies direkt zum Tail-Wagging, zum Wedeln. Aber es wird auch in diesem Buch klar, dass er nicht nur ein Kenner des Skilaufs ist, sondern auch ein Gestalter. (The Complete Ski-Runner. Bild Seite 127)	.
332 Mit angelegten Händen **Um 1930: Tadashi Katagiri (J) berichtet.** ▸ Sehr aufrechte Fahrweise ▸ Keine Vertikalbewegung ▸ Hände in die Hüften gestemmt ▸ Stöcke horizontal seitlich etwas abgespreizt	Der Verfasser einer 1984 in Japan erschienen Skigeschichte zeigt diese Fahrweise, die ganz offensichtlich keinen methodischen Charakter hat, da sich die entsprechenden Bildreihen über vier Seiten hinweg ziehen. Diese Fahrweise erinnert an den bei SPORTS 1997 als Carvingschwung empfohlenen „Eisläufer". (Buch in Japanisch, Bild Seite 55)	
333 Rotationswedeln – erstes differenzierte Wedelbeschreibung **1930 bei B. F. Faludy und Karl Rubesch (beide A)** kurzes rhythmisches ▸ Schwenken von Hüften und Po ▸ gebremstes Anrotieren ▸ schnelles Hin und Her der Ski (Das lustige Skilehrbuch. Text und Zeichnung Seite 64 f.)	Begriff vom Schwanzwedeln des Hundes abgeleitet – Kurbeln mit dem Hintern als Popowackeln. Arnold Lunn spricht deshalb im gleichen Jahr auch von Tail-wagging. Größere Bedeutung gewinnt es erst in den Formen des Gegendrehens ab 1936 bei Giovanni Testa. Man könnte aber auch den „Doppelkristiania" (1924) als erstes Wedeln sehen. Die Lehrpläne allerdings meiden Wedeln bis zum österreichischen Lehrplan von 1956. (Das lustige Skilehrbuch. Text und Zeichnung Seite 64 f.)	(Wedelspur nach Faludy / Rubesch)
334 Telemark noch in hoher Gunst **1930 Eduard Friedl (A)** „*Weil der Telemark ohne Kraftaufwand und ruckartiker Bewegung vor sich geht, gehört er neben dem Scherenbogen zu den schönsten, eindrucksvollsten Bogenhilfen. Darin liegt ein Hauptgrund für seine Beliebtheit.*"	Die Arlberger Telemarkphobie ist Friedl noch völlig fremd. (Der Schilauf und seine Bewegungen. Text und Zeichnung Seite 71)	

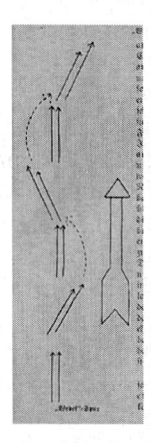

335 Skitheorie aus der Reformpädagogik

1930 Eduard Friedl (A)

- Aus der Sichtweise der Reformbewegung alle zeitnahen Themen behandelt.
- Ungewöhnlicher Buchaufbau: von der Theorie zu den Fahrweisen, von diesen zur Ausrüstung.
- Alle z. Z. bekannten Techniken behandelt. Vielfalt akzeptiert.
- Als Erster auch Ausfürlicheres zum Wedeln.
- Interessant erstmals eine Zusammenstellung der möglichen Kombinationen für Doppelschwünge.

Die Perspektive und die Prinzipien der Reformbewegung „Natürliches Turnen" versucht Friedl erstmals grundlegend auch für das Skifahren zu nutzen. Deshalb auch ein Vorwort von Karl Gaulhofer. Alle üblichen Skitechniken werden unter diesen Gesichtspunkten geschildert. Überall wird die Verbundenheit mit Zdarsky sichtbar. Insgesamt sehe ich Friedl am Schnittwpunkt traditioneller Verbundenheit aber mit großem Impetus für eine Moderne. Ungewöhnlich auch seine Darstellungsweise: fast kurze Essays zu jedem Thema.

(Der Schilauf und seine Bewegungen.)

336 Doppel- oder kombinierte Schwünge

1930 Eduard Friedl (A)

„Die gebräuchlichsten Verbindungen":

- Schneepflugbogen – Schneepflugkristiania
- Schneepflugbogen – Telemark
- Stemmbogen – Stemmkristiania
- Stemmbogen – Telemark
- Stemmkristiania – Telemark
- Scherenbogen – Telemark
- Scherenkristiania – Umsprung
- Stemmbogen – Umsprung
- Stemmkristiania – Umsprung
- reiner Kristiania – Umsprung
- dazu verschieden Skiwalzer im Doppel.

„Nicht allein wegen ihrer Wirksamkeit, sondern auch wegen der schönen Bewegungen erfreut sich diese Form ... allgemeiner Beliebtheit."

Eine jahrzehntelange Praxis der Schwunggestaltung scheint hier auf dem Höhepunkt zu sein. Vielfalt wird akzeptiert und gelebt. Uli Göhner wird die Doppelschwünge anfangs der 1990er Jahre neu erfinden.

(Der Schilauf und seine Bewegungen. Seite 75, Zeichnung Seite 74)

337 Stemmwedeln

1930 Eduard Friedl (A)

„Rasches Aneinanderreihen" und geringe Spurabweichung vom
- Schneepflugbogen
- Stemmbogen
- Stemmkristiania

Zur
- Fahrtverringerung
- Fahrtbeherrschung im Steilen
- Fahrtbeherrschung auf Wegen

Erstaunlicherweise fällt das Wort „Rhythmus" nicht und es fehlt auch ein Hinweis auf Erlebnisqualitäten. Jedenfalls fällt der Begriff „Stemmwedeln".

(Der Schilauf und seine Bewegungen. Text und Zeichnung: Seite 66)

338 Seniorenangebot **1930 Eduard Friedl (A)** *„Für ältere Leute, die sich nur ein bescheidenes Maß von Schibeherrschung aneignen wollen, um noch mit Genuß Winterwanderungen unternehmen zu können, verspricht die Zdarskysche Fahrweise mit einem Stock immer noch den raschesten Erfolg."*	Erstmals, soweit mir bekannt, wird von Eduard Friedl auf Senioren beim Skilaufen eingegangen. (Der Schilauf und seine Bewegungen. Seite 107)	
339 „Schritt ins Leben" **1930 Friedl (A)** ▶ Aus dem Stand ▶ Ausfallschritt abwärts ▶ Schrittwinkel 90 Grad	Neben dem Einspringen in die Spur scheint auch dieser „Schritt ins Leben", dieser Startschritt also, beliebt gewesen zu sein. (Der Schilauf und seine Bewegungen. Seite 49. Zeichnung Seite 66)	
340 Bauernkristiania **1930 B. F. Faludy und Karl Rubesch (beide A)** Das erste entschiedene Umsteigen: ▶ reines Fahren auf dem Außenski ▶ Hochreißen des Innenski ▶ Offensichtlich auch mit Gegendrehen verbunden Vgl. den Bauernkristiania von Reinhard Dörfler 1926	Heimliche Fahrweise vieler Skilehrer, da offiziell immer verpönt. Später nannte man die Fahrweise auch „Hakeln". An Dynamik von allen späteren Umsteigeschwüngen nicht übertroffen. Erwin Mehls Meinung, der Bauernchristiania werde auf Schneiders Fahrweise bezogen, dürfte nicht richtig sein. (Siehe Erwin Mehl „Grundriß der Weltgeschichte des Schifahrens". 1964 Seite 153)	 *Bauernchristiania* (Bild aus B. F. Faludy und Karl Rubesch, Das lustige Skilehrbuch 1930, Seite 66)
341 Der Hockkristiania **1930 Josef Dahinden (CH)** ▶ Hochgehen aus tiefer Hocke ▶ Drehvorlage ▶ Hüftschwung einwärts ▶ Schulter-Armgegenschwung auswärts ▶ Ausfedern in tiefer Hocke	Josef Dahinden betont stets große Bewegungen. Die spätere Mambotechnik mit Hineindrehen der Hüfte und Gegendrehen von Schulter und Arm sind hier schon deutlich ausgeprägt. Dahinden gründete übrigens Skischulen in Mürren, Flims und St. Moritz. (Die Ski-Schwünge, Bild und Text aus Bildreihe 57-64)	 „Hockkristiania"

343 Vollendete Technik – „Evangelium" der Skifahrtechnik

1930 Josef Dahinden (CH)

Es werden *„im tüchtigen Skifahrer alle drei Techniken zur untrennbaren Einheit verschmelzen"*:
- die Gleitschwungtechnik
- die Stemmschwungtechnik
- die Sprungtechnik

(Die Ski-Schwünge. Seite 32 f, Bild: Seite 80a)

„... um schließlich aus oberster Schau befriedigt und zufrieden über ein vertrautes Land mühevoller Arbeit und glücklichen Genießens hinwegzuschauen über Prosa und Poesie des Skifahrerlebens, und um das Evangelium der gesamten Skifahrtechnik zu tiefinnerst zu verstehen und in stillem Abglanz in unser Alltagsleben hinüber- zuspiegeln."

Ähnlich hoch in seinen Formulierungen greift Fritz Reuel, wenn er 1926 vom *„Neuen Testamen der Schwungtechniken"* schreibt.

„Gleitschwung-Kristiania"

---

344 Abfahren in „Kugelform"

1930 Josef Dahinden (CH)

Ausführliche Schilderung, besonders:
- *„Der ganze Körper ist in Kugelform auf den Körperschwerpunkt konzentriert."*
- *„Mit eingerolltem Oberkörper"*
- *Ausgleichendes Vor- und Zurücknehmen der Schulter´."*

Vier Jahre später wird auch Friedl Wurzel für die Kugelform plädieren.

Geradezu eindringlich setzt sich Josef Dahinden mit der aerodynamischen Abfahrtsposition auseinander, Er ist in diesem Punkt seiner Zeit weit voraus, ganz nahe an Georges Joubert, Karl Schranz und Bernhard Russi. Dabei beruft er sich auch auf den bereits bestehenden „Kilometer lancé". Interessant ist auch sein Hinweis, dass die Körperposition jener gleich ist, wie sie beim Laufen in der Endphase von Schritt und Schub ist. Die Stahlkante ist für ihn bereits eine ideale Erfindung

(Die Ski-Schwünge und ihre Gymnastik. Seite 80-84, Bild Seite 83, Ski Seite 116 f.)

„Es ist ein häufig verbeiteter Irrtum, daß das Fahrenmit kurzen Ski leichter sei. Im Gegenteil, in etwas weichem oder leicht brüchigem Schnee..."

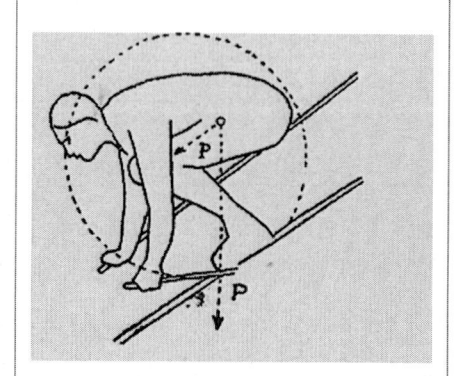

Skimaße bei 210-230 Länge: Schaufel 10- Mitte 8- Ende 9 cm

---

345 Pro Telemark – gegen die Arlberger

1930 Josef Dahinden (CH)

„Der Telemark. Die Arlberger geraten in Ekstase – vor Wut – , wenn sie das Wort nur hören und wenn du davon flüsterst, bringen sie dich um. Willst du aber dennoch skiselig werden, lerne ihn trotzdem."

Josef Dahindens Buch „Die Ski-Schule" von 1924 wurde zwar in DER WINTER (1925/1926 Seite 254 f.) rundum ablehnend besprochen, Dahinden jedoch geht mit anderen Auffassungen auch entschieden, aber eleganter um.

(Text zum Telemark in „Ski und Du". Seite 74. Gleicher Text auch in „Ski und Du". 1936. Seite 98. Bild aus Die Ski-Schwünge und ihre Gymnastik. Bilderteil Nr. 30)

346 Fahrtechniken für Lebenshaltungen

1930 Josef Dahinden (CH)

Er ordnet zu:
- Gleitschwungtechnik – besinnliche, seelenvolle Lebenshingabe, das künstlerisch Intuitive
- Stemmschwungtechnik – „barschen Wirklichkeitssinn fordernd, dem praktischen Nutzwerke nachgehend"
- Sprungtechnik – rasche, gewandte Beweglichkeit, „in eleganten, verblüffenden Sätzen die Hindernisse des Lebens" nehmend.

Vom Ende des 19. Jahrhunderts bis in die 1930er Jahre scheute sich kaum einer der Autoren, das Skifahren auch unter den Perspektiven der Zivilisationskritik und lebenskundlicher Hilfe zu sehen. Josef Dahinden leistet auch entsprechenden Interpretationen der Skitechnik. Er wird nur noch übertroffen von den Elogen und Hymnen seines Landsmannes Hanns Roelli.

(Außentitel der Veröffentlichung von „Die Ski-Schwünge und ihre Gymnastik". Texte Seite 32 f.)

347 Frauentechnik – „Poesie des fließenden Rhythmus"

1930 Josef Dahinden (CH)

„Die feinabgemessene, elegante, leichtflüssige Gleitschwungtechnik bietet die wahre Erfüllung der Frau auf dem Ski. Dagegen bleiben der Frau dauernd die robusten, mehr Kraft erfordernden Bewegungen der Stemmschwungtechnik und der Sprungtechnik fremd. Die häufigen Spreizstellungen zur Stemmschwungtechnik mit andauernd einseitiger Muskelbeanspruchung der Beine, Lenden und Hüften, mit zeitweiliger Pressung der Unterleibsorgane, speziell bei nachlässiger Ausführung mit vorhängendem Oberkörper (was sehr oft eintritt infolge Ermüdung) haben allzuoft nachteilige Wirkung."

„Die Skiausbildung der Frau muß unbedingt mit Lieblingsleistungen beginnen, Bewegungen darin die Poesie des fließenden Rhythmus in ihre Körper schwingt."

Aus einem skurrilen Frauenbild und heute eigenartig anmutendem biologischen Wissen heraus formuliert Dahinden liebenswürdige Empfehlungen.
Abbildung Nr. 89: Übungen zur Gleitschwungtechnik. „Immer Schenkel und Rumpf in einer Geraden"

(Die Ski-Schwünge und ihre Gymnastik. Seite 36 f., Bild Gymnastik Abb.-Verzeichnis Nr. 79)

348 Situative Schmalspur

1930 Arnold Lunn (GB)

„Correct Position For Traversing"
(The Complete Ski-Runner. Seite 42)

Breite Skiführung, verschiedene Pflug und Stemmstellungen, Scher- und Ausfallstellung hat die bisherige Entwicklung reichlich durchgespielt. Aber auch zur schmalen Spur wird wenigstens für Fahrten geradeaus wie hier für das Traversieren angeleitet. Für das Schwingen ist sie erst ein kommendes Ideal.

349 Emotion und gute Fahrt

1930 Stockern, A. von, (CH)

„Und sausende Fahrt trieb den Skimann in eine ungekannte Schneewelt. Hie Schuß, hier Schwung, die Drehung am Gegenbühel, Sausefahrt, hin und wieder das tolle Spiel über Hang und Steilhang, über Mulden und Kuppen ein fahrttolles Fest, ein Jubel im Herzen, eine Schneefahrt ohne Zeit und Ende im staubenden besten Pulver ..."

Können und Emotion. vielleicht auch Können durch Emotion durchpulst diese Schilderung. Es gab in dieser Zeit noch einige wenige Autoren, die dieses Thema in die Hand nahmen wie Roelli und Ernst Flückiger. Erst in den 1980er Jahren ging ich wohl als Erster den Zusammenhängen von Technik und Emotionen nach, in einer Zeit, als man Gefühlen in diesen Zusammenhängen noch aus dem Weg ging.

(Die Scharte. Seite 55. Titelbild der Sammelschrift.)

350 Polemik gegen Vielfalt – Kauern und Pedalieren

1930 Othmar Gurtner (CH)

Die vorliegende Schrift will
- „das Charakteristische der Technik dokumentieren und gleichzeitige Anregungen für einen vereinfachten, komplizierten Bewegungsanalysen abholden Skiunterricht geben."
- „Der schnelle Fahrer muss im Schuss den Körper beherrscht ducken, um Geländestösse elastisch abfedernd zu können."
- „Das Kreuz muss weich sein, genau wie beim Reiten."

In einem kurzen Büchlein positioniert sich der Verfasser als Gegner der überschießenden Vielfalt, als Vertreter einer universellen einfachen Skitechnik aber auch als Pädagoge der Offenheit und des Stils.
Das Bild verweist auf ausgeprägtes Pedalieren.

(Alpine Fahrart. Text Seite 1 f., Zeichnung Seite 6)

351 Schneider Skischule in USA

1930 Siegeszug von Hannes Schneider

Errichtung von Zweigstellen in den USA
- in P.O. Jackson
- North Conway, New Hampshire, Leitung Benno Rybizka

Die Abfahrtshaltung auf dem Plakat mutet modern an. Diese Position verrät, dass eine fersenfixierende Bindung verwendet ist.

Die Zweigstelle in North Conway sollte 1938 für Hannes Schneider nach seiner Ausweisung zunächst aus St. Anton, dann aus dem Deutschen Reich zur Zufluchtsstätte und neuen Heimat werden.

(Bildquelle: J.-J. Bompard, Encyclopédie. Seite 102)

352 Stockreiten aus! **1931 Max Winkler (D)** „Das Stockreiten ... erniedrigt den Schilauf zu einem rohen Sport." Aber schon 1904 gab W. Paulcke einen verbreiteten Spottvers wieder: „Auf dem Stocke hockt ein Greis, der sich nicht zu helfen weiß."	Max Winkler, der in früheren Veröffentlichungen alle Formen des Stockreitens behandelt hat, will mit einer diskriminierenden Formulierung offensichtlich einen letzten Schlussstrich unter diese Fahrweise ziehen. (Der Schilauf. Seite 145, Bild von Josef Dahinden 1936!)	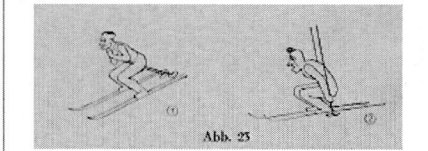
353 Stürzen im Rennen **1931 Roland Betsch (D)** Bei der Schilderung eines Rennens: „Manche legt es um und ihre Stürze sind fabelhafte Wirbel, schneeumtaumeltes Gebilde in gesetzlosem Niedergang. Ihre Stürze aus dem Tempo heraus sind von krauser Wildheit, Ausdruck fanatischen Willens, der noch im Sturz Zeit gewinnen will. Sie richten sich auf und jagen weiter, sind halb betäubt und ohne Sinn für alles, was außerhalb des Tempos liegt."	Der Verfasser, der sich auch in anderen seiner Bücher als Kenner und Beobachter der Skiszene erweist, bringt uns nahe, welche selbstverständliche Rolle der Sturz zu dieser Zeit noch spielte und welche verklärende und romantisierende Sicht noch üblich war. Noch 1936 bei der Olympiade in Garmisch-Patenkirchen konnte noch Christel Cranz trotz eines Sturzes die Goldmedaille erringen. Aber schließlich ist Tempo alles. (Roland Betsch, Gott in der Lawine. Seite 144)	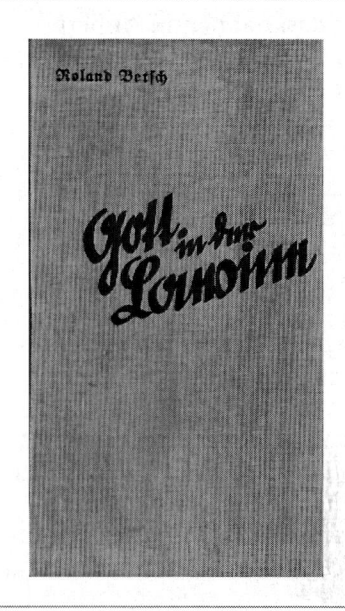
354 Poesie des Telemarks **1931 Hans Roelli (CH)** „Wie oft habe ich durch verschwiegene Mulden, allein in der Schnee-Unendlichkeit, Telemark an Telemark gereiht, zuerst sinnvoll bewußt, nach und nach aber immer trunkener, mit schließenden Augen, ein Wogewiegender, in dem sich singender Schnee mit dem singenden Menschen einte, bis ich jäh, aufschreckend aus Traum und Versunkenheit durchschlug und verwundert, silberne Tropfen abschüttelnd, schier ungläubig mich wieder herausschäle."	Hans Roelli, Hans Fischer, Hans Morgenthaler und Alfred Flückiger können als die Skipoeten der 1920er und 1930er Jahre angesehen werden. Auch später wurde nie so oft und offenherzig vom Skifahren geschwärmt. Unter den „Skitechnikern" nimmt Josef Dahinden die erste Stelle ein, wenn man nach Lobliedern für das Skifahren in ihren Texten sucht. („Ein launiges Vorwort". In: Ski und Du von Josef Dahinden. Seite 12. Telemark nüchtern dargestellt in einer Zeichnung in „Ski und Du". Seite 102	
355 Kampf um den Telemark **1931 Arnold Lunn (GB)** *„The telemark turn is of the greatest possible value. ...* *The telemark, which was once unfashionable, is returning into favour."*	Wie die Schweiz ließ sich auch der große Pionier Arnold Lunn nicht von den Arlbergern infizieren. Nur wenige Leute konnten so wie er die Entwicklung und die Geschichte überschauen. (Ski-Iing In A Fortnight. Text Seite 43, Zeichnung Telemark aus Schussfahrt Seite 44)	

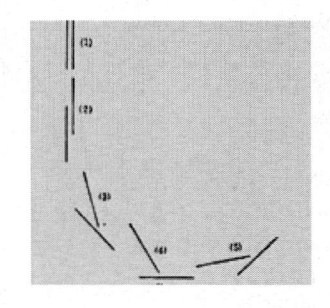

356 Arlberg- oder Bilgerischule – Kampf der „Skischulen"

1931 Tiroler Landesregierung

Mit zunehmenden Spannungen in den Skischulen entscheidet die Landesregierung, dass beide Lehrweisen in den Skischulen anzubieten seien.
(Hannes Schneider betonte schon 1927, dass der Begriff Arlbergschule von außen aufgezwungen worden sei.)
Beide Schulen betonen die tiefe Fahrweise.

Bilgeris Skikurse in der Schweiz leiden ebenfalls unter nationalen Bestrebungen, die man unter der Parole „Schweizer Skiunterricht durch Schweizer!" vorantrieb.
(Siehe zum Komplex der regionalen und nationalen Interessen und Konflikte: Gudrun Kirnbauer, Friedrich Fetz: Skipionier Georg Bilgeri. Seite 157 – 163)

357 Stahlkante und Fahrtechnik

1931 Friedl Pfeifer (A)

Eine der ersten klaren und entschiedenen Stellungnahmen:

„Die Wirkung der Eisenkanten ist verblüffend. Man kann den steilsten und härtesten Harschhang querfahren, ohne im geringsten der Abrutschgefahr ausgesetzt zu sein."

Es dauerte zwar bis in die 1940er Jahre, bis die Stahlkante sich bei allen Skifahrern durchgesetzt hatte, aber für die Rennfahrer ist es nach Friedl Pfeifer ab sofort ein Muß. Er weist allerdings auch darauf hin, dass es nur bei Harthölzern wie Esche oder Hickory sinnvoll ist, Stahlkanten anzubringen.
(Die Schule des Schilaufs. Text Seite 10, Bild Seite 60))

„Schluß der Stemmkristiania"

358 Carven mit „geschwungener Kante"

1931 Werner Salvisberg (A)

„Der normale Ski besitzt eine geschwungene Kante, die im offenen Schwingen schon bei leichtem Kanten die Richtungsänderung einleitet oder sie zumindest unterstützt. Beim parallelkantigen Ski dagegen können die Schwünge nur durch Anstemmen, stärkeres Anscheren oder sprunghaftes Entlasten und Herumschwenken der Hinterenden begonnen werden."

Leider bespricht Werner Salvisberg die „geschwungenen Kante" nur bei der Beschreibung der Ski, geht aber bei Beschreibung von Fahrtechniken, die er ohnehin kaum betreibt, nicht darauf ein. Breitenmaße des Idealski:
9,5 – 7,5 – 8,3 cm
(Slalom und Abfahrtslauf. Seite 71 und 74)

359 Spur breit und Belastung beider Ski beim Kristiania

1931 Max Winkler – Lehrplan des Deutschen Skiverbandes

Verschiedene Belastung:
▸ Belastung des Außenski bei Stemmschwüngen
▸ Belastung beider Ski beim Kristiania

Die Variation der Belastung je nach Fahrtechnik mutet sehr modern an.
Max Winkler, der Lehrwart des Deutschen Skiverbandes, sieht die Notwendigkeit der Belastung beider Ski hier offensichtlich im Zusammenhang mit der breiten Spur.
(Texte Seite 28-45, Zeichnung Seite 44)

360 Schrittstellung und Spurbreite **1931 Werner Salvisberg (A)** *„Je unregelmäßiger die Schnee- und Bodenbeschaffenheit ist, desto größer muß der Ausfall sein."* *„Sicherheit gegen seitliche Gewichtsstörungen erreicht man durch Breitspurigkeit."* („Slalom und Abfahrtslauf" Seite 34)	Mit dem Namen Salvisberg ist verbunden die Formel für den Montagepunkt, die jahrzehntelang Bestand hatte: *Skilänge x 0,465 ergibt die Zehenriemenmitte gemessen vom Skiende her.* (Seite 79 f.) Bei Salvisberg findet man auch eine Diskussion der damaligen Skikanten: immer wieder frisch gehobelte Holzkante, Lettners Metallkante (pat. 1926), Duraluminium-Kante, aufgespachtelte, geschliffene Kunststoffkante, fertige Kunstkanten. (Seite 75–77)	Fahrer: David Zogg (Seite 33) Werner Salvisberg bietet auch einen Überblick über die damaligen Tore und Torkombinationen (Seite 47 – 62)
361 Bedenken gegen tiefe Grundposition **1931 Werner Salvisberg A)** ▸ Weist traditionelles Sicherheitsargument zurück ▸ Verweist auf die geringe Korrekturmöglichkeit. ▸ Geringere Übersicht ▸ Schlecht für Ausfallstellung ▸ Nachteile bei Geländeunebenheiten ▸ Erfordert „Bärenkräfte"	Die Einlassung von Werner Salvisberg kann wohl als eine frühe Gegenposition zur Arlbergschule mit ihrer tiefen Grundstellung gewertet werden. Auch kann man hierin eine früh vorweggenommene Argumentation gegen die spätere „Wellentechnik" (Österreich) und die OK-Technik (Schweiz) sehen. (Inhalte aus Slalom und Abfahrtslauf. 1931. Zitat Seite 34f.)	*„Denjenigen, welche die tiefe ´Dauerhocke´ in der Meinung predigen, daß diese in allen Situationen das Stürzen ungefährlich gestaltet, möchte ich zu überlegen geben, ob man nicht besser daran tut, die Körperhaltung so zu wählen, daß ein Stürzen möglichst vermieden wird."*
362 Gegen einseitige Beinarbeit, für Körperarbeit – Innenskibelastung **1931 Paul Keßler (D)** *„Alles geht vom Körper aus! Durch entsprechende Übungen muß von Anfang an jede einseitige Beinarbeit unmöglich gemacht werden."* Merksätze: *„1. Jeder Schwung beginnt beim Kopf und hört bei den Füßen auf, nicht umgekehrt.* *2. Das Körpergewicht liegt stets auf dem bogeninneren Ski.!"* Lehnt Pflugbogen und Stemmen ab. Paul Kesslers Grund- und Musterschwung ist der Scherenbogen mit Belastung des Innenski.	Paul Kessler schreibt wahrscheinlich das erste Kinderskibuch. Im Vorwort merkt er kritisch an, dass es zu viele Kinderkurse gäbe, die wie Ausbildungskurse für Skilehrer abliefen. Außerdem will er vermeiden, dass sich „die meisten Anfänger in den Netzen der vielen, oft gegenteiligen Gesetze völlig verfangen und am Ende gar keinen Schwung lernen." Deshalb gälte es zunächst nur einen einzigen Schwung zu lehren, den sie je nach Beherrschung dann später in verschiedenen Spielarten ausführen können." (Kindgemäßer Skiunterricht. Texte S. 5, 31, 33 und 36, Bild Seite 33)	Bild Seite 33 Der Scherenbogen: In der „Hauptphase" gehen Körper und Hände der Außenseite weit nach vorne.

363 Schwungtechnik und Tempo

1931 Henry Hoek (CH)

„Alle die schönen Namen: Telemark, Stemmkristiania, Scherenkristiania, lifted stemturn, Quersprung: sind nur Bezeichnungen für Tempodifferenzen."

„Nur Tempodifferenzen unterscheiden diese Bewegungen. Was freilich nicht verhindert, daß ihre sichtbare Erscheinungsform außerordenlich verschieden ist."

In der Aussage wie der folgenden breiten Argumentation scheint mir, dass sich Hoek vergaloppiert. Aber die Thematik wird in den nächsten 90 Jahren lebendig bleiben.

(Schussfahrt und Schwung. Seite 28 und 30)

364 Grundsätzliche Feststellungen

1931 Max Uhlig (D)

- „Das Vorlageverhalten im Schwunge oder Bogen ergibt sich aus dessen Bewegungsrichtung zur Fallinie."
- „Schwünge und Bogen talwärts werden „mit Vorteil in Winkelstellungen angesetzt."
- „Je plötzlicher eine Richtungsänderung ... desto mehr ist die Entlastung auszuprägen."
- „Bei jedem Bogen und Schwunge geht die Drehung vom Oberkörper aus."
- „Die Führung der Glieder – meist der Arme – ergibt sich aus ihrer Eigenschaft als Pendel."

Der Verfasser sieht sich zunächst in fachlicher Verbindung von Carl J. Luther, Arnold Fanck und Fritz Reuel. Aber auch das Natürliche Turnen beeinflusst ihn. Ein besonderes Anliegen Uhligs ist die Geschwindigkeitsregelung, die man durch die gefahrene Linie und nicht durch Bremsen erreichen soll.

Das Buch versteht sich als eine grundlegende Theorie und verzichtet vielleicht deshalb auf Illustrationen.

(Schnee – Schneeschuhe – Schneeschuhläufer. Seite 149 f., 174)

365 Handführung starr oder situativ beweglich

1931 Max Uhlig contra Max Winkler (beide D)

Winkler:
„Der Wille des Läufers konzentriert sich ... bei der Abfahrt in der straffen Führung der vortief gehaltenen Fäuste."

Uhlig: *Dieser Teil sei*
„ganz und gar das, was man als Verkrampfung bezeichnet. Eine gesunde Schneelaufweise dagegen legt Wert auf das freie Spiel der Glieder."

Uhlig stellt sich in diesem Punkt direkt gegen den offiziellen Lehrplan. Die Handführung wird in den kommenden Jahrzehnten die Konzepte immer wieder beschäftigen. Zuletzt in der Carvingtechnik, wenn viele Skifahrer noch nach dem Koordinationsprinzip Oben-gegen-Unten als Erblast der Beinspiel- technik das starre Vorhalten der Hände in das Carven hinein verschleppen. Uhligs Argument vom freien Spiel der Glieder ist höchst aktuell.

(Aus Winklers Leitsätzen für den Schilauf. In Die Laufschule. Seite 8. – Rezension des Buches durch Uhlig in Die Leibesübungen 1931, Seite 108)

366 Springen nach der Seite **1931 Anton Tschon und Hannes Schneider – Amtlicher Lehrplan des Österreichischen Ski-Verbandes** *„Beim Springen nach der Seite springt man aus mäßiger Fahrt mit geschlossenen Beinen und Anziehen der Knie in die Höhe und etwas nach der Seite, bleibt aber dabei in derselben Fahrtrichtung."*	Diese kuriose Fahrtechnik sollte nicht unerwähnt bleiben, nicht zuletzt weil diesen Lehrplan zwei bekannte Experten verfasst haben. Im Allgemeinen aber stimmt die Technik des amtlichen österreichischen Lehrplans entsprechend auch von Absprachen mit dem deutschen überein. (Amtlicher Lehrplan des Österreichischen Ski-Verbandes. Wien 1931. Seite 26 f.)	
367 Figltechnik (Firngleiter) **1931 Karl Tauch (A,** Spezielle Technik: ▶ Aufrechte Fahrhaltung ▶ Drehen mit den Füßen ▶ Bremsen durch Rücklage und Hineindrücken der Absätze ▶ Meist mit Stockeinsatz	Karl Tauch kann wohl die erste Entwicklung von Firngleitern zugesprochen werden. Dafür spricht auch seine Patentanmeldung aus diesem Jahr.	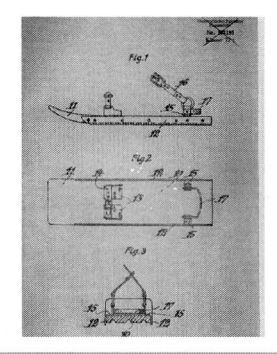
368 Schuss mit geschlossenen Beinen und Ski **1932 von Josef Albert (A)** In der Bilgerinachfolge empfohlen: ▶ Füße eng geschlossen ▶ Knie aneinandergepresst ▶ Arme frei hängend ▶ Handhöhle einwärts ▶ Zum Training ein Tuch zwischen die Knie klemmen. Insgesamt „die modernste und praktischste Skitechnik".	Hier scheint sich das Ideal des schmalen Fahrens und der geschlossenen Beinfiguration zu verfestigen. Zwei Jahre später wird Giovanni Testa einen Schritt weiter gehen und von der geschlossenen, aerodynamischen Figur sprechen. Auch interessant: *„Keine überflüssige Theorie und nicht zuviel Denken".* (Skilauf. Text Seite 51, Bild „Hüftenschwingen". Seite 18)	
369 Bilgeri-System der Elemente und Grundtechniken **1932 Josef Albert (A) nach der Methode Bilgeri** ▶ Ablehnung von Schwungformen, dafür ▶ 12 „Skiturnübungen" und entsprechende Fahrformen wie ▶ aufrechte Grundstellung, tiefe Hocke, Wippen, Hochsprung, Grätsche, Hüftenschwingen, Drehsprung, Sprung seitwärts, Knieschnellen, Stemmstellung, Ausfallstellung	Die Bilgerischule verblasst gegenüber den regionalen und nationalen Profilierungen, vor allem gegenüber der Arlbergschule, erhebt aber nochmals einen ultimativen Anspruch: *„Die vieljährige Erfahrung bei Anwendung dieser Skiturnübungen hat bewiesen, daß man zur Erlernung des alpinen Skilaufens keiner umfangreichen Literatur bedarf, und daß auch die Belastung des Schülers mit den verschiedenen Schwungbenennungen ganz überflüssig ist."*	*„Diese Übungen ermöglichen die schnellste Erlernung der einzig richtigen alpinen Skilauftechnik."* (Skilauf und Skihochtouren. 1932)

370 v. Kapff-Ski – Kurzski für spielend leichtes Schwingen	Über diesen Kurzski von 140-150 cm sowie über den Wechs-Ski und den Reitterski wird in einer Materialkunde 1935 geurteilt.	Entwicklungen kürzerer oder eigentlicher Kurzski
1932 S. v. Kapff (D)	*„Die Tragfähigkeit dieser Hölzer ist so groß wie beim Normalski."* (Mitteilungen des Deutschen u. Österreichischen Alpenvereins Jg. 1932, Seite 27 f., 74) Literarische Erwähnungen von Kurzski bei Ernest Hemingway 1925/26, nämlich über seine einheimischen Träger, die *„auf ihren kurzen Skiern wie Kobolde zu Tale schossen."* 1934 bei Dory Jaeggi: *„Doch mit kleinen, eleganten Schwüngen, wie man sie nur auf Sommerski fertigbringt, kurvten wir um alle Hindernisse."*	▸ Mathias Zdarsky (1897) ▸ Georg Bilgeri (1910) ▸ Wechs-Ski (1927) ▸ Reitter- oder Stufenski (1928) ▸ Firngleiter (1930) von Karl Tauch (A) Kurzski von S. v. Kapff (1932) ▸ Kurzski (1935) A. Brugger u. H. Meier ▸ Goon-Ski von Jimmy Madden (1938) Karl Koller (1952) ▸ Clif Taylor (1961), Versuch schon 1937 in Vermont ▸ Lernski (ab 1972) ▸ Kompaktski (1980) ▸ Kneissls Big Foot (1991) ▸ Carvingski (1991) ▸ Supershorties (1992) ▸ Kneissls 130er und 134er Kurzski (1993) ▸ Kurze Carvinglängen (ab 1992) ▸ Alleinlänge von 140 cm, Carvemaschine (Atomic) und Cyclon (Head)
▸ *„Spielend leichtes Schwingen"* ▸ für *„ein Gebiet der Freude und des Genusses"* ▸ schnelles Erlernen ▸ besondere Eignung für Späteinsteiger ▸ besondere Eignung für Ältere ▸ Gefahrloser *„als die verruchten langen Hölzer"* ▸ Leichtes Gewicht		
371 Ausführung von Quersprüngen	▸ Aufrichten und Aufheben der Telemarkstellung Der durch seine Therapie der langsamen Erwärmung von Erfrierungen weltbekannte Mediziner war offensichtlich auch ein engagierter Skifahrer. Der Drehsprung im Bruchharst ist für ihn *„ein technischer Griff erster Güte"*. Einwände wegen zu großer Belastung weist er zurück: *„Wer aber die Technik beherrscht, wird ohne sich zu erschöpfen mehrere Hundert Meter Höhenunterschied in beinahe ununterbrochener Fahrt in lauter Sprungkehren erledigen können."* Eine erstaunliche Zumutung.	(Praktische Hilfen. Texte und Zeichnung Seite 22-24)
1932 Campell, Rudolf (CH)		
Quersprünge – ähnlich Drehsprünge: ▸ Niedergehen in leichte Hockstellung. Es folgen: ▸ Kräftiges Einsetzen der Stockspitzen talwärts ▸ Emporschnellen des Körpers, Aufstützen auf die Stöcke, leichtes Anziehen der Knie und Drehen des Beckens samt Beinen ▸ Niedersprung in kurzdauernder Telemarkstellung		
372 Omnibusfahren	Erster Zweck: Erleichterung für Ermüdete, Verletzte, Erkrankte. Aber auch als Training. Sogar zu dritt. Später wurde das Omnibusfahren zum hochriskanten „Tatzelwurm" mit vielen Teilnehmern ausgebaut. „Tandemfahren" schon auf der Bloke in Slowenien um 1650.	(Bild aus einem Würfelspiel ca. 1912)
1932 Bilgerischule (A)		
Angekoppelt: ▸ zweiter Fahrer fädelt Ski zwischen Ski des ersten ▸ umfasst die Hüften des ersten ▸ Richtungsänderungen durch Stemmbögen		

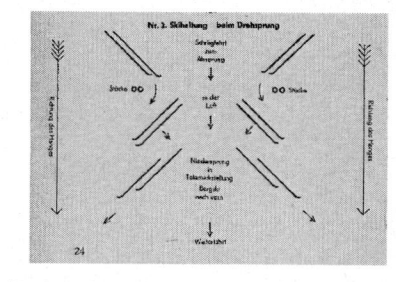

373 Drehsprünge wie bei den -Schneehasen

1932 Alfred Flückiger (CH)

„Drehsprünge? Sie sprühen vor übermütiger Lebensfreude, vor unbändiger Daseinslust. Unvermittelt zuckt der Skiläufer auf, fegt – hoch und stolz auf den Stock gestützt – mit beiden Brettern einen weiten, lustvollen Bogen durch die Luft; saust in den Schnee nieder und zickzack sich so weiter hüpfend durch's Gelände wie ein Schneehase. ... Dreh- und Quersprünge sind die flottesten Uebungen der ganzen Fahrschule; für den Anfänger wie für den Fortgeschrittenen bedeuten sie prächtige Knacknüsse. Nur frisch dahinter, der Kern ist gar süß. Der ganze Mensch ist dabei ein einziger Wille, eine herrlich gesammelte und kraftvolle Energie."

Die Bedeutung von Quer-, Dreh- und Stoppschwüngen in jener Zeit ist nur aus zwei Gründen erklärlich. Man befuhr noch keine präparierten Pisten und das allgemeine Fahrtempo war niedrig. Das waren auch die Voraussetzungen für das Aufkommen der Skiartistik.
Alfred Flückiger war der Chefredakteur des schweizerischen Jahresbuches „Der Schneehase". Vielleicht war ihm deshalb der Vergleich mit den Schneehasen besonders lieb und teuer.
(Schneevolk. Zürich 1934, Seite 53)

(Zeichnung aus R. Campell, Praktische Hilfen. Seite 23)

374 Schuss als eigentlicher Sinn des Schilaufs

1932 Max Winkler (D)

Die Gewichtung der Skitechniken zu dieser Zeit erhellt einer der 8 Leitsätze des Lehrplans:

„Der Sinn des Schilaufs ist die flotte Schußfahrt, solange man das Tempo meistern kann. Schwung und Bogen gehören dorthin, wo das Gelände sie erzwingt."

„Auf freiem Hang sollte man nicht ewig Bögen schlängeln."

Erstaunlich, dass sich ein Verantwortlicher für deutsche Skilehrpläne, der noch bis in die 1950er Jahre für Stemmtechniken einsetzt, noch 1932 das Schussfahren so hoch gewichtet.
(Die Laufschule des Deutschen Ski-Verbandes. Texte Seite 8 und 64, Bild Seite 48)

Abfahrtspositionen

375 Telemarkski mit geschweifter Kante für das Schwingen

1932 Luis Trenker (I)

▸ *„Der Telemarkski, unser heutiger Ski, hat aber auch eine wirklich bestechende Gestalt. Sie atmet in allen Zügen Vollendung."*
▸ *„Der Ski, der sich der verschneiten Bergwelt am besten anschmiegt, das ist der alte, wunderschöne Telemarkski. ... An ihm ist ... die geschweifte Kante für guten Stand am Hang und zur Erleichterung des Schwingens."*
▸ *„Man hat die Skier in der Form so verändert, daß sie sich bei der Abfahrt leicht schwingen lassen."*

(Den Schriften Trenkers widme ich in den folgenden Zeitfenstern besonderen Aufmerksamkeit, da Trenker als Schriftsteller und Skiexperte durchgehend unterschätzt wurde.)
Eines der Zeugnisse, dass die geschweifte Kante und ihre Wirkung durch die Zeiten bekannt war. Vermutlich war die Zeit für ein konsequentes Carven aber noch nicht reif: Es gab noch keine präparierten Pisten. Schuhe und Bindungen waren für ein effektives Kanten ungeeignet. Die Ski waren noch viel zu lang und für das Flexen zu steif.
(Berge im Schnee Texte Seite 26 f., Außentitel des Buches)

376 Festhalten am Telemark

1932 Luis Trenker (I) wägt ab:

„Wenn auch aus der modernen Abfahrtstechnik ziemlich verdrängt ..."
„Er ist nicht so schön, nicht so kraftvoll und wuchtig in der Bewegung, wie der von Hannes Schneider und vielen anderen gepredigte Stemmchristiania."

„Er hat aber trotzdem seine großen Vorteile: er ist im Allgemeinen leichter zu fahren und besonders im tiefen Schnee ein Hilfsmittel, das kurzes und schnelles Schwingen ohne jegliche Kraftanstrengung gestattet."
(Berge im Schnee. Seite 53)

Nicht alle, wie hier Luis Trenker oder an anderer Stelle Josef Dahinden, folgen also dem Verdikt oder der Ablehnung des Arlbergs.

Bild veröffentlicht von Carl J. Luther 1937 mit der Bildzeile: „Als Hannes Schneider noch Telemark fuhr"

377 Besonderer Pflugbogen

1932 Luis Trenker (I)

Der Schneepflugbogen „entwickelt sich aus dem ... Schneepflugfahren heraus. Aus dieser Stellung schiebt man einen Ski etwas vor und belastet denselben mehr. Nun wird automatisch eine Richtungs- änderung nach der anderen Seite zustande kommen, ohne daß man aber die Schneepflugstellung mit auseinandergedrückten Skienden verläßt."

Luis Trenker erweist sich nicht nur als der große Amateur für die Berge und das Skilaufen, er kennt durchaus feine Unterschiede in der Skitechnik.
Sein spezieller Pflugbogen wird bis heute gelehrt, um in die Telemarktechnik einzuführen.
(Berge im Schnee. Seite 48. Trenkers Portrait aus Der Bergsteiger. 1928, Seite 486)

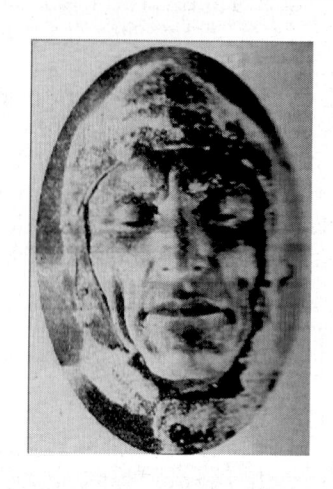

378 No fall races – Ohne-Sturz-Rennen

1932 Luis Trenker

„...doch ist eine solche Regulierung weder vom sportlichen, noch vom technischen Standpunkt aus sehr erfreulich. Ein Sturz ist an und für sich ja kein schlechtes Zeichen. Es kommt darauf an, wie man stürzt, und außerdem können die Ursachen eines Sturzes sehr verschiedenartig sein, so dass Unschuldige oft die Opfer dieser Vorentscheidung sein können."

Eine kurze Episode in der Entwicklung der Renndisziplinen. Aber sie zeigt auch, wie oft in damaliger Zeit überhaupt gestürzt wurde. Christel Cranz konnte bei der Olympiade 1936 trotz eines Sturzes noch die Goldmedaille erringen. Der Sturz gehörte offensichtlich in diesen Jahren noch zu den Selbstverständlichkeiten des Skibetriebes. Aber die Sturzfreiheit ist schon zum Ideal avanciert.
(Berge im Schnee. Seite 64, Bild ebenda Seite 55)

379 „Die Frau auf Skiern"

1932 Luis Trenker (I)

„Praktisch soll die Frau oder das Mädchen den Sport nur als Gesundheitsquelle und als Erholung und Körperertüchtigung betreiben. Rekorde sind schon recht, aber ich sah bisher wenig schöne und anziehende Gestalten unter den ausschließlich dem Sport sich widmenden Frauen und Mädchen."

So enden die Überlegungen Trenkers zum Thema „Die Frau auf Skier". Dabei gesteht er allerdings zuvor:
„Zweifellos gilt für die Frau in sportlich technischer Hinsicht fast alles so, wie es allgemein im Buche gesagt ist."

Außerdem bemerkt er an anderer Stelle:
„Es gibt heute Mädchen und Frauen, die trotz des Rockes und der dünnen Fesseln so fahren wie kleine Teufel."

(Berge im Schnee. Text Seite 86 f., Bild Nr. 160)

380 Schwingen mit neuen Bewegungselementen

1932 Luis Trenker (I) kennt:

- Fersendruck
- Fersendrehung
- Gesäßdrehen
- Gegenzug der Zehen
- Er empfiehlt auch Kanten aus Stahl, Zelluloid, Messing und Aluminium.
- Er hält eine deutliche Taillierung für selbstverständlich. (Seite 27)

Luis Trenker wird in der historischen Rezeption fast nur als großer Filmer und als Propagandist der Bergwelt wahrgenommen. Er hat jedoch einen großen Überblick über die skitechnischen Entwicklungen und Möglichkeiten und bietet durchaus ein originelles Skischulkonzept. Unter anderem setzt er sich für den Telemark ein, bietet unvoreingenommen den Reuelschwung und spricht vom Wedeln. Fersendruck und Fersendrehung werden erst spät in der Beinspieltechnik festgeschrieben.

(Berge im Schnee. Seite 51, 57 f., Bild Seite 39)

381 Göttliches Stockreiten – skifahrende Engel

1932 Olaf Gulbransson (N)

Die Zeichnung im Simplicissimus trägt folgende Unterzeile:
„Seltsam, der liebe Gott ist doch zu konservativ! Er hält noch immer an der altmodischen Stockreitertechnik fest!"

Neben Pflug, Schuss und Flug ist auch ein gewaltiger Drehumsprung zu sehen.
Nach der Zeichnung betreiben auch die Engel das Skilaufen.

Das erste Mal, dass der liebe Gott selbst Ski fährt. Die Überschrift über dem Bild lautet entsprechend:
„Skilaufen, ein himmlischer Sport". Dazu passt auch, dass die geflügelten Skispringer aus den Wolken herausspringen. Obwohl Gulbransson offensichtlich ein Kenner des Skilaufs ist, interpretiert er selbst seine Zeichnung falsch. Der liebe Gott ist hier keine Stockreiter sondern ein Einstockfahrer nach Mathias Zdarsky, der den Stock seitlich führt. Für das Stockreiten wäre er auch unpassend gekleidet.

(Im Jahrgang 37 des Simpl, Seite 489, wiedergegeben in Skisport. 2. FIS-Forum in der bildenden Kunst, Seite 29)

382 Ruckweises Drehen

1932 Deutsche Jugendbücher-Verlagsgesellschaft

„Der Schwung besteht darin, daß man durch geeignete Stellung der beiden Skis und Gewichtsverlegung des Körpers die hinteren Skienden zum Seitwärtsweg- rutschen (Derapieren, Schleudern) bringt, wodurch der Skiläufer sich ganz kurz herumdreht. .. Beim Kristiania-Schwung bleiben die Füßein in annähernd gleicher Höhe, das Körpergewicht wird auf den in der Kurve inneren Ski gelegt, der Körper nach innen gelegt und ruckweise gedreht, wodurch wiederum die Schwungbewegung entsteht."

Abgesehen von der Besonderheit, daß die Ski ruckweise gedreht werden sollen, stehen die Anweisungen in den Traditionslinien Innenskibleastung, Körperinnenlage und Skiführung auf gleicher Höhe.
Letzteres wird erst beim Deutschen Skiverband nach 2000 wieder aufgegriffen werden.

(Handbuch des Sports. Text Seite 94, Bild Seite 93)

Demonstrator Hannes Schneider

383 Derapieren – Schleudern

1932 „Handbuch des Sports" (D)

„Der Schwung besteht darin, daß man durch geeignete Stellung der beiden Skis und Gewichtverlegung des Körpers die hinteren Skienden zum Seitwärtswegrutschen (Derapieren, Schleudern) bringt. Wodurch der Skiläufer sich ganz kurz herumdreht."

„Beim Kristiania-Schwung bleiben die Ski in annähernd gleicher Höhe, das Körpergewicht wird auf den in der Kurve inneren Ski gelegt, der Körper nach innen gelegt und ruckweise gedreht, wodurch wiederum die Schwungbewegung entsteht."

Der unbekannte Verfasser des Artikels „Ski" im Handbuch beschreibt mit ganz ungewöhnlichen Begriffen die Technik des Schwingens. Mit „Schleudern" gelingt ihm dabei ein Vorgriff auf eine Technik und Sichtweise, wie sie Ende der 1960er Jahre in Mode kam. Auch der „Fersentritt" und der „Fersenschub" der 1950er sind in der Sache hier vorweggenommen. Mit der Innenskibelastung gehört der Verfasser zu den späten Verfechtern dieser Belastungsart. Auch die Skilängenempfehlung mit 160 – 240 cm ist ungewöhnlich.

(Handbuch des Sports. Artikel „Ski". Texte und Bild Seite 93 f.)

„Ansatz zum Quersprung"

384 Schrittschwung als Schreiten und Schwingen: „Drehschwung" ohne Stemmschule

1932 A. Malter und L. Schäffler (D)

- Ableitung des Schwingens von der Gehbewegung
- Speziell auch vom Abrollen des Fußes
- Mit Zehenzug und Fersendruck
- Scharfe Ablehnung allen Stemmens

„Als der vielseitigste Schwung hat sich bis jetzt der Querschwung durchgesetzt, der wohl besser nach der schreitenden Ausführungsweise als Schrittschwung zu bezeichnen wäre."

„Gleiten wie man läuft" – eine frühe und grundsätzliche Theorie des Themas Alltagsmotorik und des „Schrittschwung- laufens". Parallel und schwingend fahren von Anfang an ohne Bogenschule. Kaum je zuvor wurden auch Skischulen so scharf angegriffen. Der Begriff „Schrittschwung" wurde in Deutschland in den 1960ern als Alternative zum „Umsteigen" erneut diskutiert. Bezug auch zum „Spitzerlheben" von Hans Zehetmayer in den 1980er Jahren..

(A. Malter Schreiten und Schwingen. Seite 97 – 100.
L. Schäffler, Gleiten wie man läuft. Seite 22 – 24 und 42 – 43)

„Das sind Schwungläufer, keine Fahrer"

(Foto von Carl J. Luther Seite 97)

385 Der Gleitkristiania II

1932 Josef Dahinden (CH)

Seine Gesamtschau
„Es braucht sehr viel Übung, alle diese Bewegungen harmonisch zusammen zu spielen, und es ist dieser Schwung der allerschwierigste der ganzen Fahrtechnik, weil er am meisten Koordinationsvermögen voraussetzt. Die Bewegung ist in ihrer Vollendung rhythmisch wundervoll ausgreifend und den Körper allumfassend durchdringend."

Die manchmal ausschweifenden Erklärungen Dahindens werden manchmal mittendrin von poetisch anmutenden Texten durchbrochen. Wäre es heute noch denkbar bei der Analyse und Vermittlung von Techniken von vollendeten Bewegungen in rhythmisch wundervoll ausgreifenden und den Körper allumfassenden durch- dringenden Bewegungen zu sprechen?

(Die Fahrschule. Leitfaden der Skitechnik. Bern 1932)

386 Der Gleitkristiania I **1932 Josef Dahinden (CH)** Seine Technik ▶ Rücklage durch Hochstrecken des Knies des Gleitfußes verstärken ▶ Hochgehen ▶ „körperdrehspannende Drehrücklage" ▶ Hüft- und Schulterachse mit Armen zum Bogenmittelpunkt schrauben ▶ gleichzeitig Ski in leichter Schere öffnen	Die Skitechniken Josef Dahindens sind durchwegs originelle Konstrukte. Mit seinen Erprobungen und Erfahrungen geht er eigene Wege. Im Gleitkristiania nimmt er hier vorweg, was ich 1985 als „Pendelschwung" in die Sammlung „Skizirkus" aufnehmen werde. Auf beide trifft auch zu, was Henry Hoek 1927 vom „Übermut der Schwünge" geschrieben hat. (Die Fahrschule. Text Seite 22, Bildreihe Seite 52)	Bild Seite 45, zweites. von oben
387 Die Gleitstellung oder Gleitausfallstellung **1932 Josef Dahinden (CH)** ▶ *Belasteten Fuß um doppelte Fußlänge vorführen* ▶ *„Knie zu tiefst vorgebeugt"* ▶ *hintere Ferse abheben* ▶ *dazu Knie leicht beugen* ▶ *Becken nach vorne gedrückt* ▶ *Körperschwerpunkt lotrecht über dem tragenden Fuß*	Gleitstellung und Gleitkristiania werden schon in „Die Skischwünge" 1930 vorgestellt, in „Die Fahrschule" aber noch prägnanter gefasst. Vergleiche zur Gleitstellung auch die „Reiterposition" dieser Jahre. Interessan ist Dahindens Begriff der „Körperdrehspannung", die von mir unter dem Begriff „Spin" 2018 wieder behandelt werden wird. (Die Fahrschule. Text Seite 18, Zeichnung Seite 39, Positionen links falsch, rechts richtig)	
388 Ski tragen **1932 F. Hallberg, H. Mückenbrünn (beide F)** Ski tragen: ▶ Durch den Rucksack gesteckt ▶ Unter die Achseln geklemmt ▶ Über die Schulter gelegt ▶ Mit Trageriemen	Das Tragen der Ski war zu den Zeiten, in denen sich die Skilänge verkürzt und zwischen 200 und 220 cm eingependelt hatte, schon angenehmer geworden. Erstaunlich ist, dass die geschulterten Ski mit der Spitze rückwärts getragen werden. Offensichtlich hat sich die Regel „mit der Spitze voraus" erst später durchgesetzt. (Le Ski par la technique moderne. Text und Zeichnung Seite 178)	
389 Kristiania modern – beidbeinige Entlastung **1932 Ernst Janner (A)** ▶ Körpergewicht rasch und mit Hüftschwenken verlegen ▶ Druck speziell auf das Ende des belasteten Ski ▶ Anderes Bein stößt ab und hebt oder streicht den Ski bei Neigung bogeneinwärts	Ernst Janner als Leiter des Sportheimes des Bundes in St. Christoph begründete neben der Skischule von Hannes Schneider Ansehen und weltweiten Ruf des Arlberges. Der Schneepflughalt wird auf Jahrzehnte einerseits eine eigene Fahrhilfe bleiben, andererseits eine Vorübung für den Stemmbogen und den Stemmschwung sein.	

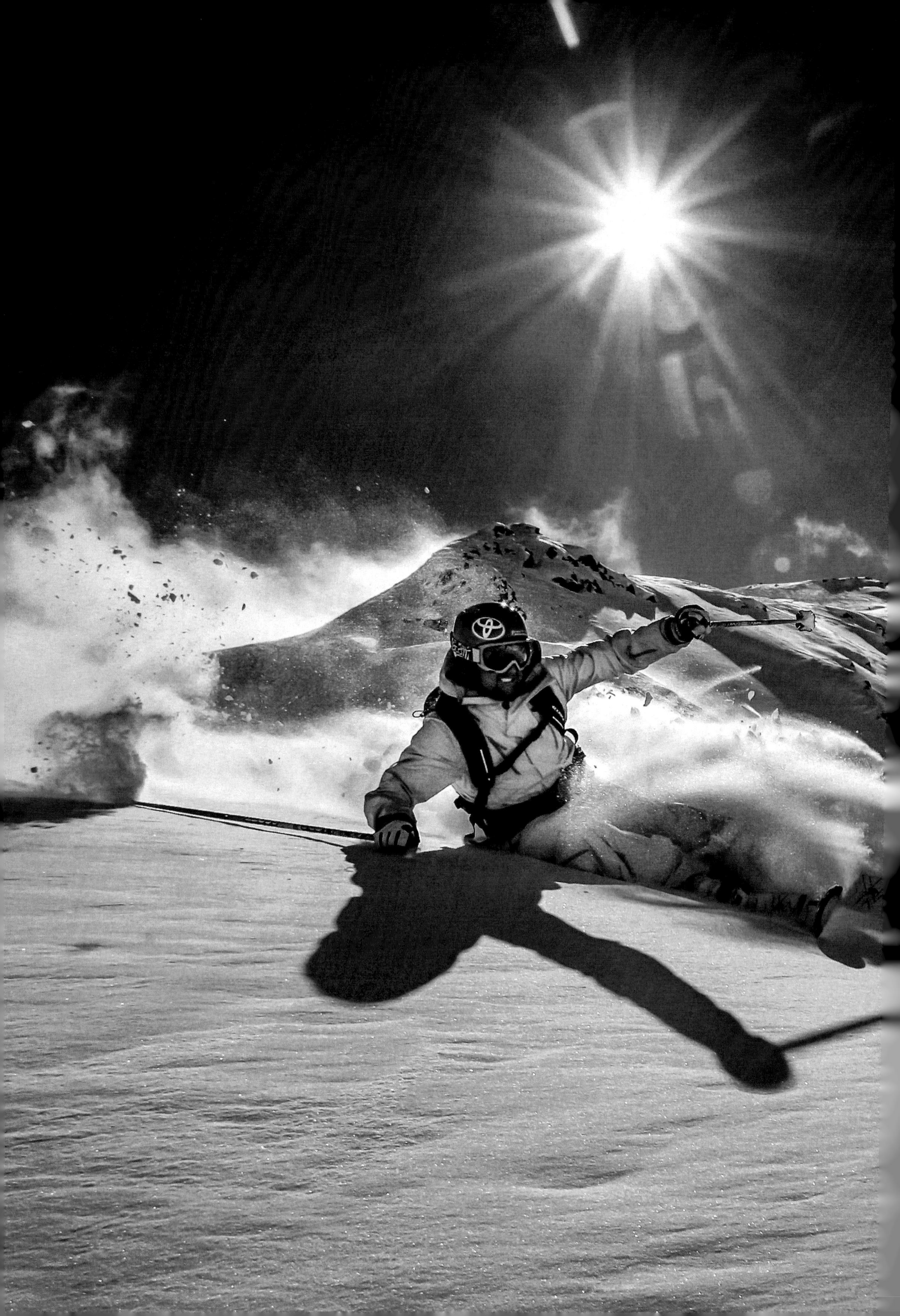

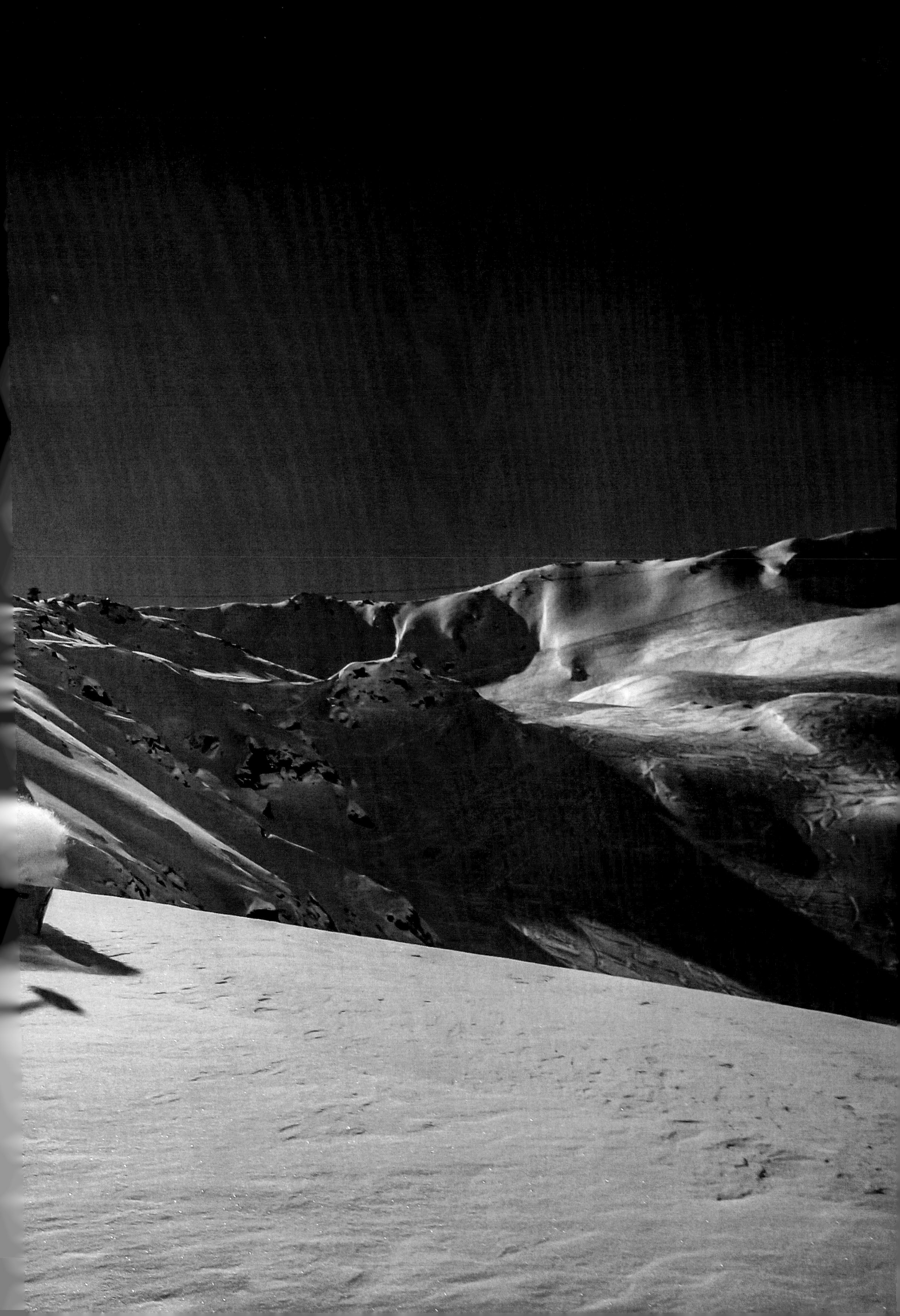

390 Gezogener Kristiania **1932 Anton Janner (A)** ▸ Ganzer Körper streckt sich durch ▸ Schultern zurückgedrückt ▸ Kreuz hohl ▸ Knie durchgedrückt ▸ Arme breit seitlich ▸ Belastung beidseitig auf Zehenballen ▸ Zehenhub gegen Zehenriemen ▸ Drehung von der Schulter abwärts	Temposchwung als ästhetischer Schwung: Bei einem modernen Fahrer „hat man nur den Eindruck eines spielenden, wiegenden Gleitens, der ganze Körper scheint sich fast bewegungslos dem Gelände anzuschmiegen. Dieses schöne, ruhige Bild ergibt sich aus der aufrechten Körperhaltung. Fast die ganze Arbeit ist von den Beinen allein zu leisten, daher ist die richtige Kniehaltung und –bewegung das Um und Auf des Temposchwunges." Dieser Text liest sich bereits als ein Abgesang auf die Arlbergtechnik mit ihrer tiefen Fahrhaltung.	 („Wie man flott Skilaufen lernt". Text und Bild Seite 35 – 36a)
391 Stemm-Telemark **1932 Max Winkler (D)** ▸ „Bei mäßig schneller Schrägfahrt geht man in die Ausfallstellung. ▸ Nun dreht man mit kräftigem Stemmdruck der Ferse den Ausfallski stark (90 Grad-Winkel) bogeneinwärts und erzwingt dadurch den Bogen. ▸ Das Wiedervorholen des Innenski kann gleich dem Stemmbogen mit Innenstockhilfe durch Aufheben des Innenski erfolgen."	Diese Technik wird bei „zähem Schnee" und auf steilem Hang empfohlen. Nach der Neuauflage 1933 wird sie nicht wieder erwähnt. Der 90 Gradwinkel klingt für uns heute unglaublich. Vielleicht läßt diese Technik erahnen, in welchem Tempobereich sich das Skifahren damals bewegt hat. (Verbesserte Auflage: Die Laufschule des Deutschen Ski-Verbandes. Text Seite 61, Bild Seite 48. Das Bild gibt einen normalen Telemark wieder.)	
392 Brief an eine Freundin: Sieh Deinen Ski **1932 Henry Hoek (NL/D/CH)** "Du begreifst das sachliche Ebenmaß dieser leicht geschwungenen Linien ... die feine Einschnürung, um den Schnitt des Bogens zu erleichtern."	Nachdem Henry Hoek bei früherer Gelegenheit die Wirkung der Taillierung bezweifelt hatte, ist er jetzt von ihr angetan. (Skiheil Kamerad! Skikurs für eine Freundin. Seite 6)	
393 „Skifahren ist Schreiten" **1932 Henry Hoek (CH)** „Skifahren kannst Du erst dann, wenn du ... zur Erkenntnis gekommen bist, daß jedes Abfahren nur ein <zu Tale Schreiten> - ein Laufen ist; daß jedes Fahren sich aus einer Folge von Schreitbewegungen zusammensetzt."	Das Thema „Schreiten" wird in diesen Jahren immer aktueller. Henry Hoek formuliert sogar: *„Skifahren kannst du erst, wenn du fühlst, wie sehr jeder Schwung ein großer seitlicher Schritt ist."* (Beide Zitate aus Skiheil Kamerad! Skikurs für eine Freundin. Seite 39)	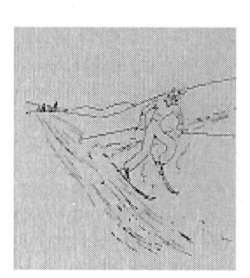

394 Taillierte Ski in Ungarn

1932 Vaclav Horcicka (U)

Ein sportlicher und modern anmutender „Kristianka".

Hinweis auf die richtige Aufbiegung der Skischaufel. Überraschend starke Ausprägung der Skitaillierung.

(Lyze a Snih. Zeichnungen Seite 64, 133, 135)

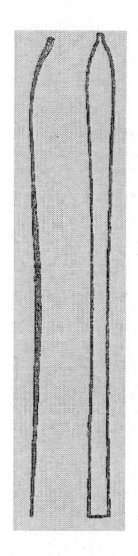

---

395 Leichteste, natürlichste, schnellste Fahrtwendungen – Lehrplan

1933 Max Winkler (D)

Abfahrt:
„Das Gefühl des freien Schwebens"

Stemmbogen:
„die leichteste Fahrtwendung"

Stemmkrisiania:
„die natürlichste Fahrtwendung"

Kristiania:
„das leichteste Mittel, schnelle Fahrt zum Hang abzustoppen: Mit vorgenommenem Innenski dreht man sich (kurze Rücklage und Schere) in den Bogen und läßt sich (wieder Vorlage) mit breiter Basis seitwärts tragen."

Letzter Satz des Lehrplans:
„Darum frühzeitig und immer wieder weg vom Übungshang, ins Gelände, in die freie Bergnatur hinaus!"

Interessante Mit- und Bearbeiter des Lehrplans: Carl J. Luther und der Österreicher Hannes Schneider.
Der Lehrplan, so wird betont, stehe in Übereinstimmung mit dem Verband der Berufsskilehrer.

(Die Laufschule des Deutschen Ski-Verbandes. Verbesserte Auflage: Seite 6 f., Außentitel)

---

396 Erster Fishhook?

1933 Max Winkler (D)

„Aus schneller Schrägfahrt durch Kristiania hangwärts abstoppen und unmittelbar einen Stemmbogen (oder Stemmkristiania) anschließen, um zur entgegengesetzten Schrägfahrt zu wenden."

Offensichtlich wird hier erstmals die Hilfe angewandt, die später unter vielen Namen immer wieder empfohlen wird: Gegenschwung, Schwung brechen, vorausgehendes Schoppen und schließlich Fishhook.
Max Winkler war sich vermutlich der Bedeutung dieser Fahrhilfe nicht bewusst, er zieht sie nur als eine Übung heran.

(Die Laufschule des Deutschen Ski-Verbandes. Verbesserte Auflage. Seite 45)

397 Wann Stemmschwung, wann Parallelschwung?

1933 Max Winkler (D)

Der Lehrwart des Deutschen Skiverbandes sucht zu vermitteln und verweist auf die Vorteile und Notwendigkeit beider:
Aber erst lernen,
- auf glattem Hang Kristiania
- „bei widerstandsfähigem Schnee" Stemmkristiania

Bis 1950 wird sich Max Winkler für die stemmenden Techniken einsetzen. Er wird immer wieder auf die Schüler mit wenigen Skitagen und auf die „widerstandsfähigen" bzw. schwierigen Schneearten verweisen.
(Wandlungen der Skitechnik Seite 183, Bild Seite 181)

„Pflügen, stemmen und schwingen vereint am Slalomtor"

„Pflügen, stemmen und schwingen vereint am Slalomtor"

398 Natürliche Skilauftechnik – Kopf- und Blickführung

1933 Fritz Hoschek (A)

- Gleiten als Fallbewegung
- Voraneilen des Körper
- Verschrauben in Hoch-Tief-Bewegung
- Gesamtbewegung
- Kopfführung und Blick voraus
- Ständige Geländeanpassung

Aus seiner Bewegungslehre:
„Das starke Vorarbeiten des Körpers und die große Geschwindigkeit bringen es mit sich, daß der Stellung und Führung des Kopfes eine hohe Bedeutung zukommt.

Der Blick geht der Bewegung weit voraus, da alles auf die Ausnützung des Bodens ankommt, die verhältnismäßig hohe Fahrstellung ermöglicht das weite Vorausblicken."
Ein Affront gegen die Arlbergschule.
Das Bild stammt aus Hoscheks Buch „Die natürliche Lehrweise des Schilaufens" und zeigt den Historiker Erwin Mehl als Demonstrator. Es findet sich aber auch bei Anton Obholzer. Interessant ist auch, dass wahrscheinlich hier zum ersten Mal Stefan Kruckenhauser eine mediale Aufmerksamkeit bekommt.
(Die natürliche Lehrweise des Skilaufens. In: Skileben in Österreich 1937. Seite 41. Beleg für das nebenstehende Zitat siehe nächstes Zeitfenster)

„Der Kopf geht voran!"
Foto Stefan Kruckenhauser

399 Schlüsselbegriff Verschrauben – Hinweis auf reflektorische Bestimmung

1933 Fritz Hoschek (A)

- *„Das Verschrauben ist der körperliche Ausdruck für den Willen zum Bogen, sie ist eine automatische Reaktion unseres Bewegungsapparates."*
- *„Das für die Wendung des Schi nötige Verschrauben des Körpers kann ein Gesamtverschrauben sein, das im Rumpf beginnt, aber auch die Beine im gleichen Sinn verschraubt."*

- *„Wir können ... von einem Gegenverschrauben der Beine sprechen."*
- *„Ansatz und Ablauf der Bewegung sind weitgehend reflektorisch bestimmt."*
- Auch: *„Schultergegenverschraubung"* und Gegenverschraubung der Beine.

Hoschek unterteilt das Verschrauben beim Aufrichten und das Verschrauben beim Tiefgehen. Zusammengenommen ergibt es in der Terminologie der Zeit den Schraubenkristiania.
Verschrauben vom Schultergürtel aus sieht Hoschek bereits beim Stabwechsel bei Mathias Zdarsky.

Aus Bildreihe 40.
Die natürliche Lehrweise des Schilaufens. Texte Seite 41, 56, 64. Vgl. zum Thema auch die Bildreihen im getrennten Fotoheft Nr. 10, 11, 27, 28, 44. Dort auch die Analyse von Zdarskys Stemmbogen. Text S. 56, Bildreihe Nr. 29 und 30

400 Einfachste Richtungsänderung durch Bogentreten vom Hang **1933 F. Götzel, K. Weinhold (beide D)** „Die einfachste Richtungsänderung ist das Umtreten. … So wird aus der Geraden eine Zickzack- oder Bogenlinie."	Die beiden Autoren bieten auch den Schneepflugbogen und den „Stemmquerschwung" an, halten diese Möglichkeiten aber für anspruchsvoller. (Kinder- und Jugendschneelauf, Seite 20-22)	
401 Merkmale der „Hohen Schule" **1933 „Sport im Winter" (A)** ▶ geduckte Haltung beim Schwung ▶ den Körper in den Boden drücken ▶ „das vorwärtsstürmende Hangablehnen in jeder Phase der Fahrt" ▶ nie unelastisch	▶ „im gegebenen Moment auch höhergehen" ▶ „Wenn erforderlich, den Körper auf vorschnellendem Ski in eine neue Spur werfen." Die Wiener Illustrierte Wintersport-Zeitung, gegründet als Konkurrenz zum „Der Winter", stellt diese Merkmale in Texten und Bildern vor.	
402 Plädoyer für Einfachheit und Einheitlichkeit – Verweis auf Arme **1933 A. Malter (D)** „Nur so ist es möglich ((siehe oben)), dem unheilvollen ‚Stoffglauben' und einem erschreckenden Vielerlei komplizierter Lehrweisen und Techniken nicht nur auf dem Gebiete des Skilaufes zu entrinnen. Nur so stehen wir vor de Möglichkeit zur wahren Einheitlichkeit und Einfachheit der Lehrweise im Skilauf zu kommen, wobei der Einheitlichkeit allein von der Bewegungs- gesetzlichkeit unseres Körpers diktiert wird."	Immer wieder begegnen wir im Laufe der Entwicklung dem Ruf nach Einheit und Einfachheit. Begründungen werden aus einer überzeugenden Technik, aus der Natur, aus den Gesetzmäßigkeiten des Körpers und aus den Bedürfnissen der Schüler abgeleitet. Im Laufe der Jahrzehnte gewinnen Argumentationen auch aus merkantilen und nationalen Interessen heraus Bedeutung. (A. Malter, Schreiten und Schwingen. In: Der Winter 1932/33, Seite 100, Bild Seite 99)	 „Karl Neuner schwingt auch die Arme."
403 Gleich „dem Flug eines Vogels" – Gegen Stemmen! **1933 A. Malter (D)** „Wie ganz anders sieht daneben (neben dem Stemmen) die leicht- beschwingte, kraftsparende Laufart des freischwingenden, auf seinen beiden, natürlich und normal gebrauchten Füßen und Beinen stehenden Abfahrtsläufers aus! Sein Lauf gleicht dem Flug eines Vogels. Er schwebt unaufhaltsam, leicht beschwingt, in größeren oder kleineren Schwüngen, aus flottem Tempo talwärts."	Kein anderer Verfasser malt den Vergleich des Skifahrens mit dem Vogelflug stärker aus. Doch mit dem Vergleich selbst steht er bereits in einer längeren Tradition. (Text und Bild: A. Malter, Schreiten und Schwingen. In: Der Winter 1932/33. Seite 99)	

404 Stemmen – nichts für Frauen

1933 A. Malter (D)

Nachdem er klagt, welche unglückliche Rolle das Stemmfahren für Unfälle und für Anfänger spielt, argumentiert er:

„Denn jene Kraft- und Stemmtechnik, die vor allem unseren Frauen unüberwindliche Schwierigkeiten macht, ertötet das feine Gefühl des Schwingens. Sie steht in größtem Gegensatz zur lebendigen, kraftsparenden Dreh-Schwungtechnik."

Das kurz angesprochene Thema Frau und Skitechnik dient A. Malter zum Poltern gegen alles Stemmen. Er klagt die Skischulen direkt an. Das Bild unterstreicht seine Bedenken.
Ohne darauf einzugehen scheint der Verfasser Fritz Reuel nahe zu stehen.
(Schreiten und Schwingen. In: Der Winter 1932/33, Text und Bild Seite 98)

405 Skiartistik von Mathias Zdarsky bis Fritz Heinrich

1897 bis 1933 erste Phase

- Rückwärtsfahren
- Rückwärtsbögen
- volle Drehungen (Skiwalzer)
- Über- und Entkreuzen
- Überschläge
- Drehsprünge
- Hindernissprünge
- freie Sprünge
- Volten

Freestyle begleitete das Leben vieler sehr guter Skifahrer. M. Zdarsky hat später auf seinen Erstrechten beharrt. W. Paulcke verwies auf Traditionen der Norweger. Fritz Heinrich bringt 1933, später nochmals 1977, eine Zusammenfassung verbunden mit vielen Skispielen. In den 1950er und 1960ern kommt es mit Stein Eriksen, Roger Staub und Art Furrer zu einer förmlichen Renaissance.
(Siehe 2. Aufl. 1977)

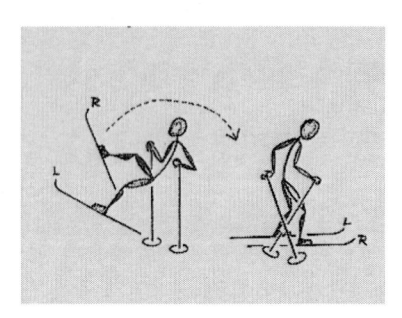

Taxersprung

406 Frühes Wedeln im Bild

1933 Stefan Kruckenhauser

Als zufällig eingestreutes Bild zum Thema „Geschwindigkeit bei Abfahrtsrennen" wird das Wedeln angesprochen. Die Bildaussage entspricht dabei durchaus auch späteren

- Wedelvorstellungen von „kurz und rhythmisch".
- Dabei zeigt der Fahrer ein angestemmtes Wedeln.
- Auch der Schwungbauch läßt sich mit der Wedelempfindung vereinen.

- Dabei kann man von einer Realisierung im tieferen Schnee sprechen.
- Das „Reißen" der 1920er Jahre hat damit auch einen höheren Reifungsgrad erreicht.

Stefan Kruckenhauser stieg als Fotograf in die Skiszene ein und präsentiert früh ein Wedelbild. Er war also schon am Thema, das die Lehrpläne dieser Zeit noch links liegen ließen, interessiert.
20 Jahre später wird er das Wedeln als weltbeherrschende, faszinierende Technik etablieren.

(Bild in Der Winter. Jg. 1932/33 Seite 239. Bildzeile: „Wedeln über Filmfirn". Man beachte das Schattenspiegelbild.")

407 Elegant auf Sommerski

1934 Dory Jaeggie (CH)

„Feiner Pulverschnee lag auf den Felsen, und oft ragten noch Steine hervor. Doch mit kleinen, eleganten Schwüngen, wie man sie nur auf Sommerski fertigbringt, kurvten wir um alle Hindernisse."

Georg Bilgeri führte den Sommerski ein. Aber nie zuvor hat jemand die skitechnischen Möglichkeiten mit kurzen und sehr kurzen Ski in einem Satz so schön herausgestellt, wie ein Mitglied des Schweizerischen Damen-Skiklubs.

Erst mit dem Reitter- und dem von-Kappfski in den 1930er Jahren, mit Karl Kollers Lernski in den 1950er Jahren, mit Clif Taylors Stufensystem in den 1960er Jahreb und den Lern- und Kompaktski der 1970er Jahre werden die Vorteile kurzer Längen herausgestellt bis schließlich der Carvingski die Regel „kurz+stark tailliert" die Fahrkultur veränderte.
(Frau und Ski im Hochgebirge. Seite 115 f. Bild des Außentitel)

408 Göttergeschenk: der Rausch schnellster Bewegung und Ruhe mitten im stürmenden Lauf

1934 Toni Schönecker – Henry Hoek

Die aus den Göttern entlassene Tochter des Winters und der Sonne erbat sich als Abschiedsgeschenk:

„Und sie ersann eine Gabe, darin alles vereint war, was sie an Freuden kannte: den Rausch schnellster Bewegung und die Ruhe mitten im stürmenden Lauf; des Körpers Freude am schwereentbundenen Gleiten und Schwingen, erlöst von der Mühsal des Stapfens und Schreitens."

Der Text aus Henry Hooks „Wintermärchen" interpretiert das erotisch angehauchte Bild von Toni Schönecker. Dieser zeichnete seit 1919 für Carl J. Luther. Einige davon sind wie Prophezeiungen künftiger Techniken.

(Carl J. Luther, „Skiläufer." Text Seite 67, Bilder Seite 67 und 59)

409 Spottbegriffe für den Übungshang

1934 Toni Schönecker, Carl J. Luther (beide D)

Damenbad:
Spottbegriff der 1920er Jahre für den Übungshang, auf dem offensichtlich vor allem Damen stürzten.
Andere Begriffe für den Übungshang:
Spielwiese, Idiotenhang, Lamplhang, Kindergarten, Nursery.

Zum tieferen Verständnis: Es gab damals nur selten präparierte Pisten. Auf den Hängen lag meistens Lockerschnee und jeder Kurs musste sich seinen Übungshang selbst „treten". Beim Sturz ging man beispielsweise im verworfenen Schnee leicht „baden".
Bei Toni Schönecker und Carl J. Luther (Skiläufer. München 1934, Seite 76) findet sich ein Szenarium des Treibens und Stürzens auf dem Übungshang.

410 Damen-Slalom **1934 Gerd Falkner (D)** Bei den deutschen Winterkampfspielen, die 1934 zum viertenmal nun auch mit einer Damen- disziplin ausgetragen wurden, trat Christel Cranz zum Slalom an, siegte und begann damit ihre große Laufbahn.	Die Diskussion um den Frauenskilauf hatte sich bald vom Thema Skikleidung der Frauen dem Problem zugewandt, ob Frauen auch wettkämpferisch fahren sollten oder ob sie sogar zu gleichen Disziplinen wie die Männer antreten können. (Die deutschen Winterkampfspiele. Text und Bild Seite 49)	
411 Schwungprinzipien **1934 Max Winkler (D)** ▶ Schreitbewegung als Grundlage ▶ „Schulterschwung im Bogendrehsinn" ▶ Schulterschwung der Hüftdrehung entgegengesetzt	Max Winkler, vielfacher Autor und Lehrwart des Deutschen Skiverbandes, zeigt eine gewisse Offenheit, wenngleich er dem Schulterschwung im Bogendrehsinn den Vorzug gibt. Beim Telemark mit Einsetzen des Innenstockes zeigt er im Bild sogar eine ziemlich neutrale Körperführung. (Der Skilauf in Bildern. Texte Seite 65, Bild Seite 28)	Umsprung, nach moderner Terminologie: geflogener Schwung. Vgl. auch Clalüna-Schwung 1922
412 Einstocktechnik am Ende **1934 Der Alpen-Skiverein Wien** gibt seinen Mitgliedern die Benützung von zwei Stöcken in der Technik nach Mathias Zdarsky frei. Mit der Aufgabe des Einstockfahrens erlischt langsam eine jahrhundertalte Technik. Die Benützung eines Stabes in der Anfängerausbildung nach Georg Kassat in den 1980er Jahren hat damit nichts zu tun.	Mathias Zdarsky tritt daraufhin aus dem von ihm vor drei Jahrzehnten gegründeten Verein aus. Einstockschwünge leben allerdings als Reminiszenz oder als methodische Aufgabe wie im „Skizirkus" von mir ab 1985 wieder auf.	
413 Aerodynamische Hocke **1934 Friedl Wurzel (A)** Merkmale: ▶ schmale Spur ▶ „Knie aneinandergeschmiegt" ▶ Oberschenkel horizontal ▶ Oberkörper auf Knie ▶ Hände nach vorne, tief	Obwohl sich die Fersenfixierung durch die Bindung noch nicht durchgesetzt hat, vermitteln die Bilder von Friedl Wurzel den Eindruck von Vorlage. Jedenfalls scheint zu diesem Zeitpunkt die Hocke mit aufrechtem Oberkörper vorbei zu sein. Die Position kommt Josef Dahindens „Kugelform" von 1930 und Georg Jouberts „Position Ei" der 1960er sehr nahe. (Der moderne Skilauf. Text und Bild Seite 24)	

414 Steilhangtechnik **1934 Friedl Wurzel (A)** ▸ Aus einer tiefen Position in Vorlage ▸ mit Hochgehen des Körpers von unten nach oben ▸ beide Knie voreinwärts drehen ▸ dann Hüften und Oberkörper ▸ in Fall-Linie beinahe gestreckt ▸ Körper sinkt tief ▸ Körper wieder aufrichten	▸ Als Linie Serpentinen vermeiden ▸ Rasche, flüssige Fahrt „der Fallinie angleichen" Nach Lothar Gfrörer (1927) ein weiteres Eingehen auf eine Steilhangtechnik. (Der moderne Skilau. Text Seite 69 – 71, Bild Außenumschlag)	
415 „Spitzerlheben" und Fersendruck **1934 Friedl Wurzel (A)** Aktion am kommenden Innenski des Scherenkristiania: ▸ „Fersendruck abwärts" (Ferse drückt auf Ski) ▸ „Zehendruck aufwärts" (Zehen drücken nach oben gegen den Schuh) ▸ Weites Eindrehen	Die Möglichkeit dieser Art von Schritt- und Schwungeinleitung wird erst Anfang der 1980er Jahre wieder von Hans Zehetmayer vorgeschlagen werden. Dazu auch Druck auf den Fußballen des Außenski. Und statt der Rotation Körpergegendrehung. Der Bogen lässt sich auch zu den Rennanalysen von Fritz Baumrock 1990 und 2008 spannen. (Der moderne Skilauf. Text und Bild Seite 30 f.)	
416 Schönfahren der Frauen vor Schnellfahren – keine Sturzhelme **1934 Helene M. Zingg (CH)** „Durch die wohldurchdachten und trefflich geleiteten skisportlichen Schulen gibt es von Jahr zu Jahr mehr Frauen, die technisch und rhythmisch gut, also elegant fahren und denen nun wirklich das Schönfahren vor dem enervierenden Sekundenrekor kommt. Ich kann mir auch vorstellen, dass für diese Frauen die Ausschreibung einer Stilkonkurrenz recht anziehend und der Mühe des Studiums wert sein muss."	Die Diskussion um die Skilehrerprüfung der Frauen ist abgeschlossen, nicht aber die Bedingungen der Teilnahme am Rennsport. Aber noch in diesem Jahr werden Rennläuferinnen wie Christl Cranz neue Fakten schaffen. Nebenbemerkung: „Sturzhelme gehören nun einmal nicht zum Skisport." (Gedanken über Damen-Skiwettkämpfe. Seite 179. Bild Seite 179 unten)	
417 "Die einfachen, natürlichen Schibewegungen und Bewegungsvorgänge" **1934 Otto Amanshauser (A)** „Es ein arger Lehrfehler, Anfängern glaubhaft zu machen, sie müßten verschiedenartige Bögen erlernen."	„Der Aufschwung zur Drehung wird mit größter Vorlage seitlich-talwärts ausgeführt. Man läßt den Körper nach dem Aufschwung geradezu talwärts fallen und fängt ihn nach der Drehung in breiter Skiführung wieder auf. Der Talski stemmt dabei hinten fest ab." (Volkstümliches Schi-Lehrbuch. Seite 6, 17 f.)	

418 Schilehrer und ihre Schilehre

1934 Otto Amanshauser (A)

„Macht man diese Besten (Abfahrer) zu Schilehrern ... so findet man, daß jeder seine eigene Ansicht von den Bewegungsvorgängen hat und, je nach Einbildungskraft, Bildung und angeborenem Lehrgeschick, eine andere Schilehre verbreitet. Bei diesen Besten bleibt es aber nicht. Viele kaum mittelmäßige Schifahrer haben sich zu Schilehrern gemacht oder sind von wieder Unfertigen dazu gemacht worden. Sie haben ihre mangel- und fehlerhaften Bögen und Wendungen zum Beispiel erhoben, haben so falsche Schilehren verbreitet oder sogar darüber Schibücher geschrieben."

Der Verfasser schätzt damit die Lehrer- und Unterrichtssituation sehr kritisch ein. Für die Lehrer zeigt er aber doch auch Verständnis:

„Jeder hat sicher das Beste gewollt und keiner ist schuldig. Aber eine große Verwirrung ist übriggeblieben."

(Volkstümliches Schi-Lehrbuch. Texte Seite 5 und 6)

419 Die „Kehrteuchdrehung"

1934 Otto Amanshauser (A)

Der Drehschwung als „Kehrteuchdrehung":

„Wenn man aus der Schreitstellung eine Kehrteuchdrehung macht, so ist der Fuß, der vor der Drehung hinten war, nach der Drehung von selbst vorne. Im Stemmbogen führt man eine Kehrteuchdrehung durch. Der Talski ist in der Anfahrt hinten. Nach der Kehrteuchdrehung ist er Bergski und ist selbsttätig ohne Zutun vorne. Der Bergski braucht daher nicht vorgezogen werden, weil er bei richtiger Ausführung schon vorne ist."

Das selbstbewußte Programm entspricht auch seinem Urteil über die allgemeine Unterrichtslage und über die eher prekäre Situation der Skilehrer:

„Ich habe im folgenden den Versuch gemacht, die einfachen, natürlichen Schibewegungen und Bewegungsvorgänge in leicht verständlicher Weise zu schildern und zu zeigen, wie man sich die notwendigen Fertigkeiten aneignet." Eine Anregung „zu Einfachheit und Einheitlichkeit".

Der Autor beruft sich übrigens auf Mathias Zdarsky.

Das Buch enthält nur diese kleine Zeichnung und zwei kleine Fotos zum Sprunglauf.

(Volkstümliches Schi-Lehrbuch. Texte Seite 6, Zeichnung Seite 11)

420 Frau und Skitechnik

1934 Henry Hoek (NL/D/CH)

gesteht seiner Freundin alle Techniken zu – außer Springen:
„Skispringen ist Akrobatik, ist letzte Beherrschung eines eisernen Körpers mit fast unzerreißlichen Muskeln. Es ist nicht für Frauen; ich sagte dir es schon. Sei nicht traurig!"

Er rät aber auch ab von gerissenen Schwüngen aus schneller Fahrt und von großen Quersprüngen

Schließlich:
„Vergesse nie, daß deine Leistung sich unter keinen Umständen mit der des Mannes vergleichen lässt. Versuche nie dieses unmögliche Ziel zu erreichen."

Das Buch „Ski Heil, Kamerad" ist schon wegen seiner literarischen Form bemerkenswert, nämlich der Form von Briefen.
Mit Springen meint Henry Hoek alle Formen des damals verbreiteten und hoch eingeschätzten Springens.

(Skiheil, Kamerad! Skikurs für eine Freundin, Seite 19 f., 54 Umschlagbild)

421 Formel Kippen – Carvingformel **1934 Henry Hoek (NL/D/CH)** Nach einer detaillierten Beschreibung: *„Beide Ski haben eine Kippbewegung in der Laufbahn gemacht – das Gewicht wurde von der einen Seite der Skilängsachse auf die andere verlagert. Dies ist mit dürren Worten die ganze Mechanik des Talschwunges."*	Henry Hoek hat in seinen vielen Lehrbüchern seit 1906 die Skitechniken detailliert beschrieben. Aber wie mancher vor und nach ihm sucht auch er eine einfache Formel für das Schwingen. So ist seine Formel vergleichbar mit der Hallux-Valgus-Technik von Sebastian Zwicknagel (1973) oder mit dem „Seitfallen" von Georg Kassat (1985). Beachtenswert ist die frühe Verwendung des Begriffes „Kippen".	(Skiheil Kamerad! Seite 46 f.)
422 Gleiten – immer noch das große Ideal des Skilaufs – Brief an eine Freundin **1934 Henry Hoek (NL/D/CH)** empfiehlt seiner Freundin, die neuen Ski gegenüber dem Bette aufzustellen und formuliert dazu einen schönen Satz, der den Traum vom Skifahren überhaupt birgt: *„Dann schlafe ein; und dein Traum sei Glück und Gleiten."*	Fridtjof Nansen war angetan von dem bescheidenen Gleiten des Ski nach einem Schiebeschritt. Abfahren wird für lange Zeit fast das Synonym für Gleiten. Erst in den 1960er Jahren kam das schneidende Steuern und erst in der Carvingära wurde auch das Kurvenfahren zu einem vollkommenen Gleiten. (Skiheil Kamerad! Skikurs für eine Freundin. Seite 7)	
423 „Schrittschwingen" – der Schwung als Schritt **1934 Henry Hoek (NL/D/CH)** ▶ Einleitung von Schwüngen mit einem Schritt ▶ „Skifahren ist Schreiten." ▶ *„... nach Belieben einen Ski heben und vorzuführen. ´Bodenfrei´ mußt du dich fühlen. Du sollst nicht am Schnee kleben, sondern immer bereit sein, einen oder beide Ski in eine neue Spur zu werfen."*	Die Arlbergschule vermied ein Abheben der Ski. Henry Hoek formuliert dagegen revolutionär: „Skifahren ist Schreiten" und „Stemmen heißt Bremsen, heißt ‹Energie töten›." Weiter: „Skifahren ist letzten Endes auch nur Skilaufen". Auch die spätere Umsteigetechnik ist in der Sache und im Verständnis hier vorweggenommen. Der Begriff „Schrittschwung", den das deutsche Skilehrwesen 1962 lancierte, findet sich vielleicht zum ersten Mal in „Der Winter" 1932 Seite 24.	(Skiheil Kamerad! Texte Seite 39 f., Zeichnung von Hella Jacobs Seite 48)
424 „Spiel mit unendlich verlängerten Gliedern" **1934 Henry Hoek (NL/D/CH)** *"Skifahren ist ein Spiel mit unendlich verlängerten Gliedern. Immer abwechselnd sollt du den einen oder den andern Ski belasten, sollst abwechselnd mit vorgeführter Spitze den Schnee ertasten ... Die Ski sollen dir keine toten Kufen sein – nein, fühlende Verlängerung des*	*Körpers. ... Deine Skispitzen müssen Dir sagen, wie der Schnee ist. Ein leises kosendes Verstehen muß sein zwischen dir und dem Schnee."* Henry Hoek, Anton Fendrich, Josef Dahinden und Alfred Flückiger erschließen uns das Skifahren auf bildstarke, poetische und emotionale Art. Kein moderner Skitest kann uns die Ski näher bringen als wir es hier bei Henry Hoek vorfinden.	(Text und Bild aus Skiheil Kamerad. Seite 33 f.)

425 „Ein leises liebkosendes Verstehen" **1934 Henry Hoek (CH/D/Ch)** „Skifahren ist ein Spiel mit unendlich verlängerten Gliedern. Immer abwechselnd sollt du den einen oder den andern Ski belasten, sollst abwechselnd mit vorgeführter Spitze den Schnee ertasten ...	*Die Ski sollen dir keine toten Kufen sein – nein, fühlende Verlängerung des Körpers. ... Deine Skispitzen müssen Dir sagen, wie der Schnee ist. Ein leises kosendes Verstehen muß sein zwischen dir und dem Schnee."* Auf poetische Art bringt uns Henry Hoek das Zusammenspiel von Fahrer, Ski und Schnee nahe. Besondern die Integration des Ski als Teil des Körpers inspiriert dazu, die Skitechnik neu zu verstehen.	(Skiheil Kamerad. Text und Bild S. 33 f.)
426 Sommerski – erste Monographie zu „Skifahren schnell erlernbar"! **1934 Felix Schmitt (D)** ▶ „Das Geheimnis der genußvollen und richtigen Abfahrt liegt im Schwingen, im Bogenlaufen. Grundlage ist der Querschwung, der Kristiania. Je nach Schnee ist er weit- oder schmalspurig zu halten, mehr zu ziehen oder zu reißen." ▶ „Nicht zuletzt ist noch die Wendigkeit der kurzen Skier hervorzuheben. Sicheres Fahren ist in kurzer Zeit erlernbar." ▶ „Die kurze Schiene erfordert zum Lenken weit geringeren Kraft- aufwand, der Ski ist also wendiger." ▶ „Die Hölzer sind gleichlaufend zu führen." ▶ Es sollten „die Hölzer gleichmäßig belastet sein, um einseitiges Einsinken und Eingraben zu vermeiden." ▶ „Abwechselndes Hochgehen aus der Hocke entlastet die Hölzer und erleichtert das Schwingen."	▶ „Auf guter Bahn veranlaßt schon eine Körperschwenkung Änderung der Fahrtrichtung." ▶ „Aufrechte, gestreckte und steife Haltungen sind schlecht. Leichte Hocke erzielt Anpassung an die verkürzte Basis der Hölzer." Im schweren Schnee: ▶ „Hüftenschwung und Fersendruck gegen die Skienden". ▶ „Ermüdung der Beine kommt selten vor." Weitere Anwendungsbereiche: ▶ „Die Abfahrt ist härter, abgehackter, aber kraftvoll und sicher." ▶ „Schussfahrten lassen sich nur schwer durchführen." ▶ „Rasch und genussvoll bringt der Schlittschuhschritt über flachere Strecken." Felix Schmitts Buch liest sich wie ein Kompendium der Kurzskitechnik und nimmt das Bemühen späterer Zeiten voraus.	(Sommerski. Texte Seite 7, 38-41, Außentitel des Buches) siehe auch nächstes Zeitfenster.
427 Drehsprünge poetisch geschildert **1934 Alfred Flückiger (CH)** „Drehsprünge? Sie sprühen vor übermütiger Lebensfreude, vor unbändiger Daseinslust. Unvermittelt zuckt der Skiläufer auf, fegt – hoch und stolz auf den Stock gestützt – mit beiden Brettern einen weiten, lustvollen Bogen durch die Luft; saust in	den Schnee nieder und zickzack sich so weiter hüpfend durch's Gelände wie ein Schneehase. ...Dreh- und Quersprünge sind die flottesten Uebungen der ganzen Fahrschule; für den Anfänger wie für den Fortgeschrittenen bedeuten sie prächtige Knacknüsse. Nur frisch dahinter, der Kern ist gar süß. Der ganze Mensch ist dabei ein einziger Wille, eine herrlich gesammelte und kraftvolle Energie." (Schneevolk. Seite 53)	Drehhochsprung aus Josef Dahinden „Die Ski-Schwünge und ihre Gymnastik". Abb. 14)

428 Telemark poetisch geschildert **1934 Alfred Flückiger (CH)** „*Der federleichte, singende Glitzerschnee stiebt dabei auf und wirft sich in einen entzückenden Fächer, in einen sonnengoldenen Fächer, der aufstiebt vor dunkelblauem Himmel. Der Körper wiegt sich in jeder Kurve; legt sich bald links, legt sich bald rechts; wiegt und schwenkt in den Hüften wie eine Lilie im Wind. Rhythmik und Schönheit der Bewegungen nehmen uns gefangen. Ist das etwas Verwerfliches?*"	Der Schlusssatz ist auf die zu dieser Zeit bereits geringere Wertschätzung des Telemarks in Österreich und Deutschland gemünzt. (Schneevolk. Seite 51)	Bild aus Josef Dahinden, Die Ski-Schwünge und ihre Gymnastik, Seite 80
429 Ganzkörperbewegungen – aber ohne „Carvingski" **1934 Hermann Amanshauser (A)** Für ▸ Ganzkörperbewegungen ▸ Ablehnung des Stemmens, ▸ des Stemmbogens und des Stemmschwunges ▸ Aber Pflug, Pflugbögen und Pflugschwünge ▸ Ablehnung des Scherenkristiania wegen Rücklage ▸ Telemark als kurzer, scharfer Schwung ▸ Keine Carvingski nötig!	Ein Buch, das argumentiert und historische Bezüge herstellt. Seitenhiebe gegen Fritz Reuel. Auffällig der Vermerk über „Carvingski" ohne weitere Diskussion. „*Als besondere Merkwürdigkeit möchte ich an dieser Stelle anführen, daß immer wieder Versuche gemacht werden, einen Ski zu erfinden, der besonders leicht, sozusagen von selbst, Bogen fährt.*" (Alpine Skifahrtechnik. Seite 14 f., 50 – 59, Außentitel) Siehe auch seinen Artikel über Geländetechnik in DER WINTER 1925, unter Nr. 78	
430 Vielfältige Skitechnik, altersgemäße Skitechnik **1934 Lothar Gfrörer (A)** „*Denn darüber wollen wir uns ohne weiteres klar sein, daß nach 8 bis 10 Monaten schnee-ferner Zeit in ein oder zwei Wochen kein Mensch zum Skiläufer gemacht werden kann. Meine Erfahrungen haben mich gelehrt, daß es vollkommen nebensächlich ist, ob ein Ferienskiläufer zuerst einen Querschwung oder einen Ausfallschwung lernt. Das was einer als brauchbare Grundlage mitbringt, soll ihm vollends zur sicheren Hilfe ausgebaut werden.*"	„*Von diesem Erfahrungsstandpunkt aus habe ich auch alle Arten von Technik zur Anwendung gebracht, von der Lilienfelder Einstockweise bis herauf zur modernsten Schwungtechnik. Ein Schüler, der über die Altersmitte hinüber ist, braucht andere Abfahrtshilfen, als einer der im Besitze eines vollelastischen Körpers mit reaktionsfähigen Muskeln ist.*" Dieser sensationelle Text stammt von dem Verfasser der „Steilhangtechnik" oder der Zillertalertechnik aus dem Jahre 1927. Gfrörer betreut auch die Skikurse des Münchner Rother-Verlages.	Gfrörer steht für ▸ ein offenes Technikangebot ▸ ein Angebot für Senioren ▸ für den Telemark. (Skilehrer – Skitrainer. Seite 143)

431 Bericht über Kurzski, Technik und Anwendung

1934 Felix Schmitt (D)

„Reitterski"
- mit Abstufung des Ski-Endes (Verschmälerung des Skiendes):
- Länge 100 – 150 cm

Empfehlung Tomaschek:
- Länge 100 cm
- Schaufel 8 cm, Mitte 7,5 cm, Ende?
- 2 Führungsrillen
- „rauhe Bergsteigerstahlkante"

„Racketski" spez. für Träger und Bergsteiger
- „Mittelding zwischen Kurzski und Schneereifen"
- Länge 105 cm, Breite 12 cm
- mit 2 Fellstreifen, die auch Verminderung des Tempos gedacht sind.

▸ Der Verfasser bespricht die Kurzski von Bilgeri, den Reitter-Ski und den Racketski. Er nennt auch die Namen Gleichgesinnter in der Kurzskifrage: Georg Bilgeri, Dr. Amstutz, Walter Flaig und Hugo Tomaschek.
▸ Ausführlich diskutiert er den Zusammenhang zwischen Skilänge und Skibreite. Ebenso grenzt er die Einsatzbereiche von Kurzski ab.
▸ Die Sätze über Kraft und Ermüdung und „Sicheres Fahren ist in kurzer Zeit erlernbar" sollten zu seiner Zeit wie auch für die kommenden 70/80 Jahre zu einer eigentlich unumgehbaren Systemfrage für die Skilehrpläne vieler Länder, für viele Skischulen und für viele Skilehrer werden.
▸ Aber der Satz „Länge läuft" vergiftet bis heute Imagebildung, Denken und Verantwortungsgefühl.

Sommerski Querschnitte:
- Führungsnute
- Reitterski
- gewölbt
- flach
- gekehlt

„Glücklicherweise ist der Sommerskilauf noch nicht so weit verbreitet, daß von erhabenen Skipäpsten mit Argusaugen ein alleinselig- machender Stil überwacht wird und Verbotenes und Erlaubtes der Fahrweise streng zu beachten ist."

(Sommerski. Seite 41, dazu Zeichnung Seite 22)

432 „Das Grundgesetz des Skilaufs"

1934 Kurt Reinl (A)

Drei Gesetze
- Schwerpunkt immer auf der Talseite – durch Hinauslegen des Oberkörpers
- die Schrittstellung überall
- das Vordrücken der Knie

Kurt Reinl, ein Demonstrator in Arnold Fancks Filmen und ein Kollege Toni Ducias im Skiklub von Paris, bekämpfte in seinen Veröffentlichungen vor allem den Hüftschwung und überhaupt jede Betonung der Hüftarbeit.

433 Die Skikante für alle empfohlen

1934 Gerhard Rudolph, Institut für Leibesübungen, Universität Leipzig

Die Materialprüfungsabteilung des Institutes bespricht und beurteilt 16 verschiedene Kanten. Empfehlung:
- unerlässlich für
- „Renn- und Spezialfahrer"
- empfohlen für Tourenfahrer

Rudolf Lettners Gedanke und Erfindung der Stahlkante (pat. 1926) erfährt nach anfänglicher Skepsis der Skifahrer eine förmliche Explosion an Einfällen und Ausführungen. Materialien, Befestigungen, nachträgliches Anbringen, Auswirkung auf die Skieigenschaften, Gleitfähigkeit, Möglichkeiten zu Wachsen, Aufwand und Haltbarkeit werden besprochen.

(Skikanten-Problem. Seite 146 – 149)

16 verschiedene Kanten. Beispiele:
- Ganzmetallkante, (Stahl, Bronze, Aluminium)
- Kunstkante, (Vulkanfiber, Cell, Pressstoffe mit Kunstharz)
- Kombinationskante, (Metall und Kunststoff)
- Holzkante (erhitztes und gepresstes Buchenholz)

434 Entwicklung Skilauf vollendet und abgeschlossen **1934 Emil Armin Pfeifer (A)** „Der alpine Skilauf kann in seinen Grundzügen als vollendet und abgeschlossen gelten." (Hannes Schneider´s Hohe Schule des Skilaufs. Seite 68, Bild Seite 74)	In Würdigung der Verdienste Schneiders und der Arlbergschule kommt der kenntnisreiche Autor zu diesem Urteil. Er präsentiert im Übrigen in seinem großformatigen Werk in Wort und Bild den Stand der Entwicklung und bringt Fotos von vielen Rennfahrern und vielen Ereignissen. Auch der Skigeschichte und dem Stand der Ausrüstung wird Raum gegeben. Vergleiche Georg Bilgeri 1922, Josef Albert 1932, Henry Hoek 1941 oder Ulrich Göhner 1991.	
435 Spiel der Könige in unbegrenztem Land **1934 Hans Fischer (D)** „Wir schwärmten hoch oben auseinander, jeder von uns spielte mit Schnee, Hang und Bogen. Wahllos und ungebunden tanzten wir hinab. ... Nur in unseren Augen staunt und glüht Bewegtsein der Glieder und die Aufgeräumtheit des Herzens. Jeder von uns war König und Gebieter über unbegrenztes Land."	Der Skipoet spricht in programmatischen Sätzen eine der Grundinterpretationen für das Skifahren aus, das auch heute noch für viele Fahrer, Theoretiker und Programme maßgebend ist. Bei SPORTS wird sich ab den 1980er Jahren das Spiel mit Schnee, Hang und Technik in Filmen und Skibüchern wie Skizirkus, Ski-Tricks und in der Fülle von Vorschlägen an skitechnischen Möglichkeiten niederschlagen.	(Fahrt durch die Bäume. In: Es leuchtet der Schnee. Seite 157
436 Gleiten und Schwingen poetisch gesehen **1934 Carl J. Luther (D)** „Und sie (die Göttin Skadi) ersann eine Gabe, darin alles vereint war, was sie an Freuden kannte: den Rausch schnellster Bewegung und die Ruhe mitten im stürmenden Lauf; des Körpers Freude am schwere- entbundenen Gleiten und Schwingen, erlöst von der Mühsal des Stapfens und Schreitens."	Der Chefreakteur, Autor vieler Skibücher und Lehrwart des Deutschen Skiverbandes beherscht nicht nur die nüchterne Fachsprache, sondern bedient sich auch poetischer Formulierungen um Gleiten und Schwingen in ihrer Bedeutung und ihrem emotionalen und ästhetischen Gehalt zu vermitteln. (Skiläufer. Text Seite 67, Bild Seite 59)	
437 Skilaufen spielend – selbst für Frauen – sogar im „Hundertkilometertempo" **1935 Carl J. Luther (D)** „Was um 1897 eine unendliche mühselige Schneestapferei war und was an alpinen Bergfahrten nur ganz wenige wagten, das nehmen heute tausende, auch Skiläuferinnen, spielend. Zum größten Staunen der Urheber des Skisports, der Norweger". (Das weiße Reich, S.47)	Mit der Aussage über 1897, in der Mathias Zdarskys Lehrbuch erschien, zeigt Luther, dass er Mathias Zdarsky, den er allgemein nicht hoch einschätzt, von Anfang an nicht rezipiert hat. Erstaunlich für einen Fachmann seines Formats. Dagegen ist seine Einschätzung von Frau und Skilauf seiner Zeit noch voraus. Wahrscheinlich kannte er dabei das hier präsentierte Bild aus dem Jahre 1912 nicht.	 (Bei E. John B. Allen und Egon Theiner: 100 years of international skiing. Wien 2010 S.53)

438 Hochgebirgstechnik?

1935 Erwin Hoferer (D)

- „Es gibt keine besondere Hochgebirgstechnik."
- „Der gute Läufer fährt im Hochgebirge im allgemenen mit der flüssigen Technik des sportlichen Abfahrtsläufers, die auf Stemmen, Stemmchristiania, Christianiaschwung aufgebaut ist."
- „Die Kante ist die wichtigste und wertvollste Errungenschaft der letzten Jahre, die dem sportlichen Skilauf zu verdanken ist."

Obwohl Hoferer vor allem für den Tourenfahrer schreibt, verficht er als einer der ersten die Stahlkante.

(Erwin Hoferer, Skilauf im Hochgebirge. Aufl. 1935 - 1. Aufl. 1923)

439 Komplizierter Stockgriff – neuartige Stockverwendung

1935 Erwin Hoferer (D)

- Einsatz des Talstockes auf der Bergseite zum Abstützen und Bremsen
- Führen und Nachschleifen des Bergstockes mit einem komplizierten Fingergriff

Hoferer präzisiert Funktion und Handgriff des Talstockes am Berg:

So „kann auf dem Schnee nachgeschleift oder um ein Hängenbleiben an Stein oder Ast zu vermeiden, vom Schnee abgehoben werden."

Der Stock als Exzenter wird in späteren Jahren auf verschiedene Arten eingesetzt werden.

(Skilauf im Hochgebirge. Text und Bild Seite 12)

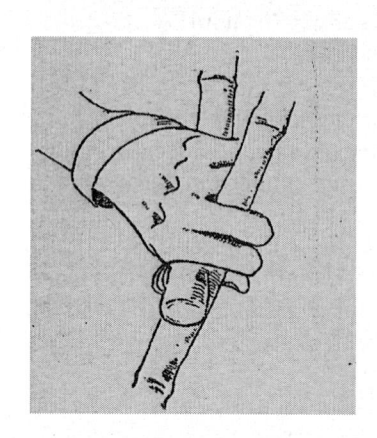

440 Der moderne Skilauf – ein Flug

1935 Max Winkler (D)

„Heute wird der Gebrauch des fahrthemmenden Stemmens auf das zweckentsprechende Maß beschränkt, also meist in schöner schmaler Spur gefahren. Die zum Ansehen von Schwung und Sprung so nützliche aber bei längerer Anwendung kraftverzehrende Hocke braucht der gute Läufer nicht mehr als Sicherheitsmittel bei hoher Fahrt. Den Vorteil der Hocke, die Bereitschaft der gebeugten Knie, hat der moderne Lauf beibehalten, der Körper aber ist ungezwungen, aufgerichtet und eilt in freier Vorlage den Skiern voraus. Wer diesen Lauf vollendet beherrscht, für den ist Skilaufen ein von aller Erdenschwerde befreiten Flug."

Gemessen am Einflussbereich wohl eine der wichtigsten Publikationen mit Geltungsbereich für: Deutscher Skiverband, Deutscher und Österreichischer Alpenverein, Deutsche Turnerschaft, deutsche Reichswehr, Landespolizei, Schulen und sonstigen Behörden, Fachamt Skilauf im DRfL.
Max Winklers grundsätzliche Schilderung seines Konzeptes klingt auch heute noch modern und motivierend.
Neben der Grundtechnik auch ein Kapitel Kunstlauf mit Kristiania vor- und rückwärts und Ski-Walzer

(Der Skilauf. Seite 139 f., Außentitel)

441 „Lustvolle Bewegungskunst" - der 360er

1935 Richard Honisch (D)

„*Der moderne Skiläufer hat seine ‚Freude daran, seine Kunst zu einer hohen Artistik zu entwickeln, daß er es sich leisten kann, Schwierigkeiten zu häufen. Als Scherzform wird der Bogen ausgedehnt und die Drehung erweitert bis um 360 Grad und in mannigfachen Variationen geübt, auf beiden und sogar auf einem Bein. --- Wahrhaft eine hohe Schule des Skilaufs! Eine direkte Fortsetzung des nordischen Stils ... in der Auffassung des Skilaufs als lustvoller Bewegungskunst."*

Der Mondkreisschwung der Phantasie erfährt hier seine echte praktische Anwendung.
Nach meinem Wissen habe ich bisher als einziger 2003 die Technik des 360er Schwunges beschrieben und propagiert.

(Stilwandlungen im Skilauf". In: Leibesübungen und körperliche Erziehung, Wien 1935, Heft ¾, Seite 24 – 27, spez. Seite 26 f.Bild des Mondkreisschwunges aus: Toni Schönecker. In: Der Winter 1925/26, Seite 73 – 76)

Schöneckers Mondkreisschwung

---

442 Leichtes Schwingen mit Spezialski

1935 Alfons Brugger und Hermann Meier (beide D)

„*Die Tragfähigkeit dieser Hölzer ist so groß wie beim Normalski, das Schwingen wesentlich leichter."*

1. Der Kurzski
140 – 150cm lang, 9-10cm breit

2. Der Wechs-Ski
Neben einer mittleren Führungsrille bis 25 cm vor das Ende hat er „zwei weitere, seitliche Rillen an der Schaufel ... die von den Kanten nach innen gegen die Mitte führen."

3. Der Reitter- oder Stufenski
Der „am Ende eine etwa 20 cm lange Abstufung hat – was einer Kanten- verkürzung gleichkommt und daher den Widerstand der Kanten im Schnee verringert."

Der interessante Versuch des Wechs-Ski, mit geschwungenen Rillen autokinetische Kurven zu erzielen, wurde erst in den 1990ern bei den Luftkissenfahrern wieder aufgegriffen. (Die dafür erforderliche flache Skistellung war damals allgemein.)

Bei allem Lob für die „einfachere Fahrtechnik" stellen die Autoren fest:
„*Für den geübten Tourenläufer bleibt selbstverständlich der Normalski der gegebene Ski.*"

Offensichtlich war immer schon wie bei den beiden Autoren und vielfach auch bis heute der möglichst lange oder der jeweils zurzeit als längster Ski im Handel befindliche Ski der Ausweis schlechthin für das Image, ein guter Skifahrer zu sein.
(Materialkunde des Skiläufers. Seite 11 f.)

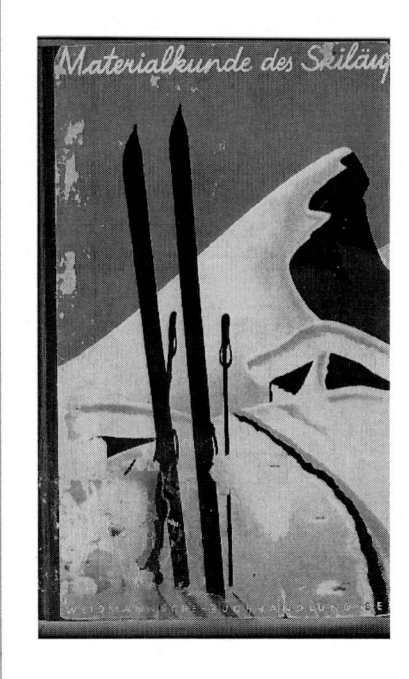

---

443 Dynamik des Schlittschuhschrittes

1935 Carl J. Luther (D)

„*Schlittschuhschritt: Beschleunigend in der Abfahrt auf flachen Hängen, als Abwechslung angenehm."*

Skitechnisch werden die erst 2019 von mir formulierten Merkmale sichtbar:
- diagonale Bewegung
- Hinüberdrehen auf den Hauptski
- Man meint sogar, die Spin-Wirkung, die Drehspannung im Körper herauslesen zu können.

(Das weiße Reich. Seite 60)

444 Gründung der ersten Skischule in Schweden

1935 Sigge Bergmann (S)

Das Land der Langläufer war wohl eines der letzten Skiländer, die offizielle Skischulen für alpines Skifahren vermeldet.
Vorbild waren die Skischulen der Alpenländer. Sigge Bergmann unterzog sich der staatlichen Skilehrerprüfung in Österreich.

Schon im ersten Jahr wurden tausende von Schülern gezählt.
Im gleichen Jahr wurde auch ein Slalomklub gegründet.

(Der Abfahrtssport in Schweden. In: Der Schneehase 1941, Seite 171)

Sigge Bergmann

445 Wedeln als Prüfungsaufgabe

1935 Kursausschreibung des Bergverlages Rother, München

„Abfahrt etwa dreihundert Meter auf mittelsteilem, glattgebügeltem Hang in Fallinie mit rasch aufeinander folgenden Brems-Kristianias (Wedeln) beidseitig, jedoch beliebig wechselnd."

Wiederum ist Wedeln nur außerhalb der Lehrpläne zu finden. Bei den beliebten Kursen des Münchener Bergverlages, die 1935 schon zum 10. Male ausgeschrieben werden, kann man „Kurserfolgszeichen" durch entsprechende Prüfungen erwerben. Erstaunlich das große Angebot an Kursen. Neben den DAKS (Deutsche Arlberg-Kurse Schneider) in Österreich finden wir hier ein frühes Beispiel für Skikurse bei privaten Reiseunternehmen. In der Herausgabe von Skiliteratur und bei der Entwicklung des Skifahrens in Deutschland spielte der Bergverlag bis in die 1950er Jahre eine große Rolle.

(Nebenstehend Titelbild der Ausgabe 1935, rechts der Ausgabe 1932)

Gut vertreten sind Bilder mit Frauen sowohl für die Kurswerbung wie auch für das Wedeln.

446 Skilauf für die Frau

1935 Christel Cranz (D)

- „Technisch kann eine Frau genau so gut fahren wie der Mann."
- „Für Frauen kommt nur Abfahrt und Slalomlauf in Frage."
- Allgemein kämpft sie gegen „Herren der Schöpfung", „die immer wieder versuchen, der Frau die Berechtigung zum Kampfsport abzusprechen, oder wenn sie es nicht gerade verbieten können, ihn einfach zu sabotieren und lächerlich zu machen."

Nebenbei sagt Christel Cranz zum Kinderskilauf, dem sie sich nach 1945 gewidmet hat:
Kinder „lernen Skilaufen, wie sie Gehen gelernt haben. Der Ski wird Teil ihres Körpers."

(Skilauf für die Frau, Seite 16 und 18. Titelseite des Buches)

447 Aktuelle technische Gegenüberstellungen – natürliche Fahrweise

1935 Fritz Hoschek (A)

Hauptbögen
- Alpine „schraubige Fahrweise nach Zdarsky"
- Norwegische Fahrweise mit Telemark + Querschwung in gestreckter Rücklage
- Arlberg-Fahrweise mit Stemmbogen und Stemmkristiania
- Natürliche Fahrweise als Gesamtbewegung des Körpers und parallele Skiführung

Fritz Hoschek gibt im Jahrbuch „Skileben in Österreich" eine prägnante Darstellung der Skitechnik und der Lehrweise des sog. Natürlichen Turnens. Daneben teilt er aber auch die bisherige Entwicklung in diese vier genannten Etappen ein.
Fritz Hoscheks Einfluss in dieser Zeit in Österreich und Deutschland ist hoch einzuschätzen.

(Bild aus Der Bergsteiger. 1928. Seite 355)

Telemark in typisch norwegischer Manier

448 Gleiten auf Skiern als Fallbewegung – wider die Stemmbogenschule

1935 Fritz Hoschek (A)

Fallbewegung, „die durch das Fallen des gesamten Schwerpunktes und im Zusammenspiel der Teilschwerpunkte durch die Muskeln geregelt wird."

„Der Eindruck der Gesamtbewegung des voraneilenden Körpers wird besonders deutlich, wenn man den Fahrer aus größerer Entfernung sieht."

Mit diesem Artikel und dem schon vorangegangenem Buch setzt sich Hoschek endgültig von der Arlbergtechnik ab. Der Begriff „Fallbewegung" findet sich bei Hoschek immer wieder.

(Das natürliche Skilaufen und seine Lehrweise. Seite 67.)

In einem unmittelbar folgenden zweiten Beitrag urteilt Fritz Hoschek:

„Auch auf dieser hohen Stufe des Fahrkönnens (im Rennlauf) bestätigt sich unsere Erfahrung bezüglich der Hemmung der Schwungfähigkeit durch die Stemmbogenschule."

(Die Bedeutung der natürlichen Lehrweise für den Tourenläufer, für den Rennläufer, für den Skilehrer. Seite 74)

449 „Erb- und landschaftlich bedingte Eigenschaften"

1935 Fritz Hoschek (A)

„Österreichs Rennläufer für Abfahrt und Slalom stehen im zwischenstaatlichen Rennverkehr neben der Schweiz in vorderster Reihe. Deutschland und Italien drängen mächtig nach. Neben den erb- und landschaftlich bedingten Eigenschaften spielt im zwischenstaatlichen Wettbewerb die Sorge um die Wettläufer eine entscheidende Rolle."

Die „erbbedingten" Eigenschaften werfen auf den verdienstvollen Skididaktiker und Skimethodiker Fritz Hoschek ein etwas schiefes Licht. Zuschreibungen für die Skieignungen begegnet man allerdings immer wieder einmal. So war in Deutschland lange Zeit der Unterschied zwischen den geborenen Skiläufern nämlich den Gebirgsbewohnern und den Städtern sprichwörtlich. Auch Nord-süd- oder West-Ost Unterschiede findet man immer wieder. Der Eiserne Vorhang hat tatsächlich östlichen Skinationen im alpinen Bereich große Nachteile beschert.

(Die Bedeutung der natürlichen Lehrweise für den Tourenläufer, für den Rennläufer, für den Skilehrer. Text Seite 74 – Bild: Außentitel des Sammelbandes)

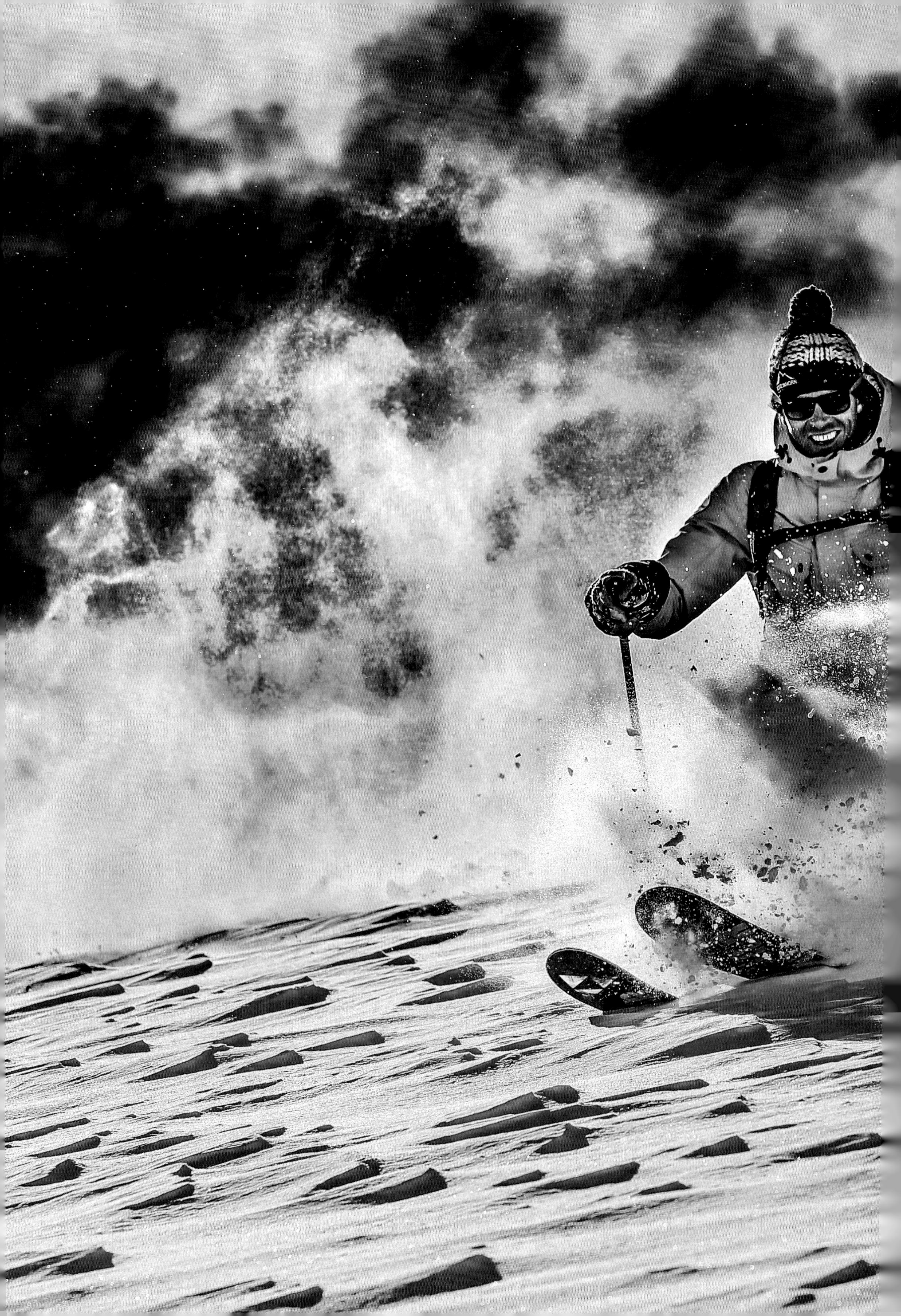

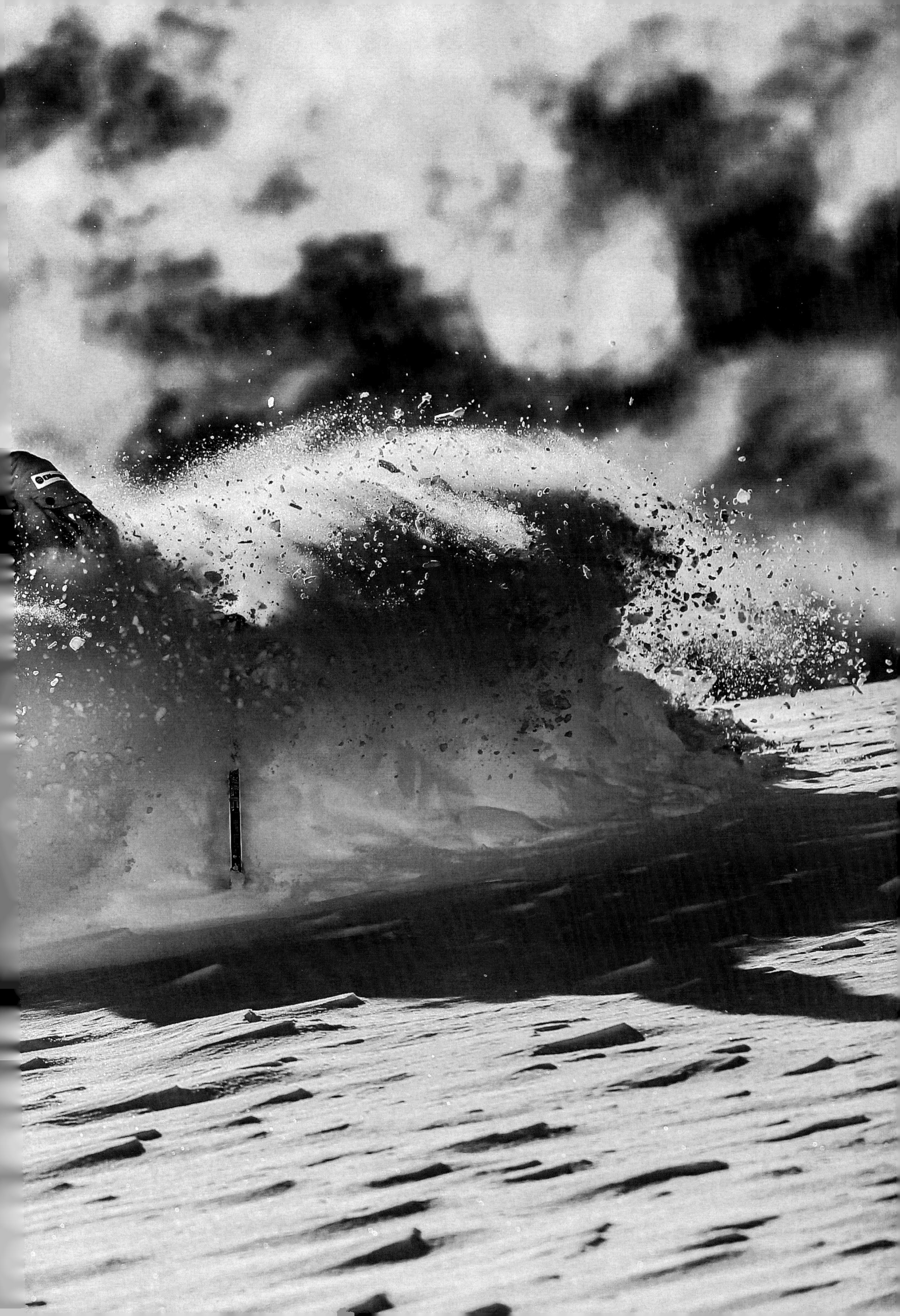

450 Skimechanik – komplexe Natur eines Schwunges

1935 Hugo Brandenberger und Alfred Läuchli (beide CH)

Physikalische Erläuterungen der Positionen, Aktionen, Situationen und Fahrhilfen
- Stemm- und Schertechniken
- Gerissene und gezogene Kristianias
- Rotation und Gegenschraube
- Bei taillierten Ski rücken alle resultierenden Kräfte weiter nach vorne.

Die Autoren verweisen auf die „komplexe Natur" eines praktischen Skischwunges. Es gibt beispielsweise schon nicht einmal die eine Schere.
Beim Ski werden die Wirkungen von Länge und Breite, der Aufbiegungen und vor allem der Schaufel erläutert.
1938 wird Hugo Brandenberger eine erweiterte Fassung und 1974 eine Ausgabe verbunden mit einer Skimethodik vorlegen.
Nachdem Alfred Flückiger für die Schweiz 1929 einen Grundlagenband Methodik vorgelegt hat, folgt nun eine Skimechanik.
(Skimechanik. Beispiel Schere Seite 71).

451 „Das eine große Gesetz"

1935 Roland Betsch und Franz Eberlin (beide D)

„Ich stelle das eine große Gesetz auf: Jeder Schwung, soll er sich den natürlichen Bewegungs- und Gleichgewichtsgrundsätzen anpassen, muß mit Hilfe der Bewegungsenergie, mit möglichst wenig eigener Kraftäußerung, auf dem bogeninneren Ski ausgeführt werden. Der tätige, Kräfte aufnehmende Fuß sei zunächst dem Körper, denn nur in möglichster Nähe des Körperschwerpunktes (kleines Kippmoment) vermag er die größten Kräfte aufzunehmen und zu äußern. Diese Begriffe sind fundamental und fast erschöpfend für die Theorie sämtlicher Schwünge."

Auch Roland Betsch und Franz Eberlin lassen sich auf fundamentale und auf natürliche Bewegungsgesetze ein, wie vor und nach ihnen Georg Bilgeri, Josef Albert, Josef Dahinden („Evangelium") und Henry Hoek.
(Acht Hüttentage, Text Seite 39, Bild Seite 16 b)

„Im Drehschwung"

452 Repertoire der Skiakrobatik – „Jagd nach neuen `Dessins`"

1935 Roland Betsch und Franz Eberlin (beide D)

Die Verfasser listen auf:
- Walzer tanzen
- ein- und vierbeinig fahren
- mit verschränkten Beinen
- rückwärts, seitwärts und aufwärts fahrend
- hüpfend, umspringend, Wende, Kehre springend
- mit Salto mortale
- Dach- / Schornsteinhüpfer
- über Stühle- und Bänkespringer
- Treppenrutscher und Beinverwechsler

Schon 1925 finden sich die ersten Verzeichnisse. Die Verfasser hier geben einen Überblick, interpretieren aber auch die Szene:

„Die Skiakrobatik, eine prächtige Kaste ... sind von einem ewig hungrigen Ehrgeiz besessen und die typischen Fanatiker. Tag und Nacht sind sie auf der Jagd nach neuen <Designs>...Sie sind die unermüdlichen Komödianten, die Vatieténummern ... und drücken dem ganzen Sportleben einen jugendlich-burschikosen und farbig-geschmeidigen Stempel auf."

Fast kein Übungshügel sei ohne sie mehr denkbar. Sie sprechen vom „Renommierhügel".
(Acht Hüttentage. Seite 109 f.)

Zeichnung Toni Schönecker für „Der Winter" 1927/28, Seite 3

453 Oberkörper zurückgebogen – „Bauchtanzstil" **1935 Roland Betsch (D)** „In rasender Fahrt steht er (der Fahrer) fast aufrecht; der Oberkörper ist fast nach rückwärts gebogen; die Knie sind ganz schwach gebeugt. Füße geschlossen, Fäuste mit den Kokettierstöckchen vor der Brust, ähnlich wie es die Dauerläufer machen. Alle Drehungen, Wenden und Schwünge kommen aus den Hüften. ...Beinahe tändelnd und tänzerisch bezwingt er das schwierige Gelände. Das ist der Temposchwung, der Parallelschwung. Der Bauchtanzstil."	Auch in einem Roman kann gelegentlich die Fahrtechnik genau charakterisiert werden. So dürfte die Schilderung eines Rennverlaufes von Roland Betsch gut die Zeitsituation erfassen. Die Arlbergtechnik wird langsam abgelöst. Zu erinnern ist, dass uns der Verfasser eine originelle Zusammenstellung der damaligen Skiakrobatik überliefert. Das nebenstehende Bild zeigt uns, wie der Verfasser fünf Jahre später wiederum die Zeichen der Zeit erfasst. (Narren im Schnee. Seite 174 f. Zeichnung von Busso Maschow in seinem Buch „Herzen im Schnee". Seite 82)	Vorlagetechnik 1940 Dieses Bild steht allerdings im Widerspruch zu den Aussagen seines Buches von 1935.
454 Auslaufmodell Berg- und Innenskibelastung **1935 Roland Betsch- und Franz Eberlin und 1937 Alois Kosch (alle D)** Roland Betsch dürfte der letzte bedeutsame Vertreter der Ära von Berg- und Innenskibelastung sein: Alois Kosch weist die Außenskibelastung dem Telemark, die Innenskibelastung dem Kristiania bzw. dem Temposchwung zu.	Erstaunlich lange wurde von einzelnen Autoren und Schulen die Innenskibelastung verfolgt. Weiter fand sie nur noch bei den Skiakrobaten Beachtung. G. Joubert schließlich erfand die Kombination von „außen Beginnen und innen Steuern". Alberto Tomba wechselte sogar zweimal. Erst in den 70er Jahren wurden wieder allgemein Innenskischwünge angeboten. **Im Rennlauf findet man seit Mitte der 1990er das „Innen-Anschneiden".** So vermerkt im SPORTS-Lehrplan von 1995. Schließlich sogar Skatecarven bei SPORTS ab 2000. Acht Hüttentage. Seite 38 – 41, Abbildungsverzeichnis Nr. 42)	„Temposchwung"
455 Wedeln im Temposchwung **1935 Luis Trenker** ▶ Wechselseitige Christel mit kleinem Radius ▶ Oberkörper bleibt aufrecht ▶ die Beine legen sich links und rechts „schief" ▶ Drehung geht von den Beinen aus ▶ Gesäß und Knie vordrücken ▶ Immer in Vorlage ▶ Arme am Körper angelegt	Temposchwung und Wedeln sind jetzt fest etabliert. Trenker in „Berge im Schnee" (Seite 52 f.) meint sogar, dass sich der Temposchwung aus dem Wedeln entwickelt habe. Giovanni Testa wird 1936 die Drehinitiative in die Schulter verlegen. Luis Trenkers Wedeltechnik steht also Stefan Kruckenhausers Konzept der 1950er Jahre näher.	Berge im Schnee Das Winterbuch Luis Trenker (Technik ausführlich beschrieben, aber kein Bildmaterial)

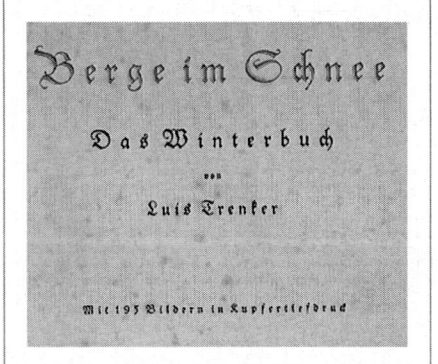

456 Frühes Carven --- gegen Verschrauben – Innen anschneiden?

1935 Toni Ducia und Kurt Reinl (beide A)

- Schrittwechsel durch frühes Vorschieben des Talski oder auch Zurückziehen des Bergski
- Zurückziehen des Bergski führt zum Innen-Anschneiden
- Kantenwechsel vor der Kurve
- Achsenparallelität von Körper und Ski
- Starke Vorlage mit Hochschnellen oder bloßer Skiwechsel ohne Körperhebung
- Frontale Körperführung
- Plädiert wieder für Stockeinsatz.

(Skilauf von heute. Aufl. 1937, Seite 64 f.)

Als Trainer des Skiclubs von Paris entwickelten Ducia und Reinl eine neue Skitechnik. Das Verschrauben sei dagegen primitiv.

„Man schraubt sich heute nicht mehr den Hang hinunter, sondern balanciert ihn hinab."
„Der Läufer Innen-Anschneidenden Bergski zurück, kantet ihn nach innen und legt sich dann ruhig über ihn hinaus; die in die Bogenrichtung umgelegte Schaufel leitet nun ... die Drehung ein, die Trägheit führt sie weiter bis an ihr Ende, ohne daß es einer weiteren Hilfe seitens des Läufers bedurft hätte."
Vgl. dazu das moderne „Innen-Anschneiden".

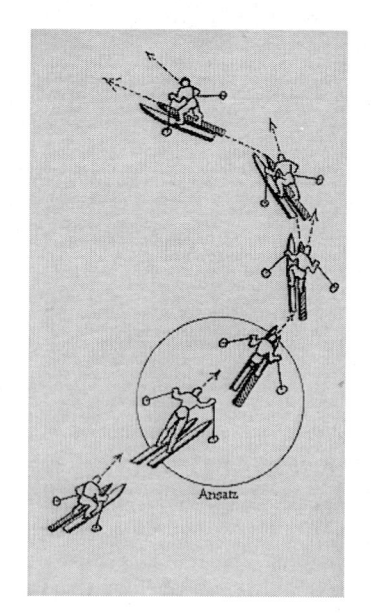

457 Zurückstemmen

1935 Toni Ducia und Kurt Reinl (beide A)

unterstreichen ihre „Carvingtechnik" mit dem Stemmschwung:
- einleitendes Zurückstemmen
- damit Skiwechsel vor dem Schwung
- damit Kantenwechsel vor dem Schwung
- auch Anlupfen der Fersen zur Vorlage

Das Zurückstemmen lehrte schon 1909 Mathias Zdarsky. Um 1958/1960 wurde das Zurückstemmen in Österreich und Deutschland wieder für kurze Zeit aufgegriffen.

Toni Ducia erzählte mir, wie er nach Erscheinen seines Buches aus Paris auf den Arlberg zitiert wurde, wo ihm in einer „Gerichtssitzung" ein Beamter des Kulturministerium und Hannes Schneider eine vorbereitete Erklärung zur Unterschrift vorlegten, nach der er seiner Technik abschwören und nur mehr die Arlbergtechnik propagieren sollte. Toni Ducia unterschrieb nicht.
Ducia arbeitete zu dieser Zeit bereits auch mit Emile Allais zusammen, der sich jedoch bald der Fahrweise von Toni Seelos zuwandte.

(LE SKI D´AUJOURD´HUI. Paris 1935, Seite 75)

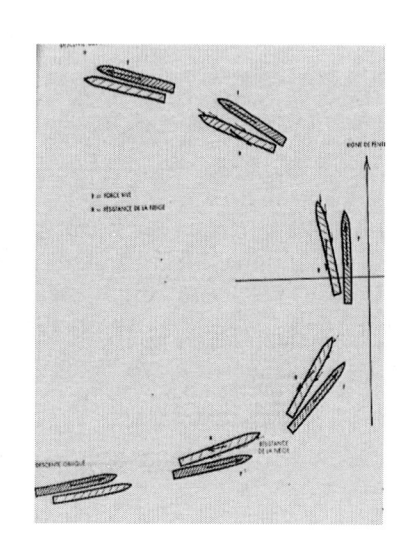

458 Angepasste Abfahrtshaltungen – Schnee- oder Luftwiderstand

1935 Toni Ducia und Kurt Reinl (beide A)

Abfahrtspositionen
- entsprechend dem Gleitwiderstand des Schnees
- entsprechend dem Gleitwiderstand der Luft

In dem Buch, das aus der Arbeit im Skiklub von Paris und der Skischule Megève entstand, wird der Unterschied für das Gleiten gegen den Schnee- und gegen den Luftwiderstand herausgearbeitet, ob man mehr dem Gleitwiderstand oder mehr dem Luftwiderstand gerecht werden will.

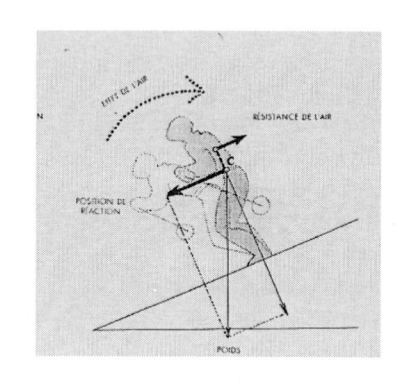

| 459 Gleitskilauf statt Bremsskilauf

1931 – 1940 Fritz Hoschek (A)

▶ Keine Schwungschule mit Schneepflug
▶ Pflug erst nach Gleiterfahrungen
▶ Zurückdrängen des Stemmfahrens
▶ Empfehlung kurzer Anfängerski
▶ Bevorzugung des parallelen Fahrens
▶ Ganzkörperbewegungen
▶ kippendes Hineindrehen
▶ starke Ausholbewegung | Ein entschiedener Gegner von Pflug und Bogenschule. Die Verdienste Hoscheks sind noch mehr in der Entwicklung der Skimethodik zu sehen. In der Übertragung der Grundsätze des „Natürlichen Turnens" von Karl Gaulhofer und Margarete Streicher stellte er vor allem die offenen Bewegungsaufgaben in den Mittelpunkt des Unterrichts.

(Erziehung zum Schwingen. Texte z. B. Seite 15) | |
|---|---|---|
| 460 Telemark weiter verpönt

1935 Richard Honisch (D)

„Aus aller Herren Länder pilgert man nach St. Christoph, um die endliche Lösung aller Streitfragen im Skilauf an der Quelle kennenzulernen. Die Anhänger der neuen ´Sekte´, besonders natürlich die Anfänger, entwickelten in ihren Hockstellungen bald einen Hochmut, daß sich der zünftige Skiläufer in ihrer Nähe hüten musste, etwa den Telemark zu schwingen, wollte er nicht ausgepfiffen werden." | St. Christoph und die Arlbergschule scheinen in diesem Jahr den Höhepunkt ihrer Ausstrahlung erreicht zu haben. Im Hintergrund aber sind längst andere Entwicklungen im Gange, die die Arlbergtechnik in Frage stellen. Ruf und Bedeutung des Telemarks jedoch werden noch auf Jahrzehnte hinaus geschädigt sein, bis in den 1980er Jahren eine Renaissance einsetzen konnte.

(Stilwandlungen im Skilauf. In „Leibesübungen und körperliche Erziehung" 1935 Heft ¾, Seite 26) | |
| 461 Der rechte Stil

1935 Richard Honisch (A)

„Welcher Stil ist zu bevorzugen? Alle sind berechtigt und keiner ist allgemein gültig! Stil ist gleichberechtigt mit innerer Zweckmäßigkeit, stilvoll sein heißt wahr sein. Die Wahrheit im Skilauf wird gefunden von der Aufgabe und vom Gelände her."

(Aus Texten in „Stilwandlungen im Skilauf", Seite 26 f.) | Richard Honisch greift eines der zentralen Probleme der Skitechnik auf, nämlich die Entscheidung für eine oder für viele Skitechniken, die immer wieder die Interpreten beschäftigen. „Spielerisch" und „situationsorientiert" stehen für Vielfalt, „das Einfache ist das Beste" für sinnvolle Beschränkung, das große Repertoire oder die ständige Anpassung einer Grundtechnik als weitere Entscheidungsfrage. Ebenso spitzt sich immer wieder das Problem zu auf die Frage nach den vielen Schwüngen oder nach der Ausgestaltung der elementaren Technik. Schließlich suchen viele Bemühungen um Systematik der einen wie der anderen Position gerecht zu werden. | |

462 Das neue Ideal Schmalspur **1935/1936 Olympiaheft N. 2 (D)** „*Die Spur der beiden Ski im Schnee sollte so schmal wie nur möglich gehalten werden. Heute läuft man selbst auf glatter Unterlage schmalspurig, was neben größerer Eleganz auch eine erhöhte Wendigkeit einbringt.*"	Das neue Ideal sollte mehrere Jahrzehnte gelten. Seinen Höhepunkt erreichte es in der Beinspieltechnik ab 1955. Als Verzerrungen der Mambotechnik Ende der 1950er Jahre galt sogar, dass man ein Knie in die Kehle des anderen pressen sollte. (Skilauf. Olympiaheft 2, hrsg. vom Propaganda-Ausschuß für die Olympischen Spiele. Seite 22, Außentitel)	
463 Reiterposition als Abfahrtshaltung **Mitte der 1930er, z.B. bei Giovanni Testa (CH)** ▸ Sprunggelenk gut gebeugt ▸ Knie stark gebeugt ▸ Rücken gestreckt, aufrecht ▸ Vergleich auch mit Antriebsphase beim Schaukeln, deshalb gelegentlich auch Schaukelposition genannt	Typische Schulhaltung wie sie beispielsweise Giovanni Testa definierte und propagierte. Zur Beurteilung dieser Position ist zu bedenken, dass zu dieser Zeit noch keine sichere Fersenfixierung verbreitet war – obwohl man schon lange von Vorlage sprach. (Texte Seite 48. Titelbild von E. John B. Allen: From Skisport to Skiing 1991)	
464 Engeln **ab Mitte der 1930er verbreitet** Der Flieger oder Engeln: ▸ lässiges Rotieren ▸ rein parallele Skiführung ▸ gestreckte Körper-Kurvenlage ▸ später gerne „Flieger" genannt Immer ein beliebter Kinderschwung, manchmal auch als Spielschwung vorgestellt.	Nie eine richtige „Lehrplantechnik", dennoch verbreitete Fahrweise. Revival in der Carvingtechnik des stockfreien Fahrens als „Flieger". Auch in der modernen Slalomtechnik findet man bei stark versetzten Toren eine Art des Hineinstürzens in Fliegermanier, wobei die Innenhand gerne den Schnee berührt. Vielleicht eine der beliebtesten und der unproblematischen Fahrweisen der Geschichte.	 (Demonstrator Heli Lantschner 1937)
465 „Ein Opfer des weißen Sportes" **1935 Hans Fischer-Stockern (A)** „*Endlich kam auch Mia Mena herangekoffert. Die Spur breiter als man es den kurzen Beinen zugetraut hätte, das wuchtige Rückenende hoch hinausgestreckt, die Arme wie zum Hechtsprung weit vorgestoßen, den Blick unbeirrt geradeaus auf die Stelle gebannt, an der voraussichtlich der nächste Sturz erfolgen mußte. So segelte die Diva daher wie ein einsamer Lawinenbrocken, ein*	*Opfer des weißen Sportes. Schneekrusten bedeckten als Reste zahlloser Stürze ihre verschiedenen Körperteile. Das Ganze ein Bild jammervoller, aber mit Trotz erduldeter Auflösung.*" Hans Fischer-Stockern war in vielen Zeitschriftenbeiträgen dieser Zeit mit poetischen Texten präsent. Er war Schriftleiter der Deutschen Alpenzeitung. (Ski, sie und Julius", Text Seite 60. Bild Seite 230) Bildtext: Nach dem Abschlussrennen	

466 Gesammelte Eindrücke **1935 Carl J. Luther (D)** ▸ Quersprung – Erst in der Beherrschung von Schwüngen und Sprüngen zeigt sich der gute Läufer ▸ Scherenquerschwung – Fersendruck, Zehen anheben, Körper zurück, schwungeinwärts neigen ▸ Schlittschuhschritt: Beschleunigend in der Abfahrt auf flachen Hängen, als Abwechslung angenehm	▸ Hochgefühl des Skilaufs. Sausende, durch Schwünge beherrschte Schußfahrt in stäubendem Pulverschnee ▸ Klingende Melodien sind unsere Skier, und in uns ist der Rausch jagender Schußfahrt ▸ Geduckt, federnd, die langen Hänge hinunter. Im Gelände von Cortina d´Ampezzo / Dolomiten Ein großer, kostbar aufgemachter Band über Winterlandschaften. Bilder und Texte wecken eine euphorische Stimmung.	(Das weiße Reich. Das hohe Lied des Berg-Winters. Texte Seite 24, 25, 60, 78, 104, 112, Bilder Seite 24 und 25)
467 Variantenreich: „Schwünge drehten, sausten, wirbelten" **1935 Hans Fischer-Stockern (A)** *„Bei der Abfahrt ließ Julius seine Skier nicht wahllos dahinschießen. Seine Schwungspuren zogen wunderbare Arabesken um diejenigen Linas… Es war eine einzig schöne Abfahrt! Ein Schnee, kalt, gleichmäßig und schnell …Die tollsten Schwünge drehten, sausten, wirbelten sich da ganz von selber in die Tiefe … deren Zeichner schon wieder Dutzende von Metern weiter unten einen Kristl*	*aufriß wie einen Halbmond…wupp strich es quer über eine Schneise mit wonnigen Buckelchen, daß man die Beine im Schuß auf und ab wippen musste um durchzustehen…Und wieder Schuß und wieder Schwünge, Brausen, Sausen, Dahinrasen, Jubeln, Jauchzen, Schreien in unbändiger Sauselust und Schneetollheit."* (Ski, sie und Julius. Text Seite 107 f.. Bild Seite 106)	
468 Natürliches Skilaufen – schraubenlose Fahrweise **1936 Giovanni Testa (CH) und Eugen Matthias (CH)"** ▸ Aufrechter Oberkörper ▸ *„Hangtraversenstellung mit Rücklage"* ▸ *„gute Knie- und Hüftvorlage"* mit *„Kreuzanspannen"* als *„Skidruckhilfe"* ▸ *„luftschnittige Körperstellung, also Vornahme der Bergschulter über Kniehöhe"* ▸ Wedeln mit Gegendrehen ▸ Koordination: oben gegen unten, oben Aktion – unten Reaktion	Testa propagiert die Reiterposition (aufgerichteter Rumpf), das Gegendrehen und das Wedeln mit Gegendrehen. Wie Dahinden fand er wenig Resonanz in seiner Heimat. Anfang der 1940er Jahre wurde er aus dem sog. Interverband ausgeschlossen. 1945 wollte man den ungeliebten Skischulleiter sogar aus St. Moritz ausweisen. Erste gute Darstellung des Wedelns. (Natürliches Skilaufen, Texte Seite 95, entsprechende Bilder Seite 63 und Tafel 8)	

469 Fahrstellung aufrecht mit Kniezug nach vorne **1936 Josef Dahinden (CH)** *„Aus aufrechtem Sohlenstand, Ski auf gleicher Höhe, leicht geöffnet und gleich belastet, ziehe die Knie, ohne die Ferse zu heben, möglichst weit nach vorne."*	Dahinden stimmt in seinem „Rucksackbuch" weitgehend mit der „Reiterposition" von Giovanni Testa überein und betont die geringe Abweichung von der „Normalkörperhaltung". Vor allem argumentiert er in seinen Darlegungen gegen die tiefe Grundstellung der Arlbergtechnik. (Ski und Du. Text und Zeichnung Seite 45)	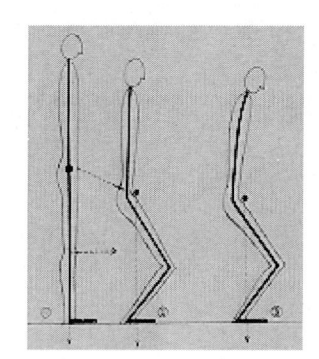
470 „Wellentechnik" in starken Metaphern **1936 Josef Dahinden (CH)** *„Du gehst nieder. Deine Knie sind maximal gebeugt. Der Druck presst dich zwergmännchengleich tief. Mit Zentnerlast wuchtet der Hang in deinen gefolterten Knochen. Du durchstehst sie; niedergekauert wie ein angriffslustiger Affe bist du zu tausend Schandtaten bereit. Deine geballte Kraft verwandelt dich zum schleichenden Panther, und dein*	*Stehvermögen ist ungeheuerlich. Der Schwerpunkt kriecht nahe am Boden, und die Knie greifen beinahe den Schnee. Du hast die tiefe Fahrstellung erreicht, sie ist die sicherste Abwehrstellung. Du bis angriffsbereit, den größten Gegner zu schlagen. Erschöpfend ist das Verharren in der tiefen Stellung. Sie sei nur kurz, ein Augenblick konzentriertester Kraft, aus der der Angriff hervorschnellt wie ein Blitz aus der Nacht. Herausfordernd steigt die Welle dir entgegen."*	(„Ski und Du", Text und Zeichnung Seite 45)
471 Weibliche Skitechnik **1936 Giovanni Testa und Eugen Matthias (beide CH)** Es wird mit Nachdruck darauf hingewiesen, dass *„ein schraubenfreies und möglichst kniversammeltes Fahren dem Wesen des weiblichen Körpers weit besser angepaßt ist."*	Wie immer, werden viele Argumente und Perspektiven herangezogen, um eine neue Technik zu begründen, so meint man auch, „dass das Skifahren auf Grund dieser Technik noch in größerem Umfange, als das bis heute der Fall ist, dem weiblichen Geschlechte zugänglich sein wird." Leider bietet das Buch kein Bild einer Skifahrerin. (Natürliches Skilaufen. 1936, Texte S. 27)	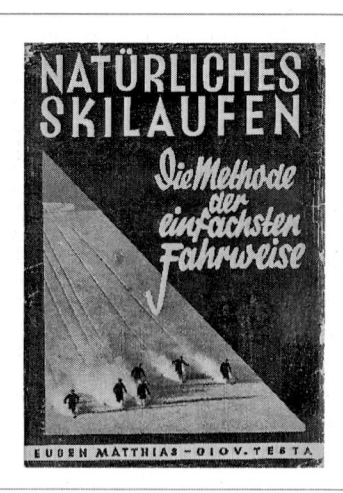
472 Plädoyer für den Kurzski als Tourenski **1936 Max Hilber (A)** ▸ berichtet über Verwendung von Kurzski bei Touren, Sommerskikursen, Sommerskirennen, Besteigungen. ▸ Seine Längenempfehlung: 1 Meter bis Schulterhöhe ▸ „Mit Sommerski wird am besten viel Parallelschwung gefahren, um einseitige Überlastung zu vermeiden."	Nebenbei erwähnt Hilber, dass die Sommerski auf das Jahr 1907 zurückgingen und sich Georg Bilgeri schon damals für en Kurzski eingesetzt habe. (Betrachtungen und Ratschläge. Seite 89-93, vor allem Seite 92	

473 Keine österreichischen Skilehrer bei der Olympiade

1936 Auf Grund der rigorosen Handhabung des Amateurparagraphen meldete Österreich keine alpinen Fahrer aus dem Kreis der Skilehrer. Darunter mussten auch Toni Seelos, Walter Föger und Rudi Matt verzichten.

(Franz Martin, Amateurbegriffe Seite 23. Historisches Bild von Walter Föger aus dem Mitteilungsblatt der Stadt Kitzbühel vom Februar 2011, Jg. 15/Nr. 2)

Auch Walter Föger – ein Bild aus der damaligen Zeit – konnte nicht starten.
War vielleicht die rigorose Auslegung des Amateurparagraphen eine „Lex Seelos", der dann als Vorläufer und Trainer der deutschen Olympiamannschaft inoffiziell tatsächlich die beste Slalomzeit fuhr? Franz Martin, einer der Herausgeber des Jahrbuches des Österreichischen Ski-Verbandes, weist auch darauf hin, dass es in keiner anderen Sportart den Ausschluss von Lehrern der Sportart gäbe. Nach dieser Vermutung sollte man nach der ideologischen Interpretation der Sportart Skilauf fragen.

Demonstrator Walter Föger

---

474 „Tempo-Kristiania (auch ´Wedeln genannt)" Telemark als gefährlich beurteilt

1936 Giovanni Testa und Eugen Matthias (beide CH)

„Der Tempo-Kristiania besteht aus lauter nicht ganz ausgefahrenen Kristiania. Der Fahrer dreht ganz wenig von der Fallinie ab. ... immer mit ganz geschlossener Skiführung."
„Alle diese Übergänge müssen sich rasch und doch ohne Kraft und Ruck vollziehen."

Nach den Wienern B. F. Faludy und Karl Rubesch wird hier das Wedeln gut beschrieben.
Den Telemark halten die beiden Schweizer Autoren übrigens für gefährlich. Er sollte durch die Kristianias völlig ersetzt werden. (S. 98)

(„Natürliches Skilaufen". Texte Seite 98, Zeichnung Seite 99)

---

475 Technik als Stil – die persönliche Fahrweise

1936 Hellmut Lantschner (A)

Betonung individueller Lösungen für den Rennläufer. Er verweist auf Beispiele:

- Seelos fährt aus kräftigen Beinen.
- Luggy Lantschner zeigt starke Schulterarbeit.
- Der kleine Guzzi Lantschner „tänzelt, hüpft oder zieht lang die Hänge herunter wie ein Stehaufmännchen."

Individuelle Lösungen bahnen sich schon bei Fanck/Schneider durch die Hinweise auf das von Franz Hoppichler so genannte Faktorenspiel von Tempo, Hang, Schnee und Schwungweite an.
Bei Fritz Hoschek kommt in den 1930er Jahren die pädagogische Perspektive zum Zuge. Beeindruckend ist nun die Beschreibung seiner Konkurrenten von Hellmut Lantschner.
Bei Lantschner findet sich auch einer der späteren Lieblings- sentenzen Kruckenhausers „Skifahren ist Kniefahren".

(Tempo – Parallelschwung, Seite 10f.)

476 Weibliche Fahrart

1936 Hans Fischer (D)

„Der Slalom oder Torlauf, der nicht auf reiner Kraft und Ausdauer, sondern sehr viel auf Geschicklichkeit, Wendigkeit, auf Schwungsicherheit und sicherer Skiführung beruht, dürfte die geeignetste Form des weiblichen Skiwettkampfes sein ... Gekonnter Skilauf ist eine schöne Bewegung ... und darum muß er auch für die Frau geeignet und anziehend sein."

Nach den üblichen Vorbehalten der Zeit, dass Ausdauersport, Springen und schneller Abfahrtssport dem weiblichen Wesen nicht entspreche, findet sich bei Hans Fischer hier wie in einer 2. Auflage vier Jahre später in einer Prachtausgabe zum Thema weiblicher Skilauf nicht ganz der Stand der Zeit, wie er sich im gleichen Jahr bei den olympischen Spielen zeigt.

(Skihaserl. Text Seite 29, Bildteil Seite 29)

477 Kühnheit, Eleganz, Rhythmus und Harmonie

1936 Giovanni Testa (CH) und Eugen Matthias (CH

1936 als Weltmeister Rominger die abgrundsteile Isola Pers im Tempo-Kristiania hinunter schwang:

„Die Kühnheit war zugleich höchste Eleganz, wundervollster Rhythmus, unaussprechbare Harmonie zwischen Körper und Geist, Mensch und Natur."

„Schussfahrt mit wehenden Fahnen – ein herrliches Gefühl der Freiheit, Beschwingtheit und Körperbeherrschung, ein Rausch der Schnelligkeit."

Diese Beschreibung einer Abfahrt klingt wie ein hohes Lied auf das Skifahren überhaupt. Die beiden Autoren schreiben sich mit diesem Satz auch in die Reihe der poetischen Autoren wie Anton Fendrich, Henry Hoek, Alfred Flückiger und Josef Dahinden ein.

(Natürliches Skilaufen, Texte Seite 98, Bild und Bildzeile Tafel 13)

478 Amerikanische Präferenzen – auch nahe am Carven

1936 Charles N. Proctor und Rockwell R. Stephens (USA)

▶ moderne Ausgleichen über Buckel
▶ Telemarks in hoher Fahrstellung und kleinem Ausfallwinkel
▶ Vertikalbewegung je nach Tempo
▶ fast geschnittene Spuren im Renntempo
▶ Wedeln als Tail-Wagging oder pocket Christies

(Charles N. Proctor, Rockwell R. Stephens, Skiing. Zeichnungen Seite 46 und Seite117)

Ein interessantes Beispiel dafür, wie weit die Interpretationsmöglichkeiten sein können und sein sollten.
Beachtenswert, dass von allen Rennfahrern nur Christel Cranz vorgestellt wird.

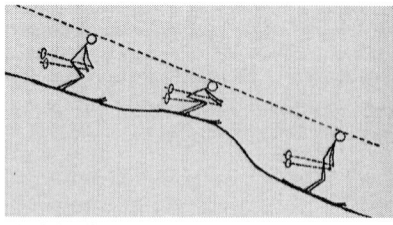

Wedeln als „interrupted Christianias" interpretiert.

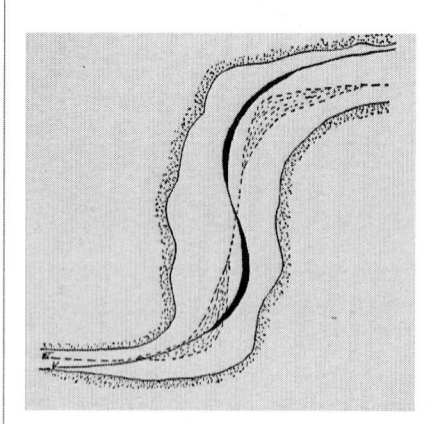

Eine schlechte und eine fast geschnittene Spur bei hohem Tempo

479 Schussfahren – Voraussetzung für Schwingen **1936 Christian Rubi (CH)** Schuss: ▶ aufrechte Haltung wie beim Gehen ▶ Ski parallel ▶ Ski geschlossen ▶ Ski gleichmäßig belastet ▶ um Fußlänge verstellt Schwingen: ▶ mit Drehschritt	Die revolutionäre Botschaft: Nach ausreichendem Schussfahren und nur wenig Stemmen: *„Ein guter Fahrer mit ausbalanciertem Körper lernt alle Schwünge in einem Tag."* Fast klingt es, als ob Clif Taylor („Ski in an day") von ihm inspiriert worden wäre. Bedeutsam: Rubi sieht sich als Sprecher „des schweizerischen Einheitsskilaufskilaufes." (Der leichte Skilauf. Seite 3, 30 und 42, Außentitel. Vgl. auch „Ski. Der leichte Skilauf." 1938)	Außentitel der Ausgabe 1938
480 High Speed Turns **1936 Otto Eugen Schniebs (D/** ▶ Abbau der Verschraubung (der Arlbergschule) ▶ Tief-Hoch-Tiefbewegung aus den Knien ▶ geringe Beugung der Hüften ▶ leichtes Einwärtsneigen und -drehen im Strecken ▶ Rutschen vermeiden ▶ rhythmisch ineinander übergehende Schwünge	Der deutsche Skilehrer aus Schwaben lehrt im Osten der USA nach den Vorgaben von Hannes Schneider. 1936 ergänzt er die Vorstellungen seines Buches aus dem Jahre 1932. (Modern Ski Technique. 1936	
481 Olympiade: Rotation in der Renntechnik – Frauensport **1936 Christel Cranz (D)** Beinahe stellvertretend zeigt sie: ▶ weit offene Skistellung ▶ ausgeprägte Schrittstellung ▶ Rotation oder Carvingtechnik? ▶ jedenfalls Vorziehen der Außenhand	Abweichende Bilddokumente der Sieger gibt es von Emile Allais, der gegendreht. (Im folgenden Jahr wird er Weltmeister mit Rotationstechnik werden.) Guzzi Lantschner fährt elegant schmalspurig. Das Bild von Christel Cranz könnte auch 60 Jahre später aufgenommen sein, wären da nicht diese Skispitzen. Christel Cranz gewann 14x Gold bei Olympiaden und Weltmeisterschaften.	(Im Bild Christel Cranz in Skilauf für die Frau. Seite 48)
482 „Alpenländischer Einheitsski" **1936 Werner Salvisberg (A)** ▶ Er vertritt für den Rennlauf, *„daß die Rennen mit jenen Ski gefahren werden, welche im täglichen Gebrauch benützt werden."* ▶ Die Länge muss mit gewissen Toleranzen auf die Körpergröße abgestimmt sein.	Allgemein stellt Salvisberg fest, dass die Breite der Ski – vor allem an der Schaufel und am Ende – zugenommen habe. Er bietet für allle Skilängen von 180 cm – 235 eine Tabelle der Maße von Schaufel, Mitte und Ende, die eine verhältnismäßig starke Taillierung ergibt. Beispiel für Ski von 200 cm Länge: 88 – 71 – 79 cm.	(Alpenländischer Einheitsski. Seite 145-153)

483 Plädoyer für geschlossene Fahrweise – Ablehnung des Parallelschwunges – Naturgesetz Stemmen

1937 Werner Salvisberg (A)

Dabei aufrechte Fahrweise. Dadurch
- bessere Gewalt über die Ski
- Flachführung der Ski leichter
- Fahrtwiderstand im Weichschnee geringer
- besseres Abfedern von Geländeunebenheiten
- Dennoch sei der Parallelschwung nur eine Modeerscheinung. Das Stemmen sei immer dabei und ein Naturgesetz.

Werner Salvisberg wendet sich in seinem Buch vor allem auch gegen eine Dauerhocke Dabei blendet er offensichtlich gezielt in seinem Rückblick die Arlbergschule aus. Das Bildmaterial in seinem Buch gibt die geschlossene Fahrweise nicht her. Das Bild von Toni Seelos kommt seinen Vorstellungen noch am nächsten. Offensichtlich spielen traditionelle Vorstellungen eine Rolle. Er polemisiert nämlich auch gegen „Neue Möglichkeiten" von Fritz Reuel.
In der Salvisbergformel für die Bindungsmontage lebte der Name bis Anfang der 1950er Jahre fort: Abgewickelte Skilänge (über Schaufel) x Faktor 0,46 ergibt vom Ende her gemessen die Zehenriemenmitte.

(Demonstrator Toni Seelos)
(Slalom und Abfahrtslauf. Texte Seite 34 f. und 66, Bild Seite 69)

484 Schikurswandel

1937 Carl J. Luther (D)

„In den Ostalpen hatten sich nämlich mittlerweile die erzieherischen Wirkungen der Kriegszeit noch vertieft. ...
Zugleich hatte man den Schikurs so mit Lehrerfahrungen durchsetzt, daß er sehr ergiebig geworden ist, d. h. für sein Geld, seine Zeit und seine Mühe lernt man Ordentliches. Und ist doch lustig und fidel dabei und hat alpine Sonne gleichsam gratis."

Der Verfasser hält Rückblick auf die Entwicklung von Skikursen vor allem in Mitteleuropa. Dabei stellt er fest, dass die Schweiz erst auf Einzelunterricht setzte, während in Österreich und Deutschland das Gruppenprinzip von Anfang an da war.

„In Lilienfeld ... steht zweifellos die Wiege des mitteleuropäischen Schikurses."

Mathias Zdarsky war darüber hinaus auch „Wanderlehrer". Erwähnenswert sind auch die ersten deutschen Skikurse des Akademischen Schiklubs München ab 1904 auf dem Sudelfeld bei Bayrischzell.

(Carl J. Luther, Schikurswandel. Texte Seite 125– 128, Bild Seite 128 a)

„Schikurs unter M. Zdarsky, Partenkirchen 1908"

485 Ein großer Freibrief

1937 Carl J. Luther (D)

„Wer beim Üben von selbst auf diese und jene Abart kommt, mag sie ruhig weiter pflegen, wenn sie zusagt und sich im Gelände bewährt."

Luthers Satz ist ein Meilenstein im Verständnis von Skitechnik. Er hat ihn zwar in einer wegweisenden Einführung, aber doch mehr so nebenbei, geschrieben.
Im Rückblick müssen wir diesem Satz einen „Verfassungsrang" zugestehen.

(Carl J. Luther, Die Schule des Schneelaufs. 70.-74. Tausend, Seite 7, Bild Seite 61)

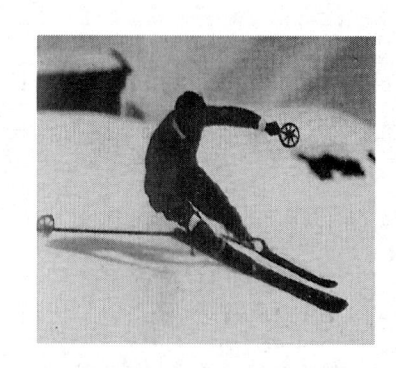

486 Bögen und Schwünge mit Innenstockhilfe 1937 Carl J. Luther (D) Merkmale: ▸ Stock weit vorsetzen ▸ Stock bleibt stecken ▸ dadurch stützend und stoppend ▸ und nach hinten durchschiebend	Diese Art der Stockverwendung findet abgesehen bei den Richtungssprüngen erst wieder bei der späteren Ausgleichs- und Schleudertechnik Beachtung. (Carl J. Luther, Die Schule des Schneelaufs. 70-74. Tausend, Seite 67)	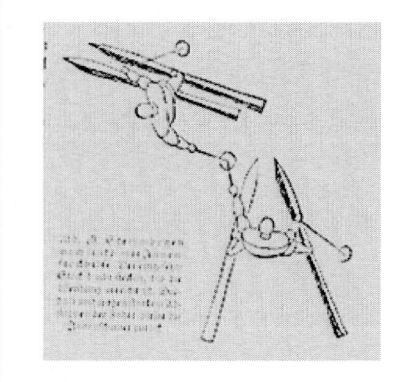
487 Wedeln mit Beinspiel 1937 Harald Reinl (A) „Tempo- oder Parallelschwung: Knievorlage und Hüftknick (Oberkörper aufgerichtet), d. h. die Beine wedeln."	Text wie Bild zeigen, dass hier Stefan Kruckenhauser und Franz Furtner ihre direkte Vorlage fanden. (Text in Der Winter. 1937. Bild im gleichen Band einige Heftnummern später. Text und Bild entnommen: Ekkehart Ulmrich, 100 Jahre Skitechnik, Seite 110 f.)	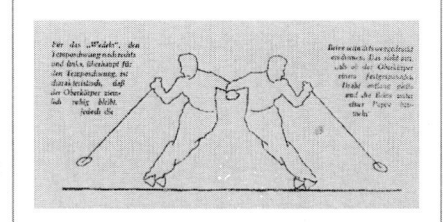
488 Ungarischer Temposchwung 1937 Szepes Béla (Ung) eine sehr spezielle Ausführung: ▸ in hochaufgerichteter Vorlage ▸ mit kräftigem Hineindrehen von Armen und Schultern ▸ bei ausgewinkelten Armen	Abgesehen von der Armführung könnte die Fahrweise an Helli Lantschner erinnern. Doch sie ist einzigartig. (Uj si 1x1 es Magasiskola. Budapest 1941)	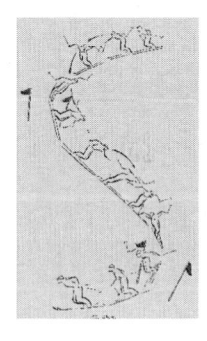
489 Reiner Kristiania mit doppeltem Belastungswechsel 1937 Alois Kosch (D) „Neunzig Prozent des Gewichtes sind zuerst innen, auf dem Gleitski, dann außen, auf dem Stemmski, und dann wieder innen, auf dem dem Gleitski." (Zwoa Brettl, a gführiger Schnee. Text und Bild Seite 107)	„Beim reinen Kristiania hat man das Gefühl, daß der vorgefürte, bogeninnere, hinterlastige Ski direkt in den Hang hineingreift; wenn man dieses Gefühl hat, ist der Schwung auch richtig. Der Ski `frißt` sich sozusagen in den Hang." (Das kleine Ski-Einmaleins. Text und Bild Seite 64.)	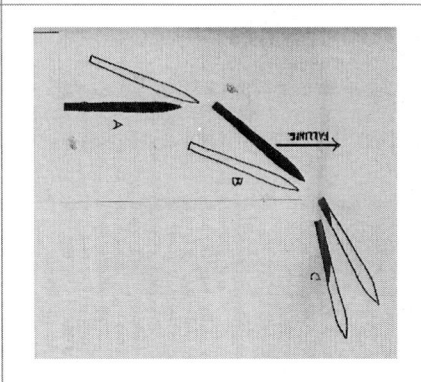
490 Gewedelte Stemmkristl 1937 Alois Kosch (D) ▸ offene Skiführung ▸ bergseitiges Ausstemmen ▸ Rotation ▸ alle Merkmale des Kristiania (Zwoa Bredl, a gführiger Schnee. Das große Ski-Einmaleins. Seite 110).	Alois Kosch weist bei den Schwüngen die Belastung dem Innenski, beim Telemark die Belastung dem Außenski zu. (Seite 93) Einer der wenigen Hinweise auf das frühe Wedeln. Gewedelte Stemmkristl hießen dann später Stemmwedeln. (Wedelbild mit Bildunterschrift Der gewedelte Stemmkristl oder Der Kalligraph von Arosa. Seite 110)	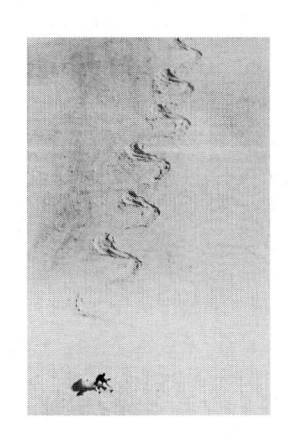

491 Drehschwingen als Doppelschritt – „Schrittschwünge"

1937 Alois Kosch (D)

- „Drehschwingen heißt nichts anderes als Laufen. Jeder Schwung ist nichts anderes als ein Schritt ..."
- „Der richtige Skiläufer gleitet so, wie er ohne Ski läuft."
- Ein Schwung ist „ohne Zweifel ein Doppelschritt."
- „Kristiania und Telemark sind Schrittschwünge, und zwar Paßschritte."

Der Verfasser des Kleinen Ski-Einmaleins bietet auch in der Schritt- und Umsteigefrage ein aufschlussreiches Bild seiner Zeit. Der Verweis auf die Alltagsmotorik nimmt die Argumentation für das Umsteigeschwingen der 1960er Jahre voraus. Interessant ist der Hinweis auf „Paßschritte". (Alois Koch spricht in seinen beiden „Ski Einmaleins" viele Themen an, bietet jedoch zu seiner zentralen Aussage „Schrittschwünge" kein Bild an.)
(Das Kleine Ski-Einmaleins."Seite 60 f.)

492 Der gerissene Kristiania – der gesprungene Kristiania

1937 Alois Kosch (D)

Gerissener Kristiania:
„gewaltsames, beidbeinig-gleichzeitiges Abdrehen aus der Fahrtrichtung quer zu ihr"

Gesprungener Kristiania:
„Hochreißen des ganzen Körpers durch energische Streckung, so daß die Skier den Schnee verlassen."

Alois Kosch möchte in diesem Buch die Arbeit von Carl J. Luther fortführen. Ohne Zweifel ist diese Form des gerissenen Kristianias mit dem Stoppschwung der Telemärker im Sprungauslauf identisch.
Der „Geflogene Hochschwung", propagiert vom deutschen Skilehrwesen, fand Anfang der 1980er Jahre eine große Medienbeachtung. Aber er hatte wie so manches andere nicht nur eine historische Vorform, sondern schon das Original war zeitlos.

(Das Kleine Ski-Einmaleins. Seite 71 f.)

493 Schrittschwingen – Drehschwingen

1937 Alois Kosch (D)

- Telemark und Kristiania sind Schrittschwünge.
- Jeder Skischwung ist ein Gleitschritt
- Drehschwingen heißt Laufen

Der in den 1950er und 1960er Jahren so aktuelle Begriff des Schrittschwingens wurde also schon lange vorher geprägt. Auch die spätere Diskussion über das Umsteigeschwingen als skigemäße Form des Laufens im Alltag ist hier vorweggenommen.
(Das kleine Ski-Einmaleins. Seite 61)

„Skilaufen, nicht Skifahren – darauf kommt es an!"
Alois Kosch

494 Geschweifte Ski günstig – Schere als Taillierung im Kreis

1937 Alois Kosch (D)

„Wo beim geschweiften Ski schon bloßes Gewichtverlegen eine andere Richtung ergibt, hält die belastete parallele Kante die Richtung erst recht ein, so dass zum Schwingen dann große Kraft gehört oder Richtungsänderungen nur durch Hochheben des Ski aus dem Schnee möglich sind."

Alois Koch bietet wahrscheinlich als einziger der bisherigen Skigeschichte folgende Interpretation der Scherstellung:

„Sie hat ja keinen anderen Zweck, als die gerade Kante der Skier zu einer gebogenen zu machen, nämlich zum Teile des Kreises, um dessen Mittelpunkt der ganze Schwung herumgeht."

(Das Kleine Ski-Einmaleins. Seite 10 und 65, Bild Seite 65.)

495 Telemark parallel – Schwünge mit variabler Skistellung **1937 Alois Kosch (D)** wehrt sich gegen die Verteufelungen des Telemarks und verweist auf diese neue zusätzliche Form. Voraussetzung nach seinen allg. Darlegungen zum Ski: ▶ ausgeprägte Telemarkform ▶ elastische Skimitte ▶ Dazu: blitzschnelles Auseinanderziehen der Ski	In seinem „Großen Skieinmaleins" geht Alois Kosch möglichst allen Varianten des Schwingens nach und plädiert auch für gewollte wie ungewollte Vermischungen. Beispiel: Schwünge stemmend beginnen, parallel steuern und scherend beenden. Einen parallelen Kristiania kennt allerdings auch schon Fritz Reuel Ende der 1920er Jahre als „Telemarkhock-Kristiania". (Siehe seine Demonstration.) (Schwünge in Das große Skieinmaleins. Seite 92 – 112).	
496 Skimaße **1937 Alois Kosch (D)** stellt die Skimaße von Werner Salvisberg denen der Norweger gegenüber. (Das Kleine Ski-Einmaleins Seite 11)	Angaben von Salvisberg: Bei Skilänge 220 cm Standard Schaufel 9, 3 Mitte 7, 5 Ende 8, 4	Angaben für die Norweger: Bei Skilänge 220 cm Geländeski Slalomski 8,3 9,7 6,4 7,9 7,3 8,7
497 Méthode Francaise **Ab 1937 Emile Allais (F)** ▶ Ausgeprägte Rotation mit Blockade in der Hüfte ▶ Ruade (Anfersen der Skienden Extremvorlage ▶ Weit vorgezogener Außenarm ▶ Stöcke sehr kurz, hüfthoch ▶ Bevorzugte geschweifte Ski für die Abfahrt (mehr Flex), parallel verlaufende steifere Ski für den Slalom. Diese Technik wird 1950 von Arwed Moehn in den deutschen Lehrplan übernommen.	Rotation und Vorlage werden – nicht zuletzt unterstützt vom absoluten Fersenhalt – bei Emile Allais ausgereizt. Der Slalomweltmeister von 1937 entwickelte seinen Rennstil mit der Ruade weiter zur Schultechnik. Damit wurde der verbreitete „Hupfkristl" kultiviert. Damit aber bot sich auch ein direkter Weg zum Schwingen an. Ekkehart Ulmrich verweist darauf, dass es in dieser Technik zu keinem Knick von Knie oder Hüfte kommt und der Körper stets in sich gerade gehalten werde. (Emile Allais, METHODE FRANCAIS DE SKI. Paris 1947)	 Diese französische Lehrweise wird in einem graphisch und photographisch aufwändigem Skibuch vorgestellt.
498 Geflogener Schwung **1937 Emile Allais u. a. (F)** ▶ Voll abgehobener Schwung mit Drehung in der Luft. ▶ Die Beine werden dabei angezogen. ▶ Man könnte sie auch als „Luftschwünge" übersetzen.	Als Clalüna-Schwung mit gestrecktem Körper Anfang der 1920er Jahre in der Schweiz. Auch als Gesprungener Kristiania mit angezogenen Beinen 1937 von Alois Kosch (D) beschrieben. (Ski Francais. Text Seite 108 – 112, Bild Seite 110)	

499 Christiania Pur als Rotation mit Anhebung der Fersen (ruade)

1937 Emile Allais u. a. (F)

Christiania Pur
▸ Parallelschwung mit Rotation
▸ Weite Aufholbewegung
▸ Auslösung durch Anfersen

Die spätere Ausprägung noch nicht vorhanden:
▸ Anfersen als ruade
▸ Vorlage bis fast über die Schaufel
▸ Extrem kurze Stöcke

Emile Allais hat sich von seinem Vorbild Toni Seelos bereits gelöst. Er wird mit seiner Fahrweise in diesem Jahr Weltmeister. Aber erst die starken späteren Ausprägungen, wie sie sein Buch von 1946 präsentiert, finden die weltweite Beachtung. 1950 wird diese sogar durch Arwed Moehn als Grundlage des deutschen Skilehrplanes übernommen.

(Ski Francais. Seite 69 – 84. Bild Seite 74)

500 Bilder zu „französischen Methode"

1937 Leo Senoner (I)

bringt in seiner Geschichte der Skischule Wolkenstein 1997 einige typische, eindrucksvolle Bilder zur „französischen Methode".
Carlo Molino erreichte einige Jahre später mit seiner Spezialbindung, die ein weites Abheben der Fersen erlaubte, eine besonders weite Vorlage.

Nani Insam
(Auf Skiern durch die Zeit.)

Hans Nogler

501 Starkes Verschrauben bis über die Ski

1937 Stefan Kruckenhauser (A)

▸ Verwinden als weites Vordrehen der Körperaußenseite
▸ Schwingen des Außenarmes über die Ski
▸ Innenhand ev. sogar bis Schneenähe

So interpretiert Anton Obholzer die Anweisungen des neuen Heimchefs von St. Christoph. Interpretationen dieser Zeit leiden allerdings unter dem Begriffswechsel von „Verwinden". Zu dieser Zeit noch als Vordrehen, später als Gegendrehen verstanden.

(Schwungphasen. Seite 37-48. Zeichnung Toni Ducia 1935)

502 Absitzen beklagenswert

1937 Stefan Kruckenhauser (A)

schreibt über seinen Fotos:
„Man merkt hier vielleicht doch, daß der liebe Herrgott den Beinen mehr als nur e i n Gelenk gab, das abgewinkelt werden kann zur federnden Duckhaltung, und wird gewahr, daß der Körper des Skiläufers auch noch woanders beweglich sein muß als nur in der Gegend des `Unaussprechlichen`"._

Der leidenschaftliche Fotograf Kruckenhauser äußert sich hier vielleicht auch als neu berufener Leiter für die staatliche Skilehrerausbildung in St. Christoph. Noch hat er allerdings keine Vorstellung, was mit Schuhspoilern und hohen Schäften möglich sein wird. Allerdings hat er 36 Jahre später mit der Propagierung der Wellentechnik auch auf der Piste nichts mehr gegen ausgeprägte Po-Haltungen.

(Du schöner Winter in Tirol. Seite 17, Bildtafel Nr. 22)

503 Arlbergtechnik unter Druck

1937 Anton Obholzer (A)

Schildert die Gegenströmungen:
- offene und direkte Angriffe von Toni Ducia
- die sog. Megèver mit Dr. Wick und Harald Reinl als Gegner
- Fritz Hoschek mit seiner natürlichen Fahr- und Lehrweise
- Stefan Kruckenhauser offensichtlich in den Spuren Hoscheks
- auch der amtierende Lehrwart des DSV Max Winkler bei den Neuerern.

März 1938: Hannes Schneider und einige Freunde werden nach dem Anschluss Österreichs von den Nazis in Landeck inhaftiert. Schneider muss nach den USA emigrieren. Neben Schneiders Ablehnung des Antisemitismus, neben Neidern und politischem Lagerdenken gab es doch auch thematische Differenzen. (Antisemitismus: Der österreichische Skiverband hatte bereits 1924 (!) alle Juden ausgeschlossen, worauf sich der Verband allerdings spaltete.) Zunächst übernimmt Harald Reinl 1938 die Skischule Arlberg.

(Schwungphasen, Seite 37 – 48)

HANS THÖNI

HANNES SCHNEIDER
zum 100. Geburtstag des Skipioniers und Begründers der Arlberg-Technik

504 Skilehrerinnen ja, aber mit Einschränkungen

1937 Chr. Jost (CH)

„Für körperlich schwache Frauen stellt dieser Beruf zu harte Anforderungen. Auch ist infolge der viel zu kurzen Beobachtungszeit noch nicht feststellbar, ob die Frau bei dieser körperlichen Betätigung in physischer Beziehung nicht dauernde Schädigung ihrer Gesundheit erleiden kann. ... Eine gewisse Vorsicht bei dieser sportlichen Betätigung (Skiunterricht, Rennlauf) sei all unseren Skiinstruktorinnen empfohlen."

Ch. Jost war damals sicherlich für diese Problematik als Vorsitzender des Interverbandes für Skilauf in der Schweiz kompetent. Bemerkenswert in seinem Beitrag ist auch sein Urteil, dass man vom Unterricht her gesehen nur positive Erfahrungen mit Skiinstruktorinnen gemacht hat. Er gibt auch an, dass bis zu diesem Zeitpunkt 24 Frauen das „Brevet", den Skilehrerausweis erhalten hatten.

(Schweizerische Skiinstruktorinnen. In: Frohe Stunden im Schnee. Hrsg. vom Schweizerischen Damen-Skiklub. Außentitel, Text Seite 74-76)

Frohe Stunden im Schnee

505 Umlernen – Stemmen oder Schwingen

1937 Hugo Tomaschek (A)

- „Man hört immer wieder davon, daß es nötig sei, ständig umzulernen. Das stimmt nur dann, wenn man in der Entwicklung stecken geblieben ist."
- „Mit der größeren Vertrautheit richtete man sich mehr auf und drückte die Ski zusammen."
- „Aufrecht fuhr man schon vorher, aber in der Rücklage, dann duckte man sich zusammen und neigte sich weiter vor. Heute ist man so weit, daß man sich aufrecht vorneigt."
- „Nachdem die wenigsten Zeit haben, die Vor- und Nachteile der verschiedenen Richtungsänderungen selbst zu versuchen, richtet man sich am besten nach einem Vorbild. Aus diesem Grund ist es kein Nachteil, wenn man eine Haltung nachzuahmen sucht."
- „Es ist aber nicht so ((daß jeder nach seiner Art die Richtung ändert)), für jeden Schnee gibt es eine passende Richtungsänderung."
- „In jeder ungewissen Lage ist das Stemmen angezeigt, sonst das Schwingen."

(Hugo Tomaschek, Stemmen oder Schwingen. Seite 130 – 133)

171

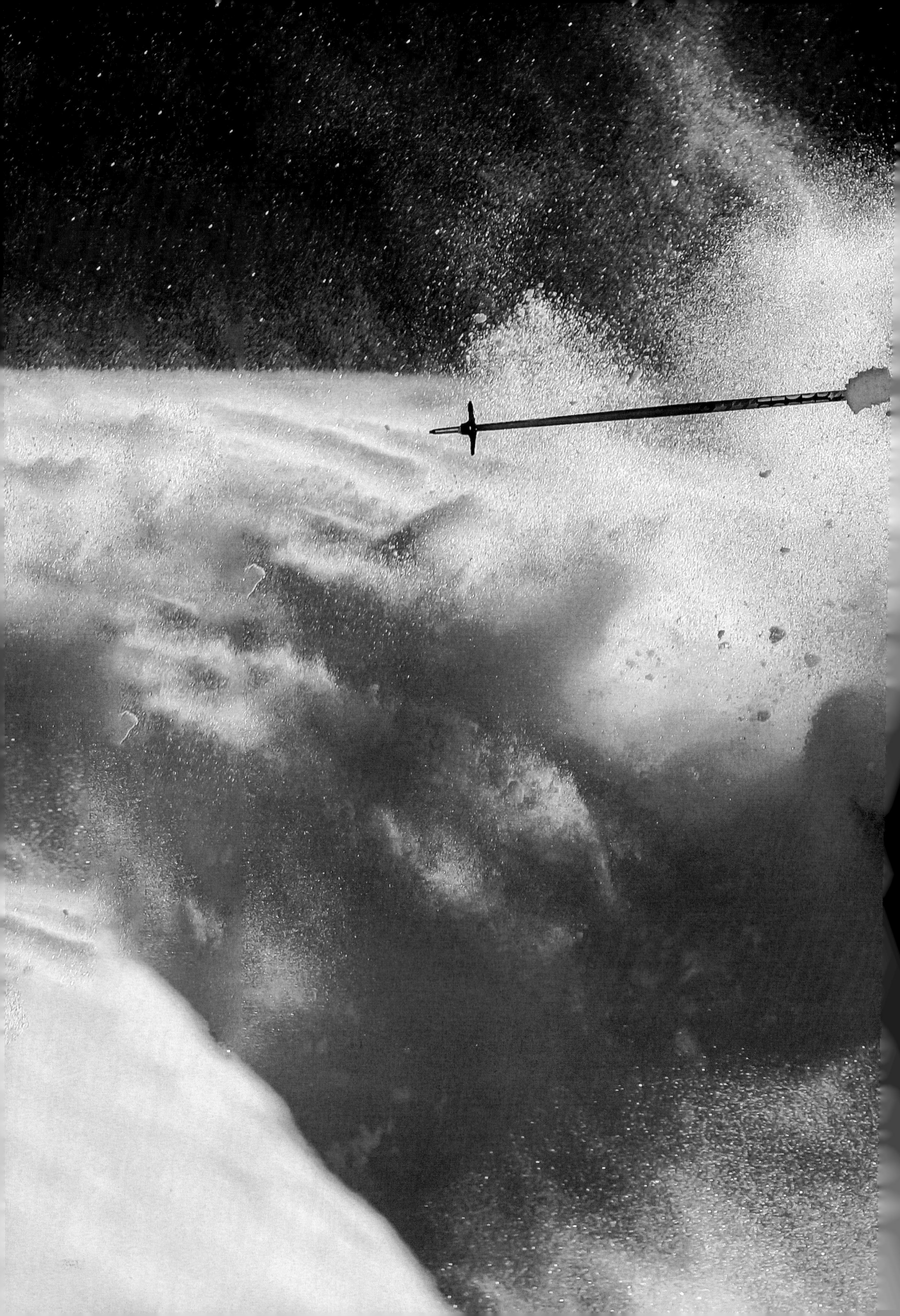

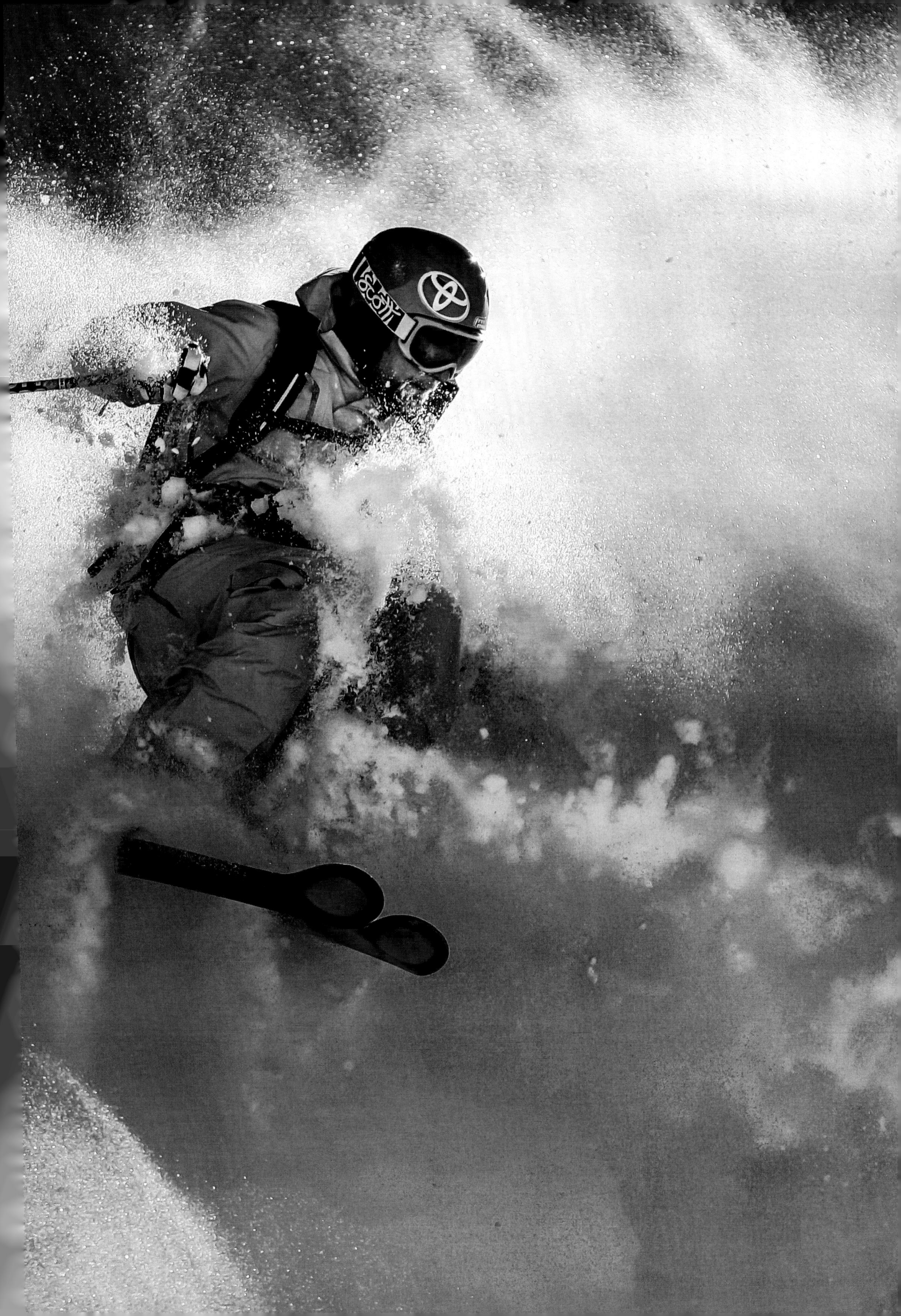

506 Fahren mit Sommerski „keine übergroße Kunst"

1937 Hugo Tomaschek (A)

- „Das Fahren mit Sommerski ist überhaupt keine Wissenschaft.
- bei einiger Übung gibt es keinen Steilhang vor dem man zurückschrecken braucht."
- „Die Neigung ist so, daß ein Ausgleiten einen Absturz bedeuten würde, mit den kleinen wendigen Brettln konnte ich jedoch so die Fahrt beherrschen, daß ich befriedigt auf die freche Spur zurückschauen konnte."
- „Die Technik des Sommerschilaufes ist eigentlich so einfach, daß sie jeder Bergsteiger, der das Schilaufen schon beherrscht in einem Tag erlernen kann, und auch sonst ist es keine übergroße Kunst."
- „In der geraden Fahrt wird der Pickel mit beiden Händen vor dem Körper gehalten."
- „Wird der Pickel nun seitwärts eingesetzt, so ergibt sich ganz von selbst ein Schwung um den Pickel herum."
- „Die kurzen Schi haben normalerweise so wenig Widerstand im Schnee, daß sie sich mit der Fußkraft allein drehen lassen."

Die Ausführung des Wiener Autors stellt schon wie öfter zuvor – bei Georg Bilgeri, Kapff-Ski, Reitter-Ski – die Frage, warum das sog. Lehrwesen erst so spät auf den Problemlöser Kurzski eingegangen ist. Noch dazu nicht in Europa, sondern erst ab 1939 in den USA. Das Imageproblem Skilänge beherrscht bis heute die Szene.
(Hugo Tomaschek, Eistechnik. Texte Seite 106 – 110)

Ausrüstung:
- Skilängen: 110 – 130 cm
- Skibreite 8 – 9 cm
- Telemarkform nachteilig – gerade Kanten
- eventuell mit zwei Fahrrillen
- „Stahlkanten sind recht angenehm"
- hüfthoher Pickel
- aufsteckbare Schneeteller für den Pickel
- Seehund- oder Plüschfelle zum Aufkleben
- Verweis auf zerlegbare Ski

507 Damenskiwettkämpfe?

1937 Diskussion in der Schweiz

Mehrere Beiträge im Sammelband „Frohe Stunden" zeigen, dass die Diskussion, ob „mörderische" Abfahrtsrennen und Langlaufrennen zu befürworten seien oder ob man für ästhetische Stilwettkämpfe votieren sollte, noch voll im Gange war.

(Zahlreiche Beiträge in „Frohe Stunden im Schnee". Bild Seite 176 a)

508 Zurück zu einem einfachen und geländegängigen Skilauf – mit „zweierlei Schwungkraft"

1937 Amtlicher Lehrplan (D)

Aktuelle Themen:
- Beschränkung auf wenige klare Formen
- anwendbar in jedem Gelände und in jedem Schnee
- kein Suchen „nach immer mehr Möglichkeikeiten und Kunststücken"
- also Stemm- und Parallelkristiania und Telemark
- „Aufdrehen" kräftig nach vorne
- „Immer viel Vorwärtsfahrt" und wenig Querrrutschen
- starke Knievorlagen

Das fahrpraktische Konzept bleibt der Programmatik treu.

Interessant:
„Zweierlei Schwungkraft nützen wir beim Schwingen aus. Einmal den aktiven Drehschwung des Körpers, den wir mit unserer Muskelkraft erzeugen. ... Als zweites nützen wir den Fahrschwung aus."

Viel Körperschwung beim langsamen Fahren, wenig beim schnellen Fahren. Noch kein Hinweis auf das Wedeln. Ignorieren der Gegenschultertechnik.
Die zweite Auflage 1941 behält die Grundzüge, übernimmt aber die Zeichnungen von Toni Ducia.
(Neuzeitlicher Skilauf. Amtlicher Lehrplan. Texte vor allem Seite 3 und 31 f.)

509 Vorbild Christl Cranz mit weichen Schwüngen

1937 Hermann Harster, Baron P. v. le Fort (D)

„Christl Cranz ist im Slalom eine einmalige Erscheinung, zentimeter- und zehntelsekundengenau sitzen ihre weichen Schwünge zwischen den Toren. Sie ist die einzige Frau, die am Slalomhang den Stil Seelos läuft."

Christl Cranz führte ab 1946 ihre Skischule in Steibis und entwickelte den Ort zu einem Skizentrum. Sie wurde im deutschen Skilehrwesen zu einer Institution für Frauenskilauf und Kinderskischulen.

(Kampf und Sieg in Schnee und Eis. Seite 27, Bild Seite 24)

510 Ablehnung des Stemmbogens und der Arlberghocke

1937 Fritz Hoschek (A)

▶ *„Die Ausschaltung des Stemmbogens ist zwar ein erfreulicher Anfang, weil man damit einen sicheren Umweg erspart."*
▶ *„Das Ziel ... kann nur eine Fahrweise sein, bei der der ganze Körper schwunghaft arbeitet und die man als natürliche Fahrweise bezeichnen kann."*
▶ *„Die Schwungbewegung ist eine schraubige Bewegung."*

Auch die Bedeutung der Skistellungen schränkt Hoschek ein: *„Richtige Bewegungen bringen von selbst eine richtige Schiführung mit sich."*

Hoschek, der die Grundsätze des „Natürlichen Turnens" auf den Skilauf überträgt, lehnt eigentlich im Prinzip die Arlbergschule als eine mechanistische Schule ab. An Stelle des mechanischen Denkens will er das biologische setzen.

(Das natürliche Schwungfahren. In: Leibesübungen und körperliche Erziehung, Seite 17 f. und 20)

(Bild von Becker-Lee in Winteralmanach, hrsg. von Carl J. Luther. Seite 84)

511 Schwingen als Fallbewegung – Fahrhilfen statt Bremshilfen

1937 Fritz Hoschek (A)

„Schwingen heißt nichts anderes, als den auf der schiefen Ebene talwärts gleitenden d. h. fallenden Schwerpunkt in geordneten Bahnen zu führen, die Fallbewegung zu regulieren. Dies geschieht durch Muskelkräfte, die schon durch ihr geringes Ausmaß gegenüber der Energie des fallenden Körpers nur eine regulierende Wirkung haben können."

Dem sog. Schneewiderstandsmodell" von Anton Fendrich (1908), der schweizerischen Skischule und Georgs Kassats „Nur die Piste dreht den Ski" in den 1980er Jahren geht schon das „Schilaufen als Fallbewegung" voraus, das klarstellt, dass es vor allem auf die äußeren Kräfte ankommt, um die Richtung zu ändern.

Hoschek ergänzt diese Sicht: *„Aufgabe eines natürlichen Schiunterrichts kann es daher nur sein, Fahrhilfen ... zu geben und nicht Bremshilfen, die in ungesetzmäßiger und störender Art die Fallbewegung unterbrechen und die Muskelkräfte einen aussichtslosen Kampf gegen die Naturkraft der Fallbewegung führen zu lassen."*

(Das natürliche Schwungfahren. Seite 17–23)

512 Hoscheks Programm erfolgreich

1937 Fritz Hoschek (A)

Große Verbände wie der Deutsche Turnbund übernehmen die Lehrweise Hoscheks.

Im Feld der Konkurrenten sehen wir in diesen Jahren: die Arlbergschule, Fritz Hoschek, der neue Interverband in der Schweiz, der Deutsche Skiverband mit dem Lehrwart Carl J. Luther, die Megèver Rebellen, die Außenseiter Fritz Reuel, Josef Dahinden und Giovanni Testa

Immer stärkeres Profil gewinnt auch Innsbruck mit vielen großen Einzelpersönlichkeiten. Die sog. Norweger, Zdarskyaner und Bilgerianer sind in der Sache wie als Personenkreis verschwunden.

513 Standsicherheit und Schwungfähigkeit bei Männern und Frauen

1937 Fritz Hoschek (A)

„Der Mann ist standsicher und weniger schwungbegabt, die Frau steht weniger durch (ist nicht gleichzusetzen mit Ausdauer) und ist schwungbegabt."

Hoschek meint auch, die Standsicherheit hänge vor allem von der Muskelkraft und der „Schlagfertigkeit" ab.

Interessant dürfte auch Hoscheks Hinweis sein, die Standsicherheit sei „in viel höherem Maße angeboren und viel weniger leicht zu schulen als die Schwungfähigkeit." D. h. aber auch: „Die Schwungfähigkeit ist in hohem Maße lernbar".
Die Bedeutung der „Schlagfertigkeit" erklärt auch, „daß unter gleich schnellen Rennläufern neben riesenhaften Gestalten ganz kleine Leute zu finden sind."
(Das natürliche Schwungfahren. Seite 22)

(Bild aus dem Außentitel von Fritz Hoschek, Die natürliche Lehrweise des Schilaufens. 1933)

514 Die Arlbergschule wird zur „Österreichischen Schischule"

1938 Entscheidung auf der Lehrplantagung in St. Christoph am 4. und 5. Dezember

Diese denkwürdige Umbenennung hatte wohl mehrere Hintergründe. Einmal ging es um die politische Einigung, weg von der Fokussierung auf den Arlberg. Innsbruck, Kitzbühel, Salzburg u. a. hatten eigenes Profil und Ambitionen anzumelden und wollten sich nicht länger Vorarlberger

Namen beugen. Aber auch skitechnisch waren Umbruch und Abschluss einer Ära angesagt. Fritz Hoschek tritt für hohe Fahrfiguration, deutliche Dreh-, Verschraubungs- und Vertikalbewegungen sowie für schwunghafte Gesamtbewegungen ein. Pflugbogen und Stemmbogen verloren an Stellenwert und der sog. Bremsskilauf sollte von einer mehr gleitenden Fahrweise abgelöst werden. Eine Fahrtechnik wie die Heli Lantschners, Weltmeister in der

Viererkombination, und anderer Rennfahrer konnte nicht mehr mit der Arlbergtechnik gleichgesetzt werden. Vor allem aber setzten sich die sog. Megèver, zu denen beispielsweise Toni Ducia gehörte, offensiv von der Lehrweise am Arlberg ab. Dennoch stand Ducia „auf verlorenem Posten". Dazu kommen Querelen und Ablösungen auf Grund nationalsozialistischer Einstellungen.
(Siehe Karl Schindl, Zur Vorlage. Seite 170)

515 Problematische Pflugstellung

1938 Fritz Hoschek (A)

„Die Pflugstellung ist nicht nur sehr anstrengend für Anfänger, die ohnehin schon durch das Klima und die Höhe angegriffen sind, sondern auch eine Stellung, die nur eine bestimmte Anzahl von Menschen einnehmen kann.

Viele vollkommen gesunde und gute entwickelte Männer (diese Eigenart ist häufiger bei ihnen) sind so gebaut, daß sie die weitstemmende Stellung nicht einnehmen können."
(Der natürliche Skiunterricht. Seite 117)

Fritz Hoschek, ein Assistent von Prof. Karl Gaulhofer und Experte des „Natürlichen Turnens" wurde als Skiexperte eigens zum Medizinstudium „abgestellt". Zu seinen revolutionären Neuerungen gehörte auch der Vorschlag, über den Schwungfächer direkt zum Schwingen zu gehen.

516 Polemik gegen enge Skiführung und Tempofahren

1938 Fritz Hoschek (A)

fordert Einsicht,
„daß Schwingen nicht gleichbedeutend ist mit schmalspurigstem Bogenfahren in rasender Geschwindigkeit, wie man dies bei Bauernbuben, Rennläufern und Schilehrern sehen kann."

Fritz Hoschek fordert weiter, daß Schwungfahren „nicht modischen Fahrgewohnheiten gleichzusetzen ist" und dass es nicht um einen „persönlichen Fahrstil" gehen darf. Hoschek grenzt sich einerseits von der typischen Arlbergschule in tiefer Position und ausgiebigem Stemmen ab, wehrt sich aber andererseits auch gegen die aufkommenden Vorbilder aus dem Rennlauf.
(Erziehung zum Schwingen Seite 11, Bild Seite 84)

517 „Gesetz des Bodens" – Schrittstellung am Hang **1938 Fritz Hoschek (A)** *„Die Haltung in der Schrägfahrt wird so stark vom Boden bestimmt, daß ... Das Gesetz des Bodens verlangt in Schrägfahrt die Schrittstellung mit vorne liegendem Bergbein. (Die Stemmstellung und der Stemmbogen verletzen dieses Gesetz.)"* Das „Gesetz des Bodens" resultiert aus der unterschiedlichen Stehhöhe der Beine am Hang.	Wahrscheinlich erstmals postulierte dagegen der Deutsche Skiverband in den 1990er Jahren ein Führen der Ski auf gleicher Höhe, wodurch im Schwung eine Beschleunigung erzielt werden sollte. Ich formulierte in der Carvingzeit, als es bewusst zu sehr breiten Skiführungen kam, ein „Schrittgesetz": Je weiter die Skiführung, desto größer der Schritt und je größer der Schritt desto weiter die Skiführung. (Erziehung zum Schwingen. Seite 53f.)	
518 Schulschwung – ein Carvingschwung? **1938 Fritz Hoschek (A)** *„1. rasche Aufrichtung* *2. Verharren in der hohen Lage* *3. langsame Tiefbewegung* *4. die bogenäußere Schulter ... wird gegen das Bogenende immer stärker nach vorne geführt."* *„Bei diesem Bogen gleiten die Brettel immer in ihrer Längsrichtung."*	Dass Fritz Hoschek damit nach heutigem Verständnis einen langgezogenen Carvingschwung meint, dafür spricht auch das zugehörige Bild. Ein sensationelles frühes Zeugnis für Carving. (Erziehung zum Schwingen. Texte und Bild Seite 99 f.)	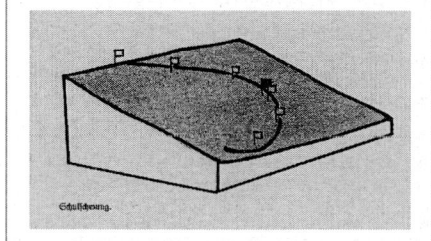
519 Stockschwingen als Rotationshilfe **1938 Fritz Hoschek (A)** ▸ Stockwechsel nach Zdarsky ▸ Schwingen eines Stockes ▸ Schwingen beider Stöcke zugleich ▸ Schwingen der Hände	Fritz Hoscheks Konzept in dieser Zeit, da man erstes Gegenschulterschwingen kennt, ist irritierend. Er vertritt die aufwändigste Rotation. Vor allem im Lernprozess weist er den drehenden Stöcken und Händen und dem rotierenden Körper neben den Geländehilfen die entscheidende Rolle zu. (Foto „Stockschwingen" aus Erziehung zum Schwingen. Kurzausgabe Seite 13)	
520 Umschulungen auf „natürliche Lehrweise" **1938 Erwin Mehl (A)** Bericht über Umschulungen zur Lehrweise Hoscheks von ganzen Regionen und Verbänden wie des Deutschen Turnerbundes in der Tschechoslowakei und in Österreich. Der Historiker Mehl stand in seinen Veröffentlichungen Mathias Zdarsky und Fritz Hoschek nahe.	Im Bereich sowohl der Skitechnik wie der Skimethodik setzt sich Hoschek seit Anfang der 1930er mit steigenden Erfolgen durch. Seine skimethodische Konzeption überdauert die skitechnischen Wechsel bis heute. (Die natürliche Lehrweise im Rahmen der Turnerneuerung. Seite 121 f. Siehe auch Josef Schöttner, „Der natürliche Unterricht setzt sich durch!" Seite 111 – 115. Bild mit zusammengenommenen Stöcken für einen Zdarsky-Schwung aus Erziehung zum Schwingen. Seite 94)	

521 Ein Vorläufer aller Schontechniken?

1938 Arthur Waley €

System Hoschek:
„Ein besonderer Vorteil dieses Systems ist, dass nur die Muskeln beansprucht werden, die ein beweglicher Durchschnittsmensch unter 50 Jahren von Haus aus mitbringt, und daß es nur solche Stellungen verlangt, die jeder leicht einnehmen kann."

Diese Zusammenfassung zu einer natürlichen und damit schonenden Fahrweise bringt Arthur Waley im Vorwort zur englischen Ausgabe von Hoscheks „Natürliches Schwungfahren".

(Die Hoschek-Methode, um Skifahren zu lernen, Seite 117. Das dynamische Sprungbild befindet sich inmitten von Beiträgen zu Hoschek im gleichen Buch Seite 114)

522 Bremsschwung, „Schneepflugrodeln" u. a.

1938 Armin Kupfer (A)

- Körperschwung nach Fritz Hoschek
- Tiefbewegung bremsen
- Innenlage schon aus Gründen der Sicherheit
- Dennoch auch Knicklage möglich
- Schneepflugrodeln und Schneepflugschwung

Armin Kupfer unterrichtet nach den Vorstellungen von Fritz Hoschek, bietet jedoch auch eigene Vorstellungen. Beim „Schneepflugrodeln" kommt es ihm auf möglichst flach gehaltene Ski in der Pflugstellung an.
In den 1950er Jahren wird Armin Kupfer einer der ersten Wedelautoren.

(Das Schwungfahren Seite 7, 30 f, 40 f., 43 f.)

523 Kühner Einbeinschwung

1938 Arnold Lunn (GB)

„It is a great help to swing the inside Ski boldly forward and replace it at least three feet ahead of the outside Ski."

Der verdienstvolle Arnold Lunn ist in seinem Buch eigentlich nicht mehr auf der Höhe der Zeit. Dennoch ermuntert er zu einem kühnen Schwung.

(Ski-ing in a Fortnight. London 1938, Seite 41)

524 Fahrtoptimierung mit Flügeln

1938 Hans Thirring (A)

Hans Thirring sieht darin sogar einen neuen Sport.

„Die Betätigung aller Muskeln, das beseligende Gefühl der hohen Geschwindigkeit, das Liebkosen des starken Luftstroms, das elastische Schweben über Bodenwellen – all das ist so hinreißend schön, ist kaum eine andere Fortbewegungsart, die wir bisher kennen, an den Reiz einer Skisegelabfahrt heranreicht."

(Aerodynamischer Skilauf, Seite 107)

Von der Lutherbluse 1925, den Skiflügeln von Josef Krupka 1929 über Hans Thirring und die GEZE-Flügel der 1970er wurden diese Hilfen noch zwei-dreimal immer wieder neu erfunden. Das zeugt von der Faszination dieser Idee. Vor allem ließ sie sich mit der skitechnischen Vorstellung des „Engelns" oder des „Fliegers" verbinden, die in den 1930er Jahren und neuerdings beim Carven lebendig waren und sind.

(Neben Thirrings zitierten Ausführungen siehe sein Buch „Der Schwebelauf" mit nebenstehendem Titelbild 1938. Auch „Skileben in Österreich. Jahrbuch des Österreichischen Ski-Verbandes" hat als Umschlagbild eine Läuferin mit Thirringmantel.)

525 Gerissene oder gezogene Kristianias

1938 Schweizerische Skianleitung

Beide Schwünge können ausgeführt werden
- mit Vorlage oder
- mit Rücklage

Bei beiden sollten die äußeren Kräfte beachtet werden, um
- mit ihnen zu arbeiten
- oder um sie zu kontrollieren

Großer Wert wird auf die Mechanik und den Kräfteaustausch mit dem Schnee gelegt. So wird z.B. dar- gelegt, wie bei einem Schwung mit Rücklage die Trägheitskraft anfangs hilft, im Schwungverlauf aber durch Einnahme der Neutrallage wieder ausgeschaltet werden muss. Das Bildmaterial kennt Rotation und Gegendrehen. Im Allgemeinen aber scheint die Frontalposition bevorzugt zu werden.

(Der Skilauf. Texte Seite 25 f., Bild Seite 64)

Gezogener Kristiania in Vorlage

526 Rennfahrertechnik

1938 Othmar Gurtner (CH)

„Grandios in ihrer Verschiedenheit die vier ersten: Otto Furrer, hier erstmals als das `Matterhorn` tituliert, mit seinem in voller Fahrt hängenbleibenden Ski nicht umzubringen; Rudi Matt mit seinem Blitzschwung reagierend als ihn der Schuß auf Macs Line zu tief trägt; Walter Prager in wendigen Wischern die Broody Slops niederschwebend wie ein Segelboot vor dem Wind und Sigmund Ruud wie ein Habicht auf eigenwillig gewählter Linie auf Marthas Meadow niederstechend – fürwahr: das Beste, was je ein Abfahrtsrennen bot."

Was Othmar Gurtner im Rückblick auf die Kandaharrennen beschreibt, zeugt von einer anderen Dimension der Beschreibungsmöglichkeiten einer Technik. Wir finden diese beispielsweise auch bei Josef Dahinden und Alfred Flückiger, später bei Milan Maver Diese lebendige Schilderung hebt sich von der häufigen Behauptung ab, als ob alle guten Fahrer gleich fahren, speziell mit gleicher Technik.

(Kandahar-Kalvakade. In: Spur im Schnee. Jahrbuch des Fachamtes Skilauf im Deutschen Reichsbund für Leibesübungen. 1938. Text Seite 104 f., Bild Seite 67)

Demonstrator Hans Steger, München

527 Programm Schulskilauf in Österreich – auch Wedeln

1938 Karl Schindl (A)

Der Ministerialbeamte stellt an Fahrtechniken zusammen:
- Abfahren mit und ohne StöckeQuerfahren
- Abschwingen zum Hang und aus der Falllinie, Pflugfahren
- Stemmfahren am Hang
- Pflugbogen
- Stemmschwünge
- Schwünge nahe der Falllinie
- Richtungs- und Geländesprünge
- Schlittschuhschritt
- Telemark
- Scherenbogen
- Reiner Querschwung
- Doppelschwünge
- Wedeln

Skilauf in der Schule fußt in Österreich nun durchwegs auf der „Natürlichen Lehrweise'" von Fritz Hoschek. Zum umfangreichen Programm meint der Verfasser:

„Es steht außer Frage, daß der nun eingeschlagene Weg des Skilaufunterrichtes an den Schulen richtiger und kürzer ist."

Wie bei Eduard Friedl im gleichen Jahr wird auch das Wedeln wieder genannt und hat so, wenn schon nicht in offiziellen Lehrplänen der Verbände, wenigstens in einen Schulskilehrplan Eingang gefunden.

(Natürliche Lehrweise im Schulskilauf. Texte Seite 120 f., Bild Seite 113)

528 Vorlage auch als Korrektur für reflexbeeinflusste Bewegungen

1938 Walther Birkmeyer und Karl Schindl (beide A)

- Der „Liftreflex" muss für die Einnahme der Vorlage, auch schon der hanggerechten Lage, überwunden werden.
- Verweis auf die nahe liegende Diskussion um phylogenetisch früher oder später angelegte Bewegungsmuster.

Der Mediziner und Sportreferent des österreichischen Kultusministeriums und der Direktor für die Sportlehrerausbildung greifen hier erstmals das Thema der Reflexe auf, das ich in seiner Breite erst 60 Jahre später bearbeiten konnte. Der Liftreflex wurde aus der Beobachtung der Reaktion der Beine auf das ruckartige Anfahren wie auch Anhalten alter Hauslifte so benannt. In beiden Fällen strecken sich die Beine. Die gleiche Reaktion erfolgt beim unbeabsichtigten Weggleiten der Ski, was auch zur Rücklage führt.

(Steuerungsstörungen bei der Schiabfahrt, 2 Beiträge)

(Bild bei Sigmund Ruud, Skisport KrysslerVerden, Oslo 1938 Seite 68a)

529 Vestibulum und Schwung – Reflexreaktion des Gleichgewichtsorgans

1938 Walter Birkmeyer und Karl Schindl (beide A)

Eine Reizung des Vestibulums rechts, wie beispielsweise eine Kopfdrehung rechts, führt zur/zum
- Körperspannung rechts
- Skibelastung rechts
- Aufkanten rechts
- Fahrt nach rechts

In sinnesphysiologischen Experimenten stellten die beiden Wiener, der Neurologe Walter Birkmayer und der medizinische Leiter im Erziehungsministerium Karl Schindl, fest, dass schon die einseitige Reizung des Gleichgewichtorgans zu einer Fahrtabweichung führt. Von hier kann eine Verständnislinie bis hin zu meinem „Reflexprogramm" (1997) gezogen werden.

(Steuerungsstörungen bei der Schiabfahrt, 2 Beiträge)

Allein eine Reizung des Vestibulums, betonte Blickführung, die Zungensteuerung und Reflexe wie die Handsupination und die Körperstellreflexe können unter guten Bedingungen zu Richtungsänderungen führen.

Walter Kuchler 2002

530 „Der Haken" – Umsteigen? Stemmwedeln?

1938 Eduard Friedl (A)

„Die Art des Bogentretens mit Stemmen"- eine Form, die bei mäßiger Geschwindigkeit zu einer raschen Gewichts- verlagerung auf den Außenski führen soll:
- Ausstemmen
- Innenski fast ruckartig beiheben

Beiheben vor allem
- schlechtem Schnee
- beschränktem Raum
- schwerer Belastung

Eduard Friedl meint selbst, der Haken sei „ein wechselndes Umtreten, eine Bewegung, die dem Wedeln ähnlich ist." Für Friedl ist der Haken besonders methodisch interessant, weil man lernt, das Gewicht schnell und entschieden auf den Außenski zu verlegen. Auch ein Zeuge für Wedeln vor jedem Lehrplan.

(Praktischer Schiunterricht. Seite 54-56)

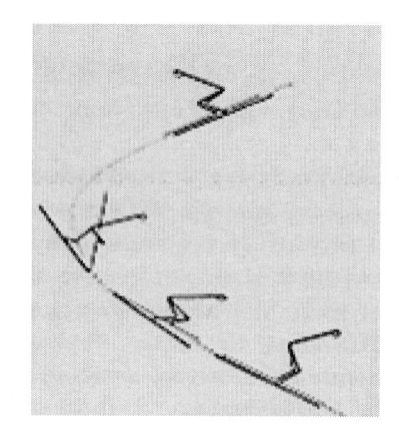

531 Wedeln, Stockhilfen **1938 Eduard Friedl (A)** kennt: ▸ Schneepflugwedeln ▸ Stemmwedeln ▸ Breitwedeln Erwähnt: ▸ „Stemmfahren mit Stockbremse" ▸ Stock als Drehhilfe	Überraschend wird hier das Wedeln differenziert behandelt, überraschend weil dies kein Lehrplanthema ist. Die beiden Stockhilfen können als durchaus originell gelten. (Praktischer Schiunterricht. Texte Seite 75,76,85, Bild Außentitel)	
532 Entwicklung abgeschlossen **1939 Henry Hoek (CH)** *„An der Technik der Abfahrt ist wohl nicht mehr viel auszubessern – am Sportgerät selbst auch nicht."*	Wenig später wird Hoek endgültig vom Höhe- und Schlusspunkt der Entwicklung überzeugt sein. Das Bild zeigt einen lockeren, übermütigen Schwung im Tiefschnee, den ich 40 Jahre später als „Pendelschwung" - zurück und vor gehend wie das Pendel einer Uhr - zu charakterisieren versuchen werde.	(Parsenn. Text 151, Bild 141) Titel „Schwung"
533 Der Founder American Ski School – Gegen starke Taillierung **1939 Otto Eugen Schniebs (D/USA)** Interessante Positionen: Straigt Downhill Running Position ▸ geschlossene Skiführung ▸ aufrecht aber Oberkörpervorlage ▸ Hände zurückgezogen	Exaggerated Skating (Reueln!) ▸ scherend auf den Innenski ▸ Außenbein durch die Luft gestreckt, weit gebreitete Arme ▸ frontal bis leichtes Gegendrehen ▸ Parallel Christi ▸ „Body and knees are pushed forward with the inside leading." Jump Turns ▸ durch beide Stöcke gestützt ▸ auf einen Stock innen gestützt ▸ rund um beide Stöcke	Der schwäbische Skilehrer aus Esslingen lehrt im Osten der USA, wird Amerikaner und legt ein umfassendes Lehrbuch vor. Als der „Founder American Ski School" hat er ausgehend von Hannes Schneider zu einer eigenen Konzeption gefunden. Er will slowly und smoothely schwingen. Schwünge sollten rhythmisch ineinander übergehen. Auch will er Rutschen möglichst vermeiden. In seinem Skating-Schwung nimmt er keinen Bezug auf Fritz Reuel. Ski sollten nicht zu stark tailliert sein. (Modern Ski Technique. American Skiing. Seite 111, 130 f., 133 – 135, 153 – 163, 217)
534 Rennlauf und Breitensport – Vorlage der Beine **1939 Christel und Rudi Cranz (D)** Argumentation: ▸ Plädoyer für Zusammengehörigkeit ▸ für die spezielle Vorlage ▸ aus Knöchel und Unterschenkel ▸ und langen Stöcken	Das erfolgreiche Geschwisterpaar bezeichnet den Rennlauf im doppelten Sinn als Pionier: für die Entwicklung von Technik und Technologie. – Zu kurze Stöcke verführen zu einer Oberkörpervorlage. – Entschieden setzen sie sich auch für den Thirringmantel, eine flügelartige Bluse, ein. (Erprobtes und Erfahrenes – Skiläufer und ihr Gerät. Seiten 44, 52, 64 ff.. Bild von Rudi Cranz Seite 71)	

535 Ein göttlicher Tanz

1939 Carl Julius Haidvogel (A)

„Da fliegen die Kristallwolken! Und mit wirbelnden Stöcken brausen wir nach rechts hinaus ...Gegenhang hinauf und herumgeschert, zwei drei saubere Schleifen ... Und jetzt: Knie zusammen, Bretter zusammen ... Schwung ... Schwung --- Schwung! ... Aber jetzt geht der Tanz erst los; den ganzen Boden fegen wir aus im Reigen unserer Schwünge. Bald haschen wir uns, bald fliehen wir auseinander, ha, das ist ein Ländler, wie ihn nur ein Gott schleifen kann."

Religiöse Metaphern spielen sowohl bei Fachautoren wie in belletristischen Schilderungen immer wieder eine Rolle. So Skiseligkeit, Himmel, Gottähnlichkeit, Evangelium. Der Schriftsteller beschreibt so und auch in vielen anderen Bildern einen siebentägigen Skiurlaub mit vielen Abfahrten. Vermutlich begegnen wir in der Literatur erstmals oder auch zum einzigen Mal dem Begriff „Schleifen" für Schwung. Später im gleichen Zusammenhang noch schöne Bilder:

„durch eine lange Mulde schaukeln wir noch, dann verzicht die Fahrt langsam im Schnee".

(Bundschuh Seite 107 f. - Außentitel)

536 Erste Sicherheitsbindung

1939 in Courchevel (F)

In Courchevel wird die erste Sicherheitsbindung entwickelt, die jedoch wegen des Kriegsausbruches nicht mehr zur Auslieferung kommt und versandfertig in Churchevel lagert.

Von dieser Bindung berichtete dem Verfasser der „Megèver" Toni Ducia. Nach dem Krieg fasste sie neben der Markerbindung Fuß in Deutschland und wurde u. a. 1951/52 bei Sport Schuster in München vertrieben.
Die allgemein verbreitete Information, dass die Markerbindung die erste Sicherheitsbindung war, ist nicht haltbar.

537 „Reissen" mehrmals

1939 Walter Kuchler (D)

Die Ski mehrmals kurz hin und her reissen
Wahrscheinlich gab es seit dem „Doppelkristiania" 1924 viele Versuche, mehrmals die Ski kurz hin und her zu reissen und auf diese Weise im heutigen Sinne zu wedeln.

Persönliche Erinnerung, dass wir als Kinder damals versuchten den „Doppelkristiania" bzw. das „Reissen" auf drei und vier Folgen zu erhöhen. Häufig endeten diese Versuche in Stürzen. Man bedenke die langen Ski und die unpräzise Führung durch Bindung und Schuh.

(Zeichnung aus Eduard Friedl „Der Schilauf und seine Bewegungen", Seite 66)

538 Scherschritt und Telemark zum Doppelschwung

1940 Luis Trenker (I), Carl J. Luther (D)

„Der Schritt ist gemacht... Als Schwung ein Übergang vom Scherenkristl zum Telemark."

(Wintersportfibel. Text und Zeichnung Seite 57, Zeichnung von Toni Schönecker)

Diese Kombination von Schritt und Telemark gestaltet auf eine raffinierte Weise das Thema Doppelschwung.

„Der Schwung als Schritt: oben Schwungholen des Oberkörpers (Bergchulter zurück, doch Blick schon in neuer Richtung), unten: der Schritt ist gemacht und die Ausfallschulter vorne. Als Schwung ein Übergang vom Scherenkristl zum Telemark."

539 Abfahrt - Technik und Taktik

1940 Stefan von Déván (A/D)

- „Die modernen Abfahrtsläufer benützen nicht mehr die tiefe Hocke, ihre Haltung ist höher und nur im Unterschenkel kommt eine stärkere Knievorlage zur Geltung."
- „Die Kenntnis des Temposchwungs ist unbedingt nötig."
- „Der Oberkörper ist beinahe vollkommen ruhig und nur der Unterkörper bewegt sich, d. h. er wird zusammengezogen und wieder in eine aufrechte Lage gebracht."
- „Schmalspur nicht als einzig Erwünschtes"

Als Kenner und Besucher aller Standard-Abfahrten in Europa und wahrscheinlich auch vieler Rennen nimmt der Autor auch zur Taktik Stellung:

„Im Rennen darf man niemals die höchste Grenze der Geschwindigkeit entfalten. Das heißt, man darf nicht zu viel riskieren."
„Die Kurven sind immer zu schneiden. ... Vor der Kurve muß gebremst werden, um aus der Kurve schon flott herausfahren zu können."
(Standard-Abfahrten in Europa. Seite 15)

540 Schnee und Skitechnik

1940 Arnold Lunn (GB)

„Jede Art von Schnee verlangt eine andere Art des Laufens, verlangt eine andere Geschwindigkeit und hat ihre besonderen Gefahren. Im tiefen Pulverschnee wird man am besten den Telemark-Schwung anwenden; Hartschnee verlangt den geschlossenen Kristiania, bei dem die ganze Breite des Ski gegen den Hang zur Wirkung kommt."

Wenige Fachleute werden über viele Jahrzehnte so reiche Kenntnisse über das Fahren in den verschiedensten Schneearten gesammelt haben, wie dieser Autor. Am ehesten noch Henry Hoek, der Übersetzer seines Erinnerungsbuches. Vor allem der Hinweis auf die Geschwindigkeit ist interessant.
(Die Berge meiner Jugend. Text Seite 42, Bild 112 a)

541 Stürze – Indikatoren der Entwicklung

1940 Erwin Mehl (A)

„Jeder Sturz ist das untrügliche Kennzeichen einer Nichtbewältigung einer Aufgabe – sei es nun beim Anfängerunterricht oder auf der Fahrt. (...) Daher ist der Kampf um eine sturzfreie Beherrschung der Abfahrt nicht eine Zimperlichkeit, sondern eine ernste Pflicht der Erhaltung von Gesundheit und Leben. Die Leibesübung soll den Leib üben, wie der Name sagt, nicht aber schädigen. Solange also die Anzahl der mehr oder minder schweren Verletzungen nicht sinkt, kann die Entwicklung der Lehrweise nicht als abgeschlossen gelten."

Dabei kann erinnert werden, dass ein Entwicklungsschritt die „No fall races" um 1930 waren, von denen z. B. Luis Trenker berichtet. Neben der Einforderung von guten Lehrweisen aber trugen und tragen zur Verminderung der Sturzfreiheit die Verkürzung der Ski, von denen Erwin Mehl im gleichen Beitrag berichtet, bei. Später wird als günstige Voraussetzung für weniger Stürze die intensive Pflege der Pisten kommen. Und wenn man schon stürzt, kann in fast allen Fällen die Sicherheitsbindung helfen, die seit 1939 als Ramy-Bindung in Chourchevel produziert wurde.
(Die Entwicklung des Abfahrts-Unterrichtes. Seite 15)

542 Fehlanzeige Vereinheitlichung **1940 Erwin Mehl (A)** *"Wieviele Einheits-Lehrweisen wurden auf reichsdeutschem, österreichischem oder schweizerischem Boden seit dem Weltkrieg festgelegt, ohne daß ihnen ein dauernder Bestand beschieden gewesen wäre. Es fehlte eben die Bewährung durch den Erfolg."* (Die Entwicklung, Text Seite 14 f., Bild Seite 16)	Schon Georg Bilgeri meinte 1922, dass auf Grund der Vereinheitlichung die Entwicklung des Skilaufes abgeschlossen sei. Andere wie Josef Albert 1932 glaubten sogar, dass es nur eine einzige, nämlich ihre Technik weitergeben werde. Allerdings wird der Schweizer Alfred Flückiger schreiben: *"Der Skilauf wurde von einem Kollegium Berufener auf Formeln gebracht … Der Skilauf ist eine amtliche Angelegenheit geworden."* Doch auch der hier und später wieder mehrmals in Österreich ausgerufenen „Amtlichkeit" gelang es nicht, Entwicklungen und Formenreichtum zu stoppen.	Erwin Mehl mit zusammengenommenen Stöcken in der Zdarsky-Technik
543 Vorlage – Varianten – Einschränkung des Stemmbogens **1940 Friedl Wolfgang, Fritz Hoschek (beide A)** Prinzipiell Vorlage, aber möglich: ▸ durch ausgeprägtes Vordrücken der Knie ▸ durch gestreckten Oberkörper ▸ durch „übermäßiges Vorneigen des schweren Rumpfes" Zurückweisung des Stemmbogens als Weg zum Schwingen	Die beiden Autoren, die zu dieser Zeit die moderne Situation in Österreich verkörpern, beklagen, dass die grundsätzliche Fahrhaltung sehr häufig mangelhaft sei. Sie wäre aber die Voraussetzung für ein gutes Schwingen. (Schiunterricht. Ein Arbeitsbehelf. Einleitung, Seite 19 und 35 f.)	
544 Rotation – reines Prinzip **1940 Amtlicher Lehrplan für das deutsche Reich** Es geht nicht mehr um viele Hilfen sondern um den ▸ „harmonischen und zweckmäßigen Ablauf der Gesamtbewegung ▸ Zurückweisung aller Formbegriffe Als Prinzip: ▸ ausgeprägte Rotation ▸ starker Armzug ▸ ausgeprägte Vorlage	Friedl Pfeifer, Arwed Moehn, Toni Ducia zeichnen als Autoren. Der Revoluzzer Ducia des Jahres 1935 hinterlässt darin nur Zeichnungen. Zum zweiten Mal – nach Hermann Amanshauser – versucht man eine Flurbereinigung der vielen Fahrhilfen, sieht auch keine wirklichen Unterschiede mehr zwischen Bögen und Schwüngen. (Neuzeitlicher Skilauf. Amtlicher Lehrplan. Wichtige Texte Seite 6 f. und Seite 47)	

545 Ein Ensemble von Schwüngen der Zeit **1940 Walter Amstutz (CH)** gibt eine Übersicht: ▶ Gerissener Kristiania ▶ Gezogener Kristiania ▶ Stemmkristiania ▶ Stemmkristiania mit Stockstütze ▶ Scherenkristiania ▶ Telemark	Der erfahrene, langjährige Skischulleiter von St. Moritz möchte die Entwicklung zusammenfassen und auf den Punkt bringen. Erstaunlicherweise fehlt das Wedeln. Das Buch ist mit ausgezeichneten Fotos für die Filmreihen ausgestattet. (Das Ski abc. mit breiter skitechnischer Streuung)	
546 Engeln, Temposchwung und Hupfkristl **1940 Luis Trenker (I), Carl J. Luther (D)** Hupfkristl ▶ *„Nach links: Innenstockeinsatz,* ▶ *Schaufeln im Schnee,* ▶ *Hinterski nach rechts ausschlagend.* ▶ *Verlangt Fersenhub und Tiefzugbindung."*	 In diesem Kaleidoskop des Winterssports finden sich mehrere aktuelle Schwungtechniken. (Wintersportfibel. Text und Zeichnungen Seite 57, 121, 153, Zeichnungen von Toni Schönecker)	 
547 Der reine Vorlageschwung **1940/41 Toni Ducia (A)** *„Seither hat es sich immer wieder bestätigt, daß dieser ´Schwung´ der höchste Punkt der Skitechnik ist und wohl auch bleiben wird, daß alle anderen Schwungarten, mögen sie nun Parallel- oder Temposchwung heißen, nichts anderes sind, als Abarten dieses Schwunges ..."*	Der Revoluzzer von 1935 sieht nun eine große Einheit allen Schwingens im reinen Vorlageschwung. Selbst den Stemmschwung ordnet er diesem „als ein in mäßigem Tempo gefahrenen Schwung" zu. Wieder einmal zeigt sich das Verlangen nach Einheit, Einheitlichkeit und Einfachheit, das früh und bis heute immer wieder beschworen wird. (Schwung und Zug. In: Durch Pulver und Firn. Seite 85 – 90)	 (Bild aus: Toni Ducia, Zu neuen Skispuren. Seite 64)
548 Schnell und parallel **1940/41 Arwed Moehn (D)** ▶ polemisiert gegen „die durchgestemmte Richtungsänderung" ▶ verweist auf schnelleres Fahren für leichter steuerbaren Ski ▶ mit Mut als Voraussetzung ▶ in kühneren Spuren ▶ Stemmen nur in sehr besonderen touristischen Situationen	Der spätere Autor des deutschen Skilehrplans von 1950 legt sich hier zum ersten Mal gegen die Stemmtechniken fest. Damit kann er eigentlich schon zu den späteren ganz konsequenten Verfechtern einer rein parallelen Skischule gezählt werden, wie Emile Allais, Karl Koller, Kuno Igaya, Walter Föger, Clif Taylor, Martin Puchtler und weitere.	 (Texte in: Ski-Hochtouristik. Seite 60 f., Bild ebda Seite 21. Demonstrator Rudi Göttlinger)

549 Abrechnung mit der Tourentechnik **1940/41 Arwed Moehn (D** Die alte „alpine Fahrart" habe „nichts anderes gebracht als das Eingeständnis ihrer Unzulänglichkeit durch beschämendes Stockreiten und ein Konglomerat von Stemmbögen. Es ist eine Sünde wider den Geist des Skilaufs, diese `Fahrkunst` als besondere Technik herauszustellen."	Hinter allen Positionen stecken immer auch Personen. Arwed Moehn legt sich hier mit dem langjährigen Experten beim Deutschen Skiverband und dem Lehrplanautor Max Winkler an. Der volle Bruch und die Neuorientierung gelingen ihm aber erst 1950 in einem letzten Schlag- abtausch und der Herausgabe des Deutschen Skilehrplans unter seinem Namen, in dem er klar Pistentechnik von der Tourentechnik trennt. (Ski-Hochtouristik, Seite 60 f.)	„Neuzeitlicher Skilauf" „Die Voraussetzungen für den erfolgreichen Gebrauch sind etwas Mut zum schnell- flüssigen Fahren und Übung, das Geheimnis die durch Schnelligkeit verminderte Reibung und leichtere Steuerbarkeit der Skier."
550 „Der höchste Punkt der Skitechnik" mit „Übervorlage" – Rebound aus der Abbremsung!? **1940/41 Toni Ducia (A)** „In der Schrägfahrt fahren wir an, das Gewicht fast gleichmäßig auf beide Ski verteilt, den Bergski nur ganz leicht vorgeschoben, damit auch er mittragen kann. Nun wird Schwung geholt, der Körper dreht sich etwas bergwärts und stützt sich dabei kräftig auf den Talski, der dadurch in eine leichte Stemmstellung gedrückt wird. Die als weiter Folge auftretende Bremswirkung drückt den Körper noch weiter vor, und da nun gleichzeitig die schwunghafte Körperdrehung talwärts einsetzt, wird diese Übervorlage ebenfalls talwärts auf die Schaufeln der durch den Körperschwung in die Fallinie drehenden Skier gelenkt. Der so eingeleitete Schwung wird durch die Schaufelbelastung weitergeführt, wobei die Skispitzen als Drehpunkt wirken, und er wird durch die Fortsetzung der Körperdrehung gesteuert."	Eine der originellsten Schwungtechniken und Schwungbeschreibungen. Vor allem die Analyse, wie die Vorlage nicht direkt eingenommen wird, sondern sich im Schwung selber aufbaut. Vom Vorlageschwung als solchen meint Ducia: „daß dieser ´Schwung´ der höchste Punkt der Skitechnik ist und wohl auch bleiben wird, daß alle anderen Schwungarten, mögen sie nun Parallel- oder Temposchwung heißen, nichts anderes sind, als Abarten dieses Schwunges." „Mit Stützhilfe des Stockes „können die Ski-Hinterenden ein Stück frei durch die Luft geführt werden." Für Schwünge in der Vertikale greift Ducia auf Emile Allais – ohne diesen zu nennen – zurück. (Schwung und Zug. In: Durch Pulver und Firn Seite 85 – 90, Bild Seite 88)	Demonstrator Toni Ducia
551 Gegenschultertechnik **1940er Jahre Verbreitete Renntechnik** lebendig bis zu Toni Sailers große Erfolge 1956 ▸ starke Torsion ▸ aufrechte Fahrfigur ▸ Koordination oben gegen unten ▸ Wedelform	Die Verdrillung bei hoher Dynamik und mit starkem Hüftknick in Fortführung der Techniken von Giovanni Testa verdrängte im Rennbereich weitgehend die Rotation. Im Vergleich zur späteren Beinspieltechnik geht der Aktionsimpuls hier vom Oberkörper und nicht von den Beinen aus.	

552 Stahlkante – zentimetergenaues Fahren

1940/41 Friedl Pfeifer (A)

stellt heraus:
- Tempo im Torlauf nun „ungeheuer" – „mit einer früher unvorstellbaren Geschwindigkeit"
- Torlauf bekommt neue Bedeutung – Torlauffiguren verändert
- Man „kann auch mit schwerem Rucksack
- auf hartem Schnee zentimetergenau fahren"

„Endlich scheint sich die Stahlkante nach mehr 10 Jahren völlig durchgesetzt zu haben. Damit „erhielten die Läufer nicht nur einen Kantenschutz, sondern eine neue Waffe, ein Mittel, die Rennspur kühner und doch viel sicherer anzulegen."

Pfeifer zeigt dazu im Bild Walter Föger, der ab 1958 in den USA die „Natur Teknik", eine rein parallele Fahrweise, begründen sollte.

(Texte und Bild in: Abfahrtsstrecke und Training. Seite 130 f.)

Demonstrator Walter Föger

553 Kreuzkoordination!

1940 Plakat von den deutschen Skimeisterschaften

Das Plakat zeigt die herrschende Skitechnik in idealisierter Form. Das Bild könnte auch für die Skitechnik 2020 als Racetechnik Slalom stehen.

Interessant sind speziell:
- leicht geöffnete Skistellung
- diagonale Hand-/Armführung
- Außenhand über die Ski gezogen
- ausgeprägter Hüftknick
- ohne Kniekurbel
- Blick voraus in den nächsten Schwung

Lediglich die großen Stockteller verraten eine frühere Zeit.

(Aus: Durch Pulver und Firn. Das Buch der deutschen Skiläufer. Jahrbuch 1940/41. Seite 63)

554 „Magisch bewegt" – Schilderung einer Abfahrt

1940 Roland Betsch (D)

„Der Schnee war pulvrig und prachtvoll führig, mit zwei eingeschalteten Temposchwüngen kam sie (die Fahrerin) zur Wächteneinfahrt und ging nun im Schuß in die steile Mulde. Noch war sie vom Licht umflossen, dann tauchte sie in rasender Fahrt in die blaue Schattengebilde hinein und ging nun tief in Kauerstellung. Eine Wolke aufstiebenden Pulverschnees hüllte sie ein, die wachsenden Fahrt trieb ihr das Wasser aus den Augen, magisch bewegt, ... In halber Höhe ... drehte wie aus den Hüften heraus nach rechts und ließ sich durch die Schwungkraft ihrer blitzhaften Fahrt den Wächtensteilhang hinauftragen.

Als ob alle Schwere von ihr gewichen wäre, stieg sie wie ein Vogel bis zu den überhängenden Schneemassen der Wächte hinauf, wurde einen Augenblick vom Silberlicht umspült, um gleich darauf in scharfer Linkswendung wieder in die Tiefe zu schießen. Es war ein herrlicher Anblick, es war wie ein Wunder im Schnee."

Selten verrät die Schilderung einer Abfahrt so viel über die dabei eingesetzten Skitechniken. Die von Roland Betsch erwähnten Fahrhilfen, ihr Einsatz und der Umgang mit dem Tempo und dem Hang dürfte ein exemplarisches Zeugnis dafür sein, was gute Skifahrer in dieser Zeit leisten konnten.

(Herzen im Schnee. Seite 107 f.)

555 „Zum Teufel mit der breiten Arlbergerstellung"

1941 Peter Surava

„Und die Bretter? Geschlossen oder geöffnet? Für den guten Fahrer gibt es nur eines: Immer geschlossen fahren. Dass hat sich tausendfach bewährt und der Anfänger sollte sich von allem Anfang an bemühen, geschlossen zu fahren. Zum Teufel mit der breiten Arlbergerstellung, die alle Muskeln ohne Unterlaß anspannt und dem Körper jede Reaktionsfähigkeit nimmt! Fort mit der breiten Fahrstellung, dieser Ursache zahlloser Beinbrüche."

Noch 10 Jahre zuvor wurde die Arlbergtechnik gerühmt, weil sie mit ihrer tiefen Fahrstellung und breiten Skiführung die Sturzgefahr minimiert hatte. Interessant aber auch, dass in dieser emotionalen Stellungnahme der Begriff „offen", der in den 1970ern das Lösen von der fest geschlossenen Skiführung zu lösen half. – Die Weite der Spurführung ist eine eigene Geschichte innerhalb der Entwicklung der Skitechniken. Sie war immer abhängig von der Ausrüstung, der Hangbeschaffenheit – die übrigens der Verfasser auch anspricht – und der angestrebten Fahrtechnik. Siehe dazu auch Carven.

(Tagebuch eines Skilehrers. Seite 64. Außentitel)

556 Skitechnische Entwicklung stockend – Niedergang des Skilaufs im Deutschen Reich

1941/42 Weltkrieg und Skiabgabe –

Dokumentationen Gerd Falkner (D)
- Einzug zum Heer oder in entsprechende Sondereinheiten gerade auch der erfolgreichen Skisportler
- Ausfall von Veranstaltungen und Wettkämpfen
- Nichtteilnahme an internationalen Veranstaltungen
- Abgabezwang der privaten Ski im Dezember 1941 und Januar 1942
- Rückgang an Publikationen

Gerd Falkner wertet die Dokumente dieser Jahre aus und berichtet detailliert über die Vorgänge und Fakten, so z. B. über die von Hitler persönlich verfügte Absage der für 1942 geplanten Ski-Weltmeisterschaften. Erlaubt blieben lediglich regionale Wettkämpfe.
In den Kriegsjahren schrumpften auch die Veröffentlichungen zum Skilauf und entsprechend auch zu skitechnischen Positionen und Entwicklungen.
Das Sammelergebnis brachte 1 624 906 Paar Ski.

(„Skier für die Front". Faktenreiche Dokumentation über 282 Seiten. Bild Seite 116. In der Fußnote Seite 117 die Angabe zum Sammelergebnis.)

Die vielfache Weltmeisterin und Olympiasiegerin Christl Cranz bei der Skiabgabe

557 Skikursprogramm 1941

1941 Anton Tschon (A)

- Schußfahren
- Bogenfahren
- Stemmfahren
- Schneepflugbogen
- Stemmbogen
- Stemmkristiania
- Geländespringen
- Quer- und Umsprung

Der angesehene Experte, der als Reg. Rat im Ministerium in Innsbruck Einfluss auf die Entwicklung hatte, meinte sogar, daß es selbstverständlich sei diese Fahrhilfen auch im Rahmen des Skikurses im Gelände anzuwenden. Erstaunlich, dass bei seiner Aufzählung das parallele Fahren keinen Platz hat, wobei sogar die Fotos im gleichen Sammelband anderes bezeugen.

(Ratschläge für alpine Skiläufer. Seite 70 f., Foto Seite 54 a)

558 Temposchwung als „Entlastungs-Schwung" 1941 Henry Hoek (NL/D/CH) *„Man fährt mit tiefer Körperlage in den Schwung hinein und richtet sich im Schwung selbst mehr oder weniger ruckweise auf. ... Wir haben im Gegensatz zum Belastungs-Schwung den Entlastungs-Schwung bekommen."*	Der Begriff Temposchwung erfährt wieder einmal eine neue Interpretation. Henry Hoek sieht in dieser Version auch eine Beschleunigung, weil vor dem Schwung nicht mehr abgebremst wird. (Die vier Stufen des Skifahrens. Seite 167, Foto Seite 168)	
559 „Jetzt ist kein Fortschritt mehr möglich ...schade!" 1941 Henry Hoek (NL/D/CH) *„Die Entwicklung der Schwungabfahrt ist abgeschlossen. ... Etwa vierzig bis fünfundvierzig Jahre hat die Entwicklung gebraucht um so weit zu kommen. Jetzt ist kein Fortschritt mehr möglich – schade!"*	Dieser verdienstvolle Pionier und Autor wird im Erleben des Parsennrennens ein Opfer seines Enthusiasmus. Er sieht nicht nur die Entwicklung des Gerätes sondern eben auch der Schwungtechnik endgültig für abgeschlossen an. „Da ist das Optimum erreicht." Auch eine weitere Steigerung der sportlichen Leistungsfähigkeit scheint ihm nicht mehr möglich zu sein.	 (Die vier Stufen des Skifahrens. Text Seite 168. Bild Innenseite Der Schneehase 1941)
560 Stil und Technik von Toni Seelos 1941 Hubert Mumelter (A) Tituliert Seelos als „Wunder des Torlaufs", der ▶ „Millimeterschnitte um die Fahnen führte" ▶ „equilibristische Leichtigkeit, Gefühl, Blick und Berechnung für jede Aufstellung" hatte.	Der Altmeister humorvoller Skibücher hatte Blick und gutes Urteil auch in Sache Skitechnik. Seine Beschreibung der Seelostechnik und der allgemeinen Technikentwicklung will so gar nicht zum oben aufgeigten Skikursprogramm von Anton Tschon passen. (Die Skikanone. Seite 59, Bild Seite 58a)	
561 Wo Lernen? – Nicht im Skikurs! 1941 Heinz Dramsch (?) Seine Sicht: *„Wenn einer überhaupt schon nötig hat, jedes Jahr einen anderen Skikurs mitzumachen, um sich den Schwung nach immer neuen Systemen und Methoden beibringen zu lassen, sollte er es lieber gleich drangeben. Die meisten wirklich guten Skiläufer haben in der Regel nie einen Skilehrgang besucht. Sie stellen sich auf die Bretter und laufen. Die ersten Tage vielleicht ein bißchen unsicher und technische fehlerhaft und mit vielen `Punkten`; aber sie kommen die Hänge herunter."*	Der Skiführer Heinz Dramsch, dessen Buch bereits in 3. Auflage in einem renommierten Skiverlag, der wiederum selbst seit fast 20 Jahren Skikurse angeboten hat, schätzt allgemein das Kurspublikum nicht, um nicht zu sagen, er verachtet es. Umgekehrt hält er eigenes Erlernen für allgemein erfolgreich. Den Skilehrer bemitleidet er. „Der muß sich im Allgemeinen mit den sportlich `Minderbemittelten` herumschlagen." *„Skikurse tummeln sich an glattgebügelten Hängen, ständige Zeugen menschlichen Herdentriebes auf dem weißen Untergrund des Schnees."*	 (Tagebuch eines Skiführers. Seite 18 und 28 f.

562 Temposchwung in gestreckter Vorlage **1941 Szepes Béla (Ung)** Merkmale ▸ völlige Durchstreckung des ganzen Körpers in Vorlage ▸ weitausholendes Rotieren ▸ Armeweit gespreizt, aber abgewinkelt	Diese Version der ungarischen Skischule eines Temposchwunges, bei dem man sich mit Begriff und Bild auf Toni Seelos bezieht, vermittelt in allen Bildern, eine ausgesprochen starke ästhetische Expression. Dabei werden völlig ungewöhnliche Elemente benutzt. Die Haltung in der Schwungmitte erinnert an einen frühen Skispringer. (Uj si 1x1. Seite 80)	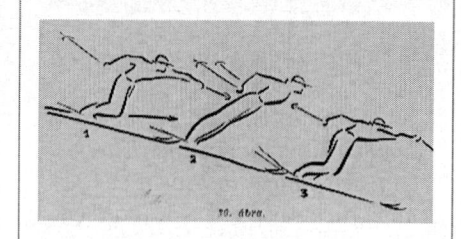
563 Abfahren – Komposition eines Dramas **1942 Felix Riemkasten (D)** „Er schoß in einer rasenden Geschwindigkeit zu uns herab. Mit glühendem Gesicht und wie eine Erscheinung schoß er an uns vorüber. Im Augenblick danach zog er bereits hoch über den nächsten Hügel, verschwand dahinter, kam jenseits wieder ins Blickfeld, schoß ohne Aufenthalt gerdezu infernalisch zielsicher weiter und kniete dabei fast auf den Brettern. Die Schulter preßte er vor, den Kopf vor, und so, in der vollen Wucht und schon fern von uns weg, durchfuhr er den ersten Steilhang, ohne zu zögern. Er tat es mit einer Geschwindigkeit und Geradheit, daß wir den Atem verloren beim bloßen Gedanken daran."	Der Verfasser entwirft für uns eine Sicht für das Abfahren als eine große Komposition, als einen dramatischen Verlauf und als Einsatz verschiedener Körpertechniken. Er regt an, mit Phantasie für das Ganze zu handeln. Entscheidungsfreude und Tatkraft sind gefordert. Nüchtern, aber verarmt, wird dies später als Spur- und Technikplan abgehandelt. Ich erinnere auch an die real-mentale Methode des Skiunterrichtes, nach dem Anhalten eine Weile stehen zu bleiben und zurückzuschauen und nochmals die Abfahrt mental zu wiederholen – mit Blick auf die Spuren, dann aber auch mit geschlossenen Augen. (Felix Riemkasten, Skihasenbrück. Seite 168 f.)	
564 Schwingen – wie ein Strich auf der Geige **1942 Felix Riemkasten (D)** „Und dann die Abfahrt! Pulver auf altem Harsch! Es war ein Gefühl der Göttlichkeit im Menschen. Ein leichter Druck, schon schwingen die Bretter herum, schon laufen sie. Bei dem geringsten Wunsch auf Schwung, schon schwingen sie, schon gleiten und laufen sie. Es ging wie ein Strich auf der Geige. Wir waren gar nicht mehr Menschen, es war wie Gedicht und Sage."	Niemand vor diesem Schriftsteller und Künstler hat den Zusammenhang von Gefühl und Bewegung so schön formuliert. Kanadische Experten haben später die „Formel" geprägt „Emotions by Motions – Motions by Emotions." Arturo Hotz spricht von „Snow-Timing" als einem skitechnisch geglückten Moment. Auch mein Begriff der „Ski-Resonanz" versucht einem derartigen stimmigen Erlebnisraum nachzuspüren. (Felix Riemkasten, Skihasenbrück. Seite 10)	(Bild aus: Toni Ducia, Zu neuen Skispuren. Seite 64)

565 Standard Skilängen

1942 Reichwehrmacht (D)

Die Skilänge bedingte immer auch die sinnvolle oder mögliche Skitechnik.

Körpergröße	Skilänge
1,70 – 1,75 m	2,05 – 2,10 m
1,75 – 1,80 m	2,10 – 2,20 m
über 1,80 m	2,15 – 2,20 m

Die Empfehlung für Wehrmachtsski darf für diese Zeit als allgemeine Regel angenommen werden. Ein persönliches Gespräch im Jahre 1968 mit Karl Koller, dem Skischulleiter von Kitzbühel, bestätigte dies. Dieser erzählte auch, dass er als Soldat im Kaukasus nach der großen Skisammlung 1942 allen Ski für seine Kameraden hinter der Bindung abgesägt und somit erst gebrauchsfähig gemacht hatte.

(Deutsche Wehrmacht, Taschenbuch für den Winterkrieg. Als Reprint 2008, Seite 183)

566 Zeit extremer Vorlage

1943 Walter König, Gustl Berauer (D)

Merkmale:
- volle Rotation
- schneller Schwungansatz aus einer gegenläufigen Ausholbewegung

ev. „rasches, kurzes Wegstemmen des Talschi"
- um auch schnell auf dem Außenski in starke Vorlage zu kommen
- weites Vorgreifen mit Arm und Stock
- auch in der Steuerphase bis zum Schwungwechsel „größtmögliche" Vorlage
- auch „mit größtmöglicher Vorlage auf die Skispitzen drücken
- „Die Federkraft der Knie muß gleich Gummizügen arbeiten."

Interessant ist auch die Kombination der kurzen, schnellen Talstemme mit starker Vorlage und weit vorgezogener Rotation, wobei die Vorlage die Körperdrehung offensichtlich beschränkt.
Alle Vorlagebilder dieser Zeit von Emile Allais bis zu den Demonstratoren für den österreichischen Lehrplan von 1948 vemitteln den Eindruck hoher und sportlicher Expression.

(Handbuch des Schilaufs, Seite 144 – 148)

567 Skitechnik amtlich – Formeln

1943 Alfred Flückiger (CH)

„Der Skilauf wurde von einem Kollegium Berufener auf Formeln gebracht. ... Der Skilauf ist eine amtliche Angelegenheit geworden."

Formeln:
- „Knie weich!
- Ski parallel!
- Schmale Spur!
- Gewicht mutig nach außen!"

Der Schriftsteller und Schriftleiter sieht für die Schweiz eine Entwicklung, wie sie auch in Deutschland und Österreich zu beobachten ist: amtliche Lehrpläne. Den großen Vorteilen einer landesweiten Vereinheitlichung und einer Vereinfachung für die Skilehrer stehen die Nachteile einer Dogmatisierung und eines Missbrauchs der Skitechnik zur Stützung autoritärer Funktionärsstrukturen gegenüber.

(Du jauchzende Winterlust. Seite 145 und 154, Zeichnung Seite 147)

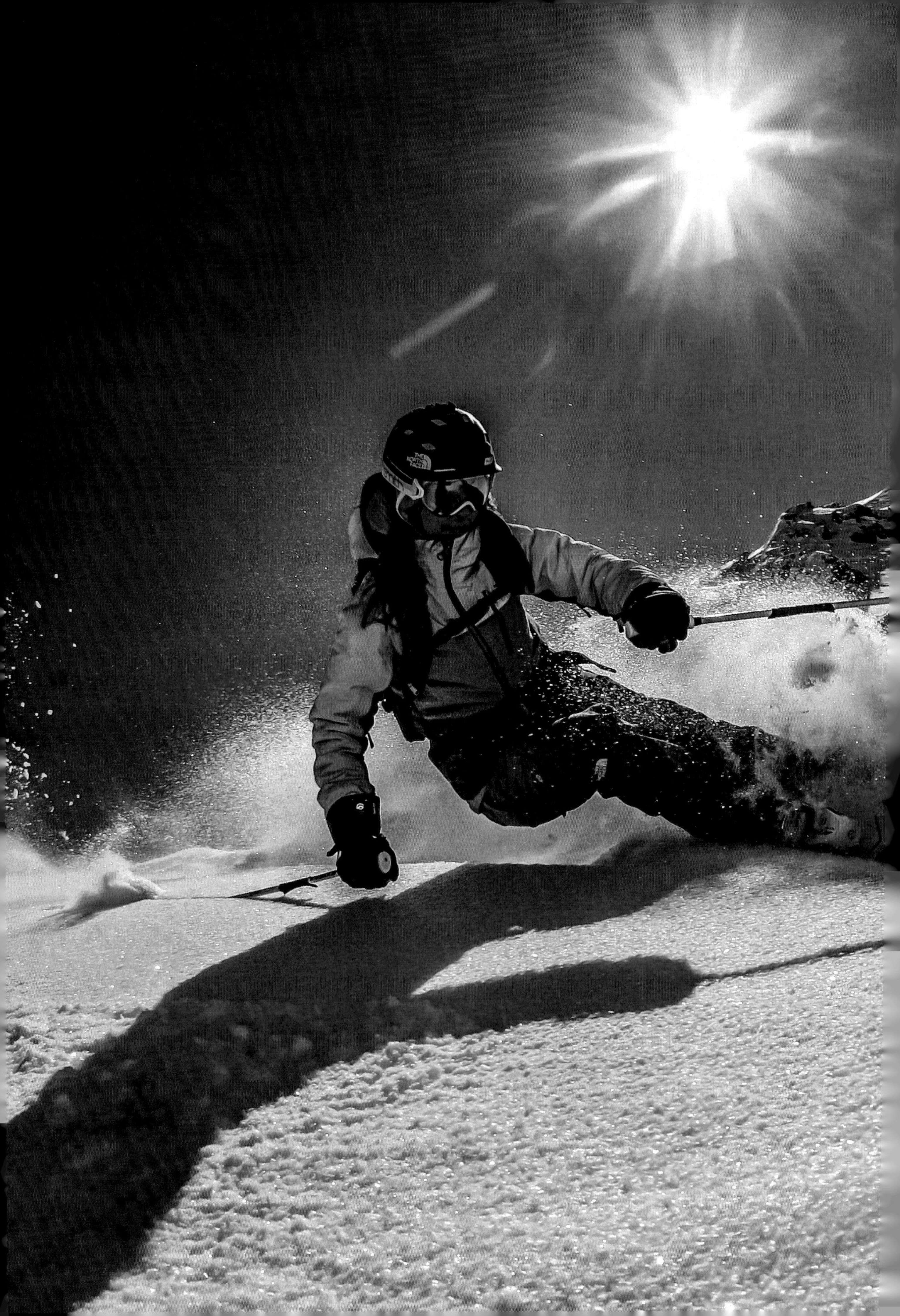

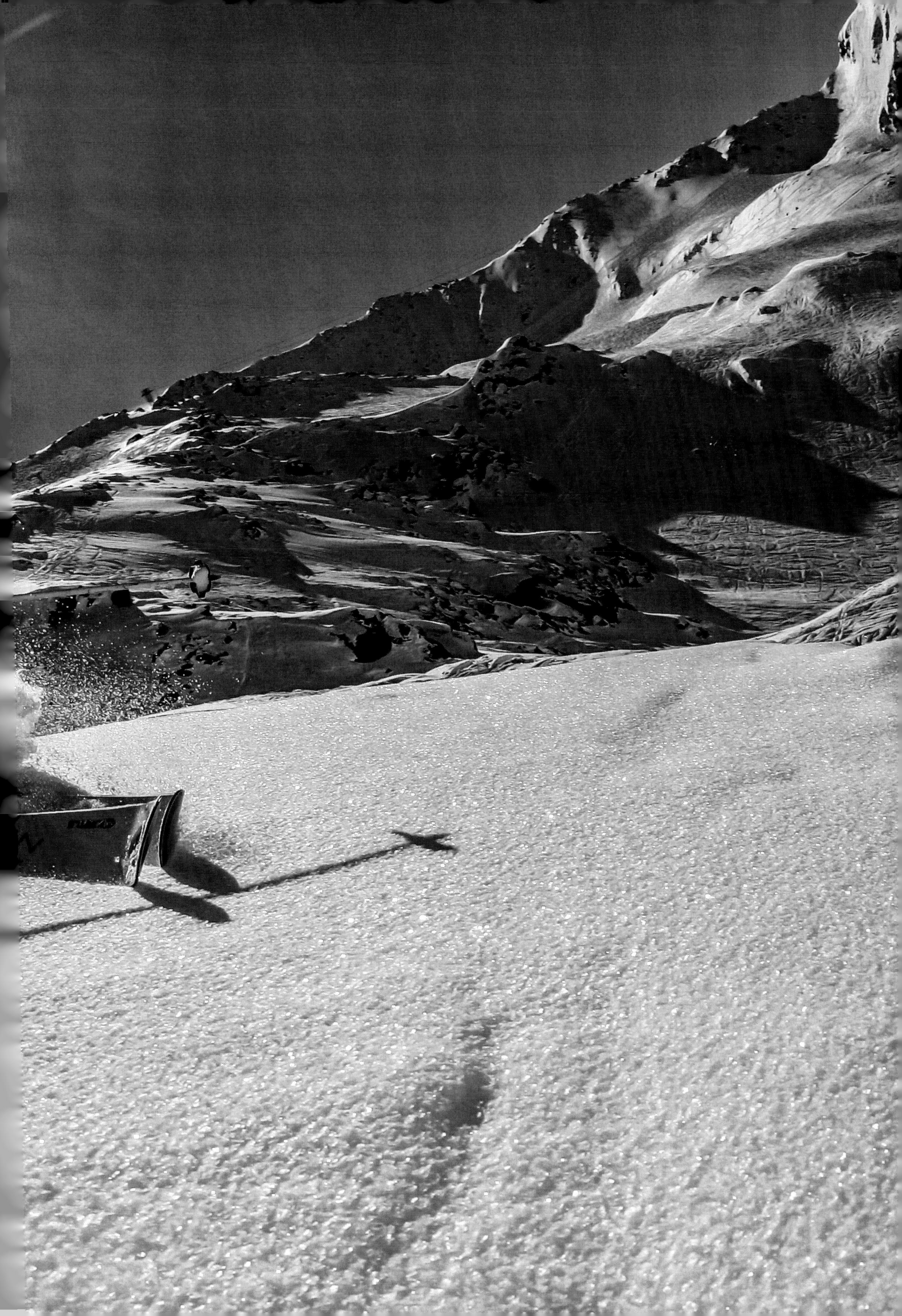

568 Huschen, tanzen, wiegen
1943 Alfred Flückiger (CH)

„...leicht und spielend drehen sich hier die Schwünge. Ebenso froh legt man sich in die lockenden Hänge. Kreuz und quer offen ist die Bahn. ...Schneemulde um Schneemulde wird da wiegend ausgefahren und tief ausgekostet. Eine Seligkeit ists, in schlichter Zartheit falterleicht und tanzend über den Schnee zu huschen und dabei den feinen Duft von Schnee, von Frische und kühler Gesundheit in sich hineinzuschlürfen."

Der Schweizerische Autor findet Bilder, die die formelhaften und nüchternen Lehrbuchbeschreibungen vergessen lassen. Sie ermuntern zu einem unmittelbaren Probieren, ob man nicht auch einmal falterleicht über den Schnee tanzen könnte.
Die Art von Alfred Flückiger kann man aber auch als eine Herausforderung sehen, wie in Zukunft Autoren über das Skifahren und über Skitechnik schreiben könnten.

(Die jauchzende Winterlust. Seite 70 f)

---

569 Schwung aus einem Haken
1943 Roman Schnabl (D)

Der Schwung mit kleinem Radius
"Diesem Schwung geht, wie fast bei jedem anderen, ein GegenSchwung voraus. ... Der Gegenschwung wird plötzlich durch durch die entgegengesetzte Schwung- bewegung (Schulterdrehung und Gegendruck der Kniegelenke) gestoppt. Es kommt u einer teilweise gewollten, teilweise ungewollten starken Kantenführung der Ski und dadurch zu einer momentanen Fahrthemmung.

Diese Fahrthemmung wirft den Körper vorhoch, wodurch die Schienden entlastet werden. Diese Entlastung de Schienden muß durch das Abdrehen des Körpers in die neue Richtung ausgenutzt werden. Wir erreichen dadurch hakenartig weggehoben werden."

(Das Schibuch. Text Seite 55 und 57., Bilder Seite 56 und Außentitel)

Ein sehr gründliches Buch, das vom Anfängeruntrricht bis zur Einführung in den Rennlauf reicht. Für dieGründlichkeit zeugt die angeführte Beschreibung Bild zeigt die Grundhaltung dieser Jahre, in der die angebeugten Unterschenkel im gleichen Winkel wie der Oberkörper stehen.

---

570 Ungebremstes Schwingen – Werdegang des Schischwunges
1943 Carl J. Luther (D)

Beschreibt Zusammenhang und Übergang von Stemm- zum Parallelschwingen. In der Technik: Rotation mit starkem Ausholen und Durchziehen

„Nicht mehr der gerissene Kristl mit Überdrehung und Querrutschen, sondern das ‚Ausfahren einer schönen Bogenkurve. Unser heutiger Schwung über die Fall-Linie ist ja nicht mehr wie früher Richtungsänderung und Fahrtverlangsamung zugleich, sondern Richtungsänderung möglichst in Schußfahrtempo."

Was hier Carl J. Luther als ungebremstes Schwingen herausstellt, wird erst das Carven bringen, vor allem beim Schwingen mit Innen-Anschneiden wie es SPORTS um 2000 propagierte. Aber als Ideal ist es hier vorweggenommen.

Als ein Weg vom Stemmen zum Parallelfahren werden hier die Verringerung der Stemmstellung und
„das stärker werdende Vorschwingen des Außenarmes unter Zurücknahme der Innenschulter" empfohlen.

(Werdegang des Schischwunges. Texte und Bild Seite 131. Zeichnung von Toni Ducia.)

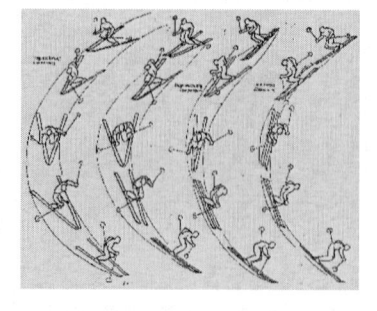

571 Deutsche Abklärungen in Technik und Ausrüstung

1943 Roman Schnabl (D), Hrsg. „Reichsjugendführung"

Inhalte:
- Parallelschwingen nur bei „günstigen Bahnverhältnissen"
- Mit Sprung eingeleitete Schwünge
- Vorlage birgt einleitende Stemmstellung
- Rücklage birgt Scherstellung
- Skilängen 175 – 205 cm
- Schichtenski neben Vollhickoryski Standard

Diese gleichsam offiziöse Veröffentlichung „Das Hitler-Jugend-Schibuch" dürfte den Erkenntnisstand der Zeit in Deutschland widerspiegeln. Neben den erwähnten Tendenzen des Schwingens nach der Körperlage werden weitere Schwungformen nach der Schneelage erläutert. „Schweifung" des Ski als „Telemarkform" mit einer Mittelbreite von 70 -74 mm. Rennski an der Schaufel schmäler. Aufschraubbare, ineinandergreifende Lamellenkante. Schuhschaft sollte nicht zu hoch sein.

(Das Schibuch der Hitler-Jugend. Grundschule und Leistungssport. München 1943)

572 Abfahrtshaltungen richtig und falsch

1944 Henry Hoek (NL/D/CH)

Der Verfasser schreibt aufrechte Haltungen in Schrittstellung als richtige, andere als falsche Ausführung.

Henry Hoek liebte schon in viel früheren Veröffentlichungen diese Gegenüberstellung. Damals wurde auch breite Skiführung als falsch und enge als richtig herausgestellt. Dazu kannte er die halbhohe Hocke.

(Wie lerne in ich Schilaufen – nach der Bearbeitung von Alois Kosch (D). Bild Seite 33)

573 Giovanni Testa vor dem Ende?

1945 G. Testa (CH)

publiziert weiter eine Technik
- mit starkem Gegendrehen
- ohne Rotation und ohne Schraube.

Diese Technik hat sich inzwischen im Rennlauf weithin als „Gegenschultertechnik" etabliert. Sie erinnert aber auch an das spätere Treten der Snowboarder gegen das Brett.

Das Gemeindeparlament von St. Moritz beschließt 1945 die Ausweisung des Skischulleiters. Erst juristische Interventionen von Anwälten unter Testas Schülern verhindern dies im letzten Moment. Testa aber auch aus dem schweizerischen Interverband ausgeschlossen.

(Titelbild aus seiner Veröffentlichung von 1967)

574 Drei fundamentale Regeln

1945 Stephen Déván (HUN), Mucki Clausing (D), Winter Sport Center Garmisch Partenkirchen)

- Leaning forward
- Ankle hook
- Leaning outward

Dazu als Schwungprinzip
- Swinging des Körpers

Das Skilehrbuch ist für die United Staes Armies in der ersten Skischule in Deutschland nach dem Zweiten Weltkrieg, in Garmisch-Partenkirchen, geschrieben. Diese Skischule war zehn Jahre später auch die erste Skischule in Deutschland, die die Wedeltechnik Österreichs übernahm.

(Skiing Technic. (Texte Seite 8 f., Außentitel)

575 Einfach durch Gewichtsverlegung?

1945 Giovanni Testa (CH)

Beispiel Tempo-Kristiania
- „Aus der Fallinie mit erhöhter Geschwindigkeit rechte Schulter vor, linker Fuß zurück. – Abknicken des Oberkörpers nach links.
- Vor der Drehung aauf linkem Fußballen leicht hochgehen, linke Schulter vorbringen und rechten Fuß zurück. -Abknicken des Oberkörpers nach rechts.
- Vor der Drehung hochgehen, Schulter vor. Fuß zurück, Schulter vor. Fuß zurück, Abknicken des Oberkörpers.
- Knie beisammen. Gelockerte Körperhaltung."

So beschreibt Giovaanni Testa am Beispiel einer Reihenbildes den Temposchwung. Diese Analyse erwartet man nicht, wenn man in der Einleitung liest.

"Aus rein method- ischen Gründen habe ich in dieser Anleitung die gezogenen Schwnge, die hauprtsächlich unter Ausnüthzung der Gewichtsverlagerung gefahren warden, besonders betont. Aus der Erwägung heraus, dass nur da, wo es absolut notwendig ist, Muskelkraft eingesetzt warden soll, warden im Unterricht die Trägheitskraft und das Eigengewicht – typische Merkmale des gezogenen Schwunges – mit Vorteil ausgenützt."

(Natürliches Skilaufen. Seite 6, 65)

576 Getragen und durchwirkt von Gefühlen

1946 Gottfried Rössel (A)

"Der Schwung in schnellerem Tempo ist fast ausschließlich ein Gefühlsschwung, schon scheinen wir dahinzuschweben. Die Bretter tasten sich über die Hindernisse hinweg, der Instinkt entscheidet und handelt, während der Gedanke hinter dem rasenden Tempo zurückbleibt."

Die Literatur der ersten Jahrzehnte des modernen Skifahrens ist auch voller allgemeiner Stimmungsbilder und Emotionen. Selten jedoch beziehen sich die Gefühle direkt auf die Skitechnik so wie bei Gottfried Rössel.

„Schon saust er über die weiße Schneefläche davon, daß wir seine Bretter singen hören."

(Sonne, Schnee, Schilauf. Außentitel)

577 "La méthode Allais" – angeliftete Schwünge

1947 Emile Allais (F)

- Ausgeprägte Rotation mit Blockade in der Hüfte
- Ruade (Anfersen der Skienden mit Extremvorlage)
- Weit vorgezogener Außenarm
- Stöcke sehr kurz, hüfthoch
- Bevorzugte geschweifte Ski für die Abfahrt (mehr Flex), parallel verlaufende Ski für den Slalom (steifer)
- Diese Technik wird 1950 von Arwed Moehn in den deutschen Lehrplan übernommen.

Vgl. auch Carlo Mollino 1950.

Rotation und Vorlage werden – nicht zuletzt unterstützt vom absoluten Fersenhalt des Schuhs – bei Emile Allais ausgereizt. Der Slalomweltmeister von 1937 entwickelte seinen Rennstil mit der Ruade im gleichen Jahr weiter zur Schultechnik. Damit wurde der verbreitete „Hupfkristl" kultiviert. Damit aber bot sich auch ein direkter Weg zum Schwingen an. Ekkehart Ulmrich verweist darauf, dass es in dieser Technik zu keinem Knick von Knie oder Hüfte kommt und der Körper stets in sich gerade gehalten werde.

(100 Jahre Skitechnik. Seite 112)

Diese französische Lehrweise wird in einem graphisch und photographisch aufwändigem Skibuch vorgestellt:

Emile Allais, METHODE FRANCAIS DE SKI. Paris 1947

578 Wieder spezielle Rotation

1947 Marc Hodler (CH)

stellt für den Rennlauf fest:
- Abkehr von der Gegenschultertechnik in der Schwungauslösung
- Rotation meist mit Ruade
- eventuell „Doppelstockstoß"
- in der Schlussphase Gegenbewegung manchmal angebracht

Nach einer Periode des Gegenschulterschwingens tendieren die Rennfahrer wieder zur Rotation. Marc Hodler bezweifelt aber ihre Eignung für das Lehrwesen, da diese Art von Rotation eine schwierige Bewegung sei und körperliche Ertüchtigung voraussetze. Interessant ist ein Gegendrehen am Ende, um ein Abdriften zu stoppen. Vgl. dazu das „Schoppen", den Gegenschwung und die „geheime Kraft" von Sepp Bürcher.

(Überblick über die Entwicklung der Schwungtechnik. Seite 14-20)

579 Rotation mit Anfersen und Stürzen aus dem Hang – Nicht zwei Menschen fahren gleich.

1947 Ronald Falkner (A)

Der Verfasser gibt die aktuelle Version des Temposchwunges nach Toni Seelos wieder.

- „Durch das Strecken des talseitigen Knies wird der Körper aufgerichtet und damit gleichzeitig dem Körper eine schraubige Drehung nach dem Bergski hin verliehen."
- Streckung auch des bergseitigen Knie
- „Der ganze Körper ist nun förmlich vom Boden weggerissen. Die Ski ...machen diese Bewegung mit, ihre Hinterenden verlassen den Boden."
- „Man muß das Gefühl haben, als stürze man zu Tal. Der Körper muß den Skiern ‹voraus› sein."

Der Verfasser – wahrscheinlich spricht aus ihm auch Toni Seelos – betont, von niemand sollte man erwarten,

„einfach n u r so skizufahren, wie es hier im Text oder in den Bildern festgelegt ist. ... Hat man einmal die (Richtlinien) erfasst, dann entwickelt sich von hier aus die jedem Menschen eigene Ausübung jedes Sportes ... mit dem ihm eigenen Wesen. Jedes Menschen Wesen ist aber von dem des anderen verschieden. Deshalb ist es nur natürlich, dass beispielsweise nicht zwei Menschen bis in letzte gleich skifahren können."

(Skilauf wie er sein soll. Texte Seite 69 und 73, Außentitel)

(Skischule nach Toni Seelos)

580 Abfahrtsposition federnd aufrecht – Schulhaltung

1947 Die österreichische Schischule, Verfasser Eduard Wolf Burger

- mehr aufrecht
- lauernd
- leicht vorgeneigt
- in allen Gelenken federnd

„Die Österreichische Skischule - Amtlicher Lehrplan" definiert so die verbreitete und – abgesehen von der steifen ersten Fahrhaltung der Beinspieltechnik von 1956 - bis heute als Schulform geltende Abfahrtshaltung.
Der Lehrplan kennt neben dem Weg über das Stemmen auch einen direkten Weg zum „Reinen Schwung".

(Die österreichische Schischule. Seite 20f.)

581 Weniger Schuss – mehr Schwingen – andere Ski

1947 Arnold Lunn (GB)

„Ein bemerkenswertes und überraschendes Ergebnis der Pisten-Fahrerei ist, dass dadurch das Schuss-Fahren mehr oder weniger aus der Mode kommt."
„Die heutige ganz neue Art des Skilaufs hat zur Entwicklung einer typischen Spezialausrüstung geführt, zum Gebrauch einer besonderen Art von Ski, die im Weichschnee unbrauchbar sind, und zu der Benützung von lächerlich kurzen Stöcken."

Der große Beobachter und einst großer Anreger markiert uns eine wichtige Wende in der Bedeutung der verschiedenen Skitechniken. Daneben aber bedauert er die Dominanz des Pistenfahrens und plädiert dafür, dass sogar die Anfänger weiterhin im Weichschnee fahren sollten.

(Skifahren wie die Engländer es sehen. In Jahrbuch des schweizerischen Ski-Verbandes 1937 Seite 36 f. Bildausschnitt Seite 12)

Demonstrator Edi Rominger am Mt. Hood, Timberline (Oregon)

582 Schwungeinleitung mit einem Reflex

1947 Die österreichische Schischule, Verfasser Eduard Wolf Burger

- „Der Kopf leitet also die Bewegung ein und steuert sie."
- „Die Wendung des Kopfes überträgt sich reflektorisch auf den gesamten Bewegungsapparat."
- Zielvorstellung:
- „Ich will mich umdrehen."

Vergleich mit der Richtungsänderung des Pferdes, wenn die Zügel seinen Kopf wenden.

Die Anleitung mit dem asymmetrischen tonischen Körperstellreflex zu arbeiten – Burger verweist auch auf die Beteiligung von Auge und Gleichgewichtsorgan – ist skitechnisch wie skimethodisch sensationell. Die ersten Hinweise zu reflektorischen Steuerungen von Ernst Schottelius 1908, 1938 von Walther Birkmeyer und Karl Schindl (beide A) sind hier wieder aufgenommen. Diese Denkrichtung findet später von mir eine systematische Behandlung.

(Die österreichische Schischule. Amtlicher Lehrplan. Seite 34 f., Titelbild)

583 Renntechnik 1947 – Vorbild Vorlage

1947 Jahrbuch des schweizerischen Ski-Verbandes

Eine Dokumentation der Übereinstimmungen (alle CH)
- Edi Romminger
- Karl Molitor als amerikanischer Skimeister
- Antoinette Meyer schweizerische Meisterin
- Rosmarie Bleuer

Bei allen:
- Starke Beugungen
- Drängende Vorlagen
- Durchzug der Außenhand

(Texte und Bilder: Hermann Gurtner, „Frohgemute Ambassadoren "Seite 4 -33)

584 Vorlage als Prinzip

1947 Karl Haas, C. Heinrich Maurer (beide A)

▶ „Vorlagefahren ist ein Prinzip."
▶ „Der Vorlagefahrer fährt mit der Schwerkraft. Er benützt sie auch als Antriebskraft für die Richtungsänderung."
▶ Beanspruchung der „großen und mächtigen Muskelpakete der Rückseite des Körpers"
▶ Mit Vorlage fahre man ökonomisch.

Die beiden Autoren aus der Steiermark diskutieren alle Lagen durch. Sie bleiben bei einer starken Knievorlage ohne die französische Ruade. In der Aushol- und Durchziehbewegung sind sie ganz auf der Linie von Toni Seelos und verlangen Gesamtkörperbewegungen.

(Ski-Abfahrt. So fährt man heute! So lehrt man heute! Texte Seite 27, 28, 31, 35, Zeichnung Seite 27)

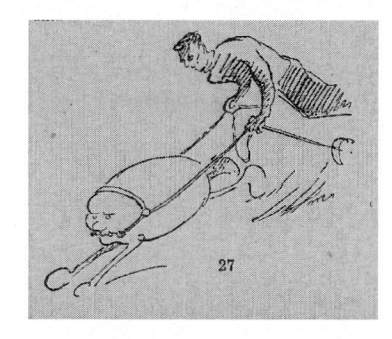

„Der Körper eilt voran! Die Ski folgen nach!"

585 Pflugstellung abgeklärt

1947 Tomm Mustad (N)

Wie sollte Knie- und Kantenführung sein?
▶ Beine fast gerade?
▶ Knie fast beisammen?
▶ Knie gut gebeugt und moderat nach innen gedrückt?

Man meint, diese Frage müsste 1947 längst abgeklärt gewesen sein. Aber sie ist offensichtlich wieder neu zu problematisieren, wenn man heute noch Kinder durch beugesteife Skischuhe zwingt, die Beine aus der Rücklage heraus zu strecken und damit den Ski flach zu halten. Außerdem ignorieren die Lehrsysteme seit Jahrzehnten die bekannte Tatsache, dass fast ein Drittel aller Leute aus ihren angeborenen oder erworbenen Hüftproblemen keine Pflug- und Stemmstellung halten können.

(Se Og Laer. Seite 22)

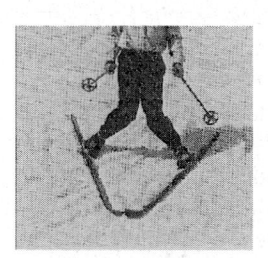

ideale Lösung

problematische X-Beine

ungünstige O-Beinführung

586 Aussteuern auf dem Bergski

1948 Ferdinand Schwenninger (A)

Er stellt fest,
„daß Spitzenläufer beim Schwung das Gewicht oft fast zur Gänze auf dem Bergski haben, um den Schwung scharf zu beenden. Aus einer solchen Endstellung heraus weist der Talski nach unten. Der äußere Eindruck ist eine offensichtliche Scherenstellung. In Wirklichkeit ist es nur die Phase eines Schlittschuhschrittes, mit dem der Läufer im nächsten Augenblick Belastung und Richtung ändert."

Der Weg zum Pedalieren – selbst in der Form eines Pedalo innen – ist eigentlich von hier aus nicht mehr weit, wurde dennoch erst Jahrzehnte später gegangen. Über den Skischuh berichtet der Verfasser, dass sie häufig eine Stahlplatte zwischen den Sohlen haben, die ihn versteifen sollten.

„Die Schuhe sollten übrigens im Schaft nicht zu hoch sein, schon gar nicht am Rist, weil sie sonst das starke Abwinkeln des Fußgelenkes verhindern."

(Moderner Skilauf. Texte Seite 153 und 155, Zeichnung Seite 50)

Gestemmter und Reiner Schwung
Angabe zur Skiform: vorne 9 cm, Mitte 7 cm, hinten 8 cm

587 Vorlage – „Angelpunkt der modernen Skitechnik" – auch Innenski + Innenlage 1948 Ferdinand Schwenninger (A) ▸ Steht in der Tradition der Rotation ▸ Erklärt die Vorlage zum Prinzip allen Schwingens	▸ Kantenstellung und Belastung je nach gefahrener Innen- oder Außenlage ▸ Empfiehlt Standkeile Der Autor formuliert die Ideale dieser Jahre, unterstützt von klaren Zeichnungen.	Auffällig: „Bei ausgesprochener Innenlage wird die Außenkante des Innenski hauptsächlich belastet. Der zweite Ski wird flach mitgeführt." (Moderner Skilauf. Außentitel, Zeichnung Seite 70)
588 Die Handicaps der Frauen 1948 Werner Krause (D) „Nicht viele Läufer verfügen über die Vorbedingungen, nämlich weiche Hüften und weiche Knie. Gute Läuferinnen gibt es noch weniger, da Frauen mit weichen Hüften und Knien eine Seltenheit sind, besonders da sie durch das tägliche Tragen von Schuhen mit überhohen Absätzen dafür sorgen, daß Hüften und Knie verhärten. Weiter bereitet die	natürliche weibliche X- Beinstellung den meisten Frauen im Anfang Schwierigkeiten beim Skilauf." Skurrile Vorstellungen sind im Skisport immer wieder nicht nur im kleinen Kreis zu finden. Das Skilehrbuch der FDJ in der damaligen Ostzone Deutschlands mit einem Vorwort von Erich Honecker dürfte eine größere Breitenwirkung gehabt haben und Theorie und Praxis in historisch bedeutsamen Skigebieten beeinflusst haben.	(Skilaufschule. Lehrbuch in der Tasche. Text Seite 4, Bild Seite 18)
589 Schwungbrechen" – „Schoppen" 1948 S. Linhart (A) Um einen Schwung „mit richtigem Tempo anzusetzen, wird vorher das Zuviel (an Tempo) weggenommen, jedoch als Schwungholkomponente wieder verwertet." „Dieses jähe, augenblicklange Abstoppen schoppt die abgefangenen Schwungkräfte, um ..."	Praktisch wird ein vorheriger Gegenschwung zum Hang gemacht. Begriffe und Sache, zu der in dieser Schrift angeleitet wird, haben Tradition. Manchem Fahrer ist das auch heute noch eine Hilfe, um sich im Steilen vom Hang zu lösen und sich in oder über die Falllinie katapultieren zu lassen. Auch das abschließenden Gegendrehen von Marc Hodler, die „geheime Kraft" von Sepp Bürcher, das Carven als „rocking", der Fishhook u. a.	In den 1960er Jahren wurde im Skiunterricht als eine vergleichbare Lösung der sog. zweite Hüftknick praktiziert. Carver können gleiche Effekte durch den „Carverzug" oder durch ein bewusstes Flexen mit anschließendem Rebound erzielen. Auch das sog. zweite Kippen beim „Flieger", um mit der Innenhand Schneekontakt zu bekommen, ist eine vergleichbare Lösung. (Der Skitourist Seite 38)
590 Innenschwung – schneller Schwung 1948 S. Linhart (A) ▸ Nur parallel möglich ▸ Kurze Entlastung tief ▸ Vortief in den Schwung hineinschrauben ▸ Körpergewicht über dem abgeknickten Innenknie ▸ „Die Steuerung geschieht fast ausnahmslos durch bewusstes Aufkanten."	In einer Zeit, in der die Belastung des Außenski zum Dogma geworden ist, findet sich bei Linhart ein Innenskischwung. Erstaunlich ist dabei auch die Aussage, dass dies ein schneller Schwung ist. Das in der Carvingzeit sog. Abschneiden der Spur auf dem Innenski ist hier vorweggenommen. (Siehe Skilehrplan SPORTS 1995) Auch könnte man diese Schwungform als Carven interpretieren. (Der Skitourist, Seite 40)	

591 „Schulterschwung" – Rückkehr zur Rotation

1949 Eduard Wolf Burger – Schule des Schilaufs (A)

- Drehschwung
- mit Knicklage oder starker Innenlage
- auch starke Vorlage
- schraubige Rotation
- Talstemme mit Bremswirkung wie bei einem Kettenfahrzeug

Betont wieder mehr das Stemmen und Scheren neben dem reinen Schwung.
Hinweis auf die Führung des Kopfes in den Schwung.
(Schule des Schilaufs Seite 18 f., Bild VII zu Seite 19)

Eduard Wolf Burger, Verfasser der „Schule des Schilaufs" und des amtlichen österreichischen Lehrplans von 1947, hält das „schraubenlose Fahren", die Gegenschultertechnik, für überholt und lehrt eine Rückkehr zur Rotation. Eigenartigerweise zeigt er aber im Umschlagsbild die Gegenschultertechnik.

592 Tail-wagging – Wedeln

1949 USA World Ski Book:

„Tail-wagging: A series of uncompleted christianias in alternated oppsite directions."

Der englische Name knüpft an die deutsche Wortfindung von 1930 an, nämlich an das Schwanzwedeln des Hundes.
Wenn Wort und Sache im Glossar „ABC of Skiing" eines so anspruchsvollen Handbuches mit kompetenten Herausgebern verankert sind, kann man daraus schließen, dass sie auch bekannt und verbreitet sind.
(World Ski Book. Seite 96)

593 Stick-Riding

1949 Frank Harper (USA)

„Just put both poles between your legs and sit down on them. ... Hold the pole handles with your left hand; bend your right elbow backward and grasp the poles with your right hand close above the rings... Your brake ... with all your weight, your body leaning back ... and the poes carrying your full weight."

Der Spott über das Stockreiten hält seit fast 50 Jahren an. Ein so innovativer Mann wie Frank Harper hält dennoch daran fest. Er zählt eine lange Reihe von Situationen auf, wie Nebel, gefährliches Gelände und schwieriger Schnee, die zum Stockreiten zwingen. So ist Frank Harper ein modernster „Vorreiter", wie auch ein Bewahrer alter Möglichkeiten.
(Skiing Naturally Seite 114. Außentitel)

594 Jerked Christiania – angesprungene Schwünge

1949 Frank Harper (USA)

„The leap lifts the tails of your skis almost into the air. The body whirls forward and the skis follow the body."

Der Jerked Christiania erinnert an die Technik von Emile Allais von 1947 und ist wohl dieser gleich zu setzen. Aber man kann auch noch einige Jahrzehnte weiter zurückdenken, nämlich an Fridtjof Nansen, der schon 1890 vergleichbare angesprungene Schwünge empfahl.

(Skiing Naturally, Text und Zeichnung Seite 93)

595 Skiing Naturally – Carven – **1949 Frank Harper (USA)** ▸ kennt sehr stark taillierte Carvingski, ▸ spricht von „magic circles", ▸ *"The ski run on their inside edges … whistling the melody of the hristiania"* (Skiing Naturally. Seite 89)	Harper fuhr Ski mit einer Wespentaille und carvte. Obwohl er schon vorher ein erfolgreicher Autor war, bleibt er mit Skiing Naturally nur einer kleinen amerikanischen Skilehrergemeinschaft verbunden. – Ein konsequentes Carven und eine verpasste Chance in der Entwicklung! Wegweisend auch die Zeichnungen und die bildstarken Formulierungen.	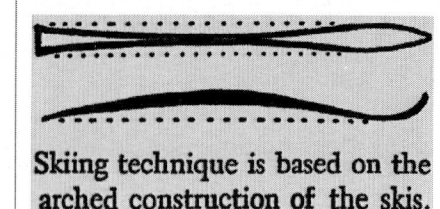 **Skiing technique is based on the arched construction of the skis.** (Darstellung Seite 18)
596 Doppelstemme – Tal-+Bergstemme **1949 Eduard Wolf Burger (A)** „Dem bergseitigem Stemmen kann ein flüchtiges Anstemmen des Talschi vorangehen, wodurch die Fahrt ein wenig abgebremst, das ausholende Zurücknehmen der Bergschulter begünstigt und die Gewichtsverlagerung auf den anfänglich unbelastet ausstemmenden Bergschi durch Abstoß (Abstemmen) erleichtert wird."	Die Doppelstemme ist ein sehr origineller und ausführlich begündeter Vorschlag. Für die Talstemme bringt der Verfasser die Vergleiche einer exzentrischen Bremswirkung wie beim Rodeln mit der Ferse oder wie das Anhalten der inneren Raupe bei einem Kettenfahrzeug. Das kann auch als Vorläufer der sog. „Spitzerl-Technik" nach Hans Zehetmayer gesehen werden. (Schule des Schilaufs. Seite 26 f. Titelbild)	 **WOLF BURGER** **SCHULE DES SCHILAUFS** Österreichischer Sportverlag
597 Abfahrtshaltung: Oberkörper-Unterschenkel parallel **1949 Sepp Gantner (D)** ▸ Vorlage Unterschenkel ▸ parallele Führung dazu des Oberkörper ▸ Oberkörper in der Vorlage gestreckt	In der Zeit der starken Vorlage – im Gefolge der französischen Fahrtechnik – wird auch in Deutschland eine davon abweichende völlig neue Grundhaltung gefunden. Gantners Vorlage ist moderat und in eine strenge Figuration eingebunden. (Meisterschule des alpinen Skilaufs. Text und Bild Seite 29)	
598 Innenschulterschwung **1949 Sepp Gantner (D)** „Die Einführung des Schwunges erfolgt mit Vornahme der Innenschulter und Hüfte. Abrollen und Abstoßen mit beiden Sprunggelenken, Vorschnellen in die Innenkurvenlage mit einem sofortigem Vor- und Nachinnenschwingen der Innenschulter und Hüfte."	Diese Technik hebt sich von der Gegenschultertechnik ab, kennt aber auch nicht das Rotieren. Der Innenski ist belastet. Eine eigenständige Entwicklung. Empfohlen wird diese Schwungtechnik für kürzere Richtungsänderungen. (Meisterschule des alpinen Skilaufs. Text und Bild Seite 46 f.	

599 Resümee Arlbergtechnik **1949 Hannes Schneider (A)** zieht Bilanz. Seine Technik stand und steht für: ▶ control ▶ safty ▶ form and ▶ speed	In einem Rückblick beteuert Hannes Schneider, dass er seine Technik sowohl für den Freizeitskifahrer und Kurzurlauber wie auch für den Rennfahrer entwickelt habe. Das Foto zeigt ihn in einer erstaunlich modernen Fahrweise. (The Arlberg Technik. In: World Ski Book 1949. Hrsg. von Frank Elkins und Frank Harper. Text und Bild Seite 27 – 35.)	
600 Schweizer Programm **1949 Christian Rubi (CH)** Die „Highlights": ▶ Parallelschwung als Rotations- oder als Counterschwung ▶ Parallelschwung tief-hoch-tief oder hoch-tief-hoch ▶ Telemark ("graceful turn"!) ▶ Jump turn mit Abstützung auf beide Stöcke talseitig	Wie so oft von den Lehrplanautoren zu hören ist, entspricht dieses Programm einer internationalen Entwicklung und hebt sich nicht ab von Österreich, Frankreich, Norwegen oder Amerika. Dabei betont der Lehrplan – und das ist bemerkenswert und singulär – „We don´t teach any spezial racing technique." – In diesem Zusammen- hang muss erinnert werden, dass dies die Zeit ist, in der Josef Dahinden und Giovanni Testa das Skipatent, der Skilehrer- ausweis entzogen wurde. Wenige Jahre später wird sich Rubi über die österreichische Beinspieltechnik entrüsten.	 (The Swiss School. Text Seite 37, Zeichnung Seite 38)
601 Die Vorlage aus Frankreich **1949 Francois Vaudou (F)** Bildanalyse: ▶ kurz nach Überquerung der Falllinie ▶ reiner Rotationsschwung ▶ Außenarm sogar bis vor die Spitze des Außenski vorgezogen ▶ fast gestreckte Vorlage ▶ Kopf über Skischaufel	Vorlagehanweisung gab es von Mathias Zdarsky bis Toni Seelos. Aber erst bei Emile Allais und hier bei Francois Vaudou erreicht sie eine Qualität, mit der sie eine eigene Fahrweise prägt. Deutsche und österreichische Vorlagefahrer sind in diesem Fall nur Nachgeborene. Allerdings gibt es auch noch Carlo Molino mit seiner Spezialbindung. Vergleiche zudem aus 1950 Nami Insam und Hans Nogler.	 (Prestiges du Ski. Lausanne1949, Bild Seite 9)
602 Spezielle Schwungsammlung **1949 Sigi Lechner (D)** ▶ Temposchwung mit Vorlage ▶ Stockumschwung am Steilhang ▶ Telemark als "König der Bogen" ▶ Als gefährlich eingestuft: ▶ Scherenkristiania ▶ Gerissener Kristiania	Die Wertungen eines erfahrenen Skilehrers zeigen trotz des „Stockumschwunges" die Tendenz zum flüssigem, schnellerem Schulefahren, die zu einer Abwertung von Scherenkristiania („Verlegenheitsstellungen") und Gerissenem Kristiania führen. Kurzski erwähnt, aber nur als Sommerski der Bergsteiger in den nördlichen Kalkalpen. (Alpine Skischule. Techniken Seite 10, 20 – 22, 43; Bild Seite 24)	 Temposchwung: „Beide Arme sind vorne und steuern".

603 Natürlich natürlich

1949 Berthold E. Lausmann (D)

- *„Skilaufen heißt, sich auf Skiern bewegen. Locker, ohne Verkrampfungen der Muskulatur und in ständiger Bereitschaft stehen wir auf den Brettern."*
- Ausgleichsbewegungen
- Der ganze Körper arbeitet.
- Steter Wechsel von Spannung und Entspannung.
- Lockerer, fließender Bewegungsablauf
- Fast tänzerische Leichtigkeit
- Natürlich organisches Spiel der Glieder
- Günstigste und dem anatomischen Bau des Körpers entsprechende Bewegungen

Wieder einmal der Versuch, mit dem Begriff „natürlich" alle Probleme und Anforderungen in den Griff zu bekommen. Aber allein das Bildmaterial wie auf Seite 84 und 95 stellen Anliegen und Lösungen wieder in Frage.

(Wie laufe ich `natürlich` Ski? – Programm Seite 9. Bilder siehe oben und Außentitel)

604 „Der König aller Schwünge" – der Kristiania vom Hang

1950 Paul Eggenberg (CH)

- Mit geschlossener Skiführung
- Gleichgewicht sensibilisiert
- Feingefühl für Gewichts- und Krafteinsatz
- Drei Bewegungen gleichzeitig
- Körperdrehschwung
- Vorlage
- Tiefgehen

Als besonderes Anliegen:
„Der Schwung muß unbedingt in der Vorlage beendet werden, sonst werden deine Rückmaße im Schnee sichtbar. Den Körper nach v o r n hochstrecken, Schrägfahr- stellung."

Auch:
„Gleichzeitig mit Einleitung des Schwunges in den Bogen liegen. Ruhiges, langsames Verlagern des Körpergewichtes. Gewichtsverlagerung und Schraubenbewegung des Körpers dem auszuführenden Schwung und dem Schneewiderstand anpassen."

605 Vorlagetechnik absolut

1950 A. Jacques (F)

Die auf Englisch erschienene FRENCH TECHNIQUE klammert nicht wie Emile Allais die Bogenschule aus, behandelt jedoch in besonderer Ausführlichkeit "PURE CHRISTIANIAS" mit exzessiver Vorlage und ausgeprägter Rotation. Darunter auch Schwünge mit der "Ruade" von Allais.

Die Zeit von 1937 bis Mitte der 1950er Jahre kann als die französische Ära aufgefaßt werden. Der deutsche Skilehrplan 1950 von Arwed Moehn und mehrere Veröffentlichungen in Österreich und der Schweiz fußen auf dieser übergroßen Vorlage. Im Bereich des Stemmens beruft sich der Autor allerdings auf die Arlbergtechnik.

(Downhill Skiing. Bild Seite 115,

606 Epochale Wende: Pistenskilauf statt Geländeskilauf

1950 Arwed Möhn, Deutscher Skilehrplan

- „Gleitskilauf ist der moderne, der flüssige, der natürliche Skilauf und als solcher das Gegenteil des Bremsskilaufes."
- „Neuzeitlich abfahren heißt, möglichst nahe der Fallinie bleiben."
- Gegen die Dreiteilung der Fahrhilfen in Stemmbogen, Stemmschwung und Parallelschwung
- Differenzierte Betrachtung von Vorlage und Rücklage, flacher und gekanteter Skiführung

Damit erweist sich Arwed Möhn als einer der zukunftsweisenden Experten wie schon vor ihm Toni Ducia und gleichzeitig mit ihm Frank Harper, bald folgend Fritz Reichert.
In erbitterter Auseinandersetzung mit seinem Vorgänger setzt er auf die bereits begonnene schleichende Entwicklung – noch ohne Wissen um eine maschinelle Pistenpflege.
Er sieht den lange durch Traditionalisten verunglimpften Massenskilauf auf Pisten voraus. In der Praxis erweist sich Arwed Möhn auch als ein begnadeter Lehrer und Ausbilder.

(Moderner Skilauf. Texte der Einleitung. Bild Umschlagseite)

607 Österreichs Führungsrolle

1950 Erwin Mehl (A)

Konstatiert zunächst die frühen Abfahrtsschulen
- die norwegische
- die zdarskysche
- die Arlbergschule
- die hoscheksche „von 1933 bis heute"

Der Historiker macht sich stark für Österreich:

„Die schonlängst fällige wissenschaftliche Skigeschichte Österreichs hat die wichtige Aufgabe, die bahnbrechenden Leistungen Österreichs für die alpine Skifahrtechnik und besonders für die Lehrweise so einwandfrei herauszustellen, daß keine künftige Darstellung mehr dran vorbeigehen kann, ohne sich der Gefahr des Schlechtunterrichtetseins auszusetzen."

(Ein halbes Jahrhundert Abfahrtsunterricht. Text Seite 44, Bild Seite 32)

Erwin Mehl, Mathias Zdarsky, Fritz Hoschek

608 Schwingen mit Tiefentlastung oder Ruade

1950–1956 Deutschland

- extreme Vorlage
- Rotation mit weitem Armschwung
- Schwungauslösung durch ruade (Abheben durch Anfersen) – Tiefentlastung
- Stockeinsatz nahe Skispitzen
- aber auch Gegenschulter
- sehr kurze, nur hüfthohe Stöcke
- mit fixiertem Absatz und Langriemen (ca. 150 cm)

Der deutsche Lehrplan von Arwed Möhn übernimmt Vorstellungen und Konzeption von Emile Allais. Er verbindet damit den Gedanken des Gleitskilaufs und distanziert sich vom Bremsskilauf der Touristen. Auch Vorbehalte gegen den Pflugbogen. Zurückweisung auch von skitechnischen Einflüssen aus dem touristischen Skilauf. Der „Sprung-kristiania", auch „Hupfkristl" genannt, findet hier seine letzte Ausformung. Aber auch Berücksichtigung des Gegenschulterschwingens.

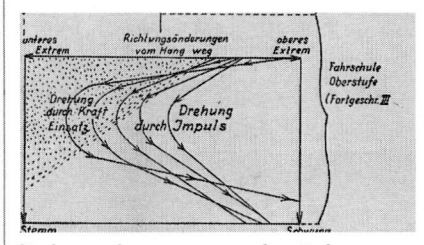

links mehr stemmendes Fahren
rechts mehr schwungvolles Fahren

(Moderner Skilauf. Texte vor allem Seite 5-16, Bildausschnitt aus Seite 21)

609 Vortieftechnik – Vorlagetechnik mit Tiefentlastung in Österreich **1950 Herbert Lager (A)** ▶ Ausführliche Auseinandersetzung mit Frankreich ▶ Extreme Ausführung aber ohne Ruade ▶ Zurückweisung der Hochentlastung ▶ Tour und Schlechtschnee als Reservat der Hochentlastung	Damit ist die Befürwortung der Vorlage von Mathias Zdarsky bis Toni Seelos in ein neues Stadium getreten. Emile Allais hat sich mit seiner Extremform – abgesehen von der Ruade – auch in Österreich durchgesetzt. (Vortieftechnik in Frankreich und bei uns. Seite 170 – 175, Bild Seite 155)	Bild Seite 155 Demonstrator Eberhard Kneissl
610 Beschleunigung durch Rücklage? **1950 Herbert Lager (A)** Der Verfasser meint, dass es möglich sei, *"durch ein plötzliches Rücklegen die SKier nach vorne zu jagen, ohne, daß beim folgenden Vorlegen ..., wenn es hinreichend langsam ausgeführt wird, die Skier des zuvor erzielten Fahrtgewinnes wieder verlustig würden."*	Viele Skifahrer meinen durch eine plötzliche Rücklage allein ine Beschleunigung zu erreichen. Diese Ansicht wird unterstützt, weil die Rennfahrer versuchen bei Übeschreitung der Ziellinie durch eine Jetbewegung ihre Zeit zu verkürzen, was ja dort stimmt, weil die anschließende Aufschlagung dieser Zeit ja nicht in die Wertung mehr eingeht. (Zur Frage der Belastung und der Vorlage im Skilauf. Seite 157)	
611 Vorlagetechnik auch in Italien **1950 Leo Senoner (I)** Der Verfasser berichtet 1950 über die Übernahme dieser Technik als "Französische Methode" und bezieht sich dabei auf Emile Allais, James Couttet und Henri Oreiller von 1937. Offensichtlich kann aber muss nicht diese Fahrweise mit ausgeprägter Rotation verbunden sein. Im zweiten Demonstrationsbild ist sogar ein Schneekontakt der inneren Hand vergleichbar dem späteren Handcarven zu sehen.	Mehrere Bilddokumente zeigen, dass man in Südtirol die französische Technik in einer sehr ausgeprägten Form übernahm. Aber auch in Turin sieht man bei Carlo Mollino (1951) diese extreme Vorlagetechnik.	Demonstratoren: Nani Insam (oben) und Hans Nogler (Mitte) (Auf Skiern durch die Zeit. Seite 23)
612 Hohes Aufkanten aus den Knien **1951 Ungarischer Lehrplan** ▶ Rotation ▶ Betonte Armführung ▶ Aufkanten aus den Knien ▶ Auch in Schussfahrt ausgeprägtes Armehalten vorwärts	Das Herausstellen von hohen Aufkantwinkeln überrascht. Dem starken Kniekippen entspricht der Verzicht auf einen Hüftknick. Diese Fahrweise dürfte sonst wenig verbreitet sein. Allgemein sehr starkes Aufkanten findet man erst in der Carvingära. (Tanuli meg síelni! – Zeichnung Seite 16)	

613 Schwingen mit Carvingski und Vorlage 1951 Carlo Mollino (I) Die breite Schaufel verträgt sich offensichtlich mit extremer Vorlage. Das ist eine neue Note, die über Emile Allais hinausgeht. Die Epigonen von Allais haben allerdings auch mit Vorlagekeilen gearbeitet.	Carlo Mollino benutzte stark taillierte Ski. Er lag damit auf einer Linie von Frank Harper, den er auch kennt und zitiert. Die taillierten Ski im Bild zeigen Belastungen und deren Auswirkung. Auch in den Überlegungen zu den Belastungen ist er beispielsweise den späteren deutschen Lehrplänen in der Carvingsache um 50 Jahre voraus und überlegen.	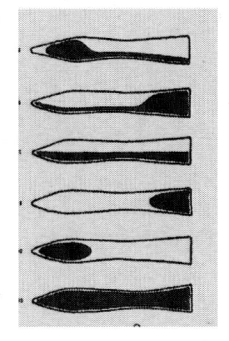 (Introduzione al discesimo. Seite 44)
614 Mit Supervorlage 1951 Carlo Mollino (I) Mollinos bevorzugte Supervorlage ermöglichte ein damals angebotener Rückziehstrammer, der diese übergroße Vorlage ermöglichte und die Vorwärtsbewegung erst spät stoppte. Interessant ist auch die einem damaligen Springer vergleichbare Hand- und Stockführung in der Schussposition, die mit dieser Vorlage verbunden ist. Im Schwung dokumentiert er am Beispiel vieler damaliger Weltklassefahrer Rotation und weitausschwingende Arme.	Der berühmte Architekt und Designer liebte auch in den Schnee gezeichnete Skikurven, die er den Körperkurven seiner Modelle nachzuempfinden suchte. Mit seinem Freund Leo Gasperl (A), den Rekordhalter der Geschwindigkeit von 1932 (136,6 km/h), ging er oft von Turin aus zum Skifahren. Sein Lehrbuch kann als gründlich angesehen werden. Seine Bindung erinnert an die Amstutzfeder von 1925. 	 (Demonstration des Verfassers in seinem Skibuch „Indroduzione al discesimo". Seite 277. Bild der Vorlagebindung Seite 315)
615 Ende der Entwicklung konstatiert 1951 Helmut Sohre (D) „Technische Entwicklungs- möglichkeiten erschöpft – Kondition entscheidet. Man hat nach dem Kriege überall einsehen müssen, daß eine Weiterentwicklung im alpinen Skisport, in Abfahrt und Torlauf, durch technische Verbesserungen nicht mehr möglich ist."	Der Verfasser reiht sich in die Liste der Verkünder eines historischen Abschlusses oder einer Vollendung ein. So Georg Bilgeri 1922, Erwin Hoferer 1925, Armin Pfeiffer 1934, Henry Hoek 1941. Er beruft sich auch auf Gustl Berauer (D), der damals in Deutschland aufgrund seiner Erfolge einen guten Ruf hatte. (Wintersport: Skilauf und Skisprung. Seite 23)	
616 Zweckmäßige Ausrüstung – unnatürliche Bewegung 1951 Helmut Sohre (D) „Die zu starke Zuhilfenahme der Technik in Bezug auf zweckmäßige Ausrüstung brachte den Nachteil, daß man nicht mehr natürlich laufen konnte (starker Kabelzug, zu feste Verschnürung der Schuhe)."	Der Verfasser spricht die weit zurückgesetzten Tiefzughaken der Kabelbindungen, die gerade aufkommenden doppel ausgeführten und doppel geschnürten Schuhe sowie die Langriemenbindungen an. Es gehe auch nur noch um gesteigerte Kondition. (Wintersport: Skilauf und Skisprung. Seite 23)	„Dieser ausgespochene Stilist kam nur einmal zu Meisterehren, weil er zu ästhetisch fuhr." Zu einem Sieg von Willi Walch

617 Figltechnik (Firngleiter) 1951 Emo Henrich (A) 1930 Karl Tauch (A, erste Entwicklung) Spezielle Technik: ▶ aufrechte Fahrhaltung ▶ Drehen mit den Füßen ▶ Bremsen durch Rücklage und Hineindrücken der Absätze ▶ meist mit Stockeinsatz	Gerät und Technik der Firngleiter sind einerseits für die Bergsteiger zum Abfahren in Firnrinnen gedacht, gewinnen aber andererseits bald sportliche Bedeutung mit Geschwindigkeitsweltrekord (136 km/h), österreichischen Staatsmeisterschaften und FIS-Wettkämpfen. (Zeichnung aus der Patentschrift aus dem Jahre 1951)	
618 Plädoyer für das Stemmen – Skiunterricht keine Hexerei 1951 Max Winkler (D) ▶ Stemmen – der Zugang für alle Richtungsänderungen ▶ Stemmen – auch bei höherem Tempo ▶ Stemmen – auch eine virtuose Kunst ▶ Stemmen – für alle schwierigen Schneearten ▶ Stemmen – die Technik des Tourenskilaufs ▶ Stemmen – Garant für sturzfreies Fahren und Sicherheit	Max Winkler protestiert scharf gegen einige Aussagen des deutschen Skilehrplans von 1950. Hier zeigen sich auch Gegensätze zwischen dem alten DSV-Lehrwart Winkler und dem Lehrplanautor Arwed Moehn und zwischen Amateur- und Berufsskilehrern. – Bemerkenswert sind einige markante Aussagen zum Lehren und Erlernen und zur allgemeinen Entwicklung! (Abfahrtssport und Turenskilauf. Ein Bergkamerad-Sonderheft. Zitate Seite 12 – 16)	„Man muss den Skiunterricht des Märchens entkleiden, als ob er eine schwierige Hexerei wäre." „Es sollte überhaupt jeder gute Skiläufer sich die Fähigkeit aneignen, mit ein paar lehrtechnischen Winken dem Skikameraden ... bessere Lauftechnik zu vermitteln." „Immer nur im Massengetriebe sich bewegen, das schöpft die Wunder des Skilaufs nicht aus." „Diese virtuose Beinarbeit (des Stemmens) ist und bleibt neben der Schwungfähigkeit wichtig ..."
619 Durchfahren von Bodenformen 1951 H. M. Politikai (Ung) Befahren und Durchfahren von Bodenformen: ▶ Abfangen am Gegenhang ▶ Austreten einer Mulde ▶ Übefahren einer Welle ▶ Überspringen einer Mulde	In anschaulichen Zeichnungen werden die Lösungen vorgestellt. (Föcsoportfönökseg. Seite 26 f.)	
620 Mit Kurzski parallel 1952/1965 Karl Koller (A) Ski bis „Kopfhöhe" ▶ Verringern die Unfallgefahr. ▶ Machen einen direkten, parallelen Weg möglich. ▶ Schnelleres und lustvolleres Lernen. Vorstellung des Kitzbühler Kurzski 1953 auf dem 2. Interskikongress in Davos.	Der Hahnenkammsieger von 1946 wurde 1952 Skischulleiter in Kitzbühl, damals größte Skischule der Welt. Hier brachte er seine Erfahrungen mit der Verwendung kurzer Ski während des Zweiten Weltkrieges im Kaukasus ein. 1965 publizierte er den parallelen Weg mit einem eigenen Buch „Parallel". (Siehe Titelbild.) 1968 stellt er die Teufelspiste, Vorläuferin aller Geländegärten und Parcours, vor. (Kongressbeitrag. Außentitel)	

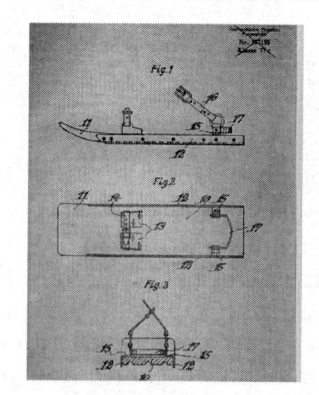

621 Für einheitliche Technik als Beschränkung – Rotation in Vorlage

1953 Wilhelm Jahn – erster Lehrplan der DDR

„Nicht das Suchen nach immer neuen Möglichkeiten und Kunststücken ist das Wesentliche des Skiunterrichtes, sondern die bewusste Beschränkung auf eine einheitliche Technik, die in jedem Gelände und in jedem Schnee anwendbar ist."

Auch:
„Es ist nicht Zweck, eine allgemeingültige Form von Bogen oder Schwung herauszuarbeiten oder sie mit irgendeinem Namen zu bezeichnen, sondern an den richtigen Bewegungsabläufen zu arbeiten."

Die Rotation erfolgt aus einer starken Ausholbewegung und entsprechend starkem Durchzug.

In einem Lehrheft der DDR zur Theorie und Praxis der demokratischen Körpererziehung bezieht sich der Verfasser skitechnisch auf das Handbuch des Skilaufes von Berauer/König (D), auf Toni Ducia (A), Prof. Schwenninger (A) und die polnischen Autoren Zygmunt Bielczyk und Stanislaw Ziobrzynski. Schließlich kommt es doch auch zu einer gewissen Vielfalt, wenn auch angesprungene Schwünge und das Gegenschulterschwingen beschrieben werden. Erstmals wird auch der Loipeski, ein Modell zwischen Langlauf- und Tourenski, eine Entwicklung in der DDR, vorgestellt.

(Die Grundschule des Skilaufes. Texte Seite 7 und 53)

622 Andriften mit Schaufelbelastung über Innenski, Steuerung Belastung Außenski

1953 Eduard Koller (A)

- Flache Skiführung
- Kommenden Innenski belasten
- Gegen Ende auf Außenski gehen
- Immer Druck und Drucksteuerung auf den Schaufeln
- Eine „Drehbewegung" bleibt so „von untergeordneter Bedeutung"

Eine überaus neue Form des Schwingens, auch wenn sich Koller ganz in der Nachfolge Hoscheks sieht. Vergleichbare Formen des Belastens und des Belastungswechsel finden sich erst wieder bei Georges Joubert 1965, 1995 im Skilehrplan SPORTS von mir und in den Formen des Skatecarvens nach 2000 von SPORTS mit dem Stepcarver. Dreimaliger Belastungswechsel bei Franz Hoppichler 1985 und bei Alberto Tomba Anfang der 1990er Jahre.

(Auf kurzem Weg zum Schwingen. Seite 71, Außen-umschlag mit einem Bild von Stefan Kruckenhauser)

623 Ausgeprägte „Handarbeit"

1953 Robert Bourdon (USA)

- Außenhand geht bis Scheitelhöhe hoch
- oder geht stark auswärts
- oder beide Hände drängen nebeneinander nach vorne
- Innenhand boxt in Richtung Stange
- Kann im Steuern vor den Körper gehen

Alle Photos von verschiedenen Schwüngen zeigen in dieser Veröffentlichung ein großes Repertoire an „Handarbeit". Manche Bilder muten sehr modern an.

(Siehe 12 Bilder zwischen Seite 80 und 81.in „Modern Skiing")

624 Umlasten mit Abheben – gegen Taillierung 1953 Robert Bourdon (USA) „I believe lifting the heels of the skis from the snow is best used for emergency only. It makes possible a very quick change of direction, but usually the simple unweigthing of the skis is best, less tiring and faster."	Von zehn Schwungbildern zeigt Robert Bourdon vier Umsteigebilder. Diese Fahrweise ist für ihn selbstverständlich. Aber er wägt sie auch gegen ein einfaches Umlasten ab. Im Übrigen tritt er für ziemlich lange Ski ein und spricht sich gegen Experimente mit der Taillierung aus. („Modern Skiing" Bilder Seite 80 – 80 a-h, Text und nebenstehendes Bild Seite 80 f, zu den Ski Seite 52 f.)	
625 Antizpation 1953 Robert Bourdon (USA) „Though my skis are still going to the left my body has partially turned to the right, and the skis will follow in a split second."	Wahrscheinlich eine der ersten Darstellungen und Beschreibung der Antizipation. Sie wird später bei Georges Joubert und bei den Italienern eine große Rolle spielen. (Modern Skiing. Text Seite 80, Bild zwischen Seite 80 und 81)	
626 Für und gegen Wedeln 1953 Skikongress Davos – Interski Der Delegationsleiter Christian Rubi (CH) greift Österreichs Wedeldemonstration durch Franz Furtner öffentlich und direkt an und bezeichnet Wedeln als ▶ akrobatisch ▶ allgemein gefährlich ▶ schon im Fahren zu Verletzungen führend	Das erste internationale Treffen von Skiländern fand 1951 in Oberstdorf statt. Jetzt, nachdem seit 1926 kein Lehrplan das Wedeln aufwies, geriet darüber die erste „öffentliche" Demonstration zu einem Skandal. Skipolitisch interessant ist die Tatsache, dass hier erstmals differierende Auffassungen öffentlich und sogar emotional ausgesprochen werden, was auf keinem späteren Kongress mehr geschah. (Franz Furtner im Österreichischen Schi-Lehrplan 1956. Bild aus Reihe 69)	
627 Noch immer Temposchwung als Programm 1954 Anton Seelos und Wilhelm Voelk (beide A) „Die moderne Skitechnik unterscheidet sich von den früheren unter anderem durch das größere Tempo und die leichte Beweglichkeit. Sie ist kraftsparend und sozusagen leicht beschwingt. Setzte sich früher die Abfahrtstechnik hauptsächlich aus Bremshilfen zusammen, so ist sie heute darauf eingestellt, solche möglichst zu vermeiden. Die frühere Technik lehrte in erster Linie Brechung der Geschwindigkeit."	Eine bemerkenswerte Programmatik, die einen guten Einblick in Zeitgefühl und Entwicklungsstand gibt. – Toni Seelos ist auf den großen Skitreffen 1952 in Oberstdorf, 1953 in Davos und 1956 in Val d´Isere einer der großen Demonstratoren, zuletzt allerdings als Antipode der Moderne. Die große, kühne Vorlage wird bald durch Fersentritt und Fersendrehschub abgelöst werden. In der Demonstration der Vorlage folgten ihm große andere Lehrer und Demonstratoren wie Toni Ducia, Emile Allais und Carlo Mollino. (Abfahrtslauf. Text Seite 7. Außentitel)	

628 Rotation oder Gegenschulterschraubung

1954 Christian Rubi (CH)

Für den Alltag – für die vielen Schüler
▶ die Gebrauchstechnik Rotation mit Tiefeindrehen und Vorlage

im Rennlauf
▶ Gegenschultertechnik

Man spricht „in gewissen Ländern heute schon von einer `Wedelschau`".
„Tendenzen, denen der Volksskilauf aus begreiflichen Gründen nicht zu folgen vermag."

In einer großen Diskussion läßt der Schweizer Chef des Lehrwesens Christian Rubi erkennen, dass manches im Umbruch sein könnte. Er verteidigt aber weiterhin den „Volksskilauf".

(Gebrauchstechnik – Renntechnik. Seite 29-35. Bild aus dem gleichen Jahrbuch Seite 18. Fahrer: Stein Eriksen)

629 Abfahrtshaltung wissenschaftlich

1954 W. P. Iwanow (RUS)

▶ Gesamte Fläche der Fußsohle gleichmäßig belastet
▶ Hochstellung
▶ große Vorlage des Rumpfes
▶ enge Haltung der Arme vor oder hinter dem Rumpf
▶ sändiger Wechsel nach dem Relief des Hanges

Die russische Untersuchung geht neben den Reibungswiderständen des Schnees dem Luftwiderstand, dem Luftwiderstandsbeiwert und dem Auftriebsbeiwert nach. Weitere Empfehlungen betreffen die Kleidung.

(Skilauf. Die Technik beim Abfahren in der Fallinie. Vor allem Seite 29 f. – Außentitel)

630 „Körperdrehschwung"–passive Rotation – variable Spurweite

1954 Lehrplan Interverband Schweiz

▶ Der Drehschwung besteht vor allem in einem „Vortiefdrehen".
▶ Hineindrehen ohne eigentlichen Rotationsimpuls
▶ Dabei –ausgeprägte Vorlage
▶ Vorlage mit einer C-Position
▶ Der Scherenkristiania wird dargestellt, sei aber fehleranfällig und gehöre deshalb nicht in den allgemeinen Unterricht.
▶ „Normal ist die Spur hüftbreit. Im tiefen Schnee wird mit Vorteil geschlossen, d. h. etwas schmaler gefahren. Auf Hartschnee ist die Spur offen."

Insgesamt ähnelt diese Schwungtechnik dem Temposchwung von Toni Seelos. Die bloße Hineinddrehung in den Schwung stimmt aber auch mit dem Körperdrehschwung von Fritz Reuel (1926) überein und kann somit als eine weitereVorläufertechnik der Snowboardertechnik angesehen werden. In den 1990er Jahren erfanden die Schweizer dafür den Terminus „passive Rotation".
Die im Außentitel gezeigte Fahrfigur ist einer Reihenzeichnung entnommen.

(Interverband für Skilauf, Der Skilauf. Vor allem Seite 30 – 35)

631 Josef Dahinden ausgeschaltet

1955 entziehen die Schweizer dem umtriebigen Dahinden,

der mit der Gründung von sechs Skischulen und mit einer Reihe von Büchern und Filmen eigene Wege ging, die Skilehrerlizenz.

Die Publikation der Mambotechnik und dessen große Breitenwirkung aber liegen zu diesem Zeitpunkt erst noch vor ihm.

Nach der Gründung mehrerer Skischulen und später nach Entzug des Lehrpatentes verlegt er seine Tätigkeit auf Bücher, Filme und Vortragsreisen. Unter anderem besucht er jedes Jahr die größeren Städte Süddeutschlands. Der Verfasser dieser Skizze verdankt ihm viel.
Zum 90. Geburtstag 1986 erhält der Rebell seinen 1955 eingezogenen Skilehrer-Ausweis wieder zurück.

632 Vollendete Schwungtechnik – Prognose einer schwunglosen Fahrtechnik

1955 Marc Hodler (CH)

„Mit der Hoch-Tief-Rotation hat die Schwungtechnik ihre vollkommenste und nützlichste Form erreicht."

- Renntechnik mit möglichst geschlossener paralleler Skiführung
- Belastungshöhepunkt in der Mitte des Schwunges-

Marc Hodler liegt in diesem entscheidenden Jahr des Paradigmenwechsels noch auf der Linie Seelos-Allais.
Dennoch zum Kurzschwingen: „Befreiung des Körpers von der schulmäßigen Totalbewegung".

Und eine kühne, etwas kryptische Prognose, nämlich
„daß in näherer oder fernerer Zukunft eine schwunglose Fahrtechnik, zum mindesten im Rennsport, nicht ausgeschlossen sein dürfte."

(Texte und Zeichnung aus „Überblick über die ‚Entwicklung der Schwungtechnik". In: DER SCHNEEHASE 1954 – 1955 Seite 14 – 21. Vorbild der Zeichnung Seite 17: Emile Allais)

633 Bessere Schrägfahrt und besseres Schwingen durch veränderte Ski

1955 Hugo Brandenberger (CH)

- durch torsionsfestere Ski
- durch Zurückverlegung der Schaufelbreite
- durch große seitliche Stabilität der Metallski

(Entwicklungstendenzen der Skitechnik. In: DER SCHNEEHASE 1954-1955. Seite 6 – 13, spez. 12, Bild Seite 6)

Diesem Spezialisten der Skimechanik und Skimethodik ist allerdings auch klar, dass die große Leistungssteigerung vor allem
„die starke Vermehrung der Gelegenheiten, zum Fahren zu kommen und die ungleich größere Zahl der Abfahrten, die heute dank der Transporteinrichtungen möglich werden."
Dazu kommen
„athletische Durchbildung des Körpers, höchst entwickeltes Bewegungsgefühl und akrobatisches Können."

634 Vorlagetechnik in Italien

1955 Osvaldo Patani (I)

Bei allen Bildern fällt auf:
- starke Sprunggenksbeugungen
- starke Oberkörpervorlage
- meist Rotation
- aber auch Gegendrehen

Ein vor allem mit vielen Bildern ausgestattetes Skibuch. Bevorzugt sind Rennbilder, unter denen ein ganzseitiges Bild von Zeno Colò heraussticht.
Der in der Statur und den Erfolgen nach (Olympiagold 1952, 3x Gold und 1x Silber bei Weltmeister- schaften) große italienische Skifahrer Zeno Colò zeigt Vorlagetechnik in Verbindung mit Verwindungstechnik.

(Sci Veloci. Bild Seite 24c)

635 Parallel und direkt – kontra Stemmen

1955 Günther Grundmann (DDR)

- Parallelschwingen als Ziel
- direkte Wege dazu
- nachträgliche Bogenschule
- vielseitige Begründung
- Ablehnung allen Stemmens

In einem in der „westlichen Skiwelt" kaum beachteten Buch argumentiert Günther Grundmann aus der DDR für „die Vorzüge der parallelen Skiführung".
Mit kurzen Ski. Er gehört mit Georg Bilgeri, Emile Allais, Karl Koller, Clif Taylor, Martin Puchtler, Hans-Peter Lanig, Pierre Gruneberg, Robert Blanc, Kuno Igaya und Kurt Schock zu den Vertretern, die ohne Bogenschule direkt zum Parallelschwingen gehen.

636 Wedeln als „Körperkunst im Schnee"

1955/2009 Bernhard Tschofen (A)

spricht 50 Jahre später von der „Körperkunst im Schnee". Er verweist explizit auf das Wedeln und auf den Hüftknick.
Ein erweiterter Blick für starke Expression muss sich auch Zdarskys aufrechter Körperwendung, Reuels Drehwendung, dem ausgreifenden Scherschwung, der Vorlagetechnik von Allais, den extremen Körperlagen der Carver und vielen anderen ausdrucksstarken Fahrtechniken zuwenden.

Bernhard Tschofen prägt einen guten Begriff, mit dem die ästhetische Seite der Skitechnik aufgezeigt und diskutiert werden kann. Zusammen mit den Begriffen der Bewegungsqualität wie Dynamik, Rhythmus, Eleganz usw. haben wir damit ein gute Möglichkeit Skitechniken zu charakterisieren und zu vermitteln.

(Schneekulturen. In: Schnee. Rohstoff der Kunst. Hrsg. von Tobias G. Natter. Vorarlberger Landesmuseum. Ostfildern 2009, Seite 30 – 42)

637 Umsteigen als Begriff

1956 Österreichischer Skilehrplan

„Der rasche und betonte Belastungswechsel (´das Umsteigen´) muß ergiebigen Drehschub der Fersen bewirken... Das Ende des Innenski kann beim Umsteigen etwas gehoben werden."

(Österreichischer Schi-Lehrplan. Salzburg. Seite 92)

Erstmals taucht der Begriff Umsteigen – und nicht nur die Sache Umsteigen- der dann die 1970er und 1980er Jahre prägen sollte, auf.
Karl Gamma, nannte ihn auf dem Skikongress in St. Anton 1991 einen der glücklichsten Begriffe der letzten Jahrzehnte. Zunächst hatte Gamma gefragt, wann der Begriff zum erstenmal nachzuweisen sei.

Erst als er die Frage zum zweitenmal stellte – und kein Österreicher sie beantwortete - wies der Verfasser auf den österreichischen Lehrplan von 1956 hin.

638 Stark taillierte Ski vorausgesagt

1956 Fritz Reichert (DDR)

untersucht in seiner Dissertation an der Deutschen Hochschule für Körperkultur in Leipzig den Einfluss verschiedener Skiformen auf die Richtungsänderungen.

Fritz Reichert stellt die unterstützende Wirkung der starken Taillierung für das Schwingen heraus. Er sagt stark taillierte Ski voraus und zwar in einer Ausprägung, wie dies bisher nicht vorstellbar war.

(Aus dem Original der Inauguraldissertation „Der Einfluß der Skiform auf die Richtungsänderungen in der Abfahrt. Inauguraldissertation an der Deutschen Hochschule für Körperkultur in Leipzig." 1956. Siehe vor allem Seite 100 f.)

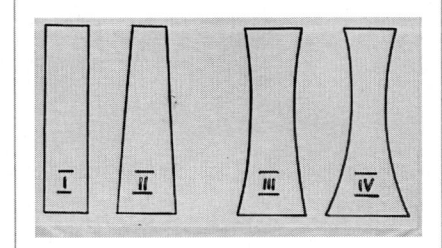

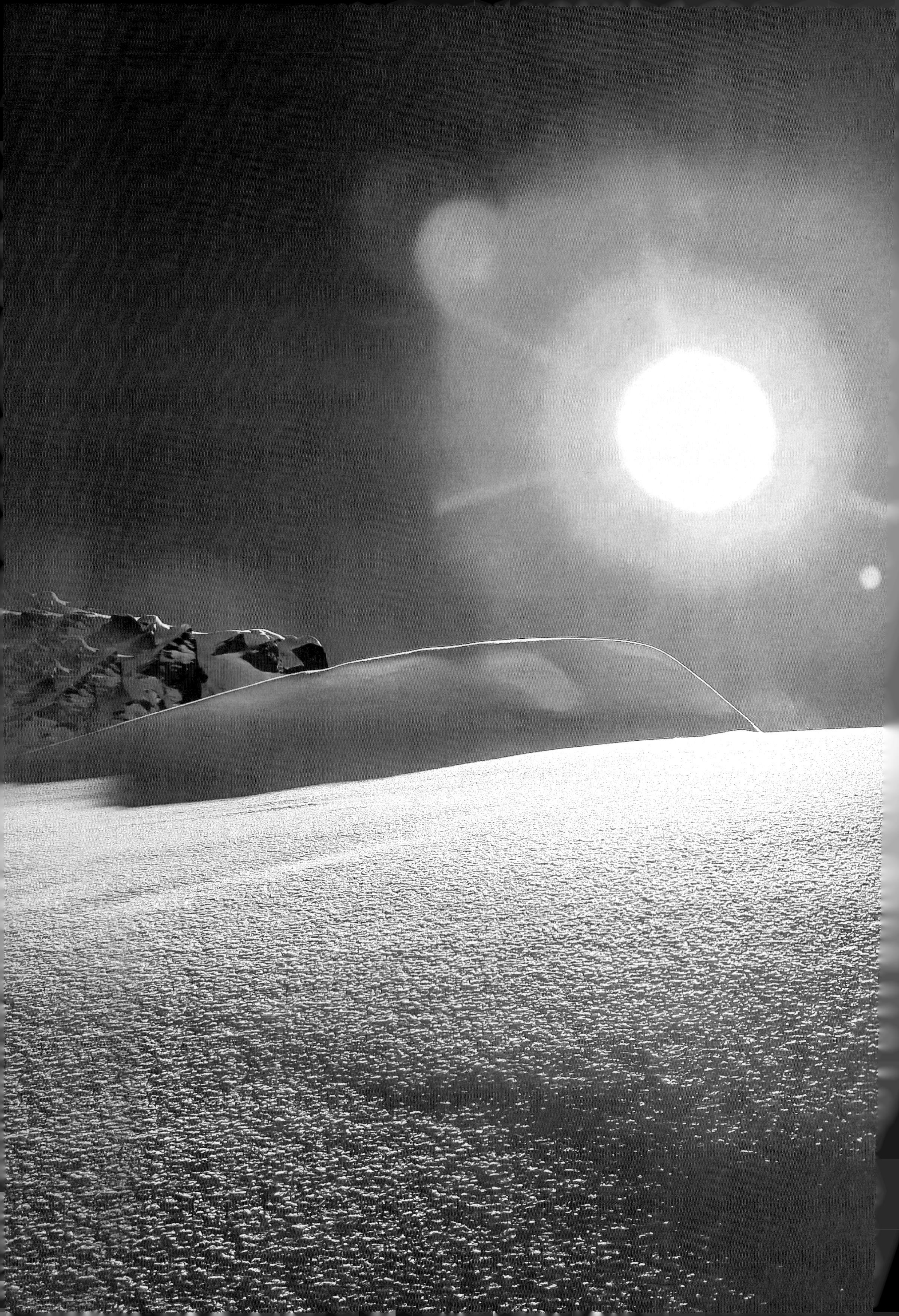

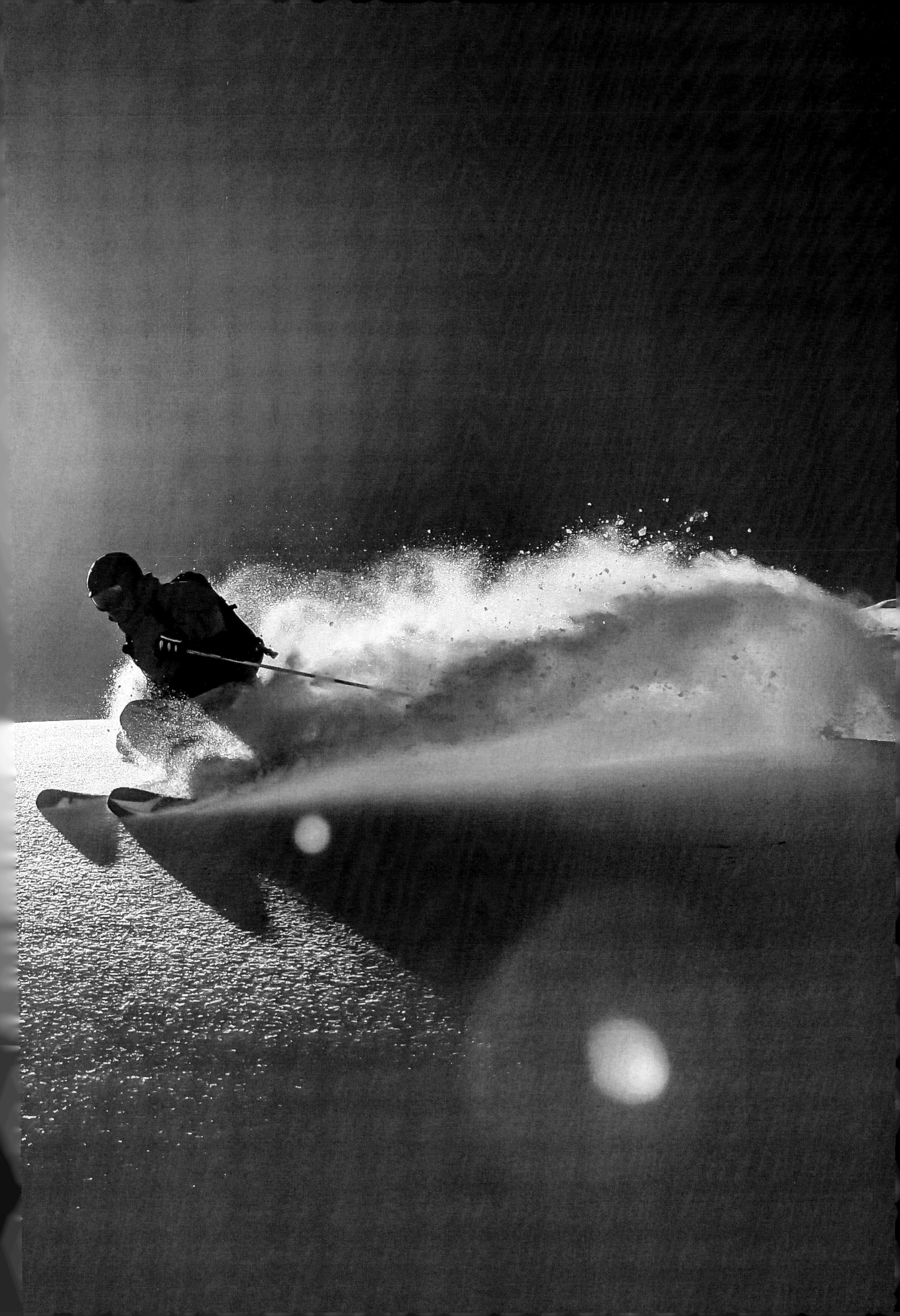

639 Wirkung von Taille und Flex – für direkten Weg

1956 Ernst Herberger, Wilfried Ehrler (DDR)

„Da beim Schwung die Ski gekantet und belastet sind, übernehmen die geschweiften Kanten die Führung. Die Taillenwölbung drückt ihre Rundung in den Schnee, und die Ski gleiten dadurch in einem Bogen im Sinne des Schwunges ..."

Den Autoren, die nach ihrer Terminologie die „Kontertechnik" Österreichs zeitlich unmittelbar übernehmen, weisen der Taillenform wie der Durchdrückung der Ski einen hohen Stellenwert beim Schwingen zu. Sie verweisen bereits auf die noch unveröffentlichte Arbeit von Fritz Reichert über die Skiform. Pflug und Pflugbogen wollen sie nur „für besondere Fälle" gelten lassen.

(Du und Deine Ski. Texte Seite 7 f. und 116 f., Zeichnung Seite 109)

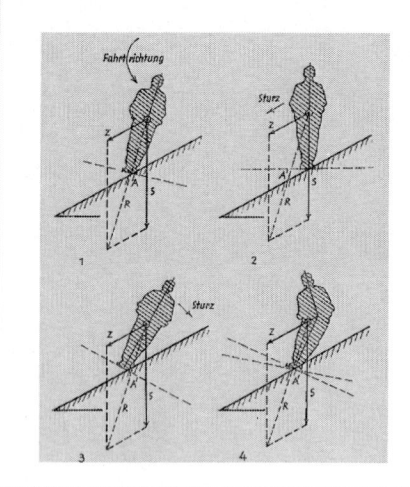

641 Wedeln im gesamten Fahrbereich – Kurzschwingen

1956 Prof. Kruckenhauser – Österreichischer Berufsschilehrer

- Wedeln kurz und geschmeidig
- Beinspiel in allen Schwungweiten
- Stemmwedeln
- Wedelgirlanden
- Kurzschwingen als hartes, aufkantendes Wedeln zur Tempokontrolle
- Sprungwedeln
- Bildmaterial Stefan Kruckenhauser

Demonstrator Franz Furtner
(Ich, der Verfasser, war als Ausbilderkanditat Schüler von Franz Furtner.)

Die österreichische Skischule findet die bessere Form des Gegendrehens: unten beginnen, unten drehen. Deutschland folgt sofort. Nach den Polemiken von Davos 1953 und der anfänglichen harten Konfrontation mit der Schweiz und mit Frankreich hat das Wedeln nach dem Kongress in Val d`Isére in wenigen Jahren die Welt erobert, so dass in Sachen Skitechnik die Welt so einig war wie noch nie.
Franz Furtner ist nicht nur österreichischer Chefskilehrer sondern Vorbild für die ganze Welt. (Österreichischer Schi-Lehrplan. Bild Seite 104.)

642 Fast alle Möglichkeiten

1957 Schweizer Lehrplan

Dieser Lehrplan kennt:
- Schwingen mit Rotation
- Schwingen mit Gegenbewegungen
- Schwingen mit Fersendrehschub

Ein offener Lehrplan wie kein anderer dieser Zeit. Unverständlich aber, warum die Schweizer so ablehnend und aggressiv auf die österreichische Demonstration des Wedelns auf dem Kongress in Davos 1953 reagiert haben. Galt dies nur der Wedelkunst von Franz Furtner oder war dies ein Zeichen nationaler Konfrontationen?

643 Umsteigen in Polen

1957 kennt das polnische Skilehrwesen die Form des Scherumsteigens

- Aufscheren zum Gewinn an Höhe
- Scherschritt für das Umsteigen von einem Ski auf den anderen
- Mit „Spitzerlheben" – Zehenhub
- Außerdem Hinweis auf die Taillierung der Ski

Eine Enzyklopädie des polnischen Kulturinstitutes und der „Sport I Turystyka" erfasst die historischen Formen des Schwingens, weist aber auch diese progressive Form des Schwingens aus, die in den Alpenländern erst 10-12 Jahre später praktiziert wurde. Das polnische Skilehrwesen hat immer internationales Format.

(Narciarstwo – Zarys Encykloedyczny. Zeichnung Seite 312)

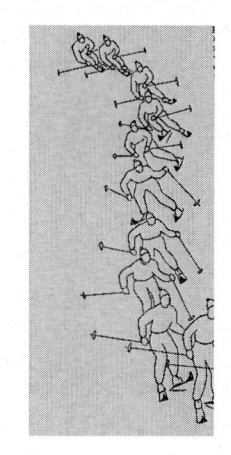

644 Bergwärts zurückstemmen – Innenski angelupft

1957 Franz Kramer (A)

- Kennt Umsteigen „schon vor dem Eindrehen in die Falllinie".
- Der Außenski wird zurück gestemmt.
- *„Wir sollen die Belastung so stark auf den Außenski legen, daß wir den Innenski beim Umsteigen lüften (Schaufel behält Schneefühlung!) und ihn bis zum Ende des Schwunges abgehoben mitführen können."*

Text und Sichtweise nehmen vorweg, was z. B. 10 Jahre später in Deutschland als „Umsteigetechnik" propagiert wird. Auch das „Zurückstemmen", wie es die Abbildung zeigt, ist zu diesem Zeitpunkt sensationell und erinnert an Toni Ducia (1935). Dieser Schwung ist durchaus originell und findet sich bis hierher nicht in der Literatur.
Ein talseitiges Zurückstemmen kannte Mathias Zdarsky 1909. Toni Ducia bietet 1935 als Alternative im Skiwechsel das Zurückziehen des Bergski an.

(Franz Kramer, So fährt man Ski in Österreich. Wien 1957, Texte S. 82 f. Abbildung S. 73)

645 Learn in a Week

1958 Walter Foeger (Föger) (USA)

Learn to Ski in a Week:
- without using snowblow and stem-christie
- up-unweighting of the ski tails
- heel-thrust
- counter-rotation of the upper and lower body

Frank Harpers direkter Weg zum Schwingen hat in der „Natur Teknik" eine praktische Verwirklichung und Nachfolge in den USA als auch in Kanada gefunden. Sie wird, was die amerikanische Skiliteratur auszeichnet, auch in der offiziellen Lehrplanliteratur beschrieben und gewürdigt. Anfangs der 1970er Jahre kehrt der Österreicher Walter Föger wieder in seine Heimat zurück.

(Learn to Ski. Außentitel)

646 Mit Hopsen parallel – Natur Teknik **1958 Walter Föger (USA/A)** „Learn to Ski in a Week". Technik und Weg eines sprungweisen Änderns der Richtung: ▶ Hope approach im Stand ▶ Hope approach im Schuss ▶ Hope approach im Schwung bergwärts ▶ Hope approach im Schwung talwärts	Der Österreicher Walter Föger geht konsequent über das Hopsen, ein Weg, der schon einige Male vorgeschlagen war. Aber konsequent wie keiner vor ihm verfolgt er diesen Weg in seiner Skischule. Gründet bald einen eigenen Verband, der in den USA zunächst umstritten, später durchaus Beachtung fand. (The development of the Natur Teknik. In: „3rd FIS History Conference" Seite 139 – 145. Bild aus Morten Lund: The Skier´S Bible.)	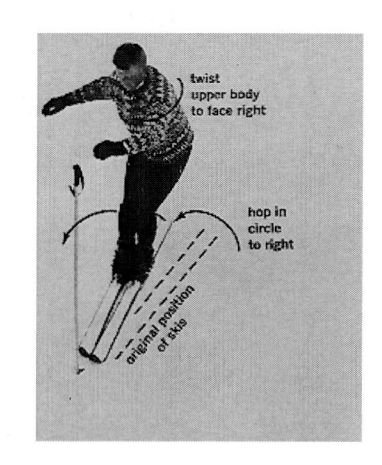
647 Mambo: Vor- und Gegendrehen in einem Schwung **1958 Josef Dahinden (CH)** Elemente: ▶ Schritteinleitung ▶ Doppelverwindung durch Rotation + Torsion, Schulter gegen Hüfte ▶ super eng ▶ Wedeln mit hoher Frequenz Spätere Varianten von Walter Kuchler als Loipen-, Telefon-, Wischi-Waschi-Mambo in „Skizirkus" (1985) und „Ski-Tricks" (1991)	Damit hat der Protagonist für Schritte und für Gegendrehen (seit 1924), der in seiner Heimat Schweiz verfemte Josef Dahinden, seine endgültige Form gefunden. Mambo wird in der US-Literatur, aber auch in Frankreich und Deutschland beachtet. 1969 wird Gerhard Winter feststellen, „daß es bei der Frage Rotation oder Verwindungsfahrweise nicht nur ein Entweder-Oder gibt, sondern auch ein Sowohl-Als auch."	(Josef Dahinden, Ski-Mambo. Bild Seite 62. – Gerhard Winter, Kleine Bewegungslehre des Schilaufs. Seite 108)
648 Renntechnik contra Schultechnik als Politikum **1958 Hans Zehetmayer (A)** Neuer Skilehrplan oder Renntechnik? Fritz Baumrock stellt diese Frage. Hans Zehetmayer berichtet als Ortszeuge einer Auseianandersetzung. Ein Film – und in Gefolge 1959 ein Buch – von Fritz Baumrock führte sogar zu einer Vorladung ins Bundesministerium für Unterricht bei Ministerialrat Ferdinand Zdarsky und Uni.Prof. Dr. Hans Groll und zu einer Rüge.	Empörung auch bei dem Lehrplanautor Stefan Kruckenhauser und dem Leiter der staatl. Lehrwarteausbildung Frank Ritschel wie auch bei dem späterem Leiter des Bundessportheimer St. Christoph Franz Hoppichler. - Urteil von Hans Zehetmayer: "Alle diese Reaktionen ... treffen Baumrock hart. Die Art sowie der Grad der Ablehnung kommen einer Ächtung und Ausgrenzung gleich. Für Baumrock eine bittere Lebenserfahrung." (OSTR Mag. Fritz Baumrock – 80 Jahre! In: Arno Klien, Sicher im Schnee. Seite 137 – 142)	Fritz Baumrock Hans Zehetmayer

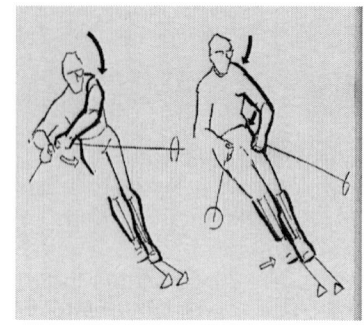

649 Carven im „Reinen Schwung" **1959 Fritz Baumrock (A)** ▸ Bergski zurückziehen ▸ Ski- und Stellungswechsel vor dem Schwung ▸ Hineinfallen in den Schwung ▸ Telemarkschweifung, Schaufelform und Durchbiegung helfen	Der Autor beschreibt Carven im heutigen Verständnis, auch wenn er nicht vom Carven oder Schneiden redet und nur den schnellen Schwung bespricht. Der Hinweis auf die Funktion der Schaufel und der Taillierung bestätigt dies. Baumrock hält dieses „Carven" allerdings nur beim schnellen Reinen Schwung für möglich. (Schilauf. Texte und Zeichnung Seite 76 ff.)	*„Wegen der Telemarkschweifung und der Schaufelform führt der gekantete Schi bei Belastung in einen Bogen."*
650 Tempo machen im Schwung **1959 Fritz Baumrock (A)** Zusammenfassung der Möglichkeiten ▸ Rumpfwippen ▸ Doppelstockeinsatz ▸ Schlittschuhschritt am Anfang oder Ende ▸ Außenschulter in der Steuerphase vor ▸ Schwungholen mit Außenschulter ▸ Hinausschaukeln aus dem Schwung	Fritz Baumrock sieht bei Anwendung dieser Hilfen die Grundstruktur des Beinspiels nicht in Frage gestellt. Vor allem weist er als Missverständnis zurück, wenn man aus einigen dieser Hilfen eine Rotation herauslesen möchte. Vergleiche spätere Zusammenfassungen von Beschleunigungen von Sepp Ortner und mir. (Schilauf. Seite 82 f. Außentitel).	
651 Loipeski für Alpintechnik, Lang- und Sprunglauf **1959 von der Delegation der DDR** Vorgestellt auf dem Interskikongress in Zakopane. Er bietet die ▸ Möglichkeit für Abfahrtstechniken ▸ Möglichkeit für Langlauf ▸ Möglichkeit für Springen	Dies wird überhaupt zum letzten Versuch, diesen Mittelski zwischen einem Lauf-, Sprung- und Abfahrtski als Gerät für alle Disziplinen zu propagieren und dem Skiläufer einen universellen Ski anzubieten. – Im gleichen Jahr ordnet die Kommission Lehrwesen die Ausbildung von Übungsleitern und Lehrwarten neu. (Aus dem Kongressreferat. „Über Ausbildung" siehe bei Gerd Falkner, Chronik des Skisportes. Seite 57)	*„Wir hoffen also, durch Einführen des Loipeski als Vollski den für uns bodenständigen Skilauf sinnvoll zu fördern"* und mit ihm *„die vielseitige Ausbildung, /Laufen, Abfahren und Springen/ mit unserer Jugend durchzuführen."* Ernst Herberger 1959
652 Split-Rotation **1960 Frankreich propagiert eine Mischtechnik:** ▸ mit Rotation beginnen ▸ mit Gegendrehen steuern (Der Terminus Split-Rotation wurde in den USA geprägt.)	Im Rückblick ist die Split Rotation eine internationale Absegnung der Mambotechnik des Schweizer Einzelgänger Josef Dahinden. Von Mambo und der Split-Rotation lässt sich die Brücke zu Jens Byggmark und seiner Schwungtechnik 2006 schlagen. (Siehe dazu beispielsweise in Christiania léger)	*Split-Rotation ist Mambotechnik!*

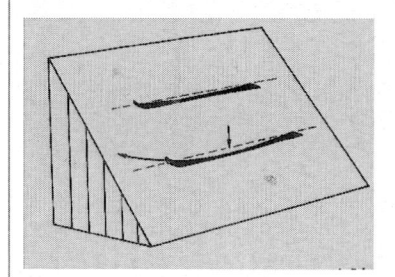

653 Christiania léger

1960 James Couttet, Paul Gignoux (F)

Übersicht:
- geschlossene oder offene Skiführung
- im Prinzip Frontalstellung
- Rotation nur als leichte Beckenkurbel oder auch kräftiger Handzug
- wenn Hüftknick, dann moderat
- gestreckte Innenlage möglich

Die einfachste Form der Rotationstechnik. Erstmals wird auch die offene Skiführung postuliert. Vgl. dazu das spätere Breitwedeln Kruckenhausers. Das Titelbild entspricht nicht der Grundtendenz. Offenheit für verschiedene Ausführungen. Im Grund auch das erste Komfortschwingen.

(Texte quer durch das Buch. Titelseite)

654 Gleichberechtigte Technik von Rotation und Torsion – Mambo!

1960 Schweizer Lehrplan

- sowohl bei Stemmschwüngen
- wie beim parallelen Schwingen
- wie beim Kurzschwingen

(Mambo wird allerdings nicht beschrieben, jedoch dargestellt.)

Nach jahrelanger offizieller Ablehnung der österreichischen Beinspieltechnik nun die beiden Fahrarten nebeneinander. Umsprünge noch dargestellt. Telemark fehlt erstmals. Im Bild „Kristiania mit Rotation ausgelöst", aber gesteuert mit Gegendrehen!

(Skitechnik. Schweizerische Skianleitung. Texte quer durch das Buch. Bild Seite 29)

655 Schulter-Fersen-Diagonale

1960 Franz Freund, Fulvio Campiotti (beide I)

Beim Schwung zum Hang:
„...nun Fersenschub talwärts, zusammen mit leichtem Vorschieben der Bergschulter. Während man die Fersen noch immer talwärts drückt, Kanteneinsatz verstärken. Nun kehrt die Bergschulter wieder in ihre normale Stellung zurück."

Die beiden Autoren bewegen sich grundsätzlich auf dem Boden der Beinspieltechnik, aber das Beispiel zeigt auch ihre eigenständig durchdachte Version.
Diagonale Bewegungsvorgänge beruhen auf dem Grundmuster des Gehens finden sich in der Skifahrtechnik jedoch öfter auch in anderen Zusammenhängen.

(Knaurs Skibuch. Text und Bild Seite 168 f.)

656 Braquage

1960 Verschiedene Publikationen

Absolutes Bremsen durch
- vollkommenes Querstellen der Ski
- durch gerissenes Gegendrehen
- oder durch Überration
- oder durch heftiges Beinedrehen
- oder konzertierte Aktionen

Die moderne Form des Gerissenen Kristiania wie ihn die Telemärker praktiziert haben und wie er 1936 von Alois Kosch beschrieben wird. Diese Kunst gehört zum Elementarunterricht. Als voll geglückt gilt sie, wenn der Fahrer die Spur bzw. die Fahrlinie dabei nicht verlässt. Stoppen mit Braquage ist effektiver und manchmal sinnvoller als der Nothalt mit einem kurzen Schwung zum Berg oder ein Notsturz.
Vgl. auch die Ausfallstemmstellung bei Georg Bilgeri.

Demonstration Uwe Kühn. Bild von Dieter Menne

657 Zurückstemmen – neu aufgelegt – nahe am Carven

1960 Österreichische Skischule

Thematischer Ausschnitt:
▶ Bergstemme mit zurückgesetztem Berg- bzw. Außenski
▶ Arm, Schulter und Hüfte gleichzeitig zurückgenommen
▶ Damit Kanten- und Körperwechsel vor dem Schwungbeginn

Ausstemmen nicht schiebend.
(Ein Zurückstemmen des Talski findet sich schon bei Mathias Zdarsky 1909.)

Diese auch von Deutschland übernommene Fahrweise war nahe am Carven, nämlich Wechsel von Ski-, Kanten- und Körperstellung vor dem Beginn der Richtungsänderung – wenn man vom Stemmwinkel absieht. Nicht in den Lehrplänen dokumentiert und auch nur 2-3 Jahre lang vermittelt. Als Stemmen mit „zurückgehaltenem Ski" schon bei Toni Ducia und Kurt Reindl 1935 und nach Alois Kosch schon 1937 bei allen guten Läufern zu finden.

(Das kleine Ski-Einmaleins. Seite 83)

658 „Stockarbeit beim Rückwärtsgehen" – große Zukunft

1960 Rolf Bossi (CH)

„Die Stöcke werden durch die Fingerspitzen den Außenkanten der Skier entlang nach vorne gebracht und durch diese und die Handmitten neben den Skispitzen eingesteckt. Jetzt sind die Handrücken aufwärts gerichtet und die Arme gestreckt. ...Abheben der Fersen ...Fingerspiel"

Nickerchen als ein Legen des Kopfes auf die Schulter des kommenden Innenski.

Vermutlich die einzige Beschreibung des Themas in der Skiliteratur. - Die ungewöhnlichen, originellen und für in traditionellen Bahnen denkende Leser skurril anmutenden Technik- beschreibungen verweisen auch darauf, wie mit Daumenspitzen, Daumenrücken, Kniekehlen, gelockerten Lippen, Kinnspitze usw. zu agieren ist. Dennoch manche pfiffige Praxistipps.

Das Selbstbewusstsein des Autors: „Durch die Bossi-Methode werden die schlechten und unsicheren Skifahrer bald von allen Pisten verschwinden zur allgemeinen Genugtuung."
(Fahre gut und richtig Ski, Texte Seite 107, 128, Zeichnung Seite 109)

„Bewegungsablauf der Stockhaltung beim Seitwärtstreten"

659 Mambo im Rennlauf

1960 Josef Dahinden (CH) im Wintersportbuch von Serge Lang (F)

▶ Hineindrehen in den Schwung
▶ mit Schritt
▶ Gegendrehen im Steuern

Hier wie in der Praxis vieler Skifahrer wird Mambo als Doppelverwindung verstanden: Ansatz Schulterrotation - Steuern im Gegendrehen.

Wenn eine Technik bei einem Experten vom Rang eines Serge Lang als Renntechnik berücksichtigt wird, so erhält sie sozusagen eine höhere Weihe.
Die Thematik wird später schulmäßig im „Skizirkus" von Walter Kuchler (1985) wieder aufgegriffen und erlebt 2006 mit Jens Byggmark (SW) eine Renaissance wiederum im Rennlauf.
(Le Ski Et Les Sports D´Hiver: Monaco 1960)

Zeichnung bei Serge Lang

660 Abfahrtshaltungen klassifiziert

1960er Jahre Georges Joubert (F)

- Monoposto
- Position Ei
- Position Rakete
- Position Pfeil

(Ski perfekt. Seite 133 – 136)

Schon Giovanni Testa wies 1936 darauf hin, dass alle Bewegungen die Aerodynamik berücksichtigen und sich am besten in Fahrtrichtung entfalten sollten. Georges Joubert und sein Partner Jean Vuarnet bieten seit den 1950ern Lösungen für die nächsten Jahrzehnte an. Hier die Position Ei.

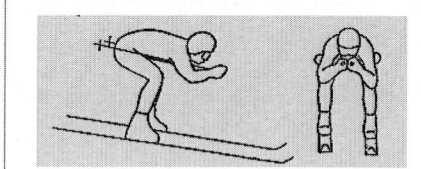

(Bild aus Ski Pour Apprendre Soi-Meme A Skier S. 168)

661 Bogners Backside-turn

1960 Willi Bogner (D)

Eine neue Technik? Elemente:
- Gegenschultertechnik + Beinspieltechnik
- Snowboardtechnik (backside-turn) als Hineinsitzen in den Schwung

Dies ermöglicht:
- Hohe Aufkantwinkel
- Kraftvolles Stemmen gegen die Kompression
- Innenskibelastung mit Flex und Rebound
- Kurze Schwungradien

Bilder dieser Zeit sehen nach einer neuartigen, originellen Fahrtechnik wie später bei den Snowboardern aus und gehen über das übliche Gegendrehen hinaus. Ähnliche Positionen sind bei Roger Staub, Stein Eriksen, Pepi Gramshammer, Francois Bonlieu, Jean Claude Killy u. a. zu sehen. Giovanni Testa wählte 1967 für sein „Das Skibuch" ein zum Verwechseln ähnliches Titelbild. Siehe Nr. 496.

(Bild Willi Bogner. Aus „Faszination Skilauf". Hrsg. von Erwin Lauterwasser, Rainer Mülbert, Fritz Wagnerberger, Seite 86)

662 Wedelgefühle

1961 Armin Kupfer (A)

„Noch eines: Das Schwingen beim Schifahren erweckt ähnliche Gefühle, wie wir sie beim Kurvenfahren auf einem Rad, Motorrad oder in einem Wagen empfinden. Es ist ein Spiel mit den aus dem Tempo entstehenden Kräften, mit der in ein Drehen umgewandelten Fahrtwucht und der dabei auftretenden Fliehkraft."

Immer wieder drehen sich die Veröffentlichungen des Salzburgers um das Wedeln. In mehreren Gesprächen über Jahre durfte ich mich von ihm inspirieren lassen.

(Weg zum Wedeln. Seite 7 f.)

663 On short, short Skis

1961 Clif Taylor

„Now anyone can enjoy this thrilling winter sport – in minutes!"

Angebot von 2 1/2 un 4-foot skis. Auch Lernen auf Teppichen in der Halle.
Führen von Schülern, wie im Bild, an einem gemeinsamen Stock.

Von Clif Taylors Ski-Stufensystem und seiner Lernmethode wird erst sein großes Buch von 1964 berichten. In persönlichen Gesprächen erzählte mir Taylor von seinen Versuchen seit Ende der 1930er Jahre.
Talor geht nicht auf die Kurzskiempfehlungen von Bilgeri und weiteren Europäern seit 1912 ein.

(Instant Skiing on short, short Skis. Text auf Außenseite, Bild Seite 72)

664 Moderne Aerodynamik **1962 Miloslaw Zálesák (SK)** Hauptmerkmale: ▸ starke Beugung ▸ Oberkörper auf Oberschenkel ▸ Arme und Hände vorgestreckt oder ▸ vor den Knien ▸ Stöcke längs zur Fahrt	Der slowakische Bio- mechaniker ging in kinematographischen Untersuchungen durch Jahrzehnte der sich wandelnden Skitechnik nach. Neben einer allgemeinen Biomechanik des Skilaufs (1989) untersuchte er vor allem das Umsteigen (1975). Dabei versuchte er auch den Zusammenhang mit der Alltagsmotorik zu klären. (Biomechanische Charakteristik der Phasenstruktur)	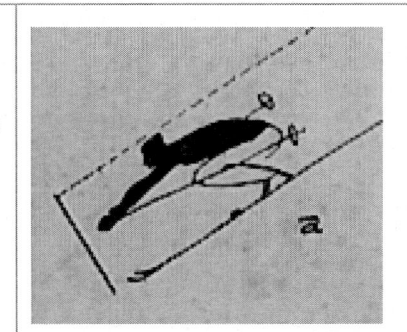
665 „Die Technik des Fallens" **1963 Norbert Gemsch u. August Julen (beide CH)** Letzte Verhinderung durch ▸ Stockarbeit oder ▸ Weiterfahrt auf einem Ski Im Sturz ▸ Beine zusammenhalten ▸ Keine „abgedrehte oder verzerrte Stellung" ▸ Körper zusammen kauern ▸ Körper zum Hang drehen ▸ Ski in Querlage ▸ Ski hoch heben	Nicht oft bieten die Lehrbücher Hinweise auf ein günstiges Fallen. (Siehe O. Vorwerg, Ernst Schottelius, Werner Salvisberg, Fritz Baumrock.) Die beiden Autoren lehren im Übrigen die österreichische Beinspieltechnik. Interessant ein Argument gegen die Rotation: Damit werde leicht die Belastung auf den Innenski verschoben. (Texte Seite 95f. Außentitel)	
666 Der V-Christiania **1963 Georges Joubert (D)** *"Sie werden bei einem sehr guten Skifahrer beobachten können, wie er seinen Oberkörper stets in jene Richtung dreht, in die sein Schwung zielt. Seine Ski folgen ihm mit einer kleinen Zeitverzögerung nach, ohne daß irgendeine Kraftanstrengung erkennbar wird. Einen solchen Schwung nenn wir `Vorbeuge-Christiania`."*	Georges Jouberts Technikentwürfe kreisen immer wieder einmal um die Schlangenbewegung, um das Hineintauchen in den Schwung. Die Technik der Snowboarder ist vorweggenommen. Auf Carvingski läßt sich diese Technik als einfachste Form des Schneidens und Carvens realisieren. Auch manche meiner Entwürfe beruhen eigentlich auf diesem „Vorbeuge-Christiania". (Hans Peter Lanig, Georges Joubert, Jean Vuarnet, Ski modern. Seite 100, Bild Seite 103)	
667 Neue Tendenzen in der Renntechnik – schneidendes Carven **1963 Karl Gamma (CH)** ▸ Mehr horizontale als vertikale Bewegungen ▸ Kaum Entlastungen, wenn, dann durch ein „Fallenlassen des Oberkörpers" ▸ rascherer Kantenwechsel „durch ein Bogeneinwärtskippen"	Karl Gamma ist in seinen Feststellungen und seinen programmatischen Sätzen der Zeit weit voraus. Seine Analysen sind prognostische wie jene von Georges Joubert. Unmittelbare Auswirkungen auf die Lehrweise der Skischulen werden nicht angedeutet und sind nicht bekannt. (Wandel in der Skitechnik. Seite 12 – 23)	„Der Rennfahrer führt die Ski auf den Kanten und lässt sie, jedes Abrutschen vermeidend, möglichst genau der Bogenlinie folgen." „Die Entwicklung wird weitergehen, sollte der Mensch selbst des Spieles nicht überdrüssig werden."

668 Die vier aktuellen Schwungtypen **1963 Karl Gamma (CH)** ▸ Der Unterrichtskristiania durch Abstoß und Drehimpuls- ▸ Der Tosionsschwung mit oder ohne Hochbewegung ▸ Vorausverwinden in den Schwung hinein ▸ Der Temposchwung für runde Bogen mit großem Radius ▸ Der Schlangenschwung ▸ Die Schlangentechnik modernste Schwungart ▸ ohne fahrthemmende Bewegungen ▸ nach französischen Vorbildern	Wenngleich Karl Gamma von der üblichen Terminologie wie beim Torsions- und beim Temposchwung abweicht, gelingt es ihm die modernen Ansätze des Jahres zu erfassen. Die Schlangentechnik trifft sich auch mit Geoges Jouberts Vorstellungen. Bei dieser ist auch zu fragen, ob diese nicht in der Boarder-, Dreh- oder Schlangentechnik der Carvingzeit weiterlebt oder ob sie mit der Drehtechnik bei Reuel und Hoschek längst da war. (Wandel in der Skitechnik. Texte Seite 15 – 18, Bild Seite 19)	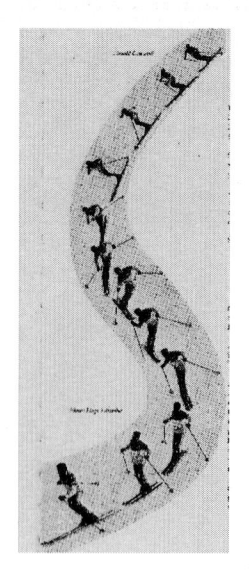
669 „Edging costs time" **1963 Curtis W. Casewit („USA)** Aus seinen 12 Regeln für den Slalom: „Use your edges as little as possible. Edging costs time. So does constant sideslipping. Keep your skis flat."	Diese erstaunliche Anweisung für den Slalomfahrer wird allerdings durch das Bildmaterial nicht gedeckt. Ansonsten bieten Verfasser und Buch eine sehr gründliche Auseinander- setzung mit dem Rennlauf. Flache Skiführung wird zu dieser Zeit nur in der Skischule empfohlen.	(Skiracing. Seite 98, Bild Seite 99. Demonstrator Buddy Werner)
670 Handdrehung beim Stockeinsatz **1964 Arnold Glatthard und Hans Brunner (CH)** „Die Stockhilfe spielt eine besondere Rolle. Beim Einsatz wird die Handinnenseite nach vorne gedreht."	Die Führung der Hände ist offensichtlich von verschiedenen Faktoren abhängig. Nachdem bei Franz Furtner die Stöcke um 1956/57 fast schulterhoch waren und dementsprechend die Hände oben in den Schlaufen hingen, empfehlen die beiden Schweizer Autoren eine gekippte Haltung der Hände, wie sie auch Toni Seelos geliebt hat. (So fährt man Ski. Text und Bild Seite. 43)	
671 Kurzski-Stufen-Methode / Graduated Length-Methode **1964 Clif Taylor (USA)** Instant Skiing – einfache, leichte Technik: ▸ in aufrechter Fahrhaltung ▸ mit Gegendrehen ▸ neutrale Belastung ▸ ohne Stöcke ▸ meist "Engeln" ▸ auch Fahren auf nur einem angeschnallten Ski	Taylor begann mit Kurzski schon 1955 in Vermont. Im Titel seiner Bücher „Instant Skiing" (Vermont 1961) und „Ski in a day" (New York 1964) ist sein Programm enthalten. Martin Puchtler in Deutschland und Pierre Gruneberg in Frankreich verbreiten die Methode ab Mitte der 1960er in Europa. Längenstufen: 2 ½, 4, 5, 6 ½ und 7 feet (Auf einem Ski Seite 50, Außentitel)	

672 Buckelpistentechnik

1964 Canadian Ski School Manual

- Speed ist not essential
- Rotation is minimized
- Touch inner ski pool as a pivot
- The skis will become light on the down side
- The turn is effected into the trough
- Absorb the shock in the legs with upper body facing slightly downhill

Canadian Ski School Manual, Hrsg. Canadian Ski Instructor´s Alliance 1974, Seite 64

---

673 Schub in Varianten

1964 Siegfried Kreuzhuber (A)

Diskussion von Schubnamen und Schubformen
- Schub
- Zehenschub
- Schub des Vorderfußes
- Fersenschub
- Fersendrehschub
- Fersendrehung
- Fersentritt

Die Beinspieltechnik wird vom Verfasser wie auch von anderen in immer neuen Namen und Perspektiven unter die Lupe genommen. Wie hier werden „Schubformen" diskutiert. Später werden sie von Deutschland ausgehend durch den übergreifenden Namen „Beinedrehen" abgelöst werden.

(Betrachtungen zur Technik. Seite 10 f.)

---

674 Österreichische Skitechnik in Deutschland

1964 Arbeitsgemeinschaft für das Deutsche Skilehrwesen

Ohne Wenn und Aber bekennen sich die deutschen Verbände, die Skilauf unterrichten, zur österreichischen Beinspieltechnik.

Ende der 1950er Jahre bis in die ersten Jahre der 1960er galt der österreichische Chefskilehrer Franz Furtner auch als oberster Lehrer und Ausbilder in Deutschland. Erst 1966 begann mit dem Umsteigeschwingen ein eigener Weg, der sich in den 1970er Jahren weltweit durchsetzte.

(Skilauf - Leitfaden für den Unterricht. Seite 6)

---

675 Zeit der Klammerschwünge

1964 Honoré Bonnet (F)

Entscheidendes Merkmal: *„Cramponnage sur le ski amont"*.
(Klammern auf dem Bergski)

Keine Fersenbelastung, sondern starke Beugung des Sprung- und des Kniegelenks.

Nach der Zeit der „Scherschwünge", die ab Ende der 1920er Jahre auch als Rennschwünge galten, werden jetzt in vielen Büchern die Klammerschwünge besprochen. Die Berg- oder Innenskibelastung wird erst bei beim Verfasser im sog. Pedalo wieder aufgegriffen, während das österreichische Pedalieren auf dem Außenski beruht.

(Ski à la francaise. Seite 220)

676 Der Begriff „Wedeln" und die Schweiz – Mambo?

1965 Schweizer Lehrplan

Der Begriff Wedeln wird im ganzen Buch vermieden. Die Darstellung des Kurzschwingens sieht nach Mambo aus.

Position der Rennfahrer: „Oberkörper nach vorne gebeugt, Arme vor dem Körper, Fuss- und Kniegelenke mässig gebeugt. Daraus ergibt sich die notwendige Hüftvorlage. In dieser Angriffstellung können sie jederzeit schnell reagieren. ... Die Stöcke werden innenseitig, beidseitig und vielfach gar nicht eingesetzt."

Die Bilder widersprechen weithin der beschriebenen Position.

Obwohl in der Einleitung davon gesprochen wird, dass man „mit gebotenem Respekt" vor anderen herangehe, was aber nichts mit dem Lärm der anderen zu tun habe.

„Die schweizerische Skitechnik ist ökonomisch, wirksam, gefällig. Sie ist bewusst freiheitlich, meidet Uniformierung und lässt individuellen Spielraum zu."

„Vielseitigkeit" ist angesagt! Selten ist die Konfrontation zu Österreich so deutlich zwischen die Zeilen geschrieben. Die theoretische Leitlinie klingt sehr modern. – Manche Demonstrationen sind reine Mambotechnik. Wie ist das Verhältnis zu Josef Dahinden zu dieser Zeit?

(Interverband für Skilauf, Ski in der Schweiz. Seite 7 und 60, Bild Seite 43)

677 Wedeln „Knie in Knie"

1965 Armin Kupfer (A)

„Wir sehen, daß die Unterschenkel schwingend aus den Knien pendeln. Aus diesem Unterschenkelpendeln ergibt sich das Spiel von Knicklage zu Knicklage von selbst. Weil der jeweilige winkelinnere Schi in der Ausgangs- und Schlussposition richtig vorgezogen ist kommt es zu einem Knieschluß, den man gleichsam <Knie in Knie> nennen könnte. Der Demonstrator drückt gewissermaßen mit dem jeweils äußeren Knie das innere Knie zu einem verstärkten Knieknick."

Der Salzburger Wedelspezialist mit einer Skischule in Werfenweng bringt eine Verfeinerung des Wedelns als Variante ins Spiel. Dieses Knie-in-Knie-Fahren galt als besondere Wedelkunst, fand aber auch über das Wedeln hinaus als optimales und elegantes Schwingen große Verbreitung. – Persönliche Begegnungen mit Armin Kupfer galten neben der Wedeltechnik auch der Verwendung von Kurzski, für die sich Kupfer schon seit Jahren einsetzte.

(Armin Kupfers kurzer Weg zum Wedeln. Nymphenburger Lehrkarten. München 1965. Karte 13. Titelbild der Sammlung)

(Bild mit Absprache des Verfassers über gegenseitigen Austausch von Materialien)

678 Skiartistik neue Trends

1965 Arthur Furrer (CH)

Er zählt auf:
▸ Kreuzschwünge (Javelin-Turns
▸ Charleston-Schwünge
▸ Reuelschwünge
▸ Pfauenrad
▸ Übersetzen
▸ Totaler Drehsprung (Helikopter)

Arthur Furrer von der Riederalp im Wallis, der sich ab 1965 in den USA Art Furrer nannte, läutete mit Stein Eriksen und Roger Staub das moderne Trickskifahren ein. Sein Anliegen und Repertoire lagen hauptsächlich im tänzerischen Bereich.

(Überblick aus Beitrag „Skiakrobatik". In: Der Schneehase. 1963/65, Seite 30-37)

Art-Furrer-Schwung oder Schweizer Kreuz

679 Diskriminierung des Vorherigen

1965 Günter Peis (D)

„Sehen`s den Läufer dort? Der schwingt ab, wie man´s noch vor ein paar Jahren gelernt hat – lernen mußte. ... Aber es ist eine total unökonomische Fahrweise – es kommt praktisch einem ununterbrochenen Bremsen gleich."

Dagegen gleich folgende Beobachtung:
„Am Hang ist deutlich eine schmale Gestalt zu sehen, die elegant abwärts wedelt. Rolf ((der Skilehrer)) ist ganz begeistert: Der wedelt wie wie sich´s gehört. Tadellos..."

Hier gibt´s kein Bremsen, keinen Kraftverlust. Der Schwung wird in einer Art Tanzbewegung umgesetzt – ja, wirklich, man könnte diese Art des Skifahrens einen Tanz nennen."

In Sachen Bremsen oder schnelles Gleiten gibt es zwischen den verbreiteten Techniken Rotation oder Beinspiel keinen Unterschied. Die unbedeutende Veröffentlichung jedoch spiegelt die typische Argumentation bei technischen Zeitwenden wieder: Diskriminierung des Vorherigen, Glorifizierung des Neuen.

(Mario auf frischer Spur. Text Seite 106 f., Außentitel)

680 Neue Tendenzen in der Renntechnik

1965 Karl Gamma (CH)

- Mehr horizontale als vertikale Bewegungen
- Kantenwechsel durch „Bogeneinwärtskippen"
- Entlastung durch „Fallenlassen" des Oberkörpers
- In der Mittelphase möglichst genau der Bogenlinie folgen
- Behandlung der Körperspannung

Der Abschied von der Rotationstechnik scheint vollkommen und endgültig zu sein.

(Wandel in der Skitechnik. In „Der Schneehase" 1963/65, Texte Seite 12-23, Bild Seite 14)

Demonstrator: Dumeng Giovanoli

681 „Schlängelschwünge" – Schlangentechnik

1965 Karl Gamma (CH)

- „Die Körperhaltung ist gekennzeichnet durch den stärker nach vorne geknicktem Oberkörper. Eher schwach gebeugte Knie- und mäßig gebeugte Fußgelenke.
- Die Arme sind ständig vor dem Körper."
- Stockeinsatz weiter vorne und weiter hangabwärts, gegen diesen auffahren
- Oberkörper „hinausfallen" lassen

- Seltene Besprechung der Körpermuskulatur wie: „mit gespanntem Arm", „wieder spannenden Körper"

Karl Gammas Beobachtungen treffen sich auch in dieser Schwungbeschreibung mit Georges Joubert. Er verweist auch auf die Franzosen. Nach meiner Erinnerung übten wir auch in Deutschland diese Technik, die jedoch nie offiziösen oder gar offiziellen Charakter erreichte.

(Wandel in der Skitechnik. In „Der Schneehase" 1963/65, Texte Seite 12 – 23, zum Vergleich bei Georges Joubert in „Ski perfekt". Seite 148 – 158)

Demonstrator Arnold Giovanoli. Bild aus Serie Seite 19. G.Joubert- Schlangentechnik

682 Breitwedeln

1965 bei Kruckenhauser (A)

Als „Wedelaufbauschwung". Erstes Umdenken zum herrschenden Schönheitsideal
- Wedeln mit weit offener Skiführung
- und damit mehr Belastung beider Ski
- bei wenig ausgeprägter Kniearbeit und weniger Gegendrehen und Knicken der Hüfte

Auf Konferenzen vermittelt. Die extremen und problematischen Elemente der Wedeltechnik (Kniekurbel, Torsion und Hüftknick) sind dabei eingeschränkt bzw. sind hier vermieden. Zugleich eine Wedelform für alle, die den aufwändigen Weg zum perfekten Wedeln nicht gehen können. – Die französische Delegation verweist in einer Gegenrede auf ihre schon länger erprobte Form des Christiania léger mit offener Skiführung.

(Persönlicher Konferenzmitschnitt)

683 Murmeleschwung

1965 Stefan Kruckenhauser (A)

- Die Idee: Ski in die Falllinie hineinlaufen lassen
- offene Skiführung
- langsames Aufrichten
- Wendung talwärts
- Antizipation
- abdriften in die Falllinie
- plötzliches Tiefgehen
- drehen im Beugen

Der Murmele war zwar als rein methodischer Schwung gedacht, gewann aber eine beinahe legendäre Aufmerksamkeit. Dem Murmeltier in seinem Verhalten abgeschaut, prägt er sich in die Vorstellung und Motorik des Fahrers leicht ein. Meine Sammlung „Skizirkus" von 1985 bietet einige Varianten dazu.

(Dort Beschreibung und Zeichnung von Milan Maver. Seite 120)

684 Absolut parallel

1965 Karl Koller (A)

- Beinspieltechnik pur nach ihrer ersten Phase
- perfekte Demonstrationen
- auch im Steilgelände und
- in der Buckelpiste

Als Leiter der damals größten Skischule der Welt geht Karl Koller den direkten Weg, den Weg ohne Bogenschule zum parallelen Schwingen. Damit und mit den folgenden Entwicklungen von Kurzski und der Teufelspiste gehört er zu den erfolgreichsten Skipionieren der Zeit nach 1945.

(Perfekter Schilauf. 1965)

685 Ski direkt – Ski parallel

1965 Walter Föger (USA)

- Vertritt das parallele Fahren und den direkten Weg über sprungweise Veränderungen.
- benützt aber im Gegensatz zu Clif Taylor sofort längere Ski: (4 und 5 foot und körpergroß)
- Winkelspringen ohne und mit Stöcken, überhaupt große Aufmerksamkeit für eine differenzierte Stockverwendung
- Betont natürliche Bewegungen
- Prinzip "Action und reaction of all motions"
- Stetige Vorlage
- „counter-comma position" nur zur Schwungauslösung

Der Österreicher Walter Föger (1917 – 2007) begründete die AMERICAN SKI TEACHERS ASSOCIATION OF NATUR TEKNIK. Er gehört zu den Vertretern eines direkten parallelen Weges wie beispielsweise Emile Allais (F) und Clif Taylor (USA).

(Das im Außentitel vorgestellte kleine Büchlein erschien in 4. Aufl. 1976 (o. O.) Zur Programmatik vor allem Seite 2 und 3.)

686 Bowl-Turn – Looping with no sleeping

1965 Stein Eriksen (NOR/USA)

praktiziert Fahren von Wall zu Wall, von Seitenhang zu Seitenhang.

„The lower body lean enables you to carve the turn in a true arc with no slipping. This wide, carving turn is something that you can transfer to your non-bowl skiing."

Stein Eriksen erzählt, wie er im Winter 1953 mit Christian Pravda diese Fahrweise trainiert und dabei wunderbare Gefühle hatte. SPORTS (D) greift diese Fahrweise unter dem Begriff **Looping** 2003 als besondere Möglichkeit auf Carvingski wieder auf. Der Begriff Looping findet sich allerdings schon bei Georg Bilgeri 1910. Vgl. Nr. 763
(In: The Skier´s Handbook. Seite 214 – 217)

Schwingen gegen einen "Wall"

687 Skiartistik modern

ab Mitte 1965

- Rotation dominierend
- Drehungen auf dem Innenski
- volle Drehungen
- Überkreuzungen
- Saltos und weitere

Stein Eriksen, Roger Staub und Art Furrer läuteten das moderne Trickskifahren ein.
Ab 1971 Wettkampf- disziplinen: Ballett, Buckelpiste und Springen.
Im Bild ein halbes Pfauenrad.

688 Pronation der Hand

1965 Dick Sexe (USA)

- Eine Pronation des Daumens der Innenhand führt automatisch zur Belastung des darunter geführten Ski.
- Für Dick Sexe führt eine Stockführung ohne Pronation auch zur Rücklage und falscher Skibelastung.

(In: The Skier´s Handbook. Seite 152 f.).

Vielleicht der erste Fall nach Walter Birkmayer und Karl Schindl (1938), der zeigt, wie man Reflexe und reflexartige Mechanismen skitechnisch nutzen kann. Für Innenskischwünge wäre entsprechend der Supination die Hand einzusetzen.
Ein Konzept, wie man Reflexe und Mechanismen heranziehen kann, findet sich in meinem Beitrag im Skimanual 2003/2004 Seite 66 f..

689 Step Turn - Umsteigen in den USA

1965 Tom Corcoran / Willy Schaeffler (beide USA)

Charakterisierung:
- eine Weiterführung der Stemmtechnik
- „the hottest turn"
- ein rhythmischer Schwung
- ein schneller Schwung
- aus geöffneten Ski umsteigen und Innenski anheben
- anfangs Körperneigung in den Schwung
- Technik für SL und RS
- geeignet für eine gute Linie

Wie in der Sache "Carven" scheinen auch beim Thema "Umsteigen" die Amerikaner den Europäern voraus zu sein, auch wenn der Begriff „Umsteigen" wahrscheinlich in Österreich 1956 zum ersten Mal gebraucht wurde.
Mit dem Hineinneigen in den Schwung zur Auslösung gehören die beiden Autoren auch zu den Vorläufern der Boardingtechnik.

(Texte und Bild in: The Skier´s Handbook. Seite 188 – 192, 196 -199)

690 Schneiden und Carven – der S-Schwung

1966 Georges Joubert (F)

Der Verfasser listet auf:
- immer gekantet
- Vermeidung von Entlastungen

Als Schwünge:
- Schneiden als Jettechnik
- Schneiden als Schlangentechnik

„Durch die geschwungene Taillenform der Ski ist es ... sogar möglich ... zwischen den Schwüngen bergan zu fahren."

Perfektes Carven. Das Schneiden hat Georges Joubert schon in seinen Büchern von 1957 und 1963 beschäftigt.
Seiner Zeit weit voraus findet Joubert t schon in seinem ersten Buch (zusammen mit Jean Vuarnet) in der Analyse der Rennfahrer neue zukunftsweisende Techniken. Darüber hinaus bietet er differenzierte theoretische Analysen. Als großer Einzelgänger findet er allerdings bei den Funktionären der Verbände wenig Beachtung.
(Ski perfekt. 1966 S. 163)

691 Schneidetechnik – Carven auch auf der Taillierung

1966 Georges Joubert (F)

- Fahren auf der Taillierung
- Aufkantwinkel beachten
- schneller Kantenwechsel
- Hineinbeugen in den Schwung
- Vermeidung starker Druckunterschiede

Noch nicht so ausgeformt stellte Joubert das Schneiden auch schon 1963 vor.

Wieder ist Joubert der Zeit voraus, dieses Mal um 20 Jahre.

„Sie machen einen schneidenden Bogen, wenn Ihre Ski während des ganzen Bogens wie ein Schlittschuh auf den Kanten gleiten, ohne abzurutschen. Sie müssen das Gefühl haben, wie ein Zug auf Schienen zu fahren."
„Die Kanten der Ski beschreiben im Schnee einen Bogen."
(Ski perfekt. Seite 167 – 172.)

692 Der gefederte Schwung mit Körperdrehung

1966 Georges Joubert (F)

Auch bei diesem Schwung dreht Joubert mit dem Körper in den Schwung hinein.
Fahren über Buckel
- mit Ausgleichen und Strecken
- Drehen des Oberkörpers talwärts
- Abstützen auf den Stock

Georges Jouberts Schwünge in den 1960er Jahren beruhen fast durchwegs auf einer Körperdrehung in den Schwung hinein. So beim S- Schwung, beim V-Christiania, beim Schlangenschwung und hier beim gefederten Schwung.
In den Fußstapfen von Fritz Reuels Drehumschwung also.
(Ski perfekt. Text Seite 66 – 68, Bild Seite 71

693 Schlangentechnik

1966 Georges Joubert (F)

Mit
- ausgeprägter Antizipation
- gleichzeitigem Abtauchen mit dem Oberkörper ins Schwungzentrum
- stützendem Stockeinsatz

Erstmals wird eine starke Vorausbewegung des Oberkörpers in die Skitechnik eingeführt – als Dreh- und Tauchbewegung. Die italienische Skischule zieht nach mit der allgemeinen „Anticipio". Deutschland folgt beim Hochschwung mit „Antizipation". SPORTS setzt auf dem Carvingski Jouberts Vorschlag als „Taucher" um.

(Ski perfekt. Seite 148 – 158)

694 Beschleunigen thematisiert

1966 Georges Joubert (F)

Seine Hinweise:
- Abstoß vom Talski in der Auslösung
- Abstoß vom Bergski (Außenski) in der Steuerphase auf Innenski
- Vorschnellen des Körpers noch vor der Falllinie
- stützend-schiebender Stock

Nie vorher wurde das Thema der Beschleunigung im Schwung so dargestellt. Vgl. spätere Darstellungen der Beschleunigungsmöglichkeiten auf Carvingski und in der Carvingtechnik in mehreren meiner Beiträge für das SKIMANUAL von SPORTS, so speziell auch der Vorschlag des Step-Carvers.

(Ski modern. Seite 129 – 134)

695 Ausgleichstechnik

1966 Georges Joubert (F) und in Folge Deutschland

Ausgleich als:
- Beugen auf dem Buckel Strecken der Beine ins Tal
- bald als Tiefschwung auf planem Hang
- als Kompressionsschwung 1971
- als Anwendung im Tiefschnee

Erinnerung an das „Knieschnellen" von Georg Bilgeri 1912.

Vergleichbar dem Siegeszug der Umsteigetechnik wird die Ausgleichstechnik zu einer großen Modifikation der Beispieltechnik. Vgl. Deutscher Skilehrplan 1971 f., Jürgen Philipp, Magnus Frey und Jürgen Kemmler sowie die spätere österreichische Wellentechnik. Nicht vergessen dabei sollte man, dass Josef Dahinden die Wellentechnik als Schussfahren über Wellen 1936 schon perfekt beschrieben hat.

(Ski perfekt. Seite 160 – 167)

696 Carven französisch

1966 (1967) Georges Joubert, Jean Vuarnet (beide F)

Zwei Faktoren sind für einen Carvingschwung entscheidend: - die taillierte Form des Ski und – der Flex des Ski.
Dazu kommt als günstige Belastung vor allem auf eisiger Piste:
- die Belastung beider Ski oder des Innenski.

Frühe Vertreter und für uns Zeugen des Carvens. In ihrem englischen Buch fassen die beiden Autoren die Carvingtechnik als Pistentechnik präzise und knapp. Allgemein legen sie wert auf die Belastung des Innenski, wenngleich diese riskanter sei. – Es wäre spannend zu klären, wieweit in der Carvingfrage die beiden Franzosen die amerikanische Entwicklung beeinflusst haben – wären da nicht Frank Harper und Walter Föger.

(How to Ski. Seite 145 – 147)

697 Österreichische Skitechnik + Französische + Ski in a day

1966 America´s Ski Book

In der Grundlagentechnik: österreichisches Beinspiel, aber auch:
- Natur Teknik
- französische Technik
- Kurzskistufenmethode nach Clif Taylor.

Der opulente Band geht allen Themen rund um den alpinen Skilauf nach. Breit dargestellt die österreichische Technik aber durchaus wohlwollend auch andere Konzepte. Damit repräsentiert das Buch die offene und tolerante Einstellung des amerikanischen „Skilehrwesens", wie man es sie in Europa nicht kennt.

(Skimagazine und John Henry Auran, America´s Ski Book. New York 1966

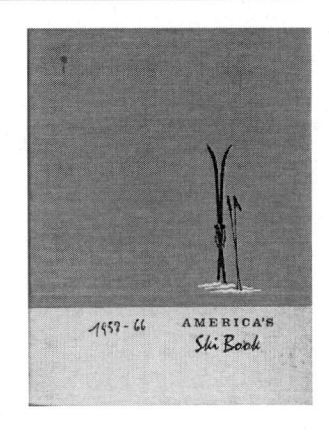

698 Abbau der Extreme!

1966 Magnus Frey (D)

„Fahren unsere Rennläufer anders als unsere besten Skilehrer? Es sieht so aus. Jedenfalls, wenn man die Oberkörperhaltung beobachtet."

(Abbau der Extreme? In: „der skilehrer". Seite 6 f., Bild Seite 15)

Wie schon so häufig werden gegen extreme Ausführung einer Technik die bekannten Argumente vorgebracht: Es gehe für den Skifahrer um Einfachheit, um Zweckmäßigkeit und um Übereinstimmung – oder eben nicht! - mit dem Rennlauf. Wenige Jahre später wird die „Funktionalität" zum Leitmotiv. Bei diesen Denkrichtungen kaum zu finden: Spielfreude, Bewegungslust, Spaß an Expression, Streben nach Leistung.

699 Hochgezogener Parallelschwung als Split-Rotation

1966 Helmut Gritscher, Fritz Halbwidl, Eric Walka (AUS)

- Hochbewegung bis zur Strecklage
- Ziehen des Außenarmes
- Stockeinsatz weit hinten
- Spätes Kippen in die Kurvenlage
- Gegendrehen im Steuern

Das australische Skibuch, setzt mit diesem speziellen Mambo oder Schwung mit Split-Rotation– im Bild gezeigt als Looping – einen eigenen Akzent. Die Verfasser sprechen allerdings nur vom „Parallelschwung". Jahre später propagiert Jürgen Kemmler mit dem Kippschwung in Deutschland eine weitere Variante.

(Skiing. Seite 58)

700 Taillierte RS-Ski

1966 Zvone Debeljak (SLO) aus Kranj,

baut stark taillierte Ski. Er nannte die Ski mit einer Länge von 160 cm nach einem Hausberg seiner Heimat „KANINKE- SKI".
Über fahrtechnische Konsequenzen wurde nichts bekannt. Anfang der 1990er-Jahre baute er für die Fa. Elan den hochgeschätzten Supershorty „Razor".

Ära der stark taillierten superkurzen Ski um die 60cm einläutete.

(Bild oben bei einem persönlichem Besuch bei Zvone Debeljak.)

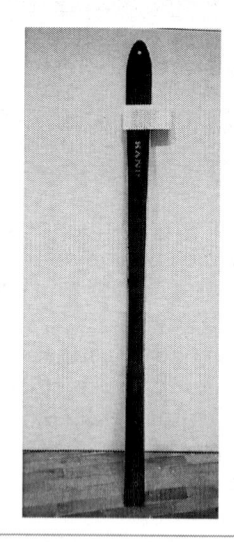

701 Cross Country Skiing auf taillierten Ski

1966 Michael Brady (USA/NOR)

Neben den Lauftechniken geht der Verfasser ein auf:
- Snowplow Turn
- Stem Turn
- Parallel Turn

Michael Brady, Norweger und Nordic Editor des renommierten US Ski Magazine, publiziert sehr erfolgreich bis 1977 „Cross Country Skiing" – erstaunlicherweise ohne den Telemark trotz Nordic Norm für Schuh und Bindung. Er verwendet taillierte Ski und gibt je nach Anwendungen sehr genaue Maße für die Skimitte an.

(Bild in der Ausgabe Oslo 1977, Seite 32)

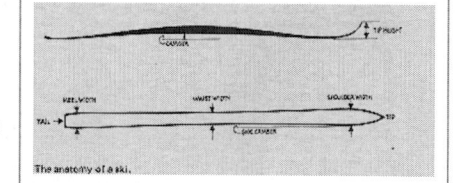

702 Vor-Seitbeuge statt Hüftknick – Wedelaufbau- schwung **1967 Deutscher Skilehrplan** Merkmale: ▸ Mit der Seitbewegung des Oberkörpers auch ein Vorbeugen ▸ Beim Stemmen kein gleichzeitiges Verwinden ▸ Stockeinsatz auch abstützend	Eine Bewegung der Wirbelsäule, die den Oberkörper gleichzeitig nach vorne und außen beugt, verteilt die anfallenden Belastungen und macht die Wedeltechnik verträglicher. Eine Empfehlung des Wiener Sportmediziners Ludwig Prokop. Wenige Jahre später geht man auch von der starken Torsion ab. (Beilage zum Leitfaden für den Skiunterricht. Seiten 2 und 8)	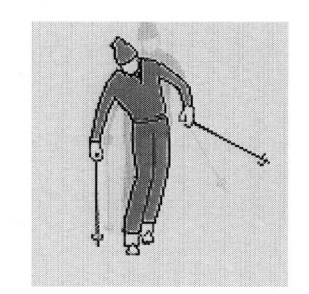
703 Umsteigetechnik - Formenvielfalt **1967 Gattermann, Erhard und Walter Kuchler (D)** ▸ bergwärts gestemmt ▸ talwärts gestemmt ▸ scherend berg- oder talwärts ▸ parallel offen oder geschlossen ▸ schnellend (Begriff Umsteigen erstmals im österreichischen LP 1956)	Begriff aus österreichischem Lehrplan 1956, Vorlauf Josef Dahindens 1924, „Bauernschwung" von 1930, Schrittschwingen bei Henry Hoek 1934, einig mit Stein Eriksen 1965, Nachweis der Übereinstimmung mit der Alltagsmotorik von Miloslaw Zálesák 1968. Umsteigen wird weltweit Erfolgsmodell und erweitert die Beinspieltechnik. (Ergänzung Deutscher Skilehrplan 1967, Bild aus deutschem Skilehrplan 1983)	
704 Umsteigetechnik - Kurzski-Aufbausystem **1967 Deutscher Skilehrplan – Walter Kuchler** Formenvielfalt ▸ talwärts angestemmt ▸ bergwärts angestemmt ▸ scherend berg- oder talwärts ▸ parallel offen oder geschlossen ▸ schnellend Methodischer Weg in 18 Schritten Erste Empfehlung in Deutschland des Kurzski-Stufensystems mit Martin Puchtler	Begriff Umsteigen im österreichischem Lehrplan 1956, Vorlauf Josef Dahindens 1924, „Bauernschwung" von 1930, Schrittschwingen bei Henry Hoek 1934, einig mit Stein Eriksen 1965, Nachweis der Übereinstimmung mit der Alltagsmotorik von Miloslaw Zálesák 1968. Umsteigen wird weltweit Erfolgsmodell und erweitert die Beinspieltechnik. (Beilage zum Leitfaden für den Skiunterricht. Seite 2, 5-8. Bild aus deutschem Skilehrplan 1983)	
705 Kurzskistufenmethode **1967 Martin Puchtler (D)** Wie bei Clif Taylor eine Steigerung der Skilänge von 65 cm bis zur angemessenen Endlänge.	Martin Puchtler greift einen Bericht von Prof. Stefan Kruckenhauser über die amerikanische Kurzskimethode auf und entwirft zusammen mit der Skifirma Erbacher ein eigenes Skiset. Schon zuvor kürzt er Ski, indem er Langski wie schon Karl Koller im Kaukasus abschneidet. Für Europa wird er durch Fernsehberichte und die Literatur zum Pionier der Kurzskistufenmethode.	

706 Carving thematisiert

1967 Zeitschrift Skiing Heritage (USA)

Die erste Stellungnahme in einer Zeitschrift. Carven
- auf taillierten Ski
- schmalspurig
- mit Außenskibelastung
- in eigentlicher Beinspieltechnik
- für längere Schwünge

Erstmals wird unter dem Namen Carving mit einer Reihe bekannter Demonstratoren wie Pepi Stiegler, Othmar Schneider, Bill Briggs das Thema behandelt. Skiing Naturally mit Frank Harper von 1949 und in der Folge mit Walter Föger wird damit einer breiteren Öffentlichkeit vorgestellt.

(Skiing Heritage. 1967. Heft 1, Seite 19 mit Bild)

---

707 England vor dem Carven

1967 Malcolm Milne, Mark Heller (GB)

Alle Ski sind seit 1860 „waisted", tailliert, „the mechanics of this are unclear, but an unwaisted ski becomes almost uncontrollable."

In der Folge jedenfalls:
„a waisted ski, placed on an edge, will describe an arc around the theoretical centre."

Die Begrifflichkeit des Carvens steht noch nicht zur Verfügung, die Sache selbst jedoch wird erfasst und im Kern beschrieben. Die beiden Autoren sind damit den Ländern des Kontinents um beinahe 20 Jahre voraus. Die Grundüberlegungen gewinnen die Autoren am Schwung bergwärts, haben aber keine Folgen auf den praktischen Bereich der Schwünge.

(Skiing. Teach yourself. Seite 98 f.)

---

708 Das Wedeln

1967 Giovanni Testa (CH)

„Das Wedeln
Aus der Fallinie bei erhöhter Geschwindigkeit Traversestellung links mit Hüftknick einnehmen. Gleichzeitige Hüftgegenwindung ergibt Rechtsbogen. Sofort nach Auslösung des Rechtsbogens auf vorgestelltem Fuß vor- und gleichzeitig hochgehen."

Nach dem Siegeszug des österreichischen Wedelkonzeptes in der ganzen Welt kann Testas Darstellung kaum überzeugen. Das gilt für die Texte und die Bilder. Von Testas progressivem Elan von 1936 ist nichts zu spüren. Das Titelbild verspricht mehr als der Inhalt bietet.

(Das Skibuch. Text Seite 84, Außentitel.)

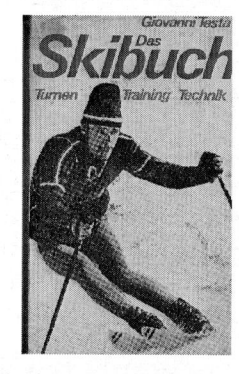

Das Titelbild entspricht weder den Bildern wie den Texten des Buches.

---

709 Umsteigetechnik

1968 Helmut Aigelsreiter (A) (Beitrag Franz Hoppichler)

- Umsteigen als Fahrweise der Rennläufer
- Einschränkungen für rutschende Ausführungen
- freieres Zusammenspiel von Bein- und Armarbeit
- starkes Gegendrehen
- Behandlung der Ei-Position

Nach der deutschen Lehrplanergänzung von 1967 eigentlich das erste Umsteigebuch.
Erinnerung an die Begriffsbildung: Das Wort Umsteigen wird erstmals im österreichischen Lehrplan von 1956 für stemmende Bewegungsabläufe gebraucht. Hinweise auf die Atmung beim Fahren. Erstmals?

(Vom Schulskilauf zum Rennschilauf. Außentitel.)

224

710 Vorziehen der äußeren Schulter **1968 Helmut Aigelsreiter (A)** *„Das Vorziehen der Außenschulter beim Schwung unterstützt noch die Beschleunigung und kann in verschiedenen Situationen sehr zweckmäßig sein."* (Vom Schulskilauf zum Rennschilauf. Text und Bild Seite 70 f.)	Erstmals wird hier gegen die weltweit praktizierte Gegenführung von Schulter und Arm argumentiert. Rennlauf, Beschleunigung und situative Anforderung werden angeführt. Dem Autor brachte es in seiner Heimat Österreich nach eigenem Bekunden entsprechende Schwierigkeiten. Erst beinahe zwanzig Jahre später wird der äußere Armzug in der Carvingtechnik zu einer Selbstverständlichkeit.	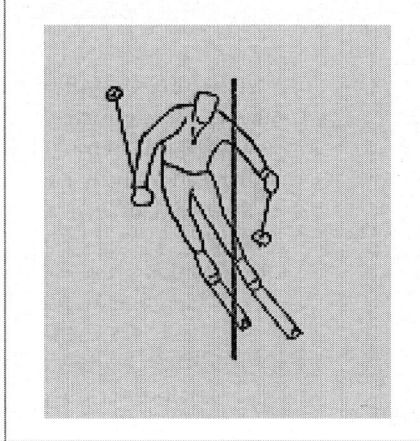
711 „Carving the turn with the tips" **1968 Karl Tucker und Clayne Jensen (beide USA)** ▸ Stellen den Ski als selbstverständlich gut tailliert vor. Sie sprechen sogar vom **hourglass shape.** ▸ *„Carve with the tips of the skis."* ▸ *„Steer with feet, carving the turn with the tips."* ▸ *FORM OF SKI: the variations in the width of a ski at different places along the ski. This is very important to turning."*	In ihrem Buch „Skiing" (in der Reihe Brown Physical Education Activities Series. Dubuque/Iowa), das die amerikanische Skischultechnik wiedergibt, finden sich diese überraschende Darstellung und diese Aussagen. Die Schneideaufgabe der Skispitze wurde zwar auch schon in den 1930er Jahren thematisiert, aber noch nie so eindringlich und noch nie im Zusammenhang mit der Taillierung des Ski. In anderen amerikanischen Darstellungen ist auch formuliert: **Carving with the shovel.** (Skiing. Seite 25 und 46, Zeichnung Seite 47)	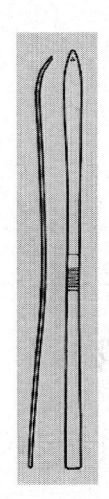
712 „Skating turn" -- Umsteigen im Schwung nach innen **1968 Morten Lund (USA)** ▸ Umsteigen vom Außenski auf den Innenski ▸ aber erst in oder nach der Falllinie ▸ der Außenski: „drop away" ▸ Verweis auf den guten Halt des Innenski und den Höhengewinn ▸ leichteres Einhalten der gewählten Linie ▸ ein häufig verwendeter Rennschwung Ich werde ab 2003 die umgekehrte Belastungsfolge als „Stepcarver" postulieren. Auch M. Zdarsky, G. Joubert und A. Tomba kennen Belastungswechsel im Schwung.	Dieses bewusste „Hineinsteigen" darf nicht mit dem Klammerschwung verwechselt werden. Morten Lund verweist auf die Fahrweise von Leo Lacroix. Vgl. dazu die neuere Gegenform nämlich den Stepcarver auf Carvingski, bei dem auf dem Innenski begonnen und ab Falllinie auf dem Außenski durchgesteuert wird. (Walter Kuchler 2003). Siehe aber auch den gleichen Belastungswechsel bei Eduard Koller 1953. Joubert verweist öfters darauf, dass der Fuß für das Kanten nach außen – also auf dem Innenski – die bessere anatomische Voraussetzung bietet. Er hält allerdings in seinem Ski-Handbuch von 1981 eine derartige Fahrweise für *„manchmal wirkungsvoll, immer gefährlich".*	 (Beschreibungen in: The Skiers Bibel. Seite 159, Bild bei Georges Joubert Seite 167)  Step im Rennlauf 2019 - Europacup

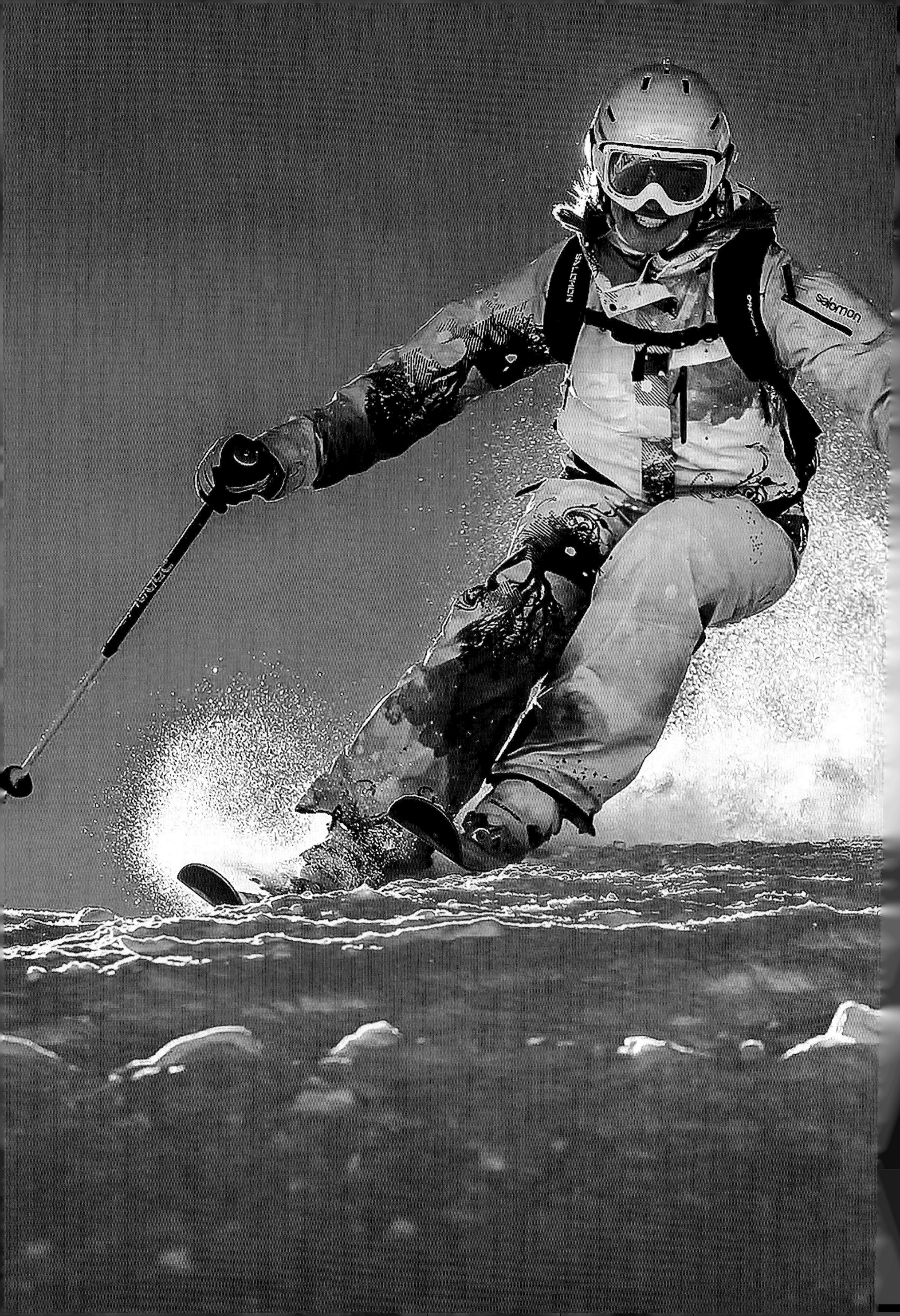
salomon

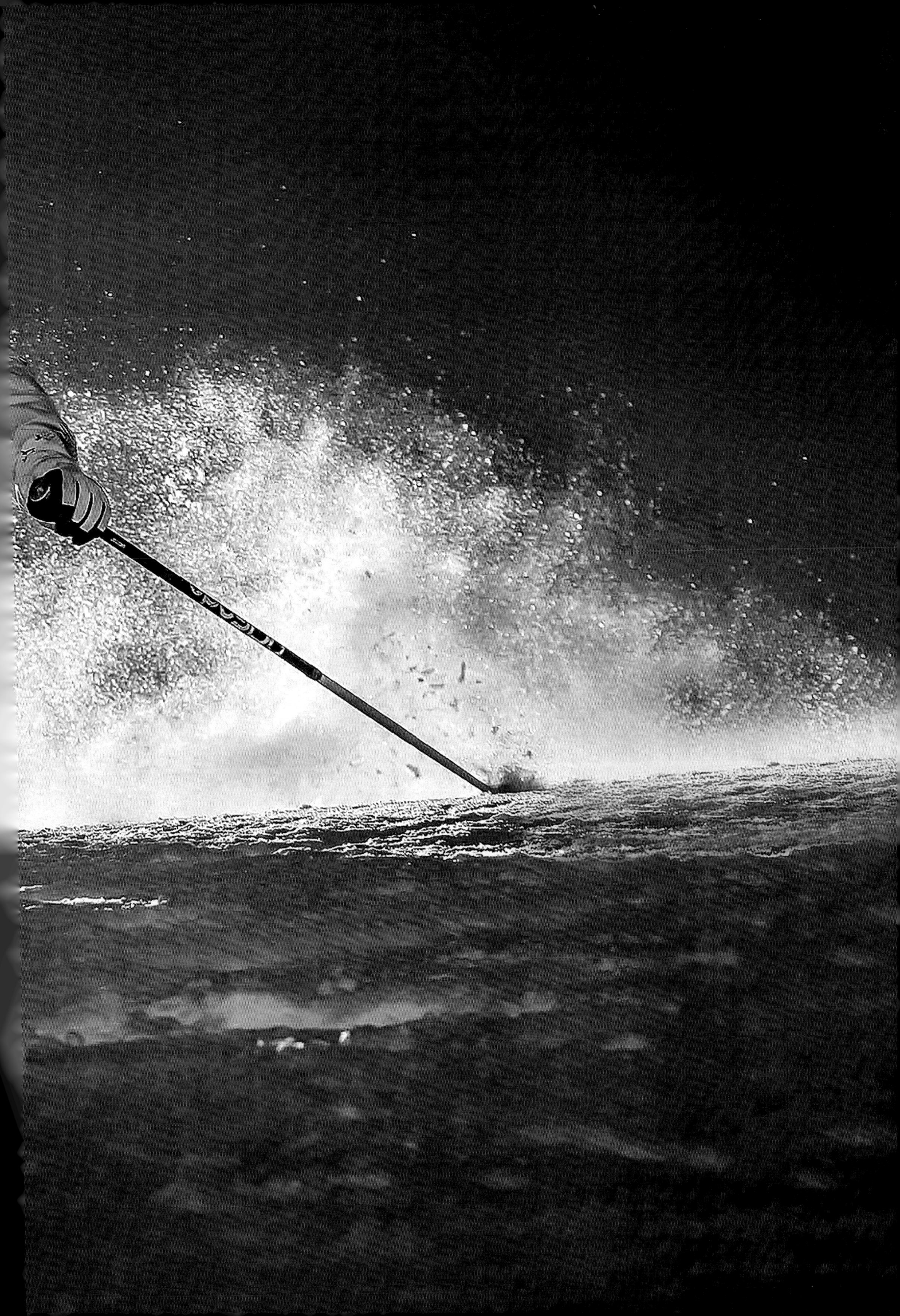

713 The carved Parallel Turn – „a nice smooth long arc" **1968 Morton Lund (USA)** Carven schon als Begriff selbstverständlich ▸ Im Prinzip nur bei langen Schwüngen möglich ▸ Am besten aus einem Gegenschwung heraus ansetzen ▸ Als Wedelschwünge nur für wenige Experten	Morton Lund bespricht Carven nur kurz, stellt es aber als selbstverständlich – wenn auch schwierig und anspruchsvoll – dar. Nichts für Anfänger. Verständlich angesichts der langen Ski, der geschlossenen Fahrweise und des starken Gegendrehens. Deshalb auch der Verweis auf das schwierige, genau im Maß richtige Kanten. („The Skier's Bible" Texte und Bild Seite 48)	
714 Känguru-Schwung **1968 Schweizer Demo in Aspen** Vorführung beim Interskikongress in Aspen (USA) ▸ Extreme Ausführung, wobei sich der Fahrer fast auf die Skienden legt. ▸ Ein Spielschwung für die Piste. ▸ In der Darstellung 1972 viel moderater gefahren und speziell als ein Tiefschneeschwung für den Steilhang gedacht.	Die Schweizer loten die Möglichkeiten der neuen Schuhe mit hohem Spoiler aus. Sie kreieren damit einen der extremsten Spielschwünge und leiten damit einerseits eine neue Ära der Spielschwünge ein, andererseits liefern sie eine Steilvorlage für die kommenden Absitztechniken der nächsten Jahrzehnte. (Bild aus Ski Schweiz 1972. Seite 60b)	
715 Skitechnik und Gewandtheit **1968 Günther Dießner (DDR)** In seiner Dissertation, in der die Entwicklung der allgemeinen qualitativen Bewegungsmerkmale für den Skilauf im voraus-gehenden Training untersucht werden, stellt die Gewandtheit als am wichtigsten heraus. Dabei ist Skilauf im Schwierigkeitsgrad charakterisiert Bewegungskombinationen, durch Verwendung von Geräten und Ausübung in einem „fremden Milieu".	Die Untersuchungen in der DDR zur Theorie und Praxis des Skisports werden leider in den Alpenländern zu wenig beachtet, wie schon am Beispiel der Arbeit von Fritz Reichert (1957) zu den Kurzski festgestellt wurde. Auch die Ergebnisse von Günther Dießner müssten beispielsweise die Skigymnastik, die verbreitet als eine „Quälgymnastik" gehandhabt wird, strukturieren. (Der Einfluß der motorischen Eigenschaften. Seite 88. Ebenso „Zu einigen Problemen des Trainings alpiner Skiläufer". Seite 109, 111)	Qualitative Bewegungsmerkmale: ▸ Bewegungsfluss ▸ Phasenstruktur ▸ Bewegungsrhythmus ▸ Bewegungsübertragung ▸ Antizipation der Bewegung ▸ Bewegungsgenauigkeit
716 DDR steigt international aus alpinem Skilauf aus **1968 Beschluss des Präsidiums des DTSB** Damit wird auch die Förderung des alpinen Sportes im eigenen Land weitgehend eingestellt. Dennoch entwickelt sich über den Skiverband und über den Schulsport das Lehrwesen weiter	und es werden dazu immer wieder Publikationen vorgelegt. Nach der Einstellung der Teilnahme am internationalen Wettkampfsport folgt auch die Aufkündigung als Mitglied des Internationalen Verbandes für das Skilehrwesen und damit die weitere Teilnahme an Interski-Kongressen. Der Jahresbeitrag von DM 1000.- je Land wird damit eingespart.	 (Gerd Falkner, Chronik des Skisports in der Deutschen Demokratischen Republik. Seite 57 f., 103)

717 „GLM is the future" **1968 Horst Abraham (USA)** mit völlig neuem Konzept des Skifahrens ▶ neuen Wegen für das Schwingen ▶ Postulierung von GLM ▶ neue Unterrichtswege ▶ Empfehlung des 150-cm-Ski (als Standard für „Leichtgewichte")	Das Kurzskistufensystem (Graduated Length Method) Clif Taylors hat mit der Skischule Vail und mit ihrem Leiter Horst Abraham mächtige Partner gefunden. Ebenso bedeutsam ist die Propagierung des 150-cm-Ski. Damit wird mit der Kitzbühler Skischule (Karl Koller) gleichgezogen. (Vail Ski Teaching System)	VAIL SKI TEACHING SYSTEM
718 Carvingski in SLO in der Diskussion **Ende der 1960er: Ales Gucek und Ciril Pracek (SLO)** schreiben über das Thema in der Zeitung DELO und Broschüre TRENER nach dem Studium der Bücher von Georges Joubert und nach der Beobachtung französischer Fahrer. Entwicklung : Debeljak > Ales Gucek > Andrej Robic:	In Slowenien bahnt sich die Produktion des Carvingski an. Noch sagt allerdings ELAN: Nicht geeignet für unsere Rennläufer. Das Patent von Andrej Robic (1977) für einen Ski mit verstellbarer Taillierung, Stenmarks Carvingski für den Parallelslalom (1984) und die guten Erfahrungen Ende der 1980er bei den norwegischen Rennfahrern werden schließlich 1991 zum ersten Carvingserienski für Jedermann führen. Informationen auch aus persönlichen Gesprächen mit Ales Gucek.	
719 Grenzen der Skitechnik - Bewegungsarmut **1969 Hermann Rieder (D)** *„Insgesamt fehlt dem Skisport die Vielfalt der Bewegungs- formen anderer Sportarten und eine gewisse Bewegungsarmut, die vom Anfänger bis zum Könner zunimmt, lässt die erschreckende Steifheit verstehen, die sogar bei Spitzenkönnern angetroffen wird. ... Den Protest gegen diese Einseitigkeit sehen wir ausgedrückt im Übermut der Spielformen Wedeln, Mambo, Schlittschuhschritt, Reuelschwung, Walzerdrehung und den Versuchen unter erschwerten Bedingungen im Tiefschnee."*	Vor allem beklagt der Verfasser auch die statische Haltearbeit der Muskulatur. Der Direktor des Sportinstitutes der Universität Heidelberg, selbst ein guter und engagierter Skifahrer, fällt ein hartes Urteil zur Skitechnik. Es wäre ein interessantes Unterfangen, alle großen Konzeptionen zu befragen, inwiefern seine Einschätzung mehr oder weniger zutreffend ist. Sein Urteil würde auch für die modernen Absitztechniken zutreffen. Außerdem sollte man auch direkte Vergleiche mit möglichst vielen anderen Sportarten einfordern. (Skigymnastik. Seite 12 f., Außentitel)	Limpert H. Rieder **Skigymnastik**

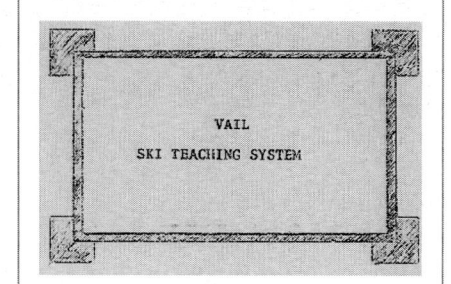

720 Jet- und Schleudertechnik – Form des Carvens **1970 Jürgen Philipp (D) mit Mitstreitern Hans Zeilinger (A) und Magnus Frey (D)** Verweis auf die Taillierung! ▸ Aufkanten und aktives oder passives Vorbringen der Ski ▸ Kippen aus dem Hang ▸ Steuern in Mittellage ▸ Reifste Ausprägung im Schleuderschwung	Durch die Einführung von Spoilern und hohen Schäften angeregt, geht Jürgen Philipp über Georges Joubert hinaus. Er hebt aber besonders die Wirkung der Skitaillierung und des Abstoßes von der Kante hervor. Kipp- und Schleuderschwung dieser Jahre sind auch Vorboten des Kippprinzips. Von Magnus Frey wird dieses Programm in der NUR-Skischule in Neckermanns Urlaubsreisen angeboten. Vorläufer des Jetcarvens!	 (Allgemein in „Schleudertechnik". Bild Seite 42)
721 Kippschwung **1970 Jürgen Kemmler, Walter Langner (beide D)** Reine Kippauslösung. ▸ Vorstellung, dass man einen Rucksack talwärts auskippt ▸ Kippen mit Hilfe hoher Außenarmführung ▸ damals mit Rotation verbunden ▸ Fallen auf den Innenski nicht beachtet (Siehe auch 1966 Helmut Gritscher, Fritz Halbwidl, Eric Walka (A) mit einem hochgezogenem Kippschwung)	Zunächst nur wenige Jahre in Deutschland lebendig. Mit dem Odium der Rotation behaftet. Im „Skizirkus" 1985 festgehalten. Georg Kassat und „Ski Schweiz 1985" – wie hier im Bild – wiesen ihm dann größere Bedeutung zu. Vollends in der Carvingtechnik wurde das Kippen zum Prinzip erhoben. Aber schon 1934 war für Henry Hoek Kippen eine Formel und ein Prinzip. J. Kemmler veröffentlichte Poster für die Fa. GEZE. (Bild von Walter Langner in „Lehrbogen für Leibesübungen 141" der Zeitschrift Leibesübungen – Leibes- erziehung)	
722 Slalomschwung – Carveschwung **1970 Official American Skitechnique** ▸ Schwünge mit Gegendrehen und Rotation nebeneinander. Jetten. ▸ Slalomschwung: *„The line of the racer is direct. The tails of the skis must follow the same line as the tips of the skis – carve, not slip."*	Wie in fast alle Veröffentlichungen der 1960er Jahre in den USA propagiert man eine vielseitige Skitechnik. Im Text zum Carvingschwung wird weiter auf die große Diskrepanz von Ski- und Körperbahn hingewiesen. (The Official American Skitechnique. Seite 165)	
723 The mambo christie **1970 Doug Pfeiffer (USA)** Im Rahmen der Beinspieltechnik auch MAMBO ▸ Sehr starkes Hineindrehen ▸ Ebenso starkes Gegendrehen ▸ Daraus wieder das Hineindrehen	Josef Dahindens Schwungkonzept lebt also weiter. Sogar in extremer Ausführung. 1985 werde ich im „Skizirkus" und 1991 in „Ski-Tricks" dazu mehrere Varianten anbieten. Schließlich scheint sich 2006 Jens Byggmark im Slalom dieser Fahrtechnik erfolgreich zu bedienen. (Bild aus SKIING SIMPLIFIED. Seite 129)	

724 Carvingtheorie – Carvingpraxis **1970 Doug Pfeiffer (Can/USA)** Carven entweder durch ▶ energisches Kanten – *by edging* ▶ tiefes Flexen – *by stomping* ▶ Sich-Zurückwiegen auf der Kante – *by rocking* ▶ oder kombinierte Aktionen	Pfeiffer bietet in seinem „Skiing Simplified" ausgereiftes Carven an. Er geht ihn um zum „The ultimate Goal" und um „This Soul-Satisfying Skill". Er ist seiner Zeit weit voraus. Beispielsweise allein den Carvingeffekt durch Sich-Zurückwiegen auf der Kante, in der Literatur von SPORTS später „Carverzug" genannt, zu beschreiben, kann als genial und prophetisch angesehen werden. (Texte und Bild in SKIING SIMPLIFIED. Seite 163-169)	 *Figure 11-6. Carving by stomping.*
725 Trickskifahren auf Erfolgskurs **1970 Art Furrer (CH/USA), Sepp Rengglie (CH)** Eine große Palette von Künsten! Der Titel des Buches überzieht – für jedermann – aber es bleiben noch genug Formen und Künste, die beispielsweise gut in Skikurse passen wie Skiwalzer, Art-Furrer-Schwung, Charleston und der amerikanisierte Reuel- (Royal-) Schwung. (Skiakrobatik für jedermann. Titeseite)	Der wegen seiner Trickspässe aus dem Schweizer Demo-Team entlassene Trickskikünstler stellt in den USA die Skiartistik auf eine neue Grundlage und schafft mit seinen Erfolgen die Voraussetzung für die Entwicklung in den nächsten Jahrzehnten. In der Einführung des Buches, leistet er harsche Kritik an den Traditionalisten des schweizerischen Lehrwesens und zeigt, wie durch Realitätsverweigerung die Führungsrolle des Lehrwesens von der Schweiz nach Österreich überging.	 **Art Furrer Sepp Renggli** **Skiakrobatik für jedermann**
726 Tiefentlastungsschwung – Drehen im Strecken **1970 Jürgen Kemmler (D)** ▶ Vorbereitendes Tiefgehen mit „Vorwärts-Seitwärts-Schieben der Ski" am Ende der Tiefbewegung ▶ Starkes Beugen im Knie- und Hüftgelenk mit Rücklage ▶ Zur eigentlichen Schwungauslösung werden die Beine „durchgetreten und die Ski dabei zur Seite geschoben."	Auf der Grundlage der sog. Ausgleichstechnik und der neuen Skischuhe mit Spoilern und hohen Schäften entwickeln sich mehrere Varianten bis hin zum Beuge- und Streckdrehen oder zur O.K- Technik. (Oberschenkel-Knie-Technik) Allen geht es um Entlastung und um Flachstellen der Ski. (Jürgen Kemmler und Fa. GEZE mit einer Posterserie „Hohe Schule des Skilaufs", hier Tafel VI. Tiefentlastungsschwung)	 Demonstrator Jürgen Kemmler
727 Schleudertechnik **1970 Jürgen Philipp (D)** Bremsschleuderschwung: *„Kräftiges Kanteneinsetzen und Übergehen in Rücklage stoppt das Weiterdrehen der Ski. Aus der Rücklage werden die Ski mit Hilfe des Stockeinsatzes gedreht. Während der Drehung ist das Hauptgewicht auf den Ski-Enden.*	*Nach der ersten Skidrehung gibt der Fahrer die Stockstütze auf und bereitet den nächsten Schwung vor."* (Schleudertechnik. Ein neuer Weg zum Skilauf. Seite 35, 74)	Jürgen Philipp hat nach den neuen hohen Skischuhen, die die Unterschenkel abstützen, eine mögliche Konsequenz für eine neue Fahrtechnik gezogen. Viele Nachahmer übersahen eine der Grundlagen Philipps und blieben nach einem ersten Jetversuch in Dauerrücklage. Philipps Grundlage aber: taillierte Ski und Jetauslösung auf der Kante.

728 Bremswedeln **1970 Georges Joubert (F)** „Zum Kanteneinsatz lassen Sie das Hinterende de Talski ein bißchen weiter abrutschen, bei Abstoß leistet sodann das Talbein die Hauptarbeit. Der Bergski bleibt frei und kann sofort in den Schwung einfahren. Er fährt dem Talski ein bißchen voraus, wird aber von ihm sogleich eingeholt. Im weiteren Verlauf des Schwunges belasten Sie beide Ski bis zur neuen Talstemme vor dem Kanteneinsatz."	Jouberts Vorschlag erweitert die Liste der Wedelschwünge und erlaubt damit kurzes, rhythmisches Schwingen auch am steileren Hang. Nimmt man heute noch die kürzeren und stark taillierten Ski sowie die Hilfen des Flex-Rebound-Prinzips und einige Reflexe hinzu, hat man mit dem Bremswedeln eine perfekte und praxisnahe Fahrhilfe für das Steilhangfahren. (Perfekter Skilauf – selbst erlernt. Seite 99 f.)	
729 S-Schwung von Georges Joubert erneut vorgestellt **1970 Georges Joubert (F)** Beginnend mit einem Gegenschwung zum Hang (einem Fishhook also): „Die Ski biegen sich durch und schneiden den Schnee in einem Bogen, der bergwärts führt. Schieben Sie sodann die Ski nach vorne und beginnen Sie einen geschnittenen Schwung."	Damit beschreibt Georges Joubert zwei Carvingschwünge, die ineinander übergehen. Für Europa gesehen sollte man Joubert die erste Carvingbeschreibung zuerkennen. Von diesem Doppelschwung abgesehen – Schwung bergwärts + Schwung talwärts) kommt der Autor öfter auf das schneidende Fahren zu sprechen.	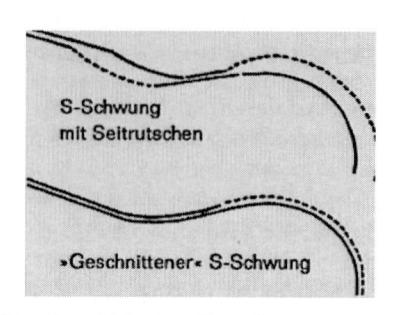 (Perfekter Skilauf – selbst erlernt. Text und Zeichnung Seite 143)
730 Carven in Position Ei um die Kurve **Anfangs der 1970er bei den Abfahrtsläufern** Durchhalten der Position im Abfahrtslauf auch in der Kurve ▸ dabei Blockade aller klassischen Techniken ▸ dabei Carvingeffekt über den Flex der Ski	Die Möglichkeit einer sehr tiefen Position mit modernen Schuhen fand bisher nur für bestimmte Schwungphasen Beachtung wie in der Ausgleichstechnik und beim Kompressionsschwung. Nun halten Abfahrer wie Karl Schranz, Bernhard Russi, Franz Klammer u. a. die tiefe Position auch in den Kurven durch und erreichen vor allem über den Flex der Ski geschnittene Spuren und ideale Linien.	
731 Carvingtheorie und stark taillierte Ski in USA **1971 John Jerome (USA)** „If you swing toward the downhill edge, the ski will follow the natural curve of its own side cut or arc." (Sports Illustrated Skiing. Seite 64)	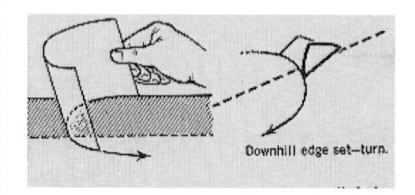 Das Bildmaterial von John Jerome spricht für sich.	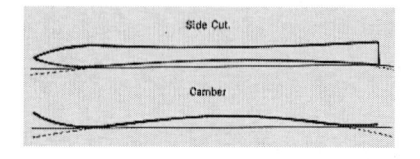

732 Gehockte Fahrformen -Körperdrehschwung? **1971 Der Japaner M. Mitani** kommt bei verschiedenen Formen und Darstellungen immer wieder zurück auf ▸ Schwünge in Hockstellung ▸ Schwünge mit Jetten ▸ angehockte Sprungschwünge ▸ Gerne wird dabei der Außenarm vorgezogen.	Das japanische Buch „Power Ski" greift alle Formen der Paralleltechnik, des Umsteigens und des Ausgleichens im Rahmen der Beinspieltechnik auf. Dem Jetten in extremer Form wird sogar das Titelblatt zur Verfügung gestellt. Das Bild zeigt auch ein Hineindrehen des Körpers in den Schwung. („Power Ski" In japanischer Sprache. Bild Seite 171)	
733 Überblick des Jahres – Für kurze Ski **1971 Takazumi Fukuoka(J)** Er untersucht: ▸ Stemmschwünge ▸ Parallelschwünge ▸ Parallelschwünge gesprungen ▸ Wedeln ▸ Schneide-Technik (in F) ▸ Schlangen-Technik (F) ▸ Jet-Schwung (in F und A) ▸ Schleuder- Schwung (D)	Der Verfasser einer biomechanischen Untersuchung geht vor allem dem Zusammenhang von Be- und Entlastungen und den Kniewinkeln nach. Er spricht auch von taillierten Ski und empfiehlt für den Unterricht kurze Ski. Den Schleuder-Schwung schreibt er im Übrigen den Bayern zu. Er meint damit offensichtlich Jürgen Philipp und Magnus Frey. (Außentitel)	

734 Skiartistik in den USA mit erster Weltmeisterschaft und einem Deutschen als Sieger
 	
1971 Die Skiartistik steht am Beginn einer neuen Ära. Bald zeichnen sich drei große Sparten ab:
 	
1. Ballett
   als das tänzerische Element
2. Hot Dog
   als Bezwingen und Beherrschen der Buckelpiste
3. Springen
   in vielen Varianten
	Der Deutsche Heinrich Garhammer (Fuzzy) wird Erster bei der in- offiziellen ersten Weltmeisterschaft. Es beginnt ein langer Weg bis die Disziplin in den Verbänden und bei der FIS verankert ist. Fuzzy engagiert sich hier wie später auch in der Snowsportszene als Präsident.
	
	Im Bild der weltbekannte Fuzzyschwung als musikalisch inspirierter Klammerschwung.
	(Zeichnung von Milan Maver im „Skizirkus" von Walter Kuchler)

735 Hineintauchen **1971 Ake Hedlund (S)** ▸ Mit dem Oberkörper voraus Eintauchen ▸ mit geöffneten Armen ▸ mit Stockeinsatz Offensichtlich schwingt der schwedische Autor direkt in Jouberts Spuren des Schlangenschwunges.	Damit bietet er mit diesem Bild auch eine dirketa Vorlage für Drehschwingen/Boardercarven/Schlangentechnik und weckt Erinnerungen an Mathias Zdarsky. Auch bei anderen Themen wie beispielsweise bei den aerodynamischen Positionen bedient sich der Autor ohne Hinweise der Literatur. (Utförsakning. Seite 40, vgl. auch Seite 18)	

736 Funktioneller Skilauf

1971 Gerhard Winter

Für alle Techniken gilt:
„Sie sind kein Allheilmittel. Meisterschaft erlangt man erst, wenn man alles beherrscht und im richtigen Maß zur richtigen Zeit anwendet. ... Ich verstehe darunter (unter funktionellem Skilauf) einen Skilauf, bei dem die Bewegungen optimal an die verschiedenen Situationen angepasst sind: Sie sind funktionell abhängig von der Situation. Sie erfüllen eine Funktion."

Der Verfasser sieht funktionelles Skifahren als Hauptanliegen seines Buches. Ausprägungen beim guten Fahrer:

- funktionelles Antizipieren
- der progressive Kantenwechsel
- die gezogenen Schwünge
- funktionelle Beinarbeit
- funktionelle Anwendung einbeiniger und beidbeiniger Mechanismen

(Seite 11, 133 f.)

737 Übersicht über aktuelle Techniken

1971 Otti Wiedmann (A)

- stem- und parallel christies
- wedeln
- jet turns
- snake turns
- absorbing techniques
- cutting techniques
- egg position
- monoposto position

Nach dem Urteil des österreichischen Experten Wolf Girardi, der das Vorwort zum Buche verfasst hat, bringt dieser Innsbrucker Autor neben der österreichischen Beinspieltechnik die aktuelle Lage der Entwicklung. Die einfachen Darstellungen gehen nicht auf Herkunft und Vertreter der Techniken ein. Dabei scheinen aber die Texte und Zeichnungen von Georges Joubert deutlich durch.

(The Skier´s pocket book. Vorwort Girardis. Seite 4-6, Zeichnung Seite 56)

738 Serpentine Sprint – Körperdrehung

1971 Italienischer Lehrplan

- Hineindrehen des Körpers in den Schwung
- Oberkörperbeuge
- Stützen auf Stock
- Anhocken
- „andauernde Steuertätigkeit der Füße"

Im übrigen Bestreben, sich dem Rennlauf anzunähern.
Der italienische Lehrplan bietet hier eine Fahrart, die zwischen Ausgleichsschwung und Kompressionsschwung liegt. Bemerkenswert ist die „andauernde Steuertätigkeit der Füße". Noch mehr: Hier sehen wir auch eine Variante der „Körperdrehschwünge" wie bei Zdarsky, Reuel, Gfrörer, Hoschek, Joubert und den Snowboardern.

(Italienischer Schilehrplan 1971, Text und Bild Seite 54 f. Auch Lehrstoff für den theoretischen Teil der Skilehrerausbildung. Seite 129)

739 Ausdifferenzierte Systematik

1971 f. Deutscher Skilehrplan

Durchgängige Behandlung:
System an parallelen Techniken:
- Hochschwünge, Tiefschwünge, Tiefschneefahren, Trickschwünge

System an Umsteigeschwüngen:
- Umsteigen mit Berg- und Talstemme, scherend oben und unten, parallel offen und geschlossen und schnellend

Dieser Lehrplan ist die Antwort auf die veränderte Situation: gut präparierte Pisten, die Vielzahl von Beförderungshilfen und 98 Prozent der Skifahrer als Pistenfahrer. Die Bewältigung vielfältiger Bewegungsmuster, das „Tänzeln auf dem Übungshang" (Hermann Amanshauser 1925), werden zu den Traumzielen der Skifahrer. Erst das Carven wird ein weiteres Curriculum dieses Ausmaßes schreiben.

(Außentitel)

740 Trickskilauf, Innenskitechnik und Telemark im deutschen Lehrplan

1971/1972 Deutscher Skilehrplan Bd. 2

- Flamingo-Schwung (Ein-Bein-Schwingen)
- Fuzzy-Schwung (Klammer-Schwung)
- Reuelschwung (Schwingen mit hohem Außenbein in der Standwaage)
- Charleston (Kurzschwung auf dem Innenbein)
- Walzer

Erstmals werden Trickskikünste auch in einem Lehrplan verankert. Diese Lehrplanserie zeichnet sich durch eine gewisse Offenheit aus. Neben dem genuinen deutschen Anliegen des Umsteigens werden auch Entwicklungen anderer Länder wie die Antizipation (Italien) und die Ausgleichstechnik (Frankreich) integriert.
Ebenso sind Innenski-Fahren und der Telemark wieder akzeptiert.

(Siehe z.B. Bd. 2, Seite 40 – 44, Charleston aus 8. Aufl. Seite 134)

741 Wellentechnik – Beuge- und Streckdrehen

ab 1971 Österreichischer Schilehrplan in 14. Aufl.

Ausgleichstechnik auf planer Piste
- Prinzip Beinspiel beibehalten
- Beugedrehen
- Streckdrehen
- tiefes Absitzen
- stützender Stockeinsatz
- Logische Sonderform: Hocke-Wedeln

(Österreichischer Schilehrplan. 14. Aufl. Texte allg. Konzept, Bild Seite 59)

Die Ausgleichstechnik wird auf die plane Piste übertragen. Nicht alle Teile des österreichischen Berufsskilehrerverbandes wie die Steirer rebellieren. Nur Japan und die Spanier folgen sofort. Schon 3 Jahre später wird Franz Hoppichler einen revidierten Lehrplan vorlegen. 10 Jahre später Kritik von Erich Müller. („Biomechanische Technikanalysen". Seite 28)

Noch 2014 urteilt der Chef der Skiakademie St. Christoph Werner Wörndle:
„Der Gast ist mit dieser Technik nach einer Runde am Übungshang schon kaputt."

(Die Kernbewegungen des alpinen Skifahrens. Technik 2, Seite 1.

742 Carven erkannt und definiert

1971 Jürgen Philipp (D)

„Die taillierte Skiform ermöglicht die Auflage der Kante bei durchgebogenem Ski. Dadurch wird es möglich, im Bogen nur auf der Kante zu fahren; das Abrutschen kann völlig vermieden werden. Der Schwungradius wird durch unterschiedliche Belastung und Kantenstellung variiert. Solche Schwünge nennt man schneidende Schwünge."

Abweichende Meinungen kann man tolerieren oder ablehnen und bekämpfen oder wie in diesem Falle – wie einige Jahre später auch im Fall Franz Held – einfach negieren und totschweigen. Diese Strategie des deutschen Gattermann-Regimes griff schon im Falle der NUR-Skischule. Die heile bzw. geschlossene Welt der Lehrsysteme scheint allerdings in der Schweiz und in Österreich wenigstens von der Literatur her gesehen noch fester betoniert zu sein.

(Skifahren. Leichter -besser -schneller. Text Seite 60, Außentitel)

235

743 Carvingtheorie und Carvingmöglichkeiten

1972 Warren Witherell (USA)

- „It is possible to make carved snowplow turns, stem turns, parallel turns, skating turns, etc."
- „Carved turns require much less energy than skidded turns because no appreciable amount of body rotation, heel trusts, or unweighting is required to turn the ski. ...
- This economy of motion is especially important in racing and in fast free-skiing. Improved balance is an important factor favoring the use of carved turns."

Warren Witherells Betonung des ökonomischen Gesichtspunktes wird 20 Jahre später zum großen Streitpunkt in Europa, vor allem in der Auseinandersetzung DSV und Walter Kuchler.
Warren Witherell formuliert eine MAGNA CHARTA des Carvens.

(How the racers ski. Seite 48, Zeichnung ebda. Seite 47)

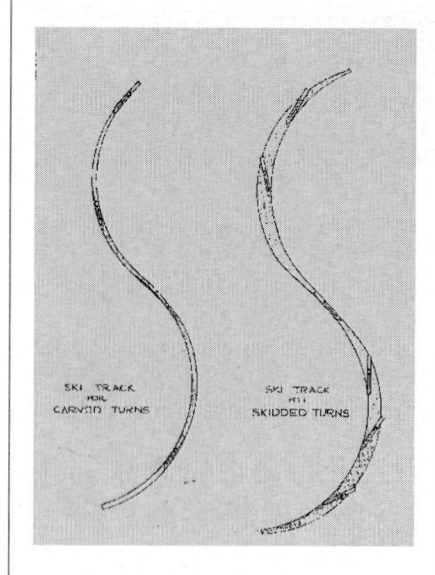

744 Systematik der Schwünge

1972 Deutscher Skilehrplan – Walter Kuchler

Umsteigeschwünge – Umsteigen
- aus der Talstemme
- mit Bergstemme
- parallel-offen
- parallel-geschlossen
- schnellender Abstoß
- Schrittschwung
- Innenskischwung
- Scherschwung
- Klammerschwung

Parallelschwingen
- Paralleler Grundschwung
- Breitwedeln
- Parallelschwung
- Kurzschwung
- Super-Parallelschwung
- Super-Kurzschwung
- Rotationsschwung
- Ausgleichsschwung
- Tiefschwung
- Kompressionsschwung
- Jetschwung
- Topschwung

(Wiedergaben aus den Lehrplanbänden 1 und 2, 1971 f. und Übersicht in Band 5 von Walter Kuchler. Seite 44)

745 Tolerieren individueller Ausführungen – Plädoyer für Stil

1972 Walter Kuchler – Deutscher Skilehrplan Band 5

Zusammenstellung von Faktoren:
- verschiedene Ski und Schuhe
- verschiedene konditionelle Voraussetzungen
- verschiedene anatomische Voraussetzungen
- verschiedene Bewegungserfahrungen
- verschiedene motorische Persönlichkeiten

Der Verfasser betont: Unterschiede müssen sein. Der Stil des Fahrers ist damit nicht der Beliebigkeit überlassen. Ausbilder müssen schnell erkennen, wie und wohin sich ein Fahrer entwickeln könnte und sollte. Für den Skilehrer stellt sich hier wie auch in anderen Fragen das Problem des Gruppenunterrichts. Später werden für das praktische Vorgehen von verschiedenen Autoren Vorschläge angeboten.
Im Bild lehrplangemäße Idealausführung der parallelen Fahrweise.

Franz Bernauer Lehrplandemonstrator und Trainer der deutschen Demomannschaften

746 Aktiver Tiefschwung **1972 Deutscher Skilehrplan** „Aus aufrechter Anfahrt schnelles Tiefgehen unter Belastung der ganzen Fußsohle ... Steuern mit zunehmender Streckbewegung der Beine, die ohne Unterbrechung an die Tiefbewegung anschließt und nicht bis zur völligen Streckung führen darf."	Der deutsche Skilehrplan sieht diesen Tiefschwung nicht als Übertragung der Ausgleichstechnik auf die Piste, sondern als logische Umkehrversion des Hochschwunges. Er setzt sich auch von der österreichischen Wellentechnik und der schweizerischen OK-Technik ab. (Text und Bild aus Skilehrplan 3. Seite 28)	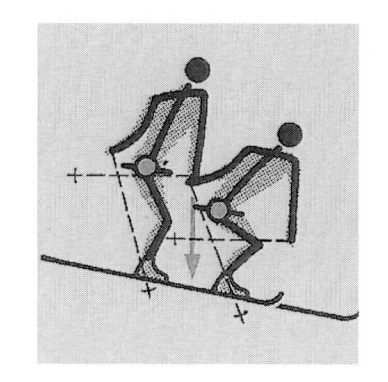
747 Klassisch mit eigenen Varianten **1972 Spanischer Skilehrplan – Eduardo Roldan** Dem Bildmaterial nach wird gezeigt: ▶ klassische Beinspieltechnik im Hauptteil ▶ eigenes Beuge-Sitzdrehen ▶ Wedeln mit Doppelstockeinsatz	Der Lehrplan versucht dem großen Vorbild Österreich in seiner Wandlung der Beinspieltechnik gerecht zu werden. Gleichzeitig entwirft Roldan gerne eigene Varianten wie beispielsweise das Wedeln mit Doppelstockeinsatz. (Eduardo Roldan, Plan de ensenanza)	
748 Fahren aus den Fußgefühlen heraus – Carven **1972 Warren Witherell (USA)** „Die Konzentration eines jeden guten Rennläufers ist beim Gefühl, das er von den Kanten im Schnee hat. Er wird die Struktur des Schnees fühlen, die Beschaffenheit des Geländes und die Elastizität und Form seiner Ski."	Ein Autor der für die „innere" Motorik Sinn hat. Der ehemalige Weltmeister im Wasserskisport und Direktor der Burke Mountain stellt auch das US-Nationalteam auf Carving ein. (How the racers ski. Seite 48, Bild ebda. Seite 47)	
749 Miniwedeln, Jet-Wedeln und Kurzschwingen auf dem Innenski **1973 Armin Kupfer** Miniwedeln ▶ Der jeweilige Abstoß „erfolgt in rascherer Bewegungsausführung als der Fersen-Dreh-Schub." Jetwedeln ▶ Jetbewegung ▶ Umkanten aus den Unterschenkeln Kurzschwingen Innenski ▶ Fersendrehschub auf dem Innenski ▶ Abheben des Außenski	Armin Kupfer versucht das Jetten auch mit dem Wedeln zu kombinieren. Als ein Element der neueren Wettkampftechnik sieht er den Innenskischwung mit scherendem oder abgehobenem Außenski. Auch diese Art verbindet er mit dem Wedeln. Armin Kupfer veröffentlicht seit Ende der 1930er Jahre. Er gibt den offiziellen österreichischen Lehrplantechniken eine individuelle Note und schätzt und erfindet Varianten. (Ski aktuell. Seite 94, 109 und 117)	

750 Skiartistik als offizielle Disziplin

1973 1. Weltmeisterschaft (noch inoffizielle) in Vail

Die Skiartistik hat sich in drei Disziplinen etabliert:
- Ballet
- Buckelpiste
- Springen

Der junge deutsche Skilehrer Karl-Heinz Garhammer (Fuzzy) wird in Vail (USA) erster Weltmeister der Skiartistik.
Es beginnt ein langer Weg der „Agenturen" bis die Disziplin in den Verbänden und bei der FIS verankert ist.
Im Bild der weltberühmte Fuzzyschwung als Zeichnung von Milan Maver in meinem Buch „Skizirkus".

---

751 Schneidend steuern – der Rennlauf als Vorbild

1973 Deutscher Skilehrplan Bd. 6

- *„Die Schwungauslösung erfolgt weich und unauffällig, meist durch reines Beinedrehen und zusätzlicher Rotation als Drehhilfe."*
- *„Der Schwung wird – in der Regel mit deutlicher Außenskibelastung – durch betontes Vorwärts-Einwärts-Führen der Knie schneidend ausgesteuert."*

Behandelt werden vor allem die bewegungsbereite Fahrhaltung und die Kurventechnik. Dabei werden Schulskilauf und Rennskilauf gegenübergestellt. Außerdem wird unterschieden zwischen den Techniken im Slalom und im Riesenslalom.
Das schneidende Fahren wird allein für die Steuerphase gesehen.
(Skilehrplan 6. Sportliches Fahren/Rennlauf. Außenumschlag, Texte Seite 19, 21)

---

752 Ende der Entwicklung

1973 Christian Spangenberg (D)

„Die technische Entwicklung des Skilaufs wird sich in den nächsten Jahren nicht mehr ändern. Diese Feststellung darf man wagen, weil die Gründe für die heutige Perfektion klar zutage liegen. Sie ergeben sich aus der materiellen Vervollkommnung und körpergerechten Konstruktion von Ski, Bindung und Schuh, und aus der fahrtechnischen Ausnützung der neuen Ausrüstung. So hat auch die Fahrweise selbst eine im Prinzip nicht überbietbare Steigerung erfahren, was immer für technische Ergänzungen hinzukommen mögen."
(Skifahren für Anfänger und Fortgeschrittene. Seite 5)

Wieder einmal wird im Brustton der Überzeugung ein Ende der Entwicklung verkündet. Der Verfasser reiht sich ein in die Liste großer und weniger prominenter Propheten: Wilhelm Paulcke, Erwin Hoferer, Georg Bilgeri, Henry Hoek, Helmut Sohre, Georg Kassat

---

753 Hallux-Valgus-Technik

1973 Sebastian Zwicknagel (A)

Wirk- und Angelpunkt aller Aktionen
- Balancieren seitlich auf dem Großzehenballen
- Balancieren vor-rückwärts auf dem hallux valgus
- sonst reines Beinspiel

Der Skischulleiter von Kitzbühel dachte seine Formel als Verfeinerung der Beinspieltechnik, vor allem aber wollte er sie im wörtlichen Sinne auf den Punkt bringen. Es lassen sich aber auch zu alten wie zu neuen Fußtechniken Linien ziehen.
Vgl. zur Thematik Hans Zehetmayers „Spitzerltechnik" und die „Fußtechnik" bei SPORTS.
(Skitechnik am Halux. Bilder Seite 8)

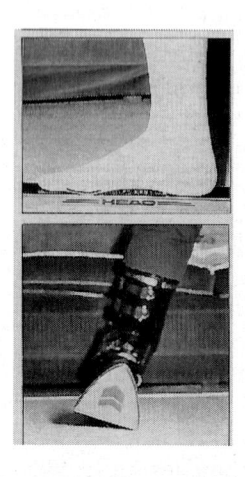

754 Wedeln – ein Lebensthema **1974 Armin Kupfer (A)** Letzte Fassung der Wedeltechnik: ▸ Sprungwedeln ▸ Schubwedeln	Nach frühen Veröffentlichungen war Wedeln das Thema seines Lebens. Armin Kuper lebte zu dieser Zeit in Salzburg und betrieb in Werfenweng im Tennengebirge eine Skischule. Seit Ende der 1930er Jahre ging sein Bemühen immer auch um neue Zugangswege.	(Bild: Außenumschlag) (Skifahren für Anfänger und Fortgeschrittene. Seite 55 – 85)
755 Das Hohe Lied des Carvens **1974 Harold Evans, Brian Jackman, Mark Ottaway of THE SUNDAY TIMES (GB)** The carved turn is 1. faster 2. smoother 3. more sensous *„It is all this things because the skier ´rides´ round the corner on the smooth edge of the ski."* *„Like a tram on a curving monorail".*	Neben den USA präsentiert sich früh England als Carvernation. Mit starken Bildern wie: ▸ *„The ski is thus doing the work, while the skier enjoys the ride."* ▸ *„The carved turn goes so much faster that when we first practised even the most dare-devil of us had his breath taken away."* 1993 wird The Sunday Times das Carvingthema nochmals aufgreifen.	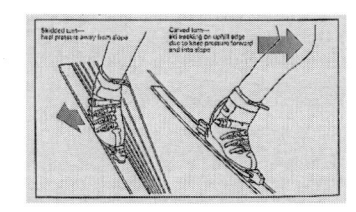 "WHAT THE SKI WILL DO FOR YOU" *„The modern ski is a marvellous tool. It is specially built so that you can more easily turn and control speed and line of descent."* (WE LEARNED TO SKI" Seite 132 und Seite 204)
756 Wellentechnik moderat **1974 Österreichischer Lehrplan von Franz Hoppichler (A)** Hauptthemen: ▸ Drehverhalten ▸ Steuerverhalten ▸ Gleichgewichtsverhalten ▸ Hauptbewegung Beinedrehen ▸ Hilfsbewegungen Ski flach stellen und entlasten ▸ Typisch: achsenparalleles Verhalten ▸ Hauptanliegen: variabel sein	Die rasche Ablösung des Lehrplans von 1971 folgt den Bedürfnissen der Praxis. Die abhockende Stellung mit horizontalen Oberschenkeln ist dem Schüler nicht zuzumuten. Sehr beachtenswert ist Franz Hoppichlers Ansatz, der sich später noch deutlicher zeigen wird: die situative Verschiebung und Anpassung aller Bewegungselemente. Einleitend wird bemerkt, *„daß sich der Kurzski als Lern- und Fahrhilfe durchsetzte und den Lehrweg verkürzte."* (Die österreichische Schischule - Neubearbeitung. Zit. Text Seite 7)	 Österreichische **Schischule**
757 Sturzanleitung **1974 Ski Schweiz** *„Wird ein Sturz unvermeidbar, lässt sich der Fahrer ohne Verkrampfung seitlich nach hinten und bergwärts fallen, hält die Ski parallel und zieht die Knie leicht an."* Beschreibung gefährlicher und deshalb möglichst vermeidbarer Stürze	Abgesehen davon, dass sich Lehrpläne und Lehrbücher gerne aus dem Thema heraushalten, wirkt die schweizerische Anleitung nicht gerade hilfreich und wirklichkeitsnah. Praxisorientiert dagegen sind die Anleitungen zum Aufstehen. (Ski Schweiz. Unterrichtsanleitung 1974, Seite 23)	 SKI SCHWEIZ + SUISSE

758 Skimechanik **1974 Hugo Brandenberger (CH)** Behandelt ▸ alle Parameter des Ski (außer Taillierungskurve) ▸ die Wirkungen der Bindungsplatzierung ▸ die Effekte der verschiedenen Körperaktivitäten ▸ offen für Rotieren, Gegendrehung, Beinspiel	Der Verfasser bietet in seiner „Skimechanik – Skimethodik" für den Lehrplan „Ski Schweiz" die bis dahin gründlichste Ausarbeitung auf beiden Gebieten. Sie ist im Mechanikteil eine Wiederaufnahme der gleichnamigen Untersuchung von 1935.	
759 Deutscher Kinderskilehrplan **1974 Manfred Wocheslander, Ekkehard Ulmrich (beide D)** Der schnelle Lehrweg: Vom Schussfahren über Wellen und Dächer zum Schwingen Akzeptanz von Techniken: Rotation, Gegendrehen, Beinedrehen, Antizipation, automatische Drehung	Nach zahlreichen Kinderskibüchern wird erstmals dem Kinderskilauf der Rang eines eigenen Lehrplanes eingeräumt. Immer wieder wird dabei auf die Fähigkeiten des Kinderskilehrers eingegangen nämlich auf kognitive, affektive und soziointegrative Fähigkeiten. Für die Programmatik steht: Skifahren ist Schneegenuss, Schwunggefühl und Bewegungsübermut. (Hrsg. Deutscher Verband für das Skilehrwesen)	
760 Buckelpistentechnik - Buckelpistentaktik **1974 Kanadischer Skilehrplan** Parallel Christie ▸ over the top of bump ▸ on the outside of a bump ▸ in the hollows ▸ against bumps	Schon 1964 befasste sich der kanadische Lehrplan – wohl als erster – mit der Buckelpistentechnik. Dieses Mal legt er besonderen Wert auf die Fahrtaktik und der entsprechenden Linie über, um und gegen die Buckel sowie die entsprechenden technischen Varianten. (Canadian Ski School Manual Seite 23 – 25)	
761 Jet-Technik **1975 Jürgen Philipp (D)** Merkmale: ▸ Tiefentlastung ▸ Stockstütze ▸ Rücklage bis Jet ▸ Drehen der Beine ▸ Rotieren ▸ Schneiden durch Skiform	Der Verfasser hat seine Technik weiter ausgebaut und vielseitig dargestellt, u. a. durch Vergleiche mit traditioneller Beinspiel- technik. Vor allem werden auch verschiedene Anwendungs- bereiche wie Jetten am Steilhang und im Tiefschnee. (Jet-Technik für Jedermann. Seite 94 f.)	Zeichnung S. 93

762 Sportlicher Schilauf – offenes Konzept **1975 Helmut Aigelsreiter / Sepp Ortner** ▸ Rennfahrer als Vorbild ▸ Berücksichtigung alters- spezifischer Merkmale ▸ Schwerpunktführung in einer Bewegungsebene ▸ allgemeine Beinspieltechnik	Die auf den Fremdenverkehr und das internationale Renommee abgestimmte Linie der österreichischen Berufsskilehrer ist nicht unbedingt die des Skiverbandes. Die beiden Autoren aus dem dritten Bereich, dem Bereich der Schulen, stehen für Offenheit und Vielfalt. Der Zeit voraus ist das Herausstellen der Schwerpunktführung, später von Sepp Ortner als translatale Führung bezeichnet. (Sportlicher Schilauf Band II. Texte gestreut, Graphik Seite 36)	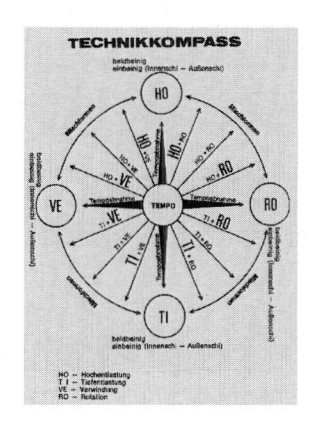
763 Carven als Begriff **1975 „Lexikon des alpinen Schifahrens"** Für „Schneiden" werden als synonyme Begriffe aufgeführt: ▸ geschnittener Schwung ▸ Schneideschwung ▸ carve ▸ virage coupé	Wahrscheinlich ist das in der deutschsprachigen Literatur der erste Hinweis auf den Begriff und die Sache Carving. Der Begriff, der in der amerikanischen Literatur schon in den 1960er Jahren selbstverständlich war, hat sich in Europa erst 1996 durchgesetzt, als bei der Eröffnung der ISPO am 6. Februar überraschend fast alle Skifirmen „Carvingski" anboten. (Hrsg. von Friedrich Fetz (A))	
764 Schwingen mit breiter Schaufel und Flex **1975 Türkischer Skilehrplan** Der Lehrplan behandelt ausführlich die mechanischen Grundlagen. Schwungauslösungen umsteigend ▸ mit Ausstemmen ▸ mit Ausscheren Bemerkenswert die Hervorhebung von Taillierung und Flex.	Für den türkischen Skilauf ist daran zu erinnern, dass bereits 1915 Wilhelm Paulcke in einer heutigen Vorstadt von Istanbul eine Skifabrik für das türkische Militär errichtet hat. (Kayak Teknici Ve Ögretimi. Zeichnung Seite 79)	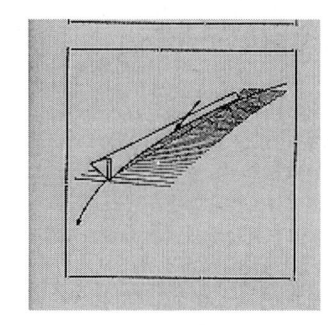
765 Möglichkeiten des Hangstarts **1975 Jugendskibuch Russland** Hier werden drei Möglichkeiten, wie man aus dem Querstand startet, nebeneinander vorgestellt. ▸ Hineinstemmen ▸ Hineinscheren ▸ Hineinspringen	Das Kinder- und Jugendskibuch widmet sich schwerpunktmäßig dem Langlauf. Weitere russische Skibücher von 1968 und 1974 (beide Moskau) fußen auf den Büchern Georges Jouberts. Die nebenstehende Zeichnung stammt aus einem Jugendskibuch. 1930 sprach man von dieser Technik als „Schritt ins Leben". (Moskau. Zeichnung Seite 186)	

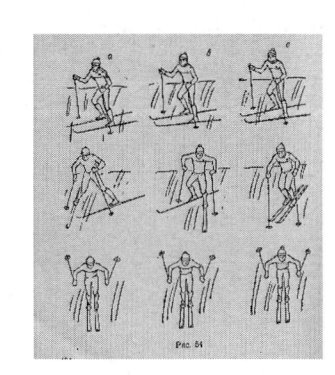

766 Richtige Abfahrtsposition (Vorsicht Satire!)

1975 Reinhard P. und Gruber (A)

Jedenfalls gebuckelt, gebückt, gekrümmt:
- „von deutschen rennfahrern hört man, daß sie von ihren trainern monatelelang in einem raum, der nicht mehr als einen meter in der höhe mißt, gesperrt wurden, um endlich die ideale abfahrtshocke der österreicher zu erreichen."
- „Schweizer fahrer werden in den sommermonaten zum tragen von mehr als zentnerschweren käselaiben herangezogen"
- „nachwuchsleute in den USA werden in Klöstern kaserniert, „dass sie eines Tages ... in der Gebetshaltung demütiger mönche über unsere pisten rasen werden."

Die Satireliteratur zum Skifahren ist ziemlich umfangreich. Spezielle Hinweise auf eine bestimmte Technik findet man jedoch selten. Umso dankbarer muss man dem Theologen, Philosophen und Politologen Reinhard B. Gruber, einem geborenen Steirer, sein. Zur Sache selbst: Hätte Gruber den Frenchmen Georges Joubert mit seinen Positionen Rakete, Pfeil, Ei und Monoposto gekannt, wäre ihm auch sicher aufgefallen, dass heute schon Skianfänger mit Aufwärm- und Dehnprogrammen gequält werden, die an mittelalterliche Streckbänke erinnern, so dass anschließend die ausgekugelten Gelenke und gedehnte Bänder und Muskeln eine bisher nicht gekannte Faltung und Kompaktierung erlauben, mit denen in der Abfahrt der Luft- widerstandskoeffizient gegen Null tendieren könnte.

(Vorschläge zum schnelleren Schifahren. Seite 46. Karikaturen Milan Maver)

767 Technikprogramm zur Systematisierung

1975 Erhard Gattermann, Walter Kuchler (beide D)

- Universeller Skilauf – Berücksichtigung aller Möglichkeiten
- Funktionsgerechter Skilauf Zusammenfassung nach Anwendungen
- Schülerorientierter Skilauf – Gruppierung nach Adressatenempfehlungen

Es gibt keine Zweifel mehr, dass viele Skifahrer sehr verschiedene Techniken gut beherrschen. Der deutsche Skilehrplan von 1971 brachte bereits ein differenziertes Angebot mit vielen Varianten des parallelen und stemmend/scherenden Schwingens. Die genannten Autoren machen auch 1977 und in den Folgejahren weitere Vorschläge zur Systematisierung. Begriff und Sache „universelle Skitechnik" werden in der Skikonzeption von SPORTS ab 2010 eine entscheidende Rolle spielen.

Systematisierung 1977:
- Elementares
- funktionsgerechtes
- schülerorientiertes Skilaufen.

768 Skiakrobatik – Systematik

1975 Urs Illi (CH)

gibt eine Übersicht:
- leichtere Fahrübungen
- Kunstformen
- Bodenakrobatik
- Luftakrobatik
- 1987 gibt Johann Krojer in „Freestyle" einen historischen Überblick.

Die 1970er und 1980er Jahre bringen in Büchern, Filmen und Lehrgängen Höhepunkte aber auch systematische Überblicke. Wie im deutschen Skilehrplan von 1971/72 wird vor allem in der Schweiz ein entsprechendes Angebot als „Spiel auf Ski" (U. Illi) auch für Skikurse aufbereitet.

(Spiel auf Ski. Außentitel)

769 Vereinheitlichung oder Mehrgleisigkeit

1975 Walter Kuchler (D)

Postulation von fünf Grundschulmodellen:
1. Orientiert an Umsteigetechnik
2. Paralleler Weg zum Hochschwingen
3. Paralleler Weg zum Tiefschwingen
4. Vom Pflugbogen zum Umsteigen
5. Vom Schuss über das Bogentreten zum Schwingen

Elf Kriterien für die Konzeption von Grundschulen. Darunter:

- Nr. 2 „Tempo als Drehhilfe"
- Nr. 4 „Schon mit wenig Technik viel Bewegungserfahrung"
- Nr. 5 „Von mehr großräumigen Bewegungen zu feinräumigen"
- Nr. 8 „Das Stoffangebot ist von der Lernsituation abhängig"
- Nr. 9: „Kraftraubende Grundstellungen vermeiden"
- Nr. 10 „Von der Belastungsart ist die dynamische vorzuziehen."

(Referat Grundschule. In: X. Interskikongress 1975. Seite 99 – 102

770 Fahren auf einem Ski

1975 Helmut Aigelsreiter, Sepp Ortner (beide A)

- angehobener Ski mit Schneekontakt der Schaufel
- Schneekontakt des Hinterendes
- in Vorlage
- in Rücklage
- in Hocke
- in Wechsel während einer Fahrt

Zu Trainingszwecken werden seit dieser Zeit, gelegentlich sicher auch davor, Fahrten auf einem Ski angeordnet, wobei der andere Ski angehoben ist oder zuvor abgeschnallt wird. Vor allem zu beobachten beim Training mit Jugendkader.

(Sportlicher Schilauf. Text und Zeichnung Seite 14)

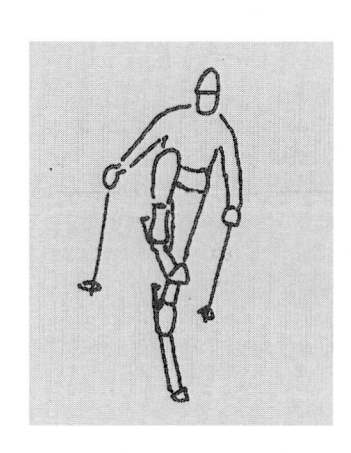

771 Superparallelo

1976 Giorgio Thoeni und Hubert Fink (beide I)

- Antizipieren
- Damit Kanten lösen
- Mit Drehen der Unterschenkel in die Falllinie
- Bis hierher Gewicht auf beiden Ski
- Ab Falllinie auf Außenski
- Im Steuern gegendrehen

Die ästhetische Dimension war der italienischen Skischule immer ein großes Anliegen. Der Superparallelo war beispielsweise für das deutsche Lehrwesen so beeindruckend, dass er unmittelbare Aufnahme in den Lehrplan fand. Die Verwandtschaft zu Dahindens Mambo scheint eng zu sein.

(Bild, Hubert Fink, Progressione Tecnico-Didattica. Seite 21. Text SCI. Seite 85.)

772 Anticipio + Rotation

1976 Giorgio Thoeni und Hubert Fink (beide I)

- Stark ausgeprägte Anticipio
- Mit leichter Hochbewegung
- Übergehend in eine ausgeprägte Rotation
- Mit betontem Armzug
- Lange Flachphase des Ski

Die Rotation mit vorausgehender ausgeprägter Antizipation ist nicht die beherrschende Technik in Italien, aber soweit meine Erinnerung nicht trügt, eine beliebte und verbreitete Fahrweise. Sie dürfte auch heute noch eine leicht realisierbare und vergnügliche Angelegenheit sein. Vielleicht auch ein Angebot für lockeren und nassen Schnee.

(SCI. Seite 54 f.)

773 Innenskitechniken als eine Grundlage des Trickskilaufs **1976 Susi Schmidl, Rainer Klimaschewski (beide D)** Als Disziplinen der nächsten 40 Jahre zeichnen sich ab: ▸ Ballett ▸ Hot Dog ▸ Springen	Die Autorin und der Autor stellen eine Sammlung von Tricktechniken vor, die sie als geeignet für alle Skifahrer ansehen. Innenskifahren, Fahren auf einem Bein und Springen sind Grundlagen für ein reiches Repertoire an Techniken. Drei Jahre später stellen Verfasserin und Verfasser die Steigerung „Vom Könner zum Meister" vor. (Trickskilauf. Außentitel)	
774 Vorbild Rennlauf - elementare Mechanismen **1976-1978 Baumrock, Fritz, Gerhard Winter** ▸ Ein- und Zweitaktschwünge ▸ Prinzip „Erst kanten, dann drehen" ▸ fast perfektes Schneiden ▸ Beschleunigungen auf klass. Ski (Schaukeln, Schleudern, Überkompensieren in der Welle und der ersten Schwunghälfte) ▸ situative Anwendungen ▸ Verweis auf Taillierung	Die modernste Form und differenzierte Konzeption der Beinspieltechnik. Die Demo-Bilder von Rennfahrern und Schülern überzeugen. Durch den Umfang ergeben sich auch Möglichkeiten, die Techniken methodisch aufzubereiten. Auch sehr viele Sicherheitshinweise. Viel Allgemeinwissen zum Skilauf. Mit der Betonung von Kippen und Schneiden liegt hier eine Vorstufe der Carvingtechnik vor. (SKI EINS; SKI ZWEI, SKI DREI des Öster. AK Skilauf in der Schule)	
775 Unabhängige Kantenführung **1976 Schwedische Skischule** Spezielle Aufgaben: ▸ Unabhängige Kantenführung auf den beiden Ski ▸ Belastung des Vorderski durch Vordrücken ▸ Veränderung der Kantenstellung ▸ Kniearbeit letztes Glied der Kraftübertragung zwischen Skifahrer und Ski	Die Erfolge Ingemar Stenmarks begannen mit klassischer Beinspieltechnik. Erst seine Fahrten im Riesenslalom ab Mitte der 1970er Jahre zeigen andere Bewegungsmuster. Sondertipp: Den Innenski flacher führen als den Außenski (Ski-Schule mit Ingemar Stenmark. Hrsg. vom Schwedischen Skiverband. München 1976, Text und Bild Seite 37)	
776 Diagonaler Armzug **1976 Anneliese Gidl, Karl Graf (A)** Rückblick auf Heini Hemmi (CH) Das Vorschwingen der Außenhand als Kreuzkoordination von Schritt und Hand – nicht als Folge einer Rotation – war auch bisher immer wieder zu beobachten. Hier eine Bilddokumentation der Weltmeisterschaft 1976.	Die Technik des Außenhandräumens bricht mit der „Koordination unten gegen oben" oder „Masse gegen Masse". Es gilt wieder die Koordination des Schreitens. Das Spiel der Beine ist vom Gegendrehen des Rumpfes befreit. (Bild von Heini Hemmi aus Anneliese Gidl und Karl Graf, Skisport in Innsbruck. 2010. Seite 173)	

777 Carven relativ **1976 R. J. Sanders (USA)** ▸ „Carven is following the path of the tips of your skis through a turn." ▸ „Realstically, most carved turns contain an element of skidding." ▸ „In practice carved turns are those with minimal lateral slippage."	Sanders erklärt lapidar, wie beim Carven die Tempokontrolle funktioniert: *"When carving, your speed is controlled by turning uphill."* Weiter verweist er auf die verschiedenen Möglichkeiten des Aufkantens. (The anatomy of Skiing and Powder Skiing. Texte und Zeichnung Seite 126 f.)	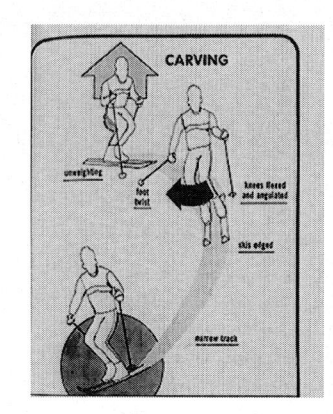
763 Absitzen unter Kniehöhe **1976 Spanien – Eduardo Roldan** ▸ Absitzen ▸ Knie höher als Oberschenkel ▸ Einpflügen ▸ Steuern im Strecken (Viraje fundamental. In Ensenanza en la Escuela espanola de Esqui", Seite 117)	Wenn Länder wie Japan, Niederlande oder auch Spanien traditionell in den Spuren Österreichs schwingen, besteht für sie immer die Versuchung, ihr großes Vorbild nicht nur besonders getreu nachzuahmen, sondern in diesem und jenem Punkte noch zu übertreffen. Eine Fahrhilfe mit hängenden Oberschenkeln für Schüler als Grundschwung ist kaum zu verstehen. 1971 war dieses Absitzen unter Kniehöhe bereits von dem Japaner M. Mitani zu sehen.	
764 Parallel direkt **1977 Kunio Igaya (J)** Hierfür sprechen zwei Gründe: ▸ die lernphysiologische Barriere zwischen Stemmen und Parallelfahren ▸ die Erfahrung, dass jeder für eine Rennkarriere verloren ist, der Bremsen gelernt habe	Der Präsident des japanischen Verbandes der Berufsskilehrer vertritt in seinen Schriften und auf dem Interskikongress in Strebske Pleso (CSR) das parallele Schwingen und fordert hierfür den direkten parallelen Weg. Kunio Igaya trat im Übrigen für Offenheit und Fortschritt ein.	*„Wo man frei denken und forschen kann, dort ist der Fortschritt".* Zitat Kunio Igayas aus dem Vorwort zum japanischen Skilehrplan von 1977
765 Jetten aus Rebounds heraus **1977 Australian Teaching Concept** *„Jetting: occurs when the muscle tension created by a hard edge-set at the end of a turn is released.* ▸ *a) The rebound from the edge can be controlled as the anticipated upper body moves up and forward into the turn or,* ▸ *b) Rebound can be absorbed by relaxing the leg muscles and allowing the skis to shoot forward and into an anticipated turn."*	Ein „Concept" statt eines Techniklehrplans. Trotzdem wird man wie im Falle von Jetten + Rebounds an technischen Besonderheiten fündig. Das Concept beruft sich auf „Technical Advisors". Dieser Bezug auf ausländische Fachleute ist seit 1930 in der Skiwelt selten geworden. Direkt werden vorgestellt: ▸ Alexis Saudan – France ▸ Paul Romagna – Austria ▸ Walter Frois – Austria ▸ Michael J. Porter – USA ▸ Horst Abraham – USA	 (Australian Teaching Concept Manual. Seite 1 f. und 27, Zeichnung Seite 15)

766 Vom Körperzentrum aus **1977 Timothy Gallwey und Bob Kriegel (USA)** ▶ „Vom Zentrum aus Ski fahren führt zu größerer Stabilität und gibt dem Skiläufer mehr Kontakt mit dem Schnee, was zu besserer Kontrolle führt." ▶ „So fühlten sich seine Schüler „entspannter im Oberkörper, und sie fuhren geschmeidiger, fließender, müheloser und mit mehr Balance."	Die Hinweise und Überlegungen der beiden Autoren erinnern an die großen Gymnastikschulen der 1930er Jahre. Alle Bewegungen sollten damals aus der „Körpermitte" ausgehen. Bewusst den Körperschwerpunkt zu führen ist aber auch wieder ein modernes Thema der Carvingtechnik geworden, wenn es beispielsweise um „Vorauskippen", „Bahnensplitting" und „Unterfahren" geht. (Außentitel, Texte Seite 195)	
767 Ausholbewegungen nachgewiesen **1977 Miloslaw Zálesák (SK)** ▶ weist Ausholbewegungen der Rennfahrer nach ▶ immer ausgehend von den Beinen ▶ als „reversal of antagonist" (Biomechanische Charakteristik. In: Zur Biomechanik des Schilaufs. Seite 58-67)	Die Ausholbewegung scheint eine wichtige Komponente zu sein. Sie wurde gelegentlich als „contre virage", als Gegenschwung, als zweites Aufkanten oder als kleine Jetbewegung thematisiert. Neuerdings können zum Thema auch der Fishhook, Carverzug, Flex + Rebound und die „geheime Kraft" nach Sepp Bürcher herangezogen werden.	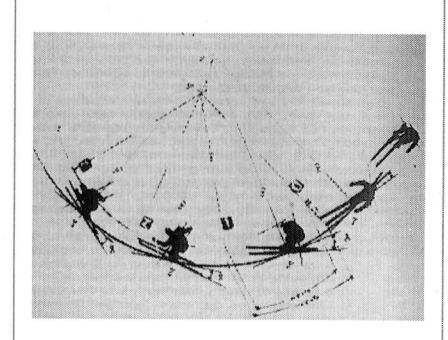
768 Carvingski mit verstellbarer Taillierung **1977 Andrej Robic (SLO),** der Konstrukteur von ELAN, lässt Ski mit verstellbarer Taillierung patentieren. Weiterentwicklung in den taillierten Linien ▶ Ski SERVO ▶ Ski RETRO ▶ Uniline	Über fahrtechnische Konsequenzen wurde nichts bekannt. Robic ging der Grundidee einer stärkeren Taillierung jedoch weiter nach und konstruierte einen Ski, den Ingemar Stenmark 1984 in einem Parallelslalom verwandte und damit den zweiten Platz gewann. (Persönlicher Besuch bei Andrej Robic in Slowenien. Zeichnung aus der Patentschrift.)	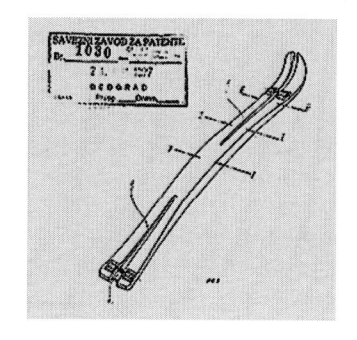
769 Skiparameter und Richtungsänderung **1977 Günther und Hannelore Dießner (D Ost)** Im Einzelnen werden wirksam: ▶ die Taillenform ▶ die Schaufelaufbiegung ▶ die Biegefähigkeit ▶ die Skilänge (Theorie und schulmethodische Probleme des Skilaufes)	Auch wenn die praktischen Möglichkeiten für den alpinen Skilauf in der DDR beschränkt waren, so wurde doch Grundlagenarbeit geleistet. Die nebenstehenden Aussagen und Zeichnungen knüpfen an Fritz Reicherts Arbeit über die Skiform und ihre Wirkungen des Jahres 1957 an. In der Darstellung der Schwünge kommen sie wenig zur Geltung, dort bedienen sich die Autoren der Kategorisierung und Beschreibung der Umsteige- und Parallelschwünge des westdeutschen Lehrplans.	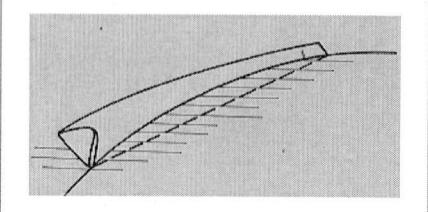 (Zeichnungen Seite 94)

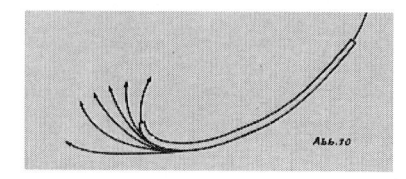

770 Killy carved 1978 Jean-Claude Killy (F) with Mike Halstead *„In the modern carved turn there is more of an emphasis upon an forward pressing of the knees, ankles and hips and little or no emphasis upon a twisting or counterrotation of the upper body."*	Das Handbuch behandelt im skitechnischen Bereich zunächst die Rotation und die Counterrotation. In allen Bildern und auch wenn man Killy life gesehen hat, bleibt Killy bei seiner aufrechten, lockeren Fahrfigur. (Situation Skiing. Seite 119, Bild Außentitel)	
771 Erste Berichte in Europa über Carven in Kanada und USA 1978 Die „Neue Illustrierte Wochenschau" vom 2.1. in Wien über neue Fahrweise ▶ Garant dafür u. a. Peppi Stiegler (A) in USA ▶ Hinweis auf die Notwendigkeit stark taillierter Ski ▶ Hervorhebung der scharf geschnittenen Parallelschwünge	(Der Bericht findet sich auf Nicola Werdeniggs Homepage „Kunstpiste – Archiv". Portrait.)	
772 Technikprogramme für Adressaten 1978 Deutscher Skilehrplan – Ergänzung Schwünge ▶ für Gelegenheitsskiläufer – Urlauber ▶ für Touren- und Tiefschneefahrer ▶ für Schönskifahrer – Stilisten ▶ für den sportlichen Skifahrer ▶ für den Kunstskiläufer	Erhard Gattermann und Walter Kuchler zeigen auf wie Geschichte, verbessertes und verändertes Skigerät, ambitioniertes Vielfahren, Erschließung aller denkbaren Situationen, Trickskifahren auch für Jedermann und andere Faktoren die Zahl der Schwünge vermehren. Eine Adressatenzuordnung bietet sich als eine praktikable Systematisierung an. (Verbandsinterne Arbeitspapiere)	
773 Auch das Innenbein! 1978 Hans Zehetmayer und Fred Lanziner (beide A) ▶ Anbeugen des Innenbeines ▶ speziell aus dem Pflugbogen heraus ▶ „Zentralbewegung": Beugen und Drehen des Innenbeines	Noch wird an der Dominanz der Außenskibelastung allgemein festgehalten, aber es werden bereits Elemente herausgearbeitet, wie sie sich später in der Carvingära als „Skatecarven" etablieren werden. (Bild Hans Pieren in „Carven"' von Walter Kuchler 1997. Seite 96 Bildteil e)	

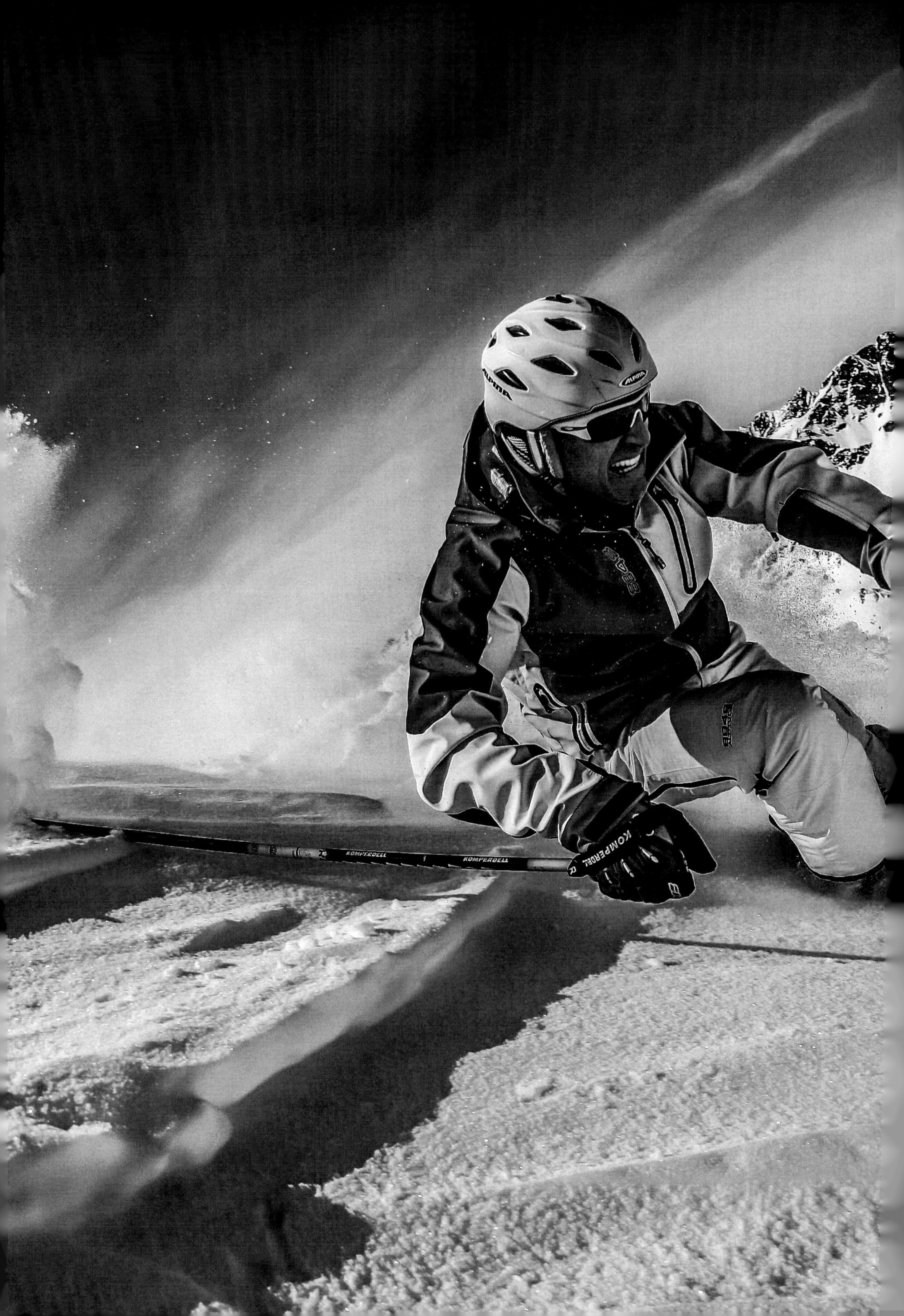
ALPINA
KOMPERDELL

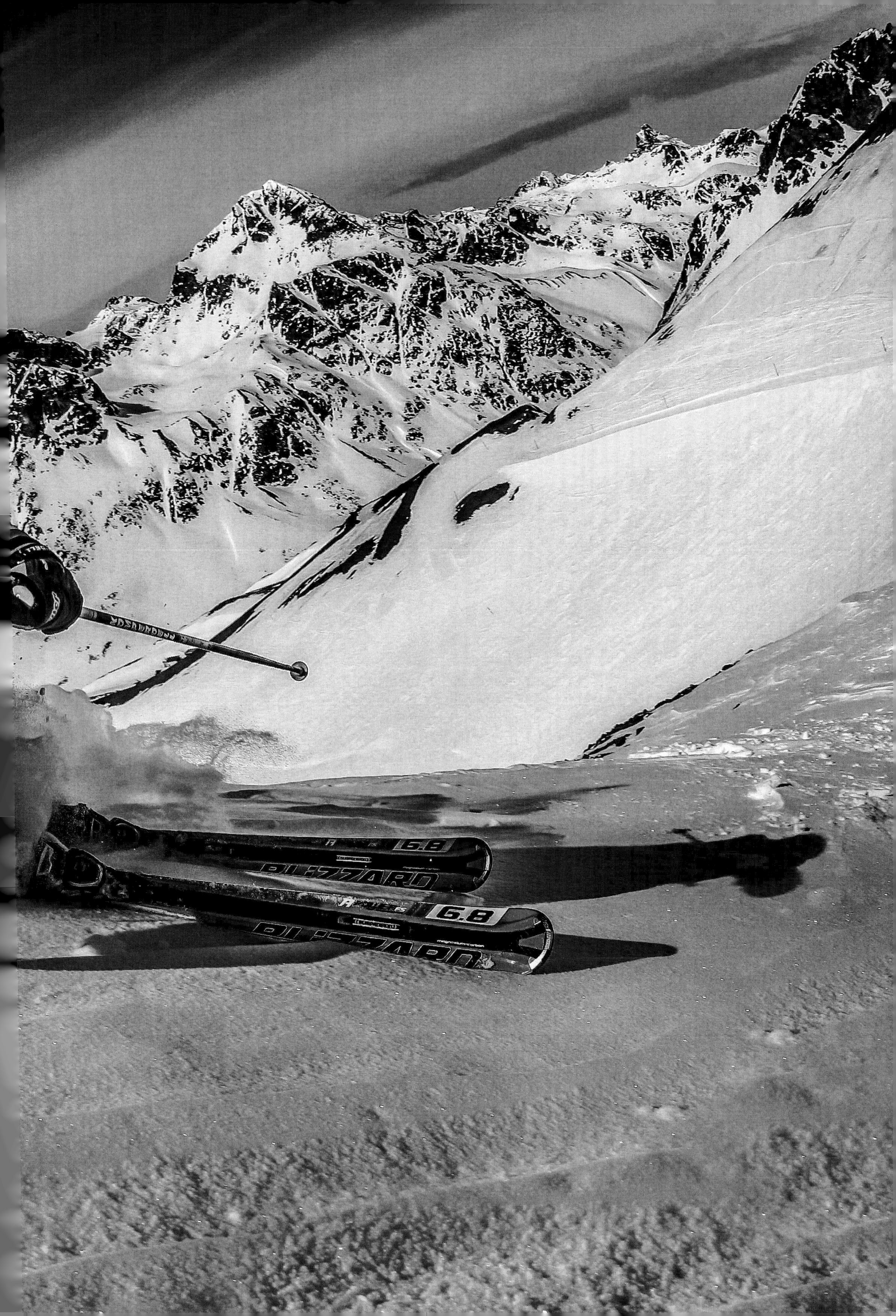
6.8
6.8

774 Alle Parallel- und Umsteigeschwünge – Offenheit

1978 Japanischer Verband der Berufsskilehrer

- Alle modernen Formen abgearbeitet
- Daneben ständige Offenheit für Neues

Im Vorwort der zweisprachigen Ausgabe SIA OFFICIAL SKI METHOD bespricht Susumi Sugiyama die Einengungen, die sich immer durch einen Lehrplan ergeben, fordert aber eine allgemeine skitechnische Offenheit.

775 Japanisches Schwungprogramm

1978 Ski Instructors Association of Japan

- Grundschwung
- Stemmschwung
- Stemm-Umsteigen
- Parallel-Umsteigen
- Scher-Umsteigen
- Wedeln offen, geschlossen und springend
- Technik Buckelpiste
- Technik in verschiedenen Schneearten

Das Programm der Amateurskilehrer – in englischer und deutscher Sprache – ist nahe dem deutschen. Vor allem das System der Umsteigeschwünge gleicht dem deutschen Programm.

(Das Programm liegt nur in Form einer Vervielfältigung, als Manuskript, vor.)

776 Bogentreten auf zwei Arten

1978 Rolf Hefti (CH)

Der Autor lehrt 2 Möglichkeiten:
- Innenski leicht anheben, ausscheren und absetzen, Außenski parallel nachziehen.
- „Bogentreten mit Abstoß": „Stoßen Sie sich mit dem Außenski kräftig nach vorn oben ab".

Der Autor sieht zwei Formen, nicht nur zwei Lernniveaus. Allerdings weist er der dynamischen Form einen wichtigen Platz in der Entwicklung des perfekten Skifahrens zu.

(Skifahren. Seite 34 f.)

777 Kompressionsschwung

1978 Jürgen Kemmler (D)

Ausführung
- vom Schnee komprimiert werden
- aktives Anhocken der Beine in der Auslösung
- aktives Wegstrecken der Beine im Steuern

Der Schwung, von Jürgen Kemmler öfter publiziert und in Deutschland gerne angenommen, modifiziert die Ausgleichstechnik und das österreichische Beuge-Streckdrehen für das Fahren im Tief- und Schlechtschnee. In der Namensgebung steckt ein Doppelvergleich: Kompression des Körpers wie des Schnees.

(Richtig Skifahren 1. Seite 112 f. Bild Jürgen Kemmler, Demonstrator Sepp Schwärzer)

778 Basales Pedalieren – Schrittwechsel mit „Spitzerlheben" und gekreuzter Beuge-Streck-Reaktion

1978 Hans Zehetmayer (A)

- Schritteinleitung mit Druck auf neuem Innenski hinten und leichtem Anbeugen des Beines sowie Anheben der Skispitze
- Streckdruck auf dem Außenski
- differenzierte Fußarbeit
- wechselseitiges Beugen und Strecken der Beine als Pedalieren

(Lehrwege im Schiunterricht. Seite 237 -248.)

Mit dem Zugriff auf den gekreuzten Beuge-Streck-Reflex und schrittartigem Belastungswechsel schafft Zehetmayer eine Grundform des Pedalierens. Dabei kommt es auch zu einer allgemeinen Aktivierung der Fußarbeit. Zu dieser werden wiederum die Ski-eigenschaften in Bezug gebracht. Skihistorisch gesehen gab es 1905 den konträren Schwung bei Max Schneider: Fußspitze drückt auf Innenski, Ende des Außenski wird nach außen gedrückt.

Für Hans Zehetmayer gilt in vielen Veröffentlichungen und Lehrgängen in den nächsten vier Jahrzehnten die Formel:
„Das Einfache ist das Beste."

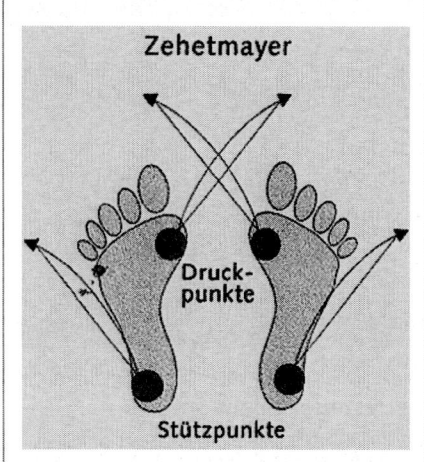

Zeichnung in: Walter Kuchler, Carving. Neuer Spaß am Skifahren. Seite 83)

779 Geflogener Hund mit Luftstemme

1978 Herbert Heimerl und Walter Kuchler (beide D)

- Anheben des Außenski wie eine Bergstemme in der Luft mit Schneekontakt der Spitze
- Hinausdrehen des Ski-Endes des Stemmskis
- Beisetzen in der Falllinie
- Bis dahin Drehen auf dem Innenski
- Besondere Eignung für Kurzschwünge

Der Schwung der beiden Erfinder fand zunächst als Spielschwung Eingang in das deutsche Skilehrwesen. Sehr bald aber wurden Geflogenen Hunde in verschiedenen Variationen bei Schweizern, Ungarn und in anderen Ländern beliebte Demonstrationsschwünge bei Vorführungen. Letztlich findet sich der Geflogene Hund bei den Drehumschwüngen von Carl J. Luther, H. Sillig, M. Winkler (1925) und bei Fritz Reuel (1926). Dort allerdings mit ausgeschertem Außenski. Neue Beliebtheit auf Carvingski nach 2000.

Demo von Fuzzy Garhammer 1973

(Bild: E. Garhammer, P. Janssen, F. Zimmermann, Neuer Spaß am Skifahren. Seite 97, mit einer „Luftschere")

780 Inventar der technischen Elemente

1978/1981 Georges Joubert (F)

- 95 einfache Elemente
- Elemente für Gleichgewicht
- Elemente des Gleitens
- Elemente Kantenfassen (halten, schneiden, bremsen)

Dazu viele zusammengesetzte Eigenschaften und komplexe technische Analysen, sowie situative Lösungen.

In Französisch 1978 und in deutscher Sprache 1981 legt Georges Joubert die bisher umfassendste Theorie des alpinen Skilaufs vor. Kaum ein Aspekt wird außer Acht gelassen. Gründlich werden auch Ski-Eigenschaften, Vorgänge beim Ski-Schnee-Kontakt, Rolle des Schuh usw. analysiert. Diese Theorie ist komplex, differenziert, tiefschürfend. Neben Praxis und allgemeinen Technik-darstellungen hier erstmals eine Theorie der Elemente.

(Seite 248 – 259, Außentitel)

781 Treten – Lösen – Treten **1978 Schilehrplan der Schulen – Ski zwei – Arbeitskreis** ▶ Statt „Beugedrehen–Streckdrehen" ▶ nun „Treten-Lösen-Treten" ▶ noch keine Carvingperspektive ▶ Schneiden annähernd, aber Warnung vor Verschneiden	Das Carvingthema hat weder als Skitechnik noch als Skigerät die Autoren erreicht. Die Warnung vor einem Verschneiden ist sicher bei den benutzten untaillierten Ski richtig. (Schilehrplan der Schulen. Ski Zwei. Seite 27 und 29, Außentitel)	
782 Geradeauslauf durch Telemarkform **1978 Hermann Schultes (A)** stellt fest, *„dass die Kurvenform der Skiseiten, die auch als Telemarkform bezeichnet wird, ein Mittel ist, um den Ski bei Geradeausfahrt zu stabilisieren und die durch die Pistenunebenheiten auftretenden Richtungsfehler zu korrigieren."*	Der Experte für Skitechnologie bei den Firmen Olin und Kästle hebt die Funktion des „Pflugwinkels" ab Mitte des Ski für die Geradeausfahrt heraus. Carver haben anfangs der 1990er Jahre die Erfahrung gemacht, dass stark taillierte Ski zu tänzeln beginnen. Erst weitere Abstimmungen in der Konstruktion brachten wieder zufrieden stellende Ergebnisse. (Der Alpinski. Text Seite 35, Bild Seite 15)	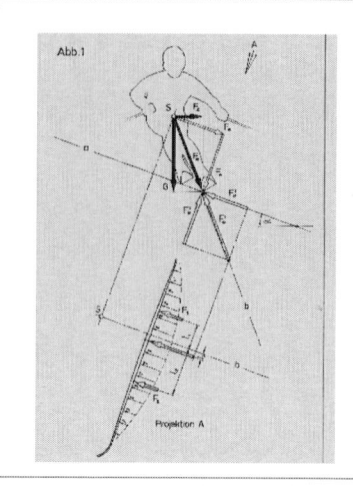
783 Ökonomie und Eleganz des Schneidens **1978 Hermann Schultes** stellt als Vorteil des voll geschnittenen Schwunges auf taillierten Ski fest: *„wenig Einsatz von Körperbewegungen, daher ist diese Schwungform elegant und kräftesparend."*	Während später die Ökonomie des Carvens in der Mehrzahl der Diskussionsbeiträge bejaht werden wird, bleibt die Beobachtung dieses Fachmannes des Skibaues zur Ästhetik eine der wenigen positiven Stimmen. Vor allem sein Hinweis, dass Eleganz in Zusammenhang mit Kräfteökonomie steht, ist interessant. (Der Alpinski. Text Seite 35, Bild Seite 21)	„Methoden der Schwungeinleitung"
784 Selbststeuerung des Ski + Fahreraktivitäten **1979 Fritz Baumrock (A)** zu modernen Elementen: ▶ Taillierung des Ski ▶ Flex des Ski ▶ Bürsten (Driften) Schon durch Kanten allein sind sehr große Bögen möglich.	Deutlich wird die Autokinetik der Ski herausgestellt. Da die Taillierungskurve zu schwach ausgeprägt ist, sind aber zusätzliche Aktivitäten des Fahrers erforderlich. Vor allem der Flex ist auch ein Steuerungselement. (Schilauf leicht, sicher, gekonnt. Wien. Seite 5 f., 66 f., Abb. Seite 6)	

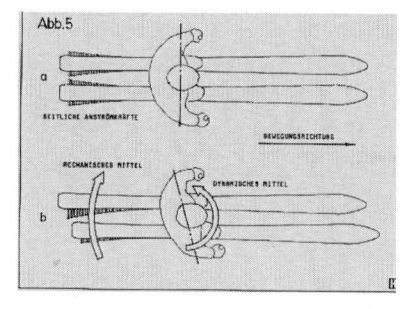

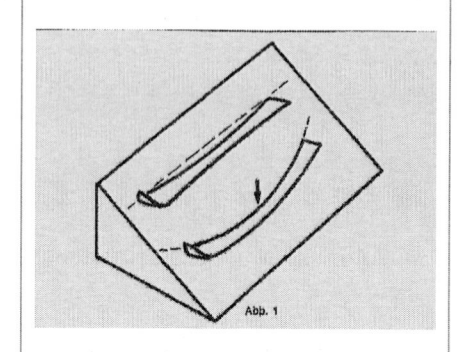

785 Programm der Profi-Skilehrer in USA **1979 Horst Abraham (USA)** behandelt u. a.: ▶ Preturn Christies ▶ Step Christies ▶ Rotation ▶ Counterrotation ▶ Anticipation ▶ Braquage	Erstaunlicherweise geht der sonst progressive Horst Abraham auf keine französischen Technikvorschläge ein. Auch der Begriff Carven, der schon seit Jahren zur amerikanischen Skiliteratur gehört, findet sich nicht in diesem Lehrplankonzept. (American Teaching Method Part II. 0, 33 – 35)	
786 Carven der „frontalen Riesen" **1979 Olle Larsson und James Major (USA)** im Riesentorlauf zu sehen: ▶ aufrechtes Einfahren in den Schwung ▶ ohne Verdrehung und Verwindung ▶ Gegendrehen als Wegdrehen erst am Tor ▶ Alltagsposition ▶ athletische Stellung	Das Buch dokumentiert eindrucksvolle Fotos von I. Stenmark, P. Gros, P. Mahre, G. Thöni und vielen anderen. Die nationalen Skischulen zeigen sich von den Veränderungen jedoch unbeeindruckt. (Skitechnik der Weltmeister. Inhalte Inhalte Buchstruktur. Vgl. auch die Bilder bei Franz Held, Ski alpin. München 1982)	
787 Von der Beinspieltechnik zu einer offenen Technik **1979 Olle Larsson, James Major (USA)** Im Riesentorlauf weiter zu sehen ▶ Alltagspositionen – frontale Körperstellung ▶ Häufig Antizipation ▶ Außenskibelastung	Insgesamt entsteht der Eindruck, dass die Zeit der Wedeltechnik vorbei ist. Ein Gegendrehen ist selten bei der Schwungauslösung und erst an der Stange zu sehen. (Reiches Bildmaterial) (Inhalte Buchstruktur. Außentitel)	
788 Tiefbelastung und Rochieren in der Slalomtechnik **1979 Skilehrplan 6 – Alpiner Rennsport – Kuno Meßmann (D)** *„Explosives Tiefgehen – maximaler Kantendruck – seitlicher Stockeinsatz – Beginn Belastungswechsel vom Ballen zur Ferse, wodurch geschnittenes Schwungende mit Vorwärtsbewegung entsteht."* Anhaltender, längerer Stockeinsatz	Vor allem die beiden Elemente des Stockeinsatzes als Drehpunkt und Exzenter und der Belastungswechsel auf dem Ski in Längsrichtung (Rochieren) scheinen für diese Zeit bemerkenswert. Publizistisch interessant ist die gemeinsame Herausgeberschaft von Deutschem Skiverband und dem Deutschen Verband für das Skilehrwesen mit dem Bundestrainer als Autor. (Alpiner Rennsport. Neuauflage auch mit neuem Titelbild. Zitat Seite 24 f.)	

789 Cross-Country Skiing

1979 Ned Gilette / John Dostal (USA)

lehren mit verbesserter Langlaufausrüstung neben den Lauftechniken auch
- Snowplows
- Stemming
- Parallel Christianias
- Telemarks
- Edge Turns (nur bei Baldwin)

In der nun breit einsetzenden Cross-Country-Bewegung ist der Telemark immer zentrales Anliegen.
Es folgen bald schwedische Autoren wie Ronald Crawford-Currie (1982), norwegische wie Halvor Kleppen (1986) und immer wieder amerikanische Autoren wie Edward R. Baldwin 1979, Casey Sheahan 1984, Horst Abraham und Sven Wiik 1985, Paul Parker 1988).

(Cross Country Skiing. Inhalte im Textcorpus, Außentitel)

790 Stand der Dinge in USA

1979 Horst Abraham (USA)

Schwungformen:
- Basic Turning
- Spontaneous Turns
- Widetrack Turns
- Rebound Turns
- Stem Turns
- Step Turns

Im Lehrplan der Berufsskilehrer findet das in den USA seit fast 20 Jahren bekannte Carven keine Aufnahme, jedenfalls nicht in dem zusammenfassenden Band (Synopse). Ein oleessive Schritt ist die Postulierung von Rebound Turns.

(A Synopsis. Seite 5-8, Innentitel)

791 Edge Turns

1979 Edward R. Baldwin (USA/Can)

„Cross-country skis, when edged by rotating the ankles will, in deep snow, quickly knife into the snow in the direction of rotation, moving the skier swiftly in that direction."

Erstaunlich ist an diesem Lehrbuch nicht nur, dass ein Carvingschwung gelehrt wird, sondern dass in der Lernfolge dieser den Bögen und anderen Schwüngen voraus empfohlen wird. Er wird unter den angeführten Umständen als eine leicht erlernbare Technik gesehen. Begründung: Die umgekanteten Ski streben immer der Falllinie zu.

(Text und Bild aus The Cross-Country Skiing Handbook. Toronto. Seite 101)

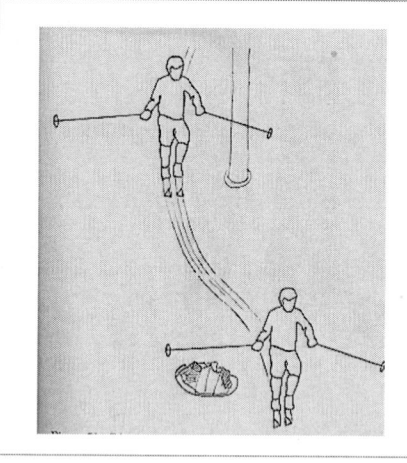

792 Carvingtechnik perfekt - Carvingski beschrieben - Rebounds

1979 J. Mohan, W. Hiltner, B. Barthel (alle USA).

Driftfreies Fahren durch
- starke Taillierung
- Flex
- Torsionsfestigkeit
- Aufkanten aus Knie, Hüfte, Oberkörper
- Kantengriff und Führung der Schaufel

Carvingski, ihre Wirkung und Carvingtechnik werden von den Autoren treffend beschrieben. Sogar der "snap back" (rebound) wird einbezogen.

Programmatische Formulierung: „The Turn Built Into Skis".

Das Buch bleibt vom Skilehrwesen Europas völlig unbeachtet.

(FREESTYLE SKIING. Seite 32 ff.)

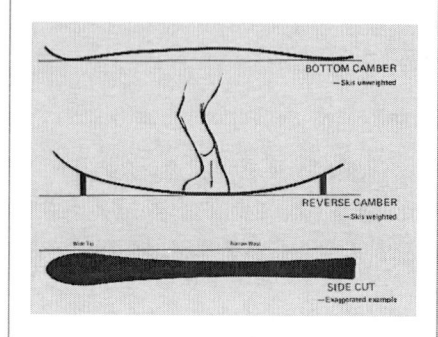

793 Schweden carvt – mit Kreuzkoordination **1979 Lernen vom Ski und von den Rennfahrern** ▶ Hier Dokumentation des Ski ▶ 1985/86 Neuausrichtung der Skischule ▶ 1987 internationale Demonstration in Banff ▶ 1989 biomechanische Untersuchungen und filmische Dokumentation	Im Lehrplan von 1979 kündigt sich bereits an, dass sich Schweden zum ersten Carvingland Europas entwickeln wird. Rennlauf und Skischule sind keine getrennten Bereiche. Ingemar Stenmark, Ole Nillson u. a. sind große nationale Vorbilder. Leider kommt es zu wenig publizistischen Dokumentationen. (Abbildungen aus Ake Kihlmark, Handledning Utför Teknik. Seite 14 f.)	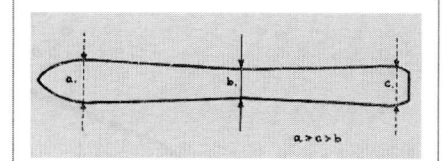 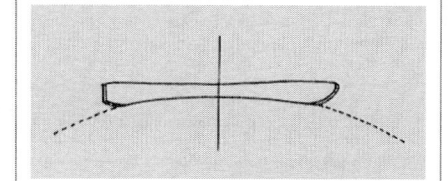
794 Schwedische Skimechanik **1979 Gesamtordnung Ake Kihlmark** Carven und Carvingski spielen allerdings keine Rolle.	Nach den Bildern und Zeichnungen zu beurteilen, liegt hier eine sehr praxisnahe Mechanik vor. (Handledning Utför Mekanik. Innentitel)	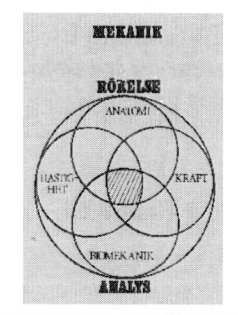
795 Schwedisches Schwungprogramm **1979 Gesamtordnung Ake Kihlmark** Moderates Gegendrehen Umsteigeformen ▶ Schritte bergwärts ▶ Schritte talwärts ▶ offene parallele Schritte ▶ scherende Schritte	Programm- und Bildangebot stimmt weitgehend mit den Deutschen Vorstellungen überein. Keine Beziehung zu österreichischen oder amerikanischen Lehrwesen. (Handledning Utför Metodik. Texte Seite 44 – 48, Bild Seite 46- Handledning Utför Teknik. Bild Seite 43)	
796 Carvinglehre eines Rennfahrers: unverdrehte Körperposition **1980 Jean-Claude Killy (F)** betont ▶ die starke Beugung von Sprunggelenken und Knie ▶ die unverdrehte Körperposition ▶ allgemeines Drängen nach vorne ▶ Flex und Rebound für den Schwungwechsel	Erstmals schreibt einer aus den Alpenländern über das Carven – für die Engländer, Kanadier, Neuseeländer und Australier, bei denen sein Buch verlegt wird. Es scheint offensichtlich eine Blindheit der Alpenländer gegenüber dieser Fahrweise zu geben. Haben sich die großen Dirigenten Hoppichler (A), Gamma (CH) und Gattermann (D) gegen Carven verschworen? Dass es so ist, dafür sprechen auch noch die nächsten 15 Jahre. (Situation Skiing. Killy zus. mit Mike Halstead. 1978. Text und Zeichnung Seite 117-123)	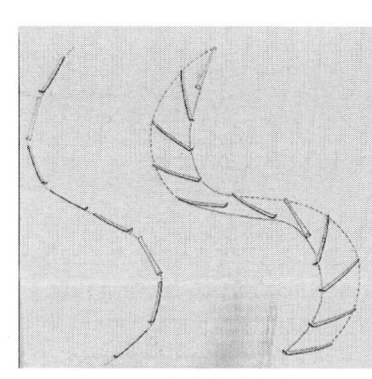 carved / skidded

797 Mit taillierten Ski **1980 „Ski Schweiz"** *„Taille: Sie ermöglicht eine Durchbiegung des Ski in der Kurve, der sich dadurch selber in eine Kurvenbahn steuert."* (Text Seite 100, Zeichnungen Seite 100 und 102)	Das Carvingprinzip ist erfasst, wird aber nur auf die Steuerphase bezogen.	
798 Welche Skitechnik? – Eine Provokation und zugleich eine Proklamation **1980 Hans Zehetmayer (A)** *„Gibt es motorische Lösungsverfahren für das Belasten-(Um)Kanten-Drehen der Schier,* *die für* ▶ *Konditionsstarke – Konditionsschwache* ▶ *Koordinationsfähige – Koordinationsschwache* ▶ *Geschickte – Ungeschickte* ▶ *Junge – Alte* ▶ *Mutige – Ängstliche* *gleiche Gültigkeit haben* *die für:* ▶ *zweckmäßig,* ▶ *situationsgerecht,* ▶ *ökonomisch* *angewendet werden können, ohne dabei* ▶ *die Gesundheit zu schädigen,* ▶ *die Sicherheit zu gefährden und* ▶ *einfach erlernbar sind?"*	Zehetmayers Fragen sind geeignet bisherige Skischulprogramme in Frage zu stellen. Zehetmayer schreibt: *„Die Vielfalt der menschlichen Bewegungsformen erlaubt die große Zahl der Lösungsmöglichkeiten."* Für die Praxis verweist er zunächst auf die Ableitungen aus dem Rennlauf. Nicht wirklich überzeugend jedoch ist sein zweiter Hinweis, nämlich eine Ableitung aus der Fahrtechnik der Kinder. (Forderungen an eine alpine Schitechnik – eine Technik, die jedem bekommt. Erstveröffentlichung in „Leibesübungen-Leibeserziehung" Heft 10 und 11, 1980. Reprint in „Kurven- geschichten". Seite 19 – 33, hier Texte Seite 20 f.)	Nachstehende Faktoren seien maßgeblich an der Wahl der motorischen Lösungsverfahren beteiligt: ▶ Kondition ▶ Koordination ▶ Geschicklichkeit ▶ Alter ▶ Geschlecht ▶ Mut ▶ Ängstlichkeit
799 „Belasten – (Um)Kanten – Drehen" – Eine frühe Carvingformel! **1980 Hans Zehetmayer (A)** *„Das Lösen des Talski vom Schnee durch Beugen des Talbeines bewirkt, dass sich der Körperschwerpunkt nach unten sowie in die gewünschte Richtung hin bewegt und dass dadurch zuerst der Bergski belastet, danach umgekantet und erst dann gedreht wird!"*	Zehetmayer ist wahrscheinlich der erste Carvingtheoretiker in Europa. Er möchte dabei auch gegen die „babylonische Sprachverwirrung angehen. Auch glaubt er, dass mit dieser Schwungformel ein Lösungs- verfahren gefunden ist, das zweckmäßig, nicht gesundheits- schädigend, die Sicherheit nicht gefährdend und leicht erlernbar ist. (Forderungen an eine alpine Schitechnik – eine Technik, die jedem bekommt. Erstveröffentlichung in „Leibesübungen-Leibeserziehung". Heft 10 und 11, 1980. Reprint in „Kurvengeschichten". Seite 19 – 33, hier Seite 24)	Titelfoto von „Kurvengeschichten"

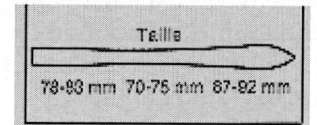

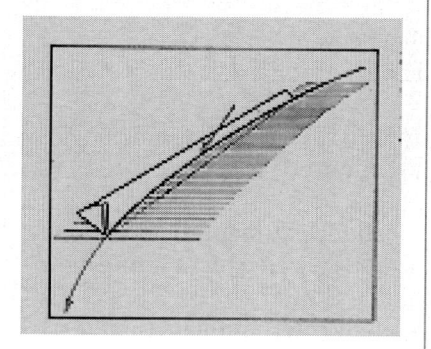

800 „Ski andrehen" als historische Definition für Schwingen? – Zeit der Wellentechnik und Ära Kruckenhauser beendet

1980 Österreichischer Lehrplan – Verfasser Franz Hoppichler

„Schifahren bedeutet Schwingen. Schwingen bedeutet: die Schi andrehen."

- Speziell auf dem Außenski
- Mit Abstoß vom Innenski
- Aus allen Schistellungen
- Auch wieder mehr Innenskibelastung
- Eingehende, differenzierte Darstellung des Gleichgewichtsverhaltens
- *„Die einzelnen Richtungsänderungen werden nicht mehr wie abgeschlossene Kategorien behandelt."*

„Der Schwerpunkt liegt in der Ordnung, Vereinfachung und Zusammenfassung aller Schwünge."
(So der Verlag)

Dem Buch liegt auch eine zehnseitige Stellungnahme von Hofrat A. Nentwich bei, die die offensichtlich heftigen Reaktionen auf die Wellentechnik im eigenen Land auffangen sollte.

Die eingangs zitierte Definition des Schwingens als Reduktion auf das Andrehen ist jedoch schon auch für 1980 nicht hinnehmbar.

Es gibt im Buche drei Kapitel einer praktischen Bewegungslehre mit einer Fülle differenzierender, klärender und bleibender Einsichten wie beispielsweise: *„Belastet man den Innenfuß, so greift der Ski besser."* Oder auch die Bemerkungen zur Pronation und Supination (als Maulschellenbewegung). Oder: *Bei offener Skiführung verschmälert man gerne im Steuern.*

(Schwingen. Texte z. B. Seite 20 – 25)

801 Lehrplan der Begrifflichkeiten

1980 Horst Abraham (USA)

Aufgebaut auf vorausgestellten lexikalischen Begriffen wird eine offene „Anatomy of Turning" kurz und prägnant durchgezogen.

Ein offener Umgang mit dem Versuch alle möglichen skitechnischen Konzepte zu berücksichtigen zeichnet das amerikanische Lehrwesen seit Mitte der 1960er aus.
(Teaching Concepts. Begriffe Seite 5-12, Zeichnung Seite 7)

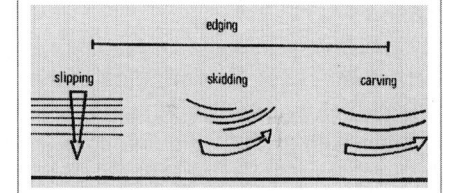

edging – slipping – skidding – carving

802 Enge Sicht einer Geschichte der Skitechnik

1980 Österreichischer Lehrplan – Verfasser Franz Hoppichler

In einem einführenden Abschnitt „Schi-Kurz-Geschichte" werden wichtige Entwicklungsstationen der Skitechnik aufgeführt.
(Schwingen. Text 7-10, Bild Seite 130)

Man braucht und muss sich über die große Rolle Österreichs für die Entwicklung des Skilaufes nicht streiten. Dennoch dürfte beispielsweise auch ein bescheidener Anspruch (Kurz-Geschichte) an historische Beiträge und Verläufe die Rollen Deutschlands nicht auf M. Uhlig und Fritz Reuel und die Beiträge der Schweiz auf E. Matthias und G. Testa beschränken. Andere Länder wie Italien oder Schwedens junger aber die Szene bereits prägender Stenmark werden nicht erwähnt

803 Pedalieren nach Hans Zehetmayer

1980 Österreichischer Lehrplan – Verfasser Franz Hoppichler

Der Lehrplan „Schwingen" verweist:
„In letzter Zeit wies Prof. Zehetmayer – wie einst schon Zdarsky – darauf hin, daß zum Schwungwechsel das fürs Umkanten freimachende Beugen und Drehen des Innenbeines und das für den Steuerdruck notwendige Strecken des Außenbeines entscheidend ist (Pedalbewegung)."
(Schwingen. Text Seite 10, Zeichnung Seite 137)

Begriff und Sache werden in den kommenden Jahren immer bedeutsamer und gewichtiger. Ein besonderer Schritt in dieser Richtung war die japanische Vorführung beim Interski 1983.

Bei SPORTS wurde im Rahmen der Carvingtechnik darauf hingewiesen, dass man beim tief absitzenden Schwingen auch mit Innenskibelastung und Zugriff vor der Falllinie pedalieren kann. Walter Kuchler verwies später immer wieder darauf, dass es sich beim Pedalieren auch um eine exemplarische Realisation des gekreuzten alternierenden Beinbeuge-Beinstreckreflexes handelt.

Erstmals und in der Folge immer wieder formuliert Zehetmayer *„Das Einfache ist das Beste"*.

Allein schon mit dem Begriff und der Sache Pedalieren hat sich Hans Zehetmayer in die Geschichte der Skitechnik eingeschrieben.

Pedalieren im Rennlauf 2019

804 Viel Technik und ständige Adaption

1980 Kurt Redl (A)

„Den Könner zeichnet aus, daß er stets in der Lage ist, seine Fahrweise hinsichtlich Tempo, Schwungart und Bewegungsumfang an die ständig wechselnden Sicht- Gelände und Schneeverhältnisse anzupassen. Er fährt ökonomisch, situationsgerecht und sicher."

Geboten auch:
▶ Antizipation
▶ Rotation

Der Autor versucht dem historischen Dilemma von Einheit oder Vielfalt, von Adaptieren oder mit Spezialtechniken zu agieren mit einem ungesagten Ja allem gerecht zu werden. Er fügt der bisherigen Diskussion die Gesichtspunkte der Ökonomie und Sicherheit hinzu. Das Konzept unterscheidet sich unwesentlich vom deutschen Skilehrplan.
(Text aus: Schikurs in Bild und Wort. 3. Bd., Seite 47)

805 Drehsprünge als Abfahrtstechnik

1980 Kurt Redl (A)

Der Verfasser empfiehlt einen Drehsprung entlang der Falllinie im Steilgelände.
Man springt von Innenski zu Innenski.

Damit ist die Zillertaler Steilhangtechnik von Lothar Gfrörer aus dem Jahre 1928 wieder aufgenommen. 2003 finden wir sie dann auch bei dem Amerikaner R. Mark Elling als eine Art „Schraubenhecht" wieder.
(Schikurs in Bild und Wort.)

806 Alle Möglichkeiten des Kantens **1980 George Twardokens (USA)** Verweis auf 4 Möglichkeiten *Edging* 1. *with lateral movements of the ankles and knees* 2. *by turning the tighs and knees from side to side* 3. *by moving the pelvis from side to side* 4. *by tilting the whole body sideways (banking)*	Der bekannte Biomechaniker verweist gelegentlich bei seinen Veröffentlichungen und Vorträgen auf die Möglichkeiten des Aufkantens. Interessanterweise hält er selbst bei unseren heutigen Skischuhen noch ein Kanten aus den „ankles" für möglich. Außerdem verweist er auch auf die Aktion des Oberschenkels. (Parallel Turns. Text und Zeichnung Seite 27 f.)	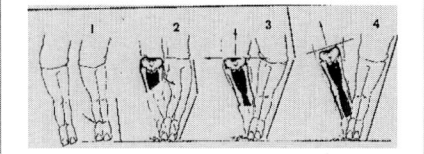
807 OK-Technik (O für Oberschenkel, K für Knie) **1981 Schweiz** ▶ Antizipation ▶ Gelenke beugen ▶ Stock als Drehpunkt ▶ Tiefentlastung ▶ Spannung spontan lösen ▶ Talwärtsbewegung der Knie mit Drehen der Füße ▶ Eventuell zusätzliche Schleuderbewegung der Unterschenkel ▶ Seitwärts-Streckbewegung der Beine (Blasebalg)	Die neue Pistentechnik der Schweizer als Antwort auf die Ausgleichstechnik in den Buckeln und auf die österreichische Wellentechnik von 1971 ist ein etwas moderateres Beuge-Streck-Drehen und orientiert sich an den Möglichkeiten der Freizeitskifahrer. Vor allem verweisen die Schweizer auf die Aufgabe und den Vorteil einer „subtilen Skiführung". (Bild aus dem Illustrationsteil von „Ski Schweiz")	
808 Vielfältiger Skilauf – Einstieg mit Lernski **1981 Walter Kuchler (D) in der deutschen „Grundschule"** *„Man ist sich heute darüber klar, daß es viele Arten gibt, gut und schön skizulaufen."* *„Ohne den kurzen Lernski sollte heute niemand mehr das Skilaufen beginnen."*	So in der programmatischen Einführung in Skilehrplan Band 1 des Deutschen Verbandes für das Skilehrwesen. In der Praxis blieb man allerdings noch Jahrzehnte im nationalen Denken befangen und der seit 1971 propagierte kurze Lernski wurde bald wieder vergessen. (Texte Seite 8, Titelbild)	
809 Steuern – ein eigenes Spiel **1981 Georges Joubert (F)** Auch ein konsequentes Schneiden unterliegt Einflüssen ▶ Veränderungen des Bodens ▶ des Aufkantwinkels ▶ des Druckes ▶ der Gravitation	Georges Joubert erklärt, man solle den Ablauf der Steuerung dämpfen oder betonen. Es sei auch ein eigenes "Vergnügen, die Kurven der Schwünge auszusteuern." – Skiunterricht betont zwar die Kurvenlage und den Stauchdruck, scheint aber die weiteren Einflüsse als Quelle von Vergnügen zu übersehen.	 (Ski-Handbuch. Seite 107)

810 „Als Skiläufer geboren" 1981 Georges Joubert (F) „Man sieht immer weniger Anfänger. Die Anfänger wirken nicht so lächerlich wie früher. Das Skifahren schein zu unserem täglichen Leben zu gehören. Unsere Kinder werden schon als Skiläufer geboren."	Der große Theoretiker Georges Joubert wirft einen Blick auf die Praxis. Er schreibt weiter: "Skifahren ist selbstverständlich geworden, wie Autofahren oder Schwimmen. ... Die Zeit, in der die Tatsache, Skifahren zu können, noch einer Heldentat glich, ist heute vorbei. Man muß Skifahren können. Es ist nur noch eine Frage der Normalität." (Ski-Handbuch. Seite 13)	
811 Skilauf als Kunst 1981 Georges Joubert *„Der Skilauf ist mehr Kunst als Technik"* ▶ „Für 50 % der Skilauf-treibenden ist der Skilauf ein Ausdruckssport, wie der Kunsteislauf, der Tanz." ▶ Letztlich ist er sogar an Angebot an alle Skifahrer: ▶ „Der Skiläufer besitzt ein ureigenes Talent, das es ihm erlaubt, seine Technik zu entwickeln, wie der Musiker, der Maler, der Tänzer."	Der große französische Skitheoretiker Georges Joubert setzt sich neben den Themen der Vielfalt der Technik, der ständigen Erweiterung des Repertoires und der Betonung des Stils auch für eine Interpretation des Skilaufs als Kunst ein. (Ski-Handbuch. Seite 15)	
812 Rennumsteigen 1981 Karl Gamma (CH) Rennumsteigen mit ▶ „Kipp-Tiefgegendrehen" ▶ entschiedenem Belastungswechsel ▶ Hochkippen Spezielle spätere Wiederbelebung: ▶ Drehspringen	Das Handbuch befasst sich im Übrigen – auch wenn es zunächst nur mit dem Anspruch an das Funktionelle auftritt – mit vielen technischen Facetten. Einige Dinge sind eine Vorwegnahme von Ski Schweiz 1985. Insgesamt eine Summe der Möglichkeiten der moderneren Beinspieltechnik. (Englische Ausgabe 1981, deutsche 1982. Letztere in München. Auszugsthema)	
813 Oberschenkeldrehen – Schwungnamen 1981 Karl Gamma (CH) Zwei schweizerische Besonderheiten, die nichts miteinander zu tun haben: ▶ Oberschenkeldrehen, zusätzlich zum Drehen mit Knie und Füßen ▶ Schwünge sollten nur noch „symbolhaft" klassifiziert und benannt werden.	Dem Drehen in Sitzhaltung wie in der österreichischen Wellentechnik kann sich offensichtlich auch Karl Gamma nicht entziehen. Dabei klingt das Oberschenkeldrehen durchaus originell. Die ausschließliche „symbolhafte" Behandlung der Schwünge wird zwar hier noch nicht durchgehalten, wird aber das Skilehrwesen der Schweiz in den nächsten Jahren prägen. (Das Ski-Handbuch. Texte Seite 13 und 120 f., Zeichnung Seite 121)	

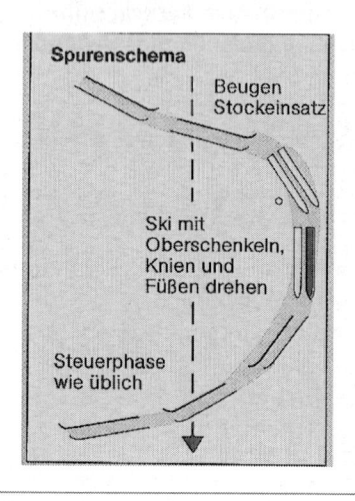

814 Känguru-Schwung

1981 Karl Gamma (CH)

- Auf den Ski möglichst tief absitzen und im Aufrichten die Ski drehen.
- Der Stock hat hier die stärkste Ausformung als Stütze und als Exzenter.

Der legendäre Spielschwung von 1968 wird von Karl Gamma hier als Tiefschneeschwung angeboten. Er hebt dabei das Vergnügen an dieser Technik hervor.
In der alten klassischen Ausführung legten sich manche Demonstratoren mit dem Rücken auf die Ski.
(Das Ski-Handbuch. Text und Bild Seite 120)

Kängurunschwung

815 Telemarkaffäre des Deutschen Skiverbandes

1981 Deutscher Skiverband

Ekkehart Ulmrich, Direktor Freizeitsport und Ausbildung, in Übereinstimmung mit dem Lehrreferenten Paul Knöfel, schreibt an das Lehrteam:
„Bereits im vergangenen Winter habe ich Euch sehr deutlich erklärt, weshalb die Schulung des Telemark-Schwunges in mehrerlei Hinsicht ein Unfug ist und deshalb im DSV-Skilehrwesen nichts zu suchen hat."
Zurückgewiesen auch aus medizinischen Gründen.
Ebenso: *„Didaktisch ist der Telemark-Schwung ein Unsinn."*

Da sich offensichtlich nicht alle Ausbilder an das Verdikt hielten, meint Ulmrich
„daß jetzt folgender Erlaß notwendig geworden ist: Der Deutsche Skiverband untersagt...".
„Wer dieser Forderung des Deutschen Skiverbandes nicht nachkommen kann oder nicht nachkommen will, kann nicht länger Mitglied im DSV-Lehrteam sein."

Zu beachten ist zunächst die Wortwahl „Erlaß" und die Unterstreichung dieses Wortes. Eigentlich ein ministerieller Begriff.
Die Telemarkaffäre des DSV erinnert an das Telemarkverdikt der Arlberger Ende der 1920er, durch das ebenfalls den Skilehrern ein Unterricht des Telemarks untersagt worden ist.
Während jedoch die DSV-Affäre nach einem Jahr unter den Tisch gekehrt wurde, hatte das Arlberger Verdikt Auswirkungen über Jahre und Jahrzehnte. Beide Verbote lassen wieder einmal ahnen, welche Denkkultur in den sog. Lehrwesen herrscht. Erinnert werden wir dabei auch an das Verbot des DSV von Skiwettkämpfen der Damen von 1924.
(Der Telemarkaffäre des DSV wird bald auch eine Skatingaffäre folgen.)

Demonstrator Karl Buhl, Sonthofen, der Auslöser der DSV-Affäre.
(Zitate aus Rundschreiben Nr. 41/81 – ul/pr vom 28-20-1981 an die Mitglieder des DSV-Langlauf-Lehrteams)

816 Ingemar Stenmark auf einem Carvingski

1981 Ingemar Stenmark (S) in einem Parallelslalom

- Erster Nachweis, dass in einem Rennen ein extremer SL-Carver benützt wird.
- Stenmark wird Zweiter.
- Für eine Verwendung bei anderen Rennen wird Stenmark dies von seinem Verband untersagt.

Andrej Robic von Elan konstruierte den Ski auf ausdrücklichen Wunsch von Stenmark. Aber erst drei Jahre später greifen vor allem die norwegischen Läufer auf stärker taillierte Ski zurück. Zu erinnern ist, dass Zvone Debeljak aus Kranj bereits 1960 mit stärker taillierten RS-Ski, seinem Kaninke-Ski, experimentierte.

(Berichte in Tagespublikationen und Zeitschriften)

261

817 „Kantsteuern" auf stark taillierten Doppelski „Swingbo" **1981 Harald und Michael Strunck aus Willingen (D)** ▸ Skateboardkonstruktion für den Schnee ▸ Zwei sehr stark taillierte kurze Ski ▸ Stehen auf dem Deck ohne Bindung ▸ Fußstellung wie beim Skateboard ▸ „Kantsteuern"	In Europa sind das die bisher am stärksten taillierten Skigeräte. Das Swingbo wurde in den folgenden Jahren von Fuzzy Garhammer als Fuzzy-Board weiterentwickelt, erwies sich jedoch im steileren Gelände und bei höherem Tempo als zu schwierig. Außerdem war das aufkommende Snowboard ein zu starker Gegner. Interessant ist die Begriffsbildung „Kantsteuern". Garhammer meinte damit durchaus, den ganzen Schwung auf der Kante fahren – also Carven.	
818 Funktionalität als Erklärungsgrundlage **1981 Deutscher Skilehrplan** Jede Aktion hat eine Funktion. Beispiel Bergstemme: Stemmen als teilweises Abarbeiten der Richtungsänderung in einem vorausgehenden Schritt. Der Lehrplan selbst ist skitechnisch gesehen nur eine Reproduktion von 1971	Das Programm der Funktionsanalyse von Uli Göhner und übernommen aus dem Gerätturnen wird missverstanden oder missbraucht, um bestimmte technische Ausführungen als besser, richtiger oder wichtiger zu begründen, obwohl dieses nur aussagen wird, wie jede technische Lösung strukturiert ist. Allgemein über alle Bände ein sehr detailreicher Lehrplan. (Deutscher Verband für das Skilehrwesen, Neuauflage. Skilehrpläne Bde. 1-3)	
819 S.K.I. – Internationale Skitechnik? **1981 Deutsches Lehrplankonzept – Walter Kuchler (D)** ▸ **S** steht für schülerorientierte Wege ▸ **K** steht für komplexe Methoden ▸ **I** steht für internationale Skitechnik	Das Programm steht in der Reihe alter Bemühungen, die von Vereinheitlichung schwärmen oder behaupten, dass eigentlich alle Spitzenfahrer gleich fahren. Auch dieses Programm ist mehr Wunsch als Realität. Es genügte auch nicht, um die großen Veränderungen im Rennlauf zu sehen und anzunehmen. (Lehrgangspapiere des Deutschen Verbandes für das Skilehrwesen)	*„Internationale Lage 1981: Abgesehen von Schweden sind die Skischulen und der Rennlauf weit auseinandergedriftet."* Walter Kuchler
820 Schwingen auf der Ideallinie – Schwingen ohne Bremstechniken **1981 Walter Kuchler (D)** ▸ Forderung einer aktiven, nicht passiven Fahrweise ▸ Suchen der Ideallinie ohne Bremsspur ▸ Geschwindigkeitskontrolle durch die Spuranlage ▸ Geschwindigkeit verringern über die Spur	In einem programmatischen Artikel „Vom Gängelband zur Selbsterfahrung" wird aufgefordert, Bremsen durch Querstellen und Schwingen mit Rutschen zurück zu drängen. Ziel ist der souveräne, standsichere, taktisch versierte und mit allen Schwierigkeiten vertraute Fahrer. Zusammenhang mit einem Skifahren, bei dem emotional-affektiv getönte Eindrücke bestimmend sind. (Ski alpin: Vom Gängelband zur Selbsterfahrung. Seite 159 – 181)	

821 Internationaler Lehrplanüberblick **1981 Walter Kuchler in „Skilehrplan 1"** Vorstellung von 9 internationalen Skilehrplänen nach: ▸ Allgemeiner Charakteristik ▸ Aufbau der Grundschule ▸ Technische Besonderheiten ▸ Oberstufe ▸ Literatur – Zugang	Eine Vorstellung anderer Lehrpläne ist den nationalen Institutionen der Alpenländer unbekannt. Vergleichsweise offene Akzeptanz findet man nur in der US-Literatur der 1960er Jahre. Auch ein Rückblick in ältere Lehrplanliteratur von den 1920er Jahren an zeigt ein ähnliches enges Verständnis der jeweiligen skitechnischen Entwicklung. Ein Anliegen ist auch die Vorstellung anderer Unterrichtskonzepte im Lehrplan (Deutscher Verband für das Skilehrwesen. Skilehrpläne, Band 1, Seite 120 – 128)	Walter Kuchler stellt vor: ▸ Amerikanischer Lehrplan ▸ Britischer Lehrplan ▸ Französischer Lehrplan ▸ Japanischer Lehrplan ▸ Italienischer Lehrplan ▸ Kanadischer Lehrplan ▸ Österreichischer Lehrplan ▸ Spanischer Lehrplan ▸ Schweizer Lehrplan Daneben noch Konzepte: ▸ Unterricht mit ansteigenden Skilängen – M. Puchtler ▸ Lehrprogramme von R. Daugs und E. Neuberg ▸ Unterrichtsmodell „Vom Gängelband zur Selbsterfahrung" von W. Kuchler
822 Wellentechnik problematisch **1982 Walter Kuchler (D)** Einwände gegen Wellentechnik ▸ Für 80 Prozent der Freizeitskifahrer wegen der absitzenden Belastung nicht umsetzbar ▸ Auf die Dauer gesundheitliche Schäden zu befürchten	Auf einer Tagung des internationalen Skilehrwesen im österreichischen Bundessportheim auf dem Kitzsteinhorn argumentierte ich als Leiter der deutschen Delegation gegen Prof. Stefan Kruckenhauser. Aber solche Einwände gegen das österreichische Konzept wirkten nur störend und wurden nicht ernsthaft diskutiert.	
823 Rasen auf der Piste **1982 Christian Weber (D)** *„Man muß sich das Rasen auf der Piste als einen meditativen Akt vorstellen. Seine persönliche Höchstgeschwindigkeit bewältigt man nämlich nur dann, wenn man alle Sinne auf die Fahrt konzentriert. Rasen funktioniert nicht mit Nachdenken, sondern nur über eine möglichst automatische, instinktive Steuerung. ... Es gibt vermutlich keinen anderen Sport, wo gleichermaßen der gesamte Körper den Bewegungsablauf bestimmt."*	Mit Ironie schildert der Verfasser das Phänomen *Rasen*, versucht es aber auch zu begreifen. Ein meditativer Akt? Instinktive Steuerung? Konzentration aller Sinne? Jedenfalls: Der ganze Körper ist involviert. Verstehen durch Mitfühlen – Verständnis ohne Billigung. Rasen wird jetzt hier und auch später nur das Problem weniger sein. Mit optimierter Ausrüstung und perfekt präparierten Pisten entwickelt sich das Problem, dass sehr viele Fahrer über ihre Verhältnisse fahren, d. h. sie fahren, gleich auf welcher Könnensstufe sie stehen, immer zu schnell. Dazu kommt, dass nur wenige den Einstieg über eine Skischule suchen und selbst diese danach nie wieder eine Anleitung bekommen. Das wiederum wirft die Frage auf, was die Skischulen leisten, welche Attraktivität sie haben. (Ski fahren. Seite 60 f.)	(Zeichnung Milan Maver)

824 Motivation – Erklärungen

1982 Christian Weber (D)

„Der Wunsch nach Mobilität scheint ein Grundtrieb des Menschen zu sein. Irgend so etwas muss auch die Skifahrer abtreiben. Es muss mit Sonne und Schnee zu tun haben, mit guter Luft und schneller Bewegung. Skifahren ist die lustvollste Weise, Körper und Seele heil durch den Winter zu bringen. Abstrakt ist das alles nur schwer zu fassen, besser, man erzählt Geschichten."

(Ski fahren. Texte Seite 9 und Umschlag hinten, Bild aus dem Außentitel)

„Man könnte natürlich auch koksen, aber das soll auf die Dauer der Nasenschleimhaut schaden, ist ziemlich teuer und bringt irgendwann Ärger mit der Polizei. Was das halluzinogene Potential angeht, dürfte der Schnee unter den Skiern dem Schnee in der Nase ohnehin in nichts nachstehen: Glück feuert durch die Synapsen, die Sinne steigern sich und für einen Moment ist das Leben einfach schön."

Die Erklärungen für die Anziehungskraft des Skifahrens durch einen Wissenschafts-journalisten nimmt man als Skifahrer, Skilehrer und Skitheoretiker gerne an. Sie vermitteln anschaulich, was man als Sportwissenschaftler selbst mit Hilfe verschiedener Wissenschaftsdisziplinen zu erfassen sucht.

825 Formen stockfreien Fahrens

1982 Ludwig Schaller (A)

zeigt viele Trainingsformen
- mit verschränkten Händen
- als Flieger
- mit verschränkten Armen
- u. a.

Ludwig Schaller nimmt als Trainingsformen für die Beinspieltechnik vorweg, was zehn Jahre später in der Carvingzeit als Übernahme von den Snowboardern Eigenwert bekam.

(Schilauf in Österreich. Seite 54)

826 Dominanz der Vertikalbewegung

1982 Deutscher Skilehrplan

Mit Berufung auf die gesamte Vergangenheit wird der Vertikalbewegung ein einzigartiger Raum gewidmet.
- Anwendungsbeispiele
- Schulungen Technik
- Schulung Taktik

Skitechnisch gesehen ist die neue Lehrplanauflage eine Aufbereitung der Pläne von 1971 ff. Auch die Hervorhebung der Vertikalbewegung zeigt, dass auf neuere Entwicklungen nicht eingegangen wird.

(Deutscher Verband für das Skilehrwesen, Skilehrplan Skifahren in jedem Gelände. Band 3, Seite 42 – 45, Bild Seite 43)

827 Fehler als Systemskizze

1982 Franz Held (D

54 grundsätzliche Fehler zeigen aus negativer Perspektive, wo Schlüsselstellen einer technischen Konzeption sind.

(Siehe vor allem Fehlerlisten Seite 37 – 42)

Ein Buch, das auf Fehlern und auf ihrer Analyse aufbaut. Wie niemals zuvor wird hier den möglichen Fehlern Aufmerksamkeit zur Durchleuchtung eines Lehrplansystems geschenkt. Hauptintention des Verfassers ist dabei das methodische Anliegen, wie man Fehler beheben wird.

(Ski alpin. Außentitel)

828 Schwingen mit modernen Zügelski – erste Rockerski

1982 Walter Kuchler (D)

Mit Stahlleinen von der Skispitze zur Bindung und der Einstellung verschiedener Verkürzungen können Vorderski und Schaufel hochgezogen werden. So können vor allem im Lockerschnee die Beinspiel- und die Rotationstechniken leicht umgesetzt werden. Es führt aber zu Einschränkungen auf harter Piste, da der Ski verkürzt wird und der Schaufelgriff verloren geht.
Das Experiment wird von vielen Skilehrerkollegen belächelt.

Der historisch alte Zügelski regte zu diesen Versuchen an. Vor allem der Gebrauch von Zügelski um 1650 auf der Bloke zeigt seine Praktikabilität. Auch W. Offermanns Bericht (1930) über Zügelski um 1900 bestätigt dies. Twintips-Ski und Rocker sind moderne Nachfolger.
Dem Versuch von 1982 folgten weitere anderer Experten bis es schließlich 2010 zum Rockerski kam.
(Über historische Zügelski: Zur Weltgeschichte der Leibes- übungen. Festgabe für Erwin Mehl zum 70. Geburtstag. Seite 45-50, hier 48)

Bild russischer Jäger auf Zügelski aus Erwin Mehl, Grundriß der Weltgeschichte des Schifahrens. 1964, Seite 38

829 Das „gute Bewegungsgefühl"

1982 Arturo Hotz (CH)

Das „gute Bewegungsgefühl" kommt aus
- optischen Eindrücken
- Gleichgewichtsgefühl
- Lagegefühl
- Muskelgefühl
- Hörgefühl
- Druckgefühl

Arturo Hotz fasst die Grundlagen für die Ansätze der letzten Jahre zum allgemeinen Bewegungsgefühl zusammen. Er sieht im „guten Bewegungsgefühl" auch die Grundlage für Lernfähigkeit und Bewegungsvorstellung.
Er meint:
„Die Sinnesempfindungen steuern und überwachen unsere Bewegungen!"
(Das „gute Bewegungsgefühl" als Basis, Seite 7 f.)

830 Siitonenschritt – Skatingaffäre des Deutschen Skiverbandes

1982 Deutscher Skiverband

Ekkehard Ulmrich hat sich als neues Opfer für eine Verurteilung einer Skitechnik durch den Deutschen Skiverband den Siitonenschritt (schlittschuhartige Abdruckschritte auf einer Seite) und den Schlittschuhschritt in der Loipe ausgesucht.
Alpin gesehen gibt es den einseitigen Abstoßschritt schon seit Jahrzehnten:
Abdruck vom talseitig ausgescherten Ski und Hinaussteigen zum Berg- bzw. werdenden Außenski.

Dieses Mal leitete Ulmrich die Ablehnung einer Technik, die im alpinen Skifahren Tradition hat und die nach 2000 als Skatingtechnik des Carvens propagiert werden wird, in einer Rundfunkübertragung direkt aus dem Pistengeschehen ein.
Ulmrich bezog sich für seine ablehnende Haltung – wieder wie im Falle Telemark – auf gravierende gesundheitliche Bedenken. Als Kronzeugen berief er sich in der Sendung auf den medizinischen Beirat des DSV, der zu dieser Zeit sich noch nie mit dem Thema befasst hatte und auch später dazu keine Stellung abgab.

Das Bild von Toni Schönecker aus dem Jahre 1925 lässt vermuten, dass der DSV gerne verurteilt und immer schon Verdikte ausgesprochen hat.

831 Skitechnikgeschichte **1983 Franz Hoppichler (A)** ▶ Ein Streifzug von Mathias Zdarsky bis 1982. ▶ Funktionen, Veränderungen des Hoch- und Tiefgehens ▶ Veränderungen durch das Tempo ▶ Verschiebung des Zusammenspiels von äußeren und eigenen Kräften ▶ Rolle der Skilänge ▶ seitliche Belastungswechsel (Umsteigen)	▶ Belastungswechsel vor-rückwärts bis Schleudern ▶ Driften und Schneiden ▶ Pedalieren ▶ Varianten der Beinarbeit ▶ Wechsel von Spannung und Entspannung Eine kurze Form Technikgeschichte. Mit Beispielen illustriert könnte sie ein Arbeitspapier für diesen Teil der Skigeschichte in Kursen für Fortgeschrittene und in der Skilehrerausbildung sein. (Auf und ab – hin und her. Seite 12 f.)	
832 The carved turn **1983 Denise McCluggage (USA)** Die Verfasserin behandelt den carved turn. Das Buch erscheint 10 Jahre später unter dem Namen „Der innere Schwung" in deutscher Sprache. Dort eine nähere Besprechung.	In dieser Phase der Skientwicklung zeigt auch diese Autorin, dass die USA dem Wissen einer fortschrittlichen Praxis in Europa voraus ist. Neben der progressiven und innovativen Einstellung sind aber auch eine allgemeine Unaufgeregtheit und eine selbstverständliche Offenheit in allen Skifragen festzustellen. (Englisch New York 1977. Außentitel des Buches, deutsch in Ravensburg.)	

833 Logisches System der Skitechnik
 	
1983 Erhard Gattermann (D)
 	
Einteilung in
▶ Prinzipien:
  Schwungprinzip
▶ Typen:
  Schwungtyp
▶ Varianten:
  Schwungvariante
	Auf der Suche nach Überblick und Vollständigkeit: Nach den alten „Stammbäumen", die es seit den 1920er Jahren gab, den Vorschlägen der beiden Autoren von 1975, 1977 und 1981 wird hier ein Konzept vorgeschlagen, womit man alle Skitechniken durchforsten und auf den Punkt bringen könnte. Die Ableitungen sind logisch. Das System ist übersichtlich. – Dieses Thema stand auch im Mittelpunkt des deutschen Beitrages zum Interskikongress in Sexten (I) 1983.	(Das System einer universellen Skitechnik. In: Kongressbericht zum 12. Interskikongress Sexten. Titelbild Skilehrplan)

834 Kippschwünge **1983 Kuno Meßmann (D)** Neu thematisiert mit ▶ Beinspieltechnik ▶ Hochbewegung ▶ Spätem Einsetzen des Kippens (Texte und Bild in Alpiner Skisport. Seite 88 f.)	Der langjährige Cheftrainer des Deutschen Skiverbandes interpretiert das Kippen einerseits als ausgeprägte Antizipation, lässt es nach seiner Zeichnung aber erst relativ spät einsetzen. Jedenfalls ist Kippen wie bei Henry Hoek 1934, anfangs der 1970er-, in Ski Schweiz 1985, bei Georg Kassat 1985 und wie in der ganzen einsetzenden Carvingtechnik ein Thema	

835 Skitechnik für wen? 1983 Walter Kuchler für Interskireferat (D) *„Die Skitechnik ist für den Schüler da – nicht umgekehrt!"* Ein Satz aus dem deutschen Beitrag zum Interskikongress in Vuokatti 1983. (Das System einer universellen Skitechnik. Offizieller Kongressbericht. Seite 47)	Diese provozierende Formulierung, deren ich mich seit Jahren bediente, richtete sich gegen dogmatisches Anspruchsdenken skitechnischer Systeme. Nicht erst Pädagogik, Didaktik und Methodik im Unterricht sollten die Technik für die Schüler aufbereiten, sondern bereits die Entwicklung einer Lehrplantechnik müsste den Schüler im Auge haben. Dabei sind die Probleme des Transfers beispielsweise von der Renntechnik zur Schulskitechnik zu diskutieren.	
836 Rebound Turning 1983 Horst Abraham (USA) Reboundprinzip nach dem Gesetz Aktion und Reaktion *„Uphill christies, and the linking of such to oneside, then the other, will develop the feeling of `rebounding`."*	Der Lehrplanautor und Vorsitzende der Lehrplankommission bei den Berufsskilehrern, bewandert in Fragen der Geschichte und Entwicklung, geht erstaunlicherweise nicht auf das Carvingthema wirklich ein. Aber mit „Rebound Turning" formuliert er eines der wichtigsten Prinzipien der Moderne, an dem andere Länder noch Jahrzehnte vorbeigehen. (Skiing Right. Text Seite 154 f., Außentitel)	
837 Hochschwung mit Jetauslösung 1983 E. Gattermann (D) Im Demonstrationsprogramm: ▸ Parallelschwung ▸ Starke Vertikalbewegung ▸ Gleichzeitiges Jetten Eine Ergänzung zum Jetten mit Tiefauslösung.	Die Verbindung eines typischen Hochschwunges mit einer Jetauslösung wird speziell für den Tiefschnee empfohlen. Damit wird eine Lösung angepeilt, die die Beinspieltechnik auch tiefschneetauglich machen soll. Das Lehrplanbild zeigt auch, den Außenarm bis zur Falllinie vorzuziehen. (Offizieller Kongressbericht des Interski 1983 in Sexten: Das System einer universellen Skitechnik Seite 47)	
838 Hocktechnik mit Pedalieren – „Bi-pedalismus" 1983 Japan beim Interski-kongress in Sexten / Italien **Ausgangspunkt Gehbewegung Besondere Merkmale:** ▸ **tief absitzende Grundstellung** ▸ **Streck-Schub-Bewegung** ▸ **Beinedrehen im Pedalieren** ▸ **Pflugfahren betonend**	Die Ausgleichs- oder Wellentechnik erfährt eine weitere Ausformung. Schon beim Pflugbogen prägt sich die „Streck-Schub-Bewegung" der Beine stark aus. Regulärer Kniewinkel 80-90 Grad. Anknüpfung an die Arbeiten von Hans Zehetmayer und Fred Lanziner. – Pedalieren ist ohne thematisiert zu werden ein traditionelles Element der Skitechnik, wie das Foto von 1939 zeigt.	 (Bild bei Henry Hoek, „Parsenn" 1939, Seite 152)

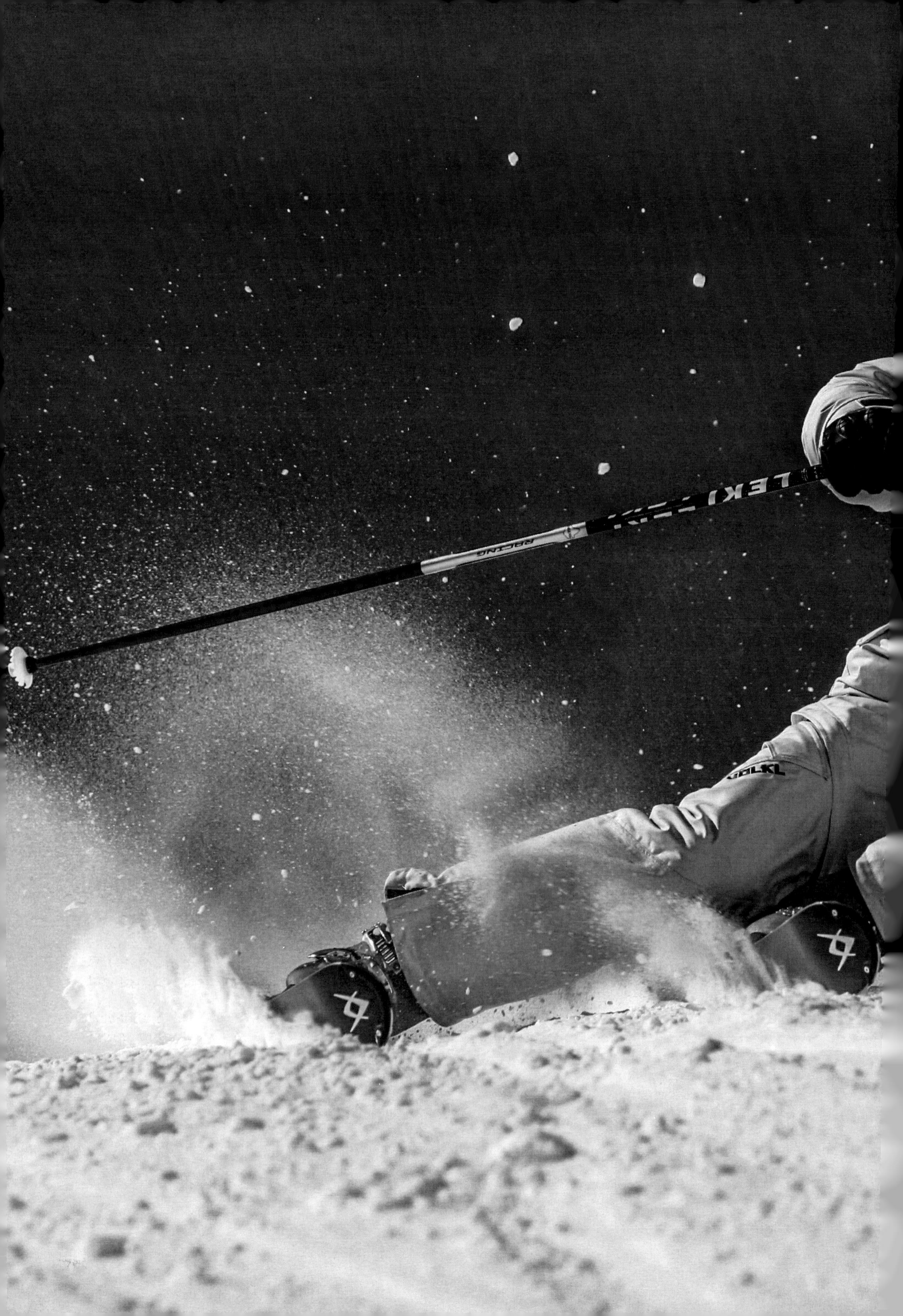
LEKI

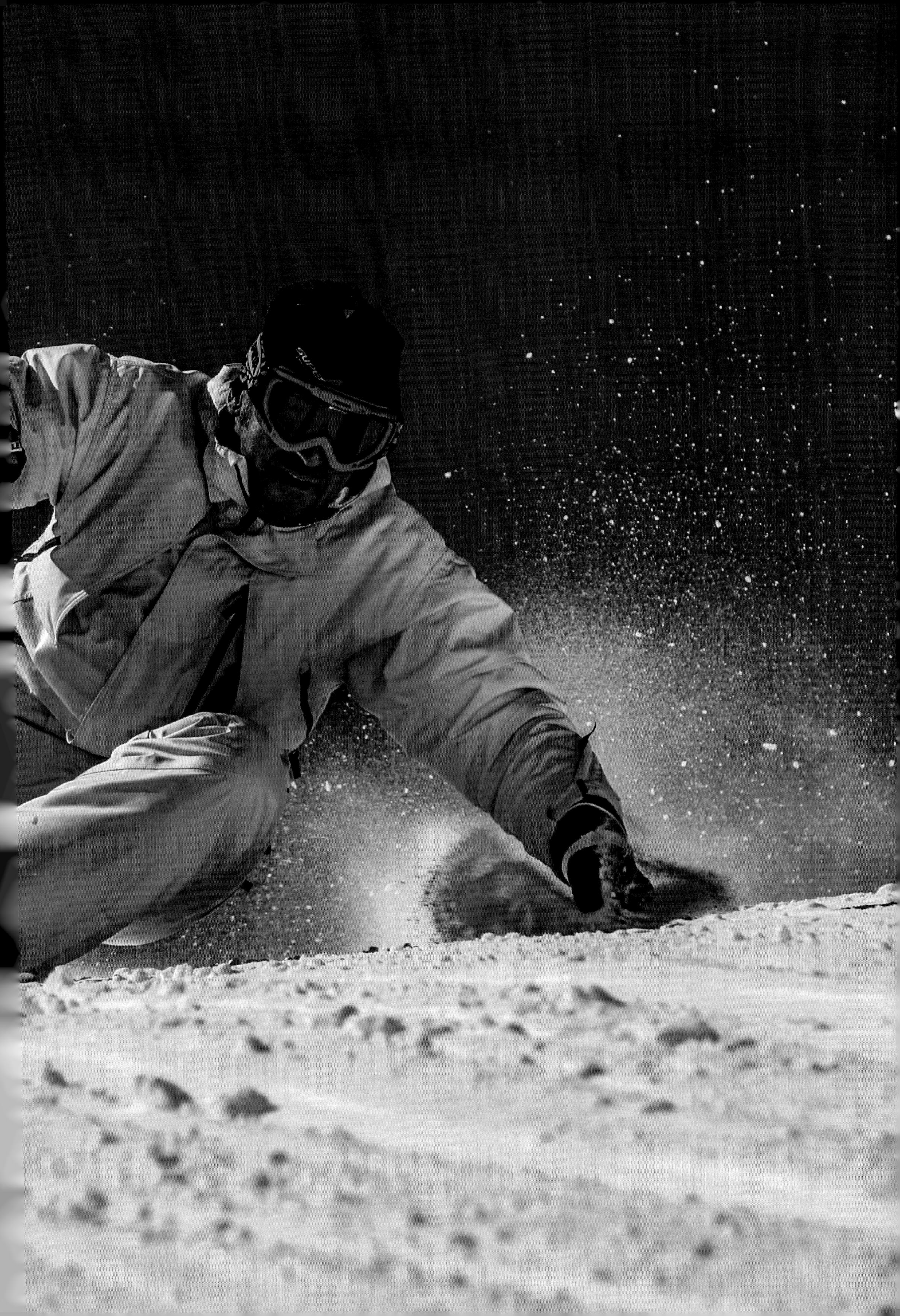

839 Endstufe der Beinspieltechnik – mit Bewegungsgefühlen

1983 Rosi Mittermaier, Christian Neureuther, Kuno Messmann (alle D)

Das volle Spektrum der Beinspieltechnik, aber auch:
„*Als guter Skifahrer werden Sie bald eine für Sie individuell günstige Position zwischen Torsion und Rotation finden.*"

Das sorgfältig gemachte Skibuch vertritt, die Endstufe der Beinspieltechnik, wie sie in Deutschland verstanden wird. Also keine Wellen- oder OK-Technik auf der Piste. Mit reichem Bildmaterial und vielen Zeichnungen. Verdienstvoll ist vor allem das Eingehen auf instrumentale, taktile und kinesiologische Gefühle.

(Rosi Mittermaier, Christian Neureuther, Kuno Messmann, Unser Skibuch. Text Seite 77, Gefühle Seite 58 – 61)

---

840 Carven – in der Biomechanik angekommen

1983 John G. Howe (USA)

„*The Turn a Carved by the Ski*" nennt der Verfasser seine Untersuchung im Rahmen seiner „Skiing Mechanics".

Erst Christian Kaufmann befasst sich 1989 in Europa mit einem Carvingbeitrag in der „Biomechanik der Sportarten" von Klaus Willimczik (als Hg.). Wolfgang Niessen und Erich Müller untersuchen 1999 die Aspekte stark taillierter Skier und erhöhter Standflächen.

Biomechaniker erfinden nichts, sondern untersuchen Vorhandenes. Dieses muss bereits gut bekannt sein oder jedenfalls eine größere Aufmerksamkeit erfahren haben.
Während John G. Howe und Christian Kaufmann mehr den Tatbestand untersuchen, gehen Wolfgang Niessen und Erich Müller kritisch und wertend an zwei Carvingaspekte heran.

(Graphik bei John G. Howe, The Skiing Mechanics. Seite 108)

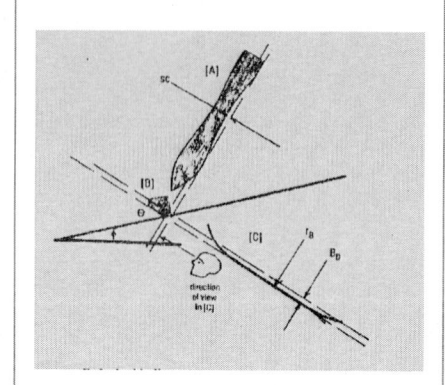

---

841 Fülle an Techniken

1984 Österreichischer Berufsskilehrerverband

Vielfalt an Techniken:
▶ Stemmschwünge
▶ Beugedrehen
▶ Pedalieren
▶ Schneiden
▶ Wedeln in Pflug- und Parallelstellung
▶ Scher- und Klammerschwünge
▶ Innenskischwünge
▶ Rückwärts mit Bögen und Schwüngen
▶ Schiwalzer und Sprünge

Das kleinformatige Heft listet ein umfangreiches Skischulprogramm auf.
▶ Eingeteilt nach Niveaugruppen.
▶ Immer wieder wird die Anpassung an die Situationen (Hangsteilheit, Tief- und Schlechtschnee) angesprochen.
▶ Empfohlen Torläufe und Parallelslaloms.
▶ Unklar bleibt das in der Einleitung angesprochene Schneiden.
▶ Für die Ausrüstung wird auf „Normal-, Kurz-, Compact- und Mid-Schi" verwiesen.

Der Begriff „Österreichische Skischule" bezieht sich nur auf die Berufsskischulen, nicht auf die Programme des Skiverbandes, der Naturfreunde und der Sportinstitute.

842 Pedalieren mit „Maxi" **1984 „Maxi" mit Hans Zehetmayer und Helmut Gottschlich (A)** Das motorische ferngesteuerte Skimodell fährt Kurven. ▶ Es beugt das Innenbein und streckt das Außenbein. ▶ Auf Befehl kippt es aus dem Hang. ▶ Die Ski schneiden, carven.	Bald werden die beiden Konstrukteure noch bessere Modelle liefern. Aber bereits „Maxi" beweist, dass es ein sehr einfaches Skifahren gibt. Das wirft viele Fragen für viele Techniken auf. Was ist notwendig? Was bringt die Aktivität weiterer Gelenke? Welche Rolle kann man Rumpfbewegungen zuschreiben? Wie sollten Ski beschaffen sein, wenn Kurve auf Kurve folgen sollen? (Aus Referatsunterlagen beim Skikongress in Vuokatti. Dort auch das Bild.)	
843 Umsteigen und Carven **1984 Yves Gaudez (F)** Neben verschiedenen Umsteigeschritten kann mit Carven kombiniert werden: ▶ **Counter-Rotation** ▶ **Hochbewegung** ▶ **Rebounds** ▶ **Ausgleichsbewegung**	Die erstaunlich offene Carvingkonzeption wirft die Frage auf, warum Frankreich in den folgenden Jahren so zögerlich auf die Carvingrevolution reagierte. Im Gesamtprogramm von Yves Gaudez spielt allerdings auch das Carven eine untergeordnete Rolle. (SKI the French way. Text und Bild Seite 105)	
844 Spielschwünge – zwischen Lernen und Anwendung **1985 Walter Kuchler (D) und Milan Maver (SLO)** „Skizirkus" – eine Sammlung von 125 Techniken ▶ historische Schwünge ▶ reine Spielschwünge ▶ Trickschwünge ▶ Trainingsschwünge ▶ Superschwünge ▶ Artistenschwünge ▶ Sprünge aller Zeiten ▶ Abfahrtspositionen Manche Formen nehmen spätere offizielle Techniken vorweg.	Mit dem Begriff „Spielschwünge" werden spielerische Möglichkeiten erfasst – und zugleich als Skitechniken legitimiert. Gezielt wird auf Spaß, auf Motivation, aber auch auf Lernen und Können. Manche Spielschwünge sind Vorformen, andere Varianten bekannter Techniken. Der Einsatz im Unterricht kann die Lernatmosphäre völlig verändern. In den folgenden Zeitfenstern einige Beispiele aus über 100 Spielschwüngen. (Als „Skizirkus" 1985, als „Ski-Tricks" in verkürzter Form 1991 veröffentlicht. Alle Serienzeichnung von Milan Maver.)	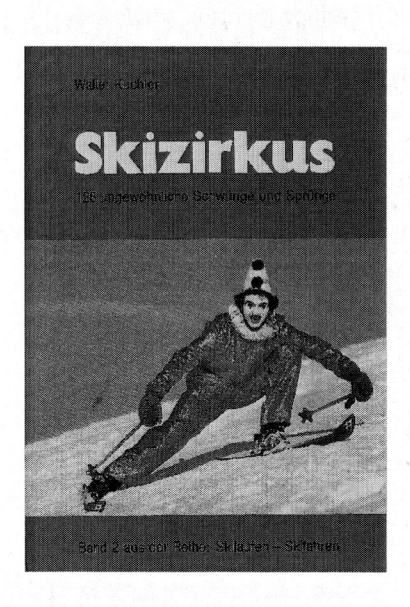
845 „Tramper" **1985 bei Walter Kuchler (D) und Rudolf Bossi 1961 (CH)** *„In der Schrägfahrt führt man den Daumen der talseitigen Hand im Bogen nach oben – talwärts. Folgt auch der Kopf mit einer seitlichen Neigung dieser Bewegung, so ist der Erfolg gesichert."*	Dieser Entwurf des Schweizer Rudolf Bossi 1961 und im Buch „Skizirkus" ausgeformt führt zu Bewegungsabläufen, wie sie später beim Rennfahrer Pirmin Zurbrüggen zu beobachten waren. Methodisch wird man diesen Spielschwung für einen Innenskischwung bzw. für das Skatecarven nutzen. (Skizirkus Nr. 28, Ski-Tricks Nr. 17)	

846 Zdarsky-Schwung – der leichteste Schwung **1985 Walter Kuchler (D) und Milan Maver (SLO)** *„Die zusammengenommenen Stöcke – oder eine Slalomstange – werden bergwärts leicht schleifend mitgeführt. Zur Einleitung der Richtungsänderung schwingen die Stöcke vorhoch und auf die andere Seite. Das führt zu einem leichten und sicheren Drehen. Zdarsky hat übrigens dabei einen Griffwechsel vollzogen."*	Zdarskys legendäre Skitechnik hat sich in Form eines Parallelschwunges mit schwunghaftem Wechsel einer Stange oder beider zusammengenommenen Stöcken erhalten. Die Ganzkörper- bewegung und die Pendelarbeit von Armen und Stöcken machen alles leicht. Eine Hemmung vor der Falllinie wird spielend überwunden. Damit wird auch Reuels Drehschwung, Hoscheks schraubige Drehung und der Schlangenschwung Jouberts wieder aufgenommen. (Skizirkus und auch Ski-Tricks. Thema 1)	
847 Eisenbahnerschwung – „Fahren wie auf Schienen" **1985 Walter Kuchler (D) und Milan Maver (SLO)** *„Exakt wie auf Schienen gleitet der Fahrer einmal auf den beiden rechten, dann auf den beiden linken Kanten. Eine geradlinige, plötzliche, wenn auch geringe Richtungsänderung ohne jedes Rutschen. ... Der Fahrer kippt mit den Knien die Ski ..."*	Dieser geschnittene Schwung wird wie der geschnittene Pflugbogen als „Spielschwung" im methodischen Bereich angesiedelt und behandelt. Eigentlich ist er aber ein Carvingschwung par excellence. Man fährt wie die Wiener Skimodelle. (Skizirkus Nr. 31, Ski-Tricks Nr. 18)	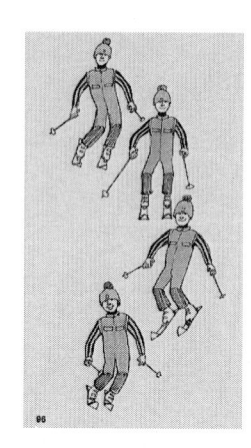
848 „Zwergerlschwung" – auch ein Carvingschwung **1985 Walter Kuchler (D) und Milan Maver (SLO)** ▶ tiefe Hocke ▶ Blockade der Rumpfarbeit ▶ Schwung nur durch Ski- und Kantenwechsel ▶ Damit mehrere Merkmale einer Carvingtechnik	Dieser Spielschwung aus dem „Skizirkus" findet hier aus zwei Gründen Berücksichtigung. 1. Er ist eigentlich wie ein Carvingschwung beschrieben. 2. Er wird 2007 im österreichischen Lehrplan wieder aufgegriffen werden. (Skizirkus Nr. 44, Ski-Tricks Nr. 25)	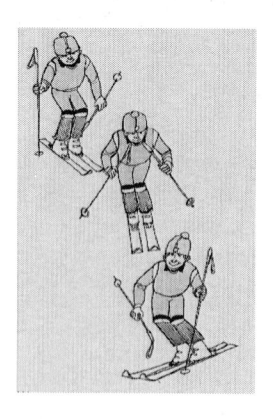
849 Mambovarianten **1985 Walter Kuchler (D) und Milan Maver (SLO)** ▶ Loipenmambo durch schnelle, heftige Armführung ▶ Wischi-Waschi-Mambo durch zweihändiges Scheibenwischen ▶ Telefonmambo durch Annehmen und gleichzeitiges Ablegen des Hörers	Das Mamboprinzip lässt sich durch Armführungen variieren. Entscheidend bleiben die alternierenden Seiten und die rhythmische Ausführung. Die Reihe der Wedelmöglichkeiten wird erweitert. (Skizirkus Nr. 52-54)	

850 Rebound – mit Druckwechsel

1985 Walter Kuchler (D) und Franz Hoppichler (A)

„Vor der Schwungauslösung baut der Fahrer auf seinem Ski und in seiner Muskulatur Druck und Spannung auf. Der Boden ´drückt´, der Fahrer hält dagegen. Mit einem plötzlichen Nachgeben und Spannungsabfall macht der Fahrer den Ski drehbereit ..."
(Skizirkus Nr. 75. –Vgl. dazu Franz Hoppichler, Ski mit uns, Seite 40)

Die Perspektiven Flex und Rebound werden hier vorweggenommen und zum dominierenden Schwungelement erhoben. In dieser Akzentuierung bisher nicht vorzufinden. Erst das Carven wird dieser Möglichkeiten die gebührende Aufmerksamkeit bringen und die hohe Schule wird dann auf den Reboundeffekt aufbauen. Der sog. Gegenschwung und das „Schoppen" werden durch eine raffiniertere Technik abgelöst.

Franz Hoppichler ähnlich:
„Man braucht am Ende der Richtungsänderung Druck, um aus diesem durch den Druckwechsel in die Gegenrichtung zu drehen."

851 Kippschwung 1985 – ein Faulenzerschwung

1985 Walter Kuchler (D) und Milan Maver (SLO)

▶ „Kurvenlage ist alles!"
▶ „Die Schwungeinleitung wird durch das kräftige Kippen des Körpers nach innen geprägt. Dieses Kippen geschieht rasch und energisch. Viele Fahrer kippen dabei auf ihren Stock zu und fangen damit die Innenlage ab."

Auch der „Skizirkus" demonstriert das Kippprinzip und erinnert an die Kipphinweise und Kippschwünge der Geschichte wie zuletzt bei Jürgen Kemmler und Kuno Messmann. Da der Fahrer auf nichts anderes achten muss, empfindet er den Schwung als einfach ohne große Aufwendungen – also ein Faulenzerschwung.
(Skizirkus Nr. 63, Ski-Tricks Nr. 36)

852 Supermurmele

1985 Walter Kuchler (D) und Milan Maver (SLO)

Ausbau des Murmeleschwunges durch
▶ eine ausgeprägte Anticipio
▶ einen Streck-Beuge-Rhythmus lang bis Falllinie – kurz als Steuerung
▶ Raffung des ganzen Bewegungsablaufes
▶ Wedelform

Diese Variation des Murmeleschwunges von Stefan Kruckenhauser führt ähnlich der Mambovariante zu einer eigenen Form des Wedelns.
Die deutlichen Strukturmerkmale garantieren leichtes Erlernen und hohen Vergnügungswert.
(Skizirkus Nr. 67, Ski-Tricks Nr. 40)

853 Fuzzyschwung – klammerndes Pedalieren **1985 Walter Kuchler (D) und Milan Maver (SLO)** Der Fuzzyschwung verdient eine Dokumentation, denn hier vereinen sich ▸ Scherend klammern ▸ Umsteigen en talwärts ▸ Pedalieren ▸ Skaten und ▸ Spiellust.	Fuzzy Garhammer (D) hat mit seiner Geige die Noten der Skitechnik gespielt und unzähligen Schülern den Weg zu exzessiverem Fahren geebnet. Übrigens auch eine Dokumentation des Pedalierens, das schon in den 1930er Jahren praktiziert wurde. (Skizirkus Nr. 87, Ski-Tricks Nr. 54)	
854 Eisenbahnerpflug -- geschnittener Pflugbogen **1985 Walter Kuchler (D) und Milan Maver (SLO)** „Wenn man pflügend plötzlich die Richtung ändert und dabei überhaupt nicht um die Kurve rutscht – man meint, hier fährt jemand auf Schienen."	Der geschnittene Pflugbogen wird im „Skizirkus" noch als methodischer Schwung gesehen, aber er wird für möglich gehalten. Dieser „Carvingpflug" wird fast 20 Jahre später entscheidendes Glied der Grundschule im deutschen Skilehrplan. (Skizirkus Nr. 30, Ski-Tricks Nr. 18)	
855 Vom Swingjet bis zum Delphin **1985 Walter Kuchler (D) und Milan Maver (SLO)** ▸ Jetauslösung mit Hochbewegung ▸ Betontes Hochziehen von Armen und Stöcken ▸ Vorkippen in die Falllinie ▸ Aussteuern bis zur ▸ neuen Jetauslösung Stärker taillierte Ski erleichtern vor allem den Delphin.	Der Swingjet von 1985 verdient deshalb besonders herausgehoben zu werden, weil er bei den Snowboardern und bei den Carvern eine Neuinszenierung erfahren hat. In seinen einfachen Ausführungen kann er als Komfort- oder Faulenzerschwung gesehen werden, wogegen eine Ausführung als Delphin hohes fahrerisches Können und energischen Einsatz erfordert. (Skizirkus Nr. 62, Ski-Tricks Nr. 35).	
856 Schaukelschwung – wie im Lehnstuhl **1985 Walter Kuchler (D) und Milan Maver (SLO)** Schaukeln: ▸ mit Rücklage auslösen ▸ mit Vorlage hinein ▸ mit Mittellage steuern Delphinieren: ▸ mit Jet abheben ▸ geflogen hinein ▸ mit Schaufelgriff aufsetzen und weitersteuern	Der Schaukelschwung ist eine bequeme aber auch gediegene Fahrart, ob mit Rotation, Beinspiel oder Carven. Die anspruchsvolle Intensivausgabe Delphin kann als Revival des „Doppelkristiania" oder „Karpfenhupfens" von 1924 gesehen werden. (Skizirkus Nr. 61, Ski-Tricks Nr. 34)	

857 Sammlung Um- und Quersprünge **1985 Walter Kuchler (D) und Milan Maver (SLO)** ▸ Startsprung ▸ Quersprung aus dem Stand ▸ Quersprung aus der Fahrt ▸ Stützsprung rückwärts ▸ Spitzkehre gesprungen ▸ Stützsprung vorwärts	Die große Zeit der Um- und Quersprünge waren die 1920er Jahre. Die Skiartistik ab den 1960ern allerdings brachte neue Formen mit zum Teil erheblichen Schwierigkeitsgraden. Im „Skizirkus" von 1985 sind Formen gesammelt, die für jeden Skifahrer praktikabel sind und die das Stehvermögen und die allgemeine Beweglichkeit schulen.	 (Skizirkus Nr. 119 – 125)
858 Sammlung Geländesprünge **Walter Kuchler (D) und Milan Maver (SLO)** ▸ Heldensprung ▸ Abfahrersprung ▸ Hocksprung ▸ Grätschsprung ▸ Storchensprung ▸ Drehsprung ▸ Drehumsprung ▸ Vorabsprung ▸ Wedelsprung ▸ Kniewedlersprung	Die Entwicklung hat hier kaum Neues hervorgebracht. Vieles wurde versucht und kreiert rein um der Kunst willen. Formen wie der Abfahrersprung, der Hocksprung und der Drehsprung gehören allerdings heute noch ins Repertoire des guten, vielseitigen Skifahrers. (Skizirkus. Nr. 109-118)	
859 Sammlung Abfahrtspositionen **1985 Walter Kuchler (D)** ▸ Babyschuss ▸ Schulposition ▸ Position Monoposto ▸ Position Ei ▸ Position Rakete ▸ Position Pfeil ▸ Kristianiahocke ▸ Monozopf ▸ Standwaage	Die Übersicht listet einige historische und moderne Rennformen auf. Letztere wurden bereits in den 1960ern von Georges Jouberts Rennpositionen beschrieben. Darüber hinaus gibt es zahlreiche spielerischen Techniken, die ihren Platz mehr im methodischen Bereich haben. (Skizirkus. Seite 241-267, Bild „Die neue Skitechnik" Seite 17)	
860 Können – Voraussetzungen **1985 Walter Kuchler (D)** ▸ Eignung ▸ Konstitution ▸ Zeitaufwand ▸ Ausrüstung ▸ Engagement ▸ Motivation	▸ Einstimmung ▸ Kondition ▸ Geländeerfahrung ▸ Schneeerfahrungen ▸ Körpergefühl ▸ Skigefühl ▸ Bewegungsverständnis ▸ Gestaltungsvermögen ▸ Fahrtechnik ▸ Fahrtaktik	Die Zusammenstellung sollte zeigen, in welchen Zusammenhängen die Skitechnik gesehen werden muss. (Skizirkus, Seite 312)

861 Individualisierung 1985 Deutscher Skilehrerverband Thema Individualisierung am Beispiel Pflugbögen: ▶ mit Vorausdrehen Oberkörper ▶ mit Drehen des ganzen Körpers ▶ mit Drehen durch das Außenbein ▶ mit verzögertem aktivem Drehen ▶ mit Drehen um das Innenbein	Teil I: Individualität vom Pflügen zum Schwingen Teil II: Individualisierung und spezielle Zielsetzungen am Beispiel der Bewegungsästhetik Diese Sicht, Interpretation und Konkretisierung der Skitechnik an Beispielen ist unter allen mir bekannten Lehrplänen einzigartig. Sie ist zwingt darüber hinaus, auch eine Individualisierung des Skiunterrichtes zu bedenken.	(Internationaler Verband der Ski-instruktoren, Kongress- berichte. Darunter der Bericht über Deutschlands Beitrag in Vuokatti 1985)
862 Telemark carvend – Telemark als das Carven schlechthin 1985 William Hall – Offiz. Cross-Country-Lehrplan (USA) *„Back country powder skiers have little use for carving, but to the pa-cked-slope skiers and racers intent on exploiting the telemark turn to its fullest potential, carving is a vital part of this realization."*	Seit 1964 werden Sache und Begriff Carven in den USA beachtet. Die Renaissance des Telemark beginnt nun mit der Cross-Country-Bewegung und bei Spezialisten mit Telemarkcarven auf der Piste. (Skiing right. Seite 131, Bild Seite 126)	
863 Skikunst hoch Zwei 1985 Ski Schweiz Man wird den Begriff Kunst zweifach sehen und anwenden, nämlich als Fahrkunst und als Kunst der Darstellung dieses Fahrens. Beiden Aspekten wird das Buch gerecht, wie keines vor ihm.	Das großformatige Buch ist geprägt von den Zeichnungen des Grafikers Urs Strähl und mit hohen Ansprüchen an skimechanische, bewegungstheoretische und methodische Darlegungen. Das ästhetische Gepräge verleiht dem Buch Werte über die Zeit und die Disziplin hinaus. Es ist eine der letzten Arbeiten des Künstlers. (Ski Schweiz. Seite115)	
864 Schwingen 1985 Ski Schweiz Schwungauslösungen durch Formen des Umkantens ▶ gleichzeitig ▶ nacheinander Ski andrehen als ▶ Steuern mit dem Außenski oder ▶ Vorhochkippdrehen oder ▶ Kipptiefgegendrehen Belastungswechsel ▶ gegen den Außenski ▶ auf den Außenski	Neben den allgemeinen Schwungeinleitungen werden aufgeführt ▶ rennbezogene Umsteigeformen ▶ Auslöseformen mit deutlichem Entlasten Begriff und Sache Schneiden nur für das Steuern Der Lehrplan wendet sich von den traditionellen Formen der Schwungeinteilung und Schwungbeschreibung ab und versucht sie durch Ablaufbeschreibungen zu ersetzen. (Ski Schweiz. Bild aus dem Außentitel)	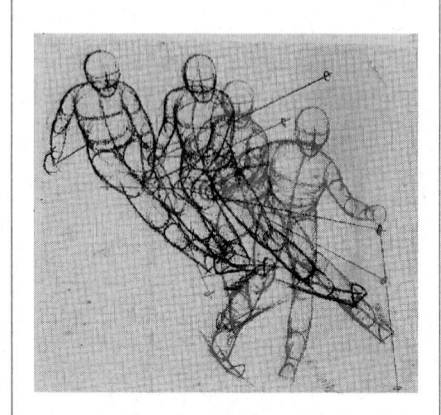

865 Beinspiel mit Kippen 1985 Ski Schweiz ▸ Alle Elemente des Beinspiels ▸ Kippen in verschiedenen Formen ▸ funktionelle Schwungbenennungen ▸ Rolle der Taillenform beim Steuern herausgestellt	In diesem groß angelegten Skilehrplan wird Kippen zum Prinzip und – nach schweizerischer Begriffs- verwendung – zu einer Kernbewegung des Schwingens. Historisch gesehen muss zum Thema Kippen vor allem auf Henry Hoek 1934 zurückverwiesen werden. Kein Verweis auf Carven. (Außentitel des Lehrplans)	
866 Carven diagonal: Im Slalom mit Kippstangen. 1985 Ski Schweiz Dabei ▸ Schrittwechsel schon zur Einleitung ▸ „Außenhandräumen" ▸ diagonale Arm-Fußarbeit ▸ Kippen zum Kanten- und Lagenwechsel ▸ Verzicht auf Stockeinsatz ▸ noch traditionell: enge Skiführung, Außenskibelastung und Hochbewegung	Nach Carvingkurven im Abfahrts- und Riesentorlauf nun auch im Slalom. Der Wandel im Rennlauf ist perfekt. Aber nur die schwedische Skischule nimmt davon Notiz. Das „Stockräumen" findet noch einige individuelle Lösungen wie Einhandräumen oder Weg- und Querziehen bei Marc Girardelli. (Bild aus Ski Schweiz. 1985)	
867 Telemark neu 1985 Telemark als Renntechnik ▸ Auf dem internationalen Kongress der Instruktoren in Vuokatti wird eindrucksvoll der Telemark als Slalomtechnik auf harten Hang vorgeführt. ▸ Diese Möglichkeit beruht nicht zuletzt auf einer modernen Telemarkausrüstung mit stabilen Ski und Schuhen.	Die amerikanische Renaissance des Telemarks hat auch in Skandinavien das Bewusstsein ihres Erbes bestärkt. Endgültig wird die Telemarktechnik von der Festlegung auf den Tiefschnee befreit. (Internationaler Verband der Skiinstruktoren. Kongress- berichte, darunter der Bericht über Vuokatti 1985)	
868 Einbeinfahren – Einbeinmethode 1985 Georg Kassat (D) Komplexe Anfängermethode ▸ Abwechselnd auf einem Ski ▸ Mit langem Stab als Balancierhilfe ▸ Einsatz von Markierungs- und Torhilfen	Als Sonderhilfe bei Lernschwierigkeiten ist das Einbein-Einski-Fahren seit W. Romberg 1909 und Anton Fendrich 1909 bekannt. Als Trainingsaufgabe – vor allem bei jugendlichen Rennfahrern – findet es sich beispielsweise bei Helmut Aigelsreiter und Sepp Ortner 1975. Ebenso gelegentlich als Trick- und Spielschwung wie bei Walter Brehm 1985 angeboten. Als komplexe Grundschulmethode vertreten die Einbeinmethode nur Georg Kassat und Horst Tiwald.	

869 Seitfallen als Kippen – Einbeinmethode

1985 Georg Kassat (D)

stellt bisherige Theorien in Frage und postuliert:
- *„Grundsätzlich vollzieht sich paralleles Skifahren in Kombination der Aktion Seitfalln und DMRs (Drehmomentreaktionen), überlagert von Effekten der Fahrtwucht, so daß es zu den Drehbewegungen der Ski – Einwärts-Driften und Auswärts-Driften – kommt." (Seite 62)*
- Funktionierend schon bei einer Ein-Ski-Technik (Seite 92 – 103)
- Scharfe Kritik an traditionellen Lehrweisen und neue Vorschläge.

Biomechanisch setzt sich mit Kassat Christian Kaufmann 1989 kritisch auseinander.
(Alpiner Skilauf Seite 356 f.)

Das Prinzip Seitfallen bringt Kippen auf den Punkt. Schon Francesco Negri berichtet um 1650 über die Lappländer:
„Der Fahrer kommt aus der Fahrt in den Stand, indem er den Körper nach der einen Seite neigt und dadurch einen Bogen beschreibt, bis er quer zum Hang steht."

Auch die Krainer Bauern um 1650 wussten vom Anhalten durch „Seitneigen". In vergleichbarer Weise findet sich dies schon bei Mathias Zdarsky. Henry Hoek 1934 formuliert es einfach und bündig. Auch der „Kippschwung" von Jürgen Kemmler anfangs der 1970er Jahre ist ein Seitfallen. Das Kippen wird ebenso behandelt bei Ekkehart Ulmrich (1979), bei Georg Joubert (öfter) und in SKI SCHWEIZ 1985

(Zu Francisco Negri siehe Erwin Mehl, Grundriß der Weltgeschichte. Seite 124 f. – Titelseite von Kassats Buch)

870 Konzeption des parallelen Schwingen

1985 Georg Kassat (D)

Grundlagen:
- Drehseitbewegungen des Ski
- Seitbewegungen des Ski und „Seitfallen" des Körpers
- Seitbewegungen des Ski und „Fahrtwucht"
- Einführung über Fahren mit nur einem angeschnallten Ski

Letztlich gibt es nur den „einen" Parallelschwung ohne Entlastungen. Anwendungen im Tiefschnee und in der Buckelpiste sind nur Modifikationen. Alle bisherigen Beschreibungen seien falsch.
(Schein und Wirklichkeit parallelen Skifahrens)

Der Verfasser wendet sich gegen alle bisherigen Darstellungen des parallelen Schwingens und argumentiert aus biomechanischen Vorstellungen heraus. Danach ist es beispielsweise egal, ob der Innenski oder der Außenski stärker belastet ist, denn entscheidend ist nur das Maß der Seitlage. Differenziert werden – immer in Beziehung zur Seitlage – auch Vor- und Rücklagen behandelt. Kasssat übertreibt im Übrigen auch mit seiner Lehre des einbeinigen Fahrens – schon bei Anfängern.

Bei E. Romberg 1909, bei Carl J. Luther 1911, bei Anton Fendrich 1911, bei Fritz Heinrich 1933 und bei Horst Tiwald 1981 wird man über Einbeinfahren lesen.

871 „Der Ski unser Werkzeug" – Schneiden mit Flex

1985 Hans Zehetmayer (A)

„Der Mechanismus des Schneidens wird dadurch erreicht, daß der Schi/die Schier belastet aufgekantet und dadurch kreisbogenförmig durchgedrückt werden. Das Durchdrücken muß am Beginn der Richtungsänderung durch aktive Körperbewegung erreicht werden, im weiteren Kurvenverlauf wird die Durchbiegung durch die Fliehkraft verstärkt."

(Hans Zehetmayer wird 1987 wegen Lehrplandifferenzen die Mitwirkung an der staatl. Skilehrerausbildung entzogen. siehe auch oben)

Noch keine Publikation hat so deutlich die Eigenschaften und die Rolle des Ski beim Kurvenfahren herausgestellt. Neben der Wirkung der Skischaufel werden weiter die starke Taillierung, die Durchbiegung und die Torsionsfestigkeit des Ski in Bild und Text besprochen.

Zehetmayer formuliert damit nach der **Formel von 1980 „Erst kanten, dann drehen"** eine zweite Grundlage des Carvens.

„Die wesentlichen Richtungsänderungen des Systems Schiläufer-Schi werden durch die FÜRUNGSKRÄFTE zwischen Schi und Schnee und nicht durch Muskelkräfte hervorgerufen."

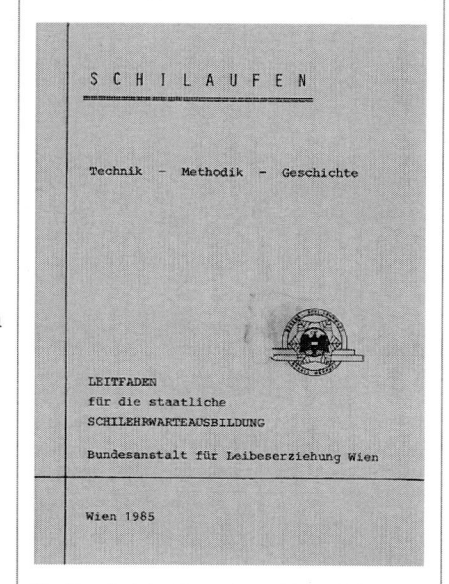

(Außentitel der Broschüre. Texte Seite 2 und 5)

872 „Spitzerlheben"

1985 Hans Zehetmayer (A)

Leitfaden für die staatliche Schilehrwarteausbildung
- Außenski mittig belasten
- Innenski am Ende belasten
- wodurch oftmals die Spitze angehoben wird.

Dazu führen Ableitungen aus dem Rennlauf ebenso wie theoretische Überlegungen.

Der Begriff „Spitzerlheben" wird von Zehetmayers Gegner zum Versuch der Diskriminierung geprägt. Dieser in vielen Punkten im Vergleich mit dem LP „Österreichische Schischule" der Profis eigenständige Lehrplan wird zum staatl. Krisenmanagement und führt zur Abberufung Zehetmayers aus der Ausbildung der Berufsskilehrer. Außerdem Versuch einer nationalen Einigung durch einen dünnen, kargen Kompromisslehrplan des Ministeriums 1987 (Siehe unter 1987)

(Schilaufen. Leitfaden. Seite 5 f.)

873 Innenski, Außenski, beide Ski

1985 Franz Hoppichler (A)

- *„Steigt man auf den Innenski, greift und kantet dieser besser. Das Wechselspiel ist klar: Steigen auf den Außenski – Andrehen desselben. Steigen auf den Innenski – er hält und steuert besser."*
- *„Steigt man stark auf den Außenski, wird dieser aus dem Kantengriff gedrückt, er rutscht."*
- *„Hohen Druck kann man nur mit beiden Beinen ausgleichen."*

Die Thematisierung der wechselhaften Belastung schon 1965 bei Georges Joubert (von außen nach innen in der Steuerphase), Analyse 1995 von Joubert eines Tombas (innen – außen – beidseits) und ebenso 1995 im Skilehrplan SPORTS von mir (Innen-Anschneiden) und von diesem als Stepcarver 2003 analysiert wird hier bei Franz Hoppichler regelhaft formuliert. Vergleiche auch dazu M. Zdarsky 1908, R. Rother 2013, Morton Lund 1968 und Alberto Tomba 1994.

(Texte und Bild: Ski mit uns. Die österreichische Skischule, Seite 40)

874 Vor der Carvingwende **1986 John Samuel u. a. – The British Ski Federation** ▸ Beobachtung, dass mit Torlaufstangen erst als Bambusstangen und dann mit Gelenk sich die Fahrweise der Rennläufer verändert habe. ▸ Es geht jetzt direkter, mit Außenarm vor aber meist noch frontal, an die Stange. ▸ Carven bei kurzen Schwüngen sei aber nicht möglich.	Auch die Interpretation von Rok Petrovic führt noch nicht in die Carvingspur. Bei der Analyse von RS, Super-G und Abfahrt bleibt von der alten Beinspieltechnik nichts mehr übrig. Die Verfasser kennen auch noch keine stärker taillierten Ski. Insgesamt bewegen sich die Verfasser „zwischen den Zeiten". (Guide to better Skiing. 116 -119	
875 Carvingski im Visier **1986 Thomas Uhrskov (DK)** ▸ beachtet Flex und Taillierung ▸ hat viel Sinn für spielerische Formen und Akrobatik. ▸ „Jo mere skien kantes, jo skarpere bliver svinget."	Das dänische Buch ist bereits auf der Carvingspur und kennt unter „Finessen" sogar den verstellbaren Carvingski von Andrej Robic. (Alpin Skiboog. Texte Seite 46 – 48, 94 – 97, Bilder S. 12 und S. 155.	„Det er skiens talje, der fär den til at svinge."
876 Zwischen den Zeiten **1986 Marit Claridge (GRB)** ▸ Noch traditionelle Schwünge ▸ aber ▸ extremes Pedalieren ▸ taillierte Ski wenigstens im Pflegeteil	Das in Pop-Art gestaltete Buch aus London denkt noch nicht an Carven zeigt aber ausgesprochen exzessives Pedalieren und zeigt erstaunlicherweise im Rahmen der Skipflege stark taillierte Ski. (Usborne Book of Skiing. London 1986)	
877 Zwischen den Zeiten, aber - Briten den Alpenländern voraus **1986 Britischer Lehrplan** ▸ „Use the shape of your skis to help your turns. " ▸ "Unable to carve a turn on the steep." ▸ "Very few Skiers can make a proper carved turn". Doch Carven sei noch nicht für kurze Schwünge und damit auch nicht für den Slalom geeignet.	Der britische Skilehrplan widmet nur wenige Zeilen dem Carven. Aber offensichtlich sind dessen Möglichkeiten und Grenzen auf der Grundlage klassischer Ski vertraut. Jedenfalls sind die Briten den Alpenländern um Jahre voraus. (The British Ski Federation, Guide to better Skiing. London, Sydney and Auckland. Texte Seite 112, 117, Bild Seite 91)	"Use the Shape of your skis"

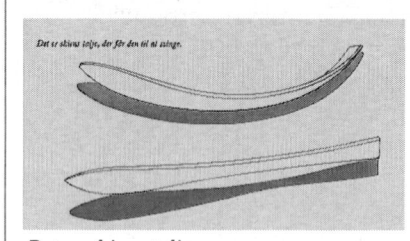

878 Telemark – Rennsport

1986 Halvor Kleppen (SWE)

Der Verfasser ist einer der publizistischen Zeugen dafür, dass der Telemarksport sich endgültig auch als Rennsport etabliert hat.
Für
- Slalomrennen
- Riesentorläufe

(Telemarkskiing. Seite 50 f., Bild zum Innentitel)

Neue Schuhe und neue Bindungen – in den nächsten Jahren auch noch Carvingski – erschließen das Telemarken auch für den Rennsport.
Die technischen Ausführungen des Telemarks sind dabei variantenreich, vom Gegendrehen bis zum Mitdrehen und von gleitender Fahrt bis zum Einspringen in den Schwung, vom Angleiten bis zum betont umsteigenden Anschneiden.

879 Gesundheitsschwung für überstrapazierte Wedler

1986 Hans Fuchs, Deutscher Skilehrerverband

Vorgeschlagene gesundheitsorientierte Fahrtechnik:
Schwung
- in hoher Fahrstellung
- mit moderater Rotation
- mit leichtem Vor-Seitbeugen am Schwungausgang

Auf Anregung von Hans Fuchs (D) wurde diese Fahrform unter großer Aufmerksamkeit der Presse auf der Zugspitze vorgestellt. Fuchs hatte bereits mit Krankenkassen verhandelt, ob es nicht sinnvoll und möglich sei, Skifahren sozusagen als „Kurprogramm" anzubieten.
Die Demonstration von Prof. Hans Zehetmayer 2012 (im Alter von 85 Jahren) zeigt eine unkomplizierte Grundposition.

880 Beinspieltechniken wissenschaftlich untersucht

1986 Erich Müller (A)

legt eine biomechanische Analyse vor. Mit Hilfe der:
- biodynamischen Methode
- biokinematischen Methode
- elektromyographischen Methode
- deskripitiven Methode

Neben Untersuchungen beispielsweise von Takazumi Fukuoka (1971) und Miloslav Zálesák (1987) die gründlichste biomechanische Analyse. Erich Müller erhebt Bedenken gegen die Form der Wellentechnik. Noch keine Berücksichtigung der sich anbahnenden modernen Technik wie im Rennlauf oder in der schwedischen Skischule.

(Biomechanische Analyse alpiner Skilauftechniken. Zeichnung EMG-Wedeln. Seite 97)

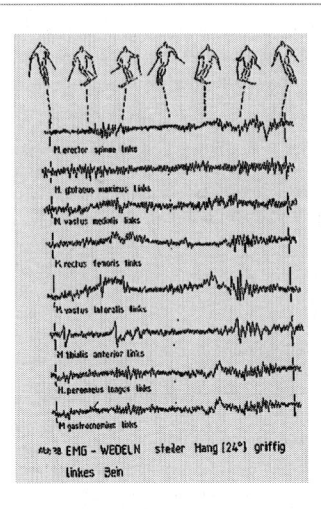

881 Hüftcanting statt Kniecanting

1986 Christian Porenta (A)

empfiehlt aus Gründen der Verträglichkeit
- das Hineinlegen des gesamten Körpers oder
- besser noch das Fahren mit vertikal geraden Beinen

In einem zwar sonst nicht technisch orientierten Buche „Skisport sicher und gesund" (Hg. Stefan Größing) wird hier aus gesundheitlichen Gründen das nun auch von den meisten Rennfahrern praktizierte Kanten aus der Hüfte statt aus den Knien postuliert.

(Zusammenhang zwischen alpiner Skitechnik/Schwingen und Sicherheit. Seite 187-193)

882 Rennlauf: Widersacher einer Gesundheitserziehung

1986 Stefan Größing (A)

Problematische Leitbilder:
- der Unterhaltungswert des Fernsehens
- der Rausch der Geschwindigkeit
- Technikentwicklung unter Leistungsdruck
- Leitbilder der Skiwerbung
- begleitende Produktwerbung

Stefan Größings Stellungnahme darf als eine längst fällige pädagogische Magna Charta der Skitechnik gesehen werden.

Selten wird so offen die Problematik des Rennsportes als Leitbild für Sicherheit und Gesundheitserziehung angesprochen.

Differenzierte Sicht bei SPORTS:
- Anerkennung des Rennsports als Entwicklungsträger
- genaueres Hinschauen auch auf situative Lösungen
- nur adaptiere skitechnische Übernahmen nach Heraus- rechnung der hohen Kurvengeschwindigkeiten

(Gesund und sicher Ski fahren – ein Erziehungsauftrag. Vor allem Seite 125 f.)

Bei allen nationalen Skischulen sollte das Leitbild „universeller Skitechnik" von SPORTS mehr oder weniger Gültigkeit haben:
- als Angebot sinnvoller und schöner Techniken
- als situativ brauchbare Techniken
- als Angebot aus tradierten, verbreiteten und progressiven Skitechniken
- als schülerorientierte Angebote
- als Angebot einer Sinninterpretation spielerischen Skifahrens

883 „From edge to edge very quickly"

1986 Stu Campell, Max Lundberg u. a. (USA)

- „It goes something like this:
- edging ... pressure ... turning."
- „To carve, we want to give the skis little opportunity to be flat and drift laterally."
- „That means we must go from edge to edge very quickly."
- „Carved turns are longer turns."

Der Lehrplan der amerikanischen Berufsskilehrer behandelt das Carven trotz der grundsätzlich richtigen Sicht stiefmütterlich. Es wird ihm z.B. weniger Raum zugeteilt als der kurz zuvor behandelten Antizipation.
Eigentlich weisen sie das Carven dem langen Schwung zu. Dabei werden die Ski ziemlich eng geführt und der Außenski belastet. Zeichnung und Bilder können nicht überzeugen.

(Texte und Bild in: The way to ski: The Official Method. Seite 134 – 139)

884 Angulation – vier Möglichkeiten

1986 Stu Campell, Max Lundberg u. a. (USA)

- „Knee angulation" für schnelle, kurze Schwünge
- „Hip angulation" für längere, schnellere Schwünge
- „Upper-body angulation" für ausbalancierten Stand beim Rutschen
- „Total-body angulation" für besten Kantenhalt

Der Lehrplan der amerikanischen Berufsskilehrer unterscheidet diese Möglichkeiten erstmals in der Technikgeschichte nach Fahrsituationen. Zuvor oder auch danach kannte man je nach Schule oder Land den Hüftknick, die Kommastellung, die Außenlage, die Innenlage, die Vor-Seitbeuge, das Hüftcanting.

(Texte und Bild in: The way to ski: The Official Method. Seite 130 – 133)

Upper-body angulation

885 Noch klassisches Vollprogramm Beinspieltechnik **1986 Finnland** ▸ Umsteigekristianias ▸ Parallelkristianias ▸ Wedeln	Noch steht Finnland im Schatten der Alpenländer und so bietet der finnische Skilehrerverband auch das klassische Programm der Beinspieltechnik. Besonderes Anliegen bleibt das Wedeln. (ALPPIHIIHDONOPETTAJAT r. y. 1966 – 1986. Zeichnung Seite 113)	
886 Beugedrehen problematisiert **1986 Erich Müller (A)** ▸ „Was in der Buckelpiste funktionell sinnvoll ist, ist dessen Sinnhaftigkeit bei Fahrten auf planer Piste zweifelhaft." ▸ Sehr rasche Ermüdung der Knie- und Hüftgelenks- streckmuskulatur	Zum wiederholten Male stellt der Biomechaniker Erich Müller die Technik des Beuge-Streck- drehens in Frage. Er meint sogar, dass diese keine Lehrplantechnik sein könnte. Eigentlich hätte mit den Abrechnungen dieser Sitztechnik der Boden für Neues, für die nun schon vielfach präsentierte Carvingtechnik bereit sein müssen. (Biomechanische Technikanalysen. Seite 28)	
887 Freestyle – historischer Überblick **1987 Johann Krojer, Hans Kaiser, Alexander Zechmeister (A)** Die Verfasser arbeiten die Thematik der Skiakrobatik an Techniken, an Disziplinen, an wichtigen Wettkämpfen sowie an Porträts auf.	Mit „Freestyle" und mit dem Untertitel „Die vierte Dimension im Schilauf" wird auch die endgültige Selbstständigkeit der Skiakrobatik charakterisiert. Bald jedoch wird der neue Gattungsbegriff zum bisherigen „Variantenfahren" abwandern. (Skikunstlauf für Schule und Verein. Ein Leitfaden zur vierten Dimension im Skilauf.)	
888 „Gleitschwung" als „Runder Schwung" **1987 Denise McCluggage (USA)** Der Gleitschwung mit durch- gehend leichtem Driften, bei dem *„die Ski-Enden sogar einen weiteren Bogen als die Spitzen"* ziehen, wird als Rennschwung vorgestellt, abgesetzt von Skifahrern mit geschnittenen Schwüngen. Die dritte Möglichkeit des Rutschens um zu bremsen praktizieren die Freizeitskifahrer.	Diese prinzipielle Dreiteilung der Verfasserin ist einmalig in der Geschichte. Schwer nachvollziehbar ist die Zuordnung des „runden Schwunges". Auch die verbale Abwertung des geschnittenen Schwingens als „kantenfixiertes" Fahren verwundert. Schönes Bild für den runden Schwung: *„Du schreibst in dünner Kursivschrift statt mit einem breiten Filzstift".* (Der innere Schwung. Deutsche Ausgabe 1987 in Ravensburg. Seite 162 f., Zeichnung Seite 171)	

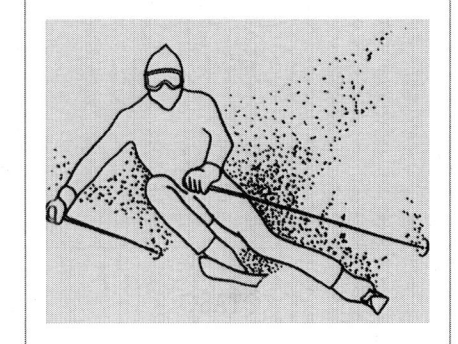

889 Die bewegte Bewegung

1987 Demoteam Kanada

Beim Interskikongress in Sexten / Italien wird aufgezeigt:
- wie der Skifahrer sich selbst bewegt,
- er dabei aber schon selbst bewegt wird
- und die Bewegungen zusammenfließen

Um den Vorgang des schon selbst bewegten Bewegers bewusst zu machen, haben die Demonstratoren den Vorgang potenziert bzw. verdoppelt. Der auf den Schultern der fahrenden Kameraden stehende Demonstrator bewegt sich auch selbst sozusagen in der Balance und einem imaginären Schwung.

(Bericht des 12. Interski- kongresses in Sexten Bild aus dem Kongressbericht)

890 Motions by Emotions – Emotions by Motions

1987 Kanadisches Skilehrwesen

Bewegungen erwachsen aus Gefühlen und Gefühle kommen durch Bewegungen.

Diese glückliche Formulierung, die die Verschränkung und gegenseitige Bedingtheit von Gefühlen und Bewegungen erfasst, war Thema des kanadischen Kongressbeitrages 1987 in Banff. Man kann von einer Formel sprechen, die alles Denken über die Skitechnik und den Skiunterricht beeinflussen und tragen sollte.

(Bild von Dieter Menne mit Gabi Daffner als Demonstratorin)

891 Unterrichtsangebote

1987 Walter Kuchler. Skilehrplan Bd. 8

Übersicht
- Skilauf als Angebot und Programm
- Lehrer – Schüler – Lernen
- Nichttechnische Lernziele
- Prinzipien – Verfahren – Modelle
- Unterrichtsplanung und Unterrichtsorganisation
- Unterrichtsmaßnahmen und Unterrichtsmittel

Der Lehrplanband nimmt die Themen des Vorläufers von 1972 auf, ergänzt und erweitert sie wie nebenstehend aufgeführt.

(Skilehrplan 8 – Skiunterricht.)

892 Leitbild persönliche Skitechnik – motorische Persönlichkeit

1987 Walter Kuchler (D)

- Erweiterung des Begriffes Stil
- Erweiterung des Begriffes Individuell
- Forderung der privaten Skitechnik
- Forderung der freien Skitechnik
- Ideal der motorischen Persönlichkeit

Helli Lantschner hat den Stilbegriff an Beispielen festgemacht. Arturo Hotz formuliert später das pädamotorische Modell. Hubert Hörterer und das Modell Handicap-Techniken von SPORTS entwerfen individuelle Technikanpassungen. Milan Maver fordert später die Technik a la càrte. Ich fordere als Skitechnik Futur die auf den Leib geschneiderte persönliche Skitechnik, die Eigentechnik oder die personalisierte Technik.

(Siehe beispielsweise Skiunterricht Seite 18-21)

(Bild: Die neue Skitechnik. Seite 123)

893 Theorie der Skigefühle als Bewegungsgefühle mit eigener Identität

1987 Walter Kuchler (D)

Bewegungsgefühle (Bge) als:
- instrumentale Bge (Geräte)
- mediale Bge (Schnee, Luft, Berg)
- figurale Bge (Techniken im engeren Sinne)
- situative Bge („Rahmenbedingungen")
- szenische Bge (bei Abfahrten und komplexen Handlungen)
- energetische Bge (psychische und physische Leistung)

Abhandlung „Bewegungsgefühle – Gefühle mit eigener Identität" in Dortmunder Schriften SPORT Bd. 4+5 (Seite 128-166). Auch Beitrag Gattermann / Kuchler beim Interski 1987 in Banff (Kanada) „Ski rational – Ski emotional". Bei allen weiteren Veröffentlichungen von mir werden alle Techniken auch von den Bewegungsgefühlen her, vor allem bezüglich der figuralen Bewegungsgefühle, beschrieben. Außerdem deren Wege aufgezeigt, wie von den Bewegungsgefühlen her Techniken verstanden, vermittelt und erlernt werden können.

(In: Perspektiven. Dortmunder Schriften SPORT. Seite 128 – 186. Auch im deutschen Lehrplan „Skiunterricht" Seite 52 – 59)

Zeichnung Milan Maver aus Skimanual SPORTS 2009/2010. Seite 53

894 „Erfinde deine eigenen Schwünge!"

1987 Deutsche Skischule – Walter Kuchler

Feststellung Appellation:
Es gibt jede Menge an privaten Skitechniken
Die Freiheit für den Rennfahrer muss jedermann zugestanden werden.
„Erfinde deine eigenen Schwünge!"

Im Skilehrplan Bd. 8 plädiere ich unter Hinweis auf das Bild auf den Pisten, auf das Spektrum der Möglichkeiten, auf die persönlichen Voraussetzungen, auf die Wünsche der Skifahrer, auf vorgeprägte Vorstellungen, auf die motorische Identität, auf die motorische Persönlichkeit, auf das Selbstverständnis der Skifahrer für eine offene Skitechnik.

(Skilehrplan Band 8: Skiunterricht. Seite 20 f.)

Meine letzte Arbeit für den Deutschen Verband für das Skilehrwesen

895 Skilauf als Gesundheitssport

1987 Deutscher Verband für Gesundheitssport – Walter Kuchler

Zum zweiten Mal wird ein von mir eingebrachter Aufnahme- antrag des DVGS beim Deutschen Verband für das Skilehrwesen abgelehnt.

Arbeit des DVGS:
- Skilauf mit Herzgruppen
- Seniorenkurse
- Untersuchungen zur Belastung und Verträglichkeit

Die kurzsichtige Einstellung des DVS über *„würdige"* Mitglieder führt zu einem eigenen Skilehrwesen innerhalb des DVGS und schließlich zur Gründung des Verbandes SPORTS, einer Vereinigung für Freizeit- und Gesundheitssport mit dem Schwerpunkt Skilauf. Dieser Verband interpretiert als erster weltweit die neue Technik des Carvens für den Freizeitskilauf. Es folgen über 30 Bücher, fast 30 Videos, CDs und DVDs.

- Vom „Deutschen Verband für Gesundheitssport und Sporttherapie" zu „SPORTS".
- SPORTS – erster Verband weltweit, der die neue Technik der Rennfahrer als Carvingtechnik für den Freizeitskilauf erschließt.

896 Hüftschonschwung für Handicap-Fahrer **1987 Hako Knopf, Reiner Oyen und Walter Kuchler (alle D)** Merkmale: ▶ hohe Beinstellung ▶ stärkere Vorbeuge des Oberkörpers ▶ ohne Hüftknick ▶ ohne Verwringung ▶ moderate Rotation ▶ leichtes Gegendrehen am Schwungende	Die entsprechende Veröffentlichung in der Zeitschrift „SKI-LÄUFER" sollte den vielen älteren Skifahrern mit Hüftproblemen eine Chance für weitere Ausübung des Sports bieten. Diese Initiative entstand vor allem aus der Tatsache, dass es zunehmend mehr Skifahrer mit Endoprothesen gab. (Bild Dieter Menne)	
897 Skitechnik choreographisch präsentiert – kreatives Skifahren **1987 Walter Kuchler (D)** ▶ Übersicht über 26 Möglichkeiten ▶ Anregung zur Bewegungsgestaltung ▶ Verweis auf das kreative Skifahren ▶ Empfehlungen für die unterrichtliche Erschließung	Bewegungsgestaltung, kreatives Skifahren, Stil, motorische Persönlichkeit, Pädamotorik – Begriffe und Anliegen, die das enge Verständnis von normierten Schultechniken, dogmatisch vermittelter Lehrplanauffassungen und rigider Prüfungspraktiken in Frage stellen und auf ein neues Verständnis von Skitechnik verweisen. (Skiunterricht Seite 48 – 51, Zeichnung Seite 50)	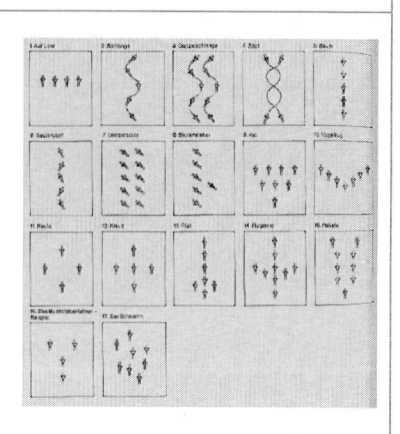
898 Erste Carvingpublikationen und Carvingpromotion in Europa **1987 Walter Kuchler** ▶ Artikelserie im SKIMAGAZIN bis 1991 ▶ Analyse der Renntechnik ▶ Porträts von Rennfahrern und ihrer Fahrtechnik ▶ 1988 Sechs Carvingfilme bei RTL (mit Jörg Kiesow) ▶ 1989 Buch „Die neue Skitechnik"	Meinen Veröffentlichungen im SKIMAGAZIN 1987/1988 über die Veränderungen der Fahrtechnik im Rennsport folgen heftige Ablehnungen beim Deutschen Skilehrer- und beim Deutschen Skiverband. Erhard Gattermann manövriert mich aus der Lehrplankommission, deren zweiter Vorsitzender ich seit 20 Jahren war.	▶ Artikelserie zum Carven im Skimagazin 1987- 1991 ▶ 6 Carvingfilme mit Jörg Kiesow bei RTL 1988 ▶ Buch „Die neue Skitechnik" 1989 ▶ und in Folge vier weitere Carvingbücher ▶ Anfänge von SPORTS, eines alternativen Verbandes
899 Vitelli-Turn **1987 S. Vitelli (F)** wird eine Technik benannt, ▶ in der von A bis Z schneidende, carvende Snowboardschwünge praktiziert und dokumentiert werden ▶ bei den Experten formulieren, dass Snowboarden auch heißt, auf der innersten Kante zu fahren.	1987 beginnt mit dem Grundig-Weltcup auch die eigentliche Erfolgsgeschichte des Snowboardens. In den folgenden Jahren zeigen die Snowboarder den Skifahrern, wie das Kurvengleiten eine neue expressive Form bekommt. In den Medien werden Illustrationen und Reklamen für Wintersport bis Ende der 1990er Jahre fast nur noch mit Snowboardbildern gemacht. Ab 1993/94 bei SPORTS Übernahmen in die Skifahrertechnik.	

900 Bedenken gegen „Eistil"

1987 Malcolm Read, Paul Wade (beide E)

Der Arzt Read und der Sportjournalist Wade empfehlen über ihre Bedenken hinaus:
- *„Versuchen Sie in der Vorlage zu bleiben und das Gewicht über den Knie- und Fußgelenken zu halten."*
- *„Unterlassen Sie also Abfahrten mit anstrengender Beinarbeit."*
- *„Ruhen sie sich durch leichtere Abfahrten in etwas aufgerichteter Haltung aus."*

Eine der seltenen Stimmen aus medizinischer Sicht zur Skitechnik. Ist es erstaunlich oder eben gerade nicht, dass sie aus England kommen musste, während auf dem Kontinent die Wellentechnik noch um das in ihren Problemen vergleichbare Pedalieren ergänzt wird? Übrigens erreicht auch in Japan eine Fahrweise mit extremem Absitzen gerade ihren Höhepunkt. Diese Stellungnahme ist gleichzeitig eine der ersten Ratschläge zu einer Schontechnik.

(Malcolm Read, Sportverletzungen. Seite 166)

901 Staatl. verordneter Notlehrplan

1987 Bundesgesetzblatt verordnet: „Österreichischer Skilehrplan"

Ziel:
„Vermitteln einer vielseitig anwendbaren Skitechnik"

Besondere Merkmale:
- Einnehmen verschiedener Skistellungen
- Druckaufbau
- Verhindern ungünstiger Ausführungen

Der kurze Lehrplan mit sechs Seiten wirkt eher kurios. Er soll offensichtlich als eine Art Notverordnung die Spannungen zwischen den drei Interski-Arbeitskreisen (Berufsskilehrer, Lehrwarte, Lehrer an Schulen) überbrücken. Speziell gegen Hans Zehetmayer gerichtet. Entstanden wohl aus der Sorge um Einheit und einer entsprechenden internationalen Präsentation. Dabei keine Berücksichtigung der Änderungen im Rennlauf. Kein schneidendes Auslösen.
Hans Zehetmayer scheidet damit auch aus der Ausbildung der staatlichen Berufsskilehrer aus. Diese allerdings wird sich auf fast 20 Jahre in eine Selbstblockade begeben.

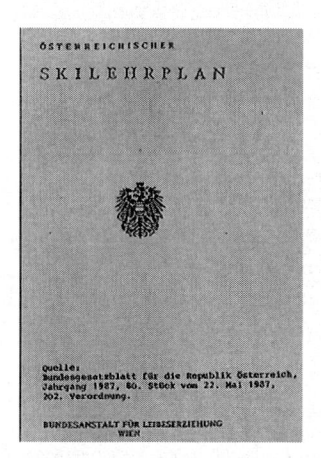

(Bundesgesetzblatt für die Republik Österreich, Jahrgang 1927, 80. Stück vom 22, Mai 1987, 202. Verordnung.)

902 Stil: reine Poesie

1987 Denise McCluggage (USA)

„Ich selbst habe meinen Stil ja auch erstmal abgeschaut – von einem der Super-Stilisten unserer Skischule – und dann selbst verfeinert: Wie gut mein Stil für andere aussieht, kann ich schlecht beurteilen, aber für mich selbst ist er die reine Poesie – ein feines Wechselspiel kleinster Schwünge und Reize – in das sich nicht mehr hineinreden läßt."

Das Thema Stil wurde im Verlaufe der Technikgeschichte selten angeschnitten, sieht man von der prinzipiellen Einlassung von Carl J. Luther im Jahre 1937 ab.
Für Denise McCluggage reicht persönlicher Stil in den Bereich künstlerischer Meisterklasse hinein und wird poetisch verklärt.

(Denise McCluggage, Der innere Schwung. Ravensburg 1987, Titelbild der amerikanischen Ausgabe von 1983)

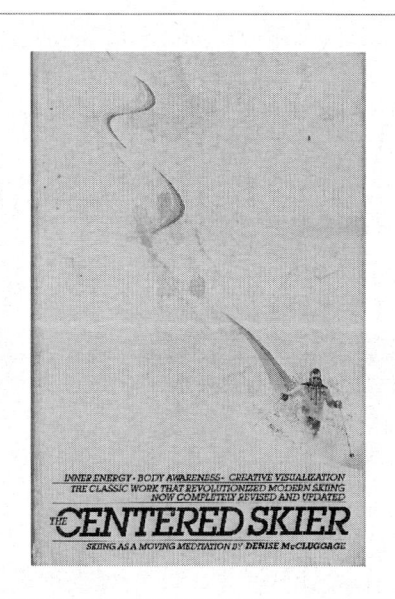

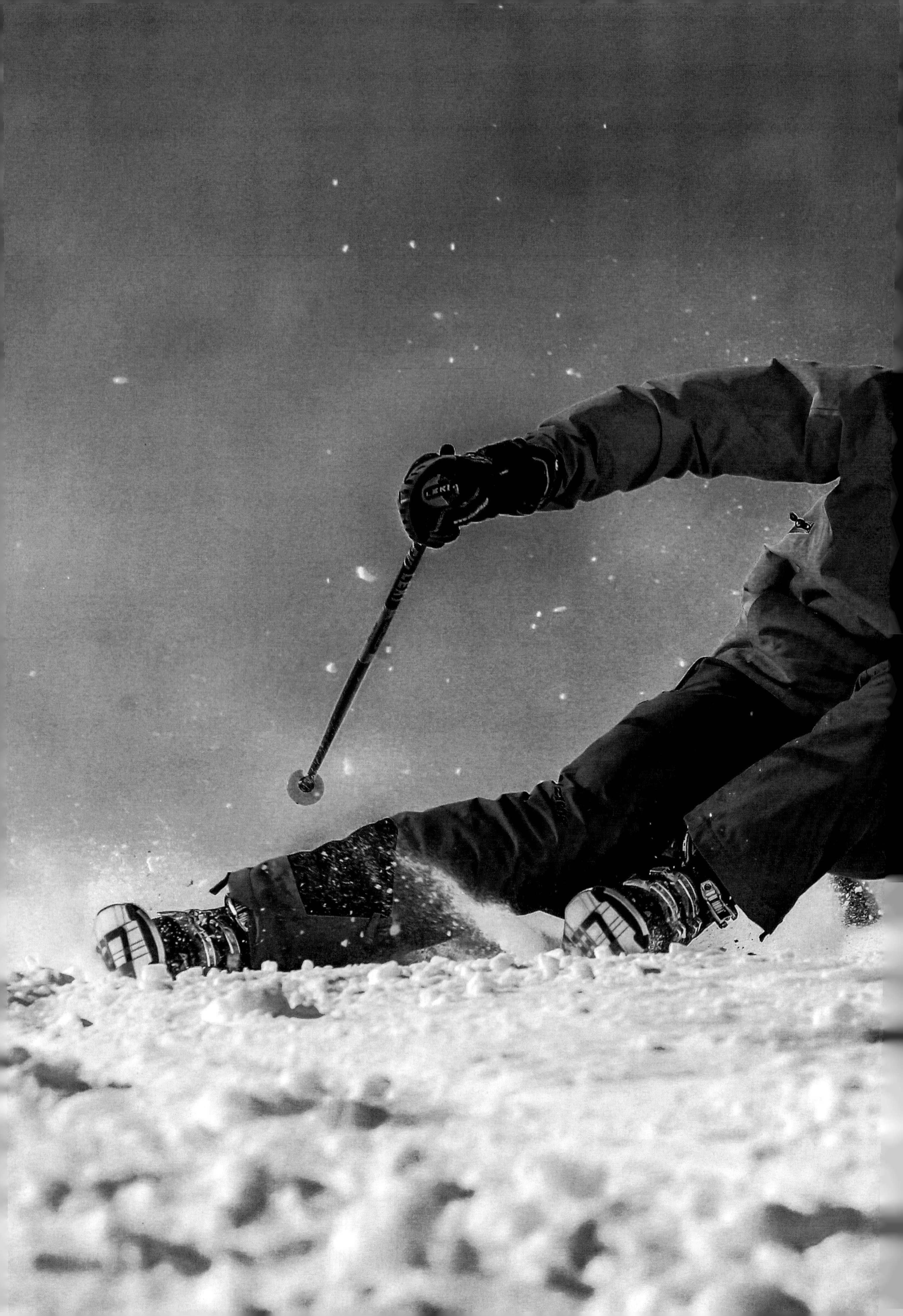

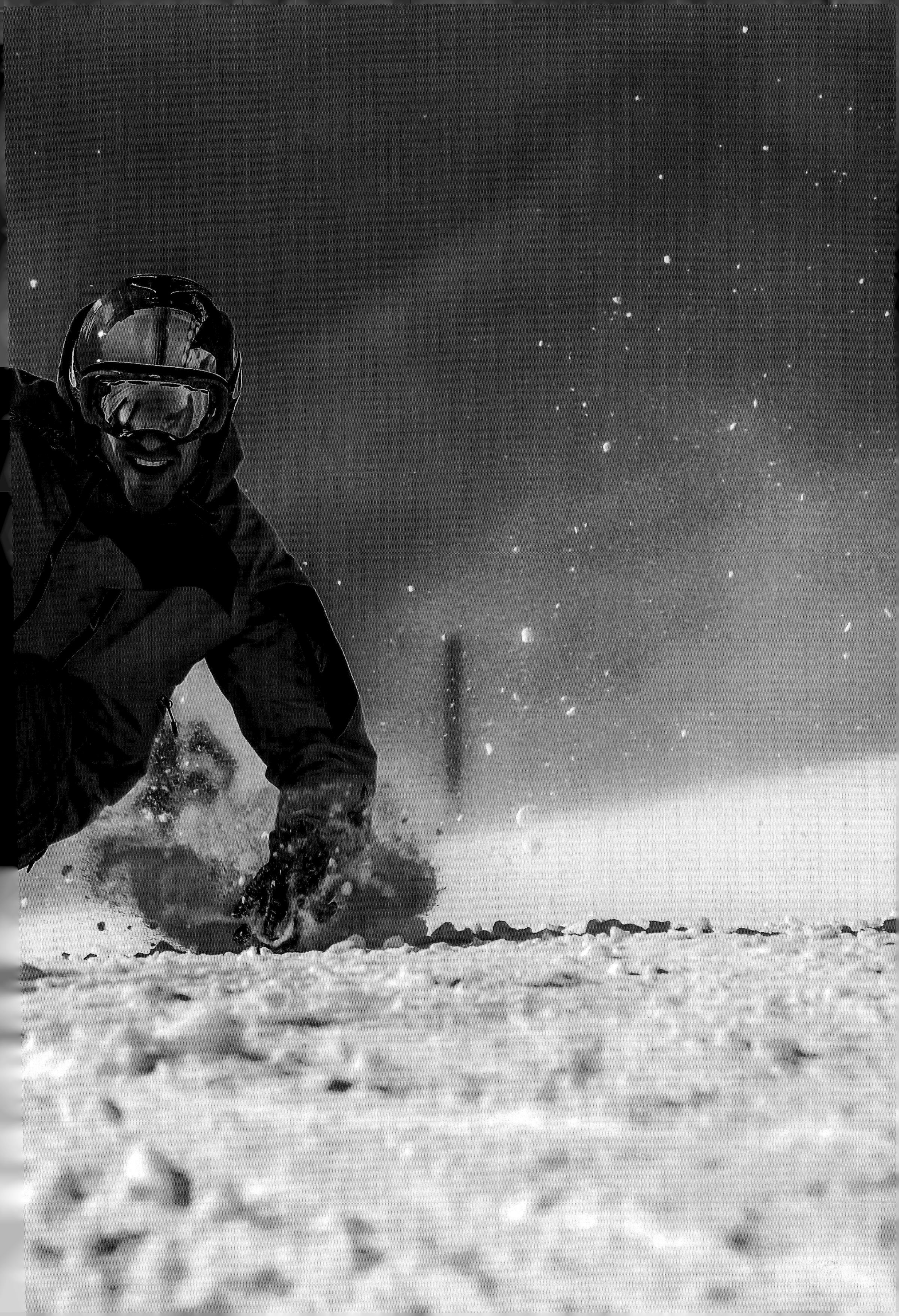

903 Kippstangentechnik – Gegenarmtechnik **1987 Raimund Berger (A) analysiert die neuen „Räumtechniken" für die Stangen** Merkmale ▸ direkte Fahrweise ▸ reduzierter Hüftknick ▸ aufrechtere Körperhaltung ▸ enge Linienführung ▸ Stangenräumen – vor allem mit dem Außenarm	Der österreichische Nationaltrainer führt die verschiedenen Möglichkeiten des „Stangenräumens" auf und weist auf Konsequenzen für die Fahrtechnik hin. Außenhandräumen, meint er allerdings, berge die Gefahr einer schnellen, unkontrollierten Fahrweise. Ungeeignet für junge Fahrer. Für ein perfektes Außenhandräumen zeigt er im Bild Günther Mader (A).	
904 Wider die Lehrplandogmatiker – für Lebendigkeit und Vielfalt **1987 Rudi Holzberger (D)** Mit scharfen Worten wendet sich der Schriftsteller und leidenschaftliche Skifahrer gegen ▸ *„die längst anachronistische Lehre der gängigen Skischulen".* ▸ *„Endgültig lächerlich ... mit solchen unsinnigen Formen wie dem Tiefschwung."*	Der Schriftsteller und leidenschaftliche Skifahrer plädiert für ein Skifahren als ▸ *„eine höchst lebendige, formenreiche, vielfältige Angelegenheit mit Technikvarianten, unzähligen Stilarten, mit Vorlieben und Macken."* Sein besonderes Anliegen: meditatives Ski fahren mit Tai chi. (Als Einführung in „Der innere Schwung" von Denise McCluggage. Texte Seite 10 f., Zeichnung Seite 16)	
905 „Ski The Swedish Way" **1987 Schwedische Skischule** Demonstration auf Interski in Banff: ▸ *"The side-cut makes the turns."* ▸ *"The outside ski is carving, what the skiers are doing with the inside ski is of less importance."* Ausgeprägte **diagonale Armführung** vor allem bei den Kurzschwüngen.	Eine eindrucksvolle Demonstration beim Interskikongress in Banff wurde zum internationalen Initiationsimpuls für die Botschaft des Carvens. Zwar werden sich die großen Skiländer noch Jahre verweigern, aber auf die Dauer führte kein Weg an diesem Thema und dieser Fahrweise vorbei. Der Demonstration folgte ein instruktiver Film unter dem gleichen Titel. (Texte und Bild aus der eigenen Broschüre „Ski the swedish way" zur Demonstration in Banff unter obigem Titel. Seite 8)	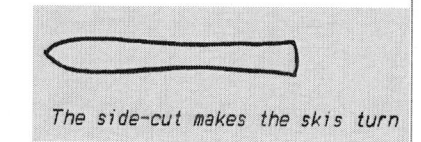 The side-cut makes the skis turn
906 Neue Rennlauftechniken **1988 Sepp Ortner (A)** Beobachtungen und Sachverhalte: ▸ beschleunigendes Umsteigen ▸ mit „translatalem Bogenfahren" ▸ einbeiniger Innenskischwung ▸ mitgeschnittener Innenski ▸ Fersenschub Innensteuerung ▸ Doppelstock-Schubschwung	Der Fachmann für Jugendrennlauf bietet eine Reihe von Beobachtungen und Sachverhalten. Das Scher- umsteigen außen wird als Beschleunigungsmöglichkeit herausgestellt, aber weitere vergleichbare Möglichkeiten werden zurückgewiesen. Neuer Begriff – translat – für horizontale Hineinbewegung des Oberkörpers in den Schwung. Niemand außer Georges Joubert geht so auf die Bedeutung einer Arbeit mit dem Innenski ein.	 (Stil und Technik des Skirennlaufes. Titelbild)

907 Erstes deutschsprachiges Carvingbuch

1989 Walter Kuchler (D)

„Die neue Skitechnik":
- Blocktechnik, Rotationstechnik, Beinspieltechnik und „das Neue" werden konfrontiert
- Erstmals werden Techniken auch nach derer emotionellen Struktur analysiert.
- Analyse von Bahnensplitting, Vorauskippen und Unterfahren
- Noch keine Verbindung zu taillierten Ski.

Wie meine Artikel im Skimagazin wird auch dieses Buch vom Deutschen Skiverband bekämpft und erfährt von Ekkehart Ulmrich die vielleicht böswilligste Besprechung, die je ein Skibuch erfahren hat. Aber Herausgeber Bernd Gottwald und rororo setzen weiterhin auf Carven bzw. auf „das Neue".
Es folgt eine Serie von fünf Carvingbüchern, vier davon weltweit gesehen die ersten Carvingbücher.

(Die neue Skitechnik".1989)

908 Kritische Bewertungssyteme

1989 Walter Kuchler (D)

Analyse und Bewertung von Techniken mit einem Punktesystem nach der

- Sicherheit
- Verträglichkeit
- Schwierigkeit

(Die neue Skitechnik. Beispiel Kurzschwingen-Wedeln Seite 97)

Argumentativ werden für jeden Schwung 1-5 Punkte vergeben. Kriterien für:

Sicherheitsbeurteilung
- Spurgenauigkeit
- Reaktionsfähigkeit
- Störanfälligkeit

Verträglichkeitsprüfung
- Ermüdung
- Verschleiß
- Verletzungsgefahr

Schwierigkeitstestat
- Lernaufwand
- Stabilität des Könnens
- Konditionsanspruch

909 Erfassung von Bewegungsprofilen

1989 Walter Kuchler (D)

Erstellung nach
- der technischen Konzeption
- der ästhetischen Expression
- dem emotionalen Gehalt

Dargelegt bei
- der Blocktechnik
- der Rotationstechnik
- der Beinspieltechnik
- der Radialtechnik

und jeweils drei Schwüngen

Die 1987 vorgestellte Theorie der Identität von Bewegungsgefühlen wird in weiteren Veröffentlichungen des Verfassers konkretisiert. Dabei wird immer wieder auf die Funktion der Bewegungsgefühle für den Lernprozess eingegangen. Speziell wird versucht, die Charakteristika zu erschließen.

(Die neue Skitechnik. Zeichnung Milan Maver aus K.-H. Platte „SKIkanen". 2007 Seite 13)

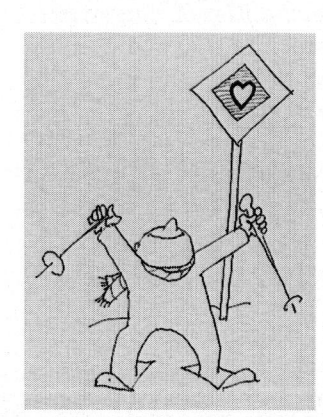

910 Theorie der ästhetischen Profile von Skitechniken 1989 Walter Kuchler (D) Skizzen der ästhetischen Profile für ▸ Rotationstechnik ▸ Wedeltechnik ▸ Blocktechnik ▸ Diagonal-/Schneidetechnik	Zur Erfassung der ästhetischen Profile werden herangezogen: ▸ auffällige expressive Elemente von Haltungen und Positionen ▸ Dynamik ▸ Kraftausdruck ▸ Harmonie ▸ Eleganz ▸ Aggressivität ▸ Explosivität ▸ Ruhe ▸ rhythmische Struktur	 (Die neue Skitechnik. Texte Seite 50-57, 68, 90, 109, 141, Bild Seite 92)
911 Wedelzauber 1989 Walter Kuchler (D) Zauberer des Wedelns „Wer mehr als zweimal in der Sekunde wedeln kann, muss vielen Menschen als eine Art Zauberer vorkommen, als ein Zauberer, der aus dem Nichts und im Nu schöne Bewegungen macht."	Wieder einmal wird das Wedeln thematisiert. Vielleicht ist dies auch dessen Spätzeit, in der hohe Wedelfrequenzen mancher Fahrer beeindruckt. Aber noch ist das Carvewedeln, das erstmals zwei Jahre vorher die Dänen angestoßen hatten, nicht ausgereift. (Die neue Skitechnik. Seite 90, Foto von Dieter Menne Seite 154)	
912 Blocktechnik 1989 Walter Kuchler (D) Als einfaches Skifahren zu beobachten: ▸ drehen en bloc ▸ Achsenparallelität von Fuß-, Hüft- und Schulterachse ▸ fast gleichmäßige Belastung beider Ski ▸ gleichzeitiges Drängen mit Körper und Ski in die neue Richtung.	Diese Fahrweise funktioniert offensichtlich als eine einfache und primitive Technik bei gut präparierter Piste und leicht zu drehenden Ski im unteren und mittleren Geschwindigkeitsbereich. Körper und Ski drängen in die neue Richtung. Meist sind beide Ski annähernd gleich belastet. Weiterentwickelt könnte die Fahrweise zu bevorzugter Innenskibelastung führen.	 (Die neue Skitechnik. Seite 104 – 109)
913 Hüftkick und Pedalieren durch den Beuge-Streck-Reflex 1989 Walter Kuchler (D) ▸ Als Hüftkick innen wird mit dem gegenseitigen Beuge-Streck-Reflex das Außenbein gestreckt und der Außenski belastet, der Innenski dagegen entlastet oder auch angehoben. ▸ Später beschreibe ich, wie bei den „Pedalos" in tiefer Position Gleiches erzielt werden kann.	Bei einer aufrechten Fahrweise führt auch ein impulsives Anheben der Innenhüfte zum Beuge-Streckflex der Beine. Deshalb ist auch an eine Mobilisation dieses Reflexes in klassischen Fahrweisen zu denken. (Die neue Skitechnik. Texte Seite 183 und 184. Bild Seite 139)	

914 Videoanalysen Slalom und Riesenslalom **1989 Walter Kuchler (D)** bringt zwei Videoanalysen auf den Markt ▶ Schritttechnik ▶ alle Wechsel vor dem Schwung ▶ auf den Kanten bleiben ▶ Außenskibelastung ▶ Kreuzkoordination ▶ Außenhandräumen	Wie in meinen 6 Skifilmen für RTL 1988 wird die revolutionäre Umwälzung der Fahrtechnik herausgestellt, die man später Carvingtechnik nennen sollte. An diesen Beispielen wird auch klar, dass die Carvingtechnik vor dem modernen Carvingski da war. – Die Analyse stößt weitgehend wie beispielsweise auf einer Konferenz mit schweizer Experten in Magglingen auf Unverständnis.	 *Europacup Zinal 2019*
915 Centerline **1989 Programm USA – Horst Abraham** Unter diesem Begriff drei programmatische Punkte: ▶ Fasst Innovationen und Entwicklungen zusammen ▶ Marketing für einen progressiven Skiunterricht ▶ Kunst, den Körperschwerpunkt geschickt und raffiniert im Raum zu balancieren	Nach Jahren mit psychologischen und pädagogischen Schwerpunkten ihres Programmes setzt das amerikanische Skilehrwesen neue Schwerpunkte. Erstaunlich, dass im skitechnischen Bereich trotz früherer Vorstöße Carving keine Rolle spielt. (Zusammenfassender Bericht in: Walter Kuchler, Skitechnik international, 1991, Seite 42)	PROFESSIONAL SKI INSTRUCTOR OF AMERICA
916 Klare Trennung von Carven und Driften **1990 Horst Abraham (USA)** stellt carving und skidding gegenüber. Theoretisch zumindest ist für den „head technician" der amerikanischen Skilehrer die Problemlage klar. Für die Unterrichtspraxis aber scheint das Carven noch keine Rolle zu spielen.	 *„carving"* In den beiden Bildern – erschienen in „Skiing magazine" dieses Jahres – stellt Horst Abraham schneidendes und rutschendes Fahren gegenüber.	 *„skidding"*
917 Innenhandräumen **Marc Girardelli (LIE)** ▶ hält als letzter noch an der Innenhandräumung fest. ▶ Aufwändiger Armzug, um die Stange vor dem Körper wegzuziehen.	Marc Girardelli stellt sich als letzter in der Handführung zur Stange um. Dennoch ist er der vielseitigste Techniker, der auch alle Disziplinen bestreitet. Dabei schätzt er den Slalom fahrerisch als viel riskanter als den Abfahrtslauf ein. Niemand hat mehr Gesamtweltcups gewonnen als er. (Bild aus einer schnellen Disziplin in „Faszination Skilauf" Seite 90)	

918 Ende des Beinspiels - Schneiden im Scheren **1990 Kresimir Petrovic, Iztok Belehar, Rok Petrovic (alle SLO)** Stellen vor allem Bewegungsqualitäten heraus. Z.B. ▶ Rhythmus ▶ Schnelligkeit ▶ Harmonie ▶ Spezielle Merkmale wie: ▶ „diagonale Belastung des Fußes" ▶ „Sturz in den Schwung" ▶ „Kreisbewegung der äußeren Hand" ▶ Thematisierung der Beschleunigung.	Das slowenische Trio (Sportwissenschaftler, Skilehrer, Aktiver) sieht eine neue Zeit der Skifahrtechnik und der Methoden anbrechen. „Deshalb sind wir der Meinung, daß die traditionellen Skischulen in den Alpenländern überlebt sind." Junior Petrovic, erfolgreicher Rennfahrer 1983-1989, verweist auf sein schönstes Skigefühl: *Hinausschweben aus dem Hang.* (Texte beispielsweise Seite 7, 39 f., 85 - 89)	Umschlagbild mit Rok Petrovic
919 Carven superbreit **1990 Norwegische Rennfahrer** ▶ Spur superbreit ▶ damit Belastung beider Ski ▶ statt vertikaler nun horizontale Bewegungen ▶ horizontales Kippen ▶ basierend auf den taillierten Rennski von Elan (entwickelt von Jure Dernko und Pavel Skofic)	Große Erfolge der Rennfahrer wie Ole Christian Furuseth durch superbreite Skiführung. Eine vergleichbar breitere Skiführung wird für die kommenden Jahre allgemeiner. Die sehr weite Skiführung aber führt zu einer Belastung beider Ski, einer Hemmung der Vertikalbewegung und horizontalem Kippen. Deshalb die neue Formel für Carven: „Statt vertikaler horizontale Beweglichkeit." Die breite Skiführung bringt den Schülern große Stabilität. Mario Matt (A) wird in vergleichbarer Skiführung 2002 und 2006 zweimal SL-Weltmeister.	(Bild aus Renndokumentationen)
920 Freestyle – die vierte Dimension des Skilaufs **1970 – 1991 u.a. Johann Krojers** programmatischer Titel markiert den Höhepunkt einer Entwicklung, die auch viele neue technische Elemente brachte. Für den allgemeinen Skilauf wichtig: ▶ Vielfalt an Möglichkeiten ▶ Freiheit der Wahl ▶ Reichtum an Sprüngen ▶ Paarlauf ▶ Volle Drehungen ▶ Aktive Stockarbeit ▶ Betonung des Innenski	Einige Vertreter in den Medien: Art Furrer und Sepp Renggli 1970, Urs Illi 1975, Mario Luini und Andre Brunner 1975, Eugen Gebhardt u. a. 1975, J. Mohan, W. Hiltner, B. Barthel 1976, Susi Schmidl und Rainer Klimaschewski 1976 f., Boris Kalcic 1980, Fuzzy und Ernst Garhammer über 20 Jahre, Richard Schabl 1985, Krojer/Kaiser/Zechmeister 1987, Franz Zimmermann 1991 (Bild aus Franz Zimmermanns Buch „Freestyle" von 1991. Seite 20)	

921 Aufarbeitung der Beinspieltechnik **1991 Erich Müller (A)** ▶ Gründliche Analyse der klassischen Beinspieltechnik ▶ Keine Auseinandersetzung mit absitzenden Techniken ▶ Noch kein Befassen mit der Carvingtechnik ▶ Spez. Behandlung der Steuerphase	Wieder setzt sich - wie schon in seiner Habilitationsschrift - Erich Müller mit der klassischen Form der Beinspieltechnik, dh. der Form ohne Absitzen, auseinander. Die biomechanischen Ergebnisse ergeben auch dieses Mal für die Alltagsskifahrer manche Einsichten und praktische Hilfen. (Biomechanische Analysen moderner alpiner Skilauf- techniken. Seite 1 – 49)	
922 Stepwedeln über den Innenski **1991 Walter Kuchler (D)** In Ableitung und Anlehnung an den Geflogenen Hund: ▶ bergseitig hochstemmen ▶ bis Falllinie auf dem Innenski ziehen ▶ in oder kurz nach der Falllinie den Stemmski beisetzen ▶ betont tiefgehen, um aus dem Rebound das neue Hochstemmen herauszuholen	Neben dem Pflugwedeln und dem Stemmwedeln über dem Außenski nach 1956 in der Beinspieltechnik findet sich eine ausgesprochen dynamische Form stemmenden Wedelns. Manche Fahrer finden sich auch in eine wiegende Form gut hinein. Der fliegende Wechsel der Belastung schult auch sehr gut das Spiel und Fahren mit Flex und Rebound. (Ich entwickelte diese Form des Wedelns zusammen mit meinen Schülern. Die Demonstratorin war zur Zeit der Aufnahme deutsche Seniorenmeisterin.)	 Foto Dieter Menne, Demonstration Meike Werthschulte
923 Schwingen auf Langlaufski **1991 Walter Kuchler, Wolf Hellwing (D)** Schwingen ▶ mit Blocktechnik ▶ mit Rotation ▶ mit Beinspieltechnik ▶ mit Diagonaltechnik ▶ mit Telemarktechnik	Diese Zusammenstellung der Möglichkeiten spiegelt die Entwicklung der alpinen Schwungtechniken wider. Besonders die Aufnahme der Blocktechnik ohne jegliche Körperdrehung und der Diagonaltechnik als kommender Carvingtechnik zeigen den innovativen Stand. (Skiwandern, Seite 111 – 115)	
924 Skitechnik international **1991 Walter Kuchler (D)** Schilderung der Demonstrationen und Referate des Kongresses. Dabei reicht die skitechnische Spannweite im Urteil für Österreich „Keine Aufregung, nichts Neues", über die „Lebensphilosophie in Gestalt von Schwüngen" bis „Die Aktivtechnik löst das Umsteigen ab" in Jugoslawien.	Nach jedem internationalen Treffen gibt es Stimmen, die einzureden versuchen, dass man eigentlich überall die gleiche Technik fahre. Bei näherem Hinsehen findet man, dass beinahe genau das Gegenteil der Fall ist. Man könnte auch formulieren: Skikongresse sind Foren der Selbstdarstellung und damit der Versuch „das Eigene" herauszustellen. (Skitechnik international. 14. Interskikongreß. Bild Petra Scholl)	

925 Spielschwünge erneut

1991 Walter Kuchler (D)

Der „Skizirkus" von 1985 erfährt eine verkürzte Ausgabe als Taschenbuch.
Spielschwünge haben auch den Charakter als Schulschwünge zum Training oder sogar als Praxistechniken.

Spielschwünge erlangen in der Praxis mehr und mehr auch den Status von Schulschwüngen oder sogar von Praxisschwüngen wie z. B. der Pendelschwung als ein Schwung für den Tiefschnee.

(Ski-Tricks. Spaß mit Schwüngen und Sprüngen)

926 Ein Skitest als Entwicklungsträger

1991 beginnen Hans-Martin Brinkmann und Walter Kuchler mit Skitests

- Erstmals sind dabei Carvingski und schneiden positiv ab.
- Von Jahr zu Jahr höherer Anteil von Carvingski
- Ab 1997 führend in der Kategorisierung.
- Zunächst alleiniger Befürworter des Funcarvers, der zum SL-Carver mutiert und vorerst die Entwicklung abschließt.

Der SkiSuperTest wurde aufwändig mit vielen Testern, mit Testern aus 5 und mehr Ländern, unter Teilnahme fast aller Skihersteller, unter Beachtung aller Testregeln, mit großem statistischem Aufwand durchgeführt.
Im Laufe der Jahre gewann der Test immer mehr an internationalem Ansehen, so dass er jeweils in 5-7 Sprachen übersetzt wurde. Neben den Testergebnissen fanden die Interpretationen der Entwicklung Beachtung.

(Veröffentlich aller Test in den nächsten 15 Jahren zunächst im „Skiläufer", ab 1994 im „Skimagazin")

927 Erste Carvingski auf dem Markt

- 1991 Firma Elan mit den Typen *Parabolic*, *Monobloc* und *SCX*
- 1992 Firma Kneissl mit dem Ergo
- 1993 Firma Head mit dem *Cyber 24*

Parabolic und *Ergo* treten mit 12 Meter Radius an.
Der *Ergo* wird nur in 160 und 180 cm angeboten.
Die *Big Foots* in der Länge bisheriger Firngleiter weisen einen Radius von 6 Meter auf. Ab 1994 folgen den *Big Foots* eine Reihe von Supershorties vieler Firmen.

Erste Seriencarver:
- *Big Foot* 6 m Radius 1991 (Fa. Kneissl)
- *Parabolic* 12 m Radius 1991 (Fa. Elan)
- *Ergo* 12 m Radius 1992 (Fa. Kneissl)
- *Cyber 24* – 24 m Radius 1993 (Fa. Head)

928 Der Big Foot mit 60 cm Länge und 3,90 m Radius

1991 Firma Kneissl mit dem BIG FOOT. Damit

- sehr leichtes Drehen
- neutrale Belastung
- Kurven auf der Taillierung
- schnelles leichtes Kippen aus der Hüfte
- leichtes Trickskifahren
- Möglichkeiten eines Kurz-Ski-Stufen-Programms im Carvingbereich (vgl. Clif Taylor, Martin Puchtler Pierre Grueneberg)

Reinfried Spazier eröffnet die Reihe der Supershorties, aber auch der sehr stark taillierten Serienski überhaupt. Der Big Foot ist nicht einfach ein Figl (Firngleiter), sondern hat – im Gegensatz zu den Kurzski von Clif Taylor und Martin Puchtler – Taillierung und einen gewissen Flex. Drei Jahre später werden die Auswirkungen auf den Unterricht von Kurt Schock und Kneissl dokumentiert.

(Kurt Schock, Ski direkt. Big Foot, Ergo, Alpinski. Titelbild Petra Scholl)

929 Pisten- und Tiefschneetechnik auf kurzen, breiten und stark taillierten Ski

1991 Reinhard Fischer (A)

- entwickelt aus einem geteilten Snowboard einen neuen Skityp, der nach Carven verlangt.
- Länge um 150 cm
- Tailliert und breit
- Die Demonstrationen seiner Leute auf diesen Ski sind spektakulär.

Seit den 1970ern sucht Reinhard Fischer nach beschleunigten Schwüngen. Seine Ideen gleichen einer Odyssee durch die Skifirmen. Schließlich stellt Roland Voigt (Sachsen) Ski nach seinen Vorstellungen unter dem Logo VR her. Dieser erweist sich als der beste Allroundski. Auch im Skidesign deren – z.B. mit dem „Edelweißski" – neue Wege gegangen. 2005 propagiert Nicola Werdenigg (A) diesen Ski und bietet dazu den Druck selbstentworfener Designs an. Ich stelle Reinhard Fischers Ski im SKILÄUFER unter dem Begriff „Crosscarver" vor. Als solche werden sie ab 1997 von allen Skifirmen produziert.

Infos und Bild von Reinhard Fischer
(In: „EDELWISER 07/08".
Umfassende Infos in: Arno Klien, Hrsg., Schneiden im Schnee)

---

930 „Aktivtechnik"

1991 Jugoslawisches Lehrwesen

Merkmale:
- Die auslösenden Aktionen vor der Fall-Linie
- Schritt vorwärts nicht seitwärts
- Der innere Ski setzt den Schritt
- Körper strebt sofort in den Schwung hinein
- Rennposition ohne Verdrehungen (frontale Position) durch den ganzen Schwung

Was die jugoslawische Delegation auf dem Interskikongress in St. Anton zeigt und formuliert ist die völlige Abwendung von bisherigen Schulmodellen wie das der Beinspieltechnik und die Zuwendung zur Renntechnik – Verständnis als Revolution aus der Renntechnik. Diese Fahrweise bietet sich Kindern an und verspricht Senioren längere Durchfahrstrecken, also geringere Ermüdung. Dazu leichte Erlernbarkeit.

(Walter Kuchler, Skitechnik international. Seite 68 – 70, Zeichnung Petra Scholl)

---

931 Definition Carving – wichtiger sidecut

1991 Martin Bell (GB)

„carved turn in the ski moves in its own track without skidding"

Hebt außerdem hervor:
- Körper der Rennfahrer ziemlich gerade und aufrecht
- stark gebeugte und gekippte Knie wie bei Ole-Christian Furuseth
- dert offene Skiführung wie mit einem Basketball zwischen den Knien
- die mittlere Skibelastung wie bei Alberto Tomba
- die scherenden Schritte wie bei Marc Girardelli

Der bis dahin erfolgreichste Rennfahrer Englands orientiert sich an früheren wie aktuellen Läufern. Den sidecut, die Taillierung, des Ski hält er für den „main factor in making the ski turn" und je ausgeprägter der sidecut ums kürzer und zupackender wird der Schwung.
Damit ist Martin Bell den An- und Einsichten beispielsweise in Deutschland und Österreich weit voraus.

(Lets´ go Skiing. Seite 40. 126 – 128, 141, Bild Seite 125)

Demonstrator Pirmin Zurbriggen

932 „Schwungsteuerung 90"

1991 Schweiz – Karl Gamma

Zusätzliche Akzente zum Lehrplan 1985:
- Bewegungsführung aus der Hüfte
- Außenbeinstrecken im Schwungansatz
- aufrechter Oberkörper
- Durchziehen des Außenarmes beim „Rennumsteigen"

Das Kippen aus der Hüfte bleibt wie im Lehrplan von 1985 das dominierende Schwungelement. Insgesamt tendenziell weg vom Rutschen und Driften. Die Gesetzmäßigkeiten mit dem stark taillierten Ski werden in der Schweiz erst drei Jahre später aufgegriffen.

(Ski Schweiz)

933 Nur Elementares?

1991 Armin Ader (D)

„Manche Schwünge kamen auf und verschwanden bald wieder wie extravagante Modeerscheinungen."

Er meint allerdings auch, dass verschiedene Autoren dagegen mehr und mehr elementare Anliegen herausstellten und zählt auf: Georges Joubert, Gauthier/Vachez, Larsson/Major und Gattermann/Kuchler.

Das Leiden an der Vielfalt und dem ständigen Wechsel ist dem Autor anzumerken. Zur gleichen Zeit gibt es aber genug Stimmen und eine Stimmung, die alles schon langweilig finden. Erstaunlicherweise werden die bereits vorliegenden radikalen Änderungen von einer breiteren Öffentlichkeit nicht gesehen, von den Lehrplänen der Alpenländer sogar noch jahrelang ignoriert.

(Skikultur. Zur Entwicklung von Skilaufen und Skiunterricht. Seite 38)

934 Monoski mit Frontaltechnik

1991 Herbert Heckers

publiziert Fahrtechnik und Gerät
- Beide Füße auf gleicher Höhe montiert.
- reine „Innenskitechnik"
- fast ausschließliche Hüftbeuge
- Torsion aus der Hüfte
- Rotation möglich

Als Vorläufer der Monoskiwelle zeigte schon Karl Gamma Ende der 1960er Jahre und auf dem Interskikongress 1971 einen Fahrer auf einem Ski. Dabei stand der Akteur auf einer Plattform über einem normalen Ski. Vergleichbar einem Snowboard bringt nun der Monoski hervorragende Ergebnisse im Tief- und Nassschnee. Heute haben die verschiedenen Monoski auch eine deutliche Taillierung.

(Monoski. Leichte Schwünge für Anfänger und Könner

935 Counter-turn

1991 Martin Heckelmann (Aus)

Gegenschwung als Auftakt. Diese altbekannte Technik wird auf vier großen Druckseiten, mit 16 Bildern und in vielen Erläuterungen behandelt.

(Step by Step Skiing Skills. Text und Bild Seite 100 – 103)

Diese Technik firmiert in der Geschichte auch als Auftakter, Gegenschwung, S-Schwung, zweites Aufkanten, Schoppen und Fishhook. Das australische Buch macht vielleicht bewusst, dass der Stellenwert dieser Technik im Skiunterricht nicht hoch genug angesetzt werden kann. Sie hat neuerdings mit der Carvingtechnik auch neue Aktualität und eine neue Ausführungsform gefunden.

936 Kritische Taxonomie **1991 Günter Amesberger (A)** unterscheidet: ▸ die Zweckform wie die Fahrweise in den Renndisziplinen ▸ die Form des „Schulefahrens" als Stilisierung und Standardisierung von „Schuleübungen" ▸ die Demonstrationsform als eine auf die Lernstufe zurechtgeschnittene Lösung	In der Einteilung von Günter Amesberger spiegeln sich auch frühere Ansätze wider wie beispielsweise die Diskussion um Pisten- und Geländetechnik oder die eine Technik und das „Tänzeln" und die Auflösung in Prinzipien, Typen und Varianten. Abgesehen von den Hinweisen wird die Taxonomie nicht weiter ausdifferenziert und aufgeschlüsselt. Die Verselbständigung der Schulformen wird kritisiert.	
937 Bremsen lernen **1991 Franz Hoppichler (A)** Bremstraining: ▸ *„Schwünge schneiden, aber auch abbrechen"* ▸ Notstopp ▸ Ski querstellen und kanten (*„Hacker"*) ▸ Mit gutem Gerät ▸ In allen Situationen ▸ Bei jedem Tempo	Selten wird so eindringlich und emotional vorgetragen. Hoppichler verweist auch auf die psychischen Komponenten, die die Bremsfähigkeit mit bedingen: Übermüdung, schlechte Konzentration aber auch Überkonzentration. Schließlich müssen Erfahrungen mit Kräften und Reaktionszeiten gemacht werden. (Bremsen – keine Schande! Im Vorwort zu Reingard Anwanter und Anton Hechl, Methodik des alpinen und nordischen Skilaufs. Innsbruck 1991)	Jede Skischule kennt außerdem typische Bremstechniken: ▸ Bremspflug ▸ Pflugbogen ▸ Seitrutschen ▸ Braquage
938 Skifahren einfach erlernt? **1991 Konrad Bartelski, Robin Neillands (GB)** „Learn to Ski in a Weekend" Es werden einfach alle traditionellen Schritte einer Grundschule angeboten, bei denen es nicht einmal bis zu einem parallelen Grundschwung kommt.	Versprechungen ohne eine eigene originelle Idee. Dabei gäbe für diese Zeit bereits Konzeptionen, mit denen man in 2 Tagen weiterkommen könnte. (Das genannte Buch von Seite 30 – 79)	
939 ABS-Technik **1991 Ernst Garhammer (D), Peter Janssen, Franz Zimmermann** Konzept ▸ A wie Andrehen ▸ B wie Beugen ▸ S wie Strecken ▸ Neutralbelastung ▸ Außenhand vorhoch gezogen ▸ Körper in den Phasen A und S gestreckt ▸ Außenarmzug diagonal im Andrehen, Arme im Steuern weit geöffnet	Aus dem Freestyle kommend konzipiert Ernst Garhammer eine Fahrweise, die er zunächst für die Buckelpiste, dann für die Piste, später auch auf das Tiefschneefahren auslegt. Eine ausgereifte eigene Fahrtechnik mit ex- pressiver Körperperformance, die auch zu den schonenden Techniken gezählt werden kann. Ein vergleichbares Pistenkonzept verfolgt Wolfgang Kießlich (D) mit „Gesundes Skifahren für Körper und Seele". 2000. (Neuer Spaß am Skifahren. Text Seite14 f., Bild Seite 48)	

940 Bedenken gegen Beugedrehen **1991 Erich Müller (A)** ▸ Untersucht biomechanisch u. a. verschiedene Schwünge ▸ Weist auf den Strukturunterschied zwischen Hochschwüngen und der Technik des Beugedrehens hin. ▸ Spricht dem Beugedrehen nur ästhetischen Wert zu. ▸ Carving nicht erwähnt.	In der Untersuchung werden die ungünstigen physiologischen Werte der Wellentechnik betont. Ich hatte in diesem Punkte bereits 1971 auf einer Tagung auf dem Kitzsteinhorn eine Auseinandersetzung mit Prof. Stefan Kruckenhauser. (Diese kosteten mich seine Freundschaf (Biomechanik der Sportarten, hrsg. von Friedrich Fetz, Bd. 2, siehe vor allem Seite 47 f. – Siehe auch Erich Müller 1986)	
941 Schwungvorbreitende Phase in der Beinspieltechnik **1991 Werner Nachbauer und Andreas Rauch (beide A)** „Belastungswechsel auf den zukünftigen Außenski. Entlastung der Skier sowie Umkanten des zukünftigen Außenski. ... Haupttätigkeiten dieser Phase sind Aufkanten des schwungäußeren Skis. Einnehmen von Schwunginnenlage sowie Regulieren des Kurvenradius über den Kantwinkel."	Die untersuchten Rennfahrer praktizieren zu dieser Zeit offensichtlich noch eine Technik, die auf der reinen Belastung des Außenski und ausgeprägter Vertikalbewegungen beruhen. Norwegische und slowenische Fahrer dürften dabei nicht mehr in dieses Bild passen. (Biomechanische Analysen der Torlauf- und Riesentorlauftechnik. Seite 58)	
942 „Telemark schööön" **1991 Norwegisches Programm beim Interskikongress in St. Anton** ▸ Telemark gezogen ▸ Telemark gewedelt ▸ Telemark gesprungen ▸ Telemark im Torlauf ▸ Telemarktricks	Der aus Carl Zuckmayers Geschichte eines Skikurses von 1913 bekannte Ausruf eines norwegischen Lehrers, der ansonsten kein Deutsch konnte, hätte für die Vorführung auf dem Interskikongress gelten können. Einfach Aufgehen in den Formen und Gefühlen des Telemarks.	Kopie eines Medaillons
943 Technikprogramm Skilehrerverband **1991 Deutscher Skilehrerverband** Verbindlich für Ausbildung und Prüfungen: ▸ Umsteigen aus Berg- und Talstemme ▸ Umsteigen aus parallel offener und aus scherender Stellung ▸ Hochschwung ▸ Tiefschwung	Carven als modernes Skifahren steht beim Skilehrerverband wie auch sonst in Deutschland noch immer unter dem Verdikt der Nichtbeachtung. Das Phänomen ist schwer zu erklären, vor allem weil es offensichtlich auch ein Verdikt der Entscheidungsträger wie in diesem Heft Hannsjörg Held und Norbert Barthle ist. (Skilehrer special. Sonderveröffentlichung 91/92. Seite 2 – 13, Außentitel)	

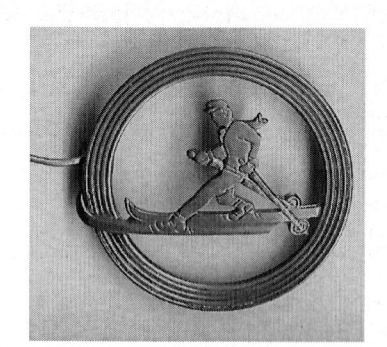

944 Skitechnik und Naturphilosophie

1991 Hirakawa Mitohito

erläutert auf dem Interskikongress als japanisches Ideal die Integration von
- Zweckmäßigkeit
- Ökonomie
- Eleganz
- Schönheit
- Ausgleich
- Natur

Vor allem aber geht es um die Übereinstimmung mit der Natur.

H. M. verfasste auch ein Buch „Skilauf und Homöopathie", wobei der Begriff der Homöopathie sehr weit gefasst ist. Skifahren verbindet sich hier mit japanischer (konfuzianischer) Naturphilosophie. Sozusagen in Resonanz mit der Natur. Im Gegensatz dazu steht eine Umfrage von mir unter deutschen Skilehrern zur Bildung von Ethosvorstellungen, bei der die Naturverbundenheit nur eine untergeordnete Rolle spielt.

(Walter Kuchler, Skitechnik international. Seite 28- 31. Auch Walter Kuchler, Sportethos. Seite 94 und 97)

Demonstratorin Gabi Daffner
Bild Dieter Menne

945 Selbstverständnis

1991 Hubert Sosna (D)

Der Dortmunder Sportstudent formuliert nach seinen ersten Skitagen:
„Jeder schreibt sich selbst in den Schnee."

Unsere Bewegungen und unsere Schneegraphik sprechen von unserem Können, unserem motorischen Temperament, unserem Schneegefühl, unserer Tagesform und Tageslaune, unserer motorischen Phantasie und den Gefühlen, die uns und unsere Bewegung tragen.

(Zeichnung Milan Maver)

946 Direkt am Carven

1991 Dänische Skischule

- Beachtung der Eigenführung der Ski
- Bewegungsspiel vor-rückwärts
- Zurückhaltung bei den Drehbewegungen
- schnelles Kippen aus der Hüfte
- Kanten aus Hüfte und Knöchel
- schneller Hüftwechsel
- Druckregulation durch vertikale Anpassung

Mit ihrem Coach Fred Lanziner (A) zeigen die Dänen neben den Schweden und Slowenen das modernste Konzept auf dem Interskikongress in St. Anton. Realisiert auf klassischen Ski.
Wie immer (oder wie so oft) finden die Nicht-Alpen-Länder kaum Aufmerksamkeit und wenig Beachtung.
Alle Momente sind auch noch 2007 von großem Interesse.

DEN DANSKE SKISKOLE

947 Dänische Kompressionstechnik

1992 Dansk Ski

Eine Technik für den Tiefschnee:
1. Verstärke die Entlastung und ziehe die Knie unter den Körper hoch
2. Steuere den Schwung durch ein dosiertes Ausstrecken der Knie
3. Falls notwendig rotiere in der Hüfte und drehe die Beine aktiv unter dem Körper

Wer dänische Skilehrer und Jugendmannschaften beim Training beobachten kann, muss Konzeptionen und Praxis auf höchstem Niveau feststellen. Was die USA, Slowenien, Schweden und Norwegen in den letzten 40 Jahren an Fortschritt und Innovationen in die Skiwelt eingebracht haben, stellt die bisherige Hegemonie der Alpenländer in Frage.

(Hvide Droemme in Dansk Ski Arbog 92. Seite 70)

948 Wie deutscher Skilehrplan 1992 Jürgen Kemmler (D) Schwungprogramm ▶ Grundschwung ▶ Hochschwung ▶ Kurzschwung ▶ Ausgleichsschwung ▶ Umsteigeschwünge	Der Verfasser bedient sich des vollen Programmes des Deutschen Verbandes für das Skilehrwesen, das ihm als Lektor des Verlages für den Lehrplan auch in allen Details zugänglich war. Dazu greift er den Ansatz der Funktionalität von Uli Göhner auf. Jeglicher Hinweis auf die Moderne seit anfangs der 1980er Jahre fehlt – so wie im deutschen offiziellen Lehrplan auch. (Richtig Skifahren. Seite 32 – 98)	
949 Doppelschwünge neu erfunden 1992 Ulrich Göhner – Deutsches Skilehrwesen Kombinationen verschiedener, möglichst kontrastierender Schwungformen Doppelschwünge dürfen nicht mit dem Doppelkristiania von 1924, dem ersten Kurzschwingen, verwechselt werden.	Wohl in Unkenntnis der Geschichte wird der Doppelschwung als Erfindung hochstilisiert. Schon Zdarsky und beinahe unzählige weitere Autoren kombinierten gerne zwei verschiedene Schwünge. Am liebsten Telemark + Kristiania, da dabei die Schrittstellung nicht verändert wird. Die Doppelschwünge wurden manchmal auch „Kombinationsschwünge" genannt.	*„Telemark- und Kristianiaschwünge lassen sich ... zu Schlangenbögen vereinigen. Sehr angenehm ist die Anwendung beider Schwünge, und zwar des einen immer nach derselben Seite, wodurch der Wechsel im Vorführen des einen Ski wegfällt."* Georg Bilgeri, Der alpine Skilauf. Seite 47
950 Fallen und Aufstehen 1992 John Yacenda (USA) Eine Schulung über neun großformatige Seiten. ▶ Tipps für das Fallen ▶ Methoden des Aufstehens ▶ Carving nicht thematisiert. (Alpine Skiing. Seite 42 – 50)	Wahrscheinlich die ausführlichste Themenbehandlung in der gesamten Skiliteratur. 	
951 Vornehmlich pflügen 1992/1994 Konrad Bartelski / Robin Neillands (GB) ▶ Wenig Ausführungen zum Schwingen und zu Schwüngen ▶ „Die Kanten sind Ihre Bremsen." ▶ Hauptanliegen enge Skiführung ▶ „Ein guter Fahrer fährt dicht an der Fallinie."	Das zunächst in englischer Sprache erschienene Buch ist nur deswegen erwähnenswert, derl es als Anti-Carvingbuch charakterisiert deren kann. Das ist auch deshalb bemerkenswert, da im Lande zu gleicher Zeit The Sunday Times (London) und Ali Ross (Schottland) einen ausgesprochenen modernen Skilauf des Carvens propagieren. (Skifahren.. Text Seite 88, Außentitel)	

952 Wie in Österreich **1992 Ned. Ver. Van Skileraren** Pflichttechnik für Skilehrer ▸ Pflugbogen ▸ Schrägfahren ▸ Seitrutschen ▸ Stemmschwung ▸ Parallelschwung ▸ Kurzschwung	Die niederländischen Skilehrer bieten in ihren Programmen wie seit Jahrzehnten die Skitechnik der österreichischen Berufsskischulen. Es ist erstaunlich, wie ein so international stark vernetztes Land in voller Abhängigkeit steht und Begriffe wie Moderne oder Carven in ihren Schriften nicht einmal erwähnt.	Auch meine gelegentlichen Vorführungen und Vorträge bei den holländischen Skilehrern wurden zwar höflich zur Kenntnis genommen, aber nicht einmal diskutiert. (Skikanten No 18, Feb. 1992.
953 Carven mit Ali Ross (GB) **1992 London** ▸ **Auf RS-Ski mit Verweis auf die Taillierung** ▸ **mit betontem Flexen des Ski** ▸ **mit Hüftcanting** ▸ **mit Außenhandführung** ▸ **mit Außenskibelastung**	THE SUNDAY TIMES veröffentlicht in London ein Video: mit perfekter Carvingdemonstration: ▸ noch auf klassischem RS-Ski, aber mit leichter Taillierung ▸ Gegenüberstellung zu alten Techniken ▸ informative Spurenbilder Ali Ross, ein schottischer Skilehrer, erklärt eindrucksvoll die Carvingtechnik.	
954 Doppelstütz der Füße – Umsteigen als vollkommene Fußarbeit **1993 Hans Zehetmayer (A)** Der Umsteigeschritt zur Schwungeinleitung wird als Moment des Doppelstützes der Füße definiert. Die oberflächliche Sicht des „Spitzerlhebens" erfasst jedenfalls nur die besondere Aktivität des einen Fußes.	Hans Zehetmayer präzisiert sein basales Pedalieren bzw. „Spitzerl-Heben". Der Moment des Schrittablaufes, bei dem ein Fuß auf der Ferse aufsetzt, der andere auf den Fußballen, erweist sich von variantenreicher Effektivität. Einmal im besonderen Pflugbogen als Bremse mit dem Innenski. Hier im Idealfall als perfekte Übernahme aus der Alltagsmotorik. Bei Fritz Baum- rock als Abstützung auf dem Talski und Umfahren des Skiendes.	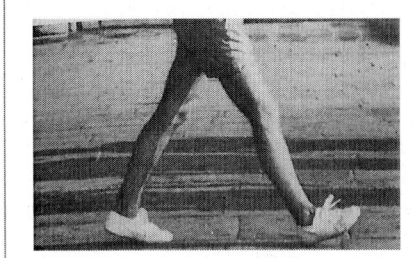 (Ein kurzer Weg zum Schwingen, Seite 80 – 83, Bild Seite 81)
955 Der Carvingski als Grundlage zukünftiger technischer Konzepte **1993 Schweizerischer Interverband für Skilauf** ▸ Fahren auf der Taillierungskurve ▸ Fahren auf der geflexten Kurve ▸ Innenbein stärker gebeugt als das Außenbein	In einem Provisorium zum Lehrplan stellen die Schweizer fest: *„funktionelle Kurventechnik ... tritt dann in Erscheinung, wenn beim Schwingen die skieigenen Steuereigenschaften bewusst ausgenützt werden. (Wenn wir die Ski für uns arbeiten lassen.)"* Den Weg zum Carven vollendeten die Schweizer 1998 mit dem legendären Film: *„Deras for fun".* (Provisorium. Text Seite 3 f., Umschlagseite	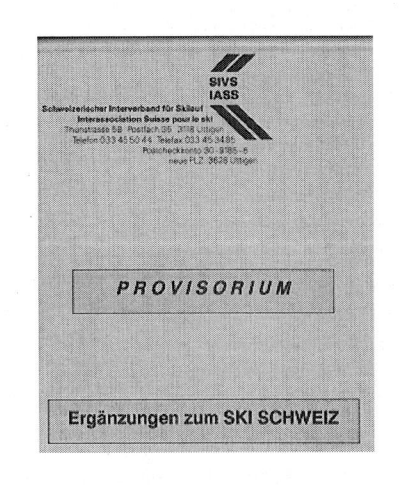

956 Optimaltempo´ – für jede Technik 1993 Franz Hoppichler (A) (2004 Horst Tiwald (D/A) ▶ „Deshalb ist beim Lernen – und auch später beim Fahren – das richtige Tempo, das ´Optimaltempo´, äußerst wichtig." ▶ „Der Wechsel von einer Schwungart zur anderen bedarf des Tempowechsels."	Horst Tiwald erörtert in seinen Zdarskyanalysen dieses Thema sehr grundsätzlich. Noch stärker als Franz Hoppichler weist er auf die Bedeutung des jeweiligen optimalen Tempos im Lernprozess hin. (Franz Hoppichler. Die österreichische Skischule. Seite 21. – Horst Tiwald: Auf den Spuren von Mathias Zdarsky. Seite 32-37)	„Was bei langsamer Geschwindigkeit angemessen ist, lässt sich nicht immer quantitativ intensiviert auf eine schnellere übertragen. Was unter einfachen Bedingungen eingeschliffen wird, kann beim ´Aktsprung´ daher zum Verhängnis werden." (Horst Tiwald 32 f.)
957 Voller Sohlenstand im Schuss wie im Schwung 1993 Franz Hoppichler (A) „Der Fahrer muß beim Schußfahren Veränderungen des Drucks und der Skistellung gut und schnell erfühlen. Dazu ist ein voller Sohlenstand notwendig. Dieser garantiert, daß das Fußlängs- und das Fußquergewölbe gut federnd zusammenarbeiten."	Auch wenn man der Verallgemeinerung der Forderung so nicht folgen will, wird hier doch endlich wieder ein Gesichtspunkt aufgegriffen, der beispielsweise schon 90 Jahre zuvor bei Ernst Schottelius thematisiert wurde und schließlich bei SPORTS 2001 bei SPORTS und bei mir im Rahmen des Carvens zu einer Fußsohlentechnik ausgebaut werden wird. (Die österreichische Skischule. 1993, Seite 49)	 (Bild Seite 48)
958 Skitechnik der Frau mit Belastung auf beiden Beinen 1993 Franz Hoppichler (A) Hoppichler meint, dass Frauen wegen geringerer Beinkraft gerne auf beiden Beinen fahren sollten. (Die österreichische Skischule. 1993, Seite 123, Bild Seite 102)	Wieder einmal kommt es nach den Büchern von R. Katscher (1926), H. Hoek (1926, 1934) und Christel Cranz (1936) und vielen einzelnen Stellungnahmen zu einer Auslassung über weibliche Skitechnik. Ein Hinweis nur, aber wie später die Erfindung von Ladycarvern zeigen wird, ist die Geschlechterdiskussion noch lange nicht abgeschlossen.	
959 Beinspieltechnik ausgereift 1993 Franz Hoppichler mit Lehrplan „Die österreichische Skischule": ▶ Berücksichtigung aller Varianten der Entwicklung ▶ Verweis auf „die immer zahlreicheren Facetten des Bewegens auf Schnee" ▶ „Faktorenspiel" wie bei Fanck/Schneider (Tempo/Schnee/Gelände) ▶ berücksichtigt noch keine Carvingski	Der Begriff „Faktorenspiel" drückt auf neue Art aus, was Arnold Fanck und Hannes Schneider im „Wunder des Schneeschuhs" 1925 bereits systematisch darlegten, nämlich die Abhängigkeit eines technischen Musters von der Situation, vom Schnee, von der Hangsteilheit, vom Tempo und Schwungweite. – Auch wenn Hoppichlers Buch noch immer völlig am Carven vorbeigeht, bietet es eine Menge neuer Anregungen. (Die österreichische Skischule. Außentitel)	

1960 Carven in USA **1993 Lito Tejada-Flores (USA)** ▶ Carven nur durch edging ▶ Mittige Belastung ▶ Gleiten entlang der Taillierung ▶ Ausführliche Behandlung aller Kantmöglichkeiten ▶ Belastung „centered" auf dem Außenfuß ▶ Verweis, dass die Ski weicher und torsionsfester geworden sind.	Der Verfasser meint, dass man in den vergangenen Jahren bei den amerikanischen Skilehrern mit Carving übertrieben hat. Es gibt Situationen (z.B. sehr kurze Schwünge, Buckelpiste) bei denen skidding angebracht sei. Jedenfalls ist in den USA das Carvingbewußtsein nun seit den 1960er Jahren anhaltend – im Gegensatz zu Europa. (Breakthrough on skis. Zeichnung „carving und skidding" Seite 34)	
961 Wiener Skimodelle carven **1993/94 Helmut Gottschlich, Hans Zehetmayer (A)** formulieren dazu eine Mechanik des Carvens und eine elementare Carvingtheorie. ▶ Dominantes Kippen ▶ Schrittauslösung ▶ erst Kanten, dann Drehen ▶ Kippen über Talski ▶ mit offener Skiführung ▶ starke Skitaillierung ▶ Kräfteaustausch zwischen Ski und Unterlage	Nach ersten Modellen in Wien und Japan Ende der 1096er Jahre mit Modellen für einen Einzelschwung entwickeln Hans Zehetmayer und Helmut Gottschlich perfekte Schwungmodelle. Helmut Gottschlich experimentierte zwar schon 1966 mit Drahtfiguren und 1978 mit ferngesteuerten Modellen. Doch die Modelle seit 1993/94 demonstrieren in überzeugender Weise Carvingschwünge und Telemarks für ganze Abfahrten. Später folgten kniehohe Modelle für das Fahren im Schnee.	(Bild aus Walter Kuchler, „Skirevolution Carving" von 1997 Seite 35)
962 Carving direkt auf Supershorties **1994 Kurt Schock (D)** von SPORTS entwickelt mit der Fa. Kneissl ein Konzept für eine kompromisslose parallele Carvingschule. ▶ Lernen auf Supershorties ▶ Lernen auf gemischten Skilängen ▶ Fahren auf stark taillierten Carvern	Nachdem die Geschichte der Skimethodik bisher über 30 Modelle von Lernwegen mit ansteigenden Längen und parallelem Fahren hervorgebracht hat, wird nun ein Konzept vorgestellt, das mit Hilfe der Autokinetik der Ski und damit des Carvingeffektes größte Erfolge verspricht. Schock knüpft in der Steigerung der Skilängen von Clif Taylor an. Weitere Hinweise auf Kurzski finden sich bei Arno Klien, „Kurven am Ski – Carven im Schnee" Seite 131 f. Auch bei Karl Koller, „Wie es zum Kurzski im Skilehrwesen kam" Seite 139. Die Autoren erwähnen nicht Bilgeris Kurzski von 1912, den Retter-Ski und den Karpff-Ski.	Kurzski mit Programm – Vertreter und Autoren: ▶ Georg Bilgeri ▶ Alois Kosch ▶ Karl Koller ▶ Clif Taylor ▶ Martin Puchtler ▶ Hanspeter Lanig ▶ Pierre Gruneberg ▶ Robert Blanc ▶ Andrej Robic ▶ Reinfried Spazier ▶ Kurt Schock ▶ Hermann Reitberger

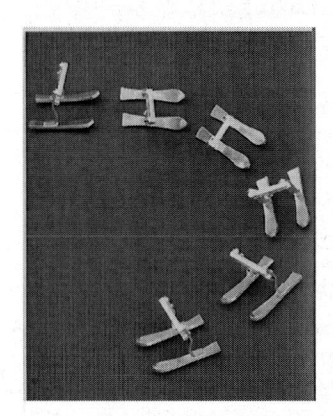

963 Belasten beim Carven – Snake Turns

1994 Warren Witherell, David Evrard (beide USA)

Typische Belastungen:
- Vorderskibelastung: Athletische Skifahrer bevorzugen sie bei fast allen Schwungeinleitungen.
- Mittige Belastung: Gut für eine gleichmäßige Folge von Schwüngen.
- Endenbelastung (ohne hinten Hineinsitzen): Für Beschleunigungen und langgezogene Schwünge.

Während die europäischen Lehrbücher und Lehrpläne noch lange beinahe dogmatisch verkünden, dass man beim Carven den Ski mittig belasten sollte, sind diese Verfasser offen und aufmerksam auch für andere Möglichkeiten. Methodisch empfehlen die Verfasser für ein Carvingtraining „Snake Turns" – Schwünge auf immer dem gleichen Bein als einem Weg zum Carven pur. So kann man die Innen- und Außenbelastung, das Maß des Aufkantens und die nötige Balance erspüren

(The Athletic Skier. Seite 70 – 73, 108 – 111)

964 Speziell Vorwärtsdruck bei Schwungauslösung

1994 Warren Witherell, David Evrard (beide USA)

Die Verfasser meinen, ein Vorwärtsdruck – im Bild sogar mit Anheben des Skiendes beim Innenski – helfe bei der Schwungauslösung und verkürze den Schwungradius.

Sogar:
„Athletic skiers use forward pressure to initiate nearly all turns."

Die Verfasser stellen damit ein Gegenmodell zum sog. Spitzerl-Heben bzw. basalen Pedalieren vor. Wenn wirklich die Rennfahrer fast bei allen Schwüngen mit Vorwärtsdruck agieren, stellt dies eine radikale Kehrtwendung weg vom österreichischen Wellentechnik und zum Beuge-Streckdrehen und auch zur OK-Technik der Schweizer dar. Das allgemeine Bildmaterial dieser Zeit stützt allerdings die These des allgemeinen „Vorwärtsdruckes" bei der Schwungeinleitung nicht.

(The Athletic Skier. Text und Bild. Seite 70)

965 Vielfalt aber Carving noch Fehlanzeige

1994 Lehrplan des deutschen Verbandes für das Skilehrwesen

zeigt Vielfalt über
- Veränderungsmöglichkeiten auf,
- verweist auch auf selbstgewählte Veränderungen,

aber
- kennt noch keine Carvingtechnik,
- auch Carvingski finden noch keine Berücksichtigung,
- blendet Ski überhaupt aus.

Nach dem Lehrplan von 1981, der skitechnisch die Konzeption von 1971 neu aufgelegt hatte, wird hier dem Skifahrer zum wiederholten Male der Fortschritt in der Skitechnik vorenthalten. Man könnte dies als einen der großen Skandale in der Entwicklung der Skitechnik sehen, der noch 1996 in einer Stellungnahme gegen das Carven von Norbert Barthle, oberster Lehrwartes des DSV, im Fernsehen gipfelte. Vergleichbar wäre die Verdrängung des Wedelns durch die Lehrpläne von 1925 bis 1955.

(Band 1 und 2)

966 Druckgeben mit dem Talskiende – Fußarbeit

1995 Fritz Baumrock

- Nicht Anheben der Skischaufel, sondern Druckgeben mit dem Skiende
- dabei Ski durchbiegen
- dabei keine Rücklage einnehmen
- damit Flachstellen des Bergski
- driften der Schaufel des Bergski talwärts

Statt einer exzentrischen Bremse wie beim Heben der Schaufel beim Pflugbogen fährt der der Außenski „um das Ende des Innenski herum". Die einsetzende Fliehkraft leitet den Schwungwechsel ein. Baumrocks Analyse von Rennfahrern wird auch von den Hinweisen auf aktive „Fußarbeit" begleitet:

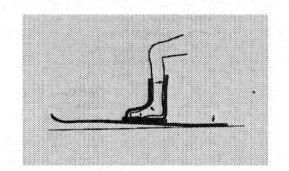

(Texte und Bilder in Schwungwechsel S.16 f.)

967 Klassisch auf Carvingski

1995 USA

Der PARABOLIC mit 12 Meter Radius von Elan wird in den USA zum Ski des Jahres gewählt. Aber fast niemand, so erzählt man, carvt bisher auf diesem Ski.

Kein Land hat bisher mehr zur Theorie und Praxis des Carvens beigetragen. Deshalb verwundert die Vernachlässigung der Carvingtechnik gerade zu diesem Zeitpunkt umso mehr. Hat es mit dem Wechsel des Führungspersonals zu tun? Horst Abraham ist abgewählt, aus dem Lehrwesen ausgeschieden und arbeitet bei der Army.

968 Erster Carvinglehrplan der Welt

1995 SPORTS – Walter Kuchler

Walter Kuchler bringt die bisherige Carvingtheorie seit 1987 zum begrifflichen Abschluss, Carven als Standard für Jedermann

- Diagonaltechnik (von der Handführung beim Slalom gesehen)
- Radialtechnik (vom Radius des Ski und der Kurve her gedacht)
- Carvingtechnik (von der geschnittenen Spur her formuliert)
- Auch mit Innen-Anschneiden

Die Veröffentlichungen im Skimagazin, in den Büchern bei Rowohlt und bei SPORTS haben in Deutschland heftige Kontroversen und Polemiken ausgelöst, haben aber die Entwicklung richtig gesehen, begleitet und mit vorangetrieben. Der Carvinglehrplan von 1995 kann als ein Abschluss der ersten Entwicklungsphase in Europa aber auch als Grundlage der weiteren Prozesse gesehen werden.

(SuperSki – radikal radial. Titelbild Petra Scholl)

969 Autokinetik des Ski

1995 Walter Kuchler (D)

Carvingski fahren selbständig Kurven,
- wenn man sie auf die Kante stellt
- und wenn man sie flext.

Der neue Begriff – publiziert in den Testberichten der Zeitschrift SKILÄUFER – scheint die Grundeigenschaft des Carvingski gut zu erfassen und zu vermitteln. Zur Autokinetik gehört allerdings auch Flexen und Rebound und selbstverständlich das Gleiten.

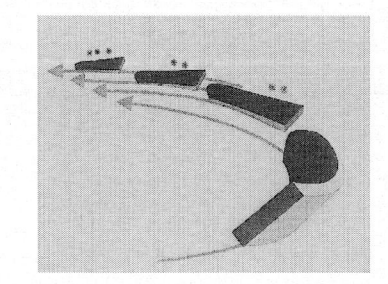

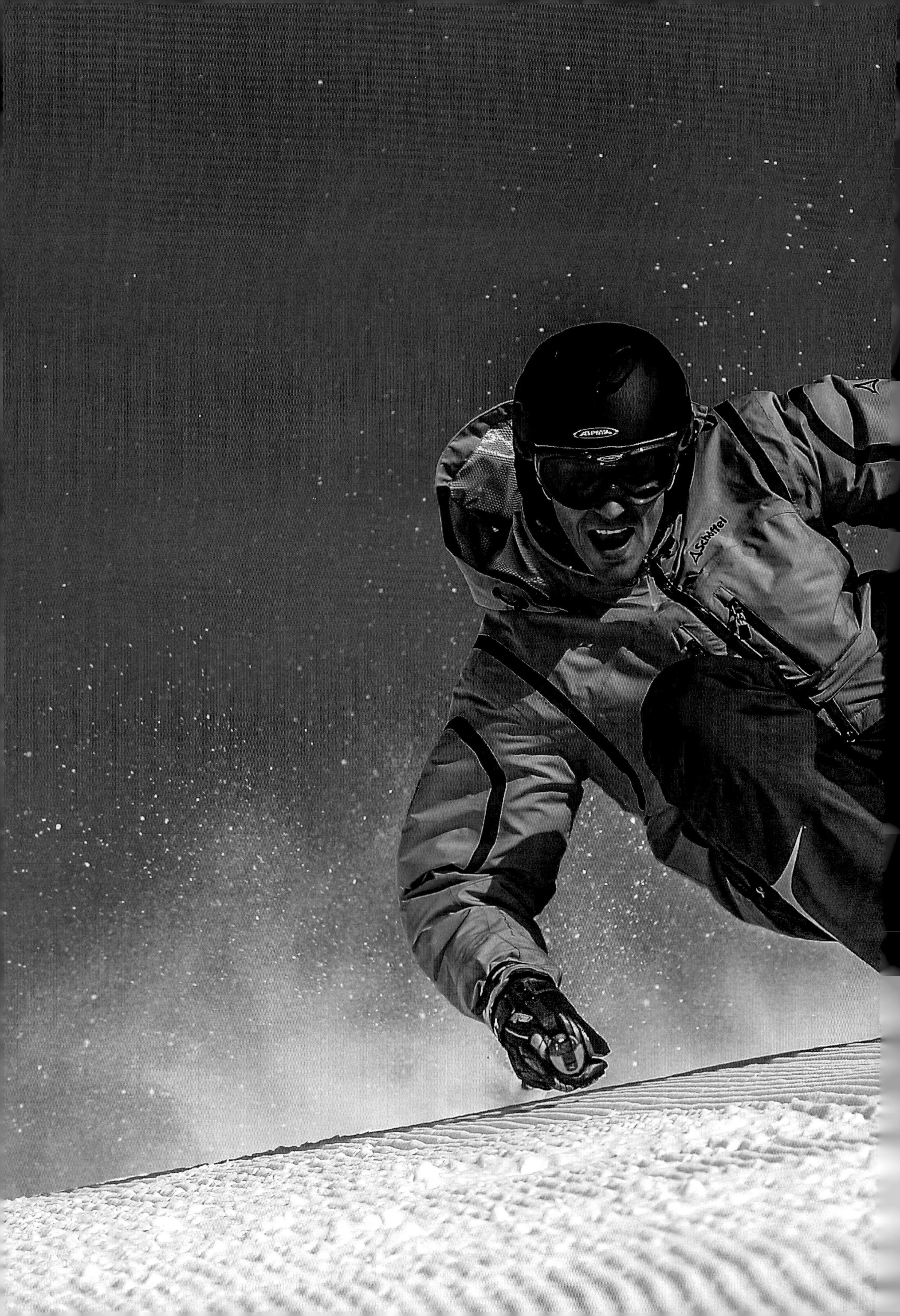
Schöffel

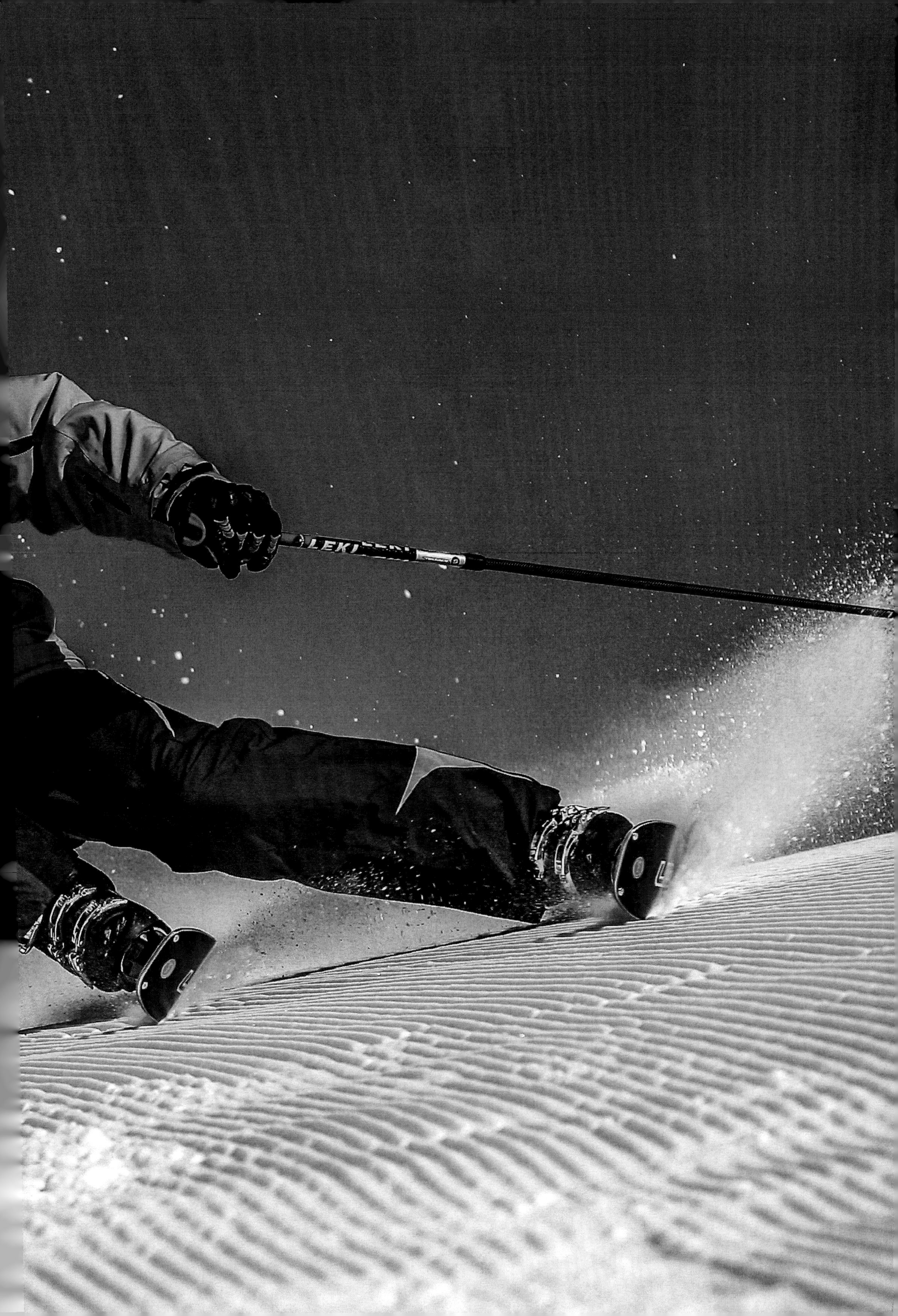
LEKI

970 Statement zur Situation: richtige Längen

1995 Walter Kuchler (D)

„Carven hat die Ski, die Skilehrer und die Methoden auf die richtige Länge zurecht gestutzt."
(Aus Flugblättern von SPORTS)

Der Hinweis auf die Ski war evident. Die Bemerkung zu den Skilehrern meinte eine Zurückstufung ihrer Bedeutung wegen der Leichtigkeit des Eigenlernens wie des Lernens im Kurs. Trotz zusätzlich neuer Methoden braucht es im konkreten Falle nur wenige. Zu diesem Statement gehört auch die Feststellung verkürzter Lernzeiten.

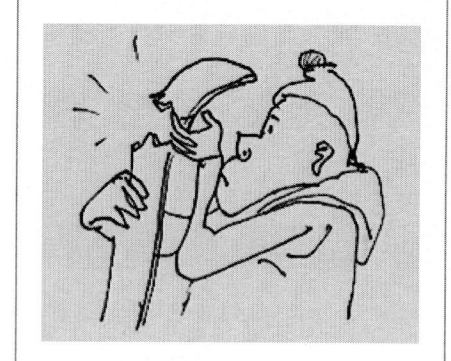

971 Autodynamik des Schuh und Carven

1995 Walter Kuchler (D)

Skischuhe spielen selbständig mit, wenn
- der Schaft im Beugen, Flexen, Kräfte auffängt
- und die Kräfte zum Aufrichten oder zum Kanten- und Lagenwechsel als Rebound zurückgeben.

Schuhe sind nicht nur Transmitter der Kräfte zwischen Fahrer, Ski und Schnee, sondern tragen selbstständig zur Umsetzung der Skitechnik bei. Der neue Begriff – zunächst unter Carvingschuhe vermittelt – sollte ein Umdenken in der Konstruktion der Skischuhe anstoßen.
Schäfte sollten gut beugen, Widerstand aufbauen und damit einen Rebound zur Verfügung stellen.

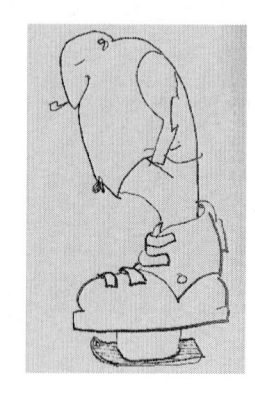

972 Carven ohne Stöcke

1995 Snow(board)carven – erste Übertragungen auf Ski

- Übernahme von Fahrformen der Snowboarder
- Kippen über die Ski („Drüberwechseln")
- Innenlagen auch mit beiden Armen und Händen
- „Wälzen" und „Tauchen"

Überwindung der biologischen 20-Grad-Neigungsbarriere nach Bernd Spiegel.

Extreme Körperlagen ergeben starke expressive Möglichkeiten und eines der stärksten Carvinggefühle. Endgültige Befreiung der Hände vom bloßen Gegenhalten.

Fahren ohne Stöcke in der Laufschule und später immer wieder einmal empfohlen beispielsweise auch Anton Fendrich 1908, Carl J. Luther 1912, („Ski und Skilauf", Seite 22), Ludwig Schaller 1982. Zu Kurvenlagen siehe auch Bernt Spiegel, „Die obere Hälfte des Motorrads". Siehe auch Alberto Nencetti 1997)

(Bild Monika Jährig)

(Bild Dieter Menne)

973 Stürzen und Aufstehen beim Carven ohne Stöcke

1995 Walter Kuchler (D)

Aufstehen ohne Stöcke – vor allem im flachen Gelände:
- Ski parallel und am Hang talwärts querlegen
- Mit beiden Händen seitlich sich zu den Skispitzen in Etappen vortappen
- Nahe über oder direkt über den Skispitzen aufstehen
- Auch rückwärts Tappen und Aufstehen ist möglich, aber anstrengend.

Typische Carvingstürze gehen nach innen und zum Hang. Gefährliche Drehungen und Überschläge sind deshalb seltener. Das perfekte Aufstehen mit Stöcken wurde in der Vergangenheit gelöst. Das richtige Aufstehen ohne Stöcke muss erlernt werden, da es sonst erhebliche Schwierigkeiten bereitet und die Lust am stockfreien Fahren beeinträchtigt.

974 Carvewedeln 1 – in Racemanier 1995 Walter Kuchler (D) Mit Merkmalen: ▸ schneller Schrittwechsel ▸ schnelles Kippen ▸ Anschneiden ▸ sofortiger Abbruch ▸ Wechsel mit Flex und Rebound	Andere Lehrpläne haben das Wedeln in Carvingtechnik auch 2009 noch nicht aufgegriffen. Die Situation ist der der 1930er und 1940er Jahre vergleichbar. Will man nur vom klassischen Wedeln nicht lassen oder misstraut man weiterhin der Leichtigkeit des Neuen? (Inhalte aus: Skilehrplan SPORTS.1995 und Skirevolution Carving. 1997. Bild aus Skirevolution Carving. 1997.Seite 70)	
975 Carvewedeln 2 – wie die Snowboarder 1995 Walter Kuchler (D) Mit Merkmalen: ▸ mit beiden Händen voraus nach Art der Snowboarder in den Schwung stechen ▸ Der Oberkörper beugt sich in den Schwung hinein. ▸ dabei schneller Schritt und Kantenwechsel ▸ vom Händedruck aus Skiflex, Schuhflex, Körperflex und entsprechende Rebounds aktivieren	Den meisten Fahrern gelingt diese Art zu wedeln besonders leicht. Man wird an das Breitwedeln von Prof. Kruckenhauser in den 1960ern erinnert. Hier wie dort spielt die Außenskibelastung keine Rolle mehr. Eine besonders leicht zu erlernende Wedelform. Obendrein verträglicher, ja gesünder. (Inhalte aus: Skilehrplan SPORTS 1995 und Skirevolution Carving 1997 – Bild aus: Carving. Der Skikurs. Seite 60. Demonstration durch den Verfasser.)	
976 Der „360er" 1995 Thomas Bläsi (CH), Walter Kuchler (D) u. a. propagieren *einen geschnittenen Kreisschwung* Aus steiler Anfahrt in den Übergang zu einem Flachstück oder Plateau angesetzt mit ▸ breite Skiführung ▸ Abstimmung des Drehwinkels auf das Kurventempo ▸ Übergang zur Innenskibelastung im Laufe des Schwunges	Der Schwung mausert sich schnell zum Prüfstein des perfekten Carvens. Kaum sonst wo aber müssen Gelände, Tempo und angewandte Technik so gut aufeinander abgestimmt sein. Schweizer Demonstratoren zeigen ihn später sogar in der Ausführung als Paarlauf. Der Schwung überrascht viele „Direktfahrer" der alten Schule und birgt deshalb eine große Kollisionsgefahr. Zu erinnern ist, dass schon 1935 Richard Honisch auf 360er verwies.	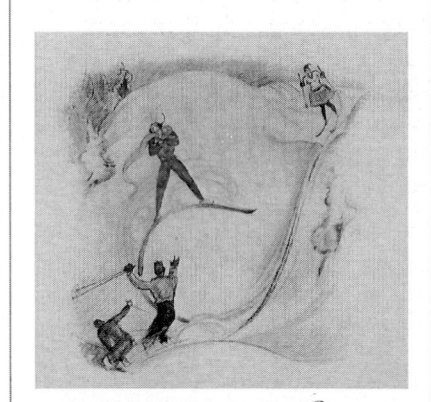 

(Oben der Traum vom Mondkreisschwung von Toni Schönecker 1925.
Unten Reihenbild von Dieter Menne mit Demonstrator Georg Ager. Letzteres in: Walter Kuchler, Carving, Seite 106 f.)

977 Carven mit dem Gefühl der Schwerelosigkeit und des Fliegens – „Carven. Das Spiel mit den Energien, die aus dem Gerät kommen."

1995 Heinz Rubi (CH)

- *„Offene, breite Skistellung*
- *gleicher Aufkantwinkel beider Skis*
- *direktes Umkanten ohne Hüftknick und Vertikalbewegung*
- *Ski mit dem Körper in die Schwungrichtung begleiten*
- *ausprobieren bis in die Grenzbereiche."*

In Zusammenarbeit mit der Fa. Kneissl werden bereits auch Kinder- und Crosscarver empfohlen.

Die erste Wortmeldung nach dem Lehrplanprovisorium von 1993 in der Schweiz.
Programmatisch ist die Sicht Rubis zur Rolle der Ski:

„Nicht in erster Linie die Muskelkraft und Bewegung bestimmen die Technik, sondern das Material."

Bild 1: Demonstrator beim Handcarven und Pedalieren Heinz Rubi.
Das zweite Bild zeigt einen Fahrer auf den stark taillierten Big Foots.
(Broschüre „Carving". Texte Seite 2 und 6, Bilder Seite 1 und 8)

978 Schwungtuning – Beschleunigungen als Spiel mit der Kurve

1995 Walter Kuchler (D)

Schneller werden im Schwung – eine völlig neue Dimension. Ungefährlich und doch kühn. Durch An- und Abschneiden der Kurve, durch gekonntes Splitting von Körper- und Skibahn, durch Umsteigen im Schwung, durch eine zykloide Steuerung. Auch schon durch das Spiel von Vor-, Mittel- und Rücklage.

Eine neue Herausforderung, ein neues Versprechen.

Der Autor verfolgt seit 1981 immer wieder Fragen wie man Schwünge verändern und tunen kann. Bei einer Schwung-beschleunigung geht es nicht vorrangig um eine höhere Geschwindigkeit, sondern um eine höhere Kurvengeschwindigkeit und gleichsam um eine „innere Beschleunigung".

(Text aus den Unterrichtskarten" von SPORTS. Zeichnung Milan Maver)

979 Zentrifugales Kurvengleiten

1995 Walter Kuchler (D)

- Mit dem Carvingski ist es möglich, wenn übermächtige Kräfte die Ski kurvenauswärts treiben, die Gleitrichtung beizubehalten.
- Die Ski wandern tangential auf eine immer weitere Kurve hinaus.
- Alle bisherigen Drift- und Rutschvorgänge stellten die Ski quer zur Fahrtrichtung.

Die Problematik Driften-Bremsen-Gleiten findet mit dem Carvingski und der Carvingtechnik eine vollkommen neue Lösung. Wenn die Ski nicht gegen die Fahrt angestellt werden, damit ungebremst ihre Fahrt weiter fortsetzen, dann kann man mit einigem Recht hier auch von einer Form des Gleitens sprechen.

(Texte und Zeichnung in Skilehrplan SPORTS. 2005. Seite 65 f. – Zeichnung Burkhard Platte)

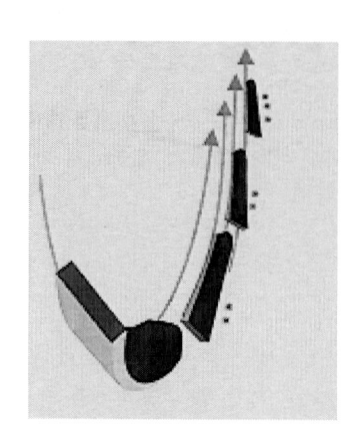

980 Kein Carven in Deutschland

1995 Ignoranz deutscher Skiverbände

Stationen der Negierung:
- Abgelehnt: Programm „universelle Skitechnik" 1978 (Walter Kuchler)
- Abgelehnt: Lehrplanvorschlag der internationalen Öffnung von Walter Kuchler 1980
- Dafür enge Lehrplankonzeption 1981 f.
- Negiert: Buch von Franz Held 1982
- Nicht im Visier: schwedische Skischule 1983
- N. i. V. dänische Skischule 1983
- N. i. V. Änderung der Slalomtechnik 1984
- Bekämpft: Buch „Die neue Skitechnik" (Walter Kuchler 1989
- N. i. V. Big Foot 1990
- N. i. V. Carvingski Elan 1991
- N. i. V. Carvingski Head 1992
- Dafür „Nichts Neues" 1993 von U. Göhner (Lehrplan- vorsitzender)
- Aber: Carvinglehrplan SPORTS 1995
- Aber: Carvingski aller Firmen 1996
- Jedoch: Verbot von Carvingski für Skilehrer des WSV 1997
- Schließlich: Letzter Einspruch von Erhard Gattermann als Leserbrief in Stiftung Warentest 1997.

Geschlossen lehnen noch 1995 die Verbände, die im Deutschen Verband für das Skilehrwesen zusammengefasst sind, immer noch die Wende, die sich seit 15 Jahren angedeutet hat, ab. Dessen Vertreter wie Erhard Gattermann, Ulrich Göhner, Ekkehard Ulmrich und Hans Janda halten an den Konzepten von 1971 und 1981 fest. Der 2. Vorsitzende der Lehrplankommission Walter Kuchler wird kaltgestellt. (1988) „Abweichler" wie „Fun Factory" (1996) versuchen Sanktionen zu umgehen.

Das Bild von Toni Schönecker aus dem Jahre 1925 hat prophetischen Charakter. Es steht noch immer für Ignoranz, Lehrplandogmatik und Engstirnigkeit führender Funktionäre von Verbänden des sog. Skilehrwesens. Weder internationale Begegnungen noch die internationale Literatur können daran etwas ändern. Auch das fehlende Geschichtsbe wusstsein ist offensichtlich.

981 Carving – Produkt effektiven Fahrens

1995 Lehrplan der Canadian Ski Instructors's Alliance

- Frühes Aufkanten
- Simultane Beinarbeit
- Abfangen des hohen Druckes durch das Fahrwerk Beine
- Schwerpunktführung in die Kurvenlage

Carven wird unaufgeregt gesehen, wird aber nur den Experten angeboten. Kein revolutionäres Thema also.
Die Rolle des Ski dabei ist allerdings klar. Der Radius soll nach Disziplinen (SL, RS, A) ausgelegt sein. Besprochen wird auch die Rolle der Vorspannung und der Biegehärte.

(Ski and Teaching Method. Speziell Seite 9 und 109 f)

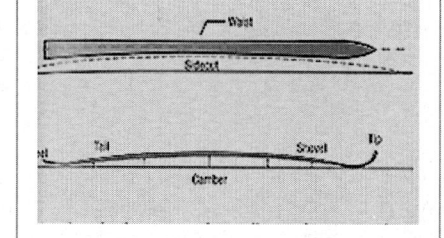

982 Kurzski-Stufenmethode mit stark taillierten Ski

1996 Ken Lawler (USA/D)

- Kennt 4 verschieden Kurzskistufen von 65 cm bis 160 cm.
- 160cm-Ski sind 4mal schwieriger zu drehen als ein 80cm-Ski.
- Setzt auf starke Taillierung.
- Bietet einen ausführlichen methodischen Weg.

Der Münchner Autor beruft sich ausdrücklich auf Martin Puchtler, kennt aber darüber hinaus fast alle Autoren, die für einen Einstieg über die Kurzski geworben haben. Eines seiner Argumente für kurze Ski:
„*A ski with a 160 cm running surface ist four times more difficult to turn than a ski with an 80 cm surface.*"

(Direct parallel. Seite 9)

983 Skiboarding

1995 Hermann Reitberger (D)

Techniken für die Piste und den Funpark
- Drehen und Schwingen
- Fakie vorwärts und rückwärts
- Jumps and Airs
- Grab
- Flip
- Spin
- Grind

Big Foots und Supershorties, vorne und hinten aufgebogen, entwickeln sich in einer eigenen Szene. Hermann Reitberger fasst alle Techniken in einem Lehrbuch zusammen.

Damit finden wir die superkurzen Ski in einigen Anwendungen:
- Pisten und Firnfahren wie die klassischen FIGLS
- Einstiegsski für das Carven
- Disziplin Skiboarding.

(Skiboarding. 1999 und 1995)

(Bild aus Skiboarding)

984 Persönlicher Stil – Diskussion und Definitionsversuche

1995 Gunnar Drexler (D)

Dem Verfasser geht es um *„Umorientierung von der ´Technik zum Stil, vom Modell zum Original, vom Teil zum Ganzen, vom Konstrukt zur Wirklichkeit, vom Objektiven zum Subjektiven, von der Erfolgs- zur Erlebnisorientierung usw."*

Letztlich meint Drexler, gehe es bei der Stilfrage immer auch um eine existentielle Interpretation.

(„Persönlicher Stil und Glückserlebnisse, Seite 23)

Die Frage des persönlichen Fahrstils wurde im Laufe der letzten 100 Jahre immer wieder gestellt. 1936 beispielsweise schildert Helli Lantschner bildstark die Fahrweisen von Toni Seelos, Luggy Lantschner und Guzzi Lantschner. Der Verfasser verwies im deutschen Skilehrplan Band 5 auf die Voraussetzungen, die allein schon zu persönlichen Fahrweisen führen müssten. Kreatives Skifahren wurde zum Stichwort. 1987 und später immer wieder diskutierte ich die Stilfrage unter dem Stichwort der „Motorischen Persönlichkeit". (Siehe 1987) Ebenso wurde von mir unter der Frage einer „Eigentechnik" oder „personalisierter Technik" der Problematik nachgegangen.

(Siehe unter Jahr 2004)

Zeichnung Milan Maver

985 Gesetzmäßigkeiten der Bewegungsreduktion und der unsichtbaren Bewegung

1995 George Twardokens (USA)

- Seit Jahren verweist der Biomechaniker darauf, dass anfängliche groß angelegte Bewegungen einer neuen Technik im Laufe der Zeit moderater werden.
- Grundsätzlich aber seien viele Bewegungen überhaupt nicht zu sehen.

Für die erste Gesetzmäßigkeit verweist Twardokens schon vor Jahren auf die Effekte von Ruade auch ohne Anheben der Ski-Enden, auf das Gegendrehen und auf Streckungen zur Entlastung. Davon abgesehen kennen wir den gleichen Effekt bei steigender Geschwindigkeit und bei glattem Hang. Fritz Hoschek meinte damals: Wenn wir nur mit den beobachteten und beschriebenen Bewegungsmerkmalen fahren müssten, ginge das gar nicht.

(Unsichtbare Technik. Mehrmals Seite 37 – 43)

Ebenso gelte wie schon vor ihm bei Fritz Hoschek vor 50 Jahren:

„You won´t see why, but they will turn."

986 Grundprinzip Fortbewegung **1995 Hans Zehetmayer (A)** *„Grundprinzip, auf dem die menschliche Fortbewegung beruht: der richtigen Verlagerung und der zweckmäßigen Lenkung des Körperschwerpunktes durch wechselweises Beugen und Strecken der Beine!"* (Zeitgemäßer Skilauf. Seite 10)	Es wäre wünschenswert, dass alle Berufungen auf Natur und Alltagsmotorik wenigstens unterscheiden lernten zwischen wünschenswert und „es geht auch ganz anders", um den Zugang beispielsweise zum Jetten und den ganzen akrobatischen Künsten nicht zu verbauen. Der Spaß an der Sache fragt in der Regel nicht nach „natürlich" oder „gesund". Abwägung und Klugheit, differenziertes Entscheiden sind gerade auch in der Skitechnik gefragt.	
987 Druckgeben mit dem Talskiende **1995 Fritz Baumrock (A)** *„Die Richtungsänderung talwärts ist womöglich durch das Abstützen über das Talskiende und Flachstellen des Bergski zu erzeugen – das Bremsen mit dem Talskiende kommt dazu."*	Baumrock diskutiert auch die Konsequenzen und vor allem auch die Vereinbarkeit mit anderen Schwungelementen. Grundsätzlich aber stellt sich die Frage, ob es sinnvoll ist, sich im Skiunterricht damit zu befassen. (Schwungwechsel. Seite 16)	
988 Exzentrischer Stockeinsatz als Bremsstoß **1995 Fritz Baumrock (A)** ▶ *„Der Stockeinsatz dient dazu „einen exzentrischen Bremsstoß zu erzeugen."* ▶ Schräg gegen die Fahrtrichtung Wo und wie genau ist situativ abhängig. *„Ein Impulsüberschuss bei der Skidrehung"* wird dadurch kontrolliert und ein eventueller Tempoverlust aufgewogen.	Die interessante Analyse geht über bisherige Aussagen zur Stockarbeit hinaus. Diese beschränken sich auf die Unterstützung der Vertikalbewegung, auf das Abstützen bei Tiefauslösungen, auf Abstützen bei einer Jetauslösung. (Text und Bild: Der Skistock beim Schwungwechsel, in Martin Buchholz, (IS) Kaleidoskop. Seite 18-23)	
989 Mehrfacher Belastungswechsel im Schwung **1995 Georges Joubert (F)** In einer Analyse der letzten Rennen von Alberto Tomba ▶ Kurz innen ▶ Kurz nach außen ▶ Auf beiden Ski durchsteuern Siehe dazu auch Joubert 1965, Hoppichler 1985, Tomba und Kuchler 1995.	Diese Analyse im deutschen SKI-MAGAZIN 1995 (Übersetzung Dieter Pfaff) zeigt wie die Belastungsfrage neuerdings thematisiert wird und die seit 60 Jahren fast ungefragt überlieferte Regel der Außenskibelastung in Frage gestellt ist. Vor allem im österreichischen Rennbetrieb – und bei den Fernsehkommentatoren – wird die Außenskiregel aber noch mehr als 10 Jahre aufrechterhalten.	(Zeichnung Milan Maver aus K.-H. Platte „SKIkanen". 2007. Seite 10)

990 Carvingski etabliert - die ISPO als Entwicklungsmotor **1996 Alle Firmen bieten Carvingski an** ▸ Taillierungen ab 12 m Radius ▸ RS- und SL-Ski noch ausgenommen ▸ Für die weitere Klassifizierung spielt der „Ski SuperTest" von Walter Kuchler eine entscheidende Rolle.	Am 6. Februar 1996 bieten auf der Internationalen Sportartikelmesse (ISPO) in München alle Firmen Carvingski an. Ab 1997 setzen sich durch: Easycarver, Allroundcarver, Racecarver, Funcarver. 1999 löst der SL als direkter Nachfolger die Funcarver ab. Der Easycarver stirbt aus. Weitere Modellklassen folgen. Fehlentwicklungen wie die Semicarver – nur vorne tailliert – verunsichern die Skifahrer.	▸ Softcarver ▸ Easycarver ▸ Racecarver ▸ Crosscarver ▸ Funcarver ▸ SL-Carver ▸ Crosscarver ▸ Semicarver ▸ Shorties ▸ Supershorties ▸ Allmountain ▸ Freestyle ▸ Skiercross ▸ Slopestyle
991 Medien und Verbände gegen Carven **1996 Journalisten und DSV diskriminieren Carven:** ▸ „Monitor" im ZDF sucht die Gegner zu bündeln ▸ „Die Welt" und die „Frankfurter Rundschau" sprechen vom „Killerski". ▸ Norbert Barthle (DSV) leugnet im Fernsehen Vorteile des Carvens ▸ Erhard Gattermann (DSLV) warnt in „Stiftung Warentest" in einem Leserbrief vor den Risiken des Carvens.	Erich Maderthaner im neuen Carvingmagazin: *„Es ist jetzt schon schwierig jemand Glauben zu schenken, der wie Norbert Barthle als einer der obersten im Gremium der Skilehrverbände sitzt, meint, es gäbe jede Menge an neuen gefährlichen Verletzungen, die die Carver in die Krankenhäuser bringen."* Erinnert werden kann dabei auch an das Verbot des DSV von Skiwettkämpfen der Damen im Jahre 1924. (Carving Magazin 1997. Seite 3. Zeichnung aus Carl J. Luther, Paul Weidinger und Toni Schönecker „Der Skikurs" 1925, Seite 7)	 Schon das Bild von Toni Schönecker aus dem Jahre 1925 lässt vermuten, dass der DSV überhaupt gerne Verdikte ausspricht.
992 Veränderte Skiwelt **1996 Ivan Sosna (CZ)** Der tschechische Journalist formuliert: *„Wer seinen ersten Carvingschwung gefahren hat, für den hat sich die Skiwelt verändert."*	Der Prager Journalist bringt die Veränderung auf den Punkt. Jeder der in diesen Zeiten, da viele Verbände und Skilehrer die neue Fahrweise noch ablehnen, Carving wirklich probiert, wird zumindest eine große Veränderung feststellen. (Mehrmals vom Verfasser im SKIMAGAZIN und im SKIMANUAL von SPORTS zitiert.)	 (Zeichnung Milan Maver)
993 Veränderte Skiwelt **1996 Thomasz Kurdziel (PL)** Der polnische Journalist formuliert nach einem ersten Fahrversuch mit Carvingski: *„Ich habe soeben die Religion gewechselt."*	Nur ein guter Skiexperte und ein polnischer Katholik wie dieser Publizist kann auf diese Weise so bedeutungsschwer formulieren, wie es ihm nach einer ersten Abfahrt mit Carvingski zumute war. (Mehrmals vom Verfasser im SKIMAGAZIN und in SKIMANUALS von SPORTS erzählt.)	 (Zeichnung Milan Maver)

994 Verknüpfung Telemark und Carven **1996 Arno Klien (A)** Der österreichische Telemarkexperte prägt zwei treffliche Slogans: *„Der Telemarkski ist der Urcarver!"* *„Schwünge kommen, Schwünge vergehen, aber der Telemark bleibt bestehen!"*	In zahlreichen Veröffentlichungen zeigt Arno Klien die Beziehung zwischen Telemark- und Carvingski sowie zwischen Telemarken und Carven auf. Beispielhaft: „Vom Urcarver zum Tourcarver. In SKI-news vom 19. Dez. 1996. Seite 25 f. (Bild aus Patrick Droste und Ralf Strotmann, Telemark. Rausch auf Ski. Seite 120)	
995 Ein konsequentes Carvingkonzept **1996 ARGE österreichischer Schilehrerausbildungen** ▸ Schrittwechsel vor dem Schwung ▸ Kantenwechsel vor dem Schwung ▸ Frontale Fahrposition ▸ Diagonalkoordination ▸ Hüfte wie Ski ▸ Schulter wie Fahrt ▸ Arme gegenläufig zum Ski	Das Skriptum für den Österreichischen Skischulverband ist auf dem neuesten Stand, lehnt sich – ohne Verweise – an den Skilehrplan SPORTS von 1995 an und ist der allgemeinen österreichischen Entwicklung voraus. Das Skriptum ist für die Salzburger Schilehreraus- bildung bestimmt. Ausbildungsleiter Georg Herbst. (Außentitel)	
996 Erstes österreichisches Carvingkonzept **1996 Österreichischer Skischulverband** Merkmale: ▸ Hinweis auf starke Taillierungen ▸ offene, hüftbreite Skiführung ▸ Kernbewegung wie beim Parallelschwung Grundform ▸ Aufbau auf der Skitaillierung ▸ druckvolles Fahren	Die kurze Anleitung für ÖSSV-Skilehrerausbildungen kann man als modernisierte Klassik sehen, so wenn Hoch- und Entlastungsbewegungen in den Hintergrund treten. Auch: ▸ geschnittenes Carven im RS-Training ▸ Richtungsänderungen nahe der Falllinie über die Skitaillierung ▸ nur eine Seite Carven direkt (Titelseite außen)	
997 Art of Carving in USA **1996 Ellen Post Foster** legt ein Buch vor. Aber ▸ noch keine extremen Formen ▸ bevorzugte Außenskibelastung ▸ verweist jedoch auf das schnellere Innen-Anschneiden (S. 49) ▸ bevorzugt Umsteigen	Obwohl Elans PARABOLIC 1994 in den USA zum Ski des Jahres gewählt wird, steigt das offizielle Lehrwesen nicht in die Thematik ein. – Schön ist der zweite Teil des Titels: „Art of Carving." *„In carved turns, the ski travels forward through the arc of the turn and the tails of the skis follow the line of the tips."*	 (Skiing and the Art of Carving. Seite 102, Außentitel)

998 Fun Factory bricht das Eis im DSV

1996 Gabi Daffner, Michael Ertl, Walter Vogel und Wolfgang Wagner (alle D)

gründen eine eigene Organisation, um als DSV-Mitglieder carven zu dürfen und ohne im Auftrag des DSV tätig sein zu dürfen.

Angesichts dessen, dass in bestimmten Landesverbänden wie im WSV die Benutzung des Carvingski bei Ausbildungslehrgängen noch direkt verboten war, erwies sich die Gründung der Fun Factory als ein mutiger und geschickter Schachzug.
(Bild von Dieter Menne mit Gabi Daffner als Demonstratorin)

999 Halbherziges Carven

1996 Das offizielle sog. deutsche Skilehrwesen beginnt zu carven in einer Beilage zum Skilehrplan von 1993:

- noch mit ausschließlicher Außenskibelastung und Außenbeindrehen
- noch mit bevorzugter Vertikalbewegung
- noch mit der Bogenschule als Fundament
- Betont die Vorteile des Carvingski auch für die klassische Fahrweise und für den Tiefschnee.

(Lehren und Lehren. Seite 10 – 20 speziell)

Die berufenen Experten (E. Gattermann, N. Barthle, U. Göhner, H.-J. Held, H. Janda, W. Wagner), die bisher die große Wende geleugnet und bekämpft hatten, sehen endlich Carven als Möglichkeit. Ihr vorgeschlagenes Carven ist noch stark mit traditionellen Elementen durchsetzt. Duktus und Ton verraten einen hohen Rechtfertigungsdruck wegen des späten Einstieg ins Thema.
Zu erinnern ist, dass Norbert Barthle noch im gleichen Jahr die Vorteile des Carvingski im Fernsehen abgestritten hat und dass es beim Westdeutschen Skiverbandes noch 1997 verboten war, zu einem Ausbildungslehrgang mit einem Carvingski anzutreten.

1000 Zdarsky als Umsteiger und Innenskitechniker interpretiert – Einbeinmethode

1996 Horst Tiwald (A)

- weist mit Recht deutsche Erstansprüche auf das Umsteigen zurück.
- hält Mathias Zdarsky für den ersten Umsteiger.
- stellt dessen Berg- und Innenskibelastung heraus.
- knüpft die Verbindung zu Alois Weywars Analyse des „Galopps" (1956) als Grundtechnik.
- Einski-/Einbeintechnik für den Einstieg

Horst Tiwald widmet seine Arbeiten vor allem den Verdiensten Mathias Zdarskys. Er gründet den „Internationalen Alpen-Skiverein" 2003 neu. Ausbildung von „Fahrwarten" im Sinne Zdarskys und von Lehrwarten. Entwicklung der Einbeintechnik für die erste Stunde des ersten Tages, um in die Kippbewegung hangabwärts zu führen.
Einbein-Skifahren findet sich häufig, als komplexe Lernmethode allerdings nur bei Tiwald und Georg Kassat.
Vergleiche auch: W. Romberg 1909, Anton Fendrich 1911, Carl J. Luther 1928, Georg Kassat 1985.

(„vom schlangenschwung zum skicurven". 1996, davon auch das Titelbild)

1001 Halbpflug, Beindrehen und Beinkippen **1996 Beilage zum Deutschen Skilehrplan von 1993** *„Beim sog. Beindrehen überlagern sich vor allem Flexion (= Beugen), Rotation (= Drehen) und Adduktion (= Ziehen zur Körperinnenseite im Hüftgelenk.)"* Funktion des Außenbeines zur Kantenführung: *„Deshalb braucht man nur das Knie mit dem Oberschenkel nach innen drücken. Deshalb wird vom Beinkippen gesprochen."*	Die Ergänzung des Lehrplanes von 1993, der noch nichts vom Carven wissen wollte, strebt offensichtlich nach einem bruchlosen Übergang. Mit der „offenen Pflugstellung", mit der schon die Jugoslawen auf dem Interski 1991 in St. Anton arbeiteten, will man den direkten parallelen Weg vermeiden. Das Beindrehen und Beinkippen steht in der Tradition der Wedeltechnik. (Deutscher Verband für das Skilehrwesen: Lehren und Lernen mit dem Carvingski. Texte Seite 10, Zeichnung Seite 22)	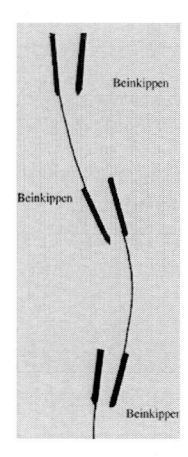 „Pflugschneiden" mit konsequenter Erziehung zur Außenskibelastung
1002 Ein Magazin für Carven **1997 Erich Maderthaner (D)** Setzt sich ein für Ski mit starken Radien. ▸ *„Es ist Power und der Kurvenhalt, die ein Carvingski liefert."* ▸ *„Mit wenig Geschwindigkeitsverlust die Kurve durchzucarven, ist das höchste aller Gefühle der Snowboarder und Skifahrer."*	Das Carvingmagazin zeugt vom Enthusiasmus unbefangener Skiexperten. Leider kann es als neue Zeitschrift sich wirtschaftlich nicht behaupten. Ein besonderes Anliegen dieses Magazin ist das Thema, dass Carven und Snowboarden viele Gemeinsamkeiten haben. Als Beispiel: „Wesentlich angenehmer sind solche Schneelagen ohne Stöcke zu fahren.	 (Carvingmagazin. Seite 2 und 22)
1003 Schneidender Ski für driftende Fahrweisen **1997 Kommission für Technik und Methodik (D)** *„Die große Chance der neuen Ski liegt vor allem auch darin, daß die nichtschneidende Fahrweise ebenfalls sehr effektiv unterstützt wird."*	(DVS: Lehren und Lernen mit dem Carvingski. Texte Seite 10. Ansonsten der Versuch, möglichst viele traditionelle Technikelemente auf das Carven und den Carvingski zu übertragen. Die carvingfeindliche Haltung des Deutschen Verbandes für das Skilehrwesen kippt.	Norbert Barthle, der noch 1996 im Fernsehen Vorteile des Carvingski in Frage gestellt hat, wird einer der Mitverfasser des Ergänzungspapieres für den Lehrplan.
1004 Optimierung der Beinspieltechnik durch den Carvingski **1997 Harald R. Harb USA** ▸ enge Skiführung ▸ Außenskibelastung ▸ Hochbewegungen ▸ Stockeinsatz ▸ Beinedrehen ▸ Gegendrehen ▸ Umsteigen ▸ Balance als zentraler Begriff	Harb veröffentlicht eine der letzten Publikationen zur Wedeltechnik. Trotz Schätzung des Carvingski werden daraus keine stringenten Konsequenzen gezogen. Darin spiegelt sich auch die Situation des amerikanischen Skilehrwesens. Das interessant gestaltete Buch ist methodisch anregend. (Anyone can be an Expert Skier. Seite 65 – 140)	

1005 Boardercarven - gesteigerte Formen von Kurvenlagen

1997 Walter Kuchler (D)

- **Vermehrte Innenskibelastung**
- **Hineindrehen, Hineinschrauben**
- **Hoher Aufkantwinkel durch Hinein- und Hinuntertauchen**

Die ersten Versuche einer Übertragung der Snowboardtechnik, konkret des Schwingens über die Frontside, gelingen so gut, dass ich ein neues Grundschulmodell entwickelte, nämlich „Die Post geht ab!"

Dieses Grundschulmodell beherrscht die Unterrichtspraxis bei SPORTS in den nächsten 20 Jahren.
Damit wird die „Boardertechnik" zu der am leichtesten und schnellsten erlernbaren Schwungtechnik.

Leider wird der Unterschied meist mit dem stockfreien Fahren herausgestellt.
Fundamentaler aber sind die Rumpfbewegung und die Biegung der Wirbelsäule von oben nach unten nach innen.

(Demonstrator: Stefano Mantegazza.

Bild Dieter Menne

1006 Exzessives Carven

Ab 1997 auf stark taillierten Ski zu sehen.

Dabei
- vorauseilendes Kippen
- starke Kurvenlagen
- mit hohem Kurvendruck
- mit hoher Kurvengeschwindigkeit
- mit vermehrter Innenskibelastung

Hohe Stauchdrücke bringen große Belastungen aber auch besondere somatische Erlebnisse mit tendenziellem Suchtcharakter. Günstige Sturzverläufe prognostiziert. Fans legen sich auf kurze Ski unter 14 Meter Radius fest.

(Bild aus Walter Kuchler, Carven. Der Skikurs für Einsteiger und Umsteiger. Seite 94. Demonstrator der Schweizer Aldo Berther)

1007 Hand- und Bodycarven

1997 Thomas Bläsi (CH)

- einhändig
- beidhändig
- **am besten mit Innen-Anschneiden**
- über beidhändiges Handcarven zum Bodycarven

Für diese Schwungformen prägte ich den Begriff „Kurventhriller".

Damit werden stärkste Kurvenlagen erreicht. Durch diese Art des Carvens erschließen sich völlig neue Einstellungen zum Schnee und zur Schneeberührung. Allgemein wird dadurch auch bewusst, dass Carvingstürze meist harmloser verlaufen.
Früh praktiziert in der Schweiz und bei SPORTS.
Thomas Bläsi vom Schweizer Demoteam deckt mit seinem Können alle Carvingmöglichkeiten ab.

Demonstration Thomas Bläsi (CH)
Foto Dieter Menne

1008 Handcarven

1997 Schweizer Demonstratoren

zeigen als erste diese Fahrweise.
Schneekontakt
- einhändig
- beidhändig
- nur mit Schneekontakt
- oder auch abstützender Arm

Die frühen expressiven und exzessiven Carver aus der Schweiz erreichen stärkste Kurvenlagen. Durch diese Art des Carvens erschließen sich völlig neue Einstellungen zum Schnee und zur Schneeberührung. Handcarven wird Vorstufe für das Bodycarven. Zunächst praktiziert in der Schweiz und bei SPORTS.

Handcarven des Autors
Bild Dieter Menne

1009 Telemark als Hand und oder Bodycarven

1997 Walter Kuchler (D)

- Mit Innen-Anschneiden beginnen
- Handcarven in Hüftberührungen überführen
- beliebig lange auf dem Körper gleiten
- durch Rotieren wieder Kantenführung erlangen
- durch Kantenzug wiederaufgerichtet werden

Gesteigerte Ausführungen:
- Nur Berührung
- längeres Schleifen
- volles Abstützen auf einer Hand
- Abstützen auf beiden Händen
- mit Brustberührung am Steilhang.

Wer den Bodycarver beherrscht, wird manchen Sturz in eine Fahrkunst verwandeln können.
Pavel Stancl (CZ) und Geri Tumbasz (SLO) beherrschen sogar den Telemark als Bodycarver.
Überhaupt lässt sich beim Bodycarven der Aussenski beliebig führen, zurück oder sogar vor.

Demonstration Walter Kuchler hier jedoch mit Alpinski

Meike Werthschulte mit Alpinski
Fotos Dieter Menne

1010 Innenski thematisiert

1997 Walter Kuchler

postuliert: (s.a. Nr.1123)
die Potenz des Innenski,
in Skilehrplan SPORTS 1995,
in vier Carvingbüchern und in Skimanuals von 1998 – 2007 als **Innen-Anschneiden** (Abschneiden und kurzer Weg)

- als Auffangposition nach Kippen (wie Wiener Skimodelle)
- als voller Innenskischwung
- als bester „Carverzug"

Auch Georges Joubert bringt 1995 im deutschen Skimagazin eine Analyse der Schwünge Alberto Tombas bei seinen letzten Rennen und stellt fest, dass dieser häufig erst auf den Innenski kippt, dann auf beide Ski geht und schließlich auf dem Außenski zu Ende steuert.
Aber auch Horst Tiwald hat schon bei Zdarsky die Anweisung gefunden, dass man am Ende eines Schwunges mit Innenskibelastung wieder auf der Kleinzehe in den neuen Bogen hineinkippt.

Foto oben Dieter Menne

Europacup Zinal 2019

1011 Hüftkick und Pedalieren durch den Beuge-Streck-Reflex

1997 Walter Kuchler (D)

- Als Hüftkick innen wird mit dem gegenseitigen Beuge-Streck-Reflex das Außenbein gestreckt und der Außenski belastet, der Innenski dagegen entlastet oder auch angehoben.
- Später beschreibt der Verfasser, wie bei den „Pedalos" in Sitzposition Gleiches erzielt wird.

Einer der frühen Anweisungen, wie man mit Hilfe von reflektorischen Auslösungen seine Skitechnik gestalten kann.
Auch die Pronation der Hand, die - wie Dick Sexe 1965 (in: The Skier's Handbook. Seite 152 f.) aufgezeigt hat - aktiviert die Belastung des anderen Beines

Europacup Zinal 2019

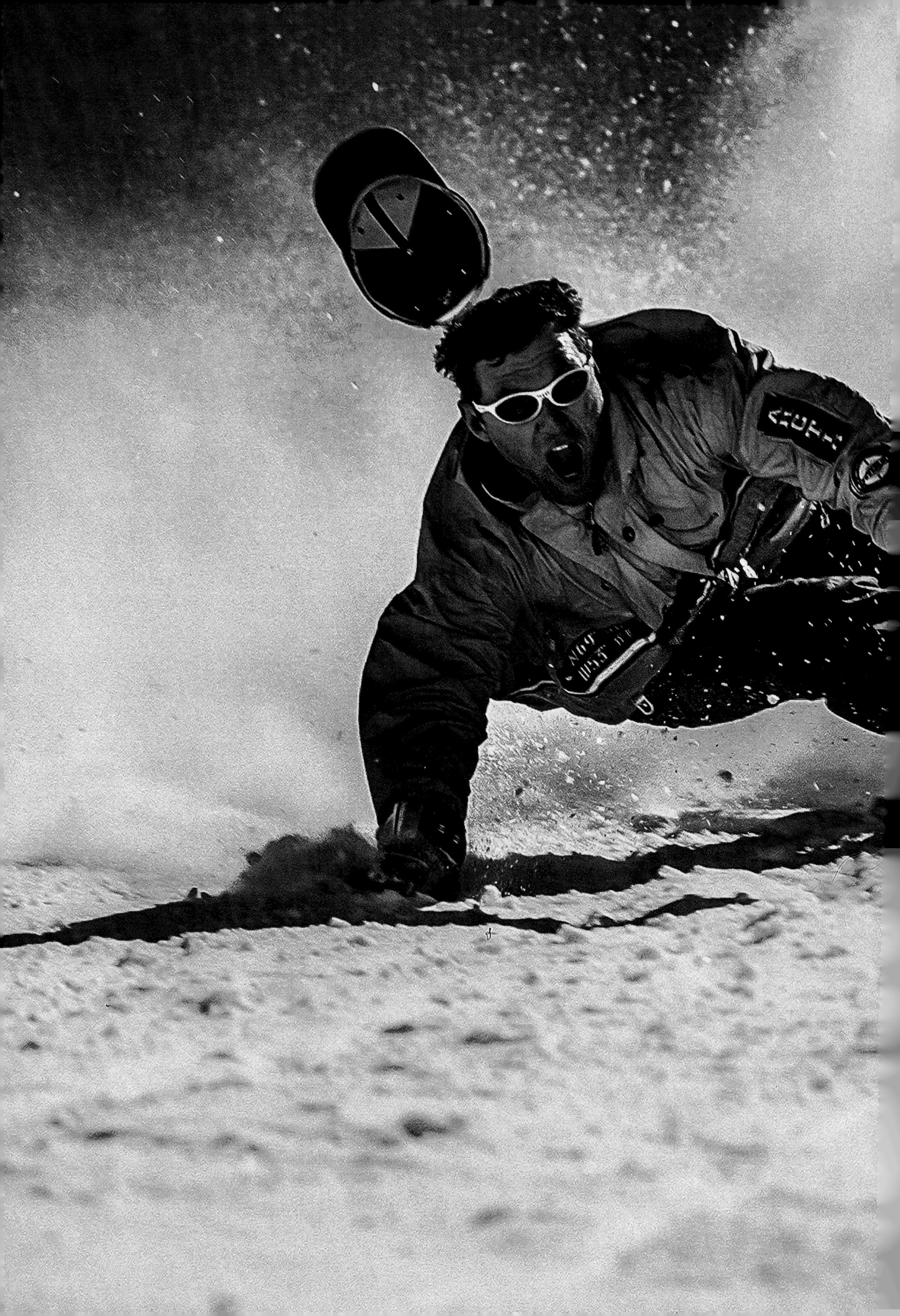

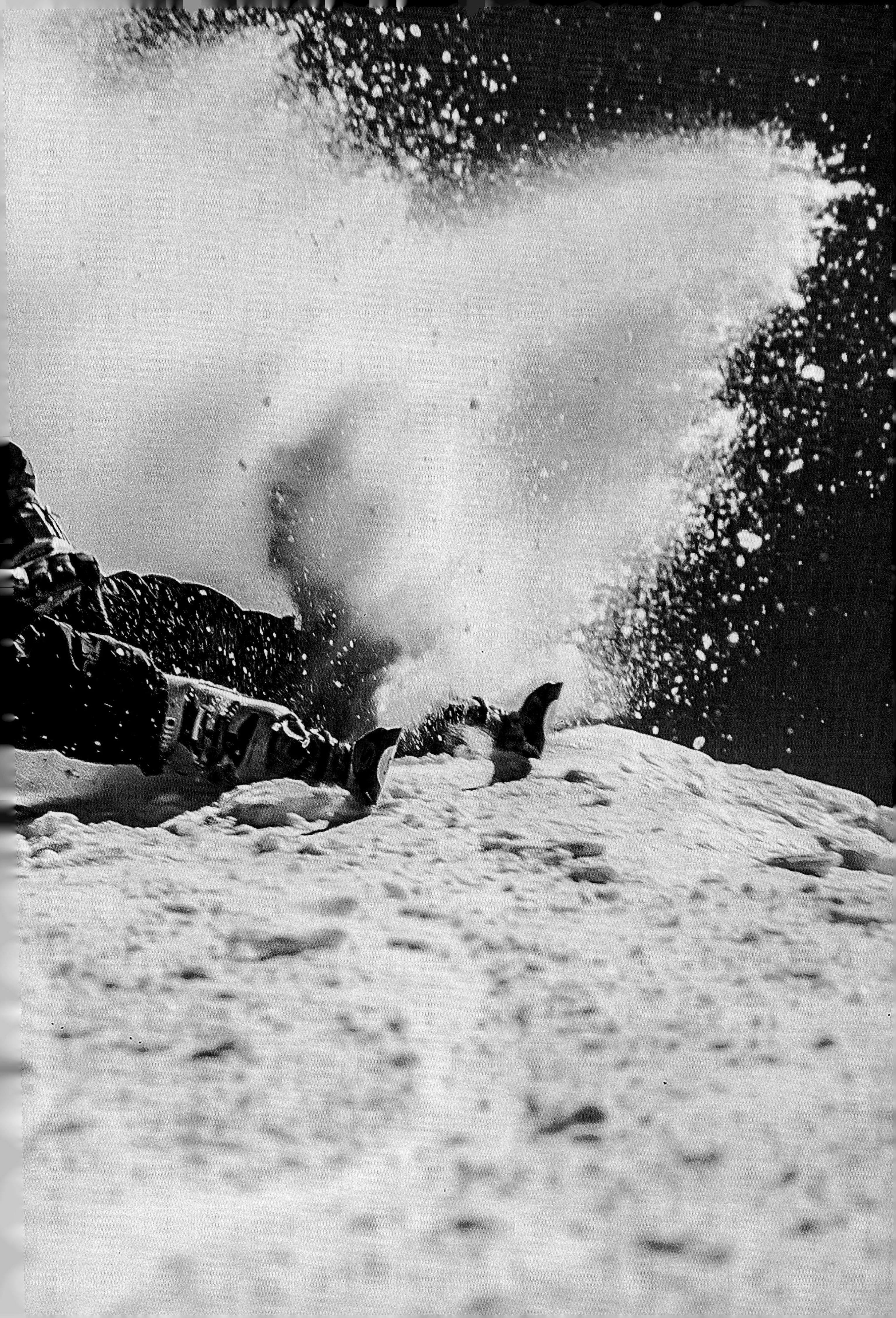

1012 Spezifische Bewegungsgefühle der Carvingtechniken **1997 Walter Kuchler (D)** Als spezifische BG werden herausgestellt: ▶ Kurvengleiten ▶ Kippen ▶ hohe Kurvengeschwindigkeit schon bei moderatem Tempo ▶ exzessive Kurvenlagen ▶ Stauchdruck in der Kurve ▶ positives Selbsterleben ▶ Feedback der eigenen Kraft ▶ intensives Skigefühl	▶ Synergie von Ski und Fahrer ▶ Schwingen als geniales Bewegungsarrangement ▶ Spiel mit Gleichgewichtsaufgabe und Gleichgewichtssuche ▶ Beschleunigen im Schwung in fast allen Schriften meinen Schriften und Veröffentlichungen spielen die Bewegungsgefühle als Gefühle mit eigener Identität eine Rolle. (Viele Analysen in meinem Buch „Carving. Neuer Spaß am Skifahren.")	 (Zeichnung Milan Maver)
1013 Ein historisches Symposium 1997 trafen sich auf Einladung von Hans-Martin Brinkmann und Walter Kuchler (SKILÄUFER / SKIMAGAZIN) die Geschäftsführer aller Skifirmen in Kaprun zum Informations- austausch über Carven. ▶ Bedeutung des Carvens ▶ Vermittlungsstrategien ▶ Kategorisierung der Skitypen	Das Treffen der Skifirmen kann als historisch gewertet werden. Nie zuvor und nie wieder seitdem haben sich alle Firmen zum Gespräch getroffen. Ein Zeichen für die Bedeutung der Carvingwende. Einziger Streitpunkt: Ob und wie sollten die Ski eingeteilt werden. (Bericht im Skimagazin Nr. 1, 1997)	
1014 Skifirmen pushen Skitechnik **1997/98 Viele Firmen** ▶ Prospekte und Animationsfilme, die die vielfältigen Möglichkeiten des Fahrens mit Carvingski aufzeigen. ▶ Viele Händlerschulungen.	Viele Firmen bringen Videos über Carvingski und Fahrweisen mit Carvingski. Sie setzen damit vor allem Händler und Skilehrer unter Druck. Erstmals in der Geschichte werden damit Skiproduzenten auf breiter Front auch zu direkten Entwicklungsträgern im Lehrwesen.	▶ Atomic ▶ Blizzard ▶ Elan ▶ Fischer ▶ Head ▶ Kneissl ▶ K2 ▶ Rossignol ▶ Völkl ▶ u. a.
1015 Carvingfilm ÖSV 1997 Lorenz Nickl, Freizeitreferat des Österreichischen Skiverbandes Konsequenter Carvingfilm. ▶ Snowcarven ▶ Racecarven ▶ Extremformen wie Handcarven	Der Film unter Verantwortung von Lorenz Nickl ist für Österreich in zweifacher Hinsicht interessant. ▶ Einmal weil sich hier das Freizeitreferat progressiver zeigt als die Lehrwarte und die Berufsskilehrer, ▶ aber auch weil ein Erkenntnisstand dokumentiert wird, der von vielen anderen Verbänden auch nach Jahren nicht erreicht sein wird.	 (Zeichnung Milan Maver aus K.-H. Platte „SKIkanen". 2007, Seite 73)

1016 Carving Evolution – Ideas for fun **1997 Riet Campell, Mauro Terrebilini + Demo-Team Schweiz** Video und Broschüre zeigen: ▸ Carven mit Stöcken (Racecarven) ▸ Carven ohne Stöcke (Snowcarven) ▸ 360-Grad-Kurven ▸ Handcarven ▸ Bodycarven ▸ Carvewedeln	In der Literatur hat sich in der Schweiz seit dem Provisorium von 1993 nicht viel getan. Dieses Video aber gehört zu den eindrucksvollsten Zeugnissen von Carvingtechniken und Carvingfun. Ausführliche Besprechung des Materials. Auch Propagierung einer neuen Fun-Methodik. (Video wie im Bild. Dazu als Beilage die Broschüre „Carving ... skiing")	
1017 Carving beim WSV sogar noch verboten **1997 in Deutschland** Bei manchen Organisationen in Ausbildungs- und Prüfungskursen wie beim Westdeutschen Skiverband noch verboten: ▸ Benützung von Carvingski ▸ Anwendung der Carvingtechnik	Während der Deutsche und der Salzburger Skilehrerverband bereits Carvingkonzepte zur Ergänzung des Unterrichts haben, ist Carving bei anderen Organisationen noch unbekannt oder wird abgelehnt und Lehrern sogar verboten. Später wandte man sich nur noch gegen die Funcarver. (Interne Papiere des WSV)	
1018 Carven italienisch **1997 Alberto Nencetti (I)** Ein Buch, das dem Racecarven wie dem snowboardartigen Carven gewidmet ist. So auch: ▸ stockfrei ▸ energisches Kippen ▸ mit Schulterrotation ▸ mit Handcarven ▸ mit Bodycarven	Ein konsequentes Carvingbuch. Damit wird in Italien das Zeitalter des Carvens eingeläutet. Alberto Nencetti beeinflusst auch für die nächsten Jahre durch Zeitschriftenbeiträge die Entwicklung in Italien, obwohl Carven dort noch lange einen schweren Stand hat. In allen Punkten stimmt es mit dem Programm von SPORTS überein. Es bietet Hand- und Bodycarven und den 360er. Auch schlägt es die Brücken zum Snowboarden und zum Rennlauf.	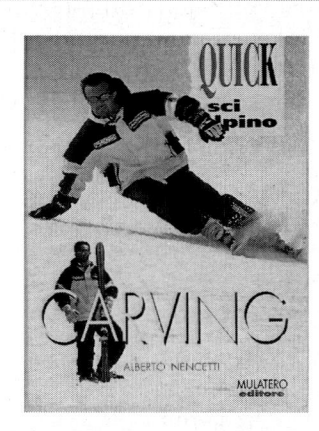 (Außentitel des Buches)
1019 Drehspannung Telemark **1997 Droste, Patrick und Ralf Strotmann (D)** Ein neues Moment in der Telemarktechnik: Anticipio als Drehspannung: *„Behutsames Vordrehen und Hineindrehen... Der Körper agiert wie eine aufgedrehte Feder ... eine Spannung zwischen Oberkörper und Beinen."*	Eine Beobachtung und Anweisung wie ich sie 10 Jahre später unter dem Begriff SPIN für den Transfer von einem Schwung in den anderen gebrauche. In der Literatur wird sehr selten auf diese Spannung, Verspannung, Vorspannung oder Verdrillung aufmerksam gemacht. Zum Thema Spannung vgl. Walter Kuchler unter Nr. 1211. (Telemark. Neuer Zauber. Außentitel)	

1020 Telemark erstarkt – auch Fahrform Wedeln **1997 Patrick Droste und Ralf Strotmann (beide D), Arno Klien (A)** Vielfältige Aktivitäten und technische Veränderungen: ▸ Fahrformen, auch als Wedeln und als Race ▸ Belastungen auch auf beiden Ski ▸ auch hohe Fahrstellungen ▸ Telemarken auch auf harter Piste.	Dem Revival durch US-Amerikaner Ende der 1970 Jahren folgt eine Wiederbesinnung in Norwegen und Finnland. Auch sonst folgen vielfältige Aktivitäten z. B. von Karl Buhl in Deutschland und Arno Klien in Österreich. Erstmals drei eigene Telemarklehrbücher von Patrick Droste und Ralf Strotmann in Deutschland. Neue Qualitäten durch Carvingski. 1999 organisiert Arno K1ien „1. Int. Telemark-Academy." (Telemarkbücher von Droste und Strotmann 1997, 2000, 2002. Bild des Slowenen David Primozic bei der WM 2003.	
1021 Extreme Telemarkschwünge **1997/98 Telemarkexperten** Verschiedenen Experten gelingen mit stärker taillierten Telemarkski extreme Schwünge: ▸ gesprungene Telemarks – bei Patrick Droste und Ralf Strotmann (D) ▸ 360er von Peppi Nominikat (D) ▸ geflogene Telemarks und Telemarks in Bodycarvmanier - sogar kombiniert – von Pavel Stancl (CZ)	Manchen Cracks bei den Telemarkfahrern gelingen zunehmend extreme und exzessive Schwünge. Die angeführten Beispiele spielten sich zufällig im Erfahrungsbereich des Autors im angegebenen Zeitbereich ab. Es darf angenommen werden, dass die stärker gewordenen Taillierungen und das Telemarkfahren auf Pisten zu diesen Möglichkeiten führten. (Bild aus: Patrick Droste und Ralf Strotmann, Telemark. Neuer Skizauber mit altem Schwung. Seite 105)	 Gesprungener Telemark
1022 Carvingkonzepte über Rutschen und Stemmen **1998 Österreichische Lehrwarte** Zugang zum Carven ▸ über Pflugbogen ▸ über Bergstemme ▸ über Rutschen (Aufl. 2002 als Carvinglehrplan)	In den offiziellen deutschen und österreichischen Lehrplänen geht auch noch in den nächsten Jahren dem Carvingunterricht eine traditionelle Grundschulung voraus. Aus dieser wird über das Stemmen in die Carvingtechnik eingestiegen. (Im Bild der österreichische Lehrweg aus: Carven perfekt. von Hermann Wallner 2002)	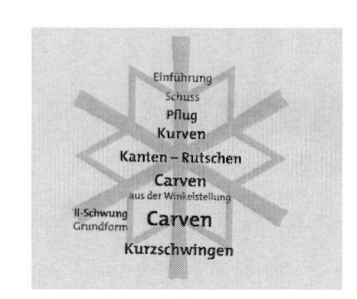

1023 Carvingprogramm Interski Austria **1998 Werner Wörndle (A)** stellt als Konzept im Video vor: Carven nur als Sonderprogramm ▸ für Buckeltechnik ▸ für Tiefschneetechnik ▸ für Steilhangfahren ▸ für Formationsfahren	Die Skischulprogramme des Skischulverbandes, des Verbandes der Skilehrwarte und des Arbeitskreises Skilauf an Schulen und Hochschulen kennen nach dieser Video-Dokumentation Carven dennoch nur als Sonderprogramm. Unmittelbar danach allerdings setzen sich die Lehrwarte mit einem eigenen Carvinglehrplan, der Carven als neue Haupttechnik ausführlich darstellt, davon ab. Siehe dazu: Hermann Wallner, Skilauf perfekt.	
1024 Ein 1x1 alter und moderner Carvingformeln **1998 Hubert Fehr und Walter Kuchler (beide D)** Merksätze zur Skitechnik. Beispiel: ▸ Carven heißt, alles auf der Kante und der Taillierung fahren Merksätze zur Skimethodik und Skitechnik. Beispiel: ▸ Der Ski ist mein Lehrer. Wenn ich auf ihn eingehe, geht alles von selbst. Merksätze zur Skitechnik und Skitechnologie. Beispiel: ▸ Je breiter der Ski, desto aufwendiger der Kantenwechsel.	Insgesamt wurden aus dieser Zeit der Hochstimmung für das Carven 58 Merksätze zusammengetragen. Diese Art, einen Stoff in den Griff zu bekommen, war in den 1920er und 1930er Jahren verbreitet, zu finden beispielsweise bei Henry Hoek, Carl J. Luther oder Alois Kosch. Es gibt sogar einige Bücher, die nur aus Merksätzen bestehen.  Demonstrator Heinz Rubi ist mit „Carven" Verfasser eines der ersten Carvingbücher (1995).	  (Alle Bilder Dieter Menne)
1025 Gorilla Turn (Video) **1998 Al Hobart (USA)** Bücher und Video zeigen ▸ breite Skiführung ▸ betonte Schrittstellung ▸ Außenskibelastung ▸ hoher Aufkantwinkel ▸ stark gebeugter Oberkörper in Vor- und Außenlage ▸ Betonung der Hüftarbeit ▸ gut gebeugte Sprunggelenke ▸ ausgeprägteres Gegendrehen	Dem Video sind drei Lernkarten beigefügt: ▸ Basisschwung ▸ Carven im Pflugbogen ▸ Gorillaschwung Wie bei Harald Harb werden Elemente der Beinspieltechnik und des Carvens kombiniert. Der Pflugbogen ist noch Ausgangslage. Kanten und Flex spielen die entscheidende Rolle für Carven. (Video Carving turns made easy)	

1026 Kurvenlagen nach neuen Maßstäben – mit Skwal **1998 bringt Fa. THIAS (F) ein neues Snowboard** ▸ Skwal in der Mitte schmal wie ein Skischuh breit ▸ Füße frontal hintereinander ▸ stark gebeugte Sprung- und Kniegelenke ▸ alle Fahrpositionen frontal ▸ viele Merkmale der Carvingtechnik ▸ Fahren mit Stöcken möglich	Auf Skwal wird ein Snowboard mit der Fahrweise der Carver kombiniert. Die Fa. Völkl (mit Lizenzbau „Monoski") und Skifilmexperte Fuzzy Garhammer sprengen mit dem Schweizer Thomas Bläsi als Demonstrator die Grenzen bisheriger Kurventechniken. Auch erfahrene Carver finden sich auf dem neuen schmalen Snowboard schnell zurecht, da beide Füße in Fahrtrichtung stehen. (Aus dem Prospekt der Firma Thias)	
1027 Carving charakterisiert **1998 Reinhard Bachleitner (A)** „Carven ... ermöglicht nicht nur neue Bewegungserfahrungen – insbesondere die engeren Kurvenradien – sondern vor allem ein intensives, erlebbares Beschleunigungsgefühl. Das ´ultimative Carving-Feeling` besteht aus extremen Körperlagen in den veränderten Kurvenradien. Dies alles wird integriert in einen ästhetischen Rahmen, der dieses andere Erleben auch nach außen dokumentiert."	Mit wenigen Sätzen wird Carving charakterisiert. Der Tourismusmanager Peter Bachleitner ermuntert Österreich als ein Land, das zu den Späteinsteiger gezählt werden muss, die Carvingszene und die Werte der neuen Fahrweise positiv zu sehen. Zwar wird die Carvingtechnik in den Skischulen meist nur als Schnupperkurs angeboten, die meisten Skilehrer praktizieren sie jedoch als private Technik. (Text von Reinhard Bachleitner als Hrsg. Alpiner Wintersport. Seite 39)	Demonstrator Stefano Mantagazza (I) (Foto Dieter Menne bei einem Skitest)
1028 Kanten und Körperdrehung beim Carven **1998 Schweizer Demo-Team** In Video und Broschüre: **Kanten durch** ▸ Kippen ▸ Körperknick ▸ Knieknick ▸ Standerweiterung **Körperdrehung:** „Beim funktionellen Carven wird mit dem Körper meist mitgedreht. Mit Vor- und/oder Überdrehen kann der Radius enger gecarvt werden (bei übermäßigem Ueberdrehen oder Andrehen können die Skienden wegrutschen)."	In einer faszinierenden Show zeigen die Schweizer Demonstratoren viele Facetten des Carvens. Vor allem die besonderen Möglichkeiten eines Fahrens ohne Stöcke werden überzeugend herausgearbeitet. Wie noch nie bisher wird klargestellt, dass starke Kurvenlagen auch von einer „Standerweiterung" abhängig sind. Diese wird wiederum ohne Stöcke leichter erreicht. (Video „IDIAS FOR FUN". Textbeilage Seite 12 f.)	

1029 Ski mit eigenem Willen – aber keine Carvingdiskussion

1999 Alain Girier (F)

- Spricht auf dem Interskikongress in Sexten von Ski mit einem Effet directionnel
- Sagt: *„Das Gerät hat einen eigenen Willen"*.
- Aber keine Konsequenzen für die französische Skischule bis 1997
- Völlige Akzeptanz erst 5-6 Jahre später

Der Weg der französischen Skischule zum Carven ist noch weit. Mehr in Form eines Prospektes als eines Lehrplanes greift 1997 die französische Skischule das Carven auf. Aber erst Mitte des nächsten Jahrzehnts wird Carven halbherzig angeboten und der Carvingski selbst wird von den Lehrern im Skikurs – nicht so privat! – kaum benutzt. – Eine Übersicht über die zögerliche Akzeptanz des Carvens in Frankreich gibt Jochen Unger mit „Carven in Frankreich".

In: Skifahren ein Leben. Seite 39 – 46.

„Prospekt" Titelseite

1030 Skiboarding

1999 Hermann Reitberger (D)

Ergänzung und Alternative für Skifahrer
Sehr gute Skifahrer „bringen das nötige Feeling vom Carving mit:
- die relativ tiefe und breitbeinige Grundstellung
- das Stehen zentral über der Bindung
- das Spiel mit den Kanten

(Skiboarding. Ein Quick-Step-Programm. Seite 27)

Skifahren mit kurzen, gut taillierten Ski. Reitberger bringt das Skiboarding aus den USA mit. Leider geht er nicht auf die große Tradition der Kurzski und der Figl ein. Ihm geht es nur um den Transfer der Künste der Skiartistik.

Techniken für die Piste und den Funpark
- Drehen und Schwingen
- Fakie vorwärts und rückwärts
- Jumps and Airs
- Grab
- Flip
- Spin
- Grind

1031 Extremcarven

1999 Französischer Lehrplan der Amateurskilehrer

Schraubcarven:
- in Variation mit Hochbewegung
- als Handcarven
- als Bodycarven

(Bilder Seite 7, 49)

Vergleichbar der Entwicklung in Österreich greifen die Amateurskilehrer die Entwicklung schneller auf als die Profiskilehrer. Sie schätzen auch die extremen Formen des Hand- und des Body Carvens. Auch Rennaufnahmen mit diagonaler Handführung.

Außentitel

1032 Formales Konzept **1999 Schneesport Schweiz** Kern: das Schneewiderstandsmodell: ▶ Gleiten ▶ Kanten ▶ Drehen ▶ Be- und Entlasten	Die Schweiz enttäuscht mit einem formalen Konzept. Die „Idias für fun" sind schnell verflogen. Was ist passiert in der Schweiz? „Schneesport Schweiz – Die Antwort auf die Trends im Wintersport" als Broschüre zum Interskikongress 1999 in Beitostoelen, Norwegen. (Außentitel)	*Schneesport Schweiz – Die Antwort auf die Trends im Wintersport* (Broschürencover)
1033 Carvingtechnik ohne Schrittstellung **1999 Lehrwesen des Deutschen Skiverbandes** Empfehlung einer Schwungbeschleunigung durch ▶ Außenskibelastung ▶ Skiführung der Ski auf gleicher Höhe durch den Schwung ▶ relativ enge Skiführung ▶ deutliche Vertikalbewegung	Über 10 Jahre lang wird diese These des Deutschen Ski- verbandes wiederholt werden. Das Lehrwesen des DSV verspricht sich von diesem Konzept, das in vielen Lehrgängen über Jahre durchgezogen wird, einen beschleunigten Schwung. Bild-mäßig ist die Behauptung der Skiführung auf gleicher Höhe nirgendwo – vor allem durch kein Bildmaterial aus dem Rennlauf – zu belegen.	Skiführung auf gleicher Höhe kann auch nur bei Innenskischwüngen funktionieren. Dazu ist lediglich Fritz Hoschek aus dem Jahre 1938 zu zitieren: Das „Gesetz des Bodens" wird umso deutlicher eingefordert, je größer die Hangneigung ist.
1034 Fore-Aft-Balance **1999 Ron LeMaster (USA)** *„Synchronizing For-Alt Movements with the Phases of the Turn: The different phases of each turn require different distributions of pressure over the Ski, fore and aft."*	Der Verfasser widmet dem Problem der Skibelastung große Aufmerksamkeit. An Hand vieler Reihenbilder aus dem Rennlauf wird das variantenreiche Spiel mit Belastungsveränderungen aufgezeigt. Vor allem deutschsprachige Skilehrpläne legen sich dagegen schnell auf eine generelle mittige oder neutrale Skibelastung fest. Damit wird man vor allem den Möglichkeiten mit Carvingski nicht gerecht.	*The Skier's Edge* Buchcover (Ron LeMaster) (The Skier´s Edge. Seite 53 – 62, hier 59)
1035 Programm für Ängstliche und für Handicap-Fahrer **1999 Hubert Hörterer** ▶ allgemeine Verhaltensregeln ▶ situatives Verhalten ▶ 7 Tipps für das Skifahrerknie ▶ Befürwortung für weiteres Skifahren mit Endoprothesen	Als leitender Mannschaftsarzt des DSV schlägt Hörterer die Brücke vom Leistungssport zu den einfachen und unproblematischen Möglichkeiten des Skifahrens. Auf Grund früher Untersuchungen Bedenken gegen Stemmstellungen. - Wenn mit Endoprothesen, dann allerdings „mit angezogener Handbremse". (Zusammenfassung im Konzept „RE-Sport".)	*„Carving ist für mich optimal. Es befähigt mich, sicher, kontrolliert, mit geringer Belastung und Anstrengung zu schwingen. Insgesamt habe ich mich noch nie so sicher und wohl gefühlt."* (Hanna Wigger, 73 Jahre, halb erblindet)

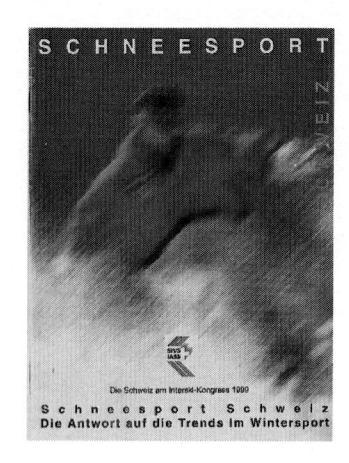

1036 Risiken des Carvens **1999 Wolfgang Niessen, Erich Müller (beide A)** Die Untersuchung findet Probleme: ▶ Gefahr des Verschneidens vor allem bei höheren Geschwindigkeiten ▶ erhöhter Belastungen der Knie vor allem bei Bindungserhöhungen mit Platten	Die praktizierte Carvingtechnik bei der Untersuchung wird nicht dargelegt. Es ist anzunehmen, dass die Ergebnisse auf der zu dieser Zeit in Österreich verbreiteten Fahrweise beruhen: vornehmliche Außenskibelastung, relativ enge Skiführung, vorgehaltene Hände, Achsenparallelität auch der Schulterachse. (Carving – biomechanische Aspekte bei der Verwendung stark taillierter Skier und erhöhten Standflächen im alpinen Skisport. Zeichnung Seite 43)	
1037 „The arrival of CARVING" – in Spanien **1999 Eduardo Roldan (SP)** Nach biomechanischer und medizinischer Betrachtung des Carvens: *„It makes the learning curve easier and diminishes the normal muscle work and fatigue. Therefore, carving skiing helps everybody to enjoy themselves more and diminishes the risk of lesion due to technical reasons or tiredness."*	Das Grundsatzreferat über Carving des spanischen Vertreters auf dem Interskikongress in Beitostolen in Norwegen dürfte den Zeitpunkt markieren, an dem nun Carven im Skilehrwesen nach jahrelangen Blockaden international endlich angekommen ist. – Der technische Direktor der spanischen Skischulen begleitet und kommentiert die Entwicklung seit 30 Jahren. (Carving y Medicina. Seite 3)	Eduardo Roldan, Technical Director, Spanish Ski School
1038 Möglichkeit selbsterlernter Technik – „Ski, Skilehrer und Methoden verkürzt" **1999 Walter Kuchler (D)** fasst die Entwicklung der letzten 15 Jahre zusammen: ▶ Die Ski werden in einem dramatischen Ausmaß kürzer. ▶ Die Skilehrer sind nicht mehr die alleinigen Lehrer, auch der Ski wird zum Lehrer. ▶ Die Methoden können im Lernprozess verknappt und viel gezielter eingesetzt werden.	Schon Reinfried Spazier hatte 1992 das richtige Gespür als er seinen Carvingski ERGO (Kneissl) mit jeweils 12 Meter Radius nur in den Längen von 160 und 180 Zentimeter Radius anbot. Auch der Skilehrplan SPORTS von 1995 zog bereits zu der sich ändernden Technik und den neuen Ski entsprechende methodische Konsequenzen. Inwieweit die Skilehrer sich auf die veränderte Situation und praktisch mehrere Perspektivenwechsel eingestellt haben, bleibt auch heute noch eine offene Frage.	*„Carving hat die Ski, die Lehrer und die Methoden auf die richtigen Längen zurechtgestutzt."* Walter Kuchler

1039 Skatecarven als Technik-programm 2000 bei SPORTS ▶ als Innen-Anschneiden ▶ als voller Innenskischwung ▶ als Stepcarver mit Umsteigen in der Schwungmitte (2003) ▶ als Pedalo mit starker Beugung des Innenbeines (2002)	Die Potenz des Innenski und des Innenbeines erweisen sich als größer als die außenseitigen Pendants. Das Innenbein steht stabiler auf der Kante. Die Schaufel des Innenski greift besonders schnell zu. - Erinnerung an Zdarsky mit talwärts Einknicken und Kleinzehen-griff. Erinnerung an Scherumsteigen talwärts. Assoziationen zum Inlineskaten und Schlittschuhlaufen.	 Europacup Zinal 2019 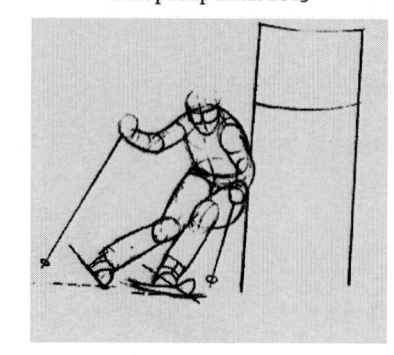 Bild aus Ski Schweiz 1985
1040 Fishhook oder Angelhaken – aus dem Schneewiderstand 2000 bei SPORTS (D) ▶ Am Ende eines Schwunges den Ski hochziehen und verstärkt aufkanten, um sich leichter vom Hang zu lösen und daraus einen neuen Schwung auszusetzen. Besonders effektiv, wenn der Bergski den Akzent setzt. ▶ Im Rennlauf bei stark versetzten Toren öfter zu beobachten. ▶ Der Fishhook wird das große Zukunftsthema „Rebounds" mit auslösen.	Der Begriff und die Sache eines Angelhakens werden im Rennlauf schon lange diskutiert und fanden im „Schoppen" und „Schwungbrechen" ihre Vorläufer und schulmäßige Entsprechung. Der Schweizer Sepp Bürcher spricht von einer Hinwendung zum Berg. SPORTS e. V. belebt die Diskussion neu, indem die Betonung der Belastung und des Aufkantens im Sinne des Skatecarvens auf dem Bergski liegt. (Mehrmals in Schulungen von SPORTS und in dessen SKIMANUALS)	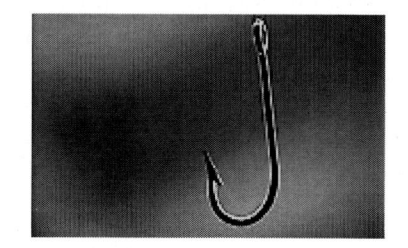
1041 Bogentreten und Schlittschuhschritt carvend 2000 Walter Kuchler Merkmale: ▶ Schaufelgriff ▶ starkes Aufkanten ▶ Vorlagedruck ▶ Flex - Rebound ▶ Press - Rebound ▶ Beschleunigung aus dem Rebound	In der Carvingära können und müssen auch diese Themen neu geschrieben werden. Der Carvingski verbessert diese Techniken enorm. Allerdings sind hier – wie auch bei anderen Carvingtechniken viele Schuhe im Flex viel zu steif ausgelegt, um deutliche Flex-Rebound-Effekte aus Ski, Schuh, Fuß und Körper zu gewinnen. – Druck und Druckaufbau werden bald unter Rebounds firmieren. (Zeichnung Burkhard Platte, in: Skilehrplan SPORTS. 2005. Seite 65.)	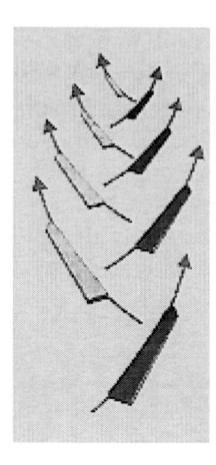

1042 TeleCarv

2000 Walter Kuchler (D)

Merkmale:
- Schuhe für Fersenschlupf lösen
- Voll auf dem Innenski agieren
- Außenski kann in ausge- prägter Telemarkstellung oder nach Belieben geführt werden.
- effektiv sogar im Steilhang
- toleriert verschiedenste Schwungweiten

Diese Variante eines Telemarks als Technik mit Alpinausrüstung ist schnell erlernt und bewährt sich auch auf steilerer Piste. Die Gefühle aus der Innenlage, aus der Telestellung und aus der Autokinetik des Ski sind auch typische Telemarkgefühle. Wer auf dem Innenski schwingt, hat wie immer alle Spielräume für den Außenski offen.

Sinnvoll wurde diese Form des Telemarks erst mit Carvingski. Der Skischuh sollte wenigstens 3 cm Fersenschlupf zulassen. Vergleiche auch Fritz Reuels Telemarkvarianten (1926) und den „Parallelen Telemark", wie diesen Alois Kosch 1936 vorstellte.

Foto Dieter Menne, Demonstration Walter Kuchler.
(In: Skimanual 2004/2005 Seite 51)

1043 Humanistisches Ideal - Skitechnik menschlich

2000 Schneesport Schweiz

Der Schweizer Lehrplan 2000 spricht von diesem Leitbild als Orientierung an ethisch-moralischen Werten, Bedürfnissen, Erwartungen, Ansprüchen, technischen Zielen und lernpädagogischen-methodischen Überzeugungen.

Noch nie zuvor wurde das Skifahren und auch die Skitechnik unter so **umfassenden anthropologischen Anspruch** gestellt. Eine Bereicherung der Skididaktik. Auch der **pädamotorische propädeutische Anspruch** ist noch nie so deutlich formuliert worden.

(Schneesport Schweiz, Seite 13)

1044 Das Schneewiderstands modell

2000 Schneesport Schweiz

Erklärt den Zusammenhang von Schneesport und Physik.
- Gleiten mit möglichst geringem Widerstand
- Kanten zum Nutzen des Widerstandes
- Drehen zum Schwingen
- Be- und Entlasten zum Steuern
- oder Springen

Die Schweizer suchen nach den gemeinsamen Grundlagen und Erklärungen für alle Schneesportarten, also nach einem „disziplinenübergreifenden Technikmodell". Sie gehen dabei vom Schneewiderstand über Kernelemente und Kernbewegungen zu den Formfamilien und Gestaltungsvarianten.

Zum Widerstandsmodell schreibt Helmut Kost schon 1927: *„Richtungsänderungen sind stets ein Produkt von Gewichtsverlagerung und Einsetzung von Widerstand."*

(Helmut Kost, Wintersport. Seite 594)

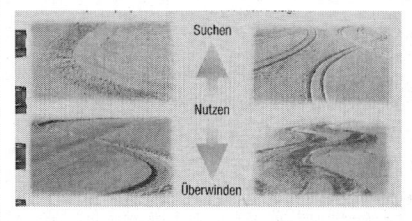

(Aus: Schneesport Schweiz. Band 2, Seite 3)

1045 Botschaft der 1000 Möglichkeiten – Carven auch

2000 Schneesport Schweiz
2001 Speziallernmittel Ski

- Behandlung von Ski, Snowboard und Telemark
- Keine Fokussierung auf Carvingski und Carvingtechnik – Carving auch
- Breiter Raum für stemmende Technikpflügende Techniken
- Viele artistische Formen, vor allem auch Sprünge

Schwungformen
- Strecken-Kippen-Drehen
- Beugen-Kippen-Drehen
- Beugen/Strecken-Kippen-Drehen

Das Konzept von Riet Campell, Urs Rüdisühli, Mauro Terrebilini, Vali Gadient, Reto Schläppi, Arturo Hotz u. a. ist wieder offen für traditionelle Techniken. Überraschend die Betonung der Entlastung. Es erinnert etwas an die Programmatik von 1993 und an das Video „Ideas for fun" von 1998. Arturo Hotz bringt dazu das Anliegen der Pädamotorik ein, nach dem Techniken auch unter pädagogischen und energetischen Perspektiven erfasst werden müssen.

(Schneesport Ski - Spezial -Lernmittel Ski)

1046 Jeder nach seiner Façon!

2000 Schneesport Schweiz

Es gilt:
„Jeder soll - auch im Schneesport - nach seiner Facon selig werden!"

Der Lehrplan spricht zwar damit unmittelbar die polysportiven Möglichkeiten an, es gilt aber nach der ganzen Anlage des Programmes auch für die Wahl der skitechnischen Möglichkeiten.

(Schneesport Schweiz, Seite 6)

Die prinzipielle Offenheit des skitechnischen Programmes ist mit diesem Werk der Jahrtausendwende nicht mehr umkehrbar. Es trifft sich mit Positionen wie dem Ruf nach einer internationalen Skitechnik von Walter Kuchler mit dem System S.K.I. (1981), mit der satzungsgemäßen Freiheit des Lehrers in der Lehrfrage bei SPORTS (1994) und mit Milan Mavers skitechnischem Angebot als Menü (2000). Aber auch schon Sepp Bildstein 1930: *„Ein jeder schwingt nach seiner Weise."*

Der erste große Freibrief 1937 bei Carl J. Luther (D)

„Wer beim Üben von selbst auf diese und jene Abart kommt, mag sie ruhig weiter pflegen, wenn sie zusagt und sich im Gelände bewährt."
(Schule des Schneelaufs. Seite 7)

1047 Für individualisierte Formen

2000 Schneesport Schweiz

Es geht nicht nur um die „Façon", sondern um die Forderung nach konkreten individuellen Varianten. Weil sie sowieso entstehen in der Auseinandersetzung
- mit den eigenen Voraussetzungen
- mit dem Material
- mit äußeren Gegebenheiten

Es bleibt eine Unschärfe von Stil und Eigentechnik. Aber entscheidend ist, dass dieser Lehrplan geradezu auffordert, individuelle Formen zu kreieren. Während in der bisherigen Diskussion um Stil und Eigentechnik nur Zufall und Ereignishaftes geltend gemacht werden, wird von den Schweizern zur Aktion aufgerufen.

(Schneesport Schweiz. Seite 46)

1048 Skitechnik und Information **2000 Schneesport Schweiz** 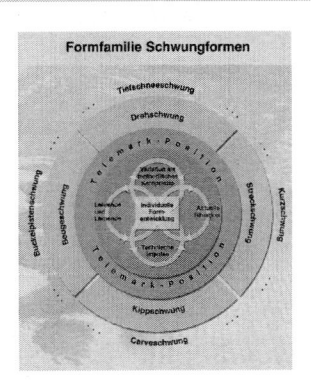	Ski Schweiz von 1985 steht ebenbürtig „Schneesport Schweiz" an der Seite. Die Kunst des Büchermachens und eines Layouts für ein Skifachbuches hat einen neuen Höhepunkt erreicht. Seitengestaltungen, Reihenbilder und die Graphiken von Arturo Hotz leiten zum Studium an. (Graphik aus Seite 17, Teilwiedergabe des Titelbildes)	
1049 Vom Schwingen zum Tricsen **2000 Schneesport Schweiz** **2010 Bd. 2 Spezial Ski** Schon im Hauptband hat sich eine große Themenverschiebung und Neufokussierung eines Lehrplans angebahnt. 2010 Band 2 schließlich bietet wenig Schwungformen aber viele Trickse.	2010 bietet der Schweizer Lehrplan nur noch 5 Schwungformen aber mehr als 20 Air-Tricks und mehr als 20 Slope Tricks. Diese Neuausrichtung lässt vermuten, dass sich der Lehrplan vor allem an ein junges Publikum wenden will. (Beispiel Air Tricks in Schneesport Schweiz. Band 2/2010. Graphik Seite192)	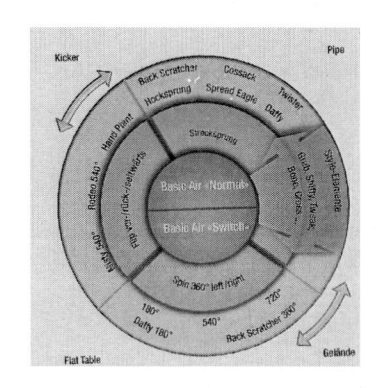
1050 Artistische Formen für Jedermann **2000 Schneesport Schweiz** Beispiele Seite 74 – 81: ▶ Crab ▶ Crawl ▶ Body Carve ▶ Immer auf einem Ski ▶ Reuel ▶ Joelin ▶ Charleston ▶ Ollie ▶ Schwede	Nach dem deutschen Skilehrplan von 1971/1972 wird hier zum zweiten Mal der Trickskilauf für den Skikurs angeboten. Nach Auffassung des Lehrplans als Varianten des Schwingens. Im Hintergrund die Einleitung des Buches: *„Der Schneesport hat viele neue und auch attraktive Gesichter ..."* *„Jeder soll – auch im Schneesport – nach seiner Facon selig werden!"* (Schneesport Schweiz. Seite 6)	 Bild „Ollie" Seite 80

1051 Sammlung von Kleinkünsten

2001 Schneesport Schweiz

- Nose Wheelie
  (über Stirn und Skispitzen)
- Tip Spin
  (360er über Skispitzen und Stöcke aus Vorwärtsfahrt)
- Nose Turn
  (180er über Skispitzen und Stock)
- Tail Turn
  (180er über Skienden aus Rückwärtsfahrt)
- Back Spin
  (siehe Bild)
- Worm Turn
  (Kehrtwende mit Bauchrolle)

Die Schweizer pflegen auf dem Gebiet der kleinen Artistik einen großen Formenreichtum. Sie zählen dazu auch den klassischen Schneewalzer und unter dem Namen „Slide Out" das Bodycarven. Der Kurvenfahrt mit einer Schneefontäne billigen sie ebenfalls eine eigene Form unter dem Namen „Snow Spray" zu.

(Schneesport Schweiz. Spezial-Lernmittel Ski. Taschenausgabe Seite 105-107)

Nose Turn

Back Spin

1052 Strecksprung

2000 Schneesport Schweiz

„Sprung mit gestreckter Körperhaltung in der Flugphase"

Ein Vorschlag für „Fliegen mit Ski" über Schanzen, Wellen oder Buckel.

Ein einfacher Sprung, der sich auch gut in das Technikrepertoire von Freizeitskifahrern eingliedern lässt. Der Begriff „Fliegen" scheint – erinnert man sich an die Geflogenen Schwünge – mehr Anreiz zu haben als das Springen.

(Schneesport Schweiz. Text und Bild Seite 86)

1053 Präferenz für stockfreies Carven

2000 Lehrwesen Ungarn

Schon in früheren Veröffentlichungen und bei internationalen Vorführungen zeigt das ungarische Lehrwesen, dass es vom Snowcarven und exzessiven Carvingformen fasziniert ist.

Im Gegensatz beispielsweise zum Lehrplan der österreichischen Skischulen und zum Lehrplan des Deutschen Skilehrwesens wenden sich die ungarischen Skilehrer dieser zweiten Säule der Carvingentwicklung offen und mit vollem Interesse zu.

(Außentitel)

1054 Carven „mit der geheimen Kraft" **2000 Sepp Bürcher (CH)** ▶ Besondere Berücksichtigung des guten Gleitens durch mittige oder leicht hintenansetzende Belastung ▶ mit starker Skitaillierung ▶ mit kurzen Skilängen ▶ mit Einbeziehung der äußeren Kräfte – „geheime Kraft" des Druckaufbaus für den Wechsel (Der ehemalige Abfahrtsgewinner aus der Schweiz war häufiger Referent bei Veranstaltungen von SPORTS.)	Der Schweizer Carvingpionier und Experte von der Riederalp erschließt durch eine optimale Abstimmung von Gerät (als Real-Technologie Carving-Modelle) und stringentes Einhalten von Prinzipien perfektes Carven. Race- und Snowcarven werden in gleicher Weise angezielt. Der Druckaufbau für einen Kantenwechsel vollzieht sich fast automatisch, dank einer „geheimen Kraft" der physikalischen Situation. Der „Berggeist" schicke uns wieder weg vom Hang ins Tal, meint Sepp Bürcher. (Kernthese seiner Vorträge)	RTC: ▶ Real Technologie Carving und ▶ Agieren mit der geheimen Kraft des Druckaufbaus
1055 Carven nicht existent **2000 Georg Kassat (D)** Hoher Anspruch: ▶ begründet jedes Drehen nur durch „Seitfallen". ▶ lehnt alle Drehmechanismen der klassischen Techniken ab. ▶ zum Steuern auch Kniekurbel notwendig. ▶ plädiert für kurze Stöcke, senkrecht zu tragen. ▶ weist Umsteigen zurück. ▶ leugnet die Existenz einer Carvingtechnik. Ausschließliches Erklärungsmodell: die Piste dreht den Ski.	Zur Entwicklung seiner Theorie nimmt Kassat einen Perspektivenwechsel vor und geht von den Widerstandskräften der Piste und den Kräfteaustausch von Piste und Ski aus. **(Schon ein Jahr zuvor präsentierten die Schweizer das „Schneewiderstandsmodell"!)** Für Kassat gibt es nur seine einzig richtige Skitechnik. Er weist auch alle bisherigen Unterrichtsmethoden zurück und präsentiert als einzig mögliche die Ein-Ski-Methodik mit einem langen Stab. (Außentitel)	Georg Kassat …doch die piste dreht die ski! die eine ski - technik und die ein - ski - methodik
1056 Soft-Skiing – Soft Carven **2000 Wolfgang Kießlich (D)** ▶ „ABS – Andrehen-Beugen-Strecken" ▶ „Drehbeuge – Strecken paßt einfach überall" ▶ Soft-Carving-Schwung mit hoher Körperposition und vor wie hoch geführten Händen ▶ Wichtige Steuerfunktion der Hände und Arme ▶ „Carving körperschonend ist bei Strecken am Schwungende möglich." ▶ Schwungwechsel aus der „Ganzkörperspannung" ▶ Eigenwillige hohe Handführung	Eine Carvingtechnik eigener Art. Mit seiner kurzen Anleitung und mit „ABS Soft-Skiing für Körper & Seele" geht der Verfasser ähnliche Wege wie Ernst Garhammer. Die prinzipiell hohe Fahrhaltung kommt zweifelsohne einer schonenden und nach traditionellen Maßstäben auch ästhetischen Fahrweise entgegen. Eine physikalische Berechnung der Beinbelastung im Schwung (Günter Micklisch Seite 3) unterstützt dies. (Gesundes Skifahren für Körper und Seele. Außentitel)	ABS Soft-Skiing **Gesundes Skifahren für Körper und Seele** von Wolfgang Kießlich Für Anfänger, Fortgeschrittene, Freerider

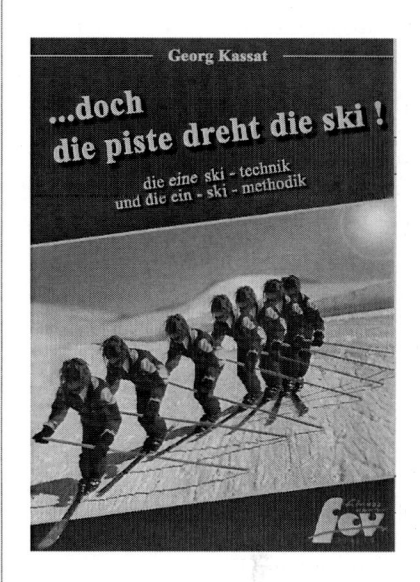

1057 Carven nach Bogenschule und Rutschen

2000 – Lehrwarte Österreichs

bieten
- Racecarven
- Snowcarven
- Carven mit Vertikalbewegung
- Betonung Schrittwechsel
- Betonung breite Skiführung
- Fahren auf allen Carvingtypen

„Skilauf perfekt" von Hermann Wallner als Herausgeber und Verfasser des skitechnischen Teils bietet endlich für Österreichs Amateurskilehrer und Bundesanstalten für Leibesübungen Carven als Lehrplan an. Allerdings irreführende – oder ängstliche – Aussage: „Skifahren mit Carvingski erfordert keine neue Skitechnik." Das Buch ist jedoch im Widerspruch dazu voll der Neuigkeiten. Vor allem aber steht es im Gegensatz zum sog. Österreichischen Lehrplan der kommerziellen Skischulen.

(Außentitel)

1058 Reine, konsequente Carvinglehre

2000 Milan Maver (SLO)

fasst die bisherige Entwicklung in 4 Grundsteine und 10 Elemente
Beispiele:
- Diagonalschritt
- breitoffene Skistellung
- Skibelastung 50:50
- Hüftcanting oder Körperneigung
- ev. große Schrittstellung
- fast keine Hochbewegungen

Maver gelingt es in exzellenter journalistischer Darstellungsweise, das Neue und die Vorteile der Carvingtechnik herauszustellen. Ein sehr guter Überblick der Gesamtthematik. Ärgerlich für alle Skeptiker. Amüsant für alle Carver.
„Es tut nicht weh, einmal auch etwas Anderes auszuprobieren."
(Wie der Carvingski die Welt veränderte. Seite 76 – 115)

1059 Gegenüberstellungen

2001 bei SPORTS

In den Skimanuals von SPORTS und bei Meetings wird versucht für die vielen Carvingoptionen ein System zu finden.

Racecarven – Vorbild Rennlauf
Eine Diagonaltechnik
Koordination:
- Kreuzkoordination von Beinen und Armen

Wirbelsäule
- Außenbogen:
- Durchlauf von unten nach oben
- Vor-Seitbeuge mit Gegendrehen

Skibelastung:
- Belastung Außen- oder Innenski oder beide Ski

Boardercarven – Vorbild Snowboarder
Eine Drehschwungtechnik
Koordination:
- durchlaufene Bewegung von oben nach unten oder umgekehrt

Wirbelsäule
- Innenbogen
- Durchlauf von oben nach unten
- Schraube

Skibelastung
- dominierende Belastung Innenski

Skatecarven – Vorbild Schlittschuhläufer und Inliner
Eine Umsteigetechnik
Koordination:
- Kreuzkoordination oder parallele Innenführung der Arme

Wirbelsäule:
- Beugung vor - C-Position
- oder aufrechte Rumpfsäule
- oder Innenbogen

Skibelastung:
- bevorzugt Innenski

1060 Fußtechnik 2001 – Teil einer Hohen Schule **2001 Walter Kuchler (D)** Pronation (Großzehengriff) ▶ Supination –Kleinzehengriff ▶ Supination Außenferse ▶ „Carverzug" durch Nachkanten und Zurückgehen auf der Sohle ▶ Regel für Vorlage: 50 % über Fußsohle – 50 % über Schuhschaft ▶ alle Pro- und Supinationen	Die Skatingtechnik erfährt damit eine Verfeinerung. Die Symbiose mit dem Ski wird noch deutlicher und stärker. Damit wird auch an das Können mit Lederschuhen vor 1970 angeknüpft. Roc Petrovic verwies 1990 auf die diagonale Linie von der Ferse außen zur Großzehe, um einen frühen und exakten Kantengriff zu bekommen. Vgl. auch das „Rochieren". Siehe auch Dick Sexe 1965 mit Pronation der Gegenhand.	(Zeichnung aus Georges Joubert 1978)
1061 „Das Summen der Ski in den Fußsohlen" **2001 Antje Rávic Strubel (D)** *„Sie ließ die Ski einfach gehen. Mit dem Körper nahm sie die Geschwindigkeit auf, ließ sie steigen und spürte das Summen der Ski in den Fußsohlen."*	Gelegentlich wird poetisch mehr über die Skitechnik ausgesagt, als es die Fachbücher vermögen. Die Dichter machen auf Dinge aufmerksam, die sonst übersehen werden. Sie sagen es anders. Sie finden Bilder. Sie sagen es menschlicher. (Unter Schnee. Seite 264)	
1062 Neue Geräte auf Carvingbasis **2001 Alternative Geräte.** Beispiele: ▶ Snowbike, der moderne Skibob ▶ Twincarver, zwei verbundene Shorties ▶ Twinblades, zwei verbundene Shorties ▶ Speedseat: gefederter Sitz über einem Ski	Der Carvingski ermöglicht neue Geräte oder verändert klassische Geräte. Beispiele: Die Snowbikes der Fa. Brenter erlauben in kurzer Zeit das Carven selbst im steilen Gelände. Twincarver (Peter Hurth) und Twinblades (Dieter Braun) verbinden jeweils Shorties so miteinander, dass Schrittstellungen und unabhängiges Kanten möglich sind.	Weitere Beispiele ▶ Free-trek ▶ Scooters ▶ Snowswinger ▶ Snowsprinter ▶ Snowsnaker ▶ Speedseat Single und Tandem
1063 Bilgeri : Zdarsky 1911 **2001 Kirnbauer, Gudrun und Friedrich Fetz (A)** Klärung der Abhängigkeit *„Da auch das (eine Versöhnung Lilienfeld contra Norwegen) ... leider misslungen ist, so stehe ich heute nicht an zu erklären, dass das einzige von mir übernommene Lilienfelder Prinzip das des sturzfreien Fahrens im Gelände ... ist. Von der Technik selbst ist aber sogut wie nichts von mir übernommen worden ..."*	Die Verfasser zitieren aus der 2. Auflage von Georg Bilgeris „Der alpine Skilauf". 1911. Dieser ehrliche Hinweis ist auch heute noch interessant, da das Plagiat, der Wissensklau, im Rückblick von 80 Jahren Skiliteratur offensichtlich systemisch ist. Vor allem die europäischen Lehrpläne spielen sich um ihrer Autoritätssicherung willens chauvinistisch auf. Kaum einer erwähnt oder respektiert sogar einen anderen. (Skipionier Georg Bilgeri. Seite 193. Außentitel)	

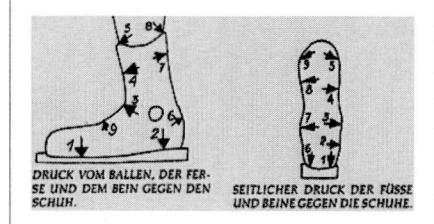

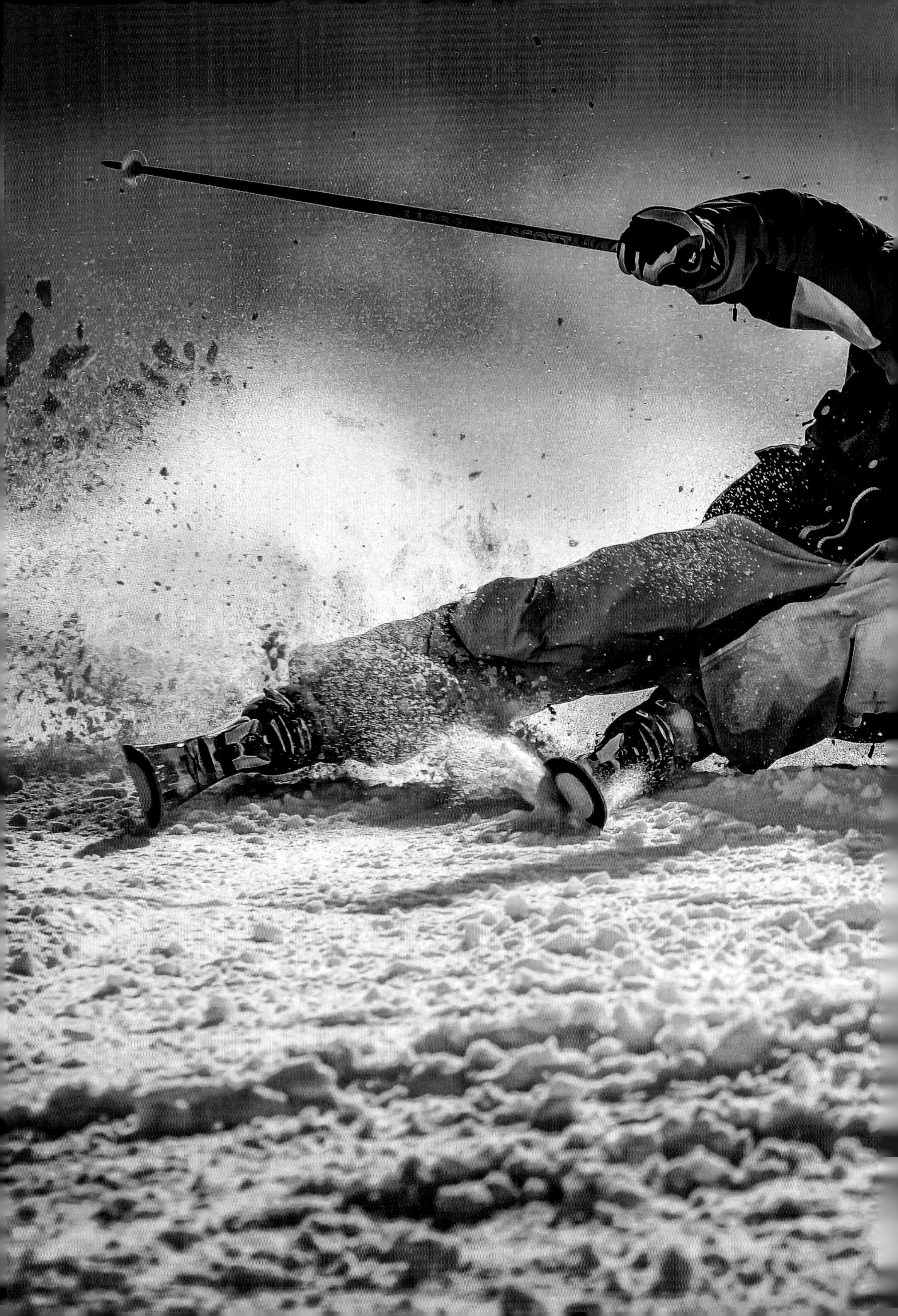
SCOTT

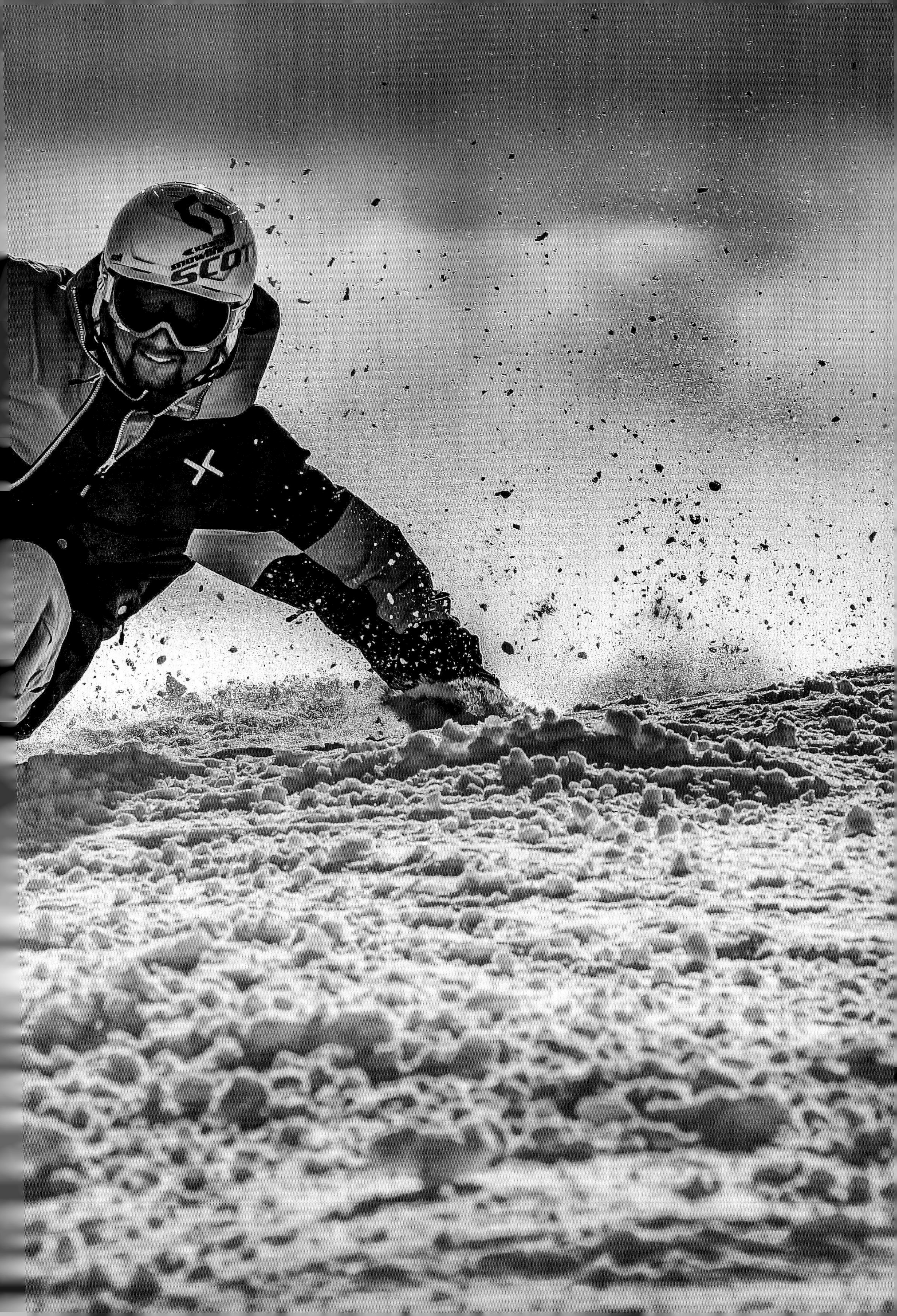
SCOTT

1064 Ungarn carvt weiter extrem

2002 erscheint eine offizielle Lehrschrift mit Carvingtechnik

- drei Carvingfotos
- davon zwei mit extremen Carvingformen
- auch. Hand- und Bodycarven.

1065 Lehrbuch Carven

2002 Hermann Wallner, Hrsg. mit Bewegungslehre von Fritz Baumrock (A)

„Skifahren mit Carver-Skiern erfordert keine neue Skitechnik – Umlernen ist nicht notwendig."

Dieser wieder- holten Feststellung aus der 1. Auflage widerspricht der gesamte Technikteil.

„CARVEN – mehr Spaß an(m) Kurven" – die programmatische Aussage

Die österreichischen Instruktoren bieten ein detailreiches Lehrbuch des Carvens. Dabei exzellente und aussagekräftige Bilder aus dem Rennlauf. Durch den Herausgeber und Autor und durch Fritz Baumrock gestützt stehen wahrscheinlich auch alle Sportinstitute der Universitäten und die Lehrer an Schulen hinter diesem Lehrplan. Die Differenz zu dem Programm der Profis „Die österreichische Skischule" ist fundamental.

(Carven – Skilaufen perfekt. Seite 3 und 9)

1066 „Der österreichische Lehrweg" der Amateure

2002 Hermann Wallner, mit einer Bewegungslehre von Fritz Baumrock (A)

- Unterricht auf Lernski
- Unterricht auf „Kurzgleitern
- spezielle Carver-Ski für 6 verschiedene Adressaten

Schon der Anspruch in den Begriffen „Offizielles Lehrbuch" und „Der österreichische Skilehrweg" verweisen auf den großen Abstand zu der „Die österreichische Skischule" der Berufsskischulen. Hier auch schon der Abstand durch die Empfehlung von besonders geeigneten Ski und der direkten Wege ohne Bogenschule.

(Carven – Skilaufen perfekt.)

Herrmann Wallner

1067 Klassische Elemente weiter bevorzugt

2002 Deutscher Skiverband

Grundfunktionen:
Kanten – Belasten – Drehen

Dazu:
- Beinorientiertes Drehen
- Kanten durch Kniebewegung vor-einwärts
- Priorität Vertikalbewegung
- Priorität Außenskibelastung

Die Literatur des Deutschen Skiverbandes verschreibt sich weder einer konsequenten Carvingtheorie, noch lehnt sie sich an die Rennfahrertechnik an.

Sie postuliert:
- „Akzeptanz verschiedener Möglichkeiten"
- „Ziel: variabler Skifahrer"

(Unterrichts-Tipps für Skilehrer und Übungsleiter)

1068 Österreichisches Carven **2002 Werner Wörndle (A)** ▶ Carven als „Sammelbegriff für gut gesteuertes Kurvenfahren" ▶ „Carven aus der Winkelstellung" statt Begriff Stemmschwingen ▶ „Brauchschwung in breiten Einsatzbereichen" ▶ mit Stockeinsatz außer beim Funcarven ▶ einleitende Vorhochbewegung ▶ auf Niveau Meisterstufe dem Rennlauf nahe *„Shortcarver – ein ideales Lern- und Fungerät"*	Die Entwicklung in Österreich scheint nicht einheitlich zu verlaufen. Während die Amateure und dabei der Skiverband für alle Amateurverbände konsequentes Carven anbieten, taktieren die Berufsskischulen mit Carven sozusagen als einem Sonderangebot. Dagegen orientiert man sich wiederum „in der österreichischen staatlichen Diplomskilehrerausbildung" ab 200/01 „konsequent am aktuellen Trend des Carvens". Breite Übungssammlung zum Funcarven bis zum „Double Touch" mit Körperberührung des Schnees. (Alpiner Skilauf. Seite 53 – 66)	Die Veröffentlichung des Autors und der Skiakademie St. Christoph erfolgte im Internet über „Die österreichischen Seilbahnen".
1069 Ladycarver für leichteres Skifahren **2002 Skiindustrie** Die Skiindustrie empfiehlt einmütig Ladycarver mit dem Argument leichteren Skifahrens. Zugleich empfiehlt sie einen vorgezogenen Montagepunkt, weil der Schwerpunkt bei Frauen etwas weiter zurückliege.	Binnen kurzer Zeit haben sich die Ladycarver als parallele Linie zu fast allen anderen Typen entwickelt. Der vorgezogenen Montagepunkt aber täte auch allen Skifahrern mit kleiner Schuhgröße gut. Es ist auch daran zu erinnern, dass bei Carvingski der Montagepunkt sowieso schon 5-12 cm vorgerückt ist. (Christel Cranz demonstriert, aus ihrem Buch „Skilauf für die Frau" von 1936, S. 48)	
1070 Pedalo – ein Skatecarver **2002 Programm bei SPORTS e.V.(D)** ▶ Innen Anschneiden ▶ Weiterziehen auf dem Innenski ▶ starke Beugung Innenbein ▶ Innenknie häufig bis zur Brust gedrückt ▶ fast gestrecktes und wegscherendes Außenbein	Aufgreifen des früheren Pedalierens (Österreich und Japan) und Umsetzen auf dem Carvingski. Verwandt auch mit dem alten Klammerschwung. Häufig im Rennsport zu beobachten. Der ältere Pedalo wurde bis in die Steuerphase hinein mit Außenskibelastung gefahren. Pedalo als Schwungform, eine häufige Besprechung bei Hans Zehetmayer und bei mir. (Bild Hans Pieren in Walter Kuchlers „Carven. Der Skikurs für Einsteiger und Umsteiger" von 1997. Seite 91	

1071 Steilhangtechnik extrem

2002 Hans Kammerlander (I)

Schilderung der Abfahrt vom Mount Everest von Hans Kammerlander:

„Was ich da machte, war natürlich kein Skifahren im eigentlichen Sinn. Das war vielmehr ein extremes Abrutschen, ein Kratzen mit den messerscharfen Stahlkanten in einem sehr steilen Gelände und ein gefährliches Umspringen. Schulter und Hüfte gerieten immer wieder bedrohlich nahe an den Firnhang ... Ich mußte im richtigen Moment anhalten und völlig zum Stehen kommen, ehe ich mich neu darauf konzentrierte, vorsichtig, aber dennoch mit ausreichend Kraft aus den Knien heraus umzuspringen und sofort wieder auf der Kante das drohende Tempo abzubremsen."

Im steilen Freigelände, speziell in einem Couloir kann es zu Abschnitten kommen, die eine äußerste Herausforderung sind. Hans Kammerlander schildert uns seine Überlebenstechnik.

(Steilabfahrt vom Dach der Welt. In: Bretter, die die Welt bedeuten. Seite 147)

1072 Steilhangtechnik
- „Schraubenhecht"
- „Steil- hangspirale"

2003 R. Mark Elling (USA)

Am schwierigen Steilhang sich lösen und in den neuen Schwung hinein durch:
- Stockeinsatz
- aggressive Kopfdrehung
- Schulterdrehung talwärts
- Zug des Außenarms über Innenski
- wenigstens bis zur Falllinie auf dem Innenski
- Hochstrecken aus der Hüfte
- Hochziehen des Außenski
- Drehen von Fuß- und Bein

(The All-Mountain Skier. Texte Seite 189 – 191, Zeichnung Seite 190)

Der Verfasser bietet eine ausführliche Beschreibung dieser ungewöhnlichen Technik ohne selbst dafür einen Namen zu prägen. Er meint wohl eine Art kippender Spiraldrehung. Im Ansatz mit Hochziehen des Außenski wie ein Reuelschwung. Vielleicht treffen auch Bilder wie „Korkenzieher" und „Steilhangspirale" zu. Jedenfalls wird hier ein Vorgehen empfohlen, wie es zu keiner der gängigen Steilhangtechniken passt. Zu erinnern ist nur an die frühe Steilhangtechnik von Lothar Gfrörer 1926 und den Körperdrehschwung von Fritz Reuel 1926.

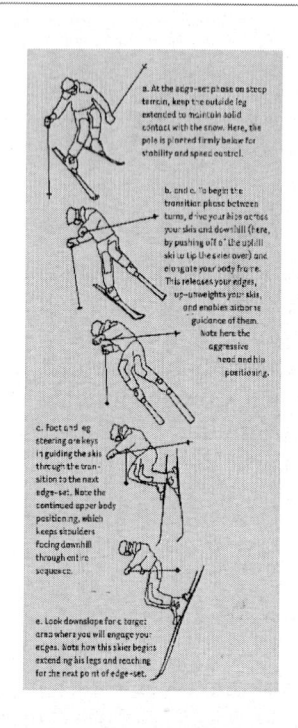

1073 Carven als Zufall Anfängertechnik, Jedermanns Sache

2003 R. Mark Elling (USA)

„Making your basic, carved turns is very simple; anyone can do it, and beginners often do it by accident."

Nie wurde Carven als simpel und als oft selbstgefundene Technik der Anfänger und als eine Technik für Jedermann so kurz und prägnant festgeschrieben. Über den vielen raffinierten Möglichkeiten, die der Carvingski und das Carven bieten, wird diese Grundtatsache oft übersehen.

(The All-Mountain Skier. Außentitel)

1074 Stepcarver - Umsteigen mitten im Schwung

2003 Walter Kuchler (D)

Merkmale:
- innen Anschneiden und Belastung innen erhalten
- ziehen bis Falllinie
- umsteigen auf Außenski und Belastung außen erhalten
- Beschleunigung durch Umsteigen, Rebound und Fallen nach unten
- nutzen des kräftigeren Außenbeines in der Steuerphase

(Thema und Zeichnung erstmals im Mai-Meeting bei SPORTS 2003 und anschließend im Skimanual 2003/2004 veröffentlicht.)

Nicht mehr zu Beginn eines Schwunges Umsteigen, sondern in oder nach der Falllinie. Der ungarische Lehrplan wird 2004 einen vergleichbaren Schwung (A Sízés + 3, Seite 55) bringen.
Alberto Tomba stieg zweimal im Schwung um. Georges Joubert kannte in den 1960er Jahren einen von der Belastungsführung her gesehenen konträren Schwung: außen beginnen, umsteigen nach innen und innen durchsteuern. Ebenso stieg im „Skating turn" 1968 Morton Lund mitten im Schwung auf den Innenski.
Der Stepcarver dürfte einer der interessantesten Carvingschwünge sein. Verspielte Steigerung: Umsteigen mit Rochade.

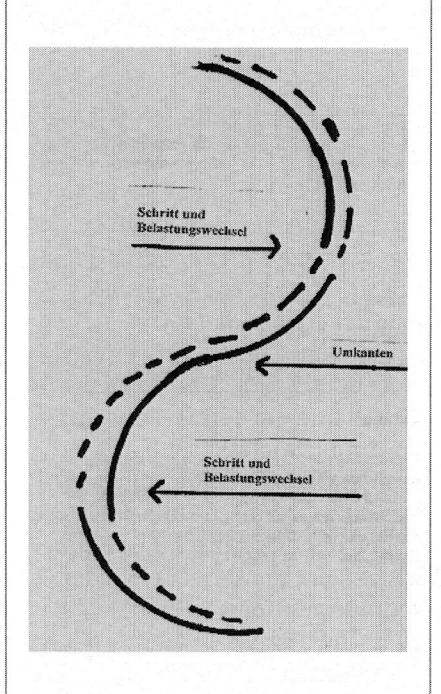

1075 „Schneller werden im Schwung"

2003 Walter Kuchler (D)

„Schneller werden im Schwung – eine völlig neue Dimension. Ungefährlich und doch kühn. Durch An- und Abschneiden der Kurve, durch gekonntes Splitting von Körper- und Skibahn, durch Umsteigen im Schwung, durch eine krummlinige Kurve, durch eine zykloide Steuerung. Auch schon durch das Spiel von Vor-, Mittel- und Rücklage. Eine neue Herausforderung, ein neues Versprechen."

Das Thema der Beschleunigungen im Schwung als eines der technisch anspruchsvollen Spiele für die Verfeinerung der Technik und die Erprobung der eigenen Leistungsmöglichkeiten wird in den kommenden Jahren sich im Skiunterricht immer öfter stellen. Damit wird auch eine wichtige Abgrenzung zum immer schnelleren Skifahren auf der Piste gewonnen.

(Aus einer Frühstückskarte)

1076 Tele-Carve - als Skate-Telemark

2003 Walter Kuchler (D)

- bei fixierender Bindung
- aber gelockerten Abfahrtsschuhen für starken Schaftflex
- mit reiner Innenskibelastung
- in relativ hoher Fahrstellung
- in allen Schwungweiten funktionierend

In SPORTS-Lehrgängen von Walter Kuchler entwickelt und als Skate- und reiner Innenskischwung angeboten. Leicht zu fahren auch in steilerem Gelände. Weniger interessant im Tiefschnee.
Die Schuhe müssen so gelockert sein, dass eine Flexbeugung bis zu 45 Grad und ein Fersenschlupf von 3-4 cm erreicht wird.

(Thema erstmals im Mai-Meeting bei SPORTS 2003 und anschließend im Skimanual 2003/2004 veröffentlicht.)

1077 Zurückweisung des "Pflugdogmas"

2004 Horst Tiwald (A)

Er wirft das Problem auf, wie vor der Carvingzeit
"das offizielle Ski-Lehrwesen mit seinem ´Pflugdogma` zum Niedergang des alpinen Skilaufs ... beigetragen hat."

Die Debatte um den Stellenwert der „Pflugrituale" erschöpft sich beim Verfasser nicht nur in der Präsentation von sog. direkten Wegen ohne Bogenschule zum Schwingen, sondern auch in der Neupräsentation von Zdarskys Querschwung.

"Auf der einen Seite wanderten die auf Pflug-Variationen dressierten älteren Skiläufer aus gesundheitlichen Gründen in den Skilanglauf ab, auf der anderen Seite ließ sich die am Fun-Sport orientiere Jugend die ´Pflug-Rituale nicht mehr bieten und wandte sich dem Snowboarden zu."

Die Kritik des Österreichers Horst Tiwald, der an der Universität Hamburg lehrt, wird auch für die nächsten 15 Jahre noch gelten. Die Verweigerungen fast aller Verbände des Skilehrwesens bleiben unverständlich. Wenn immer weniger Erwachsene Skischulen besuchen, liegt das nicht zuletzt an deren Programmen.

Bei Tiwalds Kritk ist auch an den Orthopäden und Chefmediziner des DSV Hubert Hörterer zu denken, der längst nachgewiesen hat, dass beinahe bei 30 Prozent seiner untersuchten Skifahrer eine angeborene oder erworbene Unfähigkeit der Hüftgelenke vorliegt, Pflug oder ausgeprägtere Stemmstellungen zu halten

(Auf den Spuren von Mathias Zdarsky. Seite 38)

1078 Fließende Bewegung statt Haltungen

2004 Ron LeMaster (USA)

„Good skiing isn´t a series of positions, it´s a continuum of fluid movements."
(The Essential Guide to Skiing. Seite 198)

Eine verhältnismäßig einfache und eigentlich selbstverständliche Feststellung, die der Verfasser fast nebenbei trifft, die aber im Blick auf vergangene Techniken wie beispielsweise auf die Konzepte von Eugen Matthias und Giovanni Testa (1936) oder auf das Gegenschulterschwingen und auf die frühe Beinspieltechnik nachdenklich machen sollte.

1079 Reuelschwingen carvend

2004 Agoston Dosek und Miklós Ozsvath (H)

Reuelschwingen wird mit Carvingski auf eine neue Qualitätsstufe gehoben.
Die hohe Autokinetik des Innenski lässt diese Schwünge noch spielerischer gelingen und aussehen.

Die Ausführung der ungarischen Demonstratoren kommt den Vorlagen aus dem Buch von Fritz Reuel (1926) ziemlich nahe.
(Bild aus dem ungarischen Lehrplan „A Sízés". Seite 47)

1080 „Querfahren" und Bremsen

2004 Horst Tiwald (A)

Will man in der Schrägfahrt
"die Fahrt verlangsamen und bremsen, dann geht es darum, den bogenäußeren, unbelastet nachgestellten Ski (Tal-Ski) hinten mit Beinstrecken nach außen zu schieben."

Mathias Zdarskys „Querfahren" wurde, wie Horst Tiwald sagt, *"aus mir unerklärlichen Gründen in den Lehrwegen meist nur kurz angedeutet oder überhaupt gemieden."* Eine interessante Form des Pedalierens.

(Auf den Spuren von Mathias Zdarsky. Seite 103. Bild zum Querfahren aus: Alpine `Lilienfelder` Skifahr-Technik. 9. Aufl. Seite 15)

1081 Offenes Carvingkonzept in Ungarn

2004: „Sizés + 3" (HUN)

1. Betont die Taillierung
2. Verweist auf den Flex
3. Kennt viele Carvingformen
4. Pflegt den Telemark mit vielen Formen wie den eingesprungenen Telemark

Das ungarische Skiprogramm ist unter dem Präsidenten der Skilehrer Kerese Janós offener und vielfältiger geworden als die vergleichbaren deutschen und österreichischen Lehrpläne. Carven hat offensichtlich auch im skipolitischen Raum Türen aufgestoßen und zu neuen Freiheiten verholfen. Auch kleinere Skiländer greifen nun die Trends der Zeit auf.

(Zeichnung aus „A-sizes+3")

1082 Vom Carven endlich infiziert

2004 DSV – Stefan Wiedeck

„Carven, das ist vor allem der Mut zur Kurvenlage gepaart mit der Lust an Kurvenkräfte und dem Vertrauen in das Material, in die Skitaillierung. Das Fahren auf der Kante entlang der Biegelinie der Ski ist ansprechend sportlich und vermittelt nahezu grenzenlosen Fahrspaß."

Endlich, möchte man meinen, hat es Stefan Wiedeck fertig gebracht, dass man beim DSV nicht nur mit Bedenken und einschränkend vom Carven spricht.
Kleinigkeit aber doch auch bei Wiedeck:
"Zum Kurvenende hin entstehen beim Carven hohe äußere Kräfte, die nur schwer zu regulieren sind."
(Technik- und Methodikleitfaden. Seite 21 und 22

1083 Schontechniken carvend

2004 Hubert Fehr, Alfred Grüneklee, Walter Kuchler (alle D)

Technikprogramm von SPORTS
- für Handicap Knie
- für Handicap Hüfte
- für Handicap Rücken
- als Komfortcarven

Bisherige Schontechniken mussten mit der Unzulänglichkeit der klassischen Ski zurecht- kommen. Heute kann man mit Schonhaltungen unter Vermeiden exzessiver Positionen sehr gekonnt und dennoch technisch perfekt Skilaufen.
(Das Programm Schonskilauf. Text Seite 70 - 102, Zeichnung von Sabine Richter Seite 82)

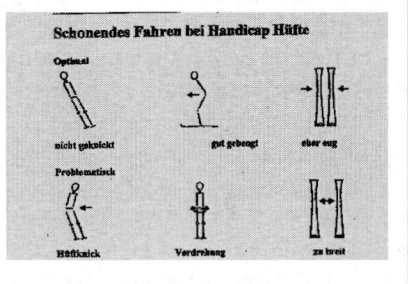

1084 Rochieren

2004 Walter Kuchler (D)

- Vom Hang sich lösen mit einer Fersensupination auf dem Bergski und Hinüberschnellen auf den Talski in eine Kleinzehensupination
- Mit einem Carverzug gegen Ende des Schwunges ergibt sich wieder die Möglichkeit für den Fersenabdruck.
- Ein weich wiegender und doch dynamischer Bewegungsablauf.

Kresimir Petrovic, Rok Petrovic und Iztok Belehar empfehlen 1990 eine diagonale Belastungsführung von der Ferse außen zur Großzehe. Raffinierter noch ist die doppelte Rochade von einem Fuß auf den anderen:
vom Hang sich lösen mit einer Fersensupination auf dem Bergski und Hinüberschnellen auf den Talski in eine Kleinzehensupination hinein.
(Angeboten in meinen Lehrgängen und immer besprochen bei der Klassifikationen von Reflexen)

1085 Beschleunigungen im Schwung - Überkippen	Nicht die absolute Geschwindigkeit ist so sehr interessant, sondern die Kurvengeschwindigkeit und das Beschleunigen der Ski-Körperrelationen. Beschleunigen ist letztlich eine Verfeinerung der gesamten Fahr- und Körpertechnik. Beschleunigen kann für gute Fahrer zum Maßstab der hohen Schule werden. Als erster befasste sich Georges Joubert in den 1960er Jahren mit aktiven Beschleunigungen. Die Zeichnung stellt die verkürzte und damit beschleunigte Körperbahn heraus. (Mehrere Sammlungen als Flugblätter)	**Kippen und Bahnsplitting** (Phase 3) (Zeichnung aus Walter Kuchler, Die neue Skitechnik. Seite 131)
2004 Sammlung Walter Kuchler (D) ▸ Driftfreies Einfahren in Falllinie, ▸ anschneiden und Abschneiden auf dem Innenski ▸ krummlinige Kurve ▸ geringes Bahnensplitting ▸ überkippen mit Unterfahren ▸ Carverzug ▸ Reboundeffekte z.B. beim Carvewedeln ▸ zykloide Steuerphase ▸ Finaljet ▸ Flex und Rebounds		
1086 Mögliche beschleunigende Techniken	Die aufgeführten Techniken eignen sich besonders um eine Beschleunigung zu erreichen. Bis auf das Carvewedeln und den Stepcarver können sie aber auch „passiv" ausgeführt werden. Zu erinnern ist, dass ein carvendes Einfahren auch ein schnelleres Einfahren als das Andriften ist.	Europacup Zinal 2019
2004 Sammlung Walter Kuchler (D) ▸ Bogentreten ▸ Schlittschuhschritte ▸ einige umsteigende Techniken ▸ mitten im Schwung Umsteigen ▸ vor allem scherende Techniken ▸ innen anschneidende Techniken ▸ Stepcarver ▸ Pedalos ▸ Carvewedeln		
1087 Techniken für die Schussfahrt	Nicht häufig wurde im Verlaufe der Jahrzehnte auf das gute Gleiten hinge- wiesen. Wenn, dann unter dem Gesichtspunkt der Schnelligkeit, von der Arlberghocke der 1920er Jahre bis zu den vier Rennpositonen der 1960er Jahre bei Georges Joubert. Im Allgemeinen wurde nur die neutrale Position, die Rücklage oder ein minimiertes Driften angesprochen. (Skimanual SPORTS 2004/2005. Seite 41.)	Weitere Regeln aus 16 Gleitregeln für die Schussfahrt ▸ ideale Druckverteilung auf beide Ski, idealer Gleitsweetspot ▸ aerodynamische Körperfiguration nach G. Joubert ▸ Ski und Luftgleiten bis 20 km/h, bis 40 km/h, über 40 km/h ▸ ...Aufgleiten auf Wellen, größere Unebenheiten ... ▸ Durchgleiten von Mulden und Knicken ▸ Einfahren in Versteilungen – Lagenausgleich ▸ Op-traken – Vorspringen vor Kanten
2004 Walter Kuchler (D) 16 Regeln. Beispiele: ▸ Genügend Freiheit in der Skiführung - Laufflächen plan, kein Kantenfräsen ▸ offene Bein- und Skiführung für planes Aufliegen des Ski ▸ Sweet spot suchen ▸ eventuell Rücklagetendenz ▸ aerodynamische Körperfiguration als Körperkeil zur Luftteilung ▸ vertikaler Druckausgleich der Unebenheiten		

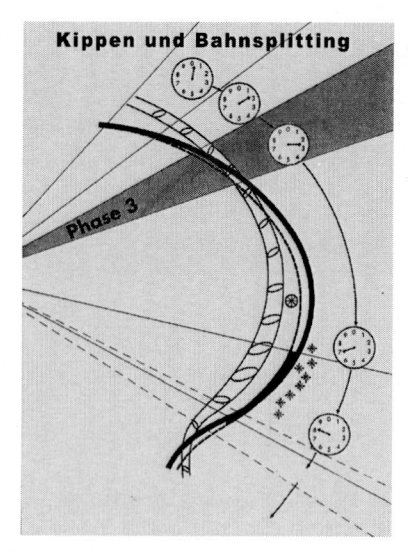

1088 Gleittechniken für das Kurvenfahren

2004 Walter Kuchler (D)

19 Regeln – Beispiele:
- Innen abschneiden
- Spureinschnitt und Spurausfräsung minimal
- Mehr Druck auf den präziseren Innenski
- Mehr Druck, wenn nötig auf das kräftigere Außenbein
- Aerodynamische Körperfiguration
- Vertikaler Druckausgleich

Nicht häufig wurde im Verlaufe der Jahrzehnte auf das gute Gleiten in der Kurve hingewiesen. Eine Ausnahme ist nur bei Giovanni Testa (1936) zu finden, der darauf hinwies, dass jede Bewegung in Fahrtrichtung, also unter aerodynamischen Gesichtspunkten, erfolgen sollte. Erst das Thema „Schneiden", wie es vor allem von G. Joubert in den 1960er Jahren aufgegriffen wurde, rückte das Gleiten im Schwung in den Mittelpunkt des Interesses.

(Skimanual SPORTS 2004/2005. Seite 41. Foto Dieter Menne. Demonstrator Aldo Berther)

1089 Eigentechnik – Skitechnik privat und authentisch: „Skitechnik als Maßanzug" und als persönliche Ausprägung

Seit 2004 Walter Kuchler (D) – Programm SPORTS 2006

- Erstellung der persönlichen Voraussetzungen
- Festlegung und Kombination der technischen Elemente für eine persönliche Fahrweise
- Technikinnovationen nach Baukastensystem
- Wahl des geeignetsten Skis

Das ist Ski futur für den Skifahrer. So können die Ansprüche eines komfortablen, schonenden, perfekten, sportlichen und supersportlichen Skifahrens ausgelotet und erfüllt werden. Georges Joubert bot 1981 mit seiner „Theorie der technischen Elemente" und der Aufzählung von fast hundert Einzelelementen die technischen Voraussetzungen an. Diese Möglichkeiten brechen endgültig dogmatische Lehrplankonzeptionen. Aber auch völlig neue Anforderungen an Lehrmethoden stehen im Raum.

(Zeichnung Milan Maver aus K.-H. Platte „SKIkanen". 2007. Seite 13)

1090 Frühstückskarten zur Einstimmung

2004 Walter Kuchler (D)

Ein Vorschlag bei SPORTS für Kurse mit gemeinschaftlicher Unterkunft.

Ein Test- und Bildbeispiel: *„Schwingen – ein Lebensgefühl. Ewiges Hin und Her. Sich dem Wunsch nach unendlicher Wiederholung hingeben. Gleichklang des Taktes von Ski und Fahrer. Vom Rhythmus Getragen-Sein. Gefühl des Leichtseins. Und doch auch Steigerung. Bis zur Verdichtung im Wedeln. Gleich dem erhöhten Herzschlag."*

Vorschlag des Verfassers, auf „Frühstückskarten" den Kursteilnehmern eine Animation für den Tag zu bieten. Über 40 Frühstückskarten mit jeweils einem Text und einem Bild von Milan Maver, die aufgefaltet auf dem Frühstücksteller platziert werden, bieten dem Lehrer über Jahre hinweg die Möglichkeit täglich wechselnde Karten auf den Frühstücktisch zu stellen. Viele Schüler sammeln diese Karten.

(Zeichnung von Milan Maver)

1091 Telemark extrem

2004 Pavel Stancl, Karel Strobl (CZ)

Alle bekannten Carvingformen
Spezielle Formen:
- Telemark Handcarven
- Telemark Bodycarven
- Telemark Delphin
- Kombination von Delphin und Bodycarven

Die beiden tschechischen Autoren waren die Pioniere des modernen Carvens in ihrem Land. Sie vertreten nicht nur ein facettenreiches Carven, sondern sie übertragen diese Möglichkeiten auch auf das Telemarken. Das Bildmaterial dieses Buches atmet den Enthusiasmus des Carvens.

(LYZOVANI S USMEVEM. Bild Seite 89)

Pavel Stancl beim Handcarven im Telemark

1092 Carvingschwünge in Frankreich

2004 Ecole du ski francais

Geworben wird für:
- Racecarven
- Schraubcarven
- Bodycarven

Bilder aus einem 12-seitigen Prospekt

1093 Skifahren leicht

2004 Art Furrer (CH)

„Skifahren erlernen oder verbessern ist viel einfacher, als Profis behaupten. Darüber habe ich mich ein ganzes Leben lang mit den Skipäpsten gestritten. Skifahren – Gleichgewicht, Spiel, Spass, Rhythmus. Mühelos über den Schnee gleiten."

Der Trickskikünstler wurde zwei Tage vor der Vorführung auf dem Interskikongress in Bad Gastein aus dem Schweizer Demonstrationsteam ausgeschlossen. Er „emigrierte" aus dem Lehrwesen und aus der Schweiz in die USA und wurde einer der Pioniere der modernen Artistik.

(Text und Bild im Hausprospekt seines Hotels auf der Riederalp)

Art-Furrer-Schwung mit dem „Schweizer Kreuz"

1094 Snow-Timing

2005 Arturo Hotz (CH)

Momente in der Psyche, Physis, Ski und Schnee in vollkommener Übereinstimmung sind – „ohne selbstzerstörerische Zweifel". „Dieses grundsätzlich ich-stärkende Gefühl" befähigt zu kühnen aber dennoch den Verhältnissen angepassten Entscheidungen. Man fühlt sich in Form.

Ein Begriff, der einen der großen skifahrerischen Momente auf den Punkt bringt – vergleichbar dem Begriff Ski-Resonanz. Hier werden auch Sprache und Realität als fruchtbare Bedingungsfaktoren sichtbar. Dem Lehrer wie dem Skifahrer ermöglichen solche Begriffe ein neues Verstehen ihres Tuns und auch ein Lernen und Training im Behalten von Glücksgefühlen.

(Vom Umgang mit unseren Bewegungs-Gefühlen. Seite 65)

(Bild Dieter Menne)

1095 Überraschungen, unbewusste Reflexe und Reaktionen

2005 Arturo Hotz / Karl Mülly (beide CH)

Technik und Standfestigkeit sind „zudem abhängig von unbewußten Reserven, Reflexen und Reaktionen, die den geübten Läufer in Gefahr richtig handeln lassen. Fahrhilfen und Schulungstricks werden erst dann verfangen, wenn das Gefühl für das Fahren geweckt ist, wenn Bogen und Schwung in der Empfindung verankert sind ..."
(Arturo Hotz, Ein Gleichgewichtsgefühl. Seite 242 und 244)

In einem fingierten Interview mit dem Titularprofessor Karl Mülly geht Arturo Hotz unter dem Titel: „*Gleichgewichtsgefühl, das körperlich, geistig und seelisch bedingt ist*" den Grundlagen der Skitechnik nach. Dabei wird eine kaum diskutierte Einstellung der Skifahrer aufgedeckt:

„*Wer Ski läuft, sieht voraus, dass er überrascht werden wird. Er weiß aber nicht wann. Er brennt danach, sich zu wehren, aber er weiß nicht, in welchem Umfang er seine Kräfte einsetzen muss. ... Dieses Überraschungsmoment löst für Anfänger und Läufer unbewusste seelische Spannungen und Erregungen auf.*"

Karl Mülly, 1877 – 1960

1096 Frontaltechnik

2005 Uwe Kühn (D)

Seine Analyse und sein Konzept:
▶ Körperfront in Fahrt- bzw. Kurvenrichtung
▶ Kopf bzw. Blick in die neue Kurve
▶ Außenarm in die neue Kurve
▶ Hüft- und Schulterachse im Winkel von 90 Grad zur Fahrtrichtung
▶ Innenknie zeigt in die Kurve.

Uwe Kühn verweist auf Bode Miller.

Der Jugendtrainer orientiert sich an der Fahrweise von Bode Miller. Er sieht die Rotation als ein Übersteuern, das Gegendrehen als ein Untersteuern an. Die Frontaltechnik erhalte den inneren Kraftschluss im Körper.
Die von mir 1989 beschriebene „Blocktechnik" erhält hier auf einer höheren Stufe Sinn und Form.
(Kurvenfahren in frontaler Körperposition. In Skimanual SPORTS 2005/6, Seite 52 – 54)

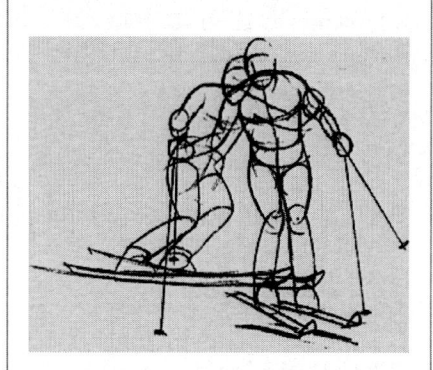

(Zeichnung von Urs Straehl aus dem Schweizer Lehrplan 1985, Seite 111)

1097 Jetcarven

2005 Revival der Schleudertechnik von 1970 nach Jürgen Philipp (D)

Ideale Verbindung von
▶ „Carverzug", „Finaljet" und „Skatecarven"
▶ mit Kippen
▶ erleichtert durch starke Taillierung, durch Flex- und Reboundmöglichkeiten
▶ Jetauslösung auf der Kante
▶ leichterer Wechsel aus der Rücklage durch guten Schaufelgriff zum Innen-Anschneiden

Die Schleudertechnik von Jürgen Philipp und Magnus Frei mit der NUR-Skischule (D) war ihrer Zeit weit voraus. Sie kann beinahe vorbehaltlos heute umgesetzt werden. Interessant die Ausnützung des Taillenverlaufs und die übergangslose Verbindung der Schwünge, nämlich von Schwungende und neuem Schwunganfang. Eine Neuinterpretation bei SPORTS.
(Skimanuals bei SPORTS. Vgl. auch Jürgen Philipp, Schleudertechnik. 1970)

(Bild aus „Schleudertechnik". 1970)

1098 Buckelpistentechnik für jedermann **2005 Gerhard und Armin Blöchl (D)** *„Einfache Buckelpisten – Innovation mit Tradition"* dadurch positive Effekte: ▸ auch für weniger geübte Skifahrer attraktiv ▸ geringeres Fahrtempo ▸ eduzierte Kollisionsgefahr ▸ gesundheitliche Be- und Entlastung der Gelenke durch harmonische Beuge- und Streckbewegungen	Die beiden Autoren schließen sich damit der Initiative und dem Programm des Schweizers Jürg Biner an. Hierfür „sollen durch reduziertes Walzen der Pisten in flachem und mäßigem Gelände einfachere Naturpisten entstehen." Diesem Programm ist angesichts überfüllter Pisten und dem fatalen Ideal vieler Skifahrer, ihr Können im Schnellfahren zu sehen, nur Erfolg zu wünschen. (New School. Seite 114)	*[Buchcover: NEW SCHOOL – Faszination auf Skiern, Gerhard Blöchl/Armin Blöchl, Meyer & Meyer Verlag]*
1099 Looping – Bowling von Stein Eriksen **2005 Walter Kuchler (D) nun auf Carvingski:** **1965er Stein Eriksen (N) auf klassischen Ski:** ▸ Den Schwung gegen den Hang ansetzen ▸ Ski sind oben, Fahrer hängt nach unten ▸ Chance 1 am Gegenhang ▸ Chance 2 in der Steilkurve ▸ Chance 3 am planen Hang mit Tempo hochgezogen (Vgl. dazu „Bowling" von Stein Eriksen in den 1950er Jahren)	Im Programm bei SPORTS. Ein typischer und doch einmaliger Carvingschwung. Text Walter Kuchler: *„Du ziehst hoch und kippst kopfüber aus dem Hang. Die Sekunde des Zeniths, die sich dehnt und doch so schnell wieder abbricht. Aber einen Augenblick lang zieht die Spur durch den Himmel."* Nirgendwo anders werden die Möglichkeiten des Carvingski schöner demonstriert. Der Looping ist und war schon immer ein Carvingschwung. Der Begriff Looping findet sich bereits 1910 bei Georg Bilgeri. (Texte aus einer Frühstückskarte von SPORTS)	Ein eindrucksvoller Looping (Bild mit freundlicher Erlaubnis der Fa. Völkl)
1100 Geflogene Schwünge **2006 Walter Kuchler (D) sammelt für SPORTS:** ▸ Karpfenhüpfen 1924 ▸ Sprungkristiania um 1925 ▸ Drehumschwung um 1925 ▸ Reuelschwung von 1926 ▸ Bauernchristiania 1930 ▸ Charleston 1971 ▸ Geflogener Hund 1978 ▸ Schweizer Hund um 1985 ▸ Gekreuzter Reuel heute ▸ Reuel mit Rückenkratzer	Die sog. Geflogenen Schwünge (Begriff von 1937 von Emile Allais) bekommen auf Carvingski und auf der Grundlage des Skatecarvens eine neue Aktualität. Die meisten dieser Schwünge werden auf dem Innenski gezogen. Geflogene Schwünge mit mehr artistischem Charakter in: Schneesport Schweiz. Spezial-Lernlehrmittel Ski. Red. Arturo Hotz 2000 Seite 82 – 87. (Bild: Serge Lang, Le Ski. Seite 138)	Demonstration eines modernen Reuelschwunges von Roger Staub

1101 Alte Techniken auf der Basis des Carvingski – NeoClassic **2006 Postulierung Walter Kuchler (D)** Carven veredelt alte Techniken: ▶ Schraubenrotation ▶ Temposchwung ▶ Mambo ▶ Umsteigen talwärts ▶ Umsteigen bergwärts ▶ Kurzschwung	Über die Sammlung von Skitechniken in „Skizirkus" und „Ski-Tricks" von mir hinaus kann eine Auswahl von historischen Schwüngen vergnüglich und durchaus mit gutem Praxiswert einer Renaissance zugeführt werden. Der Carvingski erleichtert und optimiert diese Techniken. 2007 werden von SPORTS auf einer DVD 60 historische Schwünge vorgestellt.	 Klassik, Carven, NeoClassic (Bild von Monika Jährig)
1102 Raceflieger **2006 Walter Kuchler Immer mehr Rennfahrer kippen im SL mit ausgebreiteten Armen:** ▶ Außenhand schwingt hoch zur Stange ▶ Innenhand geht tief-zurück ▶ Innenhand bekommt oft Schneeberührung Snowboardelemente sind unverkennbar.	Vor allem bei stärker versetzten Toren ist diese Kipp- und Diagonalbewegung bei immer mehr Rennfahrern zu beobachten. Statt der bloßen Vorhalte beider Arme werden nun die Arme mehr in den Bewegungsablauf integriert. Der alte „Flieger" und das „Engeln" aus den 1930er finden eine neue Form. Für viele Skifahrer wäre diese ausladende Körperbewegung Hilfe und Gewinn.  „Engeln" der 1930er	  Europacup Zinal 2019
1103 Telemark modern **2006 sammelt Wenzel König (CH)** an die 20 Telemarkvarianten und Fahrformen. Z.B. ▶ Drehschwung ▶ Tiefschneeschwung ▶ Kurzschwung ▶ Kippschwung ▶ Carveschwung ▶ Beugeschwung ▶ Buckelpistenschwung ▶ Sprungschwünge ▶ Walzer ▶ Body Carve ▶ Tele Skwal	Die Sammlung zeigt – wie schon andere Beispiele in der Geschichte der Skitechniken – wie ein Gerätetyp und ein Fahrprinzip immer neue Technikvarianten hervorbringen können. Dabei können die Unterschiede gering oder auch größer sein, so dass letztlich erst die Anwendungsplausibilität und die Schwierigkeit der Ausführung deren Rang begründet. (Inhalte aus DVD. Foto aus Droste/Strotmann: Telemark 2000)	

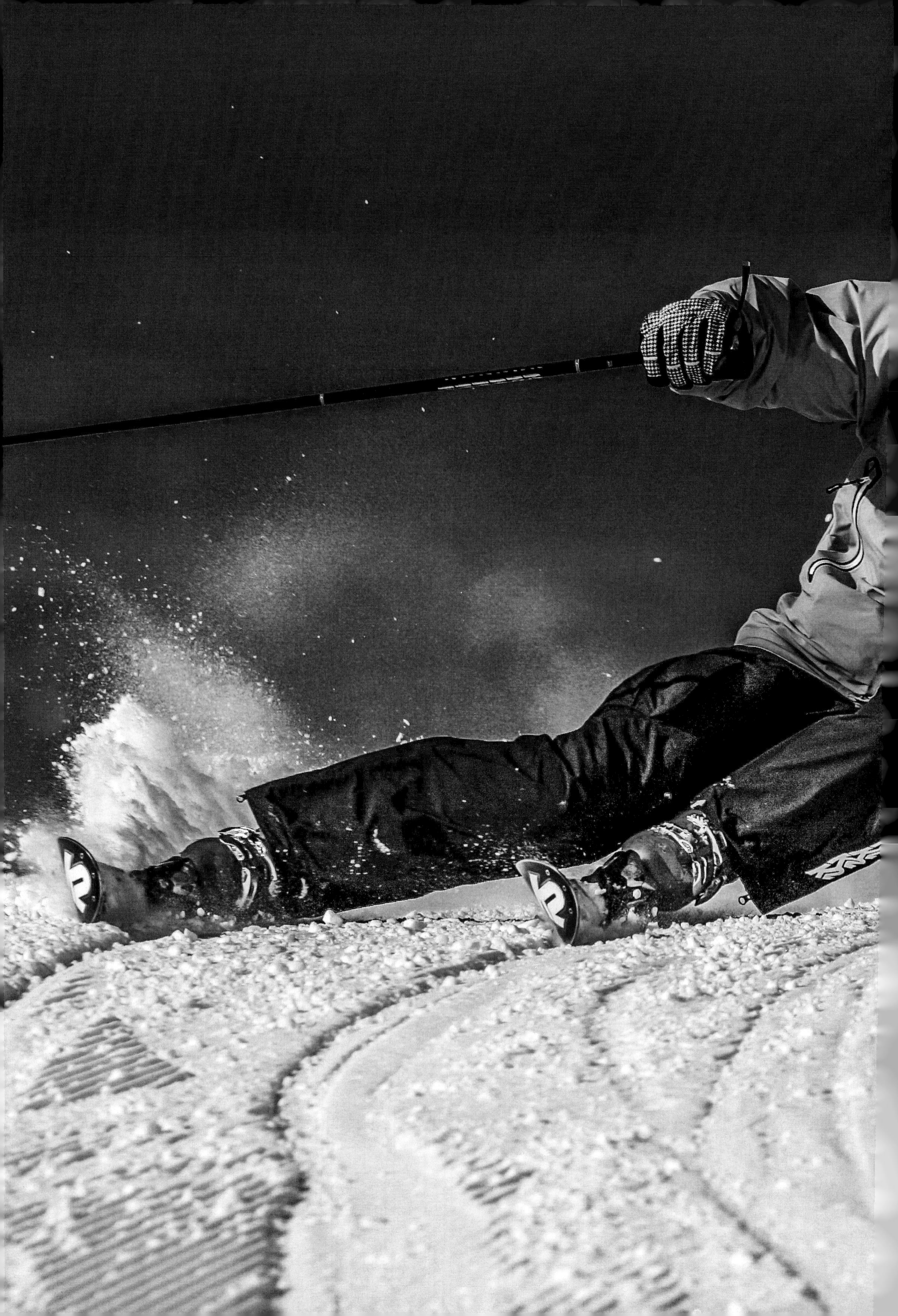

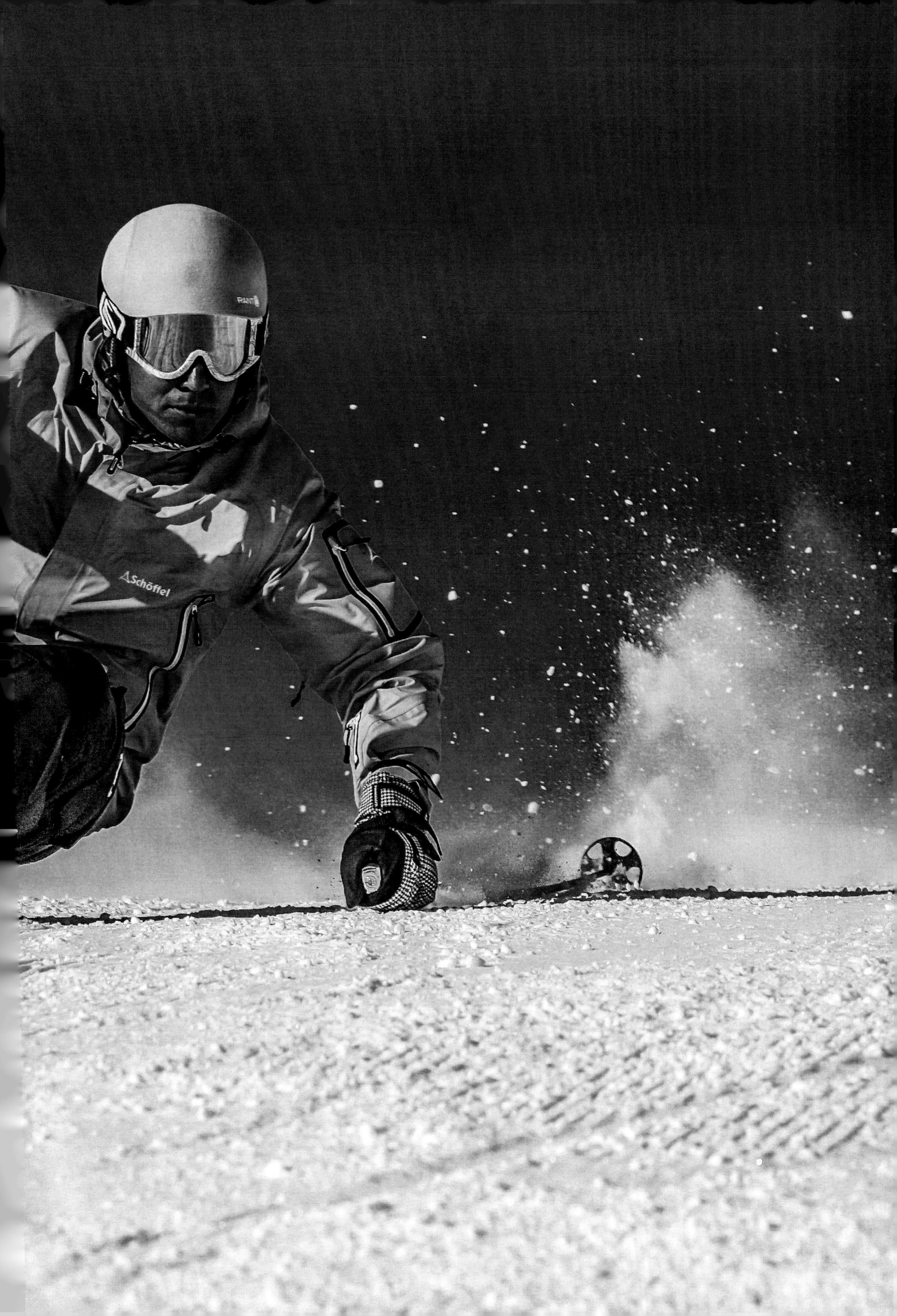
Schöffel

1104 „Mambocarven" **2006 Jens Byggmark (SWE)** erfolgreicher, junger Aufsteiger bringt klassische Elemente ins Spiel: ▸ Außenhand hoch ▸ Innenhand tief ▸ Schulterachse und Hand drehen hinein ▸ Hüftachse dreht gegen ▸ lange Phase einer aufrechten Fahrfigur ▸ dennoch tiefes Hineintauchen	Byggmarks Fahrweise erinnert an Dahindens Skimambo. Sollte sich Byggmarks Fahrweise verbreiten, dann käme das einer Erweiterung des Carvens gleich. Doch in jedem Fall ist Mambocarven eine lustvolle spielerische Fahrweise. In der Zeichnung ein mamboartiges Schwingen. (Leider stand kein lizensiertes aktuelles Rennfoto zur Verfügung. Zeichnung Milan Maver in „Skizirkus". Seite 58)	
1105 Elemente moderner Technik **2006 Trendelkamp, Frank (D)** ▸ Verweis auf Rebounds ▸ „Vorausstellen des Oberkörpers" ▸ gleichwertige Belastungsmöglichkeiten ▸ Offenheit in der Art der Seitlagen	Mit diesem Sich- Hineinwenden in den Schwung bewegt sich diese Technik nahe den Entwürfen der Boardertechnik. Modern auch die Offenheit der Skibelastung und die Art der Seiten- und damit der Kurvenlage: aus Knie, Hüftknick oder Gesamtkörper. (Schneesport an Schulen. Text und Zeichnungen Seite 55 – 57)	
1106 Bewegungsbereitschaft in allen Gelenken **2006 Trendelkamp, Frank (D)** „Der Ausgangspunkt aller Beugeversuche ist dabei das Sprunggelenk. Beginnt die Beugung nicht dort, enden die Versuche des Skifahrers im Absitzen, Belasten und Blockieren der Ski-Enden."	Allein für diese Feststellungen zur Bewegungsmöglichkeit und Bewegungsbereitschaft verdient dieses Buch gelesen zu werden. „Ein steifes Sprunggelenk führt oft zwangsweise zum Absitzen."	„Die Beugung in den Gelenken ist eine Voraussetzung für einige Schwungkomponenten." (Schneesport an Schulen. Text und Bilder Seite 53)
1107 Augiasmus – Anstrengungslust **2006 Bazon Brock (D)** Häufig zu beobachten bei ▸ Wedelserien ▸ Tiefschneeabfahrten ▸ Steilhangabfahrten ▸ Choreographischen Formen Bazon Brock selbst verweist auf das Beispiel des Joggens.	Mit einem neuen Begriff rückt der Künstler und Philosoph ein besonderes Motiv auch in den Mittelpunkt des Skifahrens und der Skitechnik. Neben der allgemeinen Motivationskraft können wir sie in einigen konkreten Fahrtechniken und ihren ansteckenden Realisationen häufig beobachten. (Denken durch Bewegung. In: Skisport. 2. FIS-Forum, Text und Bild Seite 75 f.)	

1108 Das Spiel von Außenbein + Innenbein – Technik Ski + Technik Snowboard **2007 Edelwiser Yearbook Team (A)** ▸ „Im Kurvenwechsel ist das Gewicht zu 100% am alten Außenbein =100% werdendes Innenbein. ... ▸ Die Umgebungskräfte bedingen einen größeren Aufkantwinkel und die Verkürzung des Radius. ▸ Dadurch wandert im Kurvenverlauf die Belastung ganz von selbst kontinuierlich auf das neue Außenbein. ▸ Am Kurvenende ist das Außenbein voll belastet und die weiter ansteigenden Umgebungskräfte kippen dich über das Außenbein in die nächste Kurve. Das Außenbein wird in diesem Moment (der Umkantphase) zum Innenbein und ist zu 100% belastet."	Der von Nicola Werdenigg verfasst Text ist überschrieben „Dynamische Fahrweise". Sie ergänzt: *„Was spricht für diese Fahrweise? Viele aktive Bewegungen (wie Abkanten, Umkanten, Aufkanten, Kurvenlage einnehmen) können weggelassen werden + dadurch kann man der Feinregulierung von Fuß bis Kopf viel mehr Beachtung schenken."* Sie meint weiter: Skitechnisch gesehen seien Snowboard- und Skitechnik kaum noch zu unterscheiden. (Nicola Werdenigg errang bei der Olympiade 1976 in Innsbruck unter ihrem Mädchennamen Spieß einen 4. Rang. – Edelwiser Yearteam 07/08. Abschnitt technique / innenski)	(Demonstration von Nicola Werdenigg)
1109 Carven ja und nein? **2007 Deutscher Verband für das Skilehrwesen – Interski Deutschland** Carven auf dem Außenski ▸ Begriffe Carven, Carving und Carvingski werden konsequent vermieden ▸ Hoher Stellenwert des Driftens ▸ Schwingen auf dem Außenski ▸ Kein Fahren ohne Stöcke ▸ Kaum Verknüpfungen der Technik mit dem Ski	Man kann darüber spekulieren, ob der Lehrplan die frühe Zeit des Carvens, also die 1980er Jahre, als ideal vertreten will oder ob er die Carvingzeit kühn überspringen und eine neue Zeit des Skifahrens ansagen möchte. Der Lehrplan ist wie seine Vorgänger seit 1981 jedenfalls kein Beitrag zum skitechnischen Fortschritt. (Skilehrplan Praxis. Graphik Seite 9)	„Merkmale von Kurven"
1110 Skitechnik "à la carte" **2007 Milan Maver (SLO)** Maver vergleicht die Möglichkeiten, die sich heute dem Skifahrer bieten, mit der Präsentation einer Speisekarte. Man kann wählen und man kann sich sozusagen aus dem Menü ein persönliches Menü zusammenstellen.	Milan Maver hebt ebenso wie Georges Joubert und ich auf die großen Wahlmöglichkeiten ab, wie man gut, sicher und sehr individuell ausgeprägt Ski fahren kann. Er ermuntert, die Angebote aufzugreifen und zu nutzen. (Zeichnung Mavers „Oberkellnerschwung" aus Skizirkus. Seite 132)	

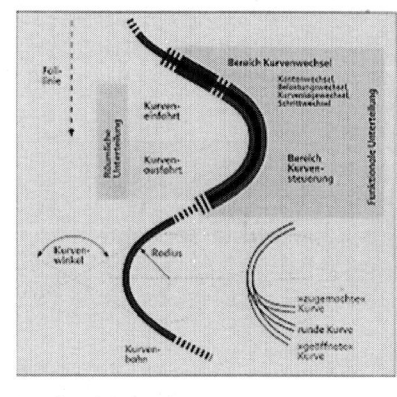

1111 Monoski zum Carven

2006 erfindet Otto Eder (A) das Nordicboard als tailliertes Monoski mit Platte und patentierter Sicherheitsbindung

2007 lässt sich Peter Petrikovic (D) einen taillierten Monoski mit variabler Bindungsmontage patentieren.

- Frontale Position
- Füße auf gleicher Höhe
- Weitgehende Carvingtechnik

- Mit dem Skwal (Fa. Thias) aus Frankreich (Lizenz als „Monoski" bei Völkl), bei dem die Füße hintereinander stehen,
- mit dem Speedseat von Andreas Ungar (D), das man sitzend auf einem Ski fährt,

wird nun auch mit den neuen Monoskis, bei denen die Füße nebeneinander stehen, mit alternativen Gleitgeräten die Carvingära erreicht.
Alle Fahrweisen auf diesen Gleitgeräten basieren auf starken Taillierungen und – besonders beim Nordicboard – auf einem hohen Stand.
Außer Eder und Petrikovic gibt es weitere Entwickler von Monoski.

(Bild aus Patentanmeldung von Peter Petrikovic)

1112 Offenes Konzept Racecarven

2007 Lehrplan der österreichischen Skischulen

Einteilung
- keine speziellen Schwünge
- Einteilung nach kurzen oder langen Schwüngen
- kein Boarder- oder Schraubcarven

Auslösung und Steuerung alternativ:
- Drehbewegung der Beine
- Antizipation
- Rotation
- Gegenrotation

Obwohl traditionelle Elemente immer noch stark sind – was vor allem die Vertikalbewegungen betrifft – haben die Berufs- skilehrer einige Jahre nach den Amateurskilehrern die Wende zur Carvingtechnik vollzogen.

- Insgesamt wird viel Freiraum gelassen.
- Ausführlicher Biomechanikteil
- Besprechung der Carvingtechnologie
- Wie kein Lehrplan zuvor wird dem Behindertenskifahren breiter Raum gewidmet.

(Snowsport Austria. Spez. Seite 121)

1113 Schul-, Renn-, Funcarven

2007 Lehrplan der österreichischen Skischulen

- Carven „als Sammelbegriff für gut gesteuertes Kurvenfahren"
- Zugang über Pflugbogen, Driften, Hochbewegung
- vor allem Außenski- aber auch Beidskibelastung
- aktuelle Analyse von Racecarven
- stockfreies Funcarven als Aufriss
- biomechanische Aspekte
- Fahrtechniken bei Behinderungen

Das jahrelange Zögern und Taktieren der Skischulen mit der Carvingtechnik setzt sich fort. Ein direkter Zugang aus der Grundschule wird nicht gesehen. Das Fun- oder stockfreie Carven wird auf 1 (!) Seite charakterisiert, aber nicht ausdifferenziert. – Moderne Analysen über Grundverhalten. (Werner Wörndle). Novum in einem Lehrplan: die Fahrtechniken bei Behinderungen. (Bettina Mössenböck u. a.)
Kennt einen durch eine Platte vorgeflexten Lernski. Ein historischer Teil (Oliver Bachmann u. a.) ohne Carvinggeschichte.

(Snowsport Austria)

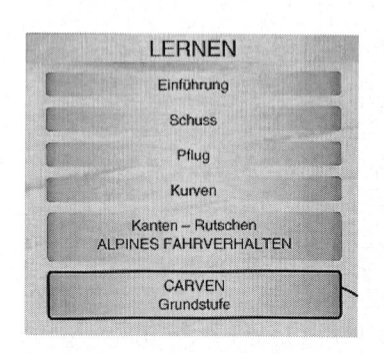

1114 Kommentatoren lernen endlich dazu: Belastungen beider Ski, auch des Innenski legitim und effektiv **2007 Kommentatoren des österreichischen Fernsehens** entdecken, was seit 1989 (Carven norwegisch) zu sehen ist: ▸ Fahrer kippen beide Beine, nicht aber die Knie! ▸ beide Ski können dabei belastet sein. ▸ Innenskibelastung wird nicht mehr pauschal als fehlerhaft angeprangert	Presse und Fernsehen haben sich in der Carvingfrage von Anfang an fast durchweg restaurativ, manchmal sogar feindselig, verhalten. Zuletzt kämpfte man noch für die alte Außenski- belastung. Erstmals sehen nun österreichische Kommentatoren, dass die Fahrer beide Ski belasten. Einige gehen nun sogar mit Innenskibelastungen neutraler um. (Vgl. dazu die Analysen von Georges Joubert und ebenso meine von 1995 im Skilehrplan SPORTS und die Fahrweise der Norweger seit 1987)	
1115 Carven mit Lenkmotorik Beine und Druckhandling **2007 Warren Smith (GB)** Grundelemente ▸ Sidecut nutzen ▸ dynamische Fahrwinkel entwickeln ▸ Lenkmotorik der Beine, speziell der Oberschenkel ausbauen ▸ Symmetrieabstand von Füßen, Knie und Hüftweite beachten ▸ Druckhandling auf Skilängsachse mit Flex-Rebound	Der Verfasser bietet eine eigenständige Carvingtheorie. Interessant sind bei ihm vor allem die Anliegen von dynamischen Fahrwinkeln und des Druckhandlings auf der Skilängsachse wie des Flexes. Speziell verweist er auf das Unvermögen vieler Fahrer, sich weit genug in den Schwung hinein zu legen. Die „Lenkmotorik" aus den Oberschenkeln heraus erinnert an die O. K.-Technik der Schweizer. ("Ski-sport aktiv Ski". Englische Originalausgabe 2006. Bild Seite 111)	
1116 „Hochwertiges Kurvenfahren" – ohne Schwungtypen und ohne Schwungvarianten **2007 Skilehrplan Praxis des Deutschen Verbandes für das Skilehrwesen** Grundmerkmale des Skisports: ▸ Bewegungen rhythmisch ▸ Die Skienden folgen der Bahn der Skispitzen. ▸ Der Körperschwerpunkt bewegt sich zum Kurvenwechsel nach vorn ▸ Knie und Becken seitwärts zur Kurvenmitte ohne Verwindung ▸ Bewegungen werden aus den Beinen initiiert ▸ Druckaufbau so früh wie möglich ▸ Oberkörper gleicht aus	Nach Darlegung von Grundmerkmalen des Skifahrens, die zu „hochwertigen Kurven" führen, räumt der Lehrplan den Möglichkeiten für Fortgeschrittene allerdings nur 4 Seiten ein. Es gibt aber Angebote für Freeride, Slopestyle und einen Einstieg in den Rennlauf. Einem drehenden driftenden Fahren steht der Lehrplan genauso offen gegenüber wie dem schneidenden. Weniger offen zeigt sich der Lehrplan, wenn er sich auf mittige Skibelastung und Außenskibelastung festlegt. Mit dem Begriff „hochwertig" findet wahscheinlich erstmals die Werbe- und Warensprache Eingang in die Skisprache. (Skilehrplan Praxis. Vor allem die Seiten von 8 – 24, Außentitel)	

1117 Soft Skifahren **2007 Michael Steinkohl (D)** Empfiehlt ▸ Hohe Fahrposition ▸ ständige Anpassung ▸ frontale Position ▸ keine überbreite Skiführung ▸ stark taillierte Ski Warnt vor ▸ torsionssteifen Ski	Mit Titel wie oben und Untertitel „Gesundheit und Wohlbefinden auf der Piste" reiht sich der Verfasser in die Bemühungen um Komfort- und Schontechniken ein. Ein besonderes Anliegen ist ihm auch das Skifahren im fortgeschrittenen Alter. „Ökonomie" bleibt ein wichtiges Stichwort. (Außentitel)	
1118 Pädamotorisches Zukunftsmodell **2007 Arturo Hotz (CH)** **Bewegungen ganzheitlich** ▸ **erwerben und festigen** ▸ **anwenden und variieren** ▸ **gestalten und ergänzen** Damit Anforderung auch an neue Techniksicht im Skilauf.	Arturo Hotz fordert erneut die Abstimmung der technomotorischen Anforderungen mit der energetischen Leistung und der koordinativen Steuerung. Damit lässt er die isolierte Sicht von Technikbeschreibungen hinter sich. Zukunftsanforderungen auch für die Skitechnik. (Ski Schweiz)	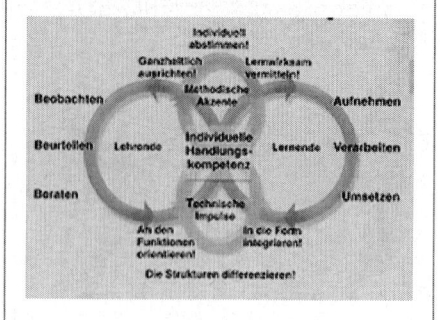
1119 Carvingmerkmale umfangreich erhoben – spez. Racecarven **2007 Jürgen Kemmler D)** Technikmerkmale von Race- und Funcarven: ▸ Abbau der Hoch-Tief-Bewegung ▸ Bein- oder Ganzkörperkippen ▸ deutliches Vorausdrehen der Körperaußenseite (Funcarven) ▸ ohne Stockeinsatz ▸ unterschiedliche Belastung von Innen- und Außenski ▸ Innenarm zum Hang, Außenarm vor dem Körper	Nirgendwo in der Literatur zur Carvingtechnik wurden bisher die Carvingmerkmale so detailliert und präzise erhoben, z. B. differenziert nach Gelände. Dieses Buch bietet auch viele Varianten des Carvens. Vor allem meint Kemmler schon im Vorwort: „Der Skilauf kennt keine normierte Sportarena." Vielfältiges Bildmaterial und viele Zeichnungen unterstreichen dies. (Richtig Carven. Seite 64 – 67. Außentitel)	
1120 Sechzig historische Schwünge auf Carvingski **2007 Jörg Kiesow und Walter Kuchler (beide D)** Realisierung auf Carvingski: ▸ leichtere Verwirklichung ▸ mit sanfteren Drehimpulsen ▸ mit geringeren Rutschanteilen ▸ mit hohem Spaßfaktor ▸ mit guten Anwendungsmöglichkeiten	Ein Streifzug durch die Geschichte der Skitechniken. Auf einer DVD gespeichert, Der Carvingski erleichtert einerseits die Realisierung dieser Techniken, andererseits kommt es zu einer gewissen Nivellierung. Bei Einbringung in Skikurse führt das auch zu einer gewissen Relativierung der Moderne. Viel Spaß ist gesichert und gelegentlich findet ein Schüler eine ihm angemessene Technik.	

1121 Reflexe – Psychomotorische – psychodynamische Ergänzung

2007 Walter Kuchler und SPORTS

Aktivierungen vorwiegend unsichtbarer technischer Elemente:
- Arbeit mit Reflexen
- Ansprechen kinästhetischer Empfindungen
- Tonisierung als Spannungsaufbau
- Figuration als Marker
- Imaginationen als Vorgaben
- Antizipatorische Emotionalisierung
- Mentales Lernen
- Real-mentales Training

Die Aktivierung und Reaktivierung von 10 – 12 Reflexen wie die Kopf- und Körperstellreflexe, die Zungensteuerung oder die Supinationen von Fuß und Händen, das bewusste Ansprechen von Muskeln, die Vorgabe von Imaginationen aus der Tierwelt wie „Tiger" und „Bär" oder aus dem Sport wie „Sprinter" und „Reiter", die gezielte vorherige bewusste Emotionalisierung bis hin zur „voreingestellten" Gesichtsmimik können Techniken beeinflussen und perfektionieren.

(Die Thematik ist in meinen Büchern immer wieder angesprochen. Mehrere Artikel in den SKIMANUALS von SPORTS. – Titelbild von Carving. Neuer Spaß,)

Blick und Kopfdrehung voraus

1122 Die Sprache der Hände

2007 Walter Kuchler (D)

Analyse von 21 verschiedenen Arm-/Handaktionen. Darunter:
- Stangencheck Außenhand
- diagonale Armführung
- beidhändiger Innenschwenk
- Flieger
- Ausleger innen
- Ausleger außen
- Schneeberührungen
- Stockeinsätze

„Der ganze Mensch fährt Ski. Dazu gehören auch Hände und Arme."

Der Autor verweist auf diese vielfältigen Erscheinungsformen, wendet sich aber gegen eine „Handvorhalte seitwärts", wie sie immer noch in Lehrplänen vertreten wird. Diese verführe zur Koordination der Wedeltechnik „Oben gegen Unten" und schränke die Möglichkeiten des Carvens erheblich ein.

(Vgl. Die Sprache der Hände – Skifahren mit Füßen und Händen. In Skimanual SPORTS 2007/2008, Text Seite 42 f., Bild Seite 44)

Bild Dieter Menne, Demonstrator Georg Ager

1123 Die Potenz des Innenski

2008 Hubert Fehr, Walter Kuchler (D)

Die beiden Autorenplädieren mit einer langen Reihe von Argumenten für **die besonderen Möglichkeiten der Innenskibelastung**.

Beispiele:
- Exakte, präzise Spurführung
- Innen Abschneiden als Beschleunigen
- ergnügen an Extremlagen
- Skatecarven als neues Carven

In den ersten Jahrzehnten des vergangenen Jahrhunderts wurde die Berg- und Innenskibelastung bevorzugt. Mit beginnender paralleler und enger Fahrweise wird dem Außenski die sinnvollere Belastung zugeschrieben. Es blieb der Innenskischwung als gelegentliche Ausnahme. Die Artistik mit der Bevorzugung des Innenski blieb ein Ausnahmefall. Erst wieder beim Carven kam es unter dem Einfluss der Snowboardtechnik zur Wertschätzung der Innenskibelastung.

(Kapitel „Das Potential des Innenski". In Heiß auf Weiß. Seite 98- 107) (s.a. hier 1997 Nr.1010)

Europacup Zinal 2019

1124 Die Rebounds – elementare und hohe Kunst zugleich **2008 Hubert Fehr, Walter Kuchler (D)** Als Hilfen auf allen Stufen und als Spezialthema der Hohen Schule werden erläutert: ▶ der Ski- und Schuhrebound ▶ der Muskelrebound ▶ der Pistenrebound	Die Autoren fassen die Anregungen zum Skirebound zusammen und bringen Muskel- und Pisten-/ Schneerebound neu ins Gespräch. Siehe auch: 1948 S. Linhart, 1960 Willy Bogner, 1976 J. Mohan, W. Hiltner, B. Barthel, 1978 Jean Claude Killy, 1985, 1995, 2000, 2003 Walter Kuchler. (Heiß auf Weiß. Seite 82-88)	Zusammenspiel von Ski-, Muskel- und Pistenrebound (Weitere Bilder zum Thema in „Heiß auf Weiß". Seite 86-88)
1125 Ski Futur mit neuen Technologien und Materialien. **2007 Walter Kuchler in verschiedenen Artikeln (D)** Prognosen – Beispiele: Mit Chips aktuell einstellbare Ski: ▶ auf sanfte oder vehemente Fahrweise ▶ auf schnelle oder langsame Fahrweise für harten oder weichen Schnee ▶ Superleichte Ski mit neuen Materialien ▶ Neue geometrische Formen	Die Materialentwicklung wird weitergehen. Neuartige Stähle und Legierungen finden Anwendung. Die Nanotechnologie beeinflusst fast alle Materialien. Ski werden leichter und angenehmer zum Anfassen und Tragen. Bald werden sie mehrere Chips enthalten: Steuerung von Schwingungen, von Dämpfungen und Reaktionen, Einstellungen auf Fahrweisen, auf Schnee- und Pistenverhältnisse sowie auf Geschwindigkeiten. Weitere Verbesserungen auf der Grundlage von Adaptronik: Ober- und Laufflächen auf Nanobasis Neue Hybridgeräte zwischen Ski, Snowboard, Skategeräten und Schlitten.	Weitere Beispiele: Fa. FISCHER: Resonanzabstimmungen aus dem Instrumentenbau K2: Chipsteuerung der Biegesteifigkeit HEAD: Chip- Intelligenzsteuerung des Torsionsverhalten KNEISSL: Ski mit 6 Kanten ATOMIC: Nanotechnologie zur Materialoptimierung (Verstärkung bei gleichzeitiger Erleichterung) ELAN: Frametechnologie: Rahmen als definierter Konstruktionsaufbau
1126 Skitechnik am literarischen Abend **2008 Karl-Heinz Platte (D)** Abendlesungen in Lehrgängen aus der belletristischen Literatur gibt es bei SPORTS seit über 20 Jahren. Diese befassen sich mit dem Skifahren und auch speziell mit der Skitechnik. Von der Steilhangabfahrt Hemings im Jahre 1004 über Ernests Hemingways „Hineinlehnen in die Geschwindigkeit" 1926 und der erotisch angehauchten Abfahrt Hermann Hesses in den 1930er Jahren, bei dem es beim Überfahren der Geländestrukturen in den Kniekehlen kitzelt, spannt sich der Bogen.	Karl-Heinz Platte etabliert bei SPORTS diese neue Form und stellt für Skilehrer und Lehrgänge vier Sammlungen von Texten zur Verfügung. Darunter neben den Texten von vier Nobelpreisträgern Texte und Verse von beliebten Reimern, Hüttenpoeten und Liedermachern aus 100 Jahren der weißen Kunst. Erhellend und bereichernd auch seine eigenen Beiträge in der Form von Versen. Unvergesslich bleiben allen Hörern die skitechnischen Überlegungen in der „Skikantenkantate" von 1933.	SKISPUREN Impressionen mit Farbe und Feder gesammelt und herausgegeben von Karl-Heinz Platte

1127 Skitechnik in der Kunst und belletristischen Texten

2008 Sammlungen

Künstlerische Texte, Bilder und Skulpturen zur Skitechnik begleiten die ganze Geschichte des Skilaufs. Meist sind sie gestreut in Lehrbüchern.

- Schon 1942 jedoch brachte Carl J. Luther einen Sammelband „Bilderbuch der alten Schneeschuhläufer" in Erfurt heraus.
- Eine moderne Sammlung haben wir an Texten, Zeichnungen und Bildern von dem norwegiscvhen Redaktor Jon Vegard Lunde.
  Nebenstehend der Außentitel seines Buches.
- Eine große belletristische Textsammlung findet sich in meinem Buch „Skifahren – Der weiße Schnee kann zaubern." Dortmund 2019

1128 Eine oder mehrere Techniken?

2008 Ein Programmpunkt bei SPORTS

Persönliche Entwicklung
- als Technik, die eigenen Vorlieben und Möglichkeiten entspricht
- der Aneignung einer Vielzahl spezieller Techniken, die je nach Situation (Piste, Tiefschnee, Buckelpiste) einsetzbar sind

Seit der Carvingski für alle Skifahrer verfügbar ist, also seit 1991, hat sich für viele Skifahrer der Traum eines besseren, eines sehr guten und eines vielseitigen Skifahrens erfüllt. Dabei stehen ihnen in der Regel zwei Wege offen. Es scheint, dass sich vor diese Entscheidung auch manche Veröffentlichungen der letzten Zeit gestellt sehen. Im Grunde wurde das Thema auch schon früh artikuliert, z. B. bei Carl J. Luther 1916, bei Hermann Amanshauser 1925 und bei Carl. J. Luther 1937.

(Malerin Monika Jährig 2001)

Darstellung von Racecarven, Snow(board) carven, Handcarven, Geflogene Schwünge

1129 Carvingschule für Kinder

2008 ((?)) Österreichischer Skiverband

„Carven ist der Sammelbegriff für gut gesteuertes Kurvenfahren. Carving hat die gleiche Grundstruktur wie Parallelschwünge. Ausgangslage ist die Grundhaltung: Skistellung hüftbreit, Ski annähernd gleich belastet, Sprung- Knie-, Hüftgelenke und die Wirbelsäule befinden sich in einer mittleren, bewegungsbereiten Beugestellung. Je nach Gelände und Tempo wird der Oberkörper leicht vorgebeugt, bei Hangschrägfahrten wird der Höhenunterschied der Skier durch Vorschieben der bergseitigen Hüfte und des Bergskis ausgeglichen. Die Hangneigung wird durch eine Vorseitbeuge des Oberkörpers nach außen kompensiert = alpines Fahrverhalten."

Definition Racecarven:
„*Racecarven der Meisterstufe beschreibt Kurvenschneiden in allen Radien.*"

Anders als die österreichischen Berufsskischulen bekennt der österreichische Skiverband sich zum vollen Carven. Die Renntechnik ist Vorbild selbst für den Skilauf der Kinder. Im Gegensatz zu offiziellen deutschen Skilehrplänen ist die Außenskibelastung nicht Standard.
Carvingtraining auch ohne Stöcke!
Als Verfasser dieser Art Skigeschichte freue ich mich, dass der Begriff „Vorseitbeuge", den ich neben dem Begriff „Beinedrehen" 1970 ins deutsche Skilehrwesen einbrachte, nun Allgemeingut geworden ist.

(Carving für Schulen. Texte Seite 8 und 10. Bild der Umschlagseite.)

1130 Funcarving – eine ungarische Sicht 2008 Róbert Thuróczy (HUN)	Neben der Darstellung der Beinspieltechnik der ersten Phase (1956-1971) wirft der Verfasser auch einen Blick auf das Carven. Es gibt zwar das Kapitel „Funcarving", gezeigt im Bild aber wird nur sehr moderates Racecarven. (Text Carving. Seite 61. Außentitel, Bildbeispiele Seite 61, 78 – 80)	
1131 Regel der Homogenität der Beugungen 2009 Walter Kuchler (D) Empfehlung einer parallel verlaufenden moderaten bis mittleren Beugungen der ▶ Sprunggelenke ▶ Kniegelenke ▶ Hüftbeuge ▶ Wirbelsäule	Der parallel verlaufende moderate bis mittlere Beugungsgrad verspricht gesundheitliche Vorteile, gute breite Aktionsfähigkeit und gute allgemeine Reaktionsfähigkeit. Das schließt nicht aus, dass für besondere Situationen auch andere Positionierungen besser sein können. Auch der Grad des Vergnügens und der Spiellust kann davon abweichen.	(Propagierung in Vorträgen und Lehrgängen. Bild Dieter Menne)
1132 Vorlage neu entdecken 2009 Walter Kuchler (D) Gründe und Plädoyer: ▶ Breite Skischaufeln ▶ Skischuhe mit weichem Schaftflex ▶ Autodynamik des Skischuhs ▶ Technik des Innen-Anschneidens ▶ Technik des Überkippens ▶ Technik des Scherens talwärts ▶ Mehrere unterstützende Reflexe ▶ Gefühl des Vorwärts-Stürmens	Schon Mathias Zdarsky trat für eine Vorlage ein. Mit Toni Seelos Ende der 1920er setzte eine erste Ära des Vorlagefahrens ein. Emile Allais begeisterte Ende der 1930er mit seiner Vorlage und Ruade. Schließlich waren die 1940er voll auf der Linie ausgeprägter Vorlage. Das heutige Plädoyer des Autors bezieht neue Gründe ein, wie den Aufbau eines Vorlageschwunges auf der Schuhdynamik und der Einbeziehung von Pro- und Supination. (Vgl. Vorlage. In Skimanual SPORTS 2009/2010, Seite 65 f.)	 (Bild Dieter Menne, Demonstration des Verfassers)
1133 Kurven in SL, RS … 2009 Walter Kuchler (D) ▶ SL-Kurve ▶ RS-Kurve ▶ Super-G-Kurve ▶ Abfahrerkurve ▶ Fischhaken (fishhhook) ▶ Überkippte Kurve ▶ Angesprungen Kurve ▶ Geflogene Kurven ▶ und weitere (Kurventypen – Kurvenspiele. In: Skimanual 2009/10. Seite 66 – 69)	Eigentlich ist der Phantasie, Kurven zu gestalten, keine Grenze gesetzt. Arturo Hotz legte bereits 2000 eine andere Kurvensystematik vor. Es gibt aber in der Literatur nur wenige Hinweise auf eine Spurplanung und auf eine entsprechende Technikwahl. In der Literatur von SPORTS wird immer wieder auch einmal das Thema „Kalligraphie" als Spurkunst behandelt. Auch das Thema „situativ" die Spur legen und „situativ" die Technik wechseln und einsetzen ist für phantasievolles Fahren und für lustvolles Gestalten in diesem Sinne aktuell.	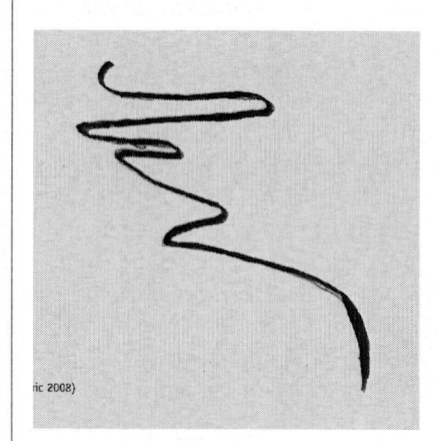 Diese außerordentliche Gestaltung einer Abfahrtsspur ist einer DVD aus 2008 der Firma Atomic entnommen.

1134 „Choreographie des Körpers" **2009 Christian Rapp (A)** In einem Essay zur Skigeschichte des Arlbergs und zu den Filmen Arnold Fancks äußert sich der Autor auch zu Snowboardern und Skifahrern: *„Snowboarder schenken der Choreographie des Körpers wesentlich mehr Aufmerksamkeit als heutige Alpinfahrer."* (Sonne über dem Arlberg. Seite 88. Bild Dieter Menne)	Abgesehen von Christian Rapps Beurteilung regt sein Begriff der *„Choreographie des Körpers"* zum Hinschauen auf die Expressionen, die mit heutigem Skifahren verbunden sind. Neben der neuen Art der Hangerschließung sind das die extremen Kurvenlagen bis hin zu Körperkontakten mit dem Schnee, das freche Kippen der Körper, den nicht nur fühlbar sondern auch sichtbar hohen Stauchdruck auf die Fahrer, dem Hineinschmiegen in den Schwung, die hohen Kurvengeschwindigkeiten und ein dynamischer Gesamteindruck.	Bei den Skifahrern wird der Begriff der Choreographie auf gemeinsame Aufführungen eingeengt. Christian Rapps Zugriff ist originärer, nämlich Notation einer Abfolge von künstlerischen Bewegungen.
1135 Das Fliegen des Schneemenschen **2009 Charlie English €** *„Wir flogen die Piste hinab und schrieen vor Begeisterung, die Augen tränten, vor uns die weite weiße, weiche Landschaft und ringsum der kilometerweite Blick. Von diesem Moment an war ich süchtig. Es war der Augenblick, der mich zu einem Schneemenschen machte."*	Das Bild des Fliegens, das in der Skiliteratur immer wieder kehrt, wird von Charlie English nochmals in eine hochemotionelle Situation projiziert. Prinzipiell ist auch technikgestaltend dem Programm der kanadischen Skischule zu folgen: „Motion by emotion – emotion by motion". (Text auf der Rückseite des Buches, Bild vom Außentitel des Buches)	
1136 Abfahrtstechnik für Tourenfahrer **2009 Horst Höfler (Hrsg. D)** *„Eine über den gesamten Kurvenverlauf neutrale Körperposition als wesentliche Grundvoraussetzung."* Ebenso gefordert: *„Das nächste Augenmerk liegt auf einer neutralen Körperlage, d. h. das frontale Gleichgewicht wird so eingestellt, dass der Körper weder zu stark nach vorne neigt noch zu weit nach hinten absinkt."*	Der hier wiederkehrende Begriff „neutral" für Körperposition und Körperlage meint wohl moderatmittiges Verhalten. Zur gleichen Zeit finden wir im deutschen Skilehrwesen den Begriff „neutraler Oberkörper". Hier geht es offensichtlich um einen still gehaltenen Oberkörper, der wie in klassischen Zeiten das Widerlager für die Beine abgeben soll. (Das kleine Handbuch des Alpinismus. Seite 295 f.)	
1137 Fußtechnik **2010 Schneesport Schweiz (Autor Vali Gadient)** Behandelt die Teilkörperbewegungen ▶ des oberen Sprunggelenkes ▶ des unteren Sprunggelenkes ▶ Beugen/Strecken aus dem Fuß	▶ diagonales Einwärts- und / Auswärtsknicken ▶ Drehen der Füße um die Beinlängsachse ▶ funktionelle Aufgaben der Füße (Schneesport Schweiz Band 2/2010: Ski. Seite 75 – 78)	Die Fußarbeit wird seit der Einführung plastifizierter Schuhe 1968 kaum beachtet. In der Geschichte jedoch breiter behandelt schon bei Mathias Zdarsky (1897) und Ernst Schottelius (1908). In der neueren Zeit öfter durch mich in den Skimanuals SPORTS.

1138 „Hochwertige Kurven" – ohne Schwungformen

2010 Deutscher Verband für das Skilehrwesen

Perfekt Fahren für „hochwertige Kurven":
- Bewegungen aus den Beinen initiiert
- Nach dem Kantenwechsel früher Druckaufbau auf dem Außenski
- Kanten aus den Beinen oder mit dem gesamten Körper
- Schaue bei sportlichem Tempo in Richtung Tal.
- „Schneidend über den kompletten Kurvenverlauf"
- Zur Tempokontrolle Ski driften lassen
- „Fahre auf dem Innenski in die Kurve und auf dem Außenski wieder heraus."

Vom kurzen Teil der Alpintechnik (Seite 77 – 127) in dem umfangreichen Band von 230 Seiten nimmt das Fahren in Pflugstellung die Seiten 86 – 109 ein. Der Lehrplan widmet sich allerdings auch dem Snowboard-, Langlauf- und Telemarkunterricht. Wahrscheinlich findet sich in der gesamten Skiliteratur keine differenziertere Bewegungsbeschreibung des Pflugbogens. (Seite 94) Allgemein basiert die skitechnische Konzeption auf dem Skilehrplan Praxis von 2007.
Die Fahraufgabe auf dem Innenski hinein und auf dem Außenski heraus findet sich sonst nur bei SPORTS als Stepcarver und bei Nicola Werdenigg.

(Schneesportunterricht mit Kindern und Jugendlichen. Seite 77 – 127, Titelbild des Buches)

1139 Renntechnik und Variantenfahren offen und vielfältig – Schwungfolgen offen

2010 Ron LeMaster (USA)

Der Verfasser zeigt, wie im Rennen und wie auch im freien Skifahren situativ auf alle möglichen Elemente der Technik zugegriffen wird. So auf Beinedrehen, Hüftrotation, Carven, Jetauslösungen, Pedalieren, verschiedene Körperknicke, exzentrische Stockblockade, Balancebewegungen usw. In der Fahrfolge kann beispielsweise auf einen Rotationsschwung ein Schwung mit Gegendrehung folgen.

Wahrscheinlich das Skibuch der bisherigen Literatur, das fast völlig auf Rennaufnahmen aufgebaut ist. Der Verfasser zeigt, wie Rennfahrer auch verschieden fahren. Schnee und Geländebedingungen erfordern außerdem verschiedene technische Lösungen. Interessant sein Begriff von der Anatomie des Schwunges. Hinweise wie sich beispielsweise beim Zurückgleiten auf der Kante im Steuern (Carverzug!) der Kantwinkel verringert, versprechen weitere Erkenntnisse und Tipps. Das Buch führt das alte Geraune, dass alle guten Skifahrer gleich fahren, ad absurdum und ist eine eindrückliche Bilddokumentation der skitechnischen Vielfältigkeit.

(Ultimate Skiing. Belege für die geschilderten Elemente durchziehen das ganze Buch. Außentitel.)

1140 Vorteile des Carvens

2011 Canadian Ski Teaching

„Carving takes advantage of ski design. Bending skis into a reverse camber creates smooth and clean arcs, and stores energy in the skis. The reduced friction of a carving ski saves energy and can translate into increased speed or less effort."

Der exzellent gestaltete und ausgestattete Lehrplan handelt die meisten Techniken unter „Tactics" ab. Carving jedoch ist ihm ein besonderes Anliegen.

(Canadian Ski Teaching. Text und Bild unter Punkt 7.5)

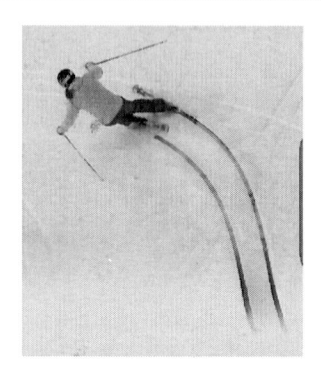

1141 Schulskilauf an DSV gebunden – Staatlich verordnete Skitechnik **2011 Deutsche Ministerien** Nordrhein/Westfalen und vermutlich auch andere Bundesländer verpflichten die Schulskikurse auf die Vorgaben des Deutschen Skiverbandes. Auf einer Konferenz anlässlich eines Langlaufwettbewerbs in Düsseldorf stimmen die Schulsportreferenten von NRW im Zuge versprochener Unterstützungen durch den DSV zu.	Der Schulsportreferent der Regierung übergeht dabei u. a. die sportwissenschaftlichen Institute der Universitäten, den Deutschen Sportlehrerverband und die im Verband für das Skilehrwesen zusammengeschlossenen Verbände. Das zweite Mal in der Geschichte der Skitechniken – nach der Verordnung des österreichischen Kultusministeriums von 1987 – nehmen staatliche Organe im deutschsprachigen Bereich auf die Entwicklung direkten Einfluss.	Das ist besonders deshalb interessant, als sich bereits abzeichnet, dass es in den nächsten Jahren in Deutschland viele Skilehrpläne geben wird. Referent Eulering vom Kultusministerium NRW und seine Referenten in den Bezirksregierungen wie der Referent des Regierungsbezirkes Arnsberg generieren sich als neue Bestimmer für das skitechnische Konzept von Schulskikursen.

1142 Schwünge im Tiefschnee auf Rockerski
 	
2011 Chris Fellows (USA)
 	
bietet dafür eine eigene Schwungtypologie:
 	
1. Slashing
   ▷ Hybridschwung von Andrehen und Carven
2. Scrubbing
   ▷ Schrubben über den Schnee
3. Buttering
   ▷ Surfen auf flachem Ski
4. Skidding
   ▷ Driften durch den Schwung
5. Carven
   ▷ Vor allem auch mit Delfinieren
6. Scarving
   ▷ Brecher mit hohem Tempo
7. Sciling
   ▷ Mit Talstemme + Carven
	Der Verfasser versucht wohl als Erster, die möglichen Techniken im Tiefschnee auf Rocker-Ski auszuloten.
	▶ Sein Begriff von Hybridtechniken ist bedenkenswert.
	▶ Auch der unmittelbare Zugang zum Begriff und zur Sache „Buttering" und „Surfen", wie es als „Flachtechnik" Georges Joubert 1979 vorgeschlagen hat, ist interessant. (Übrigens rüde attackiert vom Direktor Freizeitsport des DSV Eckehard.)
	
	Schließlich findet der „Delfin" von SPORTS aus dem Jahre 1998 hier wie im österreichischen Skilehrplan von 2015 neue Beachtung. Neu und interessant ist vor allem der Begriff „Scarven", der die Praxis mancher guter und energischer Fahrer einfängt.
	
	(Total Skiing. Seite 168 – 170)	

1143 Rockern auf der Piste **2012 Allgemeine Entwicklung** Stärker gerockte Ski erleichtern das Drehen, da man in der Praxis nur auf 100 – 130 cm langen Ski fährt, verführen aber viele Skifahrer zu Rutschtechniken. Fahren auf harter rauer Piste sowie schnelleres Fahren sind vor allem wegen der Überhänge vorne und hinten problematisch.	Fehlen der Möglichkeit von Skirebounds verarmen die skitechnischen Möglichkeiten. Nur in der Schaufel leicht angerockte Ski, sogar auch angerockte Slalomski, erfordern für schnelles Zugreifen eine energischere Fußarbeit. (Walter Kuchler, Rocker und Rocken. In: Skimanual SPORTS 2012/2013, Seite 65-68) Camber und Rocker werden kombiniert - speziell auch im Freeridebereich - um die Nachteile in ihrer Intensität zu verringern.	Bild K2-Prospekt

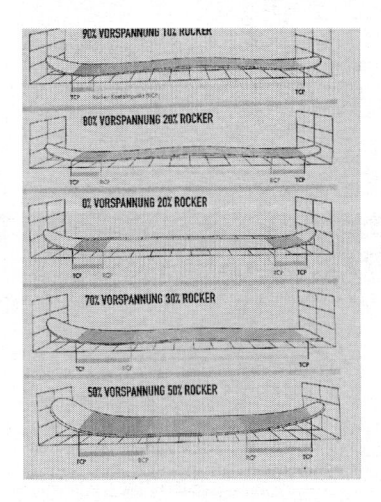

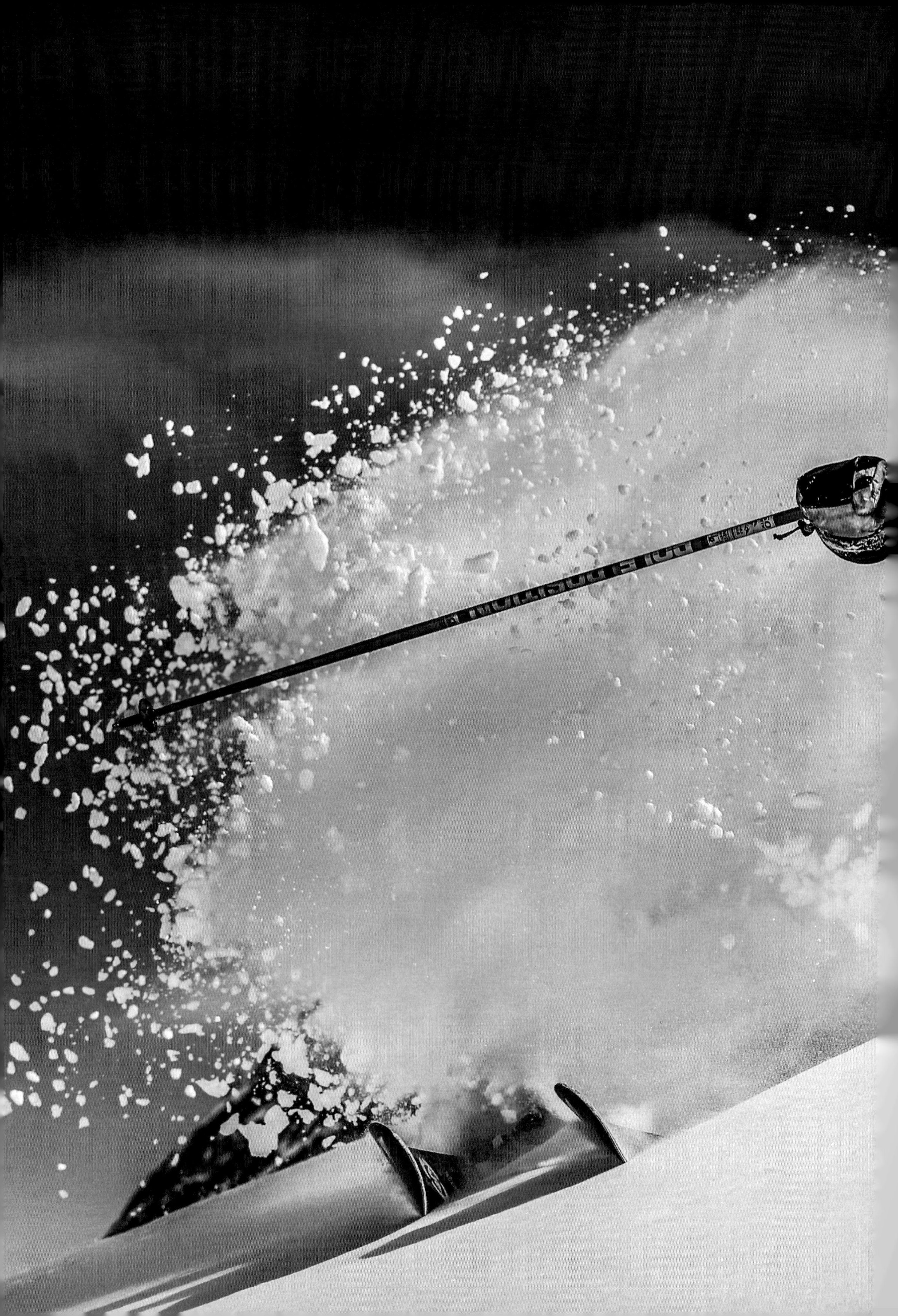

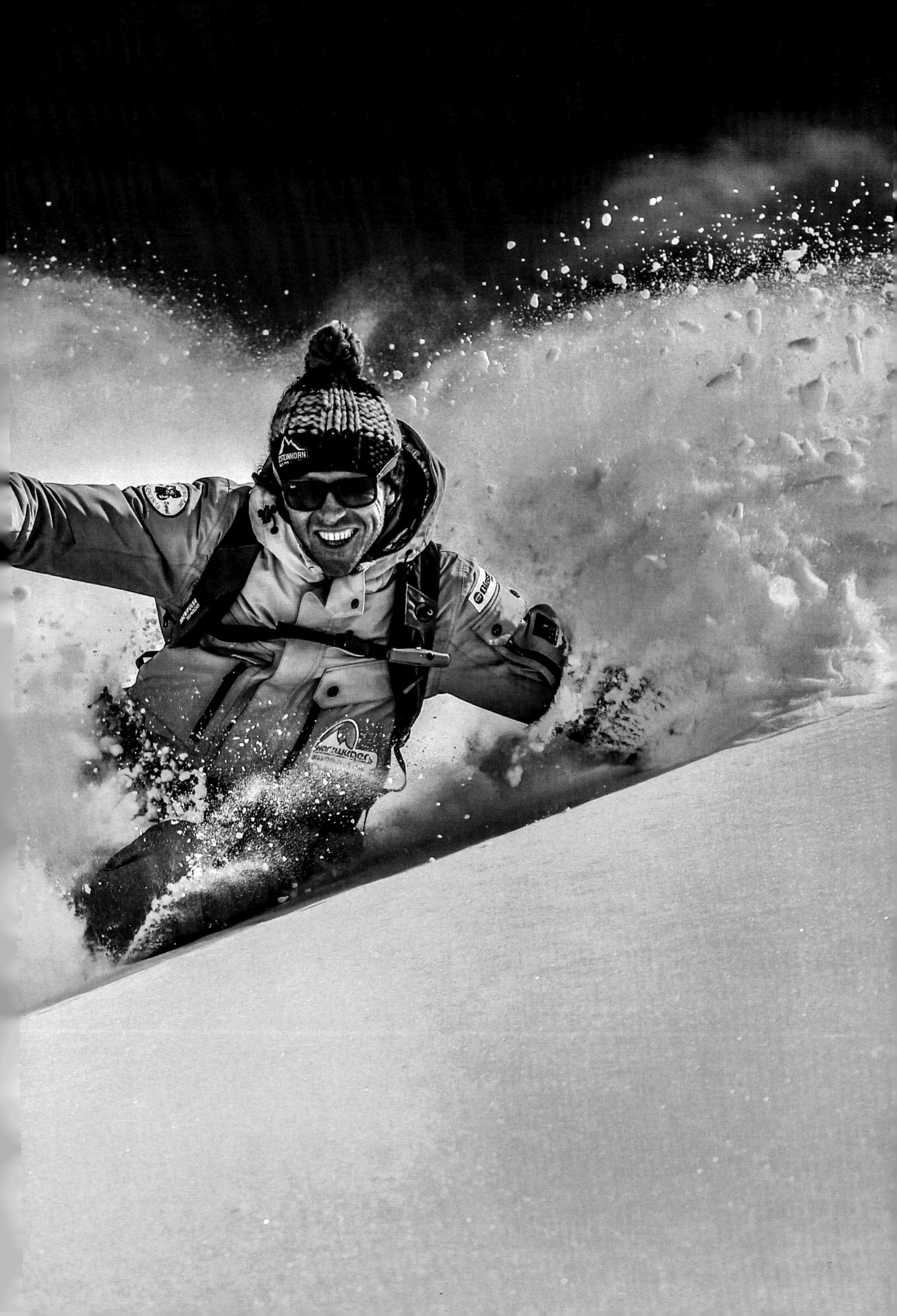

1144 Rockern im Freigelände **2012 Entwicklung vor allem aus USA** Ski ohne Vorspannung und Aufbiegungen im Vorder- und Endenbereich mit großer Mittelbreite ermöglichen beinahe Jedermann das Fahren im Tiefschnee und Freigelände. Alle bekannten Tiefschneetechniken werden davon unterstützt: ▶ Rotationstechniken mit Vertikalbewegung ▶ Beinspieltechniken mit Vertikaltechnik ▶ Jettechnik ▶ Kompressionstechnik	Die vielfachen logischen Ableitungen aus dem Zügelski mit Verzicht auf Vorspannung, Anlage von Gegenspannung und Aufbiegungen nur an Schaufeln oder Skienden erleichtern das Fahren im Tief- und Nassschnee. Direkte Vorbilder finden sich auch in den „Gondelski" der Samojeden, Lappen und Jakuten. Manche Ski, die als Rocker propagiert werden, haben allerdings eine Vorspannung. Beispiele bei Anton Obholzer, „5000 Jahre Ski". Seite 29, 31, 39, 51, 67 (Walter Kuchler, Rocker und Rocken. In Skimanual SPORTS 2012/13. Seite 66-68)	Gerockte Skitypen: ▶ Zügelski ▶ Faßdauben-Ski ▶ Gondelski ▶ Eycatcher von Erbacher ▶ Slopestyle-Ski ▶ Twintips-Ski ▶ Rocker
1145 Flex und Rebound statt Beugen und Strecken **2012 Walter Kuchler (D)** Beugen, Strecken und Kippen durch: ▶ Flex und Rebound des Ski im Vorder-, Mittel- und Endenbereich ▶ Flex und Rebound des Schuh aus Vor- wie Zurückgehen des Schaftes ▶ Körperflex und Körperrebound aus Fußsohlenmuskulatur, Fußgewölben, beiden Sprunggelenken und allen Bein- und Rumpfgelenken	Die **Autokinetik** des Ski, die **Autodynamik** des Schuh und die **Eigendynamik** der Gelenke und Muskulatur des Körpers in diesen Punkten nutzen, vor allem wenn man gleichbleibende Belastung des Ski, aber auch eine entlastende, schonende Fahrweise sucht. (Ausführlich in verschiedenen Zusammenhängen in „Skilehrplan Bd. 1 von SPORTS „Skifahren gesund, schonend und sicher")	Foto Dieter Menne Europacup Zinal 2019
1146 Kreation ‚Rebounder" **2012 Walter Kuchler (D)** ▶ Allein durch die Rebounds von Schuh und Ski und die Autoreaktion des Körpers auf Stauchung hin kann von einer Seite auf die andere geschwungen werden. ▶ Die Kunst besteht vor allem darin, die nach oben entfesselten Kräfte zur Seite zu lenken. ▶ Der Körper streicht flach über die Ski hinweg.	Schon 1985 propagierte ich einen entsprechenden Schwung in meinem Buch „Skizirkus". Das Thema Rebound wurde immer wieder einmal angestoßen. Auch Franz Hoppichler wies schon vor seinem Carvingverständnis auf den Druckwechsel mit Rebound hin. (Ski mit uns. Seite 40) Immer wieder wird auf die Erwähnung von Rebounds bei neueren Techniken verwiesen.	Zeichnung von Milan Maver zum Thema in „Skizirkus" unter Nr. 75

1147 Konstrukt Reflexer **2012 Walter Kuchler (D)** Elemente des Schwungs: ▸ Nackenstellreflexe ▸ Zungensteuerung ▸ Innen-Anschneiden mit Supination ▸ diagonale Armführung Kreuzkoordination ▸ rochieren: von Fersensupination zur Kleinzehensupination des anderen Fußes ▸ Carverzug als Hin- und Hergleiten auf den Fußkanten (Rocking)	Im Sinne von Georges Joubert wurde seit einigen Jahren der beschriebene Schwung bei SPORTS mit Erfolg praktiziert. In der Vermittlung wurde auf weitere Anweisungen verzichtet. Die Namensgebung geht auf den Aufbau des Schwunges auf mehrere Reflexe ein. Es könnten sogar noch weitere zugeschaltet werden. (Der Reflexer. In: Skimanual SPORTS 2010/2011, Seite 46 f. – Foto Dieter Menne, Roland Bair mit Kopfsteuerung - Körperstellreflex. Bild unten Europacup Zinal, Blick Voraus)	
1148 Handarbeit **2012 Walter Kuchler (D)** Möglichkeiten, Beispiele: ▸ Beide Hände gehen gleichzeitig von einer Seite auf die andere. So bei Zdarsky und beim Snowcarven. ▸ Eine Hand geht, zieht voraus. So in allen Rotationstechniken. ▸ Beide Hände werden vorseitwärts gehalten. So bei Carvingvertretern mit Außenskibelastung. ▸ In Kreuzkoordination. Günstigere Lösung für das Racecarven. ▸ Viele Balancebewegungen.	„Die Sprache der Hände" formulierte ich einmal in einem Buch. Schon die Führung der Hände verrät häufig, welche Koordination und welche Schwungtechnik gefahren wird. Die einzelnen Schulen bestehen auch auf eine ganz bestimmte Handführung. Toni Seelos legte sogar Wert darauf, dass beim Stockeinsatz die Handfläche nach vorne gerichtet und im Handgelenk abgeknickt sein sollte. Kaum diskutiert wird, dass bei der Vorhalte der Hände die alte Koordination „Oben-gegen-Unten" greift. (Lebendige Hände. In Skimanual SPORTS 2011/2012 Seite 49 f. Ebenso die Analyse von Hand-/Armführungen in Skimanual SPORTS unter „Interpretation" 2007/2008 Seite 51 f.)	Bild aus Francois Voudou, Prestige du Ski 1949. Demonstrator André Guex
1149 Die „Klinke" **2012 Walter Kuchler (D)** ▸ Nach der Falllinie wird die Innenhand leicht bis zum Knie oder auch darunter zum Ski gedrückt. ▸ Damit wandert der Schwerpunkt ins Schwunginnere und der Innenski bekommt vermehrte Belastung. ▸ Als Folge ziehen die Ski stärker in den Schwung hinein. (Skimanual SPORTS 2011/2012. Seite 43. Zeichnung Milan Maver)	Rennläufer drücken im Slalom häufig die Innenhand bis zur Schneeberührung durch, eine Tatsache, die nicht nur mit der Kurvenlage zu erklären ist. Der Mechanismus „Klinke" beruht auf ähnlichen Zusammenhängen wie die Kleinfingersupination, der Hüftkick und die Daumenpronation nach Dick Sexe. Foto Dieter Menne	Europacup Zinal 2019

1150 Die Handbremse

2012 Walter Kuchler (D)

Ein Nothalt durch
- energisches Nachunten- drücken der Innenhand Richtung Ferse in der Steuerphase
- Belastung und Hochsteuern des Innenskis
- starke Innenlage
- gelegentlich auch Hochreißen der Außenhand
- oft Aufscheren des Außenski

(In Lehrgangspapieren. - Plakat aus dem Jahre 1910. Bild von Alfons Walde aus dem Jahre 1925)

Nach der Braquage wohl die wirksamste Aktion für schnelles Wegnehmen der Fahrt oder rasches Anhalten. Die „Handbremse" bietet sich vor allem für ängstliche und schwächere Schüler in Überforderungssituationen an. Auch dient sie neben der Braquage und dem Notsturz der Vermeidung von Kollisionen.

1151 Ski-Resonanz – Hochgefühle

2012 Walter Kuchler (D)

Geglückte Minuten und Stunden, in denen man sich in die Natur eingebunden, mit dem eigenen Können zufrieden, mit dem Ski eins und mit allen Beteiligten verbunden weiß. Man fühlt sich in einem Raum und in einer Situation, in denen alles übereinstimmt.

Das eigene Fahren und das eigene Können sind eingebunden und zugehörig.
Unter diesem Begriff versuche ich die konfuzianische Sicht eines guten Skifahrens von Hirakawa Mitohito und die Inhalte von Snow-Timing, den Begriff für eine geglückte und glückliche Situation von Arturo Hotz, zusammen zu fassen. Alle drei Perspektiven erlauben und ermöglichen Skitheorie und Skiunterricht über das rein skitechnische Denken hinaus zu erweitern.

Vergleiche dazu die naturphilosophischen Überlegungen von Hirakawa Mitohito 1991, Snow-Timing mit Arturo Hotz 2005, und Lernkarten Skimanual Nr. 15. – Bild Dieter Menne)

1152 Duciaschritt und Duciaschwung neu

2012 Walter Kuchler (D) zu Toni Ducia (A) 1935

„Der Läufer nimmt ... lediglich ... den Bergski zurück, kantet ihn nach innen und legt sich dann ruhig über ihn hinaus; die in die Bogenrichtung umgelegte Schaufel leitet nun ... die Drehung ein, die Trägheit führt sie weiter bis an ihr Ende ohne daß es einer weiteren Hilfe seitens des Läufers bedurft hätte."

Neben dem Zurückziehen des Bergski kennt Ducia auch das Vorschieben des Talski.

Toni Ducias Zurückziehen des Bergski und sein Hineingehen in den Schwung allein durch Körperneigung erfährt auf Carvingski eine enorme Dynamik. Das ruhige talwärts Lehnen wird zu einem entschiedenen Kippen. Die größere Schrittstellung, die sich automatisch einstellt, vermittelt gleichzeitig ein Gefühl großer Sicherheit. Der Duciaschwung ist eine Alternative, die zu probieren sich lohnt. Weniger geeignet für kürzere Schwünge.

(Zitat, Bild und Beschreibung in Walter Kuchler, Duciaschritt und Duciaschwung. Skimanual SPORTS 2012/2013, Seite 52 f.)

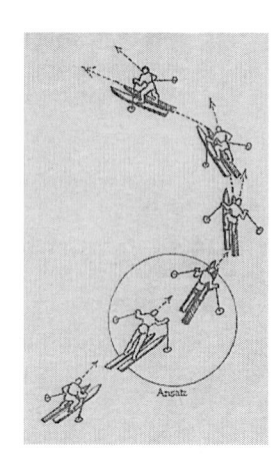

1153 Eistechnik

2012 Walter Kuchler (D)

Allgemeine Ratschläge:
- guter Kraftschluss Ski-Schuh-Fahrer
- gleichbleibende Körperspannung
- breite Skiführung
- Belastung beider Ski
- Armführung weit
- alle Aktionen sanft

Schwungauslösungen:
- mit Antizipation
- mit langsamer Körperdrehung talwärts
- mit Körperstellreflex
- mit Zungensteuerung

Wenn gerutscht
- nicht schreckhaft reagieren, abwarten
- Ski in Fahrtrichtung halten

Die Carvingski brachten erhöhte Haltekraft auch auf Eis, wenn man sie richtig dafür einsetzt. Dennoch kann häufig das Rutschen nicht verhindert werden, so wenn die Haltekraft des Ski, die Technik und die Kraft des Fahrers überfordert werden. Erfreulicherweise aber tritt das typische Ausbrechen der Skienden kaum noch auf. Wer sich bei einem Ausrutscher sinnvoll verhält, wird tangential auf einem immer größeren Kreis hinausrutschen, ohne dass er seine Grundposition verändern muss und die Ski quer drehen.
(Eisplatten und glattgeschabter Kunstschnee, In: Skimanual SPORTS 2011/20112, Seite 46 f.)

Andrea Kühme auf hartem, rauem Schnee
Bild Dieter Menne

1154 Koordinationen

2012 Walter Kuchler (D)
1860 – 1935:

1. Rotationsprinzip
   ▷ Oben nimmt unten mit
   1935 – 1954:
2. Gegenschultertechnik
   ▷ Oben Gegendrehen – unten Hineindrehen
   1955 – 1990:
3. Beinspieltechnik
   ▷ Unten Hineindrehen – oben Gegendrehen
   1955 – 1990:
4. Mambotechnik
   ▷ Eindrehen mit Rotation + Steuern mit Gegendrehen
   1960 -
5. Carvingtechnik
   ▷ Koordination integral: Kopf, Hände, Rumpf, Beine, Füße sind darin einbezogen. Die Bewegung kann vom Kopf und Augen oder von den Füßen initiiert werden
   ▷ Kreuzkoordination: Schrittauslösung mit gegenläufiger Hand-/Armführung.

Das jeweilige Koordinationsprinzip charakterisiert eine Technik am trefflichsten. Bis auf die Carvingtechnik ging es immer darum, womit eine einleitende Drehung der Ski als Driften erzielt werden kann. Diese Aktionen bedingten dann auch die Möglichkeiten der anschließenden Steuerung.
Die Zeiträume, in der eine Technik und ihr Koordinationsprinzip vorherrschten, überlappen sich.
Unter der Bedingung des Carvingski gibt es manche neo-classische Entwicklungen, die meist stark individuell geprägt sind. Unter der neuen Situation, in der das Skifahren leicht und schnell erlernt werden kann, gibt es vermehrt nicht nur persönliche Stilbildungen, sondern auch Eigentechniken, die schwer zuzuordnen sind.
(„Koordinationen". In Skimanual SPORTS 2006/2007. Seite 51-53; „Gutes Carven". In Skimanual SPORTS 2012/13. Seite 40 f.)

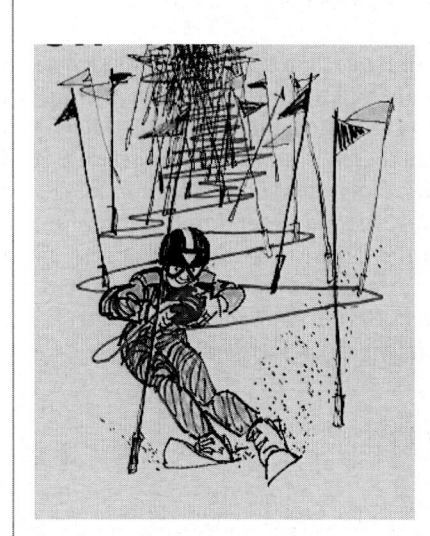

Zeichnung Milan Maver

1155 Schnee-Morphose **2012 Walter Kuchler (D)** *„Erlebnis der Naturzugehörigkeit. Eine Art von Symbiose. Die Natur steht nicht mehr gegenüber, sondern man erlebt sich als Teil der Natur. Ski und Skifahren gleiten in die existentielle Befindlichkeit hinein. Man ist verwandelt."*	Philosophen wie Wolfgang Welsch und Hans Lenk machen auf dieses Phänomen aufmerksam. Es ist häufig verbunden mit anderen Hochgefühlen des Skifahrens wie dem Snow-Timing (Arturo Hotz) und dem Tiefschneerausch oder der Wedelekstase. (Siehe auch Zusammenfassung von Hochgefühlen des Skifahrens unter dem Jahr 2013. Bild Dieter Menne)	
1156 Anhaltendes Schmalspurfahren im österreichischen Ski-Alltag **2012 Nicola Spieß-Werdenigg (A)** *„Kein Zweifel besteht allerdings darin, dass der gelernte österreichische Skifahrer noch immer verbissen am zackigen Schmalspur-Schwingen festhält. Eine Technik, mit der man den Ski dermaßen herumreißen muß, verlangt viel Übung, auch für Meister."*	Die kritische Sicht einer Expertin vor Ort. Die Autorin, aufgewachsen in einer höchst erfolgreichen Skifamilie, selbst ehemalige Olympiateilnehmerin, ist eine der wenigen frühen und dezidierten österreichischen CarvingvertreterInnen. In vielen Referaten, Veröffentlichungen und Kursen versucht sie der emotionalen und sinnstiftenden Dimension der modernen Skitechnik ein Gesicht zu geben. (Wir sind Weltmeister. Seite 138)	
1157 Flow als Superbegriff **2012 Nicola Spieß-Werdenigg (A)** *„Es ist das Flow-Erlebnis, das sich beim Skifahren so leicht von alleine einstellt: sich über den Schnee gleiten lassen, eins mit der Umgebung, den Skiern und der Bewegung sein. Ein Zustand ... der durch Selbstvertrauen, Lebensfreude und konzentrierte Entspannung geradezu mit dem Gefühl der Schwerelosigkeit gleichgesetzt werden kann."*	Nach Anne Kuchler 2005 versucht auch die Autorin und ehemalige Olympiateilnehmerin in ihren Veröffentlichungen den Zusammenhang zwischen Fahren, Bewegungsgefühlen und Stimmungen in den Begriff Flow einzubringen. Ihre Beschreibung des Flow-Erlebnisses erinnert an vergleichbare Versuche: Snow-Timing von Arturo Hotz, Ski-Resonanz von mir und die kanadische Formel von 1987 „Motions by Emotions – Emotions by Motions".	(Wir sind Weltmeister. Seite 140. Portrait)
1158 „Kompakter Oberkörper" **2012 Lehrplan des Deutschen Skiverbandes** Im Lehrplan und begleitenden Lehrschriften wird dieses Merkmal immer wieder herausgestellt, meist verbindet sich damit die sog. Vorhalte der Hände.	Ein völlig neuer Gesichtspunkt in der Technikgeschichte. Es wird aber nicht genauer geklärt, was darunter zu verstehen ist. Vor allem die Frage nach dem Gegenteil wäre interessant. Wahrscheinlich versteckt sich hier die alte Koordination „unten gegen oben", bei der der Oberkörper nur als Widerlager der Beinarbeit verstanden wird. (Ski alpin)	Das Unverständnis für freie Aktionen der Hände, für eine neue Sicht der Wirbelsäulenbewegungen, für den Einsatz der Rumpfmuskulatur, für die Körperrebounds und für die Offenheit von Figurationen schnüren noch immer nicht nur das Verständnis für die Carvingtechnik sondern für eine moderne Skifahrtechnik überhaupt ein.

1159 „Grundrhythmus der Kurve" **2012 Lehrplan des Deutschen Skiverbandes** Als Grundrhythmus des Schwingens wird herausgestellt: ▸ Wechsel (Belastungswechsel, Kantwechsel, Kurvenlagenwechsel) ▸ Kanten (Kantwinkel verstärken) ▸ Fahren (optimale Belastung der Ski mittels regulierender Körperposition)	In Deutschland existieren zu diesem Zeitpunkt 4 Lehrpläne. Herausgeber Interski Deutschland, Deutscher Skilehrerverband, Deutscher Skiverband, SPORTS. Der vorliegende Lehrplan ist offen und geht beispielsweise auch auf Mischformen ein. Erstaunlich und neu ist die Sprache der Geschäftswelt, wenn von „Kunden", „Kundenorientierung" und „hochwertigen Kurven" gesprochen wird. Auch der Begriff „Grundrhythmus der Kurve" ist eine sehr spezielle Prägung. (Darlegung „Grundrhythmus" in:Ski alpin. Seite 29)	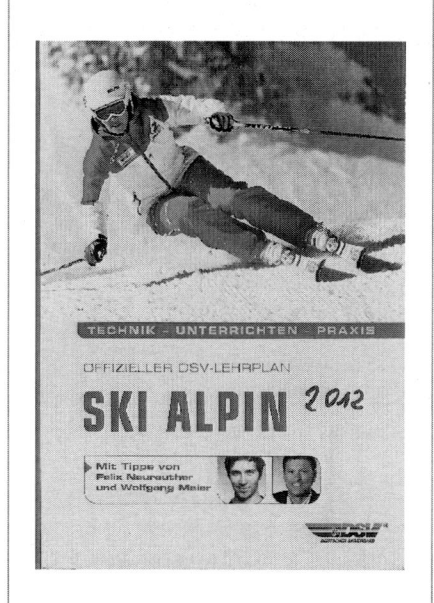
1160 Parallelschwung in vielen Variationen **2012 Lehrplan des deutschen Skilehrerverbandes** Der LP geht nicht den Weg der Vermittlung von Einzeltechniken und Schwüngen, sondern stellt sich und dem Skifahrer die Aufgabe, die parallele Kurve vielfach zu variieren. Dazu dient ein Schema von 20+ Variationsmöglichkeiten. Beispiele dafür: Kantbewegungen, KSP-Verlagerungen, Drehbewegungen, Timing, Richtung, Dynamik, Umfang, Tempo, Richtung, Winkel, Radius, Spuranlage und 8 weitere.	Der Lehrplan setzt sich als Ziel, „das Skifahren so einfach, transparent und anschaulich wie möglich dem interessierten Skifahrer und Skilehrer nahezubringen". Oder auch: „Man vereinfacht, reduziert und bleibt praxisorientiert." Dazu dient als Novum auch die Bildvermittlung mit einer 3D-Brille. Neben dem vielfach variierten Parallelschwung werden noch – durch die Hintertür? – Technikformen wie das schnellende Umsteigen für die Piste geboten. Insgesamt wird für ein variables Skifahren – speziell für spezielle Situationen - ein großes Angebot an Aufgaben erstellt. (Skifahren einfach. Der DSLV Lehrplan. Leittexte Seite 9 f. und 25)	
1161 Viele Anregungen, aber letztlich für welche Technik? **2012 Daniel Memmert, Niels Kaffenberger, Stefan Weirather (alle D)** Einige Bausteine: ▸ Vertikalbewegung zum Kurven wechseln ▸ Beinorientiertes Kanten ▸ Vertikalbewegung zum Kurven steuern ▸ Ganzkörperorientiertes Kanten ▸ Verschiedene Armhaltungen ▸ Drehen mit allem, was man hat	▸ Spin in (Rotationsrichtung) ▸ Vorausdrehen Eine Zuordnung zu bestehenden technischen Schulen historischer oder aktueller Art wird vermieden. Es kommt auch zu keinem nachvollziehbarem Gesamtkonzept. Wozu eine Literaturliste, wenn in der Praxis kein Bezug hergestellt wird? Die Anregung mit ungleich langen Ski zu experimentieren findet sich beispielsweise auch schon 1994 bei Kurt Schock mit der Fa. Kneissl. (Die Schneeschule. Vor allem Seite 154 – 177)	

1162 Im Tiefschwung gegen die „Prallwand" der Buckel **2013 Walter Olbert (D)** Technik der Buckelprofis: ▶ Im Tiefgehen gegen die Buckel den Druck abfangen und gleichzeitig nutzen für die Drehung. ▶ „Progredientes Aufkanten". ▶ Steuern im Strecken. ▶ Bei leichter Beugung des Oberkörpers. ▶ Volle Achsenparallelität. ▶ Kniekippen bevorzugt. ▶ Mit Stockeinsatz und angedeuteter Kreuzkoordination.	Eine detaillierte Buckelpistentechnik, fußend nicht auf der Ausgleichstechnik über die Buckel oder auf der Schlängeltechnik durch die Täler, sondern gegen die Buckel oder gegen die „Prallwand" wie der Verfasser sagt. Eine adaptierte Form des Beuge- und Streckdrehens. Der Verfasser löst die Aussagen über Vorlage und Rücklage von Beobachtern und Fahrern: Der Beobachter sagt Rücklage und misst dies an der Hangneigung. Der Fahrer hat aber in Wirklichkeit Mittel- oder sogar Vorlage gemessen an der Buckelflanke. (Skilauf in der Buckelpiste. Seite 58)	Walter Olbert **SKILAUF IN DER BUCKELPISTE** Eine Lernhilfe

1163 Varianten der Buckeltechnik
 	
2013 Walter Olbert und Walter Kuchler (D)
 	
Zusammenfassung der Techniken:
1. Buckelreiten
   In Ausgleichstechnik überqueren
2. Schlängeltechnik
   Den Weg zwischen den Buckeln suchen.
3. Pralltechnik
   Von Innenwand gegen Innenwand anstürmen
4. Kompressionstechnik
   In eigens eingefrästen Schneerinnen stampfen die Spezialisten mit aufrechtem Rumpf hindurch
	In Lehrbriefen und Flugblättern fasse ich die Entwicklung zusammen:
	zu 1. *Buckelreiten* ist die verbreitete Art mit Vorausdrehen und Ausgleichen das Tempo gut bestimmen zu können.
	zu 2. *Die Schlängeltechnik* folgt einer Spur, die Mathias Zdarsky die Linie des fließenden Wassers nannte. Es darf nur nicht zu schnell werden.
	zu 3. *Die Pralltechnik*, die sich ihre Kraft und Wendung am Gegenhang holt. erinnert an das Prellwedeln von Fritz Baumrock.
	zu 4. *Die Kompressionstechnik* bleibt den wenigen jungen Fahrern überlassen, die sich schnell in den Beinen und stark im Kreuz fühlen.
		Weg über die Buckel
		(Bild bei Walter Olbert, Skilauf in der Buckelpiste. Seite 16)

1164 Hochgefühle als Auslöser, als Träger und als Ergebnis des Fahrens **2013 Walter Kuchler (D)** ▶ Skiseligkeit ▶ Tiefschneerausch ▶ Geschwindigkeitsrausch ▶ Wedelekstase ▶ Snow-Timing ▶ Ski-Resonanz ▶ Gestaltungsglück ▶ Schnee-Morphose	Die lange Liste aus der Literatur belegt die Sentenz des kanadischen Skilehrwesen „Emotions by Motions. **Für eine Abfahrt, für einen Skitag und auch auf lange Sicht eines Skifahrerlebens gesehen sind diese Gefühle die mächtigsten Kräfte für ein Gestalten und Gelingen einer Skitechnik.**	Sie sind Tiefengrund für das persönliche Selbstverständnis der Skifahrer und für ihre Suche nach Erleben und Selbsterweiterung. (Lehrgangspapiere bei Sports)

1165 „Ski universell" bei SPORTS **2013 Walter Kuchler (D)** 1. Carvingtechnik ▷ Racecarven ▷ Boardercarven ▷ Skatecarven 2. Neo-Classic ▷ Neo-Classic Beinspieltechnik ▷ Neo-Classic Rotationstechnik ▷ Neo-Classic Mambotechnik 3. Rockertechniken ▷ Auf der Piste ▷ Im gführigen Schnee ▷ Im Tiefschnee 4. Ski Revival – Beispiele ▷ Schwingen mit Zdarsky ▷ Temposchwung mit Seelos ▷ Engeln mit Heli Lantschner	Der Ansatz erinnert an die Initiative von Erhard Gattermann und Walter Kuchler von 1975 als „Elementares – schülerorientiertes – funktionsgerechtes Skilaufen". Auch meinen Begriff „universelle Skitechnik" brachte ich ab 1978 immer wieder in die Diskussionen der deutschen Lehrplan- kommission ein. Dort zunächst angenommen, dann wieder verdrängt. Ebenso ist zu erinnern an meine Initiative S.K.I. (schülerorientierte Wege – komplexe Methoden – internationale Skitechnik) von 1981 (Gutes Carven, Skimanual SPORTS 2012/2013, Seite 40 f.)	
1166 Carvingdriften contra Querdriften **Alfred Grüneklee, Herbert Heckers (beide D)** Carvingdriften: ▶ Ski nicht gegen die Fahrtrichtung angestellt ▶ allmähliche Übergänge vom Gleiten zum Driften und vom Driften zum Gleiten klassisches Driften: ▶ Ski quer drehen ▶ Spur mit Bauch	Der Begriff Carvingdriften könnte eine bessere Akzeptanz als das „zentrifugale Kurvengleiten" (Kuchler 1997) erfahren, obwohl der Begriff ein Widerspruch in sich selbst ist. Jedenfalls bleibt der Ski immer in Fahrtrichtung. Später wird die Sache im Rahmen der Neo-Classiken weiter behandelt. Nicht diskutiert wird die Frage, wie man vom Schneiden ins Driften kommt. Hier müsste Ent- und Aufkanten besprochen werden. (Programm Schonskilauf. Seite 194)	
1167 Rockertechniken **2013 Initiiert von der Skiindustrie** Die Entwicklung neuer Skitypen wie die Twintips, die Freeride-Ski, die Allmountains und zuletzt die Rocker hat zu neuen Fahrformen geführt. Mit Twintips und Rockern wird einerseits auf einer sehr kurzen Auflagefläche vergleichbar mit Kurzski, anderseits mit großen Auftriebsflächen gefahren. Pistenrocker haben häufig Vorspannungen und sind Scheinrocker.	Alle gerockten Ski haben auf rauer Piste und bei höherem Tempo auf der Piste Probleme. Allgemein wird leichtes Skidrehen begünstigt und der Fahrer zu Rutschen verführt. Im „gführigen" Schnee kann auch mit Rockerski gecarvt werden. Im Tiefschnee fallen mit Rockerski alle Techniken leicht. Selbst Fahrer mittleren Technikniveaus kommen damit im Tiefschnee zurecht.	Auf harter Piste geht durch die Überhänge von Schaufel und Enden und deren Wippen ständig der Kantengriff verloren. Als Pistenski geht das Angebot der Skiindustrie 2017 wie ein Spuk wieder verloren.

1168 Grundfehler

2013 Danko Puskaric (HR)

Schlechte Skitechnik:
1. Dein oberer Arm fällt hinter deinen Körper
2. Deine Hüften sind hinter deinen Knien
3. Du verlierst dein Gleichgewicht nach hinten
4. Dein Bergski trägt kein Gewicht
5. Dein Oberkörper dreht sich zum Talski
6. Dein Gewicht drückt auf die Innenkante deines hinteren Skiendes

Abgesehen von dem anmaßenden Buchtitel – vielleicht ein Übersetzungsproblem – bietet der vielseitige kroatische Physikprofessor, Freerider und Autor eine gründliche Auseinandersetzung mit Vorbereitung, Fitness, Ernährung, Material und Sicherheit. Skitechnik ist nicht angesagt, aber sozusagen als Nebenprodukt befasst er sich auch mit elementaren Fehlern. Dafür hat er eine originelle Sicht, die man nicht in jedem Fall teilen muss.

(Die Wahrheit übers Skifahren. Seite 117. Außentitel des Buches)

(Pukaric, Die Wahrheit übers Skifahren. Hrsg. Infostudio GmbH Kroatien. 2013)

1169 „Driften – ein Joker für Experten"?

2013 Norbert Henner, Max Holzmann (D)

- „Ein absolutes Muss für Skifahren im High-Endbereich."
- Andriften ist *„sportlich, effektiv und bringt jede Menge Fahrspaß!"*
- Besondere Empfehlung für mittlere und größere Kurvenradien und steile, harte Hänge.
- *„Diese Fahrweise verlangt viel Ski- und Bewegungsgefühl und - ist ein absolutes High-End-Produkt."*

Da die Verfasser nicht zwischen gewollten und erzwungenem Driften unterscheiden, erlauben sie sich eine Beweisführung mit der Renntechnik: „Müssen Rennläufer auf relativ kurzer Strecke viel Richtung machen, werden die Ski im Drift angedreht." Sie leisten sich eine Eloge auf das Driften und stilisieren diese traditionelle Technik zum „High-End-Produkt". Abgesehen von der emphatischen Übertreibung ist den Autoren hoch anzurechnen, dass sie das Driften aus der negativen Gegenüberstellung zum Carven herausholen.

(Besser Skifahren. Seite 118-123)

1170 Coiling – Neubelebung des Mambos als Carven – einfache Technik

2013 Ken Chaddock (Can)

Hineindrehen und sofort Gegendrehen:
„I use coiling in every scenario; powder, moguls, gentle slow turns, hard fast carving turns, and even deep wet weather shmoo ...When I coil with precision, skiing becomes simpler, easier and more enjoyable."

Der Verfasser belebt die Mambotechnik neu. Coiling als Drehen und Gegendrehen im gleichen Schwung ist für ihn eine Wundertechnik, die er zugleich als eine sehr einfache Technik offeriert. Etwas erinnert sie an die Fahrweise von Jens Byggmark in seinen ersten Weltcupjahren. Das fotografische Bildmaterial dazu lässt sich aber nicht leicht entschlüsseln.

(Ski Well Simply. Außentitel, Text Seite 35)

1171 Geschenkte und erwartete Ereignisse als Tiefenschichten der Skitechnik 2014 Walter Kuchler (D) Die geschenkten Glücksstunden und ihre weiterwirkende Kraft: ▸ Snow-Timing (Arturo Hotz) ▸ Ski-Resonanz (Walter Kuchler) ▸ Schnee-Morphose (W. K.) ▸ Erwartung und Wagnis des Überraschenden (Karl Mülly – Arturo Hotz)	Neben den aufgeführten Hochgefühlen spielen die zuvor genannten Einflussebenen wie auch allgemeinere Motive und Erwartungen, Erinnerungen und Hoffnungen eine Rolle im Gefüge der Tiefenschichten mit. (Thema bearbeitet in Lehrgängen und Flugblättern bei SPORTS)	

1172 Vorliegende Einflussebenen als Tiefenschichten der Skitechnik
 	
2014 Walter Kuchler (D)
 	
1. Skifahren als Lifestyle und Lebenslinie
   ▹ das begleitende und tragende Selbstbild
   ▹ Tiefenschicht Erinnern
   ▹ Verfasst-Sein
   ▹ sportives Lebensgefühl
2. Die Suche nach Erleben, Vergnügen und Rausch
   ▹ Als Streben nach Gelingen, Erfolg, Hochgefühlen, Flow
3. Die psycho-physische Ebene als immanenter Mitspieler
   ▹ Tagesform, Präsenz, Spannkraft
   ▹ Unternehmungslust
   ▹ Gesundheitszustand
	George Twardokens verweist des Öfteren auf die unsichtbare Skitechnik. Auch Fritz Hoschek machte schon in den 1930ern darauf aufmerksam, dass uns die meisten skitechnischen Strukturen verborgen und unbekannt sind. Dennoch haben uns die Erfahrung von Jahrhunderten, der unverstellte Blick von Praktikern und Theoretikern, wissenschaftliches Nachfragen und erhellend formulierte Einsichten wie die kanadische Formel „Motions by Emotions – Emotions by Motions" auch immer öfters Einsichten in die Tiefenschichten der Skitechnik gebracht.
	
	(Vergleiche die Hinweise auf George Twardokens unter dem Jahr 1995. Beachte zum Thema auch die erweiterten Zeitfenster.
	Thema ebenso in Flugblättern bei SPORTS verbreitet.)
		(Aufdruck auf einer Dose der Füllfederfirma MONTBLANC

1173 Techniken der NeoClassic 2014 Walter Kuchler (D) Meist können sie durch folgende Merkmale von einer konsequenten Carvingtechnik unterschieden werden: ▸ dominante oder alleinige Belastung des Außenski ▸ enge Skiführung ▸ häufig Vertikalbewegungen ▸ immer driftende Kurvenauslösung	▸ geschnittene Steuerung ab Falllinie ▸ meist Vorhalte der Hände ▸ mäßige Kurvenlagen, außer bei hohem Tempo Techniken der Neo-Classic als alte Fahrformen auf Carvingski nutzen nur zum Teil die Autokinetik dieses Skityps und die Autodynamik des Schuhs. Bei neoclassisch wird vor allem die Driftphase verkürzt.	▸ Techniken der NeoClassic ▸ Rotation ▸ Dreh-, Schraubtechniken ▸ Mambo ▸ Beinspieltechnik ab 1956 ▸ Beinspieltechnik nach 1971 (Im Skikonzept „Skitechnik universell" von SPORTS)

1174 Taxonomie der Skigefühle
 	
2014 Walter Kuchler (D)
 	
1. **Typische allgemeine Skigefühle**
   ▷ wie Gestimmtheit, befreite Präsenz, Motivation, Erwartung, Tagesform, Motivation
2. **Das Bewegungsgefühl Von Ich- bis zu Hochgefühlen**
   ▷ als rauschhafte Gefühle und ozeanische Gefühle
3. **Situative Gefühle**
   ▷ wie Snow-Resonanz
   ▷ Ski-Timing
   ▷ Wellenbahn
   ▷ Half-Pipe-Kurve
4. **Technikspezifische Gefühle**
   ▷ Geräterebounds
   ▷ Gleitgefühle
   ▷ Kurvengefühle
   ▷ Schwungtypische Ablaufgefühle
   ▷ Beschleunigungsgefühle
	Seit Ende der 1970er Jahre bemühe ich mich um eine Klassifikation und Erschließung der Gefühle, die für den Skifahrer und auch für das Verständnis und für die Aneignung der Skitechnik eine Rolle spielen.
	Eine besondere Rolle im Verständnis der Skigefühle spielt das kanadische Programm *„Motions by Emotions – Emotions by Motions"*.
	Es bringt prägnant die Zusammenhänge auf den Punkt.
	
	(Beispiel der Veröffentlichungen: „Bewegungsgefühle – Gefühle mit eigener Identität". In: Perspektiven. Dortmunder Schriften Sport Seite 128 – 186. Auch „Skiunterricht" Seite 52 – 59. – Bild Dieter Menne)	

1175 Alpines Fahrverhalten **2014 Harald Kirchmair (A)** Alpines Fahrverhalten ▶ Ständige Bewegungsbereitschaft in alle Richtungen ▶ Achsen durch Sprung-, Knie-, Hüft- und Schultergelenk annähernd parallel ▶ Oberkörper entsprechend der Hangneigung in Vorseitbeuge ▶ Außenski stärker belastet ▶ Arme leicht gebeugt und seitlich vom Oberkörper ▶ Körperspannung mitentscheidend	Ein erstaunlich direktes Körperkonzept. Die Körperspannung wird im Besonderen angesprochen aber der Begriff nicht näher erläutert Für die *„Übungen für aktive Sprung- und Kniegelenksbewegung"* empfiehlt der Trainer *„Schnallen öffnen"*! Als Übung: „Wippen in der Schrägfahrt zum Erarbeiten der Sprunggelenks bewegung." (Skitechniktraining. Seite 8 und 18)	
1176 Kurvenbelastung beim Carven und bei angedrifteten Schwüngen **2014 Veit Senner und Mitautoren** Nach Literaturstudien geben sie als vertikale Bodenreaktionskräfte für Carvingschwünge das 2,2 bis 2,5-Fache des Körpergewichtes für angedriftete Schwünge das 1,9 bis 2,2Fache an.	Carver werten den Stauchdruck der Kurve als Erlebnis und versuchen ihn gezielt in der Höhe wie im Schwungverlauf zu variieren. Beliebt ist beispielsweise auch das „Nachtauchen" gegen Schwungende. (Skiausrüstung und Knieverletzungen. Seite 57	Die Gestaltungsbreite bei Driftfahrern ist geringer, da das Schneiden und der Stauchdruck erst später und nach dem Geschwindigkeitsverlust bei der Auslösung einsetzen können.

1177 Blicke steuern

(2014) Werner Wörndle (A)

Der Leiter der Skiakademie in St. Christoph, beschreibt die Wirkung allein des Blickes:

„Die Blickorientierung in die neue Fahrrichtung bringt eine Neutralisierung des Beckens mit Auflösung des alpinen Fahr verhaltens und gleichzeitigem Drehen der Beine und Ski in Richtung Falllinie mit sich."

Damit nimmt der Autor die Hinweise von Fritz Hoschek (1934) und des österreichischen Lehrplans von 1947 auf, präzisiert diese und bereichert damit auch unser „Reflexprogramm".

(Die Kernbewegungen des alpinen Skifahrens Technik 2. Text Seite 1. Bild bei Fritz Hoschek, Skileben in Österreich. 1937. Seite 41)

„Der Kopf geht voran!"
Foto: Stefan Kruckenhauser

1178 Renntechnik – Freizeittechnik

(2014) Werner Wörndle (A)

Verhältnis der beiden Fahrarten:
- *„Diese tollen Bilder aus den ersten Skirennen faszinieren besonders durch die Dynamik, welches jedoch durch das hohe Fahrtempo vermittelt wird."*
- *Ein Topathlet in der Skilehrerausbildung „sieht sich seiner vertrauten Werkzeuge Tempo und Kraft beraubt, plötzlich ändern sich Timing und Bewegungsumfänge und es entsteht ein ganz anderer raum-zeitlicher Bewegungsverlauf."*

Der Autor macht darauf aufmerksam, dass Analysen der Renntechnik nicht ohne weiteres für Freizeitfahrer Gültigkeit haben, sondern eines Transfers bedürfen. Ebenso stellen sie kurzschlüssige Aussagen von Funktionsanalysen allgemein in Frage. Weiter helfen in diesem Fragenkomplex vor allem die Hinweise auf das „Optimaltempo" für jede Fahrhilfe, die Zuordnung und variablen Veränderungen für situative Anwendungen nach Tempo, Schnee, Hangsteilheit und Schwungweiten wie sie seit Fanck/Schneider seit 1925 zu bedenken sind.

(Die Kernbewegungen des alpinen Skifahrens, Technik 1. Seite 2)

Man kann seit den 1920er Jahren die Renntechniken unter dem Druck des Erfolges und die sich verändernde Ausrüstung unter der kommerziellen Erfolgssuche als erste innovative Faktoren sehen.
Die Anregungen von Pionieren und Experten kommen aus anderen Zielvorstellungen wie der Schülerorientierung, des Situationsarrangement und den vorliegenden Möglichkeiten, so dass nach einer Formulierung von Milan Maver ein Angebot als menu à la carte bereitgestellt sein sollte.

1179 Gleiten und Belastung

2014 Hansueli Rhyner u. a. (CH)

Es *„verdichtet sich die Schneeoberfläche durch die Belastung des Skifahrers: Kontaktfläche und Reibung werden größer, die Fahrt langsamer."*

Daraus kann man für das Fahren zwei Schlüsse ziehen:
- beide Ski belasten
- Druckänderungen vermeiden oder ausgleichend verteilen.

Die verbreitete Annahme, dass schwere Personen schneller gleiten, steht in Spannung und Widerspruch zur Feststellung der schweizerischen Schneeforscher.

(Gleiten auf Schnee. Seite 108 f.)

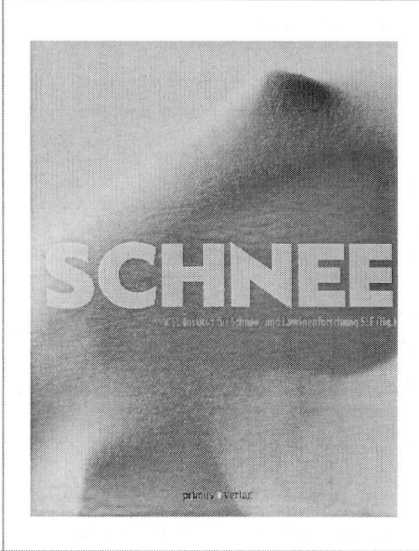

1180 Umsteigen im Schwung + Schnellendes Umsteigen und Pflugkanten springen **2015 Deutscher Skilehrerverband** Umsteigen im Schwung ▶ „Innenski einfahren – Außenski ausfahren" ▶ ohne Stöcke fahren Schnellendes Umsteigen und Pflugkanten springen ▶ „springen von Außenski zu Außenski ▶ mit möglichst kurzer und dynamischer Bewegung nach oben"	Umsteigen im Schwung und die zwei Sprungformen werden im Schulungsrahmen für Skilehrer angeboten. Stofflich sind sie dem Training der Körperschwerpunkt-Verlagerung zugeordnet. Die Umsteigeform erinnert an den Stepcarver von SPORTS aus 2003. Das Angebot erfolgt zwar im Rahmen der Skilehrerausbildung hinterlässt jedoch ein deutliches Bild der Entwicklung bzw. der Rückgriffe. (Besser Unterrichten. Ausbildung. Bild Außentitel. Umsteigen im Schwung Seite 23. Springende Formen Seite 24)	
1181 Neue Kurzschwünge+ Umsteigen im Schwung **2015 Deutscher Skilehrerverband** 1. „Skilehrerkurzschwung" ▷ Driften „durch eine aktive Drehbewegung der Beine" ▷ Im Extremfall „Drehbewegung aus dem gesamten Körper" ▷ „Drehbewegungen dienen der Kontrolle von Richtung und Tempo" 2. „Kurzschwung Pedalo" ▷ „Außenbeindrehen und Anheben des Innenski" 3. „Bruchharsch-Crack" ▷ „Umspringen in langsames Tempo" ▷ „Ganzkörperdrehung"	Die Autoren präsentieren die drei Formen des Kurzschwungs im Rahmen des Kapitels „Drehbewegungen". Abgesehen vom Skilehrerkurzschwung fügen sie der stattlichen Liste von Kurzschwüngen zwei neue Formen hinzu. Siehe unter 1972 „Systematik der Schwünge." (Besser Unterrichten. Ausbildung. Bild Außentitel.- Kurzschwünge Seite 26 -28.)	
1182 Skitechnik in Form von Bewegungsaufgaben für Kinder **2015 Deutscher Skilehrerverband** Bewegungsaufgaben häufig in Form von Bildern prägen die 4 kleinen Bände. ▶ Lernebene Grün ▶ Lernebene Blau ▶ Lernebene Rot ▶ Lernebene Schwarz	Vier kleine Bände sind in einem bisher nicht gewohnten Umfang und Aufwand dem Kinderunterricht gewidmet. Erfreulich, dass endlich das Kinderalter phasengerecht gesehen wird. In der Darstellung versucht man mit gebundenen Bewegungsaufgaben den skitechnischen Beschreibungen wie dem methodischen Vorgehen gleichermaßen gerecht zu werden. (Besser Unterrichten. Methodik. Lernebene Rot. Außentitel mit Bild für Band Lernebene Rot)	

1183 Ramp Tech – durch Vorlage zur Neutrallage?

2015 Fa. Atomic

Mit einer Erweiterung seiner Doubledeck-Konstruktion erlaubt Atomic eine Anhebung der Ferse um 10 Prozent. Damit sollen Fahrer leichter die Neutrallage finden. Was der Skischuh durch Jahrzehnte korrumpiert hat – nämlich die Vorbewegung des Sprunggelenkes – soll offensichtlich hier durch die Skibindung geheilt werden.
Die Erfindung war nach einem Jahr vom Markt verschwunden.

Auch der höhere Fersenstand durch fast aller derzeitigen Bindungen und die höheren Schuhabsätze sowie die Vorneigung der Schuhschäfte führen zu einer leichten Vorlage. Eine Neutrallage als ausgeglichene Fußbelastung ist nicht mehr möglich ohne das Becken oder den Oberkörper zurückzunehmen.
Diese Versuche kollidieren auch mit der Ansicht, dass die Fußballen höher stehen sollten, um zu einem schnellen Druck auf die Schaufel zu kommen.

Vorlagehilfen wie der Fersenhub von Carlo Mollino und die Keile der 1950er Jahre dagegen zielten auf direkte ausgeprägte Vorlage.

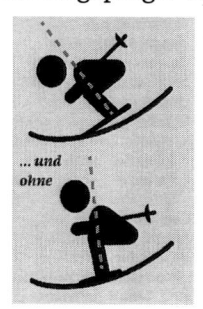

Information und Bild aus Prospektmaterial der Firma

1184 Theoriekritik

2015 Karl-Heinz Platte (D)

„Praxis und Theorie
Was wär´ das Fahren auf dem Ski schon ohne Skifahr-Theorie?
Na, allenfalls die halbe Freude, der Ski-Experte braucht halt beide:
Denn Praxis ohne Theorie
ist wie die Fahrt auf einem Ski.
Wie man am Hang den Bogen macht, wird doch zuerst genau durchdacht.
Erst fährt der Kopf und dann der Ski, die Wissenschaft erklärt uns wie.
Willst du das Schwingen delektieren, musst du es erst mental sezieren.
Denn ohne Wissenschaft da fährt der beste Rennläufer verkehrt.!

Das mag ja sein, doch manch ein Tropf
fährt nur mit Köpfchen statt mit Kopf,
hat theoretisch nicht den Hauch, schwingt nach Gefühl, ganz aus dem Bauch,
erlebt den Flow, spürt echtes Glück, lässt alle Theorie zurück.
Den braven Mann, den lob´ ich sehr und mach es oft genau wie er."

Kritik an der Theoretisierung oder Verwissenschaftlichung der Skitechnik begleitet die Entwicklung seit den 1920ern. Sie kann in ihren Intentionen bösartig, satirisch, humoristisch oder korrigierend gemeint sein. Die zahlreichen Reime und Balladen des Verfassers changieren zwischen Satire und Korrektur.

(Skimanual SPORTS 2014/15, Seite 40. Karikaturen Milan Maver.)

1185 Perspektive Ästhetik, Emotion, Erleben

2015 Walter Kuchler (D)

Ein Buch, das die Sportart, die Skigeschichte, das Lernen und die Skitechnik allein unter die erwähnten Perspektiven stellt. Analysen werden ergänzt durch ausgewählte Texte der Literatur und Bilder von Dieter Menne.

Titel und Programm des Buches „Skifahren – einfach schön" versuchen sich den Fachdebatten und den Sichtweisen des Anliegens, des Richtigen und des Aktuellen zu entziehen.
Gestützt und geprägt wird das Buch auch durch ein besonders gut gelungenes Layout von „Art meets Graphik".

(Skifahren – einfach schön. 2015)

1186 Amor-Schwung – ein Lust- und Tanzschwung

2016 Melitta Gerich (D)

- Schwungvolle „Wellenführung der Arme" „und die Ski kurven von selbst":
- Schwungvoll, weich die rechte Hand nahe am Körper aufwärts führen
- Auf Augenhöhe seitwärts den Arm heraus schwingen und der Hand mit Augen und Kopf folgen
- Den Arm wieder seitlich nach unten schwingen und im Kurvenwechsel die Bewegung mit der anderen Hand aufnehmen.
- Abwechselnd wie eine Welle schwingen und sich dabei lustvoll in die Kurve legen.

In Anlehnung an Amos Hetz, Tanz- und Bewegungslehrer, und an bekannte Spielschwünge wie den Flieger und den Paddelschwung kreiert die Verfasserin den Amor-Schwung. Erinnerung auch an das Hochschwingen der Innenhand von Pirmin Zurbriggen und Ernst Garhammer. Nach meinem „Skizirkus" von 1985 mit 125 Beispielen und den zahlreichen Anleitungen in „Unterrichten leicht gemacht" des Deutschen Skiverbandes (2015) und ebenso beim Deutschen Skilehrerverband in „Besser Unterrichten" (2015) würde sich eine neue Sammlung lohnen. Fritz Hoschek, der große Übersetzer des Natürlichen Turnens in den 1930 Jahren, würde seine Arbeit fortgesetzt sehen.

(Amor-Schwung- Lustschwung zum Tanz auf Schnee. In SKIMANUAL 2015/16, Seite 47)

Demonstration Melitta Gerich, Foto Alfred Grüneklee

1187 Ausstieg aus dem Carven – zum „Schönskilauf"

2016 Österreichische Berufsskischulen

- Reduzierung der Carvinganteile wie ebenso der Hinweise auf die Renntechnik schon in der Lehrplanausgabe 2015
- Neu eine Kampagne österreichischer Experten und deutschen Journalisten

(Viele Veröffentlichungen in deutschen Tageszeitungen und weiteren Publikationen über dpa)

Man kann schlecht aus etwas aussteigen, in dem man nie drin war. Hinsichtlich der Carvingtechnik war schon der Lehrplan von 2007 sehr zurückhaltend. Mehr erstaunt noch, dass 2007 wie 2015 die Renntechnik praktisch keine Rolle spielt. Die Außensicht auf Österreich blendet in der Regel aus, dass im Schulskilauf und im großen Lager der Amateurskilehrer (Skiverband, Naturfreunde, Alpenverein, Sportinstitute …) konsequent gecarvt wird und der Rennlauf großes Vorbild ist.

1188 Techniken für Tiefschnee und Problemschnee

2016 Deutscher Alpenverein

- Fahren im Tiefschnee, in verspurtem Schnee, im Bruchharsch, bei harten und eisigen Schneeverhältnissen
- Verweise auf den Einfluss der Sprunggelenke, Spuranlage, Rhythmik, optimales Tempo, Art des Belastungswechsels, der Vertikalbewegung, der Körperspannung

Die Autoren Peter Geyer, Jan Mersch, Rudi Salger, Chris Semmel bieten eine kompakte, übersichtliche Darstellung ihrer Empfehlungen. Selbst wenn man im Punkt „Fahren bei harten und eisigen Schneeverhältnissen" anderer Ansicht sein sollte, findet man in den technischen Hinweisen und methodischen Anleitungen eine unmittelbare Gebrauchshilfe.

(Skibergsteigen – Freeriding. Seite 83 – 101)

1189 Skitechnik allein in bildhaften Vergleichen und Spielschwüngen für Kinder **2016 Deutscher Skiverband** Drei Bände Kinderskiunterricht bestehend aus bildhaften Aufgaben: ▶ Kindergartenalter für Einsteiger und Fortgeschrittene ▶ Grundschulalter für Einsteiger, Fortgeschrittene und Könner ▶ Schulkinderalter für Einsteiger, Fortgeschrittene, Könner, Experten	Wie bei der parallelen Veröffentlichung des Deutschen Skilehrerverbandes werden altersstufengerechte Kinderlehrbücher vorgestellt. Für bestimmte Lernziele werden als Darstellungsprinzip Geschichten und Bilder in konsequenter Weise und großer Fülle aus allen Lebens- und Sachbereichen gewählt. Die meisten Aufgaben sind in Bewegungsgeschichten eingebettet. Das Konzept folgt damit weitgehend dem Programm Spielschwünge wie beim „Ski-Zirkus" von Walter Kuchler 1985.	(Unterrichten leicht gemacht. Kinderskiunterricht. Schulkind- alter. Außentitel mit gleichem Bild für alle Bände.)
1190 Kanten – Drehen - Belasten **2016 Frank Trendelkamp** „Unser Modell orientiert sich an den variablen Komponenten ▶ Kanten ▶ Drehen ▶ Belasten ▶ Taillierung der Ski" Besondere Betonung außerdem ▶ Vorauskippen in den Schwung ▶ Vorausstellen des Oberkörpers in die Kurve ▶ Nutzung beider Ski	Das Buch des Verfassers beschreibt mehrere Lernprogramme vornehmlich für einen Schulskikurs untermalt mit vielen organisatorischen und methodischen Hilfen und Aufgaben. Dennoch kommt es an einer skitechnischen Orientierung nicht vorbei, die den Kompromiss sucht zwischen ▶ dem US-Konzept der 1980er ▶ der Technikempfehlung von Ernst Garhammer (ABS-Technik) und ▶ den Möglichkeiten des Carvingski. (Schneesport an Schulen. Vor allem Seite 49 – 77)	

1191 Grundschulmodelle + Techniken in Deutschland
 	
2016 Ein Rückblick auf die letzten 30 Jahre
 	
▶ Über die Bogenschule zum Grundschwung – Standard in Österreich und in den Mehrzahl der deutschen Lehrpläne
▶ mit Mehrlängen- oder Lernski: z. B. Irlbacher 1967, Erbacher 1971, Völkl 1972
▶ mit Lernbalken und Lernkarussel für Kinder
▶ 4 Modelle im deutschen LP von 1978, darunter der Sprungweg
▶ 20 sog. direkte Wege ohne Bogenschule, z. B.
  ▷ mit ansteigenden Skilängen
  ▷ mit Supershorties
  ▷ mit Bewegungsgeschichten
	Viele dieser Modelle gehen den sog. direkten Weg zum Schwingen, also einen parallelen Weg ohne Bogenschule. Die Praxis in den Berufsskischulen geht in aller Regel über die Bogenschule. Die Bedenken vieler Fachleute gegen pflügende und stemmende Skistellungen scheinen kaum wahrgenommen zu werden. So findet man z. B.
	in den Lehrplänen der österreichischen Skischulen die Grundschule über den Pflugbogen immer noch als einzige Möglichkeit.
		Das Tischmodell eines parallelen Grundschwunges von Helmut Gottschlich und Hans Zehetmayer

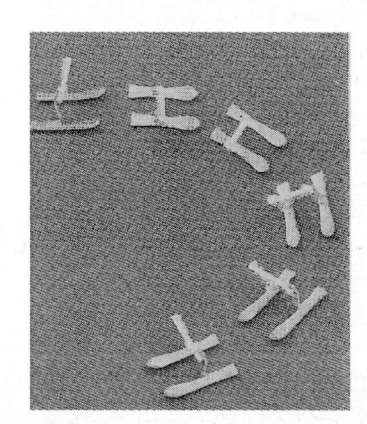

1192 „Das Einfache ist das Beste"

2016 Hans Zehetmayer (A)

Ein alternatives Programm zu den Berufsskischulen:
- In der Schwungauslösung Innenbein beugen mit Druck auf das Ski-Ende (und eventuelles Abheben der Skispitze) und
- das Außenbein mit Druck auf die Skischaufel strecken.
- Dabei wird der gekreuzte Beuge-Streck-Reflex der Beine initiiert.

Anlässlich des Todes des fast 90jährigen österreichischen Experten muss sein jahrzehnte-langes Bemühen gewürdigt werden. Mit zwei schwierigen Begriffen verteidigte er in Vorträgen und Zeitschriften sein Konzept. Das Einfachste ist für ihn das vom Schritt abgeleitete basale Pedalieren und das Beste ein „natürliches" Fahren.

(Hans Zehetmayer war Ausbilder für Sportlehrer, Lehrwarte und Berufsskilehrer. Für letztere wurde ihm die Beauftragung wegen Abweichen von der Lehrplanlinie 1987 entzogen.)

Hans Zehetmayer

1193 Skitechnik gesund, schonend und sicher

2016 Walter Kuchler (D)

Dieser Skilehrplan befasst sich mit
- gesundheitlichen Voraussetzungen und gesundheitliche Wirkungen
- schonenden und belastenden Fahrweisen
- Regeln und Ratschlägen für sicheres Skifahren

Der Eröffnungsband einer neuen Lehrplanreihe bei SPORTS nimmt sich positive wie negative Sichtweisen in gleicher Weise vor. Perfekte Beherrschung einer Fahrweise und moderate Ausführungen sind allerdings erste Voraussetzungen. Als Materialsammlung versteht sich dieser Lehrplan auch als ein Handbuch für Skilehrer und gesundheitsbewusste Skifahrer.

(Skifahren gesund, schonend, sicher. Skilehrplan SPORTS Band 1)

1194 Schontechniken – schonendes Fahren

2016 Walter Kuchler (D) – Skilehrplan SPORTS Bd. 1

Auszug aus den Listen im Skilehrplan 1 von SPORTS:

Ältere schonende Techniken:
- Zdarsky-Schwung
- Engeln – Flieger
- Christiania léger
- Breitwedeln
- Trad. Komfortschwung

Neuere schonende Techniken:
- Elementares Carven
- Komfort-Racer
- Auftakter aus Fishhook
- Carvewedeln – kurze Serien
- Reflexer

(Skifahren gesund, schonend und sicher. Spez. Teil 2, Seite 39 - 71)

Moderne Skitechnik baut auf das neue Technokapital wie die autokinetischen Eigenschaften von Ski und Schuh und auf den Zugriff des Biokapital wie auf die Reflexe. Das beiden gemeinsame Prinzip „Flex + Rebound" bringt in beinahe jede Fahrweise schonende Elemente, wenn nicht sogar schonendere Strukturen ein.
Daneben sollte man die modernen Möglichkeiten der Ausrüstung wie der Fahrtechnik nicht ausreizen. Belastend und kräftezehrend sind auch hohe allgemeine Geschwindigkeiten und hohe Kurvengeschwindigkeiten. Schließlich sollten auch kluge planerische und taktische Entscheidungen wie Fahrverzicht bei schlechten Sichtverhältnissen getroffen werden.

Schwierige und anstrengende Schneearten:
- Eisige Pisten
- Nassschnee in jeder Form
- Tiefer Firn
- Tiefschnee
- ungleichmäßiger Schneeaufbau
- wechselnde Pistenbeschaffenheit
- Schwieriges Gelände:
- sehr steiles Gelände
- tiefe Buckelpiste
- Gelände mit tiefen Mulden, Knicken und Gräben
- zerfahrene Pisten

Besonders anstrengende oder belastende Techniken:
- Pflug
- Pflugbogen
- alle stemmenden Formen
- Ausgleichstechnik
- Jetten

1195 Vorschläge von Handicap-Techniken

2016 Walter Kuchler (D) – Skilehrplan SPORTS Bd. 1

Bei Knieproblemen
- kein Kniecanting
- keine Kniekurbel
- keine absitzenden Techniken

Bei Hüftproblemen
- kein Hüftknick
- nur leichtes Gegendrehen
- sparsame Rotation
- günstig Boardertechnik
- schmalere Skiführung

Bei einseitigen Handicaps von Knien und Hüften:
- Storchenschwung: Alle Schwünge auf dem guten Bein ausführen. Einem Außenskischwung folgt dann ein Innenskischwung usw.

Bei Rückenproblemen
- Hüftknick meiden
- Breite Skiführung ev. problematisch
- Meist günstig C-Position
- Hohe Positionen ev. ausprobieren
- Vielleicht mehrere Techniken oft wechseln

Bei O-Beinen:
- O-Beine sind für Innenskitechniken gemacht.

Bei X-Beinen:
- Wie gemacht für Außenskifahren

Bei stärker ausgewinkelten Fußstellungen:
- Umsteigetechniken, Skatecarven

(Skifahren gesund, schonend und sicher. Spez. Teil 2, Seite 39 – 71)

Mit Prinzip Flex+Rebound arbeiten!
Möglichst viele Reflexe schalten!
Innenskitechnik beherrschen!

Älter werdenden Skifahrern und Skifahrern mit Handicaps wird durch neue Elemente aus dem Bio- und Technokatpital weiterhin anspruchsvolles Skifahren geboten.

Verlängerte Skibiographien: Erstmals sprach die slowenische Skischule auf dem Interski-Kongress 1991 aus, dass sich auch durch die moderne Skitechnik viele Skibiographien um 10 und mehr Jahre verlängern werden.

Versuche, Schonskiprogramme als skitechnisch völlig reduziertes Skifahren führen bei erfahrenen Skifahrern zur Aufgabe ihres geliebten Sportes.

1196 Mögliche Zugänge und Zugriffe auf Tiefschichten der Skitechnik (III)

2016 Walter Kuchler (D)

- Die Figuration als Arbeit am Körperschema – der „Skikörper" im ständigen Bodyshaping z. B. Abfahrtshaltungen und Körperlagen
- Die Mobilisation und Einbindung von Reflexen (von F. Hoschek bis W. Kuchler)
- Die Arbeit mit Flexen und Rebounds
- Synergetische Allianzen mit der Autokinetik des Ski und der Autodynamik des Schuh
- Ausbruch aus unbewussten fahrerischen Gewohnheiten (in Anlehnung an Bryant J. Cratty)
- Mit Imaginationen – Leitbilder für das Fahren
- Die Bewegungsqualitäten als sublime Ideale

Allein schon die Formulierungen „Inner Ski" von Denise McCluggage (1977) und Galwey/Kriegel (1977) regen an, mit anderen Augen auf die Skitechnik zu schauen. Die in Literatur und Unterricht vorwiegend beschriebenen Bewegungsmerkmale sollten auf beiden Ebenen mit den hier aufgezeigten unsichtbaren Merkmalen ergänzt werden
Auch mehr literarisch-poetische Aussagen und Zeugnisse erweisen sich als eine Fundgrube für einen tieferen Zugang zur Skitechnik wie wir sie bei Anton Fendrich, Ernst Schottelius, Alfred Flückiger, Josef Dahinden, Henry Hoek, Felix Riemkasten u. a. finden.
Selbst übertriebene Huldigungen und Verklärungen wie wir sie in den 1920er und 1930er Jahren bei Hanns Roelli und Hans Fischer finden, können Wege zu einem tieferen Verständnis der Skitechnik sein.
(Thema verbreitet in Lehrgängen und Flugblättern bei SPORTS)

1197 Mit Pflugbogen „Ski in a day" **2016 Gundolf Thoma (D)** Kurzgefasster Lehrgang mit traditionellem Aufbau über Pflug, Pflugbogen und Pflugschwung. Allerdings: *„Nie über das Innenbein Übungen machen."*	Der ehemalige Rennfahrer und Skischulleiter setzt auf einen streng gefassten kompakten Unterrichtsaufbau, um das versprochene Lernziel zu erreichen. Zum Verständnis des Pflugbogens könnte man die moderne Schweizer Version mit der passiven Rotation heranziehen. (Leporello Punkt 5)	
1198 Telemarkcarven **2016 Christiane Bauer und Tobias Heinle (D)** ▶ volle Außenskibelastung ▶ enge Skiführung ▶ sogar „Beine eng zusammen" ▶ hoher Aufkantwinkel	Die beiden Autoren zeigen einen Lehrweg für einen geschnittenen Telemark. Die Fahrweise ist nicht neu, aber hier kurz dargestellt. Damit eine weitere Telemarkvariante neben der von SPORTS vorgestellten mit einer Belastung auf dem Innenski. (Telemark für Fortgeschrittene. Seite 75)	
1199 Biokapital der Skitechnik **2017 SPORTS – Vereinigung für Wintersport** Konzepte der Einbeziehung in das Verständnis von Skitechnik ▶ Motion by Emotion – Emotion by Motion ▶ Reflexe und automatisierte Bewegungskombinationen ▶ Flex-Rebound-Effekte von Ski, Schuh und Körper ▶ Autokinetik Ski und Autodynamik Schuh ▶ Bewegungsqualitäten ▶ Tiefenschichten wie die motorische Vergangenheit	SPORTS versucht in seinen Programm SKITECHNIK UNIVERSELL über herkömmliche Bewegungserfassungen nach Bewegungseigenschaften und biomechanischer Sichtweise hinaus Skitechnik zu verstehen und in einem Programm SKIMETHODIK GENERELL zu vermitteln. Eine besondere Rolle spielt aber auch der Lehrplanband SKIFAHREN GESUND, SCHONEND UND SICHER, der speziell Techniken nach Aufwand, Schwierigkeit und Gesundheitswert befragt. (Lehrgangspapiere)	Programm Biomotorik ▶ Tiefenschichten, Alltagsmotorik, Kinästhetik ▶ Flex+Rebound und Autoreaktionen ▶ Reflexe und motorische Programme ▶ Motions by Emotions – Emotions by Motions ▶ Von Bewegungsmerkmalen zu Bewegungsqualitäten
1200 Grundlegendes und Details **2017 - 100 Flugblätter SPORTS** Seit über 20 Jahren begleiten SPORTSlehrgänge und SPORT-Streffen Flugblätter. Die Mehrzahl sind der Skitechnik gewidmet. Sie liegen nun als Sammlung vor. Einteilung der Sammlung: ▶ In der Regel sind Flugblätter einer Sache, einer Frage, einem Problem gewidmet. Damit kommen diese Themen ausführlicher zur Sprache als dies in Lehrplänen und Lehrbüchern möglich ist.	▶ Flugblätter greifen außerdem aktuelle Themen auf. Mit ihnen kann man schnell auf sich entwickelnde Tendenzen und Strömungen eingehen. ▶ Themensammlungen bieten sich als ein buntes Angebot zum Stöbern und zur Weckung von Interesse an. ▶ Im Rückblick zeigt sich auch, was war und ist wirklich wichtig und von Bestand. (Zeitzeichen Ski alpin – 100 Flugblätter bei SPORTS.	

1201 Skilexikon der Fahrtechniken

2017 Walter Kuchler (D)

Als Skilehrplan Bd. 5 von SPORTS wird mit über 900 Stichworten und 74 ergänzenden und erläuternden Themen der historischen Entwicklung wie auch internationalen Begriffen nachgegangen, die für den deutschen Sprachraum von Bedeutung waren und sind. Dabei spiegelt der Themenbereich vor allem die Entwicklung in der Skitechnik, der Skimethodik und der Skitechnologie der letzten 100 Jahre wieder.

Dieses Lexikon versteht sich im ersten Teil als eine narrativ dargelegte Stichwortsammlung. D. h. möglichst oft wird auf geschichtliche Hintergründe, auf Personen und auf Ereignisse eingegangen. Außerdem werden systematisch Verweise auf tangierte Begriffe angefügt. Im Vorwort meint Dr. Joachim Unger, dass damit mehr als ein Nachlagewerk entstanden ist. „Es ist in gewisser Weise auch eine Enzyklopädie und auch eine Skigeschichte."
Der 2. Teil behandelt viele Themen ausführlich.

(Skilexikon Bd. 1: Stichworte und Themen der alpinen Skitechnik.t

1202 Prognosen 2017 für Skitechnik und Skiunterricht

2017 Walter Kuchler (D)

- Die Anzahl der Skifahrer wird deutlich sinken.
- Die Banalisierung der Fahrweise wird vor allem durch den schnellen Anfangserfolg beim Großteil der Skifahrer anhalten.
- Nur ein kleiner Teil der Skifahrer wird die Vielfalt, die Expressivität und die exzessiven Möglichkeiten entdecken.
- Viele Verbände und Skischulen werden sich noch weiter auf Sonderbereiche wie Kinderskilauf und Trickse on- und off-piste zurückziehen.
- Seniorenreisen und Seniorenkurse werden weiter zunehmen.
- Skikursangebote von Verbänden werden weiter schwinden.
- Touristikunternehmen bieten nur noch Skiführungen an.
- Schulskikurse in Österreich werden weiter zurückgehen, in Deutschland auf gleichem Niveau stagnieren.
- Der Einfluss der Verbände auf das Skifahren im Freigelände ist lange schon verloren.
- Im Einzelnen werden an modernen Themen an Aktualität gewinnen: die Rollen von Emotionalität, Reflexen, Flex und Rebound, Bewegungsqualitäten.
- Skilehrer werden sich deutlicher abgrenzen als Lehrer oder als Skiführer.
- Skiunterricht wird sich als Ski futur auf das Biokapital Fahrer und das Technokapital Ski und Schuh konzentrieren.
- Die weitgehende Ausstattung von Schuhen, Ski und Kleidung mit Modulen und daraus digitale Steuerungen steht bevor. Vor allem wird dabei der Skischuh gewinnen.
- Mit der Digitalisierung sind persönliche Optimierungen möglich und individuelle Ausprägungen selbstverständlich.
- Unfallzahlen im Freigelände werden ansteigen.

(In Vorträgen und Skimanuals SPORTS)

1203 Neues/altes Schönskifahren 2

2017 Franz Schenner (A)

Schenner fragt:
„Wer außer den Spitzenrennläufern fährt den geschnittenen Schwung auch im steilen Gelände? Für Skifans, die den Skitag oder Skiurlaub richtig genießen wollen, ist die neue Skitechnik „Schönskifahren" perfekt. Sie sparen Kraft für Après, können das Tempo besser kontrollieren und damit sicherer am Ski stehen, unverkrampft, also völlig entspannt schwingen."

Die Argumentation Schenners verläuft nach bekannten Mustern aber im Hinweis auf Après-Ski auch mit einer völlig neuen Argumentation Sie fragt nicht danach, warum die österreichischen Berufsskischulen das Carven spät und nur halbherzig angeboten haben. Carven mit langen Ski und steifen Schuhschäften funktioniert eben nicht. Auch die überbordende Pflugbogenschule führt nicht gerade zu einem modernen Skifahren.
Schenners Positionierung muss deshalb beachtet werden, weil sie sich in einer sich national präsentierenden Schrift findet. Sie befindet sich offensichtlich in Übereinstimmung mit dem Verband der Berufsskilehrer.

(Ski Guide Austria 2018. By MN ANZEIGENSERVICE. GmbH 2017, Seite 358)

1204 Internationale Lehrplansituation **2018 Lehrpläne D/A/CH** Deutschland mehrere LP: ▸ LP Interski Deutschland ▸ LP Deutscher Skilehrerverband ▸ LP Deutscher Skiverband ▸ LP SPORTS ▸ „Lehrwerk" des Turnerbundes und der Naturfreunde Österreich mehrere LP: ▸ LP Berufsskischulen ▸ LP Instruktoren Skiverband, Hochschulen und Amateurverbände ▸ Konzepte Arbeitskreis Lehrer ▸ Internetkonzept Werner Wörndle Schweiz weiter Einheit: ▸ LP des Interverbandes mit mehreren adressaten- und themenorientierten Schriften	Forderungen der Einheit und der Vereinheitlichung sind in den deutschsprachigen Skiländern an schon immer vorhandenen Realitäten gescheitert. ▸ In Deutschland stehen seit einigen Jahren die LPs mehrerer Verbände nebeneinander. ▸ In Österreich vertreten die Berufsskischulen ein traditionelles Konzept, während die Amateurskilehrer den Rennlauf und Carven vor Augen haben. ▸ Die Schweiz ist einheitlich. Von der klaren Carvingkonzeption der 1990er ist allerdings wenig übriggeblieben. Die Berufsskischulen sind außerdem fast ausschließlich nur noch am Kinder- und Jugendskilauf orientiert.	Nicht mehr die Unterschiede allein in den drei deutschsprachigen Ländern verweisen auf Vielfalt sondern noch mehr die Unterschiede nach Verbänden innerhalb Österreichs und Deutschlands. Die dogmatischen Fixierungen scheinen zerbrochen zu sein. Fraglich ist dabei, ob es um die Entwicklung einer neuen Offenheit oder um verbandspolitische Beliebigkeit geht. Nur SPORTS verspricht mit dem Programm „universelle Skitechnik" Orientierung an der Geschichte, an internationalen Entwicklungen und am Rennlauf
1205 Telemark neue Sicht: auch Innenskibelastung **2018 Christian Theis (D)** *„Die Schüler lernen das hintere, kurveninnere Bein verstärkt zu belasten und aufzukanten. Sie erfahren die wichtige Rolle des Innenskis ... Der kleine Zeh des Innenski drückt in den Schnee."* *„Das Kanten und Mitbelasten des Innenskis perfektionieren."*	Die alleinige oder dominierende Belastung des Außenski schien durch 130 Jahre eine Selbstverständlichkeit zu sein. Erst bei SPORTS mit dem „Teleflop" und nun auch bei Theis ein wichtiges Neu-verständnis. (Christian Theis, Telemark – Spaß mit der „freien Ferse. Seite 345 und 353)	Teleflop als Telemark bei SPORTS mit Alpinschuh seit 2010: ▸ volle, fast ausschließliche Belastung des Innenski ▸ mit leichtem Fersenschlupf in den Schuhen In diesem Fall kann der Außenski beinahe beliebig vor und zurück geführt werden, eine weite Ausfallstellung jedoch bringt Stabilität und Sicherheit.
1206 Rahmen für die Möglichkeiten - Biomechanik **2018 Thomas Jöllenbeck (D)** *„Die Biomechanik liefert den Rahmen – das Individuum bringt seine Freiheitsgrade ein."* Die speziellen Themen: ▸ Kräfte ▸ Fahren in der Falllinie ▸ Gleichgewicht und Standfestigkeit ▸ Kurvenfahren	Die kompakte Biomechanik von Thomas Jöllenbeck nach bereits mehreren Veröffentlichungen bei SPORTS passt zu den didaktischen Zielsetzungen einer offenen und vielseitigen Skitechnik. Sie regt Skilehrer und interessierte Skifahrer an, über die Grundlagen, Voraussetzungen und Grenzen ihrer Künste nachzudenken. (Das Spiel der Kräfte im alpinen Skilauf. Text Seite 20, Bild Seite	

1207 Wirbelsäule neu gesehen und neu beschrieben

2019 Walter Kuchler (D)

Möglichkeiten heute
- Vor-Seitbeugen nach außen beginnend von der Hüfte nach oben
- Hineinbeugen nach innen beginnend von oben nach unten
- aufrecht oder C-Position
- moderat gebeugt oder aufliegend auf Oberschenkel
- gegen-, voraus- oder mitdrehend
- mit oder ohne Bewegungsimpulse setzend

Erstaunlicherweise wird die Wirbelsäule immer nur figural einer bestimmten Technik angepasst und ihre zentrale Funktion kaum diskutiert.
Wir sprechen von Mitdrehen oder Gegendrehen, Hüftknick oder Vor-Seitbeuge, aufrechte oder vorgebeugte Position, Reiter-, Schaukel- oder C-Position.
Aber es geht noch viel mehr um das Agieren der Wirbelsäule und um ihre Kraft. Als mächtiges Muskelarrangement ist sie bei jedem Schwung der größte Mitspieler. Die neueren Begriffe Spin, Flex und Press gehen in diese Richtung.

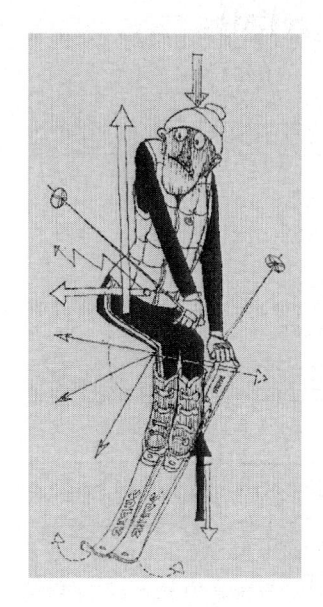

1208 Stürze vermeiden – von Stürzen lernen

2019 Walter Kuchler (D)

Analyse von 22 typischen Stürzen
Beispiele aus der Liste:

Nr 1 Stürze mit Körperkontusionen
Nr 2 Typische Carvingstürze
Nr 3 Das Verschneiden
Nr 4 Boot out
Nr 7 Fehler im Sturzverlauf
Nr 9 Sturz durch Überdrehen
Nr 11 Ausgehoben – ausgehebelt
Nr 15 Abtauchen im Tiefschnee
Nr 16 Hinaus- und abgeschossen in der Buckelpiste
Nr 19 In der Schere zerrissen
Nr 20 Geendet im Spagat
Nr 21 einfach dumm abgesessen

Das Thema Stürzen beschäftigt die Skiliteratur aller Zeiten – von fatalen Hinnahmen bis zu Ratschlägen der Vermeidung. Interessant sind vor allem die Zusammenhänge bestimmter Techniken mit für sie typischen Stürzen. So der relativ harmlos typische Carvingsturz in Boarder- bzw. Schraubtechnik hin zum Hang mit Ausgleiten auf dem Körper ohne Drehungen und Überschlagen. Techniken in Schmalspur mit Hüftknick und Gegendrehen dagegen führen immer zum Sturz nach außen, zu Überschlägen und Drehungen. Ein starkes Argument für die Technikwahl einer Schraubtechnik.

(Stürze vermeiden – von Stürzen lernen. In: Ski- und Snowboard- medizin. Seite 89 - 104)

Meine Analyse erfolgt aber auch in der Absicht, dass der Gestürzte aus seinem Misserfolg lernen sollte. Z. B. dass sein Tempo nicht zu seinem Können passt. Oder dass sein Können nicht dem gewählten Gelände und Schnee gewachsen ist.

1209 Die reflektorische Grundsteuerung – Optimierung und Komplementierung

2019 Walter Kuchler (D)

Klassifizierung erster Ordnung:
- Augensteuerung
- Kopfdrehen als Körperstellreflex
- Vestibulo-okulare Steuerung
- Kreuzkoordination Arme-Beine
- Pronation Fuß und Hand
- Supinationen Fuß (Großzehe, Außenferse)
- Supination Hand (Kleinfinger)

Klassifizierung zweiter Ordnung:
- Kopfbewegung vorwärts
- gekreuzte Beuge-Streck-Aktion der Beine (Pedalieren)
- Zungensteuerung horizontal
- Zungensteuerung vertikal
- Zeigefingerführungen seitlich
- Zeigeführungen quer, hoch-tief

Etwa 40 angeborene oder konditionierte Reflexe spielen für die Skimotorik eine größere oder kleinere Rolle. Die Auswahl und Einteilung folgen persönlichen Erfahrungen.

(Siehe Reflexe im Anhang)

Foto: Dieter Menne

1210 Rebounds aus Flex, Press und Spin – neues Konzept
 	
2019 Walter Kuchler (D)
 	
Am Schwungende:
▶ Flex
  mit Reaktion aus Körperbeugungen
▶ Press
  mit Reaktion auf Körperdrücke
▶ Spin
  mit Reaktion auf Körperdrehungen
 	
Transfer und Aufladung mit Rotation, Beinspiel u. a. im neuen Schwung
	Flex aus:
	▶ Ski
	▶ Schuh
	▶ Fuß, spez. Sprunggelenke
	▶ Knie
	▶ Körper spez. Knie, Großgelenk Wirbelsäule
	
	Press aus:
	▶ Fußsohle
	▶ Figur
	
	Spin aus:
	▶ Verwindung oder
	▶ Gegendrehung
		Was wird damit anders? Bedeutungsverlust für
		▶ anhaltende flache Skiführung
		▶ Vertikalbewegungen
		▶ Entlastungen
		▶ Stockeinsätze
		▶ dominierende hohe Fahrpositionen

1211 Programm Seniorentechnik 2019 Walter Kuchler (D) Zusammenfassung bisheriger Vorschläge beim DVGS und bei SPORTS: 1. Kurze Ski unter Körpergröße 2. Schuh mit gutem Flexweg 3. Beide Ski oder alle Belastungsarten beherrschen 4. Ausgeprägte Schrittstellungen 5. Hohe C-Position 6. In durchgehender Frontalposition 7. Geringes Vor-Seitbeugen 8. Moderate Kurvenlagen 9. Moderate Rotation oder Torsion 10. Keine Dauerrücklage, kein Absitzen 11. Lebendige Koordination, kein Oben gegen Unten 12. Lebendige Hände 13. Die Fußtechnik entdecken	Versuch, die Ratschläge seit Jahrzehnten prägnant zu fassen. Ein eigenes Programm wird in eigenen Seniorenkursen bei SPORTS seit 1989 angeboten. ▶ Auch im Gruppenunterricht kann auf spezielle Handicaps von Knie, Hüften und Rücken eigegangen werden. ▶ Zusätzlich wird die Schraub- oder Boardertechnik angeboten. Für viele Skifahrer ist es endlich die einfache Skitechnik. ▶ Dringlich ist in Senioren- und Handicap-Kursen die Rücksicht auf Stilausprägungen. ▶ Selbst im Alter kann es auch noch zur Entwicklung von Eigentechniken kommen, vor allem wenn optimale Schuhe und Ski gefunden werden. ▶ Denkens- und wünschenswert ist bei kleineren Gruppen und bei speziellen Arbeitsbedingungen die Arbeit an einer personalisierten Skitechnik, einer Eigentechnik für jeden einzelnen Schüler.	Die Melodie der Kurven begleitet uns. Sie bleibt über den letzten Schwung hinaus. (Skifahren mit Handicaps – Skifahren im Alter. In: Ski- und Snowboardmedizin. Seite 193 – 2005)

1212 Skischuhe in der Diskussion **2019 Norbert Henner (D)** „Beim Unterschenkel kommt es vor allem im Bereich zwischen oberem Sprunggelenk und Schuhrand häufig zur Periostitis durch große mechanische Belastungen der Tibia.	*Die großen Kräfte, die infolge von Körperschwerpunktverlagerungen nach vorne sowie Beugebewegungen im oberen Sprunggelenk entstehen, können eine permanente Reizsituation für das Schienbein darstellen."* (Überlastungsschäden im alpinen Skisport. Seite 150)	Meine ständigen Vorwürfe seit 2000 an die Skischuhindustrie, dass sie mit viel zu beugesteifen Skischuhen, den Skifahrern modernes Skifahren verunmöglichen und sie zu einer „Stehtechnik" verdammen, entsprechen, wie im angeführten Falle, auch medizinische Bedenken.
1213 NeoClassic – Moderne Form klassischer Techniken **2019 SPORTS/Walter Kuchler** In eine NeoClassic sollten eingebracht werden: ▸ Prinzip Rebounds mit Flex, Press und Spin ▸ Reflexunterstützung ▸ Orientierung an der ästhetischen Performance ▸ Entschlüsselung des endogenen emotionalen Kerns ▸ schon frühes Schneiden vor der Falllinie ▸ ev. Spurerweiterung ▸ ev. Verzicht auf Stockeinsatz	Durch die Benutzung von Carvingski, eine flüssigere Fahrweise und Modernisierungsfaktoren, erübrigen sich: ▸ Entlastungsbewegungen ▸ damit allgemein Reduktion der Hoch-Tiefbewegungen ▸ Stockeinsätze Moderatere Ausführungen bei: ▸ Rotationsbewegungen ▸ Gegendrehungen ▸ Knickbewegungen Damit ▸ kurze Driftphase nach Auslösung ▸ frühe Einnahme der Kurvenlage Im Endeffekt kann sich das Erscheinungsbild kaum vom reinen Carven unterscheiden. (Lehrgangspapiere bei SPORTS, Beiträge in Skimanuals, Bücher von Walter Kuchler)	Beispiel einer originären klassischen Technik: Außentitel des österreichischen Lehrplans von 1956. Fahrfigur mit ▸ enger Skiführung, ▸ Knie in Knie ▸ Hüftknick ▸ starker Oberkörperverwindung ▸ gestreckter Wirbelsäule ▸ Achsenparalliltät von Fußknöchel, Knieen, Hüftachse, Schulterachse ▸ starrer paralleler Stockführung.
1214 Rückblicke auf die Skigeschichte und die Geschichte des Deutschen Skilehrerverbandes (DSLV) **2020 Rochus Reiter (D)** ▸ Abriss der Skigeschichte ohne Anspruch auf Vollständigkeit ▸ Interessante Darstellung der Gründung und der Entwicklungsschritte des DSLV ▸ Die Schlussbehauptung steht allerdings im Widerspruch zur historischen Faktizität: So wird für 1998 festgestellt, dass „der Verband schon längst das Carven zu seiner Sache gemacht" habe. Das „Schon längst" umfasst die Zeit vor 24 Jahren, denn der Verband hat erst 1996 begonnen sich dem Carven zu öffnen.	Ein facettenreicher historischer Abriss, der in der Hauptsache die Geschichte des Deutschen Skilehrerverbandes behandelt. Bedauerlich ist dabei die Behauptung, schon längst bei der Entwicklung des Carvens dabei gewesen zu sein. Eine vergleichbare historische Verdrängung von Entwicklungen durch sog, offizielle „Lehrwesen" finde ich nur im Totschweigen des Wedelns in den Lehrplänen der 1930er und 1940er Jahre. (Rückblicke. Deutscher Skilehrerverband. Seite 171)	

1215 Skitechnik einfach – Tradition: u. a. Fritz Reuel (1926), Fritz Hoschek (1930), Georges Joubert (1965), Snowboarder (1990), Walter Kuchler (2003)

2020 Spiral-, Schraub- oder Schlangentechnik

Hineindrehen des Körpers
- Tiefdrehen (bevorzugt) oder
- Tiefhochtiefdrehen
- mit Spannungsaufbau
- ohne oder mit Entlastung
- mit diagonaler oder paralleler Handführung
- mit Innen- oder Außenskibelastung
- bevorzugt als Carvingschwung
- Beachte dazu auch den schweizer Lehrplan von 1954.

Immer wieder gab es die Forderung nach einer einfachen Skitechnik, die aber bei den traditionellen Skilängen und nicht oder kaum taillierten Ski nur unzureichend zu erfüllen war.

Heute aber haben wir mit der Spiral- oder Schraubtechnik eine der großen Lösungen, gleich ob carvend, neoclassisch oder klassisch ausgeführt. Für die Schraubtechnik spricht auch, dass sie bei gestiegenen Ambitionen und Rahmenbedingungen ausgebaut werden kann, wie wir am alten Tiefschneebild, TeleCarv, an Hand- und Bodycarven sehen.
Siehe für eine Einordnung das System „Skitechnik universell" von SPORTS.
(Verzicht auf Jouberts Begriff, da er auch schon in anderen Zusammenhängen gebraucht wurde.)

Fritz Hoschek 1938

Bei Anton Fendrich 1924

Stefano Mantegazza

Walter Kuchler - TeleCarv

1216 Die Postmoderne – ein programmatischer Entwurf

2020 SPORTS (D)

Postmoderne als systemische Innovation - Anspruch auf alle Techniken erhebend.

Die Schwunggestaltungen
1. mit Rebounds
2. mit Reflexen
3. aus endogenen Emotionen
4. in ästhetischer Performance

Versprechen:
- Alles Schwingen geht damit leichter.
- Die Schwünge werden harmonischer, geschmeidiger, eleganter.
- Ein gelingender Rückgriff auf körpereigene Anlagen und Ressourcen.

Als systemische Innovation werden damit fast alle alten und neuen Techniken erfasst, wogegen Innovationen nur eine neue Technik postulieren und Revolutionen eine neue Technik statt der alten Fahrweise fordern.
Begriffsgebrauch:

Begriffsgebrauch:
Systemisch:
- Ein ganzes Gebiet wie beispielsweise alle Schwünge betreffend

Rebounds:
- Reaktionen der Ski, der Schuhe, der Motorik auf Aktionen. Beispiele: Entlastung und Kantenwechsel aus durchgebogenen Ski. Rückstreckung von Gelenken nach Beugungen

Reflexe:
- Reize, die Bewegungen als Reaktionen auslösen
Beispiele: Körperdrehung nach vorausgehender, langsamer Kopfdrehung

Endogen - exogen:
- Endogen: in der Sache selbst liegend
Exogen: von außen herangetragen

Ergänzung zu Zeitfenster Nr. 1216

Die Postmoderne
– ein programmatischer Entwurf als Ski Futur
– Systemische „Progression der 2020er" als Optimierung aller Richtungsänderungen

Systemische Progression

Alle bekannten Techniken der Richtungsänderung werden von ihr erfasst, bleiben in ihrem Bestand, werden aber überformt und optimiert.

SPORTS postuliert damit eine systemische Änderung für alle Techniken zur Richtungsänderung wie das Bogentreten, den Schlittschuhschritt, die Bögen und die Schwünge. Die systemische Steigerung bringt ein neues Schwungverständnis und eine völlig neue Schwungstruktur.

Im strengen Sinne von Begriffen ist diese Progression mehr als eine Innovation, die immer nur eine Sache eines Systems betrifft, und mehr als eine Revolution, die immer die Ablösung einer bestimmten Technik durch eine andere meint. Die systemische Steigerung sieht sich als Anwendung in allen traditionellen und aktuellen Techniken. In Stichworten:

Was ist eine systemische Veränderung?

Eine Veränderung eines ganzen Systems wie das der Schwungtechniken. Dabei bleiben alle Inhalte, verändern sich aber. Im Gegensatz dazu stehen die Revolution als eine völlige Ablösung des Bestehenden und die Innovation als eine Ergänzung des Bestehenden in einem Punkt.

**Alles kann bleiben,
aber alles wird anders werden**

Die Programmatik „Postmoderne der 2020er" als eine Weiterentwicklung als systemischer Progression

Die Postmoderne ist keine Ablösung von bekannten Techniken, wie dies unter den Begriffen Innovation und Revolution geschehen ist, sondern eine Weiterentwicklung. Innovation meinte immer einen bestimmten zusätzlichen Entwicklungsgewinn und Revolution die Ablösung einer Technik durch eine neue. Die Postmoderne hat zugleich einen viel höheren aber doch auch bescheideneren Anspruch.

Systemisch bedeutet, dass alle Techniken der Richtungsänderung von einer Progression, einem Fortschritt, erfasst werden wie beispielsweise auch die Bogen- und Schrittschuhschritte. Sie ist auch universell gedacht für alle bekannten Techniksysteme wie Carving-, Beinspiel – und Rotationstechnik. Alle werden überformt und optimiert. Insofern ist eine systemische Progression mehr als eine Innovation und eine Revolution.

Postmoderne der 192023 ist vergleichbar der systemischen Veränderung aller Fahrweisen durch den Carvingski.

**Alle bekannten Techniken werden von
der systemischen Progression erfasst,
bleiben in ihrem Bestand, werden aber
überformt und optimiert**

Dabei bleibt klar, die systemische „Progression der 1920er" betrifft die klassischen bzw. neoclassischen Techniken und das Carven.

Leitlinien

1. Einforderung alter Erkenntnisse für die Techniken (siehe auch 4.)
   ▷ Schnee-Eignung der Technik
   ▷ Hang-Eignung der Technik
   ▷ Optimaltempo für eine Technik (Hoppichler)

2. Erfassung der Innenstruktur einer Technik
   ▷ ästhetische Performance einer Technik
   ▷ emotionaler endogener Kern einer Technik

3. Einbringung neuerer Strukturelemente
   ▷ Rolle von Reflexen
   ▷ Rolle von Rebounds
   ▷ Beachtung von Spannungsaufkommen und Spannungsverlauf der Muskulatur
   ▷ spezieller Focus auf Flex, Press und Spin im Bewegungsablauf

4. Bedeutungsgewinne und Bedeutungsverluste für Techniken und Fahrweisen
   ▷ geringere Rolle von Entlastungen
   ▷ geringere Rolle von Vertikalbewegungen
   ▷ seltenerer Zugriff auf stemmende Techniken
   ▷ besserer Kurvenhalt der Ski
   ▷ selbsttätige, autokinetische Steuerung der Ski
   ▷ schnee-, gelände-, technikangepasste Skieigenschaften

Die systemische Progression – auch als biomotorisches Programm

Das biomotorische Programm verändert und optimierte die Skitechnik grundlegend:

▶ Ein biomotorisches Programm macht vielfach Forderungen nach Entlastungen und aufwendige Drehaktionen überflüssig.
▶ Die Autoreaktionen von Ski und Schuh und Fahrer werden genutzt.

- In gleicher Weise werden die Körperrebounds aus FLEX (Gelenkbeugungen), PRESS (Druck der Fußsohle und der Wirbelsäule) und SPIN (Drehspannung des ganzen Körpers) wirksam.
- Aufgerufene Reflexe von Kopf bis zum Fuß steuern unsere gewünschten Aktionen bis hin zu automatischen Abläufen.
- Rebounds, die Ski und Schuh und alle Körperbereiche betreffen, sind prägend und essentiell für alle Techniken der Richtungsänderungen. Körperrebounds aus: Fußsohle, Fußgewölbe, oberes und unteres Sprunggelenk, Kniegelenk, Hüftgelenk, Wirbelsäule.
- Die Aufmerksamkeit für die jeder Fahrtechnik eigene Expression fordert und formt Bewegungsqualitäten wie für Dynamik, Kraft, Harmonie, Eleganz, Leichtigkeit oder Rhythmus fördert uns mehr als bloßes Arbeiten an den Bewegungseigenschaften.
- Das Zusammenwirken von Emotionen und Fahrtechnik nach dem Prinzip „Motions by Emotions- Emotions by Motions" ist nicht nur wirksam, sondern interpretiert und verstärkt unsere Intentionen und Interpretationen von Skifahren überhaupt.

Die Gestaltung der Schwünge in der systemischen „Progression der 1920er":

- mit Reflexen
- mit Rebounds
- mit je eigenen, mit endogenen Emotionen
- mit je eigener, mit endogener ästhetischer Performance
- in neuer Schwungstruktur

Die Phasenstruktur eines „progressiven" Schwunges

Die traditionellen Beschreibungen von Phasenstrukturen leiden an einer Grundannahme: Sie beschreiben einen einzelnen Schwung, der aus einer Schrägfahrt kommt und in einer Schrägfahrt endet.

Die neuen Phasenstruktur des Schwunges – Schwung aus Schwung

1. Endsteuern – Verdichten von Kantenführung, Skidruck und Körperspannung, Lösen und Transfer
2. Neustart und Aufladung mit neuen Technikelementen
3. Vorsteuern - Hangausfahrt
4. Zenit - Falllinienüberquerung
5. Durchsteuern - Hangeinfahrt
6. Endsteuern – Verdichten, Lösen und Transfers

Der folgende ausführlichere Phasenbeschreibung soll zeigen, wie differenziert Aufgaben und Aktionen sind. Genaueres Hinschauen hilft für ein Fahren, das sich vor allem für situativen Anpassungen, für die Lust am Ausprobieren und Lernen auswirken kann. Schließlich geht es auch um realitätsnahe Vorstellungen als Grundlage für Lehrkonzeptionen.

1. Finale
   - FLEX, PRESS und SPIN von Ski, Schuh und Körper
   - Rebounds aus Ski, Schuh, Füßen, Beinen, Rumpf
   - Reflex Augen-/Nackensteuerung (Kopfdrehung)

2. Neustart und Aufladung mit neuen Technikelementen
   - Reflex Kreuzkoordination von Händen und Füßen
   - Reflex Pro- und Supination
   - Wechsel Skistellung mit Hilfe von Rebounds und Reflexen
   - Kantenwechsel mit Hilfe von Rebounds und Reflexen
   - Aufladung mit Schwungelementen (Rotation, Beinedrehen, Körperdrehen ...)

3. Vorsteuern – Hangausfahrt
   - Steuern durch neue Schwunglemente
   - verstärkte Richtungsabweichung: Ski noch oben – Fahrer schon unten
   - Beugung oder Streckung der Beine
   - Körperwandern über die Ski
   - Körperbiegung nach innen oder nach außen
   - weitere Verstärkung des Kantwinkels
   - steigende Geschwindigkeit
   - Kurvenlage verstärkt

4. Zenit - Falllinienüberquerung
   - Ein- und Durchfahren der Falllinie
   - Beibehalten der Kurvenlage und des Kantens
   - Zunahme an Geschwindigkeit

5. Durchsteuern - Hangeinfahrt
   - Aufkantwinkel weiter verstärkt
   - Verstärkung der Kurvenlage
   - deutlicher PRESS- und FLEXdruck
   - zunehmende SPINspannung

6. / 1. Finale
   - FLEX, PRESS und SPIN auf Höhepunkt
   - Einsetzen der Rebounds und Reflexe
   - Aufladung mit neuer Technik (z. B. Racecarven, Rotation, Beinspiel)

In neoclassischen Techniken verlaufen die Phasenstruktur und Techniken vergleichbar, nur dem Vorsteuern ist eine kurze Driftphase vorgeschaltet. Diese verlängert sich allerdings, wenn eine vertikale Tief- oder Hochbewegung geplant ist, sodass der Kantenzugriff erst kurz oder im Zenit erfolgen kann.

Erwartungen an Ski Futur und Beiträge zu Ski Futur

In einigen Punkten hat Ski Futur bei mir und bei SPORTS seit langem begonnen. Ich darf diese in einer Zusammenfassung aufzählen.

- Offenheit für verschiedene Techniken unter dem Stichwort Skitechnik universell
- Propagierung und Angebot der neuesten Entwicklungen unter dem Begriff „Postmoderne der 1920er"
- NeoClassic als Renaissance von klassischen Techniken auf modernen Ski und durch Überformungen mit modernen Technikstrukturen wie Rebounds und Reflexen
- Lernen von der Renntechnik. Keine direkte Übernahme sondern kluge Adaptionen vor allem wegen der geringeren Kurvengeschwindigkeiten und der geringeren konditionellen Verfügbarkeit
- Technikverstehen und Technikempfehlungen nach ihrer jeweiligen Charakteristik, ihren Vorteilen und Grenzen für Schwungweiten, Tempo-, Gelände- und Schnee-Eignung
- S-Carven als ein optimiertes Carven mit Rebounds und Reflexen
- Spezielle Empfehlung der Technik als Körperdreh- oder Schraubtechnik unter der Empfehlung „einfache Technik mit großem Potenzial"
- Durchdringung der Körpertechniken mit Spin, Flex und Press vor allem zur Schwungsteuerung und zum Schwungwechsel
- Entschlüsselung der endogenen ästhetischen Performance jeder Technik. Offenheit und Bereitschaft auch für expressive Figurationen
- Erfassen des emotionalen Kerns jeder Technik und dessen expressiver Ausdruck
- Verstehen und Realisieren einer neuen Schwungstruktur als Schwung aus Schwung
- Neue Sicht und Bedeutung von Wirbelsäulenaktivitäten statt als bloßer Haltungsaufgabe und als Widerlager für Beinaktivitäten
- Aktivierung der „Fußtechnik" in ihren Segmenten Fußsohlenpaket, Fußgewölben, unteres und oberes Sprunggelenk, Möglichkeit der Pronation und der beiden Supinationen (Ballen- und Fersensupination)
- Eine umfassende Lehre von den Rebounds von Ski und Schuh, aller Körpergelenke und vor allem der Muskulatur, die auf der antagonalen Aktivität der Gelenke beruht
- Eine Durchdringung der Techniken mit Reflexen. Beachtung bzw. bewusster und gezielter Einbau in die Aktivitäten von 6-8 Reflexen
- Neuer und kluger Umgang mit der allgemeinen Körperspannung. Neue Sicht auch auf Spin als Drehspannung
- Erweiterung der Aneignung der Techniken als Stil und als personalisierte Eigentechnik

1217 Zukünftige Entwicklungen - Voraussage der ständigen Anpassung und des ewigen Wandels

1916 Carl J. Luther (D)

„*In dieser immerwährenden Beschäftigung des Schneeläufers mit der Skitechnik liegt ein großer Teil der Reize des Schneelaufes. Über diese Beschäftigung kommt der Schneeläufer nie hinaus, selbst der allerbeste, der Künstler auf Schneeschuhen, wird fortwährend von der Anpassung seiner Hilfen an die wechselnden Verhältnisse in Atem gehalten.*"

Die Prognose von Carl J. Luther aus dem Jahre 1916 hat noch immer Gültigkeit.
Ein historischer Text! Der junge Luther legt in seinem vierten Buch dar, was 10 Jahre später Arnold Fanck und Hannes Schneider im „Wunder des Schneeschuhs" als Faktoren der ständigen Anpassung im persönlichen Bereich festlegen werden. Carl. J. Luther weiß aber auch bereits um die ewigen Ambitionen und das immer- währende Streben der Skifahrer.
Bis in die 1930er Jahre bleibt der nebenstehende Text bei vielen auch überarbeiteten Auflagen erhalten.
(Schule des Schneelaufs. Seite 50)

1218 Technikrelevanz - Wiederholung aus 1937 Nr. 486 „Ein großer Freibrief"

1937 Carl J. Luther (D)

„*Wer beim Üben von selbst auf diese und jene Abart kommt, mag sie ruhig weiter pflegen, wenn sie zusagt und sich im Gelände bewährt.*"

Luthers Satz ist ein Meilenstein im Verständnis von Skitechnik. Er hat ihn zwar in einer wegweisenden Einführung, aber doch mehr so nebenbei, geschrieben. Im Rückblick müssen wir diesem Satz jedoch einen „Verfassungsrang" zugestehen.
(Carl J. Luther, Die Schule des Schneelaufs. 70.-74. Tausend, Seite 7, Bild Seite 61)

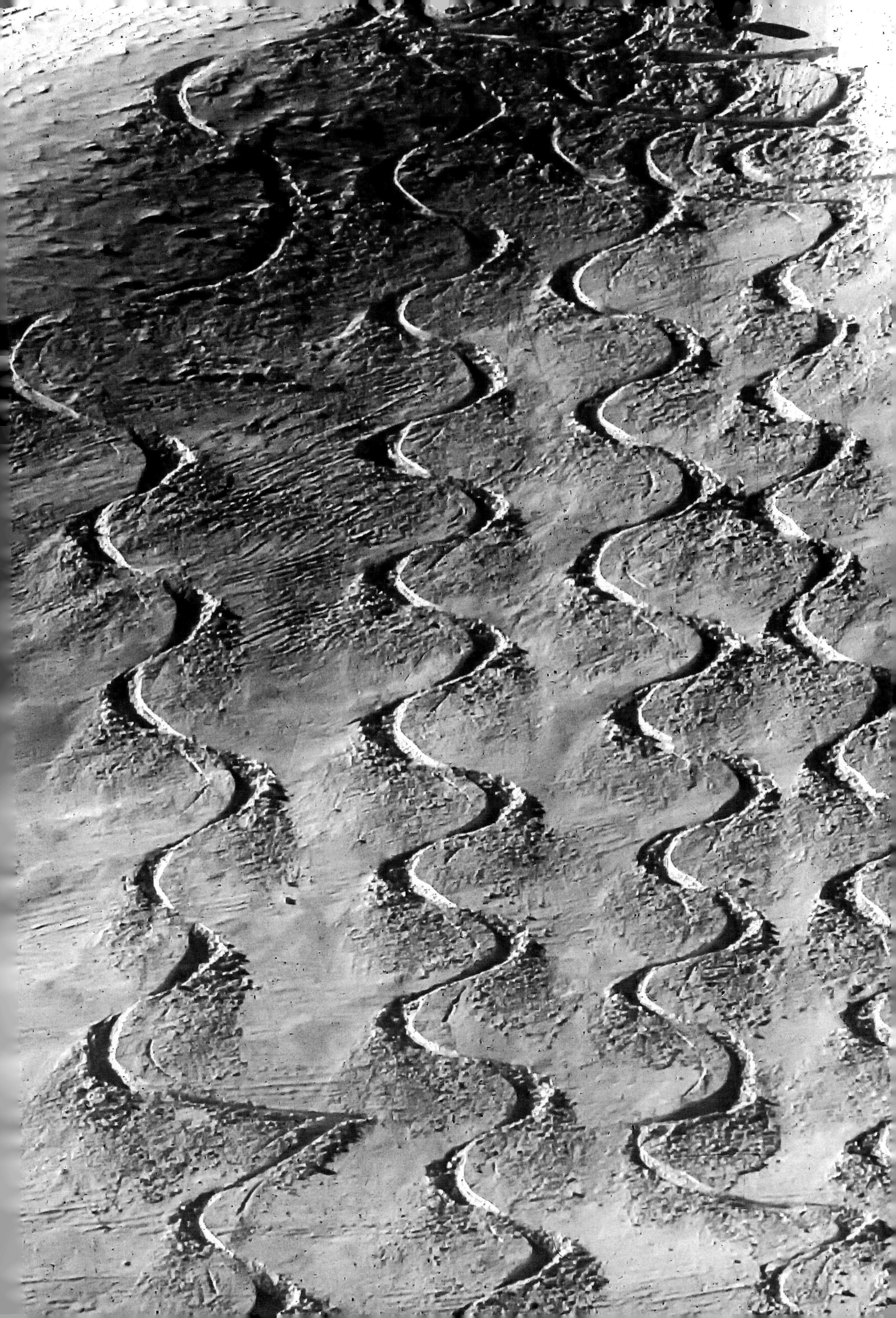

Teil 2:
Thematische Längsschnitte

Mein Vorgehen

Niemand wird meinen skihistorischen Überblick lesend wie ein narratives Buch angehen. Ich stelle mir zwei Interessenlagen vor. Einmal könnte es sein, dass sich ein Leser für einen gewissen Zeitabschnitt interessiert. Noch häufiger, so stelle ich mir vor, werden sich Leser finden, die einem bestimmten Thema durch die Zeiten folgen wollen. Für diese Interessenslagen ist dieser zweite Teil meiner historischen Skizze gedacht.

Um nicht nur Fakten bereitzustellen, wiederhole ich ganze Zeitfenster zum gewählten Thema. Dabei ist der Frage nach Ursprung und ersten Nachweisen eines bestimmten Themas schnell mit einem oder zwei Zeitfenstern gedient. Für komplexere Fragen versuche ich möglichst viele Antworten in historischer Reihenfolge zur Verfügung zu stellen.

Die Möglichkeiten und der Gewinn von Längsschnitten

Die in einzelnen Zeitfenstern dargestellten Techniken sind vielfach nur Blitz- und Streiflichter. Ihre Gruppierung in diesem zweiten Teil meiner historischen Skizze aber macht die Bedeutung und den Prozess einzelner Themen klar. Oftmals werden die Längsschnitte auch in unserem Bewusstsein Einiges zurechtrücken. Gelegentlich wird aufgedeckt, wie Autoren und Lehrplanmacher gearbeitet haben. Nämlich vielfach ohne jeden Bezug zu historischen Quellen und Grundlagen. So erweisen sich manche Innovationen als Zweiterfindungen. Dahinter stecken manchmal Unwissen oder auch bewusstes Verschweigen. Selbst Geschichtsklitterungen werden enttarnt. Schon in den Bereich eines Autoritätsanspruchs ist die Tatsache einzureihen, dass einige Lehrpläne – wie mir auch ein Mitautor persönlich versicherte – bewusst kein Erscheinungsjahr angeben, um sozusagen auch kein Verfallsdatum zu implizieren. Ich möchte auch deshalb der Frage nachgehen, wann eine Technik sich zum ersten Mal manifestiert hat und wie gründlich sie vielleicht schon vor Jahrzehnten bearbeitet wurde.

Vergangenheit erklärt Gegenwart, Zukunft geht von der Gegenwart aus

Mit Sicherheit können die Längsschnitte helfen, die Gegenwart kritisch zu beurteilen und sich des eigenen Standortes bewusst zu werden. Vielleicht könnten sie auch dazu beitragen, gegenüber neuen Entwicklungen offener zu sein. Schließlich sollten ja für alle, die Neues postulieren und Zukunft gestalten wollen, der Blick auf die Vergangenheit und die Präsenz in der Gegenwart nicht nur eine intellektuelle, sondern auch eine moralische Pflicht sein.

Schnell festgestellte Auffälligkeiten

Das **Wedeln** fand zwanzig Jahre lang keinen Eingang in offizielle Lehrpläne, eroberte aber dann nach der österreichischen Demonstration beim Interskikongress in Val d´Isere in Stunden und Tagen fast die ganze Welt. Warum die lange Verweigerung vorher? Interessant und überraschend sind deshalb die Feststellungen, wann eine **Technik zum ersten Mal** praktiziert wurde. In diesem Längsschnitt durch die Zeiten werden manche Ansprüche auf Erfindungen und nationale Vereinnahmungen schnell bloßgestellt. Kaum erklärbare Züge nimmt die **Carvinggeschichte** an. Warum ein so langer Vorlauf? Warum verliefen so viele gute Ansätze im Sand? Und warum kam es vor dem endgültigen Durchbruch zu einer beispiellosen Abwehrschlacht von Journalisten und deutschen wie österreichischen Skilehrern und Funktionären? Daneben mutet die sogenannte Telemarkaffäre des Deutschen Skiverbandes von 1984 skurril an. Auch in diesem Sinne versuche ich vielen Fragestellungen, die Längsschnitte vielleicht auch beantworten können, in den einzelnen Abschnitten nachzugehen.

Hilfen für zukünftige Entwicklungen

Geschichte in Form von Längsschnitten könnte hilfreich sein, Sekundärmotivationen für das Festhalten oder Propagieren von Auffassungen über Skitechniken zu entlarven. Die nationale Firmierung, das Geschäftsinteresse, die Profilierung Einzelner – einer Gruppe, eines Verbandes oder eines Landes – und die Notwendigkeit gewisser Vereinheitlichungen oder einer Vereinfachung dürfen nicht allein bestimmend sein. Hilfreich können historische Rückblicke auch für jeden sein, der sich über neue Phänomene den Kopf zerbricht. Schließlich würde es Autoren, Lehrbüchern und Lehrplänen gut anstehen, die historischen Wurzeln und Zusammenhänge ihrer Lehren offen zu legen. Eine Berücksichtigung des geschichtlichen Werdens schmälert kein Verdienst um Neues, sondern gibt diesem erst Fundament und Überzeugungskraft. Geschichtliche Hintergründe könnten Lehrpläne auch davor bewahren, sich mit dem Weihrauch eines Katechismus zu umgeben und so zu tun, als hätten sie Dogmen zu verkünden.

Erstes Auftreten einer Technik

Erstes Auftreten muss hier verstanden werden als ein erstes Auffinden in der Literatur. Vielleicht könnten in diesem und jenem Fall durch andere Quellenstudien noch frühere Vorkommen aufgespürt werden.

1. Die ersten Lehrbücher

Man kann darüber diskutieren, wann man ein Buch „Lehrbuch" nennen sollte oder darf. Ich denke, es muss über eine Sache einigermaßen umfassend informieren und dazu anleiten, wie man sich den Stoff aneignen könnte. Alles verständlicherweise in seiner Zeit gesehen. Bisher wurde wohl aus diesen Gründen unwidersprochen behauptet, dass Mathias Zdarsky das erste Lehrbuch des Skifahrens geschrieben hat. Schaut man sich aber die Arbeit von Georg Blab an, so bekommt man Zweifel, ob nicht Blab das Verdienst des ersten Lehrbuches zusteht. Oder sollte man sogar O. Vorwerg als ersten Lehrbuchverfasser sehen?

57 Wendungen mit den Füßen und gebeugten Knie - Sturzschule - Sturzbekanntschaft **1893 O. Vorwerg (A)** ▸ bei der Schussfahrt Beine nicht gepresst, sondern im bequemen Abstand ▸ bei großen Bögen die Ski mit den Füßen drehen ▸ bei scharfen Wendungen in die Knie gehen ▸ möglichst früh Springen durch Kniebeugen und Kniestrecken ▸ Anhalten durch einen Schlusssprung ▸ erste Sturzschule ▸ erste Hinweise auf psychische Leistungen	Insgesamt Lehrbuchcharakter. Sensationelle Texte! Beispiel: *„Mit dem Stürzen hat auch der geübteste Schneeschuhläufer zu rechnen und der ungeübte natürlich noch viel mehr. Man muß sich deshalb für die Bergabfahrt genügend weichen und tiefen Schnee aussuchen, dann pflegen, selbst wenn man sich mehrere Male mit großer Heftigkeit überschlägt, doch selten Unglücksfälle vorzukommen. Im Allgemeinen kommt es für die Erlernung darauf an, daß man sich vor dem Stürzen nicht scheut, und daß man so bald als möglich mit dem Schnee durch Stürzen Bekanntschaft macht und dann diese Art von Verkehr lebhaft pflegt."*	Erste Hinweise auf psychische Leistungen: *„Schon die einfache Fahrt bergab stellt Ansprüche an Entschlossenheit, Geistesgegenwart, Kraft und Gewandtheit, und eine ungewöhnliche Steigerung erfahren diese Ansprüche bei scharfen Wendungen und beim Springen."* (Das Schneeschuhlaufen. Seite 13 und 19)
65 Abfahrtshaltung und Telemark im ersten Lehrbuch - Einstieg ohne Stock **1895 Georg Blab (D)** ▸ Schwergewicht mäßig nach vorne ▸ Zurücklehnen führt zu rasender Fahrt ▸ Knie gebogen ▸ auch gebückte Haltung, „Hocke" ▸ Abstand der Schneeschuhe 5-7 Zentimeter ▸ Telemarkanweisung ▸ Verwendung Einstock, aber darauf beim Anfänger verzichten	Der Münchner Vereinsvorsitzende schrieb die „Anleitung zur Erlernung des Schneeschuh-(Ski-) Laufens" schon vor Mathias Zdarsky. Schnelles Abfahren wird gefeiert. Für das Anhalten wird der Telemark empfohlen und beschrieben. Blab spricht vom „Telemarkschwung". Das hier im Ausschnitt wiedergegebene Titelblatt weist auf 46 Illustrationen und das Erscheinungsjahr 1895 hin. Von Georg Blab kann man behaupten, dass er das erste wirkliche Lehrbuch geschrieben hat, eine Tatsache, die Zdarsky-Freunde gerne übersehen.	(Texte Seite 10 f. und 16. Außentitel des Buches)

76 Stemmfahren – Berg-/Innenskitechnik	Mathias Zdarsky entwickelt eine Technik mit dem Einstock für das Kurvenfahren auch in sehr steilem Gelände. Nachdem er mit seinem norwegischen Ski wenig anfangen konnte, machte er sich Ski ohne Rille von 180 cm und mit Taillierung. Dazu entwickelt er Bindungen für eine gute Skiführung. Seine legendäre „Alpenstange" (ca. 180 cm mit Eisenbeschlag) war eine Übernahme von den Alpinisten. Er verfasst ein gründliches Lehrbuch. 1905 erster Slalom am Muckenkogel. Sorgfältige Analysen „des Genie Zdarsky" bei Horst Tiwald).
1897 Mathias Zdarsky (A)	
▶ Die Skikante als „Theil einer kreisförmig gearteten Kurve" ▶ eigene Ski 180 cm, vorne 2, hinten 1 cm breiter ▶ mit Hilfe einer präzis führenden Bindung ▶ mit Berg-/Innenskibelastung und Kleinzehenzugriff ▶ mit Vorlage (siehe oben) ▶ Hineinkippen in den neuen Schwung ▶ Doppelschwung aus Stemmbogen + Telemark ▶ Befahren sehr steiler Hänge	(Themenübersicht. Außentitel der Lilienfelder Skilauf-Technik in seiner 1. Auflage)

2. Die ersten Schwünge

Die ersten Schwünge sind für die Lappländer dokumentiert. Die Schwünge der Telemärker und der Skifahrer aus Kristiania (heutiges Oslo) mögen wohl primär Stoppschwünge nach Sprüngen gewesen sein. Trotzdem enthalten sie die typischen Merkmale einer Richtungsänderung.

3 Geflogener Querschwung in steiler Abfahrt – Schaulaufen	Auf der norwegischen Insel Bremagerlang beherrschten sowohl der König wie einige seiner Mannen das Skilaufen gut. Daraus zu entnehmen:
Um 1050 Bericht über das gewandte Schaulaufen von Heming Aslaksson vor König Harald dem Harten	
„Heming klomm nun den Berg in die Höhe, trat oben auf seine Schneeschuhe und fuhr dann den Berg hinab. Jäh raste er hinunter. Es war fast ein Wunder, daß es kein Todessturz ward. Doch blieben die Schneeschuhe fest an seinen Füßen haften. Nun kam er herab zum Standort des Königs und seiner Mannen. Am äußersten Rande der Klippe stemmte er seinen Skistab ein und schwang sich in die Luft. Die Schneeschuhe flogen unter ihm hinweg und Hemming faßte Fuß auf dem äußersten Felsvorsprung."	▶ Fahrt mit rasantem Tempo ▶ Drehsprünge um den Stock in der Luft ▶ Einstocktechnik ▶ Abwerfen der Ski ▶ Halten im Stand auf den Füßen (Text bei Erwin Mehl, Altgermanischer Schneelauf. In: Skileben in Österreich 1938. Seite 52 f.)

Die Quersprünge und Querschwünge müssen nach dem Bericht so ähnlich ausgesehen haben wie Toni Schöneckers Bild in der Wintersportfibel von Luis Trenker und C J. Luther von 1940, Seite 26.

7 „und beherrschen winddungsreich die Abfahrt" **1567 (lateinischer Bericht 1555) Olaus Magnus (S) über Lappen und Finnländer** ▸ „Krummer, schneller Lauf" ▸ „Schier so geschwind auff die hohen Spitzen der schneechten Berg mit ihren langen krummen Hölzern lauffen" ▸ „Auf glatten schlüpfferigen Hölzern schnell daher laufen und rutschen" ▸ „Hurtig, mit behendigkeyt wenden/wohin sie wollen" ▸ Abfahren in Windungen ▸ Einstockfahrer	Der ehemalige Bischof aus Uppsala, beschreibt in seinem venezianischen und römischen Asyl die Schnelligkeit und Wendigkeit der Nordländer auf den Ski so, dass man sich dies für den Lauf in der Ebene, für den Aufstieg wie die Abfahrt vorstellen kann. Wie Ski tatsächlich ausgesehen haben, konnten sich seine italienischen Zeichner nicht ganz vorstellen, obwohl sie Olaus Magnus gut und vor allem als kurz beschrieben hatte. Ein Ski ist um einen Schuh länger. (Texte und Bilder Seite 3, 9, 75, 77)	
12 Richtungsänderungen mit scherendem Ski und Einstock sowie Bogen **Um 1670 Nach Ioannis Schefferi „Lapponia"** Abfahren ▸ in aufrechter Haltung ▸ Kopfdrehung nach innen ▸ mit Einstockstütze innen ▸ in leichter Scherstellung ▸ Belastung des Innenski	Die Einstockstütze innen finden wir später bei Zdarsky. Die Belastung des Innenski beherrschte die Auffassungen in den ersten Jahrzehnten des 20. Jahrhunderts. (Ausschnitt aus einem Bild in „Lapponia" von Johan Scheffer, wiedergegeben bei Mario Cereghini in „5000 years of wintersports". Seite 73)	

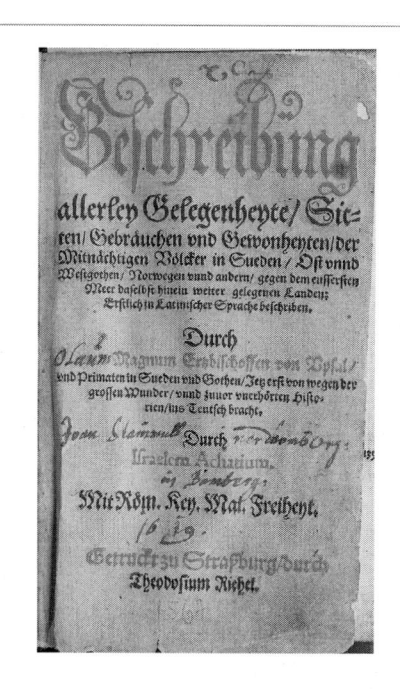

3. Das erste Scheren und Stemmen, erste Ausfall- und Schlittschuhschritte

19 Lässige Abfahrt mit geschultertem Stock – Skifahren von Kleinkindern **1767 Knud Leem (FIN)** Die Fahrweise der Lappen: ▸ Abfahrt ohne Stock ▸ Stock lässig auf der Schulter ▸ Mit Tempo, „so daß der Wind um die Ohren pfeift und die Haare fliegen. ▸ Unterwegs können sie einen Hut aufheben.	Knud Leem schildert weiter: „Die kleinen Kinder können kaum gehen und schon kriechen sie zu den Hügeln, stellen sich auf die Schneeschuhe und fahren die Hänge herunter." Eine der wenigen frühen Bezeugungen, dass das Abfahren zum Vergnügen und auf sportliche Weise gemacht wird. (Wiedergegeben bei „Erwin Mehl, Grundriß der Weltgeschichte des Schifahrens. 1964, Seite 100. – Bild aus Knud Leems Beskrivelse over Finnmarkens Lappen. 1767, wiedergegeben bei Olav Bo, Norsk Skitradisjon. 1966. Seite 27)	

29 Erste Telemarks

1850/1860 in Morgedal (Telemark – Norwegen)

Schwingen mit taillierten Ski in tiefer Ausfallstellung:
- mit Innenbein gebeugt bis nahe einem Hinknien
- mit Außenbein fast gestreckt und weit vorgeschoben
- mit vollem Gewicht auf dem Außenski
- ohne Stöcke, dafür manchmal mit einem „Bruch" (Zweig) in der Hand
- oder auch mit zwei Stöcken

Ohne Sondre Auersen Norheim und die Telemärker ist die Entwicklung des sportlichen Skilaufs nicht denkbar. Ursprünglich zum Stoppen der Fahrt nach einem Sprung über eine Schanze gedacht. Die Telemarktechnik ist die erste Schwungtechnik. Später wurde sie vor allem am Arlberg geringgeschätzt. Die Entwicklung des Pistenskilaufs drängte sie in den Tiefschnee ab. Mit Recht aber nennt 1996 Arno Klien (A) den Telemark Urcarver. Außer in Morgedal gab es nach Karin Berg nur ein 2. Tal, in dem taillierte Ski verwendet wurden.

(Karin Berg, Holmenkollen – Skimuseum. Seite 36 und in „Ski i Norge")

155 Caulfeild Kristiania als Scherenkristiania - Kombinationsschwünge

1911 Vivian Caulfeild

Charakteristik:
- Für eine bestimmte Zeit war dieser Schwungname ein Begriff.
- Caulfeild selbst nennt ihn eine besondere Neuerung
- spricht von einem gesteuerten Kristiania
- versteht darunter einen Scherenkristiania

Vorschlag vieler Kombinationsschwünge

Der Einfluss der Engländer auf die Entwicklung der Skitechnik wird in der deutschsprachigen Literatur kaum beachtet. Dabei ist zu erinnern, dass Henry Hoek 1906 die Erstausgabe seines immer wieder aufgelegten Buches als Bearbeitung des Buches von E. C. Richardson (1904) herausgebracht hat. Der Scherenkristiania entwickelte sich bald zum Rennschwung. Später wurde er bei Prüfungen auch im Tiefschnee verlangt.

(In: How to ski and how not to.)

(Zeichnung aus Eduard Friedl, Der Schilauf und seine Bewegungen. Seite 56)

188 Der Schlittschuhschritt mit einem Stock

1916 Carl J. Luther (D)

Vollständige Übernahme aus dem Schlittschuhlaufen
„auf ganz schwach geneigten Stellen" empfohlen,
geeignet für eine „noch ganz hübsche Fahrt"

Diese Technik wird verhältnismäßig spät aufgegriffen. Vielleicht ist an dieser späten Entwicklung die große Skilänge schuld. Auch Bindungen, die im Gegensatz zu Zdarskys und Bilgeris Bindungen noch nicht seitlich sicher fixierten, dürften hier mit ursächlich sein.

(Inhalte aus Die Schule des Schneelaufs. Bild Seite 53)

4. Die ersten Parallelschwünge

63 Christianiaschwung Fußdrehen, Kanten, Neigen 1894 Max Schneider (D) ▶ Man „dreht anfangs beide Schuhe seitwärts". ▶ Schneeschuhe auf die Seite legen und kanten ▶ Man „legt sich dabei auf die Seite hinein, nach welcher die Wendung erfolgen soll."	Hier wird ein sehr modernes Konzept des parallelen Schwingens dargelegt. Es könnte sein, dass Max Schneider in seinen Schriften zum ersten Mal den Begriff „Schwingen" prägt. (Katechismus des Wintersports. Hier zitiert nach Ekkehart Ulmrich, 100 Jahre Skitechnik. Seite 73.)	
156 Reiner Kristiania - Carven? 1911 Carl J. Luther (D) *„Der reine Kristiania wird mit parallel bleibenden Skiern, der bogeninnere voraus, mit Fersen- druck auf beide Skienden und mit einer gewissen ruckartigen Bewegung durchgeführt. Beide Skier kanten sich gleichmäßig bogeneinwärts; der Fersendruck wird durch ein Zurücklegen des Körpers (als ob man die Skispitzen heben wollte) erreicht. Je nach Schwung und Schnelligkeit der Ausführung muß sich der Läufer einwärts legen, der Zentrifugalkraft entgegen wirkend; dies natürlich bei jedem Schwung oder Bogen in einigermaßen rascher Fahrt."*	Zwar bringt Mathias Zdarsky 1908 schon eine Bogenbeschreibung allein durch Neigen und Kanten, aber Luther geht gründlicher zur Sache. In seinem nächsten Buch ein Jahr später bringt er mit der Zeichnung von einem stark taillierten Ski zwischen zwei Kreisen mit abgehenden Pfeilen vollends eine geniale zeichnerische Lösung, die bis heute Bestand hat. Die Präzision der nebenstehenden technischen Beschreibung ist erstaunlich. Die Debatten der 1920er Jahre, ob es einen wirklich parallelen Schwung überhaupt gebe, sind von hier aus kaum verständlich. Auch der später bis in die 1950er Jahre gebrauchte Begriff „reiner Kristiania" ist also schon lange von Luther vorweggenommen.	(Der moderne Wintersport. Text Seite 43 f., Bild Seite 44)

5. Das erste Seitrutschen

81 Querfahren (Seitrutschen) 1897 Mathias Zdarsky (A) Beschreibung ▶ Ausgangsposition: Stemmstellung Talstemme ▶ Lösen der Kanten ▶ Belastung Bergski für Seitrutschen vorwärts ▶ Belastung Talski für Seitrutschen rückwärts ▶ gleiche Belastung Seitrutschen Falllinie	Dies Art des Seitrutschens funktioniert erstaunlich einfach. Es bleibt unverständlich, warum niemand außerhalb der Kreise um Zdarsky sie jemals aufgegriffen hat. Ich möchte dafür werben und allen Skilehrern empfehlen, sie in ihr Unterrichtsprogramm aufzunehmen. Ein Gewinn auf Dauer für jeden Skifahrer. (Alpine (Lilienfelder) Skifahr-Technik. Seite 37)	Ausgangsposition auch für das Querfahren

141 Das Seitwärtsabrutschen - eigene Fahrhilfe	K. Pfeiffer wertet das Abrutschen als Fahrhilfe und geht dabei speziell auf die Kantenstellung ein. Interessant daran ist vor allem, dass vom gekanteten Ski ausgegangen wird, während man später bei dieser so wichtigen Hilfe meist auf das Flachstellen verwies.
1910 K. Pfeiffer (D)	
Merkmale ▸ stark gekantet auf hartem Schnee ▸ wenig gekantet bei tiefem Schnee ▸ „ruckweise" rutschen ▸ „oder wie es eben geht"	(Der Ski-Sport. Seite 25)

6. Der erste Hüftknick

120 Hüftknick erstmals dokumentiert	Die Lage der Hüften zum Hang in den Formen von Hüftknick, Vor-Seitbeugen, als Hüftcanting oder auch als gestreckte Kurvenlage werden in allen folgenden Techniken der nächsten 100 Jahre eine große Rolle spielen.
1908 Wilhelm Paulcke (D)	
„Charakteristisch die deutlich ausgeprägte starke Mitarbeit der Hüften, die schiefe Lage zum Hang und der vorgeführte innere Ski."	(Der Skilauf. 4. Aufl. 1908. Text und Bild Seite 80)

7. Skiartistik – Frühe Stationen

Man kann darüber streiten, was noch eine allgemein geübte Fahrtechnik und was eine spezielle Kunst ist, die man mit „Tänzeln" auf der Piste oder mit Tricks oder mit Skiakrobatik oder mit hoch spezialisierten Begriffen wie Ballett zu erfassen sucht. Diese Problematik soll hier nicht ausdiskutiert werden, was zur Folge hat, dass es eine reine Ermessensfrage aus dem Augenblick heraus ist, was ich an entsprechenden Formen in den Hauptabschnitt und in der Folge in den Längsschnitt aufgenommen habe. Wer sich also tiefer und streng systematisch mit diesen Fahrkünsten auseinandersetzen will, findet hier nur einen Anfang.

Dennoch halte ich es für angebracht, im Rahmen der Längsschnitte auf das Thema einzugehen, weil die Skiartistik gelegentlich die Vorreiterrolle für eine zukünftige Fahrtechnik gespielt hat. Ein schönes Beispiel dafür sind die Drehungen der Skiartisten, die fast durchweg über den Innenski laufen.

Schon früh haben gute Skifahrer das Spektrum ihres Könnens über die angebotenen Schul- und Renntechniken hinaus zu erweitern versucht. Ausgangspunkt waren in der Frühzeit die Sprünge, aber bald kamen auch die Drehungen hinzu. Im Laufe der Jahrzehnte erweiterte sich das Spektrum enorm. Punktuell und kursorisch habe ich in die allgemeine Auflistung eine Reihe von Entwicklungsstationen aufgenommen. Auf reine Sprungkünste allerdings habe ich in der folgenden Auflistung verzichtet. Von den allgemeinen Fahrkünsten, die bei 280 cm Skilänge auch schon akrobatisches Können verlangten, habe ich nur das totale Querstellen eines Ski in der Ausfallstellung herangezogen, weil es auf uns heutige Fahrer doch wie eine kaum vollziehbare Kunst wirkt.

132 „Bergab auf einem Ski" 1909 W. Romberg (D?) *„Eine recht vorteilhafte, aber vielfach als unsportliche Akrobatik betrachtete Gleichgewichtsübung ist es, wenn man versucht, erst auf kleineren, dann auch auf längeren Strecken nur einen Ski zur Abfahrt zu benützen. Den zweiten hebt man an, daß er in der Luft schwebt. Man kann auch den zweiten ganz weglassen und den skilosen Fuß hinter den anderen leicht auf den Ski stützen."* (Mit Ski und Rodel. Seite 91)	Carl. J. Luther bringt in seiner positiven Besprechung des Buches für das Fahren auf einem Ski allerdings kein Verständnis auf und wünschte sich, der Abschnitt sei besser weggeblieben. (Siehe „Ski-Chronik 1910/11", Seite 207 f.) Neben Romberg setzen sich mit dem Fahren auf einem Ski auch Anton Fendrich (1911), Fritz Heinrich (1933), Horst Tiwald (1981) und Georg Kassat (1985) auseinander. In den 1990er Jahren und den folgenden trainieren auch junge Rennfahrer gelegentlich auf einem Ski. Romberg schaltet sich auch in die heftigen Diskussionen der weiblichen Skikleidung ein. Seine Bildzeile zur nebenstehenden Abbildung „Damen mit enger und weiter Kniehose":	 *„Eine glatt sitzende, eng anliegende Hose ohne viel Falten erscheint niemals plump und lächerlich, sondern macht in ihrem Anschmiegen an die Körperlinien stets einen vornehmeren Eindruck als ein regellos im Winde flatternder Rock."* (Bild und Text Seite 62 f.)
134 Abbremsen in totaler Ausfallstemmstellung 1910 Georg Bilgeri (A) ▶ Querstellen des Ausfallski um 90 Grad vor die Spitze des Gleitski ▶ Knie über Gleitski niedergedrückt bis zum Ski Diese T-Stellung ist noch bei seinem Schüler Josef Albert noch 1932 zu finden.	Diese extreme Art anzuhalten wurde gerne beim sog. Skiturnen mit angeschnallten Ski in der Halle geübt. Bilgeri, der über 20 Jahre die Entwicklung vorantrieb, übernahm Zdarskys Vorstellungen von Kurven, benutzte allerdings zwei Stöcke. Die Schüler Bilgeris Josef Albert oder auch E. Burian lehrten diese Art zu bremsen noch 1932. (Der alpine Skilauf. Text Seite 33 f., Bild Seite 34)	
158 Schwingen auf einem Bein und mit einem Ski -Schwingen ohne Stöcke 1911 Anton Fendrich (D) Vorgehen: ▶ Schwingen auf dem inneren Ski ▶ äußeres Bein herangedrückt ▶ und „nur leis über den Schnee schleifen" ▶ bei Schwierigkeiten: linken, äußeren Ski abschnallen - „Probatum est!"	In der 14. Auflage seines Erfolgbuches „Der Skiläufer" empfiehlt der Verfasser eine Einbein-, Einski-Technik. Die Anweisung gilt allerdings nur als methodische Hilfe. Auch W. Romberg 1909 und Ernst Heinrich 1936 kennen das Schwingen auf einem Ski. Beide sind damit Horst Tiwald und Georg Kassat um 70 Jahre voraus. Fendrich bringt auch Aufnahmen von Demonstrationen ohne Stöcke. (Siehe Der Skiläufer. 14. Aufl. 1911. Text Seite 59, Bild Seite 60)	

239 Trickskifahren – Listen **1925 Carl J. Luther, H. Sillig, Max Winkler (alle D)** Doppelschwünge: ▸ Schlange (DS eng, aber große Schrittstellung) ▸ DS zu mehreren, auch mit Händefassen ▸ kiwalzer ▸ Holländern (Reuelschwünge aus - Schlittschuhschritten) ▸ Schwingen mit verschränkten Beinen ▸ mit gekreuztem Ski (später als „Schweizer Kreuz") ▸ Parademarsch ▸ Schraubensprünge	▸ Bockspringen ▸ Aufsteigen mit verkehrten Spitzkehren Immer häufiger finden wir Listen. Auch um den Begriff wird gerungen: Skiakrobatik oder Kunstskilauf. Die allgemeine Einschätzung geht weit auseinander: Mätzchen oder außerordentliches Können, individuelles Können oder Erweiterung der Skitechnik, Innovationen oder völlig Überflüssiges. Ab 1930 wird Jimmy Maden in den USA ein volles Ballettprogramm zeigen. Und bei Birger und Sigmund Ruud finden wir bald danach den Salto mortale.	 (Text H. Sillig, Spiel jenseits der Skitechnik. Texte Seite 233 – 235. Bild Seite 233) Bildzuschrift: „Kurt Endler schwingt auf einem Bein."
279 „Drehumschwung" - „Reuelschwung" **1926/1929 Fritz Reuel (D)** Einbeinschwung als Reuelschwung schlechthin: ▸ Anheben und Vorschwingen des Außenski Daneben auch: ▸ Drehumschwung rückwärts ▸ Schlittschuhschritt rückwärts ▸ viele Telemarkvarianten wie den ▸ Telemarkwalzer ▸ und weitere	Dr. Fritz Reuel war vom Eislauf geprägt. Vor allem durch seinen breit propagierten Innenskischwung mit angehobenem Außenbein wurde er später - auch als Vater des Trickskilaufs angesehen, obwohl er selbst seine Fahrweise nicht so empfand. Einbeinschwünge zu dieser Zeit praktizierten auch schon andere wie Kurt Endler (D). (Siehe C. J. Luther u. a. 1925) Auch bei H. Sillig findet man schon eine Liste akrobatischer Schwünge. Die Amerikaner machten in den 1960er Jahren aus dem Reuelschwung einen Royalschwung.	 (Neue Möglichkeiten im Skilauf. Seite 113 f. Bild zum Innentitel)
452 Repertoire der Skiakrobatik – „Jagd nach neuen `Dessins`" **1935 Roland Betsch und Franz Eberlin (beide D)** Die Verfasser listen auf: ▸ Walzer tanzen ▸ ein- und vierbeinig fahren ▸ mit verschränkten Beinen ▸ rückwärts, seitwärts und aufwärts fahrend ▸ hüpfend, umspringend, Wende, Kehre springend ▸ mit Salto mortale ▸ Dach- / Schornsteinhüpfer ▸ über Stühle- und Bänkespringer ▸ Treppenrutscher und Beinverwechsler	Schon 1925 finden sich die ersten Verzeichnisse. Die Verfasser hier geben einen Überblick, interpretieren aber auch die Szene: *„Die Skiakrobatik, eine prächtige Kaste ... sind von einem ewig hungrigen Ehrgeiz besessen und die typischen Fanatiker. Tag und Nacht sind sie auf der Jagd nach neuen <Designs>...Sie sind die unermüdlichen Komödianten, die Vatieténummern ... und drücken dem ganzen Sportleben einen jugendlich-burschikosen und farbig-geschmeidigen Stempel auf."* Fast kein Übungshügel sei ohne sie mehr denkbar. Sie sprechen vom „Renommierhügel".	 (Acht Hüttentage. Seite 109 f.. Zeichnung Toni Schönecker für „Der Winter" 1927/28, Seite 3)

740 Trickskilauf, Innenskitechnik und Telemark im deutschen Lehrplan **1971/1972 Deutscher Skilehrplan Bd. 2** ▶ Flamingo-Schwung (Ein-Bein-Schwingen) ▶ Fuzzy-Schwung (Klammer-Schwung) ▶ Reuelschwung (Schwingen mit hohem Außenbein in der Standwaage) ▶ Charleston (Kurzschwung auf dem Innenbein) ▶ Walzer	Erstmals werden Trickskikünste auch in einem Lehrplan verankert. Diese Lehrplanserie zeichnet sich durch eine gewisse Offenheit aus. Neben dem genuinen deutschen Anliegen des Umsteigens werden auch Entwicklungen anderer Länder wie die Antizipation (Italien) und die Ausgleichstechnik (Frankreich) integriert. Ebenso sind Innenski-Fahren und der Telemark wieder akzeptiert. (Siehe z.B. Bd. 2, Seite 40 – 44, Charleston aus 8. Aufl. Seite 134)	
750 Skiartistik als offizielle Disziplin **1973 1. Weltmeisterschaft (noch inoffizielle) in Vail** Die Skiartistik hat sich in drei Disziplinen etabliert: ▶ Ballet ▶ Buckelpiste ▶ Springen	Der junge deutsche Skilehrer Karl-Heinz Garhammer (Fuzzy) wird in Vail (USA) erster Weltmeister der Skiartistik. Es beginnt ein langer Weg der „Agenturen" bis die Disziplin in den Verbänden und bei der FIS verankert ist. Im Bild der weltberühmte Fuzzyschwung als Zeichnung von Milan Maver in meinem Buch „Skizirkus".	

8. Der erste 360er

243 Der erste 360er - als Phantasiegebilde **1925 Carl J. Luther (D)** „Mondkreisschwung" ▶ mit Ski in weit offener Scherstellung ▶ Gegenpflug ▶ damit auf beiden Innenkanten mit gekreuzten Armen ▶ beenden mit weiter Schere	Der Verfasser träumt vom Skifahren im Stile Münchhausens. Unter anderem fährt er mit seinen Ski mit Hilfe chemischer Vorgänge im Wachsauftrag bergauf, lässt im Wettkampf in der Loipe zum Nachteil der Kontrahenten den Schnee hinter sich schmelzen und macht unglaubliche Sprünge. (Münchhausen als Skiläufer. In: Der Winter 1925/26. Seite 73 – 76. Zeichnung dort von Toni Schönecker)	

9. Erstmals *hanging off* und erster Handkontakt Schnee

292 Bögen durch Taillierung und Belastung vorne-hinten
1927 Helmut Kost (D)

„Richtungsänderungen sind stets ein Produkt von Gewichtsverlagerung und Einsetzung von Widerstand."

„Daß der Bogen überhaupt zustande kommt durch Kantenbelastung, erklärt sich erstlich aus dem Bau des Telemark-Ski, der mit seiner Verbreiterung an der Spitze und am Ende, und seiner Verjüngung in der Mitte, kantenseitig einen Ausschnitt aus einem Kreis mit sehr großem Radius bildet, und schon deshalb auf die Kante gestellt die Neigung hat, im Kreis zu laufen."

„Kommt nun noch hinzu eine wohlbedachte Verteilung der Körperlast auf den Hölzern, also etwa die allmähliche Verlegung der Körperlast auf den hinteren Teil der Innenkante des weggestemmten bogenäußeren Skis oder auf den hinteren Teil der Außenkante des bogeninneren Skis, so wirkt sich der Widerstand des Schnees auf die unbelasteten Spitzen ergiebiger aus als auf die belasteten Enden; die Spitzen werden angehalten, während die Enden noch weiter rutschen; wodurch der Bogen zustande kommt."

(Wintersport. In: Die deutschen Leibesübungen, hrsg. von Edmund Neuendorff 1927, Seite 595, oben Seite 594)
Gerissener Christiania Seite 592:

Hier scheint die erste Bilddokumentation einer Schneeberührung mit der Innenhand vorzuliegen. Außerdem ein „hanging off" des Innenknie wie beim Motorradfahren. Das Bild könnte auch in einem modernen Carvingbuch veröffentlicht werden.

10. Abfahren im Schuss – Abfahrtshaltungen

Sehr variantenreich scheinen auf den ersten Blick die Abfahrtshaltungen zu sein. Dass diese jedoch nicht aus Erfinderlaune heraus immer wieder gewechselt haben können, macht ein kurzer Blick auf die Bedingungsfaktoren klar.

Kurvenfahren und Befahren von steilerem Gelände war bis Mathias Zdarsky weder ein Thema für die Vorstellung noch für die Praxis.

Selbst bis in die 1920er Jahre und vielfach darüber hinaus war das große Ziel der Skifahrer die Schussfahrt. Kanadische Experten haben noch in den 1970er Jahren erzählt, dass die schnelle Schussfahrt in ihrem Lande immer noch das dominierende Bild und bei vielen Skifahrern sogar das einzige Ziel sei.

Alle Fahrtechniken der Schussfahrt waren zu allen Zeiten auch immer vom verwendeten Ski abhängig. Hier kann z. B. daran erinnert werden, dass noch anfangs der 1920er Jahre Skilängen von 220 – 240 cm als ideale Geräte galten. Eine ebenso, wenn nicht sogar noch größere Rolle spielte die Skibindung. Abfahren mit Vorlage war eben erst mit Strammern und Tiefzughaken und der damit erzielten Fersenfixierung möglich. Welche Rolle weiterhin der Schuh spielte, kann am Beispiel der aufkommenden Spoiler Ende der 1960er Jahre studiert werden. Gab es vorher nur einfache Fersenbelastungen, konnte man sich nun bequem und extrem an den Schaft anlehnen. In der Regel gehe ich auf die ausrüstungsbezogenen Aspekte nicht ein.

Häufig waren Abfahrtshaltungen auch mit den zu der jeweiligen Zeit herrschenden Techniken verbunden. Einer Telemarkkultur entsprach dann auch das Schussfahren in Ausfallstellung.

Nicht zuletzt führte das immer höher werdende Tempo zu besonderen Abfahrtshaltungen. Die von Georges Joubert zusammengefassten aerodynamischen Positionen Monoposto, Ei, Rakete und Pfeil stellen unter dieser Perpektive den bisherigen Abschluss dar.

Erstaunlich wenig wurde bei der Vorschrift und Beschreibung der Abfahrtspositionen über das Gleitverhalten ausgesagt. Es war mir deshalb ein besonderes Anliegen in einem Skimanual von SPORTS und hier alle Faktoren, die eine Rolle spielen, aufzulisten.

7 „und beherrschen winddungsreich die Abfahrt" **1567 (lateinischer Bericht 1555) Olaus Magnus (S) über Lappen und Finnländer** ▸ „Krummer, schneller Lauf" ▸ „Schier so geschwind auff die hohen Spitzen der schneechten Berg mit ihren langen krummen Hölzern lauffen" ▸ „Auf glatten schlüpfferigen Hölzern schnell daher laufen und rutschen" ▸ „Hurtig, mit behendigkeyt wenden/wohin sie wollen" ▸ Abfahren in Windungen ▸ Einstockfahrer	Der ehemalige Bischof aus Uppsala, beschreibt in seinem venezianischen und römischen Asyl die Schnelligkeit und Wendigkeit der Nordländer auf den Ski so, dass man sich dies für den Lauf in der Ebene, für den Aufstieg wie die Abfahrt vorstellen kann. Wie Ski tatsächlich ausgesehen haben, konnten sich seine italienischen Zeichner nicht ganz vorstellen, obwohl sie Olaus Magnus gut und vor allem als kurz beschrieben hatte. Ein Ski ist um einen Schuh länger. (Texte und Bilder Seite 3, 9, 75, 77)	
14 Sich "winden und krümmen", Hindernisse umfahrend **1689 Bericht des Freiherrn Johann Weichard Valvasor** Krainer fahren am Sonntag nach der Kirche ▸ auf 140 – 160, ausnahmsweise 180 cm langen Ski ▸ im mittiger Stand nach hinten gelehnt ▸ Stock angelehnt unter der Achsel ▸ zum Anhalten durch Seitneigen ▸ *„Denn sie winden und krümmen solche ihrer Abfahrt Schlangenweise ..."* ▸ Tandemfahren, bei dem die Mädchen bei den Burschen hinten auf den Ski stehen	Wahrscheinlich schon seit langer Zeit in den Dörfern auf der Bloke, eine Hochebene nahe Ljubljana (SLO), beheimatet. Interessant, weil abgesehen von den Göttersagas und vom Skifahren von Soldaten hier erstmals Skifahren ausdrücklich zum Zeitvertreib und Vergnügen praktiziert wird. Daran nehmen auch die Kinder und Frauen teil. Mädchen stehen bei den Burschen auf den Ski hinten drauf. (Erwin Mehl, Grundriss der Weltgeschichte des Schifahrens. Seite 125-135. – Dastellung der Bloke Ski mit Längen von 150 und 160 cm in „Slovenian Skiing 2002". Seite 36.)	 Bloke Ski 150 und 160 cm lang
26 Erste taillierte Ski– erste deutsche Anleitung **1804 J. Ch. F. GutsMuths (D)** *„Im Abfahren werden die Schneeschuhe zu Fittigen, auf denen man fast ohne alle Mühe über die Bahn dahinschwebt".* *„Den Stab steckt man quer unter einer Achselgrube weg, hält ihn vor die Brust stark mit den Händen und lehnt sich rückwärts darauf."*	GutsMuths berichtet in seiner „Gymnastik für die Jugend", (erst in der 2. Auflage von 1804) von taillierten Ski. Die allgemeine Annahme, dass die taillierten Ski aus Morgedal in Telemark stammen, ist damit zweifelhaft und muss korrigiert werden. Jedenfalls sind sie älter als die in der sportlichen Ära von 1860 geschilderten Ski. Für GutsMuths Beschreibung der Abfahrt spielt die Taillierung allerdings keine Rolle. Wahrscheinlich diente die breitere Schaufel nur dazu, den Weg für die Schuhe zu bahnen, so wie es auch noch Willi Romberg 1909 beschrieb.	Ein besonderes Merkmal: Ständiges Anlehnen an den Stock. 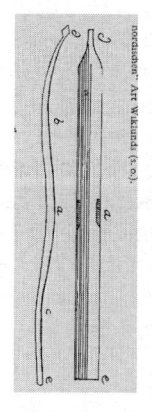 (Gymnastik für die Jugend. Seite 389).

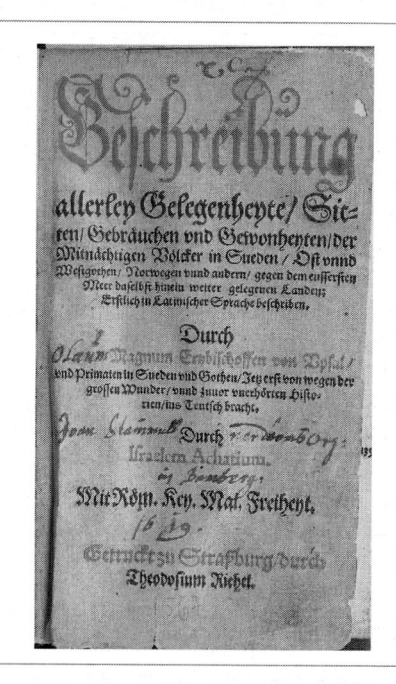

32 Hohes Abfahrtstempo in aerodynamischer Position **1860/1870 USA** Technik norwegischer Einwanderer und Einheimischer ▶ Benutzung sehr langer Ski, zum Teil bis über 400 cm ▶ Schussfahrten mit hohen Geschwindigkeiten ▶ offensichtlich schon gute aerodynamische Positionen	Heinz Polednik berichtet über Rennen in den USA, so auch 1863 mit Angehörigen deutscher Firmen. Es werden schon Geschwindigkeiten bis 140 km/h erreicht. Die Abfahrtsposition auf nebenstehendem Bild ist erstaunlich. In Europa findet das erste Geschwindigkeitsrennen 1921 auf dem Jungfrau-Gletscher statt. (Heinz Polednik, Weltwunder Skisport. Seite 26 – 28. – Info über Europa: Helmuth Zebhauser, Handbuch Alpingeschichte im Museum. Seite 324)	 Bild aus E. John B. Allan, From Skisport to Skiing. Seite 24
33 Schusstechnik und Körperfiguration **1874 Rennen in den USA** ▶ geschlossene Skiführung ▶ mit Einstock ▶ modern anmutende, kompakte, dynamische Körperfiguration	Das Bild – gezeichnet 1874 – aus dem Western Skisport Museum Borcal Ridge, Cal. ist ebenso spektakulär wie das im vorhergehenden Abschnitt. Keine Darstellung in Europa in dieser Zeit zeugt von gleicher Dynamik und skitechnischer Perfektion. (Bildausschnitt aus E. John B. Allan, From Skisport to Skiing. Seite 27)	
38 Schuss im Ausfallschritt **1886 Volksskilauf in Pohorje (Obersteiermark, A)** Bildanalyse ▶ Abfahrt in Ausfallstellung ▶ Körper leicht gebeugt ▶ langer Einstock ▶ Stock seitlich geführt, ähnlich wie später bei Zdarsky	Ein dort ansässiger Unternehmer hatte zu Winterspielen geladen, die über längere Zeit durchgeführt wurden. Texte, die über Skitechnik Auskunft geben, sind nicht bekannt. (Bild aus Ales Gucek, SLEDI SMUCANIA PO STAREM. 2004, Seite 54)	
45 Im Abfahren die Herrschaft bewahren **1891 Fridtjof Nansen (N)** *„Bergabwärts geht es ganz von selber, denn die Schneeschuhe gleiten leicht über den Schnee dahin. Man muß sich nur auf denselben halten und die Herrschaft über sie bewahren, so daß man nicht gegen Bäume oder Steine läuft oder in einen Abgrund stürzt. Je steiler der Berg ist, desto geschwindere Fahrt hat man, und nicht ohne Grund heißt es im Königsspiegel, daß man auf*	*Schneeschuhen den Vogel im Fluge überholt und nichts, was sich auf der Erde bewegt, dem Schneeschuhläufer entgehen kann."!* Nansen gibt diesen Hinweis nachdem er Olaus Magnus (1555) zitiert hatte, der auf den mühseligen Aufstieg zu sprechen kam. (Auf Schneeschuhen durch Grönland. 1. Bd. Text Seite 79, Bild rechts oben Seite 81 Porträt aus Nansens Todesjahr 1930 bei E. John B. Allen, Historical Dictionary. Seite 133)	

53 Stockreiten als Unterschied im Abfahren der Städter und der Dörfler **1892 Wilhelm von Wangenheim (A)** Thematisches Beispiel Stock: ▶ Die Städter fahren ohne Stockreiten, die Dörfler aber benützen noch diese alte Technik. ▶ Man kann ohne, mit einem oder mit zwei Stöcken fahren.	*„Die norwegischen Schneeschuhe (Ski). Das nützliche Geräth zur Ueberwindung bei dem Verkehr durch Schnee bereiteten Hindernisse"* Die kleine Schrift, die sich als Buch gebärdet, berichtet ausschließlich und zitierend aus Nansens Expeditionsbericht. (Die norwegischen Schneeschuhe (Ski). Zitat aus der Titelseite)	Widmung des Buches: *„Dem mächtigsten Förderer alles dessen, was nicht nur im Interesse der Armee, sondern auch im allgemeinen Interesse dienlich, Sr. K. u. K. Hoheit dem durchlauchtigsten Erzherzog, Feldmarschall Albrecht von Östreich in tiefster Ehrfurcht gewidmet."*
59 Das Bremsen der „Schneeler" mit dem Stock, Lenken und Beinedrehen über eine Nut und Federverbindung - Erfindungen **1893 Max Schneider (D)** ▶ Abbremsen und Lenken durch sehr starken Druck auf den Stock („Stock mit Bremsscheibe") ▶ Lenken durch Beinedrehen über eine Nut-Federverbindung von Ski und Schuhsohle ▶ auf tailliertem Ski vom Typ „Telemark" ▶ Ski mit einer „Federkraft", die auf das Gewicht des Fahrers abgestimmt ist	Der „Wintersportverlag – Tourist" publiziert von 1892 an, 1893 bereits mit einer Auflage von 18000. Neben der Gründung und Unterstützung von Vereinen widmet sich Schneider vor allem der Ausrüstung. Er erfindet beispielsweise die Nut-Federverbindung zwischen Ski und Schuh im Ballenbereich, die ein Lenken des Ski garantiert, eine Erfindung die 100 Jahre später ihre Renaissance bei der Langlaufausrüstung feiert. Es ist „notwendig, dass der Fuß mit dem Schneeschuh gleichsam verwächst". Ebenso entwickelt er einen Skischuh, der an der Hacke einen Messingdorn hatte, in den man den Fersenriemen einknöpfte. (Praktische Winke für Schneeler. Seite 12. Im Bild: Figuren „Schneeler" aus der Titelseite der Ausgabe von 1898 des Buches.)	
65 Abfahrtshaltung und Telemark im ersten Lehrbuch - Einstieg ohne Stock **1895 Georg Blab (D)** ▶ Schwergewicht mäßig nach vorne ▶ Zurücklehnen führt zu rasender Fahrt ▶ Knie gebogen ▶ auch gebückte Haltung, „Hocke" ▶ Abstand der Schneeschuhe 5-7 Zentimeter ▶ Telemarkanweisung ▶ Verwendung Einstock, aber darauf beim Anfänger verzichten	Der Münchner Vereinsvorsitzende schrieb die „Anleitung zur Erlernung des Schneeschuh-(Ski-) Laufens" schon vor Mathias Zdarsky. Schnelles Abfahren wird gefeiert. Für das Anhalten wird der Telemark empfohlen und beschrieben. Blab spricht vom „Telemarkschwung". Das hier im Ausschnitt wiedergegebene Titelblatt weist auf 46 Illustrationen und das Erscheinungsjahr 1895 hin. Von Georg Blab kann man behaupten, dass er das erste wirkliche Lehrbuch geschrieben hat, eine Tatsache, die Zdarsky-Freunde gerne übersehen.	(Texte Seite 10 f. und 16. Außentitel des Buches)

74 Schenkelsitzbremse **1897 Mathias Zdarsky (A)** ▸ „Alpenstange" unter einem Schenkel ▸ absitzende Position ▸ Drücken oder Hebeln mit den Händen	Zdarsky wetterte gegen das Stockreiten. Seine Alpenstange bot eine verträglichere und viel wirksamere Lösung an. Vom sportlichen Denken her gab es noch lange keine Bedenken gegen das Bremsen mit den Stöcken.	(Alpine (Lilienfelder) Skilauf-Technik. Text und Bild Seite 23)
85 Sausen, Augen zu, seitwärts in den Schnee! **1898 Zeitschrift des Österreichischen Skivereins** „Die höchste Leistung des Skifahrers besteht endlich darin, daß er das Hochgebirge aufsucht. Die Abfahrt vollzieht sich so, daß sich der Skifahrer oben auf dem Hange zusammenkauert, sich fest auf den Stock zurücklehnt und die Augen schließt. Dann saust er pfeilgeschwind hinab, so lange, bis ihm der Atem vergeht. Jetzt muß er sich seitwärts in den Schnee werfen, warten, bis er wieder zu Atem kommt, und dann wiederholt er wieder das Sausen, dann bleibt er wieder liegen, holt Atem, saust wieder und so fort, bis er unten ankommt."	Abgesehen von der amüsanten Berichterstattung klingt die Darstellung für diese Zeit ziemlich unwahrscheinlich. Jedenfalls war die Redaktion zum Zeitphänomen Skilauf in keiner Weise informiert. Allgemein ist jedoch, wie wir auch aus anderen Quellen wissen, anzunehmen, dass das häufige Stürzen eine Selbstverständlichkeit war. (Wiedergabe des Textes bei Gudrun Kirnbauer und Friedrich Fetz, Skipionier Georg Bilgeri. Seite 86)	
87 Schuss – Sprung – Schuss **1899 Paul du Chaillu (USA)** „Ehe ich noch Zeit hatte, mich von meinem Erstaunen zu erholen, sah ich die Lappen in der Luft, über dem Abgrund. Dann hatten sie innerhalb eines Augenzwinkerns die andere Seite erreicht. … Sie schienen sich einen Satz zu geben, als sie der Kante des Spaltes nahe waren, wobei sie ihre Körper vorwärts beugten. Während des Sprunges waren ihre Beine etwas gebogen, doch als sie den Schnee berührten, richteten sie sich wieder auf.	*In der Luft hielten sie ihre Skier parallel, als ob sie auf einer Schneefläche wären, und auch beim Aufsprung waren ihre Skier tadellos beieinander, worauf sie ihre Fahrt fortsetzten, als ob nichts geschehen wäre."* Eine der eindruckvollsten frühen Schilderungen von Schuss und Sprung. Ich gebe sie für das Jahr der amerikanischen Schilderung wieder, obwohl sie wahrscheinlich europäische Leser erst mit Luthers Buch 1942 erreichten. Luther entnahm diese Schilderung aus „The Land of the long Night. Cambridge (USA) 1899"	Text und Bild - Illustrator M. J. Burns- im Buch „Land der langen Nacht" von Paul du Chaillu, wiedergegeben bei Carl J. Luther, Bilderbuch der alten Schneeläufer. Seite 99f.

134 Abbremsen in totaler Ausfallstemmstellung **1910 Georg Bilgeri (A)** ▶ Querstellen des Ausfallski um 90 Grad vor die Spitze des Gleitski ▶ Knie über Gleitski niedergedrückt bis zum Ski Diese T-Stellung ist noch bei seinem Schüler Josef Albert noch 1932 zu finden.	Diese extreme Art anzuhalten wurde gerne beim sog. Skiturnen mit angeschnallten Ski in der Halle geübt. Bilgeri, der über 20 Jahre die Entwicklung vorantrieb, übernahm Zdarskys Vorstellungen von Kurven, benutzte allerdings zwei Stöcke. Die Schüler Bilgeris Josef Albert oder auch E. Burian lehrten diese Art zu bremsen noch 1932. (Der alpine Skilauf. Text Seite 33 f., Bild Seite 34)	
138 Fortgeschrittene elegante Stockbremse **Um 1910 – Beispiel** Üblich und nicht verfemt ▶ Stock/Stöcke unter die Achsel geklemmt ▶ Stock/Stöcke mit beiden Händen gedrückt ▶ in tiefer Position ohne Hocke ▶ Oder Ernst Schottelius (D) Stöcke frei geführt aber mit beiden Händen seitlich in den Schnee gedrückt	Abfahren und Kurvenfahren mit Stütze auf den Stock ist in vielen alten Berichten und Darstellungen überliefert und selbstverständlich. Langläufer verachten für riskante Abfahrten diese Hilfe bis heute nicht. Henry Hoek meint einmal (1925): *„Unter keinen Umständen wird der Stock zum Reiten benützt, wie die Hexe auf dem Besenstil sitzt."* Aber erste Diskriminierung des Stockreitens schon bei Wilhelm Paulcke 1904.	 (Bild aus: Eduard Friedl, Der Schilauf und seine Bewegungen. 1930. Seite 32)
171 Schuss mit verschiedenen Stockbremsen **1913 Carl J. Luther und G. P. Lücke (beide D)** geben Überblick: ▶ Hebelwirkung durch Handzug und Kniedruck ▶ Druck nach vorne und Zug mit beiden Händen ▶ Schenkelsitzbremse nach Mathias Zdarsky	Die ersten Einwände gegen die norwegische Art des Stockreitens (mit den Stöcken im Schritt) finden sich bei Mathias Zdarsky. Den Zeitpunkt der absoluten Ablehnung markiert Max Winkler anfangs der 1930er. (Der Skitourist. Seite 70)	
182 Abfahren mit Vorlage – Stürzen mit Ausrutschen **1914 „Der Schneeschuhsport" (o. V., D)** ▶ „Bei mäßigem Hang gehört das Abfahren zu der leichtesten Übung ..." ▶ „Beim Abfahren sich kühn nach vorn legen, Beine beieinander behalten und – Kopf hoch!" ▶ „Im Falle eines Sturzes lasse man sich ruhig rutschen."	Diese sehr frühe Aufforderung zu Vorlage mit „Kopf hoch" ist wahrscheinlich im doppelten Sinne gemeint: als Fahranweisung und als Ermutigung. Erstaunlich ist hier wie auch im Schwungfahren die geschlossene Fahrweise. Das kleine Buch wurde übrigens auf der Weltausstellung Buchgewerbe und Graphik in Leipzig preisgekrönt. (Text Seite 31, Titelblatt)	

195 Arlberghocke im Schuss 1920er bis 1940er Jahre Arlbergschule ▸ tiefe Position ▸ breitere Spur ▸ Fersenbelastung ▸ Fäuste an die Schuhe ▸ Blick voraus	Die Schussposition für das schnelle Fahren und für Rennen. Später Friedl Wurzels airodynamische Hocke, die Rennpositionen nach Georges Joubert und die „Schranzhocke". Aber auch bereits in Telemarken wurde die „Puttehuke", die Zwerghocke, praktiziert. (Dazu Anton Obholzer in seiner „Geschichte des Schilaufs". 1935. Seite 58)	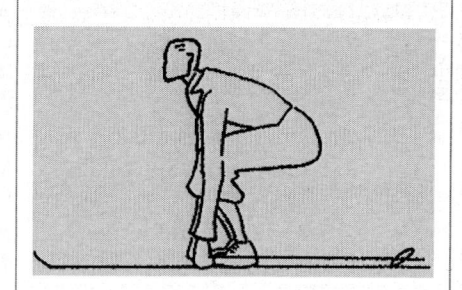
212 Abfahrtshaltung schmal mit Schrittstellung 1922 Georg Bilgeri (A) ▸ Skiführung schmal ▸ kleine Schrittstellung ▸ Gewicht mehr auf den Fußballen als auf der Ferse ▸ Sprunggelenke und Knie gebeugt ▸ leichte Oberkörperbeugung ▸ Hände hängend	Georg Bilgeri und Mathias Zdarsky haben sich vor allem auch in den Grundpositionen unterschieden. Der späte Bilgeri kommt in seiner alpinen Grundhaltung schon den Idealen der 1950er Jahre nahe. Im nebenstehenden Bild wird auch auf die Beweglichkeit der Hüfte hingewiesen. (Der alpine Skilauf." 3. Aufl. 1922, S. 41 f.; Bild S. 25)	
278 Telemarkhocke im Schuss 1926/1929 Fritz Reuel (D) Merkmale: ▸ sehr tiefe Position ▸ großer Schritt ▸ enge Fahrstellung ▸ mit oder ohne Stöcke ▸ Frauen empfiehlt Reuel den Kauertelemark".	Die Ausfallstellung wurde auch als eine Grundposition für die Schussfahrt und als Position in vielen Varianten für den Telemark empfohlen und praktiziert. Reuel propagierte in seiner Erfinderlust sogar einen „Hocktelemark-Kristiania". In der Sitzhocke sah er dagegen nur Nachteile. (Neue Möglichkeiten im Skilauf. Seite 170)	 (Das Skilaufen als Sport und Verkehrsmittel. Seite 41 f.)
285 Schussfahren situativ – Schwingen mit „gebogenen Grundkanten" 1926 J. Allemann (CH) ▸ Rückwärts neigen in Mulde oder vor verharschtem Schneefeld ▸ Körper nach vorn neigen bei plötzlich steilerem Gelände oder beim Einfahren in besserem Schnee ▸ Schrittstellung vergrößern bei kleineren Hindernissen ▸ Größere Sicherheit durch Kauerstellung	Was viele Jahrzehnte später Skilehrer ihren Schülern sagen werden, hat Allemann schon gut zusammengefasst. Der Verfasser findet auch eine neuartige Formulierung für die Taillierung, wenn er von der „Wirkung der gebogenen Grundkanten" spricht. Ausgewogene Beurteilung von Telemark und Christiania (Seite 69) - Beachtenswert der schöne Untertitel seines Buches: „Der Schneeschuhlauf. Der Schneeschuh, seine Kunst und seine Freuden". (Der Schneeschuhlauf. Seite 12, 61 – 65)	 *„Die Form der Spitze mit der Verbreiterung an der Stelle der Aufbiegung wurde in jahrzehntelanger Erfahrung gefunden; dabei werden bestimmend die Wirkung der gebogenen Grundkanten bei der Ausführung der Bogen und Schwünge sowie die Tatsache, daß mit dieser Form am leichtesten und mühelosesten eine Spur gebahnt werden kann."*

352 Stockreiten aus! **1931 Max Winkler (D)** *„Das Stockreiten … erniedrigt den Schilauf zu einem rohen Sport."* Aber schon 1904 gab W. Paulcke einen verbreiteten Spottvers wieder: *„Auf dem Stocke hockt ein Greis, der sich nicht zu helfen weiß."*	Max Winkler, der in früheren Veröffentlichungen alle Formen des Stockreitens behandelt hat, will mit einer diskriminierenden Formulierung offensichtlich einen letzten Schlussstrich unter diese Fahrweise ziehen. (Der Schilauf. Seite 145, Bild von Josef Dahinden 1936!)	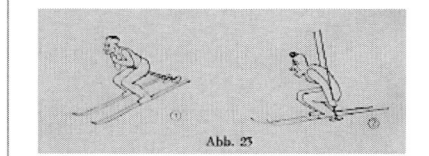
368 Schuss mit geschlossenen Beinen und Ski **1932 von Josef Albert (A)** In der Bilgerinachfolge empfohlen: ▶ Füße eng geschlossen ▶ Knie aneinandergepresst ▶ Arme frei hängend ▶ Handhöhle einwärts ▶ Zum Training ein Tuch zwischen die Knie klemmen. Insgesamt „die modernste und praktischste Skitechnik".	Hier scheint sich das Ideal des schmalen Fahrens und der geschlossenen Beinfiguration zu verfestigen. Zwei Jahre später wird Giovanni Testa einen Schritt weiter gehen und von der geschlossenen, aerodynamischen Figur sprechen. Auch interessant: *„Keine überflüssige Theorie und nicht zuviel Denken".* (Skilauf. Text Seite 51, Bild „Hüftenschwingen". Seite 18)	
458 Angepasste Abfahrtshaltungen – Schnee- oder Luftwiderstand **1935 Toni Ducia und Kurt Reinl (beide A)** Abfahrtspositionen ▶ entsprechend dem Gleitwiderstand des Schnees ▶ entsprechend dem Gleitwiderstand der Luft	In dem Buch, das aus der Arbeit im Skiklub von Paris und der Skischule Megève entstand, wird der Unterschied für das Gleiten gegen den Schnee- und gegen den Luftwiderstand herausgearbeitet, ob man mehr dem Gleitwiderstand oder mehr dem Luftwiderstand gerecht werden will.	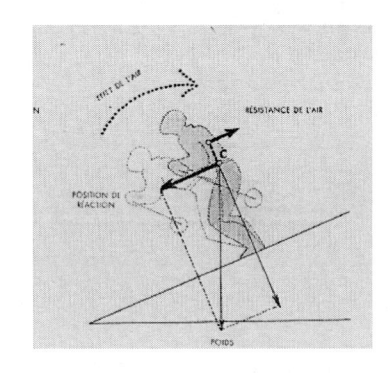
463 Reiterposition als Abfahrtshaltung **Mitte der 1930er, z.B. bei Giovanni Testa (CH)** ▶ Sprunggelenk gut gebeugt ▶ Knie stark gebeugt ▶ Rücken gestreckt, aufrecht ▶ Vergleich auch mit Antriebsphase beim Schaukeln, deshalb gelegentlich auch Schaukelposition genannt	Typische Schulhaltung wie sie beispielsweise Giovanni Testa definierte und propagierte. Zur Beurteilung dieser Position ist zu bedenken, dass zu dieser Zeit noch keine sichere Fersenfixierung verbreitet war – obwohl man schon lange von Vorlage sprach. (Texte Seite 48. Titelbild von E. John B. Allen: From Skisport to Skiing 1991)	

469 Fahrstellung aufrecht mit Kniezug nach vorne **1936 Josef Dahinden (CH)** „Aus aufrechtem Sohlenstand, Ski auf gleicher Höhe, leicht geöffnet und gleich belastet, ziehe die Knie, ohne die Ferse zu heben, möglichst weit nach vorne."	Dahinden stimmt in seinem „Rucksackbuch" weitgehend mit der „Reiterposition" von Giovanni Testa überein und betont die geringe Abweichung von der „Normalkörperhaltung". Vor allem argumentiert er in seinen Darlegungen gegen die tiefe Grundstellung der Arlbergtechnik. (Ski und Du. Text und Zeichnung Seite 45)	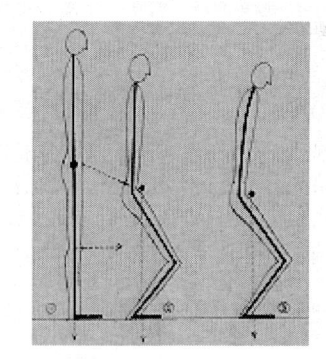
572 Abfahrtshaltungen richtig und falsch **1944 Henry Hoek (NL/D/CH)** Der Verfasser schreibt aufrechte Haltungen in Schrittstellung als richtige, andere als falsche Ausführung.	Henry Hoek liebte schon in viel früheren Veröffentlichungen diese Gegenüberstellung. Damals wurde auch breite Skiführung als falsch und enge als richtig herausgestellt. Dazu kannte er die halbhohe Hocke. (Wie lerne ich Schilaufen – nach der Bearbeitung von Alois Kosch (D). Bild Seite 33)	
580 Abfahrtsposition federnd aufrecht – Schulhaltung **1947 Die österreichische Schischule, Verfasser Eduard Wolf Burger** ▸ mehr aufrecht ▸ lauernd ▸ leicht vorgeneigt ▸ in allen Gelenken federnd	„Die Österreichische Skischule - Amtlicher Lehrplan" definiert so die verbreitete und – abgesehen von der steifen ersten Fahrhaltung der Beinspieltechnik von 1956 - bis heute als Schulform geltende Abfahrtshaltung. Der Lehrplan kennt neben dem Weg über das Stemmen auch einen direkten Weg zum „Reinen Schwung". (Die österreichische Schischule. Seite 20f.)	
664 Moderne Aerodynamik **1962 Miloslaw Zálesák (SK)** Hauptmerkmale: ▸ starke Beugung ▸ Oberkörper auf Oberschenkel ▸ Arme und Hände vorgestreckt oder ▸ vor den Knien ▸ Stöcke längs zur Fahrt	Der slowakische Bio- mechaniker ging in kinematographischen Untersuchungen durch Jahrzehnte der sich wandelnden Skitechnik nach. Neben einer allgemeinen Biomechanik des Skilaufs (1989) untersuchte er vor allem das Umsteigen (1975). Dabei versuchte er auch den Zusammenhang mit der Alltagsmotorik zu klären. (Biomechanische Charakteristik der Phasenstruktur)	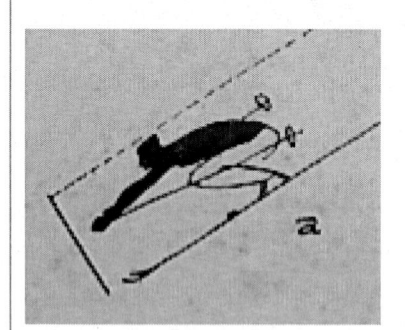
660 Abfahrtshaltungen klassifiziert **1960er Jahre Georges Joubert (F)** ▸ Monoposto ▸ Position Ei ▸ Position Rakete ▸ Position Pfeil (Ski perfekt. Seite 133 – 136)	Schon Giovanni Testa wies 1936 darauf hin, dass alle Bewegungen die Aerodynamik berücksichtigen und sich am besten in Fahrtrichtung entfalten sollten. Georges Joubert und sein Partner Jean Vuarnet bieten seit den 1950ern Lösungen für die nächsten Jahrzehnte an. Hier die Position Ei.	 (Bild aus Ski Pour Apprendre Soi-Meme A Skier S. 168)

766 Richtige Abfahrtsposition (Vorsicht Satire!) **1975 Reinhard P. und Gruber (A)** Jedenfalls gebuckelt, gebückt, gekrümmt: ▶ *„von deutschen rennfahrern hört man, daß sie von ihren trainern monatelang in einem raum, der nicht mehr als einen meter in der höhe mißt, gesperrt wurden, um endlich die ideale abfahrtshocke der österreicher zu erreichen."* ▶ *„Schweizer fahrer werden in den sommermonaten zum tragen von mehr als zentnerschweren käselaiben herangezogen"* ▶ *„nachwuchsleute in den USA werden in Klöstern kaserniert, „dass sie eines Tages ... in der Gebetshaltung demütiger mönche über unsere pisten rasen werden."*	Die Satireliteratur zum Skifahren ist ziemlich umfangreich. Spezielle Hinweise auf eine bestimmte Technik findet man jedoch selten. Umso dankbarer muss man dem Theologen, Philosophen und Politologen Reinhard B. Gruber, einem geborenen Steirer, sein. Zur Sache selbst: Hätte Gruber den Frenchmen Georges Joubert mit seinen Positionen Rakete, Pfeil, Ei und Monoposto gekannt, wäre ihm auch sicher aufgefallen, dass heute schon Skianfänger mit Aufwärm- und Dehnprogrammen gequält werden, die an mittelalterliche Streckbänke erinnern, so dass anschließend die ausgekugelten Gelenke und gedehnte Bänder und Muskeln eine bisher nicht gekannte Faltung und Kompaktierung erlauben, mit denen in der Abfahrt der Luft- widerstandskoeffizient gegen Null tendieren könnte.	(Vorschläge zum schnelleren Schifahren. Seite 46. Karikaturen Milan Maver)
859 Sammlung Abfahrtspositionen **1985 Walter Kuchler (D)** ▶ Babyschuss ▶ Schulposition ▶ Position Monoposto ▶ Position Ei ▶ Position Rakete ▶ Position Pfeil ▶ Kristianiahocke ▶ Monozopf ▶ Standwaage	Die Übersicht listet einige historische und moderne Rennformen auf. Letztere wurden bereits in den 1960ern von Georges Jouberts Rennpositionen beschrieben. Darüber hinaus gibt es zahlreiche spielerischen Techniken, die ihren Platz mehr im methodischen Bereich haben. (Skizirkus. Seite 241-267, Bild „Die neue Skitechnik" Seite 17)	
1087 Techniken für die Schussfahrt **2004 Walter Kuchler (D)** 16 Regeln. Beispiele: ▶ Genügend Freiheit in der Skiführung - Laufflächen plan, kein Kantenfräsen ▶ offene Bein- und Skiführung für planes Aufliegen des Ski ▶ Sweet spot suchen ▶ eventuell Rücklagetendenz ▶ aerodynamische Körperfiguration als Körperkeil zur Luftteilung ▶ vertikaler Druckausgleich der Unebenheiten	Nicht häufig wurde im Verlaufe der Jahrzehnte auf das gute Gleiten hinge- wiesen. Wenn, dann unter dem Gesichtspunkt der Schnelligkeit, von der Arlberghocke der 1920er Jahre bis zu den vier Rennpositonen der 1960er Jahre bei Georges Joubert. Im Allgemeinen wurde nur die neutrale Position, die Rücklage oder ein minimiertes Driften angesprochen. (Skimanual SPORTS 2004/2005. Seite 41.)	Weitere Regeln aus 16 Gleitregeln für die Schussfahrt ▶ ideale Druckverteilung auf beide Ski, idealer Gleitsweetspot ▶ aerodynamische Körperfiguration nach G. Joubert ▶ Ski und Luftgleiten bis 20 km/h, bis 40 km/h, über 40 km/h ▶ ...Aufgleiten auf Wellen, größere Unebenheiten ... ▶ Durchgleiten von Mulden und Knicken ▶ Einfahren in Versteilungen – Lagenausgleich ▶ Op-traken – Vorspringen vor Kanten

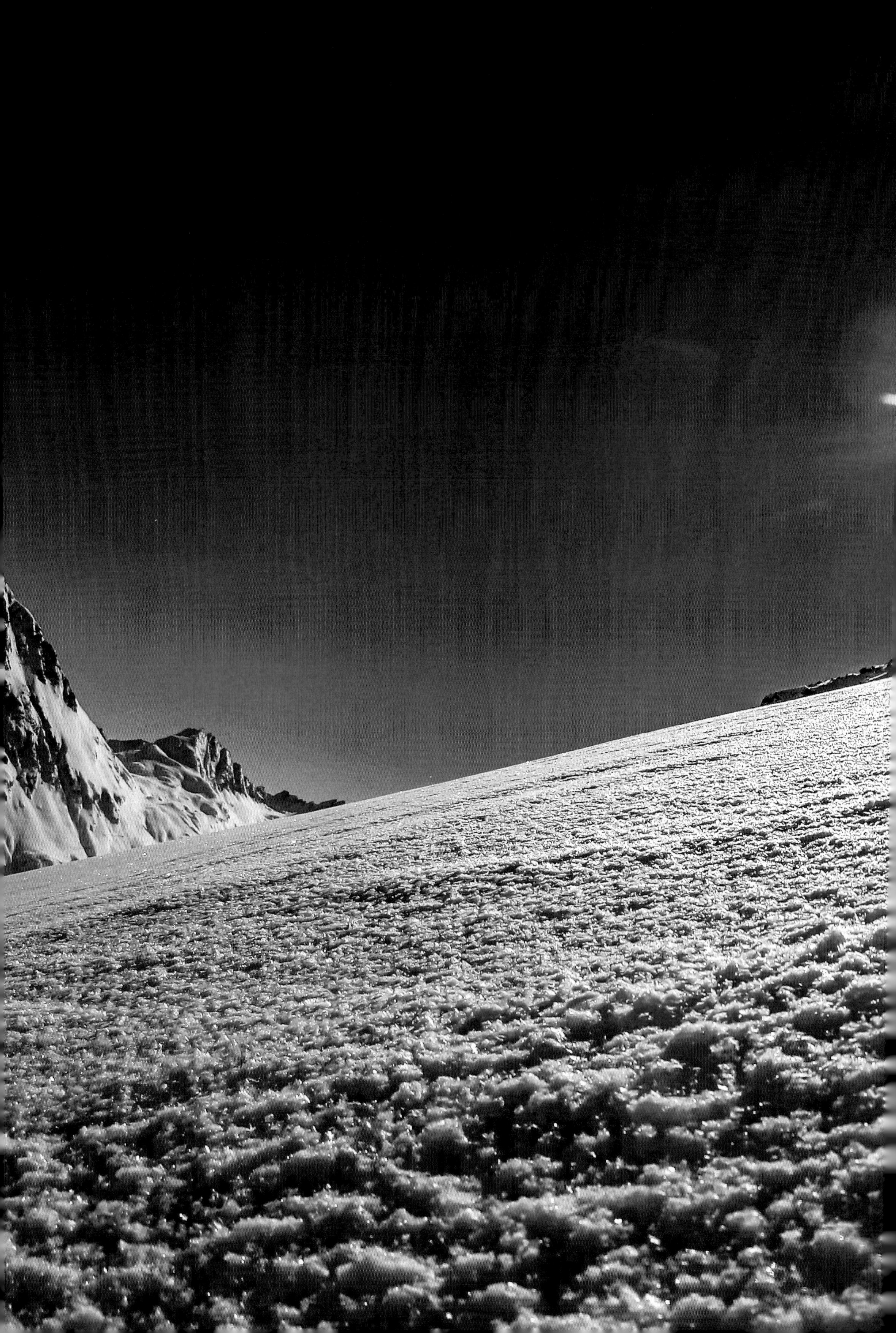

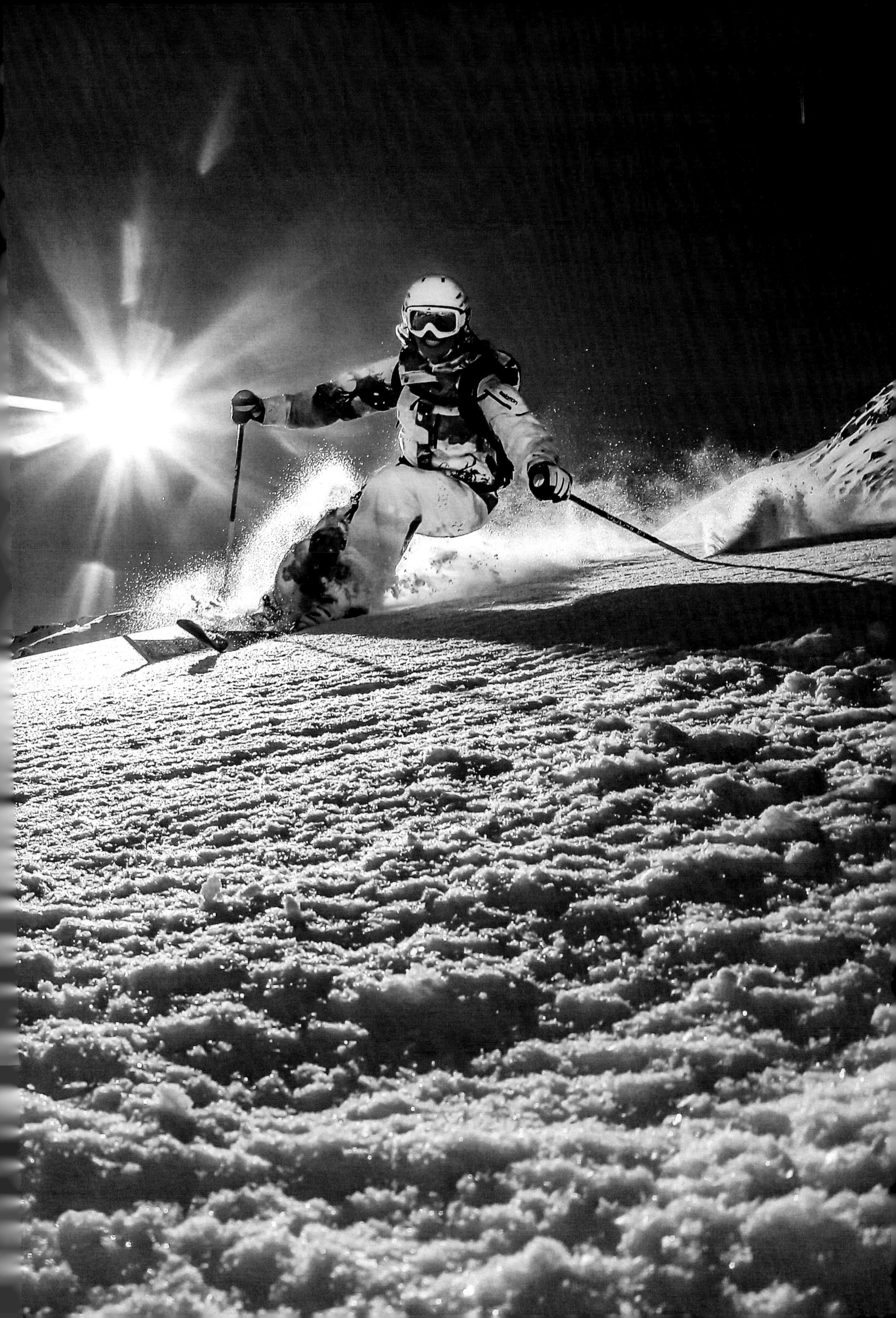

11. Zur Telemarkentwicklung

Von den schwunghaften Richtungsänderungen steht der Telemark an erster Stelle. Er kann außerdem nach einer Feststellung und Formulierung von Arno Klien beanspruchen der Urcarver zu sein.

Seine Entwicklungsgeschichte ist abwechslungsreich bis abenteuerlich. Mit der Bildung eingefahrener Hänge und Pisten gewann der Kristiania mehr und mehr an Boden. Vielleicht trug auch die Entwicklung des Skilaufs zu einem Massensport dazu bei, den vermeintlich leichter zu erlernenden Kristiania in seinen Brems- und Stemmformen dem Publikum in den Skischulen vermehrt anzubieten. Auch für gute Fahrer gewann der Kristiania an Bedeutung, da man sich in den 1920er Jahren damit in höhere Tempoklassen einlassen konnte. Gewiss aber spielte auch die mehr und mehr optimierte Ausrüstung für das Pistenskifahren und den Kristiania eine große Rolle. Man denke in diesem Zusammenhang an die Einführung der Stahlkante, die sich der Salzburger Rudolf Lettner 1929 patentieren ließ, oder die Einführung von Tiefzughaken für die Fersenfixierung der Skischuhe.

Etwas delikat in der Entwicklungsgeschichte des Telemarks sind speziell drei Stationen. Gegen Ende der 1920er Jahre wurde der Telemark am Arlberg praktisch diskriminiert, wie dies beispielsweise Josef Dahinden in seinem Buch „Skischwünge" zum Ausdruck brachte:

„Wenn du auf den Arlberg kommst und das Wort (Telemark) nur ausssprichst, ermorden sie dich. Willst Du aber dennoch skiselig werden, dann erlerne ihn."

Für diese damalige Telemarksituation lässt sich auch ein mehr süffisantes Beispiel anführen (Werner Höhnisch in DER WINTER 1928/29 Seite 153):

„Es macht mich lächeln, als ich sah, daß bei den Arlbergern der Telemark verpönt ist und in keinem Kurs gelehrt wird – von einem Ort weiß ich, daß jeder Telemark einen <Strafschilling> kostet! – während man in der wenig entfernten Ostschweiz ausgelacht wird, wenn man <stemmt>."

Eine weitere Situation ergab sich, als sich um die 1980er Jahre plötzlich die Amerikaner für den sich vor sich hin dämmernden Telemark stark machten und vor allem mit modernerer Ausrüstung seine Pistenfähigkeit unter Beweis stellten. Jetzt erst wurden sich die Skandinavier wieder ihrer „Urheberrechte" bewusst und sie dokumentieren seitdem bei allen möglichen internationalen Begegnungen und Shows den Telemark als ihr Programm.

Schließlich gab es eine skurrile Station in Deutschland. Der Teamchef für das nordische Lehrteam des Deutschen Skiverbandes Karl Buhl bot bei einer Händlerschulung von Rossignol 1984 auch den Telemark an. Der Freizeitdirektor Ekkehart Ulmrich und der Bundeslehrwart Paul Knöfel gaben daraufhin erstens einen „Erlass" – so die Wortwahl – mit dem Inhalte heraus, dass der Telemark das Gefährlichste sei, was man heute machen könne. Zweitens wurden alle Lehrteamsmitglieder mit Ausschluss bedroht, falls sie den Telemark anbieten und unterrichten sollten. Das Argument der Gefährlichkeit wurde noch dazu damit untermauert, dass dies auch der medizinische Beirat des DSV so sehe, eine Behauptung, die nachweislich erlogen war.

Ab Mitte der 1980er Jahre war die Verbreitung und Weiterentwicklung des Telemarks auch in den nichtskandinavischen Skigebieten nicht mehr aufzuhalten. Die Gründung eigener Organisationen, eine kleine Welle an Telemarkliteratur und die Ausgestaltung eines eigenen Wettkampfwesens und viele mehr oder weniger offizieller Telemarktreffs zeugen davon. Die folgende Skizze ist aber darauf weniger eingegangen und wird somit der heutigen Situation nicht gerecht. Das Aufgreifen historischer Stationen dagegen sehe ich als Notwendigkeit an, um die allgemeine Entwicklung der Alpintechniken zu verstehen. Allerdings wird eine zukünftige Geschichte des Telemarks noch manche weitere Fakten und Stationen zutage fördern können.

---

29 Erste Telemarks

1850/1860 in Morgedal (Telemark – Norwegen)

Schwingen mit taillierten Ski in tiefer Ausfallstellung:
- mit Innenbein gebeugt bis nahe einem Hinknien
- mit Außenbein fast gestreckt und weit vorgeschoben
- mit vollem Gewicht auf dem Außenski
- ohne Stöcke, dafür manchmal mit einem „Bruch" (Zweig) in der Hand
- oder auch mit zwei Stöcken

Ohne Sondre Auersen Norheim und die Telemärker ist die Entwicklung des sportlichen Skilaufs nicht denkbar. Ursprünglich zum Stoppen der Fahrt nach einem Sprung über eine Schanze gedacht. Die Telemarktechnik ist die erste Schwungtechnik. Später wurde sie vor allem am Arlberg geringgeschätzt. Die Entwicklung des Pistenskilaufs drängte sie in den Tiefschnee ab. Mit Recht aber nennt 1996 Arno Klien (A) den Telemark Urcarver. Außer in Morgedal gab es nach Karin Berg nur ein 2. Tal, in dem taillierte Ski verwendet wurden.

(Karin Berg, Holmenkollen – Skimuseum. Seite 36 und in „Ski i Norge")

54 Erste mitteleuropäische Telemarkrezeptionen **1893 Der slowenische Förster Henrik Etbin Schollmayer (SLO)** beschreibt ▸ Fahrhaltung ▸ Telemark ▸ und einen kräftig taillierten Ski	Mehrere kleine Schriften dieser Jahre, wie z.B. auch von Theodor Neumayer, versuchen vor allem den Forstleuten die Ski und ihren Gebrauch vorzustellen. Schollmayer hat allerdings auch bereits seine Jagdtouristen aus Wien und Tschechien im Auge. (Auf Schneeschuhen. Ein Handbuch für Forstleute, Jäger und Touristen. Zeichnung Seite 28)	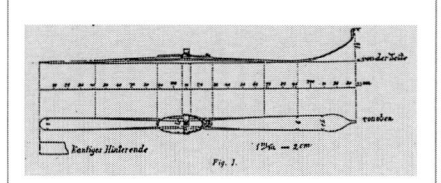
65 Abfahrtshaltung und Telemark im ersten Lehrbuch - Einstieg ohne Stock **1895 Georg Blab (D)** ▸ Schwergewicht mäßig nach vorne ▸ Zurücklehnen führt zu rasender Fahrt ▸ Knie gebogen ▸ auch gebückte Haltung, „Hocke" ▸ Abstand der Schneeschuhe 5-7 Zentimeter ▸ Telemarkanweisung ▸ Verwendung Einstock, aber darauf beim Anfänger verzichten	Der Münchner Vereinsvorsitzende schrieb die „Anleitung zur Erlernung des Schneeschuh-(Ski-) Laufens" schon vor Mathias Zdarsky. Schnelles Abfahren wird gefeiert. Für das Anhalten wird der Telemark empfohlen und beschrieben. Blab spricht vom „Telemarkschwung". Das hier im Ausschnitt wiedergegebene Titelblatt weist auf 46 Illustrationen und das Erscheinungsjahr 1895 hin. Von Georg Blab kann man behaupten, dass er das erste wirkliche Lehrbuch geschrieben hat, eine Tatsache, die Zdarsky-Freunde gerne übersehen.	 (Texte Seite 10 f. und 16. Außentitel des Buches)
78 Schlangenschwünge **1897 Mathias Zdarsky (A)** Aneinandergereihte Richtungsänderungen ▸ vornehmlich als Verbindung von Stemmkristiania und Telemark (Doppelschwünge) ▸ später bei Georg Bilgeri Verbindung von Stemmbögen	Die Verbindung von Richtungsänderungen mit übergangslosem Aneinanderreihen wird erst bei Mathias Zdarsky konsequent verfolgt. Eine Lösung, die auch jahrzehntelang tradiert wurde, war das Schwingen mit sog. Doppel- oder Kombinationsschwüngen und zwar vornehmlich in der Verbindung von Telemark und Kristiania, bei der man die gleiche Schrittstellung beibehalten konnte. In der folgenden Zeit wird Mathias Zdarsky zum „Newton des alpinen Skilaufes", wie ihn W. R. Rickmers gelegentlich nannte.	 (Bild Schlangenschwung. Seite 44. Alpine (Lilienfelder) Skilauf-Technik. Seite 43-46)

108 Sprungweises Ändern der Richtung	Mit Henry Hoek trat einer der größten Theoretiker und Literaten in die Entwicklungsgeschichte der Skitechnik ein. Geb. in Davos, Umzug und Staatsbürgerschaft Deutschland, Rückkehr und Staatsbürger der Schweiz, Kurdirektor von Davos, verfasste gründliche Lehrbücher über Jahrzehnte hinweg. Zunächst geht er von den Norwegern aus, wie auch die Übernahme der sprungweise Änderung, übernimmt aber von Mathias Zdarsky den Stemmschwung. Sog. Doppelschwünge mit Telemark und Kristiania sah er noch lange für die meisten Fahrer als die leichtere Lösung an, da dabei die Skistellung nicht verändert werden muss. Er liebte auch die Poesie und verfasste ein Skibuch für Frauen. 1941 hielt er die Entwicklung der Skilauftechnik für abgeschlossen.	
1906 Henry Hoek (NL/D/CH)		
▶ mit Sprüngen von ca. 30 Grad selbst bei großer Geschwindigkeit ▶ Längenempfehlung noch bis 280 cm Ab dieser Zeit setzt die Technik der Um- und Drehsprünge ein. Richtungsänderung durch sprungweises Herumschwingen auch bei Fridtjof Nansen in den 1889ern, bei Carl J. Luther 1913 und noch bei Erwin Hoferer 1925, Rudolf Katscher 1926 und Walter Föger in den 1950er Jahren.		(Texte S. 26, 138. Außentitel)
129 Telemark und Kristiania als Ergebnis der Ski-Schnee-Physik – Skitechnik individuell	„Der Skiläufer", ein verbreitetes Buch mit vielen Folgeauflagen, bringt sensationelle Bewegungsbeschreibungen, indem es auf den Zusammenhang von gekantetem Ski und Schneewiderstand verweist. Hochinteressant auch der Hinweis auf individuelle Ausführungen, die sogar „in brillanter Haltung" ausfallen können. Darüber hinaus findet man eine Philosophie des Skisports. Interessant die Geschichtstabellen. Anton Fendrich dürfte auch der erste Apologet einer individuellen Skitechnik sein! (Der Skiläufer. 1909, 2. Aufl. Seite 63-65, Zeichnung Seite 17)	
1909 Anton Fendrich (D)		
▶ Telemark aus Position und dem Resultat von Tempo und Bremswirkung der Kante ▶ Kristiania aus leichtem Rück- und Einwärtslegen und Aufkanten der Ski bis zum Stillstand ▶ viele individuelle Kristianias ▶ hält Kurvenfahren alleinig durch Belastungswechsel und Kanten für möglich ▶ viele Demonstrationen ohne Stöcke ▶ im Bild auch taillierter Ski		
148 Telemark auf Sommerski	Georg Bilgeri als gründlicher Analytiker, auf ständiger Suche nach Neuem und als vielseitiger Erfinder, propagiert seinen kürzeren Touren- und sogar seinen extrem kurzen Sommerski trotz des großen Ausfallschrittes auch für den Telemark. Damit war er nach Mathias Zdarsky der erste, der abgesehen vom historischen kurzen „Ondur", einem Schiebeski, auch kürzere Ski ins Auge fasste. (Telemarkbild auf einer alten Pillendose aus der Schweiz)	
1911 Georg Bilgeri (A)		
Beschreibung: ▶ Telemark auch mit Sommerski – Länge 130-160 cm ▶ Sonst ausführliche Telemarkdarstellung ▶ Herausstellung aller Fehler		

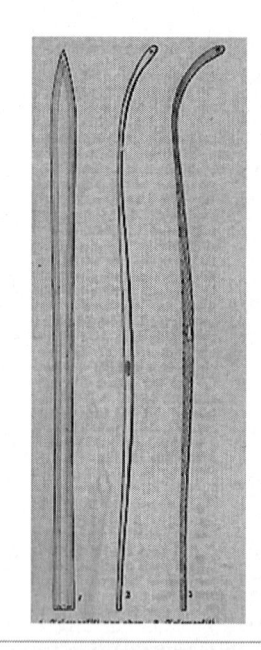

153 Doppelschwünge Standard **1911 J. Marshall (D)** Doppelschwung: ▶ in Kombination mit gleichbleibender Schrittstellung ▶ des Kristiania und ▶ desTelemark Es bleibt immer der gleiche Ski vorne, so dass damit die Schrittstellung nicht geändert werden muss. Das sei eine Abfahrt „in Schlangenlinien".	Der Verfasser von „Das Skilaufen als Sport und Verkehrsmittel" meint, dass geübte Läufer es vorziehen, immer in der gleichen Kombination zu fahren. Sie bräuchten damit die Schrittstellung nie zu ändern. Vielleicht spielt bei diesem Rat auch noch eine Rolle, dass er die Skilänge mit 215 – 280 cm als Norm angibt. Mathias Zdarskys früher Vorschlag findet also eine große Verbreitung. (Das Skilaufen als Sport und Verkehrsmittel. Text Seite 41 f.)	
227 Geländetechnik – Technik mit Gegendrehen zur Auslösung des Schwunges **1924 Josef Dahinden (CH):** Elemente: ▶ Gegendrehen: Schulter gegen Hüfte ▶ Berg- bzw. Innenskibelastung ▶ Fersendruck ▶ ganze Grundschule ohne Stöcke ▶ Betonung der Elastizität des Ski ▶ ständiges Anschmiegen des Ski ans Gelände (Gesamtdarstellung in „Die Ski-Schule")	Erste Torsionstechnik. Gegen die Arlbergschule vertritt Dahinden weiter Wert und Fahrgenuss des Telemarks. Später betont er den Schritt zur Schwungauslösung und wird zum Pionier des Schrittschwingens und des Umsteigens. Schließt sein Werk 1957 mit „Skimambo" ab. In der Zeitschrift „Winter" wird das Buch Dahindens von 1924 förmlich niedergemacht, die neuen Ansätze werden nicht gesehen. (Rezension von Dr. Tenner. dem Vorsitzenden des DSV, in „Der Winter" 1925/26, Seite 254 f.)	
241 Skibelastungen je nach Schwung berg- oder talwärts **1925 Max Uhlig (D)** ▶ Alle Fahrten bergwärts auf dem Bergski ▶ Selbst beim Telemark! ▶ Richtungsänderungen talwärts auf dem Außenski	Max Uhligs Auffassung stellt offensichtlich eine mittlere –Position und den vorübergehenden Kompromiss dar. Bis jetzt fast alles auf dem Berg- bzw. Innenski. Schwünge talwärts in Zukunft auf dem Außenski. Max Uhlig ist eine gute Stimme seiner Zeit. (Wege der Erziehung zum Skilauf. In: Der Winter 1925/26. Seite 142)	 (Zeichnung Max Kopp ebda. Seite 140)

252 Vergleich norwegischer und mitteleuropäischer Stil **1925 Dagfinn Carlsen (N)** ▶ Mitteleuropäischer Stil ist selbständig geworden und hat „geradezu bewundernswerte Fortschritte" gemacht ▶ Hauptgrund wohl das Terrain ▶ Manches auch durch die in Norwegen unbekannte Stockhilfe möglich. ▶ Dagegen kennt Norwegen „seit Telemarks Zeiten keinen wesentlichen Fortschritt". Vergleicht Christiania und Telemark:	*„Im Gegensatz zu dem energischen, kraftvollen, rassigen Christiania ist der Telemark ein ruhiger, sanfter Schwung mit feiner Linienführung, aber ein Schwächling, der auf unsicheren Beinen steht und nicht immer erfolgreich den Schnee meistert."* Vielleicht macht diese Einschätzung die Telemarkentwicklung auf dem Arlberg verständlicher. Der Verfasser, dem niemand anderer als Fridtjof Nansen die Einleitung geschrieben hat, studierte die Situation vor Ort. Sein Urteil bezieht sich allerdings nur auf die alpine Fahrweise, nicht auf Langlauf und Sprunglauf. (Der Skilauf, Text und Bild Seite 14 f.)	„Quersprung – der in Norwegen unbekannt ist"
264 Telemarkschilderung **1925/26 Ernest Hemingway (USA)** *„Georg kam kniend in Telemarkstellung herunter, ein Bein vor und gebeugt, das andere nach sich ziehend; seine Stöcke hingen wie die dünnen Beine irgendeines Insekts und wirbelten beim Berühren der Oberfläche Schneewölkchen auf, und schließlich kam die ganze kniende, schleifende Gestalt in einem wunderbaren Rechtsbogen tief in der Hocke herum, ging in Ausfallstellung, der Körper lehnte sich nach außen über, die Stöcke betonten den Bogen wie Interpunktions- zeichen aus Licht, alles in einer Wolke von Schnee."*	In seinen Jahren in Paris fuhr Hemingway mehrmals nach Schruns zum Skifahren. Er war offensichtlich ein leidenschaftlicher Skifan. Skitechnisch beherrschte er den Telemark wie den Kristiania. Fachausdrücke wie Ausfallstellung und Aussenlage des Körpers waren ihm geläufig. Aber es kommt auch zu starken eigenen Bildern wie hier das Hängen der Stöcke „wie die dünnen Beine irgendeines Insekts", „die ganze kniende, schleifende Gestalt" oder „in die Geschwindigkeit hineingelehnt" (Paris – Ein Fest fürs Leben. Seite 142 f.)	Sammelt man alle Elemente der Schilderungen Hemingways, könnte man ihn auch als Lehrer sehen.
273 Hermann Hesse fährt Telemark **1926 Elisabeth Mann-Borgese (D)** *„Ich sehe ihn noch vor mir, seine magere Gestalt in seinem dunkelblauen Skianzug mit den norwegischen Wickelgamaschen auf seinen sehr langen Skiern, wie er in eleganten Telemark-Serpentinen durch den frischen Tiefschnee die steilen Hänge hinunterglitt."*	Die Tochter von Thomas Mann erzählt, wie sie mit Hermann Hesse, von dem sie nicht wusste, dass er ein passionierter Skifahrer war, in St. Moritz zum Skilaufen ging. Hermann Hesse schildert übrigens selbst seine Skifahrkünste bei seinen Urlauben in Arosa. (Zu finden in „Christian Weber, Ski fahren." Seite 109, Bild aus der Titelseite des Buches)	

277 Neue Telemarkschwünge - u. a. eine Empfehlung für Frauen

1926/1929 Fritz Reuel (D)

Neue Möglichkeiten in der Telemarktechnik:

- Telemark-Kauertechnik
  „In ununterbrochen sicherem, erdnahem Sitzen die Fahrtrichtung auch in großen Geschwindigkeiten bestimmen, ändern, exakt Bogenfahren und -lenken und sogar -schwingen können."
  (Seite 178 - 182, hier 193 u. a.:
- Telemarkhocktechnik
  In der Sitzhocke „für weite glatte Hänge. dort wird sie zum weitaus schnellsten Fahrmittel, das die Schwungtechnik bis heute kennt."
  (Seite 175-178, 194 u. a.)
- Hocktelemark-Kristiania
  Ein Zwitter, ein Schwung mit weit vorgestelltem Innenski

- Telemark-Bogen
- Telemark-Skiwalzer
  Kombination von Schwung abwärts, einem Dreher und wieder Schwung herunter.
  (Seite 156 – 16)

„Sitzhocke, ermüdend für Fahrerinnen und unschön – zumal bei gespreizter Fahrstellung"
(Seite 190)

„Telemarkhocke mit bequemem Sitz für lange Fahrt"
(Seite 191

Der Telemark gehört nach Reuel „zu den schwierigen Schwüngen."
(Seite 163)

Aber er bringt sein Prinzip der Körperdrehung auch in den Telemark ein und setzt sich in dieser Zeit, als schon die Ablehnung bei den Arlbergern einsetzte, wie kein anderer mit dieser Technik auseinander.
(Seite 166, 189 - 190 u.a.)

Texte und Zeichnungen in „Neue Möglichkeiten im Skilauf"

278 Telemarkhocke im Schuss

1926/1929 Fritz Reuel (D)

Merkmale:
- sehr tiefe Position
- großer Schritt
- enge Fahrstellung
- mit oder ohne Stöcke
- Frauen empfiehlt Reuel den Kauertelemark".

Die Ausfallstellung wurde auch als eine Grundposition für die Schussfahrt und als Position in vielen Varianten für den Telemark empfohlen und praktiziert. Reuel propagierte in seiner Erfinderlust sogar einen „Hocktelemark-Kristiania". In der Sitzhocke sah er dagegen nur Nachteile.
(Neue Möglichkeiten im Skilauf. Seite 170)

(Das Skilaufen als Sport und Verkehrsmittel. Seite 41 f.)

281 Hohes Lied des Telemarks

1926 Rudolf Katscher (A)

- Betont im Gegensatz zu allen anderen Anweisungen, dass der vordere Ski erst weggestemmt und dann erst belastet werden soll.
- „Ja, der Telemark ist tatsächlich durch seine leichte Ausführbarkeit der Schwung der mittelmäßigen Fahrer und hat, weil er <eleganter> (aber nicht praktischer) als der <Christiania> ist, eine allgemeine Beliebtheit."

„Hast Du nicht immer mit blassem Neid beobachtet, wie ein Skiläufer aus flotter Fahrt plötzlich ein Bein vorgestreckt hat und darauf sofort, pulver- schneeaufwirbelnd, stehen geblieben ist? Das hat unsagbar kühn und schneidig ausgesehen und du hast dich gleich in ihn verliebt, als er Dir sagte, das sei der Telemarkschwung."

Hier wird offensichtlich zum letzten Mal von einem der „Arlberger" vor dem „Telemarkverbot" dieser Schwung gelobt, ja gefeiert.

„Telemark! Telemark! Was für eine wunderbare Musik liegt in diesem Wort; stolzes Skilatein des perfekten Läufers und Traum der schlaflosen Nächte des Anfängers, der sich nichts sehnlicher wünscht, als auf der Skiwiese vor einer Schar andächtig zusehender Mägdlein aus rascher Fahrt mit dem Telemark <abzuschwingen>."

(Skilehrbriefe an Sie. Texte wie oben Seite 39 und wie zuvor Seite 43)

310 Stellungnahmen gegen die Arlberger – pro Telemark

1928/29 Werner Höhnisch (D)

„Es macht mich lächeln, als ich sah, daß bei den Arlbergern der Telemark verpönt ist und in keinem Kurs gelehrt wird – von einem Ort weiß ich, daß jeder Telemark einen ‚Strafschilling' kostet! – während man in der wenig entfernten Ostschweiz ausgelacht wird, wenn man ‚stemmt'."

Die Ablehnung des Telemarks auf dem Arlberg nahm immer entschiedenere Formen an. Werner Höhnisch scheint einer der ersten zu sein, der öffentlichen Widerspruch formuliert. Wie später Josef Dahinden wählt er dafür den Spott.

(Text: Werner Höhnisch in Der Winter. 1928/29, Seite 153. Bild aus Josef Dahinden, Die Ski-Schwünge. Bilderteil Nr. 30)

316 Telemark-Kristiania als „falscher Telemark" und andere Telemarks

1929 Fritz Reuel (D)

Merkmale
- Kristiania in Ausfallstellung
- Innenski weit vorne
- Sprunggelenk innen stark gebeugt
- Außenferse angehoben

Der falsche Telemark wurde durch die Jahrzehnte vergessen. Wenzel König hat ihn 2006 wieder präsentiert. Aber auch andere Telemarkvarianten wie ein Telemark mit gekreuzten Ski, der Kauertelemark oder der Telemarkwalzer finden sich bereits bei Reuel.

(Neue Möglichkeiten im Skilauf. Seite 191)
Wenzel König, DVD 2007)

322 Verkehrter Telemark aus gekreuzter Ski- und Fußstellung

1929 Fritz Reuel (D)

Nach einem Überkreuzen der Ski bei der Einnahme der Ausfallstellung kann man auch in dieser Position den Telemark weiterfahren.

Was beim Telemarkschwingen vor allem mit kürzeren Ski leicht passieren kann, erhebt Fritz Reuel einfach zur Kunst. Aber da er vom Eislaufen kommt ist ihm durch das Übersetzen auch das Überkreuzen vertraut. Letztlich geht es ihm zwar auch um ein Entkreuzen. Aber er ist dennoch in sein Kunststückchen so verliebt, dass er auch den Namen „invertierter Telemark" vorschlägt.

(Neue Möglichkeiten im Skilauf. 6. Aufl., Text S. 25, Bild Seite 235)

327 Telemark geringgeschätzt und abgeschafft

Ende der 1920er Jahre vor allem am Arlberg, aber auch in Deutschland

Angesichts:
- der Pistenbildung
- der Entwicklung des Rennlaufs
- der Entwicklung der Ski

aus Skischulprogrammen herausgenommen und in manchen Büchern nicht mehr erwähnt.

Weiterhin eifriger Verfechter: Josef Dahinden Die Schweizer allein halten am Telemark in ihren Lehrplänen bis in die 1960er Jahre fest. Der deutsche Lehrwart Max Winkler spricht 1933 im „Der Winter" von der Abschaffung vor Jahren.
Nebenstehendes Bild veröffentlichte Carl. J. Luther 1937 mit der angegebenen Unterzeile.

(Siehe Beitrag Skikurswandel. In: Jahrbuch für Bergsteiger und Schiläufer 1937. Seite 128 c.)

„Als Hannes Schneider noch telemarkte"

355 Kampf um den Telemark **1931 Arnold Lunn (GB)** *„The telemark turn is of the greatest possible value. …* *The telemark, which was once unfashionable, is returning into favour."*	Wie die Schweiz ließ sich auch der große Pionier Arnold Lunn nicht von den Arlbergern infizieren. Nur wenige Leute konnten so wie er die Entwicklung und die Geschichte überschauen. (Ski-Iing In A Fortnight. Text Seite 43, Zeichnung Telemark aus Schussfahrt Seite 44)	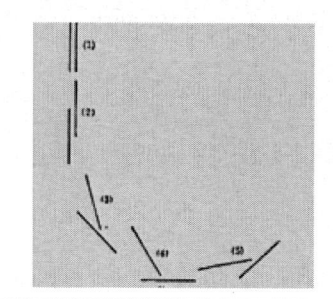
376 Festhalten am Telemark **1932 Luis Trenker (I) wägt ab:** „Wenn auch aus der modernen Abfahrtstechnik ziemlich verdrängt …" „Er ist nicht so schön, nicht so kraftvoll und wuchtig in der Bewegung, wie der von Hannes Schneider und vielen anderen gepredigte Stemmchristiania."	„Er hat aber trotzdem seine großen Vorteile: er ist im Allgemeinen leichter zu fahren und besonders im tiefen Schnee ein Hilfsmittel, das kurzes und schnelles Schwingen ohne jegliche Kraftanstrengung gestattet." (Berge im Schnee. Seite 53) Nicht alle, wie hier Luis Trenker oder an anderer Stelle Josef Dahinden, folgen also dem Verdikt oder der Ablehnung des Arlbergs.	 Bild veröffentlicht von Carl J. Luther 1937 mit der Bildzeile: „Als Hannes Schneider noch Telemark fuhr"
447 Aktuelle technische Gegenüberstellungen – natürliche Fahrweise **1935 Fritz Hoschek (A)** Hauptbögen ▸ Alpine „schraubige Fahrweise nach Zdarsky" ▸ Norwegische Fahrweise mit Telemark + Querschwung in gestreckter Rücklage ▸ Arlberg-Fahrweise mit Stemmbogen und Stemmkristiania ▸ Natürliche Fahrweise als Gesamtbewegung des Körpers und parallele Skiführung	Fritz Hoschek gibt im Jahrbuch „Skileben in Österreich" eine prägnante Darstellung der Skitechnik und der Lehrweise des sog. Natürlichen Turnens. Daneben teilt er aber auch die bisherige Entwicklung in diese vier genannten Etappen ein. Fritz Hoscheks Einfluss in dieser Zeit in Österreich und Deutschland ist hoch einzuschätzen.	 (Bild aus Der Bergsteiger. 1928. Seite 355) Telemark in typisch norwegischer Manier
454 Auslaufmodell Berg- und Innenskibelastung **1935 Roland Betsch und Franz Eberlin und 1937 Alois Kosch (alle D)** Roland Betsch dürfte der letzte bedeutsame Vertreter der Ära von Berg- und Innenskibelastung sein: Alois Kosch weist die Außenskibelastung dem Telemark, die Innenskibelastung dem Kristiania bzw. dem Temposchwung zu.	Erstaunlich lange wurde von einzelnen Autoren und Schulen die Innenskibelastung verfolgt. Weiter fand sie nur noch bei den Skiakrobaten Beachtung. G. Joubert schließlich erfand die Kombination von „außen Beginnen und innen Steuern". Alberto Tomba wechselte sogar zweimal. Erst in den 70er Jahren wurden wieder allgemein Innenskischwünge angeboten. **Im Rennlauf findet man seit Mitte der 1990er das „Innen-Anschneiden".** So vermerkt im SPORTS-Lehrplan von 1995. Schließlich sogar Skatecarven bei SPORTS ab 2000. Acht Hüttentage. Seite 38 – 41, Abbildungsverzeichnis Nr. 42)	 „Temposchwung"

460 Telemark weiter verpönt **1935 Richard Honisch (D)** „Aus aller Herren Länder pilgert man nach St. Christoph, um die endliche Lösung aller Streitfragen im Skilauf an der Quelle kennenzulernen. Die Anhänger der neuen ´Sekte´, besonders natürlich die Anfänger, entwickelten in ihren Hockstellungen bald einen Hochmut, daß sich der zünftige Skiläufer in ihrer Nähe hüten musste, etwa den Telemark zu schwingen, wollte er nicht ausgepfiffen werden."	St. Christoph und die Arlbergschule scheinen in diesem Jahr den Höhepunkt ihrer Ausstrahlung erreicht zu haben. Im Hintergrund aber sind längst andere Entwicklungen im Gange, die die Arlbergtechnik in Frage stellen. Ruf und Bedeutung des Telemarks jedoch werden noch auf Jahrzehnte hinaus geschädigt sein, bis in den 1980er Jahren eine Renaissance einsetzen konnte. (Stilwandlungen im Skilauf. In „Leibesübungen und körperliche Erziehung" 1935 Heft ¾, Seite 26)	
474 „Tempo-Kristiania (auch ´Wedeln genannt)" **Telemark als gefährlich beurteilt** **1936 Giovanni Testa und Eugen Matthias (beide CH)** „Der Tempo-Kristiania besteht aus lauter nicht ganz ausgefahrenen Kristiania. Der Fahrer dreht ganz wenig von der Fallinie ab. … immer mit ganz geschlossener Skiführung." „Alle diese Übergänge müssen sich rasch und doch ohne Kraft und Ruck vollziehen."	Nach den Wienern B. F. Faludy und Karl Rubesch wird hier das Wedeln gut beschrieben. Den Telemark halten die beiden Schweizer Autoren übrigens für gefährlich. Er sollte durch die Kristianias völlig ersetzt werden. (S. 98) („Natürliches Skilaufen". Texte Seite 98, Zeichnung Seite 99)	
495 Telemark parallel – **Schwünge mit variabler Skistellung** **1937 Alois Kosch (D)** wehrt sich gegen die Verteufelungen des Telemarks und verweist auf diese neue zusätzliche Form. Voraussetzung nach seinen allg. Darlegungen zum Ski: ▶ ausgeprägte Telemarkform ▶ elastische Skimitte ▶ Dazu: blitzschnelles Auseinanderziehen der Ski	In seinem „Großen Skieinmaleins" geht Alois Kosch möglichst allen Varianten des Schwingens nach und plädiert auch für gewollte wie ungewollte Vermischungen. Beispiel: Schwünge stemmend beginnen, parallel steuern und scherend beenden. Einen parallelen Kristiania kennt allerdings auch schon Fritz Reuel Ende der 1920er Jahre als „Telemarkhock-Kristiania". (Siehe seine Demonstration.) (Schwünge in Das große Skieinmaleins. Seite 92 – 112).	

493 Schrittschwingen – Drehschwingen **1937 Alois Kosch (D)** ▸ Telemark und Kristiania sind Schrittschwünge. ▸ Jeder Skischwung ist ein Gleitschritt ▸ Drehschwingen heißt Laufen	Der in den 1950er und 1960er Jahren so aktuelle Begriff des Schrittschwingens wurde also schon lange vorher geprägt. Auch die spätere Diskussion über das Umsteigeschwingen als skigemäße Form des Laufens im Alltag ist hier vorweggenommen. (Das kleine Ski-Einmaleins. Seite 61)	„Skilaufen, nicht Skifahren – darauf kommt es an!" Alois Kosch
654 Gleichberechtigte Technik von Rotation und Torsion – Mambo! **1960 Schweizer Lehrplan** ▸ sowohl bei Stemmschwüngen ▸ wie beim parallelen Schwingen ▸ wie beim Kurzschwingen (Mambo wird allerdings nicht beschrieben, jedoch dargestellt.)	Nach jahrelanger offizieller Ablehnung der österreichischen Beinspieltechnik nun die beiden Fahrarten nebeneinander. Umsprünge noch dargestellt. Telemark fehlt erstmals. Im Bild „Kristiania mit Rotation ausgelöst", aber gesteuert mit Gegendrehen! (Skitechnik. Schweizerische Skianleitung. Texte quer durch das Buch. Bild Seite 29)	
815 Telemarkaffäre des Deutschen Skiverbandes **1981 Deutscher Skiverband** Ekkehart Ulmrich, Direktor Freizeitsport und Ausbildung, in Übereinstimmung mit dem Lehrreferenten Paul Knöfel, schreibt an das Lehrteam: *„Bereits im vergangenen Winter habe ich Euch sehr deutlich erklärt, weshalb die Schulung des Telemark-Schwunges in mehrerlei Hinsicht ein Unfug ist und deshalb im DSV-Skilehrwesen nichts zu suchen hat."* Zurückgewiesen auch aus medizinischen Gründen. Ebenso: *„Didaktisch ist der Telemark-Schwung ein Unsinn."* Da sich offensichtlich nicht alle Ausbilder an das Verdikt hielten, meint Ulmrich *„daß jetzt folgender Erlaß notwendig geworden ist: Der Deutsche Skiverband untersagt..."*. *„Wer dieser Forderung des Deutschen Skiverbandes nicht nachkommen kann oder nicht nachkommen will, kann nicht länger Mitglied im DSV-Lehrteam sein."*	Zu beachten ist zunächst die Wortwahl „Erlaß" und die Unterstreichung dieses Wortes. Eigentlich ein ministerieller Begriff. Die Telemarkaffäre des DSV erinnert an das Telemarkverdikt der Arlberger Ende der 1920er, durch das ebenfalls den Skilehrern ein Unterricht des Telemarks untersagt worden ist. Während jedoch die DSV-Affäre nach einem Jahr unter den Tisch gekehrt wurde, hatte das Arlberger Verdikt Auswirkungen über Jahre und Jahrzehnte. Beide Verbote lassen wieder einmal ahnen, welche Denkkultur in den sog. Lehrwesen herrscht. Erinnert werden wir dabei auch an das Verbot des DSV von Skiwettkämpfen der Damen von 1924. (Der Telemarkaffäre des DSV wird bald auch eine Skatingaffäre folgen.)	Demonstrator Karl Buhl, Sonthofen, der Auslöser der DSV-Affäre. (Zitate aus Rundschreiben Nr. 41/81 – ul/pr vom 28-20-1981 an die Mitglieder des DSV-Langlauf-Lehrteams)

862 Telemark carvend – Telemark als das Carven schlechthin **1985 William Hall – Offiz. Cross-Country-Lehrplan (USA)** „Back country powder skiers have little use for carving, but to the packed-slope skiers and racers intent on exploiting the telemark turn to its fullest potential, carving is a vital part of this realization."	Seit 1964 werden Sache und Begriff Carven in den USA beachtet. Die Renaissance des Telemark beginnt nun mit der Cross-Country-Bewegung und bei Spezialisten mit Telemarkcarven auf der Piste. (Skiing right. Seite 131, Bild Seite 126)	
942 „Telemark schööön" **1991 Norwegisches Programm beim Interskikongress in St. Anton** ▸ Telemark gezogen ▸ Telemark gewedelt ▸ Telemark gesprungen ▸ Telemark im Torlauf ▸ Telemarktricks	Der aus Carl Zuckmayers Geschichte eines Skikurses von 1913 bekannte Ausruf eines norwegischen Lehrers, der ansonsten kein Deutsch konnte, hätte für die Vorführung auf dem Interskikongress gelten können. Einfach Aufgehen in den Formen und Gefühlen des Telemarks.	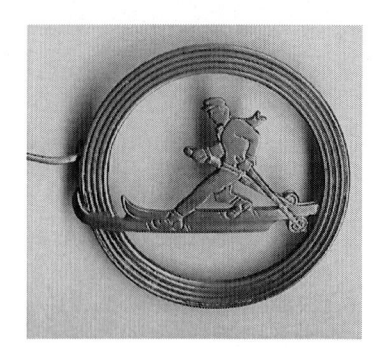 Kopie eines Medaillons
949 Doppelschwünge neu erfunden **1992 Ulrich Göhner – Deutsches Skilehrwesen** Kombinationen verschiedener, möglichst kontrastierender Schwungformen Doppelschwünge dürfen nicht mit dem Doppelkristiania von 1924, dem ersten Kurzschwingen, verwechselt werden.	Wohl in Unkenntnis der Geschichte wird der Doppelschwung als Erfindung hochstilisiert. Schon Zdarsky und beinahe unzählige weitere Autoren kombinierten gerne zwei verschiedene Schwünge. Am liebsten Telemark + Kristiania, da dabei die Schrittstellung nicht verändert wird. Die Doppelschwünge wurden manchmal auch „Kombinationsschwünge" genannt.	„Telemark- und Kristianiaschwünge lassen sich … zu Schlangenbögen vereinigen. Sehr angenehm ist die Anwendung beider Schwünge, und zwar des einen immer nach derselben Seite, wodurch der Wechsel im Vorführen des einen Ski wegfällt." Georg Bilgeri, Der alpine Skilauf. Seite 47
994 Verknüpfung Telemark und Carven **1996 Arno Klien (A)** Der österreichische Telemarkexperte prägt zwei treffliche Slogans: „Der Telemarkski ist der Urcarver!" „Schwünge kommen, Schwünge vergehen, aber der Telemark bleibt bestehen!"	In zahlreichen Veröffentlichungen zeigt Arno Klien die Beziehung zwischen Telemark- und Carvingski sowie zwischen Telemarken und Carven auf. Beispielhaft: „Vom Urcarver zum Tourcarver. In SKI-news vom 19. Dez. 1996. Seite 25 f. (Bild aus Patrick Droste und Ralf Strotmann, Telemark. Rausch auf Ski. Seite 120)	

1009 Telemark als Hand und oder Bodycarven

1997 Walter Kuchler (D)

- Mit Innen-Anschneiden beginnen
- Handcarven in Hüftberührungen überführen
- beliebig lange auf dem Körper gleiten
- durch Rotieren wieder Kantenführung erlangen
- durch Kantenzug wiederaufgerichtet werden

Gesteigerte Ausführungen:
- Nur Berührung
- längeres Schleifen
- volles Abstützen auf einer Hand
- Abstützen auf beiden Händen
- mit Brustberührung am Steilhang.

Wer den Bodycarver beherrscht, wird manchen Sturz in eine Fahrkunst verwandeln können. Pavel Stancl (CZ) und Geri Tumbasz (SLO) beherrschen sogar den Telemark als Bodycarver.

Überhaupt lässt sich beim Bodycarven der Aussenski beliebig führen, zurück oder sogar vor.

Demonstration Walter Kuchler hier jedoch mit Alpinski, Foto Dieter Menne

1020 Telemark erstarkt – auch Fahrform Wedeln

1997 Patrick Droste und Ralf Strotmann (beide D), Arno Klien (A)

Vielfältige Aktivitäten und technische Veränderungen:
- Fahrformen, auch als Wedeln und als Race
- Belastungen auch auf beiden Ski
- auch hohe Fahrstellungen
- Telemarken auch auf harter Piste.

Dem Revival durch US-Amerikaner Ende der 1970 Jahren folgt eine Wiederbesinnung in Norwegen und Finnland. Auch sonst folgen vielfältige Aktivitäten z. B. von Karl Buhl in Deutschland und Arno Klien in Österreich. Erstmals drei eigene Telemarklehrbücher von Patrick Droste und Ralf Strotmann in Deutschland. Neue Qualitäten durch Carvingski. 1999 organisiert Arno K1ien „1. Int. Telemark-Academy."

(Telemarkbücher von Droste und Strotmann 1997, 2000, 2002. Bild des Slowenen David Primozic bei der WM 2003.

1021 Extreme Telemarkschwünge

1997/98 Telemarkexperten

Verschiedenen Experten gelingen mit stärker taillierten Telemarkski extreme Schwünge:
- gesprungene Telemarks – bei Patrick Droste und Ralf Strotmann (D)
- 360er von Peppi Nominikat (D)
- geflogene Telemarks und Telemarks in Bodycarvmanier - sogar kombiniert – von Pavel Stancl (CZ)

Manchen Cracks bei den Telemarkfahrern gelingen zunehmend extreme und exzessive Schwünge. Die angeführten Beispiele spielten sich zufällig im Erfahrungsbereich des Autors im angegebenen Zeitbereich ab. Es darf angenommen werden, dass die stärker gewordenen Taillierungen und das Telemarkfahren auf Pisten zu diesen Möglichkeiten führten.

(Bild aus: Patrick Droste und Ralf Strotmann, Telemark. Neuer Skizauber mit altem Schwung. Seite 105)

Gesprungener Telemark

1076 Tele-Carve - als Skate-Telemark

2003 Walter Kuchler (D)

- bei fixierender Bindung
- aber gelockerten Abfahrtsschuhen für starken Schaftflex
- mit reiner Innenskibelastung
- in relativ hoher Fahrstellung
- in allen Schwungweiten funktionierend

In SPORTS-Lehrgängen von Walter Kuchler entwickelt und als Skate- und reiner Innenskischwung angeboten. Leicht zu fahren auch in steilerem Gelände. Weniger interessant im Tiefschnee.
Die Schuhe müssen so gelockert sein, dass eine Flexbeugung bis zu 45 Grad und ein Fersenschlupf von 3-4 cm erreicht wird.

(Thema erstmals im Mai-Meeting bei SPORTS 2003 und anschließend im Skimanual 2003/2004 veröffentlicht.)

1081 Offenes Carvingkonzept in Ungarn

2004: „Sizés + 3" (HUN)

1. Betont die Taillierung
2. Verweist auf den Flex
3. Kennt viele Carvingformen
4. Pflegt den Telemark mit vielen Formen wie den eingesprungenen Telemark

Das ungarische Skiprogramm ist unter dem Präsidenten der Skilehrer Kerese Janós offener und vielfältiger geworden als die vergleichbaren deutschen und österreichischen Lehrpläne. Carven hat offensichtlich auch im skipolitischen Raum Türen aufgestoßen und zu neuen Freiheiten verholfen. Auch kleinere Skiländer greifen nun die Trends der Zeit auf.

(Zeichnung aus „A-sizes+3")

1103 Telemark modern

2006 sammelt Wenzel König (CH)

an die 20 Telemarkvarianten und Fahrformen. Z.B.

- Drehschwung
- Tiefschneeschwung
- Kurzschwung
- Kippschwung
- Carveschwung
- Beugeschwung
- Buckelpistenschwung
- Sprungschwünge
- Walzer
- Body Carve
- Tele Skwal

Die Sammlung zeigt – wie schon andere Beispiele in der Geschichte der Skitechniken – wie ein Gerätetyp und ein Fahrprinzip immer neue Technikvarianten hervorbringen können. Dabei können die Unterschiede gering oder auch größer sein, so dass letztlich erst die Anwendungsplausibilität und die Schwierigkeit der Ausführung deren Rang begründet.

(Inhalte aus DVD. Foto aus Droste/Strotmann: Telemark 2000)

12. Umsteige- und Schrittschwingen - eine lange Geschichte

Interpretationen und Ergänzungen

Begrifflich folge ich zunächst der deutschen Auffassung von 1967 (Lehrplanergänzung), 1968 (Interskikongress in Aspen) und 1972 (eigener Lehrplanband Umsteigeschwingen). Danach interpretierten wir „Umsteigen", wenn folgende zwei Merkmale vorliegen: erstens betonter Schrittwechsel und zweitens Anheben des Ski. In der Diskussion der folgenden Jahre wurde dagegen eingewandt, dass das Anheben ein oft graduell kaum fassbares Merkmal sei und für das Ergebnis auch keine Rolle spiele. Dieser Kritik folgend bin ich in der historischen Skizze auch den sogenannten Schrittschwüngen nachgegangen, wenn also zur Schwungeinleitung ein betonter Schritt gemacht wird, ohne dass ein Anheben erfolgt. Viel interessanter ist aber noch das Umsteigen mitten im Schwung, wie bei meinem Vorschlag des Stepcarvers, bei dem nach einer Einfahrt auf dem Innenski in der Falllinie auf den Außenski gewechselt wird. Bei Alberto Tomba kommt es sogar zu einem dreimaligen Umsteigen: Innen anschneiden, in der Falllinie beidseitige Belastung, im Aussteuern volle Belastung des Außenski. Dieses zweimalige Umsteigen im Schwung kannte schließlich auch Franz Hoppichler schon 1985.

Horst Tiwald hat nach einer Zeitschriftenveröffentlichung von Erhard Gattermann und mir zum Umsteigeschwingen, in der Anrechte auf eine Erstverwirklichung erhoben wurden, diese Darstellung zurückgewiesen. Er hat damit Recht. Die beiden Autoren haben damals das Lehrbuch von Lothar Gfrörer nicht gekannt, den Bauernkristiania von 1930 nur als eine unbedeutende, punktuelle und zeitlich nicht zu ortende mündliche Überlieferung eingeschätzt und die Begriffsbildung „Umsteigen" im österreichischen Lehrplan von 1956 übersehen.

Auch heute würde ich Horst Tiwalds Zurückführungen auf Mathias Zdarsky und vor allem auf den „Galopp" und das Galoppieren, wie Alois Weywar die österreichische Beinspieltechnik von 1956 interpretierte, nicht als Grundlage des Umsteigen sehen. Das Galoppieren in der Form des Hinabspringens und Schrittwechsels wie es beim Hinunterhüpfen an einem Hang zu beobachten ist, sehe ich im Kurzschwingen – nicht im Wedeln! – beim sogenannten Winkelspringen und im „Gamserlschwung" (Skizirkus 1985) verwirklicht. Vor allem, wenn es dabei um ein umspringendes Schwingen auf den Innenski geht, wobei wir wieder bei Lothar Gfrörer von 1927 wären.

Das Umsteigen im allgemeinen Verständnis war sicher die größte Änderung und Bereicherung in der Beinspieltechnik. Als Erhard Gattermann 1962 der deutschen Kommission für den Lehrplan das „Schrittschwingen" oder „Umsteigen" vorschlug, wies dies der österreichische Chefskilehrer Franz Furtner, der damals oberster Ausbildungslehrer auch des deutschen Skilehrwesens war, mit der Drohung zurück, er werde nicht mehr hier mitarbeiten. Damit war das Thema zunächst vom Tisch.

Aber 1967 wurde dennoch das Umsteigen im deutschen Lehrplan verankert. Ich habe das Konzept hierfür zusammen mit Erhard Gattermann entwickelt. Fünf Jahre später wurde es in seinen Möglichkeiten in einem eigenen Lehrplanband ausdifferenziert. Dabei ist es leider wie so oft passiert, dass man die historischen Wurzeln übersehen oder nicht gewusst hat.

Auf dem Interskikongress in St. Anton 1991 fragte Karl Gamma das Auditorium, ob jemand wüsste, wer den glücklichen Begriff „Umsteigen" geprägt hätte. „Waren es die Deutschen mit ihrem Skilehrplan von 1972?" Ich konnte damals darauf hinweisen, dass wahrscheinlich die erste fixierte schriftliche Form im österreichischen Lehrplan von 1956 zu finden sei, aber nach meiner Erinnerung der Begriff auch schon in einem österreichischen Film von 1955 gebraucht wurde.

Bei meinen neueren Recherchen bin ich auf den Schrittbogen von 1921 und auf Lothar Gfrörers Umsteigeschwung von 1927 gestoßen. Diese Stationen sind nicht nur der Sache wegen interessant, sondern könnten auch eine skipolitische Dimension haben. Ab Mitte der 1920er Jahre nämlich setzte allgemein die regionale und nationale „Selbstfindung" und Identitätsbildung ein. Die Schweizer hatten selbst bereits eine längere Geschichtsarbeit mit guten Experten und Veröffentlichungen von Henry Hoek, Adolf Zarn und Peter Barblan hinter sich. In Deutschland trugen vor allem Carl J. Luther, die Zeitschrift „Der Winter", die vielen Skiklubs und die Entstehung zahlreicher Skifabriken zur nationalen Identitätsbildung bei. Und in Österreich war Tirol schließlich nicht der Arlberg. Die Innsbrucker werden immer selbstbewusster. Und nun steht mit dem Umsteigen auch der Zillertaler Lothar Gfrörer gegen den mächtigen Arlberg.

Vielleicht sollte man die Skitechnik des Zillertalers Gfrörer auch auf diesem Hintergrund sehen. Von Hannes Schneider wissen wir, dass er, wie Arnold Fanck im Vorwort zum „Wunder des Schneeschuhs" 1925 schreibt, jedes Anheben eines Ski ablehnte. Schon in seiner ersten Skischulkonzeption von 1907 hatte sich Hannes Schneider nach einigen Versuchen mit Anheben des Ski auf einen andauernden, absoluten Schneekontakt festgelegt. Lothar Gfrörer nun hebt den Ski. Vielleicht ist hierin auch die Ursache zu sehen, dass man diese Art des Schwingens mit dem diskriminierenden Ausdruck „Bauernkristiania" abqualifizieren wollte. Ich denke, man könnte für diese Zusammenhänge bei näheren Nachforschungen noch auf interessante Details stoßen.

Zur Geschichte des Skihebens und Umsteigens gehört natürlich auch das Trickskifahren. Stellvertretend für alle diese Künste mit Umsteigen nehme ich den Reuelschwung in den Längsschnitt auf.

Nach der Lage der Dinge plädiere ich dafür, den Schrittbogen von 1921 und die Schrittschwünge von 1927 als Ursprünge des Umsteigens zu werten.

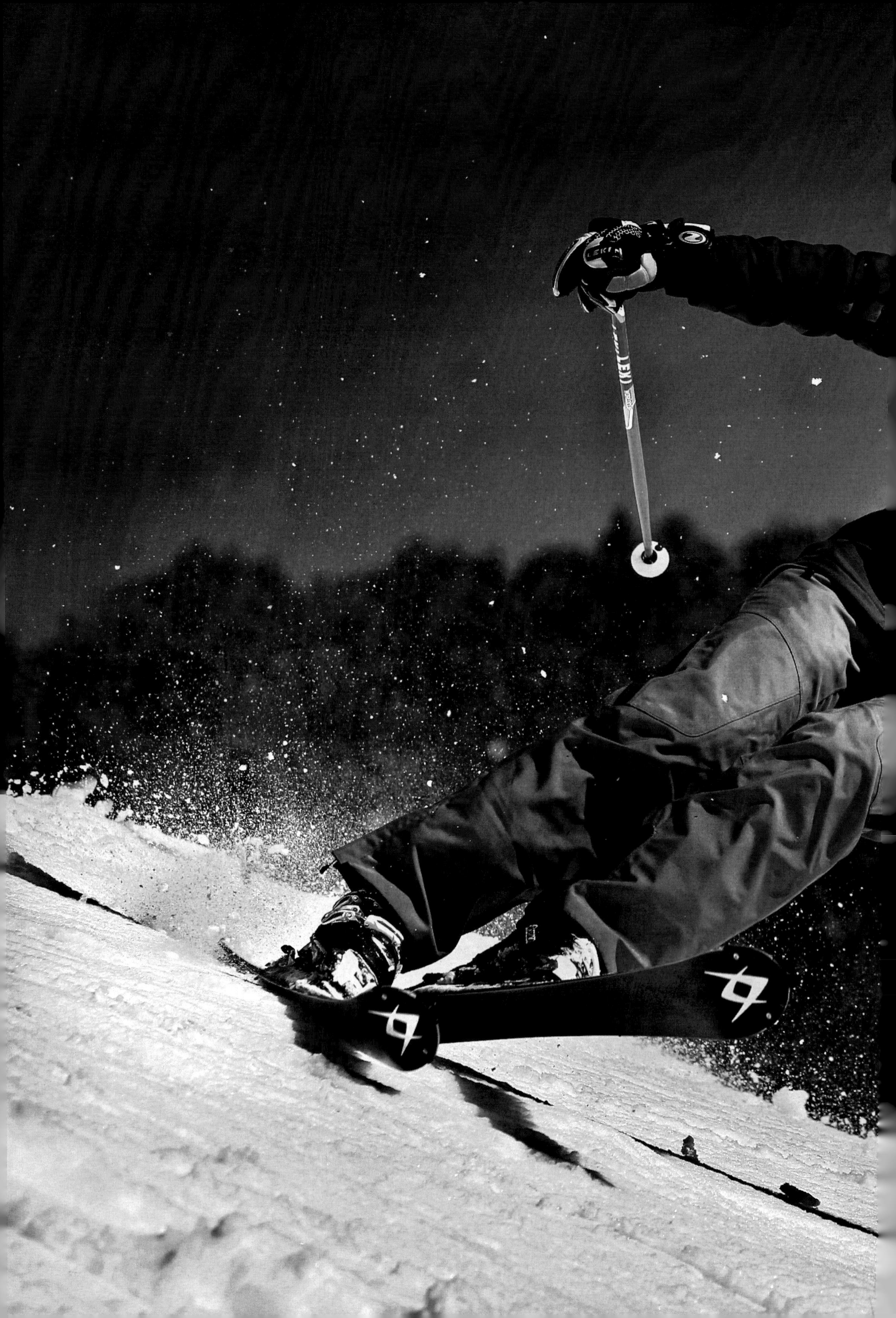
LEKI
LEKI

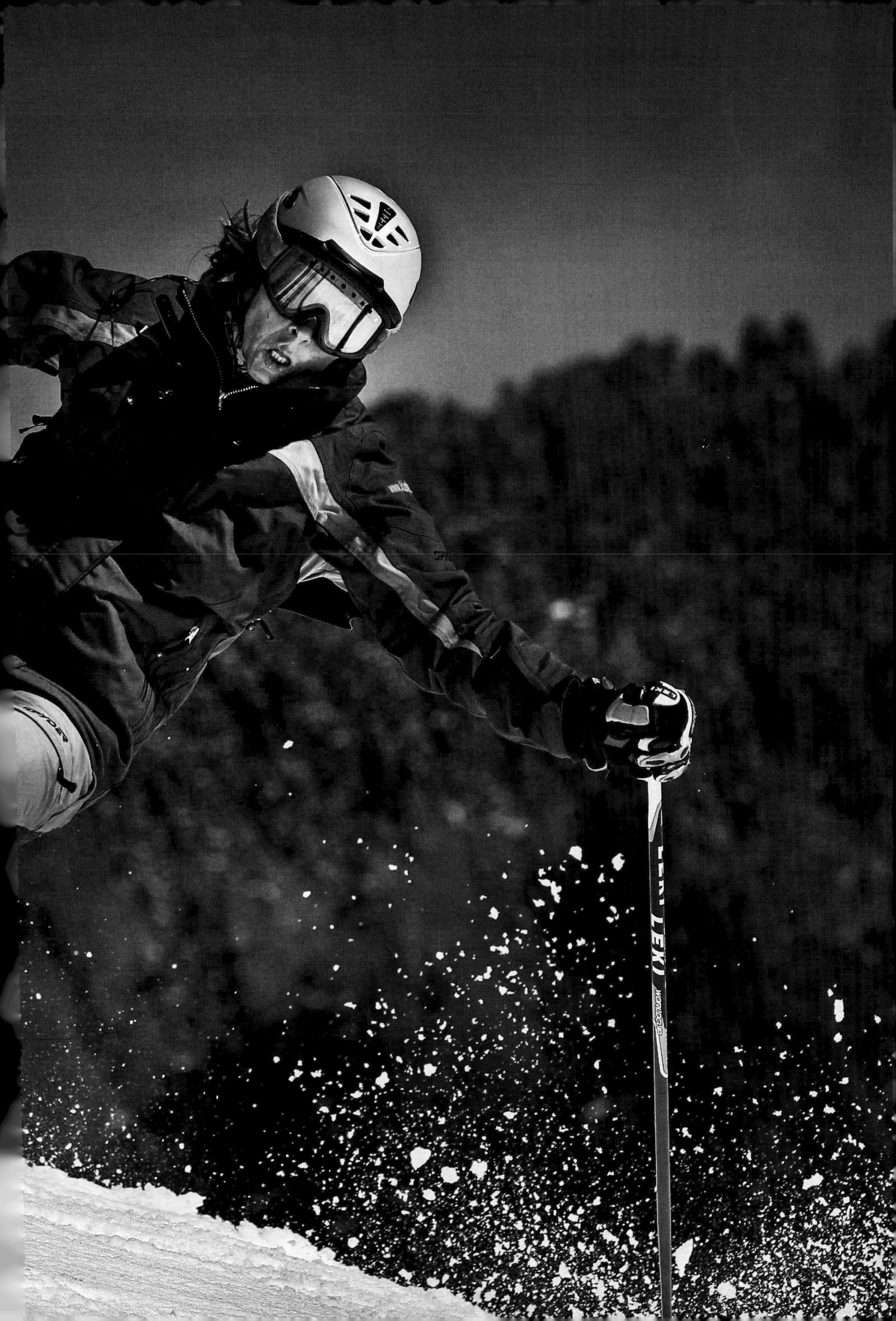
LEKI

204 „Schrittbogen" – Umtreten talwärts **1921, auch noch 1928 bei Carl J. Luther (D)** Anweisung: ▶ talwärts ausscheren ▶ mehrere Schritte ▶ Warnung vor steigendem Tempo ▶ Empfehlungen erst einen Schritt bergwärts (Z. B. „Kleinigkeiten" von Carl J. Luther, Seite 55 -58. Bild Lehrgerüstbogen Seite56)	Interessant ist vor allem die Formulierung „Schrittbogen". Man rechnete das spätere „Umtreten talwärts" also durchaus zu den bogenartigen Richtungsänderungen. Sollte man hier nicht von einem Umsteigeschwingen sprechen? Nicht zu verwechseln mit dem „Lehrgerüstbogen", bei dem gestemmte Schritte talwärts gesetzt werden. (Kleinigkeiten" von Carl J. Luther, Seite 55-58. Bild Lehrgerüstbogen Seite56)	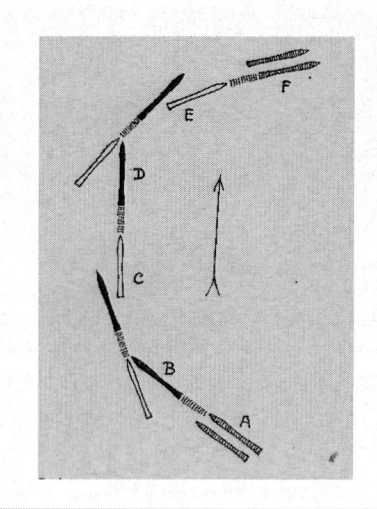
294 Steilhangtechnik – erste Umsteigetechnik **(Auch Zillertaler Technik genannt.)** **1927 Lothar Gfrörer (A)** Die Technik: ▶ Alle Schwungelemente intensivieren, um die Falllinie schnell zu überqueren ▶ Zunächst das Außenbein heben ▶ Hinaussteigen und dann das Gewicht völlig auf den Außenski geben ▶ Damit die Schwerkraft nutzen ▶ Stockeinsatz für zentralen Drehpunkt	Eine sensationelle Technik: reines Umsteigen und zu Schwungbeginn reine Innenskibelastung. Das Skiheben steht gegen die Auffassung von Hannes Schneider. Wunderbare Formulierung: *„Beherrschung der Ski zu fließender, zügiger Abfahrt in Bögen, Schwüngen und Kehrsprüngen im Steilgelände und zwar derart, daß man sich korkzieherartig in Schlangenlinien hinunterschraubt und Richtungsänderungen auf geringstem Raum rasch und sicher durchführt."*  „Stockausfallschwung" am Steilhang (Steilhangtechnik. Seite 209	 
318 Kampf um das Gleiten im Schwung – Absage an Stemmen und Bremsen, aber Schritt **1929 Fritz Reuel (D):** *„Aus Stemm- und Bremsfahren allein einen vorwiegenden, führenden Stil im Skilaufen machen zu wollen, ist ein sportlicher Irrweg. Die Entwicklung wird ihn von selbst verlassen!"* (Neue Möglichkeiten im Skilauf, 6. Aufl., S. 251)	In der Diskussion um den „Reinen Schwung" nahm Fritz Reuel die eindeutigste Position ein. Er darf wie in manchen anderen Dingen auch als Vorkämpfer für das gleitende, parallele Fahren gelten wie später Emile Allais, Arwed Moehn, Karl Koller, Clif Taylor, Walter Föger, Martin Puchtler, Walter Kuchler, Kurt Schock. Carven ist hier programmatisch vorausgesagt. Und darüberhinaus öffnet Fritz Reuel eine Interpretation des Skifahrens überhaupt, die auch heute noch Gültigkeit beanspruchen kann.	„Bruder des Fliegens","Durch immer weitergehende Befreiung von aller Erdenschwere, die das Skilaufens zur herrlichsten aller Sportarten, zum Bruder des Fliegens macht." (Neue Möglichkeiten im Skilauf. 3. Aufl. 1929, Seite 253)

340 Bauernkristiania **1930 B. F. Faludy und Karl Rubesch (beide A)** Das erste entschiedene Umsteigen: ▸ reines Fahren auf dem Außenski ▸ Hochreißen des Innenski ▸ Offensichtlich auch mit Gegendrehen verbunden Vgl. den Bauernkristiania von Reinhard Dörfler 1926	Heimliche Fahrweise vieler Skilehrer, da offiziell immer verpönt. Später nannte man die Fahrweise auch „Hakeln". An Dynamik von allen späteren Umsteigeschwüngen nicht übertroffen. Erwin Mehls Meinung, der Bauernchristiania werde auf Schneiders Fahrweise bezogen, dürfte nicht richtig sein. (Siehe Erwin Mehl, Grundriß der Weltgeschichte des Schifahrens". 1964 Seite 153)	 **Bauernchristiania** (Bild aus B. F. Faludy und Karl Rubesch, Das lustige Skilehrbuch 1930, Seite 66)
384 Schrittschwung als Schreiten und Schwingen: „Drehschwung" ohne Stemmschule **1932 A. Malter und L. Schäffler (D)** ▸ *Ableitung des Schwingens von der Gehbewegung* ▸ *Speziell auch vom Abrollen des Fußes* ▸ *Mit Zehenzug und Fersendruck* ▸ *Scharfe Ablehnung allen Stemmens* „Als der vielseitigste Schwung hat sich bis jetzt der Querschwung durchgesetzt, der wohl besser nach der schreitenden Ausführungsweise als Schrittschwung zu bezeichnen wäre."	„Gleiten wie man läuft" – eine frühe und grundsätzliche Theorie des Themas Alltagsmotorik und des „Schrittschwung- laufens". Parallel und schwingend fahren von Anfang an ohne Bogenschule. Kaum je zuvor wurden auch Skischulen so scharf angegriffen. Der Begriff „Schrittschwung" wurde in Deutschland in den 1960ern als Alternative zum „Umsteigen" erneut diskutiert. Bezug auch zum „Spitzerlheben" von Hans Zehetmayer in den 1980er Jahren.. (A. Malter, Schreiten und Schwingen. Seite 97 – 100. L. Schäffler, Gleiten wie man läuft. Seite 22 – 24 und 42 – 43)	 *„Das sind Schwungläufer, keine Fahrer"* (Foto aus Carl J. Luther Seite 97)
393 „Skifahren ist Schreiten" **1932 Henry Hoek (CH)** *„Skifahren kannst Du erst dann, wenn du ... zur Erkenntnis gekommen bist, daß jedes Abfahren nur ein <zu Tale Schreiten> - ein Laufen ist; daß jedes Fahren sich aus einer Folge von Schreitbewegungen zusammensetzt."*	Das Thema „Schreiten" wird in diesen Jahren immer aktueller. Henry Hoek formuliert sogar: **„Skifahren kannst du erst, wenn du fühlst, wie sehr jeder Schwung ein großer seitlicher Schritt ist."** (Beide Zitate aus Skiheil Kamerad! Skikurs für eine Freundin. Seite 39)	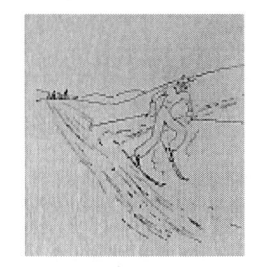
423 „Schrittschwingen" – der Schwung als Schritt **1934 Henry Hoek (NL/D/CH)** ▸ *Einleitung von Schwüngen mit einem Schritt* ▸ *„Skifahren ist Schreiten."* ▸ *„... nach Belieben einen Ski heben und vorzuführen. ´Bodenfrei´ mußt du dich fühlen. Du sollst nicht am Schnee kleben, sondern immer bereit sein, einen oder beide Ski in eine neue Spur zu werfen."*	Die Arlbergschule vermied ein Abheben der Ski. Henry Hoek formuliert dagegen revolutionär: „Skifahren ist Schreiten" und „Stemmen heißt Bremsen, heißt <Energie töten>." Weiter: „Skifahren ist letzten Endes auch nur Skilaufen". Auch die spätere Umsteigetechnik ist in der Sache und im Verständnis hier vorweggenommen..	Der Begriff „Schrittschwung", den das deutsche Skilehrwesen 1962 lancierte, findet sich vielleicht zum ersten Mal in „Der Winter" 1932 Seite 24 (Skiheil Kamerad! Texte Seite 39 f., Zeichnung von Hella Jacobs Seite 48)

491 Drehschwingen als Doppelschritt – „Schrittschwünge" **1937 Alois Kosch (D)** ▸ „Drehschwingen heißt nichts anderes als Laufen. Jeder Schwung ist nichts anderes als ein Schritt …" ▸ „Der richtige Skiläufer gleitet so, wie er ohne Ski läuft." ▸ Ein Schwung ist „ohne Zweifel ein Doppelschritt." ▸ „Kristiania und Telemark sind Schrittschwünge, und zwar Paßschritte."	Der Verfasser des Kleinen Ski-Einmaleins bietet auch in der Schritt- und Umsteigefrage ein aufschlussreiches Bild seiner Zeit. Der Verweis auf die Alltagsmotorik nimmt die Argumentation für das Umsteigeschwingen der 1960er Jahre voraus. Interessant ist der Hinweis auf „Paßschritte". (Alois Koch spricht in seinen beiden „Ski Einmaleins" viele Themen an, bietet jedoch zu seiner zentralen Aussage „Schrittschwünge" kein Bild an.) (Das Kleine Ski-Einmaleins."Seite 60 f.)	
530 „Der Haken" – Umsteigen? Stemmwedeln? **1938 Eduard Friedl (A)** „Die Art des Bogentretens mit Stemmen"- eine Form, die bei mäßiger Geschwindigkeit zu einer raschen Gewichts- verlagerung auf den Außenski führen soll: ▸ Ausstemmen ▸ Innenski fast ruckartig beiheben Beiheben vor allem bei ▸ schlechtem Schnee ▸ beschränktem Raum ▸ schwerer Belastung	Eduard Friedl meint selbst, der Haken sei „ein wechselndes Umtreten, eine Bewegung, die dem Wedeln ähnlich ist." Für Friedl ist der Haken besonders methodisch interessant, weil man lernt, das Gewicht schnell und entschieden auf den Außenski zu verlegen. Auch ein Zeuge für Wedeln vor jedem Lehrplan. (Praktischer Schiunterricht. Seite 54 -56)	
624 Umlasten mit Abheben – gegen Taillierung **1953 Robert Bourdon (USA)** „I believe lifting the heels of the skis from the snow is best used for emergency only. It makes possible a very quick change of direction, but usually the simple unweighting of the skis is best, less tiring and faster."	Von zehn Schwungbildern zeigt Robert Bourdon vier Umsteigebilder. Diese Fahrweise ist für ihn selbstverständlich. Aber er wägt sie auch gegen ein einfaches Umlasten ab. Im Übrigen tritt er für ziemlich lange Ski ein und spricht sich gegen Experimente mit der Taillierung aus. („Modern Skiing" Bilder Seite 80 – 80 a-h, Text und nebenstehendes Bild Seite 80 f, zu den Ski Seite 52 f.)	
637 Umsteigen als Begriff **1956 Österreichischer Skilehrplan** „Der rasche und betonte Belastungswechsel (´das Umsteigen´) muß ergiebigen Drehschub der Fersen bewirken… Das Ende des Innenski kann beim Umsteigen etwas gehoben werden." (Österreichischer Schi-Lehrplan. Salzburg. Seite 92)	Erstmals taucht der Begriff Umsteigen – und nicht nur die Sache Umsteigen - der dann die 1970er und 1980er Jahre prägen sollte, auf. Karl Gamma, nannte ihn auf dem Skikongress in St. Anton 1991 einen der glücklichsten Begriffe der letzten Jahrzehnte. Zunächst hatte Gamma gefragt, wann der Begriff zum erstenmal nachzuweisen sei.	Erst als er die Frage zum zweitenmal stellte – und kein Österreicher sie beantwortete - wies der Verfasser auf den österreichischen Lehrplan von 1956 hin.

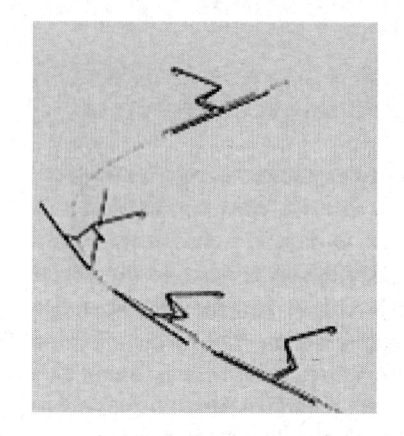

643 Umsteigen in Polen

1957 kennt das polnische Skilehrwesen die Form des Scherumsteigens

- Aufscheren zum Gewinn an Höhe
- Scherschritt für das Umsteigen von einem Ski auf den anderen
- Mit „Spitzerlheben" – Zehenhub
- Außerdem Hinweis auf die Taillierung der Ski

Eine Enzyklopädie des polnischen Kulturinstitutes und der „Sport I Turystyka" erfasst die historischen Formen des Schwingens, weist aber auch diese progressive Form des Schwingens aus, die in den Alpenländern erst 10-12 Jahre später praktiziert wurde. Das polnische Skilehrwesen hat immer internationales Format.

(Narciarstwo – Zarys Encykloedyczny. Zeichnung Seite 312)

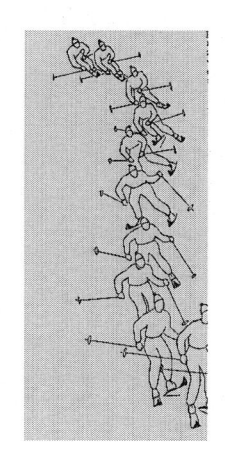

644 Bergwärts zurückstemmen – Innenski angelupft

1957 Franz Kramer (A)

- Kennt Umsteigen „schon vor dem Eindrehen in die Falllinie".
- Der Außenski wird zurück gestemmt.
- „Wir sollen die Belastung so stark auf den Außenski legen, daß wir den Innenski beim Umsteigen lüften (Schaufel behält Schneefühling!) und ihn bis zum Ende des Schwunges abgehoben mitführen können."

Text und Sichtweise nehmen vorweg, was z. B. 10 Jahre später in Deutschland als „Umsteigetechnik" propagiert wird. Auch das „Zurückstemmen", wie es die Abbildung zeigt, ist zu diesem Zeitpunkt sensationell und erinnert an Toni Ducia (1935). Dieser Schwung ist durchaus originell und findet sich bis hierher nicht in der Literatur.
Ein talseitiges Zurückstemmen kannte Mathias Zdarsky 1909. Toni Ducia bietet 1935 als Alternative im Skiwechsel das Zurückziehen des Bergski an.

(Franz Kramer, So fährt man Ski in Österreich. Wien 1957, Texte S. 82 f. Abbildung S. 73)

647 Mambo: Vor- und Gegendrehen in einem Schwung

1958 Josef Dahinden (CH)

Elemente:
- Schritteinleitung
- Doppelverwindung durch Rotation + Torsion, Schulter gegen Hüfte
- super eng
- Wedeln mit hoher Frequenz

Spätere Varianten von Walter Kuchler als Loipen-, Telefon-, Wischi-Waschi-Mambo in „Skizirkus" (1985) und „Ski-Tricks" (1991)

Damit hat der Protagonist für Schritte und für Gegendrehen (seit 1924), der in seiner Heimat Schweiz verfemte Josef Dahinden, seine endgültige Form gefunden. Mambo wird in der US-Literatur, aber auch in Frankreich und Deutschland beachtet.
1969 wird Gerhard Winter feststellen,
„daß es bei der Frage Rotation oder Verwindungsfahrweise nicht nur ein Entweder-Oder gibt, sondern auch ein Sowohl-Als auch."

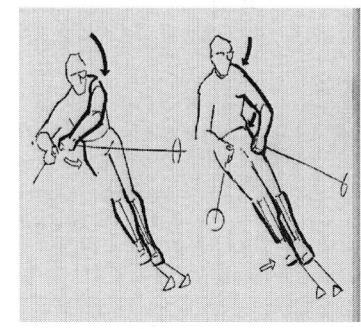

(Josef Dahinden, Ski-Mambo. Bild Seite 62. – Gerhard Winter, Kleine Bewegungslehre des Schilaufs. Seite 108)

659 Mambo im Rennlauf

1960 Josef Dahinden (CH) im Wintersportbuch von Serge Lang (F)

- Hineindrehen in den Schwung
- mit Schritt
- Gegendrehen im Steuern

Hier wie in der Praxis vieler Skifahrer wird Mambo als Doppelverwindung verstanden: Ansatz Schulterrotation - Steuern im Gegendrehen.

Wenn eine Technik bei einem Experten vom Rang eines Serge Lang als Renntechnik berücksichtigt wird, so erhält sie sozusagen eine höhere Weihe.
Die Thematik wird später schulmäßig im „Skizirkus" von Walter Kuchler (1985) wieder aufgegriffen und erlebt 2006 mit Jens Byggmark (SW) eine Renaissance wiederum im Rennlauf.

(Le Ski Et Les Sports D´Hiver: Monaco 1960)

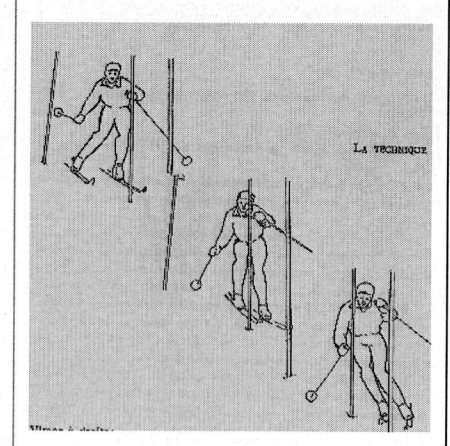

Zeichnung bei Serge Lang

689 Step Turn - Umsteigen in den USA

1965 Tom Corcoran / Willy Schaeffler (beide USA)

Charakterisierung:
- eine Weiterführung der Stemmtechnik
- „the hottest turn"
- ein rhythmischer Schwung
- ein schneller Schwung
- aus geöffneten Ski umsteigen und Innenski anheben
- anfangs Körperneigung in den Schwung
- Technik für SL und RS
- geeignet für eine gute Linie

Wie in der Sache "Carven" scheinen auch beim Thema "Umsteigen" die Amerikaner den Europäern voraus zu sein, auch wenn der Begriff „Umsteigen" wahrscheinlich in Österreich 1956 zum ersten Mal gebraucht wurde.
Mit dem Hineinneigen in den Schwung zur Auslösung gehören die beiden Autoren auch zu den Vorläufern der Boardingtechnik.

(Texte und Bild in: The Skier´s Handbook. Seite 188 – 192, 196 -199)

703 Umsteigetechnik - Formenvielfalt

1967 Gattermann, Erhard und Walter Kuchler (D)

- bergwärts gestemmt
- talwärts gestemmt
- scherend berg- oder talwärts
- parallel offen oder geschlossen
- schnellend

(Begriff Umsteigen erstmals im österreichischen LP 1956)

Begriff aus österreichischem Lehrplan 1956, Vorlauf Josef Dahindens 1924, „Bauernschwung" von 1930, Schrittschwingen bei Henry Hoek 1934, einig mit Stein Eriksen 1965, Nachweis der Übereinstimmung mit der Alltagsmotorik von Miloslaw Zálesák 1968. Umsteigen wird weltweit Erfolgsmodell und erweitert die Beinspieltechnik.

(Ergänzung Deutscher Skilehrplan 1967, Bild aus deutschem Skilehrplan 1983)

704 Umsteigetechnik - Kurzski-Aufbausystem

1967 Deutscher Skilehrplan – Walter Kuchler

Formenvielfalt
- talwärts angestemmt
- bergwärts angestemmt
- scherend berg- oder talwärts
- parallel offen oder geschlossen
- schnellend

Methodischer Weg in 18 Schritten
Erste Empfehlung in Deutschland des Kurzski-Stufensystems mit Martin Puchtler

Begriff Umsteigen im österreichischem Lehrplan 1956, Vorlauf Josef Dahindens 1924, „Bauernschwung" von 1930, Schrittschwingen bei Henry Hoek 1934, einig mit Stein Eriksen 1965, Nachweis der Übereinstimmung mit der Alltagsmotorik von Miloslaw Zálesák 1968. Umsteigen wird weltweit Erfolgsmodell und erweitert die Beinspieltechnik.

(Beilage zum Leitfaden für den Skiunterricht. Seite 2, 5-8. Bild aus deutschem Skilehrplan 1983)

---

709 Umsteigetechnik

1968 Helmut Aigelsreiter (A) (Beitrag Franz Hoppichler)

- Umsteigen als Fahrweise der Rennläufer
- Einschränkungen für rutschende Ausführungen
- freieres Zusammenspiel von Bein- und Armarbeit
- starkes Gegendrehen
- Behandlung der Ei-Position

Nach der deutschen Lehrplanergänzung von 1967 eigentlich das erste Umsteigebuch.
Erinnerung an die Begriffsbildung: Das Wort Umsteigen wird erstmals im österreichischen Lehrplan von 1956 für stemmende Bewegungsabläufe gebraucht. Hinweise auf die Atmung beim Fahren. Erstmals?

(Vom Schulskilauf zum Rennschilauf. Außentitel.)

---

712 „Skating turn" – Umsteigen im Schwung nach innen

1968 Morten Lund (USA)

- Umsteigen vom Außenski auf den Innenski
- aber erst in oder nach der Falllinie
- der Außenski: „drop away"
- Verweis auf den guten Halt des Innenski und den Höhengewinn
- leichteres Einhalten der gewählten Linie
- ein häufig verwendeter Rennschwung

Ich werde ab 2003 die umgekehrte Belastungsfolge als „Stepcarver" postulieren. Auch M. Zdarsky, G. Joubert und A. Tomba kennen Belastungswechsel im Schwung.

Dieses bewusste „Hineinsteigen" darf nicht mit dem Klammerschwung verwechselt werden. Morten Lund verweist auf die Fahrweise von Leo Lacroix. Vgl. dazu die neuere Gegenform nämlich den Stepcarver auf Carvingski, bei dem auf dem Innenski begonnen und ab Falllinie auf dem Außenski durchgesteuert wird. (Walter Kuchler 2003). Siehe aber auch den gleichen Belastungswechsel bei Eduard Koller 1953. Joubert verweist öfters darauf, dass der Fuß für das Kanten nach außen – also auf dem Innenski – die bessere anatomische Voraussetzung bietet. Er hält allerdings in seinem Ski-Handbuch von 1981 eine derartige Fahrweise für *„manchmal wirkungsvoll, immer gefährlich"*.

(Beschreibungen in: The Skiers Bibel. Seite 159, Bild bei Georges Joubert Seite 167)

Step im Rennlauf 2019 - Europacup

739 Ausdifferenzierte Systematik **1971 f. Deutscher Skilehrplan** Durchgängige Behandlung: System an parallelen Techniken: ▸ Hochschwünge, Tiefschwünge, Tiefschneefahren, Trickschwünge System an Umsteigeschwüngen: ▸ Umsteigen mit Berg- und Talstemme, scherend oben und unten, parallel offen und geschlossen und schnellend	Dieser Lehrplan ist die Antwort auf die veränderte Situation: gut präparierte Pisten, die Vielzahl von Beförderungshilfen und 98 Prozent der Skifahrer als Pistenfahrer. Die Bewältigung vielfältiger Bewegungsmuster, das „Tänzeln auf dem Übungshang" (Hermann Amanshauser 1925), werden zu den Traumzielen der Skifahrer. Erst das Carven wird ein weiteres Curriculum dieses Ausmaßes schreiben. (Außentitel)	 *Skilehrplan 2 – Umsteigeschwingen.* Deutscher Verband für das Skilehrwesen. BLV Verlagsgesellschaft München
769 Vereinheitlichung oder Mehrgleisigkeit **1975 Walter Kuchler (D)** Postulation von fünf Grundschulmodellen: 1. Orientiert an Umsteigetechnik 2. Paralleler Weg zum Hochschwingen 3. Paralleler Weg zum Tiefschwingen 4. Vom Pflugbogen zum Umsteigen 5. Vom Schuss über das Bogentreten zum Schwingen	Elf Kriterien für die Konzeption von Grundschulen. Darunter: ▸ Nr. 2 „Tempo als Drehhilfe" ▸ Nr. 4 „Schon mit wenig Technik viel Bewegungserfahrung" ▸ Nr. 5 „Von mehr großräumigen Bewegungen zu feinräumigen" ▸ Nr. 8 „Das Stoffangebot ist von der Lernsituation abhängig" ▸ Nr. 9: „Kraftraubende Grundstellungen vermeiden" ▸ Nr. 10 „Von der Belastungsart ist die dynamische vorzuziehen." (Referat Grundschule. In: X. Interskikongress 1975. Seite 99 – 102	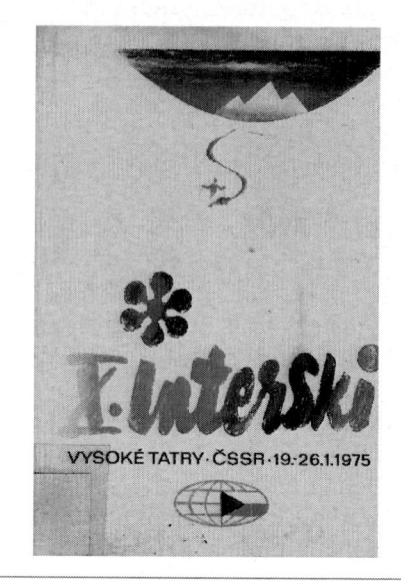 *X. Interski, VYSOKÉ TATRY · ČSSR · 19.–26.1.1975*
774 Alle Parallel- und Umsteigeschwünge – Offenheit **1978 Japanischer Verband der Berufsskilehrer** ▸ Alle modernen Formen abgearbeitet ▸ Daneben ständige Offenheit für Neues	Im Vorwort der zweisprachigen Ausgabe SIA OFFICIAL SKI METHOD bespricht Susumi Sugiyama die Einengungen, die sich immer durch einen Lehrplan ergeben, fordert aber eine allgemeine skitechnische Offenheit.	 *SIA OFFICIAL SKI METHOD*
775 Japanisches Schwungprogramm **1978 Ski Instructors Association of Japan** ▸ Grundschwung ▸ Stemmschwung ▸ Stemm-Umsteigen ▸ Parallel-Umsteigen ▸ Scher-Umsteigen	▸ Wedeln offen, geschlossen und springend ▸ Technik Buckelpiste ▸ Technik in verschiedenen Schneearten	Das Programm der Amateurskilehrer – in englischer und deutscher Sprache – ist nahe dem deutschen. Vor allem das System der Umsteigeschwünge gleicht dem deutschen Programm. (Das Programm liegt nur in Form einer Vervielfältigung, als Manuskript, vor.)

778 Basales Pedalieren – Schrittwechsel mit „Spitzerlheben" und gekreuzter Beuge-Streck-Reaktion **1978 Hans Zehetmayer (A)** ▶ Schritteinleitung mit Druck auf neuem Innenski hinten und leichtem Anbeugen des Beines sowie Anheben der Skispitze ▶ Streckdruck auf dem Außenski ▶ differenzierte Fußarbeit ▶ wechselseitiges Beugen und Strecken der Beine als Pedalieren (Lehrwege im Schiunterricht. Seite 237 -248.)	Mit dem Zugriff auf den gekreuzten Beuge-Streck-Reflex und schrittartigem Belastungswechsel schafft Zehetmayer eine Grundform des Pedalierens. Dabei kommt es auch zu einer allgemeinen Aktivierung der Fußarbeit. Zu dieser werden wiederum die Skieigenschaften in Bezug gebracht. Skihistorisch gesehen gab es 1905 den konträren Schwung bei Max Schneider: Fußspitze drückt auf Innenski, Ende des Außenski wird nach außen gedrückt. Für Hans Zehetmayer gilt in vielen Veröffentlichungen und Lehrgängen in den nächsten vier Jahrzehnten die Formel: *„Das Einfache ist das Beste."*	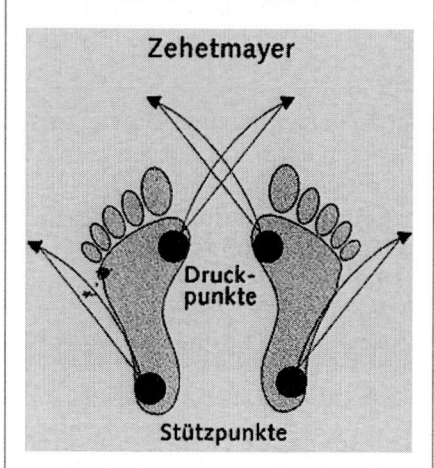 Zeichnung in: Walter Kuchler, Carving. Neuer Spaß am Skifahren. Seite 83)
785 Programm der Profi-Skilehrer in USA **1979 Horst Abraham (USA)** behandelt u. a.: ▶ Preturn Christies ▶ Step Christies ▶ Rotation ▶ Counterrotation ▶ Anticipation ▶ Braquage	Erstaunlicherweise geht der sonst progressive Horst Abraham auf keine französischen Technikvorschläge ein. Auch der Begriff Carven, der schon seit Jahren zur amerikanischen Skiliteratur gehört, findet sich nicht in diesem Lehrplankonzept. (American Teaching Method Part II. o, 33 – 35)	
795 Schwedisches Schwungprogramm **1979 Gesamtordnung Ake Kihlmark** Moderates Gegendrehen Umsteigeformen ▶ Schritte bergwärts ▶ Schritte talwärts ▶ offene parallele Schritte ▶ scherende Schritte	Programm- und Bildangebot stimmt weitgehend mit den Deutschen Vorstellungen überein. Keine Beziehung zu österreichischen oder amerikanischen Lehrwesen. (Handledning Utför Metodik.Texte Seite 44 – 48, Bild Seite 46- Handledning Utför Teknik. Bild Seite 43)	
812 Rennumsteigen **1981 Karl Gamma (CH)** Rennumsteigen mit ▶ „Kipp-Tiefgegendrehen" ▶ entschiedenem Belastungswechsel ▶ Hochkippen Spezielle spätere Wiederbelebung: ▶ Drehspringen	Das Handbuch befasst sich im Übrigen – auch wenn es zunächst nur mit dem Anspruch an das Funktionelle auftritt – mit vielen technischen Facetten. Einige Dinge sind eine Vorwegnahme von Ski Schweiz 1985. Insgesamt eine Summe der Möglichkeiten der moderneren Beinspieltechnik. (Englische Ausgabe 1981, deutsche 1982. Letztere in München. Auszugsthema)	

843 Umsteigen und Carven 1984 Yves Gaudez (F) **Neben verschiedenen Umsteigeschritten kann mit Carven kombiniert werden:** ▶ Counter-Rotation ▶ Hochbewegung ▶ Rebounds ▶ Ausgleichsbewegung	Die erstaunlich offene Carvingkonzeption wirft die Frage auf, warum Frankreich in den folgenden Jahren so zögerlich auf die Carvingrevolution reagierte. Im Gesamtprogramm von Yves Gaudez spielt allerdings auch das Carven eine untergeordnete Rolle. (SKI the French way. Text und Bild Seite 105)	
864 Schwingen 1985 Ski Schweiz Schwungauslösungen durch Formen des Umkantens ▶ gleichzeitig ▶ nacheinander Ski andrehen als ▶ Steuern mit dem Außenski oder ▶ Vorhochkippdrehen oder ▶ Kipptiefgegendrehen Belastungswechsel ▶ gegen den Außenski ▶ auf den Außenski	Neben den allgemeinen Schwungeinleitungen werden aufgeführt ▶ rennbezogene Umsteigeformen ▶ Auslöseformen mit deutlichem Entlasten Begriff und Sache Schneiden nur für das Steuern Der Lehrplan wendet sich von den traditionellen Formen der Schwungeinteilung und Schwungbeschreibung ab und versucht sie durch Ablaufbeschreibungen zu ersetzen. (Ski Schweiz. Bild aus dem Außentitel)	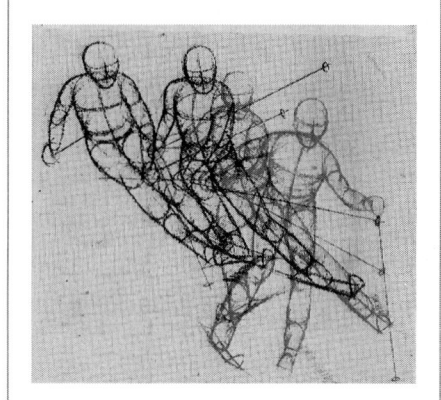
885 Noch klassisches Vollprogramm Beinspieltechnik 1986 Finnland ▶ Umsteigekristianias ▶ Parallelkristianias ▶ Wedeln	Noch steht Finnland im Schatten der Alpenländer und so bietet der finnische Skilehrerverband auch das klassische Programm der Beinspieltechnik. Besonderes Anliegen bleibt das Wedeln. (ALPPIHIIHDONOPETTAJAT r. y. 1966 – 1986. Zeichnung Seite 113)	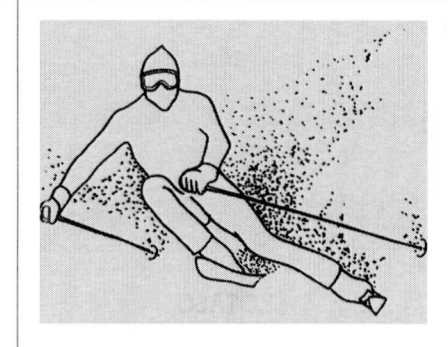
906 Neue Rennlauftechniken 1988 Sepp Ortner (A) Beobachtungen und Sachverhalte: ▶ beschleunigendes Umsteigen ▶ mit „translatalem Bogenfahren" ▶ einbeiniger Innenskischwung ▶ mitgeschnittener Innenski ▶ Fersenschub Innensteuerung ▶ Doppelstock-Schubschwung	Der Fachmann für Jugendrennlauf bietet eine Reihe von Beobachtungen und Sachverhalten. Das Scher- umsteigen außen wird als Beschleunigungsmöglichkeit herausgestellt, aber weitere vergleichbare Möglichkeiten werden zurückgewiesen. Neuer Begriff – translatal – für horizontale Hineinbewegung des Oberkörpers in den Schwung. Niemand außer Georges Joubert geht so auf die Bedeutung einer Arbeit mit dem Innenski ein.	 (Stil und Technik des Skirennlaufes. Titelbild)

932 „Schwungsteuerung 90" 1991 Schweiz – Karl Gamma Zusätzliche Akzente zum Lehrplan 1985: ▶ Bewegungsführung aus der Hüfte ▶ Außenbeinstrecken im Schwungansatz ▶ aufrechter Oberkörper ▶ Durchziehen des Außenarmes beim „Rennumsteigen"	Das Kippen aus der Hüfte bleibt wie im Lehrplan von 1985 das dominierende Schwungelement. Insgesamt tendenziell weg vom Rutschen und Driften. Die Gesetzmäßigkeiten mit dem stark taillierten Ski werden in der Schweiz erst drei Jahre später aufgegriffen. (Ski Schweiz)	
1039 Skatecarven als Technik- programm 2000 bei SPORTS ▶ als Innen-Anschneiden ▶ als voller Innenskischwung ▶ als Stepcarver mit Umsteigen in der Schwungmitte (2003) ▶ als Pedalo mit starker Beugung des Innenbeines (2002)	Die Potenz des Innenski und des Innenbeines erweisen sich als größer als die außenseitigen Pendants. Das Innenbein steht stabiler auf der Kante. Die Schaufel des Innenski greift besonders schnell zu. - Erinnerung an Zdarsky mit talwärts Einknicken und Kleinzehen- griff. Erinnerung an Scherumsteigen talwärts. Assoziationen zum Inlineskaten und Schlittschuhlaufen.	 Europacup Zinal 2019  Bild aus Ski Schweiz 1985
1041 Bogentreten und Schlittschuhschritt carvend 2000 Walter Kuchler Merkmale: ▶ Schaufelgriff ▶ starkes Aufkanten ▶ Vorlagedruck ▶ Flex - Rebound ▶ Press - Rebound ▶ Beschleunigung aus dem Rebound	In der Carvingära können und müssen auch diese Themen neu geschrieben werden. Der Carvingski verbessert diese Techniken enorm. Allerdings sind hier – wie auch bei anderen Carvingtechniken viele Schuhe im Flex viel zu steif ausgelegt, um deutliche Flex-Rebound-Effekte aus Ski, Schuh, Fuß und Körper zu gewinnen. – Druck und Druckaufbau werden bald unter Rebounds firmieren. (Zeichnung Burkhard Platte, in: Skilehrplan SPORTS. 2005. Seite 65.)	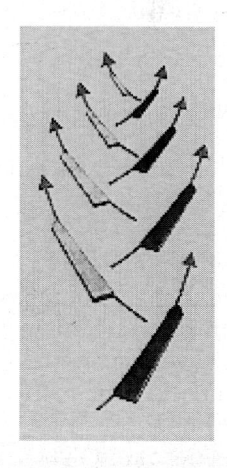

| 1070 Pedalo – ein Skatecarver

2002 Programm bei SPORTS e.V.(D)

- Innen Anschneiden
- Weiterziehen auf dem Innenski
- starke Beugung Innenbein
- Innenknie häufig bis zur Brust gedrückt
- fast gestrecktes und wegscherendes Außenbein

| Aufgreifen des früheren Pedalierens (Österreich und Japan) und Umsetzen auf dem Carvingski. Verwandt auch mit dem alten Klammerschwung.
Häufig im Rennsport zu beobachten. Der ältere Pedalo wurde bis in die Steuerphase hinein mit Außenskibelastung gefahren. Pedalo als Schwungform, eine häufige Besprechung bei Hans Zehetmayer und bei mir.

(Bild Hans Pieren in Walter Kuchlers „Carven. Der Skikurs für Einsteiger und Umsteiger" von 1997. Seite 91

1074 Stepcarver - Umsteigen mitten im Schwung

2003 Walter Kuchler (D)

Merkmale:
- innen Anschneiden und Belastung innen erhalten
- ziehen bis Falllinie
- umsteigen auf Außenski und Belastung außen erhalten
- Beschleunigung durch Umsteigen, Rebound und Fallen nach unten
- nutzen des kräftigeren Außenbeines in der Steuerphase

(Thema und Zeichnung erstmals im Mai-Meeting bei SPORTS 2003 und anschließend im Skimanual 2003/2004 veröffentlicht.)

| Nicht mehr zu Beginn eines Schwunges Umsteigen, sondern in oder nach der Falllinie. Der ungarische Lehrplan wird 2004 einen vergleichbaren Schwung (A Sízés + 3, Seite 55) bringen.
Alberto Tomba stieg zweimal im Schwung um. Georges Joubert kannte in den 1960er Jahren einen von der Belastungsführung her gesehenen konträren Schwung: außen beginnen, umsteigen nach innen und innen durchsteuern. Ebenso stieg im „Skating turn" 1968 Morton Lund mitten im Schwung auf den Innenski. Der Stepcarver dürfte einer der interessantesten Carvingschwünge sein. Verspielte Steigerung: Umsteigen mit Rochade.

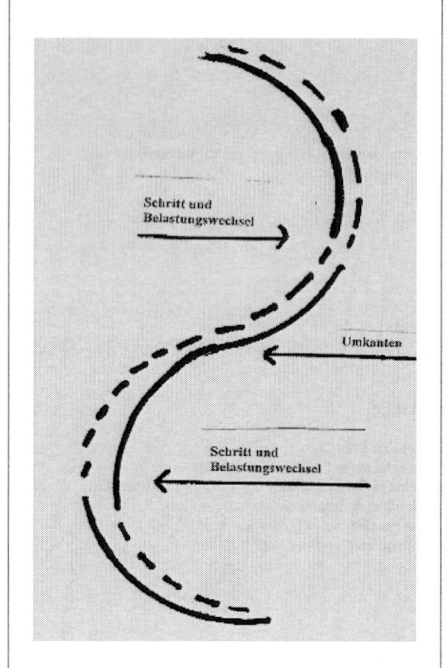

1100 Geflogene Schwünge

2006 Walter Kuchler (D) sammelt für SPORTS:

- Karpfenhüpfen 1924
- Sprungkristiania um 1925
- Drehumschwung um 1925
- Reuelschwung von 1926
- Bauernchristiania 1930
- Charleston 1971
- Geflogener Hund 1978
- Schweizer Hund um 1985
- Gekreuzter Reuel heute
- Reuel mit Rückenkratzer

| Die sog. Geflogenen Schwünge (Begriff von 1937 von Emile Allais) bekommen auf Carvingski und auf der Grundlage des Skatecarvens eine neue Aktualität. Die meisten dieser Schwünge werden auf dem Innenski gezogen.
Geflogene Schwünge mit mehr artistischem Charakter in: Schneesport Schweiz. Spezial-Lernlehrmittel Ski. Red. Arturo Hotz 2000 Seite 82 – 87.

(Bild: Serge Lang, Le Ski. Seite 138)

Demonstration eines modernen Reuelschwunges von Roger Staub

1160 Parallelschwung in vielen Variationen

2012 Lehrplan des deutschen Skilehrerverbandes

Der LP geht nicht den Weg der Vermittlung von Einzeltechniken und Schwüngen, sondern stellt sich und dem Skifahrer die Aufgabe, die parallele Kurve vielfach zu variieren. Dazu dient ein Schema von 20+ Variationsmöglichkeiten. Beispiele dafür: Kantbewegungen, KSP-Verlagerungen, Drehbewegungen, Timing, Richtung, Dynamik, Umfang, Tempo, Richtung, Winkel, Radius, Spuranlage und 8 weitere.

Der Lehrplan setzt sich als Ziel, „das Skifahren so einfach, transparent und anschaulich wie möglich dem interessierten Skifahrer und Skilehrer nahezubringen". Oder auch: „Man vereinfacht, reduziert und bleibt praxisorientiert." Dazu dient als Novum auch die Bildvermittlung mit einer 3D-Brille. Neben dem vielfach variierten Parallelschwung werden noch – durch die Hintertür? – Technikformen wie das schnellende Umsteigen für die Piste geboten. Insgesamt wird für ein variables Skifahren – speziell für spezielle Situationen - ein großes Angebot an Aufgaben erstellt.

(Skifahren einfach. Der DSLV Lehrplan. Leittexte Seite 9 f. und 25)

1181 Neue Kurzschwünge + Umsteigen im Schwung

2015 Deutscher Skilehrerverband

1. „Skilehrerkurzschwung"
   ▷ Driften „durch eine aktive Drehbewegung der Beine"
   ▷ Im Extremfall „Drehbewegung aus dem gesamten Körper"
   ▷ „Drehbewegungen dienen der Kontrolle von Richtung und Tempo"
2. „Kurzschwung Pedalo"
   ▷ „Außenbeindrehen und Anheben des Innenski"
3. „Bruchharsch-Crack"
   ▷ „Umspringen in langsames Tempo"
   ▷ „Ganzkörperdrehung"

Die Autoren präsentieren die drei Formen des Kurzschwungs im Rahmen des Kapitels „Drehbewegungen". Abgesehen vom Skilehrerkurzschwung fügen sie der stattlichen Liste von Kurzschwüngen zwei neue Formen hinzu. Siehe unter 1972 „Systematik der Schwünge."

(Besser Unterrichten. Ausbildung. Bild Außentitel.- Kurzschwünge Seite 26 -28.)

13. Gegendrehen in einigen Variationen

Man kann in der Entwicklung der Skitechnik mehrere Gegenüberstellungen treffen, die sich gegenseitig ausschließen. Beispiele:

- mit oder ohne Entlastung drehen
- mit Hoch- oder mit Tiefentlastung drehen
- in Stemmstellung oder parallel fahren
- Ski drehen oder auf der Taillierung und mit Flex um die Kurven fahren
- mit Rotation oder Gegendrehen agieren

In der folgenden Zusammenstellung geht es um Techniken mit Gegendrehen, dabei wird nicht unterschieden, ob dabei die primäre Aktion vom Rumpf oder von den Beinen ausgeht. Schließlich sind auch zwei Beispiele enthalten, wie es auch ohne Rotation oder Torsion geht.

Gegendrehen lebte in den verschiedenen Phasen auch von der Ästhetik. Rotieren glich Alltagsverhalten. Wenn man beispielsweise um einen Baum herumläuft, scheint der Oberkörper den Beinen voraus zu sein. Gegendrehen dagegen wirkt eher artifiziell. Es strahlt eine Kunstfertigkeit aus. Wer so fahren kann, strahlt eine starke Expression aus und wirkt elegant.

Auf jeden Fall sollte diese Zusammenstellung zeigen und bewusst machen, dass das Gegendrehen nicht eine Erfindung und ein alleiniges Merkmal der Wedel- bzw. Beinspieltechnik war. Ähnlich hatten auch andere Merkmale und Elemente dieser Fahrweise ihre Geschichte. In diesem Sinne sei an die frühe „Fuß- und Fersenarbeit" bei Max Schneider, Wilhelm Paulcke oder Anton Endrich und an Helli Lantschners „Skilauf ist Knielauf" erinnert.

Da Rotation wie Gegendrehen ganze Perioden prägten, scheint es mir nicht sinnvoll zu sein, alle kleinen Stationen aufzugreifen. Es sollte genügen, nur exemplarische Fälle heranzuziehen.

140 Christianiaschwung mit einem Stock und Gegendrehung **1910 Karl Pfeiffer (D)** Merkmale: ▸ ein Stock innen frei geführt ▸ schneller Stockwechsel ▸ ohne Kontakt des Stockes mit dem Schnee ▸ mit Gegendrehung des Körpers ▸ geschlossene Bein- und Skiführung	Die Einstocktechnik hat sich offensichtlich nicht zwangsweise in Zdarskys Richtung entwickelt. Hinweise bei K. Pfeiffer und das nebenstehende Bild lassen auf eine sehr flotte Fahrweise mit ziemlich frei geführten Stock schließen. Schnelle entschlossene Aktion. (Der Skisport. Leipzig)	
179 Der „Vorarlberger" - Steilhangtechnik **1913 Rudolf Rother (D)** Sprung im Schwung mit Gegendrehen, ▸ Bergwärts ausstemmen ▸ Einfahren in Falllinie ▸ Mit einem Schlusssprung Ski in die Höhe reißen ▸ Körper scharf nach der entgegengesetzten Seite wenden ▸ Landen in Christianiastellung ▸ Beenden als Christiania	Der spätere Verleger von Wintersportliteratur schrieb 1919 selbst ein kleines Büchlein und erinnert sich darin an einen imponierenden Schwung am Steilhang, den man besonders bei den Vorarlbergern beobachten konnte. (Skilauf. Anleitung und Ratschläge für Anfänger. Seite 34)	

270 Grätsch- oder Bauernkristiania - Gerissener Querschwung

1926 Reinhard Dörfer (D)

Bauernkristiania:
- Kaum beschrieben
- Vielleicht ein leichter Scherschwung
- Benützt stark taillierte Ski
- *„Da sich der Körper merklich bogeneinwärts neigt, muss sich das innere Knie besonders stark beugen."*

Hat Dörflers „Bauernkristiania" etwas mit dem BK von 1930 zu tun? Wurden vielleicht alle Techniken, die von den großen Schulen abwichen, auf diese Weise diskriminiert? Liegt hier die erste Form von Pedalieren vor?
Dörfer kennt auch den „gerissenen Querschwung", wie ihn später Alois Kosch genauer beschreiben wird.
(Der Schneelauf in Schule und Verein. Text und Bild Seite 86 f.)

456 Frühes Carven –- gegen Verschrauben – Innen anschneiden?

1935 Toni Ducia und Kurt Reinl (beide A)

- Schrittwechsel durch frühes Vorschieben des Talski oder auch Zurückziehen des Bergski
- Zurückziehen des Bergski führt zum Innen-Anschneiden
- Kantenwechsel vor der Kurve
- Achsenparallelität von Körper und Ski
- Starke Vorlage mit Hochschnellen oder bloßer Skiwechsel ohne Körperhebung
- Frontale Körperführung
- Plädiert wieder für Stockeinsatz.

(Skilauf von heute. Aufl. 1937, Seite 64 f.)

Als Trainer des Skiclubs von Paris entwickelten Ducia und Reinl eine neue Skitechnik. Das Verschrauben sei dagegen primitiv.

„Man schraubt sich heute nicht mehr den Hang hinunter, sondern balanciert ihn hinab."
„Der Läufer Innen-Anschneidenden Bergski zurück, kantet ihn nach innen und legt sich dann ruhig über ihn hinaus; die in die Bogenrichtung umgelegte Schaufel leitet nun ... die Drehung ein, die Trägheit führt sie weiter bis an ihr Ende, ohne daß es einer weiteren Hilfe seitens des Läufers bedurft hätte."

Vgl. dazu das moderne „Innen-Anschneiden".

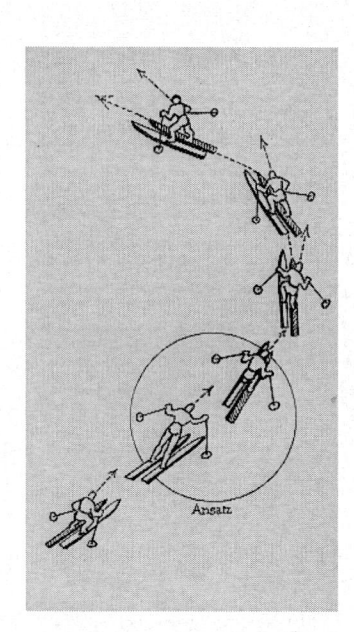

468 Natürliches Skilaufen – schraubenlose Fahrweise

1936 Giovanni Testa (CH) und Eugen Matthias (CH)"

- Aufrechter Oberkörper
- *„Hangtraversenstellung mit Rücklage"*
- *„gute Knie- und Hüftvorlage"* mit *„Kreuzanspannen"* als *„Skidruckhilfe"*
- *„luftschnittige Körperstellung, also Vornahme der Bergschulter über Kniehöhe"*
- Wedeln mit Gegendrehen
- Koordination: oben gegen unten, oben Aktion – unten Reaktion

Testa propagiert die Reiterposition (aufgerichteter Rumpf), das Gegendrehen und das Wedeln mit Gegendrehen. Wie Dahinden fand er wenig Resonanz in seiner Heimat. Anfang der 1940er Jahre wurde er aus dem sog. Interverband ausgeschlossen. 1945 wollte man den ungeliebten Skischulleiter sogar aus St. Moritz ausweisen. Erste gute Darstellung des Wedelns.

(Natürliches Skilaufen, Texte Seite 95, entsprechende Bilder Seite 63 und Tafel 8)

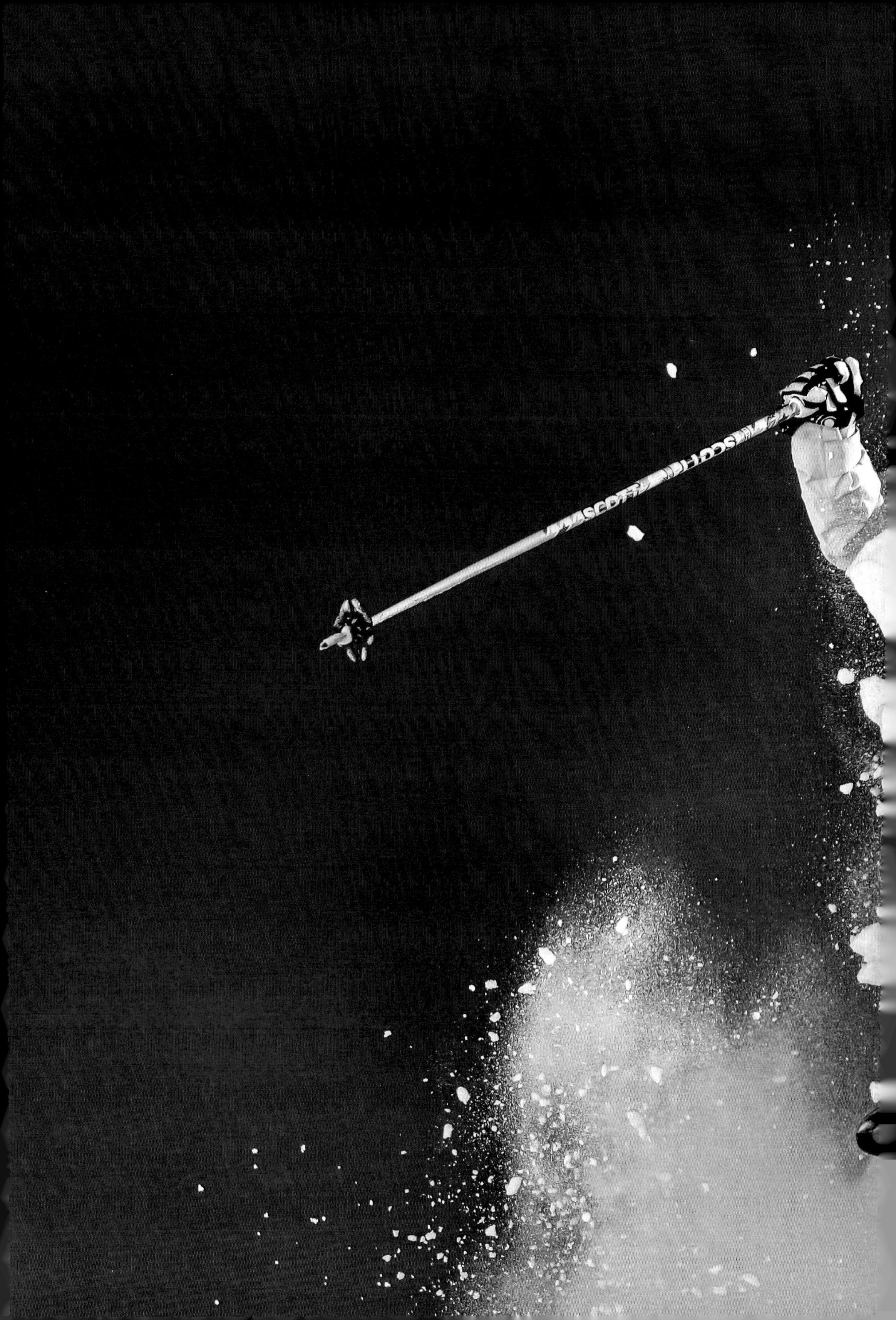

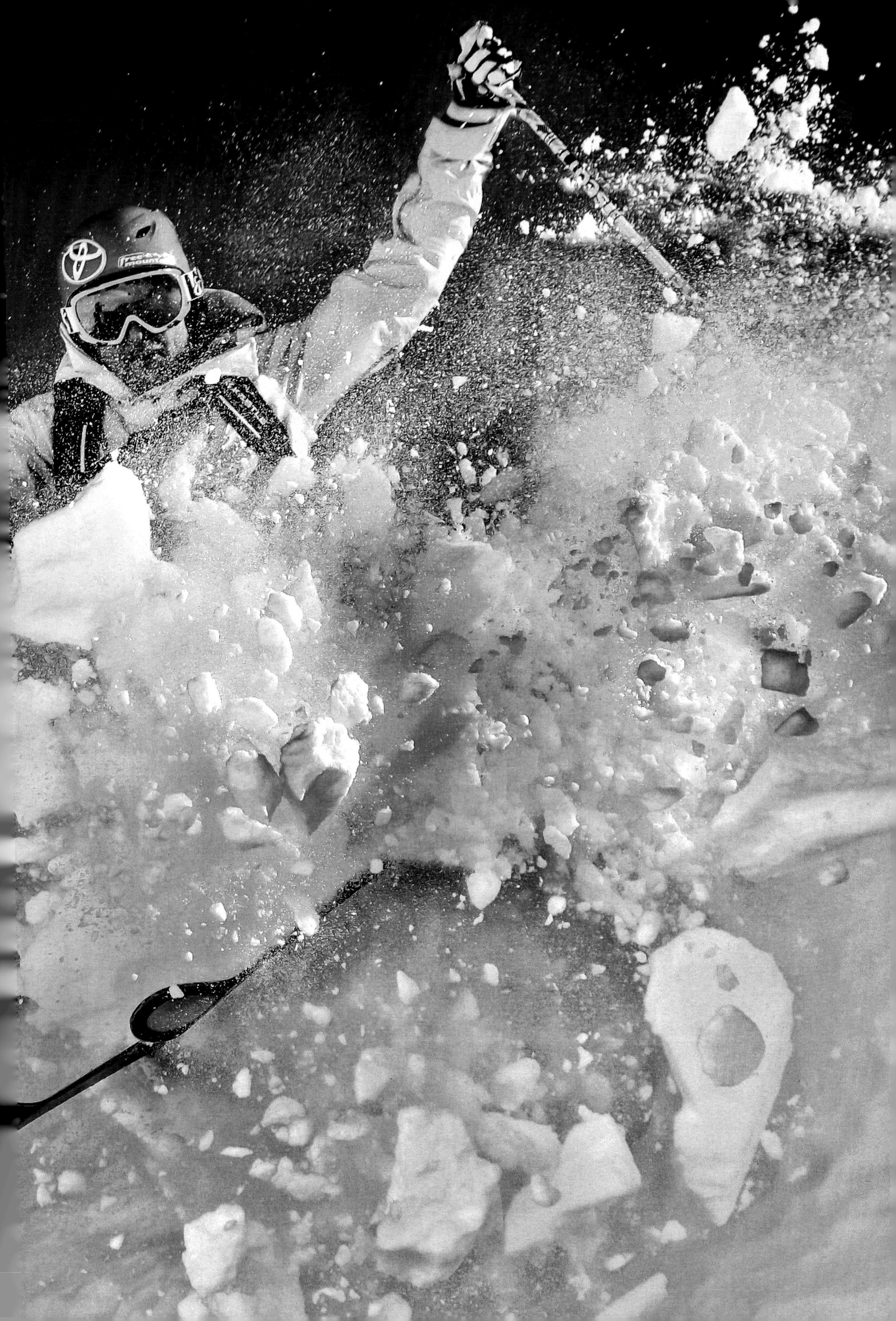

551 Gegenschultertechnik **1940er Jahre Verbreitete Renntechnik** lebendig bis zu Toni Sailers große Erfolge 1956 ▸ starke Torsion ▸ aufrechte Fahrfigur ▸ Koordination oben gegen unten ▸ Wedelform	Die Verdrillung bei hoher Dynamik und mit starkem Hüftknick in Fortführung der Techniken von Giovanni Testa verdrängte im Rennbereich weitgehend die Rotation. Im Vergleich zur späteren Beinspieltechnik geht der Aktionsimpuls hier vom Oberkörper und nicht von den Beinen aus.	
573 Giovanni Testa vor dem Ende? **1945 G. Testa (CH)** publiziert weiter eine Technik ▸ mit starkem Gegendrehen ▸ ohne Rotation und ohne Schraube. Diese Technik hat sich inzwischen im Rennlauf weithin als „Gegenschultertechnik" etabliert. Sie erinnert aber auch an das spätere Treten der Snowboarder gegen das Brett.	Das Gemeindeparlament von St. Moritz beschließt 1945 die Ausweisung des Skischulleiters. Erst juristische Interventionen von Anwälten unter Testas Schülern verhindern dies im letzten Moment. Testa aber auch aus dem schweizerischen Interverband ausgeschlossen. (Titelbild aus seiner Veröffentlichung von 1967)	
626 Für und gegen Wedeln **1953 Skikongress Davos – Interski** Der Delegationsleiter Christian Rubi (CH) greift Österreichs Wedeldemonstration durch Franz Furtner öffentlich und direkt an und bezeichnet Wedeln als ▸ akrobatisch ▸ allgemein gefährlich ▸ schon im Fahren zu Verletzungen führend	Das erste internationale Treffen von Skiländern fand 1951 in Oberstdorf statt. Jetzt, nachdem seit 1926 kein Lehrplan das Wedeln aufwies, geriet darüber die erste „öffentliche" Demonstration zu einem Skandal. Skipolitisch interessant ist die Tatsache, dass hier erstmals differierende Auffassungen öffentlich und sogar emotional ausgesprochen werden, was auf keinem späteren Kongress mehr geschah.	 (Franz Furtner im Österreichischen Schi-Lehrplan 1956. Bild aus Reihe 69)
641 Wedeln im gesamten Fahrbereich – Kurzschwingen **1956 Prof. Kruckenhauser – Österreichischer Berufsschilehrer** ▸ Wedeln kurz und geschmeidig ▸ Beinspiel in allen Schwungweiten ▸ Stemmwedeln ▸ Wedelgirlanden ▸ Kurzschwingen als hartes, aufkantendes Wedeln zur Tempokontrolle ▸ Sprungwedeln ▸ Bildmaterial Stefan Kruckenhauser	Die österreichische Skischule findet die bessere Form des Gegendrehens: unten beginnen, unten drehen. Deutschland folgt sofort. Nach den Polemiken von Davos 1953 und der anfänglichen harten Konfrontation mit der Schweiz und mit Frankreich hat das Wedeln nach dem Kongress in Val d`Isére in wenigen Jahren die Welt erobert, so dass in Sachen Skitechnik die Welt so einig war wie noch nie. Franz Furtner ist nicht nur österreichischer Chefskilehrer sondern Vorbild für die ganze Welt. (Österreichischer Schi-Lehrplan. Bild Seite 104.)	 Demonstrator Franz Furtner (Ich, der Verfasser, war als Ausbilderkandidat Schüler von Franz Furtner.)

652 Split-Rotation **1960 Frankreich propagiert eine Mischtechnik:** ▸ mit Rotation beginnen ▸ mit Gegendrehen steuern (Der Terminus Split-Rotation wurde in den USA geprägt.)	Im Rückblick ist die Split Rotation eine internationale Absegnung der Mambotechnik des Schweizer Einzelgänger Josef Dahinden. Von Mambo und der Split-Rotation lässt sich die Brücke zu Jens Byggmark und seiner Schwungtechnik 2006 schlagen. (Siehe dazu beispielsweise in Christiania léger)	*Split-Rotation ist Mambotechnik!*
654 Gleichberechtigte Technik von Rotation und Torsion – Mambo! **1960 Schweizer Lehrplan** ▸ sowohl bei Stemmschwüngen ▸ wie beim parallelen Schwingen ▸ wie beim Kurzschwingen (Mambo wird allerdings nicht beschrieben, jedoch dargestellt.)	Nach jahrelanger offizieller Ablehnung der österreichischen Beinspieltechnik nun die beiden Fahrarten nebeneinander. Umsprünge noch dargestellt. Telemark fehlt erstmals. Im Bild „Kristiania mit Rotation ausgelöst", aber gesteuert mit Gegendrehen! (Skitechnik. Schweizerische Skianleitung. Texte quer durch das Buch. Bild Seite 29)	
657 Zurückstemmen – neu aufgelegt – nahe am Carven **1960 Österreichische Skischule** Thematischer Ausschnitt: ▸ Bergstemme mit zurückgesetztem Berg- bzw. Außenski ▸ Arm, Schulter und Hüfte gleichzeitig zurückgenommen ▸ Damit Kanten- und Körperwechsel vor dem Schwungbeginn Ausstemmen nicht schiebend. (Ein Zurückstemmen des Talski findet sich schon bei Mathias Zdarsky 1909.)	Diese auch von Deutschland übernommene Fahrweise war nahe am Carven, nämlich Wechsel von Ski-, Kanten- und Körperstellung vor dem Beginn der Richtungsänderung – wenn man vom Stemmwinkel absieht. Nicht in den Lehrplänen dokumentiert und auch nur 2-3 Jahre lang vermittelt. Als Stemmen mit „zurückgehaltenem Ski" schon bei Toni Ducia und Kurt Reindl 1935 und nach Alois Kosch schon 1937 bei allen guten Läufern zu finden.	 (Das kleine Ski-Einmaleins. Seite 83)
723 The mambo christie **1970 Doug Pfeiffer (USA)** Im Rahmen der Beinspieltechnik auch MAMBO ▸ Sehr starkes Hineindrehen ▸ Ebenso starkes Gegendrehen ▸ Daraus wieder das Hineindrehen	Josef Dahindens Schwungkonzept lebt also weiter. Sogar in extremer Ausführung. 1985 werde ich im „Skizirkus" und 1991 in „Ski-Tricks" dazu mehrere Varianten anbieten. Schließlich scheint sich 2006 Jens Byggmark im Slalom dieser Fahrtechnik erfolgreich zu bedienen. (Bild aus SKIING SIMPLIFIED. Seite 129)	

786 Carven der „frontalen Riesen"

1979 Olle Larsson und James Major (USA)

im Riesentorlauf zu sehen:
- aufrechtes Einfahren in den Schwung
- ohne Verdrehung und Verwindung
- Gegendrehen als Wegdrehen erst am Tor
- Alltagsposition
- athletische Stellung

Das Buch dokumentiert eindrucksvolle Fotos von I. Stenmark, P. Gros, P. Mahre, G. Thöni und vielen anderen. Die nationalen Skischulen zeigen sich von den Veränderungen jedoch unbeeindruckt.

(Skitechnik der Weltmeister. Inhalte Inhalte Buchstruktur. Vgl. auch die Bilder bei Franz Held, Ski alpin. München 1982)

14. Wedeln durch die Zeiten

Wedeln und Kurzschwingen wurden erst nach 1956 klar unterschieden. Auch die Frage, ab wieviel Schwungeinheiten man von Wedeln oder Kurzschwingen sprechen sollte, bleibt offen. Diese Diskussionen sollen hier nicht geführt werden, deshalb werden mehrere frühe Beispiele angeführt und dem Leser die Entscheidungen überlassen.

Durch den Carvingski wiederum wird das Wedeln verändert, sehr erleichtert, bekommt aber auch eine neue Charakteristik, die auf der starken Taillierunäg und dem Spiel von Flex und Rebound beruht. Nicht übersehen werden darf, dass auch das klassische Wedeln nach dem Österreichischen Schilehrplan von 1956 durch die Autokinetik des Carvingski optimiert und erleichtert wird.

Kurzschwingen:
- rhythmisch kurzes Schwingen von Kante zu Kante
- sehr energisches Drehen mit hartem Kanteneinsatz und damit mit Rebound
- das Tempo wird kontrolliert bis vermindert
- damit auch noch auf mittelsteilen Hängen einsetzbar

Wedeln:
- rhythmisch kurzes Schwingen auf relativ flachem Ski
- weiches Drehen ohne Kanteneinsatz und ohne nennenswerten Rebound
- das Tempo wird erhalten
- damit für flacheres Gelände geeignet

Carvewedeln:
- durchgehendes Schneiden
- in modernster Form mit Flex, Spin und Rebound
- beschleunigende Wirkung
- Fahrtkontrolle durch Spuranlage

20 Wedelspuren?

1767 Knud Leem (FIN)

Anton Obholzer interpretiert die Spuren als Wedelspuren. Aus heutiger Sicht: Schräghangwedeln. Auch eine Girlandenspur könnte man darin sehen.

Die Fassdauben oder voll gerockten Ski dürften ohne Schwierigkeiten das schnelle und rhythmische Hin- und Herdrehen der Ski erlaubt haben.
Der wedelnde Fahrer zeigt darüber hinaus, dass er sich dabei noch bücken kann.

(Siehe 5000 Jahre Ski in Bildern. Seite 67)

230 Doppelkristiania – Hin- und Herreissen - erstes Kurzschwingen **1924 Bei bekannten Demonstratoren wie Adolf Berger und Kurt Endler (beide D)** Beschreibung: ▸ Ski 2 x hin und her reißen ▸ Ski absolut parallel ▸ Bewegung ruckartig ▸ Wiederholungen nach Pausen ▸ Offensichtlich Ski manchmal aus dem Schnee gerissen ▸ Also Kurzschwingen in Raten	Darf nicht mit den sog. Doppelschwüngen verwechselt werden! Es blieb bei einer Folge von zwei Schwüngen. Nach einer irgendwie gestalteten kurzen Pause Wiederholung. Noch anfangs der 1940er Jahre in Deutschland eine gern praktizierte Kunst vor allem der Kinder und Jugendlichen. Dieser „Doppelkristiania" oder dieses Hin- und Herreissen kann auch als erstes Kurzschwingen betrachtet werden	Wurde auch „Spiegelkarpfen" und „Karpfenhupfen"genannt, weil es an das Herausspringen und Hineintauchen dieses Fisches erinnerte.
317 Differenzierter Technik- und Spurverlauf - auch Wedler dabei **1929 Hans Fischer** „Dann fuhr er dahin, wild und unbändig. Tief im Schnee hockend, sauste er auch die steilsten Hänge im Schuß hinab, bremste höchstens einmal mit ein paar kurzen Wedlern ab und schwirrte gleich wieder weiter. Auf und ab wippte sein Körper die kleinen Unebenheiten des Bodens aus: wenn die Neigung sich änderte, hob er sich hoch auf, um mit erneuter Gewalt die Bretter im Schuß zu treten. Flitsch, flatsch, surrten die Bögen über einen steilen Hang."	Die Emotionen kommen auch in den folgenden Sätzen hoch: „... mir aller Armkraft stieß er trotz der angenehmen Neigung die Stöcke hinter sich, tanzte oft drei, vier Schritte aus dem Gleichgewicht, rannte, schob, pumpte und ..." Die Bretter „treten" - nicht erst der österreichische Lehrplan von 1956 kannte das Treten, dann aber als Fersentretschub. Für die Zeit des Stemmens und des gerissenen Kristiania ist diese Technik- schilderung voller Lebendigkeit und Dynamik. (Hinze Haugh, Der Schneeschuhfahrer. Seite 89 f.)	HINZE HAUGH DER SCHNEESCHUHFAHRER VON HANS FISCHER REICHENSTEIN -VERLAG
333 Rotationswedeln – erstes differenzierte Wedelbeschreibung **1930 bei B. F. Faludy und Karl Rubesch (beide A)** kurzes rhythmisches ▸ Schwenken von Hüften und Po ▸ gebremstes Anrotieren ▸ schnelles Hin und Her der Ski (Das lustige Skilehrbuch. Text und Zeichnung Seite 64 f.)	Begriff vom Schwanzwedeln des Hundes abgeleitet – Kurbeln mit dem Hintern als Popowackeln. Arnold Lunn spricht deshalb im gleichen Jahr auch von Tail-wagging. Größere Bedeutung gewinnt es erst in den Formen des Gegendrehens ab 1936 bei Giovanni Testa. Man könnte aber auch den „Doppelkristiania" (1924) als erstes Wedeln sehen. Die Lehrpläne allerdings meiden Wedeln bis zum österreichischen Lehrplan von 1956. (Das lustige Skilehrbuch. Text und Zeichnung Seite 64 f.)	(Wedelspur nach Faludy / Rubesch)

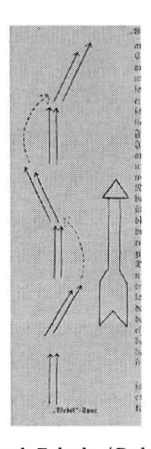

337 Stemmwedeln **1930 Eduard Friedl (A)** „Rasches Aneinanderreihen" und geringe Spurabweichung vom ▸ Schneepflugbogen ▸ Stemmbogen ▸ Stemmkristiania Zur ▸ Fahrtverringerung ▸ Fahrtbeherrschung im Steilen ▸ Fahrtbeherrschung auf Wegen	Erstaunlicherweise fällt das Wort „Rhythmus" nicht und es fehlt auch ein Hinweis auf Erlebnisqualitäten. Jedenfalls fällt der Begriff „Stemmwedeln". (Der Schilauf und seine Bewegungen. Text und Zeichnung: Seite 66)	
406 Frühes Wedeln im Bild **1933 Stefan Kruckenhauser** Als zufällig eingestreutes Bild zum Thema „Geschwindigkeit bei Abfahrtsrennen" wird das Wedeln angesprochen. Die Bildaussage entspricht dabei durchaus auch späteren ▸ Wedelvorstellungen von „kurz und rhythmisch". ▸ Dabei zeigt der Fahrer ein angestemmtes Wedeln. ▸ Auch der Schwungbauch läßt sich mit der Wedelempfindung vereinen.	▸ Dabei kann man von einer Realisierung im tieferen Schnee sprechen. ▸ Das „Reißen" der 1920er Jahre hat damit auch einen höheren Reifungsgrad erreicht. Stefan Kruckenhauser stieg als Fotograf in die Skiszene ein und präsentiert früh ein Wedelbild. Er war also schon am Thema, das die Lehrpläne dieser Zeit noch links liegen ließen, interessiert. 20 Jahre später wird er das Wedeln als weltbeherrschende, faszinierende Technik etablieren.	 (Bild in Der Winter. Jg. 1932/33 Seite 239. Bildzeile: „Wedeln über Filmfirn". Man beachte das Schattenspiegelbild.")
455 Wedeln im Temposchwung **1935 Luis Trenker** ▸ Wechselseitige Christel mit kleinem Radius ▸ Oberkörper bleibt aufrecht ▸ die Beine legen sich links und rechts „schief" ▸ Drehung geht von den Beinen aus ▸ Gesäß und Knie vordrücken ▸ Immer in Vorlage ▸ Arme am Körper angelegt	Temposchwung und Wedeln sind jetzt fest etabliert. Trenker in „Berge im Schnee" (Seite 52 f.) meint sogar, dass sich der Temposchwung aus dem Wedeln entwickelt habe. Giovanni Testa wird 1936 die Drehinitiative in die Schulter verlegen. Luis Trenkers Wedeltechnik steht also Stefan Kruckenhausers Konzept der 1950er Jahre näher.	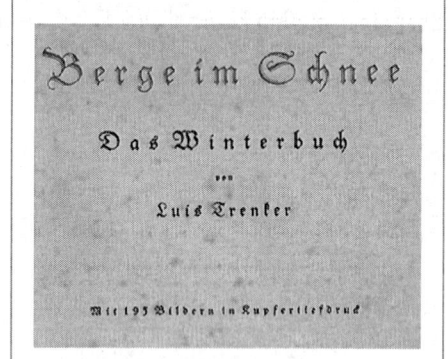 (Technik ausführlich beschrieben, aber kein Bildmaterial)

445 Wedeln als Prüfungsaufgabe

1935 Kursausschreibung des Bergverlages Rother, München

„Abfahrt etwa dreihundert Meter auf mittelsteilem, glattgebügeltem Hang in Fallinie mit rasch aufeinander folgenden Brems-Kristianias (Wedeln) beidseitig, jedoch beliebig wechselnd."

Wiederum ist Wedeln nur außerhalb der Lehrpläne zu finden. Bei den beliebten Kursen des Münchener Bergverlages, die 1935 schon zum 10. Male ausgeschrieben werden, kann man „Kurserfolgszeichen" durch entsprechende Prüfungen erwerben. Erstaunlich das große Angebot an Kursen. Neben den DAKS (Deutsche Arlberg-Kurse Schneider) in Österreich finden wir hier ein frühes Beispiel für Skikurse bei privaten Reiseunternehmen. In der Herausgabe von Skiliteratur und bei der Entwicklung des Skifahrens in Deutschland spielte der Bergverlag bis in die 1950er Jahre eine große Rolle.

(Nebenstehend Titelbild der Ausgabe 1935, rechts der Ausgabe 1932)

Gut vertreten sind Bilder mit Frauen sowohl für die Kurswerbung wie auch für das Wedeln.

468 Natürliches Skilaufen – schraubenlose Fahrweise

1936 Giovanni Testa (CH) und Eugen Matthias (CH)"

- Aufrechter Oberkörper
- „Hangtraversenstellung mit Rücklage"
- „gute Knie- und Hüftvorlage" mit „Kreuzanspannen" als „Skidruckhilfe"
- „luftschnittige Körperstellung, also Vornahme der Bergschulter über Kniehöhe"
- Wedeln mit Gegendrehen
- Koordination: oben gegen unten, oben Aktion – unten Reaktion

Testa propagiert die Reiterposition (aufgerichteter Rumpf), das Gegendrehen und das Wedeln mit Gegendrehen. Wie Dahinden fand er wenig Resonanz in seiner Heimat. Anfang der 1940er Jahre wurde er aus dem sog. Interverband ausgeschlossen. 1945 wollte man den ungeliebten Skischulleiter sogar aus St. Moritz ausweisen. Erste gute Darstellung des Wedelns.

(Natürliches Skilaufen, Texte Seite 95, entsprechende Bilder Seite 63 und Tafel 8)

487 Wedeln mit Beinspiel

1937 Harald Reinl (A)

„Tempo- oder Parallelschwung: Knievorlage und Hüftknick (Oberkörper aufgerichtet), d. h. die Beine wedeln."

Text wie Bild zeigen, dass hier Stefan Kruckenhauser und Franz Furtner ihre direkte Vorlage fanden.

(Text in Der Winter. 1937. Bild im gleichen Band einige Heftnummern später. Text und Bild entnommen: Ekkehart Ulmrich, 100 Jahre Skitechnik, Seite 110 f.)

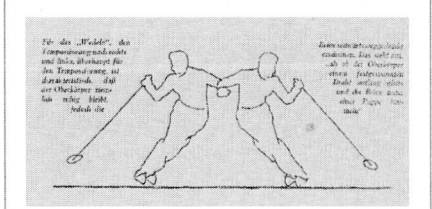

490 Gewedelte Stemmkristl 1937 Alois Kosch (D) ▶ offene Skiführung ▶ bergseitiges Ausstemmen ▶ Rotation ▶ alle Merkmale des Kristiania (Zwoa Bredl, a gführiger Schnee. Das große Ski-Einmaleins. Seite 110).	Alois Kosch weist bei den Schwüngen die Belastung dem Innenski, beim Telemark die Belastung dem Außenski zu. (Seite 93) Einer der wenigen Hinweise auf das frühe Wedeln. Gewedelte Stemmkristl hießen dann später Stemmwedeln. (Wedelbild mit Bildunterschrift Der gewedelte Stemmkristl oder Der Kalligraph von Arosa. Seite 110)	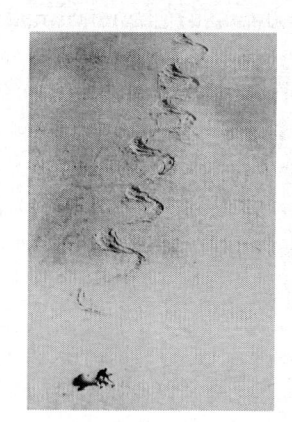
530 „Der Haken" – Umsteigen? Stemmwedeln? 1938 Eduard Friedl (A) „Die Art des Bogentretens mit Stemmen"- eine Form, die bei mäßiger Geschwindigkeit zu einer raschen Gewichts- verlagerung auf den Außenski führen soll: ▶ Ausstemmen ▶ Innenski fast ruckartig beiheben Beiheben vor allem ▶ schlechtem Schnee ▶ beschränktem Raum ▶ schwerer Belastung	Eduard Friedl meint selbst, der Haken sei „ein wechselndes Umtreten, eine Bewegung, die dem Wedeln ähnlich ist." Für Friedl ist der Haken besonders methodisch interessant, weil man lernt, das Gewicht schnell und entschieden auf den Außenski zu verlegen. Auch ein Zeuge für Wedeln vor jedem Lehrplan. (Praktischer Schiunterricht. Seite 54 -56)	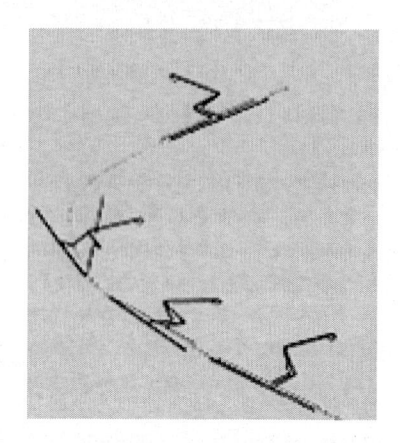
537 „Reissen" mehrmals 1939 Walter Kuchler (D) Die Ski mehrmals kurz hin und her reissen Wahrscheinlich gab es seit dem „Doppelkristiania" 1924 viele Versuche, mehrmals die Ski kurz hin und her zu reissen und auf diese Weise im heutigen Sinne zu wedeln.	Persönliche Erinnerung, dass wir als Kinder damals versuchten den „Doppelkristiania" bzw. das „Reissen" auf drei und vier Folgen zu erhöhen. Häufig endeten diese Versuche in Stürzen. Man bedenke die langen Ski und die unpräzise Führung durch Bindung und Schuh. (Zeichnung aus Eduard Friedl „Der Schilauf und seine Bewegungen", Seite 66)	
592 Tail-wagging – Wedeln 1949 USA World Ski Book: „Tail-wagging: A series of uncompleted christianias in alternated oppsite directions."	Der englische Name knüpft an die deutsche Wortfindung von 1930 an, nämlich an das Schwanzwedeln des Hundes. Wenn Wort und Sache im Glossar „ABC of Skiing" eines so anspruchsvollen Handbuches mit kompetenten Herausgebern verankert sind, kann man daraus schließen, dass sie auch bekannt und verbreitet sind. (World Ski Book. Seite 96)	

626 Für und gegen Wedeln

1953 Skikongress Davos – Interski

Der Delegationsleiter Christian Rubi (CH) greift Österreichs Wedeldemonstration durch Franz Furtner öffentlich und direkt an und bezeichnet Wedeln als
- akrobatisch
- allgemein gefährlich
- schon im Fahren zu Verletzungen führend

Das erste internationale Treffen von Skiländern fand 1951 in Oberstdorf statt. Jetzt, nachdem seit 1926 kein Lehrplan das Wedeln aufwies, geriet darüber die erste „öffentliche" Demonstration zu einem Skandal. Skipolitisch interessant ist die Tatsache, dass hier erstmals differierende Auffassungen öffentlich und sogar emotional ausgesprochen werden, was auf keinem späteren Kongress mehr geschah.

(Franz Furtner im Österreichischen Schi-Lehrplan 1956. Bild aus Reihe 69)

---

640 Revolution Beinspieltechnik - Wedeln

1956 Stefan Kruckenhauser + österreichische Berufsskilehrer

Neuer Schi-Lehrplan:
- sehr aufrechte Position
- Gegendrehen unten gegen oben
- Fersentritt und Fersenschub
- Kniekurbel und Hüftknick
- Vertikalbewegung, aber aufrechte Grundposition
- Kurzschwingen hart für Tempokontrolle
- Wedeln geschmeidig – Tempo erhaltend
- lange Stöcke

Die österreichische Skischule findet die bessere Form des Gegendrehens. Deutschland folgt sofort. Nach anfänglicher harter Konfrontation mit der Schweiz und mit Frankreich ist in wenigen Jahren die Welt erobert und in Sachen Skitechnik so einig wie noch nie. Wedeln wird über Jahrzehnte Zauberwort und ersehntes Ziel vieler Skifahrer. Kruckenhauser wird in 31 japanischen Städten Ehrenbürger. Mit Fersentritt und Fersenschub werden Elemente einer Fußtechnik in ein Gesamtsystem integriert.

(Österreichischer Schi-Lehrplan. Texte über den gesamten Bereich,

---

647 Mambo: Vor- und Gegendrehen in einem Schwung

1958 Josef Dahinden (CH)

Elemente:
- Schritteinleitung
- Doppelverwindung durch Rotation + Torsion, Schulter gegen Hüfte
- super eng
- Wedeln mit hoher Frequenz

Spätere Varianten von Walter Kuchler als Loipen-, Telefon-, Wischi-Waschi-Mambo in „Skizirkus" (1985) und „Ski-Tricks" (1991)

Damit hat der Protagonist für Schritte und für Gegendrehen (seit 1924), der in seiner Heimat Schweiz verfemte Josef Dahinden, seine endgültige Form gefunden. Mambo wird in der US-Literatur, aber auch in Frankreich und Deutschland beachtet.
1969 wird Gerhard Winter feststellen,
„daß es bei der Frage Rotation oder Verwindungsfahrweise nicht nur ein Entweder-Oder gibt, sondern auch ein Sowohl-Als auch."

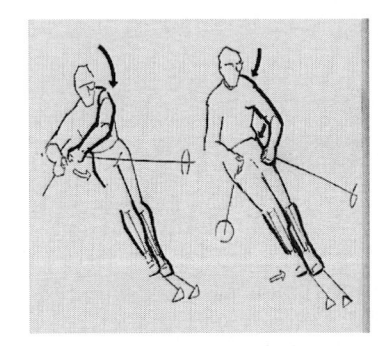

(Josef Dahinden, Ski-Mambo. Bild Seite 62. – Gerhard Winter, Kleine Bewegungslehre des Schilaufs. Seite 108)

676 Der Begriff „Wedeln" und die Schweiz – Mambo?

1965 Schweizer Lehrplan

Der Begriff Wedeln wird im ganzen Buch vermieden. Die Darstellung des Kurzschwingens sieht nach Mambo aus.

Position der Rennfahrer: *„Oberkörper nach vorne gebeugt, Arme vor dem Körper, Fuss- und Kniegelenke mässig gebeugt. Daraus ergibt sich die notwendige Hüftvorlage. In dieser Angriffsstellung können sie jederzeit schnell reagieren. ... Die Stöcke werden innenseitig, beidseitig und vielfach gar nicht eingesetzt."*

Die Bilder widersprechen weithin der beschriebenen Position.

Obwohl in der Einleitung davon gesprochen wird, dass man „mit gebotenem Respekt" vor anderen herangehe, was aber nichts mit dem Lärm der anderen zu tun habe.

„Die schweizerische Skitechnik ist ökonomisch, wirksam, gefällig. Sie ist bewusst freiheitlich, meidet Uniformierung und lässt individuellen Spielraum zu."

„Vielseitigkeit" ist angesagt! Selten ist die Konfrontation zu Österreich so deutlich zwischen die Zeilen geschrieben. Die theoretische Leitlinie klingt sehr modern. – Manche Demonstrationen sind reine Mambotechnik. Wie ist das Verhältnis zu Josef Dahinden zu dieser Zeit?

(Interverband für Skilauf, Ski in der Schweiz. Seite 7 und 60, Bild Seite 43)

677 Wedeln „Knie in Knie"

1965 Armin Kupfer (A)

„Wir sehen, daß die Unterschenkel schwingend aus den Knien pendeln. Aus diesem Unterschenkelpendeln ergibt sich das Spiel von Knicklage zu Knicklage von selbst. Weil der jeweilige winkelinnere Schi in der Ausgangs- und Schlussposition richtig vorgezogen ist kommt es zu einem Knieschluß, den man gleichsam <Knie in Knie> nennen könnte. Der Demonstrator drückt gewissermaßen mit dem jeweils äußeren Knie das innere Knie zu einem verstärkten Knieknick."

Der Salzburger Wedelspezialist mit einer Skischule in Werfenweng bringt eine Verfeinerung des Wedelns als Variante ins Spiel. Dieses Knie-in-Knie-Fahren galt als besondere Wedelkunst, fand aber auch über das Wedeln hinaus als optimales und elegantes Schwingen große Verbreitung. - Persönliche Begegnungen mit Armin Kupfer galten neben der Wedeltechnik auch der Verwendung von Kurzski, für die sich Kupfer schon seit Jahren einsetzte.

(Armin Kupfers kurzer Weg zum Wedeln. Nymphenburger Lehrkarten. München 1965. Karte 13. Titelbild der Sammlung)

(Bild mit Absprache des Verfassers über gegenseitigen Austausch von Materialien)

682 Breitwedeln

1965 bei Kruckenhauser (A)

Als „Wedelaufbauschwung". Erstes Umdenken zum herrschenden Schönheitsideal
▸ Wedeln mit weit offener Skiführung
▸ und damit mehr Belastung beider Ski
▸ bei wenig ausgeprägter Kniearbeit und weniger Gegendrehen und Knicken der Hüfte

Auf Konferenzen vermittelt. Die extremen und problematischen Elemente der Wedeltechnik (Kniekurbel, Torsion und Hüftknick) sind dabei eingeschränkt bzw. sind hier vermieden. Zugleich eine Wedelform für alle, die den aufwändigen Weg zum perfekten Wedeln nicht gehen können. – Die französische Delegation verweist in einer Gegenrede auf ihre schon länger erprobte Form des Christiania léger mit offener Skiführung.

(Persönlicher Konferenzmitschnitt)

702 Vor-Seitbeuge statt Hüftknick – Wedelaufbau- schwung **1967 Deutscher Skilehrplan** Merkmale: ▸ Mit der Seitbewegung des Oberkörpers auch ein Vorbeugen ▸ Beim Stemmen kein gleichzeitiges Verwinden ▸ Stockeinsatz auch abstützend	Eine Bewegung der Wirbelsäule, die den Oberkörper gleichzeitig nach vorne und außen beugt, verteilt die anfallenden Belastungen und macht die Wedeltechnik verträglicher. Eine Empfehlung des Wiener Sportmediziners Ludwig Prokop. Wenige Jahre später geht man auch von der starken Torsion ab. (Beilage zum Leitfaden für den Skiunterricht. Seiten 2 und 8)	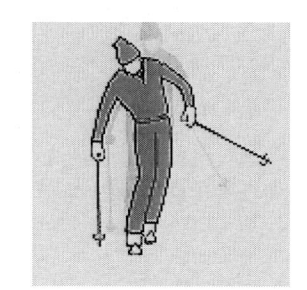
708 Das Wedeln **1967 Giovanni Testa (CH)** *„Das Wedeln* *Aus der Fallinie bei erhöhter Geschwindigkeit Traversestellung links mit Hüftknick einnehmen. Gleichzeitige Hüftgegenwindung ergibt Rechtsbogen. Sofort nach Auslösung des Rechtsbogens auf vorgestelltem Fuß vor- und gleichzeitig hochgehen."*	Nach dem Siegeszug des österreichischen Wedelkonzeptes in der ganzen Welt kann Testas Darstellung kaum überzeugen. Das gilt für die Texte und die Bilder. Von Testas progressivem Elan von 1936 ist nichts zu spüren. Das Titelbild verspricht mehr als der Inhalt bietet. (Das Skibuch. Text Seite 84, Außentitel.)	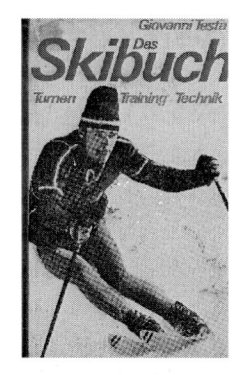 Das Titelbild entspricht weder den Bildern wie den Texten des Buches.
728 Bremswedeln **1970 Georges Joubert (F)** *„Zum Kanteneinsatz lassen Sie das Hinterende de Talski ein bißchen weiter abrutschen, bei Abstoß leistet sodann das Talbein die Hauptarbeit. Der Bergski bleibt frei und kann sofort in den Schwung einfahren. Er fährt dem Talski ein bißchen voraus, wird aber von ihm sogleich eingeholt. Im weiteren Verlauf des Schwunges belasten Sie beide Ski bis zur neuen Talstemme vor dem Kanteneinsatz."*	Jouberts Vorschlag erweitert die Liste der Wedelschwünge und erlaubt damit kurzes, rhythmisches Schwingen auch am steileren Hang. Nimmt man heute noch die kürzeren und stark taillierten Ski sowie die Hilfen des Flex-Rebound-Prinzips und einige Reflexe hinzu, hat man mit dem Bremswedeln eine perfekte und praxisnahe Fahrhilfe für das Steilhangfahren. (Perfekter Skilauf – selbst erlernt. Seite 99 f.)	
737 Übersicht über aktuelle Techniken **1971 Otti Wiedmann (A)** ▸ stem- und parallel christies ▸ wedeln ▸ jet turns ▸ snake turns ▸ absorbing techniques ▸ cutting techniques ▸ egg position ▸ monoposto position	Nach dem Urteil des österreichischen Experten Wolf Girardi, der das Vorwort zum Buche verfasst hat, bringt dieser Innsbrucker Autor neben der österreichischen Beinspieltechnik die aktuelle Lage der Entwicklung. Die einfachen Darstellungen gehen nicht auf Herkunft und Vertreter der Techniken ein. Dabei scheinen aber die Texte und Zeichnungen von Georges Joubert deutlich durch.	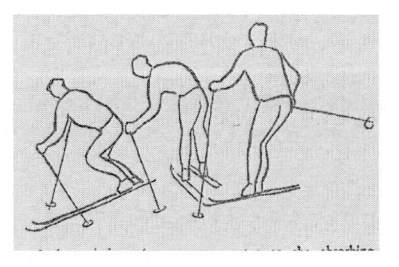 (The Skier´s pocket book. Vorwort Girardis. Seite 4-6, Zeichnung Seite 56)

741 Wellentechnik – Beuge- und Streckdrehen **ab 1971 Österreichischer Schilehrplan in 14. Aufl.** Ausgleichstechnik auf planer Piste ▸ Prinzip Beinspiel beibehalten ▸ Beugedrehen ▸ Streckdrehen ▸ tiefes Absitzen ▸ stützender Stockeinsatz ▸ Logische Sonderform: Hocke-Wedeln (Österreichischer Schilehrplan. 14. Aufl. Texte allg. Konzept, Bild Seite 59)	Die Ausgleichstechnik wird auf die plane Piste übertragen. Nicht alle Teile des österreichischen Berufsskilehrerverbandes wie die Steirer rebellieren. Nur Japan und die Spanier folgen sofort. Schon 3 Jahre später wird Franz Hoppichler einen revidierten Lehrplan vorlegen. 10 Jahre später Kritik von Erich Müller. („Biomechanische Technikanalysen". Seite 28) Noch 2014 urteilt der Chef der Skiakademie St. Christoph Werner Wörndle: *„Der Gast ist mit dieser Technik nach einer Runde am Übungshang schon kaputt."* (Die Kernbewegungen des alpinen Skifahrens. Technik 2, Seite 1.	
744 Systematik der Schwünge **1972 Deutscher Skilehrplan – Walter Kuchler** Umsteigeschwünge – Umsteigen ▸ aus der Talstemme ▸ mit Bergstemme ▸ parallel-offen ▸ parallel-geschlossen ▸ schnellender Abstoß ▸ Schrittschwung ▸ Innenskischwung ▸ Scherschwung ▸ Klammerschwung	Parallelschwingen ▸ Paralleler Grundschwung ▸ Breitwedeln ▸ Parallelschwung ▸ Kurzschwung ▸ Super-Parallelschwung ▸ Super-Kurzschwung ▸ Rotationsschwung ▸ Ausgleichsschwung ▸ Tiefschwung ▸ Kompressionsschwung ▸ Jetschwung ▸ Topschwung (Wiedergaben aus den Lehrplanbänden 1 und 2, 1971 f. und Übersicht in Band 5 von Walter Kuchler. Seite 44)	
747 Klassisch mit eigenen Varianten **1972 Spanischer Skilehrplan – Eduardo Roldan** Dem Bildmaterial nach wird gezeigt- ▸ klassische Beinspieltechnik im Hauptteil ▸ eigenes Beuge-Sitzdrehen ▸ Wedeln mit Doppelstockeinsatz	Der Lehrplan versucht dem großen Vorbild Österreich in seiner Wandlung der Beinspieltechnik gerecht zu werden. Gleichzeitig entwirft Roldan gerne eigene Varianten wie beispielsweise das Wedeln mit Doppelstockeinsatz. (Eduardo Roldan, Plan de ensenanza)	

749 Miniwedeln, Jet-Wedeln und Kurzschwingen auf dem Innenski

1973 Armin Kupfer

Miniwedeln
- Der jeweilige Abstoß „erfolgt in rascherer Bewegungsausführung als der Fersen-Dreh-Schub."

Jetwedeln
- Jetbewegung
- Umkanten aus den Unterschenkeln

Kurzschwingen Innenski
- Fersendrehschub auf dem Innenski
- Abheben des Außenski

Armin Kupfer versucht das Jetten auch mit dem Wedeln zu kombinieren. Als ein Element der neueren Wettkampftechnik sieht er den Innenskischwung mit scherendem oder abgehobenem Außenski. Auch diese Art verbindet er mit dem Wedeln.
Armin Kupfer veröffentlicht seit Ende der 1930er Jahre. Er gibt den offiziellen österreichischen Lehrplantechniken eine individuelle Note und schätzt und erfindet Varianten.

(Ski aktuell. Seite 94, 109 und 117)

---

775 Japanisches Schwungprogramm

1978 Ski Instructors Association of Japan

- Grundschwung
- Stemmschwung
- Stemm-Umsteigen
- Parallel-Umsteigen
- Scher-Umsteigen
- Wedeln offen, geschlossen und springend
- Technik Buckelpiste
- Technik in verschiedenen Schneearten

Das Programm der Amateurskilehrer – in englischer und deutscher Sprache – ist nahe dem deutschen. Vor allem das System der Umsteigeschwünge gleicht dem deutschen Programm.

(Das Programm liegt nur in Form einer Vervielfältigung, als Manuskript, vor.)

---

852 Supermurmele

1985 Walter Kuchler (D) und Milan Maver (SLO)

Ausbau des Murmeleschwunges durch
- eine ausgeprägte Anticipio
- einen Streck-Beuge-Rhythmus lang bis Falllinie – kurz als Steuerung
- Raffung des ganzen Bewegungsablaufes
- Wedelform

Diese Variation des Murmeleschwunges von Stefan Kruckenhauser führt ähnlich der Mambovariante zu einer eigenen Form des Wedelns.
Die deutlichen Strukturmerkmale garantieren leichtes Erlernen und hohen Vergnügungswert.

(Skizirkus Nr. 67, Ski-Tricks Nr. 40)

880 Beinspieltechniken wissenschaftlich untersucht **1986 Erich Müller (A)** legt eine biomechanische Analyse vor. Mit Hilfe der: ▸ biodynamischen Methode ▸ biokinematischen Methode ▸ elektromyographischen Methode ▸ deskripitiven Methode	Neben Untersuchungen beispielsweise von Takazumi Fukuoka (1971) und Miloslav Zálesák (1987) die gründlichste biomechanische Analyse. Erich Müller erhebt Bedenken gegen die Form der Wellentechnik. Noch keine Berücksichtigung der sich anbahnenden modernen Technik wie im Rennlauf oder in der schwedischen Skischule. (Biomechanische Analyse alpiner Skilauftechniken. Zeichnung EMG-Wedeln. Seite 97)	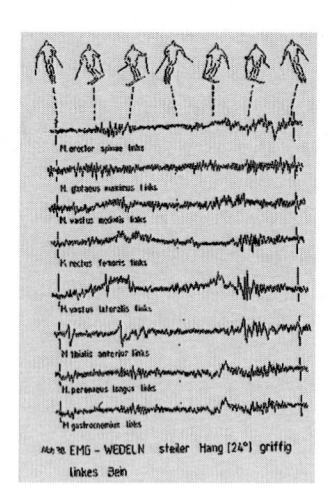
911 Wedelzauber **1989 Walter Kuchler (D)** Zauberer des Wedelns *„Wer mehr als zweimal in der Sekunde wedeln kann, muss vielen Menschen als eine Art Zauberer vorkommen, als ein Zauberer, der aus dem Nichts und im Nu schöne Bewegungen macht."*	Wieder einmal wird das Wedeln thematisiert. Vielleicht ist dies auch dessen Spätzeit, in der hohe Wedelfrequenzen mancher Fahrer beeindruckt. Aber noch ist das Carvewedeln, das erstmals zwei Jahre vorher die Dänen angestoßen hatten, nicht ausgereift. (Die neue Skitechnik. Seite 90, Foto von Dieter Menne Seite 154)	
922 Stepwedeln über den Innenski **1991 Walter Kuchler (D)** In Ableitung und Anlehnung an den Geflogenen Hund: ▸ bergseitig hochstemmen ▸ bis Falllinie auf dem Innenski ziehen ▸ in oder kurz nach der Falllinie den Stemmski beisetzen ▸ betont tiefgehen, um aus dem Rebound das neue Hochstemmen herauszuholen	Neben dem Pflugwedeln und dem Stemmwedeln über dem Außenski nach 1956 in der Beinspieltechnik findet sich eine ausgesprochen dynamische Form stemmenden Wedelns. Manche Fahrer finden sich auch in eine wiegende Form gut hinein. Der fliegende Wechsel der Belastung schult auch sehr gut das Spiel und Fahren mit Flex und Rebound. (Ich entwickelte diese Form des Wedelns zusammen mit meinen Schülern. Die Demonstratorin war zur Zeit der Aufnahme deutsche Seniorenmeisterin.)	 Foto Dieter Menne, Demonstration Meike Werthschulte
974 Carvewedeln 1 – in Racemanier **1995 Walter Kuchler (D)** Mit Merkmalen: ▸ schneller Schrittwechsel ▸ schnelles Kippen ▸ Anschneiden ▸ sofortiger Abbruch ▸ Wechsel mit Flex und Rebound	Andere Lehrpläne haben das Wedeln in Carvingtechnik auch 2009 noch nicht aufgegriffen. Die Situation ist der der 1930er und 1940er Jahre vergleichbar. Will man nur vom klassischen Wedeln nicht lassen oder misstraut man weiterhin der Leichtigkeit des Neuen? (Inhalte aus: Skilehrplan SPORTS.1995 und Skirevolution Carving. 1997. Bild aus Skirevolution Carving. 1997.Seite 70)	

975 Carvewedeln 2 – wie die Snowboarder

1995 Walter Kuchler (D)

Mit Merkmalen:
- mit beiden Händen voraus nach Art der Snowboarder in den Schwung stechen
- Der Oberkörper beugt sich in den Schwung hinein.
- dabei schneller Schritt und Kantenwechsel
- vom Händedruck aus Skiflex, Schuhflex, Körperflex und entsprechende Rebounds aktivieren

Den meisten Fahrern gelingt diese Art zu wedeln besonders leicht. Man wird an das Breitwedeln von Prof. Kruckenhauser in den 1960ern erinnert. Hier wie dort spielt die Außenskibelastung keine Rolle mehr. Eine besonders leicht zu erlernende Wedelform. Obendrein verträglicher, ja gesünder.

(Inhalte aus: Skilehrplan SPORTS 1995 und Skirevolution Carving 1997 – Bild aus: Carving. Der Skikurs. Seite 60. Demonstration durch den Verfasser.)

1016 Carving Evolution – Ideas for fun

1997 Riet Campell, Mauro Terrebilini + Demo-Team Schweiz

Video und Broschüre zeigen:
- Carven mit Stöcken (Racecarven)
- Carven ohne Stöcke (Snowcarven)
- 360-Grad-Kurven
- Handcarven
- Bodycarven
- Carvewedeln

In der Literatur hat sich in der Schweiz seit dem Provisorium von 1993 nicht viel getan. Dieses Video aber gehört zu den eindrucksvollsten Zeugnissen von Carvingtechniken und Carvingfun. Ausführliche Besprechung des Materials. Auch Propagierung einer neuen Fun-Methodik.

(Video wie im Bild. Dazu als Beilage die Broschüre „Carving ... skiing")

1020 Telemark erstarkt – auch Fahrform Wedeln

1997 Patrick Droste und Ralf Strotmann (beide D), Arno Klien (A)

Vielfältige Aktivitäten und technische Veränderungen:
- Fahrformen, auch als Wedeln und als Race
- Belastungen auch auf beiden Ski
- auch hohe Fahrstellungen
- Telemarken auch auf harter Piste.

Dem Revival durch US-Amerikaner Ende der 1970 Jahren folgt eine Wiederbesinnung in Norwegen und Finnland. Auch sonst folgen vielfältige Aktivitäten z. B. von Karl Buhl in Deutschland und Arno Klien in Österreich. Erstmals drei eigene Telemarklehrbücher von Patrick Droste und Ralf Strotmann in Deutschland. Neue Qualitäten durch Carvingski. 1999 organisiert Arno Klien „1. Int. Telemark-Academy."

(Telemarkbücher von Droste und Strotmann 1997, 2000, 2002. Bild des Slowenen David Primozic bei der WM 2003.

1085 Beschleunigungen im Schwung - Überkippen 2004 Sammlung Walter Kuchler (D)	Nicht die absolute Geschwindigkeit ist so sehr interessant, sondern die Kurvengeschwindigkeit und das Beschleunigen der Ski-Körperrelationen. Beschleunigen ist letztlich eine Verfeinerung der gesamten Fahr- und Körpertechnik. Beschleunigen kann für gute Fahrer zum Maßstab der hohen Schule werden. Als erster befasste sich Georges Joubert in den 1960er Jahren mit aktiven Beschleunigungen. Die Zeichnung stellt die verkürzte und damit beschleunigte Körperbahn heraus. (Mehrere Sammlungen als Flugblätter)	*Kippen und Bahnsplitting*
▸ Driftfreies Einfahren in Falllinie, ▸ anschneiden und Abschneiden auf dem Innenski ▸ krummlinige Kurve ▸ geringes Bahnensplitting ▸ überkippen mit Unterfahren ▸ Carverzug ▸ Reboundeffekte z.B. beim Carvewedeln ▸ zykloide Steuerphase ▸ Finaljet ▸ Flex und Rebounds		(Zeichnung aus Walter Kuchler, Die neue Skitechnik. Seite 131)
1181 Neue Kurzschwünge+ Umsteigen im Schwung 2015 Deutscher Skilehrerverband	Die Autoren präsentieren die drei Formen des Kurzschwungs im Rahmen des Kapitels „Drehbewegungen". Abgesehen vom Skilehrerkurzschwung fügen sie der stattlichen Liste von Kurzschwüngen zwei neue Formen hinzu. Siehe unter 1972 „Systematik der Schwünge." (Besser Unterrichten. Ausbildung. Bild Außentitel.- Kurzschwünge Seite 26 -28.)	AUSBILDUNG: MOTORIK-METHODIK BESSER UNTERRICHTEN

1. „Skilehrerkurzschwung"
  ▹ Driften „durch eine aktive Drehbewegung der Beine"
  ▹ Im Extremfall „Drehbewegung aus dem gesamten Körper"
  ▹ „Drehbewegungen dienen der Kontrolle von Richtung und Tempo"
2. „Kurzschwung Pedalo"
  ▹ „Außenbeindrehen und Anheben des Innenski"
3. „Bruchharsch-Crack"
  ▹ „Umspringen in langsames Tempo"
  ▹ „Ganzkörperdrehung"		

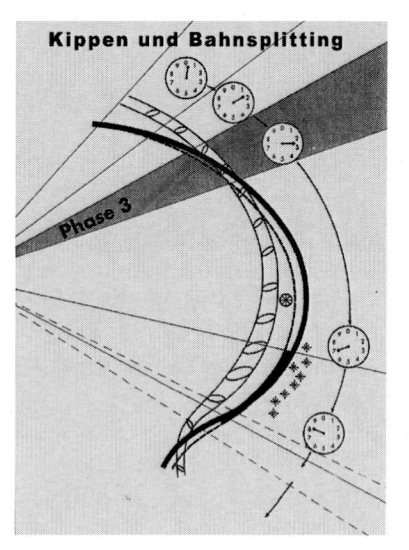

15. Carvingtechnik und Carvingski – Frühe Stationen

„Den Carvingski hat uns der Himmel geschickt." Eine Äußerung von Ekkehart Ulmrich in einer DSV-Publikation 1996. So etwas kann man nur in Unkenntnis der Geschichte sagen.

Man müsste dagegen eher feststellen bzw. fragen, warum der DSV so lange gegen den Carvingski und das Carven gekämpft hat. Aber die Unwilligkeiten und die geschichtslosen Interpretationen der Moderne drängen mich, dem Thema Carven eine breitere Analyse und eine differenziertere Interpretation einzuräumen.

Carving hat Geschichte

Seit den Entwicklungen, die um 1860 von Morgedal und den Telemärkern ausgingen, hat es mit Sicherheit keine einschneidendere und umgreifendere Änderung der Skitechnik gegeben als in den 1980er und 1990er Jahren als sich Ski und Fahrweise in einer geradezu dramatischen Dimension geändert haben. „Wie der Carvingski die Welt veränderte" hat Milan Maver in einem Buch getitelt. Aber Carvingski und Carvingtechnik haben Geschichte, beide sind nicht vom Himmel gefallen. Bei näherem Hinsehen finden wir viele und alte Stationen, die stark taillierte Ski oder auch die carvende Fahrweise mit diesen oder ohne solche Ski bekunden.

Da Zeitgeschichte unsere Gegenwart ist, habe ich versucht, die Entwicklung der letzten 30 Jahre im Punkte Carvingski im ersten Hauptteil detailreich zu fokussieren. Im folgenden Längsschnitt allerdings breche ich die Auflistung mit dem ersten auf dem Markt angebotenen Ski, dem Parabolic von Elan, ab. Alle weiteren Daten betreffen ja direkt den Carvingski oder die seit 1991 für oder gegen Carvingski auftretenden Personen und Institutionen.

Verpasste Chancen und Irritationen

Auf einige erstaunliche Dinge möchte ich hinweisen. Carl J. Luther zeichnet den Doppelkreis mit dem dazwischen geführten stark taillierten Ski. Diese Zeichnung wurde in mehreren Büchern wiedergegeben. Einige davon stellten die Zeichnung auf den Kopf. Die letzte von mir gefundene Wiedergabe in einem tschechischen Buch – vielleicht gibt es auch noch mehrere dieser Verfälschungen – führten den eingezwängten Ski parallelkantig aus. D. h. die Zeichnung wurde überhaupt nicht mehr verstanden. Offen bleibt in meiner Darstellung, welche Auswirkungen diese wegweisende Zeichnung auf die Skipraxis hatte. Keine? Hier wäre noch genauer nach zu forschen.

Mehrere andere Dinge irritieren. Warum hat Toni Ducia mit seinem Konzept nicht durchgehalten? War Frank Harper mit seinen magischen Zirkeln 1949 von vorneherein auf verlorenem Posten? Er war doch damals schon ein bekannter Mann. Warum haben die Alpenländer auf die vielen klaren Ansätze und Konzeptionen des Carvens in den 1960er und 1970er Jahren in den USA nicht reagiert? Pure Ignoranz? Und schließlich ist zu fragen, wie es zu den hysterischen und völlig reaktionären Abwehrkämpfen einer ganzen Reihe von deutschen Journalisten, Zeitschriften, angesehenen Fernsehsendungen und des sogenannten deutschen Skilehrwesens kam. Zeitungsüberschriften wie „Carvingski – Killerski" (Die Welt und ähnlich die Frankfurter Rundschau) und das Verbot von Carvingski in Ausbildungslehrgängen des DSV bis 1997 (z. B. beim Westdeutschen Skiverband) lassen am gesunden Sachverstand von Funktionären zweifeln und verweisen auf neurotische Prozesse. Der oberste Lehrwart des Deutschen Skiverbandes, Norbert Barthle, nimmt noch 1996 im Deutschen Fernsehen gegen das Carven Stellung.

Der taillierte Telemarkski als allgemeiner Skitypus

In der zeitlichen Abfolge der technischen Ereignisse konnte herausgearbeitet werden, dass der auf uns überkommende norwegische Skitypus immer schon ein taillierter Ski gewesen ist, Telemarkski hieß, obwohl er auch der Ski für die Kristianias war. Zu verschiedenen Zeiten war das Wissen um die Wirkung der Taillierung verschieden ausgeprägt. Interessant ist in diesem Zusammenhang Emil Allais, der Skiweltmeisters von 1937, der einen taillierten oder einen parallelkantigen Ski je nach Disziplin auswählte – dabei durchaus nicht nach unserem Carvingverständnis, nämlich Wahl des taillierten Ski für die Abfahrt wegen seines besseren Flexes und des parallelkantig verlaufenden Ski für den Slalom. Erst in den 1970er Jahren hat sich die Taillierung allgemein verloren.

Ich denke, niemand hat den Telemarkski so schön beschrieben wie Anton Fendrich im Jahre 1911:

> „Der Telemarkski ist eines von jenen wunderbaren Geräten, die, obgleich scheinbar einfach und primitiv, doch nach feinen mathematischen und physikalischen Gesetzen gebaut sind, und bei denen man nicht weiß, ob man mehr ihre Einfachheit oder mehr ihre Leistungsfähigkeit bewundern soll. Unter den Beinen des Ungeübten sind die Ski grotesk komische Hindernisse für das Gehen. An den Füßen des Kundigen aber werden sie zu beflügelten Schuhen, denen ein neuer Klopstock erst noch die Ode vom Schneekothurn singen müßte. Mächtiger, grandioser und kühner sind die Bewegungen des Schneelaufs auf dem Ski als die des Eislaufs auf dem Schlittschuh."

Der Skiläufer. Stuttgart ca. 1911, S. 17f.

Rennfahrer und Entwicklung

Die französische Skischule berief sich in den 1940er und 1950er Jahren auf ihre erfolgreichen Rennfahrer. Die Gegenschultertechnik Ende der 1930er und in den 1940ern aber auch noch hin bis Toni Sailer war eine reine Renntechnik. Die Schweizer betonten bei ihren Interpretationen von Rotationstechniken die Vorbilder aus dem Rennlauf. Stefan Kruckenhauser verwies für seine Wedeltechnik auf die österreichischen Rennfahrer. Meine Analysen der Carvingtechnik seit 1987 gingen immer wieder von den Rennfahrern aus. Aber auch Rennfahrer können beratungs- und entwicklungsresistent sein. Erstaunlich ist beispielsweise wie lange viele Rennfahrer aus der Zeit der Wedeltechnik an der Außenskibelastung und dem blockierten Gegenhalten der Arme zu den Beinen festhielten.

Wann wurden die Rennfahrer mit modernen Carvingski ausgerüstet und wie hingen die Wechsel mit Erfolgen zusammen? Als Elan ab 1987 seine norwegischen, schwedischen und slowenischen Vertragsfahrer mit stärker taillierten Ski ausstattete, konnten diese wahre Erfolgsserien verbuchen. Umgekehrt wurde bekannt, dass noch 2000 ein deutscher Slalomtrainer zurückgetreten ist, weil er die deutschen Frauen zu zu schwachen Taillierungen und zu nicht mehr konkurrenzfähigen längeren Ski angehalten hatte.

Offensichtlich sind auch Rennfahrer und ihre Berater nicht immer innovations- und experimentierfreudig, sondern ebenso wie Skitheoretiker und Skilehrer oft ideologisch fixiert.

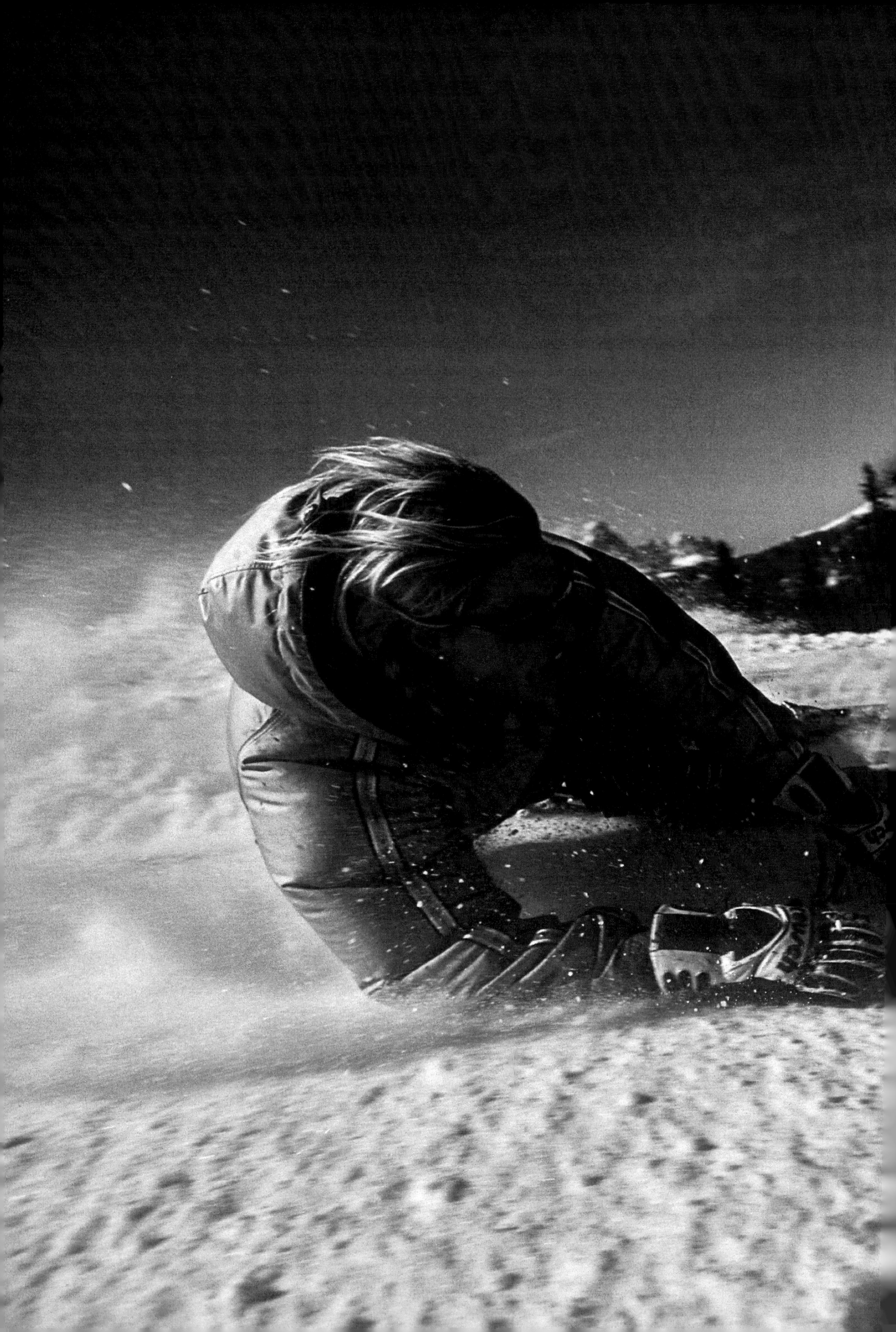

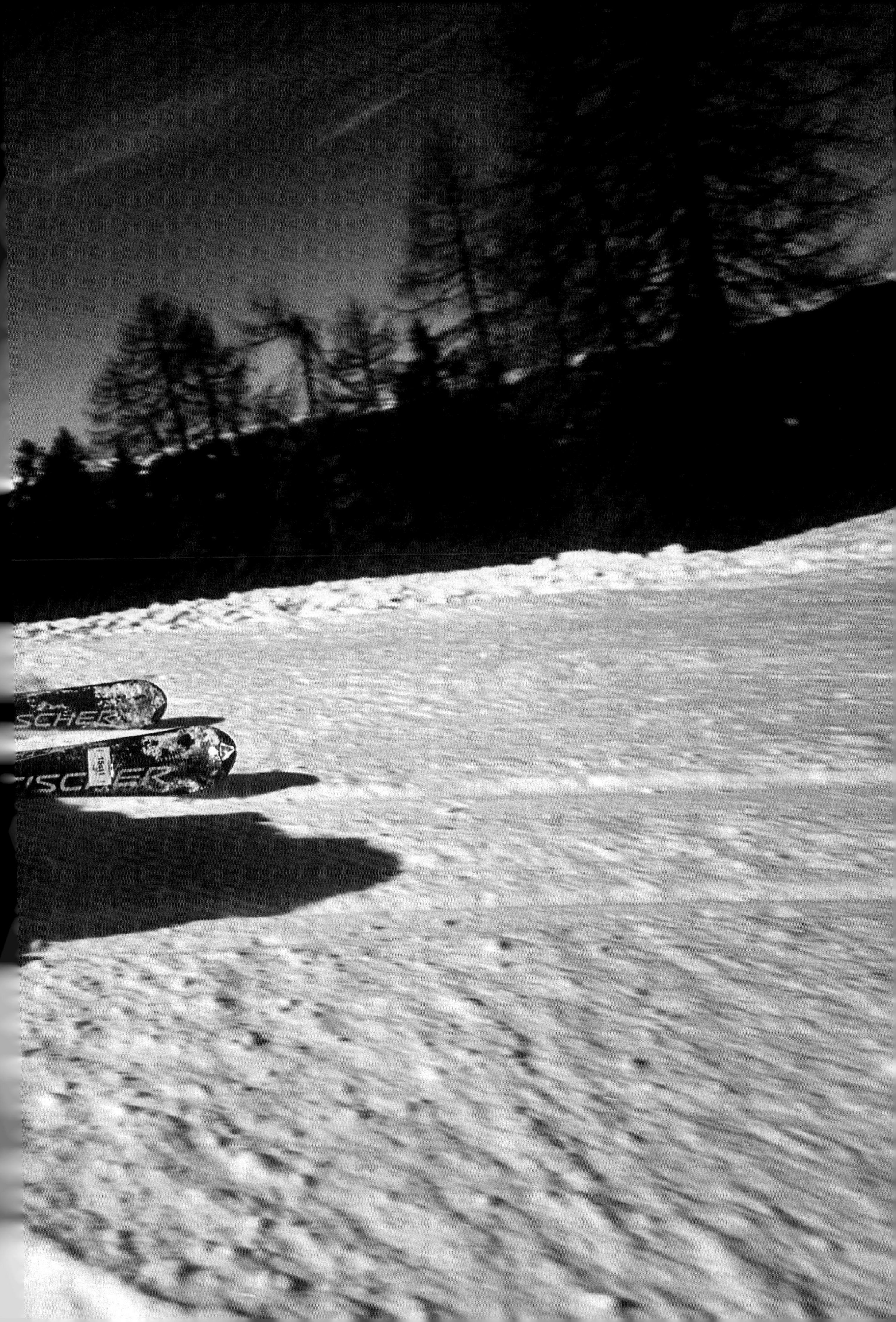

26 Erste taillierte Ski– erste deutsche Anleitung **1804 J. Ch. F. GutsMuths (D)** „Im Abfahren werden die Schneeschuhe zu Fittigen, auf denen man fast ohne alle Mühe über die Bahn dahinschwebt". „Den Stab steckt man quer unter einer Achselgrube weg, hält ihn vor die Brust stark mit den Händen und lehnt sich rückwärts darauf."	GutsMuths berichtet in seiner „Gymnastik für die Jugend", (erst in der 2. Auflage von 1804) von taillierten Ski. Die allgemeine Annahme, dass die taillierten Ski aus Morgedal in Telemark stammen, ist damit zweifelhaft und muss korrigiert werden. Jedenfalls sind sie älter als die in der sportlichen Ära von 1860 geschilderten Ski. Für GutsMuths Beschreibung der Abfahrt spielt die Taillierung allerdings keine Rolle. Wahrscheinlich diente die breitere Schaufel nur dazu, den Weg für die Schuhe zu bahnen, so wie es auch noch Willi Romberg 1909 beschrieb. Ein besonderes Merkmal: Ständiges Anlehnen an den Stock. (Gymnastik für die Jugend. Seite 389).	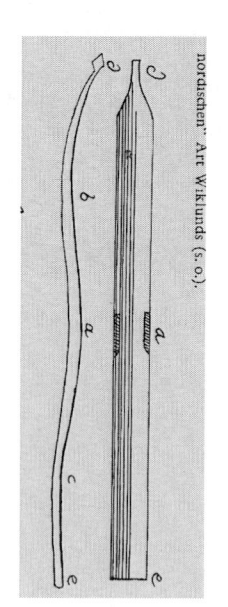
29 Erste Telemarks **1850/1860 in Morgedal (Telemark – Norwegen)** Schwingen mit taillierten Ski in tiefer Ausfallstellung: ▶ mit Innenbein gebeugt bis nahe einem Hinknien ▶ mit Außenbein fast gestreckt und weit vorgeschoben ▶ mit vollem Gewicht auf dem Außenski ▶ ohne Stöcke, dafür manchmal mit einem „Bruch" (Zweig) in der Hand ▶ oder auch mit zwei Stöcken	Ohne Sondre Auersen Norheim und die Telemärker ist die Entwicklung des sportlichen Skilaufs nicht denkbar. Ursprünglich zum Stoppen der Fahrt nach einem Sprung über eine Schanze gedacht. Die Telemarktechnik ist die erste Schwungtechnik. Später wurde sie vor allem am Arlberg geringgeschätzt. Die Entwicklung des Pistenskilaufs drängte sie in den Tiefschnee ab. Mit Recht aber nennt 1996 Arno Klien (A) den Telemark Urcarver. Außer in Morgedal gab es nach Karin Berg nur ein 2. Tal, in dem taillierte Ski verwendet wurden. (Karin Berg, Holmenkollen – Skimuseum. Seite 36 und in „Ski i Norge")	
30 Taillierte Ski **Um 1860 Skimuseum Holmenkollen** Jostedalen Ski Radius 28,24 Meter	Über skitechnische Verwendungen mit diesem Ski ist nichts bekannt.	
54 Erste mitteleuropäische Telemarkrezeptionen **1893 Der slowenische Förster Henrik Etbin Schollmayer (SLO)** beschreibt ▶ Fahrhaltung ▶ Telemark ▶ und einen kräftig taillierten Ski	Mehrere kleine Schriften dieser Jahre, wie z.B. auch von Theodor Neumayer, versuchen vor allem den Forstleuten die Ski und ihren Gebrauch vorzustellen. Schollmayer hat allerdings auch bereits seine Jagdtouristen aus Wien und Tschechien im Auge. (Auf Schneeschuhen. Ein Handbuch für Forstleute, Jäger und Touristen. Zeichnung Seite 28)	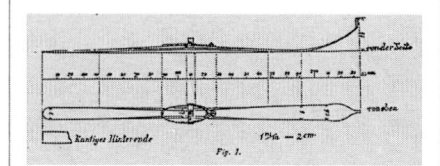

73 Erster stark taillierter deutscher Ski **1897 Skifabrik Gebrüder Heimhuber in Sonthofen (D)** ▸ Herstellung kürzerer aber dafür breiterer Ski ▸ Herstellung von Ski mit dem errechneten Radius von 24,3 m Messungen von Nachmodellen durch Jochen Unger ergaben einen Radius von 23m ▸ keine Absichten und Aussagen für die Skitechnik	Darüber Bericht 1961 in der Allgäuer Zeitung. Jochen Unger hat noch mit den Enkeln des Fabrikanten Gespräche geführt. Als Grund für die Herstellung fand sich die Absicht, die Nansen-Ski nachzubauen, aber zu verkürzen bei gleicher Auflagefläche. Wahrscheinlich stand die breite Schaufel im Dienst des ungehemmten Laufens bzw. der Bahnung für die breiten Schuhe durch den Schnee. Diese Erklärung jedenfalls findet sich noch 1909 bei Willi Romberg.	**Gebr. Heimhuber** Schizeugfabrikanten Sonthofen (Allgäu) (Inserat aus dem Jahre 1909)
75 Carvingtheorie der „bogigen Fahrtrichtung" - Einstocktechnik **1897 Mathias Zdarsky (A)** *„Die Skikante ist also ein Theil einer kreisförmig gearteten Kurve. Durch den Druck, dem der Ski ausgesetzt ist, gewinnt diese Kurve noch mehr Kreisähnlichkeit. Aus dieser Kantenform ergibt sich schon die bogige Richtung der Fahrbahn. Wenn man aber noch bedenkt, dass wir den Schwerpunkt in der Richtung nach dem Kreismittelpunkte verschieben, dass*	*wir auf derselben Seite mit dem Stocke einen Reibungsfaktor hervorrufen, und dass schließlich die aufgebogene Skispitze, sobald sie Widerstand findet, ebenfalls nach der Bergseite ablenken muss, so wird uns klar, dass durch die Zusammenwirkung all´ dieser Faktoren eine bogige Fahrrichtung entstehen muss."* Die Carvingtheorie ist hier schlichtweg vorweggenommen. (Alpine (Lilienfelder) Skilauf-Technik. Seite 33.)	Bild des 28jährigen Zdarsky als Maler in München. (In: Skileben in Österreich 1937, Seite 7)
100 Schnee-Ski-Reaktion **1905 Wilhelm Paulcke (D)** *„Dadurch, dass beim Schwingen ein Ski, unter Einwärtskanten, mit dem Absatz des entsprechenden Fußes während der Abfahrt quer zum Hang gerichtet wird, wirkt von vorn – an der gebogenen Schnabelspitze beginnend – der Druck des Schnees auf die Gleitfläche des Ski, und zwingt ihn zur Drehung quer zum Hang."*	Erstmals wird hier auf das Zusammenwirken von Ski und Schnee, also auf die Wirkung der äußeren Kräfte, zum Zustandekommen einer Richtungsänderung verwiesen. Paulcke wird zum Hauptgegner Zdarskys. Er entwickelt sich zum Lawinenspezialisten der nächsten Jahrzehnte. Im ersten Weltkrieg errichtet er eine Skifabrik in der Türkei, in einem heutigen Vorort von Istanbul. (Der Skilauf. Seite 95, Außentitel)	

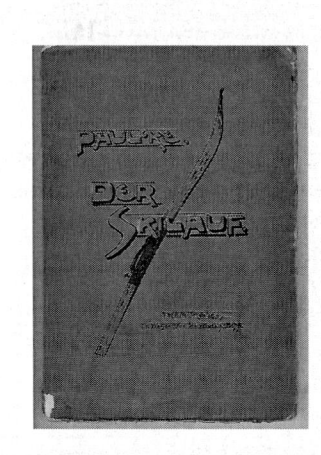

109 Leichtes Schwingen mit „Schier mit Taille"? – Aber Carvingthese bezweifelt **1907 Henry Hoek (NL/D/CH)** „Außerdem wird vielfach behauptet, daß die mittlere Verschmälerung das Schwingen erleichtere. Macht man einen Schwung, so werden die Schier ein wenig schräg gestellt nach der Seite des Schwunges. Nun bilden die Kanten des in der Mitte verjüngten Schi den Teil eines Kreisbogens, der verhindert, daß die Schikanten sich einschneiden."	„Daß dieser theoretischen Überlegung in Praxis viel Bedeutung beizulegen ist, bezweifle ich." In seinem wohl bekanntesten Buch erwähnt Henry Hoek die verbreitete Meinung über die Wirkung einer ausgeprägteren Taille, verwirft diese jedoch als reine Theorie. Noch in der Auflage von 1925 steht er zu seinem Standpunkt in dieser Frage, obwohl er taillierte Ski benutzt. Im Prinzip aber ist hier die Carvingtheorie, wie sie Carl J. Luther 1913 in einer Zeichnung festhält, formuliert.	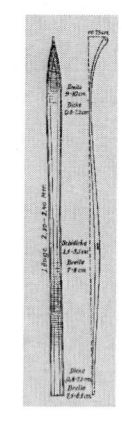 Ski vom Typ Telemark (Der Schi und seine sportliche Benutzung. Text Seite 45. Bild Seite 41)
130 Gecarvter Kristiania für lange Kerle – durch Gewichtsverlegung **1909 Anton Fendrich (D)** „Um den ´Kristiania´ einzig durch leichtes Kanten und Gewichtsverlegung des gestreckten Körpers zu machen, so daß das Ganze fast wie eine harmlose Spielerei anstatt wie ein mühsames Reißen und Drücken aussieht, dazu gehört wahrscheinlich eine lange Gestalt, deren hochgelegener Gleichgewichtspunkt bei der Verlegung genügend stark verändernd auf die Fahrtrichtung einwirkt."	Auch wenn nach Anton Fendrich „Läufer von mittlerer und kleiner Figur" eher gewaltsame, gerissene Kristianias fahren, so findet man bei ihm eine erste, den Kern der Sache treffende Beschreibung für die Carvingtechnik. Der Einfluss Anton Fendrichs auf die Entwicklung und die Skifahrer ist schwer einzuschätzen, aber jedenfalls ist sein Buch über zwei Jahrzehnte in 40 (!) Auflagen erschienen. (Der Skiläufer 1909. 2. Aufl. Seite 64 f., Bild und Bildunterschrift Seite 64)	 „Ansatz zu Kristiania nach links (fast nur durch Gewichtsverlegung)"
135 Wendigkeit kürzeren Ski gegen zu stark geschweifte Ski **1910 Georg Bilgeri (A)** Bilgeri empfiehlt einen kürzeren Tourenski und einen noch kürzeren Sommerski Vorteile: ▸ geringes Gewicht ▸ leichteste Lenkbarkeit im Aufstieg, beim Wenden und in der Abfahrt ▸ handlicher	Längen: ▸ erste Versuchsski 70 - 90 cm ▸ Sprungski 220 – 240 cm ▸ für leichte Tour 190 – 210 ▸ für Hochtouren körperlang ▸ Sommerski 130 – 160 „Zu stark geschweifte Schienen nehmen den Ski die stetige Führung und erschweren bedeutend das Kanten." „Unsere Sommerski haben eine Breite von 9-10 cm mit parallelen Seitenflächen, die eine gute, gleichmäßige Führung ergeben."	 (Der alpine Skilauf. Text S. 3 f., Bild Seite 94)
175 Carvingprinzip **1913 Carl J. Luther (D)** zeigt in einer Zeichnung die Kurvenwirkung des taillierten Ski auf. Diese Zeichnung wird bei einigen Autoren wiedergegeben, in späteren Büchern jedoch ohne Taillierung der gezeigten Ski.	Die Erkenntnisse Luthers hatten keine erkennbaren Auswirkungen auf die Fahrweisen. Eine verpasste Chance. Vielleicht war die „bogige Wirkung" bei einer Skilänge von 220 – 240 cm zu gering, um tatsächlich effektiv zu sein. (Der Wintersport. 1913, Seite 31)	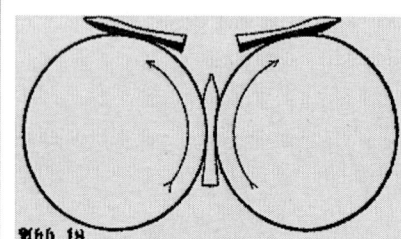 Abb. 19. Schematische Darstellung der bogenlaufenden Wirkung des gekanteten Ski.

193 Carven durch schlanke Taille **1920 Walter Schmidkunz (D)** *„Eine schlanke Taille des Ski soll übrigens das Schwingen sehr erleichtern, solche Schneerösser schwingen geradezu von selbst."* (Die Skiläufersprache. Seite 23)	Der zu seiner Zeit und noch Jahrzehnte danach als Herausgeber der Deutschen Alpenzeitung viel gelesene Schriftsteller erwähnt das Schwingen auf schlanker Taille des Ski und die dabei wirksame Autokinetik dieses Ski, als ob dies allgemein bekannt gewesen wäre. In der folgenden Zeit wird Mathias Zdarsky zum „Newton des alpinen Skilaufes", wie ihn W. R. Rickmers gelegentlich nannte.	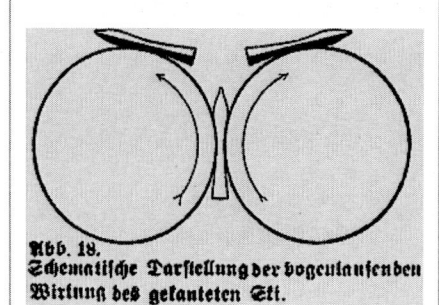 (Zeichnung aus Carl J. Luther, Der Wintersport 1913. S. 31)
196 Carven in Theorie und Praxis – Messer im Schnee **1920 Adolf Zarn und Peter Barblan (CH)** Wirkung der Skiform: ▸ *„Man kann sich vorstellen, dass ein auf die Seite gestellter und tief in den weichen Schnee gebückter Ski, der nach vorwärts geschoben wird, allmählich einen Bogen beschreiben muss."* ▸ *„Die Gesetzmäßigkeit der Skiform wirkt also doch mit, aber erst für die zweite Phase des Schwunges."*	Die beiden Autoren verweisen sogar darauf, dass im tieferen Schnee der gekantete und durchgebogene Ski nicht mehr seitlich zu schieben sei. „Der Druck wirkt zunächst gerade auf die schmälsten Stellen, die wie Messer in den Schnee schneiden" Es wird von der Formgestaltung gesprochen, die „für die Führung der Ski von großer Bedeutung" sei und von der „Eigenführung" der Ski. Auch „Drehdruck" und „Drehschub" spielen eine Rolle. Begriffe, die erst in den 1990er Jahren wieder lebendig werden. Muss mit den beiden Autoren sowohl die Geschichte des Carvens wie des Beinspiels neu geschrieben werden?	 („Der Skifahrer". Texte Seite 15 - 17, Bild Seite 146)
270 Grätsch- oder Bauernkristiania - Gerissener Querschwung **1926 Reinhard Dörfer (D)** Bauernkristiania: ▸ Kaum beschrieben ▸ Vielleicht ein leichter Scherschwung ▸ Benützt stark taillierte Ski ▸ *„Da sich der Körper merklich bogeneinwärts neigt, muss sich das innere Knie besonders stark beugen."*	Hat Dörflers „Bauernkristiania" etwas mit dem BK von 1930 zu tun? Wurden vielleicht alle Techniken, die von den großen Schulen abwichen, auf diese Weise diskriminiert? Liegt hier die erste Form von Pedalieren vor? Dörfer kennt auch den „gerissenen Querschwung", wie ihn später Alois Kosch genauer beschreiben wird. (Der Schneelauf in Schule und Verein. Text und Bild Seite 86 f.)	

285 Schussfahren situativ – Schwingen mit „gebogenen Grundkanten" **1926 J. Allemann (CH)** ▸ Rückwärts neigen in Mulde oder vor verharschtem Schneefeld ▸ Körper nach vorn neigen bei plötzlich steilerem Gelände oder beim Einfahren in besserem Schnee ▸ Schrittstellung vergrößern bei kleineren Hindernissen ▸ Größere Sicherheit durch Kauerstellung	Was viele Jahrzehnte später Skilehrer ihren Schülern sagen werden, hat Allemann schon gut zusammengefasst. Der Verfasser findet auch eine neuartige Formulierung für die Taillierung, wenn er von der „Wirkung der gebogenen Grundkanten" spricht. Ausgewogene Beurteilung von Telemark und Christiania (Seite 69) - Beachtenswert der schöne Untertitel seines Buches: „Der Schneeschuhlauf. Der Schneeschuh, seine Kunst und seine Freuden". (Der Schneeschuhlauf. Seite 12, 61 – 65)	„Die Form der Spitze mit der Verbreiterung an der Stelle der Aufbiegung wurde in jahrzehntelanger Erfahrung gefunden; dabei werden bestimmend die Wirkung der gebogenen Grundkanten bei der Ausführung der Bogen und Schwünge sowie die Tatsache, daß mit dieser Form am leichtesten und mühelosesten eine Spur gebahnt werden kann."
292 Bögen durch Taillierung und Belastung vorne-hinten **1927 Helmut Kost (D)** „Richtungsänderungen sind stets ein Produkt von Gewichtsverlagerung und Einsetzung von Widerstand." „Daß der Bogen überhaupt zustande kommt durch Kantenbelastung, erklärt sich erstlich aus dem Bau des Telemark-Ski, der mit seiner Verbreiterung an der Spitze und am Ende, und seiner Verjüngung in der Mitte, kantenseitig einen Ausschnitt aus einem Kreis mit sehr großem	Radius bildet, und schon deshalb auf die Kante gestellt die Neigung hat, im Kreis zu laufen." „Kommt nun noch hinzu eine wohlbedachte Verteilung der Körperlast auf den Hölzern, also etwa die allmähliche Verlegung der Körperlast auf den hinteren Teil der Innenkante des weggestemmten bogenäußeren Skis oder auf den hinteren Teil der Außenkante des bogeninneren Skis, so wirkt sich der Widerstand des Schnees auf die unbelasteten Spitzen ergiebiger aus als auf die belasteten Enden; die Spitzen werden angehalten, während die Enden noch weiter rutschen; wodurch der Bogen zustande kommt."	(Wintersport. In: Die deutschen Leibesübungen, hrsg. von Edmund Neuendorff 1927, Seite 595, oben Seite 594) Gerissener Christiania Seite 592: Hier scheint die erste Bilddokumentation einer Schneeberührung mit der Innenhand vorzuliegen. Außerdem ein „hanging off" des Innenknie wie beim Motorradfahren. Das Bild könnte auch in einem modernen Carvingbuch veröffentlicht werden.
321 Carven durch Skiform und Belasten **1929 Hermann Uhlig (D)** „Durch Belasten und Kanten allein entstehen beim Fahren in der Grundstellung weite Bogen. Diese kann man durch vorherige Richtungsveränderung eines Ski (vgl. Stemmfahren) sowie durch raschen Körperschwung sowie Fußgelenk- und Beindruck entsprechend verkürzen."	Kaum sonstwo wird Carven so knapp definiert. Das entsprechende Kapitel ist sogar überschrieben „Skiform und Skitechnik". Speziell verweist Uhlig auf eine breite Skischaufel. Zugleich sieht Uhlig, dass die „Grundstellung" vielfach ergänzt werden kann und muss. In das Bild passt auch die Empfehlung einer relativ kurzen Skilänge, nämlich „bei ausgestrecktem Arm bis zur Handwurzel".	(„Erziehung zum Skilaufen" Texte und Bild Seite 12-14

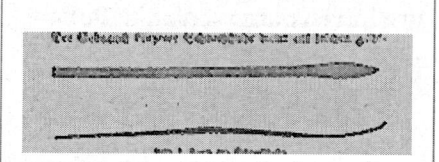

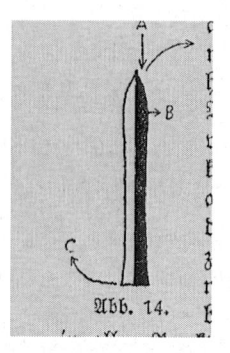

358 Carven mit „geschwungener Kante"

1931 Werner Salvisberg (A)

„Der normale Ski besitzt eine geschwungene Kante, die im offenen Schwingen schon bei leichtem Kanten die Richtungsänderung einleitet oder sie zumindest unterstützt. Beim parallelkantigen Ski dagegen können die Schwünge nur durch Anstemmen, stärkeres Anscheren oder sprunghaftes Entlasten und Herumschwenken der Hinterenden begonnen werden."

Leider bespricht Werner Salvisberg die „geschwungenen Kante" nur bei der Beschreibung der Ski, geht aber bei Beschreibung von Fahrtechniken, die er ohnehin kaum betreibt, nicht darauf ein.
Breitenmaße des Idealski:
9,5 – 7,5 – 8,3 cm
(Slalom und Abfahrtslauf. Seite 71 und 74)

---

421 Formel Kippen – Carvingformel

1934 Henry Hoek (NL/D/CH)

Nach einer detaillierten Beschreibung:
„Beide Ski haben eine Kippbewegung in der Laufbahn gemacht – das Gewicht wurde von der einen Seite der Skilängsachse auf die andere verlagert. Dies ist mit dürren Worten die ganze Mechanik des Talschwunges."

Henry Hoek hat in seinen vielen Lehrbüchern seit 1906 die Skitechniken detailliert beschrieben. Aber wie mancher vor und nach ihm sucht auch er eine einfache Formel für das Schwingen.
So ist seine Formel vergleichbar mit der Hallux-Valgus-Technik von Sebastian Zwicknagel (1973) oder mit dem „Seitfallen" von Georg Kassat (1985).
Beachtenswert ist die frühe Verwendung des Begriffes „Kippen".

(Skiheil Kamerad! Seite 46 f.)

---

456 Frühes Carven –– gegen Verschrauben – Innen anschneiden?

1935 Toni Ducia und Kurt Reinl (beide A)

- Schrittwechsel durch frühes Vorschieben des Talski oder auch Zurückziehen des Bergski
- Zurückziehen des Bergski führt zum Innen-Anschneiden
- Kantenwechsel vor der Kurve
- Achsenparallelität von Körper und Ski
- Starke Vorlage mit Hochschnellen oder bloßer Skiwechsel ohne Körperhebung
- Frontale Körperführung
- Plädiert wieder für Stockeinsatz.

(Skilauf von heute. Aufl. 1937, Seite 64 f.)

Als Trainer des Skiclubs von Paris entwickelten Ducia und Reinl eine neue Skitechnik. Das Verschrauben sei dagegen primitiv.

„Man schraubt sich heute nicht mehr den Hang hinunter, sondern balanciert ihn hinab."
„Der Läufer Innen-Anschneidenden Bergski zurück, kantet ihn nach innen und legt sich dann ruhig über ihn hinaus; die in die Bogenrichtung umgelegte Schaufel leitet nun ... die Drehung ein, die Trägheit führt sie weiter bis an ihr Ende, ohne daß es einer weiteren Hilfe seitens des Läufers bedurft hätte."

Vgl. dazu das moderne „Innen-Anschneiden".

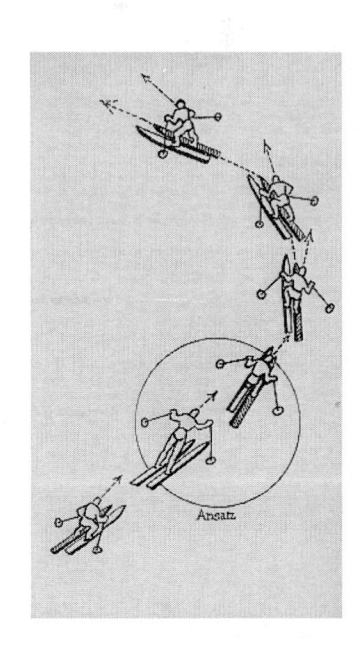

497 Méthode Francaise **Ab 1937 Emile Allais (F)** ▶ Ausgeprägte Rotation mit Blockade in der Hüfte ▶ Ruade (Anfersen der Skiendes Extremvorlage ▶ Weit vorgezogener Außenarm ▶ Stöcke sehr kurz, hüfthoch ▶ Bevorzugte geschweifte Ski für die Abfahrt (mehr Flex), parallel verlaufende steifere Ski für den Slalom. Diese Technik wird 1950 von Arwed Moehn in den deutschen Lehrplan übernommen.	Rotation und Vorlage werden – nicht zuletzt unterstützt vom absoluten Fersenhalt – bei Emile Allais ausgereizt. Der Slalomweltmeister von 1937 entwickelte seinen Rennstil mit der Ruade weiter zur Schultechnik. Damit wurde der verbreitete „Hupfkristl" kultiviert. Damit aber bot sich auch ein direkter Weg zum Schwingen an. Ekkehart Ulmrich verweist darauf, dass es in dieser Technik zu keinem Knick von Knie oder Hüfte kommt und der Körper stets in sich gerade gehalten werde. (Emile Allais, METHODE FRANCAIS DE SKI. Paris 1947)	 Diese französische Lehrweise wird in einem graphisch und photographisch aufwändigem Skibuch vorgestellt.
518 Schulschwung – ein Carvingschwung? **1938 Fritz Hoschek (A)** „1. rasche Aufrichtung 2. Verharren in der hohen Lage 3. langsame Tiefbewegung 4. die bogenäußere Schulter … wird gegen das Bogenende immer stärker nach vorne geführt." „Bei diesem Bogen gleiten die Brettel immer in ihrer Längsrichtung."	Dass Fritz Hoschek damit nach heutigem Verständnis einen langgezogenen Carvingschwung meint, dafür spricht auch das zugehörige Bild. Ein sensationelles frühes Zeugnis für Carving. (Erziehung zum Schwingen. Texte und Bild Seite 99 f.)	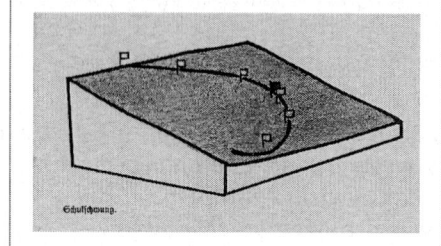
595 Skiing Naturally – Carven – **1949 Frank Harper (USA)** ▶ kennt sehr stark taillierte Carvingski, ▶ spricht von „magic circles", ▶ "The ski run on their inside edges … whistling the melody of the hristiania" (Skiing Naturally. Seite 89)	Harper fuhr Ski mit einer Wespentaille und carvte. Obwohl er schon vorher ein erfolgreicher Autor war, bleibt er mit Skiing Naturally nur einer kleineren amerikanischen Skilehrergemeinschaft verbunden. – Ein konsequentes Carven und eine verpasste Chance in der Entwicklung! Wegweisend auch die Zeichnungen und die bildstarken Formulierungen.	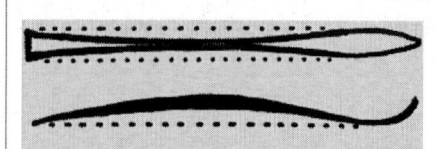 **Skiing technique is based on the arched construction of the skis.** (Darstellung Seite 18)
613 Schwingen mit Carvingski und Vorlage **1951 Carlo Mollino (I)** Die breite Schaufel verträgt sich offensichtlich mit extremer Vorlage. Das ist eine neue Note, die über Emile Allais hinausgeht. Die Epigonen von Allais haben allerdings auch mit Vorlagekeilen gearbeitet.	Carlo Mollino benutzte stark taillierte Ski. Er lag damit auf einer Linie von Frank Harper, den er auch kennt und zitiert. Die taillierten Ski im Bild zeigen Belastungen und deren Auswirkung. Auch in den Überlegungen zu den Belastungen ist er beispielsweise den späteren deutschen Lehrplänen in der Carvingsache um 50 Jahre voraus und überlegen.	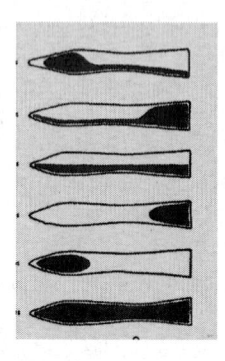 (Introduzione al discesimo. Seite 44)

624 Umlasten mit Abheben – gegen Taillierung **1953 Robert Bourdon (USA)** „*I believe lifting the heels of the skis from the snow is best used for emergency only. It makes possible a very quick change of direction, but usually the simple unweigthing of the skis is best, less tiring and faster.*"	Von zehn Schwungbildern zeigt Robert Bourdon vier Umsteigebilder. Diese Fahrweise ist für ihn selbstverständlich. Aber er wägt sie auch gegen ein einfaches Umlasten ab. Im Übrigen tritt er für ziemlich lange Ski ein und spricht sich gegen Experimente mit der Taillierung aus. („Modern Skiing" Bilder Seite 80 – 80 a-h, Text und nebenstehendes Bild Seite 80 f, zu den Ski Seite 52 f.)	
638 Stark taillierte Ski vorausgesagt **1956 Fritz Reichert (DDR)** untersucht in seiner Dissertation an der Deutschen Hochschule für Körperkultur in Leipzig den Einfluss verschiedener Skiformen auf die Richtungsänderungen.	Fritz Reichert stellt die unterstützende Wirkung der starken Taillierung für das Schwingen heraus. Er sagt stark taillierte Ski voraus und zwar in einer Ausprägung, wie dies bisher nicht vorstellbar war. (Aus dem Original der Inauguraldissertation „Der Einfluß der Skiform auf die Richtungsänderungen in der Abfahrt. Inauguraldissertation an der Deutschen Hochschule für Körperkultur in Leipzig." 1956. Siehe vor allem Seite 100 f.)	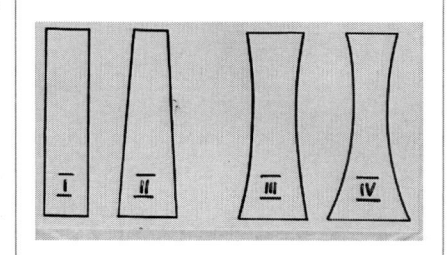
639 Wirkung von Taille und Flex – für direkten Weg **1956 Ernst Herberger, Wilfried Ehrler (DDR)** „*Da beim Schwung die Ski gekantet und belastet sind, übernehmen die geschweiften Kanten die Führung. Die Taillenwölbung drückt ihre Rundung in den Schnee, und die Ski gleiten dadurch in einem Bogen im Sinne des Schwunges ...*"	Den Autoren, die nach ihrer Terminologie die „Kontertechnik" Österreichs zeitlich unmittelbar übernehmen, weisen der Taillenform wie der Durchdrückung der Ski einen hohen Stellenwert beim Schwingen zu. Sie verweisen bereits auf die noch unveröffentlichte Arbeit von Fritz Reichert über die Skiform. Pflug und Pflugbogen wollen sie nur „für besondere Fälle" gelten lassen. (Du und Deine Ski. Texte Seite 7 f. und 116 f., Zeichnung Seite 109)	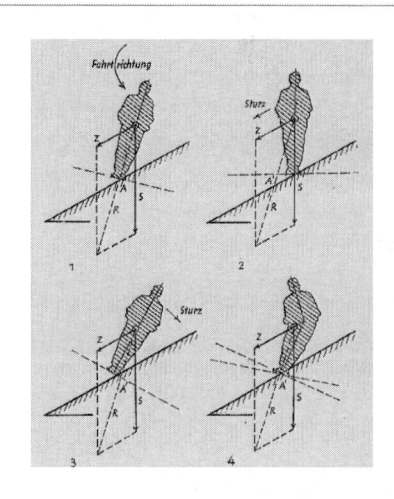
690 Schneiden und Carven – der S-Schwung **1966 Georges Joubert (F)** Der Verfasser listet auf: ▸ immer gekantet ▸ Vermeidung von Entlastungen Als Schwünge: ▸ Schneiden als Jettechnik ▸ Schneiden als Schlangentechnik „*Durch die geschwungene Taillenform der Ski ist es ... sogar möglich ... zwischen den Schwüngen bergan zu fahren.*"	Perfektes Carven. Das Schneiden hat Georges Joubert schon in seinen Büchern von 1957 und 1963 beschäftigt. Seiner Zeit weit voraus findet Joubert t schon in seinem ersten Buch (zusammen mit Jean Vuarnet) in der Analyse der Rennfahrer neue zukunftsweisende Techniken. Darüber hinaus bietet er differenzierte theoretische Analysen. Als großer Einzelgänger findet er allerdings bei den Funktionären der Verbände wenig Beachtung. (Ski perfekt. 1966 S. 163)	

691 Schneidetechnik – Carven auch auf der Taillierung

1966 Georges Joubert (F)

- Fahren auf der Taillierung
- Aufkantwinkel beachten
- schneller Kantenwechsel
- Hineinbeugen in den Schwung
- Vermeidung starker Druckunterschiede

Noch nicht so ausgeformt stellte Joubert das Schneiden auch schon 1963 vor.

Wieder ist Joubert der Zeit voraus, dieses Mal um 20 Jahre.

„Sie machen einen schneidenden Bogen, wenn Ihre Ski während des ganzen Bogens wie ein Schlittschuh auf den Kanten gleiten, ohne abzurutschen. Sie müssen das Gefühl haben, wie ein Zug auf Schienen zu fahren."
„Die Kanten der Ski beschreiben im Schnee einen Bogen."
(Ski perfekt. Seite 167 – 172.)

---

700 Taillierte RS-Ski

1966 Zvone Debeljak (SLO) aus Kranj,

baut stark taillierte Ski. Er nannte die Ski mit einer Länge von 160 cm nach einem Hausberg seiner Heimat „KANINKE-SKI".
Über fahrtechnische Konsequenzen wurde nichts bekannt.
Anfang der 1990er-Jahre baute er für die Fa. Elan den hochgeschätzten Supershorty „Razor".

Ära der stark taillierten superkurzen Ski um die 60cm einläutete.

(Bild oben bei einem persönlichem Besuch bei Zvone Debeljak.)

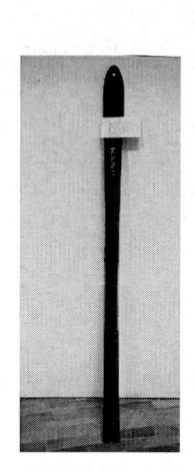

---

706 Carving thematisiert

1967 Zeitschrift Skiing Heritage (USA)

Die erste Stellungnahme in einer Zeitschrift. Carven
- auf taillierten Ski
- schmalspurig
- mit Außenskibelastung
- in eigentlicher Beinspieltechnik
- für längere Schwünge

Erstmals wird unter dem Namen Carving mit einer Reihe bekannter Demonstratoren wie Pepi Stiegler, Othmar Schneider, Bill Briggs das Thema behandelt. Skiing Naturally mit Frank Harper von 1949 und in der Folge mit Walter Föger wird damit einer breiteren Öffentlichkeit vorgestellt.

(Skiing Heritage. 1967. Heft 1, Seite 19 mit Bild)

---

707 England vor dem Carven

1967 Malcolm Milne, Mark Heller (GB)

Alle Ski sind seit 1860 „waisted", tailliert, „the mechanics of this are unclear, but an unwaisted ski becomes almost uncontrollable."

In der Folge jedenfalls:
„a waisted ski, placed on an edge, will describe an arc around the theoretical centre."

Die Begrifflichkeit des Carvens steht noch nicht zur Verfügung, die Sache selbst jedoch wird erfasst und im Kern beschrieben. Die beiden Autoren sind damit den Ländern des Kontinents um beinahe 20 Jahre voraus. Die Grundüberlegungen gewinnen die Autoren am Schwung bergwärts, haben aber keine Folgen auf den praktischen Bereich der Schwünge.

(Skiing. Teach yourself. Seite 98 f.)

711 „Carving the turn with the tips" **1968 Karl Tucker und Clayne Jensen (beide USA)** ▶ Stellen den Ski als selbstverständlich gut tailliert vor. Sie sprechen sogar vom **hourglass shape.** ▶ *„Carve with the tips of the skis."* ▶ *„Steer with feet, carving the turn with the tips."* ▶ *FORM OF SKI: the variations in the width of a ski at different places along the ski. This is very important to turning."*	In ihrem Buch „Skiing" (in der Reihe Brown Physical Education Activities Series. Dubuque/Iowa), das die amerikanische Skischultechnik wiedergibt, finden sich diese überraschende Darstellung und diese Aussagen. Die Schneideaufgabe der Skispitze wurde zwar auch schon in den 1930er Jahren thematisiert, aber noch nie so eindringlich und noch nie im Zusammenhang mit der Taillierung des Ski. In anderen amerikanischen Darstellungen ist auch formuliert: ***Carving with the shovel.***	(Skiing. Seite 25 und 46, Zeichnung Seite 47)
713 The carved Parallel Turn – „a nice smooth long arc" **1968 Morton Lund (USA)** Carven schon als Begriff selbstverständlich ▶ Im Prinzip nur bei langen Schwüngen möglich ▶ Am besten aus einem Gegenschwung heraus ansetzen ▶ Als Wedelschwünge nur für wenige Experten	Morton Lund bespricht Carven nur kurz, stellt es aber als selbstverständlich – wenn auch schwierig und anspruchsvoll – dar. Nichts für Anfänger. Verständlich angesichts der langen Ski, der geschlossenen Fahrweise und des starken Gegendrehens. Deshalb auch der Verweis auf das schwierige, genau im Maß richtige Kanten. („The Skier´s Bible" Texte und Bild Seite 48)	
718 Carvingski in SLO in der Diskussion **Ende der 1960er: Ales Gucek und Ciril Pracek (SLO)** schreiben über das Thema in der Zeitung DELO und Broschüre TRENER nach dem Studium der Bücher von Georges Joubert und nach der Beobachtung französischer Fahrer. Entwicklung : Zvone Debeljak > Ales Gucek > Andrej Robic:	In Slowenien bahnt sich die Produktion des Carvingski an. Noch sagt allerdings ELAN: Nicht geeignet für unsere Rennläufer. Das Patent von Andrej Robic (1977) für einen Ski mit verstellbarer Taillierung, Stenmarks Carvingski für den Parallelslalom (1984) und die guten Erfahrungen Ende der 1980er bei den norwegischen Rennfahrern werden schließlich 1991 zum ersten Carvingserienski für Jedermann führen. Informationen auch aus persönlichen Gesprächen mit Ales Gucek.	

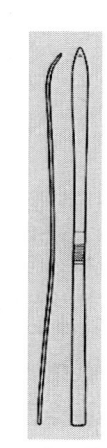

720 Jet- und Schleudertechnik – Form des Carvens 1970 Jürgen Philipp (D) mit Mitstreitern Hans Zeilinger (A) und Magnus Frey (D) Verweis auf die Taillierung! ▸ Aufkanten und aktives oder passives Vorbringen der Ski ▸ Kippen aus dem Hang ▸ Steuern in Mittellage ▸ Reifste Ausprägung im Schleuderschwung	Durch die Einführung von Spoilern und hohen Schäften angeregt, geht Jürgen Philipp über Georges Joubert hinaus. Er hebt aber besonders die Wirkung der Skitaillierung und des Abstoßes von der Kante hervor. Kipp- und Schleuderschwung dieser Jahre sind auch Vorboten des Kippprinzips. Von Magnus Frey wird dieses Programm in der NUR-Skischule in Neckermanns Urlaubsreisen angeboten. Vorläufer des Jetcarvens!	 (Allgemein in „Schleudertechnik". Bild Seite 42)
730 Carven in Position Ei um die Kurve Anfangs der 1970er bei den Abfahrtsläufern Durchhalten der Position im Abfahrtslauf auch in der Kurve ▸ dabei Blockade aller klassischen Techniken ▸ dabei Carvingeffekt über den Flex der Ski	Die Möglichkeit einer sehr tiefen Position mit modernen Schuhen fand bisher nur für bestimmte Schwungphasen Beachtung wie in der Ausgleichstechnik und beim Kompressionsschwung. Nun halten Abfahrer wie Karl Schranz, Bernhard Russi, Franz Klammer u. a. die tiefe Position auch in den Kurven durch und erreichen vor allem über den Flex der Ski geschnittene Spuren und ideale Linien.	
731 Carvingtheorie und stark taillierte Ski in USA 1971 John Jerome (USA) *„If you swing toward the downhill edge, the ski will follow the natural curve of its own side cut or arc."* (Sports Illustrated Skiing. Seite 64)	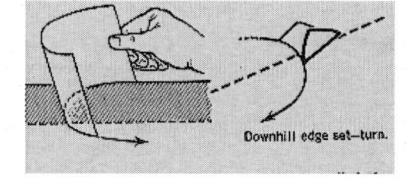 Das Bildmaterial von John Jerome spricht für sich.	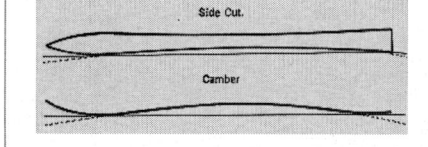
743 Carvingtheorie und Carvingmöglichkeiten 1972 Warren Witherell (USA) ▸ *„It is possible to make carved snowplow turns, stem turns, parallel turns, skating turns, etc."* ▸ *„Carved turns require much less energy than skidded turns because no appreciable amount of body rotation, heel trusts, or unweighting is required to turn the ski. ...* ▸ *This economy of motion is especially important in racing and in fast free-skiing. Improved balance is an important factor favoring the use of carved turns."*	Warren Witherells Betonung des ökonomischen Gesichtspunktes wird 20 Jahre später zum großen Streitpunkt in Europa, vor allem in der Auseinandersetzung DSV und Walter Kuchler. Warren Witherell formuliert eine MAGNA CHARTA des Carvens. (How the racers ski. Seite 48, Zeichnung ebda. Seite 47)	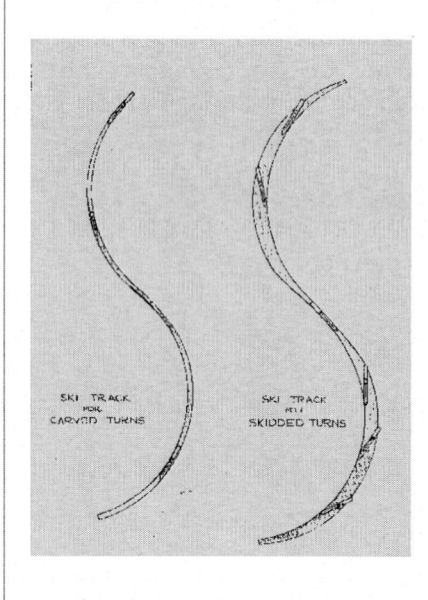

755 Das Hohe Lied des Carvens **1974 Harold Evans, Brian Jackman, Mark Ottaway of THE SUNDAY TIMES (GB)** The carved turn is 1. faster 2. smoother 3. more sensous „It is all this things because the skier ´rides´ round the corner on the smooth edge of the ski." „Like a tram on a curving monorail".	Neben den USA präsentiert sich früh England als Carvernation. Mit starken Bildern wie: ▶ „The ski is thus doing the work, while the skier enjoys the ride." ▶ „The carved turn goes so much faster that when we first practised even the most dare-devil of us had his breath taken away." 1993 wird The Sunday Times das Carvingthema nochmals aufgreifen.	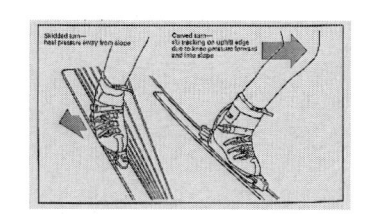 "WHAT THE SKI WILL DO FOR YOU" „The modern ski is a marvellous tool. It is specially built so that you can more easily turn and control speed and line of descent." (WE LEARNED TO SKI" Seite 132 und Seite 204)
763 Carven als Begriff **1975 „Lexikon des alpinen Schifahrens"** Für „Schneiden" werden als synonyme Begriffe aufgeführt: ▶ geschnittener Schwung ▶ Schneideschwung ▶ carve ▶ virage coupé	Wahrscheinlich ist das in der deutschsprachigen Literatur der erste Hinweis auf den Begriff und die Sache Carving. Der Begriff, der in der amerikanischen Literatur schon in den 1960er Jahren selbstverständlich war, hat sich in Europa erst 1996 durchgesetzt, als bei der Eröffnung der ISPO am 6. Februar überraschend fast alle Skifirmen „Carvingski" anboten. (Hrsg. von Friedrich Fetz (A))	 Lexikon des Alpinen Schifahrens Inn-Verlag
777 Carven relativ **1976 R. J. Sanders (USA)** ▶ „Carven is following the path of the tips of your skis through a turn." ▶ „Realstically, most carved turns contain an element of skidding." ▶ „In practice carved turns are those with minimal lateral slippage."	Sanders erklärt lapidar, wie beim Carven die Tempokontrolle funktioniert: "When carving, your speed is controlled by turning uphill." Weiter verweist er auf die verschiedenen Möglichkeiten des Aufkantens. (The anatomy of Skiing and Powder Skiing. Texte und Zeichnung Seite 126 f.)	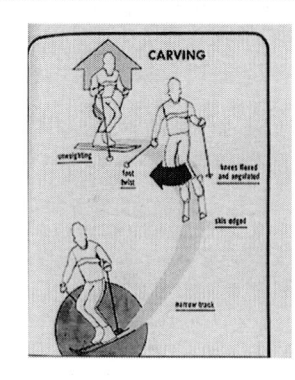 CARVING
774 Vorbild Rennlauf - elementare Mechanismen **1976-1978 Baumrock, Fritz, Gerhard Winter** ▶ Ein- und Zweitaktschwünge ▶ Prinzip „Erst kanten, dann drehen" ▶ fast perfektes Schneiden ▶ Beschleunigungen auf klass. Ski (Schaukeln, Schleudern, Überkompensieren in der Welle und der ersten Schwunghälfte) ▶ situative Anwendungen ▶ Verweis auf Taillierung	Die modernste Form und differenzierte Konzeption der Beinspieltechnik. Die Demo-Bilder von Rennfahrern und Schülern überzeugen. Durch den Umfang ergeben sich auch Möglichkeiten, die Techniken methodisch aufzubereiten. Auch sehr viele Sicherheitshinweise. Viel Allgemeinwissen zum Skilauf. Mit der Betonung von Kippen und Schneiden liegt hier eine Vorstufe der Carvingtechnik vor. (SKI EINS; SKI ZWEI, SKI DREI des Öster. AK Skilauf in der Schule)	 SKI DREI

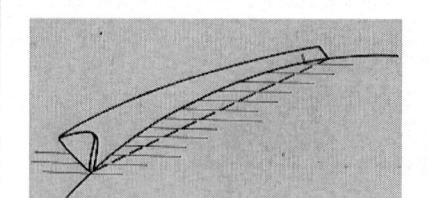

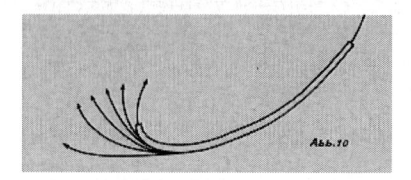

768 Carvingski mit verstellbarer Taillierung 1977 Andrej Robic (SLO), der Konstrukteur von ELAN, lässt Ski mit verstellbarer Taillierung patentieren. Weiterentwicklung in den taillierten Linien ▶ Ski SERVO ▶ Ski RETRO ▶ Uniline	Über fahrtechnische Konsequenzen wurde nichts bekannt. Robic ging der Grundidee einer stärkeren Taillierung jedoch weiter nach und konstruierte einen Ski, den Ingemar Stenmark 1981 in einem Parallelslalom verwandte und damit den zweiten Platz gewann. (Persönlicher Besuch bei Andrej Robic in Slowenien. Zeichnung aus der Patentschrift.)	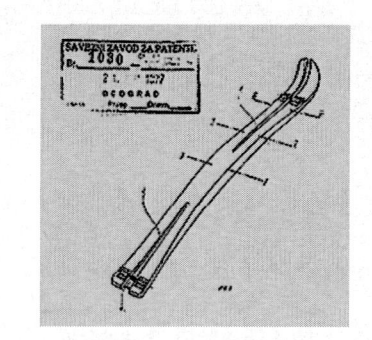
769 Skiparameter und Richtungsänderung 1977 Günther und Hannelore Dießner (D Ost) Im Einzelnen werden wirksam: ▶ die Taillenform ▶ die Schaufelaufbiegung ▶ die Biegefähigkeit ▶ die Skilänge (Theorie und schulmethodische Probleme des Skilaufes)	Auch wenn die praktischen Möglichkeiten für den alpinen Skilauf in der DDR beschränkt waren, so wurde doch Grundlagenarbeit geleistet. Die nebenstehenden Aussagen und Zeichnungen knüpfen an Fritz Reicherts Arbeit über die Skiform und ihre Wirkungen des Jahres 1957 an. In der Darstellung der Schwünge kommen sie wenig zur Geltung, dort bedienen sich die Autoren der Kategorisierung und Beschreibung der Umsteige- und Parallelschwünge des westdeutschen Lehrplans.	(Zeichnungen Seite 94)
771 Erste Berichte in Europa über Carven in Kanada und USA 1978 Die „Neue Illustrierte Wochenschau" vom 2.1. in Wien über neue Fahrweise ▶ Garant dafür u. a. Peppi Stiegler (A) in USA ▶ Hinweis auf die Notwendigkeit stark taillierter Ski ▶ Hervorhebung der scharf geschnittenen Parallelschwünge	(Der Bericht findet sich auf Nicola Werdeniggs Homepage „Kunstpiste – Archiv". Portrait.)	
784 Selbststeuerung des Ski + Fahreraktivitäten 1979 Fritz Baumrock (A) zu modernen Elementen: ▶ Taillierung des Ski ▶ Flex des Ski ▶ Bürsten (Driften) Schon durch Kanten allein sind sehr große Bögen möglich.	Deutlich wird die Autokinetik der Ski herausgestellt. Da die Taillierungskurve zu schwach ausgeprägt ist, sind aber zusätzliche Aktivitäten des Fahrers erforderlich. Vor allem der Flex ist auch ein Steuerungselement. (Schilauf leicht, sicher, gekonnt. Wien. Seite 5 f., 66 f., Abb. Seite 6)	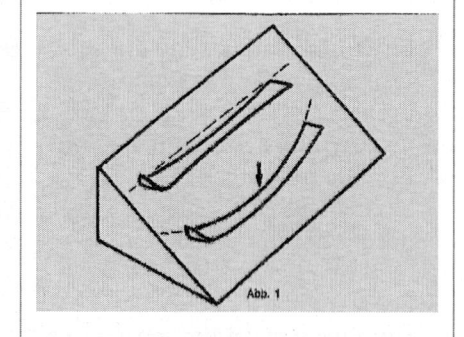

792 Carvingtechnik perfekt - Carvingski beschrieben - Rebounds 1979 J. Mohan, W. Hiltner, B. Barthel (alle USA). **Driftfreies Fahren durch** ▶ starke Taillierung ▶ Flex ▶ Torsionsfestigkeit ▶ Aufkanten aus Knie, Hüfte, Oberkörper ▶ Kantengriff und Führung der Schaufel	Carvingski, ihre Wirkung und Carvingtechnik werden von den Autoren treffend beschrieben. Sogar der "snap back" (rebound) wird einbezogen. Programmatische Formulierung: „The Turn Built Into Skis". Das Buch bleibt vom Skilehrwesen Europas völlig unbeachtet. (FREESTYLE SKIING. Seite 32 ff.)	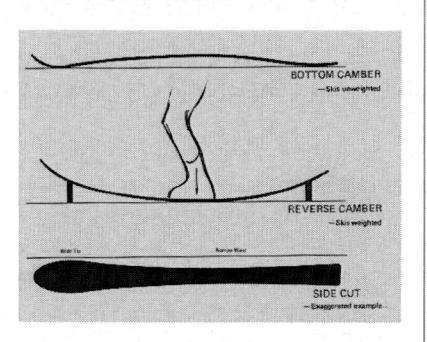
786 Carven der „frontalen Riesen" 1979 Olle Larsson und James Major (USA) im Riesentorlauf zu sehen: ▶ aufrechtes Einfahren in den Schwung ▶ ohne Verdrehung und Verwindung ▶ Gegendrehen als Wegdrehen erst am Tor ▶ Alltagsposition ▶ athletische Stellung	Das Buch dokumentiert eindrucksvolle Fotos von I. Stenmark, P. Gros, P. Mahre, G. Thöni und vielen anderen. Die nationalen Skischulen zeigen sich von den Veränderungen jedoch unbeeindruckt. (Skitechnik der Weltmeister. Inhalte Inhalte Buchstruktur. Vgl. auch die Bilder bei Franz Held, Ski alpin. München 1982)	
793 Schweden carvt – mit Kreuzkoordination 1979 Lernen vom Ski und von den Rennfahrern ▶ Hier Dokumentation des Ski ▶ 1985/86 Neuausrichtung der Skischule ▶ 1987 internationale Demonstration in Banff ▶ 1989 biomechanische Untersuchungen und filmische Dokumentation	Im Lehrplan von 1979 kündigt sich bereits an, dass sich Schweden zum ersten Carvingland Europas entwickeln wird. Rennlauf und Skischule sind keine getrennten Bereiche. Ingemar Stenmark, Ole Nillson u. a. sind große nationale Vorbilder. Leider kommt es zu wenig publizistischen Dokumentationen. (Abbildungen aus Ake Kihlmark, Handledning Utför Teknik. Seite 14 f.)	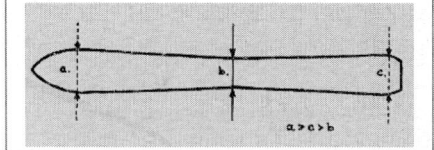 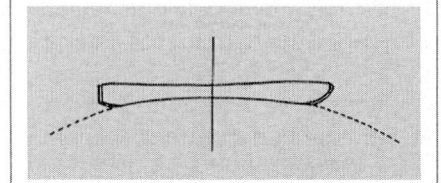
797 Mit taillierten Ski 1980 „Ski Schweiz" *„Taille: Sie ermöglicht eine Durchbiegung des Ski in der Kurve, der sich dadurch selber in eine Kurvenbahn steuert."* (Text Seite 100, Zeichnungen Seite 100 und 102)	Das Carvingprinzip ist erfasst, wird aber nur auf die Steuerphase bezogen. 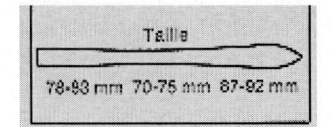	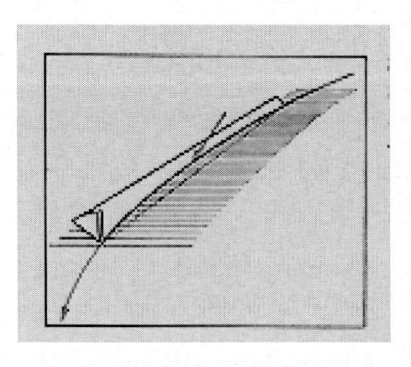

817 „Kantsteuern" auf stark taillierten Doppelski „Swingbo" 1981 Harald und Michael Strunck aus Willingen (D) ▸ Skateboardkonstruktion für den Schnee ▸ Zwei sehr stark taillierte kurze Ski ▸ Stehen auf dem Deck ohne Bindung ▸ Fußstellung wie beim Skateboard ▸ „Kantsteuern"	In Europa sind das die bisher am stärksten taillierten Skigeräte. Das Swingbo wurde in den folgenden Jahren von Fuzzy Garhammer als Fuzzy-Board weiterentwickelt, erwies sich jedoch im steilen Gelände und bei höherem Tempo als zu schwierig. Außerdem war das aufkommende Snowboard ein zu starker Gegner. Interessant ist die Begriffsbildung „Kantsteuern". Garhammer meinte damit durchaus, den ganzen Schwung auf der Kante fahren – also Carven.	
820 Schwingen auf der Ideallinie – Schwingen ohne Bremstechniken 1981 Walter Kuchler (D) ▸ Forderung einer aktiven, nicht passiven Fahrweise ▸ Suchen der Ideallinie ohne Bremsspur ▸ Geschwindigkeitskontrolle durch die Spuranlage ▸ Geschwindigkeit verringern über die Spur	In einem programmatischen Artikel „Vom Gängelband zur Selbsterfahrung" wird aufgefordert, Bremsen durch Querstellen und Schwingen mit Rutschen zurück zu drängen. Ziel ist der souveräne, standsichere, taktisch versierte und mit allen Schwierigkeiten vertraute Fahrer. Zusammenhang mit einem Skifahren, bei dem emotional-affektiv getönte Eindrücke bestimmend sind. (Ski alpin: Vom Gängelband zur Selbsterfahrung. Seite 159 – 181)	
816 Ingemar Stenmark auf einem Carvingski 1981 Ingemar Stenmark (S) in einem Parallelslalom ▸ Erster Nachweis, dass in einem Rennen ein extremer SL-Carver benützt wird. ▸ Stenmark wird Zweiter. ▸ Für eine Verwendung bei anderen Rennen wird Stenmark dies von seinem Verband untersagt.	Andrej Robic von Elan konstruierte den Ski auf ausdrücklichen Wunsch von Stenmark. Aber erst drei Jahre später greifen vor allem die norwegischen Läufer auf stärker taillierte Ski zurück. Zu erinnern ist, dass Zvone Debeljak aus Kranj bereits 1960 mit stärker taillierten RS-Ski, seinem Kaninke-Ski, experimentierte. (Berichte in Tagespublikationen und Zeitschriften)	
843 Umsteigen und Carven 1984 Yves Gaudez (F) **Neben verschiedenen Umsteigeschritten kann mit Carven kombiniert werden:** ▸ Counter-Rotation ▸ Hochbewegung ▸ Rebounds ▸ Ausgleichsbewegung	Die erstaunlich offene Carvingkonzeption wirft die Frage auf, warum Frankreich in den folgenden Jahren so zögerlich auf die Carvingrevolution reagierte. Im Gesamtprogramm von Yves Gaudez spielt allerdings auch das Carven eine untergeordnete Rolle. (SKI the French way. Text und Bild Seite 105)	

866 Carven diagonal: Im Slalom mit Kippstangen. 1985 Ski Schweiz Dabei ▸ Schrittwechsel schon zur Einleitung ▸ „Außenhandräumen" ▸ diagonale Arm-Fußarbeit ▸ Kippen zum Kanten- und Lagenwechsel ▸ Verzicht auf Stockeinsatz ▸ noch traditionell: enge Skiführung, Außenskibelastung und Hochbewegung	Nach Carvingkurven im Abfahrts- und Riesentorlauf nun auch im Slalom. Der Wandel im Rennlauf ist perfekt. Aber nur die schwedische Skischule nimmt davon Notiz. Das „Stockräumen" findet noch einige individuelle Lösungen wie Einhandräumen oder Weg- und Querziehen bei Marc Girardelli. (Bild aus Ski Schweiz. 1985)	
871 „Der Ski unser Werkzeug" – Schneiden mit Flex 1985 Hans Zehetmayer (A) *„Der Mechanismus des Schneidens wird dadurch erreicht, daß der Schi/die Schier belastet aufgekantet und dadurch kreisbogenförmig durchgedrückt werden. Das Durchdrücken muß am Beginn der Richtungsänderung durch aktive Körperbewegung erreicht werden, im weiteren Kurvenverlauf wird die Durchbiegung durch die Fliehkraft verstärkt."* (Hans Zehetmayer wird 1987 wegen Lehrplandifferenzen die Mitwirkung an der staatl. Skilehrerausbildung entzogen. siehe auch oben)	Noch keine Publikation hat so deutlich die Eigenschaften und die Rolle des Ski beim Kurvenfahren herausgestellt. Neben der Wirkung der Skischaufel werden weiter die starke Taillierung, die Durchbiegung und die Torsionsfestigkeit des Ski in Bild und Text besprochen. Zehetmayer formuliert damit nach der **Formel von 1980** *„Erst kanten, dann drehen"* eine zweite Grundlage des Carvens. *„Die wesentlichen Richtungsänderungen des Systems Schiläufer-Schi werden durch die FÜRUNGSKRÄFTE zwischen Schi und Schnee und nicht durch Muskelkräfte hervorgerufen."*	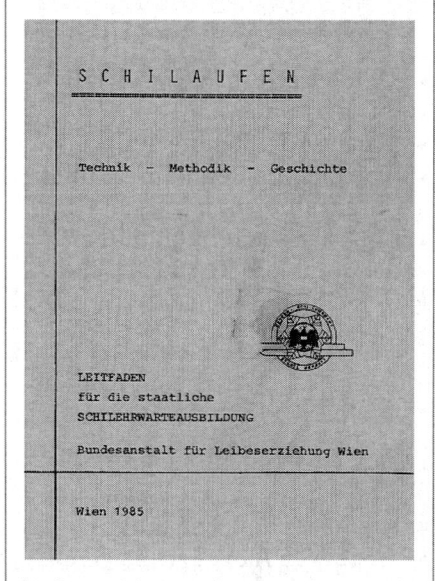 (Außentitel der Broschüre. Texte Seite 2 und 5)
875 Carvingski im Visier 1986 Thomas Uhrskov (DK) ▸ beachtet Flex und Taillierung ▸ hat viel Sinn für spielerische Formen und Akrobatik. ▸ *„Jo mere skien kantes, jo skarpere bliver svinget."*	Das dänische Buch ist bereits auf der Carvingspur und kennt unter „Finessen" sogar den verstellbaren Carvingski von Andrej Robic. (Alpin Skiboog. Texte Seite 46 – 48, 94 – 97, Bilder S. 12 und S. 155.	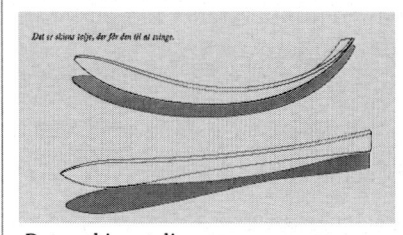 „Det er skiens talje, der får den til at svinge."

883 „From edge to edge very quickly" 1986 Stu Campell, Max Lundberg u. a. (USA) ▶ „It goes something like this: ▶ edging ... pressure ... turning." ▶ „To carve, we want to give the skis little opportunity to be flat and drift laterally." ▶ „That means we must go from edge to edge very quickly." ▶ „Carved turns are longer turns."	Der Lehrplan der amerikanischen Berufsskilehrer behandelt das Carven trotz der grundsätzlich richtigen Sicht stiefmütterlich. Es wird ihm z.B. weniger Raum zugeteilt als der kurz zuvor behandelten Antizipation. Eigentlich weisen sie das Carven dem langen Schwung zu. Dabei werden die Ski ziemlich eng geführt und der Außenski belastet. Zeichnung und Bilder können nicht überzeugen. (Texte und Bild in: The way to ski: The Official Method. Seite 134 – 139)	
898 Erste Carvingpublikationen und Carvingpromotion in Europa 1987 Walter Kuchler ▶ Artikelserie im SKIMAGAZIN bis 1991 ▶ Analyse der Renntechnik ▶ Porträts von Rennfahrern und ihrer Fahrtechnik ▶ 1988 Sechs Carvingfilme bei RTL (mit Jörg Kiesow) ▶ 1989 Buch „Die neue Skitechnik"	Meinen Veröffentlichungen im SKIMAGAZIN 1987/1988 über die Veränderungen der Fahrtechnik im Rennsport folgen heftige Ablehnungen beim Deutschen Skilehrer- und beim Deutschen Skiverband. Erhard Gattermann manövriert mich aus der Lehrplankommission, deren zweiter Vorsitzender ich seit 20 Jahren war.	▶ Artikelserie zum Carven im Skimagazin 1987- 1991 ▶ 6 Carvingfilme mit Jörg Kiesow bei RTL 1988 ▶ Buch „Die neue Skitechnik" 1989 ▶ und in Folge vier weitere Carvingbücher ▶ Anfänge von SPORTS, eines alternativen Verbandes
899 Vitelli-Turn 1987 S. Vitelli (F) wird eine Technik benannt, ▶ in der von A bis Z schneidende, carvende Snowboardschwünge praktiziert und dokumentiert werden ▶ bei den Experten formulieren, dass Snowboarden auch heißt, auf der innersten Kante zu fahren.	1987 beginnt mit dem Grundig-Weltcup auch die eigentliche Erfolgsgeschichte des Snowboardens. In den folgenden Jahren zeigen die Snowboarder den Skifahrern, wie das Kurvengleiten eine neue expressive Form bekommt. In den Medien werden Illustrationen und Reklamen für Wintersport bis Ende der 1990er Jahre fast nur noch mit Snowboardbildern gemacht. Ab 1993/94 bei SPORTS Übernahmen in die Skifahrertechnik.	
903 Kippstangentechnik – Gegenarmtechnik 1987 Raimund Berger (A) analysiert die neuen „Räumtechniken" für die Stangen Merkmale ▶ direkte Fahrweise ▶ reduzierter Hüftknick ▶ aufrechtere Körperhaltung ▶ enge Linienführung ▶ Stangenräumen – vor allem mit dem Außenarm	Der österreichische Nationaltrainer führt die verschiedenen Möglichkeiten des „Stangenräumens" auf und weist auf Konsequenzen für die Fahrtechnik hin. Außenhandräumen, meint er allerdings, berge die Gefahr einer schnellen, unkontrollierten Fahrweise. Ungeeignet für junge Fahrer. Für ein perfektes Außenhandräumen zeigt er im Bild Günther Mader (A).	

905 „Ski The Swedish Way" **1987 Schwedische Skischule** Demonstration auf Interski in Banff: ▶ *"The side-cut makes the turns."* ▶ *"The outside ski is carving, what the skiers are doing with the inside ski is of less importance."* Ausgeprägte **diagonale Armführung** vor allem bei den Kurzschwüngen.	Eine eindrucksvolle Demonstration beim Interskikongress in Banff wurde zum internationalen Initiationsimpuls für die Botschaft des Carvens. Zwar werden sich die großen Skiländer noch Jahre verweigern, aber auf die Dauer führte kein Weg an diesem Thema und dieser Fahrweise vorbei. Der Demonstration folgte ein instruktiver Film unter dem gleichen Titel.	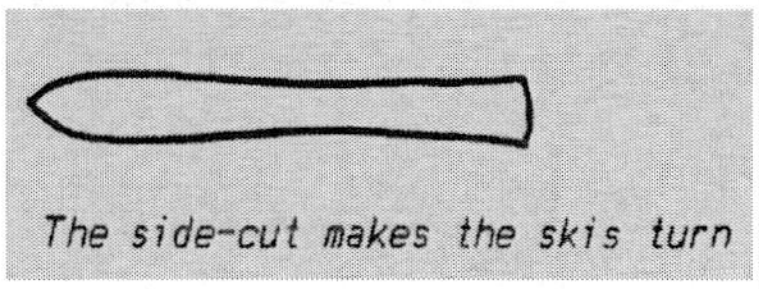 *The side-cut makes the skis turn* (Texte und Bild aus der eigenen Broschüre „Ski the swedish way" zur Demonstration in Banff unter obigem Titel. Seite 8)
907 Erstes deutschsprachiges Carvingbuch **1989 Walter Kuchler (D)** „Die neue Skitechnik": ▶ Blocktechnik, Rotationstechnik, Beinspieltechnik und „das Neue" werden konfrontiert ▶ Erstmals werden Techniken auch nach derer emotionellen Struktur analysiert. ▶ Analyse von Bahnensplitting, Vorauskippen und Unterfahren ▶ Noch keine Verbindung zu taillierten Ski.	Wie meine Artikel im Skimagazin wird auch dieses Buch vom Deutschen Skiverband bekämpft und erfährt von Ekkehart Ulmrich die vielleicht böswilligste Besprechung, die je ein Skibuch erfahren hat. Aber Herausgeber Bernd Gottwald und rororo setzen weiterhin auf Carven bzw. auf „das Neue". Es folgt eine Serie von fünf Carvingbüchern, vier davon weltweit gesehen die ersten Carvingbücher.	 („Die neue Skitechnik".1989)
914 Videoanalysen Slalom und Riesenslalom **1989 Walter Kuchler (D)** bringt zwei Videoanalysen auf den Markt ▶ Schritttechnik ▶ alle Wechsel vor dem Schwung ▶ auf den Kanten bleiben ▶ Außenskibelastung ▶ Kreuzkoordination ▶ Außenhandräumen	Wie in meinen 6 Skifilmen für RTL 1988 wird die revolutionäre Umwälzung der Fahrtechnik herausgestellt, die man später Carvingtechnik nennen sollte. An diesen Beispielen wird auch klar, dass die Carvingtechnik vor dem modernen Carvingski da war. – Die Analyse stößt weitgehend wie beispielsweise auf einer Konferenz mit schweizer Experten in Magglingen auf Unverständnis.	 Europacup Zinal 2019
917 Klare Trennung von Carven und Driften **1990 Horst Abraham (USA)** stellt carving und skidding gegenüber. Theoretisch zumindest ist für den „head technician" der amerikanischen Skilehrer die Problemlage klar. Für die Unterrichtspraxis aber scheint das Carven noch keine Rolle zu spielen.	 „carving" In den beiden Bildern – erschienen in „Skiing magazine" dieses Jahres – stellt Horst Abraham schneidendes und rutschendes Fahren gegenüber.	 „skidding"

918 Ende des Beinspiels - Schneiden im Scheren 1990 Kresimir Petrovic, Iztok Belehar, Rok Petrovic (alle SLO)		
Stellen vor allem Bewegungsqualitäten heraus. Z.B. ▶ Rhythmus ▶ Schnelligkeit ▶ Harmonie ▶ Spezielle Merkmale wie: ▶ „diagonale Belastung des Fußes" ▶ „Sturz in den Schwung" ▶ „Kreisbewegung der äußeren Hand" ▶ Thematisierung der Beschleunigung.	Das slowenische Trio (Sportwissenschaftler, Skilehrer, Aktiver) sieht eine neue Zeit der Skifahrtechnik und der Methoden anbrechen. *„Deshalb sind wir der Meinung, daß die traditionellen Skischulen in den Alpenländern überlebt sind."* Junior Petrovic, erfolgreicher Rennfahrer 1983-1989, verweist auf sein schönstes Skigefühl: *Hinausschweben aus dem Hang.* (Texte beispielsweise Seite 7, 39 f., 85 - 89	Umschlagbild mit Rok Petrovic

919 Carven superbreit 1990 Norwegische Rennfahrer		
▶ Spur superbreit ▶ damit Belastung beider Ski ▶ statt vertikaler nun horizontale Bewegungen ▶ horizontales Kippen ▶ basierend auf den taillierten Rennski von Elan (entwickelt von Jure Dernko und Pavel Skofic)	Große Erfolge der Rennfahrer wie Ole Christian Furuseth durch superbreite Skiführung. Eine vergleichbar breitere Skiführung wird für die kommenden Jahre allgemeiner. Die sehr weite Skiführung aber führt zu einer Belastung beider Ski, einer Hemmung der Vertikalbewegung und horizontalem Kippen. Deshalb die neue Formel für Carven: „Statt vertikaler horizontale Beweglichkeit." Die breite Skiführung bringt den Schülern große Stabilität. Mario Matt (A) wird in vergleichbarer Skiführung 2002 und 2006 zweimal SL-Weltmeister.	(Bild aus Renndokumentationen)

946 Direkt am Carven 1991 Dänische Skischule		
▶ Beachtung der Eigenführung der Ski ▶ Bewegungsspiel vor-rückwärts ▶ Zurückhaltung bei den Drehbewegungen ▶ schnelles Kippen aus der Hüfte ▶ Kanten aus Hüfte und Knöchel ▶ schneller Hüftwechsel ▶ Druckregulation durch vertikale Anpassung	Mit ihrem Coach Fred Lanziner (A) zeigen die Dänen neben den Schweden und Slowenen das modernste Konzept auf dem Interskikongress in St. Anton. Realisiert auf klassischen Ski. Wie immer (oder wie so oft) finden die Nicht-Alpen-Länder kaum Aufmerksamkeit und wenig Beachtung. Alle Momente sind auch noch 2007 von großem Interesse.	DEN DANSKE SKISKOLE

931 Definition Carving – wichtiger sidecut

1991 Martin Bell (GB)

„carved turn in the ski moves in its own track without skidding"

Hebt außerdem hervor:
- Körper der Rennfahrer ziemlich gerade und aufrecht
- stark gebeugte und gekippte Knie wie bei Ole-Christian Furuseth
- dert offene Skiführung wie mit einem Basketball zwischen den Knien
- die mittlere Skibelastung wie bei Alberto Tomba
- die scherenden Schritte wie bei Marc Girardelli

Der bis dahin erfolgreichste Rennfahrer Englands orientiert sich an früheren wie aktuellen Läufern. Den sidecut, die Taillierung, des Ski hält er für den „main factor in making the ski turn" und je ausgeprägter der sidecut ums kürzer und zupackender wird der Schwung.
Damit ist Martin Bell den An- und Einsichten beispielsweise in Deutschland und Österreich weit voraus.

(Lets´ go Skiing. Seite 40. 126 – 128, 141, Bild Seite 125)

Demonstrator Pirmin Zurbriggen

1029 Ski mit eigenem Willen – aber keine Carvingdiskussion

1999 Alain Girier (F)

- Spricht auf dem Interskikongress in Sexten von Ski mit einem Effet directionnel
- Sagt: *„Das Gerät hat einen eigenen Willen"*.
- Aber keine Konsequenzen für die französische Skischule bis 1997
- Völlige Akzeptanz erst 5-6 Jahre später

Der Weg der französischen Skischule zum Carven ist noch weit. Mehr in Form eines Prospektes als eines Lehrplanes greift 1997 die französische Skischule das Carven auf. Aber erst Mitte des nächsten Jahrzehnts wird Carven halbherzig angeboten und der Carvingski selbst wird von den Lehrern im Skikurs – nicht so privat! – kaum benutzt. – Eine Übersicht über die zögerliche Akzeptanz des Carvens in Frankreich gibt Jochen Unger mit „Carven in Frankreich".

In: Skifahren ein Leben. Seite 39 – 46.

„Prospekt" Titelseite

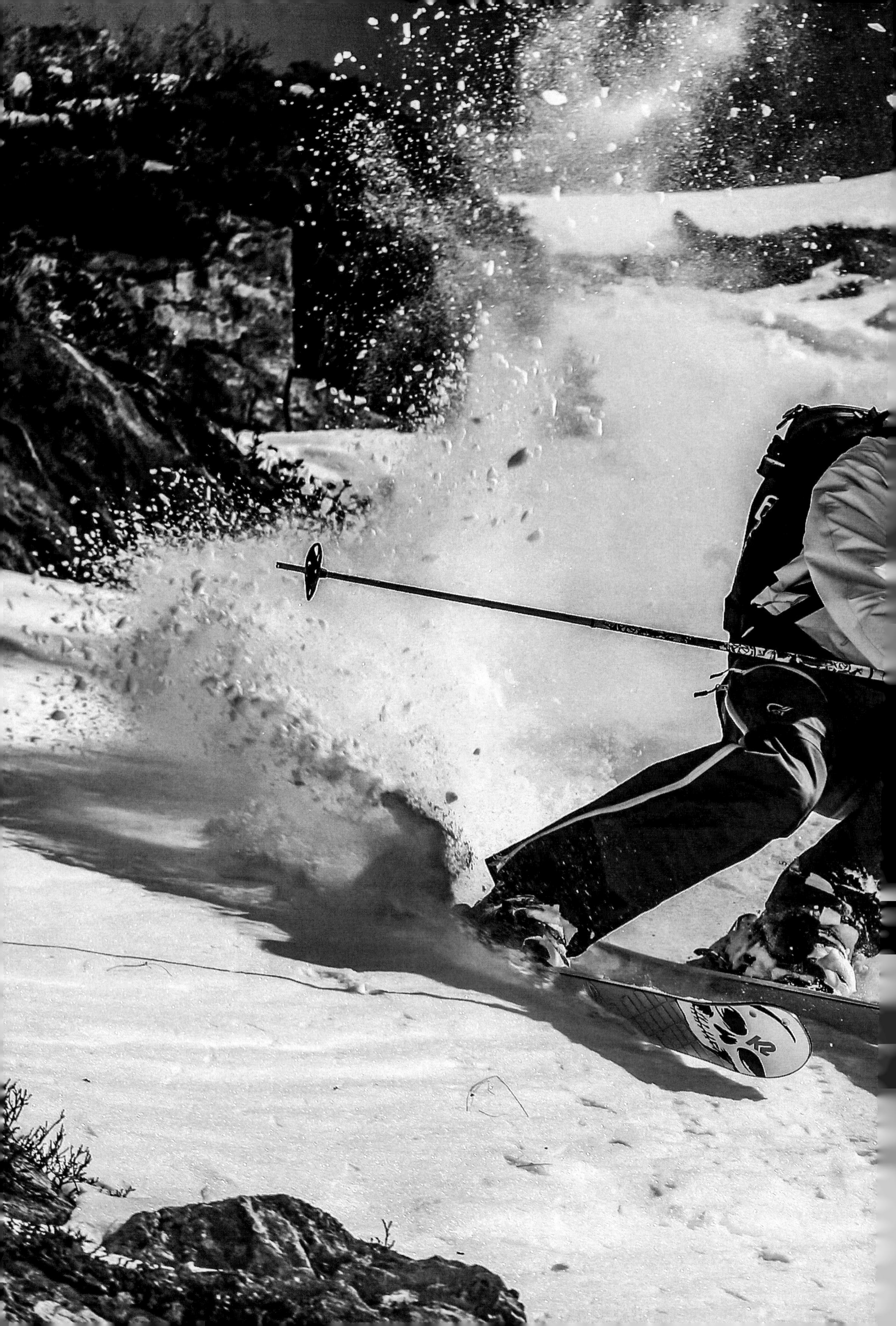

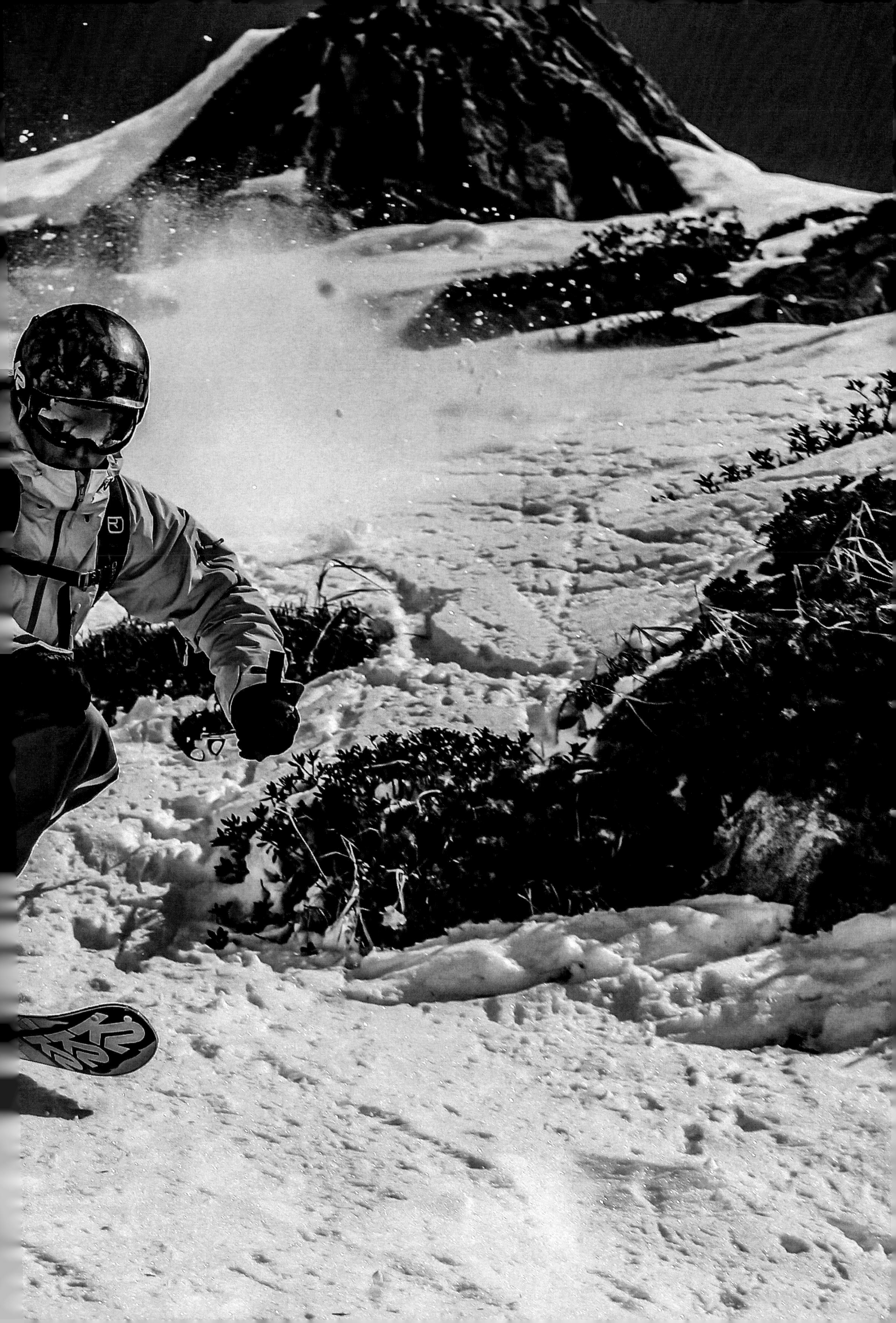

16. Die frühe Hocke speziell

Hocke und tiefabsitzende Positionen gehören zu den besonders auffälligen Fahrhilfen. Ein Blick darauf zeigt, dass sie über alle Zeiten hinweg eine Rolle gespielt haben.

Waren in den frühen Zeiten Motive wie die Erhöhung der Standsicherheit und ein verlässlicher Stand bei unfixierten Fersen dominierend, so kamen bald auch das Streben nach höherer Geschwindigkeit und der ihr dienenden aerodynamischen Körperpositionen ins Spiel. Schließlich gab es hier und dort auch Versuche, besonders spektakuläre Schwungformen zu erfinden.

23 Bremsen im Schuss und Bogenfahren **1797 Cornelius de Jong (NL)** Soldaten in Trondheim fahren: ▸ in sehr tiefer Hocke ▸ mit Einstock ▸ den Stock für den Bogen weit hinten eingesetzt ▸ zum Bremsen und Anhalten Ritt auf dem Stock zwischen den Beinen „Hierdurch wird der Lauf auf einmal gehemmt Sie können sich aber leicht vorstellen, welch einem heftigen Stoß dabei der Leib ausgesetzt ist."	Nach einem Bericht des Holländers Cornelius de Jong fahren die Skisoldaten von Drontheim in Norwegen auf diese Art. Vor allem beeindruckt ihn ein Fahrer, der nach einem Sprung über eine Schanze die Richtung wechselt, um auf einer zweiten Schanze zu einem zweiten Sprung zu kommen. (Dokumentation in verschiedenen Quellen z. B. bei Erwin Mehl, Grundriss der Weltgeschichte. Text und Bild Seite 115 – 117.)	
32 Hohes Abfahrtstempo in aerodynamischer Position **1860/1870 USA** Technik norwegischer Einwanderer und Einheimischer ▸ Benutzung sehr langer Ski, zum Teil bis über 400 cm ▸ Schussfahrten mit hohen Geschwindigkeiten ▸ offensichtlich schon gute aerodynamische Positionen	Heinz Polednik berichtet über Rennen in den USA, so auch 1863 mit Angehörigen deutscher Firmen. Es werden schon Geschwindigkeiten bis 140 km/h erreicht. Die Abfahrtsposition auf nebenstehendem Bild ist erstaunlich. In Europa findet das erste Geschwindigkeitsrennen 1921 auf dem Jungfrau-Gletscher statt. (Heinz Polednik, Weltwunder Skisport. Seite 26 – 28. – Info über Europa: Helmuth Zebhauser, Handbuch Alpingeschichte im Museum. Seite 324)	Bild aus E. John B. Allan, From Skisport to Skiing. Seite 24
48 Stock und Stockreiten **1891 Fridtjof Nansen (N)** Durch das Stockreiten erhielt freilich der „Läufer eine gezwungene, hinten überliegende Stellung, ohne die eigentliche Herrschaft über die Ski zu erlangen, oder sich auf seine eigenen Beine zu verlassen."	Dennoch meint Nansen: „Bis ganz vor kurzem war der Stab den Skiläufern fast ebenso unentbehrlich wie die Ski selber; auf ihm ritt er den Berg hinab, wenn die Geschwindigkeit zu groß wurde, zu ihm nahm er in jeder schwierigen Lage seine Zuflucht, er war sein einziger Tröster in jeglicher Noth." (Auf Schneeschuhen durch Grönland. Bd. 1, 1891, Seite 120 f.)	

53 Stockreiten als Unterschied im Abfahren der Städter und der Dörfler **1892 Wilhelm von Wangenheim (A)** Thematisches Beispiel Stock: ▶ Die Städter fahren ohne Stockreiten, die Dörfler aber benützen noch diese alte Technik. ▶ Man kann ohne, mit einem oder mit zwei Stöcken fahren.	*„Die norwegischen Schneeschuhe (Ski). Das nützliche Geräth zur Ueberwindung bei dem Verkehr durch Schnee bereiteten Hindernisse"* Die kleine Schrift, die sich als Buch gebärdet, berichtet ausschließlich und zitierend aus Nansens Expeditionsbericht. (Die norwegischen Schneeschuhe (Ski). Zitat aus der Titelseite)	Widmung des Buches: *„Dem mächtigsten Förderer alles dessen, was nicht nur im Interesse der Armee, sondern auch im allgemeinen Interesse dienlich, Sr. K. u. K. Hoheit dem durchlauchtigsten Erzherzog, Feldmarschall Albrecht von Östreich in tiefster Ehrfurcht gewidmet."*
138 Fortgeschrittene elegante Stockbremse **Um 1910 – Beispiel** Üblich und nicht verfemt ▶ Stock/Stöcke unter die Achsel geklemmt ▶ Stock/Stöcke mit beiden Händen gedrückt ▶ in tiefer Position ohne Hocke ▶ Oder Ernst Schottelius (D) Stöcke frei geführt aber mit beiden Händen seitlich in den Schnee gedrückt	Abfahren und Kurvenfahren mit Stütze auf den Stock ist in vielen alten Berichten und Darstellungen überliefert und selbstverständlich. Langläufer verachten für riskante Abfahrten diese Hilfe bis heute nicht. Henry Hoek meint einmal (1925): ***„Unter keinen Umständen wird der Stock zum Reiten benützt, wie die Hexe auf dem Besenstil sitzt."*** Aber erste Diskriminierung des Stockreitens schon bei Wilhelm Paulcke 1904.	 (Bild aus: Eduard Friedl, Der Schilauf und seine Bewegungen. 1930. Seite 32)
195 Arlberghocke im Schuss **1920er bis 1940er Jahre** Arlbergschule ▶ tiefe Position ▶ breitere Spur ▶ Fersenbelastung ▶ Fäuste an die Schuhe ▶ Blick voraus	Die Schussposition für das schnelle Fahren und für Rennen. Später Friedl Wurzels airodynamische Hocke, die Rennpositionen nach Georges Joubert und die „Schranzhocke". Aber auch bereits in Telemarken wurde die „Puttehuke", die Zwerghocke, praktiziert. (Dazu Anton Obholzer in seiner „Geschichte des Schilaufs". 1935. Seite 58)	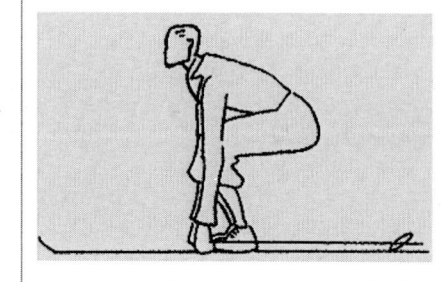
285 Schussfahren situativ – Schwingen mit „gebogenen Grundkanten" **1926 J. Allemann (CH)** ▶ Rückwärts neigen in Mulde oder vor verharschtem Schneefeld ▶ Körper nach vorn neigen bei plötzlich steilerem Gelände oder beim Einfahren in besserem Schnee ▶ Schrittstellung vergrößern bei kleineren Hindernissen ▶ Größere Sicherheit durch Kauerstellung	Was viele Jahrzehnte später Skilehrer ihren Schülern sagen werden, hat Allemann schon gut zusammengefasst. Der Verfasser findet auch eine neuartige Formulierung für die Taillierung, wenn er von der „Wirkung der gebogenen Grundkanten" spricht. Ausgewogene Beurteilung von Telemark und Christiania (Seite 69) - Beachtenswert der schöne Untertitel seines Buches: „Der Schneeschuhlauf. Der Schneeschuh, seine Kunst und seine Freuden". (Der Schneeschuhlauf. Seite 12, 61 – 65)	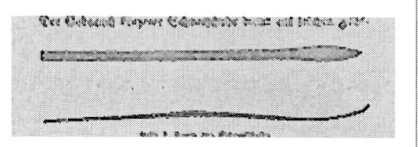 *„Die Form der Spitze mit der Verbreiterung an der Stelle der Aufbiegung wurde in jahrzehntelanger Erfahrung gefunden; dabei werden bestimmend die Wirkung der gebogenen Grundkanten bei der Ausführung der Bogen und Schwünge sowie die Tatsache, daß mit dieser Form am leichtesten und mühelosesten eine Spur gebahnt werden kann."*

306 Systemstreit Norweger - Lilienfelder nur noch Geschichte

1928 Karl Gruber (D)

Beispiel Vorteile Lilienfelder System:
- Befahrung von Steilgelände
- feste Skiführung
- Möglichkeit enger Bögen
- Schule für Richtungsänderungen
- Nachteile des Systems:
- Unterschätzung der Schussfahrt
- Kennt nicht „die Schönheit des Schwunges aus scharfer Fahrt".
- Fehlen des Springens

Der erfolgreiche Sportsmann und Funktionär des DSV erklärt den Streit zur Geschichte, der die junge Generation auch nicht mehr interessiere. Dennoch blickt er noch einmal zurück und kommt zu einem abgewogenen, klugen Urteil, sowohl was die Geschichte des Streites als auch die Inhalte, die Vor- und Nachteile beider Systeme betrifft.
Das Bild von Alfons Walde steht für die moderne Dynamik wie – siehe den Erscheinungsort – für die Jugend.

(Texte in Der Winter1928/29", Seite 6 f., Bild „Kristiania" des Malers Alfons Walde, Titelbild für Nr. 5 der Zeitschrift „Jugend". 1930)

307 Lob der Schussfahrt

1928 Kurt Schwabe (D)

„Inwiefern ist die Schußfahrt die schnellste, sicherste und kraftschonendste Bewegungsart? Die kraftschonendste ist sie deshalb, weil der Läufer steht und sich tragen lässt, die schnellste, weil die kürzeste Entfernung zweier Punkte die Gerade ist und die sicherste deshalb, weil bei ihr infolge des leichter zu beherrschenden Standes die Stürze viel seltener vorkommen als in bogengewundener Abfahrt und bei Quersprüngen."

120 km/h unmöglich! Der Autor charakterisiert die Schussfahrt weiter:
„Man kann behaupten, daß eine Geschwindigkeit von 120 Stundenkilometer von einem Skiläufer noch nicht erreicht worden ist und selbst auf dem steilsten und glättesten Hang auch nie wird erreicht werden."

Er nimmt auch die verkannte Hocke in Schutz:
„Man wirf ihr u. a. Unschönheit vor und übersieht, daß nur etwas vollkommen Zweckmäßiges Anspruch auf wirkliche Schönheit erheben darf."

(Texte und Bild in Der Winter 1928/29, Seite 53 – 55)

344 Abfahren in „Kugelform"

1930 Josef Dahinden (CH)

Ausführliche Schilderung, besonders:
- „Der ganze Körper ist in Kugelform auf den Körperschwerpunkt konzentriert."
- „Mit eingerolltem Oberkörper"
- Ausgleichendes Vor- und Zurücknehmen der Schulter´."

Vier Jahre später wird auch Friedl Wurzel für die Kugelform plädieren.

Geradezu eindringlich setzt sich Josef Dahinden mit der aerodynamischen Abfahrtsposition auseinander, Er ist in diesem Punkt seiner Zeit weit voraus, ganz nahe an Georges Joubert, Karl Schranz und Bernhard Russi. Dabei beruft er sich auch auf den bereits bestehenden „Kilometer lancé". Interessant ist auch sein Hinweis, dass die Körperposition jener gleich ist, wie sie beim Laufen in der Endphase von Schritt und Schub ist. Die Stahlkante ist für ihn bereits eine ideale Erfindung

(Die Ski-Schwünge und ihre Gymnastik. Seite 80-84, Bild Seite 83, Ski Seite 116 f.)

„Es ist ein häufig verbeiteter Irrtum, daß das Fahrenmit kurzen Ski leichter sei. Im Gegenteil, in etwas weichem oder leicht brüchigem Schnee..."

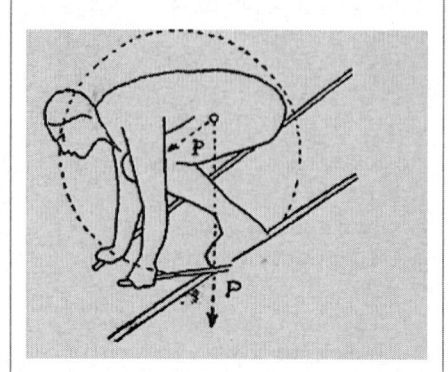

Skimaße bei 210-230 Länge: Schaufel 10- Mitte 8- Ende 9 cm

361 Bedenken gegen tiefe Grundposition **1931 Werner Salvisberg A)** ▸ Weist traditionelles Sicherheitsargument zurück ▸ Verweist auf die geringe Korrekturmöglichkeit. ▸ Geringere Übersicht ▸ Schlecht für Ausfallstellung ▸ Nachteile bei Geländeunebenheiten ▸ Erfordert „Bärenkräfte"	Die Einlassung von Werner Salvisberg kann wohl als eine frühe Gegenposition zur Arlbergschule mit ihrer tiefen Grundstellung gewertet werden. Auch kann man hierin eine früh vorweggenommene Argumentation gegen die spätere „Wellentechnik" (Österreich) und die OK-Technik (Schweiz) sehen. (Inhalte aus Slalom und Abfahrtslauf. 1931. Zitat Seite 34f.)	*„Denjenigen, welche die tiefe ´Dauerhocke´ in der Meinung predigen, daß diese in allen Situationen das Stürzen ungefährlich gestaltet, möchte ich zu überlegen geben, ob man nicht besser daran tut, die Körperhaltung so zu wählen, daß ein Stürzen möglichst vermieden wird."*
664 Moderne Aerodynamik **1962 Miloslaw Zálesák (SK)** Hauptmerkmale: ▸ starke Beugung ▸ Oberkörper auf Oberschenkel ▸ Arme und Hände vorgestreckt oder ▸ vor den Knien ▸ Stöcke längs zur Fahrt	Der slowakische Bio- mechaniker ging in kinematographischen Untersuchungen durch Jahrzehnte der sich wandelnden Skitechnik nach. Neben einer allgemeinen Biomechanik des Skilaufs (1989) untersuchte er vor allem das Umsteigen (1975). Dabei versuchte er auch den Zusammenhang mit der Alltagsmotorik zu klären. (Biomechanische Charakteristik der Phasenstruktur)	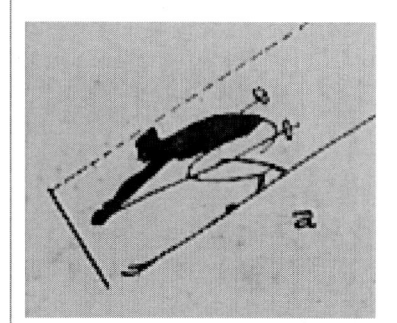
695 Ausgleichstechnik **1966 Georges Joubert (F) und in Folge Deutschland** Ausgleich als: ▸ Beugen auf dem Buckel Strecken der Beine ins Tal ▸ bald als Tiefschwung auf planem Hang ▸ als Kompressionsschwung 1971 ▸ als Anwendung im Tiefschnee Erinnerung an das „Knieschnellen" von Georg Bilgeri 1912.	Vergleichbar dem Siegeszug der Umsteigetechnik wird die Ausgleichstechnik zu einer großen Modifikation der Beispieltechnik. Vgl. Deutscher Skilehrplan 1971 f., Jürgen Philipp, Magnus Frey und Jürgen Kemmler sowie die spätere österreichische Wellentechnik. Nicht vergessen dabei sollte man, dass Josef Dahinden die Wellentechnik als Schussfahren über Wellen 1936 schon perfekt beschrieben hat.	 (Ski perfekt. Seite 160 – 167)
741 Wellentechnik – Beuge- und Streckdrehen **ab 1971 Österreichischer Schilehrplan in 14. Aufl.** Ausgleichstechnik auf planer Piste ▸ Prinzip Beinspiel beibehalten ▸ Beugedrehen ▸ Streckdrehen ▸ tiefes Absitzen ▸ stützender Stockeinsatz ▸ Logische Sonderform: Hocke-Wedeln (Österreichischer Schilehrplan. 14. Aufl. Texte allg. Konzept, Bild Seite 59)	Die Ausgleichstechnik wird auf die plane Piste übertragen. Nicht alle Teile des österreichischen Berufsskilehrerverbandes wie die Steirer rebellieren. Nur Japan und die Spanier folgen sofort. Schon 3 Jahre später wird Franz Hoppichler einen revidierten Lehrplan vorlegen. 10 Jahre später Kritik von Erich Müller. („Biomechanische Technikanalysen". Seite 28) Noch 2014 urteilt der Chef der Skiakademie St. Christoph Werner Wörndle: *„Der Gast ist mit dieser Technik nach einer Runde am Übungshang schon kaputt."*	 (Die Kernbewegungen des alpinen Skifahrens. Technik 2, Seite 1.

17. Kippen als Aktion und als Prinzip

Carven hat dem Kippen eine zentrale Funktion zugewiesen. Manche Interpreten meinen sogar, dass diese Aktion so dominierend ist, dass daneben der Schritt- und Kantenwechsel nicht mehr bewusst oder nicht mehr betont gelernt und vollzogen werden müssen. Dagegen aber ist nicht hinzunehmen, dass man manchmal behauptet, das Kippen trete erstmals als Prinzip oder wichtige Aktion beim Carven auf. Auch das Kippen hat in weniger oder auch ausgeprägterer Form Geschichte.

In meinem Buch „Die neue Skitechnik" von 1989 wies ich auf das Bahnensplitting von Körper- und Skibahn hin. Ich stellte auch heraus, dass man eben auch voraus kippen kann, dabei aber eine Gleichgewichtsschuld eingeht. Bei klassischen Ski ist zwar das erneute Unterstützen des Schwerpunktes etwas schwierig, es könnte nämlich zum Verschneiden oder zum Wegrutschen kommen. Nicht so beim Carvingski. Er unterfährt den Schwerpunkt wieder zuverlässig.

Zu diesem Vorgang hat bereits Wolf Burger im österreichischen Lehrplan von 1949 eine Analogie herangezogen: Es ist, als ob man beim sehr langsamen Fahrradfahren droht zur Seite zu kippen, aber im letzten Moment das Vorderrad einschlagen kann und so den kippenden Schwerpunkt doch noch auffangen. Burgers Begriff des „Unterfahrens" ist bei verschiedenen Carvingtechniken wie beispielsweise beim so genannten Carverzug, bei einer Carvinggirlande und beim Jetcarven gut anzuwenden. Ebenso trifft er sich mit Sepp Bürchers „geheime Kraft", die den Kanten- und Lagenwechsel vorbereitet und einleitet.

9 Anhalten durch Körperneigung Um 1650 Bericht von Francesco Negri über lappländische Skifahrer *„Der Fahrer kommt aus der Fahrt in den Stand, indem er den Körper nach der einen Seite neigt und dadurch einen Bogen beschreibt, bis er quer zum Hang steht."*	Die entscheidende Funktion der Körperneigung wurde neben diesem Bericht auch in der neueren Zeit z. B. durch Henry Hoek (1934), von Georg Kassat mit „Seitfallen" (1985), vom Schweizer Skilehrplan von 1985 mit „Kippen" herausgestellt. In Deutschland wurde der Kippschwung seit 1970 durch Jürgen Kemmler vorgestellt. (Erwin Mehl, Grundriß der Weltgeschichte des Skifahrens. Seite 124 f.)	Vielleicht vergleichbar das Bild aus „Wilhelm Paulcke, Der Skilauf". 1908, Seite 78
76 Stemmfahren – Berg-/ Innenskitechnik 1897 Mathias Zdarsky (A) ▶ Die Skikante als „Theil einer kreisförmig gearteten Kurve" ▶ eigene Ski 180 cm, vorne 2, hinten 1 cm breiter ▶ mit Hilfe einer präzis führenden Bindung ▶ mit Berg-/Innenskibelastung und Kleinzehenzugriff ▶ mit Vorlage (siehe oben) ▶ Hineinkippen in den neuen Schwung ▶ Doppelschwung aus Stemmbogen + Telemark ▶ Befahren sehr steiler Hänge	Mathias Zdarsky entwickelt eine Technik mit dem Einstock für das Kurvenfahren auch in sehr steilem Gelände. Nachdem er mit seinem norwegischen Ski wenig anfangen konnte, machte er sich Ski ohne Rille von 180 cm und mit Taillierung. Dazu entwickelt er Bindungen für eine gute Skiführung. Seine legendäre „Alpenstange" (ca. 180 cm mit Eisenbeschlag) war eine Übernahme von den Alpinisten. Er verfasst ein gründliches Lehrbuch. 1905 erster Slalom am Muckenkogel. Sorgfältige Analysen „des Genie Zdarsky" bei Horst Tiwald). (Themenübersicht. Außentitel der Lilienfelder Skilauf-Technik in seiner 1. Auflage)	

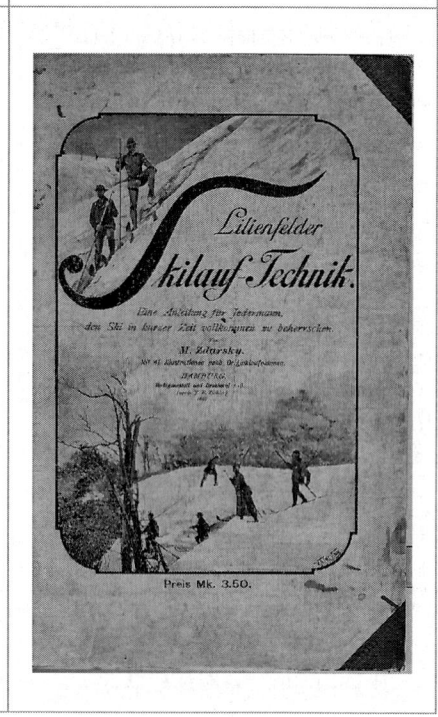

116 Drehen zum Halt allein mit seitlicher Stockbremse „im Zwiegriff" **1908 Ernst Schottelius (D)** Stöcke auf einer Seite eingesetzt, ▶ eine Hand oben, die andere mittig – im Zwiegriff ▶ aber nicht die „Stockscheibe" einsetzen ▶ Stock/Stöcke wirken wie ein drittes Bein ▶ geschlossene Skiführung ▶ leicht in die Knie aber nicht in die Hocke gehen ▶ kräftiges Nachinnenlegen	Schottelius glaubt, dass man mit dieser Exzenterwirkung selbst auf steilerem Hang zurechtkommt. Allerdings schätzt er Richtungsänderungen aus den Schiern heraus höher ein. Den Stock beim Stockreiten nennt er zwar „Zauberbesen", hält diese Fahrart aber für „ebenso unsportlich wie gefährlich". (Der Schisport. Seite 51-54) Diese Art der Stockbremse findet sich immer wieder.	Ein spätes Beispiel mit seitlich eingesetzten Stöcken und Hocke findet sich 1933 in „Kinder und Jugendschneelauf" von F. Götzel und K. Weinhold, Seite 17 f. Um den Stock herum: *„Der richtig eingesetzte und dirigierte Stock reißt in den Schnee eine tiefe Rinne und übt so eine merkliche Bremswirkung aus."*
721 Kippschwung **1970 Jürgen Kemmler, Walter Langner (beide D)** Reine Kippauslösung. ▶ Vorstellung, dass man einen Rucksack talwärts auskippt ▶ Kippen mit Hilfe hoher Außenarmführung ▶ damals mit Rotation verbunden ▶ Fallen auf den Innenski nicht beachtet (Siehe auch 1966 Helmut Gritscher, Fritz Halbwidl, Eric Walka (A) mit einem hochgezogenem Kippschwung)	Zunächst nur wenige Jahre in Deutschland lebendig. Mit dem Odium der Rotation behaftet. Im „Skizirkus" 1985 festgehalten. Georg Kassat und „Ski Schweiz 1985" – wie hier im Bild – wiesen ihm dann größere Bedeutung zu. Vollends in der Carvingtechnik wurde das Kippen zum Prinzip erhoben. Aber schon 1934 war für Henry Hoek Kippen eine Formel und ein Prinzip. J. Kemmler veröffentlichte Poster für die Fa. GEZE. (Bild von Walter Langner in „Lehrbogen für Leibesübungen 141" der Zeitschrift Leibesübungen – Leibes- erziehung)	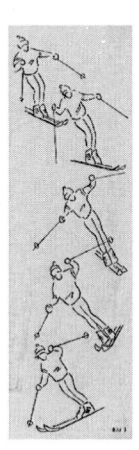
812 Rennumsteigen **1981 Karl Gamma (CH)** Rennumsteigen mit ▶ „Kipp-Tiefgegendrehen" ▶ entschiedenem Belastungswechsel ▶ Hochkippen Spezielle spätere Wiederbelebung: ▶ Drehspringen	Das Handbuch befasst sich im Übrigen – auch wenn es zunächst nur mit dem Anspruch an das Funktionelle auftritt – mit vielen technischen Facetten. Einige Dinge sind eine Vorwegnahme von Ski Schweiz 1985. Insgesamt eine Summe der Möglichkeiten der moderneren Beinspieltechnik. (Englische Ausgabe 1981, deutsche 1982. Letztere in München. Auszugsthema)	
865 Beinspiel mit Kippen **1985 Ski Schweiz** ▶ Alle Elemente des Beinspiels ▶ Kippen in verschiedenen Formen ▶ funktionelle Schwungbenennungen ▶ Rolle der Taillenform beim Steuern herausgestellt	In diesem groß angelegten Skilehrplan wird Kippen zum Prinzip und – nach schweizerischer Begriffs- verwendung – zu einer Kernbewegung des Schwingens. Historisch gesehen muss zum Thema Kippen vor allem auf Henry Hoek 1934 zurückverwiesen werden. Kein Verweis auf Carven. (Außentitel des Lehrplans)	

907 Erstes deutschsprachiges Carvingbuch **1989 Walter Kuchler (D)** „Die neue Skitechnik": ▶ Blocktechnik, Rotationstechnik, Beinspieltechnik und „das Neue" werden konfrontiert ▶ Erstmals werden Techniken auch nach derer emotionellen Struktur analysiert. ▶ Analyse von Bahnensplitting, Vorauskippen und Unterfahren ▶ Noch keine Verbindung zu taillierten Ski.	Wie meine Artikel im Skimagazin wird auch dieses Buch vom Deutschen Skiverband bekämpft und erfährt von Ekkehart Ulmrich die vielleicht böswilligste Besprechung, die je ein Skibuch erfahren hat. Aber Herausgeber Bernd Gottwald und rororo setzen weiterhin auf Carven bzw. auf „das Neue". Es folgt eine Serie von fünf Carvingbüchern, vier davon weltweit gesehen die ersten Carvingbücher.	 („Die neue Skitechnik".1989)
919 Carven superbreit **1990 Norwegische Rennfahrer** ▶ Spur superbreit ▶ damit Belastung beider Ski ▶ statt vertikaler nun horizontale Bewegungen ▶ horizontales Kippen ▶ basierend auf den taillierten Rennski von Elan (entwickelt von Jure Dernko und Pavel Skofic)	Große Erfolge der Rennfahrer wie Ole Christian Furuseth durch superbreite Skiführung. Eine vergleichbar breitere Skiführung wird für die kommenden Jahre allgemeiner. Die sehr weite Skiführung aber führt zu einer Belastung beider Ski, einer Hemmung der Vertikalbewegung und horizontalem Kippen. Deshalb die neue Formel für Carven: „Statt vertikaler horizontale Beweglichkeit." Die breite Skiführung bringt den Schülern große Stabilität. Mario Matt (A) wird in vergleichbarer Skiführung 2002 und 2006 zweimal SL-Weltmeister.	 (Bild aus Renndokumentationen)
928 Der Big Foot mit 60 cm Länge und 3,90 m Radius **1991 Firma Kneissl mit dem BIG FOOT. Damit** ▶ sehr leichtes Drehen ▶ neutrale Belastung ▶ Kurven auf der Taillierung ▶ schnelles leichtes Kippen aus der Hüfte ▶ leichtes Trickskifahren ▶ Möglichkeiten eines Kurz-Ski-Stufen-Programms im Carvingbereich (vgl. Clif Taylor, Martin Puchtler Pierre Grueneberg)	Reinfried Spazier eröffnet die Reihe der Supershorties, aber auch der sehr stark taillierten Serienski überhaupt. Der Big Foot ist nicht einfach ein Figl (Firngleiter), sondern hat – im Gegensatz zu den Kurzski von Clif Taylor und Martin Puchtler – Taillierung und einen gewissen Flex. Drei Jahre später werden die Auswirkungen auf den Unterricht von Kurt Schock und Kneissl dokumentiert. (Kurt Schock, Ski direkt. Big Foot, Ergo, Alpinski. Titelbild Petra Scholl)	

946 Direkt am Carven 1991 Dänische Skischule ▸ Beachtung der Eigenführung der Ski ▸ Bewegungsspiel vor-rückwärts ▸ Zurückhaltung bei den Drehbewegungen ▸ schnelles Kippen aus der Hüfte ▸ Kanten aus Hüfte und Knöchel ▸ schneller Hüftwechsel ▸ Druckregulation durch vertikale Anpassung	Mit ihrem Coach Fred Lanziner (A) zeigen die Dänen neben den Schweden und Slowenen das modernste Konzept auf dem Interskikongress in St. Anton. Realisiert auf klassischen Ski. Wie immer (oder wie so oft) finden die Nicht-Alpen-Länder kaum Aufmerksamkeit und wenig Beachtung. Alle Momente sind auch noch 2007 von großem Interesse.	DEN DANSKE SKISKOLE
953 Carven mit Ali Ross (GB) 1992 London ▸ **Auf RS-Ski mit Verweis auf die Taillierung** ▸ **mit betontem Flexen des Ski** ▸ **mit Hüftcanting** ▸ **mit Außenhandführung** ▸ **mit Außenskibelastung**	THE SUNDAY TIMES veröffentlicht in London ein Video:mit perfekter Carvingdemonstration: ▸ noch auf klassischem RS-Ski. aber mit leichter Taillierung ▸ Gegenüberstellung zu alten Techniken ▸ informative Spurenbilder Ali Ross, ein schottischer Skilehrer, erklärt eindrucksvoll die Carvingtechnik.	 ALI ROSS
961 Wiener Skimodelle carven 1993/94 Helmut Gottschlich, Hans Zehetmayer (A) formulieren dazu eine Mechanik des Carvens und eine elementare Carvingtheorie. ▸ Dominantes Kippen ▸ Schrittauslösung ▸ erst Kanten, dann Drehen ▸ Kippen über Talski ▸ mit offener Skiführung ▸ starke Skitaillierung ▸ Kräfteaustausch zwischen Ski und Unterlage	Nach ersten Modellen in Wien und Japan Ende der 1096er Jahre mit Modellen für einen Einzelschwung entwickeln Hans Zehetmayer und Helmut Gottschlich perfekte Schwungmodelle. Helmut Gottschlich experimentierte zwar schon 1966 mit Drahtfiguren und 1978 mit ferngesteuerten Modellen. Doch die Modelle seit 1993/94 demonstrieren in überzeugender Weise Carvingschwünge und Telemarks für ganze Abfahrten. Später folgten kniehohe Modelle für das Fahren im Schnee.	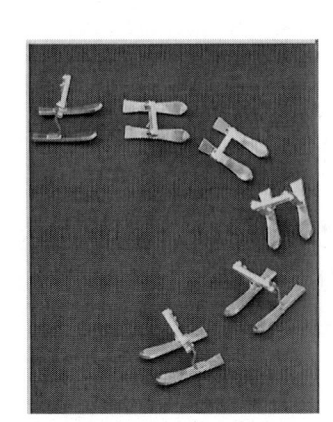 (Bild aus Walter Kuchler, „Skirevolution Carving" von 1997 Seite 35)
1018 Carven italienisch 1997 Alberto Nencetti (I) Ein Buch, das dem Racecarven wie dem snowboardartigen Carven gewidmet ist. So auch: ▸ stockfrei ▸ energisches Kippen ▸ mit Schulterrotation ▸ mit Handcarven ▸ mit Bodycarven	Ein konsequentes Carvingbuch. Damit wird in Italien das Zeitalter des Carvens eingeläutet. Alberto Nencetti beeinflusst auch für die nächsten Jahre durch Zeitschriftenbeiträge die Entwicklung in Italien, obwohl Carven dort noch lange einen schweren Stand hat. In allen Punkten stimmt es mit dem Programm von SPORTS überein. Es bietet Hand- und Bodycarven und den 360er. Auch schlägt es die Brücken zum Snowboarden und zum Rennlauf.	 CARVING (Außentitel des Buches)

1012 Spezifische Bewegungsgefühle der Carvingtechniken

1997 Walter Kuchler (D)

Als spezifische BG werden herausgestellt:
- Kurvengleiten
- Kippen
- hohe Kurvengeschwindigkeit schon bei moderatem Tempo
- exzessive Kurvenlagen
- Stauchdruck in der Kurve
- positives Selbsterleben
- Feedback der eigenen Kraft
- intensives Skigefühl

- Synergie von Ski und Fahrer
- Schwingen als geniales Bewegungsarrangement
- Spiel mit Gleichgewichtsaufgabe und Gleichgewichtssuche
- Beschleunigen im Schwung

in fast allen Schriften meinen Schriften und Veröffentlichungen spielen die Bewegungsgefühle als Gefühle mit eigener Identität eine Rolle.

(Viele Analysen in meinem Buch „Carving. Neuer Spaß am Skifahren.")

(Zeichnung Milan Maver)

1010 Innenski thematisiert

1997 Walter Kuchler

postuliert: (s.a. Nr.1123)
die Potenz des Innenski,
in Skilehrplan SPORTS 1995, in vier Carvingbüchern und in Skimanuals von 1998 – 2007 als **Innen-Anschneiden** (Abschneiden und kurzer Weg)

- als Auffangposition nach Kippen (wie Wiener Skimodelle)
- als voller Innenskischwung
- als bester „Carverzug"

Auch Georges Joubert bringt 1995 im deutschen Skimagazin eine Analyse der Schwünge Alberto Tombas bei seinen letzten Rennen und stellt fest, dass dieser häufig erst auf den Innenski kippt, dann auf beide Ski geht und schließlich auf dem Außenski zu Ende steuert.
Aber auch Horst Tiwald hat schon bei Zdarsky die Anweisung gefunden, dass man am Ende eines Schwunges mit Innenskibelastung wieder auf der Kleinzehe in den neuen Bogen hineinkippt.

Foto oben Dieter Menne

Europacup Zinal 2019

1028 Kanten und Körperdrehung beim Carven

1998 Schweizer Demo-Team

In Video und Broschüre:

Kanten durch
- Kippen
- Körperknick
- Knieknick
- Standerweiterung

Körperdrehung:
„Beim funktionellen Carven wird mit dem Körper meist mitgedreht. Mit Vor- und/oder Überdrehen kann der Radius enger gecarvt werden (bei übermäßigem Ueberdrehen oder Andrehen können die Skienden wegrutschen)."

In einer faszinierenden Show zeigen die Schweizer Demonstratoren viele Facetten des Carvens. Vor allem die besonderen Möglichkeiten eines Fahrens ohne Stöcke werden überzeugend herausgearbeitet. Wie noch nie bisher wird klargestellt, dass starke Kurvenlagen auch von einer „Standerweiterung" abhängig sind. Diese wird wiederum ohne Stöcke leichter erreicht.

(Video „IDIAS FOR FUN". Textbeilage Seite 12 f.)

1045 Botschaft der 1000 Möglichkeiten – Carven auch **2000 Schneesport Schweiz** **2001 Speziallernmittel Ski** ▶ Behandlung von Ski, Snowboard und Telemark ▶ Keine Fokussierung auf Carvingski und Carvingtechnik – Carving auch ▶ Breiter Raum für stemmende Technikpflügende Techniken ▶ Viele artistische Formen, vor allem auch Sprünge	Schwungformen ▶ Strecken-Kippen-Drehen ▶ Beugen-Kippen-Drehen Beugen/Strecken-Kippen-Drehen Das Konzept von Riet Campell, Urs Rüdisühli, Mauro Terrebilini, Vali Gadient, Reto Schläppi, Arturo Hotz u. a. ist wieder offen für traditionelle Techniken. Überraschend die Betonung der Entlastung. Es erinnert etwas an die Programmatik von 1993 und an das Video „Ideas for fun" von 1998. Arturo Hotz bringt dazu das Anliegen der Pädamotorik ein, nach dem Techniken auch unter pädagogischen und energetischen Perspektiven erfasst werden müssen.	 (Schneesport Ski - Spezial -Lernmittel Ski)
1072 Steilhangtechnik – „Schraubenhecht" – „Steil- hangspirale" **2003 R. Mark Elling (USA)** Am schwierigen Steilhang sich lösen und in den neuen Schwung hinein durch: ▶ Stockeinsatz ▶ aggressive Kopfdrehung ▶ Schulterdrehung talwärts ▶ Zug des Außenarms über Innenski ▶ wenigstens bis zur Falllinie auf dem Innenski ▶ Hochstrecken aus der Hüfte ▶ Hochziehen des Außenski ▶ Drehen von Fuß- und Bein	Der Verfasser bietet eine ausführliche Beschreibung dieser ungewöhnlichen Technik ohne selbst dafür einen Namen zu prägen. Er meint wohl eine Art kippender Spiraldrehung. Im Ansatz mit Hochziehen des Außenski wie ein Reuelschwung. Vielleicht treffen auch Bilder wie „Korkenzieher" und „Steilhangspirale" zu. Jedenfalls wird hier ein Vorgehen empfohlen, wie es zu keiner der gängigen Steilhangtechniken passt. Zu erinnern ist nur an die frühe Steilhangtechnik von Lothar Gfrörer 1926 und den Körperdrehschwung von Fritz Reuel 1926. (The All-Mountain Skier. Texte Seite 189 – 191, Zeichnung Seite 190)	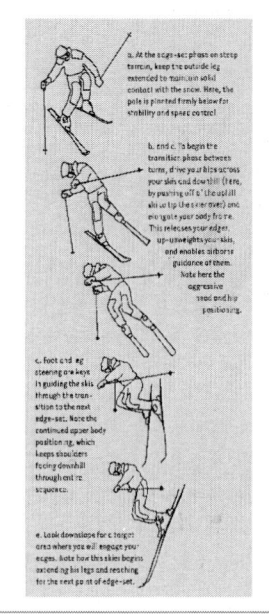
1085 Beschleunigungen im Schwung - Überkippen **2004 Sammlung Walter Kuchler (D)** ▶ Driftfreies Einfahren in Falllinie, ▶ anschneiden und Abschneiden auf dem Innenski ▶ krummlinige Kurve ▶ geringes Bahnensplitting ▶ überkippen mit Unterfahren ▶ Carverzug ▶ Reboundeffekte z.B. beim Carvewedeln ▶ zykloide Steuerphase ▶ Finaljet ▶ Flex und Rebounds	Nicht die absolute Geschwindigkeit ist so sehr interessant, sondern die Kurvengeschwindigkeit und das Beschleunigen der Ski-Körperrelationen. Beschleunigen ist letztlich eine Verfeinerung der gesamten Fahr- und Körpertechnik. Beschleunigen kann für gute Fahrer zum Maßstab der hohen Schule werden. Als erster befasste sich Georges Joubert in den 1960er Jahren mit aktiven Beschleunigungen. Die Zeichnung stellt die verkürzte und damit beschleunigte Körperbahn heraus. (Mehrere Sammlungen als Flugblätter)	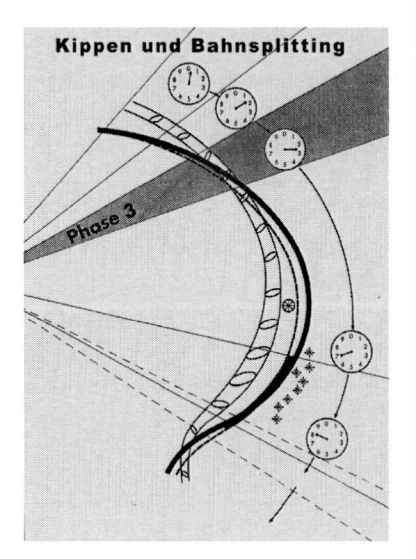 (Zeichnung aus Walter Kuchler, Die neue Skitechnik. Seite 131)

1097 Jetcarven

2005 Revival der Schleudertechnik von 1970 nach Jürgen Philipp (D)

Ideale Verbindung von
- „Carverzug", „Finaljet" und „Skatecarven"
- mit Kippen
- erleichtert durch starke Taillierung, durch Flex- und Reboundmöglichkeiten
- Jetauslösung auf der Kante
- leichterer Wechsel aus der Rücklage durch guten Schaufelgriff zum Innen-Anschneiden

Die Schleudertechnik von Jürgen Philipp und Magnus Frei mit der NUR-Skischule (D) war ihrer Zeit weit voraus. Sie kann beinahe vorbehaltlos heute umgesetzt werden. Interessant die Ausnützung des Taillenverlaufs und die übergangslose Verbindung der Schwünge, nämlich von Schwungende und neuem Schwunganfang. Eine Neuinterpretation bei SPORTS.

(Skimanuals bei SPORTS. Vgl. auch Jürgen Philipp, Schleudertechnik. 1970)

(Bild aus „Schleudertechnik". 1970)

1119 Carvingmerkmale umfangreich erhoben – spez. Racecarven

2007 Jürgen Kemmler D)

Technikmerkmale von Race- und Funcarven:
- Abbau der Hoch-Tief-Bewegung
- Bein- oder Ganzkörperkippen
- deutliches Vorausdrehen der Körperaußenseite (Funcarven)
- ohne Stockeinsatz
- unterschiedliche Belastung von Innen- und Außenski
- Innenarm zum Hang, Außenarm vor dem Körper

Nirgendwo in der Literatur zur Carvingtechnik wurden bisher die Carvingmerkmale so detailliert und präzise erhoben, z. B. differenziert nach Gelände.
Dieses Buch bietet auch viele Varianten des Carvens. Vor allem meint Kemmler schon im Vorwort: „Der Skilauf kennt keine normierte Sportarena." Vielfältiges Bildmaterial und viele Zeichnungen unterstreichen dies.

(Richtig Carven. Seite 64 – 67. Außentitel)

1134 „Choreographie des Körpers"

2009 Christian Rapp (A)

In einem Essay zur Skigeschichte des Arlbergs und zu den Filmen Arnold Fancks äußert sich der Autor auch zu Snowboardern und Skifahrern:

„Snowboarder schenken der Choreographie des Körpers wesentlich mehr Aufmerksamkeit als heutige Alpinfahrer."

(Sonne über dem Arlberg. Seite 88. Bild Dieter Menne)

Abgesehen von Christian Rapps Beurteilung regt sein Begriff der *Choreographie des Körpers* zum Hinschauen auf die Expressionen, die mit heutigem Skifahren verbunden sind. Neben der neuen Art der Hangerschließung sind das die extremen Kurvenlagen bis hin zu Körperkontakten mit dem Schnee, das freche Kippen der Körper, den nicht nur fühlbar sondern auch sichtbar hohen Stauchdruck auf die Fahrer, dem Hineinschmiegen in den Schwung, die hohen Kurvengeschwindigkeiten und ein dynamischer Gesamteindruck.

Bei den Skifahrern wird der Begriff der Choreographie auf gemeinsame Aufführungen eingeengt. Christian Rapps Zugriff ist originärer, nämlich Notation einer Abfolge von künstlerischen Bewegungen.

1132 Vorlage neu entdecken	Schon Mathias Zdarsky trat für eine Vorlage ein. Mit Toni Seelos Ende der 1920er setzte eine erste Ära des Vorlagefahrens ein. Emile Allais begeisterte Ende der 1930er mit seiner Vorlage und Ruade. Schließlich waren die 1940er voll auf der Linie ausgeprägter Vorlage. Das heutige Plädoyer des Autors bezieht neue Gründe ein, wie den Aufbau eines Vorlageschwunges auf der Schuhdynamik und der Einbeziehung von Pro- und Supination. (Vgl. Vorlage. In Skimanual SPORTS 2009/2010, Seite 65 f.)	
2009 Walter Kuchler (D)		
Gründe und Plädoyer: ▶ Breite Skischaufeln ▶ Skischuhe mit weichem Schaftflex ▶ Autodynamik des Skischuhs ▶ Technik des Innen-Anschneidens ▶ Technik des Überkippens ▶ Technik des Scherens talwärts ▶ Mehrere unterstützende Reflexe ▶ Gefühl des Vorwärts-Stürmens		(Bild Dieter Menne, Demonstration des Verfassers)
1152 Duciaschritt und Duciaschwung neu	Toni Ducias Zurückziehen des Bergski und sein Hineingehen in den Schwung allein durch Körperneigung erfährt auf Carvingski eine enorme Dynamik. Das ruhige talwärts Lehnen wird zu einem entschiedenen Kippen. Die größere Schrittstellung, die sich automatisch einstellt, vermittelt gleichzeitig ein Gefühl großer Sicherheit. Der Duciaschwung ist eine Alternative, die zu probieren sich lohnt. Weniger geeignet für kürzere Schwünge. (Zitat, Bild und Beschreibung in Walter Kuchler, Duciaschritt und Duciaschwung. Skimanual SPORTS 2012/2013, Seite 52 f.)	
2012 Walter Kuchler (D) zu Toni Ducia (A) 1935		
„Der Läufer nimmt ... lediglich ... den Bergski zurück, kantet ihn nach innen und legt sich dann ruhig über ihn hinaus; die in die Bogenrichtung umgelegte Schaufel leitet nun ... die Drehung ein, die Trägheit führt sie weiter bis an ihr Ende ohne daß es einer weiteren Hilfe seitens des Läufers bedurft hätte."		
Neben dem Zurückziehen des Bergski kennt Ducia auch das Vorschieben des Talski.		

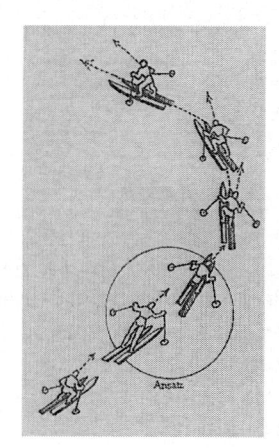

18. Berg- oder Innenskibelastung

In der Zeit der Beinspiel-/Wedeltechnik galt die Außenskibelastung als ein ehernes Gesetz. Man erlebte ja auch, dass bei der engen, geschlossenen Ski- und Beinführung jede Innenskibelastung zu Problemen wie beispielsweise zum Verschneiden führte. Alte „Wedler" meinen deshalb, dass die Außenskibelastung ein ehernes Gesetz von Anfang an gewesen sein müsste. Aber zuvor waren Zeiten der Innenskibelastung fast ebenso häufig wie die der Außenskibelastung. Mathias Zdarsky lehrte lange die Berg- und Innenskibelastung, bis er sich 1908 anders besann. In den 1920er und auch noch bis in die Mitte der 1930er Jahre gab es beide Belastungsformen nebeneinander. Danach allerdings war die Berg- oder Innenskibelastung bis Georges Joubert in den 1965er Jahren, der mitten im Schwung die Belastung wechseln konnte, kein Thema mehr.

Auch beim Telemark gab es eine lange Periode einer unumstrittenen und sicherlich auch notwendigen Außenskibelastung. Auf laufende Belege wird deshalb verzichtet. Erst die Ausrüstung in den 1980ern erlaubte dort sinnvollerweise eine Belastung beider Ski und erst der stark taillierte Carvingski ermöglichte scharf geschnittene Telemarks oder sogar die Imitation des Carvetelemark mit reiner Innenskibelastung. Eine Ausnahme in der Zeit der Außenskibelastung des Telemarks findet sich bei Max Uhlig, wenn er beim Telemark bergwärts den Bergski, beim Telemark talwärts aber den Außen-, den Talski belasten sehen will.

Carvingtechnik und Carvingski stellen die Belastungen neu zur Diskussion. Ich analysierte im Skilehrplan SPORTS von 1995 das Innen-Anschneiden und das

Abschneiden der Schwungspur mit Beschleunigungseffekt im ersten Schwungviertel. 1995 verwies Georges Joubert im deutschen Skimagazin auf die besseren anatomischen Voraussetzung von Fuß und Bein für eine Berg- bzw. Innenskibelastung. Das untere Sprunggelenk könne dabei kaum ausweichen.

Ich legte 1981 bei der Empfehlung des Step-Carvers, bei dem innen begonnen und ab der Falllinie außen gesteuert wird, dar, dass man damit die anatomischen Vorteile beider Fuß- bzw. Beinbelastungen nutzen könne: die Stabilität des Innenfußes und Innenbeines samt Initiierungsimpuls für die gesamte Muskelkette für das Anschneiden und die besser einsetzbare Kraft des Außenbeines für die Steuerung.

Die Entwicklung der Innen-Außenski-Problematik wird auch verdeutlicht, wenn man einige Stationen der ausgesprochenen Belastung beider Ski oder Füße heranzieht wie das Beispiel von Ernst Schottelius oder die differenzierte Fußarbeit bei Max Schneider.

Schließlich sollte man auch den mehrmaligen Belastungswechsel in ein und demselben Schwung als eine herausragende und oft nicht bewusste Umsteigetechnik nicht übersehen.

Georges Joubert in den 1960er Jahren: Auf dem Außenski beginnen und ab der Falllinie auf den Innenski gehen.

Wichtigste Beispiele:

▸ Alberto Tomba anfangs der 1990er Jahre: dreimaliger Wechsel. Anschneiden innen, über die Falllinie auf beiden Ski, Aussteuern auf dem Außenski.
▸ Walter Kuchler 2003: Stepcarver mit Innenskibelastung bis auf zur Falllinie und Wechsel auf den Außenski in der Hauptsteuerphase.

76 Stemmfahren – Berg-/Innenskitechnik 1897 Mathias Zdarsky (A) ▸ Die Skikante als „Theil einer kreisförmig gearteten Kurve" ▸ eigene Ski 180 cm, vorne 2, hinten 1 cm breiter ▸ mit Hilfe einer präzis führenden Bindung ▸ mit Berg-/Innenskibelastung und Kleinzehenzugriff ▸ mit Vorlage (siehe oben) ▸ Hineinkippen in den neuen Schwung ▸ Doppelschwung aus Stemmbogen + Telemark ▸ Befahren sehr steiler Hänge	Mathias Zdarsky entwickelt eine Technik mit dem Einstock für das Kurvenfahren auch in sehr steilem Gelände. Nachdem er mit seinem norwegischen Ski wenig anfangen konnte, machte er sich Ski ohne Rille von 180 cm und mit Taillierung. Dazu entwickelt er Bindungen für eine gute Skiführung. Seine legendäre „Alpenstange" (ca. 180 cm mit Eisenbeschlag) war eine Übernahme von den Alpinisten. Er verfasst ein gründliches Lehrbuch. 1905 erster Slalom am Muckenkogel. Sorgfältige Analysen „des Genie Zdarsky" bei Horst Tiwald). (Themenübersicht. Außentitel der Lilienfelder Skilauf-Technik in seiner 1. Auflage)
103 Kristiania – auf Innenski mit Fußarbeit 1905 Max Schneider (D) ▸ Schwerpunkt nach innen über dem Innenski ▸ Oberkörper zurückgeneigt ▸ starkes beidseitiges Aufkanten ▸ Fußspitze drückt über Innenski nach innen ▸ Ende des Außenski nach außen gedrückt Vorstellung von 6 Skitypen auch nach Form, Länge, Querschnitt.	Der Einfluss des Berliners Max Schneider wurde in der bisherigen historischen Rezeption, außer der Tatsache, dass er seit den 1890er erster großer Skiimporteur für Ski aus Skandinavien war, kaum gewürdigt. Aber wie bei Georg Blab (1895) ging das Wissen um ihre Arbeit im Streit zwischen den sog. „Norwegern" in Deutschland und den Anhängern von Mathias Zdarsky verloren. (Skitypen Seite 20 f., Skistellung bei Kristiania und Telemark Seite 53. Beschreibung Technik Seite 54 f.)

114 Fußtechnik: Füße drehen > Ski drehen > Christiania

1908 Ernst Schottelius (D)

„Kurz vor dem Ansetzen zum Christiania nach rechts wird der rechte Fuß etwas (ca. 20 cm) vorgeschoben, beide Schier bleiben dann unverändert eng beisammen und parallel – das Gewicht gleichmäßig auf beiden Füßen bes. den Absätzen – im Moment des Schwunges drückt man beide Absätze nach links, beide Fußspitzen nach rechts – die Schier folgen! – der Körper neigt etwas nach innen (rechts) um nicht hinausgeschleudert zu werden – und der Schwung ist fertig!"

Diese geniale Beschreibung der Fußarbeit wird erst in den 1950er Jahren wieder aufgenommen. Die Beschreibung der Schwungausführung schließt Schottelius ab:
„Mehr lässt sich beim besten Willen nicht über die Ausführung des Christiania sagen."
(Der Schisport. Seite 64)

Über den vorgeschobenen Ski sagt er einige Seiten vorher (Seite 46):
„Er soll den Stoß aufnehmen, wie dies etwa die federnde Gabel eines Motorrades tut".

(Außentitel seines Buches)

199 Scherenkristiania verbreitet

1920er Jahre Georg Bilgeri (A), Hannes Schneider (A), Arlbergschule u. a.

- Scheren in meist tiefer Position
- Rücklage
- Innenskibelastung

(Bei Prüfungen wurde der Schwung auch im tiefen Schnee verlangt.)

Der Schererkristiania wurde zum Rennschwung bis Ende der 1920er Jahre. Gehörte aber weiterhin zum Repertoire der guten Skifahrer wie Luthers Bild von 1935 zeigt. In den 1960er Jahren im Klammerschwung wiedergeboren und in den Jahren nach 2000 als Carven auf dem Innenski und im Rennen zu beobachten.

(Bild von Carl J. Luther 1935)

227 Geländetechnik – Technik mit Gegendrehen zur Auslösung des Schwunges

1924 Josef Dahinden (CH):

Elemente:
- Gegendrehen: Schulter gegen Hüfte
- Berg- bzw. Innenskibelastung
- Fersendruck
- ganze Grundschule ohne Stöcke
- Betonung der Elastizität des Ski
- ständiges Anschmiegen des Ski ans Gelände

(Gesamtdarstellung in „Die Ski-Schule")

Erste Torsionstechnik.
Gegen die Arlbergschule vertritt Dahinden weiter Wert und Fahrgenuss des Telemarks. Später betont er den Schritt zur Schwungauslösung und wird zum Pionier des Schrittschwingens und des Umsteigens. Schließt sein Werk 1957 mit „Skimambo" ab.
In der Zeitschrift „Winter" wird das Buch Dahindens von 1924 förmlich niedergemacht, die neuen Ansätze werden nicht gesehen.
(Rezension von Dr. Tenner. dem Vorsitzenden des DSV, in „Der Winter" 1925/26, Seite 254 f.)

241 Skibelastungen je nach Schwung berg- oder talwärts

1925 Max Uhlig (D)

- Alle Fahrten bergwärts auf dem Bergski
- Selbst beim Telemark!
- Richtungsänderungen talwärts auf dem Außenski

Max Uhligs Auffassung stellt offensichtlich eine mittlere –Position und den vorübergehenden Kompromiss dar. Bis jetzt fast alles auf dem Berg- bzw. Innenski. Schwünge talwärts in Zukunft auf dem Außenski. Max Uhlig ist eine gute Stimme seiner Zeit.

(Wege der Erziehung zum Skilauf. In: Der Winter 1925/26. Seite 142)

(Zeichnung Max Kopp ebda. Seite 140)

362 Gegen einseitige Beinarbeit, für Körperarbeit – Innenskibelastung

1931 Paul Keßler (D)

„Alles geht vom Körper aus! Durch entsprechende Übungen muß von Anfang an jede einseitige Beinarbeit unmöglich gemacht werden."

Merksätze:
*„1. Jeder Schwung beginnt beim Kopf und hört bei den Füßen auf, nicht umgekehrt.
2. Das Körpergewicht liegt stets auf dem bogeninneren Ski.!"*

Lehnt Pflugbogen und Stemmen ab. Paul Kesslers Grund- und Musterschwung ist der Scherenbogen mit Belastung des Innenski.

Paul Kessler schreibt wahrscheinlich das erste Kinderskibuch. Im Vorwort merkt er kritisch an, dass es zu viele Kinderkurse gäbe, die wie Ausbildungskurse für Skilehrer abliefen. Außerdem will er vermeiden, dass sich „die meisten Anfänger in den Netzen der vielen, oft gegenteiligen Gesetze völlig verfangen und am Ende gar keinen Schwung lernen." Deshalb gälte es zunächst nur einen einzigen Schwung zu lehren, den sie je nach Beherrschung dann später in verschiedenen Spielarten ausführen können."

(Kindgemäßer Skiunterricht. Texte S. 5, 31, 33 und 36, Bild Seite 33)

Bild Seite 33
Der Scherenbogen: In der „Hauptphase" gehen Körper und Hände der Außenseite weit nach vorne.

454 Auslaufmodell Berg- und Innenskibelastung

1935 Roland Betsch- und Franz Eberlin und 1937 Alois Kosch (alle D)

Roland Betsch dürfte der letzte bedeutsame Vertreter der Ära von Berg- und Innenskibelastung sein: Alois Kosch weist die Außenskibelastung dem Telemark, die Innenskibelastung dem Kristiania bzw. dem Temposchwung zu.

Erstaunlich lange wurde von einzelnen Autoren und Schulen die Innenskibelastung verfolgt. Weiter fand sie nur noch bei den Skiakrobaten Beachtung. G. Joubert schließlich erfand die Kombination von „außen Beginnen und innen Steuern". Alberto Tomba wechselte sogar zweimal. Erst in den 70er Jahren wurden wieder allgemein Innenskischwünge angeboten. **Im Rennlauf findet man seit Mitte der 1990er das „Innen-Anschneiden".** So vermerkt im SPORTS-Lehrplan von 1995. Schließlich sogar Skatecarven bei SPORTS ab 2000.

Acht Hüttentage. Seite 38 – 41, Abbildungsverzeichnis Nr. 42)

„Temposchwung"

587 Vorlage – „Angelpunkt der modernen Skitechnik" – auch Innenski + Innenlage **1948 Ferdinand Schwenninger (A)** ▸ Steht in der Tradition der Rotation ▸ Erklärt die Vorlage zum Prinzip allen Schwingens	▸ Kantenstellung und Belastung je nach gefahrener Innen- oder Außenlage ▸ Empfiehlt Standkeile Der Autor formuliert die Ideale dieser Jahre, unterstützt von klaren Zeichnungen.	Auffällig: „Bei ausgesprochener Innenlage wird die Außenkante des Innenski hauptsächlich belastet. Der zweite Ski wird flach mitgeführt." (Moderner Skilauf. Außentitel, Zeichnung Seite 70)
590 Innenschwung – schneller Schwung **1948 S. Linhart (A)** ▸ Nur parallel möglich ▸ Kurze Entlastung tief ▸ Vortief in den Schwung hineinschrauben ▸ Körpergewicht über dem abgeknickten Innenknie ▸ „Die Steuerung geschieht fast ausnahmslos durch bewusstes Aufkanten."	In einer Zeit, in der die Belastung des Außenski zum Dogma geworden ist, findet sich bei Linhart ein Innenskischwung. Erstaunlich ist dabei auch die Aussage, dass dies ein schneller Schwung ist. Das in der Carvingzeit sog. Abschneiden der Spur auf dem Innenski ist hier vorweggenommen. (Siehe Skilehrplan SPORTS 1995) Auch könnte man diese Schwungform als Carven interpretieren. (Der Skitourist, Seite 40)	
598 Innenschulterschwung **1949 Sepp Gantner (D)** „Die Einführung des Schwunges erfolgt mit Vornahme der Innenschulter und Hüfte. Abrollen und Abstoßen mit beiden Sprunggelenken, Vorschnellen in die Innenkurvenlage mit einem sofortigem Vor- und Nachinnenschwingen der Innenschulter und Hüfte."	Diese Technik hebt sich von der Gegenschultertechnik ab, kennt aber auch nicht das Rotieren. Der Innenski ist belastet. Eine eigenständige Entwicklung. Empfohlen wird diese Schwungtechnik für kürzere Richtungsänderungen. (Meisterschule des alpinen Skilaufs. Text und Bild Seite 46 f.	
622 Andriften mit Schaufelbelastung über Innenski, Steuerung Belastung Außenski **1953 Eduard Koller (A)** ▸ Flache Skiführung ▸ Kommenden Innenski belasten ▸ Gegen Ende auf Außenski gehen ▸ Immer Druck und Drucksteuerung auf den Schaufeln ▸ Eine „Drehbewegung" bleibt so „von untergeordneter Bedeutung"	Eine überaus neue Form des Schwingens, auch wenn sich Koller ganz in der Nachfolge Hoscheks sieht. Vergleichbare Formen des Belastens und des Belastungswechsel finden sich erst wieder bei Georges Joubert 1965, 1995 im Skilehrplan SPORTS von mir und in den Formen des Skatecarvens nach 2000 von SPORTS mit dem Stepcarver. Dreimaliger Belastungswechsel bei Franz Hoppichler 1985 und bei Alberto Tomba Anfang der 1990er Jahre.	(Auf kurzem 'Weg zum Schwingen. Seite 71, Außen- umschlag mit einem Bild von Stefan Kruckenhauser)

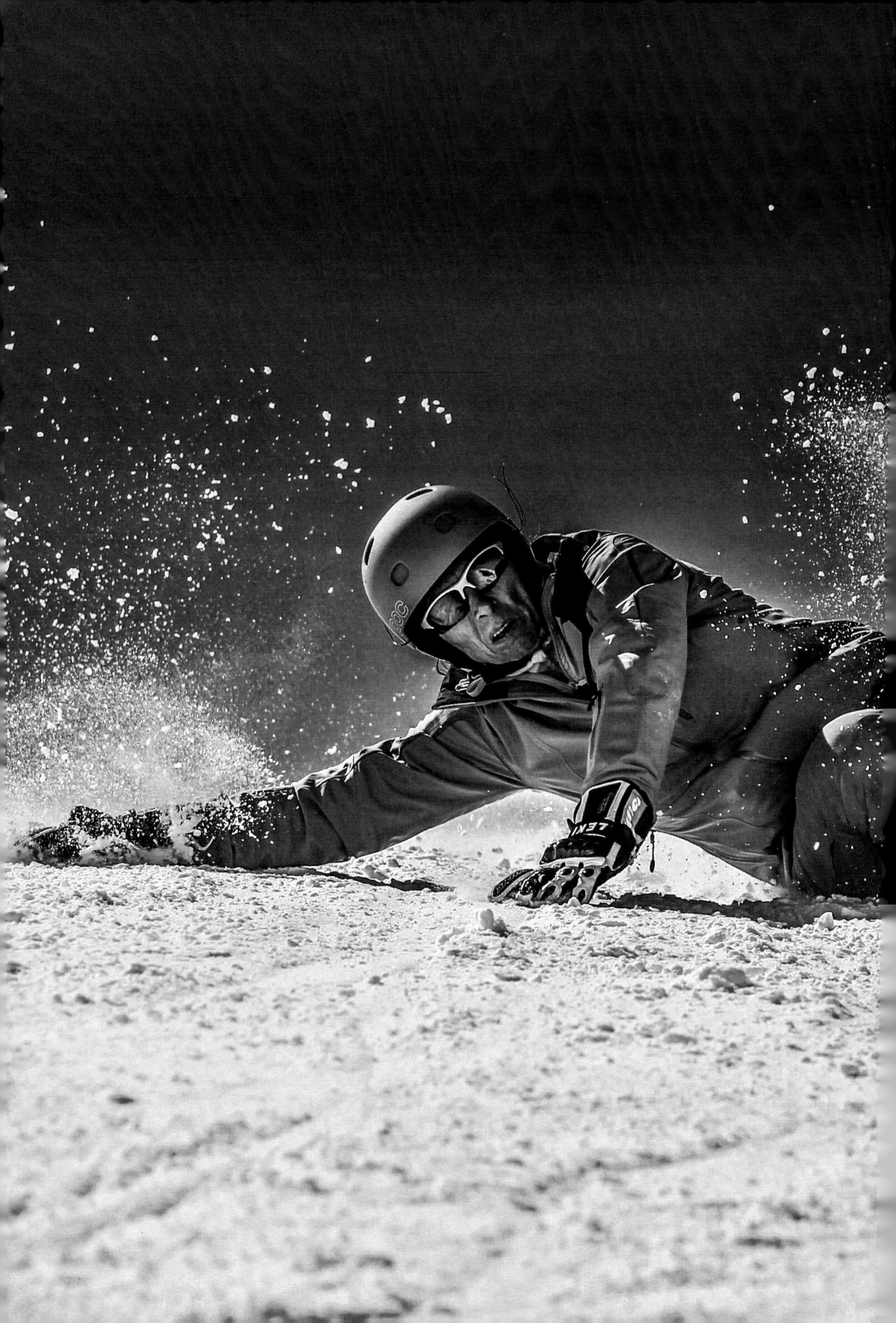
POC
LEKI

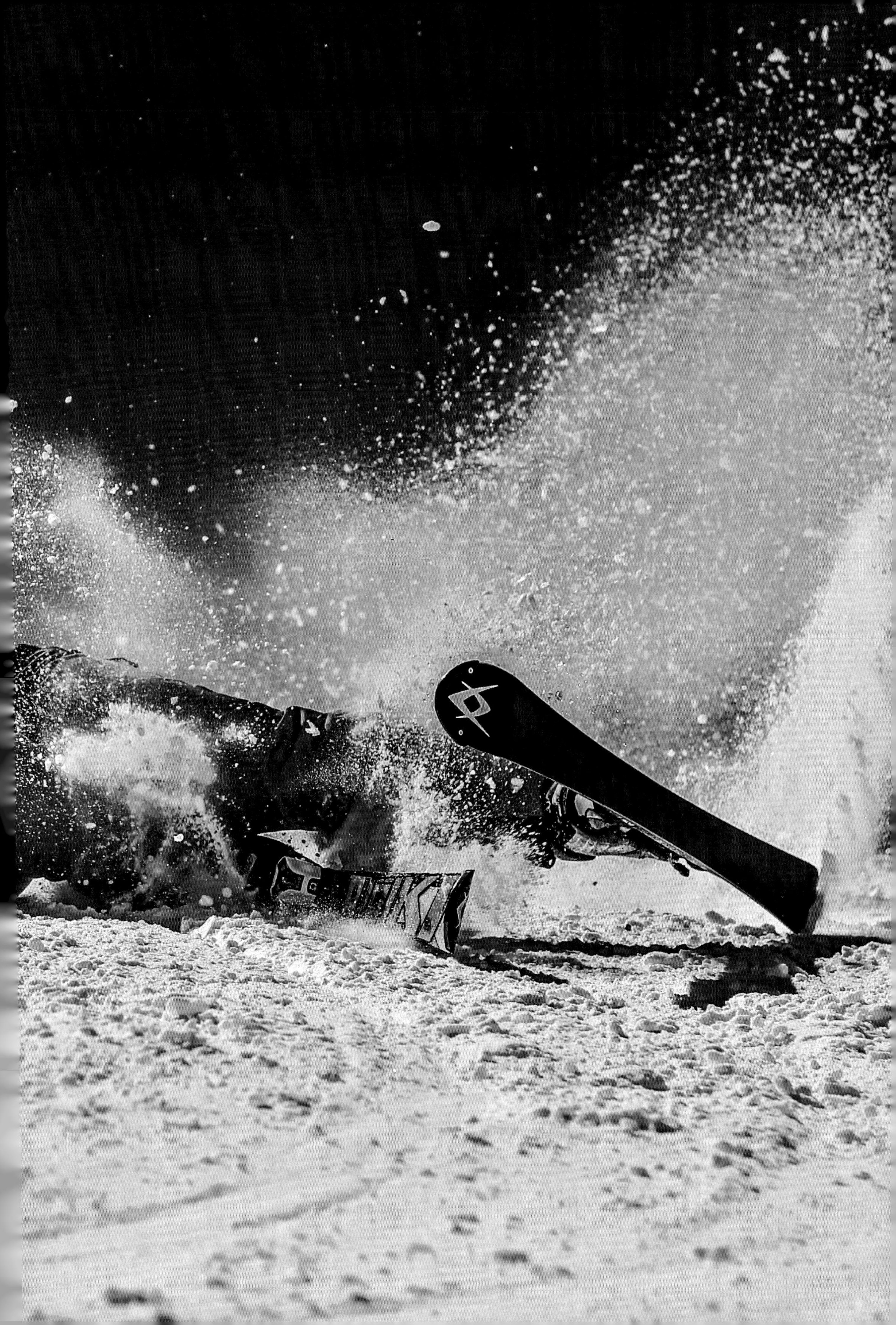

694 Beschleunigen thematisiert **1966 Georges Joubert (F)** Seine Hinweise: ▶ Abstoß vom Talski in der Auslösung ▶ Abstoß vom Bergski (Außenski) in der Steuerphase auf Innenski ▶ Vorschnellen des Körpers noch vor der Falllinie ▶ stützend-schiebender Stock	Nie vorher wurde das Thema der Beschleunigung im Schwung so dargestellt. Vgl. spätere Darstellungen der Beschleunigungsmöglichkeiten auf Carvingski und in der Carvingtechnik in mehreren meiner Beiträge für das SKIMANUAL von SPORTS, so speziell auch der Vorschlag des Step-Carvers. (Ski modern. Seite 129 – 134)	
712 „Skating turn" – Umsteigen im Schwung nach innen **1968 Morten Lund (USA)** ▶ Umsteigen vom Außenski auf den Innenski ▶ aber erst in oder nach der Falllinie ▶ der Außenski: „drop away" ▶ Verweis auf den guten Halt des Innenski und den Höhengewinn ▶ leichteres Einhalten der gewählten Linie ▶ ein häufig verwendeter Rennschwung Ich werde ab 2003 die umgekehrte Belastungsfolge als „Stepcarver" postulieren. Auch M. Zdarsky, G. Joubert und A. Tomba kennen Belastungswechsel im Schwung.	Dieses bewusste „Hineinsteigen" darf nicht mit dem Klammerschwung verwechselt werden. Morten Lund verweist auf die Fahrweise von Leo Lacroix. Vgl. dazu die neuere Gegenform nämlich den Stepcarver auf Carvingski, bei dem auf dem Innenski begonnen und ab Falllinie auf dem Außenski durchgesteuert wird. (Walter Kuchler 2003). Siehe aber auch den gleichen Belastungswechsel bei Eduard Koller 1953. Joubert verweist öfters darauf, dass der Fuß für das Kanten nach außen – also auf dem Innenski – die bessere anatomische Voraussetzung bietet. Er hält allerdings in seinem Ski-Handbuch von 1981 eine derartige Fahrweise für *„manchmal wirkungsvoll, immer gefährlich"*.	 (Beschreibungen in: The Skiers Bibel. Seite 159, Bild bei Georges Joubert Seite 167)  Step im Rennlauf 2019 - Europacup
779 Geflogener Hund mit Luftstemme **1978 Herbert Heimerl und Walter Kuchler (beide D)** ▶ Anheben des Außenski wie eine Bergstemme in der Luft mit Schneekontakt der Spitze ▶ Hinausdrehen des Ski-Endes des Stemmskis ▶ Beisetzen in der Falllinie ▶ Bis dahin Drehen auf dem Innenski ▶ Besondere Eignung für Kurzschwünge	Der Schwung der beiden Erfinder fand zunächst als Spielschwung Eingang in das deutsche Skilehrwesen. Sehr bald aber wurden Geflogenen Hunde in verschiedenen Variationen bei Schweizern, Ungarn und in anderen Ländern beliebte Demonstrationsschwünge bei Vorführungen. Letztlich findet sich der Geflogene Hund bei den Drehumschwüngen von Carl J. Luther, H. Sillig, M. Winkler (1925) und bei Fritz Reuel (1926). Dort allerdings mit ausgeschertem Außenski. Neue Beliebtheit auf Carvingski nach 2000.	 Demo von Fuzzy Garhammer 1973 (Bild: E. Garhammer, P. Janssen, F. Zimmermann, Neuer Spaß am Skifahren. Seite 97, mit einer „Luftschere")

841 Fülle an Techniken **1984 Österreichischer Berufsskilehrerverband** Vielfalt an Techniken: ▸ Stemmschwünge ▸ Beugedrehen ▸ Pedalieren ▸ Schneiden ▸ Wedeln in Pflug- und Parallelstellung ▸ Scher- und Klammerschwünge ▸ Innenskischwünge ▸ Rückwärts mit Bögen und Schwüngen ▸ Schiwalzer und Sprünge	Das kleinformatige Heft listet ein umfangreiches Skischulprogramm auf. ▸ Eingeteilt nach Niveaugruppen. ▸ Immer wieder wird die Anpassung an die Situationen (Hangsteilheit, Tief- und Schlechtschnee) angesprochen. ▸ Empfohlen Torläufe und Parallelslaloms. ▸ Unklar bleibt das in der Einleitung angesprochene Schneiden. ▸ Für die Ausrüstung wird auf „Normal-, Kurz-, Compakt- und Mid-Schi" verwiesen. Der Begriff „Österreichische Skischule" bezieht sich nur auf die Berufsskischulen, nicht auf die Programme des Skiverbandes, der Naturfreunde und der Sportinstitute.	
873 Innenski, Außenski, beide Ski **1985 Franz Hoppichler (A)** ▸ *„Steigt man auf den Innenski, greift und kantet dieser besser. Das Wechselspiel ist klar: Steigen auf den Außenski – Andrehen desselben. Steigen auf den Innenski – er hält und steuert besser."* ▸ *„Steigt man stark auf den Außenski, wird dieser aus dem Kantengriff gedrückt, er rutscht."* ▸ *„Hohen Druck kann man nur mit beiden Beinen ausgleichen."*	Die Thematisierung der wechselhaften Belastung schon 1965 bei Georges Joubert (von außen nach innen in der Steuerphase), Analyse 1995 von Joubert eines Tombas (innen – außen – beidseits) und ebenso 1995 im Skilehrplan SPORTS von mir (Innen-Anschneiden) und von diesem als Stepcarver 2003 analysiert wird hier bei Franz Hoppichler regelhaft formuliert. Vergleiche auch dazu M. Zdarsky 1908, R. Rother 2013, Morton Lund 1968 und Alberto Tomba 1994. (Texte und Bild: Ski mit uns. Die österreichische Skischule, Seite 40)	
906 Neue Rennlauftechniken **1988 Sepp Ortner (A)** Beobachtungen und Sachverhalte: ▸ beschleunigendes Umsteigen ▸ mit „translatalem Bogenfahren" ▸ einbeiniger Innenskischwung ▸ mitgeschnittener Innenski ▸ Fersenschub Innensteuerung ▸ Doppelstock-Schubschwung	Der Fachmann für Jugendrennlauf bietet eine Reihe von Beobachtungen und Sachverhalten. Das Scher- umsteigen außen wird als Beschleunigungsmöglichkeit herausgestellt, aber weitere vergleichbare Möglichkeiten werden zurückgewiesen. Neuer Begriff – translal – für horizontale Hineinbewegung des Oberkörpers in den Schwung. Niemand außer Georges Joubert geht so auf die Bedeutung einer Arbeit mit dem Innenski ein.	 (Stil und Technik des Skirennlaufes. Titelbild)

919 Carven superbreit **1990 Norwegische Rennfahrer** ▸ Spur superbreit ▸ damit Belastung beider Ski ▸ statt vertikaler nun horizontale Bewegungen ▸ horizontales Kippen ▸ basierend auf den taillierten Rennski von Elan (entwickelt von Jure Dernko und Pavel Skofic)	Große Erfolge der Rennfahrer wie Ole Christian Furuseth durch superbreite Skiführung. Eine vergleichbar breitere Skiführung wird für die kommenden Jahre allgemeiner. Die sehr weite Skiführung aber führt zu einer Belastung beider Ski, einer Hemmung der Vertikalbewegung und horizontalem Kippen. Deshalb die neue Formel für Carven: „Statt vertikaler horizontale Beweglichkeit." Die breite Skiführung bringt den Schülern große Stabilität. Mario Matt (A) wird in vergleichbarer Skiführung 2002 und 2006 zweimal SL-Weltmeister.	(Bild aus Renndokumentationen)
1007 Hand- und Bodycarven **1997 Thomas Bläsi (CH)** ▸ einhändig ▸ beidhändig ▸ **am besten mit Innen-Anschneiden** ▸ über beidhändiges Handcarven zum Bodycarven Für diese Schwungformen prägte ich den Begriff „Kurventhriller".	Damit werden stärkste Kurvenlagen erreicht. Durch diese Art des Carvens erschließen sich völlig neue Einstellungen zum Schnee und zur Schneeberührung. Allgemein wird dadurch auch bewusst, dass Carvingstürze meist harmloser verlaufen. Früh praktiziert in der Schweiz und bei SPORTS. Thomas Bläsi vom Schweizer Demoteam deckt mit seinem Können alle Carvingmöglichkeiten ab. Demonstration Thomas Bläsi (CH) Foto Dieter Menne	
1010 Innenski thematisiert **1997 Walter Kuchler** postuliert: (s.a. Nr.1123) **die Potenz des Innenski,** in Skilehrplan SPORTS 1995, in vier Carvingbüchern und in Skimanuals von 1998 – 2007 als **Innen-Anschneiden** (Abschneiden und kurzer Weg) ▸ als Auffangposition nach Kippen (wie Wiener Skimodelle) ▸ als voller Innenskischwung ▸ als bester „Carverzug"	Auch Georges Joubert bringt 1995 im deutschen Skimagazin eine Analyse der Schwünge Alberto Tombas bei seinen letzten Rennen und stellt fest, dass dieser häufig erst auf den Innenski kippt, dann auf beide Ski geht und schließlich auf dem Außenski zu Ende steuert. Aber auch Horst Tiwald hat schon bei Zdarsky die Anweisung gefunden, dass man am Ende eines Schwunges mit Innenskibelastung wieder auf der Kleinzehe in den neuen Bogen hineinkippt.	Foto oben Dieter Menne Europacup Zinal 2019

1039 Skatecarven als Technik- programm

2000 bei SPORTS

- als Innen-Anschneiden
- als voller Innenskischwung
- als Stepcarver mit Umsteigen in der Schwungmitte (2003)
- als Pedalo mit starker Beugung des Innenbeines (2002)

Die Potenz des Innenski und des Innenbeines erweisen sich als größer als die außenseitigen Pendants.
Das Innenbein steht stabiler auf der Kante. Die Schaufel des Innenski greift besonders schnell zu. - Erinnerung an Zdarsky mit talwärts Einknicken und Kleinzehen- griff. Erinnerung an Scherumsteigen talwärts. Assoziationen zum Inlineskaten und Schlittschuhlaufen.

Europacup Zinal 2019

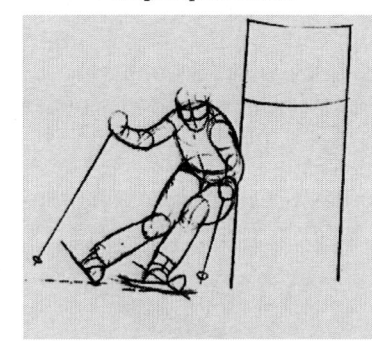

Bild aus Ski Schweiz 1985

1070 Pedalo – ein Skatecarver

2002 Programm bei SPORTS e.V.(D)

- Innen Anschneiden
- Weiterziehen auf dem Innenski
- starke Beugung Innenbein
- Innenknie häufig bis zur Brust gedrückt
- fast gestrecktes und wegscherendes Außenbein

Aufgreifen des früheren Pedalierens (Österreich und Japan) und Umsetzen auf dem Carvingski. Verwandt auch mit dem alten Klammerschwung.
Häufig im Rennsport zu beobachten. Der ältere Pedalo wurde bis in die Steuerphase hinein mit Außenskibelastung gefahren. Pedalo als Schwungform, eine häufige Besprechung bei Hans Zehetmayer und bei mir.
(Bild Hans Pieren in Walter Kuchlers „Carven. Der Skikurs für Einsteiger und Umsteiger" von 1997. Seite 91

1072 Steilhangtechnik
- „Schraubenhecht"
- „Steil- hangspirale"

2003 R. Mark Elling (USA)

Am schwierigen Steilhang sich lösen und in den neuen Schwung hinein durch:
- Stockeinsatz
- aggressive Kopfdrehung
- Schulterdrehung talwärts
- Zug des Außenarms über Innenski
- wenigstens bis zur Falllinie auf dem Innenski
- Hochstrecken aus der Hüfte
- Hochziehen des Außenski
- Drehen von Fuß- und Bein

(The All-Mountain Skier. Texte Seite 189 – 191, Zeichnung Seite 190)

Der Verfasser bietet eine ausführliche Beschreibung dieser ungewöhnlichen Technik ohne selbst dafür einen Namen zu prägen. Er meint wohl eine Art kippender Spiraldrehung. Im Ansatz mit Hochziehen des Außenski wie ein Reuelschwung. Vielleicht treffen auch Bilder wie „Korkenzieher" und „Steilhangspirale" zu. Jedenfalls wird hier ein Vorgehen empfohlen, wie es zu keiner der gängigen Steilhangtechniken passt. Zu erinnern ist nur an die frühe Steilhangtechnik von Lothar Gfrörer 1926 und den Körperdrehschwung von Fritz Reuel 1926.

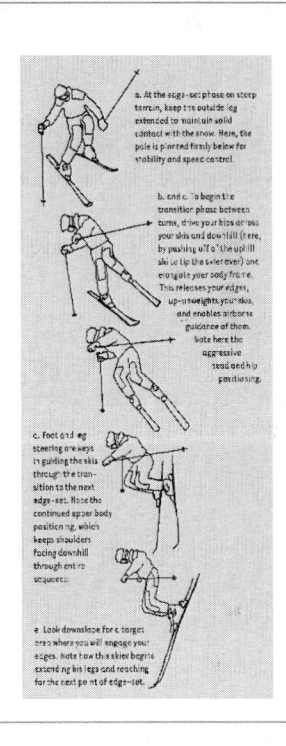

1074 Stepcarver - Umsteigen mitten im Schwung

2003 Walter Kuchler (D)

Merkmale:
- innen Anschneiden und Belastung innen erhalten
- ziehen bis Falllinie
- umsteigen auf Außenski und Belastung außen erhalten
- Beschleunigung durch Umsteigen, Rebound und Fallen nach unten
- nutzen des kräftigeren Außenbeines in der Steuerphase

(Thema und Zeichnung erstmals im Mai-Meeting bei SPORTS 2003 und anschließend im Skimanual 2003/2004 veröffentlicht.)

Nicht mehr zu Beginn eines Schwunges Umsteigen, sondern in oder nach der Falllinie. Der ungarische Lehrplan wird 2004 einen vergleichbaren Schwung (A Sízés + 3, Seite 55) bringen.
Alberto Tomba stieg zweimal im Schwung um. Georges Joubert kannte in den 1960er Jahren einen von der Belastungsführung her gesehenen konträren Schwung: außen beginnen, umsteigen nach innen und innen durchsteuern. Ebenso stieg im „Skating turn" 1968 Morton Lund mitten im Schwung auf den Innenski. Der Stepcarver dürfte einer der interessantesten Carvingschwünge sein. Verspielte Steigerung: Umsteigen mit Rochade.

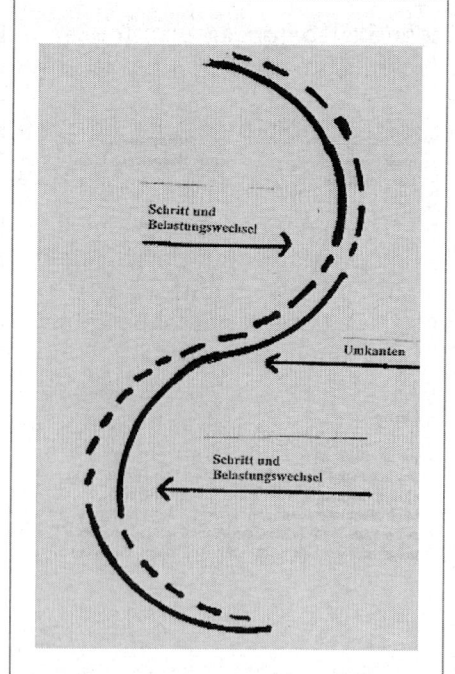

1076 Tele-Carve - als Skate-Telemark

2003 Walter Kuchler (D)

- bei fixierender Bindung
- aber gelockerten Abfahrtsschuhen für starken Schaftflex
- mit reiner Innenskibelastung
- in relativ hoher Fahrstellung
- in allen Schwungweiten funktionierend

In SPORTS-Lehrgängen von Walter Kuchler entwickelt und als Skate- und reiner Innenskischwung angeboten. Leicht zu fahren auch in steilerem Gelände. Weniger interessant im Tiefschnee.
Die Schuhe müssen so gelockert sein, dass eine Flexbeugung bis zu 45 Grad und ein Fersenschlupf von 3-4 cm erreicht wird.

(Thema erstmals im Mai-Meeting bei SPORTS 2003 und anschließend im Skimanual 2003/2004 veröffentlicht.)

1079 Reuelschwingen carvend

2004 Agoston Dosek und Miklós Ozsvath (H)

Reuelschwingen wird mit Carvingski auf eine neue Qualitätsstufe gehoben.
Die hohe Autokinetik des Innenski lässt diese Schwünge noch spielerischer gelingen und aussehen.

Die Ausführung der ungarischen Demonstratoren kommt den Vorlagen aus dem Buch von Fritz Reuel (1926) ziemlich nahe.

(Bild aus dem ungarischen Lehrplan „A Sízés". Seite 47)

1085 Beschleunigungen im Schwung - Überkippen	Nicht die absolute Geschwindigkeit ist so sehr interessant, sondern die Kurvengeschwindigkeit und das Beschleunigen der Ski-Körperrelationen. Beschleunigen ist letztlich eine Verfeinerung der gesamten Fahr- und Körpertechnik. Beschleunigen kann für gute Fahrer zum Maßstab der hohen Schule werden.	**Kippen und Bahnsplitting**
2004 Sammlung Walter Kuchler (D)		
▶ Driftfreies Einfahren in Falllinie, ▶ anschneiden und Abschneiden auf dem Innenski ▶ krummlinige Kurve ▶ geringes Bahnensplitting ▶ überkippen mit Unterfahren ▶ Carverzug ▶ Reboundeffekte z.B. beim Carvewedeln ▶ zykloide Steuerphase ▶ Finaljet ▶ Flex und Rebounds	Als erster befasste sich Georges Joubert in den 1960er Jahren mit aktiven Beschleunigungen. Die Zeichnung stellt die verkürzte und damit beschleunigte Körperbahn heraus. (Mehrere Sammlungen als Flugblätter)	(Zeichnung aus Walter Kuchler, Die neue Skitechnik. Seite 131)
1100 Geflogene Schwünge	Die sog. Geflogenen Schwünge (Begriff von 1937 von Emile Allais) bekommen auf Carvingski und auf der Grundlage des Skatecarvens eine neue Aktualität. Die meisten dieser Schwünge werden auf dem Innenski gezogen. Geflogene Schwünge mit mehr artistischem Charakter in: Schneesport Schweiz. Spezial-Lernlehrmittel Ski. Red. Arturo Hotz 2000 Seite 82 – 87. (Bild: Serge Lang, Le Ski. Seite 138)	
2006 Walter Kuchler (D) sammelt für SPORTS:		
▶ Karpfenhüpfen 1924 ▶ Sprungkristiania um 1925 ▶ Drehumschwung um 1925 ▶ Reuelschwung von 1926 ▶ Bauernchristiania 1930 ▶ Charleston 1971 ▶ Geflogener Hund 1978 ▶ Schweizer Hund um 1985 ▶ Gekreuzter Reuel heute ▶ Reuel mit Rückenkratzer		Demonstration eines modernen Reuelschwunges von Roger Staub
1108 Das Spiel von Außenbein + Innenbein – Technik Ski + Technik Snowboard	▶ *Am Kurvenende ist das Außenbein voll belastet und die weiter ansteigenden Umgebungskräfte kippen dich über das Außenbein in die nächste Kurve. Das Außenbein wird in diesem Moment (der Umkantphase) zum Innenbein und ist zu 100% belastet."*	Sie meint weiter: **Skitechnisch gesehen seien Snowboard- und Skitechnik kaum noch zu unterscheiden.**
2007 Edelwiser Yearbook Team (A)		
▶ *„Im Kurvenwechsel ist das Gewicht zu 100% am alten Außenbein =100% werdendes Innenbein. ...* ▶ *Die Umgebungskräfte bedingen einen größeren Aufkantwinkel und die Verkürzung des Radius.* ▶ *Dadurch wandert im Kurvenverlauf die Belastung ganz von selbst kontinuierlich auf das neue Außenbein.*	Der von Nicola Werdenigg verfasst Text ist überschrieben „Dynamische Fahrweise". Sie ergänzt: **„Was spricht für diese Fahrweise? Viele aktive Bewegungen (wie Abkanten, Umkanten, Aufkanten, Kurvenlage einnehmen) können weggelassen werden + dadurch kann man der Feinregulierung von Fuß bis Kopf viel mehr Beachtung schenken."**	(Demonstration von Nicola Werdenigg Sie errang bei der Olympiade 1976 in Innsbruck unter ihrem Mädchennamen Spieß einen 4. Rang. – Edelwiser Yearteam 07/08. Abschnitt technique / innenski)

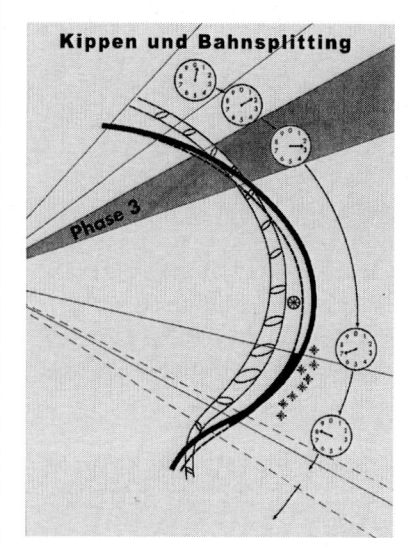

1114 Kommentatoren lernen endlich dazu: Belastungen beider Ski, auch des Innenski legitim und effektiv

2007 Kommentatoren des österreichischen Fernsehens

entdecken, was seit 1989 (Carven norwegisch) zu sehen ist:
- Fahrer kippen beide Beine, nicht aber die Knie!
- beide Ski können dabei belastet sein.
- Innenskibelastung wird nicht mehr pauschal als fehlerhaft angeprangert

Presse und Fernsehen haben sich in der Carvingfrage von Anfang an fast durchweg restaurativ, manchmal sogar feindselig, verhalten. Zuletzt kämpfte man noch für die alte Außenski- belastung. Erstmals sehen nun österreichische Kommentatoren, dass die Fahrer beide Ski belasten.
Einige gehen nun sogar mit Innenskibelastungen neutraler um.

(Vgl. dazu die Analysen von Georges Joubert und ebenso meine von 1995 im Skilehrplan SPORTS und die Fahrweise der Norweger seit 1987)

1123 Die Potenz des Innenski

2008 Hubert Fehr, Walter Kuchler (D)

Die beiden Autorenplädieren mit einer langen Reihe von Argumenten für **die besonderen Möglichkeiten der Innenskibelastung**.

Beispiele:
- Exakte, präzise Spurführung
- Innen Abschneiden als Beschleunigen
- ergnügen an Extremlagen
- Skatecarven als neues Carven

In den ersten Jahrzehnten des vergangenen Jahrhunderts wurde die Berg- und Innenskibelastung bevorzugt. Mit beginnender paralleler und enger Fahrweise wird dem Außenski die sinnvollere Belastung zugeschrieben. Es blieb der Innenskischwung als gelegentliche Ausnahme. Die Artistik mit der Bevorzugung des Innenski blieb ein Ausnahmefall. Erst wieder beim Carven kam es unter dem Einfluss der Snowboardtechnik zur Wertschätzung der Innenskibelastung.

Europacup Zinal 2019

(Kapitel „Das Potential des Innenski". In Heiß auf Weiß. Seite 98- 107) (s.a. hier 1997 Nr.1010)

1138 „Hochwertige Kurven" – ohne Schwungformen

2010 Deutscher Verband für das Skilehrwesen

Perfekt Fahren für „hochwertige Kurven":
- Bewegungen aus den Beinen initiiert
- Nach dem Kantenwechsel früher Druckaufbau auf dem Außenski
- Kanten aus den Beinen oder mit dem gesamten Körper
- Schaue bei sportlichem Tempo in Richtung Tal.
- „Schneidend über den kompletten Kurvenverlauf"
- Zur Tempokontrolle Ski driften lassen
- „Fahre auf dem Innenski in die Kurve und auf dem Außenski wieder heraus."

Vom kurzen Teil der Alpintechnik (Seite 77 – 127) in dem umfangreichen Band von 230 Seiten nimmt das Fahren in Pflugstellung die Seiten 86 – 109 ein. Der Lehrplan widmet sich allerdings auch dem Snowboard-, Langlauf- und Telemarkunterricht.
Wahrscheinlich findet sich in der gesamten Skiliteratur keine differenziertere Bewegungsbeschreibung des Pflugbogens. (Seite 94)
Allgemein basiert die skitechnische Konzeption auf dem Skilehrplan Praxis von 2007.
Die Fahraufgabe auf dem Innenski hinein und auf dem Außenski heraus findet sich sonst nur bei SPORTS als Stepcarver und bei Nicola Werdenigg.

(Schneesportunterricht mit Kindern und Jugendlichen. Seite 77 – 127, Titelbild des Buches)

1150 Die Handbremse

2012 Walter Kuchler (D)

Ein Nothalt durch
- energisches Nachunten- drücken der Innenhand Richtung Ferse in der Steuerphase
- Belastung und Hochsteuern des Innenskis
- starke Innenlage
- gelegentlich auch Hochreißen der Außenhand
- oft Aufscheren des Außenski

(In Lehrgangspapieren. - Plakat aus dem Jahre 1910. Bild von Alfons Walde aus dem Jahre 1925)

Nach der Braquage wohl die wirksamste Aktion für schnelles Wegnehmen der Fahrt oder rasches Anhalten. Die „Handbremse" bietet sich vor allem für ängstliche und schwächere Schüler in Überforderungssituationen an. Auch dient sie neben der Braquage und dem Notsturz der Vermeidung von Kollisionen.

1149 Die „Klinke"

2012 Walter Kuchler (D)

- Nach der Falllinie wird die Innenhand leicht bis zum Knie oder auch darunter zum Ski gedrückt.
- Damit wandert der Schwerpunkt ins Schwunginnere und der Innenski bekommt vermehrte Belastung.
- Als Folge ziehen die Ski stärker in den Schwung hinein.

(Skimanual SPORTS 2011/2012. Seite 43. Zeichnung Milan Maver)

Rennläufer drücken im Slalom häufig die Innenhand bis zur Schneeberührung durch, eine Tatsache, die nicht nur mit der Kurvenlage zu erklären ist. Der Mechanismus „Klinke" beruht auf ähnlichen Zusammenhängen wie die Kleinfingersupination, der Hüftkick und die Daumenpronation nach Dick Sexe.

Foto Dieter Menne

Europacup Zinal 2019

1180 Umsteigen im Schwung + Schnellendes Umsteigen und Pflugkanten springen

2015 Deutscher Skilehrerverband

Umsteigen im Schwung
- „Innenski einfahren – Außenski ausfahren"
- ohne Stöcke fahren

Schnellendes Umsteigen und Pflugkanten springen
- „springen von Außenski zu Außenski
- mit möglichst kurzer und dynamischer Bewegung nach oben"

Umsteigen im Schwung und die zwei Sprungformen werden im Schulungsrahmen für Skilehrer angeboten. Stofflich sind sie dem Training der Körperschwerpunkt-Verlagerung zugeordnet. Die Umsteigeform erinnert an den Stepcarver von SPORTS aus 2003. Das Angebot erfolgt zwar im Rahmen der Skilehrerausbildung hinterlässt jedoch ein deutliches Bild der Entwicklung bzw. der Rückgriffe.
(Besser Unterrichten. Ausbildung.
Bild Außentitel. Umsteigen im Schwung Seite 23. Springende Formen Seite 24)

1205 Telemark neue Sicht: auch Innenskibelastung 2018 Christian Theis (D) *„Die Schüler lernen das hintere, kurveninnere Bein verstärkt zu belasten und aufzukanten. Sie erfahren die wichtige Rolle des Innenskis ... Der kleine Zeh des Innenski drückt in den Schnee."* *„Das Kanten und Mitbelasten des Innenskis perfektionieren."*	Die alleinige oder dominierende Belastung des Außenski schien durch 130 Jahre eine Selbstverständlichkeit zu sein. Erst bei SPORTS mit dem „Teleflop" und nun auch bei Theis ein wichtiges Neu-verständnis. (Christian Theis, Telemark – Spaß mit der „freien Ferse. Seite 345 und 353)	Teleflop als Telemark bei SPORTS mit Alpinschuh seit 2010: ▸ volle, fast ausschließliche Belastung des Innenski ▸ mit leichtem Fersenschlupf in den Schuhen In diesem Fall kann der Außenski beinahe beliebig vor und zurück geführt werden, eine weite Ausfallstellung jedoch bringt Stabilität und Sicherheit.

19. Fahren auf nur einem Ski und auf einem Bein

Auch vor dem Monoski und vor dem Snowboard gab es gelegentliche Versuche, nur auf einem Ski zu schwingen. Dahinter standen immer methodische Anliegen, wie sie auch beim Training vor allem von Nachwuchskadern auch heute gelegentlich zu beobachten sind. Zur Ski- und Gleitgewöhnung kennt man vielfach das sog. Rollerfahren in den ersten Stunden auf Ski. Bei genaueren Recherchen würde man wahrscheinlich noch bei dem einen oder anderen Autor ein Ein-Ski-Fahren als spezielle Maßnahme finden.

Als Grundlage des Anfängerunterrichts und als allgemeinen Weg zum Schwingen allerdings fand ich das Einski- und Einbeinfahren nur bei Prof. Dr. Georg Kassat und Horst Tiwald.

132 „Bergab auf einem Ski" 1909 W. Romberg (D?) *„Eine recht vorteilhafte, aber vielfach als unsportliche Akrobatik betrachtete Gleichgewichtsübung ist es, wenn man versucht, erst auf kleineren, dann auch auf längeren Strecken nur einen Ski zur Abfahrt zu benützen. Den zweiten hebt man an, daß er in der Luft schwebt. Man kann auch den zweiten ganz weglassen und den skilosen Fuß hinter den anderen leicht auf den Ski stützen."* (Mit Ski und Rodel. Seite 91)	Carl. J. Luther bringt in seiner positiven Besprechung des Buches für das Fahren auf einem Ski allerdings kein Verständnis auf und wünschte sich, der Abschnitt sei besser weggeblieben. (Siehe „Ski-Chronik 1910/11", Seite 207 f.) Neben Romberg setzen sich mit dem Fahren auf einem Ski auch Anton Fendrich (1911), Fritz Heinrich (1933), Horst Tiwald (1981) und Georg Kassat (1985) auseinander. In den 1990er Jahren und den folgenden trainieren auch junge Rennfahrer gelegentlich auf einem Ski. Romberg schaltet sich auch in die heftigen Diskussionen der weiblichen Skikleidung ein. Seine Bildzeile zur nebenstehenden Abbildung „Damen mit enger und weiter Kniehose":	*„Eine glatt sitzende, eng anliegende Hose ohne viel Falten erscheint niemals plump und lächerlich, sondern macht in ihrem Anschmiegen an die Körperlinien stets einen vornehmeren Eindruck als ein regellos im Winde flatternder Rock."* (Bild und Text Seite 62 f.)

158 Schwingen auf einem Bein und mit einem Ski -Schwingen ohne Stöcke **1911 Anton Fendrich (D)** Vorgehen: ▸ Schwingen auf dem inneren Ski ▸ äußeres Bein herangedrückt ▸ und „nur leis über den Schnee schleifen" ▸ bei Schwierigkeiten: linken, äußeren Ski abschnallen - „Probatum est!"	In der 14. Auflage seines Erfolgbuches „Der Skiläufer" empfiehlt der Verfasser eine Einbein-, Einski-Technik. Die Anweisung gilt allerdings nur als methodische Hilfe. Auch W. Romberg 1909 und Ernst Heinrich 1936 kennen das Schwingen auf einem Ski. Beide sind damit Horst Tiwald und Georg Kassat um 70 Jahre voraus. Fendrich bringt auch Aufnahmen von Demonstrationen ohne Stöcke. (Siehe Der Skiläufer. 14. Aufl. 1911. Text Seite 59, Bild Seite 60)	
303 „Gleitschreiten" in der Abfahrt – auch einbeiniges Fahren **1928/29 Carl. J. Luther (D)** „Schritte als regelrechtes, abwechselndes und weites Gleitschreiten während der Abfahrt": ▸ Hilfe beim Start mit „steigwachsverschmierten" Ski ▸ Erhöhung der Standsicherheit ▸ Mehr Balancegefühl ▸ Vorbereitung auf Telemark ▸ Gegen „Standverkrampfung und Steifheit" ▸ Zur Beschleunigung	Im Übrigen plädiert hier der Autor werbend für eine „gelaufene und einbeinige" Abfahrt, was in Lehrbüchern nur flüchtig behandelt werde. (Der Winter 1928/29. Text Seite 74, Bild Seite 58)	
868 Einbeinfahren – Einbeinmethode **1985 Georg Kassat (D)** Komplexe Anfängermethode ▸ Abwechselnd auf einem Ski ▸ Mit langem Stab als Balancierhilfe ▸ Einsatz von Markierungs- und Torhilfen	Als Sonderhilfe bei Lernschwierigkeiten ist das Einbein-Einski-Fahren seit W. Romberg 1909 und Anton Fendrich 1909 bekannt. Als Trainingsaufgabe – vor allem bei jugendlichen Rennfahrern – findet es sich beispielsweise bei Helmut Aigelsreiter und Sepp Ortner 1975. Ebenso gelegentlich als Trick- und Spielschwung wie bei Walter Brehm 1985 angeboten. Als komplexe Grundschulmethode vertreten die Einbeinmethode nur Georg Kassat und Horst Tiwald.	

1000 Zdarsky als Umsteiger und Innenskitechniker interpretiert – Einbeinmethode	Horst Tiwald widmet seine Arbeiten vor allem den Verdiensten Mathias Zdarskys. Er gründet den „Internationalen Alpen-Skiverein" 2003 neu. Ausbildung von „Fahrwarten" im Sinne Zdarskys und von Lehrwarten. Entwicklung der Einbeintechnik für die erste Stunde des ersten Tages, um in die Kippbewegung hangabwärts zu führen. Einbein-Skifahren findet sich häufig, als komplexe Lernmethode allerdings nur bei Tiwald und Georg Kassat. Vergleiche auch: W. Romberg 1909, Anton Fendrich 1911, Carl J. Luther 1928, Georg Kassat 1985.	
1996 Horst Tiwald (A)		
▶ weist mit Recht deutsche Erstansprüche auf das Umsteigen zurück. ▶ hält Mathias Zdarsky für den ersten Umsteiger. ▶ stellt dessen Berg- und Innenskibelastung heraus. ▶ knüpft die Verbindung zu Alois Weywars Analyse des „Galopps" (1956) als Grundtechnik. ▶ Einski-/Einbeintechnik für den Einstieg		(„vom schlangenschwung zum skicurven". 1996, davon auch das Titelbild)

20. Fußtechnik – schon sehr früh und wieder aktuell

Zusammenstellung und Reflexion

Unter dem Begriff „Fußtechnik" werden Techniken im Längsschnitt durch die Geschichte vorgestellt, die die Arbeit auf dem Fuß direkt ansprechen. Nicht herangezogen werden „indirekte" Aussagen wie beispielsweise „Belasten des Skiendes". Dabei dürfte generell klar sein, dass die Arbeit auf der Fußsohle mit Belastungen vorne oder hinten und vor allem auch der Arbeit des Fußes für das Aufkanten und die Kantenführung bis zur Entwicklung hoher und steifer Schuhe eine selbstverständliche Technik war, auch wenn nur die Effekte angesprochen wurden.

Im Prinzip handelt es sich bei der Fußtechnik um Aktivitäten des oberen und des unteren Sprunggelenkes, um kombinierte Bewegungen wie die Pronation, Supination im Vorderfuß und Supination der Ferse sowie der vorwiegend taktil-kinästhetisch gesteuerten Druckaktivitäten der Fußsohle.

Aus diesen Bereichen werden die Aktivitäten des oberen Sprunggelenkes nur in wenigen ausgewählten Beispielen herangezogen, da diese praktisch in allen Techniken eine Rolle spielen. Dagegen kommt es mir sehr darauf an, die seit der Einführung hoher und steifer Schuhe, also etwa seit dem Jahre 1970, Aktivitäten des unteren Sprunggelenkes und der Vorgänge auf der Fußsohle herauszustellen. Diese werden nämlich seitdem für blockiert erachtet und totgeschwiegen.

Kaum irgendwann wird auch die Fußsohle als Muskelpaket und damit als wichtiges Organ für Flex und Rebound erwähnt. Auch Pronation und die beiden Supinationen hängen davon ab.

Fußtechniken kann man als Alternative zu den Techniken, die sich an den Körperdrehungen orientieren, sehen.

Fußtechnik und ihre Möglichkeiten

Eine neue Aufmerksamkeit für eine „Fußtechnik" wurde seit 2000 bei mir und bei SPORTS gewonnen. Den Hintergrund für entsprechende Überlegungen bilden folgende Tatsachen und Befunde der Carvingtechnik:

▶ Die Autokinetik, die Selbstführung, des Carvingski funktioniert nicht nur bei einer mittigen Belastung des Ski, sondern auch bei einer stärkeren Schaufel- oder Endenbelastung mit einem entsprechendem Flex der Zonen. Das heißt aber, der Fahrer sollte mehr vorne oder mehr hinten belasten können. In jeder Phase des Schwunges kann so die Spur direkt beeinflusst werden. (Wie dies übrigens auch durch Veränderung des Aufkantwinkels möglich ist.)

▶ Radiuswechsel zu einem größeren oder kleineren Schwung, wie dies in der konstruktiven Auslegung des Ski vorgesehen ist, heißt, man muss den Radius über- oder untersteuern. Durch Belastungsveränderungen beispielsweise.

▶ Der Jet und der Carvingjet leben von einer starken Rückwärtsbewegung auf dem Ski und einer Entlastung oder sogar einem Abheben der Skischaufel. Jürgen Philipp hat dies bereits 1970 gut – gerade auch für den taillierten Ski – dargestellt. Dazu ist neben der Rückwärtsbewegung sogar der Zehenzug nach oben nützlich und notwendig.

▶ Ein Schaufelzugriff durch entsprechende Belastung mit Flexfolge ist auch für ein modernes, carvinggemäßes Bogentreten und für den Schlittschuhschritt notwendig.

- Ein Beschleunigen in der Schrägfahrt oder im Steuern durch den sogenannten Carvingzug besteht im nochmaligem Aufkanten, in einem Nachkanten sozusagen, und im Zurückgleiten auf den Fußkanten.
- Das „Anschneiden auf dem Innenski" und das Abschneiden der Spur mit einem entsprechenden Beschleunigungseffekt geht nur über eine Supination des Fußes und den entsprechenden Schaufelzugriff.
- Bei SPORTS wurden diese besprochenen Möglichkeiten unter dem Begriff Skatetechnik zusammengefasst, da sie zum guten Teil auch bei den Schlittschuhläufern und bei den Inlineskatern zu beobachten sind.
- Ein weiteres Stichwort einer modernen hohe Schule, das Flexen, ist ohne Fußsohlendruck nicht denkbar.
- Ich stelle unter den speziellen Carvinggefühlen den „Stauchdruck" heraus. Dieses taktil-kinästhetisch vermittelte Gefühl kann als ein Bewegungsgefühl mit eigener Identität gesehen werden.

Konkret sind einige technische Möglichkeiten und Notwendigkeiten sowie einige technische Raffinessen von einer mobilisierten Fußtechnik abhängig:

- der Radiuswechsel für kürzere oder längere Schwungweiten
- das Innen-Anschneiden und das Verkürzen der Spur
- alle Aktivitäten auf dem Innenski
- alles aktive Flexen, vor allem auch die Verlagerung des Flexpunktes
- der sogenannte Carverzug
- das Jetten
- das perfekte Handcarven mit frühem, starkem und langem Aufstützen

Sprunggelenke und Skischuhe

Alle diese Möglichkeiten im Rahmen der Carvingtechnik berühren die Fußarbeit oder funktionieren ohne diese nicht. Diese Fußarbeit ist allerdings nur zu erbringen, wenn der Skischuh dies zulässt. Der Fuß darf nicht einbetoniert sein und die Schaftbeuge muß so flexibel sein, wie sie nur Schuhe mit einem sehr tiefen Flexfaktor (25-50) oder sehr billige Schuhe bieten.

80 bis 90 Prozent der angebotenen Schuhmodelle funktionieren für die hohe Schule der Fußarbeit nicht oder nur bei sehr hoher Geschwindigkeit und sehr hohem Kraftaufwand. Bei fast allen angebotenen Skischuhen ist bei den durchnittlichen Fahrgeschwindigkeiten eine Einnahme von Vor- oder Rücklagen nur möglich über das Anlehnen an den Schaft vorne oder hinten. Dagegen habe ich seit mehr als 10 Jahre die folgende Formel formuliert:

Vor- und Rücklage in der Carvingtechnik: 50 Prozent über den Schaft – 50 Prozent über die Fußsohle

Schließlich ist darauf hinzuweisen, dass differenzierte Arbeitsgänge mit dem Fuß wie Vor- und Rücklage oder Pronation (Großzehengriff), Supination (Kleinzehengriff), Fersensupination und Carvingzug auf der Fußkante nur möglich sind, wenn der Fuß nicht eisern vom Schuh umschlossen ist. Diese Festigkeiten hatten ja ihren Sinn nur für eine millimetergenauen Flachführung des Ski, wie sie in bestimmten Schwungphasen oder auch immer beim Wedeln der alten Technik gefordert war. Beim Carvingski und in der Carvingtechnik dagegen wird nun schnell und scharf von Kante zu Kante gewechselt. Ein kleines Spiel zwischen Fuß und Schuh spielt dabei keine Rolle. Abgesehen von der skitechnischen Sicht lösen wir mit einer Neueinstellung des Skischuhes einen guten Teil des Kälte-Wärme-Problems unserer Füße.

Im Beugen sollte das obere Sprunggelenk ohne wesentliche Hilfe der äußeren Kräfte einen 45-Grad-Winkel erreichen.

57 Wendungen mit den Füßen und gebeugten Knie - Sturzschule - Sturzbekanntschaft **1893 O. Vorwerg (A)** ▸ bei der Schussfahrt Beine nicht gepresst, sondern im bequemen Abstand ▸ bei großen Bögen die Ski mit den Füßen drehen ▸ bei scharfen Wendungen in die Knie gehen ▸ möglichst früh Springen durch Kniebeugen und Kniestrecken ▸ Anhalten durch einen Schlusssprung ▸ erste Sturzschule ▸ erste Hinweise auf psychische Leistungen	Insgesamt Lehrbuchcharakter. Sensationelle Texte! Beispiel: *„Mit dem Stürzen hat auch der geübteste Schneeschuhläufer zu rechnen und der ungeübte natürlich noch viel mehr. Man muß sich deshalb für die Bergabfahrt genügend weichen und tiefen Schnee aussuchen, dann pflegen, selbst wenn man sich mehrere Male mit großer Heftigkeit überschlägt, doch selten Unglücksfälle vorzukommen. Im Allgemeinen kommt es für die Erlernung darauf an, daß man sich vor dem Stürzen nicht scheut, und daß man so bald als möglich mit dem Schnee durch Stürzen Bekanntschaft macht und dann diese Art von Verkehr lebhaft pflegt."*	Erste Hinweise auf psychische Leistungen: *„Schon die einfache Fahrt bergab stellt Ansprüche an Entschlossenheit, Geistesgegenwart, Kraft und Gewandtheit, und eine ungewöhnliche Steigerung erfahren diese Ansprüche bei scharfen Wendungen und beim Springen."* (Das Schneeschuhlaufen. Seite 13 und 19)
59 Das Bremsen der „Schneeler" mit dem Stock, Lenken und Beinedrehen über eine Nut und Federverbindung - Erfindungen **1893 Max Schneider (D)** ▸ Abbremsen und Lenken durch sehr starken Druck auf den Stock („Stock mit Bremsscheibe") ▸ Lenken durch Beinedrehen über eine Nut-Federverbindung von Ski und Schuhsohle ▸ auf tailliertem Ski vom Typ „Telemark" ▸ Ski mit einer „Federkraft", die auf das Gewicht des Fahrers abgestimmt ist	Der „Wintersportverlag – Tourist" publiziert von 1892 an, 1893 bereits mit einer Auflage von 18000. Neben der Gründung und Unterstützung von Vereinen widmet sich Schneider vor allem der Ausrüstung. Er erfindet beispielsweise die Nut-Federverbindung zwischen Ski und Schuh im Ballenbereich, die ein Lenken des Ski garantiert, eine Erfindung die 100 Jahre später ihre Renaissance bei der Langlaufausrüstung feiert. Es ist „notwendig, dass der Fuß mit dem Schneeschuh gleichsam verwächst". Ebenso entwickelt er einen Skischuh, der an der Hacke einen Messingdorn hatte, in den man den Fersenriemen einknöpfte. (Praktische Winke für Schneeler. Seite 12. Im Bild: Figuren „Schneeler" aus der Titelseite der Ausgabe von 1898 des Buches.)	
63 Christianiaschwung Fußdrehen, Kanten, Neigen **1894 Max Schneider (D)** ▸ Man „dreht anfangs beide Schuhe seitwärts". ▸ Schneeschuhe auf die Seite legen und kanten ▸ Man „legt sich dabei auf die Seite hinein, nach welcher die Wendung erfolgen soll."	Hier wird ein sehr modernes Konzept des parallelen Schwingens dargelegt. Es könnte sein, dass Max Schneider in seinen Schriften zum ersten Mal den Begriff „Schwingen" prägt. (Katechismus des Wintersports. Hier zitiert nach Ekkehart Ulmrich, 100 Jahre Skitechnik. Seite 73.)	

76 Stemmfahren – Berg-/ Innenskitechnik **1897 Mathias Zdarsky (A)** ▸ Die Skikante als „Theil einer kreisförmig gearteten Kurve" ▸ eigene Ski 180 cm, vorne 2, hinten 1 cm breiter ▸ mit Hilfe einer präzis führenden Bindung ▸ mit Berg-/Innenskibelastung und Kleinzehenzugriff ▸ mit Vorlage (siehe oben) ▸ Hineinkippen in den neuen Schwung ▸ Doppelschwung aus Stemmbogen + Telemark ▸ Befahren sehr steiler Hänge	Mathias Zdarsky entwickelt eine Technik mit dem Einstock für das Kurvenfahren auch in sehr steilem Gelände. Nachdem er mit seinem norwegischen Ski wenig anfangen konnte, machte er sich Ski ohne Rille von 180 cm und mit Taillierung. Dazu entwickelt er Bindungen für eine gute Skiführung. Seine legendäre „Alpenstange" (ca. 180 cm mit Eisenbeschlag) war eine Übernahme von den Alpinisten. Er verfasst ein gründliches Lehrbuch. 1905 erster Slalom am Muckenkogel. Sorgfältige Analysen „des Genie Zdarsky" bei Horst Tiwald). (Themenübersicht. Außentitel der Lilienfelder Skilauf-Technik in seiner 1. Auflage)	
79 Fußtechnik – Fersendrehschub **1897 Mathias Zdarsky (A)** ▸ „Der Fuß muss so gedreht werden, dass … Diese Drehung des Fußes gelingt am leichtesten, wenn man die Vorstellung in sich erweckt, die Ferse nach aussen zu drehen…"	▸ „Das kräftige, energische Fersendrehn wird dadurch erreicht, dass wir dem Körper einen Schwung nach seitwärts geben, wobei wir die Kniee und die Hüften mässig gebeugt halten, den Körper also vorneigen." ▸ „…die Ferse dreht nach außen und das gespreizte Bein ist vollkommen entlastet." Fersenschub, Fersendrehschub, Fußarbeit, Beinedrehen – Mathias Zdarsky hat wiederum vieles vorweggenommen.	(Alpine (Lilienfelder) Skilauf-Technik. Texte Seite 36 f. und 41, Bild Seite 37)
114 Fußtechnik: Füße drehen > Ski drehen > Christiania **1908 Ernst Schottelius (D)** „Kurz vor dem Ansetzen zum Christiania nach rechts wird der rechte Fuß etwas (ca. 20 cm) vorgeschoben, beide Schier bleiben dann unverändert eng beisammen und parallel – das Gewicht gleichmäßig auf beiden Füßen bes. den Absätzen – im Moment des Schwunges drückt man beide Absätze nach links, beide Fußspitzen nach rechts – die Schier folgen! – der Körper neigt etwas nach innen (rechts) um nicht hinausgeschleudert zu werden – und der Schwung ist fertig!"	Diese geniale Beschreibung der Fußarbeit wird erst in den 1950er Jahren wieder aufgenommen. Die Beschreibung der Schwungausführung schließt Schottelius ab: „Mehr lässt sich beim besten Willen nicht über die Ausführung des Christiania sagen." (Der Schisport. Seite 64) Über den vorgeschobenen Ski sagt er einige Seiten vorher (Seite 46): „Er soll den Stoß aufnehmen, wie dies etwa die federnde Gabel eines Motorrades tut".	(Außentitel seines Buches)

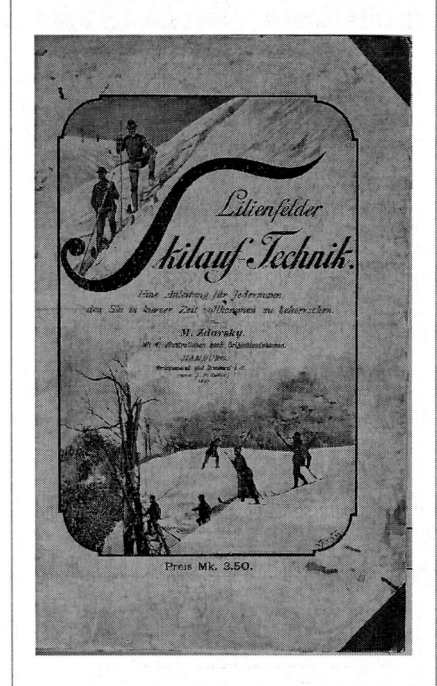

146 Querfahren

1911 Mathias Zdarsky (A)

"Der Fahrer steht in der Zwangsgrätschstellung, Spitzen zusammen, Fersenenden weit auseinander, quer zum Hange. ... Der Stock wird sehr kurz gefasst und bergwärts gesetzt. Solange beide Skier gekantet sind, steht der Fahrer. Sobald beide Skier flach gestellt und gleichmäßig belastet werden, beginnt die Fahrt in der Richtung des fließenden Wassers. Von der Fahrrichtung kann man nach vorn oder rückwärts abweichen, je nachdem man den Bergsski oder den Talski mehr belastet."

Als Fahrkunst gedacht für: „Auf mehr als 30 gradigen, zwei bis drei Meter schmalen Hangstreifen, flankiert von Gebüsch, Felsen oder Eis, oder auch auf sanfteren, breiten Hängen, sobald sie von Hartem, vereistem Schnee bedeckt sind."

Diese Fahrtechnik kann nicht mit dem späteren Seitrutschen gleichgesetzt werden. Nahe kommt ihr nur die Stemmschwunggirlande. Wieder neu ins Bewusstsein gerückt wird sie von Horst Tiwald. Seit 1908 zieht Zdarsky wie hier auch die Talski in Betrachtung und er ist offen und variabel in Belastungsfragen geworden.

„Fig. 25. Querfahren"(Text und Bild in „Alpine (Lilienfelder) Skifahr-Technik". 9.Aufl. Seite 16 f.)

156 Reiner Kristiania - Carven?

1911 Carl J. Luther (D)

„Der reine Kristiania wird mit parallel bleibenden Skiern, der bogeninnere voraus, mit Fersendruck auf beide Skienden und mit einer gewissen ruckartigen Bewegung durchgeführt. Beide Skier kanten sich gleichmäßig bogeneinwärts; der Fersendruck wird durch ein Zurücklegen des Körpers (als ob man die Skispitzen heben wollte) erreicht. Je nach Schwung und Schnelligkeit der Ausführung muß sich der Läufer einwärts legen, der Zentrifugalkraft entgegen wirkend; dies natürlich bei jedem Schwung oder Bogen in einigermaßen rascher Fahrt."

Zwar bringt Mathias Zdarsky 1908 schon eine Bogenbeschreibung allein durch Neigen und Kanten, aber Luther geht gründlicher zur Sache. In seinem nächsten Buch ein Jahr später bringt er mit der Zeichnung von einem stark taillierten Ski zwischen zwei Kreisen mit abgehenden Pfeilen vollends eine geniale zeichnerische Lösung, die bis heute Bestand hat. Die Präzision der nebenstehenden technischen Beschreibung ist erstaunlich. Die Debatten der 1920er Jahre, ob es einen wirklich parallelen Schwung überhaupt gebe, sind von hier aus kaum verständlich. Auch der später bis in die 1950er Jahre gebrauchte Begriff „reiner Kristiania" ist also schon lange von Luther vorweggenommen.

(Der moderne Wintersport. Text Seite 43 f., Bild Seite 44)

212 Abfahrtshaltung schmal mit Schrittstellung

1922 Georg Bilgeri (A)

▸ Skiführung schmal
▸ kleine Schrittstellung
▸ Gewicht mehr auf den Fußballen als auf der Ferse
▸ Sprunggelenke und Knie gebeugt
▸ leichte Oberkörperbeugung
▸ Hände hängend

Georg Bilgeri und Mathias Zdarsky haben sich vor allem auch in den Grundpositionen unterschieden. Der späte Bilgeri kommt in seiner alpinen Grundhaltung schon den Idealen der 1950er Jahre nahe. Im nebenstehenden Bild wird auch auf die Beweglichkeit der Hüfte hingewiesen.

(Der alpine Skilauf." 3. Aufl. 1922, S. 41 f.; Bild S. 25)

227 Geländetechnik – Technik mit Gegendrehen zur Auslösung des Schwunges

1924 Josef Dahinden (CH):

Elemente:
- Gegendrehen: Schulter gegen Hüfte
- Berg- bzw. Innenskibelastung
- Fersendruck
- ganze Grundschule ohne Stöcke
- Betonung der Elastizität des Ski
- ständiges Anschmiegen des Ski ans Gelände

(Gesamtdarstellung in „Die Ski-Schule")

Erste Torsionstechnik.
Gegen die Arlbergschule vertritt Dahinden weiter Wert und Fahrgenuss des Telemarks. Später betont er den Schritt zur Schwungauslösung und wird zum Pionier des Schrittschwingens und des Umsteigens. Schließt sein Werk 1957 mit „Skimambo" ab.
In der Zeitschrift „Winter" wird das Buch Dahindens von 1924 förmlich niedergemacht, die neuen Ansätze werden nicht gesehen.
(Rezension von Dr. Tenner. dem Vorsitzenden des DSV, in „Der Winter" 1925/26, Seite 254 f.)

316 Telemark-Kristiania als „falscher Telemark" und andere Telemarks

1929 Fritz Reuel (D)

Merkmale
- Kristiania in Ausfallstellung
- Innenski weit vorne
- Sprunggelenk innen stark gebeugt
- Außenferse angehoben

Der falsche Telemark wurde durch die Jahrzehnte vergessen. Wenzel König hat ihn 2006 wieder präsentiert. Aber auch andere Telemarkvarianten wie ein Telemark mit gekreuzten Ski, der Kauertelemark oder der Telemarkwalzer finden sich bereits bei Reuel.
(Neue Möglichkeiten im Skilauf. Seite 191) Wenzel König, DVD 2007)

384 Schrittschwung als Schreiten und Schwingen: „Drehschwung" ohne Stemmschule

1932 A. Malter und L. Schäffler (D)

- *Ableitung des Schwingens von der Gehbewegung*
- *Speziell auch vom Abrollen des Fußes*
- *Mit Zehenzug und Fersendruck*
- *Scharfe Ablehnung allen Stemmens*

„Als der vielseitigste Schwung hat sich bis jetzt der Querschwung durchgesetzt, der wohl besser nach der schreitenden Ausführungsweise als Schrittschwung zu bezeichnen wäre."

„Gleiten wie man läuft" – eine frühe und grundsätzliche Theorie des Themas Alltagsmotorik und des „Schrittschwung- laufens". Parallel und schwingend fahren von Anfang an ohne Bogenschule. Kaum je zuvor wurden auch Skischulen so scharf angegriffen. Der Begriff „Schrittschwung" wurde in Deutschland in den 1960ern als Alternative zum „Umsteigen" erneut diskutiert. Bezug auch zum „Spitzerlheben" von Hans Zehetmayer in den 1980er Jahren..
(A. MalterSchreiten und Schwingen. Seite 97 – 100.
L. Schäffler, Gleiten wie man läuft. Seite 22 – 24 und 42 – 43)

„Das sind Schwungläufer, keine Fahrer"

(Foto von Carl J. Luther Seite 97)

527

390 Gezogener Kristiania **1932 Anton Janner (A)** ▸ Ganzer Körper streckt sich durch ▸ Schultern zurückgedrückt ▸ Kreuz hohl ▸ Knie durchgedrückt ▸ Arme breit seitlich ▸ Belastung beidseitig auf Zehenballen ▸ Zehenhub gegen Zehenriemen ▸ Drehung von der Schulter abwärts	Temposchwung als ästhetischer Schwung: Bei einem modernen Fahrer „*hat man nur den Eindruck eines spielenden, wiegenden Gleitens, der ganze Körper scheint sich fast bewegungslos dem Gelände anzuschmiegen. Dieses schöne, ruhige Bild ergibt sich aus der aufrechten Körperhaltung. Fast die ganze Arbeit ist von den Beinen allein zu leisten, daher ist die richtige Kniehaltung und –bewegung das Um und Auf des Temposchwunges.*"	Dieser Text liest sich bereits als ein Abgesang auf die Arlbergtechnik mit ihrer tiefen Fahrhaltung  („Wie man flott Skilaufen lernt". Text und Bild Seite 35 – 36a)
463 Reiterposition als Abfahrtshaltung **Mitte der 1930er, z.B. bei Giovanni Testa (CH)** ▸ Sprunggelenk gut gebeugt ▸ Knie stark gebeugt ▸ Rücken gestreckt, aufrecht ▸ Vergleich auch mit Antriebsphase beim Schaukeln, deshalb gelegentlich auch Schaukelposition genannt	Typische Schulhaltung wie sie beispielsweise Giovanni Testa definierte und propagierte. Zur Beurteilung dieser Position ist zu bedenken, dass zu dieser Zeit noch keine sichere Fersenfixierung verbreitet war – obwohl man schon lange von Vorlage sprach. (Texte Seite 48. Titelbild von E. John B. Allen: From Skisport to Skiing 1991)	
469 Fahrstellung aufrecht mit Kniezug nach vorne **1936 Josef Dahinden (CH)** „*Aus aufrechtem Sohlenstand, Ski auf gleicher Höhe, leicht geöffnet und gleich belastet, ziehe die Knie, ohne die Ferse zu heben, möglichst weit nach vorne.*"	Dahinden stimmt in seinem „Rucksackbuch" weitgehend mit der „Reiterposition" von Giovanni Testa überein und betont die geringe Abweichung von der „Normalkörperhaltung". Vor allem argumentiert er in seinen Darlegungen gegen die tiefe Grundstellung der Arlbergtechnik. (Ski und Du. Text und Zeichnung Seite 45)	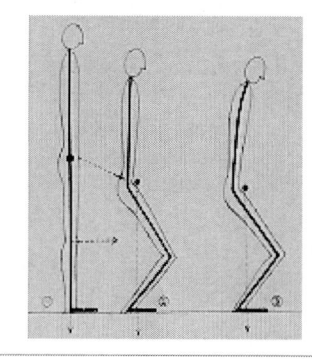
497 Méthode Francaise **Ab 1937 Emile Allais (F)** ▸ Ausgeprägte Rotation mit Blockade in der Hüfte ▸ Ruade (Anfersen der Skienden Extremvorlage ▸ Weit vorgezogener Außenarm ▸ Stöcke sehr kurz, hüfthoch ▸ Bevorzugte geschweifte Ski für die Abfahrt (mehr Flex), parallel verlaufende steifere Ski für den Slalom. Diese Technik wird 1950 von Arwed Moehn in den deutschen Lehrplan übernommen.	Rotation und Vorlage werden – nicht zuletzt unterstützt vom absoluten Fersenhalt – bei Emile Allais ausgereizt. Der Slalomweltmeister von 1937 entwickelte seinen Rennstil mit der Ruade weiter zur Schultechnik. Damit wurde der verbreitete „Hupfkristl" kultiviert. Damit aber bot sich auch ein direkter Weg zum Schwingen an. Ekkehart Ulmrich verweist darauf, dass es in dieser Technik zu keinem Knick von Knie oder Hüfte kommt und der Körper stets in sich gerade gehalten werde. (Emile Allais, METHODE FRANCAIS DE SKI. Paris 1947)	 Diese französische Lehrweise wird in einem graphisch und photographisch aufwändigem Skibuch vorgestellt.

562 Temposchwung in gestreckter Vorlage **1941 Szepes Béla (Ung)** Merkmale ▸ völlige Durchstreckung des ganzen Körpers in Vorlage ▸ weitausholendes Rotieren ▸ Armeweit gespreizt, aber abgewinkelt	Diese Version der ungarischen Skischule eines Temposchwunges, bei dem man sich mit Begriff und Bild auf Toni Seelos bezieht, vermittelt in allen Bildern, eine ausgesprochen starke ästhetische Expression. Dabei werden völlig ungewöhnliche Elemente benutzt. Die Haltung in der Schwungmitte erinnert an einen frühen Skispringer. (Uj si 1x1. Seite 80)	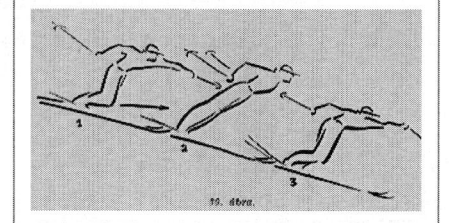
608 Schwingen mit Tiefentlastung oder Ruade **1950 –1956 Deutschland** ▸ extreme Vorlage ▸ Rotation mit weitem Armschwung ▸ Schwungauslösung durch ruade (Abheben durch Anfersen) – Tiefentlastung ▸ Stockeinsatz nahe Skispitzen ▸ aber auch Gegenschulter ▸ sehr kurze, nur hüfthohe Stöcke ▸ mit fixiertem Absatz und Langriemen (ca. 150 cm)	Der deutsche Lehrplan von Arwed Möhn übernimmt Vorstellungen und Konzeption von Emile Allais. Er verbindet damit den Gedanken des Gleitskilaufs und distanziert sich vom Bremsskilauf der Touristen. Auch Vorbehalte gegen den Pflugbogen. Zurückweisung auch von skitechnischen Einflüssen aus dem touristischen Skilauf. Der „Sprung- kristiania", auch „Hupfkristl" genannt, findet hier seine letzte Ausformung. Aber auch Berücksichtigung des Gegenschulterschwingens.	links mehr stemmendes Fahren rechts mehr schwungvolles Fahren (Moderner Skilauf. Texte vor allem Seite 5-16, Bildausschnitt aus Seite 21)
640 Revolution Beinspieltechnik - Wedeln **1956 Stefan Kruckenhauser + österreichische Berufsskilehrer** Neuer Schi-Lehrplan: ▸ sehr aufrechte Position ▸ Gegendrehen unten gegen oben ▸ Fersentritt und Fersenschub ▸ Kniekurbel und Hüftknick ▸ Vertikalbewegung, aber aufrechte Grundposition ▸ Kurzschwingen hart für Tempokontrolle ▸ Wedeln geschmeidig – Tempo erhaltend ▸ lange Stöcke	Die österreichische Skischule findet die bessere Form des Gegendrehens. Deutschland folgt sofort. Nach anfänglicher harter Konfrontation mit der Schweiz und mit Frankreich ist in wenigen Jahren die Welt erobert und in Sachen Skitechnik so einig wie noch nie. Wedeln wird über Jahrzehnte Zauberwort und ersehntes Ziel vieler Skifahrer. Kruckenhauser wird in 31 japanischen Städten Ehrenbürger. Mit Fersentritt und Fersenschub werden Elemente einer Fußtechnik in ein Gesamtsystem integriert. (Österreichischer Schi-Lehrplan. Texte über den gesamten Bereich,	

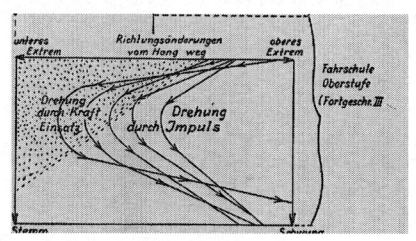

673 Schub in Varianten **1964 Siegfried Kreuzhuber (A)** Diskussion von Schubnamen und Schubformen ▸ Schub ▸ Zehenschub ▸ Schub des Vorderfußes ▸ Fersenschub ▸ Fersendrehschub ▸ Fersendrehung ▸ Fersentritt	Die Beinspieltechnik wird vom Verfasser wie auch von anderen in immer neuen Namen und Perspektiven unter die Lupe genommen. Wie hier werden „Schubformen" diskutiert. Später werden sie von Deutschland ausgehend durch den übergreifenden Namen „Beinedrehen" abgelöst werden. (Betrachtungen zur Technik. Seite 10 f.)	
711 „Carving the turn with the tips" **1968 Karl Tucker und Clayne Jensen (beide USA)** ▸ Stellen den Ski als selbstverständlich gut tailliert vor. Sie sprechen sogar vom **hourglass shape.** ▸ *„Carve with the tips of the skis."* ▸ *„Steer with feet, carving the turn with the tips."* ▸ *FORM OF SKI: the variations in the width of a ski at different places along the ski. This is very important to turning."*	In ihrem Buch „Skiing" (in der Reihe Brown Physical Education Activities Series. Dubuque/Iowa), das die amerikanische Skischultechnik wiedergibt, finden sich diese überraschende Darstellung und diese Aussagen. Die Schneideaufgabe der Skispitze wurde zwar auch schon in den 1930er Jahren thematisiert, aber noch nie so eindringlich und noch nie im Zusammenhang mit der Taillierung des Ski. In anderen amerikanischen Darstellungen ist auch formuliert: ***Carving with the shovel.*** (Skiing. Seite 25 und 46, Zeichnung Seite 47)	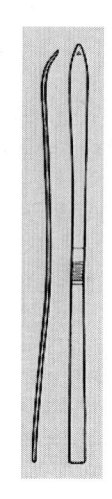
724 Carvingtheorie – Carvingpraxis **1970 Doug Pfeiffer (Can/USA)** Carven entweder durch ▸ energisches Kanten – *by edging* ▸ tiefes Flexen – *by stomping* ▸ Sich-Zurückwiegen auf der Kante – *by rocking* ▸ oder kombinierte Aktionen	Pfeiffer bietet in seinem „Skiing Simplified" ausgereiftes Carven an. Er geht ihn um zum „The ultimate Goal" und um „This Soul-Satisfying Skill". Er ist seiner Zeit weit voraus. Beispielsweise allein den Carvingeffekt durch Sich-Zurückwiegen auf der Kante, in der Literatur von SPORTS später „Carverzug" genannt, zu beschreiben, kann als genial und prophetisch angesehen werden. (Texte und Bild in SKIING SIMPLIFIED. Seite 163-169)	
748 Fahren aus den Fußgefühlen heraus – Carven **1972 Warren Witherell (USA)** *„Die Konzentration eines jeden guten Rennläufers ist beim Gefühl, das er von den Kanten im Schnee hat. Er wird die Struktur des Schnees fühlen, die Beschaffenheit des Geländes und die Elastizität und Form seiner Ski."*	Ein Autor der für die „*innere*" Motorik Sinn hat. Der ehemalige Weltmeister im Wasserskisport und Direktor der Burke Mountain stellt auch das US-Nationalteam auf Carving ein. (How the racers ski. Seite 48, Bild ebda. Seite 47)	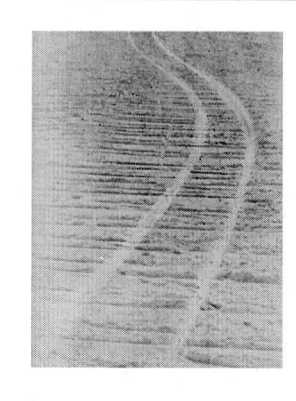

753 Hallux-Valgus-Technik **1973 Sebastian Zwicknagel (A)** Wirk- und Angelpunkt aller Aktionen ▸ Balancieren seitlich auf dem Großzehenballen ▸ Balancieren vor-rückwärts auf dem hallux valgus ▸ sonst reines Beinspiel	Der Skischulleiter von Kitzbühel dachte seine Formel als Verfeinerung der Beinspieltechnik, vor allem aber wollte er sie im wörtlichen Sinne auf den Punkt bringen. Es lassen sich aber auch zu alten wie zu neuen Fußtechniken Linien ziehen. Vgl. zur Thematik Hans Zehetmayers „Spitzerltechnik" und die „Fußtechnik" bei SPORTS. (Skitechnik am Halux. Bilder Seite 8)	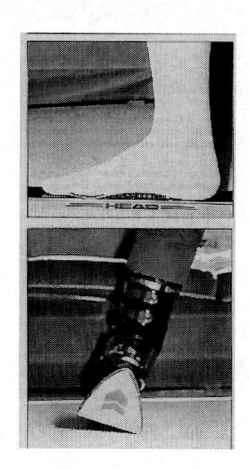
778 Basales Pedalieren – Schrittwechsel mit „Spitzerlheben" und gekreuzter Beuge-Streck-Reaktion **1978 Hans Zehetmayer (A)** ▸ Schritteinleitung mit Druck auf neuem Innenski hinten und leichtem Anbeugen des Beines sowie Anheben der Skispitze ▸ Streckdruck auf dem Außenski ▸ differenzierte Fußarbeit ▸ wechselseitiges Beugen und Strecken der Beine als Pedalieren (Lehrwege im Schiunterricht. Seite 237-248.)	Mit dem Zugriff auf den gekreuzten Beuge-Streck-Reflex und schrittartigem Belastungswechsel schafft Zehetmayer eine Grundform des Pedalierens. Dabei kommt es auch zu einer allgemeinen Aktivierung der Fußarbeit. Zu dieser werden wiederum die Skieigenschaften in Bezug gebracht. Skihistorisch gesehen gab es 1905 den konträren Schwung bei Max Schneider: Fußspitze drückt auf Innenski, Ende des Außenski wird nach außen gedrückt. Für Hans Zehetmayer gilt in vielen Veröffentlichungen und Lehrgängen in den nächsten vier Jahrzehnten die Formel: **„Das Einfache ist das Beste."**	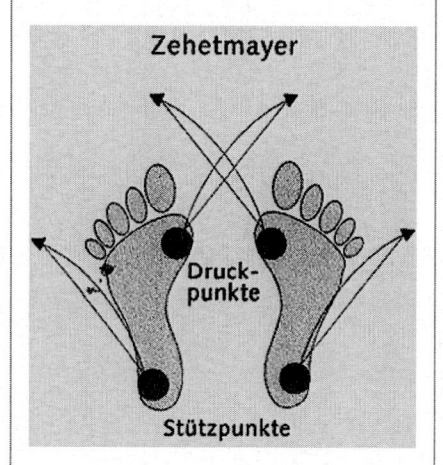 Zeichnung in: Walter Kuchler, Carving. Neuer Spaß am Skifahren. Seite 83)
1026 Kurvenlagen nach neuen Maßstäben – mit Skwal **1998 bringt Fa. THIAS (F) ein neues Snowboard** ▸ Skwal in der Mitte schmal wie ein Skischuh breit ▸ Füße frontal hintereinander ▸ stark gebeugte Sprung- und Kniegelenke ▸ alle Fahrpositionen frontal ▸ viele Merkmale der Carvingtechnik ▸ Fahren mit Stöcken möglich	Auf Skwal wird ein Snowboard mit der Fahrweise der Carver kombiniert. Die Fa. Völkl (mit Lizenzbau „Monoski") und Skifilmexperte Fuzzy Garhammer sprengen mit dem Schweizer Thomas Bläsi als Demonstrator die Grenzen bisheriger Kurventechniken. Auch erfahrene Carver finden sich auf dem neuen schmalen Snowboard schnell zurecht, da beide Füße in Fahrtrichtung stehen. (Aus dem Prospekt der Firma Thias)	

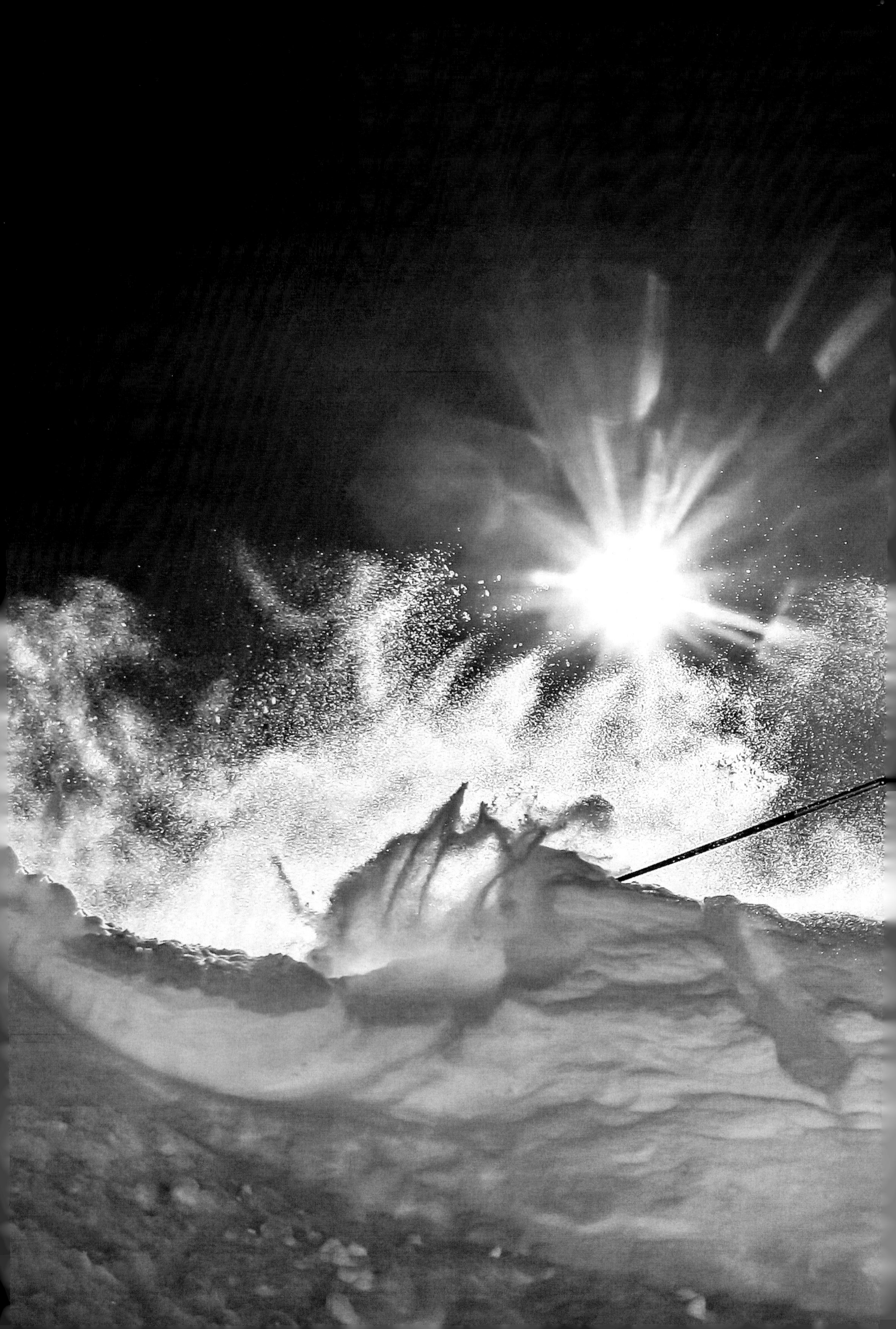

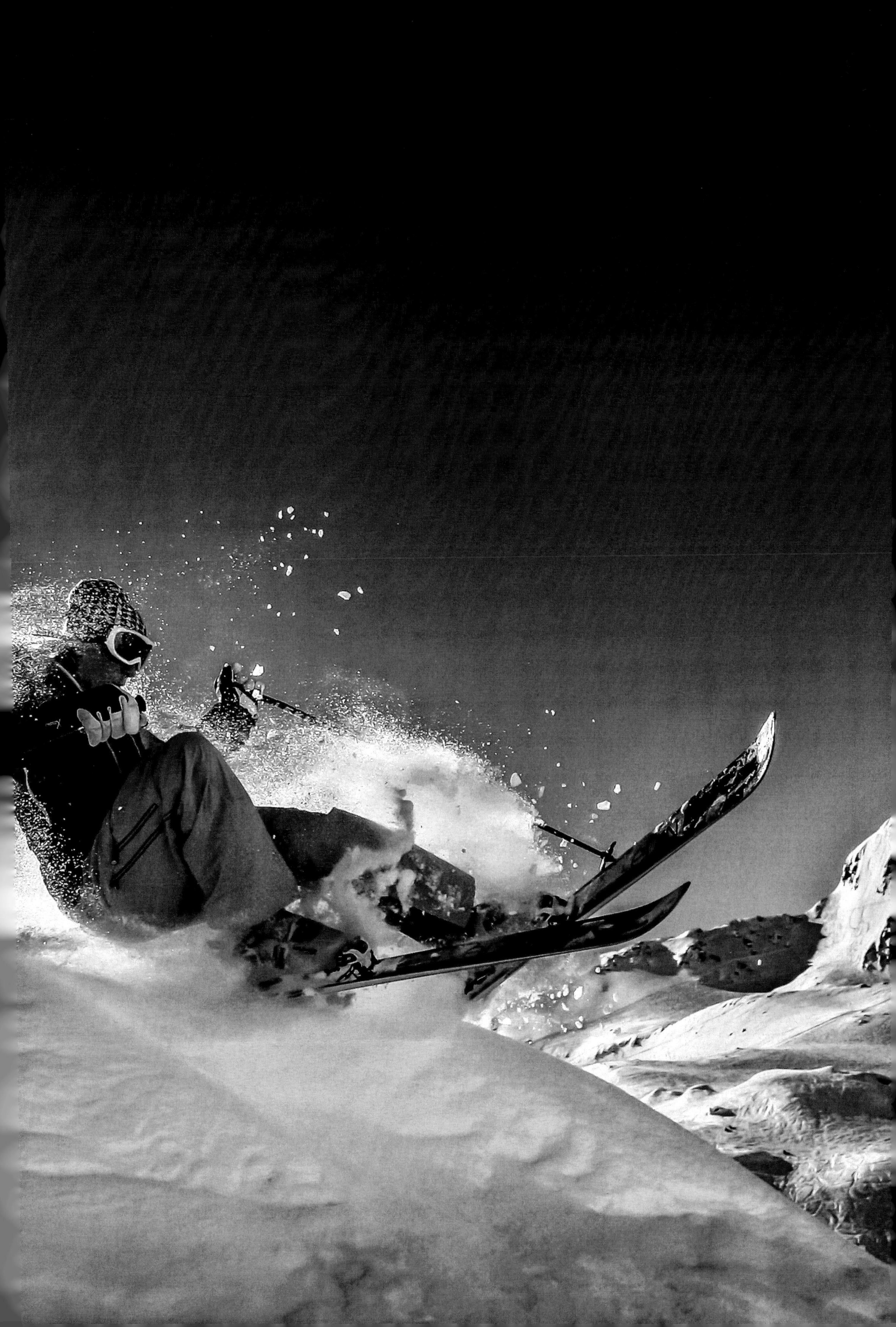

1060 Fußtechnik 2001 – Teil einer Hohen Schule 2001 Walter Kuchler (D) Pronation (Großzehengriff) ▸ Supination –Kleinzehengriff ▸ Supination Außenferse ▸ „Carverzug" durch Nachkanten und Zurückgehen auf der Sohle ▸ Regel für Vorlage: 50 % über Fußsohle – 50 % über Schuhschaft ▸ alle Pro- und Supinationen	Die Skatingtechnik erfährt damit eine Verfeinerung. Die Symbiose mit dem Ski wird noch deutlicher und stärker. Damit wird auch an das Können mit Lederschuhen vor 1970 angeknüpft. Roc Petrovic verwies 1990 auf die diagonale Linie von der Ferse außen zur Großzehe, um einen frühen und exakten Kantengriff zu bekommen. Vgl. auch das „Rochieren". Siehe auch Dick Sexe 1965 mit Pronation der Gegenhand.	(Zeichnung aus Georges Joubert 1978)
1137 Fußtechnik 2010 Schneesport Schweiz (Autor Vali Gadient) Behandelt die Teilkörperbewegungen ▸ des oberen Sprunggelenkes ▸ des unteren Sprunggelenkes ▸ Beugen/Strecken aus dem Fuß	▸ diagonales Einwärts- und / Auswärtsknicken ▸ Drehen der Füße um die Beinlängsachse ▸ funktionelle Aufgaben der Füße (Schneesport Schweiz Band 2/2010: Ski. Seite 75 – 78)	Die Fußarbeit wird seit der Einführung plastifizierter Schuhe 1968 kaum beachtet. In der Geschichte jedoch breiter behandelt schon bei Mathias Zdarsky (1897) und Ernst Schottelius (1908). In der neueren Zeit öfter durch mich in den Ski-manuals SPORTS.

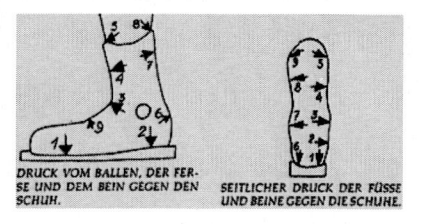

21. Reflexe - frühe Hinweise

Ob als Reflex formuliert oder nur in der Form einer Ausführung einem Reflex entsprechend gibt es schon frühe Hinweise. Es war mir als Skilehrer schon in den 1960er Jahren ein Anliegen diese zu sammeln, wenn ich von älteren Ausbildern davon hörte. Inzwischen habe ich versucht alle Hinweise in der neurologischen Literatur zu sammeln, die für die Skitechnik interessant sein könnten. Sie folgen in einer Zusammenstellung im folgenden Abschnitt des Buches.

115 Blicksteuerung 1908 Ernst Schottelius (D) Der Verfasser formuliert kurz und prägnant: „Den Blick dorthin, wohin man lenken will." Die Körperdrehung geht in den Schwung hinein.	Wohl erstmals werden hier der vorausgehende Blick und seine Bedeutung für eine Drehung angesprochen. Später 1938 bei Fritz Hoschek, 1947 bei Wolf E. Burger und schließlich in den 1990er Jahren durch mich bei Beschreibung des Carverblicks und bei der Besprechung von Reflexen aufgegriffen und vertieft. (Der Schisport. Seite 46. Bildbeispiel bei Wolf E. Burger, Schule des Schilaufs. Seite 19)	

258 Blicksteuerung – eine reflektorische Steuerung **1925 Carl J. Luther, Paul Weidinger, Toni Schönecker (alle D)** Schwungeinleitung durch Blick- und Kopf-Körpersteuerung: *„Behalte kurz dabei im Sinn, Dort wo Du hinschaust, fährst Du hin."*	Das lustige in Versen verfasste Skilehrbuch bietet diese Schwunghilfe, die Jahrzehnte später von den Rennfahrern Blick- oder Kopfsteuerung genannt werden wird. Ich empfehle die Blicksteuerung in der Carvingära auch als sichernden Carverblick. (Der Skikurs. Seite 37)	
528 Vorlage auch als Korrektur für reflexbeeinflusste Bewegungen **1938 Walther Birkmeyer und Karl Schindl (beide A)** ▶ Der „Liftreflex" muss für die Einnahme der Vorlage, auch schon der hanggerechten Lage, überwunden werden. ▶ Verweis auf die nahe liegende Diskussion um phylogenetisch früher oder später angelegte Bewegungsmuster.	Der Mediziner und Sportreferent des österreichischen Kultusministeriums und der Direktor für die Sportlehrerausbildung greifen hier erstmals das Thema der Reflexe auf, das ich in seiner Breite erst 60 Jahre später bearbeiten konnte. Der Liftreflex wurde aus der Beobachtung der Reaktion der Beine auf das ruckartige Anfahren wie auch Anhalten alter Hauslifte so benannt. In beiden Fällen strecken sich die Beine. Die gleiche Reaktion erfolgt beim unbeabsichtigten Weggleiten der Ski, was auch zur Rücklage führt. (Steuerungsstörungen bei der Schiabfahrt, 2 Beiträge)	(Bild bei Sigmund Ruud, Skisport KrysslerVerden, Oslo 1938 Seite 68a)
529 Vestibulum und Schwung – Reflexreaktion des Gleichgewichtsorgans **1938 Walter Birkmeyer und Karl Schindl (beide A)** Eine Reizung des Vestibulums rechts, wie beispielsweise eine Kopfdrehung rechts, führt zur/zum ▶ Körperspannung rechts ▶ Skibelastung rechts ▶ Aufkanten rechts ▶ Fahrt nach rechts	In sinnesphysiologischen Experimenten stellten die beiden Wiener, der Neurologe Walter Birkmayer und der medizinische Leiter im Erziehungsministerium Karl Schindl, fest, dass schon die einseitige Reizung des Gleichgewichtorgans zu einer Fahrtabweichung führt. Von hier kann eine Verständnislinie bis hin zu meinem „Reflexprogramm" (1997) gezogen werden. (Steuerungsstörungen bei der Schiabfahrt, 2 Beiträge)	*Allein eine Reizung des Vestibulums, betonte Blickführung, die Zungensteuerung und Reflexe wie die Handsupination und die Körperstellreflexe können unter guten Bedingungen zu Richtungsänderungen führen.* Walter Kuchler 2002

582 Schwungeinleitung mit einem Reflex **1947 Die österreichische Schischule, Verfasser Eduard Wolf Burger** ▸ „Der Kopf leitet also die Bewegung ein und steuert sie." ▸ „Die Wendung des Kopfes überträgt sich reflektorisch auf den gesamten Bewegungsapparat." ▸ Zielvorstellung: ▸ „Ich will mich umdrehen." Vergleich mit der Richtungsänderung des Pferdes, wenn die Zügel seinen Kopf wenden.	Die Anleitung mit dem asymmetrischen tonischen Körperstellreflex zu arbeiten – Burger verweist auch auf die Beteiligung von Auge und Gleichgewichtsorgan – ist skitechnisch wie skimethodisch sensationell. Die ersten Hinweise zu reflektorischen Steuerungen von Ernst Schottelius 1908, 1938 von Walther Birkmeyer und Karl Schindl (beide A) sind hier wieder aufgenommen. Diese Denkrichtung findet später von mir eine systematische Behandlung. (Die österreichische Schischule. Amtlicher Lehrplan. Seite 34 f., Titelbild)	
591 „Schulterschwung" – Rückkehr zur Rotation **1949 Eduard Wolf Burger – Schule des Schilaufs (A)** ▸ Drehschwung ▸ mit Knicklage oder starker Innenlage ▸ auch starke Vorlage ▸ schraubige Rotation ▸ Talstemme mit Bremswirkung wie bei einem Kettenfahrzeug Betont wieder mehr das Stemmen und Scheren neben dem reinen Schwung. Hinweis auf die Führung des Kopfes in den Schwung. (Schule des Schilaufs Seite 18 f., Bild VII zu Seite 19)	Eduard Wolf Burger, Verfasser der „Schule des Schilaufs" und des amtlichen österreichischen Lehrplans von 1947, hält das „schraubenlose Fahren", die Gegenschultertechnik, für überholt und lehrt eine Rückkehr zur Rotation. Eigenartigerweise zeigt er aber im Umschlagsbild die Gegenschultertechnik. 	
688 Pronation der Hand **1965 Dick Sexe (USA)** ▸ Eine Pronation des Daumens der Innenhand führt automatisch zur Belastung des darunter geführten Ski. ▸ Für Dick Sexe führt eine Stockführung ohne Pronation auch zur Rücklage und falscher Skibelastung. (In: The Skier´s Handbook. Seite 152 f.).	Vielleicht der erste Fall nach Walter Birkmayer und Karl Schindl (1938), der zeigt, wie man Reflexe und reflexartige Mechanismen skitechnisch nutzen kann. Für Innenskischwünge wäre entsprechend der Supination die Hand einzusetzen. Ein Konzept, wie man Reflexe und Mechanismen heranziehen kann, findet sich in meinem Beitrag im Skimanual 2003/2004 Seite 66 f..	

913 Hüftkick und Pedalieren durch den Beuge-Streck-Reflex **1989 Walter Kuchler (D)** ▶ Als Hüftkick innen wird mit dem gegenseitigen Beuge-Streck-Reflex das Außenbein gestreckt und der Außenski belastet, der Innenski dagegen entlastet oder auch angehoben. ▶ Später beschreibe ich, wie bei den „Pedalos" in tiefer Position Gleiches erzielt werden kann.	Bei einer aufrechten Fahrweise führt auch ein impulsives Anheben der Innenhüfte zum Beuge-Streckflex der Beine. Deshalb ist auch an eine Mobilisation dieses Reflexes in klassischen Fahrweisen zu denken. (Die neue Skitechnik. Texte Seite 183 und 184. Bild Seite 139)	
1011 Hüftkick und Pedalieren durch den Beuge-Streck-Reflex **1997 Walter Kuchler (D)** ▶ Als Hüftkick innen wird mit dem gegenseitigen Beuge-Streck-Reflex das Außenbein gestreckt und der Außenski belastet, der Innenski dagegen entlastet oder auch angehoben. ▶ Später beschreibt der Verfasser, wie bei den „Pedalos" in Sitzposition Gleiches erzielt wird.	Einer der frühen Anweisungen, wie man mit Hilfe von reflektorischen Auslösungen seine Skitechnik gestalten kann. Auch die Pronation der Hand, die - wie Dick Sexe 1965 (in: The Skier´s Handbook. Seite 152 f.) aufgezeigt hat - aktiviert die Belastung des anderen Beines	 Europacup Zinal 2019
1095 Überraschungen, unbewusste Reflexe und Reaktionen **2005 Arturo Hotz / Karl Mülly (beide CH)** Technik und Standfestigkeit sind *„zudem abhängig von unbewußten Reserven, Reflexen und Reaktionen, die den geübten Läufer in Gefahr richtig handeln lassen. Fahrhilfen und Schulungstricks werden erst dann verfangen, wenn das Gefühl für das Fahren geweckt ist, wenn Bogen und Schwung in der Empfindung verankert sind …"* (Arturo Hotz, Ein Gleichgewichtsgefühl. Seite 242 und 244)	In einem fingierten Interview mit dem Titularprofessor Karl Mülly geht Arturo Hotz unter dem Titel: *„Gleichgewichtsgefühl, das körperlich, geistig und seelisch bedingt ist"* den Grundlagen der Skitechnik nach. Dabei wird eine kaum diskutierte Einstellung der Skifahrer aufgedeckt: *„Wer Ski läuft, sieht voraus, dass er überrascht werden wird. Er weiß aber nicht wann. Er brennt danach, sich zu wehren, aber er weiß nicht, in welchem Umfang er seine Kräfte einsetzen muss. … Dieses Überraschungsmoment löst für Anfänger und Läufer unbewusste seelische Spannungen und Erregungen auf."*	 Karl Mülly, 1877 – 1960

1121 Reflexe – Psychomotorische – psychodynamische Ergänzung **2007 Walter Kuchler und SPORTS** Aktivierungen vorwiegend unsichtbarer technischer Elemente: ▸ Arbeit mit Reflexen ▸ Ansprechen kinästhetischer Empfindungen ▸ Tonisierung als Spannungsaufbau ▸ Figuration als Marker ▸ Imaginationen als Vorgaben ▸ Antizipatorische Emotionalisierung ▸ Mentales Lernen ▸ Real-mentales Training	Die Aktivierung und Reaktivierung von 10 – 12 Reflexen wie die Kopf- und Körperstellreflexe, die Zungensteuerung oder die Supinationen von Fuß und Händen, das bewusste Ansprechen von Muskeln, die Vorgabe von Imaginationen aus der Tierwelt wie „Tiger" und „Bär" oder aus dem Sport wie „Sprinter" und „Reiter", die gezielte vorherige bewusste Emotionalisierung bis hin zur „voreingestellten" Gesichtsmimik können Techniken beeinflussen und perfektionieren. (Die Thematik ist in meinen Büchern immer wieder angesprochen. Mehrere Artikel in den SKIMANUALS von SPORTS. – Titelbild von Carving. Neuer Spaß.)	 Blick und Kopfdrehung voraus 
1196 Mögliche Zugänge und Zugriffe auf Tiefschichten der Skitechnik (III) **2016 Walter Kuchler (D)** ▸ Die Figuration als Arbeit am Körperschema – der „Skikörper" im ständigen Bodyshaping z. B. Abfahrtshaltungen und Körperlagen ▸ Die Mobilisation und Einbindung von Reflexen (von F. Hoschek bis W. Kuchler) ▸ Die Arbeit mit Flexen und Rebounds ▸ Synergetische Allianzen mit der Autokinetik des Ski und der Autodynamik des Schuh ▸ Ausbruch aus unbewussten fahrerischen Gewohnheiten (in Anlehnung an Bryant J. Cratty) ▸ Mit Imaginationen – Leitbilder für das Fahren ▸ Die Bewegungsqualitäten als sublime Ideale	Allein schon die Formulierungen „Inner Ski" von Denise McCluggage (1977) und Galwey/Kriegel (1977) regen an, mit anderen Augen auf die Skitechnik zu schauen. Die in Literatur und Unterricht vorwiegend beschriebenen Bewegungsmerkmale sollten auf beiden Ebenen mit den hier aufgezeigten unsichtbaren Merkmalen ergänzt werden Auch mehr literarisch-poetische Aussagen und Zeugnisse erweisen sich als eine Fundgrube für einen tieferen Zugang zur Skitechnik wie wir sie bei Anton Fendrich, Ernst Schottelius, Alfred Flückiger, Josef Dahinden, Henry Hoek, Felix Riemkasten u. a. finden. Selbst übertriebene Huldigungen und Verklärungen wie wir sie in den 1920er und 1930er Jahren bei Hanns Roelli und Hans Fischer finden, können Wege zu einem tieferen Verständnis der Skitechnik sein. (Thema verbreitet in Lehrgängen und Flugblättern bei SPORTS)	

22. Das Schneewiderstandsmodell

Doch die Piste dreht den Ski". Die provozierende und gelungene Formulierung Prof. Dr. Georg Kassats für sein zweites Buch (2000) erinnert daran, dass die Skifahrtechnik aus mehreren Perspektiven gesehen werden kann. Was spielt sich zwischen Ski und Piste ab? Und von der Seite des Fahrers her und schließlich von der Seite „Werkzeug und Material" aus, wie Prof. Hans Zehetmayer immer gerne formuliert.

Nun ist Kassat nicht der erste, der auf den ersten Gesichtspunkt aufmerksam macht. Ein Rückblick hält hier einige Stationen und Hinweise für uns parat. Im Allgemeinen aber dürfen wir auch annehmen, dass vielen oder auch sogar den meisten Theoretikern der Zusammenhang immer bewusst war und sie diese immer bleibende Voraussetzung deshalb nicht jeweils eigens thematisiert haben. Eine sorgfältige Durchsicht der Literatur würde dazu noch einige Stimmen aufspüren können.

Auch die Existenz des Carvingski mit seiner Autokinetik und seinen völlig neuen Möglichkeiten regt zu einem besseren Hinschauen an. So ersparen auch die Wiener Skimodelle und die Schlüsse, die aus ihren Fahrten gezogen werden können, heute niemandem die Frage nach Ski und Unterlage. Und es ist sehr konsequent, wenn die Schweizer von einem „Schneewiderstandsmodell" sprechen. Prof. Dr. Arturo Hotz steht mit diesem Modell und mit seinen Vorträgen hinter dieser Perspektive.

75 Carvingtheorie der „bogigen Fahrtrichtung" - Einstocktechnik 1897 Mathias Zdarsky (A) „Die Skikante ist also ein Theil einer kreisförmig gearteten Kurve. Durch den Druck, dem der Ski ausgesetzt ist, gewinnt diese Kurve noch mehr Kreisähnlichkeit. Aus dieser Kantenform ergibt sich schon die bogige Richtung der Fahrbahn. Wenn man aber noch bedenkt, dass wir den Schwerpunkt in der Richtung nach dem Kreismittelpunkte verschieben, dass	*wir auf derselben Seite mit dem Stocke einen Reibungsfaktor hervorrufen, und dass schließlich die aufgebogene Skispitze, sobald sie Widerstand findet, ebenfalls nach der Bergseite ablenken muss, so wird uns klar, dass durch die Zusammenwirkung all´ dieser Faktoren eine bogige Fahrrichtung entstehen muss."* Die Carvingtheorie ist hier schlichtweg vorweggenommen. (Alpine (Lilienfelder) Skilauf-Technik. Seite 33.)	Bild des 28jährigen Zdarsky als Maler in München. (In: Skileben in Österreich 1937, Seite 7)
100 Schnee-Ski-Reaktion 1905 Wilhelm Paulcke (D) „Dadurch, dass beim Schwingen ein Ski, unter Einwärtskanten, mit dem Absatz des entsprechenden Fußes während der Abfahrt quer zum Hang gerichtet wird, wirkt von vorn – an der gebogenen Schnabelspitze beginnend – der Druck des Schnees auf die Gleitfläche des Ski, und zwingt ihn zur Drehung quer zum Hang."	Erstmals wird hier auf das Zusammenwirken von Ski und Schnee, also auf die Wirkung der äußeren Kräfte, zum Zustandekommen einer Richtungsänderung verwiesen. Paulcke wird zum Hauptgegner Zdarskys. Er entwickelt sich zum Lawinenspezialisten der nächsten Jahrzehnte. Im ersten Weltkrieg errichtet er eine Skifabrik in der Türkei, in einem heutigen Vorort von Istanbul. (Der Skilauf. Seite 95, Außentitel)	

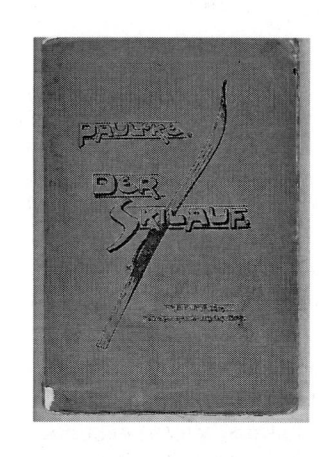

129 Telemark und Kristiania als Ergebnis der Ski-Schnee-Physik – Skitechnik individuell **1909 Anton Fendrich (D)** ▶ Telemark aus Position und dem Resultat von Tempo und Bremswirkung der Kante ▶ Kristiania aus leichtem Rück- und Einwärtslegen und Aufkanten der Ski bis zum Stillstand ▶ viele individuelle Kristianias ▶ hält Kurvenfahren alleinig durch Belastungswechsel und Kanten für möglich ▶ viele Demonstrationen ohne Stöcke ▶ im Bild auch taillierter Ski	„Der Skiläufer", ein verbreitetes Buch mit vielen Folgeauflagen, bringt sensationelle Bewegungsbeschreibungen, indem es auf den Zusammenhang von gekantetem Ski und Schneewiderstand verweist. Hochinteressant auch der Hinweis auf individuelle Ausführungen, die sogar „in brillanter Haltung" ausfallen können. Darüber hinaus findet man eine Philosophie des Skisports. Interessant die Geschichtstabellen. Anton Fendrich dürfte auch der erste Apologet einer individuellen Skitechnik sein! (Der Skiläufer. 1909, 2. Aufl. Seite 63-65, Zeichnung Seite 17)	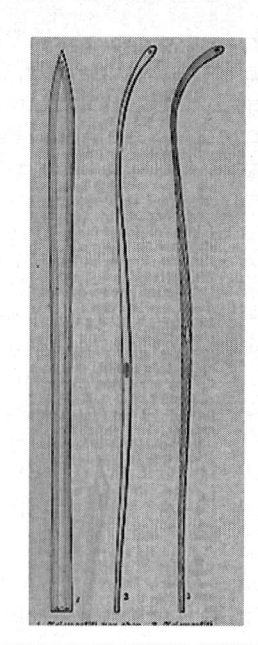
130 Gecarvter Kristiania für lange Kerle – durch Gewichtsverlegung **1909 Anton Fendrich (D)** *„Um den ´Kristiania´ einzig durch leichtes Kanten und Gewichtsverlegung des gestreckten Körpers zu machen, so daß das Ganze fast wie eine harmlose Spielerei anstatt wie ein mühsames Reißen und Drücken aussieht, dazu gehört wahrscheinlich eine lange Gestalt, deren hochgelegener Gleichgewichtspunkt bei der Verlegung genügend stark verändernd auf die Fahrtrichtung einwirkt."*	Auch wenn nach Anton Fendrich „Läufer von mittlerer und kleiner Figur" eher gewaltsame, gerissene Kristianias fahren, so findet man bei ihm eine erste, den Kern der Sache treffende Beschreibung für die Carvingtechnik. Der Einfluss Anton Fendrichs auf die Entwicklung und die Skifahrer ist schwer einzuschätzen, aber jedenfalls ist sein Buch über zwei Jahrzehnte in 40 (!) Auflagen erschienen. (Der Skiläufer 1909. 2. Aufl. Seite 64 f., Bild und Bildunterschrift Seite 64)	 „Ansatz zu Kristiania nach links (fast nur durch Gewichtsverlegung)"
292 Bögen durch Taillierung und Belastung vorne-hinten **1927 Helmut Kost (D)** *„Richtungsänderungen sind stets ein Produkt von Gewichtsverlagerung und Einsetzung von Widerstand."* *„Daß der Bogen überhaupt zustande kommt durch Kantenbelastung, erklärt sich erstlich aus dem Bau des Telemark-Ski, der mit seiner Verbreiterung an der Spitze und am Ende, und seiner Verjüngung in der Mitte, kantenseitig einen Ausschnitt aus einem Kreis mit sehr großem*	*Radius bildet, und schon deshalb auf die Kante gestellt die Neigung hat, im Kreis zu laufen."* *„Kommt nun noch hinzu eine wohlbedachte Verteilung der Körperlast auf den Hölzern, also etwa die allmähliche Verlegung der Körperlast auf den hinteren Teil der Innenkante des weggestemmten bogenäußeren Skis oder auf den hinteren Teil der Außenkante des bogeninneren Skis, so wirkt sich der Widerstand des Schnees auf die unbelasteten Spitzen ergiebiger aus als auf die belasteten Enden; die Spitzen werden angehalten, während die Enden noch weiter rutschen; wodurch der Bogen zustande kommt."*	(Wintersport. In: Die deutschen Leibesübungen, hrsg. von Edmund Neuendorff 1927, Seite 595, oben Seite 594) Gerissener Christiania Seite 592: Hier scheint die erste Bilddokumentation einer Schneeberührung mit der Innenhand vorzuliegen. Außerdem ein „hanging off" des Innenknie wie beim Motorradfahren. Das Bild könnte auch in einem modernen Carvingbuch veröffentlicht werden. 

540 Schnee und Skitechnik

1940 Arnold Lunn (GB)

„Jede Art von Schnee verlangt eine andere Art des Laufens, verlangt eine andere Geschwindigkeit und hat ihre besonderen Gefahren. Im tiefen Pulverschnee wird man am besten den Telemark-Schwung anwenden; Hartschnee verlangt den geschlossenen Kristiania, bei dem die ganze Breite des Ski gegen den Hang zur Wirkung kommt."

Wenige Fachleute werden über viele Jahrzehnte so reiche Kenntnisse über das Fahren in den verschiedensten Schneearten gesammelt haben, wie dieser Autor. Am ehesten noch Henry Hoek, der Übersetzer seines Erinnerungsbuches. Vor allem der Hinweis auf die Geschwindigkeit ist interessant.

(Die Berge meiner Jugend. Text Seite 42, Bild 112 a)

---

589 Schwungbrechen" – „Schoppen"

1948 S. Linhart (A)

Um einen Schwung
„mit richtigem Tempo anzusetzen, wird vorher das Zuviel (an Tempo) weggenommen, jedoch als Schwungholkomponente wieder verwertet."

„Dieses jähe, augenblicklange Abstoppen schoppt die abgefangenen Schwungkräfte, um …"

Praktisch wird ein vorheriger Gegenschwung zum Hang gemacht. Begriffe und Sache, zu der in dieser Schrift angeleitet wird, haben Tradition. Manchem Fahrer ist das auch heute noch eine Hilfe, um sich im Steilen vom Hang zu lösen und sich in oder über die Falllinie katapultieren zu lassen. Auch das abschließenden Gegendrehen von Marc Hodler, die „geheime Kraft" von Sepp Bürcher, das Carven als „rocking", der Fishhook u. a.

In den 1960er Jahren wurde im Skiunterricht als eine vergleichbare Lösung der sog. zweite Hüftknick praktiziert.
Carver können gleiche Effekte durch den „Carverzug" oder durch ein bewusstes Flexen mit anschließendem Rebound erzielen.
Auch das sog. zweite Kippen beim „Flieger", um mit der Innenhand Schneekontakt zu bekommen, ist eine vergleichbare Lösung.

(Der Skitourist Seite 38)

---

683 Murmeleschwung

1965 Stefan Kruckenhauser (A)

▸ Die Idee: Ski in die Falllinie hineinlaufen lassen
▸ offene Skiführung
▸ langsames Aufrichten
▸ Wendung talwärts
▸ Antizipation
▸ abdriften in die Falllinie
▸ plötzliches Tiefgehen
▸ drehen im Beugen

Der Murmele war zwar als rein methodischer Schwung gedacht, gewann aber eine beinahe legendäre Aufmerksamkeit. Dem Murmeltier in seinem Verhalten abgeschaut, prägt er sich in die Vorstellung und Motorik des Fahrers leicht ein. Meine Sammlung „Skizirkus" von 1985 bietet einige Varianten dazu.

(Dort Beschreibung und Zeichnung von Milan Maver. Seite 120)

---

777 Kompressionsschwung

1978 Jürgen Kemmler (D)

Ausführung
▸ vom Schnee komprimiert werden
▸ aktives Anhocken der Beine in der Auslösung
▸ aktives Wegstrecken der Beine im Steuern

Der Schwung, von Jürgen Kemmler öfter publiziert und in Deutschland gerne angenommen, modifiziert die Ausgleichstechnik und das österreichische Beuge-Streckdrehen für das Fahren im Tief- und Schlechtschnee. In der Namensgebung steckt ein Doppelvergleich: Kompression des Körpers wie des Schnees.

(Richtig Skifahren 1. Seite 112 f. Bild Jürgen Kemmler, Demonstrator Sepp Schwärzer)

780 Inventar der technischen Elemente	In Französisch 1978 und in deutscher Sprache 1981 legt Georges Joubert die bisher umfassendste Theorie des alpinen Skilaufs vor. Kaum ein Aspekt wird außer Acht gelassen. Gründlich werden auch Ski-Eigenschaften, Vorgänge beim Ski-Schnee-Kontakt, Rolle des Schuh usw. analysiert. Diese Theorie ist komplex, differenziert, tiefschürfend. Neben Praxis und allgemeinen Technik- darstellungen hier erstmals eine Theorie der Elemente. (Seite 248 – 259, Außentitel)	
1978/1981 Georges Joubert (F)		
▶ 95 einfache Elemente ▶ Elemente für Gleichgewicht ▶ Elemente des Gleitens ▶ Elemente Kantenfassen (halten, schneiden, bremsen) Dazu viele zusammengesetzte Eigenschaften und komplexe technische Analysen, sowie situative Lösungen.		
871 „Der Ski unser Werkzeug" – Schneiden mit Flex	Noch keine Publikation hat so deutlich die Eigenschaften und die Rolle des Ski beim Kurvenfahren herausgestellt. Neben der Wirkung der Skischaufel werden weiter die starke Taillierung, die Durchbiegung und die Torsionsfestigkeit des Ski in Bild und Text besprochen. Zehetmayer formuliert damit nach der **Formel von 1980** „*Erst kanten, dann drehen*" eine zweite Grundlage des Carvens. *„Die wesentlichen Richtungsänderungen des Systems Schiläufer-Schi werden durch die FÜRUNGSKRÄFTE zwischen Schi und Schnee und nicht durch Muskelkräfte hervorgerufen."*	
1985 Hans Zehetmayer (A)		
„Der Mechanismus des Schneidens wird dadurch erreicht, daß der Schi/die Schier belastet aufgekantet und dadurch kreisbogenförmig durchgedrückt werden. Das Durchdrücken muß am Beginn der Richtungsänderung durch aktive Körperbewegung erreicht werden, im weiteren Kurvenverlauf wird die Durchbiegung durch die Fliehkraft verstärkt." (Hans Zehetmayer wird 1987 wegen Lehrplandifferenzen die Mitwirkung an der staatl. Skilehrerausbildung entzogen.siehe auch oben)		(Außentitel der Broschüre. Texte Seite 2 und 5)
961 Wiener Skimodelle carven	Nach ersten Modellen in Wien und Japan Ende der 1096er Jahre mit Modellen für einen Einzelschwung entwickeln Hans Zehetmayer und Helmut Gottschlich perfekte Schwungmodelle. Helmut Gottschlich experimentierte zwar schon 1966 mit Drahtfiguren und 1978 mit ferngesteuerten Modellen. Doch die Modelle seit 1993/94 demonstrieren in überzeugender Weise Carvingschwünge und Telemarks für ganze Abfahrten. Später folgten kniehohe Modelle für das Fahren im Schnee.	
1993/94 Helmut Gottschlich, Hans Zehetmayer (A)		
formulieren dazu eine Mechanik des Carvens und eine elementare Carvingtheorie. ▶ Dominantes Kippen ▶ Schrittauslösung ▶ erst Kanten, dann Drehen ▶ Kippen über Talski ▶ mit offener Skiführung ▶ starke Skitaillierung ▶ Kräfteaustausch zwischen Ski und Unterlage		(Bild aus Walter Kuchler, „Skirevolution Carving" von 1997 Seite 35)

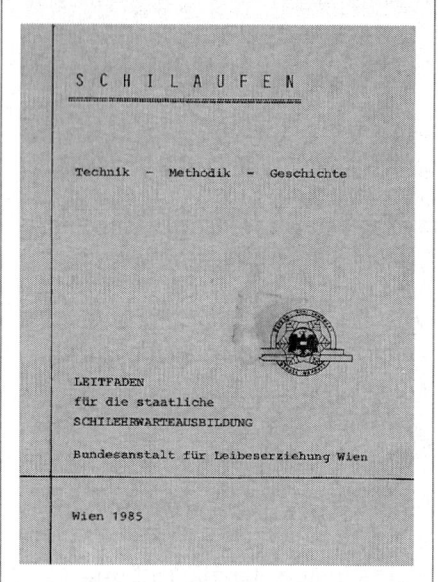

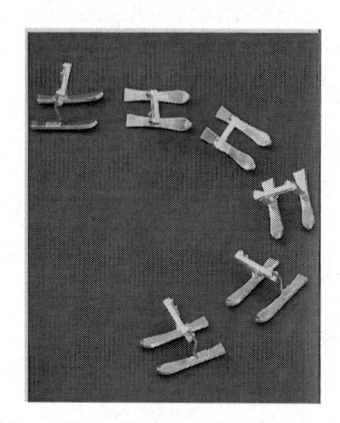

1032 Formales Konzept **1999 Schneesport Schweiz** Kern: das Schneewiderstandsmodell: ▸ Gleiten ▸ Kanten ▸ Drehen ▸ Be- und Entlasten	Die Schweiz enttäuscht mit einem formalen Konzept. Die „Idias für fun" sind schnell verflogen. Was ist passiert in der Schweiz? „Schneesport Schweiz – Die Antwort auf die Trends im Wintersport" als Broschüre zum Interskikongress 1999 in Beitostoelen, Norwegen. (Außentitel)	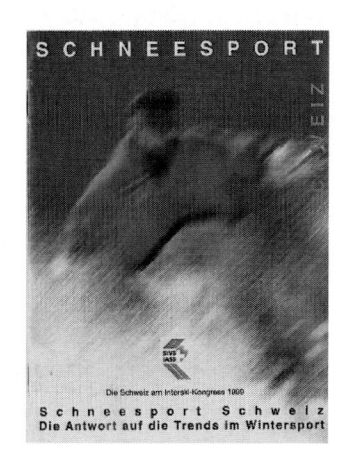
1044 Das Schneewiderstands modell **2000 Schneesport Schweiz** Erklärt den Zusammenhang von Schneesport und Physik. ▸ Gleiten mit möglichst geringem Widerstand ▸ Kanten zum Nutzen des Widerstandes ▸ Drehen zum Schwingen ▸ Be- und Entlasten zum Steuern ▸ oder Springen	Die Schweizer suchen nach den gemeinsamen Grundlagen und Erklärungen für alle Schneesportarten, also nach einem „disziplinenübergreifenden Technikmodell". Sie gehen dabei vom Schneewiderstand über Kernelemente und Kernbewegungen zu den Formfamilien und Gestaltungsvarianten. Zum Widerstandsmodell schreibt Helmut Kost schon 1927: *„Richtungsänderungen sind stets ein Produkt von Gewichtsverlagerung und Einsetzung von Widerstand."* (Helmut Kost, Wintersport. Seite 594)	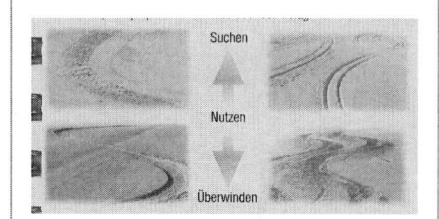 (Aus: Schneesport Schweiz. Band 2, Seite 3)
1055 Carven nicht existent **2000 Georg Kassat (D)** Hoher Anspruch: ▸ begründet jedes Drehen nur durch „Seitfallen". ▸ lehnt alle Drehmechanismen der klassischen Techniken ab. ▸ zum Steuern auch Kniekurbel notwendig. ▸ plädiert für kurze Stöcke, senkrecht zu tragen. ▸ weist Umsteigen zurück. ▸ leugnet die Existenz einer Carvingtechnik. Ausschließliches Erklärungsmodell: die Piste dreht den Ski.	Zur Entwicklung seiner Theorie nimmt Kassat einen Perspektivenwechsel vor und geht von den Widerstandskräften der Piste und den Kräfteaustausch von Piste und Ski aus. **(Schon ein Jahr zuvor präsentierten die Schweizer das „Schneewiderstandsmodell"!)** Für Kassat gibt es nur seine einzig richtige Skitechnik. Er weist auch alle bisherigen Unterrichtsmethoden zurück und präsentiert als einzig mögliche die Ein-Ski-Methodik mit einem langen Stab. (Außentitel)	

1054 Carven „mit der geheimen Kraft" **2000 Sepp Bürcher (CH)** ▶ Besondere Berücksichtigung des guten Gleitens durch mittige oder leicht hintenansetzende Belastung ▶ mit starker Skitaillierung ▶ mit kurzen Skilängen ▶ mit Einbeziehung der äußeren Kräfte – „geheime Kraft" des Druckaufbaus für den Wechsel (Der ehemalige Abfahrtsgewinner aus der Schweiz war häufiger Referent bei Veranstaltungen von SPORTS.)	Der Schweizer Carvingpionier und Experte von der Riederalp erschließt durch eine optimale Abstimmung von Gerät (als Real-Technologie Carving-Modelle) und stringentes Einhalten von Prinzipien perfektes Carven. Race- und Snowcarven werden in gleicher Weise angezielt. Der Druckaufbau für einen Kantenwechsel vollzieht sich fast automatisch, dank einer „geheimen Kraft" der physikalischen Situation. Der „Berggeist" schicke uns wieder weg vom Hang ins Tal, meint Sepp Bürcher. (Kernthese seiner Vorträge)	RTC: ▶ Real Technologie Carving und ▶ Agieren mit der geheimen Kraft des Druckaufbaus
1040 Fishhook oder Angelhaken – aus dem Schneewiderstand **2000 bei SPORTS (D)** ▶ Am Ende eines Schwunges den Ski hochziehen und verstärkt aufkanten, um sich leichter vom Hang zu lösen und daraus einen neuen Schwung auszusetzen. Besonders effektiv, wenn der Bergski den Akzent setzt. ▶ Im Rennlauf bei stark versetzten Toren öfter zu beobachten. ▶ Der Fishhook wird das große Zukunftsthema „Rebounds" mit auslösen.	Der Begriff und die Sache eines Angelhakens werden im Rennlauf schon lange diskutiert und fanden im „Schoppen" und „Schwungbrechen" ihre Vorläufer und schulmäßige Entsprechung. Der Schweizer Sepp Bürcher spricht von einer Hinwendung zum Berg. SPORTS e. V. belebt die Diskussion neu, indem die Betonung der Belastung und des Aufkantens im Sinne des Skatecarvens auf dem Bergski liegt. (Mehrmals in Schulungen von SPORTS und in dessen SKIMANUALS)	
1124 Die Rebounds – elementare und hohe Kunst zugleich **2008 Hubert Fehr, Walter Kuchler (D)** Als Hilfen auf allen Stufen und als Spezialthema der Hohen Schule werden erläutert: ▶ der Ski- und Schuhrebound ▶ der Muskelrebound ▶ der Pistenrebound	Die Autoren fassen die Anregungen zum Skirebound zusammen und bringen Muskel- und Pisten-/Schneerebound neu ins Gespräch. Siehe auch: 1948 S. Linhart, 1960 Willy Bogner, 1976 J. Mohan, W. Hiltner, B. Barthel, 1978 Jean Claude Killy, 1985, 1995, 2000, 2003 Walter Kuchler. (Heiß auf Weiß. Seite 82-88)	Zusammenspiel von Ski-, Muskel- und Pistenrebound (Weitere Bilder zum Thema in „Heiß auf Weiß". Seite 86-88)

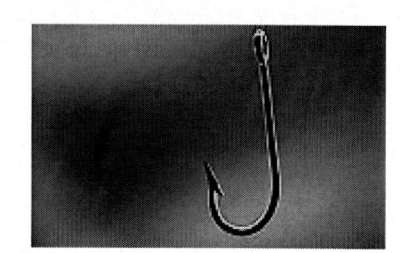

23. Direkte Wege zum Schwingen ohne Pflugbogen

Direkt den Weg zum Schwingen ohne den Pflugbogen gehen. Diese Idee bewegte viele Experten durch fast 100 Jahre. Warum? Igaya sagte es auf einem Kongress 1975 sehr anschaulich: Wer einmal sein Gehirn blau – parallel – eingefärbt hat, wird es nie wieder auf rot – stemmen – umfärben können. Dieses Bild bezog er direkt auf den Pflugbogen. In Deutschland drückte man es jahrzehntelang auch so aus: Wer mit dem Bremsen begonnen hat, wird nie ein Gleiter.

Im Verlauf der Entwicklung gab es mehr als 30 Modelle als Anregung und methodische Forderung, die Grundschule mit parallelen Entwicklungsschritten zu gestalten. Vielleicht führt diese Liste schon 1890 der Polarforscher Fridtjof Nansen an. Es ist schwer zu verfolgen, welchen Einfluss die einzelnen Vorstöße tatsächlich hatten.

Neben der Begründung, die Igaya anführte wurde im Laufe der Zeit immer wieder gesundheitliche Argumente für eine parallele Grundschule vorgebracht. So meinte in den 1980er Jahren der damalige Chefmediziner des Deutschen Skiverbandes Hubert Hörterer auf Grund seiner Untersuchungen als Orthopäde in Bad Wiessee sogar, dass fast 30 Prozent seiner untersuchten Skifahrer wegen angeborener oder erworbener Hüftkonstellationen keine Pflugstellung wirklich ein- und aushalten konnten.

Im Jahre 1967 führte ich eigene Untersuchungen mit 4 Vorlängen durch. Die positiven Ergebnisse wurden in der deutschen Zeitschrift „Leibeserziehungen" in einer eigenen Beilage veröffentlicht. Soweit ich sehe, wurden auch alle anderen Versuche positiv bewertet. Dennoch haben wohl alle Ergebnisse und Empfehlungen außer wenigen kurzandauernden Aufnahmen keinen wahrnehmbaren Einfluss auf eine breitere Verwendung gefunden. Lediglich die damals größte europäische Skischule Sport Scheck in München arbeitete damit einige Jahre.

Direkte Wege außer der Kurzskistufenmethode sind über das Springen – bereits bei Fridtjof Nansen – und über den Schwungfächer zu finden. Versuche damit führte ich über den Bayerischen Skiverband 1959 durch.

Von direkten Methoden mit mehrstufigen Vorlängen an Ski ist heute nirgendwo zu hören, zu beobachten oder im Schrifttum zu finden. Eine didaktische Notwendigkeit oder sogar Dringlichkeit ist auch nicht mehr gegeben. Einmal sind grundsätzlich kürzere Ski und erst recht kürzere Einstiegsski weit verbreitet. Dazu kommen heute die Erleichterungen des Schwingens durch die stärkeren Taillierungen.

Im Längsschnitt greife ich vor allem weniger bekannte Vertreter als Beispiele heraus.

44 Springen – Voraussetzung für Schwingen **1891 Fridtjof Nansen (N)** „Nichts giebt uns ... eine solche Herrschaft über den Ski als das Springen." Nur damit sei man im Stande, die Ski „nach beiden Seiten zu schwingen, sie ganz quer hinzustellen und vor jedem unerwarteten Hindernis Halt zu machen."	Nansens Buch und Bericht „Auf Schneeschuhen durch Grönland" war für Mitteleuropa ein Fanal. Das neue Interesse an Ski und am Skilaufen ging weit über die bisherigen Anregungen durch norwegische Kaufleute und Studenten hinaus. In seinem Buch geht Nansen allerdings vor allem auf läuferische Erfahrungen ein. (Bild und Texte aus Auf Schneeschuhen durch Grönland, Bd. 1, Seite 121, 122 u. 124)	
63 Christianiaschwung Fußdrehen, Kanten, Neigen **1894 Max Schneider (D)** ▶ Man „dreht anfangs beide Schuhe seitwärts". ▶ Schneeschuhe auf die Seite legen und kanten ▶ Man „legt sich dabei auf die Seite hinein, nach welcher die Wendung erfolgen soll."	Hier wird ein sehr modernes Konzept des parallelen Schwingens dargelegt. Es könnte sein, dass Max Schneider in seinen Schriften zum ersten Mal den Begriff „Schwingen" prägt. (Katechismus des Wintersports. Hier zitiert nach Ekkehart Ulmrich, 100 Jahre Skitechnik. Seite 73.)	

108 Sprungweises Ändern der Richtung **1906 Henry Hoek (NL/D/CH)** ▸ mit Sprüngen von ca. 30 Grad selbst bei großer Geschwindigkeit ▸ Längenempfehlung noch bis 280 cm Ab dieser Zeit setzt die Technik der Um- und Drehsprünge ein. Richtungsänderung durch sprungweises Herumschwingen auch bei Fridtjof Nansen in den 1889ern, bei Carl J. Luther 1913 und noch bei Erwin Hoferer 1925, Rudolf Katscher 1926 und Walter Föger in den 1950er Jahren.	Mit Henry Hoek trat einer der größten Theoretiker und Literaten in die Entwicklungsgeschichte der Skitechnik ein. Geb. in Davos, Umzug und Staatsbürgerschaft Deutschland, Rückkehr und Staatsbürger der Schweiz, Kurdirektor von Davos, verfasste gründliche Lehrbücher über Jahrzehnte hinweg. Zunächst geht er von den Norwegern aus, wie auch die Übernahme der sprungweise Änderung, übernimmt aber von Mathias Zdarsky den Stemmschwung. Sog. Doppelschwünge mit Telemark und Kristiania sah er noch lange für die meisten Fahrer als die leichtere Lösung an, dabei die Skistellung nicht verändert werden muss. Er liebte auch die Poesie und verfasste ein Skibuch für Frauen. 1941 hielt er die Entwicklung der Skilauftechnik für abgeschlossen.	*(Texte S. 26, 138. Außentitel)*
384 Schrittschwung als Schreiten und Schwingen: „Drehschwung" ohne Stemmschule **1932 A. Malter und L. Schäffler (D)** ▸ *Ableitung des Schwingens von der Gehbewegung* ▸ *Speziell auch vom Abrollen des Fußes* ▸ *Mit Zehenzug und Fersendruck* ▸ *Scharfe Ablehnung allen Stemmens* *„Als der vielseitigste Schwung hat sich bis jetzt der Querschwung durchgesetzt, der wohl besser nach der schreitenden Ausführungsweise als Schrittschwung zu bezeichnen wäre."*	„Gleiten wie man läuft" – eine frühe und grundsätzliche Theorie des Themas Alltagsmotorik und des „Schrittschwung- laufens". Parallel und schwingend fahren von Anfang an ohne Bogenschule. Kaum je zuvor wurden auch Skischulen so scharf angegriffen. Der Begriff „Schrittschwung" wurde in Deutschland in den 1960ern als Alternative zum „Umsteigen" erneut diskutiert. Bezug auch zum „Spitzerlheben" von Hans Zehetmayer in den 1980er Jahren.. (A. MalterSchreiten und Schwingen. Seite 97 – 100. L. Schäffler, Gleiten wie man läuft. Seite 22 – 24 und 42 – 43)	*„Das sind Schwungläufer, keine Fahrer"* *(Foto von Carl J. Luther Seite 97)*
515 Problematische Pflugstellung **1938 Fritz Hoschek (A)** *„Die Pflugstellung ist nicht nur sehr anstrengend für Anfänger, die ohnehin schon durch das Klima und die Höhe angegriffen sind, sondern auch eine Stellung, die nur eine bestimmte Anzahl von Menschen einnehmen kann.*	*Viele vollkommen gesunde und gute entwickelte Männer (diese Eigenart ist häufiger bei ihnen) sind so gebaut, daß sie die weitstemmende Stellung nicht einnehmen können."* (Der natürliche Skiunterricht. Seite 117)	Fritz Hoschek, ein Assistent von Prof. Karl Gaulhofer und Experte des „Natürlichen Turnens" wurde als Skiexperte eigens zum Medizinstudium „abgestellt". Zu seinen revolutionären Neuerungen gehörte auch der Vorschlag, über den Schwungfächer direkt zum Schwingen zu gehen.

459 Gleitskilauf statt Bremsskilauf **1931 – 1940 Fritz Hoschek (A)** ▸ Keine Schwungschule mit Schneepflug ▸ Pflug erst nach Gleiterfahrungen ▸ Zurückdrängen des Stemmfahrens ▸ Empfehlung kurzer Anfängerski ▸ Bevorzugung des parallelen Fahrens ▸ Ganzkörperbewegungen ▸ kippendes Hineindrehen ▸ starke Ausholbewegung	Ein entschiedener Gegner von Pflug und Bogenschule. Die Verdienste Hoscheks sind noch mehr in der Entwicklung der Skimethodik zu sehen. In der Übertragung der Grundsätze des „Natürlichen Turnens" von Karl Gaulhofer und Margarete Streicher stellte er vor allem die offenen Bewegungsaufgaben in den Mittelpunkt des Unterrichts. (Erziehung zum Schwingen. Texte z. B. Seite 15)	
635 Parallel und direkt – kontra Stemmen **1955 Günther Grundmann (DDR)** ▸ Parallelschwingen als Ziel ▸ direkte Wege dazu ▸ nachträgliche Bogenschule ▸ vielseitige Begründung ▸ Ablehnung allen Stemmens	In einem in der „westlichen Skiwelt" kaum beachteten Buch argumentiert Günther Grundmann aus der DDR für „die Vorzüge der parallelen Skiführung". Mit kurzen Ski. Er gehört mit Georg Bilgeri, Emile Allais, Karl Koller, Clif Taylor, Martin Puchtler, Hans-Peter Lanig, Pierre Gruneberg, Robert Blanc, Kuno Igaya und Kurt Schock zu den Vertretern, die ohne Bogenschule direkt zum Parallelschwingen gehen.	
646 Mit Hopsen parallel – Natur Teknik **1958 Walter Föger (USA/A)** „Learn to Ski in a Week". Technik und Weg eines sprungweisen Änderns der Richtung: ▸ Hope approach im Stand ▸ Hope approach im Schuss ▸ Hope approach im Schwung bergwärts ▸ Hope approach im Schwung talwärts	Der Österreicher Walter Föger geht konsequent über das Hopsen, ein Weg, der schon einige Male vorgeschlagen war. Aber konsequent wie keiner vor ihm verfolgt er diesen Weg in seiner Skischule. Gründet bald einen eigenen Verband, der in den USA zunächst umstritten, später durchaus Beachtung fand. (The development of the Natur Teknik. In: „3rd FIS History Conference" Seite 139 – 145. Bild aus Morten Lund: The Skier´S Bible.)	
663 On short, short Skis **1961 Clif Taylor** „Now anyone can enjoy this thrilling winter sport – in minutes!" Angebot von 21/2 un 4-foot skis. Auch Lernen auf Teppichen in der Halle. Führen von Schülern, wie im Bild, an einem gemeinsamen Stock.	Von Clif Taylors Ski-Stufensystem und seiner Lernmethode wird erst sein großes Buch von 1964 berichten. In persönlichen Gesprächen erzählte mir Taylor von seinen Versuchen seit Ende der 1930er Jahre. Talor geht nicht auf die Kurzskiempfehlungen von Bilgeri und weiteren Europäern seit 1912 ein. (Instant Skiing on short, short Skis. Text auf Außenseite, Bild Seite 72)	

685 Ski direkt – Ski parallel
1965 Walter Föger (USA)

- Vertritt das parallele Fahren und den direkten Weg über sprungweise Veränderungen.
- benützt aber im Gegensatz zu Clif Taylor sofort längere Ski: (4 und 5 foot und körpergroß)
- Winkelspringen ohne und mit Stöcken, überhaupt große Aufmerksamkeit für eine differenzierte Stockverwendung
- Betont natürliche Bewegungen
- Prinzip "Action und reaction of all motions"
- Stetige Vorlage
- „counter-comma position" nur zur Schwungauslösung

Der Österreicher Walter Föger (1917 – 2007) begründete die AMERICAN SKI TEACHERS ASSOCIATION OF NATUR TEKNIK. Er gehört zu den Vertretern eines direkten parallelen Weges wie beispielsweise Emile Allais (F) und Clif Taylor (USA).

(Das im Außentitel vorgestellte kleine Büchlein erschien in 4. Aufl. 1976 (o. O.) Zur Programmatik vor allem Seite 2 und 3.)

Official
Teaching MANUAL
of
AMERICAN SKI TEACHERS ASSOCIATION OF NATUR TEKNIK
A.S.T.A.N.
The American Parallel Technique

24. Postulat und Angebot einer einfachen Technik

Hermann Amanshauser beispielsweise spricht sich 1925 gegen eine Vielfalt an Techniken aus. Zur gleichen Zeit legt Hannes Schneider dar, wie sich eine Technik unter den Bedingungen des Schnees, der Hangsteilheit, des Tempos und der Schwungweite wandelt. Der deutsche Skilehrplan von 1971 dagegen ist eine Antwort auf die völlig veränderte Situation des Volks- oder Massenskilaufs. Etwa 95 Prozent aller Skifahrer sind Fahrer auf präparierten Abfahrten, sind Pistenfahrer. Damit stehen Variabilität der Technik um ihrer selbst willen und eine Vielfalt von Techniken wieder im Fokus des Interesses. Das Carven, das in seiner Grundstruktur einfach ist, aber sich leicht für extreme und exzessive Formen für einen sehr großen Kreis von Skifahrern öffnet, erhebt die Vielfalt und den Einfalls- und Erfindungsreichtum vollends zu einer paradigmatischen Wende des Denkens über Skitechnik.

261 Einfache Geländetechnik
1925 Hermann Amanshauser (A)

- „Das Wesen der Skilauftechnik ist Einfachheit der Bewegung, aber deren vollste Beherrschung in jedem Gelände."
- „Also, nicht die Beherrschung einer möglichst schwierigen Bewegung, sondern eines möglichst schwierigen Geländes."
- „Eine gewisse Ausnahme macht das Tänzeln auf der Übungswiese."

Amanshauser will keine „Verkünstelung der Bewegung, die beim Eislauf die größte Rolle spielt"! Hannes Schneider stellt zur gleichen Zeit die Abhängigkeit und damit Variabilität der Technik von der Steilheit, von der Schwungweite, vom Tempo, vom Gelände und vom Schnee heraus.

(Dazu in „Wunder des Schneeschuhs" 3. Aufl. 1928, Seite 173 - 195)
(Texte Amanshauser in Spalte 1 und 3 in „Der Winter 1925/26", Seite 38)

„Das Wesen des Skifahrens bedeutet Beherrschung möglichst wechselnden und schwierigen Geländes in möglichst rascher Fahrt und das Wesen der Skilauftechnik ist Beherrschung der einfachsten Bewegungen in allen Lagen."

350 Polemik gegen Vielfalt – Kauern und Pedalieren **1930 Othmar Gurtner (CH)** Die vorliegende Schrift will ▸ „*das Charakteristische der Technik dokumentieren und gleichzeitige Anregungen für einen vereinfachten, komplizierten Bewegungsanalysen abholden Skiunterricht geben.*" ▸ „*Der schnelle Fahrer muss im Schuss den Körper beherrscht ducken, um Geländestösse elastisch abfedernd zu können.*" ▸ „*Das Kreuz muss weich sein, genau wie beim Reiten.*"	In einem kurzen Büchlein positioniert sich der Verfasser als Gegner der überschießenden Vielfalt, als Vertreter einer universellen einfachen Skitechnik aber auch als Pädagoge der Offenheit und des Stils. Das Bild verweist auf ausgeprägtes Pedalieren. (Alpine Fahrart. Text Seite 1 f., Zeichnung Seite 6)	
369 Bilgeri-System der Elemente und Grundtechniken **1932 Josef Albert (A) nach der Methode Bilgeri** ▸ Ablehnung von Schwungformen, dafür ▸ 12 „Skiturnübungen" und entsprechende Fahrformen wie ▸ aufrechte Grundstellung, tiefe Hocke, Wippen, Hochsprung, Grätsche, Hüftenschwingen, Drehsprung, Sprung seitwärts, Knieschnellen, Stemmstellung, Ausfallstellung	Die Bilgerischule verblasst gegenüber den regionalen und nationalen Profilierungen, vor allem gegenüber der Arlbergschule, erhebt aber nochmals einen ultimativen Anspruch: „*Die vieljährige Erfahrung bei Anwendung dieser Skiturnübungen hat bewiesen, daß man zur Erlernung des alpinen Skilaufens keiner umfangreichen Literatur bedarf, und daß auch die Belastung des Schülers mit den verschiedenen Schwungbenennungen ganz überflüssig ist.*"	„*Diese Übungen ermöglichen die schnellste Erlernung der einzig richtigen alpinen Skilauftechnik.*" (Skilauf und Skihochtouren. 1932)
402 Plädoyer für Einfachheit und Einheitlichkeit – Verweis auf Arme **1933 A. Malter (D)** „*Nur so ist es möglich ((siehe oben)), dem unheilvollen ‚Stoffglauben' und einem erschreckenden Vielerlei komplizierter Lehrweisen und Techniken nicht nur auf dem Gebiete des Skilaufes zu entrinnen. Nur so stehen wir vor de Möglichkeit zur wahren Einheitlichkeit und Einfachheit der Lehrweise im Skilauf zu kommen, wobei der Einheitlichkeit allein von der Bewegungs- gesetzlichkeit unseres Körpers diktiert wird.*"	Immer wieder beggnen wir im Laufe der Entwicklung dem Ruf nach Einheit und Einfachheit. Begründungen werden aus einer überzeugenden Technik, aus der Natur, aus den Gesetzmäßigkeiten des Körpers und aus den Bedürfnissen der Schüler abgeleitet. Im Laufe der Jahrzehnte gewinnen Argumentationen auch aus merkantilen und nationalen Interessen heraus Bedeutung. (A. Malter, Schreiten und Schwingen. In: Der Winter 1932/33, Seite 100, Bild Seite 99)	„Karl Neuner schwingt auch die Arme."

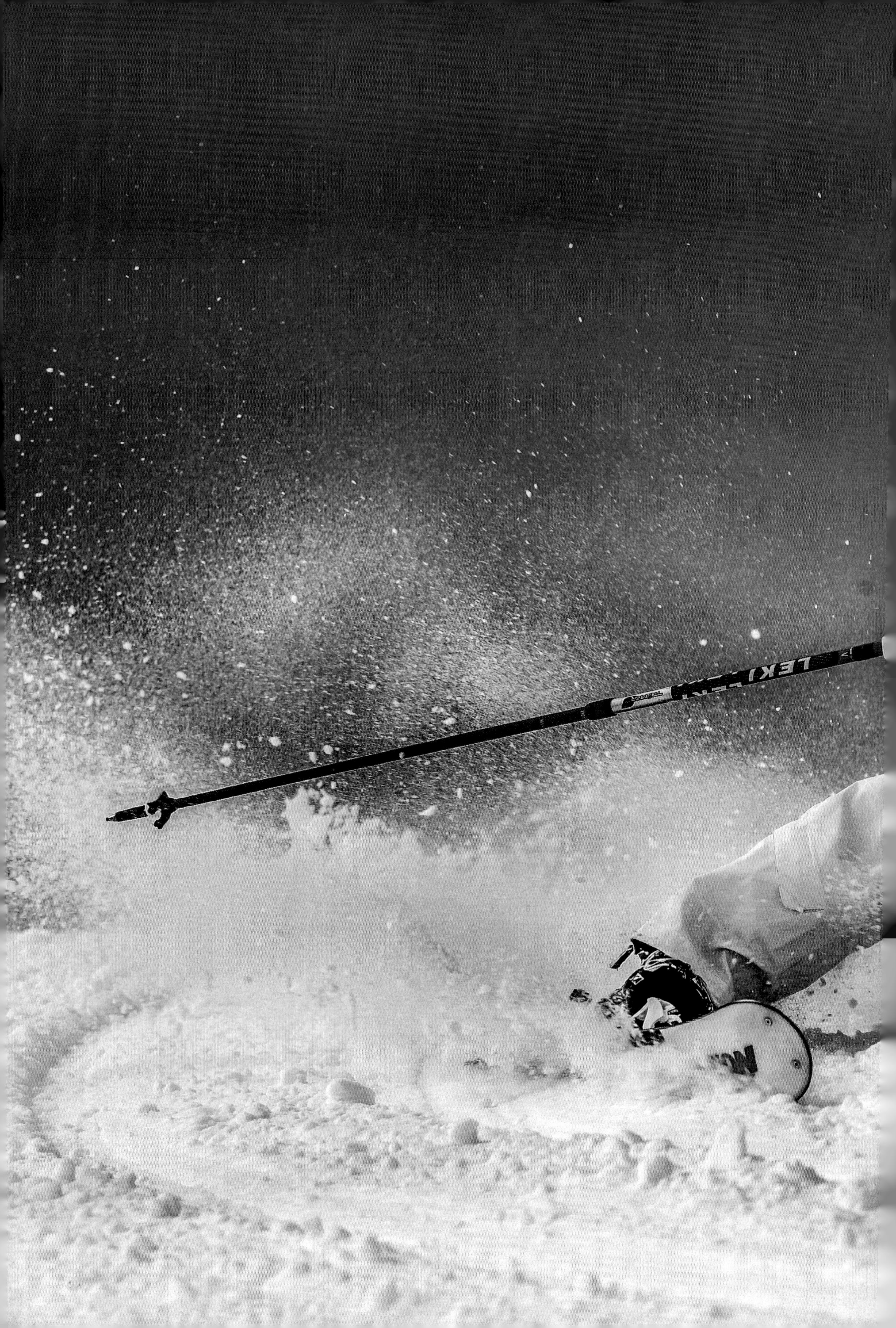
LEKI

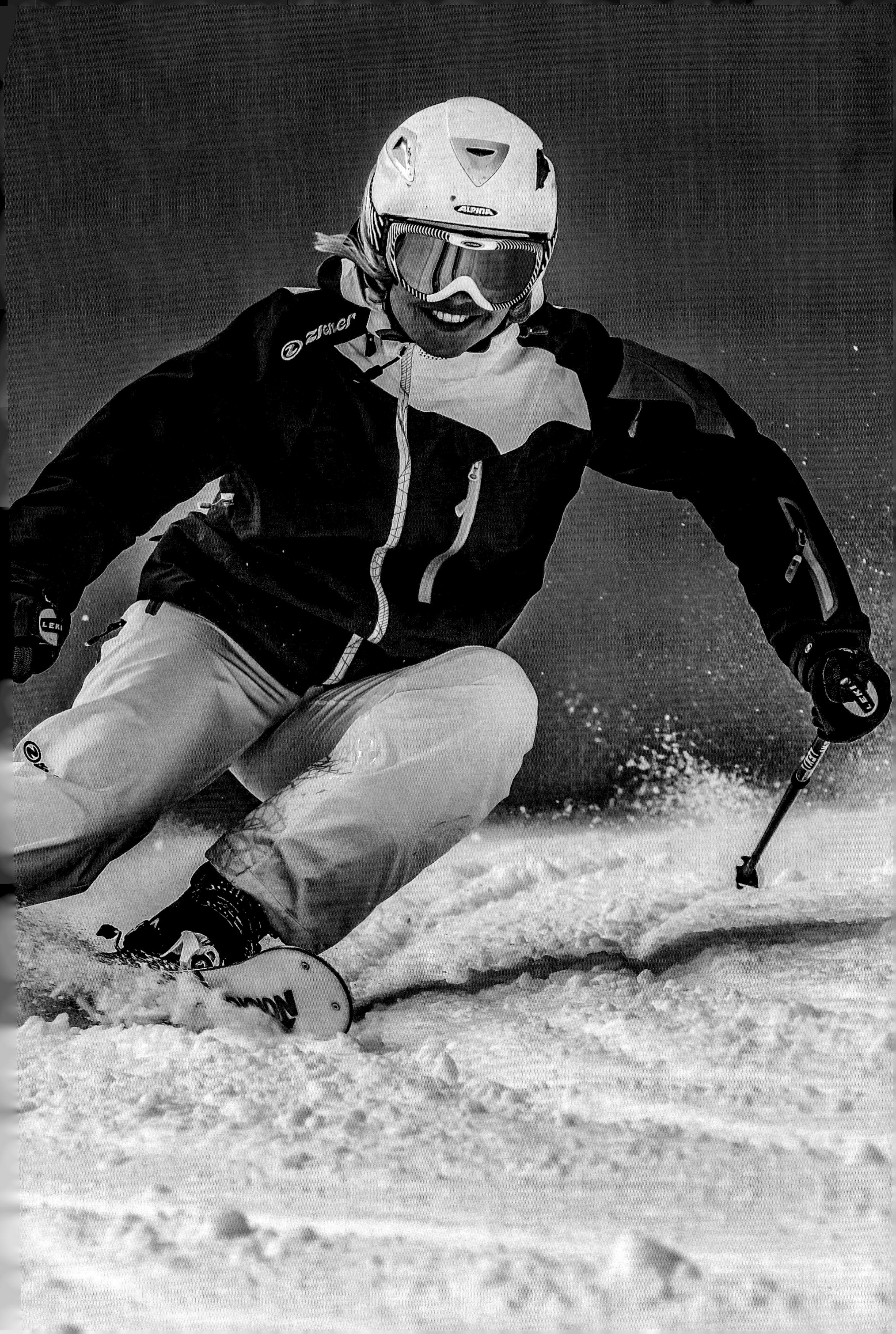
ALPINA
LEKI

417 "Die einfachen, natürlichen Schibewegungen und Bewegungsvorgänge" **1934 Otto Amanshauser (A)** „Es ein arger Lehrfehler, Anfängern glaubhaft zu machen, sie müßten verschiedenartige Bögen erlernen."	„Der Aufschwung zur Drehung wird mit größter Vorlage seitlich-talwärts ausgeführt. Man läßt den Körper nach dem Aufschwung geradezu talwärts fallen und fängt ihn nach der Drehung in breiter Skiführung wieder auf. Der Talski stemmt dabei hinten fest ab."	(Volkstümliches Schi-Lehrbuch. Seite 6, 17 f.)
421 Formel Kippen – Carvingformel **1934 Henry Hoek (NL/D/CH)** Nach einer detaillierten Beschreibung: *„Beide Ski haben eine Kippbewegung in der Laufbahn gemacht – das Gewicht wurde von der einen Seite der Skilängsachse auf die andere verlagert. Dies ist mit dürren Worten die ganze Mechanik des Talschwunges."*	Henry Hoek hat in seinen vielen Lehrbüchern seit 1906 die Skitechniken detailliert beschrieben. Aber wie mancher vor und nach ihm sucht auch er eine einfache Formel für das Schwingen. So ist seine Formel vergleichbar mit der Hallux-Valgus-Technik von Sebastian Zwicknagel (1973) oder mit dem „Seitfallen" von Georg Kassat (1985). Beachtenswert ist die frühe Verwendung des Begriffes „Kippen".	(Skiheil Kamerad! Seite 46 f.)
508 Zurück zu einem einfachen und geländegängigen Skilauf – mit „zweierlei Schwungkraft" **1937 Amtlicher Lehrplan (D)** Aktuelle Themen: ▶ Beschränkung auf wenige klare Formen ▶ anwendbar in jedem Gelände und in jedem Schnee ▶ kein Suchen „nach immer mehr Möglichkeikeiten und Kunststücken" ▶ also Stemm- und Parallelkristiania und Telemark ▶ „Aufdrehen" kräftig nach vorne ▶ „Immer viel Vorwärtsfahrt" und wenig Querrrutschen ▶ starke Knievorlagen	Das fahrpraktische Konzept bleibt der Programmatik treu. Interessant: „Zweierlei Schwungkraft nützen wir beim Schwingen aus. Einmal den aktiven Drehschwung des Körpers, den wir mit unserer Muskelkraft erzeugen. ... Als zweites nützen wir den Fahrschwung aus." Viel Körperschwung beim langsamen Fahren, wenig beim schnellen Fahren. Noch kein Hinweis auf das Wedeln. Ignorieren der Gegenschultertechnik. Die zweite Auflage 1941 behält die Grundzüge, übernimmt aber die Zeichnungen von Toni Ducia.	(Neuzeitlicher Skilauf. Amtlicher Lehrplan. Texte vor allem Seite 3 und 31 f.)
698 Abbau der Extreme! **1966 Magnus Frey (D)** „Fahren unsere Rennläufer anders als unsere besten Skilehrer? Es sieht so aus. Jedenfalls, wenn man die Oberkörperhaltung beobachtet." (Abbau der Extreme? In: „der skilehrer". Seite 6 f., Bild Seite 15)	Wie schon so häufig werden gegen extreme Ausführung einer Technik die bekannten Argumente vorgebracht: Es gehe für den Skifahrer um Einfachheit, um Zweckmäßigkeit und um Übereinstimmung – oder eben nicht! - mit dem Rennlauf. Wenige Jahre später wird die „Funktionalität" zum Leitmotiv. Bei diesen Denkrichtungen kaum zu finden: Spielfreude, Bewegungslust, Spaß an Expression, Streben nach Leistung.	

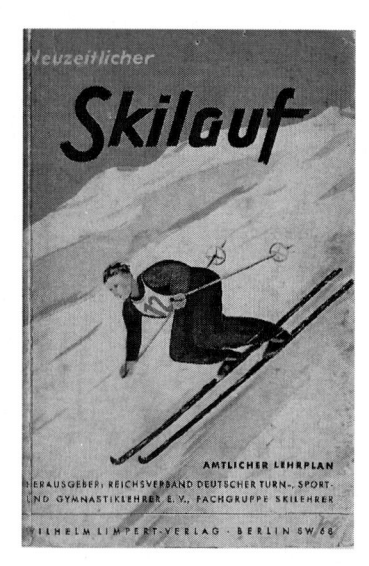

778 Basales Pedalieren – Schrittwechsel mit „Spitzerlheben" und gekreuzter Beuge-Streck-Reaktion

1978 Hans Zehetmayer (A)

- Schritteinleitung mit Druck auf neuem Innenski hinten und leichtem Anbeugen des Beines sowie Anheben der Skispitze
- Streckdruck auf dem Außenski
- differenzierte Fußarbeit
- wechselseitiges Beugen und Strecken der Beine als Pedalieren

(Lehrwege im Schiunterricht. Seite 237 -248.)

Mit dem Zugriff auf den gekreuzten Beuge-Streck-Reflex und schrittartigem Belastungswechsel schafft Zehetmayer eine Grundform des Pedalierens. Dabei kommt es auch zu einer allgemeinen Aktivierung der Fußarbeit. Zu dieser werden wiederum die Ski-eigenschaften in Bezug gebracht. Skihistorisch gesehen gab es 1905 den konträren Schwung bei Max Schneider: Fußspitze drückt auf Innenski, Ende des Außenski wird nach außen gedrückt.
Für Hans Zehetmayer gilt in vielen Veröffentlichungen und Lehrgängen in den nächsten vier Jahrzehnten die Formel:

„Das Einfache ist das Beste."

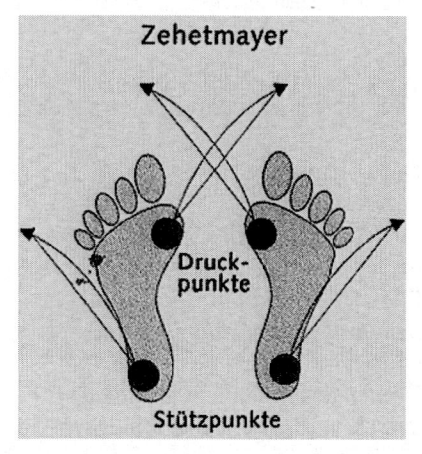

Zeichnung in: Walter Kuchler, Carving. Neuer Spaß am Skifahren. Seite 83)

800 „Ski andrehen" als historische Definition für Schwingen? –Zeit der Wellentechnik und Ära Kruckenhauser beendet

1980 Österreichischer Lehrplan – Verfasser Franz Hoppichler

„Schifahren bedeutet Schwingen. Schwingen bedeutet: die Schi andrehen."

- Speziell auf dem Außenski
- Mit Abstoß vom Innenski
- Aus allen Schistellungen
- Auch wieder mehr Innenskibelastung
- Eingehende, differenzierte Darstellung des Gleichgewichtsverhaltens
- *„Die einzelnen Richtungsänderungen werden nicht mehr wie abgeschlossene Kategorien behandelt."*

„Der Schwerpunkt liegt in der Ordnung, Vereinfachung und Zusammenfassung aller Schwünge."
(So der Verlag)

Dem Buch liegt auch eine zehnseitige Stellungnahme von Hofrat A. Nentwich bei, die die offensichtlich heftigen Reaktionen auf die Wellentechnik im eigenen Land auffangen sollte.
Die eingangs zitierte Definition des Schwingens als Reduktion auf das Andrehen ist jedoch schon auch für 1980 nicht hinnehmbar. Es gibt im Buche drei Kapitel einer praktischen Bewegungslehre mit einer Fülle differenzierender, klärender und bleibender Einsichten wie beispielsweise: *„Belastet man den Innenfuß, so greift der Ski besser."* Oder auch die Bemerkungen zur Pronation und Supination (als Maulschellenbewegung). Oder:
Bei offener Skiführung verschmälert man gerne im Steuern.

(Schwingen. Texte z. B. Seite 20 – 25)

803 Pedalieren nach Hans Zehetmayer

1980 Österreichischer Lehrplan – Verfasser Franz Hoppichler

Der Lehrplan „Schwingen" verweist:
„In letzter Zeit wies Prof. Zehetmayer – wie einst schon Zdarsky – darauf hin, daß zum Schwungwechsel das fürs Umkanten freimachende Beugen und Drehen des Innenbeines und das für den Steuerdruck notwendige Strecken des Außenbeines entscheidend ist (Pedalbewegung)."
(Schwingen. Text Seite 10, Zeichnung Seite 137)

Begriff und Sache werden in den kommenden Jahren immer bedeutsamer und gewichtiger. Ein besonderer Schritt in dieser Richtung war die japanische Vorführung beim Interski 1983.

Bei SPORTS wurde im Rahmen der Carvingtechnik darauf hingewiesen, dass man beim tief absitzenden Schwingen auch mit Innenskibelastung und Zugriff vor der Falllinie pedalieren kann. Walter Kuchler verwies später immer wieder darauf, dass es sich beim Pedalieren auch um eine exemplarische Realisation des gekreuzten alternierenden Beinbeuge-Beinstreckreflexes handelt.

In der Folge immer wieder formuliert Zehetmayer
„Das Einfache ist das Beste".

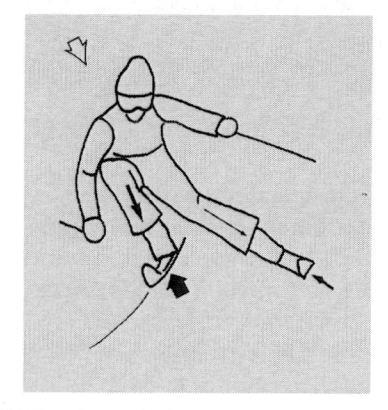

Allein schon mit dem Begriff und der Sache Pedalieren hat sich Hans Zehetmayer in die Geschichte der Skitechnik eingeschrieben.

Pedalieren im Rennlauf 2019

869 Seitfallen als Kippen – Einbeinmethode

1985 Georg Kassat (D)

stellt bisherige Theorien in Frage und postuliert:
▶ *„Grundsätzlich vollzieht sich paralleles Skifahren in Kombination der Aktion Seitfalln und DMRs (Drehmomentreaktionen), überlagert von Effekten der Fahrtwucht, so daß es zu den Drehbewegungen der Ski – Einwärts-Driften und Auswärts-Driften – kommt." (Seite 62)*
▶ Funktionierend schon bei einer Ein-Ski-Technik (Seite 92 – 103)
▶ Scharfe Kritik an traditionellen Lehrweisen und neue Vorschläge.

Biomechanisch setzt sich mit Kassat Christian Kaufmann 1989 kritisch auseinander.
(Alpiner Skilauf Seite 356 f.)

Das Prinzip Seitfallen bringt Kippen auf den Punkt. Schon Francesco Negri berichtet um 1650 über die Lappländer:
„Der Fahrer kommt aus der Fahrt in den Stand, indem er den Körper nach der einen Seite neigt und dadurch einen Bogen beschreibt, bis er quer zum Hang steht."

Auch die Krainer Bauern um 1650 wussten vom Anhalten durch „Seitneigen". In vergleichbarer Weise findet sich dies schon bei Mathias Zdarsky. Henry Hoek 1934 formuliert es einfach und bündig. Auch der „Kippschwung" von Jürgen Kemmler anfangs der 1970er Jahre ist ein Seitfallen. Das Kippen wird ebenso behandelt bei Ekkehart Ulmrich (1979), bei Georg Joubert (öfter) und in SKI SCHWEIZ 1985
(Zu Francesco Negri siehe Erwin Mehl, Grundriß der Weltgeschichte. Seite 124 f.)

Titelseite von Kassats Buch)

912 Blocktechnik 1989 Walter Kuchler (D) Als einfaches Skifahren zu beobachten: ▸ drehen en bloc ▸ Achsenparallelität von Fuß-, Hüft- und Schulterachse ▸ fast gleichmäßige Belastung beider Ski ▸ gleichzeitiges Drängen mit Körper und Ski in die neue Richtung.	Diese Fahrweise funktioniert offensichtlich als eine einfache und primitive Technik bei gut präparierter Piste und leicht zu drehenden Ski im unteren und mittleren Geschwindigkeitsbereich. Körper und Ski drängen in die neue Richtung. Meist sind beide Ski annähernd gleich belastet. Weiterentwickelt könnte die Fahrweise zu bevorzugter Innenskibelastung führen.	 (Die neue Skitechnik. Seite 104 – 109)
1078 Fließende Bewegung statt Haltungen 2004 Ron LeMaster (USA) *„Good skiing isn´t a series of positions, it´s a continuum of fluid movements."* (The Essential Guide to Skiing. Seite 198)	Eine verhältnismäßig einfache und eigentlich selbstverständliche Feststellung, die der Verfasser fast nebenbei trifft, die aber im Blick auf vergangene Techniken wie beispielsweise auf die Konzepte von Eugen Matthias und Giovanni Testa (1936) oder auf das Gegenschulterschwingen und auf die frühe Beinspieltechnik nachdenklich machen sollte.	
1170 Coiling – Neubelebung des Mambos als Carven – einfache Technik 2013 Ken Chaddock (Can) Hineindrehen und sofort Gegendrehen: *„I use coiling in every scenario; powder, moguls, gentle slow turns, hard fast carving turns, and even deep wet weather shmoo ...When I coil with precision, skiing becomes simpler, easier and more enjoyable."*	Der Verfasser belebt die Mambotechnik neu. Coiling als Drehen und Gegendrehen im gleichen Schwung ist für ihn eine Wundertechnik, die er zugleich als eine sehr einfache Technik offeriert. Etwas erinnert sie an die Fahrweise von Jens Byggmark in seinen ersten Weltcupjahren. Das fotografische Bildmaterial dazu lässt sich aber nicht leicht entschlüsseln. (Ski Well Simply. Außentitel, Text Seite 35)	

25. Frau und Skitechnik

Mehr noch als das Thema „Frau und Skitechnik" hat das Thema „Frau und Skibekleidung" die Entwicklung des Skilaufs durch Jahrzehnte begleitet. Während die Bekleidungsfrage auf der Ebene der kulturellen Gewohnheiten ausgetragen wurde, ging die skitechnische Frage schon tiefer unter die Haut. Aber hier wie dort scheint uns heute manche Argumentation nicht ganz begreiflich.

8 Erste Frau auf Ski **1567 Olaus Magnus (S) über Lappen und Finnländer** Eine Frau und ihr Mann auf Ski tragen ihre Kinder zur Taufe in eine Kirche.	Die früheste Darstellung einer Frau auf Ski. („Beschreibung allerley Gelegenheyte / Sitten / Gebräuche und Gewohnheyten der Mitnächtigen Völker". Bild Seite 91)	
14 Sich "winden und krümmen", Hindernisse umfahrend **1689 Bericht des Freiherrn Johann Weichard Valvasor** Krainer fahren am Sonntag nach der Kirche ▸ auf 140 – 160, ausnahmsweise 180 cm langen Ski ▸ im mittiger Stand nach hinten gelehnt ▸ Stock angelehnt unter der Achsel ▸ zum Anhalten durch Seitneigen ▸ *„Denn sie winden und krümmen solche ihrer Abfahrt Schlangenweise …"* ▸ Tandemfahren, bei dem die Mädchen bei den Burschen hinten auf den Ski stehen	Wahrscheinlich schon seit langer Zeit in den Dörfern auf der Bloke, eine Hochebene nahe Ljubljana (SLO), beheimatet. Interessant, weil abgesehen von den Göttersagas und vom Skifahren von Soldaten hier erstmals Skifahren ausdrücklich zum Zeitvertreib und Vergnügen praktiziert wird. Daran nehmen auch die Kinder und Frauen teil. Mädchen stehen bei den Burschen auf den Ski hinten drauf. (Erwin Mehl, Grundriss der Weltgeschichte des Schifahrens. Seite 125-135. – Dastellung der Bloke Ski mit Längen von 150 und 160 cm in „Slovenian Skiing 2002". Seite 36.)	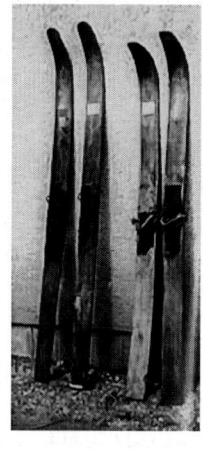 Bloke Ski 150 und 160 cm lang
41 Abfahrerin mit Stockführung **1889 Carl Hansen (N)** Abfahrtshaltung: ▸ schmale Skiführung ▸ leichte Schrittstellung ▸ aufrecht mit Rücklage ▸ Aufstützen und Mitschleifen eines frei geführten Stockes	Der Maler zeigt eine Skifahrerin bekleidet mit verhältnismäßig kurzen Röcken. (Maler. Bild in Snoe og Ski in norsk Malerkunst 1847 – 1924. Seite 27 f.)	

51 Elegante Schussfahrt einer Frau **1892 Frits Thaulow (N)** Abfahrtshaltung: ▶ schmale Skiführung ▶ leichte Schrittstellung ▶ aufrechte Körperstellung ▶ Einstock quer vor den Hüften ▶ (Einstock auch beim stehenden Skifahrer)	Der Ausschnitt aus einem größeren Gemälde zeigt die Skifahrerin im langen Rock. Dass in Norwegen Frauenskilauf selbstverständlich war, sehen wir auch aus dem Oevre des Künstlers mit mehreren Laufbildern. (Bild in Snoe og Ski in norsk. Malerkunst 1847 – 1924, Seite 54 f.)	
125 Damenskilauf für die gute Figur **1908 Luise Schupp (D)** „Beherrscht man dann den Ski einmal vollständig, ermöglicht er den genußreichsten und schönsten Sport, der alle Muskeln gleichmäßig ausbildet, die Blutzirkulation fördert und den Körper wie keine andere Uebung gesund erhält. Eine biegsame Figur mit geschmeidigen Bewegungen ist eine erstrebenswerte Schönheit für jede Frau.; es sollte daher keine versäumen, der sich die Gelegenheit dazu bietet, sich mit dem Schneeschuh zu befreunden."	Das positive Urteil der Autorin ist für diese Zeit pointiert und nicht weit von der Ansicht des Mathias Zdarsky entfernt. Ein Jahr später wird sie sich in einer anderen Veröffentlichung gegen eine sportliche Ausübung des Skifahrens wenden bzw. Damen, die dies betreiben, angreifen.	
	(Die Frau und der Wintersport. In: Der Wintersport in Bayern. München 1909. Seite 53-57. Bild aus der gleichen Publikation als Werbung für Steirer Loden Seite 84)	
126 Damentraining - Damenleistung **1909 Luise Schupp (D)** ▶ Aufsteigen und Abfahren ▶ Abfahren im Schuss ▶ Abschwingen im Telemark oder Kristiania (Das Damenbild ist Inseraten des Jahres 1911 entnommen. Röcke findet man auf Bildern in Skibüchern noch Anfang der 1930er Jahre.)	Polemisch schildert die Verfasserin, wie der Typ „Siegerin" bei den Damen trainiert und sich gegenüber Journalisten verhält: „Sie wehrt bescheiden ab und trainiert. Immer den gleichen Steilhang hinauf und hinunter, unten Telemark – oder Christianiaschwung." (Unsere Skidamen. Seite 75 f.)	

131 Damen Gelenkigkeit!

1909 Mathias Zdarsky (A)

„*Reichen die Kräfte der Damen aus? Selbstverständlich, ja! … Jedenfalls habe ich beobachtet, daß Gelenkigkeit bei den Anfängern mehr an der Damen- als Herrenseite zu treffen ist, da die Herren viel mehr zur Bockbeinigkeit neigen.*"

(Skisport. Gesammelte Aufsätze. 1909. Seite 88 f.)

Der Altmeister des alpinen Skilaufs klinkt sich auch in die heftige Debatte des Damenskilaufs ein, wenngleich er wie alle anderen sich vor allem der weiblichen Skikleidung zuwendet. Aber noch lange nach ihm wird man um die weiblichen Voraussetzungen für den Skilauf streiten, zu der er so eindeutig Stellung nimmt.

(Bild aus Deutscher Skilauf. Hrsg. von Carl J. Luther". 1930. Seite 89)

---

159 Die Frau für den Skilauf geeigneter

1911 Dr. med. Jäger, Leipzig

Der Berichterstatter A. Mallwitz über die Internationale Hygieneausstellung in Dresden gibt aus dem Referat Jägers wieder:

„*Das weibliche Geschlecht sei nach den Erfahrungen des Redners zum Skilauf geeigneter.*"

(A. Mallwitz, Zur wissenschaftlichen Erforschung. Seite 15. Nebenstehendes Plakat stammt von dem erfolgreichen Künstler dieser Zeit Franz Stuck aus München.)

Leider wird die Feststellung nicht differenziert und begründet wiedergegeben. **Schon Mathias Zdarsky nahm eine positive Stellung zum Thema Frau und Skilauf ein.** Bis zu den sportlichen Erfolgen von Christl Cranz ab 1933 (mehrfache Weltmeisterin und Olympia-siegerin 1936) überwogen Bedenken und einschränkende Beurteilungen. Im Prinzip aber war das Thema vom Tisch. Nur Lehrplanautor Franz Hoppichler empfahl noch 1993 Frauen das beidbeinige Fahren. Neuauflage der Debatte brachte dann der „Ladycarver" um 2003 mit dezenten Hinweisen auf eingeschränktere Kondition und anderem Schwerpunkt.

---

238 Gleiten poetisch gesehen

1925 Henry Hoek (NL/D/CH)

„*Vertraue Dich dem Schnee an, laß die Skier Gleiten? Schließ einen Augenblick die geblendeten Augen und lausche auf das Klingen unter Deinen Füßen. Deine Spur singt – leise, fein und scharf; und der Klang scheint von überall her zu kommen, ist schließlich in Dir selbst, ist Motiv der Schnelligkeit, des Gleitens, der beschwingten, der belebten Einsamkeit.*"

Henry Hoek kreist förmlich von 1906 bis 1950 in seinen Schriften um das Skifahren. Es beginnt beim Bau eigener Ski, widmet sich immer wieder technischen Anleitungen und endet oft in poetischen Betrachtungen. So gesehen ist er der größte Botschafter des Skifahrens in diesem halben Jahrhundert. Und er vergisst dabei nicht den Blick auf die Frauen, so wie in dem vorgestellten Buch.

(Wanderbriefe für eine Frau. Text Seite 29, Titelbild des Buches)

271 Skitechnik fürs Militär – Frauen als Heeresausbilderinne

1926 Hermann Czant (A/H)

Oberst Czant empfiehlt im Rückblick auf den Weltkrieg:

„Ist Zeit (d. h. Jahre) und Geld vorhanden, so bilde man Offiziere und Mannschaft in der norwegischen Skilauftechnik aus. Da aber solche Zeit in keiner Armee genügend vorhanden ist, bilde man in dem Gebiete der Alpen Offizier und Mann nach dem System ‚Alpine Skilauftechnik Zdarskys' aus." Außerdem *„empfehle ich für den Unterricht in der Skilauftechnik auch die Bücher Luthers und besonders die „Alpine Skilauftechnik" Dr. Erwin Hoferers."*

Leider führt der Chronist des Alpenkrieges für seine Wertungen keine inhaltlichen Gründe an. Warum dauert eine Ausbildung in der norwegischen Technik länger und ist deshalb teurer? Erstaunlich ist die Einschätzung einer längeren Ausbildungszeit nach dem System Bilgeri, das von dessen Schüler und Kollegen Josef Albert als besonders kurz und nur auf 12 Übungen beruhend gelobt wird. - Hochinteressant ist die Herausstellung einer Heeresausbilderin, nachdem andere Quellen immer nur Mathias Zdarsky, Georg Bilgeri und Hannes Schneider erwähnen.

(Alpinismus und Gebirgsfronten. Text Seite 324, Bild Seite 47)

Bildtext: *„Annie Beyer bildete viele Zivil- und Militärskifahrer aus, (so auch in Kursen des Verfassers), die in den Gebirgsfronten vorzügliche Dienste leisteten."*

280 Schuss in Schrittstellung oder Spitzen auf gleicher Höhe - Frauentechnik

1926 Rudolf Katscher (A)

Neben niedriger oder hoher Fahrstellung sieht Katscher die Skiführung als den zweiten Hauptunterschied zwischen Norwegern und Arlbergern.
Norweger in Schrittstellung, dagegen bei den Arlbergern Spitzen auf gleicher Höhe. Ihr Vorteil: *„Laufen auf beiden Ski".*
Skitechnisch kennt der Briefeschreiber für seine Freundin keinerlei Grenzen, alle Sprünge eingeschlossen.

Das originelle Buchkonzept in der Form von Briefen an eine Freundin, das später Henry Hoek aufgreifen wird, gibt trotz seiner belletristischen Form in Vergleichen den Stand der Entwicklung wieder. Auch charakteristische Sicht der Skitechnik: die häufige Anrede mit „teure Skikünstlerin". Originell auch die Einteilung der Fortschrittniveaus in Elementarschule, Gymnasium und Hochschule.

(Texte aus: Skilehrbriefe an Sie. Seite 8 f., Titelbild des Buches)

282 Aktives Stürzen – „kaltblütige" Aufstehtechnik - auch für Frauen gedacht

1926 Rudolf Katscher (A)

In seinen „Skilehrbriefen an Sie":

„Das Geheimnis besteht darin, daß man, wenn man spürt, daß man stürzt, sich womöglich rücklings auf die Seite wirft, und dabei, alle Glieder locker lassend, sich zusammenkauert. Dann werden Muskel- und Sehnenzerrungen nicht vorkommen und die ganze Sache ist ein harmloser Plumps in den Schnee."

„Um nun richtig aufstehen zu können, musst Du Dich nun solange kaltblütig im Schnee herumwälzen, bis die Füße mit den Skiern tiefer als der Körper liegen."

Rudolf Katscher hat eine sehr originelle Sicht von Stürzen und Aufstehen und ist einer der frühen Autoren, die sich mit dem Thema befassen.

(Skilehrbriefe an Sie. Texte Seite 10.)

347 Frauentechnik – „Poesie des fließenden Rhythmus"

1930 Josef Dahinden (CH)

„Die feinabgemessene, elegante, leichtflüssige Gleitschwungtechnik bietet die wahre Erfüllung der Frau auf dem Ski. Dagegen bleiben der Frau dauernd die robusten, mehr Kraft erfordernden Bewegungen der Stemmschwungtechnik und der Sprungtechnik fremd. Die häufigen Spreizstellungen zur Stemmschwungtechnik mit andauernd einseitiger Muskelbeanspruchung der Beine, Lenden und Hüften, mit zeitweiliger Pressung der Unterleibsorgane, speziell bei nachlässiger Ausführung mit vorhängendem Oberkörper (was sehr oft eintritt infolge Ermüdung) haben allzuoft nachteilige Wirkung."

„Die Skiausbildung der Frau muß unbedingt mit Lieblingsleistungen beginnen, Bewegungen darin die Poesie des fließenden Rhythmus in ihre Körper schwingt."

Aus einem skurrilen Frauenbild und heute eigenartig anmutendem biologischen Wissen heraus formuliert Dahinden liebenswürdige Empfehlungen.
Abbildung Nr. 89: Übungen zur Gleitschwungtechnik. „Immer Schenkel und Rumpf in einer Geraden"
(Die Ski-Schwünge und ihre Gymnastik. Seite 36 f., Bild Gymnastik Abb.-Verzeichnis Nr. 79)

404 Stemmen – nichts für Frauen

1933 A. Malter (D)

Nachdem er klagt, welche unglückliche Rolle das Stemmfahren für Unfälle und für Anfänger spielt, argumentiert er:

„Denn jene Kraft- und Stemmtechnik, die vor allem unseren Frauen unüberwindliche Schwierigkeiten macht, ertötet das feine Gefühl des Schwingens. Sie steht in größtem Gegensatz zur lebendigen, kraftsparenden Dreh-Schwungtechnik."

Das kurz angesprochene Thema Frau und Skitechnik dient A. Malter zum Poltern gegen alles Stemmen. Er klagt die Skischulen direkt an. Das Bild unterstreicht seine Bedenken.
Ohne darauf einzugehen scheint der Verfasser Fritz Reuel nahe zu stehen.
(Schreiten und Schwingen. In: Der Winter 1932/33, Text und Bild Seite 98)

420 Frau und Skitechnik

1934 Henry Hoek (NL/D/CH)

gesteht seiner Freundin alle Techniken zu – außer Springen:
„Skispringen ist Akrobatik, ist letzte Beherrschung eines eisernen Körpers mit fast unzerreißlichen Muskeln. Es ist nicht für Frauen; ich sagte dir es schon. Sei nicht traurig!"

Er rät aber auch ab von gerissenen Schwüngen aus schneller Fahrt und von großen Quersprüngen

Schließlich:
„Vergesse nie, daß deine Leistung sich unter keinen Umständen mit der des Mannes vergleichen lässt. Versuche nie dieses unmögliche Ziel zu erreichen."

Das Buch „Ski Heil, Kamerad" ist schon wegen seiner literarischen Form bemerkenswert, nämlich der Form von Briefen.
Mit Springen meint Henry Hoek alle Formen des damals verbreiteten und hoch eingeschätzten Springens.
(Skiheil, Kamerad! Skikurs für eine Freundin, Seite 19 f., 54 Umschlagbild)

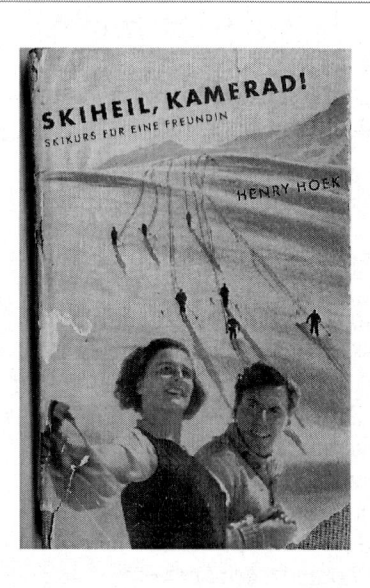

437 Skilaufen spielend – selbst für Frauen – sogar im „Hundertkilometertempo" **1935 Carl J. Luther (D)** „Was um 1897 eine unendliche mühselige Schneestapferei war und was an alpinen Bergfahrten nur ganz wenige wagten, das nehmen heute tausende, auch Skiläuferinnen, spielend. Zum größten Staunen der Urheber des Skisports, der Norweger". (Das weiße Reich, S.47)	Mit der Aussage über 1897, in der Mathias Zdarskys Lehrbuch erschien, zeigt Luther, dass er Mathias Zdarsky, den er allgemein nicht hoch einschätzt, von Anfang an nicht rezipiert hat. Erstaunlich für einen Fachmann seines Formats. Dagegen ist seine Einschätzung von Frau und Skilauf seiner Zeit noch voraus. Wahrscheinlich kannte er dabei das hier präsentierte Bild aus dem Jahre 1912 nicht.	 (Bei E. John B. Allen und Egon Theiner: 100 years of international skiing. Wien 2010 S.53)
446 Skilauf für die Frau **1935 Christel Cranz (D)** ▶ „Technisch kann eine Frau genau so gut fahren wie der Mann." ▶ „Für Frauen kommt nur Abfahrt und Slalomlauf in Frage." ▶ Allgemein kämpft sie gegen „Herren der Schöpfung", „die immer wieder versuchen, der Frau die Berechtigung zum Kampfsport abzusprechen, oder wenn sie es nicht gerade verbieten können, ihn einfach zu sabotieren und lächerlich zu machen."	Nebenbei sagt Christel Cranz zum Kinderskilauf, dem sie sich nach 1945 gewidmet hat: Kinder „lernen Skilaufen, wie sie Gehen gelernt haben. Der Ski wird Teil ihres Körpers." (Skilauf für die Frau, Seite 16 und 18. Titelseite des Buches)	
471 Weibliche Skitechnik **1936 Giovanni Testa und Eugen Matthias (beide CH)** Es wird mit Nachdruck darauf hingewiesen, dass „ein schraubenfreies und möglichst knieversammeltes Fahren dem Wesen des weiblichen Körpers weit besser angepaßt ist."	Wie immer, werden viele Argumente und Perspektiven herangezogen, um eine neue Technik zu begründen, so meint man auch, „dass das Skifahren auf Grund dieser Technik noch in größerem Umfange, als das bis heute der Fall ist, dem weiblichen Geschlechte zugänglich sein wird." Leider bietet das Buch kein Bild einer Skifahrerin. (Natürliches Skilaufen. 1936, Texte S. 27)	
476 Weibliche Fahrart **1936 Hans Fischer (D)** „Der Slalom oder Torlauf, der nicht auf reiner Kraft und Ausdauer, sondern sehr viel auf Geschicklichkeit, Wendigkeit, auf Schwungsicherheit und sicherer Skiführung beruht, dürfte die geeignetste Form des weiblichen Skiwettkampfes sein ... Gekonnter Skilauf ist eine schöne Bewegung ... und darum muß er auch für die Frau geeignet und anziehend sein."	Nach den üblichen Vorbehalten der Zeit, dass Ausdauersport, Springen und schneller Abfahrtssport dem weiblichen Wesen nicht entspreche, findet sich bei Hans Fischer hier wie in einer 2. Auflage vier Jahre später in einer Prachtausgabe zum Thema weiblicher Skilauf nicht ganz der Stand der Zeit, wie er sich im gleichen Jahr bei den olympischen Spielen zeigt. (Skihaserl. Text Seite 29, Bildteil Seite 29)	

481 Olympiade: Rotation in der Renntechnik – Frauensport

1936 Christel Cranz (D)

Beinahe stellvertretend zeigt sie:
- weit offene Skistellung
- ausgeprägte Schrittstellung
- Rotation oder Carvingtechnik?
- jedenfalls Vorziehen der Außenhand

Abweichende Bilddokumente der Sieger gibt es von Emile Allais, der gegendreht. (Im folgenden Jahr wird er Weltmeister mit Rotationstechnik werden.) Guzzi Lantschner fährt elegant schmalspurig. Das Bild von Christel Cranz könnte auch 60 Jahre später aufgenommen sein, wären da nicht diese Skispitzen.
Christel Cranz gewann 14x Gold bei Olympiaden und Weltmeisterschaften.

(Im Bild Christel Cranz in Skilauf für die Frau. Seite 48)

513 Standsicherheit und Schwungfähigkeit bei Männern und Frauen

1937 Fritz Hoschek (A)

„Der Mann ist standsicher und weniger schwungbegabt, die Frau steht weniger durch (ist nicht gleichzusetzen mit Ausdauer) und ist schwungbegabt."

Hoschek meint auch, die Standsicherheit hänge vor allem von der Muskelkraft und der „Schlagfertigkeit" ab.

Interessant dürfte auch Hoscheks Hinweis sein, die Standsicherheit sei „in viel höherem Maße angeboren und viel weniger leicht zu schulen als die Schwungfähigkeit." D. h. aber auch: „Die Schwungfähigkeit ist in hohem Maße lernbar".
Die Bedeutung der „Schlagfertigkeit erklärt auch, „daß unter gleich schnellen Rennläufern neben riesenhaften Gestalten ganz kleine Leute zu finden sind."

(Das natürliche Schwungfahren. Seite 22)

(Bild aus dem Außentitel von Fritz Hoschek, Die natürliche Lehrweise des Schilaufens. 1933)

504 Skilehrerinnen ja, aber mit Einschränkungen

1937 Chr. Jost (CH)

„Für körperlich schwache Frauen stellt dieser Beruf zu harte Anforderungen. Auch ist infolge der viel zu kurzen Beobachtungszeit noch nicht feststellbar, ob die Frau bei dieser körperlichen Betätigung in physischer Beziehung nicht dauernde Schädigung ihrer Gesundheit erleiden kann. ... Eine gewisse Vorsicht bei dieser sportlichen Betätigung (Skiunterricht, Rennlauf) sei all unseren Skiinstruktorinnen empfohlen."

Ch. Jost war damals sicherlich für diese Problematik als Vorsitzender des Interverbandes für Skilauf in der Schweiz kompetent. Bemerkenswert in seinem Beitrag ist auch sein Urteil, dass man vom Unterricht her gesehen nur positive Erfahrungen mit Skiinstruktorinnen gemacht hat. Er gibt auch an, dass bis zu diesem Zeitpunkt 24 Frauen das „Brevet", den Skilehrerausweis erhalten hatten.

(Schweizerische Skiinstruktorinnen. In: Frohe Stunden im Schnee. Hrsg. vom Schweizerischen Damen-Skiklub. Außentitel, Text Seite 74–76)

507 Damenskiwettkämpfe? **1937 Diskussion in der Schweiz** Mehrere Beiträge im Sammelband „Frohe Stunden" zeigen, dass die Diskussion, ob „mörderische" Abfahrtsrennen und Langlaufrennen zu befürworten seien oder ob man für ästhetische Stilwettkämpfe votieren sollte, noch voll im Gange war.	(Zahlreiche Beiträge in „Frohe Stunden im Schnee". Bild Seite 176 a)	
534 Rennlauf und Breitensport – Vorlage der Beine **1939 Christel und Rudi Cranz (D)** Argumentation: ▸ Plädoyer für Zusammengehörigkeit ▸ für die spezielle Vorlage ▸ aus Knöchel und Unterschenkel ▸ und langen Stöcken	Das erfolgreiche Geschwisterpaar bezeichnet den Rennlauf im doppelten Sinn als Pionier: für die Entwicklung von Technik und Technologie. – Zu kurze Stöcke verführen zu einer Oberkörpervorlage. – Entschieden setzen sie sich auch für den Thirringmantel, eine flügelartige Bluse, ein. (Erprobtes und Erfahrenes – Skiläufer und ihr Gerät. Seiten 44, 52, 64 ff.. Bild von Rudi Cranz Seite 71)	
588 Die Handicaps der Frauen **1948 Werner Krause (D)** „Nicht viele Läufer verfügen über die Vorbedingungen, nämlich weiche Hüften und weiche Knie. Gute Läuferinnen gibt es noch weniger, da Frauen mit weichen Hüften und Knien eine Seltenheit sind, besonders da sie durch das tägliche Tragen von Schuhen mit überhohen Absätzen dafür sorgen, daß Hüften und Knie verhärten. Weiter bereitet die	natürliche weibliche X- Beinstellung den meisten Frauen im Anfang Schwierigkeiten beim Skilauf." Skurrile Vorstellungen sind im Skisport immer wieder nicht nur im kleinen Kreis zu finden. Das Skilehrbuch der FDJ in der damaligen Ostzone Deutschlands mit einem Vorwort von Erich Honecker dürfte eine größere Breitenwirkung gehabt haben und Theorie und Praxis in historisch bedeutsamen Skigebieten beeinflusst haben.	 (Skilaufschule. Lehrbuch in der Tasche. Text Seite 4, Bild Seite 18)
958 Skitechnik der Frau mit Belastung auf beiden Beinen **1993 Franz Hoppichler (A)** Hoppichler meint, dass Frauen wegen geringerer Beinkraft gerne auf beiden Beinen fahren sollten. (Die österreichische Skischule. 1993, Seite 123, Bild Seite 102)	Wieder einmal kommt es nach den Büchern von R. Katscher (1926), H. Hoek (1926, 1934) und Christel Cranz (1936) und vielen einzelnen Stellungnahmen zu einer Auslassung über weibliche Skitechnik. Ein Hinweis nur, aber wie später die Erfindung von Ladycarvern zeigen wird, ist die Geschlechterdiskussion noch lange nicht abgeschlossen.	

1069 Ladycarver für leichteres Skifahren	Binnen kurzer Zeit haben sich die Ladycarver als parallele Linie zu fast allen anderen Typen entwickelt.	
2002 Skiindustrie	Der vorgezogenen Montagepunkt aber täte auch allen Skifahrern mit kleiner Schuhgröße gut. Es ist auch daran zu erinnern, dass bei Carvingski der Montagepunkt sowieso schon 5-12 cm vorgerückt ist.	
Die Skiindustrie empfiehlt einmütig Ladycarver mit dem Argument leichteren Skifahrens. Zugleich empfiehlt sie einen vorgezogenen Montagepunkt, weil der Schwerpunkt bei Frauen etwas weiter zurückliege.		
	(Christel Cranz demonstriert, aus ihrem Buch „Skilauf für die Frau" von 1936, S. 48)	

26. Ende der Entwicklung und Höhepunkt erreicht

121 Erste Aufforderung auf Entwicklungsschluss und auf Vereinfachung	Wahrscheinlich die erste Klage über Vielfalt und Festlegungen der Technik. Diese Sicht der Dinge und das Leiden an der Vielfalt werden sich bis heute immer einmal wiederholen. U. a. versuchte der Bilgerischüler Josef Albert 1928 die ganze Skilauftechnik auf 12 Übungen zu begrenzen. Andere, wie auch Georg Bilgeri 1926 oder Henry Hoek 1942, sahen endlich die Entwicklung als abgeschlossen an. Ab den 1960er Jahren mehren sich die Bemühungen, eine einfache Technik zu propagieren.	
1908 Wilhelm Paulcke (D)		
„Ich habe mich nach Möglichkeit davor zu hüten gesucht, eine Unzahl von Einzelübungen mit Erfindung und Verwendung vieler Termini technici zu beschreiben, da eine derartige pedantische Skifibel mehr Schaden als Nutzen stiften kann. ... es widerspricht der Natur des Skisports jede Bewegungsart oder Kombination zu benennen, und in starre Regeln und Paragraphen zwängen zu wollen."		
	(Der Skilauf. 4. Aufl. 1908. Text Seite 12, Bild Außentitel)	
213 Entwicklung der Skitechnik abgeschlossen?	George Bilgeri sieht die Ursachen dafür einerseits über eine Abgleichung mit den „Vertretern des Mutterlandes des Skilaufs", anderseits die Verbreitung und Vereinheitlichung der Technik durch die Militärkurse des 1. Weltkrieges. Allerdings wies er in der 2. Auflage seines Buches eine Übereinstimmung seiner Technik mit der Zdarskys zurück. Noch 1940 erstattete der Historiker Erwin Mehl zu Vereinheitlichungen Fehlanzeige.	
1922 Georg Bilgeri (A)		
„Heute kann die Entwicklung der Skilauftechnik wohl auch in Mitteleuropa als abgeschlossen gelten." (Texte in der Einleitung zur III. Auflage. Seite V des nebenstehenden Buches)		

249 Entwicklung beendet – Berg- und Innenskibelastung **1925 Erwin Hoferer (D)** „Jetzt ist die Technik des Schilaufens abgeschlossen, die Entwicklung beendet." ▸ Schräg am Hang werden bei Schmalspur der Bergski, bei breiter Spur beide Ski oder vermehrt der Talski belastet. ▸ Im Schwung Innenskibelastung mit Fersendruck	Erwin Hoferer verweist auf die systematische Entwicklung der norwegischen Skitechnik durch die Deutschen. Er verweist allerdings auch auf den derzeitigen Standard wie er in den Filmen von Fanck und Schneider und durch Schneiders Fahrkunst überhaupt zu sehen ist. Sein Fehlurteil bezüglich der Entwicklung steht nicht alleine da. Vergleiche Georg Bilgeri 1922, Josef Albert 1932, Pfeifer 1934, Hoek 1941 oder Ulrich Göhner 1991. (Winterliches Bergsteigen. Alpine Schilauftechnik Seite 28)	 Beinahe visionär sieht dagegen der Zeichner Carl Koch die Entwicklung, wenn er Abfahrer im Stil der 1950er vorstellt. (In: Der Winter 1925/26. Seite 224)
434 Entwicklung Skilauf vollendet und abgeschlossen **1934 Emil Armin Pfeifer (A)** „Der alpine Skilauf kann in seinen Grundzügen als vollendet und abgeschlossen gelten." (Hannes Schneider´s Hohe Schule des Skilaufs. Seite 68, Bild Seite 74)	In Würdigung der Verdienste Schneiders und der Arlbergschule kommt der kenntnisreiche Autor zu diesem Urteil. Er präsentiert im Übrigen in seinem großformatigen Werk in Wort und Bild den Stand der Entwicklung und bringt Fotos von vielen Rennfahrern und vielen Ereignissen. Auch der Skigeschichte und dem Stand der Ausrüstung wird Raum gegeben. Vergleiche Georg Bilgeri 1922, Josef Albert 1932, Henry Hoek 1941 oder Ulrich Göhner 1991.	
559 „Jetzt ist kein Fortschritt mehr möglich …schade!" **1941 Henry Hoek (NL/D/CH)** „Die Entwicklung der Schwungabfahrt ist abgeschlossen. … Etwa vierzig bis fünfundvierzig Jahre hat die Entwicklung gebraucht um so weit zu kommen. Jetzt ist kein Fortschritt mehr möglich – schade!"	Dieser verdienstvolle Pionier und Autor wird im Erleben des Parsennrennens ein Opfer seines Enthusiasmus. Er sieht nicht nur die Entwicklung des Gerätes sondern eben auch der Schwungtechnik endgültig für abgeschlossen an. „Da ist das Optimum erreicht." Auch eine weitere Steigerung der sportlichen Leistungsfähigkeit scheint ihm nicht mehr möglich zu sein.	 (Die vier Stufen des Skifahrens. Text Seite 168. Bild Innenseite Der Schneehase 1941)
615 Ende der Entwicklung konstatiert **1951 Helmut Sohre (D)** „Technische Entwicklungs- möglichkeiten erschöpft – Kondition entscheidet. Man hat nach dem Kriege überall einsehen müssen, daß eine Weiterentwicklung im alpinen Skisport, in Abfahrt und Torlauf, durch technische Verbesserungen nicht mehr möglich ist."	Der Verfasser reiht sich in die Liste der Verkünder eines historischen Abschlusses oder einer Vollendung ein. So Georg Bilgeri 1922, Erwin Hoferer 1925, Armin Pfeiffer 1934, Henry Hoek 1941. Er beruft sich auch auf Gustl Berauer (D), der damals in Deutschland aufgrund seiner Erfolge einen guten Ruf hatte. (Wintersport: Skilauf und Skisprung. Seite 23)	

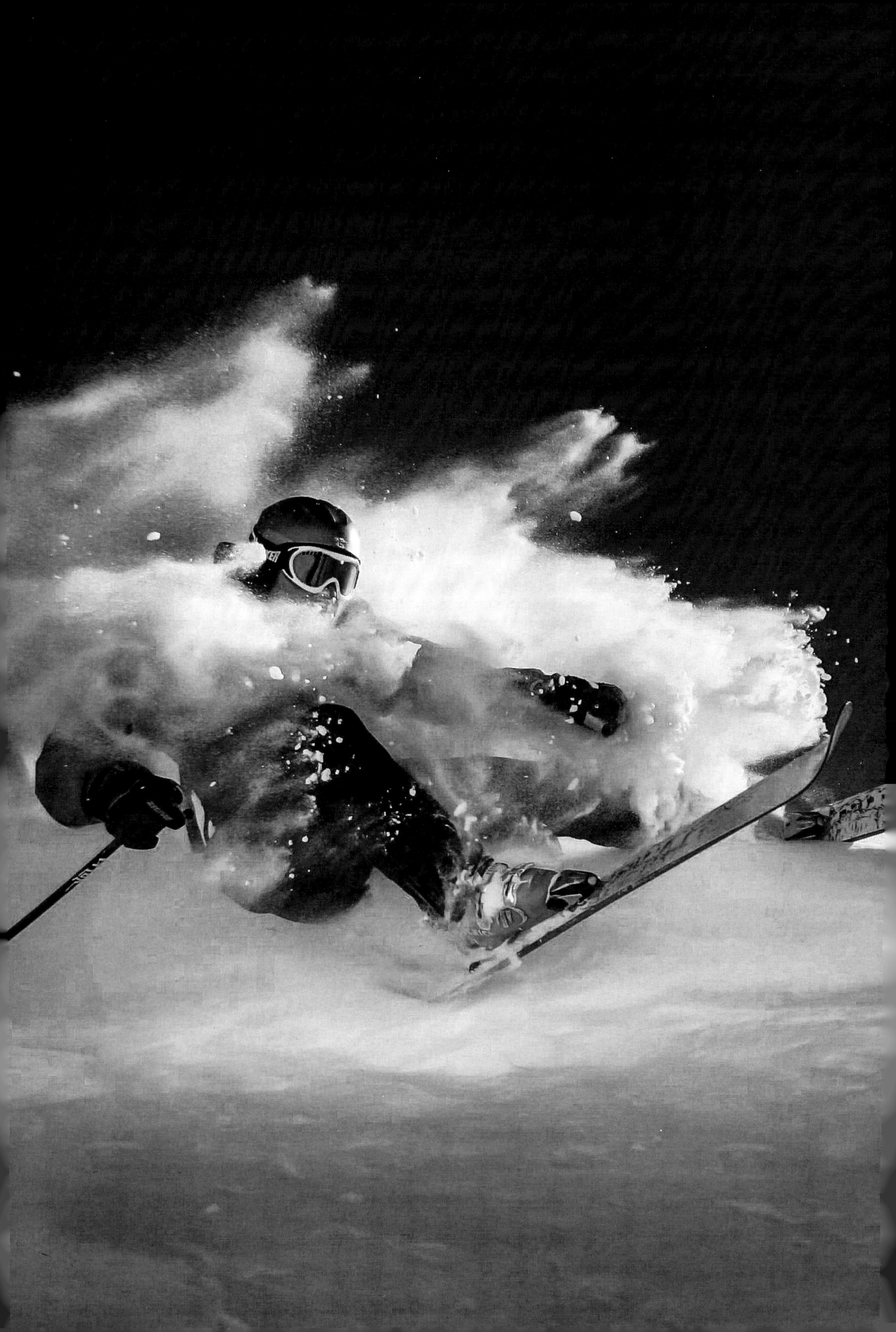

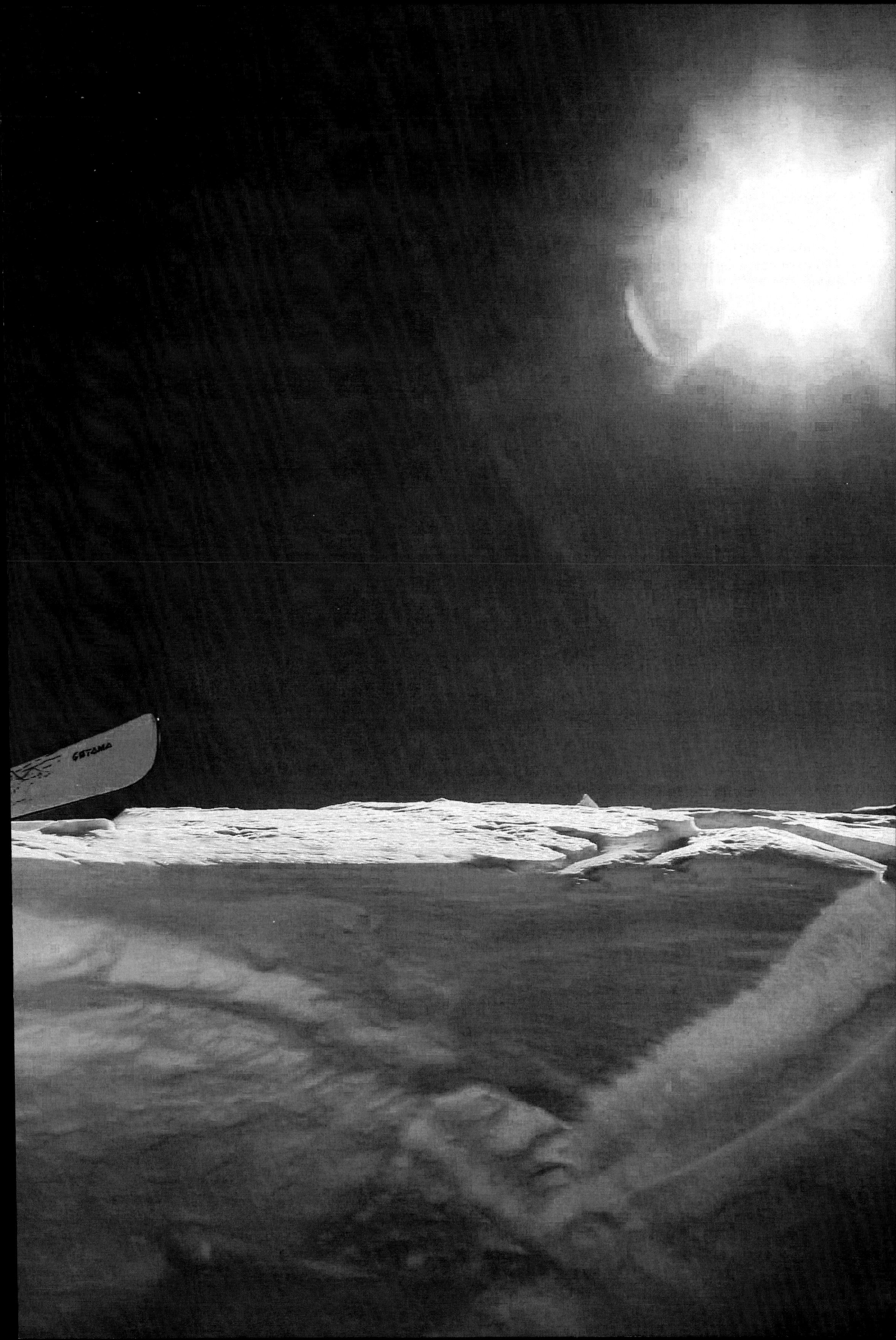

Literatur

Abraham, Horst, Teaching Concepts ATM. Boulder, Colorado 1980

Abraham, Horst, SKIING RIGHT. Official book of the Professional Ski Instructors of America. San Francisco 1983

Achard, Michele, Histoire du Ski au Pilat. Le Bessat (Loire) 1989

Ader, Armin, Skikultur. Zur Entwicklung von Skilauf und Skiunterricht. Köln 1991

Aichinger, J., Zur Entwicklungsgeschichte des Alpinismus und des alpinen Schneeschuhlaufs. In: Zeitschrift des Deutschen und Österreichischen Alpenvereins. Bd. 50, Jg. 1919, Seite 140 – 167

Aigelsreiter, Helmut und Ortner, Sepp, Sportlicher Schilauf. Hrsg. vom Österreichischen Skiverband. (1975)

Albert, Josef, Skilauf und Skihochtouren. Anleitung und Ratschläge für Anfänger und für Fortgeschrittene nach der Methode Oberst Bilgeri. Leipzig 1932

Allais, Emile und Paul Gignoux und Georges Blanchon, Ski Francais. Grenoble 1937

Allais, Emile, METHODE FRANCAIS DE SKI. Paris 1947

Allen, E. John B.: FROM SKISPORT TO SKIING. The University of Massachusetts Press 1993

Allen, E. John B., The Culture and Sport of Skiing. Massachusett 2007

Allen, E. John B. und Egon Theiner „100 Years of international skiing" Wien 2010

Allen, E. John B., Historical Dictionary of Skiing. Lanham, Maryland, 2012

Amanshauser, Hermann – siehe Braunmüller-Tannbruck

Amesberger, Günter, Bewegungshandeln und -lernen am Beispiel des alpinen Skilaufs. Diss., Frankfurt am Main 1990

Amstutz, Max D., Die Anfänge des alpinen Rennsports – The Golden Age of Alpine Ski-ing. Zürich 2010

Anderson, Martin, Hvide Droemme. In: Dansk Ski Arbog 92. Silkeborg 1992. Seite 69 f.

Arbeitsausschuss für Terminologie des Skilaufs / Ski-Interterm (Dr. F. Tscherne), Arbeitsunterlagen für die 4. Skiinterterm-Arbeitssitzung in Oberstdorf. Wien 1976

(Siehe auch Internationaler Verband für das Skilehrwesen)

Arbeitsgemeinschaft für das deutsche Skilehrwesen (Hrsg), Skilauf – Leitfaden für den Unterricht. Frankfurt a. M. 1964 – Siehe „Beilage für den Skiunterricht" 1967

Asang, Ernst und Wolfhart Hauser, Alfred Nagel, Anselm Vogel, Skifahren – aber mit sicherer Ausrüstung. Hrsg. vom Bayerischen Staatsministerium für Arbeit und Sozialordnung. München 2. Aufl. 1983

Auran, John Henry – siehe Ski Magazine

Australian Teaching Concept Manuals. South Yarra 1976

Bachleitner, Reinhard, (HG), Alpiner Winterssport. Innsbruck 1998, Seite 39

Bachmann, Oliver und Sepp Kneisl, Toni Seelos. Ein Leben für den Skisport. Innsbruck 1999

Baganz, M., Von der Eignung zum Skiläufer. In: Der Winter 1927/28, Seite 1 – 3

Baldwin, Edward R., "The Cross-Country Skiing Handbook". Toronto 1979

Balzac, Honoré, Seraphita. In Guy Gravier, Dominique Keller „Le ski" 1997, Seite 14, erweiterte Erzählung unter gleichem Titel: elv. Bremen 2013. Seite 16 – 22

Barblan, Peter – siehe Adolf Zarn

Barteski, Konrad und Robin Neillands, Learn to Ski in a Weekend. London 1991

Barth, Hans – siehe Carl J. Luther

Bauer Christiane und Tobias Heinle, Telemark für Fortgeschrittene. In Skimagazin 04/2016, Seite 72 – 75

Baumgärtner, Sören D. – siehe Frank Hänsel

Baumrock, Fritz, „Bremsen keine Schande". Im Vorwort (Seite 4) zu: Reingard Anwanter und Anton Hechl, Methodik des alpinen und nordischen Skilaufs. Innsbruck 1991

Baumrock, Fritz, Schwungwechsel: Druckgeben mit dem Talskiende. In: Leibesübungen – Leibeserziehung Heft 1, 1990, Seite 15-18

Bätzing, Werner, Die Alpen. Entstehung und Gefährdung einer europäischen Kulturlandschaft. München 1991

Beilage zum Leitfaden für den Skiunterricht. In: AG für das deutsche Skilehrwesen, Skilauf – Leitfaden für den Skiunterricht, Ausgabe 1967

Berg, Karin, Ski in Norge. Oslo 1993

Berg, Karin, Holmenkollen – Skimuseum. Oslo 1996

Bergmann, Sigge, Der Abfahrtssport in Schweden. In: Der Schneehase. Jahrbuch des Schweizerischen Akademischen Ski-Clubs. !941, Seite 169-173

Bergverlag Rudolf Rother, Komm alle mit. 328 Bergverlags-Skikurse. München 1932

Berkitsch, Michael, Zwoa Brett´ln a g´führiger Schnee. Eigenverlag. Druck Wien 1997

Bernett, Hajo, Terminologie der Leibeserziehung. Band 11 der Beiträge zur Lehre und Forschung der Leibeserziehung. Schorndorf bei Stuttgart 1962

Betsch, Roland, Gott in der Lawine. München 1931

Betsch, Roland, Narren im Schnee. Berlin 1935

Betsch, Roland und Franz Eberlin, Acht Hüttentage. Breslau 1935

Betsch, Roland, Herzen im Schnee. Stuttgart 1940

Bilddokumentation „Quersprung". In: Ski. Jahrbuch des Schweiz. Ski-Verbandes 1915, Seite 114

Bild Portrait von Luis Trenker aus: Der Bergsteiger. Wochenschrift für Bergsteigen, Wandern und Skilaufen. 6. Jg. 1928. Seite 486

Bildstein, Sepp, Wettläufe, ihre Grundlage, ihre Bedeutung. In: Ski-Chronik 1913. Jahrbuch des Deutschen und des Österreichischen Ski-Verbandes. München 1913, Seite 18-23

Bilgeri, Georg, Der alpine Skilauf. München 1910. Auflagen 1911 und 1922

Bilgeri, Georg, Die Verwendung der Ski im Kriegsfalle. In: Ski-Chronik 1910/11, Seite 105 – 121. Karlsruhe 1911

Bilgeri, Georg, Sprünge im Terrainlauf. In: Zwanzig Jahre Österreichischer Ski-Verein. Festschrift. 1924. Seite 127 – 134

Bilgeri, Georg, Skispringen im Geländelauf. Österreichische Illustrierte Zeitung. Wintersport-Sondernummer. Heft 49, Wien 1924, Seite 7 – 12

Blab, Georg, Anleitung zur Erlernung des Schneeschuhlaufens. München 1885

Blöchl, Gerhard und Armin Blöchl, New School. Faszination auf Skiern. Aachen 2005

Blanc, Robert, LE SKI D´AUJOURD`HUI. Evolutiv, extreme, total. Paris 1977

Blanchon, Georges – siehe Emile Allais

Bogeng, G. A. E., Geschichte des Sports aller Völker und Zeiten. Zweiter Band. Leipzig 1926

Bollnow Otto Friedrich, Mensch und Raum. Stuttgart 9. Aufl. 2000

Bompard, Jean-Jacques (Red.), ENCYCLOPEDIE DU SKI. Paris 2005

Bonnet, Honoré. Ski à la francaise. Paris 1964

Bormann, Emma, Die vielgeliebten Ski. (Selbstverlag) Klosterneuburg 1933

Bossi, Rudolf, Fahre gut und richtig Ski! Gelnhausen 1961

Bourdon, Robert, Modern Skiing, Philadelphia und New York 1953

Bradyy, Michael, Cross Country Skiing. Oslo 1977

Brandenberger, Hugo und Alfred Läuchli, Skimechanik. Physikalische Erläuterungen zur Anleitung „Der Skilauf", Hrsg. Schweiz. Interverband für Skilauf. St. Gallen 1935

Brandenberger, Hugo, Entwicklungstendenzen der Skitechnik. In: Der Schneehase 1954-1955. Jahrbuch des schweizerischen akademischen Ski-Club. Seite 6-12

Brandenberger, Hugo, Terminologie Ski. Sonderdruck des Schweizerischen Interverbandes für Skilauf. Bern 1968

Brandenberger, Hugo, Die Fachsprache im Skiunterrichtswesen. Referat auf der internationalen Tagung „Skilauf in der Schule" vom 1. – 7. 2. 1970 in St. Moritz. Sonderdruck des Schweizerischen Interverbandes für Skilauf. Bern 1970

Brandenberger, Hugo, Skimechanik – Skimethodik. Derendingen-Solothurn 1974

Braunmüller-Tannbruck, Erich und Hermann Amanshauser, Das Wunder in Weiß. 1929

Brehm, Walter, Skifahren. Training – Technik – Taktik. Reinbek b. Hamburg 1986

Breitfuss, Alfred, Englisch für Schilehrer. Lehrbehelfe der Bundesanstalt für Leibeserziehung Innsbruck, Band 7. Innsbruck 1970

Brock, Bazon, Denken durch Bewegung. In: Skisport. 2. FIS-Forum in der bildenden Kunst. Hrsg. vom Deutschen Skiverband. Planegg 2006, Seite 70-77

Brüggemann P. und Jochen Mester, Uli Göhner, Ludwig Lampe, Individualisierung der Skitechnik. Grundlage für gesundes, sicheres und freudvolles Skilaufen. In: 100 Jahre Skitechnik – 40 Jahre Skikongresse. Schriftenreihe des Deutschen Skiverbandes, Heft 21, 1992, Seite 25 – 48

Brugger, Alfons und Hermann Meier, Materialkunde des Skiläufers. Berlin 1935

Brunner, Andre siehe Mario Luini

Buhl, Thorsten – siehe Schruf

Burgaß, E. Winterliche Leibesübungen in freier Luft. Leipzig 1908

Burger, Eduard W., Die österreichische Schischule. Amtlicher Lehrplan. Wien 1947

Burger, Eduard W., Schule des Schilaufs. Wien 1949

Burov, Grigori M., The Prehistoric Skis of North Eastern Europe (Russ). In: 3rd FIS Ski History Conference. Ed. Winter!Sport!Museum! Mürzzuschlag (o. J.), Seite 15 – 22

Campell, Riet R., Skipionier Giovanni Testa. Der „natürliche Skilauf" war sein großes Thema. In Jubiläumsbuch der Swiss Snowsport Association, Zürich 2007/08, Seite 21 f.

Campell, Riet, siehe Schneesport Schweiz

Campell, Rudolf, Praktische Hilfen bei der Ausführung von Quer- und Drehsprüngen. In: Ski. Jahrbuch des ‚Schweiz. Skiverbandes 1932, Seite 22 – 27

Campiotti, Fulvio siehe Franz Freund

Canadian Ski School Manual, Hrsg. Canadian Ski Instructor´s Alliance (o. O.) 1974

Canadian Ski Teaching. Québec 2011

Carlsen, Dagfinn, Der Skilauf. München 1925

Caulfeild, Vivian, HOW TO SKI AND HOW NOT TO. London 1911 (Gelegentlich wird Caulfeild auch Caulfield geschrieben.)

Cerghini, Mario, 5000 years of winter-sports. Milan 1955

Chaddock, Ken, Ski Well Simply – And love skiing more. Whistler, BC, Canada 2013

Chaillu, du Paul, The Land of the long Night. Cambridge (USA.) 1899. Die speziellen Inhalte sind wiedergegeben bei Carl. J. Luther in seinem Bilderbuch der alten Schneeläufer Seite 99 f.

Claridge, Maridge, Usborne Book of Skiing. London 1986

Corcoran, Tom, The Hottest Turn of All. In The Skier´s Handbook. New York 1965, Seite 188 – 193

Cranz, Christl, Skilauf für die Frau. Aalen 1936

Cratty, Bryant J. Motorisches Lernen und Bewegungsverhalten. Frankfurt a. M. 1975

Czant, Hermann, Alpinismus und Gebirgsfronten im Weltkrieg. Berlin 1926

D

Dahinden, Josef, Skisport und Körperkultur. In: Der Bergsteiger. Jg. 6, Wien 1928. Seite 393 – 395

Dahinden, Josef, Die Skischule. Stuttgart 1925

Dahinden, Josef, Die Ski-Schwünge und ihre Gymnastik. München 1930

Dahinden, Josef, Die Fahrschule. Leitfaden der Skitechnik. Bern 1932

Dahinden, Josef, Ski und Du. Josef Dahinden´s zünftiges Rucksackbuch. 3. Aufl. Zürich 1936

Dahinden, Josef, Ski-Mambo. Der einfache und natürliche Skilauf. Immenstadt im Allgäu 1958

Der Schneehase – siehe Schneehase

Dessauer, A. (Hrsg.), Montecchi und Capuletti. In: Der misshandelte Schnee. München 1921, Seite 34)

Deutscher Skilehrerverband, Skifahren einfach. München 1912

Deutscher Skilehrerverband, Besser Unterrichten. Ausbildung: Motorik-Methodik. Wolfratshausen 2015

Deutscher Skilehrerverband, Wortschatz besser unterrichten. Wolfratshausen 2015

Deutscher Skilehrerverband, Besser Unterrichten. (Kinderskiunterricht) 4 Bände. Methodik: Lernebene grün, blau, rot, schwarz. Wolfratshausen 2015

Deutscher Skilehrerverband und Rochus Reiter, Rückblick Deutscher Skilehrerverband. Grainau 2020

Deutscher Skiverband siehe Kuno Meßmann

Deutscher Skiverband (Hrsg.), Skisport. 2. FIS-Forum in der bildenden Kunst. Planegg 2006

Deutscher Skiverband, Ski alpin. Offizieller DSV-Lehrplan. Stuttgart 2012

Deutscher Skiverband, Rundschreiben Nr. 41/81 – ul/pr vom 28-20-1981 an die Mitglieder des DSV-Langlauf-Lehrteams)

Deutscher Verband für das Skilehrwesen siehe Kuno Meßmann

Deutscher Verband für das Skilehrwesen, Skilehrplan Grundschule, Band 1. München 1971

Deutscher Verband für das Skilehrwesen, Skilehrplan Umsteigeschwingen, Band 2. München 1971

Deutscher Verband für das Skilehrwesen, Skilehrplan Parallelschwingen, Band 3. München 1972

Deutscher Verband für das Skilehrwesen, Verf. Walter Kuchler, Skilehrplan Theorie/Skimethodik. Band 5. München 1972

Deutscher Verband für das Skilehrwesen, Skilehrplan 1: Elementarschule – Grundschule. München 1981

Deutscher Verband für das Skilehrwesen, Umsteigeschwingen – Parallelschwingen, Skilehrplan – Neuausgabe, Band 2, München 1981

Deutscher Verband für das Skilehrwesen, Skifahren in jedem Gelände – Skifahren in jedem Schnee, Skilehrplan. Neuausgabe Band 3, München 1982

Deutscher Verband für das Skilehrwesen, Skilehrplan Sportliches Fahren/Rennlauf, Band 6, München 1993

Deutscher Verband für das Skilehrwesen, Ski-Lehrplan Band 1. München 1994

Deutscher Verband für das Skilehrwesen, Ski-Lehrplan Carven. München 1998

Deutscher Verband für das Skilehrwesen – Interski Deutschland (Hrsg.), Skilehrplan Perfekt für fortgeschrittene Skifahrer und Carver. München 2002

Deutscher Verband für das Skilehrwesen, Skilehrplan Praxis. München 2007

Deutscher Verband für das Skilehrwesen (Interski Deutschland), Lehrplan Schneesportunterricht mit Kindern und Jugendlichen. Stuttgart 2010

Deutsche Wehrmacht, Taschenbuch für den Winterkrieg. 1942, Reprint 2008

Deutscher Touring-Club e. V. – Sitz München, Der Wintersport in Bayern

Déván, Stefan, Standard-Abfahrten in Europa. München 1938

Dießner, Günther, Der Einfluß der motorischen Eigenschaften auf die Ausbildung der Bewegungsfertigkeiten im alpinen Skilauf. (Dissertation) In: Theorie und Praxis der Körperkultur Jg. 17, Leipzig 1968, Seite 83 – 88

Dießner, Günther, Zu einigen Problemen des Trainings alpiner Skiläufer. In: Theorie und Praxis der Körperkultur Jg. 17, Leipzig 1968, Seite 109 – 118

Dießner, Günther und Hannelore, Theorie und schulmethodische Probleme des Skilaufes. Studienmaterial zur Sportwissenschaft. Oberlungwitz 1977

Disler, Pius, siehe Schneesport Schweiz

Disler, Pius, Snowboard. Vom Anfänger zum Könner. Reinbek bei Hamburg 1991

Dörfer, Reinhard, Der Schneelauf in Schule und Verein. 1926

Döring, Helmut, Methode Zdarsky oder Skifahren mit dem „Zauberstab". In: Skimanual SPORTS 2015/2016, Seite 44

Dosek, Agoston und Miklos Ozsváth, A Sizés. Budapest 2004

Dramsch, Heinz, Tagebuch eines Skiführers. 3. Aufl. München 1941

Drexel, Gunnar, Persönlicher Stil und Glückserlebnisse im alpinen Skilauf – Zum Prinzip der Individualisierung und zu dessen Anwendung auf „Stilzentriertes Drehen". In: Skilauf und Snowboard in Lehre und Forschung (11), Red. Gustav Schoder. Hamburg 1995, Seite 13 – 35)

Droste, Patrick und Ralf Strotmann, Telemark. Neuer Zauber mit altem Schwung. Werne 1997

Droste, Patrick und Ralf Strotmann, Telemark. Rausch auf Skiern. Werne 2000

Droste, Patrick, Telemark – Skifahren. Aachen 2002

Ducia, Toni und Kurt Reinl, LE SKI D´AUJOURD´HUI. Paris 1935

Ducia, Toni und Kurt Reinl, Skilauf von heute. Stuttgart 1937 (Das Buch erreichte in kurzer Zeit weitere drei unveränderte Auflagen.)

Ducia, Toni, Schwung und Zug. In: Durch Pulver und Firn, Innsbruck 1940, Seite 85 – 90

Ducia, Toni, Zu neuen Skispuren. In: Durch Pulver und Firn. Innsbruck 1941/42, Seite 57 – 65

Ducia, Toni und Dr. Kurt Reinl, Le ski d´ajard`hui. Technique rationelle de descente. Cet ouvrage expose la technique du ski club de Paris enseignée dans ses ecoles alpes et Pyrénées. Paris 1934

Ehrler, Wilfried, Skiliteratur (bis 1960). Hrsg. von der Deutschen Hochschule für Körperkultur. Leipzig 1961

Ehrler, Wilfried und Gotthard Schimizek, Skiliteratur (1960 – 1967). Hrsg. von der Deutschen Hochschule für Körperkultur. Leipzig 1968

Ehrler, Wilfried – Siehe Ernst Herberger

Elkins, Frank und Frank Harper, Hrsg. von World Ski Book. New York 1949

Elling, R. Mark, The All-Mountain Skier. Camden (USA) 2003

Ennigkeit, Fabienne – siehe Frank Hänsel

Enzberg, Eugen von, Fridtjof Nansen. Dresden und Leipzig 1898

Eriksen Stein, Ski the bowls with Stein. In: The Skier´s Handbook. New York 1965, Seite 215-217

Evans, Harold und Brian Jackmann, Mark Ottaway, We learned to ski. London 1974.

Evrard, David siehe Warren Witherell

Falkner, Gerd, Chronik des Skisportes in der Deutschen Demokratischen Republik. Hrsg. vom Deutschen Skiverband. Planegg 2002

Falkner, Gerd, Die deutschen Winterkampfspiele – ein deutschnationales (Winter-) Olympia. In: SportZeiten. Sport in Geschichte, Kultur und Gesellschaft. 2. Jg. 2002, Heft 1, Seite 39 – 51. Göttingen 2002

Falkner, Gerd, Skier für die Front. Planegg 2004

Falkner, Gerd, 110 Jahre Oberharzer Skiklub -ein Meilenstein Mitteleuropäischer Skigeschichte. In: Arno Klien, Spuren im Schnee. Hans Zehetmayer. Eine Skilegende wird Achtzig. Hollabrunn 2007, Seite 172 – 185

Falkner, Gerd, Zum Beziehungsgeflecht der Skiverbände im deutschsprachigen Europa Anfang des 20. Jahrhunderts, Aspekte ihres Zusammenwirkens und die Genese des Arierparagraphen bei ihnen – eine Zeittafel. In: Arno Klien, Sicher im Schnee. Hollabrunn 2011, Seite 226 – 248

Falkner, Gerd. Oberförster Arthur Ulrichs und der Harz als Wiege des Deutschen Skilaufs. In: Otmar Schöner (Hrsg.), Mathias Zdarsky und die Bahnbrecher im alpinen Schnee. Reichenau an der Rax, 2015, Seite 26 – 39

Falkner, Gerd, Max Schneider (1853 – 1933) – bedeutender Impulsgeber und Wegbereiter des mitteleuropäischen Skilaufs. In: Rudolf Müllner, Christof Thöny, Skispuren. Internationale Konferenz zur Geschichte des Wintersports. Bludenz 2019. Seite 127 – 150

Falkner, Ronald, Skilauf wie er sein sollte. Wolfsberg/Kärnt. 1947

Faludy, B. F und Karl Rubesch, Das lustige Skilehrbuch. Wien (um 1930)

Fanck, Arnold und Hannes Schneider, Wunder des Schneeschuhs. Hamburg 3. Aufl. 1928

Fanck, Arnold, Das Bilderbuch des Skiläufers. Hamburg 1932

Fanck, Arnold, Der weiße Rausch. Stuttgart 1973

Fehr, Hubert, Empfinden und Wahrnehmen lernen im Skiunterricht. In: „Skilauf als Lehr- und Lernfeld im Skilehrwesen und Schulskilauf. Bericht zum Symposium. Chemnitz-Zwickau 1995, Seite 103-114

Fehr, Hubert, Grüneklee Alfred, Kuchler Walter, Das Programm Schonskilauf. In: Ski progressiv. Materialien SPORTS als Werkausgabe. Werne 2004, Seite 70 – 102

Fehr, Hubert – Grüneklee, Alfred – Kuchler, Walter, Das Programm Schonskilauf – für schonendes Skifahren und für Handicap-Fahrer. In: Skifahren und Snowboarden heute. Düsseldorf 2005. Seite 188 – 225

Fehr, Hubert und Kuchler, Walter, Heiß auf Weiß. Düsseldorf 2008

Fehr, Hubert, et Al., Skifahren mit Schülerinnen und Schülern. Praxishandbuch. Informations- und Arbeitsmaterial für Lehrerinnen und Lehrer. Meinerzhagen 2017

Fehr, Hubert, et al., Skifahren mit Schülerinnen und Schülern. Praxishandbuch – Informations- und Arbeitsmaterial für Lehrerinnen und Lehrer. Meinerzhagen 2017

Feldweg, Bettina, Bretter, die die Welt bedeuten. Die besten Geschichten übers Skifahren. München 2002

Feldweg, Bettina – siehe Hans Kammerlander

Fellows, Chris, Total Skiing. Compaign (USA) 2011

Fendrich, Anton, Der Skiläufer. Stuttgart 2. Aufl. 1909. 2. Aufl. 1911, 24. Aufl. 1922, 30. Aufl. 1924, 37. Aufl. 1924

Fetka, Gerhard und Winter, Gerhard, Französisch für Schilehrer. Lehrbehelfe der Bundesanstalt für Leibeserziehung Innsbruck. Band 6. Innsbruck 1970

Fetz, Friedrich (Hrsg.), Lexikon des Alpinen Schifahrens. Innsbruck 1975

Fetz, Friedrich – siehe Gudrun Kirnbauer

Fischer, Hans, Hinze Haugh, der Schneeschuhfahrer. Wien 1929

Fischer, Hans, Fahrt durch die Bäume. In: Es leuchtet der Schnee. München 1934. Seite 157

Fischer-Stockern, Hans, Ski, sie und Julius. München 1935

Fischer, Hans, Skihaserl. München 1936

Flaig, Walter, Alpiner Skilauf in Bildern und Merkworten. Stuttgart 2. Aufl. 1925

Flaig, Walter, Bericht über den „Retter-Ski". In Der Winter Jhg. 1928/29 Seite 485 f.

Flückiger, Alfred, Mein Skilehrer. Eine methodische Anleitung für die Hand des Skilehrers wie zum Selbstunterricht. München, Zürich 1929

Flückiger, Alfred, Schneevolk. Zürich, Leipzig 1934

Foster, Post Ellen, Skiing and the Art of Carving. 1996

Flückiger, Alfred, Du jauchzende Winterlust. Zürich, Leipzig 1943

Föger, Walter, siehe Foto unter Kitzbühel

Foeger, Walter, „The development of the ´Natur Teknik`". In: 3rd FIS History Conference. Ed. Winter! Sport! Museum! Mürzzuschlag (o. J.), Seite 139 – 145

Foeger, Walter, Learning The New Natural Ski Technique. Enosburg Falls, Vermont 1958

Foeger, Walter, Official Teaching Manual of A.S.T.A.N. 4th edition (o. O.) 1976

Freund, Franz und Fulvio Campiotti, Knaurs Skibuch. München 1960

Frevert, Ute, Vergängliche Gefühle. Göttingen 2013

Frey, Magnus, Abbau der Extreme? In: „der skilehrer" Heft 4, 1966/67, Seite 6 f.

Friedl, Eduard, Der Schilauf und seine Bewegungen. Wien, Leipzig 1930

Friedl, Eduard, Unterrichtslehre des Schilaufs. Wien 1933

Friedl, Eduard, Praktischer Schiunterricht. Wien 1938

Friedl, Wolfgang, und Fritz Hoschek, Schiunterricht. Ein Arbeitsbehelf. Hrsg vom Gau 17 Ostmark des N.S.R.L. ((1940))

Furrer, Art, Skiakrobatik. In: Der Schneehase 1963/65, Seite 30-37

Furrer, Art, Skiakrobatik. In: Der Schneehase 1963/65, Seite 30-37Furrer, Art und Sepp Renggli, Skiakrobatik für jedermann. Bern 1970

G

Gadient, Vali, Autor von Teil 2: Schneesport Schweiz Ski 2/2010

Garhammer Ernst, Peter Janssen, Franz Zimmermann, Neuer Spaß am Skifahren. Buckelpistentechnik. München 1991

Gallian, Julius, Ernst Hanausek, Schifahrten um das Seekarhaus. In: Zeitschrift des Deutschen und Österreichischen Alpen-Vereins 1930, Seite 222- 252

Galwey, Timothy und Bob Kriegel, Besser Ski fahren durch Inner-Training. München 1977

Gamma, Karl, Wandel in der Skitechnik. In: Der Schneehase 1963/65, Seite 12-23

Gamma, Karl, Ski-Handbuch. 1981

Gantner, Sepp, Meisterschule des alpinen Skilaufs. Schorndorf/Stuttgart 1949

Garhammer Ernst, Peter Janssen, Franz Zimmermann, Neuer Spaß am Skifahren. Buckelpistentechnik. München 1991

Gattermann, Erhard, Walter Kuchler, Das System einer universellen Skitechnik. In: Kongressbericht zum 12. Interskikongress Sexten (I). Druck Bruneck 1983, Seite 46 – 49

Gattermann, Erhard und Walter Kuchler, Wedeln – Umsteigen. Universeller Skilauf. Böblingen 1984

Gaudez, Yves, Ski the French way. London 1984

Gedenkschrift an die Einführung des Skilaufens in den österreichischen Alpenländern. – Festrede von Toni Schruf 1930

Gfrörer, Lothar, Steilhangtechnik. München 1927

Gfrörer, Lothar, Skilehrer – Skitrainer, zweierlei Entwicklungsstufen. In: Deutsche Sportlehrer-Zeitung, 1934, 9. Jg. Nr. 10, Seite 143 – 144

Gignoux, Paul – siehe Emile Allais

Gidl, Anneliese und Karl Graf, Skisport in Innsbruck. Von den Anfängen bis ins 21. Jahrhundert. Innsbruck-Wien 2010

Glatthard, Arnold, So fährt man Ski. 1964

Göhner, Uli – siehe P. Brüggemann

Gomperz, Rudolf, Die internationale Ski-Konferenz Stockholm 1911. In: Ski-Chronik 1910/11. Jahrbuch des Mitteleuropäischen Skiverbandes (D.S.V. und Oe.S.V.). Karlsruhe 1911, Seite 88 – 97

Götzel F., Weinhold K., Kinder- und Jugendschneelauf. Dresden 1933

Graf, Karl – siehe Gidl, Anneliese

Gravier, Guy und Keller, Dominique, Le ski. Origine et évolution. Yens s./Morges 1997

Grosser, Manfred, Heike Hermann, Ferdinand Tusker, Fritz Zintl, Die sportliche Bewegung. Anatomische und biomechanische Grundlagen. München 1987

Gruber, Reinhard P., Vorschläge zum schnelleren Schifahren. In: Winterspiele, hrsg. von Peter Weiermair. Salzburg 1975, Seite 39 – 47

Grundmann, Günther, Grundlagen der Abfahrtsschule. Berlin (Ost) 1955

Grüneklee, Alfred, Skifahren – So wie ich es mag! Motive als Grundlage für die Individualisierung beim Skifahren. In: Skifahren und Snowboarden heute, Hrsg. von Alfred Grüneklee und Herbert Heckers. Seite 96 – 2007. Düsseldorf 2005

Grüneklee, Alfred – siehe Walter Kuchler, Das Programm Schonskilauf

Gucek, Ales, Po smucinah od pradavnine. Ljubljana 1998

Gucek, Ales, Sledi Smucanja po Starem. Smucarske technike. Ljubljana 2004

Gurtner Hermann, Frohgemute Ambassadoren. In: Jahrbuch des schweizerischen Ski-Verbandes. Jg. 1947, Seite 4 – 33

Gurtner, Othmar, Alpine Fahrart. Zürich 1930

GutsMuth, J. Ch. F., Gymnastik für die Jugend. 2. Aufl. Schnepfenthal 1804

H

aidvogel, Carl Julius, Sieben Tage für Genussspechte. Wien-Leipzig 1939

Hala, Karel – siehe Miloslaw Jirsa

Hall, William, Cross-Country Skiing Right. Official Book of the Professional Ski Instructors of America. San Francisco 1985

Hänsel, Frank und Sören D. Baumgärtner, Julai M. Kornmann, Fabienne Ennigkeit, Sportpsychologie. Berlin 2016

Harper, Frank, Skiing naturally, New York 1949

Harper Frank und Frank Elkins, Hrsg. von World Ski Book. New York 1949

Hauser, Wolfhart – siehe Ernst Asang

Heckelmann, Martin, Step By Step Skiing Skills, London 1989

Hecker, Gerhard und Andreas T. Trebels, Sportdidaktik. Wuppertal 1970

Heckers, Herbert, Monoski. Leichte Schwünge für Anfänger und Könner. Reinbek b. Hamburg 1990

Heckers, Herbert – siehe Walter Kuchler, Das Programm Schonskilauf

Hefti, Rolf, Skifahren. Einführung in die moderne Skitechnik. Bern 1978

Heinle, Tobias – siehe Christiane Bauer

Held, Franz, Ski alpin. München 1982

Heller, Mark – siehe Malcolm Milne

Hellwing, Wolf siehe Walter Kuchler, Skiwandern 1991

Hemingway, Ernest, Schnee überm Land. In: Bretter, die die Welt bedeuten. Hrsg. von Bettina Feldweg. München 2002, Seite 165 – 172

Hemingway, Ernest, Paris. Ein Fest fürs Leben. Reinbek bei Hamburg 2011

Henner, Norbert und Max Holzmann; Besser Skifahren. Das Trainingsbuch. München 2013

Herberstein, Sigismund zu, Reise zu den Moskowitern 1596. Hrsg. von Traudl Seifert. München 1966

Hermann, Heike – siehe Manfred Grosser

Herzog, Markwart (Hrsg.), Skilauf – Volkssport – Medienzirkus. Skisport als Kulturphänomen. Stuttgart 2005

Hesse, Hermann, Winterferien in Arosa. ?

Hesse, Max, Dauerlauftechnik. In: Ski-Chronik 1910/11, Seite 128 – 131

Hilber, Max, Betrachtungen und Ratschläge. In: Skileben in Österreich. Seite 89-94

Hobart, Al, Carving turns made easy. Waitsfield (USA) 1998

Hodler, Marc, Überblick über die Entwicklung der Schwungtechnik, In: Der Schneehase 1954-1955. Jahrbuch des schweizerischen akademischen Ski-Club. Seite 14-20

Hoek, Henry und E. C. Richardson, Der Ski und seine sportliche Benutzung. Zweite deutsche Auflage. München 1907

Hoek, Henry, Wanderbriefe für eine Frau. Hamburg 1925

Hoek, Henry, Moderne Wintermärchen. München 1926

Hoek, Henry – siehe Salmhofer, Doris

Hoek, Henry, Schnee, Sonne und Ski. 2. Aufl. Leipzig 1927

Hoek, Henry, Merkbuch für Schiläufer. München 1929

Hoek, Henry, Die vier Stufen des Skifahrens. In Der Schneehase. Jahrbuch der Schweizerischen Akademischen Ski-Klubs 1941, Seite 165 – 168

Hoek, Henry, Skiheil, Kamerad! Skikurs für eine Freundin. Hamburg 1934

Hoferer, Erwin, Winterliches Bergsteigen. Alpine Schilauftechnik. München 1925

Hoferer, Erwin, Skilauf im Hochgebirge. Berlin 1935

Holzberger, Rudi, Vorwort zu „Der innere Schwung" von Denise McCluggage. 1977, Seite 7-16

Holzmann, Max siehe Henner, Norbert

Honisch, Richard, Stilwandlungen im Skilauf. In: Leibesübungen und körperliche Erziehung, Wien 1935, Heft ¾, Seite 24 – 27

Höhnisch, Werner, Erfahrungen mit den neuen Möglichkeiten. In: Der Winter. Jg. 1928/29. Seite 152 f.)

Hoppichler, Franz, Österreichische Schischule. Hrsg. vom Österreichischen Berufsschilehrerverband. Salzburg 1974

Hoppichler, Franz, Schwingen, Österreichischer Schilehrplan. Salzburg 1980

Hoppichler, Franz, Ski mit uns. Die österreichische Skischule. Salzburg 1985

Hoschek, Fritz, Die natürliche Lehrweise des Schilaufens. Wien – Leipzig 1933

Hoschek, Fritz, Das natürliche Skilaufen und seine Lehrweise. In: Skileben in Österreich, Wien 1935, Seite 55 – 69

Hoschek, Fritz, Die Bedeutung der natürlichen Lehrweise für den Tourenläufer, für den Rennläufer, für den Skilehrer. In: Skileben in Österreich, Wien 1935, Seite 71 – 75

Hoschek, Fritz, Das natürliche Schwungfahren. In: Leibesübungen und körperliche Erziehung, Heft 1, 1937, Seite 17 – 23

Hoschek Fritz, Der natürliche Skiunterricht. In: Skileben in Österreich . Wien 1938, Seite 109 – 118

Hoschek, Fritz, Erziehung zum Schwingen. Wien 1938

Hoschek, Fritz, Friedl Wolfgang, Schiunterricht. Ein Arbeitsbehelf. 1940

Hoschek, Fritz, Erziehung zum Schwingen. Eine Kurzdarstellung für den Schisoldaten. Wien (1942 oder 1943)

Hoschek, Fritz, siehe auch Friedl Wolfgang

Hotz, Arturo, 50 Jahre Schweizerischer Interverband für Skilauf. In: Sporterziehung in der Schule. Heft 11/12, 1982, Seite 26 f.

Hotz, Arturo, Sich-bewegen-Lernen und Bewegungslernen auf Schnee und Ski. In: Sporterziehung in der Schule. Heft 11/12, 1982, Seite 5-11

Hotz, Arturo, Ein Gleichgewichtsgefühl, das körperlich, geistig und seelisch bedingt ist." Ein fiktives Interview mit Karl Mülly. In Ideen – Hoffnungen – Illusionen. Rückblick auf 69 Jahre Turn- und Sportlehrer/innen-Ausbildung an der ETH Zürich. Zürich 2005, Seite 231 – 245

Hotz, Arturo, Ideen – Hoffnungen – Illusionen. Rückblick auf 69 Jahre Turn- und Sportlehrer/innen-Ausbildung an der ETH Zürich. Zürich 2005

Hotz, Arturo, Vom Umgang mit unseren (Bewegungs-) Gefühlen – denn darauf kommt es an! In: Skifahren und Snowboarden heute. Sports-Schriftenreihe zum Wintersport Bd. 19. Hrsg. von Alfred Grüneklee und Herbert Heckers. Düsseldorf 2005, Seite 51-72

Hotz, Arturo, Zwar ein Querschläger – aber nicht nur (fiktives Interview mit Josef Dahinden). In Jubiläumsbuch der Swiss Snowsport Association, Zürich 2007/08, Seite 18 f.

Hotz, Arturo, Schweizer Skigeschichte – Interview F. Dahinden. Zwar ein Querschläger – aber nicht nur. In: Jubiläumsbuch 2007/08 der Swiss Snowsport Association. Belp 2007, Seite 18 f.

Hotz, Arturo, Snow-Timing. In: Skimanual SPORTS 2011/2012, Seite 33

Hotz, Arturo – siehe Schneesport Schweiz

Howe, John G., The Skiing Mechanics. Laporte (Colorado) 1983

Hube, Hans-Jürgen – siehe Saxo Grammaticus

Huitfeld, Fritz, Das Skilaufen. Kristiania 1907

Igaya, Kunio, Vorwort des Japanischer Skilehrplans von 1977 (in Japanisch und Deutsch herausgegeben)

Illi, Urs, Spiel auf Schnee. Eine methodische Anleitung für das Kunst-Skifahren und die Skiakrobatik. Zürich 1975

Illustrierte Zeitschrift für den Schneeschuhsport. München 1893

Interski Deutschland – siehe Deutscher Verband für das Skilehrwesen

Interski Deutschland – Deutscher Verband für das Skilehrwesen e. V., Schneesportunterricht mit Kindern und Jugendlichen. Lehrplan. Stuttgart 2010

Internationaler Verband für das Skilehrwesen – Arbeitsausschuß Skiterminologie/Ski-Interterm, Ski-Terminologie in 6 Sprachen. Internationales Fachwörterbuch der Alpinen Skitechnik. München 1979

Internationaler Verband für das Skilehrwesen (Hrsg.) – Arbeitsausschuß für Skiterminologie/Ski-Interterm. Red. Fritz Tscherne, Skiterminologie. 2. erweiterte Ausgabe mit Kommentaren. Berwang/Tirol 1986

Internationaler Verband der Skiinstruktoren e. V., Hrsg., Internationale Ski-Kongresse, Kongress-Berichte. (o. O. und o. J.) (über Kongresse in Vuokatti 1985, Shiga Kogen 1989 und Beitostolen 1993)

Interverband für Skilauf. Schweizerische Skianleitung. (O.O) 1938

Interverband für Skilauf, Der Skilauf. 4. Aufl. Bern/St. Gallen 1954

Interverband für Skilauf, Ski in der Schweiz. Derendingen-Solothurn1965

Italienischer Schilehrplan, hrsg. von der Federazione italiana Sport internali. Lecco 1971

Iwanow, W. P., Skilauf. Die Technik beim Abfahren in der Fallinie. Berlin 1954.

Jaeggi, Doris, Frohe Stunden im Schnee. Hrsg. vom schweizerischen Damenskiklub. 1934

Jahn, Wilhelm, Die Grundschule des Skilaufs. Lehrhefte zur Theorie und Praxis der demokratischen Körpererziehung 1/53. Berlin 1953

Janda, Hanswerner, Das skitechnische Konzept des Lehrplans. In: Bericht zum Symposium „Skilauf als Lehr- und Lernfeld im Skilehrwesen und im Schulskilauf." 8./9. Dezember 1994 in Werdau. Hrsg. von der TU Chemnitz-Zwickau. Manuskript Seite 1 – 10

Janssen, Peter siehe Ernst Garhammer

Jensen, Clayne siehe Karl Tucker

Jerome, John, Sports Illustrated Skiing. 1971

Jirsa, Miloslav, Karel Hala, Jiri Jelínek, Radostne na lyzich. Prag o. J.

Jöllenbeck, Thomas, Biomechanik des Skilaufs – Exkurs für das Hintergrundwissen der Lehrer. In: Skifahren mit Schülerinnen und Schülern. Red. Hubert Fehr et Al. Meinerzhagen 2917, Seite 51 – 54

Joubert, Georges und Jean Vuarnet und Hanspeter Lanig, Ski modern. Stuttgart 1963

Joubert, Georges und Hanspeter Lanig, Jean Vuarnet, Ski perfekt, Stuttgart 1967

Joubert, Georges und Jean Vuarnet, Hoch to ski. The new french way. New York 1967

Joubert, Georges, Ski-Handbuch. Bad Homburg 1981. (Französische Originalausgabe 1978)

Jubiläumsbuch 2007/08 der Swiss Snowsport Association. Belp 2007

Kaiser, Hans – siehe Johann Krojer

Kammerlander, Hans, Steilabfahrt vom Dach der Welt. In: Bretter, die die Welt bedeuten. Die besten Geschichten übers Skifahren. Hrsg. von Bettina Feldweg. München 2002, Seite 124 – 153

Kassat, Georg, Schein und Wirklichkeit parallelen Skifahrens. Eigenverlag, Münster 1985

Katscher, Rudolf, Skilehrbriefe an Sie. Wien 1926

Kaufmann, Christian, Alpiner Skilauf. In: Biomechanik der Sportarten, hrsg. von Klaus Willimczik, Reinbek b. Hamburg 1989, Seite 351 – 362

Keller, Dominique siehe Gravier, Guy

Kessler, Paul, Kindesgemäßer Skiunterricht. Berlin-Leipzig 1931

Kirnbauer, Gudrun und Friedrich Fetz, Skipionier Georg Bilgeri. Feldkirch 2001.

Kitterle, Wolfgang, 75 Jahre Torlauf." 3. Aufl. 1980

Kitzbühel: Mitteilungsblatt der Stadt Kitzbühel vom Februar 2011 (Jg. 15/Nr. 2) mit einem Foto von Walter Föger

Kleppen, Halvor, Telemarkskiing. Norway´s Gift to the World. Oslo 1986

Klien, Arno, Vom Urcarver zum Tourcarver, SKI-NEWS, Nr. 19, Mitteilungsblatt des Österr. Arbeitskreises Skilauf an Schulen und Hochschulen. Wien 1996, Seite 25-26

Klien, Arno, Schneesport mit freier und fixer Ferse. In: Skilauf und Snowboard in Lehre und Forschung. Schriftenreihe des ASH 15. Hamburg 2004, Seite 23 – 42

Klien, Arno, Spuren im Schnee. Hans Zehetmayer – Eine Skilegende wird Achtzig. Hollabrunn 2007

Klien, Arno, (Hrsg.) Sicher im Schnee. Fritz Baumrock. Ein praktischer Theoretiker ist Achtzig. Hollabrunn 2011

Klien, Arno, Franz Reisch, Protagonist im Skilauf – Visionär im Tourismus. In: Otmar Schöner, Mathias Zdarsky und die Bahnbrecher im Schnee. Reichenau an der Rax 2015, Seite 74 – 85

Klien, Arno, Kurven am Ski – Carven im Schnee. In: Arno Klien (Hrsg.), Schneiden im Schnee. Hollabrunn/Retz 2015, Seite 115-137

Klien, Arno, (Hrsg.), Schneiden im Schnee. Reinhard Fischer. Ein Visionär ist Achtzig. Hollabrunn/Retz 2015

Klimaschewski, Rainer – siehe Susi Schmidl

Kneisl, Sepp – siehe Oliver Bachmann

Koller, Eduard, Auf kurzem Weg zum Schwingen. Wien 1953

Koller, Karl, Wie es zum Kurzski im Skilehrwesen kam. In: Schneiden im Schnee. Hollabrunn/Retz 2015, Seite 139

Kommission für Technik und Methodik des Deutschen Verbandes für das Skilehrwesen, Lehren und Lernen mit dem Carving-Ski. Eine Beilage zum Skilehrplan Band 1, Ski alpin. O.O. 1996

Kornmann, Julia M. – siehe Frank Hänsel

Kosch, Alois, Das kleine Ski-Einmaleins. Erfurt 1937

Kosch, Alois, Zwoa Brettl / a gführiger Schnee. Das grosse Ski-Einmaleins. Erfurt 1937

Kost, Helmut, Wintersport. In: Die deutschen Leibesübungen. Hrsg. von Edmund Neuendorf. Essen 1927

Kovar, Peter, Coaching Karten. Band 2: Ski alpin. Paralleles Kurvenfahren. Als Manuskript gedruckt an der Technischen Universität Kaiserslautern 2017

Kramer, Franz, So fährt man Ski in Österreich. Wien 1957

Kreuzhuber, Siegfried, Betrachtungen zur Technik des modernen Schilaufs. In: Leibesübungen – Leibeserziehung, Heft 10, 1964, Seite 10 – 12

Kriegel, Bob – siehe Timothy Galwey

Krojer, Johann, Hans Kaiser, Alexander Zechmeister, Skikunstlauf für Schule und Verein. Ein Leitfaden zur vierten Dimension in Skilauf. Hrsg. vom Bundesministerium für Unterricht, Kunst und Sport. Wien 1987

Kruckenhauser, Stefan, Wedelbild. In: Der Winter 1932/33, ‚Seite 239

Kruckenhauser, Stefan, Du schöner Winter in Tirol. Berlin 1937

Kuchler, Anne, Befindlichkeitsveränderungen im Sport – Flow und Carven. In: Skifahren und Snowboarden heute. Hrsg. von Alfred Grüneklee und Herbert Heckers. Düsseldorf 2005, Seite 73 – 95

Kuchler, Walter siehe auch Erhard Gattermann

Kuchler, Walter, Sportethos. München 1969

Kuchler, Walter, Skilehrplan 5 – Theorie. München 1972

Kuchler, Walter, Ski alpin: Vom Gängelband zur Selbsterfahrung. In: Sportunterricht, hrsg. von Wolf-D. Brettschneider. München 1981, Seite 159 – 181

Kuchler, Walter, zus. mit Erhard Gattermann, Das System einer universellen Skitechnik. In: Kongressbericht zum 12. Interskikongress Sexten (I). Druck Bruneck 1983, Seite 46 – 49

Kuchler, Walter, Skizirkus. 125 ungewöhnliche Schwünge und Sprünge. Böblingen 1985

Kuchler, Walter, Skiunterricht – Skilehrplan 8 – Deutsche Skischule. München 1987

Kuchler, Walter, „Bewegungsgefühle – Gefühle mit eigener Identität". In: Perspektiven. Dortmunder Schriften SPORT 4+5. Erlensee 1987, Seite 128 – 185

Kuchler, Walter, Die neue Skitechnik. Reinbek b. Hamburg 1989 – auch in holländischer Sprache

Kuchler, Walter, Skitechnik international. Kongressbericht. Köln 1991

Kuchler, Walter, Ski-Tricks. Spaß mit Schwüngen und Sprüngen. Reinbek b. Hamburg 1991 – auch in polnischer Sprache

Kuchler, Walter und Wolf Hellwing, Skiwandern. Reinbek b. Hamburg 1991

Kuchler, Walter, SuperSki – Skilehrplan alpin von SPORTS. Köln 1995

Kuchler, Walter, „Pioniere und Rebellen", in „Schneller – Höher – Weiter. Eine Geschichte des Sports", hrsg. von Hans Sarcowicz, Frankfurt a. M. 1996, Seite 151-166.

Kuchler, Walter, Carving. Neuer Spaß am Skifahren. Reinbek bei Hamburg 1997 – auch in polnischer Sprache

Kuchler, Walter, Skirevolution Carving. Die neue Lust am Skifahren. Werne 1997

Kuchler, Walter, Carven. der Skikurs für Einsteiger und Umsteiger. Reinbek bei Hamburg 1998 – auch in polnischer Sprache

Kuchler, Walter – für: Skifahren ein Leben – Erlebnis Skifahren. Festschrift zum 70. Geburtstag und 50. Skilehrerjubiläum. Düsseldorf 2002

Kuchler, Walter, Themenkreis Kanten. In: Skimanual SPORTS 2003/2004, Seite 50 – 58

Kuchler, Walter, Unterrichtskarten. Lehrgangsmaterial ab 2004

Kuchler, Walter, Hubert Fehr, Alfred Grüneklee, Das Programm Schonskilauf – für schonendes Skifahren und für Handicap—Fahrer. In: Skifahren und Snowboarden heute, Hrsg. von Alfred Grüneklee und Herbert Heckers. 188 – 225. Düsseldorf 2005

Kuchler, Walter, Koordinationen und Mechanismen. In: Skimanual SPORTS 2006/2007, Seite 40 f.

Kuchler, Walter und Fehr, Hubert, Heiß auf Weiß. Düsseldorf 2008 – auch in polnischer Sprache

Kuchler, Walter, Die Sprache der Hände – Skifahren mit Händen und Füßen. In: Skimanual SPORTS 2007/2008, Seite 42 f.

Kuchler Walter, Interpretation der Großbilder des Skimanuals unter besonderer Berücksichtigung der Hand-/Armführungen. In: Skimanual SPORTS 2007/2008, Seite 51 f.

Kuchler, Walter, Kurventypen – Kurvenspiele. In: Skimanual SPORTS 2009/2010, Seite 66 – 68

Kuchler, Walter, Vorlage – Entdecken nach mehr als 50 Jahren. In: Skimanual SPORTS 2009/2010 Seite 65 f.

Kuchler, Walter, Lernkarten Ski. Ski media 2010

Kuchler Walter, Lebendige Hände – lebendiges Skifahren. In: Skimanual SPORTS 2010/2011, Seite 49f.

Kuchler Walter, Der Reflexer. In: Skimanual SPORTS 2010/2011, Seite 46 – 48

Kuchler, Walter, Nothelfer „Handbremse" – Vorstellung einer neuen Fahrhilfe". In: Skimanual SPORT 2010/2011, Seite 41 und 2011/2012, Seite 43

Kuchler, Walter, Eisplatten und glattgeschabter Kunstschnee. In: Skimanual SPORTS 2011/2012, Seite 46 f.

Kuchler, Walter, Gutes Carven, die Alternativen und Ski futur. In: Skimanual SPORTS 2012/2013 Seite 40 f.

Kuchler, Walter, Rocker und Rocken. In: Skimanual SPORTS 2012/2013, Seite 65 68

Kuchler, Walter, Skifahren – einfach schön. Schriftenreihe zum Wintersport Bd. 25. Dortmund 2015

Kuchler, Walter, Skifahren gesund, schonend und sicher. Skilehrplan Bd. 1. Schriftenreihe zum Wintersport Bd. 26. Dortmund 2016

Kuchler, Walter, Skilexikon Bd. 1. Schriftenreihe zum Wintersport Bd. 27. Dortmund 2017

Kuchler, Walter, Skilexikon Bd. 2. Schriftenreihe zum Wintersport Bd. 32. Dortmund 2019

Kuchler, Walter, Zeitzeichen Ski alpin. 100 Flugblätter von SPORTS. Schriftenreihe zum Wintersport Bd. 28. Dortmund 2018

Kuchler, Walter, Skifahren: Der weiße Schnee kann zaubern. Skilehrplan SPORTS Bd. 4. Schriftenreihe zum Wintersport Bd. 31, Dortmund 2019

Kuchler, Walter, Geschichte des Carvings und des Carvingski. In: Ski- und Snowboardmedizin. Hrsg. von C. Raschka, L. Nitsche, W. Kuchler. Dortmund 2019, Seite 9 – 20

Kuchler, Walter, Stürze vermeiden – von Stürzen lernen. In: Ski- und Snowboardmedizin. Hrsg. von C. Raschka, L. Nitsche, W. Kuchler. Dortmund 2019, Seite 89 – 104

Kuchler, Walter, Skifahren mit Handicaps – Skifahren im Alter. In: Ski- und Snowboardmedizin. Hrsg. von C. Raschka, L. Nitsche, W. Kuchler. Dortmund 2019, Seite 193 – 206

Kuchler, Walter – gelegentliche oder regelmäßige unselbständige Veröffentlichungen in: Leibesübungen – Leibeserziehung, Sportunterricht, Sportmedizin (Karlsruhe), KG-Intern – Zeitschrift für Physiotherapie, Skiläufer, Skimagazin Deutschland, Skimagazin Polen, Ski Austria, Skimagazin Tschechien, SCI Italien, Ski- und Snowboardmagazin England, SKIKANTEN – Holland, Wintersportmagazin ANWB – Holland, Mitgliederzeitschrift des Deutschen Alpenvereins, DIE ZEIT, Profil – Österreich, Herz heute – Zeitschrift der Deutschen Herzstiftung

Kuchler, Walter – Mitwirkung in 55 Fernsehsendungen

Kühn, Uwe, Kurvenfahren in frontaler Körperposition. In: Skimanual SPORTS 2005-2008, Seite 52 – 54

Kuntz, J. H., Das Problem der Schwünge. In: Der Winter 1925/1926, S. 134

L

Lampe, Ludwig – siehe P. Brüggemann

Lang, Serge, LE SKI ET LES SPORTS D´HIVER: Monaco 1960

Lanig Hanspeter – siehe Georges Joubert

Lantschner, Hellmut, Die Spur von meinem Ski. Berlin 1935

Lantschner, Hellmut, Tempo-Parallelschwung. Berlin 1936

Larsson, Olle und James Major, Skitechnik der Weltmeister. München 1980

Läuchli, Alfred – siehe Hugo Brandenberger

Lausmann, Berthold E., Wie laufe ich „natürlich" Ski? Schorndorf bei Stuttgart 1949

Lauterwasser, Erwin; Mülbert, Rainer; Wagnerberger, Fritz: Faszination Skilauf. Vor hundert Jahren fing es an. Heidelberg 1995

Lawler, Ken, Direct parallel. A Ski Instructor´s Manual for TEACHING ADULT BEGINNERS TO SKI. Ottobrunn 1996

Lawler, Ken, Direct parallel, Ein Skilehrerhandbuch für den Unterricht erwachsener Anfänger. Ottobrunn 1999

LeMaster, Ron, The Skier´s Edge, Champaign (USA) 1999

LeMaster, Ron, The essential Guide to Skiing. Boulder (USA) 2004

LeMaster, Ron, Ultimate Skiing. (Blue Sky, USA) 2010

Lehner, Stefan – siehe Senner, Veit

Lehrplan der Schulen. Ski eins, Ski zwei, Ski drei. Hrsg. von Fritz Baumrock und Gerhard Winter. Drei Bände, 1976 – 1978

Leitfaden für den Skiunterricht siehe Arbeitsgemeinschaft für das deutsche Skilehrwesen

Lesage, Jack; u. a.: „Le livre dór des 50 ans de lécole du skis francais". Paris (1996)

Leutert, Rudolf – siehe Felix Riemkasten

Lexikon des alpinen Schifahrens. Hrsg. Friedrich Fetz. Innsbruck 1975

Loewy, Hanno und Gerhard Milchram (Hrsg.), Hast du meine Alpen gesehen. Wien 2009

Loewy, Hanno, Wunder des Schneeschuhs? Hannes Schneider, Rudolf Gomperz und die Geburt des modernen Skisports am Arlberg. In: Hast du meine Alpen gesehen? Eine jüdische Beziehungsgeschichte. Seite 318 – 342 (Ebenso als Internetveröffentlichung.)

Loosch, Eberhard, Allgemeine Bewegungslehre. Wiebelsheim 1999

Luini, Mario und Andre Brunner, Alles über Skiakrobatik und Skikunst. Bern 1975

Lund, Morton, The Skier´s Bible. New York 1968

Lund, Morton, SKI GLM. The Fastet and Safest Way to Learn. New York 1970

Lunde Jon Vegard (Red.), Frau Heming unge til Hemingway, Jevelforlaget (N) 2012

Lunn, Arnold, Die Berge meiner Jugend. 1940

Luther Carl J., Die Schule des Schneelaufs. Stuttgart 1913 und 1916, Neubearbeitung 1932 und 1937

Luther Carl J., Geschichte des Schnee- und Eissports. In: G. A. E. Bogeng, Geschichte des Sports aller Völker und Zeiten. Leipzig, Band 2, 1926, Seite 479 – 529

Luther Carl. J., Deutsch-Englisches Ski-Wörterbuch. Unter Verwendung des Skiwörterbuch in fünf Sprachen. München 1945

Luther, Carl J. – siehe Toni Schönecker

Luther, Carl J. Die Schule des Schneelaufs. 70.-74. Tausend. Stuttgart 1937

Luther, Carl J. Kleinigkeiten. In Der Winter. Jg. 1928/29. Seite 55 – 58

Luther, Carl J. und G. P. Lücke, Der Skitourist. Berlin 1913

Luther, Carl J. und Luis Trenker, Wintersportfibel. 1940

Luther, Carl J., Bilderbuch der alten Schneeläufer. Erfurt 1942

Luther, Carl J., Der moderne Wintersport. Ein Hand- und Nachschlagebuch. Leipzig 1912

Luther, Carl J., Der Wintersport. Eine Anleitung zur Ausübung der wichtigsten Arten des Wintersports. Stuttgart 1914

Luther, Carl J., Deutscher Skilauf. Ein Querschnitt. München 1930

Luther, Carl J., Das weiße Reich, Berlin 1935

Luther, Carl J., Die Schule des Schneelaufs. Stuttgart 1916, Neubearbeitung 1932

Luther, Carl J., Hrsg., Winteralmanach. München 1927

Luther, Carl J., Moderne Skilauf-Technik. In: Zeitung „Der Tag" vom Sonntag den 18. Dezember 1927, 1. Beilage

Luther, Carl J., Paul Weidinger, Toni Schönecker, Der Skikurs. München 1925

Luther, Carl J., Schikurswandel. In: Jahrbuch für Bergsteiger und Schiläufer 1937. Hrsg. Von Hanns Barth. München 1937, Seite 123 – 129

Luther, Carl J., Schneelauf-Ausbildung (Innentitel „Schneeläufer-Ausbildung"), München 1923, 2. Aufl. 1925

Luther, Carl J., Ski und Skilauf. Anleitung zur Selbstherstellung und Skischule. 1. Aufl. 1912, letzte, erweiterte Ausgabe 1951

Luther, Carl J., Skikurswandel. In: Sonne, Ski und Pulverschnee. Hrsg. Von Hubert Mumelter. Leipzig 1941, Seite 27 – 35

Luther, Carl J., Skilaufen. Kreuz- und Quersprünge im Schnee. Wien 1923

Luther, Carl J., Skiunterhaltungen. München 1925

Luther, Carl J., Ski-Wörterbuch in fünf Sprachen. München 1934

Luther, Carl J., Werdegang des Schischwunges. In: Zeitschrift „Schi-Sport" 1941/42, Nr. 8/9, Seite 131

Maderthaner, Erich, Carvingmagazin, München 1997 (ohne Nachfolge)

Mallwitz, A., Zur wissenschaftlichen Erforschung des Sportes. In: Ski-Chronik 1913. Jahr- buch des Deutschen und des Österreichischen Ski-Verbandes. München 1913, Seite 13-18

Malter, A., Schreiten und Schwingen. In: Der Winter 1932/33, Seiten 97-100

Mann, Thomas, Der Zauberberg. Frankfurt am Main 2015

Marshall, J. Das Skilaufen als Sport und Verkehrsmittel. Leipzig 1911

Martin, Franz, Amateurbegriffe. In: Skileben in Österreich. Jahrbuch des Österreichischen Ski-Verbandes. Wien 1936, Seite 17-23

Martinelli, Vera, siehe Schupp

Matthias, Eugen und Giovanni Testa, Natürliches Skilaufen. Die Methode der einfachsten Fahrweise. München 1936

Maver, Milan, Wie der Carvingski die Welt veränderte. Werne

Mayer, Eduard, Bergfahrten auf Schneeschuhen in der Glocknergruppe. In: Zeitschrift des Deutschen und Österreichischen Alpen-Vereins 1921, Seite 40 – 59

McCluggage, Denise, The Centered Skier. New York 1983

McCluggage, Der innere Schwung. Ravensburg 1987

Mehl, Erwin, Die natürliche Lehrweise im Rahmen der Turnerneuerung. In: Skileben in Österreich. Wien 1938, Seite 121 – 124

Mehl, Erwin, Die Entwicklung des Abfahrts-Unterrichtes – „bergsteigerisch" und „militärisch" gesehen. In: Zeitschrift des Deutschen Alpenvereins. Jg. 1940, Bd. 71, Seite 14 – 26

Mehl, Erwin, Das Wunder des Schneeschuhs. In: Jahrbuch des Deutschen Alpenvereins. Alpenvereinszeitschrift Bd. 87. 1962, Seite 49 – 64

Mehl, Erwin, Grundriss der Weltgeschichte des Schifahrens (Schigeschichte). I. Von der Steinzeit bis zum Beginn der schigeschichtlichen Neuzeit (1860). Schorndorf bei Stuttgart 1964

Milne, Malcolm, Mark Heller, Skiing. Teach yourself. London 1967

Mollino, Carlo, Introduzione al discesimo. Milano 1951

McCluggage, Denise: The Centered Skier. New York 1983 – Deutsch: Der innere Schwung. Ravensburg 1987

Mehl, Erwin, Die natürliche Lehrweise im Rahmen der Turnerneuerung. In: Skileben in Österreich. Wien 1938, Seite 121 – 124

Mehl, Erwin, Die Entwicklung des Abfahrts-Unterrichtes – „bergsteigerisch" und „militärisch" gesehen. In: Zeitschrift des Deutschen Alpenvereins. Jg. 1940, Bd. 71, Seite 14 – 26

Mehl, Erwin, Das Wunder des Schneeschuhs. In: Jahrbuch des Deutschen Alpenvereins 1962, Seite 49 – 64

Mehl, Erwin, Grundriß der Weltgeschichte des Schifahrens. Schorndorf bei Stuttgart 1964

Mehl, Erwin – siehe „Zur Weltgeschichte der Leibesübungen"

Meier, Hermann siehe Alfons Brugger

Meinl, Kurt, Bewegungslehre. Versuch einer Theorie der sportlichen Bewegung. Berlin 1971

Meßmann, Kuno (Hrsg. Deutscher Skiverband und Deutscher Verband für das Skilehrwesen), Skilehrplan 6 – Alpiner Rennsport. München 1979

Messman, Kuno – siehe Rosi Mittermaier

Mester, Jochen – siehe P. Brüggemann

Michel, I. Frank – siehe Senner, Veit

Michels, Bärbel, Wintersport im Sauerland. Brilon 1989

Milchram, Gerhard – siehe Hanno Loewy

Mittermaier, Rosi, Christian Neureuther, Mitarbeit Kuno Messmann, Unser Skibuch. München 1983

Moehn, Arwed, Neuzeitlicher Skilauf. Amtlicher Lehrplan. München 1940

Moehn, Arwed, Ski-Hochtouristik. In: Durch Pulver und Firn. Jahrbuch 1940/41. Seite 54 – 62

Moehn, Arwed Moderner Skilauf. Lehrplan der Fachgruppe Ski-Lehrer. München 1950

Mollino, Carlo, Introduzione al discesimo. Milano 1951

Mülbert, Rainer – siehe Erwin Lauterwasser

Müller, Erich – siehe Wolfgang Niessen

Müller, Erich, Biomechanische Analyse alpiner Schilauftechniken. Innsbruck 1986

Müller, Erich, Biomechanische Technikanalysen als Grundlage für methodische Maßnahmen im alpinen Skilauf. In: Der integrative Aspekt des Skilaufs. Bericht zum 4. ICHPER-Europa-Skiseminar. Wien 1988, Seite 22 – 28

Müller, Melissa, Zwei Spuren im Schnee. Skifahren in alten Photographien. Wien 1994

Müllner, Rudolf und Christof Thöny, (Hrsg), Skispuren. Internationale Konferenz zur Geschichte des Wintersports. Bludenz 2019

Mülly, Karl – siehe Arturo Hotz

Mumelter, Hubert, in Sonne, Ski und Pulverschnee". Hrsg. von Hubert Mumelter, Leipzig 1939

Mumelter, Hubert, Die Skikanone. In: Sonne, Ski und Pulverschnee. Hrsg. von Hubert Mumelter. Leipzig 1941, Seite 58- 59

Munthe, Gerhard, Maler 1849 – 1929, Bild bei Jon Vegard Lunde, Seite 26

Nagel, Alfred – siehe Ernst Asang

Nansen, Fridtjof, In Nacht und Eis. 1. Bd. Leipzig 1898

Neillands, Robin – siehe Konrad Bartelski

Nencetti, Alberto, Carving. Mulatero editore, Torino 1997

Nentwich A., Wer fürchtet sich vor dem „roten Fahren"? Beilage zum Österreichischen Schilehrplan 1980. Hrsg. Die Naturfreunde. Wien (1980)

Neureuther, Christian – siehe Rosi Mittermaier

Neuzeitlicher Skilauf. Amtlicher Lehrplan. Hrsg. Reichsverband deutscher Turn-, Sport- und Gymnastiklehrer e. V., Fachgruppe Skilehrer. Berlin 1937, 2. Aufl. 1941

Niessen, Wolfgang, Müller Erich, Carving – biomechanische Aspekte bei der Verwendung stark taillierter Skier und erhöhter Standflächen im alpinen Skisport. In: Leistungssport 1999, Heft 1, Seite 39 – 44

Nitsche, Lutz – siehe Raschka C., Ski- und Snowboardmedizin

Nusser, Michaela – siehe Senner, Veit

Obholzer, Anton, „5000 Jahre Ski in Bildern". Innsbruck 1975

Obholzer, Anton, „Geschichte des Schilaufs". Wien 1935

Obholzer Anton, Schwungpause und Überlegungen. In Skileben in Österreich, Wien 1937 Seite 37 – 48

Obholzer, Anton, Geschichte des Skis und des Skistockes. Schorndorf bei Stuttgart 1974

Offermann, W., Aus den Anfängen des Skilaufes. Erinnerungen. (1894 – 1902). München 1930

Olaus Magnus, Beschreibung allerley Gelegenheyte / Sitten / Gebräuche und Gewohnheyten der Mitnächtigen Völker … Straßburg 1567

Olbert, Walter, Skilauf in der Buckelpiste. BoD – Books on Demand, Norderstedt 2013

Ortner, Sepp siehe Aigelsreiter

Ortner, Sepp, Stil und Technik des Skirennlaufes. Wien 1988

Osolsobie, Kurt, Fachausdrücke für den Schiunterricht in vier Sprachen. Wien 1957

Österreichische Illustrierte Zeitung. Wintersport-Sondernummer. Heft 49, Wien 1924

Österreichischer Schilehrplan. Schwingen. Die österreichische Schischule. Hrsg. vom Österreichischen Berufsschilehrerverband. Salzburg 1980

Österreichischer Berufsschilehrerverband, Österreichische Skischule. 1984

Österreichischer Skilehrplan. Sonderdruck der 202. Verordnung des Bundesministerium für Unterricht, Kunst und Sport vom 24. Februar 1987

Österreichischer Skischulverband (Hrsg.), Snowsport Austria. Die österreichische Skischule – vertreten durch Richard Walter. Purkersdorf 2007

Neuherausgabe 2015. Verfasser des Alpinteiles Rudi Lapper

Österreichischer Skiverband (Hrsg.), Carving für Schulen. Übungssammlung Wintersportwochen für die Lehreraus- und Fortbildung. Hall i. T. 2008 (?)

Ozsváth, Miklos, siehe Agoston Dosek

P\aulcke, Wilhelm, Der Skilauf. Freiburg i. Brg. 1899, 1903, 1905, 1908

Paulcke, Wilhelm, Berge als Schicksal. München 1936

Peis, G., Mario auf frischer Spur. Reutlingen 1965

Pfeifer, Emil Armin, Hannes Schneider´s hohe Schule des Skilaufs. Innsbruck 1934

Pfeifer, Friedl, Durch Pulver und Firn. Die Schule des Skilaufs. Berlin 1930

Pfeifer, Friedl, Die Schule des Schilaufs. Berlin 1931

Pfeifer, Friedl, Abfahrtsstrecke und Training. In: Durch Pulver und Firn. Jahrbuch 1940/41. Seite 129 – 139

Pfeiffer, Doug, Skiing Simplified. New York. 1970

Platte, Karl-Heinz, Ski-Theorie und Ski-Praxis. In Skispuren. Impressionen mit Farbe und Feder. Bocholt (ohne Seitenangaben) 1991

Polednik, Heinz, Weltwunder Skisport. 6000 Jahre Geschichte und Entwicklung des Ski-Sports. Wels 1969

Polednik, Heinz, Das Glück im Schnee. 100 Jahre Skilauf in Österreich. Wien 1991

Pongratz, Adalbert, Geschichte und Geschichten vom Skilauf im Bayerischen Wald. In: Bruno Erath (Hrsg.), Von den Wiegen des Skilaufs in Bayern. Dachau 1993, Seite 33 – 44

Preitler, Franz – siehe Schruf

Puchtler, Martin und Friedl List, Heinz Mägerlein, Neuer Schwung auf kurzem Ski. München 1968

Puskaric, Danko, Die Wahrheit übers Skifahren. Hrsg. Infostudio GmbH Kroatien. 2013

R\app, Christian, Sonne über dem Arlberg. Wie das Kino die Skier zum Laufen brachte. In: Schnee. Rohstoff der Kunst. Hrsg. von Tobias G. Natter. Osterfilde 2009, Seite 78 – 89

Raschka C., Nitsche L., Kuchler W. (Hrsg.), Ski- und Snowboardmedizin. Herausgegeben vom Sportärzteverband Hessen e. V. Dortmund 2019

Read, Malcom und Paul Wade, Sportverletzungen 1987

Redl, Sepp, Schikurs in Bild und Wort. 1980?

Reichert, Fritz, Der Einfluß der Skiform auf die Richtungsänderungen in der Abfahrt. Inauguraldissertation an der Deutschen Hochschule für Körperkultur in Leipzig. 1956

Reichert, Fritz, Der Einfluß der Skiform auf die Richtungsänderungen in der Abfahrt. In: Theorie und Praxis der Körperkultur. 6. Jg., Heft 4, Seite 324 – 333

Reichert, Fritz, Der Einfluß der Skiform auf die Richtungsänderungen in der Abfahrt. In: Theorie und Praxis der Körperkultur. VI- Jg. 1957, Seite 324 – 370

Reiland, Thomas, Holz, Eberhard, Grove, Pitt, Skifahren. (Schifahrn). Ein Wörterbuch für … München 1983

Reinl, Kurt – siehe Toni Ducia

Reinwarth, Theo. Der Skisport. Berlin 1925

Reitberger, Hermann, Skiboarding. 1995 wo?

Reiter, Rochus – siehe Deutscher Skilehrerverband

Renggli, Sepp – siehe Art Furrer

Reuel, Fritz, Neue Möglichkeiten im Skilauf. 6. Aufl. Stuttgart 1929

Reuel, Fritz, Neue Möglichkeiten im Skilauf. Stuttgart 1926

Rhomberg, Martin, Christof Thöni (Hrsg.), Sichtbar. Eugen Heimhuber – Fotografien am Arlberg und Hochtannberg. Lorenzi – Verlag 2019

Rhyner, Hansueli, Toibas Jonas, Christian Rixen, Christoph Marty, Schnee als Resource. In: Schnee, hrsg. vom WSL-Institut für Schnee- und Lawinenforschung SLF. Darmstadt 2014, Seite 88 – 109

Rieder, Hermann, Skigymnastik. 3. Aufl. Frankfurt/M. 1969

Riemkasten, Felix und Rudolf Leutert, Skilaufen. Mit Lachen leicht zu lernen! München 1933

Riemkasten, Felix, Skihasenbrück. Innsbruck 1942

Riet R. Campell, Skipionier Giovanni Testa. Der "natürliche Skilauf" war sein großes Thema. In: Jubiläumsbuch 2007/08 der Swiss Snowsport Association. Belp 2007, Seite 21 f.

Ritschel, Frank, „Sicherheitspaket" Schilauf. In: Für die Sicherheit im Bergland. Jahrbuch 1976. Wien, Seite 230 – 238

Roldan, Eduardo, Carving y Medicina, Sonderdruck als Beitrag für den Interskikongress 1999 in Beitostolen in Norwegen

Roldan, Eduardo, Ensenanza en la Escuela espanola de Esqui. Pamplona 1976

Roelli, Hans, im Vorwort zu „Ski und Du" von Josef Dahinden. Zürich 1936, Seite 12

Romberg, W., Mit Ski und Rodel. Leipzig 1909

Rosenstein, Marcus, Das Wintersportlexikon. Sport Spiel auf Eis und Schnee. Berlin 1999

Rössel, Gottfried, Sonne, Schnee, Schilauf. Ein schitechnisches Lehrbuch. 1946

Rostock, Joachim – siehe TU Chemnitz-Zwickau

Rothberg, Frhr. v., Ueber den Schneeschuh und seine Brauchbarkeit zu militärischen Zwecken. In: Kriegstechnische Zeitschrift. Zugleich Organ für kriegstechnische Erfindungen und Entdeckungen auf allen militärischen Gebieten. Verantwortlich Oberst E. Hartmann. Berlin 1898, Seite 427 – 443

Rother, Rudolf (Verf. ?, Hrsg. ?), Bergsteigen und Skifahren. München 1929

Rother, Rudolf, Kommt alle mit. Bergverlagsskikurse. München 1932

Rother Verlag – siehe Bergverlag

Röthig, Peter, Hartmut ,Becker, Carl Klaus, Dietrich Kayser – Redaktionskreis, Sportwissenschaftliches Lexikon, 5. Aufl. Schorndorf 1983

Rubesch, Karl – siehe B. F. Faludy

Rubi, Christian, Der leichte Skilauf. 1936

Rubi, Christian, The Swiss School. In: World Ski Book. Hrsg. von Frank Elkins und Frank Harper, New York 1949, Seite 39- 39

Rubi, Christian, Skiunterricht in vier Sprachen. Hrsg. vom Schweizerischen Skischulverband. Wengen 1952

Rubi, Christian, Gebrauchstechnik – Renntechnik. In: Der Schneehase 1954 – 1955, Seite 29-35

Rubi, Heinz, Carving. Hrsg. von der Fa. Kneissl. 1995, Seite 6

Rüdisühli, Urs, siehe Schneesport Schweiz

Rudolph, Gerhard, Skikanten-Problem. In: Deutsche Sportlehrer-Zeitung. Jg. 9, Nr. 10, Seite 46 – 49, Berlin 1934

Salmhofer, Doris, Leben und Werk des Skipioniers und Bergsteigers Henry Hoek (1878 – 1951). Diplomarbeit an der Grund- und Integrativwissenschaftlichen Fakultät der Universität Wien 1995

Salvisberg, Werner, Alpenländischer Einheitsski. In: Skileben in Österreich 1936, Seite 145-153

Salvisberg, Werner, Slalom und Abfahrtslauf. München 1937

Saxo Grammaticus. Vollständige, übersetzte und kommentierte Ausgabe von Hans-Jürgen Hube. Wiesbaden 2004

Schäffler, L., Gleiten wie man läuft. In: Der Winter 1932-33, Seite 22-24, 41 – 43

Schaeffler, Willi, Skating Steps. – Step Turn. In: The Skier´s Handbook. New York 1965, Seite 196 – 199

Scheffer, Johann, Opera Laponia. Ausgabe Amsterdam 1872

Schenner, Franz, Es gibt endlich wieder eine neue Skitechnik: Schönskifahren. In: Ski Guide Austria 2018. Wien 2017, Seite 358

Schindl, Karl, Zur Vorlage bei der Schiabfahrt. In: Leibesübungen und körperliche Erziehung Jg. 57, 1938, Nr. 7, Seite 165 – 170

Schindl, Karl, Natürliche Lehrweise im Schulskilauf. In: Skileben in Österreich. Wien 1938, Seite 118 – 121

Schmidl, Susi und Rainer Klimaschweski, Trickskilauf. Skispaß für alle. Herford 1976

Schmidl, Susi und Rainer Klimaschweski, Trickskilauf 2. Vom Könner zum Meister. Herford 1979

Schmidkunz, Walter, Die Skiläufersprache. München 1920

Schmidt, Hans Walter, Im Bannkreis des Weißen Todes. Berlin-Steglitz 1922

Schmitt, Felix, Sommerski. München 1934

Schneehase, Der, Jahrbuch des Schweizerischen Akademischen Ski-Club. Bd. 4 / No. 14 / 1941

Schneesport Schweiz – Die Antwort auf die Trends im Wintersport". Hrsg. vom Schweiz. Interverband für Skilauf SIVS. Broschüre zum Interskikongress 1999 in Beitostoelen, Norwegen.

Schneesport Schweiz, Hrsg, vom Schweizerischen Interverband für die Schneesportlehrerausbildung. Autoren Riet Campell, Pius Disler, Arturo Hotz, Urs Rüdisühli (Druck in Stans) 2000

Schneesport Schweiz – Spezial-Lernmittel Ski – Taschenausgabe, Hrsg, vom Schweizerischen Interverband für die Schneesportlehrerausbildung. Red. Koordination Arturo Hotz. Unionsdruckerei Luzern AG 2001

Schneesport Schweiz Band 2/2010: Ski. Autor Vali Gadient. Belp 2011

Schneider, Hannes – siehe Anton Tschon

Schneider, Hannes – siehe Arnold Fanck (Wunder des Schneeschuhs)

Schneider, Max, Das Schneeschuhlaufen und seine Verwendung für Jagd, Sport u. Verkehr. Berlin 1892

Schneider, Max, Katechismus des Wintersports. Leipzig 1894

Schneider, Max, Praktische Winke für Schneeler. Berlin 1898

Schneider, Max, Rennwolffahren und Schneeschuhlaufen. Berlin 1896

Schneider, Max, Schneeschuh und Rennwolf. Berlin 1895

Schneider, Max, Schneeschuh und Schlitten für Sport, Jagd und Verkehr. Ein Handbuch für Jedermann. Berlin 1905

Schniebs, Otto Eugen, Modern Ski Technique. American Skiing. 1936 und 1939

Schönecker, Toni: siehe auch bei Carl J. Luther

Schönecker, Toni, Skiläufer. Skihaserl, Kanuten, Kraxler und anderes Volk – Wie sie Toni Schönecker zeichnet, gesammelt mit Worten von C. J. Luther. München 2. Aufl. 1934

Schönle, Christoph, Thomas Jöllenbeck,

Schottelius, Ernst, Der Schisport. Leipzig 1908

Schruf, Toni – siehe Gedenkschrift

Schruf: "Toni Schruf – Die Biographie" von Thorsten Buhl und Franz Preitler. Granz 2009

Schöttner, Josef, Der natürliche Skiunterricht setzt sich durch! In: Skileben in Österreich. Wien 1938, Seite 111 – 115

Schultes, Hermann, Der Alpinski. Burgdorf (Schweiz). 1978

Schupp, Luise, Die Frau und der Wintersport. In: Der Wintersport in Bayern. München ((1909)) Seite 53 – 57

Schupp, Luise, Unsere Skidamen. In Der Winter 1909/10, Nr. 5, Seite 75 f.. Zit. bei Vera Martinelli, Zwischen Telemarkschwüngen und Sportkorsetts – Frauen Skisport. Schorndorf b. Stuttgart 2008, Seite 83 f.

Schuster, Ludwig u. a., Das quietschvergnügte Skibrevier. Erfurt 1935

Schweikle, Johannes, Schneegeschichten. Tübingen 2015

Schweizerischer Interverband für Skilauf, Provisorium – Ergänzungen zum Ski Schweiz. Uttigen 1993

Schweizer Demo-Team, Carving ... skiing. IDIAS FOR FUN. Video und Broschüre. Uttigen 1998

Schwenninger, Ferdinand, Moderner Skilauf. Innsbruck 1948

Schwingen. Die österreichische Schischule – siehe unter Österreichischer Schilehrplan

Seelos, Anton und Wilhelm Voelk. Frankfurt/Main 1954

Senner, Veit und Stefan Lehner, Michaela Nusser, Frank i. Michel, Skiausrüstung und Knieverletzungen beim alpinen Skifahren im Freizeitsport. bfu-Report Nr. 69. Köniz (CH) 2014(bfu – schweizerische Beratungsstelle für Unfallverhütung)

Senoner, Leo, Auf Skiern durch die Zeit. 60 Jahre Skischule Wolkenstein. (o. O) 1997

Sexe, Dick, Proper Pole Handling. In: The Skier´s Handbook. New York 1965, Seite 152 f.

Sillig, H., Spiel jenseits der Skitechnik. In: Der Winter 1925/26, Seite 233 – 235

Ski-Chronik 1910/11 Jahrbuch des Mitteleuropäischen Skiverbandes (D.S.V. und Oe.S.V. III. Jg. Karlsruhe 1911

Ski-Dictionary. Deutsch-Englisches Ski-Wörterbuch. München 1945

Ski Eins, Ski Zwei, Ski Drei – siehe Lehrplan der Schulen

Skiing Heritage. Jg. 1967, H. 1 Seite?

Ski in der Schweiz. ((Schweizer Skilehrplan)) Hrsg. vom Interverband für Skilauf. Bern 1965

Ski Schweiz. Unterrichtsanleitung des Schweizerischen Interverbandes für den Skilauf. Derendingen-Solothurn 1972

Ski Schweiz. Unterrichtsanleitung des Schweizerischen Interverbandes für Skilauf. Derendingen-Solothurn 1974

Skilauf. Amtlicher Lehrplan, hrsg. vom Reichsverband deutscher Turn-, Sport- und Gymnastiklehrer e. V., Fachgruppe Skilehrer. Berlin 1937

Skilehrplan 3 – Parallelschwingen, hrsg. vom Deutschen Verband für das Skilehrwesen. München 1972

Ski Magazine und John Henry Auran, America´s Ski Book. New York 1966

SKIMANUALS von SPORTS. Essen und Marl. Jahrgänge 1998 – 2019

Ski-Terminologie in 6 Sprachen – Ski-Interterm. Hrsg. Internationaler Verband für das Skilehrwesen. München 1979. 2. erweiterte Ausgabe mit Kommentaren 1986

Ski the Swedish Way. Broschüre zum Vortrag und zur Vorführung auf dem Interskikongress in Banff (Can) 1987. Östersund 1987

Ski- und Snowboardmedizin. Hrsg. C. Raschka, L. Nitsche, W. Kuchler. Dortmund 2019

Snoe og Ski. Hrsg. von Jacob Dybwards Forlag. Oslo 1943

Smith, Warren, Ski – sport aktiv, München 2007. Englisch: London 2006

Snowsport Austria siehe Österreichischer Skischulverband

Sobotka, Raimund, Das Prinzip der Natürlichkeit in der Leibeserziehung. Diss. Wien 1968

Sohre, Helmut, Wintersport: Skilauf und Skisprung. Olympischer Sport Band 4. Hamburg 1951

Spiegel, Bernt, Die obere Hälfte des Motorrads. Stuttgart 1998

Spiegel, Bernt, Motorradtraining – alle Tage! Stuttgart 2006

Spieß-Werdenigg, Nicola, Wir sind Weltmeister. In: Ski-Spitzen. Von Brettern mit Weltbedeutung. Eine Publikation des Bundesministerium für Landesverteidigung und Sport Sektion V – Sport. Hrsg. von Claus Farnberger und Samo Kobenter. Wien 2012, Seite 136-143

Stancl, Pavel und Karel Strobl, Lyzovani s usmevem. Olomouc 2004.

Steiger, Tineke, Im Alter nichts Neues?. In KlarText 2018. Hrsg. von der Klaus Tschira Stiftung. Seite 18 – 21

Stein, Werner, Kultur-Fahrplan des 20. Jahrhunderts. Die wichtigsten Daten der Weltgeschichte. München 1995

Steinkohl, Michael, Soft Skifahren. Gesundheit und Wohlbefinden auf der Piste. Rosenheim 2007

Stockern, A. von, Die Scharte. In: Große Welt im Schnee. München 1930, Seite 51 – 58

Strobl Karel – siehe Pavel Stancl

Strotmann, Ralf, siehe Patrick Droste

Strubel, Rávic Antje, Unter Schnee. München 2001

Surava, Peter, Tagebuch eines Skilehrers. Zürich/New York 1941

Taschenbuch für den Winterkrieg – siehe Deutsche Wehrmacht

Taylor, Clif, Instant Skiing. On short, short Skis. Brattleboro, Vermont 1961

Taylor Clif, Ski in a day! New York 1964

Tenner, (? Vorsitzender des DSV), Rezension von „Die Skischule'" von Josef Dahinden. Zürich 1924. In Der Winter Jg. 1925/26 Seite 254 f.

Testa, Giovanni - siehe Eugen Mathias

The Official American Ski Technique. Hrsg. Professional Ski Instructors of America (PSIA). (o. O. für USA, Toronto für Canada). 1970

The Skier´s Handbook. By the Editors of Ski Magazine. New York 1965

Theiner, Egon – siehe E. John B. Allen

Thirring, Hans, Aerodynamischer Skilauf. In: Skileben in Österreich, Wien 1938, Seite 101 – 107

Thirring, Hans, Der Schwebelauf. Wien 1938

Thoma, Gundolf, Ski in a day. Leporella 2016

Thöny, Christof – siehe Rudolf Müllner

Thuróczy, Robert, sisuli – kezdöknet. Kladás éve 2008

Tiwald, Horst, Vom Schlangenschwung zum Skikurven. Die Einbein-Methode als Anfängerlehrweg im alpinen Skilauf. Hamburg 1996

Tiwald, Horst, Auf den Spuren von Mathias Zdarsky. Begegnungen mit der Alpinen (Lilienfelder) Skilauf – Technik. Hamburg 2004

Trebels, Andreas T. – siehe Gerhard Hecker

Trendelkamp, Frank, Schneesport an Schulen. Skiunterricht – Methodik – Fahrtenplanung. Ein Praxisbuch mit großer Übungssammlung. Mülheim an der Ruhr 2016

Trenker, Luis, Berge im Schnee. Berlin 1932

Trenker, Luis und Carl J. Luther, Wintersportfibel. 1940

Tomaschek, Hugo, Eistechnik. In: Jahrbuch für Bergsteiger und Schiläufer. Hrsg. von Hanns Barth. München 1937, Seite 97 – 111

Tomaschek, Hugo, Stemmen oder Schwingen. In: Jahrbuch für Bergsteiger und Schiläufer. Hrsg. von Hanns Barth. München 1937, Seite 130 - 133

Tschofen, Bernhard, „Schneekulturen". In: Schnee. Rohstoff der Kunst. Hrsg. von Tobias G. Natter. Vorarlberger Landesmuseum. Ostfildern 2009, Seite 30 – 42

Tschon, Anton und Hannes Schneider, Amtlicher Lehrplan des Österreichischen Ski-Verbandes. Wien 1931

Tschon, Anton, Ratschläge für alpine Skiläufer. In: Sonne, Ski und Pulverschnee. Hrsg. von Hubert Mumelter. Leipzig 1941. Seite 70 – 73

Tucker, Karl und Clayne Jensen, Skiing. Dubuque/Iowa 1968

Tusker, Ferdinand – siehe Manfred Grosser

TU Chemnitz-Zwickau, Fachgebiet Sport, Bericht zum Symposium „Skilauf als Lehr- und Lernfeld im Skilehrwesen und Schulskilauf. 8./9. Dezember 1994 in Werdau. Hrsg. von Joachim Rostock und Klaus Zimmermann

Twardokens, George, Parallel Turns, in IPSI – The Journal of professionell Ski Instruktion – Boulder (USA) 1980, Heft 2, Seite 25 – 28

Twardokens, George, Unsichtbare Technik. In: Skilauf und Snowboard in Lehre und Forschung (11), Red. Gustav Schoder. Hamburg 1995, Seite 37 – 43

U

Uhlig, Hermann, Erziehung zum Skilaufen. Leipzig 1929

Uhlig, Max, Wege der Erziehung zum Skilaufen. In: Der Winter 1925/26, Seite 114

Uhlig, Max, Rezensionen. In: Die Leibesübungen Heft 4, 1931, Seite 107 – 109

Uhlig, Max, Schnee, Schneeschuh, Schneeschuhläufer. Dresden 1931

Uhrskov, Thomas, Alpin Skiboog. Kobenhavn 1986

Ulmrich, Ekkehart, Der Stellenwert der Fehleranalyse im Skiunterricht und Handhabung der Methode der Richtigkeitsanalyse". In DSV-Skischule. Fachzeitschrift für Lehrwesen und Ausbildung Nr. 2/84, Seite 1-1 bis 1-2

Ulmrich, Ekkehart, Skisport. Praxis und Theorie der Ausbildung. München 1979

Ulmrich, Ekkehart, Abriß der Entwicklung des modernen Skisports. In: DSV Skischule. Fachzeitschrift für Lehrwesen und Ausbildung. Nr. 1/84, Seite 2-1 bis 4-6

Ulmrich, Ekkehard, Bemerkungen zum Verhältnis alpiner Renntechnik und Schultechnik. In: DSV-Skischule. Fachzeitschrift für Lehrwesen und Ausbildung. Nr. 2/90, Seite 11-19 München

Ulmrich, Ekkehart, 100 Jahre Skitechnik – 40 Jahre INTERSKI-Kongresse. In: Schriftenreihe des Deutschen Skiverbandes. Heft 21, 1992, Seite 71 – 144

Ulmrich, Ekkehart, Dichtung und Wahrheit in der Skigeschichte. In: FdSnow 5. Fachzeitschrift für den Skisport. Ausgabe 1/1994, Seite 35 – 44

Umminger, Walter, Sport Chronik – 5000 Jahre Sportgeschichte". Berlin 2000

Unger, Jochen, Carven in Frankreich. In: Skifahren ein Leben – Erlebnis Skifahren. Werne 2002, Seite 39 – 47

Unger, Jochen, Zur Geschichte des taillierten Ski. In: Skimanual 2009/10, Seite 90 f.

Unger, Jochen, Zum Gedenken an Christl Cranz. In: Skimanual SPORTS 2014/2015, Seite 79

Urdahl, Laurentius, Haandbog I Skilöbning. Kristiania 1893

V

Voelk, Wilhelm – siehe Anton Seelos

Vogel, Anselm – siehe Ernst Asang

Weichhard Freiherr von Valvasor. Die Ehre des Herzogtums Krain. Laibach 1689

Vuarnet, Jean – siehe Georges Joubert

W

Wade, Paul, siehe Malcolm Read

Wagnerberger Fritz – Siehe Erwin Lauterwasser

Wallner, Hermann (Hrsg. Skilauf perfekt – Carven. Offizielles Lehrbuch der österreichischen Skiinstruktoren. Purkersdorf 2000

Walter, Richard siehe Österreichischer Skischulverband

Waley, Arthur, Die Hoschek-Methode, um Skifahren zu lernen. In: Skileben in Österreich 1938, Seite 115-118

Wangenheim, Wilhelm, Die norwegischen Schneeschuhe (Ski). Hamburg 1892

Wartha, Martin, Kleines Merkblatt mit Fachausdrücken für den 9. INTERSKI-Kongress 1971. Sonderdruck 1971

Weber, Christian, Ski fahren. DTV 2002

Weber, Ralf und Wisch Fritz-Helmut, Skigebärden. Schriftenreihe des Deutschen Skiverbandes, Heft 20, Planegg 1991

Wedelfoto mit Beschriftung von Stefan Kruckenhauser. In: Der Winter 1932/33, Seite 239

Weidinger, Paul: siehe bei Carl J. Luther

Weiss, Rudolf, Wörterbuch alpiner Begriff. München (o. J.)

Wergeland, F. O.) „Skilöbningen, deus Historie og Verigsanwendelse" — Skilaufen, seine Geschichte und Kriegsverwendung. Kristiania 1865

Werdenig, Nicola, Periodikum EDELWISER 07/08

Wiedmann, Otti, The Skier´s Pocket Book. Innsbruck 1971

Winkler, Max, Die Laufschule des Deutschen Ski-Verbandes. München 1932

Winkler, Max, Wandlungen der Skitechnik und ihre Bedeutung für den Skilaufunterricht. In: Der Winter 1932/33, Seite 181 – 184

Winkler, Max, Abfahrtssport und Tourenskilauf. Gedanken über den modernen Skilauf als Allgemeingut. Ein Bergkamerad-Sonderheft. München 1951

Winter, Gerhard, Kleine Bewegungslehre des Schilaufs. In: Zur Bewegungslehre des Schilaufs, hrsg. von Hans Groll. Wien 1969, Seite 93 – 152

Winter, Gerhard, Jugendskilauf

Winter, Gerhard – siehe Gerhard Fetka

Wisch, Fritz-Helmut – siehe Ralf Weber

Witherell, Warren, How the Racers Ski. Toronto 1972

Witherell, Warren und David Evrard, The Athletic Skier. Boulder, Colorado, 2. Aufl. 1994

Wolf, Joachim, Ein deterministisches Modell zur Leistungsdiagnose im alpinen Skisrennlauf. Diss. Köln. 1993

World Ski Book, hrs. Frank Elkins und Frank Harper. New York 1949

Wörndle, Werner, Alpiner Skilauf. PDF Die österreichischen Seilbahnen.

www.seilbahnen.at

Wörndle, Werner, Technik 1+2, Die Kernbewegungen des alpinen Skifahrens. (2014?) www.skiakademie.at/ski/lehrwesen/technik1.php - technik2.php

Wurzel, Friedel, Der moderne Skilauf. Mährisch-Ostrau 1934

Zálesák, Miloslaw, Biomechanische Charakteristik der Phasenstruktur der Bewegung des Skiläufers im Slalom. In: Zur Biomechanik des Schilaufs. Hrsg. Friedrich Fetz. Innsbruck 1977. Seite 58 – 67

Zarn, Adolf, Barblan, Peter, Der Skifahrer. Ski-Turnen und Ski-Fahrtechnik. Zürich 1920, 2. Aufl. 1922

Zarn, Adolf, Skifahren im Militär. In: Ski – Jahrbuch des Schweiz. Ski-Verbandes. Bern 1927, Seite 26 – 33

Zdarsky, Mathias, Alpine (Lilienfelder) Skilauf-Technik. Berlin 1. Aufl. 1897, weitere unter Namensänderung 1908, 1911, 1917

Zdarsky, Mathias, Alpine (Lilienfelder) Skifahr-Technik. Berlin 1908

Zdarsky, Mathias, Gesammelte Aufsätze. Hrsg. vom Alpen-Skiverein. Wien 1908

Zdarsky, Mathias – siehe Alpen-Skiverein

Zebhauser, Helmuth, Hrsg., Handbuch Alpingeschichte im Museum. München o. J.

Zechmeister, Alexander – siehe Johann Krojer

Zeh, Heinz, Lockerleichter Skilauf, Freiburg i. Br. (Selbstverlag) 1995

Zehetmayer, Hans, Ein kurzer Weg zum Schwingen. In: Kongressbericht zum 6. Internationalen Kongress der Ski-Instruktoren in Shiga Kogen. Hrsg. vom Internationalem Verband der Ski-Instruktoren e. V. München 1993, Seite 80 – 83

Zehetmayer, Gerhilde – siehe Kurvengeschichten und Hans Zehetmayer

Zehetmayer, Hans, Lehrwege im Schiunterricht. In: Leibesübungen – Leibeserziehung. Heft 10, 1978, Seite 237 – 248

Zehetmayer, Hans, Forderungen an eine alpine Schitechnik- In: Leibesübungen Heft 10, 1980, Seite 219 – 222. Fortführung in Heft 2, 1981, Seite 32 – 39. Ebenso in Heft 4, 1981, Seite 87 – 92

Zehetmayer, Hans, Schilaufen. Leitfaden für die staatliche Schilehrwarteausbildung. Hrsg, von der Bundesanstalt für Leibesübungen. Wien 1985

Zehetmayer, Hans, Ein kurzer Weg zum Schwingen. In: Kongressbericht zum 6. Internationalen Kongress der Ski-Instruktoren in Shiga Kogen. Hrsg. vom Internationalem Verband der Ski-Instruktoren e. V. München 1993, Seite 80 – 83

Zehetmayer, Hans, Zur Interdependenz von Skitechniken und Ski-Ideologien. In: Skifahren und Snowboarden heute. Hrs. von Alfred Grüneklee und Herbert Heckers. Düsseldorf 2005, Seite 9 – 50

Zehetmayer, Hans, OSTR Mag. Fritz Baumrock – 80 Jahre! In: Sicher im Schnee, Hrsg. Arno Klien, Hollabrunn 2011, Seite 137 - 142

Zehetmayer, Hans, Lehrwege im Schiunterricht. In: Leibesübungen – Leibeserziehung. Heft 10, 1978, Seite 237 – 248. Repr. in: Kurvengeschichten. Hans Zehetmayer – Eine Retrospektive. Red. Alfred Grüneklee, hrsg. Gerhilde Zehetmayer. Bei SPORTS, Marl 2018. Seite 10 – 17.

Zindel, Chris. Siegm. (Hrsg), Der Eislauf oder das Schlittschuhfahren. Nürnberg 1825

Zintl, Fritz – siehe Manfred Grosser

Ziemilski, Andrzej, Faustregeln, die keine mehr sind. Vortragsmanuskript 2001

Zimmermann, Franz – siehe Ernst Garhammer

Zimmermann, Franz, Freestyle. Technik-Taktik-Training. Gräfelfing 1991

Zimmermann, Klaus – siehe TU Chemnitz-Zwickau

Zimmermann, Klaus, Kleines Lexikon Ski alpin. Berlin 1990

Zur Weltgeschichte der Leibesübungen. Festgabe für Erwin Mehl zum 70. Geburtstag. 1960, Seite 45-50

Anmerkung:
Aus der Sammlung beziehen sich einige wenige Literaturangaben auf den folgenden Lehrplanband „Skitechnik und Skimethodik", der in Arbeit ist.

Persönliches

Skiläuferische und berufliche Biografie - Dr. Walter Kuchler, geb. 1932

1951 - 1957	Prüfung als Hilfsskilehrer und Mitarbeit in der Skischule Bayerwald
1952	Lehrwarteprüfung des Deutschen Skiverbandes
1959	Berufung zum Ausbilder von Lehrwarten des Deutschen Skiverbandes
1959 – 1965	Ausbildertätigkeit beim Bayerischen Skiverband. Ausbildung von Lehrwarten für Bayer. Skiverband, für Grenzschutzpolizei und für Zollbeamte
1964	Prüfung zum Staatl. gepr. Skilehrer
1965 – 1986	Ausbilder und Prüfer in der staatlichen Skilehrerausbildung
1966 – 1988	Mitglied der deutschen Lehrplankommission Skilauf
1966 -	Veröffentlichung von ca. 150 Zeitschriften- und Buchbeiträgen
1967	Promotion in Moraltheologie mit Thema „Sportethos". U. a. auch mit einer Umfrage unter den deutschen Berufsskilehrern
1967	1970 Lehrauftrag Moraltheologie an der Universität Bochum
1967	Carl-Diem- Preis für die beste sportwiss. Arbeit der vorangegangenen 4 Jahre, auch als erste Preisverleihung für einen Nichtmediziner
1968 – 1992	Ausbildung von Sportstudenten in Skilauf
1969	Akad. Rat am sportwissenschaftlichen Institut Uni Bochum
1971 – 1992	Institutsdirektor am Institut für Sportwissenschaft der Uni Dortmund
1971 -	Programmentwürfe für Kinder- und Jugendskikurse, Seniorenlehrgänge, Handicapkurse, Grund- und Fortbildungskurse, Kurse als Skiführung, Skilehrerausbildungslehrgänge
1971 -	Veröffentlichung von 27 Skibüchern, davon mehrere Skilehrpläne
1972 – 1987	Mitglied in internationalen Gremien wie „Ski-Term" und „Schulskilauf"
1979 -	Programmentwurf „Skitechnik universell"
1984	Programmübernahme aus der Renntechnik, in der Folge Carvingtechnik
1987	Letzte Tätigkeit für den Verband für das deutsche Skilehrwesen mit dem Lehrplan Bd. 8: Skitheorie
1988	Durch Intrigen Ausscheiden aus dem Verband für das Skilehrwesen.
1988	Erste Artikel über eine „neue Skitechnik" im „Skimagazin"
1989	Mitbegründer der Wintersportvereinigung „SPORTS", Gründer des „SKIMANUALS
1989	Ausbildung von verbandseigenen Skilehrern, u. a. auch Seniorenskilehrern, Übernahme der Aufgabe „Vorsitzender der Programmkommission"
1989	Erstes Carvinglehrbuch weltweit: „Die neue Skitechnik"
1994 – 2006	Gründer und Leiter des größten internationalen Skitests mit Veröffentlichungen in den Zeitschriften SKILÄUFER und SKIMAGAZIN und weiteren vier internationalen Publikationen
1995	Erster Carvinglehrplan der Welt
1996 -2011	3 weitere Carvingbücher, zuletzt zus. mit Hubert Fehr
1998	Gründung der Jahresschrift „Skimanual" von SPORTS
2016 – 2021	Verfassung und Herausgabe von 5 weiteren Skibüchern

Bücher und Broschüren von Walter Kuchler

1. Skiunterricht. Broschüre des Bayer. Skiverbandes. München 1961
2. Sportethos. Eine moraltheologische Untersuchung zu einer Phänomenologie der Ethosformen. Verlag Joh. Ambrosius Barth. München 1968
3. Theorie Skiunterricht – Skilehrplan Bd. 5. BLV-Verlag, München1972
4. Unterrichtstraining Skilauf. Broschüre des Deutschen Verbandes für das Skilehrwesen, München 1983
5. Skizirkus. CD-Verlag Böblingen 1984
6. Wedeln - Umsteigen. Universeller Skilauf. Zus. mit E. Gattermann. CD-Verlag Böblingen 1984
7. Skiunterricht – Skilehrplan Bd. 8, BLV-Verlag, München 1987
8. Die neue Skitechnik. Rowohlt, Reinbek b. Hamburg 1989
9. Skitechnik international. Echo-Verlagsgesellschaft Köln 1991
10. Skiwandern. Zus. mit Wolf Hellwing. Rowohlt, Reinbek b. Hamburg 1991
11. Ski-Tricks. Rowohlt, Reinbek b. Hamburg 1991
12. Superski – radikal radial. Skilehrplan von SPORTS. Echo-Verlagsgesellschaft, Köln1995
13. Skirevolution Carving. Die neue Lust am Skifahren. Skiverlag Bernhard Kuchler 1997
14. Carving – neuer Spaß am Skifahren. Rowohlt, Reinbek b. Hamburg1997
15. Carven. Der Skikurs für Einsteiger und Umsteiger. Rowohlt, Reinbek b. Hamburg 1998
16. Walter Kuchler zum 70. Geburtstag. Beiträge von Verwandten, Freunden und Bekannten. Skiverlag Bernhard Kuchler 2002
17. Skifahren ein Leben – Erlebnis Skifahren. Festschrift zum 70. Geburtstag und 50. Skilehrerjubiläum. Skiverlag Bernhard Kuchler 2002
18. Ski progressiv – Ein Werkbuch von SPORTS. Skiverlag Bernhard Kuchler 2004
19. Red. Ski aktuell – Ein Werkbuch von SPORTS. Skimanuale 2002/2003, 2003/2004 und 2004/2005. Skiverlag Bernhard Kuchler 2004
20. Heiß auf Weiß. Die Skischule des Skimagazins Zus. mit Hubert Fehr 2008
21. (Red.) Ski aktuell 2 – ein Werkbuch von SPORTS. Skimanuale 2005/2006, 2006/2007 und 2007/2008. Ski media 2010
22. (Red.) Ski aktuell 3 – ein Werkbuch von SPORTS. Skimanuale 2008/2009, 2009/2010 und 20010/2011. Ski media 2010
23. Lernkarten. Ein Werkbuch mit einem Kopierset und einer DVD. Ski media 2010
24. Skifahren – einfach schön. Schriftenreihe SPORTS zum Wintersport 25. Dortmund 2015
25. Zeitzeichen Ski alpin. 100 Flugblätter von SPORTS. Schriftenreihe zum Wintersport 28. Zus. mit Alfred Grüneklee. Dortmund 2017
26. Skilexikon. Stichworte und Themen der alpinen Fahrtechnik. Schriftenreihe zum Wintersport 28. Dortmund 2017
27. Skifahren – der weiße Schnee kann zaubern. Schriftenreihe zum Wintersport 31. Dortmund 2018
28. Skilexikon Band 2. Stichworte und Themen der alpinen Fahrtechnik. Schriftenreihe zum Wintersport 2. Dortmund 2020

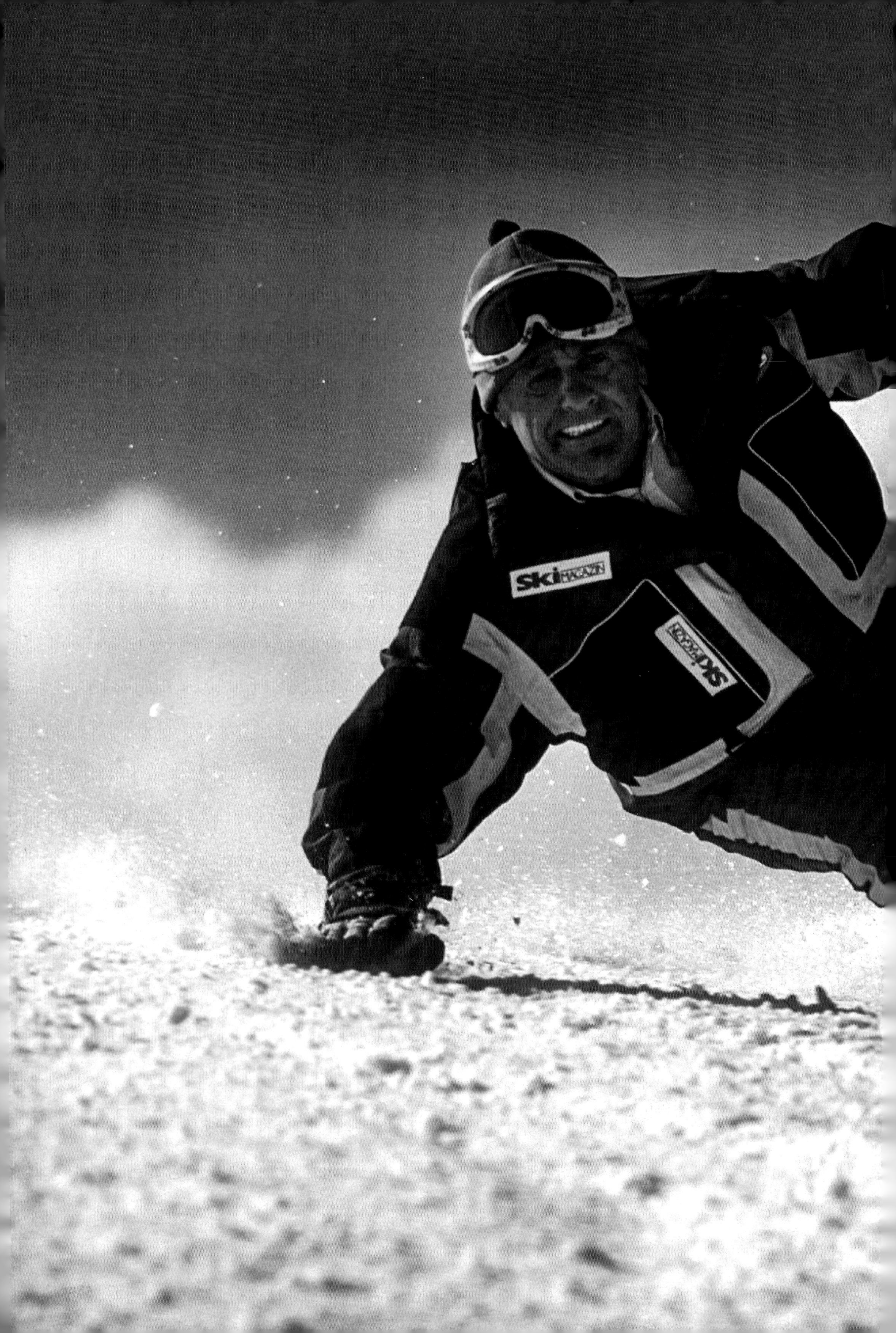
Ski MAGAZIN

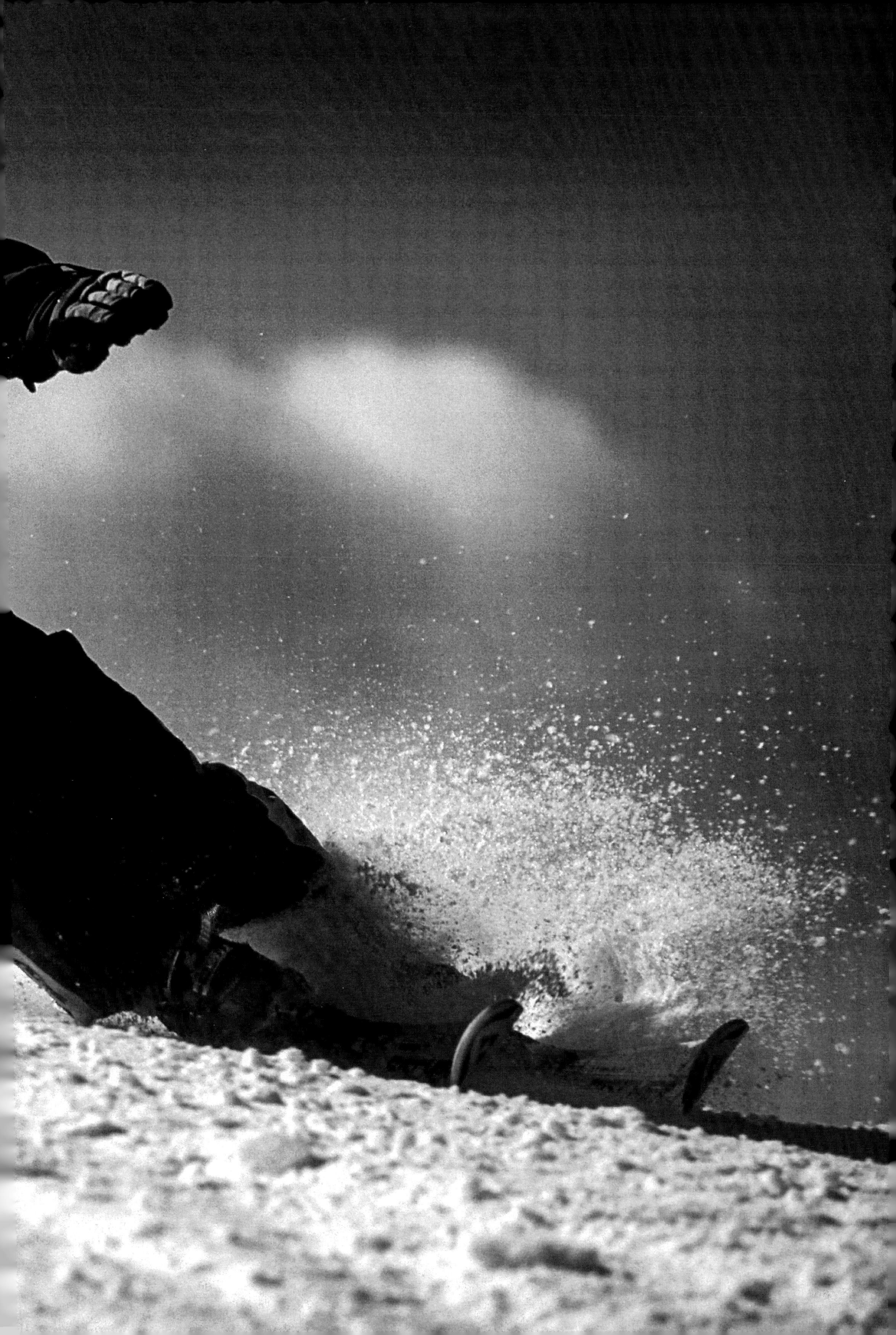

Sicherheit für Ihr
Dach im Winter

SF CONTROL

SNOW *protect*

DAS Schneelastwarnsystem, Ihre Vorteile auf einen Blick:

- Einfache, schnelle Montage
- Kein Eingriff in die Dachkonstruktion
- Energieautark durch Solarpanel und integriertem Akku für mindestens 160 Std. Laufzeit
- Kompakte Bauweise 50 x 50 x 100 (b l h in cm) bei etwa 20kg
- Exakte Messung in Kg/m²
- Individuell einstellbare Warn- und Alarmgrenzen
- Benachrichtigung im Warn- und Alarmfall per E-Mail und SMS
- Rund um die Uhr Überwachung per Internet Datenmonitoring
- Automatische Fehlerüberwachung des Systems
- Erweiterbares System: Windmesser, Stauwassermelder, Niederschlagssensor, Signalhorn, Webcam, optischer Alarm, vollautomatisches Dachabtausystem

Die SNOW *protect* Schneewaage ist flexibel einsetzbar, komplett energieautark, preisgünstig, wartungsfrei und ausfallsicher.

Gerne beraten wir Sie zu Ihrer Sicherheit auf Ihrem Dach.
WIR KENNEN DEN SCHNEE!

Hergestellt in Bayern

SF-Control GmbH • Leißstraße 6 • 83620 Feldkirchen-Westerham
www.schneewaagen.com • +49 8063 2071910 • info@sf-control.com

Sicherheit für Ihr
Dach im Winter

SF CONTROL

SNOWprotect

Für eine exakte Abbildung der Schneeverhältnisse und des Gewichtes auf einem Dach wurden von uns u.a. schon folgende Faktoren berücksichtigt:

- gleichmäßige Verteilung im Wägebehälter
- Einbeziehung der Abwärme von Dächern
- Windfluss und Windwiderstand
- Einbeziehung der Dach-Abwärme
- Einbeziehung von Schneeverwehungen
- Schutz vor Festfrieren der Messanlage
- Standfestigkeit des Wägebehältnisses auch bei starkem Sturm

All das, und die jahrelange Entwicklungszeit, ist in die Konstruktion der SNOWprotect Schneewaage miteingeflossen und sorgen nun durch die Fernüberwachung für entspannte, schneereiche Winterabende bei unseren Kunden.

Mit dem Einsatz einer SNOWprotect Schneewaage treffen Sie folgende Entscheidungen:

- Vorlaufzeit ausbauen um Maßnahmen zu treffen
- Keine unnötige Gefahr für Mitarbeiter und Gebäude
- Vorbeugung von Gebäudesperrungen
- Keine unnötigen teuren Dachräumungen
- Reduzierung von Gebäudebeschädigungen
- Einsparungen bei der Gebäudeversicherung möglich

Gerne beraten wir Sie zu Ihrer Sicherheit auf Ihrem Dach.

WIR KENNEN DEN SCHNEE!

Ebenfalls bieten wir Ihnen gerne auch unsere „vollautomatische Dachabtauanlage" an!

Hergestellt in Bayern

SF-Control GmbH • Leißstraße 6 • 83620 Feldkirchen-Westerham
www.schneewaagen.com • +49 8063 2071910 • info@sf-control.com

SKISCHULE OBERHARZ
BRAUNLAGE / WURMBERG

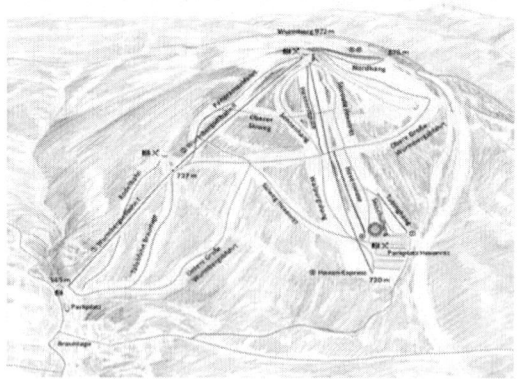

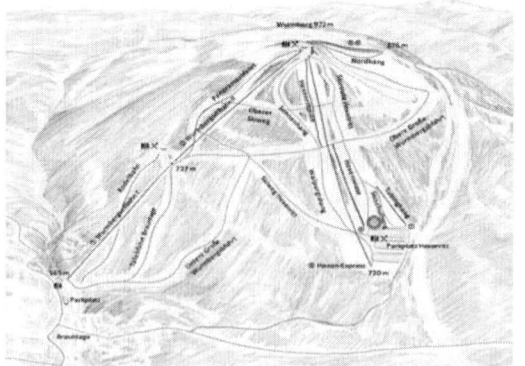

Die Skischule Oberharz in Braunlage am Wurmberg heißt Euch herzlich willkommen im schönsten Skigebiet Norddeutschlands. Lernt und erlebt in kurzer Zeit die Freude am Schneesport mit unserem ausgebildeten Team aus geprüften Lehrern. Wir sind die Skischule für die ganze Familie und unterrichten alle Altersstufen ab 5 Jahren. In unmittelbarer Nähe finden Sie Skischulbüro, Übungsgelände, Skiverleih und Restaurant.

www.skischule-oberharz.de
Andi Hickmann
38700 Braunlage / Harz
Tel. 0176 - 200 174 50

Angekommen.
Zufriedenheit. Geborgenheit. Wärme.

★★★★
KLAUSNERHOF
berührt die Sinne

Lebensfreude pur.

Die besten Zutaten um sich „Dahoam" zu fühlen.

Ankommen und einatmen – die Höhenluft beflügelt von Beginn an.
Ankommen und durchatmen – Altes hinter sich lassen, Neues zulassen.

Unsere Familie begleitet Sie auf eine Reise für alle Sinne. Geben Sie sich den Genüssen hin. Seien sie kulinarischer Art, sportlicher Herkunft oder einfach der Genuss, innehalten zu können.

Arthur Schnitzler
Am Ende gilt doch nur, was wir getan und gelebt –
und nicht was wir ersehnt haben.

Familie Klausner . 6294 Hintertux 770 . Tel.: 0043 5287 8588 . Fax: 0043 5287 8588-88 . info@klausnerhof.at . **www.klausnerhof.at**

KLÜHSPIES

Wir sind Partner von

SPORTS

Bei uns reist jeder 12. frei!
Flexible Freiplatzregelung möglich!

Der **Marktführer** für
Ski-Klassenfahrten
und der **Spezialist** für
Ski-Gruppenreisen

Klassenfahrten
- preisgünstigste Komplettangebote (inkl. Bus, Unterkunft, Vollpension, Skipass)
- in TOP-Ski-Regionen
- schulgerecht und risikolos
- jeder 12. reist frei
- Partner von SPORTS, des westdeutschen Skiverbandes und des Schulsportkonzeptes des DSV

Ski-Gruppenreisen
- TOP-Ski-Regionen in den Alpen
- Busfahrt ab 10 Personen buchbar
- Unterkünfte jeder Kategorie, vom preiswerten Jugendgästehaus bis zum komfortablen 4-Sterne-Hotel
- individuelle Freiplatzregelung möglich
- perfekte und unkomplizierte Abwicklung

Klühspies Reisen GmbH & Co. KG

Ohler Weg 10
D-58553 Halver-Oberbrügge

Telefon: +49 (0) 2351 / 97 86-416
Telefax: +49 (0) 2351 / 78 60 78

info@kluehspies.com
www.kluehspies.com

Bildquelle: www.shutterstock.com